9783801204549-10

WILLY BRANDT
Berliner Ausgabe

WILLY BRANDT
Berliner Ausgabe
Herausgegeben von
HELGA GREBING, GREGOR SCHÖLLGEN
und HEINRICH AUGUST WINKLER
Im Auftrag der
Bundeskanzler-Willy-Brandt-Stiftung

BAND 1:
Hitler ist nicht Deutschland.
Jugend in Lübeck – Exil in Norwegen 1928 – 1940
BAND 2:
Zwei Vaterländer.
Deutsch-Norweger im schwedischen Exil –
Rückkehr nach Deutschland 1940 – 1947
BAND 3:
Berlin bleibt frei.
Politik in und für Berlin 1947 – 1966
BAND 4:
Auf dem Weg nach vorn.
Willy Brandt und die SPD 1947 – 1972
BAND 5:
Die Partei der Freiheit.
Willy Brandt und die SPD 1972 – 1992
BAND 6:
Ein Volk der guten Nachbarn.
Außen- und Deutschlandpolitik 1966 – 1974
BAND 7:
Mehr Demokratie wagen.
Innen- und Gesellschaftspolitik 1966 – 1974
BAND 8:
Über Europa hinaus.
Dritte Welt und Sozialistische Internationale
BAND 9:
Die Entspannung unzerstörbar machen.
Internationale Beziehungen und deutsche Frage 1974 – 1982
BAND 10:
Gemeinsame Sicherheit.
Internationale Beziehungen und deutsche Frage 1982 – 1992

WILLY BRANDT
Berliner Ausgabe
BAND 10
Gemeinsame Sicherheit
Internationale Beziehungen und deutsche Frage
1982 – 1992

Bearbeitet von
UWE MAI, BERND ROTHER und WOLFGANG SCHMIDT

Verlag J.H.W. Dietz Nachf. GmbH

Die Bundeskanzler-Willy-Brandt-Stiftung bedankt sich für die großzügige finanzielle Unterstützung der gesamten Berliner Ausgabe bei:
Frau Ursula Katz, Northbrook, Illinois
Alfried Krupp von Bohlen und Halbach-Stiftung, Essen
Otto Wolff von Amerongen-Stiftung, Köln
Stiftungsfonds Deutsche Bank im Stifterverband für die Deutsche Wissenschaft e. V., Essen
Stiftung Deutsche Klassenlotterie Berlin
Deutsche Druck- und Verlagsgesellschaft mbH, Hamburg
Bankgesellschaft Berlin AG
Herlitz AG, Berlin
Metro AG, Köln
Schering AG, Berlin

Bibliografische Information der Deutschen Bibliothek
Die Deutsche Bibliothek verzeichnet diese Publikation
in der Deutschen Nationalbibliografie;
detaillierte bibliografische Daten sind im Internet über
http://dnb.ddb.de abrufbar.

ISBN 978-3-8012-0310-8

© Copyright der deutschsprachigen Ausgabe
Verlag J.H.W. Dietz Nachfolger GmbH, Bonn
© Copyright für alle übrigen Sprachen
Bundeskanzler-Willy-Brandt-Stiftung, Berlin
Lektorat: Dr. Heiner Lindner
Umschlag und Layout-Konzept:
Groothuis, Lohfert, Consorten, Hamburg
Satz: bontype media AG, Bonn
Druck und Verarbeitung: CPI-Ebner & Spiegel, Ulm
Printed in Germany 2009

Inhalt

Willy Brandt – Stationen seines Lebens   7

Vorwort der Herausgeber   11

BERND ROTHER/WOLFGANG SCHMIDT
Einleitung
  Gemeinsame Sicherheit
  Internationale Beziehungen und deutsche Frage 1982–1992   15

Verzeichnis der Dokumente   113

Dokumente   123

Anmerkungen   549

Anhang
  Quellen- und Literaturverzeichnis   660
  Abkürzungsverzeichnis   675
  Editionsgrundsätze   679
  Personenregister   684
  Sachregister   707
  Bildnachweis   731
  Angaben zu den Bearbeitern und zu den Herausgebern   734

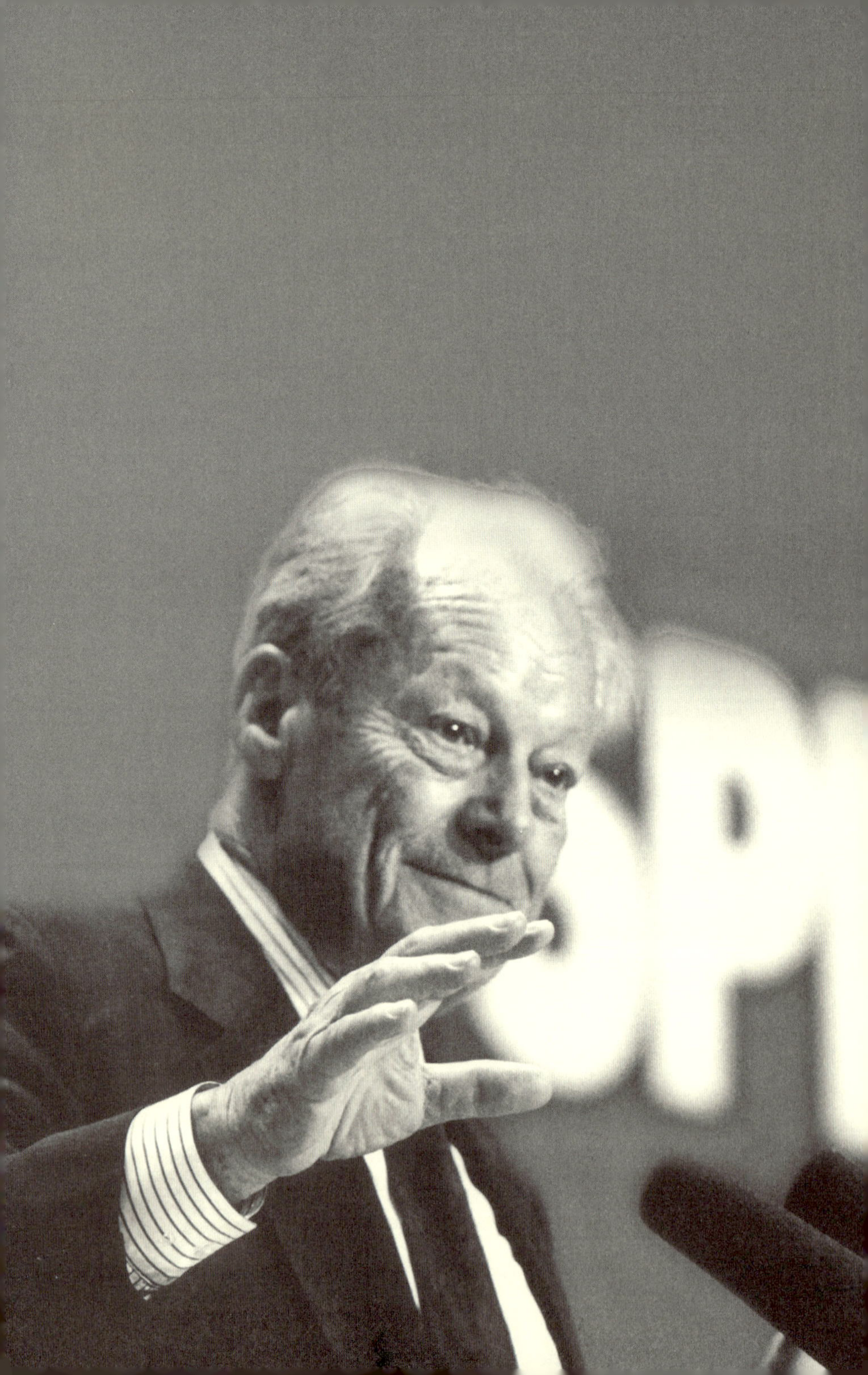

Willy Brandt – Stationen seines Lebens

1913	Am 18. Dezember in Lübeck als Herbert Ernst Karl Frahm geboren
1929	Mitglied der Sozialistischen Arbeiterjugend (SAJ) in Lübeck
1930	Eintritt in die SPD
1931	Wechsel zur Sozialistischen Arbeiterpartei Deutschlands (SAP); Vorsitzender ihres Jugendverbandes in der Hansestadt
1932	Abitur am Lübecker Reform-Gymnasium „Johanneum"
1933–1940	Exil in Norwegen; unter dem Namen Willy Brandt Widerstand gegen das NS-Regime; Mitglied der Exil-Leitung des SAP-Jugendverbandes und des Internationalen Büros revolutionärer Jugendorganisationen; seit 1939 Koordinator für Inlandsarbeit der SAP; zum „Federführenden" der SAP während des Krieges ernannt; umfangreiche journalistische und publizistische Tätigkeit
1936	Illegaler Aufenthalt in Berlin
1937	Beauftragter der SAP im Spanischen Bürgerkrieg
1938	Ausbürgerung durch die Nationalsozialisten
1939	Sekretär der norwegischen Volkshilfe
1940	Flucht ins Exil nach Schweden; norwegische Staatsbürgerschaft; umfangreiche publizistische Tätigkeit für den norwegischen Widerstand
1942–1945	Sekretär der „Kleinen Internationale" in Stockholm
1944	Eintritt in die Landesgruppe deutscher Sozialdemokraten in Schweden; Verbindungen zur Widerstandsgruppe des 20. Juli
1945	Nach Kriegsende Rückkehr nach Oslo

1945–1946	Berichterstatter für skandinavische Zeitungen aus Deutschland, u. a. über das Internationale Kriegsverbrechertribunal in Nürnberg
1947	Presseattaché an der norwegischen Militärmission in Berlin
1948	Vertreter des SPD-Parteivorstandes in Berlin; Wiedereinbürgerung
1949–1957, 1961	Vertreter Berlins im Deutschen Bundestag
1950–1971	Mitglied des Berliner Abgeordnetenhauses
1954–1958	Stellvertretender Landesvorsitzender der Berliner SPD
1955–1957	Präsident des Berliner Abgeordnetenhauses
1957–1966	Regierender Bürgermeister von Berlin
1957–1958	Vorsitzender des Bundesrats
1958–1963	Präsident des Deutschen Städtetages
1958–1964	Vorsitzender des Berliner Landesverbandes der SPD
1958–1992	Mitglied des Parteivorstandes der SPD
1960, 1964, 1969	Nominierung zum Kanzlerkandidaten der SPD
1962–1964	Stellvertretender Vorsitzender der SPD
1964–1987	Vorsitzender der SPD
1966–1969	Bundesminister des Auswärtigen und Vizekanzler in der Großen Koalition aus CDU/CSU und SPD
1966–1976	Vizepräsident der Sozialistischen Internationale
1969–1992	Mitglied des Deutschen Bundestages
1969	Wahl zum Bundeskanzler und Beginn der sozial-liberalen Ära
1970	Erste deutsch-deutsche Gipfeltreffen in Erfurt und Kassel; Unterzeichnung des Moskauer und des Warschauer Vertrages; Wahl zum „Mann des Jahres" durch „Time" (USA) und „L'Express" (Frankreich)

1971	Verleihung des Friedensnobelpreises; Ehrenbürger von Berlin
1972	Erfolgloses Misstrauensvotum der CDU/CSU gegen den Bundeskanzler; Sieg der SPD bei den vorgezogenen Wahlen zum Deutschen Bundestag; Wiederwahl zum Bundeskanzler; Ehrenbürger von Lübeck
1973	Inkrafttreten des Grundlagenvertrages; Beitritt beider deutscher Staaten zu den Vereinten Nationen; Unterzeichnung des Prager Vertrages
1974	Rücktritt vom Amt des Bundeskanzlers
1976–1992	Präsident der Sozialistischen Internationale
1977–1983	Vorsitzender der Nord-Süd-Kommission
1979–1983	Mitglied des Europäischen Parlaments
1983, 1987	Alterspräsident des Deutschen Bundestages
1985	Auszeichnung mit dem Albert-Einstein-Friedenspreis
1987–1992	Ehrenvorsitzender der SPD
1990	Ehrenvorsitzender der SPD in der DDR; Alterspräsident des ersten gesamtdeutschen Bundestages
1991	Auf Antrag Brandts und anderer Entscheidung des Deutschen Bundestages für Berlin als Sitz von Regierung und Parlament
1992	Am 8. Oktober in Unkel bei Bonn verstorben

Vorwort der Herausgeber

Willy Brandt zählt zu den großen Persönlichkeiten und bedeutenden Staatsmännern des 20. Jahrhunderts. Sein Name ist untrennbar verbunden mit der Sicherung des Friedens, der Verteidigung der Freiheit und dem unablässigen Bemühen um mehr soziale Gerechtigkeit. Seine Entwicklung vom jungen Linkssozialisten, den seine politische Überzeugung und der Kampf gegen die nationalsozialistische Diktatur in die Emigration führte, zum Regierenden Bürgermeister von Berlin, Vorsitzenden der SPD und später der Sozialistischen Internationale sowie zum Außenminister und Bundeskanzler der Bundesrepublik Deutschland ist eine der bemerkenswertesten Politikerkarrieren des 20. Jahrhunderts.

Die durch den Deutschen Bundestag 1994 ins Leben gerufene Bundeskanzler-Willy-Brandt-Stiftung, in deren Auftrag die Herausgeber die Berliner Ausgabe vorlegen, will mit dieser Edition die Bedeutung Willy Brandts für die Geschichte des 20. Jahrhunderts dokumentieren und einer breiten historisch-politisch interessierten Öffentlichkeit zugänglich machen. An diesem Zweck orientiert sich die auf zehn Bände angelegte Auswahl wichtiger Reden, Artikel und Briefe Willy Brandts.

Die Berliner Ausgabe wird jene innenpolitischen Weichenstellungen beleuchten, die wesentlich von Willy Brandt herbeigeführt wurden. Sie wird zugleich deutlich machen, dass sein vorrangiges politisches Interesse nicht erst seit seinen Berliner Tagen im Bereich der Deutschland- und Außenpolitik lag. Das Augenmerk der Dokumentation gilt weiter dem Parteiführer, der die SPD in ihrer Binnenstruktur modernisierte und einem neuen Denken öffnete, ihr neue Wählerschichten erschloss und später Ansehen und Gewicht der Sozialistischen Internationale, nicht zuletzt in den Ländern der „Dritten Welt", beträchtlich erhöhte. Immer wieder wird offenkundig, dass es bei Willy Brandt beides gibt: bemerkenswerte Konstanten seines Denkens und Handelns und zugleich ein hohes Maß an Flexibilität gegenüber konkreten zeitbedingten Anforderungen sowie die Fähigkeit zur Korrektur der eigenen Politik angesichts neuer Herausforderungen.

Willy Brandt beherrschte die unterschiedlichen Formen und Instrumente der politischen Meinungs- und Willensbildung gleichermaßen souverän. Große Reden auf Parteitagen, auf Marktplätzen, in Versammlungslokalen und Festhallen stehen neben Ansprachen vor einem intellektuellen Publikum und Zeitschriftenaufsätzen; kurze Briefe neben umfassenden grundsätzlichen Äußerungen, Radio- und Fernsehkommentare neben großen Büchern; konzentrierte und gezielte Diskussionsbemerkungen neben knappen, seinerzeit manchmal kaum wahrgenommenen Einmischungen in politische Entscheidungsprozesse. All das werden die Bände widerspiegeln.

Wie nur wenige deutsche Politiker im 20. Jahrhundert hat Willy Brandt nach dem Zusammenbruch der nationalsozialistischen Herrschaft das Weltgeschehen nicht nur beeinflusst, sondern entscheidend mitgestaltet. Er fühlte sich verpflichtet, sich der Last der deutschen Vergangenheit persönlich zu stellen, was ihm neben Anerkennung auch viel Anfeindung eintrug. Bis in die siebziger Jahre musste er sich politischer Diffamierung erwehren, die ihm als Emigranten und Widerstandskämpfer gegen den Nationalsozialismus galten. Auch dies werden die Bände belegen.

Maßgebliche Fundstellen für die Berliner Ausgabe sind der umfangreiche Nachlass im Willy-Brandt-Archiv im Archiv der sozialen Demokratie der Friedrich-Ebert-Stiftung sowie Parallelüberlieferungen im Archiv der sozialen Demokratie – wie SPD-Parteivorstandsakten, Deposita und Nachlässe anderer Politiker. Hinzu kommen zahlreiche einschlägige Bestände von Archiven, Bibliotheken und Stiftungen, wie diejenigen des Bundesarchivs, und natürlich Publikationen Willy Brandts. Jedem der zehn Bände ist eine umfangreiche Einleitung vorangestellt, in der die Texte in den historischen Zusammenhang eingeordnet und kritisch gewürdigt werden. Jeder Band hat einen Umfang von etwa 500 Druckseiten einschließlich eines Personen- und Sachregisters.

Die Berliner Ausgabe will ein facettenreiches Bild vom Leben und Werk Willy Brandts vermitteln. Die Herausgeber hoffen, dass es auf diese Weise gelingt, die Erinnerung an den bedeutenden Politiker und Staatsmann lebendig zu halten. Sie sind davon überzeugt, dass sein Denken und Wirken tiefe Spuren hinterlassen haben und auch unter den veränderten Bedingungen des 21. Jahrhunderts die politische Entwicklung beeinflussen.

Für die unverzichtbare und kollegiale Zusammenarbeit wissen sich die Herausgeber dem früheren Leiter des Historischen Forschungszentrums der Friedrich-Ebert-Stiftung, Herrn Prof. Dr. Dieter Dowe, zu besonderem Dank verpflichtet.

Prof. Dr. Helga Grebing
Prof. Dr. Gregor Schöllgen
Prof. Dr. Heinrich August Winkler

BERND ROTHER/WOLFGANG SCHMIDT

Einleitung

Gemeinsame Sicherheit
Internationale Beziehungen und deutsche Frage 1982–1992

I. Im Streit um die Nachrüstung – Willy Brandt und die sicherheitspolitische Neuausrichtung der SPD nach der „Bonner Wende"

Mit dem Bruch des Regierungsbündnisses von SPD und FDP, das Willy Brandt und Walter Scheel 13 Jahre zuvor geschmiedet hatten, ging Mitte September 1982 die sozial-liberale Ära zu Ende. Am 1. Oktober 1982 wurde der sozialdemokratische Bundeskanzler Helmut Schmidt durch ein konstruktives Misstrauensvotum gestürzt und der Christdemokrat Helmut Kohl zum Nachfolger gewählt. Bei der vorgezogenen Bundestagswahl am 6. März 1983 mussten die Sozialdemokraten mit ihrem Kanzlerkandidaten Hans-Jochen Vogel eine klare Niederlage gegen die neue Koalition von CDU/CSU und FDP einstecken. Anschließend übernahm Vogel den Vorsitz der Bundestagsfraktion und löste Herbert Wehner ab. Aus der einstigen „Troika" blieb somit nur der Parteivorsitzende Willy Brandt auf der politischen Bühne.

Die Auseinandersetzungen in der SPD um den NATO-Doppelbeschluss

Die auf die Oppositionsbank verwiesenen Sozialdemokraten vertrauten auf Brandts Integrationskraft, um die innerparteiliche Zerrissenheit zu überwinden, die auch zu den Ursachen der sogenannten „Bonner Wende" gehörte. Denn viele Gliederungen der SPD rebellierten mehr oder minder offen gegen den NATO-Doppelbeschluss, der in hohem Maße auf Helmut Schmidt zurückging.

Im Dezember 1979 hatte das atlantische Bündnis entschieden, auf die sowjetischen SS-20-Mittelstreckenraketen zu reagieren, die der Kreml seit Mitte der siebziger Jahre in immer größerer Zahl aufstellte.

Diese modernen Raketen waren mit mehreren Atomsprengköpfen bestückt und zielten vor allem auf westeuropäische Städte. Der zweiteilige Beschluss der NATO besagte, dass bis Ende 1983 eine Vereinbarung mit der Sowjetunion über den Abbau der SS-20 erreicht werden müsse. Andernfalls sollten 108 amerikanische Pershing-II-Raketen und 464 bodengestützte Marschflugkörper (Cruise missiles) in der Bundesrepublik Deutschland, Großbritannien, Italien, den Niederlanden und Belgien stationiert werden. Diese Ankündigung hatte zweierlei bewirkt: Zum einen waren die USA und die Sowjetunion am 17. Oktober 1980 in Genf zu Verhandlungen über die nuklearen Mittelstreckenwaffen (INF) zusammengekommen, die jedoch schon nach einem Monat unterbrochen worden waren und auch nach ihrer Wiederaufnahme am 30. November 1981 praktisch keine Fortschritte machten. Zum anderen hatte sich Anfang der achtziger Jahre in vielen westlichen Staaten und teils auch im Osten eine Friedensbewegung gegen die atomare Aufrüstung gebildet.

Zu den Massendemonstrationen in der Bundesrepublik strömten nicht zuletzt viele Anhänger und Mitglieder der SPD. Daraus entstand ein Konflikt, der das ohnehin schwierige Verhältnis zwischen dem Bundeskanzler und dem Parteivorsitzenden erheblich belastete. Während Schmidt beide Teile des NATO-Doppelbeschlusses nachdrücklich gegen die anschwellenden Proteste der Friedensbewegung verteidigte, blieb der deutschen Öffentlichkeit nicht verborgen, dass auch Brandt am Sinn der westlichen Androhung, gegebenenfalls „nachzurüsten", stark zweifelte. Unmittelbar nach dem Verlust der Regierungsmacht beklagte sich Schmidt über die seiner Ansicht nach mangelnde Unterstützung Brandts. Der aber wies den Vorwurf entschieden zurück.[1] Insbesondere beim Münchener Bundesparteitag vom April 1982 war es Willy Brandt mit größter Mühe gelungen, eine Kompromissformel zu finden, die dem Kanzler eine mögliche Abstimmungsniederlage ersparte und mit der die SPD ein weiteres Jahr gewann, ehe sie endgültig Position beziehen musste: Die Partei werde im Herbst 1983 entscheiden, welche Folgerungen sie aus dem bis dahin erreichten Stand der Genfer Verhandlungen für die Frage der Raketenstationierung ziehe, so der Beschluss.[2]

Gegen die Eskalation des Rüstungswettlaufs

Wie der SPD-Vorsitzende votieren würde, das war nach dem Regierungswechsel ziemlich klar. „Es gilt, sich gegen den Strom zu stellen, wenn dieser sich wieder einmal ein falsches Bett zu graben versuchen sollte"[3], erklärte er im Frühjahr 1983. Der sowjetische Einmarsch in Afghanistan im Dezember 1979, der amerikanische Boykott der Olympischen Spiele in Moskau 1980, die Verhängung des Kriegsrechts in Polen im Dezember 1981 und dazu der Streit um die Mittelstreckenraketen hatten eine neue Eiszeit im Ost-West-Verhältnis ausgelöst. Für diese Entwicklung machte Brandt aber nicht nur den Kreml, sondern auch „einige einflussreiche Kreise in den USA" verantwortlich, denen „die völkerrechtswidrige sowjetische Intervention in Afghanistan" der willkommene Anlass gewesen sei, „Furcht vor der Sowjetunion in beschleunigte Rüstung umzusetzen und den Kalten Krieg zu kultivieren". Der SPD-Chef sah die SS-20-Raketen sehr wohl als Bedrohung an. Doch nicht minder hielt er die gigantische Aufrüstung der Vereinigten Staaten, die Präsident Ronald Reagan seit seinem Amtsantritt 1981 in allen militärischen Bereichen vorantrieb, für „einen gefährlichen Irrweg". Aus seiner Sicht wollten die Gegner der Entspannungspolitik in den USA die Sowjetunion und deren Bündnissystem „kaputtrüsten oder es auf andere Weise in die Knie zwingen".[4] Im September 1983 sagte Brandt, es werde dem Westen nicht gelingen, das kommunistische System von außen zu stürzen. „Das wird im historischen Prozess aus anderen Gründen geschehen, aber nicht als Ergebnis von militärischem Druck."[5]

Die Politik Reagans und manche seiner öffentlichen Äußerungen schienen von einer anderen Einschätzung der westlichen Möglichkeiten auszugehen. 1982 hatte der amerikanische Präsident erklärt, die Zeit sei gekommen, „einen neuen Kreuzzug für die Freiheit zu beginnen, um den Marxismus-Leninismus auf den Müllhaufen der Geschichte zu werfen".[6] Im März 1983 bezeichnete er die Sowjetunion als „Reich des Bösen", und am 11. August 1984 machte Reagan bei einer Mikrofonprobe den makabren Scherz, in fünf Minuten werde mit der Bombardierung Russlands begonnen.[7] Auch die Strategische Verteidigungsinitiative (Strategic Defense Initiative – SDI), die er am 23. März 1983 ankündigte, interpretierten Kritiker als weiteren Versuch der USA, militärische Überlegenheit über die Sowjetunion zu erlangen. Dieses Forschungsprojekt, aus dem ein weltraumgestütztes Abwehrsystem gegen strategische Nuklearwaffen hervorgehen sollte[8], stellte den seit 1972 bestehenden amerikanisch-sowjetischen Vertrag über die Raketenabwehr (ABM) in Frage. Zu all dem kam hinzu, dass die US-Regierung den sowjetischen Einfluss in der sogenannten „Dritten Welt" zurückdrängen wollte, was zusätzliche Brandherde im Ost-West-Konflikt schuf. Besonders in Mittelamerika unterstützte die Reagan-Administration massiv antikommunistische Kräfte und deren bewaffneten Kampf gegen linksgerichtete Regierungen und Guerillaorganisationen.[9]

In der Neigung von Amerikanern und Sowjets, „sich in fremde Angelegenheiten einzumischen oder den Ost-West-Konflikt zu exportieren", erkannte Willy Brandt eine eminente Gefahr für den Weltfrieden.[10] Nicht nur er befürchtete damals, aus dem „zweiten Kalten Krieg" könnte ein atomarer Weltkrieg werden, und sei es versehentlich zum Beispiel durch Fehler in computergesteuerten Alarmsystemen.[11] Das würde Europa, so war sich der SPD-Vorsitzende mit vielen einig, in ein nukleares Schlachtfeld mit Millionen Toten verwandeln und zuallererst die Deutschen zum Untergang verurteilen.[12]

Zu dieser Zeit schenkten viele Westeuropäer den Beteuerungen der US-Regierung kaum noch Glauben, am Verhandlungstisch in Genf ernsthaft eine Lösung anzustreben. Die deutschen Sozialdemokraten fanden ihre Zweifel bestätigt, als 1983 bekannt wurde, dass sich der amerikanische und der sowjetische Unterhändler, Paul Nitze und Julij Kwizinski, am 16. Juli 1982 bei einem Waldspaziergang auf einen Kompromiss bei den Mittelstreckenwaffen verständigt hatten. Demnach wäre die Zahl der sowjetischen SS-20-Raketen auf 75 reduziert worden, während die USA ebenso viele Cruise missiles hätten aufstellen dürfen.[13] Beide Regierungen akzeptierten diesen Vorschlag jedoch nicht. Helmut Schmidt, der –

obwohl noch Kanzler – vom amerikanischen Bündnispartner über den Vorgang nicht unterrichtet worden war, wäre mit einer solchen Lösung einverstanden gewesen. Dagegen äußerte Willy Brandt im Sommer 1983 Vorbehalte gegen die „Waldspaziergangsformel", weil „das Interesse unseres Volkes dafür spricht, daß keine zusätzliche Stationierung von Nuklearraketen stattfindet und dafür die Sowjetunion das abbaut, was eine solche Null-Lösung auf unserer Seite möglich macht".[14] Der SPD-Vorsitzende wollte verhindern, dass sich die Spirale der nuklearen Aufrüstung unaufhörlich nach oben drehte. Denn für den Fall der Stationierung neuer amerikanischer Flugkörper in Westeuropa drohte Moskau offen damit, als „Gegenmaßnahme" Raketen mit extrem kurzen Flugzeiten in der DDR und in der ČSSR aufzustellen.

Das Konzept der Gemeinsamen Sicherheit

Wegen der zu erwartenden weiteren Nach- und Aufrüstungsrunden war Willy Brandt „persönlich tief besorgt".[15] Daher bestand er darauf, „dass illusionslos daran gearbeitet wird, den Entspannungsprozess wieder aufzunehmen. Die Politik, die auf Entspannung zielt, ist nämlich nicht definitiv gescheitert."[16] Der Schlüssel für ihre Wiederaufnahme war nach seiner Überzeugung nur in einer neuen Sicherheitspolitik zu finden. Sein Credo lautete: „Im atomaren Zeitalter ist [...] jedes Streben nach Überlegenheit abzulehnen, zumal keine anwendbare Überlegenheit mehr zu erzielen ist und der Versuch, sie zu erreichen, nur die Fortsetzung eines destabilisierenden Rüstungswettlaufs bedeuten würde. Deshalb ist Sicherheit im Zeitalter gegenseitig gesicherter Zerstörung nicht mehr allein vor dem potentiellen Gegner, sondern nur noch mit ihm erreichbar."[17] Auf diesen Sätzen gründete das Konzept der „Sicherheitspartnerschaft" oder „Gemeinsamen Sicherheit". Die Schaffung „struktureller Nichtangriffsfähigkeit" von NATO und Warschauer Pakt war das Grundprinzip dieses Denkmodells, das maßgeblich von Egon Bahr in der „Unabhängigen Kommission für Abrüstung und Sicherheitsfragen" entwickelt worden war. Den Ideen und

Vorschlägen des vom schwedischen Ministerpräsidenten Olof Palme initiierten und geleiteten internationalen Gremiums, das seinen Abschlussbericht im Juni 1982 vorgelegt hatte, stimmte Willy Brandt ausdrücklich zu.

Im Konzept der „Gemeinsamen Sicherheit" stand die Erhaltung des Friedens an oberster Stelle. Die Gegensätze der beiden Blöcke und ihrer Systeme bestünden fort, so Brandt. „Aber auch unsere ideologischen Überzeugungen und unsere Werte können sich nur im Frieden erfolgreich durchsetzen". „Ohne den Frieden ist alles andere nichts", unterstrich der SPD-Vorsitzende ein ums andere Mal und fügte hinzu, „es gibt keine moralische Position, die noch Gewaltanwendung zur Lösung von Konflikten zwischen den Blöcken, wie auch den Staaten, rechtfertigen könnte".[18] Für Brandt stand nichts weniger als die Existenz der Menschheit auf dem Spiel.

Aufgrund der Anhäufung nuklearer und konventioneller Waffen war der Frieden in Europa besonders gefährdet. In einer pro-

In enger Abstimmung bei der sicherheitspolitischen Neuausrichtung der SPD: Kanzlerkandidat Hans-Jochen Vogel (l.), der Abrüstungsexperte Egon Bahr (M.) und der Parteivorsitzende Willy Brandt während des Außerordentlichen Bundesparteitages in Dortmund am 23. Januar 1983.

grammatischen Rede vor deutschen und sowjetischen Sicherheitsexperten erklärte der SPD-Vorsitzende am 21. Oktober 1982, Ost und West müssten „gemeinsam nachdenken und diskutieren, wie sich eine Sicherheitspartnerschaft in Europa verwirklichen läßt, die für einen dauerhaften, nicht nur auf Abschreckung beruhenden Frieden in unserem Teil der Welt sorgt. [...] An die beiden größten und stärksten Mächte geht daher zuerst die Aufforderung, neue Wege einzuschlagen und mehr Sicherheit zu schaffen durch die Vereinbarung eines annähernden Gleichgewichts auf möglichst niedrigem Niveau."[19] Letztlich knüpfte Willy Brandt 1982 an jene Überlegungen an, die er gemeinsam mit Egon Bahr erstmals Ende der sechziger Jahre formuliert hatte, um die langfristigen Perspektiven der Ostpolitik zu skizzieren: „Ziel der Politik muss es sein, die Ost-West-Konfrontation so zu verändern, dass das Verhältnis zwischen den Bündnissen in eine europäische Friedensordnung übergeleitet werden kann."[20] Die Vision, die Brandt und Bahr nach wie vor teilten, war eine von beiden Supermächten garantierte gesamteuropäische Sicherheitsstruktur, welche die Idee der Gemeinsamen Sicherheit verwirklichen und den Warschauer Pakt wie die NATO überflüssig machen sollte. Solange eine solche europäische Friedensordnung nicht geschaffen sei, blieben die beiden Bündnisse aber unverzichtbare Faktoren der Stabilität[21], betonte Brandt immer wieder.

Die „Europäisierung Europas"

Neben dem Konzept der „Gemeinsamen Sicherheit" wurden die entspannungspolitischen Vorstellungen der SPD nach 1982 von einer weiteren Denkfigur geprägt: der „Europäisierung Europas". Willy Brandt selbst hatte diesen Begriff erstmals am 29. April 1973 in einem Artikel für die *New York Times* gebraucht und damit den voranschreitenden Einigungsprozess der Europäischen Gemeinschaft sowie ihr Streben nach außenpolitischer Emanzipation charakterisiert.[22]

Dieser Gedanke behielt in den Überlegungen des SPD-Vorsitzenden starkes Gewicht.[23] Mitte 1985 regte Brandt an, auch auf militärischem Gebiet die Kooperation der EG-Staaten zu verstärken und „ein selbständigeres westeuropäisches Verteidigungssystem auf der Basis enger deutsch-französischer Übereinstimmung" zu errichten. „Wir wären imstande, uns bei aller Loyalität zum westlichen Bündnis ein Stück von dem unfruchtbaren Gegensatz der beiden Weltmächte zu lösen"[24], so begründete er diesen Vorschlag.

Die Idee von der „Europäisierung Europas" oder „Selbstbehauptung Europas" bezog sich keineswegs nur auf Westeuropa. Vielmehr ging es um die Emanzipation des gesamten Kontinents von den beiden Supermächten und ihrer Rivalität. Eine solche Entwicklung hatte der Publizist Peter Bender schon 1981 für wünschenswert gehalten. Der enge Freund Egon Bahrs vertrat die Auffassung, dass nicht mehr die unterschiedlichen Ideologien die Ost-West-Beziehungen bestimmten, sondern die gegensätzlichen Machtinteressen der USA und der Sowjetunion. Die daraus resultierende Hochrüstung gefährde die Existenz Europas, was eine Gegenbewegung hervorrufen werde, so Bender. Über die Trennlinien hinweg würden die Ost- und Westeuropäer ihre Gemeinsamkeiten wieder entdecken. Um den Frieden zwischen ihnen dauerhaft zu sichern, sollten sie mit der Abrüstung in Mitteleuropa beginnen und schrittweise gesamteuropäische Strukturen aufbauen bis zur Auflösung der beiden Blöcke, so sein visionäres Modell.[25]

Zwar stufte Willy Brandt das Postulat, Europa sei nicht mehr ideologisch geteilt, 1981 als „gewollte Überzeichnung" ein. Er stimmte aber ausdrücklich dem Befund zu, dass die Kraft der Ideologien abnehme, und hielt eine „ideologische Koexistenz" nicht für unmöglich.[26] Brandt machte sich Benders Thesen weitgehend zu eigen.[27] Vor amerikanischen Kongressabgeordneten erklärte der SPD-Vorsitzende im September 1983: „Ich bin überzeugt, der historische Trend wird in die Richtung gehen, dass Europa wieder Europa wird. Die beiden Teile, Ost- und Westeuropa, kommen näher zusammen mit mehr Unabhängigkeit gegenüber den Weltmächten." Bei dieser Gelegenheit sagte er sogar das Ende der sowjetischen Vorherrschaft im Osten voraus: „Die Erfahrung, die wir gemacht haben, ist, dass [...] Russland als eine Supermacht einfach nicht die innere Stärke hat,

Polen, die Tschechoslowakei und Ungarn zu verdauen, um diese Länder zu nennen. Sie gehören zu Europa."²⁸

Zweifel an der Bündnissolidarität der SPD

Im Laufe des Jahres 1983 wurde der Streit um die Raketenstationierung immer heftiger geführt. In der Bundesrepublik warfen Kritiker innerhalb und außerhalb der SPD vor, mit den Sympathien für die Friedensbewegung drifte sie in die Neutralität und den Pazifismus ab und vertrete antiamerikanische Positionen. Willy Brandt wies das entschieden zurück: „Ich bin kein Neutralist, sondern bewusster Europäer. Ich habe unter dem Eindruck der nazistischen Gefahr kein Pazifist werden können."²⁹ Zudem bekannte er sich klar zur Westintegration: „Die Außen- und Sicherheitspolitik der Bundesrepublik Deutschland gründet sich auf ihre Mitgliedschaft in der Atlantischen Allianz, die Zugehörigkeit zur Europäischen Gemeinschaft und die Freundschaft mit den Vereinigten Staaten von Amerika."³⁰

Die verbreiteten Zweifel an der Verlässlichkeit der SPD konnte das jedoch nicht ausräumen. Sogar in den eigenen Reihen meldeten sich warnende Stimmen zu Wort.³¹ Am größten war das Misstrauen gegenüber der SPD in den USA, weshalb Brandt im August 1983 einen „Offenen Brief auf Fragen amerikanischer Freunde" schrieb, der in der *Washington Post* erschien. Die Ablehnung neuer Raketen sei nicht mit Antiamerikanismus gleichzusetzen und beides dürfe auch nicht miteinander verwechselt werden.³² Obwohl der SPD-Vorsitzende nach seinen eigenen Worten viele Ziele der Friedensbewegung teilte, fürchtete er auch ihre „Illusionen, die aus Realitätsferne entstehen".³³ Der Forderung, die Bundesrepublik müsse das nordatlantische Bündnis verlassen, trat Brandt entgegen, besonders in seiner Rede bei der großen Friedenskundgebung im Bonner Hofgarten am 22. Oktober 1983.³⁴ Vor der sozialdemokratischen Bundestagsfraktion hatte er bereits seinem Parteifreund, dem Saarbrücker Oberbürgermeister Oskar Lafontaine, energisch widersprochen, der den Austritt der Bundesrepublik aus der integrierten militärischen Organisation der NATO verlangte.³⁵

Das Nein der deutschen Sozialdemokratie zur Raketenstationierung

Über die Folgen der Genfer Verhandlungen, deren Scheitern sich abzeichnete, debattierten die SPD-Abgeordneten leidenschaftlich. Die Schmidt-Getreuen, die an beiden Teilen des NATO-Doppelbeschlusses festhielten, befanden sich deutlich in der Minderheit. Am 13. September 1983 gestand Willy Brandt vor seinen Fraktionskollegen ein, dass ihm schon beim Parteitag in Berlin Ende 1979 die Zustimmung zum NATO-Doppelbeschluss nicht leicht gefallen sei. Als Parteivorsitzender habe er jedoch die Pflicht gehabt, den sozialdemokratischen Bundeskanzler zu unterstützen.[36]

Diese Pflicht bestand nach dem Regierungswechsel nicht mehr. Vor allem aber hatten sich aus Brandts Sicht die internationalen Bedingungen gegenüber 1979 grundsätzlich verändert. Die Beziehungen zwischen den Supermächten waren auf dem Tiefpunkt angelangt. Am 1. September 1983 wurde eine südkoreanische Zivilmaschine, die versehentlich den Luftraum der Sowjetunion verletzt hatte, durch einen sowjetischen Abfangjäger abgeschossen. Alle 269 Insassen des Verkehrsflugzeugs kamen dabei ums Leben. Die USA und ihre Verbündeten verurteilten den vom sowjetischen Verteidigungsminister angeordneten Abschuss scharf. Nicht weniger hart prangerte die SPD-Führung das Vorgehen der Sowjets an und verlangte Aufklärung.

Zugleich drängten die Sozialdemokraten gegenüber beiden Supermächten darauf, in Genf alles für einen Erfolg bei den INF-Verhandlungen zu tun. Deren nahendes Ende vor Augen, war Brandt fest davon überzeugt, dass ein Ergebnis leichter vor als nach der Stationierung zu erzielen sei.[37] Das hieß: Die Genfer Gespräche sollten über die im NATO-Doppelbeschluss gesetzte Frist hinaus weitergeführt und die Entscheidung über die Aufstellung amerikanischer Raketen folglich verschoben werden. Der Aufschub sollte nicht unbegrenzt gelten, „aber nachdem man zwei Jahre verloren hat, weil man spät startete, kann es nicht so schlecht sein, ein Jahr dranzuhängen", erläuterte Brandt seinen Vorschlag bei einer Anhörung vor einem Ausschuss des amerikanischen Kongresses Ende September 1983.³⁸ Worüber weiter verhandelt werden könnte, zeigte der SPD-Vorsitzende in einem Vier-Punkte-Plan zum schrittweisen „Einfrieren" der Atomwaffenrüstung auf, den er während seines Aufenthalts in den Vereinigten Staaten öffentlich vorstellte: 1. Ein amerikanisch-sowjetisches Abkommen über die Einstellung aller Nuklearwaffentests und den totalen Stationierungsstopp für neue Atomwaffen. 2. Den Verzicht der USA auf die Stationierung neuer Mittelstreckensysteme in Westeuropa und gleichzeitig den Beginn der Reduzierung und Zerstörung der auf Westeuropa gerichteten sowjetischen Mittelstreckenraketen. 3. Die Aufnahme von Verhandlungen über ein Abkommen für das beiderseitige und verifizierbare „Einfrieren" auch der Nuklearwaffen-Produktion. 4. Die Zusammenlegung der Verhandlungen über Mittelstreckenwaffen (INF) und der Verhandlungen über strategische Nuklearwaffen (START) zur planmäßigen Reduktion der nuklearen Rüstungen.³⁹

Mit diesem Vorstoß suchte Brandt zum einen den Schulterschluss mit der amerikanischen Friedensbewegung „FREEZE", die sich das „Einfrieren" der Nukleararsenale der USA und der Sowjetunion zum Ziel gesetzt hatte. Zum anderen war es der Versuch, „Moskau beim Wort [zu] nehmen", denn die Sowjetunion habe, so wertete es jedenfalls der SPD-Vorsitzende, ihre Bereitschaft erklärt, die Mittelstreckenraketen auf ein „ausreichend niedriges Niveau" zu reduzieren.⁴⁰ Das bezog sich auf den mehrfach vorgebrachten sowjetischen Vorschlag, die Zahl der Mittelstreckensysteme in Europa auf je 300 für beide Seiten zu begrenzen. Generalsekretär Jurij Andropow erneuerte diese Offerte am 27. August 1983 und bot zudem erstmals an, „überzählige" SS-20-Raketen zu verschrotten. Allerdings beharrte er darauf, dass die – fast ausnahmslos auf U-Booten befindlichen – 162 britischen und französischen Nuklearraketen mitgezählt würden. Die in Asien stationierten sowjetischen SS-20, deren Beseitigung die USA im Rahmen einer weltweiten Null-Lösung anstrebten, sollten jedoch nicht berücksichtigt werden. Auch dürften in keinem Fall neue amerikanische Mittelstreckenwaffen in Westeuropa stationiert werden, erklärte Andropow.⁴¹

Um ein Nein der westeuropäischen Parlamente zur Raketenstationierung zu erreichen, wandten sich der Generalsekretär und die erweiterte Führung der KPdSU in zahlreichen offenen Briefen an die Regierungen, Parteien und Abgeordneten im Westen. Im Fokus der sowjetischen Propagandaoffensive stand die Bundesrepublik, und hier waren in erster Linie die Sozialdemokraten der Adressat. Willy Brandt antwortete am 22. September 1983 mit einem persönlichen Schreiben an Andropow. Darin bekräftigte er die Zustimmung der SPD zum Vorschlag der Sowjetunion, die britischen und die französischen Nuklearwaffen in die amerikanisch-sowjetischen INF-Verhandlungen einzubeziehen, was die Regierungen der USA, Großbritanniens, Frankreichs und der Bundesrepublik nach wie vor strikt ablehnten. Brandt forderte Andropow aber dazu auf, die sowjetische Ankündigung, ein „Gleichgewicht zu den Systemen der britischen und französischen Nuklearwaffen herzustellen", praktisch umzusetzen.[42] Doch diese Bitte Brandts stieß in Moskau auf taube Ohren. Statt eines ersten einseitigen Abrüstungsschritts kündigte die Sowjetunion am 24. Oktober 1983 an, mit den Vorbereitungen für die Aufstellung von Mittelstreckenraketen kürzerer Reichweite (SS-21, SS-12 – auch SS-22 genannt – und SS-23) auf dem Gebiet der DDR und der Tschechoslowakei zu beginnen.[43]

Bei den Verhandlungen in Genf gab es keinerlei Bewegung mehr. Die Entscheidung über neue Mittelstreckenwaffen in Westeuropa musste nun fallen. In Großbritannien wurden bereits am 14. November 1983 die ersten von 160 Cruise missiles stationiert. Fünf Tage später sprachen sich die deutschen Sozialdemokraten auf ihrem Sonderparteitag in Köln mit sehr großer Mehrheit gegen die Aufstellung der amerikanischen Raketen und Marschflugkörper aus und forderten stattdessen weitere Verhandlungen.[44] Zu den 14 Delegierten, die dem Antrag nicht folgten, gehörte Altkanzler Helmut Schmidt. Das Votum der SPD änderte den Lauf der Dinge allerdings nicht mehr. Am 22. November 1983 stimmte der Deutsche Bundestag mit 286 gegen 225 Stimmen bei einer Enthaltung dem Beginn der Stationierung von 108 Pershing II und 96 Cruise missiles in der

Helmut Schmidt (l.), Willy Brandt und Johannes Rau (r.) beim Außerordentlichen Bundesparteitag der SPD in Köln am 18. November 1983.

Bundesrepublik zu. Tags darauf brach die Sowjetunion die Genfer INF-Gespräche ab, am 8. Dezember 1983 auch die START-Verhandlungen.[45]

Die neue SPD-Sicherheitspolitik im Widerstreit der Meinungen

Verbunden mit dem Nein zur Nachrüstung forderte die SPD die Abkehr von der Doktrin der gegenseitigen nuklearen Abschreckung der beiden Blöcke. Angesichts der von den USA und der Sowjetunion angehäuften Atomwaffenarsenale, die rechnerisch die vielmalige Vernichtung des Gegners garantierten („Overkill-Kapazitäten"), hielt die Partei das „Gleichgewicht des Schreckens" für äußerst gefährlich und nicht mehr glaubwürdig. Stattdessen plädierte sie für eine Sicherheitspartnerschaft zwischen Ost und West und verlangte insbesondere eine neue Strategie der NATO.[46] In einer Unterredung mit hochrangigen Vertretern der KPdSU regte Willy Brandt Ende November 1983 an, „Gedanken über Nuklearfreiheit in Teilen Europas zu reaktivieren" und die Vorschläge der Palme-Kommission aufzugreifen, um den Rüstungswettlauf zu stoppen.[47]

Nicht nur beim politischen Gegner in der Bundesrepublik und bei der amerikanischen Regierung, sondern auch bei einigen ihrer westeuropäischen Schwesterparteien stieß der neue Kurs der SPD auf heftige Kritik. Der französische Staatspräsident, der Sozialist François Mitterrand, hatte schon am 20. Januar 1983 im Deutschen Bundestag sein unbedingtes Festhalten am NATO-Doppelbeschluss mit allen Konsequenzen bekräftigt und damit Bundeskanzler Helmut Kohl demonstrativ den Rücken gestärkt. Für noch mehr Verärgerung bei Brandt und seinen Parteifreunden sorgten Äußerungen, die dem internationalen Sekretär der französischen Sozialisten, Jacques Huntzinger, zugeschrieben wurden.[48] Der soll 1983 gesagt haben: „[W]enn die Pershings und die Cruise Missiles vielleicht keinen anderen Sinn hätten, so doch einen: nämlich die deutsche Teilung zu vertiefen, so daß man das deutsche Problem für mindestens 20 Jahre vom Hals habe."[49] Im Zentrum der französischen Bedenken stand indes die Sorge um die Solidarität der Bundesrepublik im NATO-Bündnis, falls die deutschen Sozialdemokraten wieder an die Regierung kämen. Eine eigens gebildete Arbeitsgruppe von SPD und PS vermochte die grundlegenden Differenzen beider Parteien in der Sicherheitspolitik nicht wirklich auszuräumen.[50]

Innerhalb der Sozialistischen Internationale fanden die Ideen der SPD vor allem bei den Mitgliedern aus Skandinavien, den Beneluxstaaten und Großbritannien Zustimmung. Sehr kritisch äußerten sich Franzosen, Italiener und Portugiesen. Bei einem informellen Treffen der Parteiführer der SI, das am 25. Mai 1984 in Paris stattfand, ging Portugals sozialistischer Ministerpräsident Mário Soares nicht nur mit dem Pazifismus der britischen Labour Party hart ins Gericht, sondern auch mit der Politik der SPD.[51] Vehement verteidigte Soares die Stationierung neuer amerikanischer Mittelstreckenwaffen und lobte in diesem Zusammenhang ausdrücklich den Mut der deutschen Bundesregierung. Er könne den sich daraus ergebenden Umkehrschluss nicht akzeptieren, schrieb Brandt, „traurig und zornig gestimmt", dem portugiesischen Genossen am 13. Juni 1984 daraufhin in einem Brief.[52]

SDI und die Differenzen mit der Reagan-Administration

Zur Außen- und Sicherheitspolitik der Vereinigten Staaten befand sich Willy Brandt auch nach der Wiederwahl Ronald Reagans im Jahr 1984 „in kritischer Distanz". Diese vom SPD-Chef selbst gewählte Formulierung umschrieb den Sachverhalt in höflicher Form. Tatsächlich handelte es sich um kaum überbrückbare Differenzen[53], die im Frühjahr 1985 kulminierten. In einem Vortrag bei dem renommierten Council on Foreign Relations am 24. April in New York griff Brandt die amerikanische Administration heftig an.[54] Er warf ihr Unberechenbarkeit und Perspektivlosigkeit in strategischen Grundfragen sowie fehlende Abstimmung im NATO-Bündnis vor. Ungeachtet dessen bekannte Brandt sich zur atlantischen Wertegemeinschaft, indem er die tief greifenden Unterschiede „zwischen unseren Vorstellungen der Demokratie und dem kommunistischen Weg der Einpartei-Herrschaft" herausstellte. Die Auseinandersetzung der beiden Systeme müsse geschichtlich ausgetragen werden, was aber nur gehe, wenn der Dritte Weltkrieg ausgeschlossen werde. Mit Blick auf die Hochrüstungspolitik der USA fügte er hinzu: „Es ist für mich unverständlich, warum die Konkurrenz ausgerechnet dort gesucht wird, wo sie am gefährlichsten ist: auf dem Gebiet der Waffen, während wir die Sowjetunion auf den Gebieten der Wirtschaft, der Gesellschaft, unserer Vorstellung von den Werten des einzelnen Menschen nicht angemessen herausfordern."

Den besonderen Unmut des SPD-Vorsitzenden erregte die Strategische Verteidigungsinitiative (SDI), die sich zum Haupthindernis bei den amerikanisch-sowjetischen Verhandlungen in Genf entwickelt hatte. Dabei gab es zwischen dem Denken des amerikanischen Präsidenten und dem sozialdemokratischen Sicherheitskonzept sogar eine wesentliche Übereinstimmung, die Brandt sehr wohl registrierte. Für Reagan standen hinter SDI der Wunsch und die Vision, die Strategie der nuklearen Abschreckung aufzugeben und alle Atomwaffen abzuschaffen. Das wollten auch die deutschen Sozialdemokraten, aber auf einem ganz anderen Weg. „Muß man in den Weltraum gehen, um die Abschreckung zu überwinden? Kann man die garantierte Defensivfähigkeit beider Seiten nicht auf der Erde erreichen?"[55], fragte Willy Brandt in New York und verwies auf die alternative Strategie der SPD. Aus ihrer Warte erhöhte das von den Medien als „Krieg der Sterne" apostrophierte Programm die Wahrscheinlichkeit einer nuklearen Auseinandersetzung der Supermächte, anstatt sie zu eliminieren.

Unmittelbar nach seiner Rückkehr aus den USA erhielt der SPD-Chef die Mitteilung, beim Staatsbesuch des amerikanischen Präsidenten in der Bundesrepublik Anfang Mai 1985 werde er entgegen ursprünglichen Zusagen nicht mit Reagan zusammentreffen können. Daraufhin sagte Brandt seine Teilnahme am Staatsbankett ab und schrieb dem Präsidenten einen kurzen Brief, in dem er seinen Zorn über die Brüskierung kaum verbarg.[56]

II. „Die zweite Phase der Ostpolitik" – Die „Nebenaußenpolitik" der SPD und ihres Vorsitzenden in den achtziger Jahren

Im Herbst 1982 bekannte sich Willy Brandt auch deshalb so klar zu einer Fortsetzung der Entspannung mit der Sowjetunion und ihren Verbündeten, weil die Sozialdemokraten zunächst befürchteten, die neue Regierung könnte die sozial-liberale Ost- und Deutschlandpolitik zu den Akten legen. Zum einen begründete der erbitterte Widerstand, den die Unionsparteien in den siebziger Jahren gegen die Ostverträge geleistet hatten, diese Besorgnis. Zum anderen erwartete die SPD als Folge der Zustimmung von CDU/CSU und FDP zur westlichen Raketenstationierung eine dramatische Verschlechterung der Beziehungen zwischen der Bundesrepublik und ihren östlichen Nachbarn. Letztlich entpuppten sich diese Befürchtungen in fast allen Punkten als übertrieben. Der alte und neue Außenminister hieß Hans-Dietrich Genscher (FDP) und war ein Garant für ost- und deutschlandpolitische Kontinuität. Außerdem sollte sich sehr bald zeigen, dass sogar Franz Josef Strauß (CSU) kein Kalter Krieger mehr sein mochte. Bundeskanzler Helmut Kohl hatte schon am 13. Oktober 1982 in seiner ersten Regierungserklärung betont, zu den Ostverträgen zu stehen und sie als „Instrumente aktiver Friedenspolitik" zu nutzen.[57] Äußerungen einzelner Regierungsmitglieder ließen jedoch auch erkennen, dass starke Kräfte innerhalb der Union sich weiterhin gegen die endgültige Anerkennung der polnischen Westgrenze sperrten.[58]

Neben dem grundsätzlichen Anliegen, sich im In- und Ausland als die bessere Alternative zu präsentieren, gab es also eine Reihe guter Gründe für die SPD, die Außen- und Deutschlandpolitik nicht allein der Bundesregierung zu überlassen. Die Partei werde, so kündigte ihr Vorsitzender bereits im Herbst 1982 an, „auch in zeitweiliger Opposition, alles tun, damit sich die staatlichen Beziehungen so gut wie nur möglich fortentwickeln".[59] Willy Brandt deutete damit an: Die deutschen Sozialdemokraten würden jene Bemühungen fortsetzen, die sie seit 1975 unter seiner Führung vor allem im Rahmen der Sozialistischen Internationale unternommen hatten, um Frieden, Entspannung, Abrüstung und Entwicklung weltweit zu fördern.[60]

In den achtziger Jahren bildeten die Pflege und der Ausbau der Beziehungen nach Osten einen besonderen Schwerpunkt der sozialdemokratischen „Nebenaußenpolitik". Mit der Aufnahme und der Erweiterung von Kontakten zu den kommunistischen Staatsparteien bemühte sich die SPD um einen eigenständigen und von der Bundesregierung unabhängigen Zugang zu den Machthabern in der östlichen Hemisphäre. Bis Mitte 1983 hatte sie auf Parteiebene nur mit der USAP Ungarns, der KP Bulgariens und gelegentlich der KP Rumäniens regelmäßige Gespräche geführt.[61] Auf Betreiben ihres Vorsitzenden war die SPD nun bereit, auch mit den regierenden kommunistischen Parteien der Sowjetunion, der DDR, Polens, der ČSSR, Jugoslawiens, Chinas, Vietnams und Kubas in einen kontinuierlichen Dialog einzutreten und ihn systematisch auszubauen. Eine wichtige Rolle spielten in diesem Zusammenhang parteinahe Einrichtungen, besonders die Friedrich-Ebert-Stiftung, deren Rat Willy Brandt Ende 1983 in dieser Frage einholte und die eine Kontaktaufnahme mit kommunistischen Parteien eindeutig befürwortete.[62]

Auf dem Weg zu einer europäischen Friedensordnung?

Über die verstärkte Zusammenarbeit mit den kommunistischen Staatsparteien wollte die SPD eine „zweite Phase der Ostpolitik" in Gang setzen, von der als erster der Bundestagsabgeordnete Karsten Voigt im Jahre 1980 gesprochen hatte.[63] Mit ihr hofften die Sozialdemokraten neue Impulse setzen zu können mit dem Ziel, eine von ihnen beklagte historische Fehlentwicklung zu korrigieren. Auf seine Kanzlerschaft zurückblickend sagte Willy Brandt im Juni 1985 vor Außenpolitikern seiner Fraktion, er habe zu Beginn der siebziger Jahre nicht erwartet, dass der Entspannungsprozess in Teilverhandlungen gesplittet werden würde.[64] Damit meinte er die Gespräche über die Begrenzung atomarer Waffen in Genf (SALT bzw. START und INF), die Verhandlungen über die beiderseitig ausgewogene Abrüstung im konventionellen Bereich in Wien (MBFR) sowie die Konferenz über Sicherheit und Zusammenarbeit in Europa in Helsinki (KSZE). Nirgends hatte man bislang einen Durchbruch erzielen können. Für eine Fortsetzung der Entspannungspolitik seien europäische Initiativen notwendig, erklärte der SPD-Vorsitzende 1985. „Dabei sollte man sich auf europaspezifische Themen konzentrieren, wie vertrauensbildende Maßnahmen in allen Bereichen, chemiewaffenfreie Zonen, Entwicklung einer zweifelsfrei defensiven Verteidigungspolitik"[65], skizzierte er die Inhalte. In einer „neuen Runde der West-Ost-Politik" müsse auch die „Verzahnung Europas im wirtschaftlichen Bereich" gefördert werden. Brandt dachte an mehr Kooperation zwischen der Europäischen Gemeinschaft und dem Rat für gegenseitige Wirtschaftshilfe (RGW) und plädierte generell für eine Ausweitung des Ost-West-Handels.[66]

Die außen- und sicherheitspolitische Gesamtkonzeption der deutschen Sozialdemokraten war während der achtziger Jahre ohne Frage außerordentlich ehrgeizig angelegt. Über Verhandlungen mit kommunistischen Parteien wollten sie die Abrüstung sowie die blockübergreifende Zusammenarbeit voranbringen und zur „Europäisierung Europas" beitragen. Zum einen glaubte die Bonner Opposition, sich so auf die erneute Übernahme der Regierungsverantwortung vorbereiten und nach einem erneuten Machtwechsel auf die ausgehandelten Ergebnisse zurückgreifen zu können. Zum anderen sollte in den Gesprächen mit den östlichen Partnern „über Elemente einer neuen europäischen Friedensordnung" diskutiert werden, wie Brandt bereits Ende 1983 sagte.[67] Zwei Jahre später schlug er sogar die Bildung zusätzlicher neuer Foren und Konferenzen von Regierungs- und Parlamentsbeauftragten aus west- und osteuropäischen Staaten vor, die Vorarbeiten leisten und darüber nachdenken könnten, „wie eines Tages ein Vertrag über eine Europäische Friedensordnung auszusehen hätte".[68]

Das strategische Ziel, das er gemeinsam mit Egon Bahr zu Beginn der „Neuen Ostpolitik" formuliert hatte, verlor Willy Brandt also nie aus den Augen. Unter seiner Führung suchte die SPD Mitte der achtziger Jahre nach Ansatzpunkten, um die Vision zu verwirklichen. Zwischen 1984 und 1989 beriet sie mit der polnischen PVAP über Maßnahmen zur gegenseitigen Vertrauensbildung zwischen NATO und Warschauer Pakt.[69] 1986/87 widmete sich eine Arbeitsgruppe der SPD-Bundestagsfraktion und der ungarischen USAP weltwirtschaftlichen Fragen.[70] Im selben Jahr erörterten die deutschen Sozialdemokraten mit den tschechoslowakischen Kommunisten das Thema Umweltschutz.[71] 1988 bildeten SPD und KPdSU die gemeinsame Arbeitsgruppe „Europäisches Haus".[72] Von 1984 bis 1986 hatten SPD-Bundestagsabgeordnete und Vertreter der sowjetischen Partei bereits über die Reduzierung von Rüstungskosten zugunsten der Entwicklungshilfe gesprochen.[73] Herzstück der sozialdemokratischen Konzeption waren jedoch die abrüstungspolitischen Abmachungen, welche die SPD mit den Kommunisten im anderen Teil Deutschlands aushandelte.

Die Parteikontakte zwischen SPD und SED

Die neue Form des grenzüberschreitenden Dialogs mit dem Osten erprobten die Sozialdemokraten trotz bitterster geschichtlicher Erfahrungen zuerst und vor allem mit der SED. Vor dem Hintergrund der Zwangsvereinigung von Kommunisten und Sozialdemokraten in der sowjetischen Besatzungszone 1946 mag es überraschen, dass die

Initiative für Parteikontakte im Herbst 1982 von der SPD ausging. Das Hauptmotiv dafür war zunächst die Sorge um die Zukunft der innerdeutschen Beziehungen und die Fortführung der auf menschliche Erleichterungen ausgerichteten Deutschlandpolitik.

Im Auftrag von Willy Brandt und Hans-Jochen Vogel traf Günter Gaus, ehemaliger Leiter der Ständigen Vertretung der Bundesrepublik in der DDR, am 12. November 1982 mit SED-Generalsekretär Erich Honecker in Ost-Berlin zusammen. „Verabredungsgemäß" übermittelte der Journalist die „Grüße und das Interesse der SPD, auch nach dem Regierungswechsel in Bonn zuverlässige Gesprächsmöglichkeiten mit kompetenten SED-Partnern zu haben". In einem vertraulichen Brief, den er zwei Tage später an Brandt und Vogel schrieb, berichtete Gaus weiter: „Honecker erwiderte die Grüße [...] und bekundete sein Interesse an hohen Parteikontakten mit der SPD."[74] Nicht zu klären ist, ob dieser Begegnung eine schriftliche Initiative Brandts an die Adresse Honeckers vorausgegangen war. Denn bereits am 27. Oktober 1982 hatte das Sekretariat des ZK der SED eine Beschlussvorlage „Parteibeziehungen zur SPD" vorbereitet, die das Politbüro am 2. November 1982 bestätigte. Darin heißt es: „Dem Ersuchen des Vorsitzenden des Parteivorstandes der SPD, Willy Brandt, Parteibeziehungen zwischen der SPD und der SED herzustellen, wird entsprochen."[75] Ein Schreiben, das dieses „Ersuchen" des SPD-Vorsitzenden dokumentiert, konnte jedoch nicht gefunden werden.

Belegt ist hingegen ein Briefwechsel zwischen Honecker und Brandt, der im Frühjahr 1983 zu ersten konkreten Parteikontakten führte. So lud der SED-Generalsekretär den Vorsitzenden und „weitere Repräsentanten" der SPD zu einer internationalen Konferenz aus Anlass des 100. Todestages von Karl Marx nach Ost-Berlin ein.[76] In seiner Antwort vom 9. März 1983 stimmte Brandt einer Teilnahme der SPD zu, die bei der Tagung im April 1983 durch Wissenschaftler der Friedrich-Ebert-Stiftung vertreten wurde.[77] Mit einem weiteren Schreiben vom 24. Mai 1983 bedankte er sich bei Honecker „für die ebenso korrekte wie überlegte Art", in der die sozialdemokratische Delegation behandelt worden sei. Willy Brandt fügte hinzu, Hans-Jochen Vogel werde bei einem Treffen, das vier Tage später in der

DDR stattfinden sollte, „in der Lage sein, mit Ihnen auch über die weitere Entwicklung des Meinungsaustausches zu sprechen".[78]
Während des Vogel-Besuchs am 28. Mai 1983 vereinbarten die Parteispitzen, regelmäßige Kontakte zu unterhalten. So fuhr der SPD-Fraktionsvorsitzende bis 1989 einmal jährlich zu einer Begegnung mit dem SED-Generalsekretär in die DDR. Zudem reisten zahlreiche sozialdemokratische Spitzenpolitiker nach Ost-Berlin. Darüber hinaus kam es einschließlich der kommunalen Ebene zu vielen Abgeordnetentreffen und Besuchen verschiedenster Delegationen. Im Februar 1984 traf sich erstmals auch die Grundwertekommission der SPD mit Mitgliedern der beim ZK der SED angesiedelten Akademie für Gesellschaftswissenschaften zu Gesprächen über Grundsatzfragen.[79]

Das erste Projekt, das SPD und SED im Frühjahr 1984 gemeinsam angingen, widmete sich allerdings der Abrüstung und konnte bereits ein Jahr später abgeschlossen werden: Nach insgesamt sechs Treffen veröffentlichte eine SPD-SED-Arbeitsgruppe am 19. Juni 1985 den „Rahmen für ein Abkommen zur Bildung einer von chemischen Waffen freien Zone in Europa". Ein zweites Gremium nahm sich ab Ende 1985 der Schaffung eines atomwaffenfreien Korridors in Mitteleuropa an und präsentierte seine Vorschläge am 21. Oktober 1986. Ende 1987 wurde eine weitere SPD-SED-Arbeitsgruppe zu sicherheitspolitischen Fragen ins Leben gerufen, die Mitte 1988 einen Vorschlag für eine „Zone des Vertrauens und der Sicherheit in Zentraleuropa" vorlegte.[80] Mit den Jahren wurden die sicherheitspolitischen Kontakte so zahlreich, dass Brandt (und auch Vogel) 1986 Vorbehalte gegen einen zu lange andauernden und zu intensiven Dialog äußerten.[81]

Die deutsche Frage in der sozialdemokratischen Friedens- und Entspannungspolitik

Angesichts der internationalen Lage, die sich erst Ende 1985 allmählich aufhellen sollte, verwundert es nicht, dass zunächst die sicherheitspolitischen Fragen im Mittelpunkt des SPD-SED-Dialogs standen. Die Waffen- und Truppendichte war im geteilten Deutschland höher als irgendwo sonst auf der Welt und an der Erhaltung des Friedens hatten beide deutsche Staaten ein existenzielles Interesse. Die „Verantwortungsgemeinschaft" für den Frieden sei auch „eine späte Wiedergutmachung dafür, daß und wie vom deutschen Boden Krieg ausgegangen ist", betonte Willy Brandt.[82] Er lobte die Regierungen in Bonn und Ost-Berlin, die trotz der Eiszeit in den amerikanisch-sowjetischen Beziehungen tatsächlich eine „Koalition der Vernunft" praktizierten.

CDU/CSU und FDP setzten die von der sozial-liberalen Koalition begonnene Politik fort, die unverändert vor allem auf menschliche Erleichterungen abzielte. Gemeinsame sicherheitspolitische Initiativen der beiden deutschen Staaten, wie sie die SPD anstrebte, lehnte die Regierung Kohl/Genscher jedoch entschieden ab. Im Kern beruhte ihre Deutschlandpolitik darauf, dass die Bundesrepublik der DDR weiterhin großzügige finanzielle Hilfen gewährte, um im Gegenzug Verbesserungen im innerdeutschen Reise- und Besuchsverkehr zu erreichen, die Zahl der Ausreisen von DDR-Bürgern zu erhöhen und politische Häftlinge aus den Gefängnissen freizukaufen. Das spektakulärste Zeichen dieser Kontinuität waren die beiden Milliardenkredite, die der am Rande der Zahlungsunfähigkeit stehende ostdeutsche Staat 1983 und 1984 von westdeutschen Banken erhielt und die durch Bürgschaften der Bundesregierung abgesichert wurden. Dass ausgerechnet Franz Josef Strauß dieses Geschäft im Sommer 1983 eingefädelt hatte, darüber konnte und wollte Willy Brandt sich nicht beschweren.[83]

Im nationalen und internationalen Rahmen blieb allerdings umstritten, welche mittel- und langfristigen Schlüsse aus der allseits akzeptierten „Realität" und „Normalität" der deutsch-deutschen Beziehungen zu ziehen seien. Am 13. August 1984 erklärte Hans Apel, der zum Schmidt-Flügel der Partei zählende Spitzenkandidat der West-Berliner SPD und frühere Verteidigungsminister, die deutsche Frage sei nicht mehr offen. Noch mehr Ärger im Bonner Regierungslager verursachte einen Monat später der italienische Außenminister Giulio Andreotti, als er sagte: „Der Pangermanismus muss überwunden werden. Es gibt zwei deutsche Staaten, und zwei müssen es bleiben."[84]

Zu der dadurch ausgelösten Debatte nahm Willy Brandt im November 1984 in den Münchner Kammerspielen mit einer Rede „Über das eigene Land: Deutschland" Stellung. Der SPD-Vorsitzende mahnte, nicht zu vergessen, „daß es die nazistischen Führer waren, die Deutschlands Teilung bewirkten". Zudem seien die internationalen Machtkonstellationen und Sicherheitsinteressen der fünfziger Jahre weiterhin gültig: „Wer die Linie von damals zur Gegenwart zieht, wird objektiv festzustellen haben, daß die Deutsche Frage im Sinne der staatlichen Einheit – heute wie damals – nicht mehr eigentlich offen ist; schon gar nicht, solange es NATO und Warschauer Pakt gibt [...]." Nichtsdestoweniger bekannte sich Brandt zum Fortbestand der deutschen Nation und zur Förderung ihres Zusammenhalts, wenn er sagte: „Ein vernünftiger, gezähmter deutscher Patriotismus erhält in der Teilung das Gemeinsame, das unser Erbe ist."[85]

Aus seiner Sicht bot nur der europäische Rahmen Hoffnung, die Teilung überwinden zu können. Wenn die beiden Teile des Kontinents im historischen Prozess der „Europäisierung Europas" näher zusammenkämen, „könnten die Deutschen in der Lage sein, ihre eigene Entscheidung zu treffen", so Brandt 1983. Wie die beiden Teile Deutschlands sich in einem zukünftigen Europa entscheiden würden, also entweder „freundschaftlich, nachbarlich miteinander oder unter einem staatlichen Dach" zu leben, das wollte Brandt jedoch der nachfolgenden Generation überlassen. Auf die Frage, ob das Ziel der sozialdemokratischen Deutschlandpolitik „die Wiedervereinigung, die staatliche Einheit" bleibe, antwortete er 1985: „Wenn die staatliche Einheit zu erreichen ist, was ja immer voraussetzt, a) daß die Deutschen es wollen, b) daß die Nachbarn dem zustimmen, das heißt, daß man ein Sicherheitskonzept für Deutschland findet, was sollte die SPD dagegen haben? Im Gegenteil, die SPD wäre dafür."[86]

Mit dieser Klarstellung versuchte der Parteivorsitzende die wachsenden Zweifel zu zerstreuen, die Sozialdemokraten hätten das Ziel der deutschen Einheit aufgegeben und sich mit der Zweistaatlichkeit abgefunden. So hatte z. B. der frühere sozialdemokratische Justizminister Jürgen Schmude kurz zuvor die Frage aufgeworfen, ob die Präambel des Grundgesetzes, die das „gesamte Deutsche Volk" dazu aufforderte, „in freier Selbstbestimmung die Einheit und Freiheit Deutschlands zu vollenden", angesichts des Grundlagenvertrages nicht geändert werden müsse. Brandt versprach sich davon nichts.

Ebenfalls nicht mehr unumstritten in der SPD war die Frage der deutschen Staatsbürgerschaft. Nach einer Begegnung mit Erich Honecker sagte der saarländische Ministerpräsident Oskar Lafontaine am 13. November 1985, man werde, wenn man tatsächlich einen normalen Reiseverkehr zwischen den beiden deutschen Staaten wolle, „irgendwann" die Staatsbürgerschaft der DDR „anerkennen" müssen.[87] Die SPD-Führung war von diesen Überlegungen, die auf den heftigen Protest der Bundesregierung stießen, wenig begeistert. In einer Parteivorstandssitzung stellte Brandt am 18. November 1985 klar, es gebe keine Mehrheit für eine Grundgesetzänderung und die SPD wolle auch keine.[88]

Zwar erklärte sich die SPD zu einer „Respektierung" der DDR-Staatsbürgerschaft bereit. Diese Formel sollte sich aber nur auf jene DDR-Bürger beziehen, die von Staats wegen in Westdeutschland wohnten und keinesfalls wie Bundesbürger behandelt werden wollten. Das Regime in Ost-Berlin verstand unter „Respektierung" etwas anderes, nämlich letzten Endes die „Anerkennung" der DDR-Staatsbürgerschaft, wie sie Honecker in seiner Geraer Rede im Oktober 1980 verlangt hatte. Diese Forderung blieb für Brandt und die meisten Sozialdemokraten unannehmbar. In ihrem Regierungsprogramm 1987–1990 bekräftigte die SPD, dass das Staatsbürgerrecht des Grundgesetzes „für jeden Deutschen, der es in freier Entscheidung wahrnehmen kann und will", unverändert bleibe.[89]

Der Besuch Willy Brandts in der DDR 1985

Wenn Teile der SPD in der deutschen Frage eine ambivalente Position einnahmen, so war das zweifelsohne auch eine Folge der stark anwachsenden Kontakte zwischen den beiden Teilen Deutschlands.

Im Westen empfand man die Teilung in zwei Staaten mehr und mehr als „Normalität". Die Bundesregierung und die oppositionelle SPD, die sich seit jeher als treibende Kraft in der Deutschlandpolitik begriff, wetteiferten geradezu um den Rang, wer die besten Beziehungen nach Ost-Berlin unterhielt. Im Laufe der achtziger Jahre entstand ein regelrechter „Polittourismus" in die DDR, an dem sich führende westdeutsche Bundes- und Landespolitiker aller Parteien beteiligten.[90]

Es dauerte immerhin zwei Jahre, ehe Willy Brandt die Einladung Erich Honeckers annahm und vom 18.–20. September 1985 nach Ost-Berlin und Weimar fuhr. Der Besuch war Teil eines größeren Programms. Um für eine „zweite Phase der Entspannungspolitik" zu werben, reiste der auf internationalem Parkett nach wie vor sehr aktive Brandt innerhalb eines Jahres in fast alle osteuropäische Hauptstädte – die einzige Ausnahme blieb Bukarest. Nach Sofia, Ende 1984, besuchte er im Mai 1985 Moskau und im Juni Budapest. Auf Ost-Berlin folgten bis zum Ende desselben Jahres die Stationen Belgrad, Prag und Warschau. Auch mit den Partnern im Westen führte der Vorsitzende der SPD und Präsident der Sozialistischen Internationale 1985 Gespräche auf hoher und höchster Ebene. Im Juli traf er Präsident Mitterrand in Paris und im November kam er in Washington u. a. mit Vizepräsident Bush zusammen.

Der DDR hatte Brandt seit 1970 keinen offiziellen Besuch mehr abgestattet. Für beide Seiten war es eine schwierige Mission. Die Spionageaffäre Guillaume, die ihn 1974 zum Rücktritt als Bundeskanzler veranlasst hatte, war nicht vergessen. „Der Vorlauf der Reise war elendig gewesen, mehrfach war W[illy] B[randt] drauf und dran, sie platzen zu lassen", berichtet Brigitte Seebacher.[91] Außerdem schwang auf Schritt und Tritt die Erinnerung an den begeisterten Empfang mit, den die Erfurter Bevölkerung ihm fünfzehn Jahre zuvor zum Entsetzen der blamierten Staatsmacht bereitet hatte. 1985 setzten die DDR-Oberen alles daran, dass sich Szenen wie damals nicht wiederholten.[92] Stasichef Erich Mielke ließ sich deshalb etwas Besonderes einfallen: Hunderte in Freizeitkleidung operierende Mitarbeiter seines Ministeriums hatten während des Besuchs „die Funktionen gesellschaftlicher Kräfte und des Publikums, der Öffentlichkeit wahrzunehmen", wie es die Staatssicherheit formulierte. Sie sollten Brandt und dessen Delegation auf diese Weise vorgaukeln, überall mit DDR-Bürgern in Kontakt kommen zu können.[93]

Brandt zeigte sich „während der Reise ausgeglichen und guter Laune".[94] Die besondere Zuvorkommenheit, die der DDR-Staats- und Parteichef dem SPD-Vorsitzenden mit Gesten und Worten entgegenbrachte, trug offenbar zu einer entspannten Atmosphäre bei. Die erste Unterredung eröffnete Erich Honecker laut überlieferter Niederschrift der SED mit einer ausdrücklichen Würdigung: „In der DDR werde W. Brandts persönlicher Anteil am Zustandekommen des europäischen Vertragswerkes und des Entspannungsprozesses der 70er Jahre hoch geachtet und nicht vergessen."[95]

Brandt und Honecker stimmten in den Fragen von Frieden, Sicherheit und Abrüstung weitgehend überein. Beide sprachen sich für die Verringerung der Nuklearwaffen sowie für einen Gewaltverzichtsvertrag zwischen NATO und Warschauer Pakt aus, befürworteten einen Kernwaffenteststopp, lehnten das amerikanische SDI-Programm ab, begrüßten die Vorschläge der SPD-SED-Arbeitsgruppe über Chemiewaffen und vereinbarten beiderseitige Gespräche über die Schaffung einer atomwaffenfreien Zone in Mitteleuropa. Sie erörterten auch Probleme der deutsch-deutschen Beziehungen. Der SPD-Vorsitzende stellte in Aussicht, dass seine Partei, sobald sie in Bonn wieder regiere, die DDR-Staatsbürgerschaft „respektieren" und beim Streit um die Elbgrenze einlenken werde. Ferner signalisierte er Entgegenkommen im Falle der „Zentralen Erfassungsstelle der Landesjustizverwaltungen" in Salzgitter, deren Schließung die DDR verlangte.[96] Diese Behörde war unmittelbar nach dem Mauerbau 1961 auf Vorschlag des damaligen Regierenden Bürgermeisters Willy Brandt eingerichtet worden und sammelte seither Informationen über das vom SED-Regime verübte Unrecht.

Die „humanitären Probleme" wurden nicht ausgespart, aber diskret behandelt. Bei seinen Gesprächen mit den politischen Führungen im Ostblock war es geübte Praxis, dass Brandt eine Liste mit dringenden Fällen übergab, zu denen Haftschicksale, Familienzusammenführungen und Besuchswünsche zählten.[97] Mit Honecker erörterte er unter vier Augen Erleichterungen bei Reisen von DDR-Bürgern in die Bundesrepublik, die Erlaubnis für Übersiedler zu Besuchen in der DDR, die Verstärkung des Jugendaustauschs und die Ausweitung von Städtepartnerschaften.[98] Gegenüber der Presse konnte Brandt anschließend die „feste Absicht" der anderen Seite vermelden, mehr Westreisen in dringenden Familienangelegenheiten zulassen zu wollen.[99]

Bevor er zu einer kulturellen Stippvisite nach Weimar weiterreiste, traf der SPD-Vorsitzende am Abend des 19. September 1985 in Ost-Berlin noch mit Vertretern des Bundes der Evangelischen Kirchen in der DDR zusammen, darunter Konsistorialpräsident Manfred Stolpe.[100] Eine Begegnung mit DDR-Oppositionellen aus der Friedens- und Umweltbewegung fand nicht statt, obwohl Peter Brandt dies seinem Vater im Vorfeld empfohlen und dafür ein Treffen mit Rainer Eppelmann vorgeschlagen hatte.[101] Tatsächlich lud der mutige Pfarrer der Ost-Berliner Samaritergemeinde Willy Brandt per Brief in seine Wohnung ein. Erst nach der Rückkehr aus der DDR antwortete der SPD-Vorsitzende, er wäre der Einladung „gerne gefolgt, wenn es sich hätte einrichten lassen, was aber schon aus zeitlichen Gründen nicht möglich war".[102]

Die Oppositionsbewegungen in Ostmitteleuropa und die Frage der Menschenrechte

Mit ihrer Unterschrift unter die KSZE-Schlussakte von Helsinki am 1. August 1975 hatten sich auch die östlichen Machthaber zur Einhaltung der Menschen- und Bürgerrechte verpflichtet. Dies ermunterte oppositionelle Kräfte in den ostmitteleuropäischen Staaten, sich in unabhängigen Gruppen und Bewegungen zu sammeln. Obwohl sich die Dissidenten der Charta 77 in der Tschechoslowakei, die freie Gewerkschaft Solidarność in Polen oder die Bürgerrechts- und Umweltaktivisten in der DDR mit Fug und Recht auf Helsinki berufen konnten, wurden sie von den Regimen in ihren Ländern brutal unterdrückt. Wenn westliche Regierungen und Nichtregierungsorganisationen gegen diese Praxis protestierten, reagierten die herrschenden Kommunisten mit dem stereotypen Hinweis auf ein Prinzip, das ebenfalls in der KSZE-Schlussakte verankert worden war: die Nichteinmischung in die inneren Angelegenheiten anderer Staaten. Was also konnte und sollte der Westen tun, um die Lage der Menschenrechte zu verbessern?

Anlässlich des zehnjährigen Jubiläums der Schlussakte bilanzierte Willy Brandt den KSZE-Prozess in diesem Punkt kritisch: „Es war ein Fehler der Politik, die drei ‚Körbe' von Helsinki (Wirtschaft, Sicherheit, Menschenrechte) gegeneinander auszuspielen und ihren unauflösbaren Zusammenhang zu einem Tauziehen um Siege im Kampf der Diplomaten umzufunktionieren."[103] Im kleineren Kreis erklärte der SPD-Chef ferner: „Es sei nicht gelungen, Helsinki von illusionären Vorstellungen zu entlasten."[104] „Heute", so Brandt, „würden die Dinge oft so dargestellt, als hätte E[rich] Honecker dort unterschrieben, die eigene Ordnung aufzugeben [...]."[105]

Die sich im Westen breit machende Enttäuschung über die anhaltenden Menschenrechtsverletzungen in Ostmitteleuropa war demnach die Folge überzogener Erwartungen. Ein baldiges Ende der kommunistischen Herrschaft stand für Brandt zu diesem Zeitpunkt nicht auf der Tagesordnung. Deshalb sah er keine andere Möglichkeit, als sich auch weiterhin auf den Dialog mit den Machthabern im Osten zu konzentrieren, um auf diesem Weg das aus seiner Sicht Mögliche zu erreichen. Aber vor dem Hintergrund, eine „europäische Friedensordnung" schaffen zu wollen, drängten sich einige grundsätzliche Fragen auf, die Brandt sehr wohl bewusst waren.[106] Musste die SPD, die den Dialog mit den kommunistischen Parteien pflegte, nicht auch mit den Dissidenten, den Repräsentanten der Freiheits- und Bürgerrechtsbewegungen, reden? Sollte sie diese vielleicht sogar unterstützen und, wenn ja, wie?

Die Antwort, die Brandt und seine Partei darauf gaben, fiel ambivalent aus. So leisteten die deutschen Sozialdemokraten beispielsweise der tschechoslowakischen Oppositionsgruppe „Listy" ideelle und finanzielle Hilfe. In diesem Kreis versammelten sich die Mitarbeiter der gleichnamigen sozialistischen Exilzeitschrift. Führende

Köpfe von „Listy" waren Jiří Pelikán und Zdeněk Mlynář, die aktiv am Prager Frühling teilgenommen hatten und zur Emigration gezwungen worden waren. Die Gruppierung bezeichnete es als ihre Hauptaufgabe, die Weltöffentlichkeit über die wirkliche Lage in der ČSSR zu informieren und politisch Verfolgte zu unterstützen.[107] Ende Januar 1985 wurden „Listy"-Vertreter vom SPD-Vorsitzenden zu einem Gedanken- und Informationsaustausch empfangen, bei dem beide Seiten eine Intensivierung ihrer Arbeitskontakte vereinbarten.[108]

Darüber hinaus stand Willy Brandt seit 1977 in brieflichem Kontakt mit dem ersten Sprecher der Charta 77, dem Reformkommunisten Jiří Hájek.[109] Über Jahre hinweg verwendete er sich bei der tschechoslowakischen Regierung für die Familie des früheren Außenministers, der 1968 sein Amtskollege gewesen war. Weil man ihm eine Begegnung mit Hájek verweigerte, sagte der SPD-Chef im November 1984 sogar eine geplante Reise in die ČSSR ab.[110] Während seines ein Jahr später stattfindenden Besuchs in Prag traf er den Dissidenten zwar nicht persönlich. Aber er beauftragte Peter Glotz, Hájek zu besuchen und ein Schreiben zu überbringen. Der SPD-Bundesgeschäftsführer sprach auch mit anderen Vertretern der Charta 77.

Brandt hatte bewusst auf einen demonstrativen Akt verzichtet[111] und erhielt dafür als Gegenleistung von Präsident Husák unter vier Augen die Zusage, dass Hájeks Sohn, dem die Behörden eine universitäre Ausbildung in der Heimat verwehrten, im westlichen Ausland studieren durfte.[112] Es dauerte bis August 1986, ehe dieses Versprechen endlich eingelöst wurde; zuvor hatten die Schikanen sogar noch zugenommen. Hájek senior gestattete man dagegen keine Reisen in den Westen. Auch für einen weiteren Erstunterzeichner der Charta 77, Rudolf Battěk, der sich wegen der Menschenrechtsverletzungen in seinem Land an die Sozialistische Internationale gewandt hatte und zu mehreren Jahren Haft verurteilt worden war, setzte sich Willy Brandt beim Staats- und Parteichef der ČSSR ein.[113]

Zum zehnten Jahrestag der Gründung der Dissidentengruppe in der Tschechoslowakei würdigte der SPD-Vorsitzende die Mitglieder der Charta 77 als weltweit beispielgebende „Mahner im Kampf um Bürgerfreiheiten und Bürgerrechte". Zugleich seien sie „Zeugen für die Richtigkeit der Politik der Entspannung".[114] Indessen fand die Bürger- und Menschenrechtspolitik der deutschen Sozialdemokraten keinesfalls nur Zustimmung bei den unmittelbar Betroffenen. Dem Sprecher der Charta 77, Jiří Dienstbier, der durchaus Sympathien für die Sozialdemokratie hegte, genügte es nicht, wenn mit den Regimen über die Lösung einiger „humanitärer Fälle" gesprochen wurde. Er forderte die SPD auf, auch mit der Opposition im Osten regelmäßige Kontakte zu unterhalten. „Das bedeutet, die Regierungen daran zu gewöhnen, daß sie Bürger haben."[115]

In dieser Frage blieb Willy Brandt sehr reserviert – ganz besonders im Falle Polens. Anfang 1985 ließ er es offen, ob er „die polnische Solidarność als einen Verbündeten zur Schaffung eines sicheren und freien Europa" ansehe: „[A]uf der einen Seite ist es für einen Sozialdemokraten selbstverständlich, Sympathie für die Solidarność und andere ähnliche Bewegungen in Osteuropa zu empfinden. Auf der anderen Seite habe ich es als Politiker im Westen mit Staaten in Osteuropa zu tun und darf nicht so handeln oder reden, dass ich der Einmischung in die inneren Angelegenheiten dieser Staaten angeklagt werden kann."[116]

Die Polen-Politik der SPD nach der Aufhebung des Kriegsrechts

Die Distanz der SPD-Führung gegenüber der Massenbewegung Solidarność gründete vor allem auf der Sorge vor unkontrollierbaren Entwicklungen, die den Frieden in Europa und in der Welt hätten gefährden können. Anfang der achtziger Jahre hatte nicht nur Brandt eine sowjetische Militärintervention befürchtet, weshalb seine Reaktion auf die Verhängung des Kriegsrechts und das Verbot von Solidarność durch General Jaruzelski im Dezember 1981 äußerst verhalten ausgefallen war.[117] Zur Zurückhaltung fühlte sich der SPD-Vorsitzende auch wegen der vom nationalsozialistischen Deutschland in Polen verübten millionenfachen Verbrechen verpflichtet. Er hütete sich daher vor Stellungnahmen, die als Einmischung eines Deutschen in polnische Angelegenheiten hätten verstanden werden können.

Als im Juli 1983 in Polen das Kriegsrecht aufgehoben wurde, kommentierte Brandt diese Maßnahme als einen Schritt in die richtige Richtung. Zugleich wies er auf die restriktiven Sondergesetze hin, die nun in Kraft traten.[118] Wenige Tage später erklärte er in einem Interview: „Da muß man – ohne sich einzumischen – doch darauf drängen, daß es zu den Lockerungen kommt, die in Aussicht gestellt waren."[119]

Von einem Drängen der SPD gegenüber der polnischen Führung konnte jedoch nicht die Rede sein. Als Brandt im Oktober 1983 in Bonn eine Delegation unter Leitung des PVAP-Fraktionsvorsitzenden im Sejm, Kazimierz Barcikowski, empfing, regte er an, Polens Kommunisten könnten die deutsche „Gewerkschaftsführung" „besser über die polnische Lage aufklären".[120] Der Kontakt zwischen beiden Parteien intensivierte sich in der Folgezeit merklich.[121]

Während die sozialdemokratischen Politiker bei ihren zahlreichen Aufenthalten in Polen stets auch mit Vertretern der Katholischen Kirche zusammentrafen, verhielten sie sich gegenüber der Opposition reserviert. Zweifellos hemmte das schwierige historische Erbe der Beziehungen zwischen Deutschen und Polen die Bereitschaft der SPD, Kritik an der Führung in Warschau zu äußern. Doch die Rücksichtnahme auf die PVAP war groß und das Ressentiment gegen die verbotene Gewerkschaft mitunter unübersehbar. So mancher in der SPD machte Solidarność und nicht die Regierung als größtes Hindernis für die nationale Versöhnung in Polen aus.[122]

In der deutschen Sozialdemokratie konnten sich viele mit der überaus starken katholischen Verwurzelung der Funktionäre und Mitglieder der ersten freien Gewerkschaft im Ostblock nicht anfreunden.[123] Willy Brandt führte einen weiteren wichtigen Grund für die distanzierte Haltung der SPD an: Man wolle der polnischen Regierung keine Argumente gegen die Opposition im eigenen Land liefern: „Eine Bewegung wie Solidarność hat auch kein Interesse daran, als eine vom Westen abhängige Kraft zu erscheinen. Das kann gegen sie verwendet werden."[124] Die Wortführer der polnischen Gewerkschaftsopposition sahen dies jedoch anders. Sie wünschten sich möglichst viele Kontakte und westliche Unterstützung, um die Isolierung zu überwinden, die das Regime ihnen aufzwingen wollte. Besondere Erwartungen richtete Solidarność in diesem Zusammenhang an Willy Brandt: den westdeutschen Politiker, der sich wie kein anderer um die deutsch-polnische Aussöhnung verdient gemacht hatte und als Friedensnobelpreisträger hohes internationales Ansehen genoss.

Die Vorbereitung der Polen-Reise und Wałęsas Einladung an Brandt

Die offizielle schriftliche Einladung an Willy Brandt, im Jahr 1985 nach Warschau zu kommen, übermittelte General Jaruzelski am 8. Dezember 1984.[125] Meldungen über eine bevorstehende Reise kursierten bereits vorher. Denn der prominente Solidarność-Aktivist Adam Michnik[126], der seit Ende 1981 für mehr als zweieinhalb Jahre in Haft gesessen hatte, appellierte im Herbst 1984 in einem Artikel für die Pariser Exilzeitschrift „Kultura" an den SPD-Vorsitzenden: „Sollten Sie mein Land besuchen, so beschränken Sie sich nicht auf die zweifelhafte Ehre, die Hände unserer Generäle und Parteisekretäre zu schütteln. [...] Ich empfehle Ihnen, [...] Lech Wałęsa, den polnischen Träger des Friedens-Nobelpreises, zu besuchen, den Führer der polnischen Arbeiter, das Symbol des Widerstandes des polnischen Volkes gegen die totalitäre Diktatur. Und bitte beziehen Sie Ihre Kenntnisse über das Los der politischen Gefangenen nicht von unseren Wächtern. Besuchen Sie uns in unseren luxuriösen, wegen ihrer Rechtsstaatlichkeit berühmten Gefängnissen."[127]

Mit seiner bitteren Polemik kritisierte er keineswegs nur die Sozialdemokraten, denen er eigentlich politisch nahe stand. Er nahm auch Franz Josef Strauß ins Visier, der Polen nach der Aufhebung des Kriegsrechts gleich zweimal „privat" besucht und sich dabei sehr lobend über General Jaruzelski geäußert hatte. Michnik plädierte gleichwohl für einen deutsch-polnischen Dialog über Entspannung, der aber über zwei Dinge geführt werden müsse: den Frieden und das Schicksal der europäischen Demokratie.[128] Die Mahnungen, der polnischen Opposition mehr Beachtung zu schenken, wirkten sich auf die Vorbereitungen von Brandts Polen-Reise zunächst nicht aus.[129] Ein Treffen mit Oppositionellen stand vorerst nicht im Terminplan. Das änderte sich erst durch zwei Briefe. Am 12. September 1985 traf im Büro des SPD-Vorsitzenden ein Schreiben des Bremer Bürgermeisters Hans Koschnick ein, der drei Wochen zuvor Polen bereist hatte: Der SPD nahe stehende Mitarbeiter der Deutschen Botschaft und Journalisten hätten angeregt, so Koschnick, dass der Parteivorsitzende den Klub der katholischen Intelligenz (KIK) in Warschau besuche, wo ein Gespräch u. a. mit dem liberalen Katholiken Professor Stanisław Stomma stattfinden könne.[130] Und mit Schreiben vom 1. September 1985 lud Lech Wałęsa, der Anführer der verbotenen Solidarność und Friedensnobelpreisträger des Jahres 1983, Willy Brandt ein, im Dezember auch nach Danzig zu kommen. Dort könnten beide über Verbindendes oder Trennendes miteinander sprechen und zum 15. Jahrestag des deutsch-polnischen Vertrages wie des Arbeiterprotestes von 1970 Blumen auf der Westerplatte sowie am Denkmal für die Opfer der staatlichen Repression niederlegen.[131]

Wohl darum bemüht, weder die Regierung noch die Opposition in Polen vor den Kopf zu stoßen, machte der SPD-Vorsitzende den Vorgang nicht publik. Er versuchte Zeit zu gewinnen, um einen Ausweg aus dem Dilemma zu finden. Auf die Einladung des Gewerkschaftsführers antwortete Brandt erst am 22. Oktober 1985, vermied in dem sehr kurzen Schreiben jedoch eine klare Festlegung.[132] Allerdings hatte er sich tags zuvor im SPD-Präsidium schon sehr entschieden geäußert: „Er sagte, aufgrund der Kürze der Zeit sei ihm eine Reise nach Danzig nicht möglich."[133] Polens Katholische Kirche bestärkte Brandt darin; sie riet von einem Besuch in der Hafenstadt ab.[134]

Knapp drei Wochen vor der Abreise kam dann doch Bewegung in die Sache, weil Solidarność-Kreise den Briefwechsel bekannt machten. Wałęsa wertete Brandts Antwort als Absage, und die deutsche Presse schloss sich dieser Interpretation an.[135] Zugleich wiederholte der polnische Gewerkschaftsführer in einem Bild-Interview seine Einladung an den SPD-Vorsitzenden. Der plötzlich unter großen öffentlichen Druck geratene Brandt beeilte sich daraufhin zu erklären, dass er zwar nicht nach Danzig kommen könne, aber zu einem Gespräch in Warschau bereit sei. Das war neu. Dieser Offerte mochte nun allerdings Wałęsa nicht folgen: Wegen eines Ermittlungsverfahrens müsse er sich täglich für Vernehmungen in seiner Heimatstadt bereithalten, zitierte ihn eine deutsche Zeitung. Brandt könne jedoch, wenn er es denn wolle, mit Vertretern der Opposition zusammentreffen, so Wałęsa.[136]

Der Besuch in Warschau im Dezember 1985

Das offizielle Programm des Besuchs, der vom 6. bis zum 9. Dezember 1985 stattfand und sich auf Polens Hauptstadt und die nähere Umgebung beschränkte, stand ganz im Zeichen der Parteikontakte und des 15-jährigen Jubiläums des von Brandt 1970 unterzeichneten Warschauer Vertrags. Wie sehr die polnische Führung den deutschen Altkanzler wertschätzte, zeigte sich schon daran, dass Staats- und Parteichef General Jaruzelski insgesamt sechs Mal mit ihm zusammentraf.

Die Spitzengespräche verliefen in einer angenehmen, von großem Respekt füreinander geprägten Atmosphäre.[137] So redete Brandt sein Gegenüber mit „Herr General" an und verwies dabei auf General de Gaulle, „der diese Anrede nur jemandem gestattet habe, der in der Resistance gewesen ist".[138] Der SPD-Vorsitzende bekräftigte mehrmals die entschiedene Haltung seiner Partei, dass die Oder-Neiße-Grenze endgültig sei. Damit trat er den Vertriebenenverbänden und Teilen der CDU/CSU in der Bundesrepublik entgegen, die an den Grenzen von 1937 festhielten und mit ihren Äußerungen für erhebliche Irritationen in Polen gesorgt hatten. In seiner Grundsatzrede, die er am 7. Dezember 1985 im Warschauer Königsschloss hielt, skizzierte Willy Brandt die Perspektiven für eine Sicherheitspartnerschaft und eine europäische Friedensordnung. Dabei betonte er: „Europa braucht Polen."[139] In einer kurzen Diskussion, die er im Anschluss an seine Rede mit den geladenen deutschen und polnischen Gästen führte, zitierte Brandt dazu aus dem Gespräch mit dem General eine Ergänzung Jaruzelskis, die „wahr" und eine „wichtige" In-

Am 7. Dezember 1985 trifft der polnische Staats- und Parteichef Wojciech Jaruzelski mit dem SPD-Vorsitzenden Willy Brandt zu einem Vier-Augen-Gespräch in Warschau zusammen.

terpretation seines eigenen Satzes sei: „Der Frieden braucht ein stabiles Polen."¹⁴⁰ Beide Politiker stimmten 1985 darin überein, dass international wie im deutsch-polnischen Verhältnis die Wahrung von Frieden und Stabilität an erster Stelle rangierte. Diese Äußerung über „ein stabiles Polen", die der SPD-Vorsitzende im Zusammenhang mit der Anerkennung der polnischen Westgrenze machte, konnte auch als Statement zur innenpolitischen Lage des Landes verstanden werden. Um so mehr, als Brandt am nächsten Morgen seine Zurückhaltung gegenüber der Opposition in einem Pressegespräch mit dem Argument rechtfertigte, „als Deutscher könne man nicht an etwas mitwirken, ‚was zur Destabilisierung Polens beiträgt'."¹⁴¹ An dieser Formulierung rieben sich vor allen Dingen die östlichen Oppositionellen, die sich gegen den Eindruck wehrten, Kontakte mit ihnen seien destabilisierend.¹⁴² Die Kritik an Brandts Worten wirkte auch in der Bundesrepublik noch lange nach.¹⁴³

Auch wenn der deutsche Ehrengast es so weit wie möglich vermied, sie öffentlich zu kommentieren, so waren die innenpolitische Lage in Polen und die Menschenrechte dennoch ein wichtiger Teil seiner Gespräche mit General Jaruzelski. In seiner Rede im Königsschloss schnitt Brandt das Ringen um die Menschenrechte ebenfalls an. Abweichend vom Manuskript erklärte der SPD-Vorsitzende: „Mir fällt es nicht immer ganz leicht, wenn mich türkische Sozialdemokraten oder Gewerkschafter besuchen, zu erklären, warum wir mit den türkischen Arbeitern in der Bundesrepublik Deutschland nicht gut genug umgehen [...]."¹⁴⁴ Am folgenden Tag gab Brandt vor den mitgereisten deutschen Journalisten von sich aus zu erkennen, dass dieser Satz Missverständnisse auslösen könne. Er habe das „Türken-Beispiel" als „Büchsenöffner" benutzen wollen, um mit der polnischen Führung über Menschenrechte zu sprechen.¹⁴⁵ Polnische Oppositionelle und westliche Journalisten stellten die kritische Frage, ob ein Mann von der politisch-moralischen Autorität Brandts nicht die Möglichkeit gehabt hätte, in wohlabgewogenen Worten öffentlich auf mehr Freiheit in Polen zu drängen.¹⁴⁶

Sein zurückhaltendes Auftreten gegenüber der polnischen Staatsmacht war bestimmt von der Sorge um die Erhaltung des Friedens und von der Scheu, sich in innerpolnische Angelegenheiten einzumischen. Die Betonung der individuellen Freiheits- und Bürgerrechte schien für ihn in dieser Phase in den Hintergrund gerückt zu sein. Unter deutlicher Anspielung auf seine Erfahrungen als Vorsitzender der Nord-Süd-Kommission sagte Brandt zu Jaruzelski, die Debatte über Demokratie und Menschenrechte sei „für viele Dritte-Welt-Staaten [...] überhaupt nicht relevant".[147]

Zudem lehnte Brandt es ab, die Menschenrechtsfrage als Druckmittel in den Ost-West-Beziehungen anzuwenden, und grenzte sich damit entschieden von der Sanktionspolitik der USA gegen Polen ab. Hierfür konnte er sogar Kardinal Glemp, den er zum Abschluss der Reise am Nachmittag des 9. Dezember 1985 getroffen hatte, als Kronzeugen in Anspruch nehmen.[148]

Und schließlich schätzte Brandt, wie andere westliche Beobachter[149], die zukünftige Entwicklung in Polen anders ein, als sie sich dann vollzog. Zu den wichtigen politischen Akteuren zählte er die unabhängige Gewerkschaft nicht mehr, als er in Warschau vor der Presse erklärte: „Mein Besuch gilt dem Volk, gilt den beiden Hauptfaktoren im Spiele, der Regierung und der Kirche."[150]

In Warschau übernahm Hans Koschnick die Aufgabe, „das Problem humanitärer Fälle", zu denen neben politischen Gefangenen auch Ausreise- und Besuchswünsche zählten, mit Hilfe von Namenslisten diskret vorzubringen. Nur über den Historiker Bronisław Geremek, der keine Genehmigung erhalten hatte, eine Einladung des Wissenschaftskollegs in West-Berlin anzunehmen, sprach der SPD-Chef persönlich mit Jaruzelski.[151] Doch diese Intervention war genauso wenig erfolgreich wie die Bemühungen um die vorzeitige Freilassung politischer Häftlinge. Die PVAP-Führung hielt gegebene Zusagen nicht ein.[152]

Die SPD und Solidarność – eine verpasste Chance?

Dennoch war es während des Besuchs in Warschau zu einer gewissen Annäherung zwischen der SPD und moderaten „Solidarność"-Kräften gekommen. Willy Brandt, Horst Ehmke, Hans Koschnick und Egon

Bahr sprachen am späten Nachmittag des 8. Dezember 1985 in den Räumen der Deutschen Botschaft mit vier Vertretern der katholischen Intelligenz. An der Unterredung nahm mit Tadeusz Mazowiecki auch ein führender Kopf der Opposition teil.[153] Niemand ahnte damals, dass er vier Jahre später der erste nichtkommunistische Regierungschef Polens nach 1945 sein würde. Brandt eröffnete den Gedankenaustausch mit der Bitte, Wałęsa Grüße zu übermitteln. Er erläuterte, warum es ihm nicht möglich gewesen sei, die Einladung nach Danzig anzunehmen, und kündigte an, Wałęsa nach der Reise einen persönlichen Brief zu schreiben. Übereinstimmend berichteten die deutsche Presse und eine polnische Untergrundzeitung, der SPD-Vorsitzende habe zur Begrüßung auch gesagt: „Ihr müßt wissen, auf welcher Seite mein Herz ist."[154] Damit meinte er Solidarność.

Die anschließende offene Aussprache war erwartungsgemäß nicht frei von Spannungen. Völlig einig waren sich beide Seiten in der Grenzfrage und hinsichtlich der weiteren deutsch-polnischen Zusammenarbeit.[155] Brandt, der das Treffen nach eineinhalb Stunden wegen eines Empfangs des Deutschen Botschafters vorzeitig verlassen musste, zeigte sich von den Ausführungen der Vertreter des KIK „sehr beeindruckt", wie er auch General Jaruzelski am nächsten Morgen mitteilte.[156]

Teile der polnischen Opposition hofften auf eine Intensivierung ihrer Kontakte mit der SPD. Der nachfolgende Briefwechsel zwischen Willy Brandt und Lech Wałęsa bestätigte jedoch eher die Skeptiker. In seinem Schreiben vom 13. Dezember 1985 konzentrierte sich Brandt auf die deutsch-polnischen Beziehungen, die Grenzfrage und die Chancen für eine „neue Phase der Entspannungspolitik", während er auf die innenpolitischen Probleme Polens praktisch nicht einging.[157] In seiner Antwort vom 17. Januar 1986 setzte Wałęsa einen erkennbar anderen Akzent. Man dürfe nicht nur an die Beziehungen zwischen den Regierungen denken. „Wichtig ist, daß auch die Existenz der gesellschaftlichen Kräfte und Bestrebungen berücksichtigt wird, die die menschlichen Hoffnungen und Anliegen zum Ausdruck bringen, denen die Entspannung dienen und förderlich sein sollte."[158]

An Wałęsas Vorschlag, den Gedankenaustausch mit ihm fortzusetzen, zeigte Brandt nur wenig Interesse. Er antwortete erst nach einigen Wochen, ging auf das Verhältnis zwischen Entspannung und Verwirklichung der Menschenrechte ein, sprach aber keine ausdrückliche Anerkennung der oppositionellen Kräfte aus und verwies zur Fortführung des Gedankenaustausches auf den außenpolitischen Sprecher der SPD, Horst Ehmke.[159] Dessen für das Frühjahr 1986 avisierter Besuch in Danzig im Frühjahr 1986 kam allerdings nicht zustande. Auch wenn es nicht zu einem intensiven und dauerhaften Dialog Willy Brandts bzw. der SPD-Führung mit Solidarność gekommen ist, so haben doch einzelne sozialdemokratische Politiker, die Friedrich-Ebert-Stiftung und Teile der deutschen Gewerkschaften ihre Kontakte mit der unabhängigen Gewerkschaft in Polen gepflegt und ihr vielfältige Unterstützung gewährt.

Die Beziehungen der SPD zur KPdSU

Die deutschen Sozialdemokraten wussten: Wenn die „zweite Phase der Ostpolitik" Aussicht auf Erfolg haben sollte, dann konnten und durften sie bei ihren Kontakten mit den kommunistischen Parteien nicht an der Sowjetunion vorbeigehen. Doch der Dialog mit der KPdSU entwickelte sich nur schleppend.[160] Im November 1983 kam erstmals eine Delegation der KPdSU-Zeitschrift „Kommunist" zu Besuch nach Bonn und traf dort auch den SPD-Vorsitzenden. Zur Freude der Gäste aus Moskau befürwortete Willy Brandt eine systematische Weiterentwicklung der Parteibeziehungen.[161] Dennoch blieb das Ausmaß der Zusammenarbeit in der Folge bescheiden. In der gemeinsamen Arbeitsgruppe von SPD und KPdSU, die sich seit Juni 1984 Gedanken über die Reduzierung der Rüstungskosten zugunsten der „Dritten Welt" machte, zeigte die sowjetische Seite lange Zeit nur sehr wenig Engagement.[162]

Wichtigste Ursache für das Stocken der Gespräche waren die raschen Wechsel an der Spitze der Sowjetunion. Binnen zweieinhalb Jahren starben gleich drei sowjetische Generalsekretäre, die – jeweils von schwerer Krankheit geplagt – am Ende praktisch nicht mehr regiert hatten. Das Machtvakuum im Kreml und die Unsicherheit über Moskaus zukünftigen Kurs lähmte die internationalen Beziehungen. Für den Vorsitzenden der SPD kam hinzu: Mit dem Tode Leonid Breschnews im November 1982 verlor er seinen engsten Gesprächspartner im Kreml. Der für die Übermittlung vertraulicher Informationen zwischen beiden Politikern eingerichtete „geheime Kanal" stand nicht mehr zur Verfügung.[163] Breschnews Nachfolger, Jurij Andropow und Konstantin Tschernenko, lernte Willy Brandt nicht persönlich kennen. Mit Michail Gorbatschow, der im März 1985 das Ruder in der Sowjetunion übernahm, sollte alles ganz anders werden.

Es fügte sich glücklich, dass der SPD-Vorsitzende und Präsident der Sozialistischen Internationale nur zwei Monate nach dem Amtsantritt des neuen KPdSU-Generalsekretärs eine seit längerem geplante Moskau-Reise antrat. Wenige Tage vor seiner ersten Begegnung mit Gorbatschow notierte Brandt handschriftlich: „Es ist wünschenswert, den vertraulichen Kanal wiederherzustellen."[164] Gemeint war eine privilegierte Kommunikationsverbindung, die selbst unter Regierungen eher selten gepflegt wurde. Obwohl beide Politiker der Idee „im Prinzip" zustimmten[165], kam der „back channel" letztlich nicht zustande.[166]

Am 27. Mai 1985 konnte Brandt im Kreml mit Michail Gorbatschow so ausführlich sprechen wie bis dahin kein anderer westlicher Politiker seit dem Amtsantritt des neuen Generalsekretärs.[167] Im SPD-Parteivorstand berichtete Brandt drei Tage später: „Gorbatschow habe sich in den Begegnungen als ein vielseitig und gut unterrichteter Mann gezeigt, der auch auf internationalem Felde umfassend unterrichtet sei. Er wirke souverän, unbefangen, freundlich und auch bestimmt."[168] Vom hölzernen Stil greiser Parteibürokraten unterschied sich der Auftritt des 54-jährigen deutlich.

Gorbatschow hatte die Unterredung mit vielen Freundlichkeiten begonnen. Er bestätigte seine Bereitschaft, die Beziehungen zur SPD weiterzuentwickeln, und würdigte den Beitrag Brandts für das deutsch-sowjetische Verhältnis wie für die Entspannung in Europa. Die Besprechung der beiden Politiker drehte sich allerdings weit mehr um die internationale Politik als um die bilateralen Probleme.

Die erste Begegnung: Der neue Generalsekretär der KPdSU, Michail S. Gorbatschow, empfängt den Vorsitzenden der SPD, Willy Brandt, am 27. Mai 1985 im Kreml. Im Hintergrund: Boris N. Ponomarjow (l.) und Hans Koschnick (r.).

Zu den Themenkreisen „Genfer Verhandlungen", „Abrüstung" und „Europa" stellte Brandt eine Reihe von konkreten Fragen, die Gorbatschow sorgfältig beantwortete. Obwohl beide Mächte im März 1985 wieder am Verhandlungstisch Platz genommen hatten, beurteilte der Generalsekretär den Stand der amerikanisch-sowjetischen Beziehungen sehr pessimistisch. Dass in Genf weiterhin keine Fortschritte erzielt wurden, dafür gab er den USA und vor allem deren Festhalten an SDI die Schuld. In der Ablehnung des amerikanischen Raketenabwehrsystems waren sich Gorbatschow und Brandt einig, auch in der Frage der Anrechnung der britischen und der französischen Nuklearwaffen. Die Bitte, Moskau möge einen einseitigen Abrüstungsschritt erwägen, lehnte der sowjetische Parteichef (noch) entschieden ab. Brandt sprach sich in diesem Kontext auch für den Abzug der Pershing II und der Cruise Missiles aus Europa aus.

Über Afghanistan, das sowjetische Truppen noch immer besetzt hielten, sprachen Brandt und Gorbatschow unter vier Augen.[169] Aussagen zu diesem Teil ihres Gesprächs sind nicht überliefert. Bemerkenswert ist indes, dass das Büro des SPD-Vorsitzenden ein Jahr später zwischen den afghanischen Rebellen und dem Kreml zu vermitteln begann. Während eines Aufenthalts in der sowjetischen Hauptstadt übergab Brandts Mitarbeiter Klaus-Henning Rosen im Juli 1986 ein Angebot der Mujaheddin zum Gefangenenaustausch. Zudem gelang es dem Unterhändler, beide Seiten im Februar 1988 in der Friedrich-Ebert-Stiftung in Bonn zu direkten Verhandlungen an einen Tisch zu bringen, die aber aufgrund von Indiskretionen scheiterten.[170]

Diese Vermittlungsbemühungen waren Nebenprodukte eines neuen vertraulichen Dialogs über Menschenrechtsfragen zwischen SPD und KPdSU. In dessen Mittelpunkt stand die Lösung humanitä-

Nach dem Besuch des SPD-Ehrenvorsitzenden beim sowjetischen Bürgerrechtler beantworten Andrej Sacharow (l.) und Willy Brandt am 6. April 1988 in Moskau die Fragen von Journalisten.

rer Einzelfälle, über die Rosen im Auftrag seines Chefs ab Oktober 1985 mit Moskauer Stellen Gespräche führte. Beim Besuch Brandts fünf Monate zuvor hatte Gorbatschow eine Liste mit den Namen von über 400 Personen entgegengenommen und zum ersten Mal die sowjetische Bereitschaft erklärt, dass Beauftragte beider Seiten diese Fälle gemeinsam erörterten. Dabei ging es um die Ausreise deutschstämmiger Sowjetbürger sowie die Schicksale Deutscher in der Sowjetunion, um Ausreiseanträge sowjetischer Juden nach Israel und die Probleme von Dissidenten.[171] Für den bekanntesten Regimekritiker der Sowjetunion, den seit 1980 unter Verbannung und Hausarrest leidenden Friedensnobelpreisträger Andrej Sacharow, hatte sich Willy Brandt nach eigenen Angaben mehrmals persönlich eingesetzt.[172] Er traf den Physiker, der Ende 1986 freikam, während seiner Moskau-Reise im April 1988. Allerdings ließ sich der Kontakt nicht ohne Schwierigkeiten herstellen. Sacharows Ehefrau, Jelena Bonner, hielt Distanz zu Brandt, berichtet der deutsche Journalist Hans-Peter Riese, der das Treffen in ihrer Wohnung vermittelte.[173]

Michail Gorbatschow und Willy Brandt – Zusammenarbeit für ein „neues Denken"

„Zu diesem großartigen Menschen, einem der größten Politiker unserer Zeit, entwickelte sich mit der Zeit ein freundschaftliches Verhältnis."[174] So beschrieb Michail Gorbatschow 1995 seine enge Beziehung zu Willy Brandt, die mit einer persönlichen Korrespondenz ihren Anfang nahm. Im Vordergrund des Briefwechsels, den beide Politiker nach ihrer ersten Begegnung aufnahmen und intensiv pflegten, stand das Thema Abrüstung.[175]

Mit einer Reihe von Aufsehen erregenden Offerten verblüffte Gorbatschow die Weltöffentlichkeit und setzte den Verhandlungspartner USA bei den Nuklearwaffengesprächen in Genf unter Druck. Für seinen Kurs gab es neben ernster Besorgnis um den Weltfrieden einen mindestens eben so wichtigen Grund: den maroden Zustand seines Landes. Die Sowjetunion brauchte dringend eine Entlastung, die der Kremlchef durch eine internationale Entspannung und Abrüstungsvereinbarungen mit den USA zu erreichen versuchte.[176]

Im August 1985 verkündete Gorbatschow einen einseitigen Atomteststopp. Zwei Monate später bot er den Amerikanern ein Interimsabkommen für die Mittelstreckenwaffen (INF) in Europa an. Mitte Januar 1986 schlug der ungewöhnlich agile Sowjetführer dann die stufenweise Abschaffung aller atomaren und chemischen Arsenale bis zum Jahr 2000 und das Verbot von Weltraumwaffen vor. In einer ersten Phase sollten die Zahl der strategischen Atomwaffen halbiert und alle INF-Systeme in Europa beseitigt werden („Null-Lösung").[177]

Willy Brandt begrüßte diese Vorschläge, die in der SPD und der Sozialistischen Internationale auf positive Resonanz stießen. Zugleich ermunterte Brandt den sowjetischen Staats- und Parteichef zu weiteren Schritten. Der SPD-Vorsitzende forderte von der Sowjetunion, nicht nur die Zahl der SS-20 drastisch zu verringern, falls die amerikanischen Pershing II und Cruise Missiles aus Westeuropa entfernt würden, sondern auch die seit 1984 in der DDR und der ČSSR aufgestellten Nuklearraketen vollständig abzuziehen.[178]

Diese Anregungen fielen durchaus auf fruchtbaren Boden. Im Juni 1986 kündigten die Warschauer-Pakt-Staaten bei ihrer Tagung in Budapest an, die auf ostdeutschem und tschechoslowakischem Boden stationierten SS-12/SS-22- und SS-23-Raketen in eine Null-Lösung einbeziehen zu wollen. Darüber hinaus schlugen sie eine deutliche Verringerung der Truppenstärken in Ost und West vor.[179] Von einem Besuch in Moskau brachte Egon Bahr wenig später herzliche Grüße des sowjetischen Generalsekretärs an Willy Brandt mit. Anatoli Tschernajew, der außenpolitische Berater Gorbatschows, habe gesagt, wie Bahr seinem alten Weggefährten anschließend mitteilte: „Wir müßten sehr zufrieden sein; ohne unser Drängen und unsere Gesichtspunkte hätte es die Budapester Vorschläge zum konventionellen Sektor nicht gegeben."[180]

Überschätzen sollte man den Einfluss von SPD und SI auf die Abrüstungspolitik der Sowjetunion gleichwohl nicht. Das gilt speziell für jenen atomwaffenfreien Korridor in Europa, den Brandt und

Bahr als probates Mittel anpriesen, um nukleare und konventionelle Abrüstung miteinander zu verbinden.[181] Diese Idee wurde von sowjetischer Seite zwar verbal unterstützt, doch in den internationalen Abrüstungsverhandlungen spielte sie keine Rolle. Das „neue Denken", das Gorbatschow propagierte und das Kooperation statt Konfrontation in der Sicherheitspolitik verhieß, traf in der nordatlantischen Allianz und besonders in den USA zunächst auf große Skepsis. Willy Brandt gehörte zu den wenigen westlichen Politikern, die sich sehr früh dafür aussprachen, die sowjetischen Angebote ernstzunehmen. So schrieb er Mitte April 1986 einen persönlichen Brief an Bundeskanzler Kohl, den er dringend darum bat, „auf unsere amerikanischen Freunde einzuwirken, dass sie so lange auf Atomtests verzichten, so lange die Sowjetunion keine weiteren Tests vornimmt".[182] Aber der deutsche Regierungschef scheute einen Streit mit Washington.

In der amerikanischen Hauptstadt schwangen offenkundig noch immer die Hardliner das Zepter. Die Vereinigten Staaten setzten ihre unterirdischen Nukleartests unvermindert fort. Außerdem verkündete der US-Präsident am 27. Mai 1986 unter Verweis auf sowjetische Vertragsverletzungen, dass sich seine Regierung nicht länger an das 1979 unterzeichnete, jedoch nie ratifizierte SALT-II-Abkommen zur Begrenzung der strategischen Atomwaffen gebunden fühle.[183]

Der Durchbruch für die Abrüstung und das „Europäische Haus"

Wie ernst es Michail Gorbatschow mit einer umfassenden Abrüstung meinte, bewies er vier Monate später bei seinem zweiten Gipfeltreffen mit Ronald Reagan in Reykjavik. Die Reaktorkatastrophe von Tschernobyl hatte die sowjetische Kompromissbereitschaft weiter befördert. Die Explosion des Atomkraftwerks am 26. April 1986 schockierte die Welt und demonstrierte die tödlichen Gefahren der nuklearen Strahlung, die Millionen Menschen grenzüberschreitend bedrohte. Die zu erwartenden Folgen eines Atomkriegs, die um ein Vielfaches schlimmer sein würden, waren kaum auszudenken und brachten Gorbatschow dazu, Nuklearwaffen prinzipiell abzulehnen –

eine Auffassung, die er mit Reagan teilte.[184] Der atomare GAU warf zugleich ein Schlaglicht auf die miserablen Verhältnisse in der Sowjetunion, die durch Schlamperei, technische Rückständigkeit und eine skandalöse Informationspolitik gekennzeichnet waren.

Innenpolitisch geschwächt, benötigte Gorbatschow einen außenpolitischen Erfolg. Das Ausmaß der geradezu sensationellen Zugeständnisse, die er am 11./12. Oktober 1986 auf Island machte, überraschte den amerikanischen Präsidenten und seine Berater. Eine Einigung schien greifbar nahe. Beide Staatsmänner sprachen sich für die Abschaffung aller Atomwaffen und ihrer Trägerraketen aus. Als erste Schritte auf diesem Weg verständigten sie sich im Grundsatz darauf, alle nuklearen Mittelstreckenraketen in Europa zu beseitigen sowie auf je 100 in Asien bzw. Nordamerika zu begrenzen und die Zahl der strategischen Offensivwaffen zu halbieren. Gorbatschow war u. a. bereit, die Forderung nach Anrechnung der britischen und der französischen Nuklearpotenziale fallen zu lassen. Der Gipfel scheiterte aber, weil Reagan sich schließlich weigerte, als Gegenleistung für die sowjetischen Konzessionen in ein zehnjähriges Testverbot für SDI einzuwilligen.[185]

Willy Brandt bedauerte das sehr. Dennoch sei in Reykjavik, so schrieb er einen Monat später an Michail Gorbatschow, „was die Weltmächte angeht, psychologisch eine bedeutende Änderung erfolgt". Ein neues Denken habe begonnen, das es zu erhalten gelte. In seinem Brief beglückwünschte er den ersten Mann der Sowjetunion zu dessen Haltung beim Gipfel und erklärte zugleich sein völliges Unverständnis über die Äußerungen des deutschen Bundeskanzlers.[186] Kohl hatte am 20. Oktober 1986 in einem Interview mit dem US-Nachrichtenmagazin *Newsweek* gesagt, Gorbatschow verstehe etwas von Public Relations, und hinzugefügt, auch NS-Propagandaminister Goebbels sei ein Experte auf diesem Gebiet gewesen. Der Vergleich führte zu einer schweren Belastung der deutsch-sowjetischen Beziehungen.

Entgegen Brandts Erwartungen gelang 1987 doch der Durchbruch zum ersten echten Abrüstungsabkommen zwischen den USA und der Sowjetunion. Nicht die Regierung in Washington lenkte bei den strittigen Fragen ein, sondern die Moskauer Führung. Im Februar 1987 machte Gorbatschow ein Abkommen über die landgestützten atomaren Mittelstreckenraketen in Europa nicht länger von amerikanischen Konzessionen bei SDI abhängig. Fünf Monate später stimmte die Sowjetunion sogar einer weltweit geltenden „Null-Lösung" zu, wie sie die Reagan-Administration erstmals 1981 vorgeschlagen hatte. Mit dem INF-Vertrag, der schließlich am 8. Dezember 1987 unterzeichnet werden konnte, vereinbarten beide Seiten, binnen drei Jahren alle ihre landgestützten Mittelstreckenraketen mit Reichweiten von 500 bis 5500 Kilometern vollständig zu zerstören.[187]

Die Bedeutung des INF-Vertrages schätzte Willy Brandt sehr hoch ein.[188] Der SPD-Ehrenvorsitzende forderte, dem ersten Mittelstreckenabkommen müssten weitere Vereinbarungen folgen. Neben der Beseitigung der taktischen Nuklearwaffen mit Reichweiten unter 500 km und der Verringerung der Interkontinentalraketen gehe es um die konventionelle Abrüstung in Europa. „Stabilität vom Atlantik bis zum Ural heißt die Aufgabe", unterstrich Brandt.

Gemeinsame Sicherheit und strukturelle Nichtangriffsfähigkeit, die vor einigen Jahren noch Utopie gewesen waren, rückten in den Bereich des Möglichen. Hierfür gab es mit dem Verifikations- und Kontrollregime, das im September 1986 bei der Stockholmer Konferenz über Vertrauens- und Sicherheitsbildende Maßnahmen in Europa (KVAE) vereinbart worden war, eine vielversprechende neue Grundlage.[189] Während die fruchtlosen MBFR-Gespräche allmählich zu Grabe getragen wurden, beriet die KSZE bei ihrem Folgetreffen in Wien schon über ein Mandat für Verhandlungen über konventionelle Streitkräfte in Europa. Auch über das Thema Menschenrechte sollten gesonderte Verhandlungen aufgenommen werden. Eine europäische Friedensordnung und die „Europäisierung Europas" waren nicht länger nur eine Vision. Es sei an der Zeit, so Brandt 1987, in kontinentalen Gesamtzusammenhängen zu denken. Die Europäer sollten eigene Konzepte für ihre gemeinsame Sicherheit entwickeln. Ihm gefiel das Bild vom „Europäischen Haus", das Gorbatschow beschwor. Zugleich mahnte der SPD-Ehrenvorsitzende, in diesem Haus, um dessen Verfügungsgewalt die beiden Weltmächte sich stritten, müssten nun endlich diejenigen bestimmen, „die darin wohnen, darin aufgewachsen und davon abhängig sind".[190] Doch längst nicht alle osteuropäischen Regime unterstützten die sich abzeichnende Entspannung und Normalisierung auf dem Kontinent. Rumänien tat sich als Bremser bei der konventionellen Abrüstung hervor. Überdies sorgte die Bukarester Regierung durch eine menschenverachtende Zwangsumsiedlungspolitik, die sich vor allem gegen die ungarische Minderheit im eigenen Land richtete, für offenen Streit mit dem Nachbarn und Bündnispartner Ungarn. Wegen der schweren Spannungen unternahm die neue Führung der ungarischen KP im Juli 1988 einen erstaunlichen Schritt, indem sie sich vertraulich an den Präsidenten der Sozialistischen Internationale wandte und ihn um Unterstützung bat. Willy Brandt erklärte sich einverstanden und schrieb sowohl dem sowjetischen Generalsekretär Michail Gorbatschow als auch dem rumänischen Staats- und Parteichef Nicolai Ceauşescu einen Brief.[191] Die vertraulichen Appelle blieben jedoch ergebnislos. Moskau sah sich außerstande einzugreifen. Die rumänische Führung setzte ihren Kurs ungerührt fort, der sie international völlig isolierte und im Innern den Boden für eine Revolution bereitete.

„Glasnost", „Perestroika" und die Hoffnungen auf die Reformfähigkeit des Kommunismus

Das Amt des Generalsekretärs trat Gorbatschow 1985 mit der Parole an, die „Phase der Stagnation" der Ära Breschnew zu überwinden. Er wollte das kommunistische System, an dessen Überlegenheit er weiterhin glaubte, nicht abschaffen, sondern es durch gesellschaftliche und wirtschaftliche Reformen stabilisieren und neu stärken. „Glasnost" (Offenheit, Transparenz) und „Perestroika" (Umbau, Wandel) wurden die Leitbegriffe für die innenpolitischen Umwälzungen. Deren Erfolg hing entscheidend von der „Demokratisierung" der sowjetischen Gesellschaft und größerer innerparteilicher Demokratie ab, so Gorbatschow 1987.[192] Ein Mehrparteiensystem nach westlichem Vorbild war damit allerdings nicht gemeint.

Bei ihrem zweiten Zusammentreffen im Kreml am 5. April 1988 erfuhr Willy Brandt aus erster Hand, welch gewaltige Aufgaben sich der sowjetische Generalsekretär vorgenommen hatte. Was Gorbatschow ihm berichtete, fand der SPD-Ehrenvorsitzende „atemberaubend interessant". Die „Perestroika" sei „einer Revolution verwandt", schwärmte Brandt. Nicht weniger begeisternd war die von ihm seit langem ersehnte Perspektive für eine neue Ära der internationalen Zusammenarbeit auf den Grundlagen der „friedlichen Koexistenz" und des Systemwettbewerbs, die sein Gegenüber zeichnete. Auch die ideologische Versteinerung der KPdSU wollte Gorbatschow aufbrechen. Er war begierig, über ein neues Verständnis der sozialistischen Idee zu diskutieren, und zeigte sich besonders interessiert an der Ausweitung der Beziehungen zur Sozialistischen Internationale. Dazu konnte Brandt mitteilen, dass die SI ihr Verhältnis zur Sowjetunion und zum Kommunismus gerade neu definiere. Die ideologischen Gegensätze bestünden zwar weiter, wirkten sich aber angesichts der wachsenden grenzüberschreitenden Probleme in immer weniger Bereichen aus.[193]

Die Aufbruchstimmung im Zentrum des Sowjetkommunismus beflügelte Brandts Phantasie. Nicht nur in dem Gespräch mit Gorbatschow warf er die Frage auf, wie man zukünftig mit der Spaltung der Arbeiterbewegung umgehen solle. Zuvor hatte er das Thema bereits gegenüber dem ungarischen KP-Chef János Kádár angeschnitten, und er fragte sogar den SED-Generalsekretär, „ob man bei dem Trennungsstrich zwischen Sozialdemokraten und Kommunisten von 1918 stehenbleiben müsse". Über die Friedensfrage hinaus, so erklärte der Ehrenvorsitzende der SPD gegenüber Erich Honecker im September 1987, seien Gemeinsamkeiten festzustellen, die es hervorzuheben gelte.[194]

Willy Brandt hatte dabei keineswegs die Verschmelzung von Sozialdemokratie und Kommunismus vor Augen. Er hoffte wohl darauf, dass die kommunistischen Parteien im Osten Europas den westeuropäischen Eurokommunisten nacheifern könnten, die einen demokratischen Weg zum Sozialismus innerhalb eines Mehrparteiensystems verfolgten. Tatsächlich leiteten die ungarischen

Kommunisten 1988 eine solche Entwicklung in ihrem Land ein. Die Hoffnungen der SPD und ihres Ehrenvorsitzenden auf einen Wandel der SED erfüllten sich dagegen nicht. Diese waren vor allem an das Grundsatzpapier „Der Streit der Ideologien und die gemeinsame Sicherheit" geknüpft, das am 27. August 1987 veröffentlicht wurde.[195] Darin bekannten sich SPD und SED zur Sicherung des Friedens als wichtigster Aufgabe, der sich auch die ideologische Auseinandersetzung unterordnen müsse. Die gegensätzlichen Systeme in West und Ost, als deren Repräsentanten beide Parteien auftraten, müssten sich „gegenseitig für friedensfähig halten". Erstmals erkannten Sozialdemokraten und Kommunisten die „Existenzberechtigung" des jeweils anderen Gesellschaftssystems an: „Unsere Hoffnung kann sich nicht darauf richten, daß ein System das andere abschafft." Beide Seiten hielten aber nach wie vor an ihren jeweiligen Grundüberzeugungen fest und dokumentierten sorgfältig ihre stark voneinander abweichenden Auffassungen der Begriffe „Demokratie", „Freiheit" und „Menschenrechte", damit Gleichberechtigung nicht als Gleichwertigkeit der Ideologien missverstanden würde. Zusammengenommen folgte daraus, dass es zwei miteinander konkurrierende Sphären gab – nach westlichen Begriffen eine demokratisch-freiheitliche und eine kommunistisch-diktatorische –, die einen friedlichen Wettbewerb um den besten Weg in die Zukunft austrugen. Für jede Seite galten eigene Wert- und Entwicklungsmaßstäbe, die mitsamt den darauf gründenden herrschenden Verhältnissen zu kritisieren zwar erlaubt sein musste, deren Fortbestand jedoch nicht mehr prinzipiell in Frage gestellt werden durfte.

Bedeutung und Wirkung dieses Dokuments waren und sind sehr umstritten.[196] Die sozialdemokratischen Autoren des Papieres gingen davon aus, nur auf diese Weise sei der Frieden dauerhaft zu sichern und würden Reformen im Kommunismus überhaupt erst ermöglicht. Denn nur wenn die kommunistische Herrschaft nicht mehr bedroht sei, wäre sie zu Liberalisierungen in der Lage, kalkulierten die deutschen Sozialdemokraten. Mit der erklärten Bereitschaft der SED, Kritik auch im Innern zuzulassen und zu Reformen des eigenen Systems fähig zu sein, schien ein guter Anfang in die gewünschte

Richtung gemacht. Doch die Versprechungen des im „Neuen Deutschland" veröffentlichten SPD-SED-Papiers, auf die sich die davon ermutigte Opposition in der DDR sofort berief, wurden den Machthabern in Ost-Berlin schnell unangenehm. Die Kritik- und Reformbereitschaft der SED war nur vorgetäuscht. Honecker lehnte „Glasnost" und „Perestroika" für seinen Staat kategorisch ab.

„Lebenslüge Wiedervereinigung"?

Trotz des 1987 beginnenden Wandels in den Ost-West-Beziehungen stand nach Willy Brandts Meinung eine Änderung der europäischen Landkarte nicht an. Vielmehr ging es ihm – besonders mit Blick auf Deutschland – um „die innere Anerkennung von Grenzen, damit diese ihren trennenden Charakter verlieren und Menschen verbinden können, statt sie unnötig voneinander zu trennen".[197] Die deutsche Zweistaatlichkeit schien auf unabsehbare Zeit festgeschrieben zu sein. Kein Ereignis veranschaulichte die Plausibilität dieser Annahme eindrucksvoller als der Arbeitsbesuch, den der DDR-Staatsratsvorsitzende Erich Honecker vom 7. bis 11. September 1987 in der Bundesrepublik Deutschland absolvierte. Unter den Klängen beider Nationalhymnen empfing Bundeskanzler Helmut Kohl seinen Gast in Bonn mit militärischen Ehren.[198]

Alle relevanten politischen Kräfte in Deutschland, so resümierte Brandt einige Tage später, stimmten der im Grundlagenvertrag formulierten „Unabhängigkeit und Selbständigkeit der beiden deutschen Staaten" zu. Das entsprach dem Stimmungsbild der öffentlichen Meinung in der Bundesrepublik. Nach Umfragen betrachtete gut die Hälfte der unter 30-Jährigen die DDR 1987 als „Ausland" und nur noch 3 Prozent aller Bundesbürger rechneten mit einer „Wiedervereinigung".[199] Dieser Begriff stieß bei der politischen Linken in der Bundesrepublik fast nur noch auf Ablehnung und war 1988 sogar bei der CDU nicht mehr unumstritten.[200]

Das Bekenntnis zur „Wiedervereinigung" hielt Willy Brandt für anachronistisch. Schon 1983 erklärte der SPD-Chef, er könne sich ein Zurück zum „Nationalstaat Bismarcks" kaum vorstellen.[201] Im November 1984 sprach er in diesem Zusammenhang von der „Lebenslüge der fünfziger Jahre"[202] und ein halbes Jahr später sagte er: „[D]ieses ‚Wieder', als ob man zurückkehrt zu dem, was einmal war", sei „ganz und gar irreführend", denn man müsse ja zu etwas Neuem kommen.[203]

In einem Vortrag zum 40-jährigen Jubiläum der ersten Sitzung des verfassunggebenden Parlamentarischen Rates distanzierte sich der Ehrenvorsitzende der SPD am 14. September 1988 in Bonn einmal mehr und entschieden vom Wort „Wiedervereinigung": „Wir haben lange so getan, ich auch, aber unser höchstes Gericht länger, als ich begreifen kann, als verpflichte uns das Grundgesetz zur *Wieder*vereinigung. [...] Als ob die Geschichte und die europäische Wirklichkeit für uns eine Anknüpfung an das Bismarck-Reich bereithielte. Oder als ob sich das ganze Problem darauf reduziere, wie sich der Anschluß der DDR an die Bundesrepublik Deutschland vollziehen lasse oder vollziehen werde. [...] Vollends durch den kalten Krieg und seine Nachwirkungen gefördert, wurde die Hoffnung auf *Wieder*vereinigung geradezu zu einer Lebenslüge der zweiten Deutschen Republik."[204]

Die provozierende Wortwahl nahm insbesondere jene Leitsätze aufs Korn, die das Bundesverfassungsgericht 1973 in seinem Urteil zum deutsch-deutschen Grundlagenvertrag aufgestellt hatte. Die Karlsruher Richter waren damals davon ausgegangen, dass das Deutsche Reich zwar seit Kriegsende handlungsunfähig, aber 1945 nicht untergegangen sei. Zudem hatten sie kategorisch postuliert: „Die Wiedervereinigung ist ein verfassungsrechtliches Gebot."[205] Dem hielt Brandt die Präambel des Grundgesetzes von 1949 entgegen, die das gesamte deutsche Volk dazu aufforderte, „in freier Selbstbestimmung die Einheit und Freiheit Deutschlands zu vollenden". Diese Formulierung, so die 1988 weit verbreitete Lesart in der Bundesrepublik, ließ auch (europäische) Lösungen der deutschen Frage zu, die nicht auf eine Wiederherstellung eines einheitlichen Nationalstaats hinausliefen.

Darüber hinaus konnte der Begriff „Wiedervereinigung", wenn man die Theorie vom Fortbestand des Deutschen Reichs heranzog, als

Festhalten an den Grenzen von 1937 interpretiert werden. Die von den Bundesregierungen bis 1969 vertretene Rechtsposition, wonach die Gebiete östlich von Oder und Neiße ein Teil Deutschlands seien, hatte die sozial-liberale Koalition durch den Moskauer und den Warschauer Vertrag 1970 aufgegeben. Brandts Kritik an der Wiedervereinigungsrhetorik zielte indessen über die Grenzfrage hinaus und attackierte den Kern der deutschlandpolitischen Konzeption der fünfziger und sechziger Jahre. Mit der Qualifizierung „Lebenslüge" verlieh Willy Brandt seiner Überzeugung Ausdruck, dass die „Wiedervereinigungspolitik" Adenauers im Ansatz verfehlt gewesen und ihr endgültiges Scheitern nunmehr offenbar sei: Die deutsche Einheit würde sich nicht durch den Beitritt der DDR zur Bundesrepublik einschließlich einer gesamtdeutschen Mitgliedschaft in NATO und EG vollziehen lassen.

An der Richtigkeit dieser Hypothese zweifelte gegen Ende der achtziger Jahre kaum jemand mehr. Dennoch stiftete Brandts Diktum von der „Wiedervereinigung als Lebenslüge" erhebliche Verwirrung und trug eher dazu bei, seine prinzipielle Haltung in der deutschen Frage undeutlich werden zu lassen. Noch nach dem Vollzug der Vereinigung musste er sich gegen die Anschuldigung wehren, sich zwei Jahre zuvor gegen die nationale Einheit ausgesprochen zu haben. In einem Schreiben an den CSU-Vorsitzenden und Bundesfinanzminister Theo Waigel vom 29. Oktober 1990 wies der SPD-Ehrenvorsitzende diesen Vorwurf als falsch zurück. Sein Wort von der „Lebenslüge" habe sich auf diejenigen bezogen, „die anderen und sich selbst einredeten, eine Rückkehr zum Bismarck-Reich sei erstens wünschenswert und zweitens möglich".[206]

Für Willy Brandt stand aber nie in Zweifel, an der Idee und am Ziel der Einheit der deutschen Nation festzuhalten. Im Dezember 1988 sprach der fast 75-Jährige in einem ZDF-Interview von der Chance für die Deutschen, in einem zusammenwachsenden Europa enger zusammenzurücken. „Welche völkerrechtliche und staatsrechtliche Form dies annimmt, das möchte ich bewusst offen lassen. Ich bin nur sicher, eine einfache Rückkehr zum Bismarck-Reich ist wohl unwahrscheinlich." An anderer Stelle des Gesprächs erklärte er:

Wenn die Teile Deutschlands ihr Verhältnis zueinander anders ordnen könnten als bisher, müsse das „ja nicht unbedingt die Rückkehr zum Nationalstaat alter Prägung sein". Völlig ausschließen mochte er das jedoch nicht, denn im selben Atemzug fügte Brandt hinzu: „Aber wer weiß, wer weiß. Ich bin ja der Meinung derer, die sagen, dass man auf vernünftige Weise von der Offenheit des geschichtlichen Prozesses ausgehen muss."[207] Noch ahnte er nicht, wie berechtigt dieser Hinweis war und mit welch unglaublicher Dynamik sich die Lage in Deutschland und Europa 1989 verändern würde.

III. Friedliche Revolution und Einheit – Willy Brandt und das Zusammenwachsen Deutschlands und Europas 1989/90

Die Vorboten der Revolution in Ostmitteleuropa

In der ersten Hälfte des Jahres 1989 kamen aus dem Osten Europas viele überraschende und aufregende Nachrichten: Im Februar sprachen sich die ungarischen Kommunisten für einen stufenweisen Übergang zum Mehrparteiensystem und eine neue Verfassung mit Gewaltenteilung aus.[208] Einen Monat später konnten die meisten Sowjetbürger unter mehreren Parlamentskandidaten auswählen.[209] Die Kommunalwahl in der DDR im Mai 1989 lief zwar in altbekannter Manier mit einer Einheitsliste ab, neu aber waren die offenen Proteste von Bürgern gegen die leicht zu erkennenden Ergebnisfälschungen. Im selben Monat begann Ungarn mit dem Abbau der Sperranlagen an der Grenze zu Österreich. In Polen erzielte Solidarność bei den teilweise freien Wahlen Anfang Juni einen überwältigenden Sieg, der sie im August in die Regierung führte.

Der rasanten Entwicklung vorausgegangen war ein fundamentaler Kurswechsel der sowjetischen Außenpolitik. Michail Gorbatschow hatte bereits am 7. Dezember 1988 vor der Generalversammlung der Vereinten Nationen erklärt, jeder Staat habe das Recht, seinen eigenen Weg zu wählen.[210] Die sogenannte Breschnew-Doktrin, die 1968 beim Einmarsch in die Tschechoslowakei verkündet worden war, galt folglich nicht mehr. Eine militärische Intervention der „sozialistischen Bruderstaaten", um die kommunistische Herrschaft in einem zum Warschauer Pakt gehörenden Land aufrechtzuerhalten, war damit ausgeschlossen. Eine Konferenz des östlichen Bündnisses bekräftigte Anfang Juli 1989 in Bukarest ausdrücklich das Recht jedes seiner Mitglieder, „selbständig seine eigene Linie" „ohne Einmischung von außen" zu entwickeln.[211]

Früher als andere erkannte Willy Brandt, dass sich ein umstürzender Wandel in Europa vollzog. Zu Beginn des nächsten Jahrhunderts könnten die Teile Europas wieder zusammenwachsen, erklärte er im Mai 1989. Die beiden deutschen Staaten würden in diesem Prozess „zu einer Konföderation zusammenfinden oder ein gemeinsames staatliches Dach bilden".[212] Einen Monat später diskutierte Brandt mit seinem früheren Kanzleramtschef Horst Grabert über die „konkrete Utopie" einer Überwindung der europäischen Teilung. Auch an der DDR könnten die Veränderungen nicht vorbeigehen.[213]

Im Sommer 1989, als er seine „Erinnerungen" verfasste, schrieb Brandt: „Warum, mit welchem Recht und aufgrund welcher Erfahrung ausschließen, daß eines Tages in Leipzig und Dresden, Magdeburg und Schwerin – und in Ostberlin – nicht Hunderte, sondern Hunderttausende auf den Beinen sind und ihre staatsbürgerlichen Rechte einfordern?"[214] Was lange Zeit schwer vorstellbar gewesen, ja illusionär erschienen war, sollte wenige Wochen später Realität werden. Die blutige Niederschlagung der Studentenkundgebungen für mehr Demokratie in Peking am 4. Juni 1989[215] zeigte allerdings das hohe Risiko an, wenn die Menschen gegen ein kommunistisches Regime auf die Straße gingen, zumal die DDR-Volkskammer das Vorgehen der chinesischen Regierung ausdrücklich billigte.

Doch die Bürger im anderen Teil Deutschlands ließen sich davon nicht mehr einschüchtern. Ihre Unzufriedenheit über die politischen und ökonomischen Zustände wuchs von Tag zu Tag. Sie drückte sich zum einen in allmählich anschwellenden Protesten aus, zum anderen in einer massenhaften Fluchtbewegung. Während der Sommerwochen spitzte sich die Lage zu. Im August 1989 flüchteten Hunderte DDR-Bürger über die ungarisch-österreichische Grenze in den Westen. Zur gleichen Zeit fanden Tausende in den bundesdeutschen Botschaften in Prag, Warschau und Budapest Zuflucht, um ihre Ausreise in die Bundesrepublik zu erzwingen.[216] Am 11. September 1989 öffnete die ungarische Regierung die Grenze, so dass in den folgenden zwei Wochen 25.000 Ostdeutsche über Österreich in die Bundesrepublik ausreisen konnten. Am 30. September erhielten die Botschaftsflüchtlinge in Prag und in Warschau – insgesamt waren es 7.000 Menschen – die Erlaubnis zur Ausreise. In der DDR brodelte es derweil. Immer mehr Bürger begehrten mutig auf. Mitte des Monats trat die reformorientierte Opposition, die sich in den Bürgerrechtsbewegungen „Demokratie Jetzt" und „Neues Forum" sowie in der Initiative zur Gründung einer Sozialdemokratischen Partei sammelte, mit Programmen zur grundlegenden Demokratisierung der DDR an die Öffentlichkeit.[217] Am 25. September fand in Leipzig die vierte Montagsdemonstration mit inzwischen 8.000 Teilnehmern statt.

Die innere Schwäche der DDR war offenkundig und eskalierte rasch zu einer Existenzkrise. Bereits am 1. September 1989, dem 50. Jahrestag des deutschen Angriffs auf Polen, sagte der SPD-Ehrenvorsitzende vor dem Deutschen Bundestag: „Ich will offen meinem Empfinden Ausdruck geben [...], daß eine Zeit zu Ende geht, in der es sich in unserem Verhältnis zum anderen deutschen Staat vor allem darum handelte, durch vielerlei kleine Schritte den Zusammenhalt der getrennten Familien und damit der Nation wahren zu helfen."[218] Mehr als „kleine Schritte" und das Drängen auf menschliche Erleichterungen waren der Bundesrepublik nicht möglich gewesen, solange die SED über das unangefochtene Machtmonopol verfügte. Das aber geriet nun ins Wanken.

Ein Rest an Unsicherheit blieb. Aus eigenem Erleben wusste Brandt noch besser als andere Spitzenpolitiker, was 1953 in Ost-Berlin, 1956 in Budapest und 1968 in Prag geschehen war. Er schloss „neue Risiken", die sich aus dem Wandel im Osten ergeben konnten, nicht aus.[219] Aber im Spätsommer 1989 schien es ihm, dass die Chancen bei weitem überwogen. Bezugnehmend auf einen Brief, den Hans-Jochen Vogel an Michail Gorbatschow gerichtet hatte, bat

Willy Brandt am 25. September 1989 seinen Partei- und Fraktionsvorsitzenden zu bedenken, „ob eine generelle Verdammung von ‚Destabilisierungen' dem Gegenstand hinreichend gerecht wird. Landgewinn für staatsbürgerliche Freiheit ist kaum zu erzielen, ohne verkrustete Strukturen zu ‚destabilisieren'."[220]

Nur wenige Sozialdemokraten gingen damals so weit wie Brandt. Zu ihnen gehörten Erhard Eppler und Norbert Gansel. Eppler war führend an der Formulierung des 1987 verabschiedeten gemeinsamen Papiers der SPD-Grundwertekommission und der SED-Akademie für Gesellschaftswissenschaften beteiligt gewesen.[221] Auch deshalb war es besonders bemerkenswert, wie er am 17. Juni 1989 vor dem Deutschen Bundestag die Reformunfähigkeit der DDR-Führung beklagte. In seiner Aufsehen erregenden Rede forderte er die SED dringend zum Dialog mit den Bürgern des Landes auf; sonst könne die DDR auf Dauer nicht überleben.[222] Zwei Monate später prägte Gansel die neue Formel „Wandel durch Abstand". Der Vorsitzende des SPD-Parteirates kritisierte das Festhalten an den Gesprächen mit den in Ost-Berlin regierenden Kommunisten: Nunmehr müsse man Druck auf die SED ausüben und engen Kontakt zu den Bürgerrechtsbewegungen halten, um Reformen in der DDR zu fördern. Die Mehrheit der SPD-Bundestagsfraktion schloss sich dem nicht an. Eine seit langem vereinbarte Delegationsreise von sozialdemokratischen Parlamentariern nach Ost-Berlin wurde am 15. September 1989 nicht von der SPD in Bonn, sondern von der SED abgesagt.[223]

Die neue Aktualität der „deutschen Frage"

Zu den inneren Gärungsprozessen in der DDR und zum Exodus ihrer Bürger nahm Willy Brandt unter anderem in einer Rede auf dem SPD-Landesparteitag Niedersachsen Mitte September öffentlich Stellung. Anschließend wurde er von der Zeitung *Bild* gebeten, daraus einen Beitrag zu formulieren. Die Kolumne erschien am 21. September 1989 unter der redaktionell gestalteten, nicht vom Autor gewählten Überschrift: „Willy Brandt zur Wiedervereinigung: ‚Es ist nicht ewig zu trennen, was doch zusammengehört'". Den Begriff

„*Wieder*vereinigung" lehnte der SPD-Ehrenvorsitzende erneut ausdrücklich ab, aber von „Selbstbestimmung und Einheit" als „nationale[n] Orientierungspunkte[n]" sprach er sehr wohl.[224] Im aktuellen Kontext und angesichts der Überschrift, gegen die er keinen Widerspruch einlegte, signalisierte der Artikel, dass die „deutsche Frage" für Brandt offener war denn je seit 1949.

Während der Feierlichkeiten zum 40. Jahrestag der DDR am 7. Oktober 1989 wurde evident, wie tief der Riss zwischen den Führungen in Ost-Berlin und Moskau war. Honecker lehnte die Reformforderungen Gorbatschows rundweg ab und ignorierte dabei die Realität in der DDR. Am Rande der feierlichen Aufmärsche und Empfänge in Ost-Berlin protestierten Hunderte Menschen gegen das Regime und riefen „Gorbi hilf", was dem anwesenden KPdSU-Chef nicht entging. In immer mehr Städten der DDR fanden sich Bürger zu Protestkundgebungen zusammen. Am 9. Oktober versammelten sich in Leipzig etwa 70.000 Menschen zur bis dahin größten Montagsdemonstration. Gegen die Bilder gerichtet, die zwei Tage zuvor von der SED bestellte Jubelmassen gezeigt hatten, skandierten die Demonstranten: „Wir sind das Volk."[225]

In dieser angespannten Lage traf Willy Brandt am 17. Oktober 1989 ein weiteres Mal mit Michail Gorbatschow im Kreml zusammen. Vorsichtig formulierend, sprach der SPD-Ehrenvorsitzende die deutsche Frage an: „[...] wenn das restliche Europa auch weiter den Weg der Annäherung und des Zusammenwachsens geht, dann können die beiden deutschen Staaten untereinander in verschiedenen Bereichen mehr Gemeinsames finden als andere Staaten. Ist es vielleicht sinnvoll, für sie in der Perspektive eine Möglichkeit aufzuzeigen, ein gewisses ‚gemeinsames Dach' für ein Zusammenwirken in diesen Bereichen zu schaffen?" Der KPdSU-Chef hielt den Gedanken nicht für akut: „Wir wollen darüber nachdenken. Dies umso mehr, als – wie ich vermute – wir [beide] verstehen, dass diese Frage heute nicht auf der Tagesordnung steht."[226]

Vorerst wichtiger war beiden die aktuelle Entwicklung in der DDR. Der deutsche Besucher plädierte für schnelle und tief greifende innere Reformen; Gorbatschow stimmte dem zu. Von sich aus schnitt

Brandt eine heikle Frage an, deren Bedeutung er zugleich herunterzuspielen versuchte. Am 7. Oktober 1989 hatte sich in Schwante die Sozialdemokratische Partei in der DDR (SDP) gegründet. Das war eine Kampfansage an die „Einheitspartei" SED. Die SDP, die kein Anhängsel der westdeutschen SPD sein wolle, habe gleich einen Aufnahmeantrag bei der Sozialistischen Internationale gestellt, berichtete Brandt.[227] Vertraulich teilte der sowjetische Generalsekretär dem SI-Präsidenten mit, am folgenden Tag werde SED-Chef Erich Honecker abgelöst werden. An dessen Stelle trat Egon Krenz.[228]

Zurück aus Moskau gab Brandt dem *Spiegel* ein Interview. Gefragt, ob er sein „Zukunftsbild der beiden deutschen Staaten" skizzieren könne, antwortete der Begründer der Neuen Ostpolitik etwas sibyllinisch: „Vielleicht könnte ich, aber ich will nicht. Es gibt Zeiten, in denen man sich bewußt darauf beziehen darf, daß der Phantasie der Geschichte nicht über Gebühr vorzugreifen ist."[229] Die Vorsicht war angesichts der rasanten und sich noch beschleunigenden Veränderungsprozesse in der DDR und ganz Osteuropa wohlbegründet.

Der Fall der Berliner Mauer

Der 9. November 1989 begann für Willy Brandt als normaler Arbeitstag. Er nahm an einer Bundestagssitzung teil und erledigte parallel dazu einige Bürogeschäfte. So schrieb er einen Brief, mit dem er Vertreter der Sozialdemokratischen Partei der DDR zur Tagung der Sozialistischen Internationale am 23./24. November 1989 nach Genf einlud.[230] Um 14 Uhr traf er sich mit Giorgio Napolitano, einem der führenden Köpfe der italienischen PCI, um über eine weitere Annäherung der Eurokommunisten an die SI zu beraten.[231] Kurz nach 19 Uhr verbreitete sich im Parlament die Nachricht von der Ost-Berliner Pressekonferenz, in der Günter Schabowski ein neues Reisegesetz für DDR-Bürger angekündigt und auf Nachfrage von Journalisten erklärt hatte, die Neuregelung trete „sofort, unverzüglich" in Kraft. Unbeabsichtigt führte diese Mitteilung wenige Stunden später zum Fall der Mauer, da Tausende noch am selben Abend zu den Übergangsstellen drängten und mit Erfolg die Öffnung der Grenze verlangten.[232] Als die Sprecher der Bundestagsfraktionen nach einer Unterbrechung der Plenarberatungen an das Mikrophon traten, war ihnen die Tragweite des neuen Reisegesetzes klar. Man ahnte aber nicht, was noch in der Nacht in Berlin geschehen würde. Hans-Jochen Vogel sagte: „Diese Entscheidung bedeutet, daß die Mauer nach 28 Jahren ihre Funktion verloren hat. Sie werden verstehen, daß sich mein Blick in diesem Augenblick auf Willy Brandt richtet [...]."[233] Später erinnerte sich Vogel, dabei habe der SPD-Ehrenvorsitzende Tränen in den Augen gehabt.[234]

Nach Sitzungsende gegen 21 Uhr fuhr Brandt nach Unkel, wo gerade der Umzug in das neue Haus vonstatten gegangen war. Der Fernseher war noch nicht angeschlossen. Am frühen Morgen weckte ihn der Anruf eines Redakteurs des Hessischen Rundfunks. „Ich wußte nicht wozu und lernte erst aus den Fragen, was über Nacht geschehen war. Kurz danach meldete sich ein Mitarbeiter: Eine britische Militärmaschine stehe bereit, mich nach Berlin zu bringen. Und da, an Bord, notierte ich die Stichworte für eine Ansprache, von der ich ahnte, daß sie am Nachmittag zu halten sein werde."[235]

In Berlin steuerte Brandt am 10. November zunächst das Brandenburger Tor an, anschließend suchte er das Schöneberger Rathaus auf. In mehreren Interviews verwendete er die später berühmt gewordene Formulierung: „Jetzt wächst zusammen, was zusammen gehört." Während der Kundgebung vor dem Rathaus, bei der neben ihm Bundeskanzler Helmut Kohl, Bundesaußenminister Hans-Dietrich Genscher und Berlins Regierender Bürgermeister Walter Momper Ansprachen hielten, fiel dieser Satz aber nicht.[236] Vielmehr sagte Brandt: „Das Zusammenrücken der Deutschen, darum geht es, das Zusammenrücken der Deutschen verwirklicht sich anders, als es die meisten von uns erwartet haben. Und keiner sollte in diesem Augenblick so tun, als wüsste er ganz genau, in welcher konkreten Form die Menschen in den beiden Staaten in ein neues Verhältnis zueinander geraten werden. Dass sie in ein anderes Verhältnis zueinander geraten, dass sie in Freiheit zusammenfinden und sich entfalten können, darauf allein kommt es an." Und dazu gehörte als nächster Schritt, bezogen auf die DDR: „Ich denke, dass diese Volks-

Willy Brandt inmitten der Menschenmenge vor dem Brandenburger Tor am 10. November 1989, einen Tag nach der Öffnung der Berliner Mauer.

bewegung im anderen Teil Deutschlands ihre Erfüllung nur in wirklich freien Wahlen finden kann."[237] Sein Tag endete mit einem Besuch in Ost-Berlin, wo er sich mit der Führung der SDP traf.[238]

Die Öffnung der Mauer gab der revolutionären Entwicklung in der DDR einen entscheidenden Schub. In Moskau löste die neue Lage große Besorgnis aus. Obwohl er kein Regierungs- oder offizielles Parteiamt in der Bundesrepublik mehr innehatte, erreichte Brandt noch am selben Abend eine Botschaft von Michail Gorbatschow, in der dieser um Mithilfe ersuchte, „eine chaotische Situation mit unvorstellbaren Folgen" zu verhindern.[239] Auch an Bundeskanzler Kohl richtete der sowjetische

Staatschef diese Bitte.²⁴⁰ Womöglich befürchtete die Kremlführung Übergriffe auf die in der DDR stationierten sowjetischen Truppen oder auf Vertreter der SED. In seinem Antwortschreiben versuchte der SPD-Ehrenvorsitzende, Gorbatschow zu beruhigen: „Sie können sicher sein, dass wir, auch künftig, die Realitäten sehen, die strategischen Interessen aller Beteiligten kennen und wissen, wie wichtig, nein entscheidend es ist, die sicherheitspolitische Stabilität zu erhalten, ohne die das Europäische Haus nicht gebaut werden kann."²⁴¹

Am 11. November nahm Brandt erstmals seit seinem Rücktritt vom SPD-Vorsitz 1987 wieder an einer Sitzung des Parteivorstandes in Bonn teil. Er war nicht nur gekommen, um die Bedeutung der Ereignisse zu unterstreichen. Ihm kam es darauf an, dass sich seine Partei „in der Frage der nationalen Einheit nicht verheddere". „Aus der Zweistaatlichkeit ein Dogma zu machen, sei ebenso abwegig wie im Nationalstaat die einzige Ableitung aus dem Grundgesetz zu sehen", erklärte er den SPD-Spitzengenossen.²⁴²

Mit dem Fall der Mauer füllte sich Willy Brandts Terminplan wie zu den Zeiten, als er noch den SPD-Vorsitz innehatte. Im In- und Ausland war sein Rat begehrt. Brandt sei „wieder zu einer Schlüsselfigur der Sozialdemokraten geworden", schrieb *Der Spiegel* am 20. November 1989. In jenen Tagen entschloss sich der Ehrenvorsitzende auch, bei der kommenden Bundestagswahl im Dezember 1990 erneut zu kandidieren.²⁴³

Unterdessen vollzog sich der Umbruch in der DDR in immer höherem Tempo. Am 13. November 1989 tauchte bei der Leipziger Montagsdemonstration erstmals der Slogan „Deutschland, einig Vaterland" auf. Am selben Tag wurde Hans Modrow, den viele als Reformkommunisten einschätzten, neuer Ministerpräsident. In seiner ersten Regierungserklärung vom 17. November 1989 schlug er eine „Vertragsgemeinschaft" zwischen beiden deutschen Staaten als Alternative zu den „ebenso unrealistischen wie gefährlichen Spekulationen über eine Wiedervereinigung" vor.²⁴⁴ Bundeskanzler Helmut Kohl reagierte wenige Tage später. Bestärkt durch ein Gespräch seines Beraters Horst Teltschik mit dem Mitarbeiter der internationalen Abteilung des ZK der KPdSU Nikolaj Portugalow, der am 21. November von Diskussionen in Moskau über eine deutsche Wiedervereinigung berichtet hatte[245], ging Kohl deutschlandpolitisch in die Offensive. Am 28. November 1989 präsentierte er vor dem Bundestag überraschend einen Zehn-Punkte-Plan, in dem er der DDR die Ausweitung der Zusammenarbeit anbot und auf längere Sicht einen Weg zur deutschen Einheit vorzeichnete.[246] In der anschließenden Debatte äußerte Karsten Voigt mit der Rückendeckung Hans-Jochen Vogels die Zustimmung der SPD-Fraktion zu Kohls Programm. Unter den zehn Punkten fand sich jedoch keine Aussage zur Endgültigkeit der polnischen Westgrenze. Das stieß auf massive Kritik bei vielen sozialdemokratischen Abgeordneten, die überdies monierten, dass der Kanzler zwar den amerikanischen Präsidenten vorab informiert hatte, die anderen westlichen Verbündeten und die Sowjetunion aber nicht. Nicht einmal das Auswärtige Amt und der Koalitionspartner FDP waren in den Plan eingeweiht worden.

Anders als mancher seiner Parteifreunde lehnte Willy Brandt Kohls Zehn Punkte nicht ab.[247] Einen Tag nach der Parlamentsdebatte erklärte er vor der SPD-Bundestagsfraktion, eine Nähe von Regierung und Opposition „auf dem Gebiet der auswärtigen Politik" sei von Vorteil. Er habe mit Kohl über dessen Vorschläge gesprochen und auf das verwiesen, was aus Sicht der SPD hinzugefügt werden müsse. Brandt sah die beiden deutschen Staaten auf einem Weg hin zu einer Konföderation, die er „den neu heranwachsenden Deutschen Bund" nannte.[248] An dieser Begrifflichkeit hielt er allerdings nicht lange fest, erinnerte sie doch zu sehr an den freiheitsfeindlichen Staatenbund des 19. Jahrhunderts. In der Sache änderte das nichts: Brandt befürwortete ein Höchstmaß an deutscher Einheit, sofern das deutsche Volk in freier Selbstbestimmung es wünsche und sofern dies mit den europäischen Nachbarn und darüber hinaus abgestimmt sei.[249]

Was ihn beim Zehn-Punkte-Plan störte, der entgegen der Hoffnung des Bundeskanzlers in Moskau und nicht nur dort zunächst auf klare Ablehnung stieß[250], brachte Brandt Mitte Dezember 1989 in einem Interview mit mehreren europäischen Tageszeitungen öffentlich zum Ausdruck: „Das eine ist die innenpolitisch, wahlpolitisch bedingte Auslassung des Punktes der polnischen Westgrenze, und das andere, den Eindruck zu erwecken, als sei die Bundesrepublik nicht gleichermaßen wie zuvor entschlossen, den Ausbau der EG einschließlich der Währungsunion zu betreiben." Das Zusammenwachsen der Deutschen sei ein Unterthema des gesamteuropäischen Prozesses der Annäherung, was gleichwohl nicht bedeute, dass Letzterer Vorrang haben müsse.[251]

Vorbehaltlose Unterstützung für seinen Kurs fand Willy Brandt in der SDP. Bis zum 9. November 1989 waren die ostdeutschen Sozialdemokraten von einer dauerhaften Zweistaatlichkeit ausgegangen, die sie als das unabänderliche Ergebnis der während des „Dritten Reiches" von Deutschen begangenen Verbrechen begriffen. Der Fall der Mauer und die lauter werdenden Rufe der DDR-Bürger nach Vereinigung mit der Bundesrepublik führten in wenigen Wochen zu einem Sinneswandel, der sich am 3. Dezember 1989 in einer Erklärung der Partei zur deutschen Frage niederschlug. Die SDP plädierte nun für die Einheit der Nation, die von beiden Seiten gleichberechtigt gestaltet werden sollte. Vom Weiterbestand einer reformierten DDR war keine Rede mehr.[252]

Welche Stimmung in der Bevölkerung herrschte, erfuhr Willy Brandt ab Ende 1989 bei zahlreichen Auftritten in ostdeutschen Städten. Am 6. Dezember redete er erstmals in der DDR. In der überfüllten Rostocker Marienkirche konnten ihm 8.000 Menschen zuhören, über Lautsprecher auf den umliegenden Straßen weitere 40.000. Für ihn wie auch für die einladenden Rostocker Sozialdemokraten war es ein tief bewegender Moment. 53 Jahre zuvor hatte Brandt sich – als Mann des Widerstands in „illegaler" Mission unterwegs – letztmals in der Stadt und in der Gegend aufgehalten, aus der seine Mutter stammte. Die Anwesenden sprach er nicht nur als „meine Damen und Herren" und als „liebe Landsleute" an, sondern auch, und das war ganz ungewöhnlich für ihn, als „Schwestern und Brüder": eine Reverenz an die evangelische Kirche, deren Gemeinden sehr viel zur friedlichen Revolution beigetragen hatten. Die Umwälzungen im Ostblock stellte Brandt auf eine Stufe mit der Französischen Revolution des Jahres 1789. Am Ende griff der Redner auf, was seit dem Mauerfall bei den Demonstrationen immer häufiger zu hören und zu lesen war: das Zitat aus der DDR-Hymne, „Deutschland, einig Vaterland". „Da berühren wir uns rasch, denn die Hymne im anderen Teil Deutschlands [also in der Bundesrepublik] lautet: Einigkeit und Recht und Freiheit für das deutsche Vaterland."[253]

Der Dissens in der SPD um die Deutschlandpolitik

Die westdeutschen Sozialdemokraten waren in dieser Phase hin- und hergerissen. In die Begeisterung über die demokratische Revolution in der DDR und in ganz Osteuropa mischte sich bei nicht wenigen Skepsis gegenüber der Aussicht auf eine Vereinigung der beiden deutschen Staaten. Aus unterschiedlichen Gründen bevorzugte eine Reihe von linken Politikern und Intellektuellen in der Bundesrepublik den Fortbestand einer demokratisierten DDR. Viele waren der Ansicht, die europäische Einigung müsse Vorrang vor der nationalen Einheit haben. Manche wünschten sich eine sozialistische Alternative zum Weststaat. Einige – wie Günter Grass – gingen sogar so weit, den „deutschen Einheitsstaat" abzulehnen, weil darauf die nationalsozialistischen Verbrechen lasteten. Ganz ähnlich dachte Oskar Lafontaine, der den Nationalstaat für überholt und stattdessen das Soziale zur entscheidenden politischen Frage erklärte.[254]

Der Berliner Parteitag der SPD vom 18.–20. Dezember 1989 dokumentierte den Zwiespalt, in dem sich die Partei befand. An seinem 76. Geburtstag hielt Willy Brandt eine Rede, in deren Mittelpunkt Deutschland stand. Der „deutschen Einheit" sei man näher, „als dies noch bis vor kurzem erwartet werden durfte".[255] Vom „Deutschen Bund" sprach der SPD-Ehrenvorsitzende nicht mehr. Hinsichtlich der Neugestaltung des innerdeutschen Verhältnisses trieb er zur Eile an, ließ sich dabei aber auf konkrete Modelle ebenso wenig ein wie auf Zeitangaben. Generell rechnete man damals damit, der Vereinigungsprozess werde noch Jahre dauern.[256] Ohne sie beim Namen zu nennen, wandte sich Brandt entschieden gegen jene, die den nationalen Weg ablehnten: „[N]irgend steht [...] geschrieben, daß sie, die Deutschen, auf einem Abstellgleis zu verharren haben, bis irgendwann ein gesamteuropäischer Zug den Bahnhof erreicht." Und:

„Noch so große Schuld einer Nation kann nicht durch eine zeitlos verordnete Spaltung getilgt werden."[257] Die Delegierten dankten Willy Brandt mit standing ovations.

Günter Grass, der an dem Parteitag teilnahm und sich angesprochen fühlen musste, beeindruckte das nicht. Leidenschaftlich forderte der Schriftsteller, der kurz nach dem Altkanzler das Wort nahm, es dürfe keine Neuauflage jenes Einheitsstaates geben, „dessen wechselnde Vollstrecker [...] anderen und uns Leid, Trümmer, Niederlagen, Millionen Flüchtlinge, Millionen Tote und die Last nicht zu bewältigender Verbrechen ins Geschichtsbuch geschrieben haben". Die Großmächte, Deutschlands Nachbarn und die Deutschen selbst könnten eine abermalige Machtballung in der Mitte Europas nicht zulassen[258], sagte Grass. Es verwundert nicht, dass sich Brandt und sein einstiger Wahlkampfhelfer in den darauf folgenden Monaten in der Frage der nationalen Einheit noch weiter entfremdeten.[259]

Am nächsten Tag sprach der saarländische Ministerpräsident. Die Delegierten feierten den angehenden Kanzlerkandidaten der SPD genauso wie Brandt – obwohl Lafontaine die Worte „Deutschland" und „Deutsche" kaum in den Mund nahm oder sie allenfalls mit kritischem Unterton verwendete. Die „Frage der staatlichen Ordnung" bezeichnete er als zweitrangig. Vorrang hatte seiner Meinung nach „die Frage [...], wie wir soziale Gerechtigkeit in der DDR und in der Bundesrepublik in den nächsten Wochen und Monaten organisieren."[260]

Beobachter rätselten, ob die Reden von Brandt und Lafontaine Ausdruck einer Arbeitsteilung oder eines Gegensatzes waren. Presseberichten zufolge soll der Ehrenvorsitzende unmittelbar nach seinem eigenen Auftritt dem Kanzlerkandidaten in spe die rhetorische Frage gestellt haben: „Meine Rede war dir wohl etwas zu national?" Der Saarländer habe demnach geantwortet: „Ja, aber das verstehe er, weil er auch verstehe, welche Erinnerungen in dieser Zeit des Umbruchs in Deutschland den früheren Parteivorsitzenden bewegten."[261] Zum Ende des Parteitages sprach Brandt auf einer Pressekonferenz von unterschiedlichen Akzenten, die nicht gegeneinander stünden. Sie rührten „aus den unterschiedlichen Lebensgeschichten." Er habe seine Rede zuvor mit Lafontaine abgestimmt.[262] Die „Berliner Erklärung", die der Parteitag beschloss, folgte eindeutig Brandts Linie. „Wir können jetzt beginnen zu verwirklichen, was lange als Utopie erschien: Die Einheit und Freiheit Deutschlands zu vollenden."[263] Die innerparteiliche Diskussion war damit aber noch lange nicht beendet.

Vorentscheidung für die Einheit und Volkskammerwahl in der DDR

24 Stunden nach seiner Rede in Berlin folgte Willy Brandt einer Einladung der Magdeburger Sozialdemokraten. In einer Vorbesprechung mit den örtlichen Parteifreunden warnte Brandt die gesamte SPD davor, wie ein anwesender Journalist notierte, die Entwicklung zu verschlafen: „Wir müssen aufpassen, daß nicht eine Grundwelle in unserem Volk uns wegspült.' Keine Frage, sagt Brandt, daß das Volk Einheit wolle, ,sie wächst zwischen den Menschen.'"[264] Auch in seiner Rede auf dem Domplatz, wo sich 70.000 Menschen versammelt hatten, stellte er diesen Punkt klar heraus: „Wie eng die heutige DDR mit der heutigen Bundesrepublik zusammenkommt, darüber entscheidet das Volk in der DDR in Selbstbestimmung."[265] Vom ZDF-Moderator Peter Voß gefragt, ob sein Auftritt nicht eine Einmischung in die DDR-Politik darstelle, widersprach der SPD-Ehrenvorsitzende unmissverständlich: „Einmischung kann das nicht sein. Was aus Deutschland wird, geht die Deutschen an, miteinander, die hier und die bei uns."[266] Brandt hatte erkannt: Innere Reformen in der DDR waren längst nicht mehr das alleinige Thema. Mehr und mehr rückte die Entscheidung über die Einheit Deutschlands in den Vordergrund der öffentlichen Diskussion. Das erlebte am selben Tag auch Bundeskanzler Helmut Kohl bei seinem Besuch in Dresden. Die mehr als hunderttausend Zuhörer seiner Rede vermittelten ihm die Gewissheit, dass die große Mehrheit der DDR-Bürger die baldige Wiedervereinigung wollte.[267]

Zu Stand und Perspektiven der innerdeutschen Beziehungen nahm Willy Brandt gleich zu Beginn des neuen Jahres 1990 ausführlich Stellung. In einem Interview, das er in seinem Ferienhaus in Südfrankreich der dortigen Regionalzeitung *Midi libre* gab, ging er dezidierter denn je von der kommenden deutschen Einheit aus.[268]

Zurückhaltend kommentierte der SPD-Ehrenvorsitzende den Vorschlag des französischen Staatspräsidenten François Mitterrand zur Schaffung einer Konföderation aller europäischen Staaten. Sie sollte ein Angebot an die Staaten Osteuropas sein, deren Beitritt zur Europäischen Union vorerst nicht möglich erschien. Französische Befürchtungen, Deutschland würde nach einer Vereinigung die Vorherrschaft in Mitteleuropa anstreben, konnte Brandt nicht teilen.

Am 30. Januar 1990 gab der Kreml grünes Licht für die Vereinigung der beiden deutschen Staaten. Am Rande des Moskau-Besuches von DDR-Ministerpräsident Hans Modrow erklärte Michail Gorbatschow überraschend, niemand stelle die deutsche Einheit grundsätzlich in Frage. Willy Brandt kommentierte diesen Satz einen Tag später mit den Worten: „Man könnte salopp sagen, die Sache ist gelaufen, die von Deutschland handelt."[269] Am 10. Februar 1990 sicherte Gorbatschow auch Bundeskanzler Kohl in Moskau zu, die Sowjetunion werde der Vereinigung Deutschlands nicht im Wege stehen. Wie wohl alle führenden Politiker im In- und Ausland konnte auch Brandt sich damals nicht vorstellen, dass die staatliche Einheit in wenigen Monaten erreicht sein würde. Die Kompliziertheit der außen- und sicherheitspolitischen Aspekte sprach für eine längerfristige Perspektive.[270]

Da der Autoritätsverlust des Kabinetts Modrow immer weiter voranschritt, beschlossen die Regierung der DDR, die bisherigen Blockparteien und die Oppositionsgruppen am „Runden Tisch" Ende Januar 1990, die ursprünglich für Mai geplante Wahl der Volkskammer auf den 18. März vorzuziehen. Die ostdeutschen Sozialdemokraten, die Willy Brandt am 24. Februar 1990 zu ihrem Ehrenvorsitzenden wählten[271], gingen hoffnungsfroh in den Wahlkampf. Insgesamt zwanzig Auftritte, die Brandt im Februar und in der ersten Märzhälfte 1990 in der DDR absolvierte, beweisen, wie sehr er sich der im anderen Teil Deutschlands wiedererstandenen Sozialdemokratie verbunden fühlte. Überall zählte die Zuhörerschaft des Altkanzlers nach Zehntausenden.[272]

Das Ergebnis der ersten freien Wahlen in der DDR stellte die Umfragen auf den Kopf. So gut wie alle Demoskopen hatten prog-

Seine Auftritte im DDR-Wahlkampf begeistern die Menschen: Willy Brandt bei einer SPD-Kundgebung in Leipzig am 23. Februar 1990.

nostiziert, dass die SPD mit deutlichem Abstand stärkste Partei vor der „Allianz für Deutschland" werden würde, in der die DDR-CDU sowie die beiden Neugründungen „Demokratischer Aufbruch" und „Deutsche Soziale Union" vereint antraten.[273] Zehn Tage vor dem Wahltermin sagte Brandt dem französischen Staatspräsidenten Mitterrand 35–45 % für die SPD und 30–35 % für die „Allianz" voraus[274], wofür er sich hinterher entschuldigte.[275] Denn die CDU erhielt alleine 40,8 % der Stimmen, die „Allianz für Deutschland" insgesamt 48 %. Die SPD kam lediglich auf 21,9 %. Für die PDS votierten 16,4 %, für das Bündnis '90 nur 2,9 %.

Der Streit um die Währungsunion und der Konflikt mit Lafontaine

Das Ergebnis der Volkskammerwahl war ein klares Votum für die schnellstmögliche Vereinigung beider deutscher Staaten und insbesondere für die baldige Währungsunion. Die Idee, die D-Mark auch in der DDR einzuführen, war von einigen Sozialdemokraten in der Bundesrepublik bereits Ende 1989 lanciert worden. Auch der Ehrenvorsitzende der SPD hatte schon am 6. Dezember 1989 in Rostock von einer Währungsunion gesprochen, diese aber erst in einigen Jahren kommen sehen.[276] Als Ingrid Matthäus-Meier und Wolfgang Roth, die Finanz- und Wirtschaftsexperten der SPD-Bundestagsfraktion, Mitte Januar 1990 die rasche DM-Einführung in der DDR forderten, hielt Willy Brandt dies noch nicht für realistisch. Er nannte als Zielperspektive 1992.[277] Als dann die Bundesbank Anfang Februar 1990 ihren Widerstand gegen den Plan von Bundeskanzler Kohl aufgab, die Währungsunion so zügig wie möglich zu verwirklichen, war diese Frage für den SPD-Ehrenvorsitzenden im Grundsatz entschieden.[278]

Ganz anders Oskar Lafontaine. Der SPD-Kanzlerkandidat stellte sich nicht nur gegen eine schnelle Währungsunion in Deutschland, sondern verlangte eine europäische Währungsunion, deren Herstellung noch etliche Jahre dauern würde.[279] Weiterhin keinen Hehl machte Lafontaine aus seiner Skepsis gegenüber einer raschen Verwirklichung der deutschen Einheit. Er warnte vor den negativen ökonomischen und sozialen Auswirkungen einer aus seiner Sicht überstürzten Vereinigung. Manche seiner Voraussagen erwiesen sich in den Folgejahren als zutreffend. Doch 1990 befand sich der saarländische Ministerpräsident im Gegensatz zur politischen Grundstimmung in beiden Teilen Deutschlands.[280] Lafontaine vermittelte nicht den Eindruck, dass er sich über das Ende der deutschen Teilung wirklich freute. Unmittelbar nach dem Fall der Mauer verlangte er unter Hinweis auf Regelungen aus den fünfziger Jahren, den Zuzug aus der DDR in die Bundesrepublik zu stoppen und die besonderen Sozialleistungen für die neuen Bundesbürger zu streichen.[281] Im SPD-Parteivorstand konnte sich der Saarländer damit aber nicht durchsetzen. Dass die Ostdeutschen sich ein westliches Lebensniveau wünschten, war in Willy Brandts Augen normal. Auch er sah die anhaltend hohe Zahl von Übersiedlern mit Sorge. Doch anstatt neue Barrieren in der Bundesrepublik aufzubauen, sollte seiner Meinung nach der Lebensstandard in der DDR angehoben werden, um möglichst viele Menschen zum Bleiben zu motivieren.[282]

Genau dieses Ziel stand hinter der Wirtschafts-, Währungs- und Sozialunion, über deren Schaffung die Bundesregierung und die erste frei gewählte Regierung der DDR ab dem 24. April 1990 offiziell zu verhandeln begannen. Schon am 18. Mai 1990 lag ein Entwurf des Staatsvertrages vor, der am 1. Juli in Kraft treten sollte. Nun brach der schwelende Disput in der SPD über das Tempo der deutschen Vereinigung offen aus. Oskar Lafontaine lehnte das Abkommen ab, denn die schlagartige Einführung der D-Mark werde zum völligen Zusammenbruch der DDR-Wirtschaft und zu Massenarbeitslosigkeit führen.[283]

Die SPD befand sich in einer schwierigen Situation. Auf ihren Hoffnungsträger konnte sie kaum Druck ausüben, denn Lafontaine erholte sich gerade von einem Attentat, das eine verwirrte Frau am 25. April 1990 auf ihn verübt hatte. Lebensgefährlich verletzt, war das Opfer dem Tod nur knapp entkommen. Parteivorstand und Fraktion waren zu Zugeständnissen bereit und wollten ihre Zustimmung von Nachbesserungen am Vertrag abhängig machen. Willy Brandt hätte den Vertrag wohl auch ohne weitere Änderungen akzeptiert. Denn in einem Brief, den er am 18. Mai 1990 an den Rekonvaleszenten schrieb, hieß es: „Zu einem wesentlichen Teil" könne er dessen Überlegungen zum Staatsvertrag nachvollziehen. „Gleichwohl halte ich es für meine Freundespflicht, Dich eindringlich zu bitten, Deine Position jedenfalls in taktischer Hinsicht zu überprüfen." Ein Nein zum Staatsvertrag komme nicht in Frage, weil dann ein „Auseinanderfallen der Bundestagsfraktion" drohe. Einzig gangbarer Weg sei die Zustimmung, verbunden „mit einem freilich sehr prononcierten Votum". Ein wenig verklausuliert, aber doch unmissverständlich kündigte Brandt seinen Widerstand an, sollte sich Lafontaines Kurs in der SPD durchsetzen: „[M]ir selbst fiele es nicht leicht, an einer Sitzung des Bundestages teilnehmen zu müssen, in der ich den Vertrag rundweg ablehnen müsste."[284] Entweder werde er mit Ja stimmen oder der Abstimmung demonstrativ fernbleiben. Selbst den Verzicht auf den Ehrenvorsitz seiner Partei zog er in Erwägung.[285]

Zehn Tage später machte *Der Spiegel* die Existenz und den Tenor des Schreibens publik.[286] Aber Lafontaine beugte sich nicht. In der selben Ausgabe des Magazins erklärte er, es gebe keine Notwendigkeit für die SPD-Bundestagsfraktion, dem Staatsvertrag zuzustimmen. Das wiederum rief scharfen Protest führender ost- und westdeutscher Sozialdemokraten hervor. Die Ost-SPD verlangte dringend die Zustimmung zur Währungsunion. Oskar Lafontaine war nun drauf und dran, die Kanzlerkandidatur niederzulegen. Um ihn davon abzuhalten, reiste eine Parteidelegation mit Hans-Jochen Vogel und Willy Brandt an der Spitze Anfang Juni 1990 nach Saarbrücken. Lafontaine forderte den Ehrenvorsitzenden auf, statt seiner bei der Bundestagswahl anzutreten. Der 76-jährige Brandt lehnte dies ab.[287] Am 9. Juni teilte Lafontaine mit, er bleibe Kanzlerkandidat.

Das harmonische Bild beim Vereinigungsparteitag der SPD am 28. September 1990 in Berlin trügt. Der Parteivorsitzende Hans-Jochen Vogel (l.) und der Ehrenvorsitzende Willy Brandt sind mit dem Kurs des Kanzlerkandidaten Oskar Lafontaine (M.) im Prozess der deutschen Einheit nicht einverstanden.

Nach langen Diskussionen und mit der Begründung, in wichtigen Punkten noch Verbesserungen erzielt zu haben, stimmte die SPD-Bundestagsfraktion am 21. Juni 1990 dem Vertrag zur Wirtschafts-, Währungs- und Sozialunion mit großer Mehrheit zu. Fünf der sieben sozialdemokratisch geführten Landesregierungen billigten den Staatsvertrag am folgenden Tag im Bundesrat. Niedersachsen und das Saarland stimmten jedoch mit Nein.[288] Gemeinsam mit dem Partei- und Fraktionsvorsitzenden hatte sich der Ehrenvorsitzende der SPD gegen den Kanzlerkandidaten durchgesetzt. Was damals schon nicht mehr zu übersehen war, bestätigte Oskar Lafontaine im Rückblick: „Im Lauf des Bundestagswahlkampfes 1990 entfremdete ich mich immer mehr von Willy Brandt."[289]

Fernab der Bundesrepublik malte Brandt ein optimistisches Bild von der Zukunft Ostdeutschlands. Trotz oder gerade wegen der DM-Einführung erwartete der Altkanzler nicht schwere soziale Turbulenzen, sondern einen baldigen Aufschwung. Bei einer Konferenz der Friedrich-Ebert-Stiftung sagte er am 1. Juni 1990 in der philippinischen Hauptstadt Manila: „[...] die Umwandlung der bisherigen DDR wird eine neue Success-story. Sie hat die Chance, zum wirtschaftlichsten, modernsten Teil Deutschlands zu werden [...]."[290] Die Anpassung an das ökonomische Niveau des Westteils werde in zwei bis drei Jahren vollzogen sein, so Brandt. Ganz ähnlich argumentierte Bundeskanzler Kohl, der dem Osten „blühende Landschaften" versprach.[291]

Die 2+4-Verhandlungen und die Frage der Bündniszugehörigkeit des vereinten Deutschland

Während die beiden deutschen Staaten die wirtschaftlichen und innenpolitischen Aspekte ihrer Vereinigung allein vereinbaren durften, konnten die äußeren Angelegenheiten bei der Wiederherstellung der deutschen Einheit 1990 nur in einem größeren Verhandlungsrahmen gelöst werden. Denn nach wie vor hatten die vier Siegermächte des Zweiten Weltkriegs die Vorbehaltsrechte für eine endgültige Regelung über Berlin und Deutschland als Ganzes inne.

Am 13. Februar 1990 einigten sich die Außenminister der Bundesrepublik, der DDR, der Sowjetunion, der USA, Großbritanniens und Frankreichs, baldige Verhandlungen im 2+4-Rahmen, also zwischen den beiden deutschen Staaten und den ehemaligen Alliierten, aufzunehmen, die am 5. Mai 1990 offiziell begannen. Umstrittenstes Thema war von Anfang an die Bündnisfrage, die seit Jahresbeginn national und international kontrovers diskutiert wurde. Die Sowjetunion verlangte, das vereinte Deutschland müsse seine militärische Neutralität erklären. In einem Brief an Willy Brandt vom 7. Februar 1990 unterstrich Michail Gorbatschow diesen Punkt nachdrücklich.[292] In seiner Antwort vom 13. Februar blieb der SPD-Ehrenvorsitzende seinen jahrzehntelangen Überzeugungen treu. Es könne keine Regelung geben, „die auf einseitige Vorteile aus ist und die Sicherheitsinteressen der Sowjetunion unberücksichtigt läßt". Zugleich aber lehnte Brandt eine Neutralität Deutschlands entschieden ab. Es komme vielmehr darauf an, auf welche Weise Deutschland in ein System europäischer Sicherheit einbezogen werde und welche Zwischenlösungen gefunden würden, falls NATO und Warschauer Pakt zunächst weiterbestünden.[293]

Ein Austritt der Bundesrepublik aus dem nordatlantischen Bündnis kam für Willy Brandt nicht in Frage. Viel deutlicher als in dem diplomatisch formulierten Schreiben an Gorbatschow hatte er seine sicherheitspolitischen Vorstellungen wenige Tage zuvor in einem Interview mit der französischen Zeitung *Le Figaro* präsentiert. Regierung und Opposition seien sich einig, „in der NATO bleiben zu wollen, jedenfalls solange sie existiert". Dagegen rechnete der SPD-Ehrenvorsitzende offenkundig mit dem baldigen Ausscheiden der DDR aus dem Warschauer Pakt. Für sie könne noch im Jahre 1990 ein besonderer militärischer Status mit der Sowjetunion ausgehandelt werden, so Brandt. Dazu schlug er die „Ausweitung des Status von West-Berlin" auf die DDR vor, was wohl bedeuten sollte: Ein Gebiet ohne Wehrpflicht, ohne deutsche und sowjetische Truppen sowie – jedoch „nicht notwendigerweise" – die Ausdehnung der Militärpräsenz der Westmächte.[294] Diese außergewöhnliche Idee ähnelte in gewisser Hinsicht dem Vorstoß von Außenminister Hans-Dietrich

Genscher, der am 31. Januar 1990 vorgeschlagen hatte, das vereinte Deutschland solle der NATO angehören, das DDR-Territorium aber nicht in die Militärstruktur des Bündnisses einbezogen werden.[295] Auch bei einem Gespräch, das Willy Brandt am 8. März 1990 während eines Mittagessens mit dem französischen Staatspräsidenten François Mitterrand in Paris über den deutschen Einigungsprozess führte, war die „Bündnisfrage" ein Thema.[296] Beide Staatsmänner waren sich einig, dass NATO-Truppen nach der Einheit nicht auf das bisherige Gebiet der DDR verlegt werden sollten. Brandt regte an, den sowjetischen Interessen durch die Nachahmung eines in Nord-Norwegen praktizierten Modells Rechnung zu tragen. Dort grenzte NATO-Territorium an die Sowjetunion, aber Norwegen hatte seine Militärpräsenz auf eine Brigade beschränkt, die zudem nicht in unmittelbarer Nähe des großen Nachbarn stationiert war.[297] Über die Weigerung des Bundeskanzlers, bereits jetzt die polnische Westgrenze entlang von Oder und Neiße als endgültig anzuerkennen, äußerte Brandt Unverständnis. Mitterrand ergänzte, Gorbatschow sei aus diesem Grund wütend auf Kohl.[298]

Besorgt um eine weitgehende Abstimmung der deutschen Einigungsverhandlungen mit den Nachbarn und Partnern im Ausland, meldete sich der SPD-Ehrenvorsitzende Mitte März vor der Bundespressekonferenz zu Wort. Er regte an, neben den 2+4-Verhandlungen nach der 2+9-Formel zu verfahren, also eine Gesprächsrunde mit allen unmittelbar an Deutschland grenzenden Staaten zu eröffnen.[299] Dieser Vorschlag fand jedoch keine Resonanz.

Ohne vorherige Klärung der außen- und sicherheitspolitischen Probleme konnte die staatliche Einheit Deutschlands nicht vollzogen werden. Im Februar 1990 veranschlagte Brandt für eine Verhandlungslösung einen Zeitraum von mindestens zwei Jahren. Noch im Frühjahr 1990 war nicht absehbar, welchem Bündnis das vereinte Deutschland angehören werde, was mit den ausländischen Truppen auf deutschem Boden geschehen solle und wie umfangreich die deutschen Streitkräfte zukünftig sein dürften. Doch dann konnten die Hindernisse, die jahrzehntelang als schier unüberwindlich angesehen worden waren, binnen weniger Monate aus dem Weg geräumt werden. Der Warschauer Pakt stand als Militärbündnis nur noch auf dem Papier, wie Willy Brandt Anfang Juni 1990 konstatierte. Dagegen war die NATO nach wie vor intakt. Neutralität oder die gleichzeitige Mitgliedschaft in zwei Bündnissen lehnte er weiterhin strikt ab. Brandt fragte: „[W]ie käme die Bundesrepublik dazu, ihre Zugehörigkeit zur NATO aufzukündigen?" Genauso wie die Bundesregierung mochte er Deutschlands „Verklammerung mit den Amerikanern nicht zur Disposition stellen".[300]

Im Gegensatz zu Egon Bahr definierte Willy Brandt 1990 die Schaffung eines neuen europäischen Sicherheitssystems, in dem die bisherigen Allianzen aufgehen könnten, nicht mehr als Vorbedingung für die deutsche Einheit, sondern als Zukunftsaufgabe. Es war durchaus als Mahnung an den alten Freund und an manche in der eigenen Partei zu verstehen, wenn der Ehrenvorsitzende der SPD davor warnte, „als Präzeptoren der europäischen Partner (und der Großmächte) aufzutreten". Es gelte, Perspektiven für das neue europäische Sicherheitssystem aufzuzeigen, das ein Gemeinschaftswerk aller KSZE-Staaten sein solle. „Damit wäre gewiß auch den Sicherheitsinteressen der Sowjetunion gedient, die genau zu interpretieren wir uns allerdings nicht anmaßen dürfen."[301]

Wie recht er damit hatte, sollte sich bald herausstellen. Fast der gesamten deutschen Öffentlichkeit war nämlich entgangen, dass Staatspräsident Michail Gorbatschow wenige Tage zuvor beim Gipfeltreffen mit dem amerikanischen Präsidenten George Bush die Möglichkeit einer NATO-Mitgliedschaft Gesamtdeutschlands bereits zugestanden hatte.[302] Mitte Juli 1990 wurde diese letzte große offene Frage des Einigungsprozesses endgültig entschieden. Im Kaukasus sicherte Gorbatschow Bundeskanzler Kohl zu, dass das geeinte Deutschland frei sei in der Wahl des Bündnisses, also auch Mitglied des nordatlantischen Bündnisses sein dürfe. In die NATO integrierte deutsche Truppen sollten jedoch erst nach dem vollständigen Abzug der Roten Armee in Ostdeutschland stationiert werden. Die Bundesregierung versprach im Gegenzug dafür finanzielle Hilfe. Die Höchststärke der Bundeswehr legten beide Seiten einvernehmlich auf 370.000 Soldaten fest. Nun kamen auch die 2+4-Verhandlungen schnell voran. Polen akzeptierte, dass der Grenzvertrag mit der Bundesrepublik Deutschland erst nach der Vereinigung abgeschlossen wurde. Am 12. September 1990 einigten sich die beiden deutschen Außenminister und ihre vier Verhandlungspartner auf den „Vertrag über die abschließende Regelung in bezug auf Deutschland".[303]

Die Vereinigung am 3. Oktober 1990

Nach der Beantwortung der außen- und sicherheitspolitischen Fragen beschleunigte sich der Vereinigungsprozess noch einmal. Am 23. August 1990 beschloss die DDR-Volkskammer den Beitritt zur Bundesrepublik Deutschland gemäß Artikel 23 des Grundgesetzes zum 3. Oktober.[304] Am 20. September billigte der Bundestag mit Zweidrittel-Mehrheit, also mit den Stimmen der SPD-Fraktion, den von den beiden deutschen Regierungen ausgehandelten Einigungsvertrag. Im Bundesrat votierten alle Länder mit Ja.[305]

Mit ihrer Zustimmung ließen die Sozialdemokraten ihre ursprüngliche Forderung fallen, die Vereinigung über Artikel 146 des Grundgesetzes zu vollziehen. So hatte Willy Brandt noch im März 1990 erklärt, das vereinte Deutschland benötige eine neue Verfassung. Sie müsse auf dem Grundgesetz basieren, aber die Erfahrungen der Menschen in der DDR aufnehmen. Über das Ergebnis der Verfassungsberatungen sollte abschließend in einer Volksabstimmung befunden werden.[306] Doch schon im Juni 1990 räumte er diesem Vorschlag nur noch wenig Chancen ein.[307] Denn die Regierungen in Bonn und Ost-Berlin sowie alle ostdeutschen Parteien einschließlich der Ost-SPD befürworteten inzwischen den schnelleren Weg des Beitritts ohne neue Verfassung und Volksabstimmung, auf den bald auch die West-SPD einschwenkte.[308] Was von der Idee einer neuen Verfassung blieb, war die Empfehlung des Einigungsvertrages an Bundestag und Bundesrat, in den kommenden zwei Jahren über eine Reform des Grundgesetzes zu beraten.

Wie schon bei der Währungsunion fühlten sich die Sozialdemokraten im Sommer 1990 von der Bundesregierung unter Zeitdruck gesetzt, besonders als diese – unterstützt von der DDR-CDU – gesamtdeutsche Bundestagswahlen bis Ende 1990 anvisierte.[309] Immer wieder kritisierte Willy Brandt in diesen Monaten, dass Bundeskanzler Helmut Kohl aus Parteiegoismus die Opposition viel zu wenig einbeziehe.[310] Doch diese Vorwürfe konnten nicht verdecken, dass in der SPD selbst gravierende Meinungsverschiedenheiten über die deutsche Einheit herrschten. Der Kanzlerkandidat auf der einen und der Ehrenvorsitzende auf der anderen Seite repräsentierten die gegensätzlichen Richtungen. Eine der wichtigsten Fragen lautete: Wie sollten die Kosten des Einigungsprozesses aufgebracht werden? Lafontaine trug Anfang September 1990 „die Idee vor [...], die Finanzierung der Kosten der Einheit mit dem ‚ökologischen Umbau der Industriegesellschaft' zu verbinden". Insbesondere Steuern auf Energie sollten heraufgesetzt werden. Das entsprach zweifellos der neuen Programmatik der westdeutschen SPD, aber nicht wenige Parteimitglieder bezweifelten sehr, ob diese Antwort den aktuellen Herausforderungen entsprach und taktisch klug war. Brandt warnte: „[D]ie SPD dürfe sich nicht ‚ohne Not zum Träger von Unheilsbotschaften machen'".[311]

Vor aller Augen konterkarierte der Altkanzler die auf Polarisierung zielende Wahlkampfstrategie Lafontaines, indem er sich mit dem amtierenden Regierungschef Helmut Kohl zu einem Gespräch über Deutschland traf, das am 30. September 1990 im ARD-Fernsehen ausgestrahlt wurde.[312] Der Kontrast zum Kanzlerkandidaten der SPD hätte größer kaum sein können. Dass die deutsche Einheit vor der europäischen Einigung zustandekam, empfand Willy Brandt nicht als Problem. Auch die Zukunftsaussichten Deutschlands beurteilten beide Politiker sehr ähnlich. Brandt erklärte, er sei „nicht wesentlich entfernt" von der Erwartung Kohls, dass trotz einiger sehr schwieriger Jahre die wirtschaftlichen Fragen viel schneller gelöst würden, als viele glaubten.

Der öffentlich demonstrierte überparteiliche Konsens mit dem politischen Widersacher empörte Lafontaine. Die persönliche Beziehung zwischen dem sozialdemokratischen Übervater und jenem Mann, der einst als dessen Favorit in der „Enkel"-Generation der Partei gegolten hatte, war nunmehr zerrüttet. In der Nacht vom 2. auf den 3. Oktober 1990 versinnbildlichte eine Geste den tiefen Bruch. Nach dem Ende der offiziellen Vereinigungsfeier vor dem Berliner Reichstag gratulierte Willy Brandt allen Umstehenden mit Handschlag, nur einem nicht: Oskar Lafontaine. Danach redeten beide bis zum Wahltag nicht mehr miteinander.[313] Die erste freie gesamtdeutsche Wahl nach 58 Jahren brachte der SPD am 2. Dezember 1990 mit 33,5 % ein niederschmetterndes Ergebnis. Die CDU/CSU wurde mit 43,8 % stärkste Partei im vereinten Deutschland. Zusammen mit der FDP, die deutlich hinzu gewann, konnte Bundeskanzler Helmut Kohl erneut die Regierung bilden. Am Tag nach dem Debakel griff Brandt im Parteivorstand den Wahlkampf der SPD in für ihn ungewöhnlich offener Form an, wenngleich er es vermied, den hauptverantwortlichen Kanzlerkandidaten direkt anzusprechen.[314] In der dramatischen Sitzung nahm der Ehrenvorsitzende als dritter Redner das Wort: „Künftig dürfe nicht mehr gefragt werden können, ob es sich bei der SPD um die Partei für ganz Deutschland handele. Es sei zu fragen, warum unsere Partei nicht ihr Erstgeburtsrecht in Sachen nationale Einheit durch Selbstbestimmung hervorgehoben habe." Zu der vorher beschlossenen Bitte des Präsidiums, Lafontaine möge beim nächsten Parteitag den Vorsitz der SPD übernehmen, sagte Brandt bezeichnenderweise nichts, während fast alle anderen Vorstandsmitglieder, die nach ihm sprachen, den saarländischen Ministerpräsidenten zur Kandidatur aufforderten.

Der Verlauf der Debatte zeigte in aller Deutlichkeit die innerparteiliche Trennlinie auf. Nach dem Ende der Diskussion und einer Zusammenfassung durch Hans-Jochen Vogel meldete sich der Ehrenvorsitzende überraschend ein zweites Mal zu Wort. Dabei brachte Brandt die Differenzen zwischen patriotischer und postnationaler Einstellung auf den Punkt: „Für ihn sei die Einheit nie eine taktische Frage gewesen, sondern sie habe grundsätzliche Bedeutung. Nicht das Nationale sei entscheidend, sondern die Selbstbestimmung der Menschen. Wenn die Menschen in der DDR einen eigenen Staat gewollt hätten, sei dies für ihn klar gewesen. Die Leute dort hätten sich jedoch anders entschieden. Wenn dies hier nicht akzeptiert worden wäre, hätte er die Partei bitten müssen, ihn aus seinem Amt als Ehrenvorsitzender zu entlassen." Folgt man den Notizen, die sein Mitarbeiter Klaus Lindenberg anfertigte, sagte Brandt außerdem noch: „Über das Thema ‚Nationalstaat' sollten wir wirklich nochmals reden. Europa, das sei doch erst einmal die Vereinigung von Staaten. Das könne man doch nicht gleich aufgeben. Das sei ‚eine pure Illusion'".[315] Unmittelbar nach dieser Einlassung erklärte Lafontaine, als Parteivorsitzender nicht zur Verfügung zu stehen.[316]

IV. Das vereinigte Deutschland und die neue internationale (Un-)Ordnung – Die letzten beiden Lebensjahre Willy Brandts

Auf dem Weg zur inneren Einheit

Eine zentrale Frage von praktischer wie von symbolischer Bedeutung war im Einigungsprozess noch offen geblieben: die nach dem Sitz von Parlament und Regierung des vereinten Deutschland. Sollten Bundestag und Bundesregierung weiterhin in Bonn residieren oder in die Hauptstadt Berlin umziehen?

Nicht nur weil er einst Regierender Bürgermeister gewesen war, plädierte Willy Brandt 1991 entschieden zugunsten Berlins. „Geschichtsbewußtsein und ein wacher Sinn für das neue Europa", zu dem Osteuropa gleichberechtigt gehörte, führte er als Argumente an, aber auch die Erinnerung an frühere Bekenntnisse zur ehemaligen Reichshauptstadt. So in seinem Beitrag für die *Frankfurter Allgemeine Zeitung* vom 8. Mai 1991, der ein eindrucksvoller „Appell für Berlin" war.[317] Auch auf dem SPD-Parteitag in Bremen Ende Mai[318], der mit einer Stimme Mehrheit Bonn präferierte, und anlässlich der entscheidenden Abstimmung im Deutschen Bundestag am 20. Juni 1991 warb Brandt für seine Position. Die Rede im Parlament überzeugte weniger. Vor allem die Gleichsetzung Bonns und dessen idyllischer Lage mit Vichy, dem Regierungssitz der 1940–1944 mit dem „Dritten Reich" kollaborierenden französischen Führung, rief heftigen Protest hervor.[319] Am Ende war das Werben für Berlin dennoch nicht vergebens. Aber erneut zeigte sich, dass weite Teile seiner Partei der alten Bundesrepublik stärker verhaftet waren, als Willy Brandt es sich wünschte, denn im Bundestag stimmten die Sozialdemokraten mehrheitlich für Bonn."[320] Nachdem die staatliche Einigung vollzogen war, rückten die Probleme der inneren Einheit immer stärker in den Mittelpunkt. Dazu gehörte für den Altkanzler auch der Umgang mit den DDR-Kadern. Reichlich ein Jahr nach dem Beitritt zur Bundesrepublik beklagte Brandt, manche wollten „gegenüber der DDR nachholen, was gegenüber den Nazis versäumt wurde – was mir nicht einleuchtet. Wer was verbrochen hat, indem er andere mißhandelte oder weil er sich schamlos bereicherte, gehört vor den Kadi nicht zuletzt auf Grundlage der Gesetze, die im anderen Teil Deutschlands galten. Aber zu glauben, daß die Justiz die Rolle der Geschichtsklärung übernehmen kann, das halte ich für einen großen Irrtum."[321] Auch die SPD mahnte er zu größerer Offenheit gegenüber den mehr als zwei Millionen ehemaligen SED-Mitgliedern. Vor dem Parteivorstand erklärte er am Tag nach der Bundestagswahl 1990: „An die Betriebe würden wir nie herankommen, wenn die frühere SED-Mitgliedschaft der entscheidende Trennungsstrich bliebe. Man habe zu differenzieren zwischen Kriminellen und anderen – bei denen es sich um Aussöhnung zu handeln habe."[322]

Im Umgang mit der DDR-Vergangenheit plädierte er für „Aussöhnung", sofern nicht strafrechtlich relevante Delikte vorlägen. Dies entsprach seiner Haltung zur Hinterlassenschaft des „Dritten Reiches". Nach dem Krieg hatte er sich gewünscht, man möge zwischen der Schuld der Verbrecher und der Verantwortung der Mitläufer unterscheiden und Letztere nicht ausgrenzen.[323] Auf die scharfe Kritik von CDU-Politikern an der Mitgliedschaft von Hans Modrow im Bundestag angesprochen, verwies Brandt jetzt auf die Verdienste des ehemaligen DDR-Ministerpräsidenten in der „Übergangszeit von 1989/90. [...] Bei anderen Völkern würde das gewürdigt. Warum nicht auch bei uns?"[324]

Was die wirtschaftliche und soziale Annäherung der beiden Teile Deutschlands anging, musste er seinen anfänglichen Optimismus bald dämpfen. Zwar werde das „Synchronisieren" in den neunziger

Jahren, so Brandt im September 1991, abgeschlossen sein.[325] Aber der „Weg zur Verwirklichung der deutschen Einheit", erklärte er in seiner letzten Bundestagsrede am 12. März 1992, „ist steiniger und wird […] auch teurer, als die meisten angenommen hatten".[326]

Humanitäres Engagement im Irak-Konflikt 1990/91

Auch in der internationalen Politik sorgte der SPD-Ehrenvorsitzende und SI-Präsident 1990 noch einmal für Schlagzeilen. Hintergrund war ein neuer Krieg im Nahen Osten. Im weltpolitischen „Windschatten" der Umwälzungen in Mittel- und Osteuropa besetzte der Irak am 2. August 1990 Kuwait und annektierte das Emirat wenige Tage später. Auf diesen Bruch des Völkerrechts antwortete der UNO-Sicherheitsrat am 25. August mit einer Seeblockade zur Durchsetzung eines Handelsembargos.[327] Zugleich begannen die Vereinigten Staaten mit der Stationierung von Truppen in Saudi-Arabien.

Der irakische Diktator Saddam Hussein reagierte mit Repressionen gegen Bürger westlicher Staaten, die in seinem Land lebten. Sie durften nicht ausreisen und manche von ihnen wurden als „lebende Schutzschilde" an strategisch bedeutsame Orte gezwungen. Während man in Washington und anderen Hauptstädten darüber beriet, wie die Aggression des Irak zu stoppen sei, wurden parallel Initiativen zur Befreiung der Geiseln ergriffen.[328] Westliche Politiker – meist ehemalige Regierungschefs – reisten nach Bagdad und erreichten in Verhandlungen die Freilassung unterschiedlich großer Gruppen der ursprünglich 8.000–10.000 Geiseln.[329]

Wie heikel die Angelegenheit politisch und moralisch auch sein mochte, der Aufgabe, Menschenleben zu retten, wollte sich Willy Brandt nicht entziehen. Anfang Oktober 1990 überbrachten ihm zwei deutsche Europa-Parlamentarier eine Botschaft Saddam Husseins, der am 22. Oktober eine Einladung nach Bagdad folgen ließ. In Vorgesprächen mit dem irakischen Botschafter in Bonn stellten Beauftragte Brandts sicher, dass dessen Reise nicht ergebnislos bleiben würde. *Der Spiegel* berichtete Anfang November, man habe dem Altkanzler versichert, beim Besuch in der irakischen Hauptstadt alle ausreisewilligen Deutschen – etwa 350 – sowie circa 100 europäische Geiseln freizulassen.[330] Anfangs hatte Brandt seine Mission noch unter den Vorbehalt einer Einverständniserklärung der Bundesregierung gestellt.[331] Die aber versuchte ihn zu bremsen. Offiziell verwies Bundeskanzler Kohl darauf, bilaterale Verhandlungen mit der irakischen Regierung schwächten die internationale Solidarität. Ohne dass er Brandt vorher konsultiert hätte, machte der deutsche Regierungschef den Vorschlag, UNO-Generalsekretär Perez de Cuellar möge einen förmlichen Auftrag zu Gesprächen mit Saddam Hussein erteilen. Perez de Cuellar hielt diese Idee Kohls für nicht hilfreich[332], was der Ehrenvorsitzende der SPD erleichtert zur Kenntnis nahm.

So flog der Friedensnobelpreisträger am 5. November 1990 als „Privatmann" nach Bagdad. Verhandlungen, das hatte er zuvor wissen lassen, lehnte er ab. Doch zur Enttäuschung Brandts hielt sich die

Ankunft Willy Brandts mit den aus dem Irak freigelassenen Geiseln am 9. November 1990 im Flughafen Frankfurt/Main.

irakische Seite nicht an die zuvor gegebenen Zusagen. In schwierigen Gesprächen gelang es ihm, immerhin 138 Deutsche und 55 Ausländer freizubekommen. Den Vorwurf, als Bittsteller in Bagdad vorgesprochen zu haben, nahm er um des humanitären Erfolges willen in Kauf. Ernüchternd war das Fazit zum zweiten großen Thema seiner Reise. Als Präsident der Sozialistischen Internationale hatte Brandt beabsichtigt, „die Aussichten auf Frieden zu erkunden". Die irakische Führung, so konstatierte er, sei immer noch nicht bereit, einzulenken und die Besetzung Kuwaits zu beenden. Der deutsche Gast stellte die aktuelle Krise am Golf in den Zusammenhang mit den anderen Konflikten im Nahen Osten, insbesondere dem israelisch-palästinensischen Problem. Vorgeblich zeigten die Iraker Interesse an den Mechanismen und Verfahren der KSZE.[333] Praktische Resultate ergaben sich daraus aber nicht.

Bis zum letzten Moment drängte der Altkanzler auf eine friedliche Beilegung des Konflikts, an deren Anfang der Rückzug des Irak aus Kuwait stehen müsse. Das, so hoffte Brandt, könnte zugleich der erste Schritt zu einer „nahöstliche[n] Friedensordnung" sein.[334] Auch nach Ablauf des UNO-Ultimatums trat er dafür ein, auf friedliche Sanktionen zu setzen statt unmittelbar zu den Waffen zu greifen.[335] Die vagen Hoffnungen scheiterten an der Intransigenz des irakischen Regimes. Deshalb begannen am 17. Januar 1991 internationale Koalitionsstreitkräfte aus 34 Staaten unter der Führung der USA damit, die Forderungen der Vereinten Nationen mit militärischer Gewalt durchzusetzen. Nach wochenlangen Luftangriffen folgte am 24. Februar 1991 der Angriff zu Lande, der in kürzester Zeit zur Befreiung Kuwaits von irakischen Truppen führte.[336]

Deutschland und die neue internationale Sicherheitsarchitektur

Der im Auftrag der UNO geführte Krieg gegen den Irak entfachte eine Diskussion über die weltpolitische Rolle des wiedervereinigten Deutschland. Willy Brandt nahm zu dieser Debatte, der die SPD nicht ausweichen konnte, mehrmals Stellung. Anfang 1991 befürwortete er eine Änderung des Grundgesetzes, um die Teilnahme der Bundeswehr an friedenssichernden Aktionen, also an Aufträgen zur Überwachung von Waffenstillständen und Friedensabkommen, zu ermöglichen.[337] Wenig später ging er noch einen Schritt weiter. In einer Sitzung des SPD-Parteivorstands am 18. März 1991 hielt der Ehrenvorsitzende eine Bundeswehrbeteiligung an militärischen Kampfeinsätzen unter UNO-Oberbefehl grundsätzlich für möglich. Man könne nicht für eine stärkere Rolle der Vereinten Nationen bei der Sicherung des Friedens eintreten, aber auf Dauer ein Engagement des eigenen Landes verweigern. Ein automatisches Ja Deutschlands zu Militäreinsätzen bedeute dies jedoch nicht. Mit dieser Haltung konnte sich Willy Brandt im Führungsgremium seiner Partei jedoch nicht gegen Oskar Lafontaine durchsetzen, der deutsche Soldaten nur in friedensbewahrenden Maßnahmen, sogenannten Blauhelm-Missionen, sehen wollte.[338]

Öffentlich vertrat Brandt zwar weiter seine Position und erklärte z. B. kurz vor dem SPD-Parteitag Ende Mai 1991 gegenüber der *Süddeutschen Zeitung*, er plädiere für die Beteiligung Deutschlands an militärischen Einsätzen unter UNO-Kommando.[339] Doch musste er erkennen, dass die Mehrheit der Delegierten ihm nicht folgen würde. Deshalb verzichtete er darauf, seine Forderung in einen Initiativantrag einzubringen, an dem Günter Verheugen und Norbert Gansel arbeiteten.[340] Brandt tat dies auf Bitten des designierten SPD-Vorsitzenden Björn Engholm, der seinen Start nicht mit einem Streit in einer wichtigen Frage belasten wollte. Am Ende stand ein Parteitagsbeschluss, der die mögliche deutsche Beteiligung auf friedenssichernde Aktionen beschränkte, dafür aber eine Änderung des Grundgesetzes vorsah, die auch der Ehrenvorsitzende für unerlässlich erachtete.[341] Im Nachhinein rechtfertigte Brandt das Votum der Sozialdemokraten mit dem Argument, es sei der Bewusstseinslage der Mehrheit der Deutschen angemessen gewesen, die sonst – fälschlich – mit einer ständigen Anforderung deutscher Truppen durch die UNO gerechnet hätten.[342]

Für Erwägungen, Deutschland solle nach der Vereinigung einen ständigen Sitz im Sicherheitsrat der Vereinten Nationen anstreben, hatte der Altkanzler nichts übrig. Zwar sah auch er, dass das System der fünf Mitglieder mit Vetorecht überholt war.³⁴³ Sein Vorschlag aber lautete, Vetorechte zu reduzieren, nicht auszubauen; die beiden ständigen europäischen Sitze, die bislang Frankreich und Großbritannien innehatten, sollten künftig rotieren.³⁴⁴ Nicht nur den Sicherheitsrat hielt Brandt für reformbedürftig, sondern die Vereinten Nationen insgesamt. Die Weltorganisation sollte gestärkt werden, damit sie imstande sei, Konflikte zwischen Staaten noch vor dem Ausbruch militärischer Auseinandersetzungen zu lösen. Gleichzeitig sollten regionale Sicherheitssysteme ausgebaut und institutionalisiert werden, so Brandt.³⁴⁵ Das Musterbeispiel dafür war die KSZE, die er außereuropäischen Konfliktregionen als nachahmenswertes Modell empfahl.

Für die Gewährleistung von Sicherheit in Europa selbst setzte Willy Brandt nach dem Verschwinden des Warschauer Paktes mit überraschender Eindeutigkeit aber nicht auf die KSZE oder die EG, sondern auf die NATO. Sie habe sich „von einem konfrontativen Militärbündnis in Richtung auf eine kooperationswillige Sicherheitsagentur" verändert. Um ein Sicherheitsvakuum in Mitteleuropa zu verhindern, müsse das westliche Bündnis die ehemaligen Warschauer-Pakt-Mitglieder weitgehend „einbinden". Mit dem Nordatlantischen Kooperationsrat (NAKR), der die Zusammenarbeit mit den Osteuropäern und den Nachfolgestaaten der Sowjetunion institutionalisierte, habe die NATO „einen großen Schritt in Richtung auf gemeinsame, gesamteuropäische Sicherheit getan". Im Gegensatz dazu verfüge die KSZE „wider die in sie gesetzten Hoffnungen" über keine alternativen Sicherheitsstrukturen, stellte er fest.³⁴⁶

Die militärische Bedeutungslosigkeit der europäischen Institutionen führte ab 1991 der Sezessionskrieg in Jugoslawien nur allzu deutlich vor Augen, wie auch Brandt beklagte.³⁴⁷ Die gewaltsame Neugestaltung der Grenzen auf dem Balkan ließ sich nicht mehr aufhalten, und Brandt befürchtete 1991 – leider zu Recht, wie sich zeigen sollte – eine Welle von „übersteigertem Nationalismus, der mancherorts in Rassismus" übergehen könnte.³⁴⁸

Solche Befürchtungen hegte er auch wegen der Entwicklung in der Sowjetunion, die zur selben Zeit ihrem Untergang entgegen taumelte. Im August 1991 scheiterte ein Putsch gegen Präsident Gorbatschow.[349] Einen Monat später wurde die endgültige Auflösung des Staatswesens in einzelne unabhängige Republiken eingeleitet. Zu diesem Zeitpunkt glaubte Willy Brandt noch an das Fortbestehen der sowjetischen Föderation, wenngleich er schon davon ausging, dass Michail Gorbatschow nur noch eine repräsentative Rolle spielen werde. Der Kommunismus, den Gorbatschow nicht habe abschaffen, sondern reformieren wollen, sei historisch am Ende, auch wenn Nordkorea, Vietnam, Kuba und vor allem China noch „auf im dortigen Verständnis kommunistische Weise regiert" würden[350], resümierte Brandt.

Die Verteidigung der Ost- und Deutschlandpolitik

Nach dem Ende des Kalten Krieges und der Wiederherstellung der deutschen Einheit wurde zunehmend Kritik laut am früheren Umgang deutscher Sozialdemokraten mit den kommunistischen Herrschern. In einem Gespräch mit Redakteuren des Hamburger Nachrichtenmagazins *Der Spiegel* stellte sich Willy Brandt im Februar 1992 der Diskussion, die vor allem um zwei Fragen kreiste:

– War es notwendig gewesen, einen derart intensiven Kontakt zu den Regierungen des Ostblocks zu etablieren, wie seit 1969 und vor allem während der achtziger Jahre geschehen?

– Hatte die SPD aus Angst, das erreichte Maß an Entspannung zu gefährden, zu große Distanz gegenüber Regimegegnern im Osten gewahrt?

Zum ersten Punkt erklärte Brandt, dass bis zum Sommer 1989 niemand „den so raschen Zusammenbruch des sowjetischen Reiches vorausgesagt hätte. Wir waren Teil einer westlichen Politik, die den dritten Weltkrieg verhindern wollte."[351] Die Vermutung, ohne die Entspannungspolitik wären die kommunistischen Staaten früher zusammengebrochen, wies er zurück. Im Gegenteil habe sie in zweierlei Hinsicht den Wandel im Osten befördert: Die Erfahrungen mit der westlichen Art, Politik zu betreiben, hätten bei den Regierenden Selbstzweifel an der Richtigkeit des bisherigen Kurses genährt, und durch den Informationsfluss über die Blockgrenzen hinweg seien neue Fragestellungen in die östliche Debatte eingeführt worden. Das habe Gorbatschow dazu veranlasst, den Wandel in der Außenpolitik umfassender zu gestalten.

Entschieden verwahrte sich Brandt auch gegen die Behauptung, die SPD habe sich zu wenig um die osteuropäischen Dissidenten gekümmert. Er rief in Erinnerung, dass zu Zeiten kommunistischer Diktatur sozialdemokratische Spitzenpolitiker in seinem Auftrag mit Regimekritikern gesprochen hatten und er selbst mit Tadeusz Mazowiecki, dem engsten Mitarbeiter von Lech Wałęsa, zusammengetroffen war. Auf den Vorwurf, das SPD-SED-Papier habe eine zu große Nähe zu den ostdeutschen Kommunisten signalisiert, erwiderte Brandt: Es sei zwar sehr spät gekommen, aber doch „ein wichtiges Berufungsdokument" gewesen, „auch für Kirchenleute in der DDR, auch für kritische Leute in der Einheitspartei".[352]

Und auch in seiner letzten Rede im Deutschen Bundestag verteidigte Willy Brandt am 12. März 1992 noch einmal den von ihm und seiner Partei vertretenen politischen Ansatz. Die „westliche Entspannungspolitik" und die darin „eingebettete" Ost- und Deutschlandpolitik hätten auf die „Sicherung des Friedens und, wo es irgend ging, auf die Wahrung der Menschenrechte" abgezielt.[353]

Zur Zukunft Europas

Die Vereinigung Deutschlands verstand Willy Brandt stets und bis zuletzt als Teil einer europäischen Entwicklung. Seinen letzten öffentlichen Auftritt am 4. Mai 1992 in Luxemburg nutzte er, um sich zum Stand und zur Zukunft der europäischen Einigung zu äußern. Vor Sozialdemokraten des Großherzogtums forderte er, die Europäische Gemeinschaft müsse nach innen und nach außen erweitert werden, und zeigte sich zuversichtlich, dass die Tschechoslowakei – damals noch ungeteilt –, Polen und Ungarn zur Jahrtausendwende Vollmitglieder in der Europäischen Gemeinschaft sein könnten. Die baltischen Staaten sah er in dieser Erweiterungsrunde noch nicht dabei. Das Beitrittsgesuch der Türkei könne derzeit nicht unterstützt werden, aber die EG dürfe die Beziehungen zu diesem wichtigen Land nicht vernachlässigen.[354]

Ganz besonders große Bedeutung maß Brandt der wirtschaftlichen und sozialen Stabilisierung der jungen Demokratien in Osteuropa und in den Nachfolgestaaten der Sowjetunion bei. Dringend notwendig sei für diese Länder „eine Art von Zukunftsprogramm ähnlich dem Marshall-Plan", woran sich auch die USA beteiligen müsste. Für die innereuropäische Kooperation betonte er die Wichtigkeit des Prinzips der „Subsidiarität": Zuständigkeiten sollten in Europa nur dann an eine höhere Ebene delegiert werden, wenn sie vor Ort nicht wahrgenommen werden könnten. Im gerade vereinbarten Maastrichter Vertrag über die Schaffung einer Europäischen Union[355] vermisste Brandt „weitergehende Kontroll- und Entscheidungsrechte für das Europa-Parlament, deutlichere Schritte zur Sozialunion [...] und eine Politische Union mit verbindlichen Gemeinsamkeiten in der Außen-, Sicherheits- und Entwicklungspolitik".

Europa müsse „Mitverantwortung für weltweite Entwicklungen übernehmen", unterstrich der SPD-Ehrenvorsitzende. In den Schlusssätzen seines letzten Vortrages spiegelten sich wichtige Erfahrungen und Überzeugungen wider, die Willy Brandt in seinem reichen politischen Leben gewonnen hatte: „Offenheit, Verständnis und Hilfsbereitschaft werden sich auszahlen. Eine eingeengte Weltsicht würde sich dagegen bitter rächen. Mir liegt sehr daran, auch dieses Element gemeinsamer europäischer Orientierung nicht zu kurz kommen zu lassen".[356]

Fazit

Zu Beginn der achtziger Jahre deutete nichts auf jene epochalen Umwälzungen hin, die sich am Ende des Jahrzehnts vollziehen und Willy Brandts politischen Lebensweg krönen sollten. Die internationale Entspannung, zu der die neue Ost- und Deutschlandpolitik des ersten sozialdemokratischen Bundeskanzlers von 1969 bis 1974 Entscheidendes beigesteuert und die ihren Höhepunkt mit der

Mit Brigitte Seebacher-Brandt ist Willy Brandt seit 1983 verheiratet. Die Historikerin berät und unterstützt den SPD-Ehrenvorsitzenden, insbesondere beim Verfassen seiner „Erinnerungen" und beim Schreiben wichtiger Reden. Als Brandt unheilbar an Darmkrebs erkrankt, pflegt sie ihn. Das Foto zeigt das Ehepaar während des SPD-Vereinigungsparteitags am 28. September 1990 in Berlin.

KSZE-Schlussakte von Helsinki 1975 erreicht hatte, schien gescheitert zu sein. Der Ost-West-Konflikt hatte sich nach der sowjetischen Intervention in Afghanistan und der Krise in Polen wieder dramatisch verschärft und spitzte sich mit der Stationierung neuer Atomraketen in Europa weiter zu. Mit dem Verlust der Regierungsmacht seiner Partei musste der SPD-Vorsitzende im Oktober 1982 einen weiteren schweren Rückschlag hinnehmen.

Gleichwohl sah Brandt in dieser Phase keinen Anlass für Resignation oder gar für einen persönlichen Rückzug aus der Politik. Er blieb an der Spitze der SPD wie der Sozialistischen Internationale und kämpfte darum, die Früchte der Entspannung zu retten. Leidenschaftlich stemmte Brandt sich gegen das nukleare Wettrüsten, denn er schätzte die Gefahr eines Atomkrieges so hoch ein wie nie seit dem Ende der Kuba-Krise 1962. Der SPD-Vorsitzende drängte auf den Abbau der sowjetischen SS-20-Raketen und lehnte, um weitere Drehungen der Rüstungsspirale zu verhindern, die im NATO-Doppelbeschluss angedrohte Aufstellung neuer amerikanischer Mittelstreckensysteme in Westeuropa ab. Brandt teilte die Sorge von Millionen Menschen in Europa vor einer nuklearen Auseinandersetzung. Deshalb reihte er sich in die Demonstrationen der Friedensbewegung in der Bundesrepublik ein, deren Forderung nach deutscher Neutralität zwischen den beiden Militärblöcken er allerdings zurückwies.

Mit einer persönlichen diplomatischen „Offensive" setzte sich der international hoch angesehene Friedensnobelpreisträger und Kanzler der Ostpolitik für die Wiederaufnahme des Dialogs zwischen Ost und West ein. Nur der direkte Meinungsaustausch zwischen den politischen Führern, das war Brandts Überzeugung, konnte die Gefahr der gegenseitigen Fehlwahrnehmung und die Neigung zu einer aggressiven Außenpolitik bannen. Seine Appelle an die USA und die Sowjetunion, die Atomrüstung zu stoppen und ihre Verhandlungen in Genf erfolgreich abzuschließen, blieben jedoch vorerst ohne Wirkung. Beide Supermächte zeigten bis 1985 nur sehr wenig bis gar kein Interesse an einer gleichgewichtigen Abrüstung.

Mit ihrem Nein zur Stationierung von Cruise missiles und Pershing II stellte sich die SPD im November 1983 gegen die konsequente Umsetzung des NATO-Doppelbeschlusses und damit auch gegen den früheren Bundeskanzler Helmut Schmidt. Weit mehr aber war dies ein Votum gegen die Politik von US-Präsident Ronald Reagan, der den meisten Sozialdemokraten als „Falke" galt, welcher die Sowjetunion zu Tode rüsten wolle. Sie beurteilten die amerikanische Nach- und Aufrüstungspolitik zusehends skeptischer. Willy Brandt und Egon Bahr favorisierten das Konzept einer Sicherheitspartnerschaft zwischen Ost und West, um auf diesem Weg das Wettrüsten zu beenden und die Entspannungspolitik wiederzubeleben.

In ihrem Bestreben, die Erfolge der sozial-liberalen Ost- und Deutschlandpolitik zu bewahren und den Frieden in Europa sicherer zu machen, beschritten die Sozialdemokraten unter Brandts Führung neue Wege. Ab 1982 stellte die SPD intensive Kontakte zu den kommunistischen Staatsparteien her, mit denen sie in erster Linie abrüstungspolitische Maßnahmen, aber auch Wirtschafts- und Umweltprobleme erörterte. Im Mittelpunkt standen dabei die Gespräche mit der SED, mit der sogar ein Dialog über den Streit der Ideologien aufgenommen wurde. Zugrunde lag die Annahme, eine allmähliche Reform der Ostblockregime sei möglich. Und nicht zuletzt sollte diese sogenannte „zweite Phase der Ostpolitik" der Vorbereitung einer „europäischen Friedensordnung" dienen, die Willy Brandt und Egon Bahr schon Ende der sechziger Jahre, also zu Beginn der „ersten Phase der Ostpolitik", als Ziel ausgegeben hatten. In den achtziger Jahren wollten beide dem vagen Begriff „Friedensordnung" Konturen geben.

Daraus wurde schließlich eine sozialdemokratische „Nebenaußenpolitik", deren Adressat die herrschenden kommunistischen Parteien waren, mit denen die SPD Abkommen vereinbarte. Die Hoffnung, damit werde sich eine Wandlung des Kommunismus hin zu eurokommunistischen Positionen oder gar eine Annäherung an Vorstellungen des demokratischen Sozialismus herbeiführen lassen, erfüllte sich nicht. Am deutlichsten zeigte sich dies im Falle der SED. In den späten achtziger Jahren verhärteten die Machthaber in Ost-Berlin ihre ideologischen Positionen und verstärkten die Repression im Innern, statt Kritik zuzulassen. Der Gegensatz zwischen Demokratie und Diktatur konnte im Dialog nicht überbrückt werden. Zudem waren die Parteikontakte sehr umstritten. Schon zeitgenössische Beobachter, darunter auch Sozialdemokraten, kritisierten, dass der Systemkonflikt für die SPD immer mehr in den Hintergrund zu rücken drohte, weil die Sorge vor der unmittelbaren Gefahr eines atomaren Waffengangs zum übermächtigen Motiv geworden war.[357]

Die „gouvernementale" Ausrichtung der sozialdemokratischen Ostpolitik der achtziger Jahre wurde im Verhältnis zu Polen besonders deutlich. Brandt und seine Parteifreunde knüpften kaum Kontakte zur freien Gewerkschaft Solidarność, die das Machtmonopol der PVAP untergrub und somit die Gefahr einer Intervention der Sowjetunion heraufbeschwor. Die bittere Erinnerungen an die blutige Niederschlagung der Aufstände in der DDR 1953 und in Ungarn 1956 sowie des „Prager Frühlings" in der Tschechoslowakei 1968 durch sowjetische Panzer spielten bei Brandts Bewertung der polnischen Geschehnisse eine große Rolle. Auch das Wissen um die vom nationalsozialistischen Deutschland in Polen verübten Verbrechen mahnte aus seiner Sicht zur Zurückhaltung. Dagegen erwarteten die Dissidenten und die Bürgerrechtsbewegungen im kommunistischen Herrschaftsbereich von Brandt und der Sozialdemokratie mehr Unterstützung und mehr Ermutigung. In den Augen der Oppositionskräfte waren sein Einsatz für politische Gefangene und seine stille humanitäre Hilfe in konkreten Einzelfällen zu wenig.

Zu leicht darf man sich die Kritik an Brandts Auftreten im Nachhinein allerdings nicht machen: Dass der 1980 begonnene Freiheitskampf der Solidarność der Auftakt für den Zusammenbruch des Sowjetimperiums binnen eines Jahrzehnts sein würde, konnte niemand vorhersehen. Und dass dieser Kollaps dann sogar friedlich verlaufen würde, war nach aller Erfahrung unwahrscheinlich. Eine ganz neue Lage ergab sich erst nach dem ersten amerikanisch-sowjetischen Abkommen über die Vernichtung aller landgestützten Mittelstreckenraketen im Dezember 1987. Es wurde möglich, weil auf der einen Seite die Sowjetunion unter Michail Gorbatschow das Scheitern ihrer Hochrüstungs- und Expansionspolitik eingestand. Die exorbitanten Militärausgaben setzten die sowjetische Wirtschaft schwersten Belastungen aus, denen sie nicht länger gewachsen war. Diese Einsicht in Moskau war – entgegen den Erwartungen Brandts – auch durch das Festhalten der NATO am Nachrüstungsteil ihres Doppelbeschlusses befördert worden. Auf der anderen Seite strebte auch Ronald Reagan eine Beendigung des atomaren Wettrüstens an. Beides zusammen führte zur völligen Eliminierung der nuklearen Mittelstreckenwaffen und öffnete den Weg zur drastischen Verringerung der strategischen Potenziale.

Gemeinsam mit anderen westeuropäischen Parteien und Politikern der Sozialistischen Internationale kommt den deutschen Sozialdemokraten und Brandt im Besonderen das Verdienst zu, Gorbatschow von Anfang an beim Wort genommen und dessen Willen zur umfassenden Abrüstung bestärkt zu haben. Darüber hinaus übten sie ideellen Einfluss auf den Generalsekretär der KPdSU aus, auch wenn Gorbatschows Bekenntnis „Ich bin Sozialdemokrat" erst 1992 erfolgen sollte, nachdem das Sowjetreich und die kommunistische Partei bereits untergegangen waren.[358]

Als der Kremlführer die imperialistische Außenpolitik der Sowjetunion beendete und den grundlegenden Wandel in Osteuropa nicht nur zuließ, sondern auch förderte, erkannte der Ehrenvorsitzende der SPD so klar und früh wie nur wenige andere, welche große Chancen für Europa und für Deutschland sich damit auftaten. Nach dem Fall der Mauer setzte er sich an die Spitze der Befürworter einer raschen deutschen Einheit und avancierte so zu einem der innenpolitischen Hauptakteure im Vereinigungsprozess. Von den Deutschen in Ost und West verehrt, wurde der Sozialdemokrat zu einer nationalen Identifikations- und Integrationsfigur. Auch wenn wichtige Einzelfragen in den Reihen der christlich-liberalen Regierungskoalition strittig blieben – allen voran die Frage, wann die polnische Westgrenze von der Bundesrepublik Deutschland anerkannt werden müsse –, war der Altkanzler mit dem Vorgehen des amtierenden Regierungschefs, dessen Politik auf eine schnellstmögliche Einheit abzielte, im Grundsatz einverstanden. Bundeskanzler Helmut Kohl hatte die sozial-liberale Ost- und Deutschlandpolitik seit 1982 nahezu unverändert fortgeführt, obwohl sie von CDU und CSU in den siebziger Jahren heftig bekämpft worden war. So gesehen erntete er 1990 das, was Brandt einst gesät hatte.

In der SPD stießen Kohls Wiedervereinigungskurs und die demonstrative Einigkeit ihres Ehrenvorsitzenden mit dem CDU-Kanzler auf die scharfe Kritik von Oskar Lafontaine. Mit anderen in der Partei machte der sozialdemokratische Kanzlerkandidat grundsätzliche Bedenken gegen die rasche Vereinigung der beiden deutschen Staaten geltend. Neben sozialen und ökonomischen Gründen war es vor allem der Wunsch nach Überwindung des Nationalstaats, der Lafontaines Haltung bestimmte. Doch jenes „Europa", für das er und seine Anhänger den Vorrang vor der nationalen Einheit

Deutschlands einforderten, existierte nicht in der Realität, sondern war und blieb eine postnationale Wunschvorstellung. 1989 erklärte Willy Brandt klipp und klar, nirgendwo stehe geschrieben, dass die Deutschen auf die Vereinigung ihres Landes zu warten hätten, bis Europa geeint sei. Der deutsche Patriot und international erfahrene Staatsmann verstand die Zeichen der Zeit; der Ministerpräsident aus dem Saarland nicht. Deswegen kam es im Laufe des Jahres 1990 zum Bruch zwischen Brandt und Lafontaine. Nach der schweren Niederlage der Sozialdemokraten bei der Bundestagswahl 1990 machte der Altbundeskanzler seine abweichenden Überzeugungen so deutlich, dass Lafontaine auf den Vorsitz der SPD verzichtete.

Willy Brandt war an drei Weichenstellungen der deutschen Nachkriegsgeschichte entscheidend beteiligt: an der Verteidigung des freien West-Berlin, an der Aussöhnung mit den Völkern Ost- und Ostmitteleuropas und an der Wiederherstellung der deutschen Einheit in Frieden und Freiheit. Er stärkte die Demokratie in der Bundesrepublik, führte die Begriffe Deutschland und Frieden wieder zusammen und mehrte das Ansehen der Deutschen in der Welt enorm. Seine Ost- und Deutschlandpolitik erleichterte das Leben der Menschen im geteilten Deutschland und half, den Zusammenhalt der Nation zu bewahren. Auch trug sie wesentlich zur Beendigung des Kalten Krieges und zur Überwindung der kommunistischen Diktaturen in Ostmitteleuropa bei. Zusammen mit der festen Verankerung der Bundesrepublik im Westen schuf diese Politik jene Vertrauensgrundlage, die den europäischen Nachbarn sowie allen Partnern in West und Ost 1990 die Zustimmung zur Vereinigung Deutschlands möglich machte. Mit der friedlichen Revolution erfüllte sich der Traum Willy Brandts von der deutschen Einheit in einem Europa, das nicht mehr durch Mauern und Stacheldraht getrennt war. Das war sein letzter und wohl größter politischer Erfolg.

Zur Dokumentenauswahl

In diesem Band, mit dem die „Berliner Ausgabe" ihren Abschluss findet, spiegelt sich nicht nur die Vielzahl der historischen Ereignisse und dramatischen Prozesse wider, die zwischen 1982 und 1992 die internationale, die europäische und die deutsche Politik entscheidend prägten. Die Dokumente veranschaulichen zugleich die Schwerpunkte, die Willy Brandt während seines letzten Lebensjahrzehnts – neben seinem weltweiten Engagement in der Nord-Süd-Kommission und der Sozialistischen Internationale – in der Außen-, der Europa- und der Deutschlandpolitik setzte. Besonders intensiv gestaltete sich der Austausch, den Brandt mit dem sowjetischen Staats- und Parteichef Michail Gorbatschow pflegte. Erstmals publiziert werden hier eine Reihe von Briefen aus der umfangreichen Korrespondenz der beiden Spitzenpolitiker und längere Auszüge aus den Protokollen ihrer Unterredungen. Darüber hinaus geben weitere bislang unveröffentlichte Schreiben und Gesprächsaufzeichnungen sowie Reden und Interviews profunde Einblicke in das Denken und Handeln Brandts, das um die Sicherung des Friedens, die Einigung Europas und die Lösung der deutschen Frage kreiste.

Danksagung

Zahlreiche Personen und Einrichtungen trugen zur Fertigstellung dieses Buches bei. Den mit Abstand größten Anteil daran hat unser Kollege Dr. Uwe Mai, der als ursprünglicher Bearbeiter insbesondere die Dokumentenauswahl vornahm. Aufgrund einer schweren Krankheit war es Herrn Mai leider nicht möglich, die von ihm begonnene Arbeit zu vollenden, weshalb wir diese Aufgabe übernommen haben. Für die Kommentierung und das Verfassen der Einleitung konnten wir auf die Ergebnisse seiner sehr sorgfältigen Archivrecherchen zurückgreifen. Dieser Band ist folglich ein Gemeinschaftswerk, über dessen Gelingen sich alle drei Bearbeiter sehr freuen.

Den Herausgebern der zehnbändigen Edition, den Professoren Dr. Helga Grebing, Dr. Gregor Schöllgen und Dr. Heinrich August Winkler danken wir für stete Ermutigung und anregende Hinweise. Dem federführenden Betreuer des vorliegenden Bandes, Herrn Winkler, der diese Arbeit mit großer Aufmerksamkeit begleitet hat, gilt unser besonderer Dank. Er gab wertvolle Vorschläge zur Auswahl und Kommentierung der Dokumente und lieferte viele Informationen über wichtige Details. Dem Vorstand der Bundeskanzler-Willy-Brandt-Stiftung, Herrn Ministerialdirektor a. D. Karsten Brenner sowie den Professoren Dr. Dieter Dowe und Dr. Klaus Schönhoven, danken wir für ihre kritische Lektüre und Unterstützung.

Den Mitarbeitern der Bundeskanzler-Willy-Brandt-Stiftung sagen wir herzlichen Dank für die in vielfältiger Form geleistete Hilfe, vor allem Dr. Wolfram Hoppenstedt, Sylvia Wilbrecht, Waltraut Dorlaß, Udo Bauer, Julia Hornig und Andreas Smolla-Schneider.

Hans-Peter Riese gab Auskunft über Willy Brandts Treffen mit Andrej Sacharow. Bei den Übersetzungen halfen uns insbesondere Tamara und Heinz Timmermann, der das Erscheinen des Bandes nicht mehr erleben konnte, sowie Arkadi Miller und Dominik Rigoll. Agnieszka Czenszak, Darya Fradkova, René Marks, Sarah Mayer-Voigt, Kornelia Papp, Benjamin Schulte und Nikolaos Swoch waren in ihren Praktika oder als studentische Mitarbeiter der Bundeskanzler-Willy-Brandt-Stiftung bei Recherchen und beim Erstellen der Register hilfreich.

Dem Referenten des Willy-Brandt-Archivs, Harry Scholz, möchten wir ebenso unseren Dank aussprechen wie seinen Mitarbeitern Sven Haarmann und Holger Kozanowski. Sie standen uns unermüdlich mit Rat und Tat zur Seite. Alle Abteilungen des Archivs der sozialen Demokratie sowie die Bibliothek der Friedrich-Ebert-Stiftung haben uns immer unterstützt. Im Bundespresseamt beantworten Herr Koßmann und Frau Popp unsere Antworten stets schnell und exakt. Frau Buhr-Engel, Frau Hasse und Frau Schnock von der Pressedokumentation des Deutschen Bundestages stellten immer wieder Texte zur Verfügung. Der NDR Schwerin übersandte uns unbürokratisch einen Mitschnitt von Willy Brandts Rede in Rostock am 6. Dezember 1989.

Zu guter Letzt danken wir Dr. Heiner Lindner für das wie immer sorgfältige Lektorat.

Berlin, im Juni 2009   Bernd Rother/Wolfgang Schmidt

Verzeichnis der Dokumente

124	Nr. 1	21. Oktober 1982	Manuskript der Rede des Vorsitzenden der SPD, Brandt, beim Deutsch-Sowjetischen Expertengespräch über Ost-West-Beziehungen und europäische Sicherheit in Bonn
129	Nr. 2	9. März 1983	Schreiben des Vorsitzenden der SPD, Brandt, an den Generalsekretär des ZK der SED, Honecker
130	Nr. 3	5. Mai 1983	Aus dem Beitrag des Vorsitzenden der SPD, Brandt, für ein Buch zum 50. Geburtstag des norwegischen Politikers Reiulf Steen
137	Nr. 4	22. Juli 1983	Erklärung des Vorsitzenden der SPD, Brandt, zur Aufhebung des Kriegsrechts in Polen
138	Nr. 5	30. Juli 1983	Aus dem Interview des Vorsitzenden der SPD, Brandt, für den Sender Freies Berlin
142	Nr. 6	7. August 1983	Offener Brief des Vorsitzenden der SPD, Brandt, auf Fragen amerikanischer Freunde
147	Nr. 7	6. September 1983	Aus der Rede des Vorsitzenden der SPD, Brandt, vor der sozialdemokratischen Bundestagsfraktion
154	Nr. 8	22. September 1983	Schreiben des Vorsitzenden der SPD, Brandt, an den Generalsekretär des ZK der KPdSU, Andropow
157	Nr. 9	29. September 1983	Aus der Stellungnahme des Vorsitzenden der SPD, Brandt, bei einer Anhörung vor Abgeordneten des amerikanischen Kongresses in Washington D. C.

172	Nr. 10	29. November 1983	Aus der Aufzeichnung des Gesprächs des Vorsitzenden der SPD, Brandt, mit einer Delegation der KPdSU in Bonn
175	Nr. 11	29. März 1984	Artikel des Vorsitzenden der SPD, Brandt, zur Europapolitik
178	Nr. 12	30. Mai 1984	Aus der Rede des Vorsitzenden der SPD, Brandt, vor der Parteihochschule der KP Chinas in Peking
187	Nr. 13	13. Juni 1984	Schreiben des Vorsitzenden der SPD, Brandt, an den Ministerpräsidenten Portugals, Soares
188	Nr. 14	18. November 1984	Rede des Vorsitzenden der SPD, Brandt, in den Münchener Kammerspielen
203	Nr. 15	28. Januar 1985	Schreiben des Vorsitzenden der SPD, Brandt, an den Generalsekretär des ZK der KP der ČSSR, Husak
204	Nr. 16	21. März 1985	Aus dem Artikel über ein Interview des Vorsitzenden der SPD, Brandt, für die schwedische Zeitschrift *aktuellt i politiken*
209	Nr. 17	24. April 1985	Rede des Vorsitzenden der SPD, Brandt, vor dem Council on Foreign Relations in New York
214	Nr. 18	3. Mai 1985	Schreiben des Vorsitzenden der SPD, Brandt, an den Präsidenten der Vereinigten Staaten von Amerika, Reagan
215	Nr. 19	20. Mai 1985	Interview des Vorsitzenden der SPD, Brandt, für den Deutschlandfunk

219	Nr. 20	27. Mai 1985	Protokoll des Gesprächs des Vorsitzenden der SPD, Brandt, mit dem Generalsekretär des ZK der KPdSU, Gorbatschow, in Moskau
230	Nr. 21	11. Juni 1985	Aus der Ergebnisniederschrift über die Sitzung des Arbeitskreises I der sozialdemokratischen Bundestagsfraktion
237	Nr. 22	28. Juni 1985	Interview des Vorsitzenden der SPD, Brandt, für die französische Wochenzeitschrift L'Express
243	Nr. 23	4. September 1985	Schreiben des Vorsitzenden der SPD, Brandt, an den Generalsekretär des ZK der KPdSU, Gorbatschow
244	Nr. 24A	19. September 1985	Aus der Niederschrift über das Gespräch des Vorsitzenden der SPD, Brandt, mit dem Generalsekretär des ZK der SED und Staatsratsvorsitzenden der DDR, Honecker, in Ost-Berlin
256	Nr. 24B	19. September 1985	Notiz über das Gespräch unter vier Augen zwischen dem Vorsitzenden der SPD, Brandt, und dem Generalsekretär des ZK der SED und Staatsratsvorsitzenden der DDR, Honecker, in Ost-Berlin
258	Nr. 25	19. September 1985	Tischrede des Vorsitzenden der SPD, Brandt, anlässlich seines Besuchs in Ost-Berlin
262	Nr. 26	2. Oktober 1985	Schreiben des Vorsitzenden der SPD, Brandt, an Pfarrer Eppelmann
263	Nr. 27	22. Oktober 1985	Schreiben des Vorsitzenden der SPD, Brandt, an den Vorsitzenden der verbotenen polnischen Gewerkschaft Solidarność, Wałęsa

264	Nr. 28	7. Dezember 1985	Aus der Aufzeichnung des ersten Gesprächs zwischen dem Vorsitzenden der SPD, Brandt, und dem Ersten Sekretär des ZK der PVAP und Staatsratsvorsitzenden der Volksrepublik Polen, General Jaruzelski, in Warschau
274	Nr. 29	7. Dezember 1985	Aus der Rede des Vorsitzenden der SPD, Brandt, im Warschauer Königsschloss anlässlich des 15. Jahrestages der Unterzeichnung des deutsch-polnischen Vertrages
286	Nr. 30	10. Dezember 1985	Aus der Rede des Vorsitzenden der SPD, Brandt, vor der sozialdemokratischen Bundestagsfraktion
293	Nr. 31	13. Dezember 1985	Schreiben des Vorsitzenden der SPD, Brandt, an den Vorsitzenden der verbotenen polnischen Gewerkschaft Solidarność, Wałęsa
295	Nr. 32	29. Januar 1986	Schreiben des Vorsitzenden der SPD, Brandt, an den Generalsekretär des ZK der KPdSU, Gorbatschow
297	Nr. 33	3. März 1986	Schreiben des Vorsitzenden der SPD, Brandt, an den Vorsitzenden der verbotenen polnischen Gewerkschaft Solidarność, Wałęsa
299	Nr. 34	14. April 1986	Schreiben des Vorsitzenden der SPD, Brandt, an den Bundeskanzler, Kohl
302	Nr. 35	11. Juni 1986	Schreiben des Vorsitzenden der SPD, Brandt, an den Generalsekretär des ZK der KPdSU, Gorbatschow
304	Nr. 36	14. Oktober 1986	Schreiben des Vorsitzenden der SPD, Brandt, an Pfarrer Albertz

306	Nr. 37	10. November 1986	Schreiben des Vorsitzenden der SPD, Brandt, an den Generalsekretär des ZK der KPdSU, Gorbatschow
308	Nr. 38	26. Dezember 1986	Erklärung des Vorsitzenden der SPD, Brandt, zum 10. Jahrestag der Charta 77
309	Nr. 39	Februar 1987	Vorwort des Vorsitzenden der SPD, Brandt, zum Buch „Menschenrechte mißhandelt und mißbraucht"
312	Nr. 40	12. Februar 1987	Schreiben des Vorsitzenden der SPD, Brandt, an den Generalsekretär des ZK der KPdSU, Gorbatschow
314	Nr. 41	8. September 1987	Vermerk über das Gespräch des Ehrenvorsitzenden der SPD, Brandt, mit dem Generalsekretär des ZK der SED und Vorsitzenden des Staatsrates der DDR, Honecker, in Bonn
316	Nr. 42	18. September 1987	Aus der Rede des Ehrenvorsitzenden der SPD, Brandt, vor dem Internationalen Institut für Friedensforschung in Stockholm
324	Nr. 43	5. April 1988	Aus der Aufzeichnung des Gesprächs des Präsidenten der SI und Ehrenvorsitzenden der SPD, Brandt, mit dem Generalsekretär des ZK der KPdSU, Gorbatschow, in Moskau
342	Nr. 44	2. August 1988	Schreiben des Ehrenvorsitzenden der SPD, Brandt, an den Generalsekretär des ZK der KPdSU, Gorbatschow
344	Nr. 45	2. August 1988	Schreiben des Ehrenvorsitzenden der SPD, Brandt, an den Generalsekretär des ZK der KP Rumäniens, Ceaușescu

345	Nr. 46	24. August 1988	Schreiben des Ehrenvorsitzenden der SPD, Brandt, an den Parlamentspräsidenten der Islamischen Republik Iran, Rafsanjani
346	Nr. 47	14. September 1988	Aus der Rede des Ehrenvorsitzenden der SPD, Brandt, über „40 Jahre Grundgesetz – Hoffnung und Verpflichtung" in der Friedrich-Ebert-Stiftung in Bonn
353	Nr. 48	25. Januar 1989	Schreiben des Präsidenten der SI, Brandt, an den Planungs- und Forschungsoffizier im NATO Defense College in Rom, Peter von Schubert
354	Nr. 49	7. Juni 1989	Interview des Ehrenvorsitzenden der SPD, Brandt, für den *Express*, Köln
355	Nr. 50	16. Juni 1989	Aus der Rede des Ehrenvorsitzenden der SPD, Brandt, vor dem Deutschen Bundestag zum Staatsbesuch des Generalsekretärs des ZK der KPdSU und Präsidenten der Sowjetunion, Gorbatschow
363	Nr. 51	1. September 1989	Aus der Rede des Ehrenvorsitzenden der SPD, Brandt, vor dem Deutschen Bundestag zum 50. Jahrestag des deutschen Überfalls auf Polen
366	Nr. 52	21. September 1989	Beitrag des Ehrenvorsitzenden der SPD, Brandt, für die Zeitung *Bild*
368	Nr. 53	25. September 1989	Schreiben des Ehrenvorsitzenden der SPD, Brandt, an den Vorsitzenden der SPD, Vogel

369	Nr. 54	17. Oktober 1989	Aus der Aufzeichnung des Gesprächs des Präsidenten der SI und Ehrenvorsitzenden der SPD, Brandt, mit dem Generalsekretär des ZK der KPdSU und Präsidenten der Sowjetunion, Gorbatschow, in Moskau
379	Nr. 55	23. Oktober 1989	Aus dem Gespräch des Ehrenvorsitzenden der SPD, Brandt, mit dem Nachrichtenmagazin *Der Spiegel*
385	Nr. 56	10. November 1989	Rede des Ehrenvorsitzenden der SPD, Brandt, vor dem Schöneberger Rathaus in Berlin
391	Nr. 57	10. November 1989	Mündliche Botschaft des Generalsekretärs des ZK der KPdSU und Präsidenten der Sowjetunion, Gorbatschow, an den Ehrenvorsitzenden der SPD, Brandt
392	Nr. 58	11. November 1989	Schreiben des Ehrenvorsitzenden der SPD, Brandt, an den Generalsekretär des ZK der KPdSU und Präsidenten der Sowjetunion, Gorbatschow
394	Nr. 59	11. November 1989	Aus dem Protokoll über die gemeinsame Sondersitzung des Parteivorstandes und des Geschäftsführenden Fraktionsvorstandes der SPD
395	Nr. 60	29. November 1989	Rede des Ehrenvorsitzenden der SPD, Brandt, vor der sozialdemokratischen Bundestagsfraktion
398	Nr. 61	6. Dezember 1989	Rede des Ehrenvorsitzenden der SPD, Brandt, in der St. Marienkirche Rostock
406	Nr. 62	14. Dezember 1989	Interview des Ehrenvorsitzenden der SPD, Brandt, für die *Financial Times* (London), *Le Monde* (Paris) und die *Süddeutsche Zeitung*

417	Nr. 63	18. Dezember 1989	Aus der Rede des Ehrenvorsitzenden der SPD, Brandt, auf dem Parteitag der SPD in Berlin
424	Nr. 64	8. Januar 1990	Aus dem Interview des Ehrenvorsitzenden der SPD, Brandt, für *Midi Libre* (Montpellier)
431	Nr. 65	7. Februar 1990	Schreiben des Generalsekretärs des ZK der KPdSU und Präsidenten der Sowjetunion, Gorbatschow, an den Ehrenvorsitzenden der SPD, Brandt
435	Nr. 66	8. Februar 1990	Aus dem Interview des Ehrenvorsitzenden der SPD, Brandt, für *Le Figaro* (Paris)
443	Nr. 67	13. Februar 1990	Schreiben des Ehrenvorsitzenden der SPD, Brandt, an den Generalsekretär des ZK der KPdSU und Präsidenten der Sowjetunion, Gorbatschow
446	Nr. 68	8. Juni 1990	Aus der Rede des Ehrenvorsitzenden der SPD, Brandt, anlässlich der 17. Römerberggespräche in der Frankfurter Paulskirche
451	Nr. 69	14. Juni 1990	Aus der Rede des Ehrenvorsitzenden der SPD, Brandt, vor der sozialdemokratischen Bundestagsfraktion
456	Nr. 70	24. August 1990	Schreiben des Ehrenvorsitzenden der SPD, Brandt, an den Schriftsteller Grass
457	Nr. 71	30. September 1990	Aus dem Gespräch des Ehrenvorsitzenden der SPD, Brandt, mit dem Bundeskanzler, Kohl, über Deutschland im Ersten Deutschen Fernsehen

471	Nr. 72	29. Oktober 1990	Schreiben des Ehrenvorsitzenden der SPD, Brandt, an den Bundesminister der Finanzen, Waigel
473	Nr. 73	10. November 1990	Aus dem Vermerk des Ehrenvorsitzenden der SPD, Brandt, über seine Gespräche in Bagdad
478	Nr. 74	12. November 1990	Erklärung des Ehrenvorsitzenden der SPD, Brandt, über seine Gespräche in Bagdad
481	Nr. 75	3. Dezember 1990	Aus dem Protokoll der Sitzung des Parteivorstands der SPD
489	Nr. 76	14. Januar 1991	Rede des Ehrenvorsitzenden der SPD, Brandt, vor dem Deutschen Bundestag zur Krise am Persischen Golf
500	Nr. 77	8. Mai 1991	Beitrag des Ehrenvorsitzenden der SPD, Brandt, für die *Frankfurter Allgemeine Zeitung*
505	Nr. 78	10. Mai 1991	Aus dem Interview des Ehrenvorsitzenden der SPD, Brandt, für die *Süddeutsche Zeitung*
507	Nr. 79	16. September 1991	Aus dem Interview des Ehrenvorsitzenden der SPD, Brandt, für *Die Welt*
514	Nr. 80	23. Dezember 1991	Aus dem Interview des Ehrenvorsitzenden der SPD, Brandt, für das Magazin *Stern*
520	Nr. 81	20. Januar 1992	Schreiben des Ehrenvorsitzenden der SPD, Brandt, an den ehemaligen Präsidenten der Sowjetunion, Gorbatschow
521	Nr. 82	24. Februar 1992	Aus dem Gespräch des Ehrenvorsitzenden der SPD, Brandt, mit dem Nachrichtenmagazin *Der Spiegel*

526	Nr. 83	28. Februar 1992	Aus der Rede des Ehrenvorsitzenden der SPD, Brandt, auf dem Kongress der Internationalen Ärzte für die Verhütung des Atomkrieges (IPPNW) in Berlin
533	Nr. 84	4. Mai 1992	Rede des Ehrenvorsitzenden der SPD, Brandt, vor Sozialdemokraten in Luxemburg

Dokumente

Nr. 1
**Manuskript der Rede des Vorsitzenden der SPD, Brandt, beim Deutsch-Sowjetischen Expertengespräch über Ost-West-Beziehungen und europäische Sicherheit in Bonn
21. Oktober 1982**

Sozialdemokraten Service Presse Funk TV, Nr. 496/82 vom 21. Oktober 1982.

Zunächst will ich meiner Freude darüber Ausdruck geben, daß diese Begegnung hier und jetzt stattfinden kann[1], und Sie alle auch meinerseits herzlich willkommen heißen.

Es verletzt wohl das Gebot der Diskretion nicht allzu sehr, wenn ich verrate, daß die Voraussetzungen für dieses Treffen geschaffen wurden, als ich im Sommer des vergangenen Jahres Gelegenheit hatte, Generalsekretär Breschnew in Moskau wiederzusehen und mit ihm über die deutsch-sowjetischen Beziehungen zu sprechen.[2] Wir waren dabei zu dem Ergebnis gekommen, daß auch ein solcher Gedankenaustausch helfen könnte, das wechselseitige Verständnis füreinander zu erhöhen. Helmut Schmidt hat sich dafür eingesetzt, daß an dieser Tagung auch Vertreter der Streitkräfte teilnehmen können. Ihre spezifischen Erfahrungen und eine sich daraus ergebende Sicht der Dinge sind gewiss eine sinnvolle und nützliche Ergänzung dessen, was wir anderen aus politischer Sicht oder aufgrund wissenschaftlicher Erkenntnisse einzubringen haben.

Wir haben mit Konferenzen dieser Art gute Erfahrungen gemacht. Wie viele von Ihnen wissen, haben in diesem Rahmen auf dem Boden der Stiftung bereits drei ähnliche Tagungen mit hoher amerikanischer Regierungsbeteiligung stattgefunden.[3] Es ist begrüßenswert, daß wir nun eine Begegnung mit hochrangigen Vertretern der anderen Weltmacht haben können. Hier ist natürlich einen Augenblick überlegt worden, ob es richtig sei, unter den veränderten politischen Gegebenheiten in der Bundesrepublik[4] an der Durchführung der Tagung festzuhalten. Man hat sich – auch in dieser Hinsicht – für Kontinuität unter den neuen Rahmenbedingungen entschieden. Die Sache ist einfach zu wichtig.

Ich will für meine politischen Freunde und mich keinen Zweifel daran lassen: Unser Verständnis von den deutsch-sowjetischen Beziehungen besagt, daß es den Verantwortlichen in erster Linie um die Beziehungen zwischen den beiden Staaten und die sie vertretenden Regierungen gehen muß. Dies mag selbstverständlich klingen. Ich habe Grund, es heute zu unterstreichen und auch die sich hieraus ergebende Konsequenz zu benennen: gute, fruchtbare, nach vorn weisende Beziehungen zwischen der Sowjetunion und der Bundesrepublik Deutschland sind für unsere Länder und darüber hinaus für ganz Europa von so außerordentlich großer Bedeutung, daß wir ihre Pflege und Weiterentwicklung nicht davon abhängig machen können und dürfen, ob sich in der Führung, sei es des einen, sei es des anderen Staates, Veränderungen ergeben.

Deshalb stelle ich fest: Meine Partei wird in jeder politischen Verantwortung, auch in zeitweiliger Opposition, alles tun, damit sich die staatlichen Beziehungen so gut wie nur möglich fortentwickeln. Wir haben zur Kenntnis genommen und scheuen uns nicht zu begrüßen, daß die jetzige Bundesregierung ihren Willen zur Kontinuität in der Gestaltung des Ost-West-Verhältnisses bekundet hat.[5] Von unserer Seite ist im Bundestag gesagt worden, daß wir unsere Kontrahenten auf der Regierungsbank beim Wort nehmen und sie daran messen werden. Wir empfehlen unseren ausländischen Gesprächspartnern gleichermaßen zu verfahren. Jeder Beitrag zur Stabilisierung der Ost-West-Beziehungen, jede Vertiefung von Entspannung und Zusammenarbeit, jedes Bemühen, einen Rückfall in den Kalten Krieg zu verhindern, jeder Schritt hin zur Beendigung des Wettrüstens, haben unsere volle Unterstützung.

Wir bekennen uns erneut zu der besonderen Verantwortung der Deutschen für den Frieden. In diesem Sinne plädiere ich für ein Höchstmaß an vertrauensstiftender Stetigkeit und Verläßlichkeit in der Gestaltung der internationalen Beziehungen. Im Verhältnis zwischen unseren beiden Ländern heißt dies, daß der Vertrag, den wir vor zwölf Jahren im Katharinensaal des Kreml unterzeichnet haben[6], nicht nur peinlich genau respektiert, sondern immer wieder neu mit Leben erfüllt werden muß.

Dazu gehört auch, daß wir uns durch niemanden daran hindern lassen, die für beide Seiten nützliche wirtschaftliche und technologische Zusammenarbeit fortzuführen und – wo möglich – zu intensivieren. Ich denke in diesem Zusammenhang natürlich nicht zuletzt an den Bau der Erdgas-Pipeline, mit deren Hilfe die Sowjetunion uns und andere mit Erdgas beliefern kann.[7]

Die deutschen Sozialdemokraten sind frei von Illusionen. Wir schließen unsere Augen nicht vor den Verhärtungen im Ost-West-Verhältnis und vor den vielfältigen Belastungen der internationalen Wirtschaft und Politik. Das Bemühen um den Abbau von Spannungen war und ist immer noch eisigen Winden ausgesetzt. Deshalb sind wir entschlossen, die Früchte der Entspannungspolitik wie unseren Augapfel zu hüten. Und wir werden mit Nachdruck darauf bestehen, daß dem Entspannungsprozeß immer wieder jene frischen Impulse gegeben werden, ohne die er bald verkümmern müßte.

Der Sinn dieser Begegnung liegt in meinen Augen darin, daß wir gemeinsam nachdenken und diskutieren, wie sich eine Sicherheitspartnerschaft in Europa verwirklichen läßt, die für einen dauerhaften, nicht nur auf Abschreckung beruhenden Frieden in unserem Teil der Welt sorgt. Dazu möchte ich fünf Feststellungen treffen:

Erstens: Die Zugehörigkeit unserer Länder zu unterschiedlichen Bündnissystemen steht nicht zur Diskussion und nicht zur Disposition. Die Außen- und Sicherheitspolitik der Bundesrepublik Deutschland gründet sich auf ihre Mitgliedschaft in der Atlantischen Allianz, die Zugehörigkeit zur Europäischen Gemeinschaft und die Freundschaft mit den Vereinigten Staaten von Amerika. Nur insoweit wir des Vertrauens unserer Verbündeten sicher sind, können wir einen aktiven Beitrag zur Friedenssicherung und zur Entspannung leisten. Unsere Politik war nicht auf Alleingänge aus und wird es auch in Zukunft weder können noch wollen.

Zweitens: Der fortdauernde, immer wahnwitzigere weltweite Rüstungswettlauf verstärkt nicht, sondern vermindert unser aller Sicherheit. Von den für die Wirtschaft vergiftenden Wirkungen, von der – objektiv gesehen – gigantischen Verschwendung der ohnehin immer knapper werdenden finanziellen Ressourcen, die dringend für andere Zwecke gebraucht würden, einmal abgesehen: Das Anhäufen von Waffenbergen schürt Mißtrauen. Und wo das Mißtrauen wächst, können Krisen leicht in kriegerische Konflikte münden. Dabei wissen wir doch alle: Ein Dritter Weltkrieg würde die Existenz der Völker Europas aufs Spiel setzen, sie würden ihn mit großer Wahrscheinlichkeit nicht überleben.

Die Welt ist tatsächlich in Gefahr, sich zu Tode zu rüsten. An die beiden größten und stärksten Mächte geht daher zuerst die Aufforderung, neue Wege einzuschlagen und mehr Sicherheit zu schaffen durch die Vereinbarung eines annähernden Gleichgewichts auf möglichst niedrigem Niveau. Einige der Schritte, die zu diesem Ziel führen könnten, sind bekanntlich in dem Bericht der Palme-Kommission enthalten, in der auch zwei Kollegen aus unseren beiden Ländern, Herr Arbatow und mein Freund Egon Bahr, mitgearbeitet haben.[8] Ich hoffe, man wartet nicht zu lange damit, die hier gemachten Vorschläge ernsthaft zu prüfen und zum Bestandteil praktischer Politik zu machen.

Auf kürzere Sicht hin läge es nahe, bei den Wiener Verhandlungen[9] bald ein erstes Zwischenergebnis zu erzielen und sich in Madrid im Winter auf die Einberufung einer Konferenz über Abrüstung in Europa im Rahmen des KSZE-Prozesses zu verständigen.[10]

Drittens: Unsere größte Sorge gilt natürlich der Gefahr einer nuklearen Konfrontation. Dabei richtet sich mein Augenmerk weniger auf die interkontinentalen Zerstörungsmaschinen. Die Erfahrung zeigt hier, daß die Supermächte im wohlverstandenen eigenen Interesse den Weg zu Vereinbarungen finden. Der SALT-Prozeß[11] legt dafür Zeugnis ab. Für uns Deutsche und eine Reihe unserer Nachbarn steht seit dem Ende der siebziger Jahre im Mittelpunkt das Problem jener Mittelstreckenwaffen, die auf unsere Länder gerichtet sind und die unsere Menschen potentiell in höchstem Maße bedrohen.[12] Wir müssen deshalb, obgleich wir in Genf nicht am Verhandlungstisch sitzen[13], die Verantwortlichen mit großem Nachdruck drängen, daß sie einseitige Bedrohungen beseitigen und solche Voraussetzungen schaffen, die eine Stationierung neuer Mittelstreckenwaffen hier überflüssig machen.[14]

Dabei will ich viertens mit aller gebotenen Nüchternheit und auch Zurückhaltung feststellen: Die für Genf formulierten Ausgangspositionen der Sowjetunion und der Vereinigten Staaten erscheinen so, wie sie einem bekannt sind, noch nicht konsensfähig.[15] Wenn beide Staaten darauf starr beharren würden, könnte es ein Verhandlungsergebnis nicht geben. Jeder wird sich auf den anderen ein Stück zubewegen müssen. Jeder wird sich gut überlegen müssen, was im Sinne größerer Sicherheit für alle Beteiligten und Betroffenen an Kompromissen möglich und nötig ist. Nichts wäre verheerender für das Gesamtgeflecht der Ost-West-Beziehungen, als wenn Genf ohne Erfolg bliebe. Ohne konkrete Ergebnisse auf diesem Gebiet wird die Entspannung schwerlich Bestand haben. Der Frieden in Europa wäre dann ein gefährliches Stück unsicherer geworden.

Fünftens schließlich: Niemand sollte sich darüber täuschen, daß der von mir bereits deutlich gemachte Wille meiner Partei zur Kontinuität sich auch auf unsere Haltung zu diesem Komplex bezieht. Wir werden in einer zeitweilig veränderten Form unserer politischen Verantwortung nicht anders reden und agieren als in den zurückliegenden Jahren, in denen die Bonner Regierungsführung in den Händen eines Sozialdemokraten lag.

Es bleibt im übrigen bei dem, was meine Partei vor einem halben Jahr in München beschlossen hat: Wir wollen Verhandlungen, wir wollen ein befriedigendes Verhandlungsergebnis, und wir werden erneut Stellung nehmen im Lichte dessen, was in Genf verhandelt worden ist.[16] Dabei sollte niemand an unserer Entschlossenheit zweifeln, das zu tun, was im Interesse der Sicherheit unseres Staates geboten ist. Dem widerspricht in keiner Weise, daß wir weiterhin bereit sind, von uns aus jeden sinnvollen Beitrag zu leisten, um neue Umdrehungen in der Rüstungsspirale zu vermeiden.

Europa, im Sinne von Helsinki, mit den Ländern, die dieses wichtige Dokument unterzeichnet haben[17], hat bei allen Unterschieden von Systemen, Bindungen und Traditionen eine große, wachsende Gemeinsamkeit: Krieg oder Frieden, das werden wir nur gemeinsam erleiden müssen oder gemeinsam genießen können. Was das erfordert an Bewußtsein und politischen Konsequenzen, sollte im

Mittelpunkt unserer Zusammenkunft stehen: Ich wüßte nicht, was ich uns Besseres wünschen sollte.

Nr. 2
Schreiben des Vorsitzenden der SPD, Brandt, an den Generalsekretär des ZK der SED, Honecker
9. März 1983[1]

AdsD, WBA, A 9, 11.

Sehr geehrter Herr Generalsekretär,
für Ihren Brief vom Januar und die darin ausgesprochene Einladung zu der vom Zentralkomitee Ihrer Partei veranstalteten Internationalen Wissenschaftlichen Konferenz zum Thema „Karl Marx und unsere Zeit – der Kampf um Frieden und sozialen Fortschritt" möchte ich Ihnen danken.[2]

Nach gründlicher Besprechung mit meinen Freunden von der Führung der Sozialdemokratischen Partei Deutschlands sind wir zu dem Ergebnis gekommen, dass eine Repräsentanz durch führende, wissenschaftlich ausgewiesene Vertreter der uns eng verbundenen Friedrich-Ebert-Stiftung am zweckmässigsten wäre.

Im Einvernehmen mit der Stiftung möchten wir daher die Teilnahme von Herrn Dr. Hans Pelger, Direktor des Karl-Marx-Hauses in Trier, und Herrn Dr. Wilhelm Bruns, Leiter der Stiftungs-Abteilung für Sicherheit und Abrüstung, vorschlagen.

Ich nutze gern diese Gelegenheit, um das lebhafte Interesse meiner Partei an gedeihlichen Beziehungen zwischen unseren beiden Staaten und an deren paralleler Verantwortung für die Sicherung des Friedens zum Ausdruck zu bringen.[3]
Mit allen guten Wünschen für Sie und mit freundlichen Grüssen
⟨gez. Willy Brandt⟩[4]

Nr. 3
Aus dem Beitrag des Vorsitzenden der SPD, Brandt, für ein Buch zum 50. Geburtstag des norwegischen Politikers Reiulf Steen 5. Mai 1983

AdsD, WBA, A 3, 918.[1]

Politik der Entspannung – jetzt erst recht
[...][2]
Das Bemühen um den Abbau von Spannungen zielte von Anfang an darauf ab, über die Regelung praktischer Fragen hinaus auch bessere Voraussetzungen für die Sicherung des Friedens zu schaffen. Es sah ja Anfang der siebziger Jahre so aus, als ob den beiden Supermächten der Durchbruch zu langfristig tragfähigen Vereinbarungen gelungen wäre oder jedenfalls gelingen könnte.[3] Rückschläge waren von vornherein einzukalkulieren, aber es war nicht vorauszusehen, dass sie sich so rasch und so ernst vollziehen würden.[4]

Das Bemühen um den Abbau von Spannungen zwischen Ost und West war von Anfang an vielfältigen Belastungen ausgesetzt, inzwischen wehen eisige Winde. Wir haben uns zu fragen: Wie kann verhindert werden, dass die Früchte der Entspannungspolitik vollends verkommen? Welche Initiativen sind möglich, um allen Schwierigkeiten zum Trotz mitzuhelfen, dass Konflikte nicht noch verschärft, sondern dass sie entschärft werden?

Denn sonst steigert sich die Gefahr für den Frieden, und ohne den Frieden ist alles andere nichts.[5] Deshalb bedarf es einer Politik der aktiven Friedenssicherung. Deshalb müssen wir wollen und darauf hinwirken, dass der Wahnsinn des Wettrüstens endlich aufhört – auf dass „Schwerter zu Pflugscharen"[6] geschmiedet werden können.

Es gilt, sich gegen den Strom zu stellen, wenn dieser sich wieder einmal ein falsches Bett zu graben versuchen sollte. Denn es gibt keine moralische Position, die noch Gewaltanwendung zur Lösung von Konflikten zwischen den Blöcken, wie auch den Staaten, rechtfertigen könnte. Hieraus folgt, die Erhaltung des Friedens als eine primär politische Aufgabe zu sehen. Das friedliche Nebeneinander der Staaten und Systeme so zu organisieren, dass Krieg ausgeschlossen wird, bleibt die entscheidende Aufgabe gerade in Europa, das mit seiner Anhäufung nuklearer Waffen besonders gefährdet ist.

Ziel der Politik muss es sein, die Ost-West-Konfrontation so zu verändern, dass das Verhältnis zwischen den Bündnissen in eine europäische Friedensordnung übergeleitet werden kann. Sie muss, wie die Dinge dieser Welt liegen, durch Mitwirkung der Supermächte getragen werden. Beide Supermächte müssen Teil einer solchen Friedensordnung sein, deren Bestand sie garantieren. Zu diesem Ziel bleibt die Wiederaufnahme und Fortsetzung der Entspannungspolitik ohne Alternative. Sie ist das übergeordnete politische Instrument, um eine europäische Friedensordnung in Sicherheit zu erreichen.

Die völkerrechtswidrige sowjetische Intervention in Afghanistan[7] war für einige einflussreiche Kreise in den USA der willkommene Anlass, Furcht vor der Sowjetunion in beschleunigte Rüstung umzusetzen und den Kalten Krieg zu kultivieren. Andere Amerikaner halten dies für einen gefährlichen Irrweg. Gemeinsam mit ihnen müssen wir in Europa darauf bestehen, dass illusionslos daran gearbeitet wird, den Entspannungsprozess wieder aufzunehmen. Die Politik, die auf Entspannung zielt, ist nämlich nicht definitiv gescheitert. Jene, die ihr heute den Totenschein ausstellen wollen, sind zumeist von Anfang an gegen die Politik des Ausgleichs der allmählichen, sehr allmählichen friedlichen Veränderung der Nachkriegslage im geteilten Europa gewesen. Nun, da es zu Rückschlägen gekommen ist, führen die Gegner der europäischen Entspannung wieder ungeniert das laute, prahlerische, gefährliche Wort. Bei diesem Wort aber wollen sie in Wahrheit gar nicht genommen werden.

Oder wollen sie wirklich die Sowjetunion und ihr Bündnissystem kaputtrüsten oder es auf andere Weise in die Knie zwingen?[8] Die Vermutung spricht dagegen, dass sich die östliche Grossmacht nur mit einem Winseln aus der Geschichte abmelden würde.[9] Ausserdem kann es einen eher verwundern als überzeugen, dem „Weltkommunismus" magische Kräfte zuzuschreiben, wo er doch ein eher diffuses und ausgezehrtes Bild vermittelt. Die Alternative zum Abenteuer ist die Bereitschaft zum Ausgleich der Interessen. Sie stützt sich auf den Willen und die Fähigkeit zur Verteidigung.

Entspannung und Verteidigung bleiben die beiden Pfeiler, wie im Harmel-Bericht[10] der NATO 1967 festgestellt, um in Sicherheit zu einer europäischen Friedensordnung zu gelangen. Das westliche Verteidigungsbündnis würde an seinen inneren Widersprüchen zerbrechen, wenn es nicht bei der Konzeption bliebe, dass Verteidigung und Verhandlungen – das eine und das andere: militärische Sicherheit und Entspannung – zusammengehören. Der einzige Bündniszweck, nämlich die Verteidigung, ist an erster Stelle eine politische Aufgabe. Eine solche Haltung ist nicht wertneutral. Zu den westlichen Werten gehören: die feste Bindung an das System der repräsentativen Demokratie; Augenmass und Vernunft als öffentliche Grundeigenschaften; die Unbeirrbarkeit darin, den Menschen über jedes Dogma zu stellen; der Verzicht auf das Ausgrenzen von Andersdenkenden, von Minderheiten; der geistige Pluralismus und die tatsächliche Vielfalt; die Unfähigkeit zum Massenwahn.

Wachsamkeit bleibt geboten, doch das bedenkenlose Anhäufen von Waffenbergen schürt Misstrauen. Und wo das Misstrauen wächst, können Fehlkalkulationen leicht in zugespitzte Krisen und dann sogar in kriegerische Konflikte münden. Hinzu kommen die immensen Gefahren, die sich – zumal bei Raketen mit ganz kurzer Laufzeit[11] – aus immer wieder möglichen Fehlern einer computergesteuerten Abwehr ergeben. Die Welt ist auch unabhängig von diesem Risiko in Gefahr, sich zu Tode zu rüsten. Die zerstörerischen Wirkungen auf die Weltwirtschaft im allgemeinen und die armen Entwicklungsländer im besonderen lassen sich ernsthaft nicht von der Hand weisen. Zuerst an die beiden stärksten Mächte geht daher immer wieder die dringliche Aufforderung, neue Wege einzuschlagen und mehr Sicherheit zu schaffen durch Vereinbarungen über einen seriösen und gleichwertigen Rüstungsabbau.

Wichtige Schritte, die zu mehr Stabilität führen könnten, sind in dem Bericht der Unabhängigen Kommission enthalten, die von Olof

Palme geleitet wurde.¹² [...] Dabei denke ich gerade auch an die Teile, die darauf abzielen, die friedenssichernden Funktionen der Vereinten Nationen zu stärken. Ich will hinzufügen, dass meines Erachtens eine grundlegende Reform des UN-Systems fällig wäre.

Die grösste Sorge gilt naturgemäss der Gefahr einer nuklearen Konfrontation. Daher kommt den Verhandlungen, die in Genf geführt werden, besondere Bedeutung zu.¹³ Niemand kann sagen, ob sich hier nicht eine letzte Chance bietet, die bedrohlichen nuklearen Waffensysteme noch in Griff zu kriegen. Jedenfalls ist sicher: Wenn Genf nicht genutzt wird, wird es ein neues Rennen qualitativ neuer Waffensysteme geben, mit weiter wachsender Instabilität. Und: Wenn Genf nicht zum Erfolg wird, werden viele Menschen in vielen Ländern zweifeln, ob Rüstungskontrollverhandlungen überhaupt noch einen Sinn haben. Und wenn sie daran verzweifeln und beginnen, die Glaubwürdigkeit schöner Beteuerungen zu verlachen, dann wird die Welt nichts zu lachen haben.

Genf scheint eine letzte Chance zu sein, den Menschen den Glauben an den Sinn von Bemühungen zu erhalten, den Rüstungswahnsinn durch Verhandlungen zu stoppen. Dies gilt für die interkontinentalen Zerstörungsmaschinen ebenso wie für die sogenannten Mittelstreckenwaffen. Jeder kennt die heftigen Auseinandersetzungen, die es um dieses Thema gibt – in Norwegen, wie in der Bundesrepublik und in anderen Staaten. Viele in Europa erkennen die zusätzlichen Bedrohungen, die durch das Aufstellen hochmoderner Mittelstreckenraketen in der Sowjetunion entstanden sind. Die Meinungen darüber, wie hierauf zu reagieren sei, ‹stimmen›¹⁴ nicht immer überein. Doch müssen alle befürchten, dass Europa – in der weiteren Folge einer ungezügelten Rivalität der beiden Weltmächte – im schlimmsten Fall zu einem Schlachtfeld der nuklearen Auseinandersetzung werden könnte. Deshalb bleibt es so wichtig, die Verantwortlichen mit grossem Nachdruck zu drängen, dass solche Voraussetzungen geschaffen werden, die eine Stationierung neuer Mittelstreckenwaffen überflüssig machen. Alle Betroffenen und Beteiligten müssen sich gut überlegen, was im Sinne grösserer – insoweit gemeinsamer – Sicherheit an Kompromissen möglich und nötig ist.

Die Erfahrung der letzten Jahre hat gezeigt, dass Sicherheit auf Dauer nicht durch militärische Mittel allein, auch nicht durch immer weitere Anhäufung neuer Waffensysteme erreichbar ist. Durch die gleichzeitige Militarisierung der Politik sind die Spannungen gewachsen, ohne eine annehmbare Perspektive zu eröffnen. Im atomaren Zeitalter ist ausserdem jedes Streben nach Überlegenheit abzulehnen, zumal keine anwendbare Überlegenheit mehr zu erzielen ist und der Versuch, sie zu erreichen, nur die Fortsetzung eines destabilisierenden Rüstungswettlaufs bedeuten würde.

Deshalb ist Sicherheit im Zeitalter gegenseitig gesicherter Zerstörung nicht mehr allein vor dem potentiellen Gegner, sondern nur noch mit ihm erreichbar. Erst eine Partnerschaft zur Sicherheit eröffnet die Aussicht, den Wahnsinn der Rüstungsspirale zu durchbrechen und auf die Entwicklung neuer, destabilisierender Waffensysteme – wie Strahlenwaffen oder die Verlagerung des Rüstungsrennens in den Weltraum – zu verzichten. Gemeinsame Sicherheit[15] heisst allerdings auch, dass sie nur mit den bestehenden Bündnissen erreichbar ist.

Die beiden Supermächte hatten die Notwendigkeit erkannt, die zerstörerischsten Potentiale, die interkontinentalen Waffen in ein vereinbartes Gleichgewicht zu bringen und damit eine gewisse Stabilität zu erreichen[16]; insofern haben sie das Prinzip ihrer gemeinsamen Sicherheit durch bündnisüberwölbende Vereinbarungen akzeptiert. Für die Atomwaffen kürzerer oder kürzester Reichweite gibt es derartige Vereinbarungen nicht, für die Gefechtsfeldwaffen noch nicht einmal Verhandlungen. Dabei hat Europa das gleiche Interesse wie die beiden Supermächte, durch bündnisüberwölbende Absprachen zu gemeinsamer Sicherheit zu kommen.

Die gemeinsamen Anstrengungen zur Sicherheitspartnerschaft bedeuten keine Verwischung unterschiedlicher Machtinteressen der unterschiedlichen Blöcke oder unterschiedlicher Wertvorstellungen. Aber auch unsere ideologischen Überzeugungen und unsere Werte können sich nur im Frieden erfolgreich durchsetzen. Es gibt nichts mehr, was einen atomaren Krieg lohnt oder rechtfertigt. Siege gibt es nur noch durch Frieden. Gemeinsame Sicherheit kann im übrigen auch die Antwort auf die Lösung von Problemen in anderen, ausser-europäischen Regionen der Welt geben.

Trotz aller Enttäuschungen darf man auch noch einmal auf die prinzipielle Bedeutung dessen hinweisen, was mit der gesamteuropäischen Schlussakte von Helsinki (1975)[17] zusammenhängt – nicht zuletzt der geplanten Europäischen Konferenz über Abrüstung[18] – und was die in Wien geführten Verhandlungen über die Begrenzung von Truppen und Rüstungen in der Mitte Europas angeht.[19] In Wien hatten die Sowjets einen früheren westlichen Reduzierungsvorschlag aufgenommen. Was damit auf den Tisch kam, war sehr bescheiden. Aber es mag ein Beispiel dafür sein, dass man endlich anfangen sollte, statt einander immerzu nur gegenseitig die Schuld zuzuschieben.

Der KSZE-Prozess hatte in Osteuropa Hoffnung vermittelt, gelegentlich auch Schutz bedeutet. Wem an Menschen- und Bürgerrechten gelegen ist, der wird nicht ernsthaft meinen können, sie würden sich in einem Kalten Krieg fördern lassen. Ideologische Gegensätze zwischen Ost und West dürfen nicht vergessen lassen:

Spekulationen über die Führbarkeit von Atomkriegen[20] helfen dabei wahrlich nicht weiter, sie zeigen vielmehr – auf welcher Seite auch immer – teuflische Handschrift.

Wenn es an Berechenbarkeit fehlt, könnte die gutgeschmierte Kriegsmaschinerie leicht in Gang kommen, selbst wenn man es eigentlich nicht will. Jeder der vielen regionalen Krisenherde könnte dazu den zündenden Funken liefern. Es gibt im übrigen immer mehr Frauen und Männer – und gerade auch junge Menschen –, die verzweifelt die Frage stellen, wohin der Rüstungswahnsinn führen soll. Die sich weigern, alle die überkommenen Formen von Sicherheitspolitik noch zu verstehen. Wenn man darauf nicht zu hören bereit ist, kann man auch auf diese Weise zerstören, was verteidigt werden soll.

Gewiss, Friedenssehnsucht allein ergibt noch keine Friedenspolitik. Und so wenig man falsche Gräben ausheben darf, so sehr wird man darauf zu achten haben, sich an der Verwechslung von Utopie und Realitätsverlust nicht zu beteiligen. Ich teile vieles von dem, was an Zielsetzung mit den Friedensbewegungen verbunden ist.

Ich habe Respekt vor den Überlegungen ihres argumentierenden Teils, aber ich fürchte Illusionen, die aus Realitätsferne entstehen, wie die Konsequenzen politischer Ohnmacht. Und mehr noch fürchte ich die irrationalen Folgen einer unvermeidlichen Desillusionierung.

Angesichts der tatsächlich drohenden Gefahren in dieser Welt können mich die wohlfeil ausgestreuten Schlagworte von einer neutralistischen oder pazifistischen Gefahr allerdings wenig schrecken. Ich bin kein Neutralist, sondern bewusster Europäer. Ich habe unter dem Eindruck der nazistischen Gefahr kein Pazifist werden können, aber ich weiss: Nicht solide Friedenspolitik, sondern Realitätsverlust und das Streben nach Überlegenheit haben zum Krieg geführt.

Im übrigen: Ist etwa Robert McNamara anti-amerikanisch? Oder [George] Kennan, [William] Fulbright, George Ball? Oder die Mehrheit des Repräsentantenhauses? Oder die amerikanischen Bischöfe? Es gehört viel Ignoranz dazu, nicht zur Kenntnis zu nehmen, dass eine ernste Diskussion über die Rolle der nuklearen Verteidigung und über [die] Rückkehr zur Politik der Entspannung begonnen hat. Und mit der amerikanischen Friedensbewegung wird man es sich in Washington vermutlich nicht so leicht machen können wie mit der in einigen europäischen Ländern.[21]

Es wird neuer grosser Anstrengungen bedürfen in vielen Ländern und mit vielen Millionen Menschen, um zu werben und zu wirken für Frieden und Verständigung, für den Abbau von Spannungen und weltweite Rüstungsbegrenzung. Denn es bleibt wahr: Frieden ist nicht alles, aber ohne Frieden ist heute alles andere nichts.[22] Und es bleibt auch wahr, dass die Europäer in erster Linie gefordert sind.

Nr. 4
Erklärung des Vorsitzenden der SPD, Brandt, zur Aufhebung des Kriegsrechts in Polen
22. Juli 1983

Sozialdemokraten Service Presse Funk TV, Nr. 458/83 vom 22. Juli 1983.

Die Aufhebung des sogenannten Kriegsrechts in Polen[1] ist zu begrüßen. Allerdings wird diese Entscheidung nur dann als Zeichen der Hoffnung verstanden werden können, wenn sie tatsächlich zu mehr Freiheitsrechten für die betroffenen Bürger führt. Es wäre zu bedauern, wenn dies nur sehr begrenzt der Fall sein sollte.

Die Aufhebung des „Kriegsrechts" ist mit einer Amnestie verbunden. Die Genugtuung darüber, daß auch zahlreiche Anhänger der Gewerkschaftsbewegung „Solidarität" in die Freiheit entlassen werden, wird dadurch getrübt, daß mehrere bekannte Häftlinge von der Amnestieregelung ausgenommen bleiben.[2] Die Freunde Polens werden die weitere Entwicklung sehr aufmerksam begleiten.

Die Aufhebung des Kriegsrechts wird mit der Verabschiedung eines Sondergesetzes verbunden, das der Regierung zumindest bis Ende 1984 weitreichende außerordentliche Befugnisse gibt sowie die Einschränkung der Rechte von Arbeitern, Künstlern, Studenten und Journalisten und auch das Verbot der Mitgliedschaft in der Gewerkschaft „Solidarität" vorsieht. Die neu in die polnische Verfassung eingeführten Verfassungsbestimmungen des Inneren Notstands können – wie die Erfahrung in anderen Ländern lehrt – zu einer sehr unterschiedlichen Handhabung solcher Ausnahmeregelungen führen. Deshalb wird ein abschließendes Urteil über die mit dieser Verfassungsänderung verbundene politische Absicht erst aufgrund der Praxis der nächsten Monate und Jahre möglich sein.

Dies gilt übrigens für viele der Maßnahmen, die mit der Aufhebung des Kriegsrechts verbunden sind. Mit der Aufhebung des Kriegsrechts tritt gleichzeitig der Militärrat ab, die Funktionen der Militärgerichtsbarkeit werden wieder eingeschränkt und die Militärkommissare schrittweise wieder aus den Betrieben zurückgezogen. Trotzdem ist noch nicht völlig abzusehen, ob das Militär – wie nicht selten in der polnischen Geschichte – weiterhin politische Funktionen wahrnimmt und wie die Polnische Vereinigte Arbeiterpartei die jetzt verfassungsrechtlich verankerte „führende Rolle der Arbeiterklasse" praktisch und in Übereinstimmung mit den von den Nachbarstaaten geforderten marxistisch-leninistischen Grundsätzen wahrnehmen will.

Insgesamt gesehen bleibt die Aufhebung des Kriegsrechts ein positiver Schritt, der zur dringend gebotenen nationalen Versöhnung beitragen kann. In diesem Zusammenhang darf an die Danziger Vereinbarung erinnert werden, an die die polnische Führung sich selber als politische Leitlinie gebunden hatte.[3] Wenn die polnische Führung im Sinne der Danziger Vereinbarung gesellschaftliche Reformen, das Verlangen nach mehr Rechten für die polnischen Arbeiter und ihre Gewerkschaften und den ständigen Dialog mit der Kirche schrittweise wieder zum Inhalt ihrer eigenen Politik werden läßt, dann kann diese Chance der nationalen Versöhnung zur politischen Wirklichkeit werden und europäische Bedeutung erlangen.

Nr. 5
Aus dem Interview des Vorsitzenden der SPD, Brandt, für den Sender Freies Berlin
30. Juli 1983

Sozialdemokraten Service Presse Funk TV, Nr. 471/83 vom 30. Juli 1983.[1]

Frage: Das Ereignis der letzten Woche, ja der letzten Tage überhaupt, das ist zweifellos die Ostreise von Franz Josef Strauß gewesen.[2] Er vollzog, wenn man das genau betrachtet, die Wende nicht an anderen, sondern an sich selber.[3] Herr Brandt, wie bewerten Sie diesen

Wandel des Franz Josef Strauß? Ist das außenpolitische Überzeugung oder innenpolitisches Manöver?
Antwort: Wie soll ich das genau wissen können? Ich finde, dafür, daß er heute vertritt, was er viele Jahre lang heftig bekämpft hat, macht er ziemlich viel Getöse. Ich würde mir eigentlich eine Frontbegradigung bescheidener wünschen. Ich denke da zum Beispiel an das Herausposaunen dessen, daß eine Intervention fünf Leuten – was man ihnen nur wünschen kann – zur Freiheit verholfen hat. Wenn jeder von uns im Laufe der zurückliegenden Jahre jede humanitäre Aktion an die große Glocke gehängt hätte, hätten wir nicht das erreicht, was wir ohne viel Getöse erreicht haben.

Ich denke auch an neue Verträge mit der DDR. Alle Sachkundigen wissen, daß sowohl ein Kulturabkommen bis ins einzelne durchdiskutiert war, daß die Umweltprobleme eingehend besprochen waren und aus Gründen, die ich jetzt nicht erörtern will, leider noch nicht hinreichend von beiden Seiten in Gang gebracht worden sind.[4]

Trotzdem, ich kann mich nicht darüber beschweren. Wenn Herr Strauß der Meinung ist, er soll im wesentlichen nun auf das aufbauen, was die sozial-liberale Koalition in der Deutschlandpolitik mit sehr viel Mühen gemacht hat, dann ist das in Ordnung.
[...][5]
Frage: Strauß war in der DDR, er war in der Tschechoslowakei, auch in Polen, und da gab es die mißverständliche Äußerung, daß mit der Beendigung des Kriegsrechtes in Polen ein richtiger Schritt in die richtige Richtung getan wurde.[6] Wie sehen Sie eigentlich die Situation in Polen jetzt?
Antwort: Das ist ein bißchen früh; die neue, wenn man so will, Notstandsgesetzgebung ist erst gerade verabschiedet oder dabei, inkraftzutreten. Ich habe mich vorsichtiger geäußert zu dem Vorgang[7], als es Herr Strauß in Warschau getan hat. Trotzdem denke auch ich, daß die Ablösung des Kriegsrechts, wie es nach dortiger Ordnung hieß, immerhin die Chance enthält, daß sich der Druck lockert, daß man es denjenigen, die ihre Schwierigkeiten gehabt haben mit dem Regime, vielleicht etwas leichter macht. Aber Zurückhaltung wäre hier am

Platze. Es ist wohl bei Franz Josef Strauß so, daß er es im Grunde immer ein bißchen leicht hat, ob in Chile oder anderswo, sich erst einmal im Grunde darüber zu freuen, wenn irgendwo etwas wie Ordnung aussieht. Das ist natürlich nicht allein das Problem. Sondern das Problem ist gerade in Polen auch, wie nun doch hoffentlich Lockerungen zustande kommen. Und da muß man – ohne sich einzumischen – doch darauf drängen, daß es zu den Lockerungen kommt, die in Aussicht gestellt waren.

Frage: Was braucht Polen, was brauchen die Menschen, was braucht der Staat? Wirtschaftliche Hilfe in großem Maße, würden da beispielsweise die Sozialdemokraten sich an der Seite von Strauß finden, wenn es darum ginge?

Antwort: Ich finde es bemerkenswert, daß Polen trotz all seiner Schwierigkeiten seine Versorgungslage offensichtlich wesentlich hat verbessern können. Das ist ein ganz wichtiger Punkt. Ich bin – egal, ob es nun auch Herr Strauß vertritt oder nicht – dafür, daß wir möglichst viel wirtschaftliche Zusammenarbeit haben. Daß wir diesen anderen Weg aufgeben, der glaubt, durch Sanktionen, durch wirtschaftliche Strafmaßnahmen etwas bewirken zu können.[8] Das war und ist kein vernünftiger Weg. Ich bin in dem Rahmen, in dem das praktisch möglich ist, für mehr ökonomische Zusammenarbeit, aber auch dafür, daß Polen in dem Maße, in dem es möglich ist, wieder stärker einbezogen wird in politische Gespräche. Und daß Kontakte, die unterbrochen waren, seit die Militärregierung etabliert worden ist, nach Möglichkeit wieder aufgenommen werden, weil dies – ein Mehr an Kontakten – den Menschen helfen wird, während mehr Isolierung den Menschen zusätzlichen Schaden zufügt. [...][9]

Frage: Es gibt in diesen Tagen und Wochen noch eine andere Vokabel, die man fast nicht mehr hören möchte, aber täglich zu hören bekommt, weil sie auch eine gewisse Bedeutung hat. Das Wort vom Waldspaziergang der Genfer Unterhändler Nitze und Kwizinski, die da vor Jahresfrist schon ein erstes Modell für einen Kompromiß zwischen Sowjetunion und USA ausgearbeitet hatten.[10] Der Bundeskanzler spricht vom Waldspaziergang, der Außenminister[11], jetzt aber auch der Vorsitzende der FDP-Fraktion, Wolfgang Mischnick. Sehen Sie auf diesem Feld eine Chance?

Antwort: Ich wäre mit einem solchen Kompromiß, wenn das der richtige Ausdruck dafür ist, nicht zufrieden. Denn ich meinte und meine, daß die deutsche Politik oder besser noch das Interesse unseres Volkes dafür spricht, daß keine zusätzliche Stationierung von Nuklearraketen stattfindet und dafür die Sowjetunion das abbaut, was eine solche Null-Lösung auf unserer Seite möglich macht. Das ist etwas anderes als die Lösung, die sich dann ergäbe, wenn man, wie die von Ihnen genannten Herren, ins Auge faßte, zwar keine Pershing II neu aufzustellen, aber die andere Art von Raketen, die Marschflugkörper Cruise Missiles. Nun ist es gleichwohl so: Sollten sich die beiden Großen noch auf so etwas oder etwas ähnliches verständigen und sollten sie damit Vereinbarungen verbinden darüber, wie sie weiter über die Nuklearraketen miteinander verhandeln wollen, dann wird das sein Gewicht haben. Nur, ich bin der Meinung: Wo immer noch die Chance ist, müßten wir aus deutscher Sicht dafür arbeiten, daß auf sowjetischer Seite so viel zurückgenommen wird, daß auf westlicher Seite jetzt nicht neu stationiert werden müßte.

Frage: Es gibt viele Sozialdemokraten, die bereits Sympathie für den Waldspaziergangsgedanken ausgedrückt haben.[12] Wäre also letztendlich ein „Waldspaziergangs-Kompromiß" immer noch besser als die Stationierung?

Antwort: Die Sozialdemokraten haben aus gutem Grund ihren außerordentlichen Parteitag für den 1./2. November festgelegt[13], damit wir dann sehen können, was sich in Genf entwickelt oder schon entwickelt hat. Ich sage hier noch einmal: eine Vereinbarung zwischen den beiden Großen ist besser als keine Vereinbarung. Aber eine Regelung, die bei uns keine zusätzliche Stationierung von Atomraketen bedeutet, ist besser als eine, die sozusagen eine halbe Stationierung bedeutet.

[...][14]

Nr. 6
Offener Brief des Vorsitzenden der SPD, Brandt, auf Fragen amerikanischer Freunde
7. August 1983

The Washington Post vom 7. August 1983 (Übersetzung aus dem Englischen: Wolfgang Schmidt).

Willy Brandts Appell: Es ist nicht zu spät für ein Abrüstungsabkommen
Amerikanische Freunde haben mich gefragt, ob die wachsende Skepsis gegenüber der Stationierung neuer Raketen auch ein Zeichen für eine zunehmende Kluft zwischen Deutschland und Amerika ist. Ich meine, die Antwort lautet nein.

In einer Umfrage unterstützten kürzlich 90 % unserer Bevölkerung die NATO und unser Bündnis mit den Vereinigten Staaten. Gleichzeitig lehnten 65 % die neuen Raketen ab.[1] Beide Positionen schließen sich also nicht gegenseitig aus.

Es wäre falsch und ein politischer Fehler, wenn Leute in den Vereinigten Staaten die europäische Anti-Raketen-Haltung für Antiamerikanismus hielten oder wenn beides miteinander verwechselt würde.

Ich bitte die Amerikaner aufrichtig darum, sich des Unterschieds zwischen der Bedrohung für sie und für uns bewusst zu sein. Die Vereinigten Staaten sind konfrontiert mit der potenziellen Gefahr, durch interkontinentale Raketen mit nuklearen Sprengköpfen zerstört zu werden, aber unser kleines Europa muss mit den zusätzlichen Gefahren eines sogenannten konventionellen Krieges, eines „taktischen" Atomkriegs und der Zerstörung durch Mittelstreckenraketen rechnen.

Ich vermute, dass ein Atomkrieg nicht kontrolliert und begrenzt werden könnte. Aber wer könnte ausschließen, falls ein Atomkrieg ausbricht, dass versucht würde, ihn zu beschränken? Das wäre verständlich. Jedoch würden wir in Europa das Ergebnis nicht mehr erleben, denn die Entscheidung fiele erst, nachdem wir vernichtet worden sind.

Deswegen glauben wir in Europa, dass diese bedrohlichen Potenziale – die Langstreckenraketen, welche die Amerikaner bedrohen, und die Mittelstreckenraketen, die uns bedrohen – als eine einzige Gefahr betrachtet werden müssen. Beide müssen begrenzt und auf ein ungefähres Gleichgewicht reduziert werden. Das bedeutet, die START-Verhandlungen über Interkontinentalraketen mit den Verhandlungen über Mittelstreckenraketen zu verbinden.[2] Dieser Vorschlag war in der FREEZE-Resolution enthalten, die durch eine Mehrheit des amerikanischen Repräsentantenhauses verabschiedet wurde.[3]

Ich sehe nicht, wie die Verhandlungen leichter oder weniger kompliziert werden könnten, wenn die Stationierung erst einmal begonnen hat. All unsere Erfahrung deutet darauf hin, dass das Gegenteil wahr ist. Es ist leichter, die Stationierung von Raketen zu verhindern, als sie wieder wegzubringen, wenn sie erst einmal aufgestellt sind. Das ist auch der richtige und wichtige Schlüssel für die Bemühungen, das nukleare Wettrüsten zu stoppen.

Die meisten von uns in der Bundesrepublik erkennen den Beitrag an, den die Vereinigten Staaten für unsere Sicherheit geleistet haben. Wir erinnern uns der gemeinsamen Erfahrungen in Berlin – wie die Freiheit der bedrängten Stadt verteidigt wurde und wie die Lehre gezogen werden musste, dass bloßes Sich-Berufen auf Rechtspositionen das Los unserer Menschen im geteilten Deutschland nicht verbessern würde.[4]

Meine Sozialdemokratische Partei hat das Bündnis mit dem Westen unterstützt und mitgeholfen, seine Politik zu gestalten. Unter sozialdemokratischen Bundeskanzlern und Verteidigungsministern hat die Bundeswehr von 1969 bis 1982 ihren Beitrag zur westlichen Sicherheit erhöht.

Die westlichen Demokratien werden Partner der Sicherheit bleiben, und wir werden Partner im Atlantischen Bündnis bleiben. Für die absehbare Zeit kann ich nicht erkennen, dass sich daran etwas ändern wird, auch wenn ich mir als Europäer größere europäische

Verantwortung für Entscheidungen wünschen muss, die unser eigenes Schicksal betreffen.

Diese Bereitschaft zu europäischer Mitverantwortung sollte allerdings nicht verwechselt werden mit einem Verlangen nach europäischem „Neutralismus", dessen Phantom neuerdings wieder wie ein deutsches Gespenst durch die Welt geistert.

Gleichwohl haben wir gesehen, dass die Sorge in unserem Land nicht nur gegenüber dem Wettrüsten im Allgemeinen und der sowjetischen Dickköpfigkeit im Besonderen gewachsen ist, sondern auch gegenüber manchen Aspekten amerikanischer Politik. Das Gerede über die Möglichkeit, in Europa einen begrenzten Atomkrieg führen und gewinnen zu können, hat nicht in Deutschland begonnen und die dazu veröffentlichten Pläne wurden nicht hier entwickelt.[5]

Es ist keine Übertreibung zu sagen, dass die deutsche Friedensbewegung stark geworden ist, nachdem das offizielle Washington angefangen hat, Ansichten zu äußern, wie es das noch heute tut.

Ein Krieg in Europa würde nicht nur das Ende der Bundesrepublik Deutschland bedeuten, sondern würde auch dem anderen deutschen Staat, der Deutschen Demokratischen Republik, den Garaus machen. Und dasselbe Schicksal würden auch unsere Nachbarn in Ost und West teilen. Obwohl unsere östlichen Nachbarn dem anderen Bündnis angehören und obwohl sie ein Regierungs- und Gesellschaftssystem haben, das wir ablehnen, können wir nur mit ihnen gemeinsam überleben. Darum können wir uns den Luxus des Unilateralismus nicht leisten.

Das ist der Hintergrund unseres brennenden Interesses an den Genfer Verhandlungen. Wir müssen mit der Stationierung neuer sowjetischer Raketen in der Deutschen Demokratischen Republik und anderen osteuropäischen Ländern rechnen[6] als Reaktion auf die Durchführung der NATO-Beschlüsse von 1979[7], die die Aufstellung amerikanischer Raketen forderten, wenn es zu keiner ausgehandelten Einigung mit den Sowjets kommt.

Diese sowjetischen Raketen werden bestimmt nicht in der Lage sein, Nordamerika zu erreichen. Aber für uns werden sie eine zusätzliche potenzielle Bedrohung darstellen. Vielleicht werden dann neue westliche Vergeltungsmaßnahmen erwogen. Doch die Aussicht auf immer weitere Drehungen der Spirale dieses Wettrüsten genannten Wahnsinns wird immer weniger erträglich. Sie erhöht nicht die Sicherheit. Im Gegenteil schafft sie mehr und mehr Unsicherheit. Niemand sollte überrascht sein, dass eine wachsende Zahl von Menschen protestiert und nach ganz unterschiedlichen, fundamental anderen Auswegen sucht, wenn sich der politische Prozess als unfähig erweist, das Problem zu lösen.

Hinsichtlich der Verhandlungen in Genf kann man die Tatsache nicht übersehen, dass Frankreich und Großbritannien auch strategische Nuklearwaffen besitzen.[8] Während die britischen Waffen in die NATO integriert sind, stehen die französischen unter nationaler Kontrolle. Beide könnten die andere Seite treffen – zumindest die mitteleuropäischen Gebiete. Ich glaube, es ist verständlich, dass die Sowjetunion wünscht, sowohl über diese Waffen als auch über die der Vereinigten Staaten zu verhandeln.[9] Im Ernstfall ist es sicher nicht wahrscheinlich, dass diese britischen und französischen Waffen gegen den Westen eingesetzt werden.

Es scheint mir noch immer vernünftig zu sein – jetzt mehr denn je –, dass die Vereinigten Staaten und die Sowjetunion sich auf ein Gleichgewicht des Arsenals an Mittelstreckenraketen verständigen: am besten auf Null für beide Seiten, aber auf jeden Fall auf einem ausreichend niedrigen Niveau, das eine neue Kettenreaktion bei der Zahl der SS-20 ausschließt.

Die Sowjetunion hat ihre Bereitschaft erklärt, diesen Schritt zu unternehmen[10], und man muss Moskau beim Wort nehmen. Flexibilität ist zweifellos auf beiden Seiten notwendig. Es wird keine Einigung geben, solange die Verhandlungspartner sie nicht wirklich wollen. Ich hoffe immer noch, dass die Beteiligten intensiv auf eine Einigung hinarbeiten. Wenn diese auf der Expertenebene nicht erzielt werden kann, könnte es lohnenswert sein, die verantwortlichen Minister damit zu befassen, bevor die Stationierung beginnt. Offensichtlich sind die Regierungschefs nicht bereit, das zu probieren. Lasst uns beten, dass sie nicht warten, bis es zu spät ist.

Ich möchte auch, dass meine amerikanischen Freunde erkennen, dass der NATO-Doppelbeschluss von 1979 (die Forderung nach Verhandlungen zusammen mit Vorbereitungen für die Stationierung) unter politischen Umständen getroffen wurde, die sich von den heutigen unterscheiden. Zur damaligen Zeit wollten wir deutsche Sozialdemokraten die Ratifizierung von SALT II[11] erleichtern. Danach sollte das Problem der strategischen Raketen in Europa im Rahmen von SALT III diskutiert werden.[12]

Die in Brüssel getroffene Entscheidung der NATO sollte auch die Entspannung und Rüstungskontrolle fördern. Seit 1980 ist jedoch, nicht zuletzt in den Vereinigten Staaten, eine imponierende Zahl von Rüstungsprogrammen beschlossen worden. Es hat sich also viel verändert in diesen Jahren.

Außerdem: Weder war noch ist der NATO-Doppelbeschluss heilig. Er sollte ein Mittel zum Zweck sein, nämlich: Abbau der SS-20 auf ein Niveau, das mit der westlichen Sicherheit vereinbar ist.

Ich denke, wir, Deutsche und Amerikaner, stimmen überein, dass wir uns nicht durch bürokratischen Druck beherrschen lassen und Prestige nicht wichtiger nehmen als Ergebnisse. Wenn die wahren Ziele von Rüstungskontrolle und Abrüstung jetzt mit anderen Mitteln erreicht werden können, als mit den vor zwei bis vier Jahren vorgesehenen, sollten wir uns darum bemühen. Die Gemeinschaft der westlichen Staaten würde schweren Schaden nehmen, wenn Regierungen auf einem formalen Fahrplan beharrten und dabei die breite Unterstützung der Menschen für ihre Sicherheitspolitik verlören.

Auch aus diesem Grund sind ernsthafte und ehrliche Bemühungen in den kommenden Monaten notwendig. Wie Präsident Eisenhower in seiner Abschiedsrede 1961 sagte: „Auch wenn der Konferenztisch durch viele Enttäuschungen in der Vergangenheit Schrammen erlitten hat, kann er nicht verlassen werden für den sicheren Tod auf dem Schlachtfeld. Abrüstung mit wechselseitiger Achtung und Vertrauen ist eine dauerhafte gebieterische Notwendigkeit. Gemeinsam müssen wir lernen, Streitigkeiten beizulegen – nicht mit Waffen, sondern mit Verstand und in ehrenvoller Absicht."[13]

Nr. 7
Aus der Rede des Vorsitzenden der SPD, Brandt, vor der sozialdemokratischen Bundestagsfraktion
6. September 1983

Sozialdemokraten Service Presse Funk TV, Nr. 530/83 vom 7. September 1983.[1]

[...][2]

Flugzeugabschuß über der Sowjetunion

Es ist nicht zu verkennen, daß sich die internationale Lage leider wieder verschärft hat. Dazu ist der Abschuß der südkoreanischen Verkehrsmaschine gekommen[3], zu der sich gestern die Fraktion geäußert hat, ein Abschuß, für den es keine akzeptable Entschuldigung gibt. Deshalb sage ich auch von mir aus noch einmal[4]: Man muß von der Sowjetunion jede mögliche Aufklärung erwarten. Die sowjetische Regierung darf nicht glauben, daß sie sich um die Aufklärung, das Bedauern und – soweit als möglich – die Wiedergutmachung herumdrücken kann durch ein Veto im Sicherheitsrat der Vereinten Nationen. Dieses nimmt die Weltöffentlichkeit nicht ab.[5]

Jochen Vogel gestern und Johannes Rau einige Tage vorher[6] haben schon in einer Weise, die ich für sehr hilfreich halte, über den aktuellen Gegenstand hinaus darauf hingewiesen, wie sehr wir es mit einer Lage zu tun haben, in der eine Katastrophe entstehen kann auch als Ergebnis personaler oder lokaler Fehlentscheidungen, jetzt mal ganz zu schweigen von dem Risiko Datenmaschinen und anderen.

Diskussion mit der Bundeswehr

Johannes Rau habe ich eben erwähnt, weil er sich hierzu geäußert hat am 1. September – ich war noch nicht wieder im Lande[7] –, als im Parteihaus eine sehr wichtige Diskussion mit dem Generalinspekteur der Bundeswehr stattgefunden hat.[8] Ich begrüße es ausdrücklich, daß sich der Generalinspekteur der Bundeswehr, General Altenburg, bereit gefunden hatte, am Abend des Anti-Kriegs-Tages des DGB an einer Diskussionsveranstaltung im Ollenhauer-Haus teilzunehmen, bei der auch einer der Vorsitzenden der DGB-Gewerkschaften, Günter Volkmar, und ein Vertreter der Aktion Sühnezeichen mitgewirkt haben. Das ist in der Presse ein bißchen kurz gekommen, habe ich den Eindruck, und deshalb werden wir der Partei über diese Veranstaltung noch ausführlich berichten[9], auch um zu zeigen, daß sich unsere Sorge wegen immer mehr Raketen weder gegen die Bundeswehr richtet noch gegen deren vernünftigen und verläßlichen Beitrag zum westlichen Verteidigungsbündnis.

Nicht weniger wichtig, als Mißverständnisse beiseite zu räumen, die sich auf das Verhältnis zur Bundeswehr beziehen können – und es gibt solche –, nicht weniger wichtig ist es, dem törichten Anti-Amerikanismus energisch zu widersprechen. Und zum Beispiel andere, die es nötiger haben als wir selbst, nachdrücklich darauf hinzuweisen, daß alles, was bei uns und in West-Europa umstritten ist, auch in den Vereinigten Staaten Gegenstand lebhafter Diskussionen ist. [...][10]

Reagans Reaktion auf den Flugzeugabschuß

Zweiter Punkt: Ich finde, es ist politisch richtig, wenn der amerikanische Präsident ‹trotz des Schrecklichen, was da›[11] passiert ist mit der koreanischen Maschine, die eingegangenen Verpflichtungen der Vereinigten Staaten nicht ändert. Das heißt, daß die Genfer Verhandlungen fortgesetzt werden.[12] (Jetzt hätte ich fast gesagt: und daß die Weizenlieferungen[13] auch fortgesetzt werden, aber das ist nicht unsere Sache!)

Wer den Text der Reagan-Rede gelesen hat, heute früh, dem wird auffallen, wie behutsam sich der amerikanische Präsident zum Thema der Sanktionen geäußert hat.[14] Die Bundesregierung tut dies auch[15], und ich sehe keinen Grund, die deutsche Regierung deshalb zu tadeln.

Wohl aber halte ich es für richtig, vor der Fraktion darauf hinzuweisen, daß die Erklärung von Herrn Mertes[16], daß die Bundesregierung an der Seite der USA stehe bei Sanktionen, noch bevor die Amerikaner überhaupt gesagt hatten, was sie ‹wollten›[17], ein unverantwortlicher Dilettantismus ist, wie er einem Staatsminister im Auswärtigen Amt nicht unterlaufen sollte.

Genfer Verhandlungen – Andropow-Angebot: Nur noch 50 bis 60 SS 20-Systeme?

Dritter Punkt: ‹Wenn ich es richtig sehe, hat sich aus den gestrigen Gesprächen mit Nitze[18] im Hinblick auf die Aussichten von Genf kaum Neues ergeben.›[19] Die Andropow-Vorschläge[20] werden von der sowjetischen Delegation in Genf in den Verhandlungen selbst zu konkretisieren sein. Wir lassen uns dabei nicht zu Leuten machen, die alles für bare Münze nehmen, was in Moskau auf den Markt gebracht wird. ‹[Wir] müssen die Entwicklung des Standpunktes verfolgen, aber uns nicht mit diesen Vorschlägen einfach identifizieren.›[21] Aber es ist schon bemerkenswert, was sich entwickelt hat nach den Erklärungen, die Jochen Vogel gegenüber Anfang des Jahres in der sowjetischen Hauptstadt gemacht worden sind[22] und die man damals beiseite geschoben hat.

Damals ist die Bereitschaft erklärt worden, einige SS 20 zu zerstören und nicht nur über Systeme, sondern auch über Zahlen von Sprengköpfen zu verhandeln.[23] Jetzt gibt es verbal die Bereitschaft, alle zu zerstören, die über das Niveau der britischen und französischen hinausgehen.[24]

Wenn das ernsthaft gemeint ist, was sich ja noch herausstellen muß, dann würde es die Reduktion auf 50 bis 60 SS 20-Systeme bedeuten. Das würde heißen: Weniger, als bei dem berühmten Waldspaziergang[25] im letzten Jahr ins Auge gefaßt wurden, und sehr viel weniger, als die Sowjetunion hatte, 1979, als der Doppelbeschluß[26] gefaßt wurde.

Es kann, liebe Freunde, zur Versachlichung der Debatte bei uns beitragen, zu erkennen, daß die Bereitschaft zu radikalen Reduktionen der Absicht und den Erwartungen entspricht, die die SPD in ihrer Mehrheit mit ihrer Zustimmung zum NATO-Doppelbeschluß verbunden hatte. Wenn sich das in den Verhandlungen bestätigt, dann könnte das ein Ergebnis sein, das über das hinausgeht, was sich mancher als erreichbar vorgestellt hatte. Man sollte es dann auch zu würdigen wissen. Aber das wird die nächste Entwicklung zeigen.

Wir müssen gewiß auch von den Amerikanern Flexibilität erwarten. Ein Ergebnis der beschriebenen Art könnte ergänzt werden, könnte komplettiert werden durch die Vereinbarung, alle übrig gebliebenen, für Europa relevanten Systeme, also die restlichen SS 20 und die Flugzeuge, zusammen mit den Verhandlungen über interkontinentale Waffen zu behandeln, was der wichtige erste Punkt des gestern verabschiedeten Papiers war.[27]

Im übrigen sage ich: Wenn es denn der Sache dient, dann muss es auch <u>möglich</u> sein, <u>einige Monate länger zu verhandeln</u>.[28] Man hat sich ja auch bis zum Beginn der Verhandlungen viel Zeit gelassen. Ich finde es nach wie vor unverständlich, daß sich der deutsche Außenminister als erster aufmachte, dem griechischen EG-Partner öffentlich Zensuren zu erteilen, statt wenigstens die Beratungen im Rahmen der europäischen politischen Zusammenarbeit abzuwarten.[29]

<u>Ergebnis [vor] der Stationierung nötig</u>

Viertens: Ich teile die Auffassung, daß alle Beteiligten größte Anstrengungen unternehmen sollten, um in Genf noch einen Erfolg zu erreichen. Meine feste Überzeugung ist es, daß ein Verhandlungsergebnis leichter <u>vor</u> als nach der Stationierung zu erzielen ist. <u>Nach</u> der Stationierung bei uns werden neue Raketen auf dem Boden unserer unmittelbaren östlichen Nachbarn stationiert werden[30], die unsere Bedrohung noch verschärfen und die Gefahren für alle Beteiligten objektiv erhöhen würden. Dem Wahnsinn immer weiterer Rüstung und immer größerer Gefährdung muß Einhalt geboten werden.

Daraus ergibt sich die Forderung, daß das Abkommen in Genf auch die Vereinbarung enthalten müßte, <u>keine Raketen kürzerer Reichweite</u> weiterhin in Ost und West zu stationieren.[31]

Nun ist offensichtlich, daß die DDR das gleiche oder ein ähnliches Interesse hat wie wir, auf diesem speziellen Gebiet, wenn möglich, die Stationierung weiterer neuer Raketen zu verhindern. ‹Übrigens dort mit Einschluss der eben erwähnten kurzen.›[32] Dieses Interesse gilt sicher nicht nur für die beiden Staaten auf deutschem Boden, sondern objektiv für alle Staaten in Europa, in Ost und West, die durch neue Stationierungen in einen neuen Grad der Gefährdung kommen könnten. Hier hat jeder, wenn ich es richtig sehe, in der Loyalität seines Bündnisses die Verantwortung, das ihm richtig Erscheinende zu tun. Die Gespräche, die erst Jochen Vogel, gestern Helmut Schmidt, dazwischen Egon Bahr und andere Fraktionskollegen mit der anderen Feldpostnummer in Deutschland geführt haben, haben hier sicher ihr Gewicht und ihre Bedeutung.[33] ‹Ich sage unter uns: Man sollte nun allerdings auch für eine Weile des Guten oder Vernünftigen auch nicht zu viel tun, denn der Schlüssel für die weitere Entwicklung liegt natürlich nicht in Ost-Berlin.›[34]

Sicherheit im Bündnis, nicht außerhalb

Fünftens schließlich: Ich habe eben auf die beiden Seiten bezogen gesagt: „im Rahmen ihrer Bündnisse". Wir vertreten seit geraumer Zeit als Partei die Auffassung der gemeinsamen Sicherheit oder der Partnerschaft zur Sicherheit.[35] Das heißt: Man ist sicher nicht mehr vor, sondern nur noch mit dem potentiellen Gegner. Aber, liebe Freunde, wir werden diese Sicherheit auch nur im Bündnis und nicht außerhalb erreichen.

Der Parteivorstand hat im Frühsommer hierzu eine eindeutige Entschließung gefaßt, der im übrigen auch der saarländische Landesvorsitzende Oskar Lafontaine zugestimmt hatte.[36]

Ich halte die Überlegungen, ob die Bundesrepublik in einer weiteren Zukunft dem Beispiel Frankreichs[37] (oder Spaniens[38]?) folgen, also Mitglied der NATO bleiben, aber ihre integrierte militärische Organisation verlassen sollte, ich halte diese Überlegungen für falsch, sowohl was den Zeitpunkt angeht, wie auch, was die Sache angeht. Frankreich als eine selbständige Atommacht, ob uns das Spaß macht oder nicht, kann insofern kein Vorbild und kein Anlehnungsfall sein für die deutsche Politik der vor uns liegenden Jahre.

Da haben übrigens heute früh einige von uns ein interessantes Gespräch mit Genossen der Französischen Sozialistischen Partei geführt[39], das am Nachmittag Hans-Jürgen Wischnewski, Horst Ehmke und Egon Bahr wohl etwas gründlicher noch fortführen werden. Jacques Huntzinger, der dortige internationale Sekretär, der Rektor der Sorbonne, Soppelsa[40], als Vorsitzender des dortigen sicherheitspolitischen Ausschusses des Parteivorstandes, suchen diesen Dialog mit der SPD, der sehr wichtig ist, weil die objektiven Voraussetzungen unterschiedlich sind. Gerade deswegen ist es wichtig, daß wir mehr voneinander wissen und das Umstrittene[41], wo es geht, reduzieren. Wobei wir als solche, die im Bündnis stehen, freilich auch im Bündnis unsere Interessen vertreten, wie andere dies tun.

Ich denke, in den vor uns liegenden Monaten können noch erhebliche Auseinandersetzungen auf uns zukommen. Die Partei braucht dafür ein Höchstmaß an Geschlossenheit, wenn sie ein Höchstmaß an Kraft und Wirksamkeit einsetzen soll. Es wäre unverantwortlich, wenn wir unsere Kräfte zersplittern würden. Im Falle von Fehlentwicklungen könnten wir auch dadurch mitschuldig werden, wenn wir es versäumten oder verfehlten, unser politisches Gewicht, das ich nicht überschätze, aber das es eben auch gibt, unser politisches Gewicht voll einsetzen zu können.

Demonstrationen im Herbst

Schließlich: Was den von den Sprechern der Bundesregierung so gern beschworenen „heißen Herbst" angeht, haben die ersten Demonstrationen gezeigt, daß die große Mehrheit derjenigen – da mag Geißler[42] jetzt vorerzählen, was er will –, die sich auf ihre Weise gegen den Rüstungswahnsinn engagieren, absolut friedlich und gewaltfrei vorgehen wollen. Ich denke, daß das, was in Mutlangen stattgefunden hat, und zwar auf Seiten der Demonstranten wie der Polizei, sage ich ausdrücklich, daß dies ein akzeptables Modell für weitere friedenspolitische Diskussionen und Aktionen des Herbstes sein könnte.[43]

Wie die große Mehrheit unseres Volkes zum Gegenstand denkt, dürfte der Fraktion bekannt sein.[44]

Hungerstreik in Bonn

Über die Ernsthaftigkeit des Engagements von vielen Millionen in aller Welt gegen eine Fortsetzung des Rüstungswettlaufs wird, außer Leuten wie Geißler, niemand ernsthaft mehr streiten wollen. Ein besonderes, uns alle eher bedrückendes Beispiel, erleben wir hier in Bonn, wie zeitgleich in diesen Tagen in anderen Hauptstädten, wo einige Mitmenschen sich vorgenommen haben, gegen den Rüstungswahnsinn unter Einsatz des eigenen Lebens mit einem Hungerstreik zu demonstrieren.[45] Ich möchte dies nicht öffentlich leichthin bewerten, sondern möchte nur sagen: Aller Einsatz für einen endlichen Stopp der Rüstungsspirale erhält seinen Sinn nur daraus, daß er die Zerstörungsmaschinen aufhalten will, um Leben zu erhalten. Und deshalb wage ich, eine Bitte an die auf ihre Weise Demonstrierenden zu richten: Sie möchten verstehen, daß die Botschaft, die sie vermitteln wollen, begriffen worden ist.

Solidarität mit Polen

Ich muß mich jetzt mit ein paar Stichworten begnügen: Das polnische Geschehen dieses Sommers[46] hat erneut die Frage aufgeworfen, durch welche Formen der Zusammenarbeit wir unserer Solidarität Ausdruck geben können. Ich messe dem große Bedeutung bei, was die Bundestagsfraktion in aller Stille eingeleitet hat und was auch in einem Besuch hier bei uns auf parlamentarischer Ebene zum Ausdruck kommen wird.[47]

Israel: Verständnis für Kohl

Ich halte die Mission in Nahost für ganz wichtig, die Hans-Jürgen Wischnewski und Norbert Gansel hinter sich haben.[48] Hans-Jürgen wird ja selbst berichten. Ich brauche jetzt darüber nicht zu sprechen.

Ich will nur, da in Israel ein Regierungswechsel bevorsteht[49], sagen: Auch hier gibt es wieder einmal einen Punkt, wo ich ausdrücklich den Bundeskanzler nicht tadle, sondern ihn verstehe, daß er unter den gegebenen Umständen seine Reise nach Israel verschoben hat.[50] Wir haben genug, worüber wir streiten können. Wir sollen ruhig auch die Punkte festhalten, wo wir es nicht für erforderlich halten, kritische Anmerkungen vorzubringen.

[...][51]

Nr. 8
Schreiben des Vorsitzenden der SPD, Brandt, an den Generalsekretär des ZK der KPdSU, Andropow
22. September 1983[1]

AdsD, WBA, A 9, 9.

Sehr geehrter Herr Generalsekretär,
zunächst möchte ich Ihnen für Ihren Brief danken.[2] Ich weiß die Art zu schätzen, in der Sie ihn geschrieben haben.

Lassen Sie mich in der Offenheit antworten, die die Lage verlangt, in der wir teils gemeinsame Interessen haben, was die Verhinderung einer Verschlechterung der internationalen Lage angeht, teils parallele, wie sie sich aus unseren unterschiedlichen Positionen ergeben.

Ich erkenne Ihre Bemühungen in diese Richtung und kann mir vorstellen, daß Flexibilität gerade einer Weltmacht nicht immer leicht fällt; ich verstehe, daß sie ihre Grenzen an den Sicherheitsinteressen ihres Landes findet. Was ich Ihnen nahebringen möchte, will diese Grenzen durchaus berücksichtigen.

Ich denke an eine Lage, wie sie sich aus den heute erkennbaren Faktoren für die zweite Hälfte des November [1983] ergeben könnte: Kein Ergebnis in Genf, noch keine amerikanischen Raketen auf dem

Boden westeuropäischer Staaten, aber rund 250 Systeme SS 20, fähig, Westeuropa zu erreichen.[3] Das wäre für mein Land eine Situation, für deren Dauer die SPD gewiß nicht eintreten könnte, denn wir verfolgen, wie Sie wissen, das Ziel, die SS 20 so weit reduziert zu sehen, daß die Stationierung amerikanischer Raketen überflüssig wird. Zu dieser Position gehört auch, daß man die vorhandenen britischen und französischen Systeme in geeigneter Weise berücksichtigen muß.[4]

Sie selbst haben die Bereitschaft erklärt, Ihre SS 20-Systeme beträchtlich bis auf eine Ebene zu reduzieren, die ausreicht, ein Gleichgewicht zu den Systemen der britischen und französischen Nuklearwaffen herzustellen.[5] Meine Anregung ist: Beginnen Sie damit! Beginnen Sie damit in einer Weise, die der Öffentlichkeit in Westeuropa und in Amerika klarmacht, noch während keine neuen Raketen hier stationiert sind, bis zu welcher Konsequenz es der Sowjetunion ernst ist, eine neue Runde der Aufrüstung zu verhindern und ein Ergebnis in Genf zu erreichen. Nichts könnte dem Bemühen um die Verhinderung neuer amerikanischer Raketen bessere Aussicht auf Erfolg geben als ein solcher dramatischer eigener und einseitiger Schritt der Sowjetunion, der einseitig auch eingestellt werden kann, wenn amerikanische Raketen dennoch stationiert werden. Es würde manche aus der Situation befreien, übrigens auch die Friedensbewegungen hier und in Amerika, die den Eindruck erwecken könnte [sic], als ob sie für die Erhaltung des gegenwärtigen Potentials eintreten, während sie sich gegen die Stationierung neuer amerikanischer Raketen aussprechen.

So sehr ich die Vorschläge der Sowjetunion würdige und den Willen zu konstruktiven Verhandlungen darin spüre: Ich habe den Eindruck, daß in diesen entscheidenden vor uns liegenden Wochen nicht mehr Vorschläge helfen, die unter Vorwänden verzögert werden oder mit dem Hinweis beantwortet werden können, daß die Verhandlung über sie lange Zeit erfordert, sondern daß nur noch konkrete Handlungen, nachprüfbar, im positiven Sinne alarmierend, zu dem Ergebnis führen können, das wir miteinander wünschen.

Dies ist ein Beitrag, den die Sowjetunion leisten kann, niemand sonst. Ich weiß, wie schwer es fällt, aber er würde die Sicherheitsinteressen Ihres Landes voll wahren.

Was die sozialdemokratischen Parteien angeht, so möchte ich Ihre Aufmerksamkeit auf die Begegnungen lenken, die diese Parteien aus den kleinen NATO-Staaten seit mehr als zwei Jahren zu dem Thema der Genfer Verhandlungen haben, und an denen Vertreter der SPD und der Labour-Party regelmäßig, der französischen Sozialisten seltener, als Beobachter teilnehmen.[6] Obwohl die einzelnen Parteien zum Thema der Raketenstationierung unterschiedliche Standpunkte einnehmen, habe ich Grund zu der Annahme, daß sie im nächsten Monat mit einer geschlossenen Empfehlung an die Öffentlichkeit treten werden, nämlich den Verhandlungen in Genf mehr Zeit zu geben.

Ich begrüße Ihre Bereitschaft und erwidere sie, Konsultationen zu diesen Fragen auf den Ebenen zu intensivieren, die jeweils fruchtbringend sind.[7]

Wir nehmen unsere begrenzten Möglichkeiten, auf die amerikanische Regierung einzuwirken, voll wahr. Daß sich eine Lage entwickelt hat, in der wir der Verantwortung und dem Verhalten der Sowjetunion ein größeres Gewicht beimessen, ist gewiß etwas, was es ohne die Beziehungen, die sich auf der Grundlage des Moskauer Vertrages[8] entwickelt haben, nicht geben würde.

Ich erwidere den Ausdruck aufrichtiger Hochachtung.

⟨gez. Willy Brandt⟩[9]

Nr. 9
Aus der Stellungnahme des Vorsitzenden der SPD, Brandt, bei einer Anhörung vor Abgeordneten des amerikanischen Kongresses in Washington D. C.
29. September 1983¹

AdsD, WBA, A 19, 240 (Übersetzung aus dem Englischen: Wolfgang Schmidt).²

[...]³

Brandt: Herr Vorsitzender, verehrte Mitglieder des Kongresses, ich fühle mich durch Ihre Einladung, vor dieser Versammlung zu sprechen, sehr geehrt und ich bin froh, heute mit Ihnen zusammen zu sein.

Mit Ihrer Erlaubnis würde ich zunächst einige sehr persönliche Bemerkungen machen wollen. In meinen verschiedenen Positionen – als Regierender Bürgermeister von Berlin während einiger Jahre großer Herausforderungen für diese Stadt, als Außenminister, als Bundeskanzler – stets fühlte ich mich zuhause, wann immer ich in den Vereinigten Staaten und in dieser Hauptstadt Washington war. Ich hatte die Ehre, mit vier amerikanischen Präsidenten zusammenzuarbeiten, zwei Republikanern und zwei Demokraten.⁴ Und so hatte ich viele Gelegenheiten, amerikanische Solidarität, Freundschaft und Zuverlässigkeit zu erfahren.

Das Positive wird zu leicht vergessen, z. B., dass die Ostpolitik und die Verbesserung der Beziehungen mit unseren östlichen Nachbarn, einschließlich des anderen Staates auf deutschem Boden, nicht möglich gewesen wäre ohne enge Zusammenarbeit mit und zuverlässige Unterstützung von den Vereinigten Staaten.⁵ Die Bande gemeinsamer Nachkriegserfahrungen sollten gewiss stark genug sein, auch zeitweise Meinungsverschiedenheiten in der einen oder anderen Frage auszuhalten. Und lassen Sie mich hinzufügen: Die Sozialdemokratische Partei Deutschlands, deren Vorsitzender ich seit nunmehr 19 Jahren bin – und man will, dass ich das noch eine Zeit lang bleibe –, diese Partei ist nicht gegen, sondern für die westliche Allianz, auch wenn wir uns die Freiheit nehmen, unsere eigenen Interessen innerhalb der Allianz wahrzunehmen. [...][6]

Nun, heute bin ich hier, um eine Aussage über die laufenden Verhandlungen zu machen, die die Zukunft Europas und meines eigenen Landes betreffen.[7] Die Verhandlungen zwischen den Vereinigten Staaten und der Sowjetunion sind von entscheidender Bedeutung für uns. [...][8] Es muss möglich sein, so glauben wir, dass die politischen Führer die Kontrolle über den Lauf der Dinge behalten.

Und ich hoffe ernsthaft, dass sie bis Ende des Jahres einen Erfolg erzielen. Falls sie dies nicht erreichen, sollten sie eher ihre Verhandlungen fortsetzen, als in eine Operation einzusteigen, die ganz gewiss durch eine weitere Runde von östlichen Stationierungen beantwortet würde. Man muss nicht einfach Raketen stationieren, weil Schlusspunkte und Zeitpläne vor vier Jahren festgelegt worden sind[9] – unter Voraussetzungen, die sich zumindest teilweise als fragwürdig erwiesen haben.

[...][10]

Es ist wahr, zu sagen, dass ein Abkommen in Genf zu einem gewissen Grade durch die Existenz britischer und französischer Nuklearwaffen blockiert wird[11], welche selbstverständlich zum Westen gehören und nicht auf dem Mond stehen. Wenn das so ist, dass dies ein Hindernis darstellt, dann gibt es nur zwei Wege, eine Lösung zu erzielen: Entweder man schafft sie ab, was ich nicht vorschlage – dafür gibt es zurzeit auch keine Aussichten –, oder man findet Wege, damit sie kein Hindernis für ein Abkommen zwischen den USA und der UdSSR sind.

Die Zusammenlegung der beiden Verhandlungstische INF und START, wie sie in der FREEZE-Resolution des Repräsentantenhauses[12] vorgeschlagen wurde – oder wenigstens eine effektive Koordinierung –, scheint mir äußerst plausibel. Und ich glaube auch, dass dies für unsere französischen und britischen Freunde annehmbar wäre. Deutsche Sozialdemokraten stimmen diesem Vorschlag aus folgenden Gründen zu[13]:

- Die Zusammenlegung oder effektive Koordinierung von INF und START kann eine Situation vermeiden, in der Begrenzungen in dem einen Bereich blockiert oder unterlaufen werden durch zusätzliche neue Waffen in dem anderen Bereich.
- Die Zusammenlegung der Verhandlungen kann erlauben, mit beiderseitigen Bedrohungen im Gesamtzusammenhang umzugehen, und die notwendige Berücksichtigung der nuklearen Systeme dritter Staaten würde erleichtert werden.
- Die Zusammenlegung von INF und START würde auch mit den substanziellen Festlegungen des NATO-Doppelbeschlusses übereinstimmen – und ich argumentiere auf der Basis dieses Doppelbeschlusses –, insbesondere mit der Festlegung, dass die Verhandlungen über Mittelstreckensysteme, und ich zitiere, „im Rahmen von SALT III" stattfinden sollen.[14] Das war Teil dieses Doppelbeschlusses.

Nun habe ich gehört, dass Leute – auch vor meinem Aufenthalt hier in den Vereinigten Staaten[15] – sagen, dass wir in Deutschland zuerst um die neuen Raketen gebeten haben[16] und dass unser gegenwärtiger Kanzler sie immer noch sehr möchte[17] und dass wir nicht die Bedrohung durch die sowjetischen SS-20-Raketen vergessen dürften.

Lassen Sie mich den letzten Punkt zuerst aufgreifen: Die sowjetische Aufrüstung von SS-20-Raketen muss ganz sicher reduziert werden. Und meine Interpretation jüngster sowjetischer Stellungnahmen ist, dass sie zugeben, mit ihrer Rüstung weit über das hinausgegangen zu sein, was einsichtig und akzeptabel wäre. Ich habe den Sowjets gesagt, aber ich bin nicht sicher, ob sie dem zuhören, was ich ihnen sage – ich habe ihnen gesagt, dass es nicht nur vernünftig, sondern sogar weise wäre, wenn sie den Anfang mit einer einseitigen Reduzierung machen würden.[18]

Meine eigenen Erfahrungen sagen mir, dass man im Umgang mit sowjetischen Führern, – welche nebenbei gesagt auch menschliche Reaktionen zeigen – Festigkeit, kombiniert mit der Bereitschaft zur Zusammenarbeit und zur Rücksicht auf das Prestige der anderen Supermacht braucht. Nach meiner Einschätzung haben sich bereits die Präsidenten Eisenhower und Kennedy vor über 20 Jahren an diese Orientierungspunkte gehalten.

Soweit der gegenwärtige Bundeskanzler angesprochen ist, bin ich nicht befugt, für ihn zu sprechen. Aber ich glaube, man sollte seine Begeisterung nicht überschätzen. Abgesehen davon, ist es korrekt: Wir Sozialdemokraten unterstützten den Doppelbeschluss 1979.[19] Ich gab ihm meine persönliche Unterstützung, weil ich Kanzler Schmidt unterstützte und weil wir – wir beide und andere – den Doppelbeschluss als eine Chance ansahen, das Wettrüsten in Europa unter Kontrolle zu bekommen.

Unmittelbar bevor wir unsere Entscheidung trafen, hatten die Regierungen der USA und der Sowjetunion SALT II beschlossen, das Abkommen zur Begrenzung der interkontinentalen Waffen.[20] Unsere Unterstützung für den Doppelbeschluss hatte auch zum Ziel, ein Unterlaufen des SALT-II-Abkommens durch ein Aufrüsten im Mittelstrecken- und Kurzstreckenbereich zu verhindern. Dies war Helmut Schmidts Besorgnis, dies war auch meine Besorgnis. Darüber hinaus unterstützten wir die NATO-Entscheidung deshalb, weil sie Zeit für Verhandlungen erlaubte. Wir glaubten, unsere Seite, die westliche Seite, sollte nicht sofort mit Rüstungsmaßnahmen reagieren.

Zu dieser Zeit, Herr Vorsitzender, war es unmöglich vorauszusehen, dass Gelegenheiten verpasst würden und dass wertvolle Zeit verschwendet würde – nicht für die Entwicklung von Raketen, aber für Verhandlungen. [...][21]

Lassen Sie mich diesen Punkt hinzufügen: Als wir den Doppelbeschluss unterstützten, hatte Westeuropa bereits mehr als 20 Jahre im Schatten von ungefähr 600 Atomsprengköpfen, montiert auf sowjetischen Mittelstreckenraketen[22], gelebt. Die NATO hatte es bis damals nicht für notwendig und bedeutungsvoll gehalten, diese durch zusätzliche Waffen auf diesem spezifischen Gebiet auszugleichen. Der Doppelbeschluss bezog sich auf den sowjetischen Aufwuchs, die Zahl der zusätzlichen Sprengköpfe, die auf die SS-20 montiert wurden und immer noch werden.[23]

Bei der Formulierung ihrer Resolution nahmen die deutschen Sozialdemokraten diese Ziele des Doppelbeschlusses sehr ernst und wir definierten klar und deutlich als das Ziel der Verhandlungen, dass die Sowjetunion den bedrohlichen Raketenaufwuchs seit 1976 rückgängig machen müsse, um die Stationierung zusätzlicher amerikanischer Systeme in Westeuropa überflüssig zu machen. Dies war unsere Null-Option 1979, zu der wir uns verpflichtet hatten.[24] Und sie ist unsere Null-Option seitdem stets geblieben. Mit anderen Worten: Wir haben nie unsere Position bezüglich der oben erwähnten Bestandteile des Doppelbeschlusses geändert.

Unsere Zweifel und unsere Sorgen resultieren aus unserem Verständnis dieses NATO-Doppelbeschlusses. Deshalb haben unsere gegenwärtigen Diskussionen über den Doppelbeschluss, die fast so ernst sind wie Ihre Auseinandersetzungen über gewisse Bereiche der Sicherheitspolitik, einen anderen Ursprung. Wir mussten feststellen, dass eine vollständige Veränderung des politischen Rahmens, der Bedingungen und der Annahmen stattgefunden hat, auf denen unsere ursprüngliche Entscheidung beruht hatte.

Ich möchte vier Punkte nennen:

1. Anstatt eines ratifizierten SALT-II-Vertrages und eines ins Auge gefassten Folgeabkommens haben wir eine Fortdauer des Wettrüstens auf jedem erdenklichen Gebiet.
2. Unsere amerikanischen Freunde fanden es notwendig, sich für die vollständige Modernisierung ihrer strategischen Waffen zu entscheiden.[25]
3. Die Produktion der Neutronenwaffen ist wiederaufgenommen worden, was viele von uns in Europa mit Besorgnis zur Kenntnis nahmen.[26]
4. Nun ist sogar die Produktion binärer chemischer Waffen beschlossen worden.[27]

Ähnliche Anstrengungen sind auf der sowjetischen Seite zu vermerken. Niemand sollte mich belehren wollen über russische Starrköpfigkeit und über den überentwickelten sowjetischen Sicherheitskomplex.

[...][28]

Über mich wurde kürzlich in den Zeitungen bemerkt, dass ich von Anfang an Vorbehalte bezüglich unserer Unterstützung für den

NATO-Doppelbeschluss gehabt habe.[29] Aber, wie ich sagte, hielt mich dies nicht davon ab, meinen Nachfolger im Kanzleramt in dieser Sache zu unterstützen. Aber ich fürchte, dass die nachfolgenden Ereignisse meine Skepsis eher bestätigt haben.

Der Doppelbeschluss beruhte auf der Annahme, dass für die folgenden vier Jahre die Ost-West-Beziehungen mehr oder weniger bleiben würden, wie sie 1979 waren. Heutzutage wird es immer offensichtlicher, wie grundsätzlich sich die internationalen Bedingungen geändert haben. Wie attraktiv auch immer der Doppelbeschluss als „Zeitplan für Rüstungskontrolle" im Jahre 1979 erschien, so ist es in der Tat unmöglich gewesen, die Veränderungen vorauszusehen, welche seitdem eingetreten sind. Aus diesem Grunde, Herr Vorsitzender, befürworte ich eher den Aufschub der Stationierung der Raketen, falls kein Abkommen bis zum Ende des Jahres möglich wird – nicht unbegrenzt, aber nachdem man zwei Jahre verloren hat, weil man spät startete, kann es nicht so schlecht sein, ein Jahr dranzuhängen.

Ich glaube auch, dass ein Teil dessen, was Präsident Reagan vor der UNO Anfang dieser Woche sagte[30] – und Sie, Herr Vorsitzender, haben sich gerade darauf bezogen –, auch für einen flexibleren Zeitplan spricht. Denn wenn man „Forward Based Systems" und insbesondere Flugzeuge einbezieht[31] – und ich gehe davon aus, dies ist ein konstruktiver Schritt –, dann sieht man sich Problemen der Verifikation gegenüber, die wahrscheinlich nicht innerhalb weniger Wochen ausgeräumt werden. Aber dennoch würde ich natürlich ein bilaterales Abkommen vorziehen, wenn es während der Wochen, die vor uns liegen, erreicht werden könnte.

Der Rüstungsteil des Doppelbeschlusses sollte zwei Dinge erreichen: Erstens sollte er die Sowjets an den Verhandlungstisch bringen; und zweitens sollte er Druck auf sie ausüben und einen Anreiz schaffen, ein positives Ergebnis bei den Verhandlungen zu erzielen. Bis zu einem gewissen Grad hat dies tatsächlich gewirkt: Die Sowjetunion hat den Verhandlungen zugestimmt, und sie hat sich später von ihren Ausgangspositionen wegbewegt.

Die Sowjets gingen sogar so weit, die Zerstörung einer deutlichen Anzahl ihrer SS-20 anzubieten. Mit anderen Worten: Der Druck hat zu Ergebnissen geführt. Kürzlich haben die Sowjets sogar erklärt, sie seien sowohl zu einem totalen Einfrieren der Nuklearwaffen als auch zur Reduzierung und Zerstörung von SS-20-Raketen bereit.[32] Soweit ich informiert bin, Herr Vorsitzender, wurde dies allerdings nicht in Genf am Verhandlungstisch angeboten, sondern in Stellungnahmen gegenüber europäischen Gesprächspartnern.[33]

Wir sollten, so glaube ich, versuchen, die Sowjets zu zwingen, zu den von ihnen gemachten Vorschlägen zu stehen. [...][34]

Die wichtigste Angelegenheit ist nun die Konzentration auf ein Ergebnis der Verhandlungen. Zur gleichen Zeit sollten wir zwei Dinge wahrnehmen: Wir können nicht alle unsere Vorschläge und Projekte erfüllt bekommen, und wir müssen zu Kompromissen bereit sein.

Lassen Sie mich vor Hoffnungen warnen, dass die Sowjetunion zu weiterreichenden Konzessionen bereit sein werde, wenn mit der Stationierung begonnen würde. Ich glaube, dass dies eine Illusion ist, und ich stütze diese Einschätzung auf meine Erfahrungen seit 1949. In den vor uns liegenden Wochen oder Monaten haben wir genügend Zeit, den Zeitplan zu ändern; in dieser Zeit – bevor neue Raketen stationiert werden – existiert möglicherweise die Chance, ein befriedigendes Abkommen zu erzielen.

Da gibt es einen weiteren Punkt: Höchst zielgenaue amerikanische Raketen mit nur wenigen Minuten Flugzeit bis zur Sowjetunion, stationiert auf dem Territorium des Landes[35], welches in diesem Jahrhundert zweimal mit schrecklichen Auswirkungen in Russland einmarschiert ist, dies ist möglicherweise ein ebenso großes Trauma für die Sowjetunion, wie sowjetische Mittelstreckenraketen auf Kuba es für die USA waren[36], und könnte in Rechnung gestellt werden.

Darüber hinaus gibt es auch Gefahren, die von Individuen ausgehen, die außer Kontrolle geraten, oder von Fehlern in Computersystemen ausgehen können. Falls im Gefolge der Stationierung der Pershing II die Russen sich entscheiden würden, ihre Raketen in eine sogenannte „Start-nach-Alarm-Position" zu bringen, könnte dies einen weiteren Faktor extremer Ungewissheit einführen.[37] Der Weg aus diesem Dilemma würde wohl nicht darin gefunden werden, die Sowjets mit höher entwickelten amerikanischen Computern zu versorgen. Zufällig glaube ich allerdings, dass deren Computer nicht so effektiv, nicht so entwickelt sind wie die amerikanischen.

Darf ich hinzufügen, dass wir in meinem Land die Gefühle der Beunruhigung und Bestürzung geteilt haben, als das koreanische Flugzeug abgeschossen wurde[38], und wir fühlen uns all denen nahe, die ihre Angehörigen verloren haben. Und ich möchte ergänzen, nichts ist eine Entschuldigung, nichts von dem, was ich gesagt habe, ist eine Entschuldigung für die Maßnahmen, die in diesem Zusammenhang von den verantwortlichen russischen Militärs ergriffen wurden.

Lassen Sie mich, Herr Vorsitzender, schlussfolgern, dass nichts für die Allianz gewonnen würde, wenn wir einige zusätzliche Raketen stationierten und zugleich die Unterstützung der Herzen und Köpfe von Millionen besorgter Menschen verlieren. Diese Unterstützung ist auch ein Faktor der Stärke und Sicherheit.

Nichts ist erreicht, glaube ich, falls wir eilends die Trennungslinie zwischen Ost und West in Europa zementieren, anstatt alle nur möglichen Anstrengungen zu machen, um die Zusammenarbeit zu fördern, wo immer das möglich ist. Es ist leicht, Dissidenten zu applaudieren, Herr Vorsitzender. Es ist auch leicht, den Eisernen Vorhang zu einer neuen und schrecklichen und lang andauernden Realität zu machen.

Es mag von Interesse sein, darauf hinzuweisen, dass beide deutsche Staaten – trotz ihrer tief verwurzelten Gegensätze, die unvereinbar sind – einen ähnlichen Standpunkt in der Frage der Vermeidung eines neuen Wettrüstens auf deutschem Boden entwickelt haben [...]. Die bemerkenswerte Verbesserung in den Beziehungen zwischen den beiden deutschen Staaten in den zurückliegenden Monaten[39] ist ein klares Zeichen für dieses gemeinsame Interesse am Überleben.

So unterschiedlich die politischen und gesellschaftlichen Systeme in den beiden deutschen Staaten auch sind, beide Seiten teilen das gemeinsame Interesse am Überleben. Wir billigen keineswegs das politische und gesellschaftliche System der anderen Seite, wir lehnen es ab. Dafür trat ich während der Jahre in Berlin ein.[40] Aber unsere Zukunft ist mit derjenigen der anderen verbunden – nur gemeinsam können wir überleben.

Und weit über die Interessen meiner Landsleute hinaus schlage ich vor, dass wir das objektive gemeinsame Interesse am gemeinsamen Überleben beachten sollten. Ohne jene wichtigen Fragen der westlichen Sicherheit zu vernachlässigen, sollten wir meiner Meinung nach der offensichtlichen Interdependenz zwischen Rüstung und Entwicklung sowie auch zwischen Rüstung und der Weltwirtschaftskrise große Aufmerksamkeit schenken.

Vielen Dank, Herr Vorsitzender.

[...][41]

Sen[ator] Tsongas: [...][42] Lassen Sie mich ein Thema aufbringen, auf das Sie nicht eingegangen sind, und das ist der Grund für die Sowjets zu verhandeln, insbesondere der wirtschaftliche Grund. Sowohl die Sowjets als auch die Vereinigten Staaten zahlen einen enormen wirtschaftlichen Preis für ihr Engagement im Wettrüsten. Wir haben ihn bezahlt z. B. gegenüber den Japanern in dem Maße, dass wir unsere Techniker und unser Kapital für das Wettrüsten einsetzen und die Japaner nicht. Nach einiger Zeit werden wir dann nicht mehr wettbewerbsfähig sein in all den nicht rüstungsrelevanten Bereichen. Ich meine, das ist für die meisten Amerikaner zunehmend deutlich geworden.

Was ist das sowjetische Gegenstück zu dieser Sorge? Welchen wirtschaftlichen Preis zahlen die Sowjets für dieses verrückte Wettrüsten?

Brandt: Nach meiner Erfahrung, Senator, funktioniert ihr System in einer Weise, dass nicht länger zusätzliche Lasten auf die Schultern ihres Volkes geladen werden können. Sie [die führenden sowjetischen Politiker] sollten eigentlich nicht tun, was die führenden Militärs ihnen vorgeschlagen haben zu tun. Das ist ein Teil der Realität.

Mein Eindruck ist, dass der Einfluss auf wichtige Rüstungsentscheidungen, der Einfluss der führenden Militärgruppe der Marschälle erheblich zugenommen hat. Die politische Führung und das Militär wollen gemeinsam sicherstellen, dass sie die andere Weltmacht sind. Mein Eindruck ist, dass die dortige Führung ziemlich weit geht, um bestätigt zu bekommen, dass sie als die andere Weltmacht angesehen wird.

[...][43]

Natürlich, wenn Sie in einer stillen Stunde mit ihnen sprechen, würden sie zugeben, dass dies eine Belastung für sie ist, dass es ihrer Wirtschaft Schaden zufügt. Natürlich tut es das. Aber ich denke, es ist ein Fehler zu glauben, dass wir sie zu Fall bringen können, indem wir mehr für Rüstung ausgeben, weil sie [die Sowjets] in einer besseren Position sind, die Leute dafür zahlen zu lassen, als wir in einer demokratischen Gesellschaft. Daher meine ich, dass es leider nicht funktionieren würde, die Wirtschaft, die wirtschaftliche Belastung als Hebel zu benutzen, um Abrüstungsgespräche und -abkommen zu erleichtern.

Markey: Herr Bundeskanzler, Sie sprachen vorhin über einen Vorschlag, den Sie in Canton, Ohio, gemacht haben in Bezug auf die Verwirklichung eines atomaren „Einfrierens" und die Möglichkeit, dies in die INF-Verhandlungen einzubeziehen.[44] Können Sie für uns ein wenig näher ausführen, wie Ihr Vorschlag aussieht, diese beiden Konzepte in einer Verhandlung zusammenzuführen?

Brandt: Gerne tue ich das, Herr Vorsitzender. Mein Vorschlag besteht aus vier Punkten für das, wie ich sagte, was schrittweises „Einfrieren" genannt werden könnte. Der erste Punkt wäre: Die beiden nuklearen Supermächte USA und UdSSR erklären gemeinsam, dass sie von einem bestimmten Zeitpunkt an jeweils ein totales „Einfrieren" der Tests und der Stationierung von nuklearen Waffen ankündigen und praktizieren. Wie wohl bekannt ist, kann beides, das Testen nuklearer Waffen und ihre Stationierung, mit nationalen Mitteln überprüft werden.[45]

Zweitens: Mit Beginn eines solchen Abkommens über das Einfrieren der Tests und der Stationierung neuer Nuklearwaffen erklären die USA ihren Verzicht auf die Stationierung neuer Mittelstreckensysteme in Westeuropa, während gleichzeitig die Sowjetunion den Beginn der Reduzierung und Zerstörung ihrer auf Westeuropa gerichteten Mittelstreckenraketen erklärt. Diese Maßnahmen des Verzichts, des Abbaus und der Zerstörung sind ebenfalls mit nationalen Mitteln verifizierbar.

Dritter Punkt: Die USA und die UdSSR beginnen Verhandlungen über die Verifizierung ihres Abkommens auch auf dem Gebiet der Produktion von neuen Nuklearwaffen mit dem Ziel, innerhalb eines Jahres ein Abkommen über ein beiderseitiges und verifizierbares „Einfrieren" auch der Nuklearwaffen-Produktion zu erreichen.

Und viertens: Die USA und die UdSSR legen die beiden Verhandlungstische INF und START[46] zusammen oder koordinieren sie effektiv, um sich auf einen Plan zur Reduktion nuklearer Rüstungen zu einigen, der sich zunächst auf die Reduzierung der Anzahl der am meisten destabilisierenden Waffensysteme konzentriert.

Ich bin mir natürlich bewusst, dass dies ziemlich allgemein gehalten ist. Aber es ist ein Versuch, mit der ursprünglichen Idee des „Einfrierens" zu arbeiten und sie weiter zu entwickeln.

Markey: Vielen Dank. Kongressabgeordnete Schroeder.

Schroeder: Vielen Dank. Ich habe zwei Fragen, die ich an Sie stellen möchte, Herr Bundeskanzler. Lassen Sie mich zuerst fragen, wer Ihre politische Basis ist. Sie haben uns hervorragend erklärt, was die Umfragen über die Menschen in Ihrem Land und deren Haltung zur Stationierung sagen. Einige unserer populären Zeitungen haben geschrieben, dass Ihre Friedensbewegung vom KGB infiltriert ist[47], und ich bin darüber verblüfft. Was ist Ihre Analyse der Friedensbewegung?

Zweitens haben wir gehört, dass es eine starke Friedensbewegung in Ostdeutschland, der Deutschen Demokratischen Republik, der DDR, gibt.[48] Und dann haben andere gesagt: Nein, nein, nein; es ist wirklich nicht real, es ist Teil einer kompletten Farce. Wie analysieren Sie die Friedensbewegung in den beiden Teilen Ihres Landes?

Brandt: Gewiss, wenn Sie eine Bewegung haben, in der Hunderttausende Menschen teilnehmen, können Sie darunter einige Kommunisten finden, da die ein Prozent der Wählerstimmen bekommen [...], müssen da einige von denen sein. Die Friedensbewegung hat sich sehr darum bemüht, nicht unter einen solchen Einfluss zu geraten und auch nicht unter den Einfluss gewalttätiger Gruppen. [...]⁴⁹

Es wäre also falsch, erstens, anzunehmen, dass sie kommunistisch gesteuert wird, auch wenn ich zugebe, wie ich sagte, dass in jeder großen Versammlung man hier und da Kommunisten finden kann. Zweitens wäre es auch unwahr, sie nur eine pazifistische Bewegung zu nennen. [...]⁵⁰

Ich fand es bemerkenswert, dass – zumindest, was die Kirche betrifft, und Ostdeutschland hat eine starke Mehrheit an Protestanten, auch eine ziemlich beachtliche katholische Gemeinschaft – die Protestantische Kirche, sogar mehr als die Katholische Kirche in diesem Fall, ein gewisses Bewegungsfeld erhalten hat, wo sie ihren Glauben ausdrücken kann. Stellen Sie sich vor, der frühere Bundeskanzler Helmut Schmidt ging neulich, vor nur zwei, drei Wochen nach Ost-Berlin, um an einer Versammlung der protestantischen Bischöfe in Ost-Berlin, nicht West-Berlin, teilzunehmen.⁵¹

Herr von Weizsäcker, der jetzige Bürgermeister von West-Berlin, nahm am Gedenken an [Martin] Luther in diesem Jahr teil, das eine große Rolle spielt, da Luther dort arbeitete, wo heute die DDR liegt. Der Bürgermeister von West-Berlin kann da hin gehen, er kann sprechen. Er bekam eine Menge Applaus, es war wohl vor kurzem in Dresden.⁵²

Natürlich ist das doppelt gut für sie [die Menschen in der DDR]. Das Regime mag das nicht, in bestimmten Fällen haben sie einige Leute aus Jena, einer Stadt in Thüringen, ausgewiesen.⁵³ Aber ich meine, es ist interessant, dass es da Menschen gibt, die dieselben Dinge aufgreifen gegenüber ihren eigenen Autoritäten und dass das Regime uns [sic!] nicht einfach zur Seite stößt, wie es das vor einigen Jahren getan hätte. Das ist ermutigend. Ich kann allerdings nicht sagen, wie lange das andauern wird, aber zumindest im Moment gibt es auch in Ostdeutschland etwas, was Friedensbewegung genannt werden könnte, besonders unter dem Dach der Kirchen, wie ich sagte.

[...]⁵⁴

Rowland: Vielen Dank. Ihren Ausführungen zuhörend, vermute ich, dass sich die Beziehungen zwischen Ost- und Westdeutschland verbessern, die Barrieren scheinen Ihren Bemerkungen zufolge jetzt ein wenig zu fallen. Was sehen Sie, wenn das anhält und somit dazu beiträgt, einige der jetzt bestehenden Differenzen zwischen Ost und West zu lösen, und sehen Sie für die Zukunft eine Zeit voraus, wann Deutschland wiedervereinigt sein könnte?

Brandt: Man sollte die Möglichkeiten, die in solch einer Zusammenarbeit liegen, nicht überschätzen. Zuerst möchte ich Sie auf etwas aufmerksam machen, was in meinem Land über Jahre sehr umstritten war. Wir hatten sehr harte Auseinandersetzungen über die Politik gegenüber dem anderen deutschen Staat. Und einer von denen, die zu meinen stärksten Gegnern gehörten, war Franz Josef Strauß, der Ministerpräsident von Bayern, der nun nach Ost-Berlin fuhr, um Herrn Honecker, den führenden Mann dort, zu treffen.[55] Ich erwähnte bereits meinen Kollegen von Weizsäcker, auch ein Christdemokrat, der den anderen Teil Deutschlands besuchte.[56]

Ich habe sie [die DDR-Führung] seit zehn Jahren nicht besucht[57], und ich verspüre kein Bedürfnis, ohne Not eine Pilgerreise nach Ost-Berlin zu machen. Aber etwas, das umstritten war, ist aus dem Parteienstreit heraus, und das ist gut. [...] Wir haben mehr Interesse an humanitären Aspekten als am Handel, aber wir brauchen Handel, um Fortschritte auf humanitärem Gebiet zu erreichen.

[...] Beide deutsche Staaten haben, wie ich sagte, ein objektives Interesse, dass dies nicht in eine Sackgasse führt. Aber unser Einfluss in der westlichen Allianz ist natürlich schon begrenzt, und der Einfluss der DDR [im Warschauer Pakt] ist sehr schwach, meine ich. Sie können Hoffnungen ausdrücken, aber ich neige dazu, zu glauben, dass die Russen nicht so sehr auf die DDR-Führung hören, wie unsere Freunde in Amerika unseren Beobachtungen zuhören. Daher sollte man nicht denken, dass dies sehr weit trägt.

Sodann ist mein Hauptpunkt dieser: Ich bin glücklich, als ein Deutscher sagen zu müssen [sic!], dass es einfach keine isolierte Lösung für die deutsche Frage gibt und eine neue Beziehung zwischen den beiden Deutschlands entweder als ein Staat oder als eine Konföderation oder dergleichen sich nur vollziehen wird, wenn es bedeutende Veränderungen zwischen den Teilen Europas, West- und

Osteuropa, gibt. Das wiederum ist nur möglich, wenn sich das Verhältnis zwischen den Supermächten verändert hat im Vergleich zu heute. Ich sage dies als jemand, der im Dezember seinen 70. Geburtstag feiert und nicht mehr so viele Jahre im aktiven politischen Leben vor sich hat. Aber meine Nachfolger werden erkennen, dass die Zeit kommt, wenn die Russen nicht mehr imstande sein werden, so weiter zu bestehen, wie sie heute sind.

Manchmal sind meine Freunde in den Staaten ein klein wenig zu pessimistisch diesbezüglich. Die Erfahrung, die wir gemacht haben, ist, dass – bei allem gebotenen Respekt für die russische Macht und meinem eigenen Interesse an vernünftigen Beziehungen – Russland als eine Supermacht einfach nicht die innere Stärke hat, Polen, die Tschechoslowakei und Ungarn zu verdauen, um diese Länder zu nennen. Sie gehören zu Europa.

[...][58]

Ich bin überzeugt, der historische Trend wird in die Richtung gehen, dass Europa wieder Europa wird. Die beiden Teile, Ost- und Westeuropa, kommen näher zusammen mit mehr Unabhängigkeit gegenüber den Weltmächten, das ist wahr. Und in dieser Situation könnten die Deutschen in der Lage sein, ihre eigene Entscheidung zu treffen, nicht notwendigerweise zurückzugehen zum Nationalstaat Bismarcks, wie er 1871 gegründet wurde. Aber dies würde ich der nachfolgenden Generation überlassen, vielleicht wird sie sich nur dafür entscheiden, enger zusammenzuarbeiten, wo sie ein gemeinsames kulturelles Erbe besitzt, nicht nur in der Sprache. Ich weiß es nicht, aber ich meine, das ist die Art von Vision, die zu unserer politischen Orientierung gehören sollte.

[...][59]

Downey: Herr Bundeskanzler, lassen Sie mich eine Frage stellen, die Menschen in diesem Land häufig stellen und die lautet: Verstehen die Russen wirklich nur die Sprache der Stärke, ist Drohung der einzige Weg, sie zu etwas zu bewegen? Tatsächlich war das gewissermaßen Teil einer Prämisse des Doppelbeschlusses.[60] Um sie an den Verhandlungstisch zu bringen, musste man die Bereitschaft zeigen, neue Waffen in Europa aufzustellen. Und wie einige argumentieren würden, sind die Sowjets bei START entgegenkommender, weil die Vereinigten Staaten mit einer strategischen Aufrüstung angefangen haben, indem sie jeden Bereich ihrer strategischen Streitmacht modernisieren. Wie beantworten Sie diese Frage? Ist das eine korrekte Beobachtung und welchen Kommentar geben Sie dazu ab?

Brandt: Zuerst zur Stärke: Zuweilen spreche ich mit gewöhnlichen Leuten und Freunden aus den USA, die ihre Sorgen ausdrücken über dieses militärische Problem und dann frage ich sie: Würdet Ihr lieber Euer System gegen das der Sowjetunion tauschen? Hättet Ihr lieber die Waffen der Sowjets und würdet Ihr ihnen dafür Eure Waffen geben? Bis jetzt hat sich niemand an einem solchen Austausch interessiert gezeigt. Widmen wir uns daher den ernsten Fragen. Offensichtlich ist jeder, der sich mit diesen Fragen auseinandersetzt, davon überzeugt, dass die Vereinigten Staaten und der Westen als Ganzes nicht so schwach sind, wie eine bestimmte Polemik manchmal sagt, um die Waffenproduktion und die finanziellen Mittel zu ihren Gunsten zu erhöhen.

Auf der anderen Seite haben Sie Recht mit der Annahme, dass ein bestimmtes Element des Drucks im Doppelbeschluss enthalten war, der vorschlug, dass sie [die Sowjets] etwas verhindern könnten, was sie nicht mögen würden, [aber käme,] wenn sie insbesondere bei der Zahl der SS-20 nicht vernünftiger wären. Wie ich sagte, hat dies zu einem gewissen Grade gewirkt, und ich denke, es ist sehr schade, dass wir nur über Dinge sprechen, die wir nicht erreicht haben, und vergessen, wo Erfolge erzielt wurden.

Sie gingen zum Verhandlungstisch – ursprünglich wollten sie das nicht tun. Sie reden nun über deutlich geringere Zahlen. Also ist schon etwas passiert. Welche Art des Drucks auszuüben ist, kann nicht für jede denkbare Situation beantwortet werden; er ist den gegebenen Umständen anzupassen. Wenn wir auch alle über Druck nachdenken, wird es uns leider nicht gelingen, ihr System zu stürzen. Das wird im historischen Prozess aus anderen Gründen geschehen, aber nicht als Ergebnis von militärischem Druck.

[…][61]

171 Stellungnahme vor Abgeordneten des US-Kongresses, 29. Sept. 1983

Nr. 10
Aus der Aufzeichnung des Gesprächs des Vorsitzenden der SPD, Brandt, mit einer Delegation der KPdSU in Bonn
29. November 1983[1]

AdsD, Dep. Ehmke, 1/HEAA000435.

[...][2]

Willy Brandt begrüsste den politischen Kontakt, der sich über die Zeitschriften „Neue Gesellschaft" und „Kommunist" entwickelt hat.[3] Er dankte der Delegation für ihren Besuch. Gleichzeitig begrüsste er die Einladung, die an den Chefredakteur der „Neuen Gesellschaft", Peter Glotz, ergangen ist.[4]

Hans Schumacher erläuterte das bisherige Programm der Delegation und die behandelten Themen-Schwerpunkte:
– Beziehungen zwischen der UdSSR und der Bundesrepublik
– Ost-West-Beziehungen im allgemeinen und
– Beziehungen zwischen den beiden deutschen Staaten.

Willy Brandt unterstrich, dass er es vorziehen würde, über europäische Entwicklungen zu sprechen. Wenn sich in diesem Rahmen etwas ändern würde, dann mögen auch die Beziehungen zwischen den beiden deutschen Staaten leichter zu gestalten sein.

Richard ‹Kossolapow›[5] eröffnete das Gespräch mit zwei Fragen:
(1) Seine Delegation habe die Entscheidungen der SPD auf ihrem Kölner Parteitag[6] ebenso verfolgt wie die Entscheidung der Mehrheit des Deutschen Bundestages.[7] Nachdem die Entscheidung des Deutschen Bundestags gefallen ist: Welche Möglichkeiten positiver Veränderungen werden noch gesehen?
(2) Welche Perspektiven ergeben sich für die SPD? Welche Möglichkeiten hat die SPD, wieder an die Regierungsverantwortung zurückzukehren, und mit wem zusammen könnte sie das erreichen?

Willy Brandt äusserte sich zunächst zu der zweiten Frage. [...][8]
Zur ersten Frage von Kossolapow führte Willy Brandt aus:

Die Entscheidung des SPD-Parteitages in Köln bedeute nicht nur ein Nein zu neuen amerikanischen Nuklear-Raketen in der Bundesrepublik, sondern auch ein Votum dafür, worum es uns in Zukunft gehen muss: eine Diskussion über Elemente einer neuen europäischen Friedensordnung.

Unter Bezugnahme auf die Beratungen der SI-Bureau-Sitzung in Brüssel[9] unterstrich Willy Brandt die Notwendigkeit einer neuen politischen Plattform im europäischen Rahmen:
- wie liesse sich das organisieren?;
- die neuen westlichen Raketen müssten wieder weg;
- die UdSSR müsste sich in dieser Frage stärker bewegen als bisher;
- es geht um Begrenzung und Reduzierung;
- es geht um atomare Rüstung insgesamt, nicht nur um die neuen Raketen.

Willy Brandt äusserte sich persönlich tief besorgt nicht nur wegen der schon beschlossenen 2 „Nach-Rüstungsrunden"[10], sondern wegen der zu erwartenden 4, 6 usw. Rüstungsrunden, die eine Rückkehr der Weltmächte an einen Verhandlungstisch immer mehr erschweren würden, wenn nicht inzwischen eine Katastrophe eingetreten sei.

Willy Brandt äusserte gegenüber den Gästen seine Hoffnung, dass seine Einschätzung „hoffentlich zu pessimistisch" sei. Dennoch gehe es darum, den Rüstungswettlauf anzuhalten und zurückzudrehen.

In der Zwischenzeit komme es darauf an, alle möglichen Kontakte zwischen den Teilen Europas, besonders jedoch mit der UdSSR, zu intensivieren. Er sehe den Besuch der KPdSU-Delegation auch in diesem Zusammenhang.

Richard Kossolapow verwies noch einmal auf den europäischen Rahmen solcher Überlegungen.

Willy Brandt führte dazu aus:
(1) Im westlichen Bündnis hat eine Diskussion darüber begonnen: wie können wir – Europäer – unabhängiger werden von aktuellen nuklear-strategischen Entscheidungen wechselnder Regierungen in den Vereinigten Staaten?
Und gleichzeitig: wie können sich die europäischen Nachbarn in ihren unterschiedlichen Grundpositionen näherkommen?

(2) Kann es nicht vernünftig sein, Gedanken über Nuklearfreiheit in Teilen Europas zu reaktivieren?
   – in Nord-Europa;
   – auf dem Balkan;
   – die Vorschläge der Palme-Kommission: ein nuklearfreier Gürtel entlang der Teilungslinie löst [sic!] nicht die „Grosswetterlage", könnte aber helfen, dass wir nicht noch immer mehr nuklear vollgestopft würden und damit nicht nur Abschuss-, sondern auch Zielgebiet werden.[11]
(3) Die Stockholmer Konferenz im Januar 1984 sollte wohl nicht überschätzt werden.[12] Die allgemeine Verschlechterung der Weltlage könnte sie erheblich belasten. Die Wiener MBFR-Verhandlungen sollten nach Möglichkeit gestärkt werden. (Sie wurden inzwischen unterbrochen.)[13]

Richard Kossolapow bezeichnete die Ausführungen des Vorsitzenden als sehr realistisch. Eine atomwaffenfreie Zone in Mitteleuropa bezeichnete er als „unseren Traum".[14] Er erwähnte die schon vorliegenden sowjetischen Ergänzungen zu den Vorschlägen der Palme-Kommission.

Richard Kossolapow warf dann die Frage nach den Beziehungen zwischen der KPdSU und der SPD auf. Er unterstrich, dass es keinen Anlass gebe, Dinge zu forcieren; die gegenseitigen Standpunkte seien bekannt; praktische Kontakte – auch über „Kommunist" und „Neue Gesellschaft" [–] seien vorhanden.

Willy Brandt sprach sich für eine Weiterentwicklung der inzwischen vorhandenen guten Beziehungen aus. Er wies darauf hin, dass gute Beziehungen manchmal besser sein können als formalisierte Beziehungen. Er sprach sich dafür aus, dass sich – aufgrund der bisherigen Erfahrungen – ein paar Leute zusammensetzen sollten, um die weitere Zusammenarbeit zu strukturieren, damit die Gestaltung der Beziehungen zwischen beiden Parteien in Zukunft nicht dem Zufall überlassen bleibe.

Richard Kossolapow bezeichnete diese Idee als einen grossen Schritt vorwärts. Er werde die sowjetische Führung entsprechend unterrichten.

Willy Brandt unterrichtete die russischen Gäste noch über das im Januar 1984 in Rom geplante gemeinsame Treffen der Palme- und der Brandt-Kommission zu Fragen der Interdependenz zwischen weltweiter Rüstung und weltwirtschaftlichen Fragen.[15]

Nr. 11
**Artikel des Vorsitzenden der SPD, Brandt, zur Europapolitik
29. März 1984**[1]

Sozialdemokratischer Pressedienst EUROPA, Nr. 13 vom 29. März 1984, S. 1f.

Europa aus der Krise führen

Die Verantwortung liegt nicht allein bei der britischen Regierungschefin

Nach dem erneuten Scheitern des Europäischen Rates – einem Scheitern im dritten Anlauf: von Stuttgart über Athen bis Brüssel[2] – braucht man keine besonders kritische Ader, um zu der Feststellung zu gelangen: Die Europäische Gemeinschaft ist aus den Fugen geraten. Sie funktioniert nicht. Sie tritt infolge schwerer Strukturfehler nicht nur in wichtigen Sachfragen auf der Stelle – sie erfüllt nicht einmal ihre vertraglichen Verpflichtungen. Und die Verantwortung dafür liegt nicht allein bei der britischen Regierungschefin.[3]

- Es ist doch Frevel, der an Europa begangen wird, wenn sich die Lkw vor den mit Richtlinien bewehrten und mit Formularen gespickten Zollschranken an den innereuropäischen Grenzen stauen, während die Regierungen vor mehr als einem Vierteljahrhundert, 1957, die feierliche Verpflichtung eingegangen sind, „die Hindernisse für den freien Personen-, Dienstleistungs- und Kapitalverkehr zwischen den Mitgliedsstaaten" zu beseitigen.[4]

- Es ist nicht nur ein schwerer Schlag für die spanisch-französischen Beziehungen, sondern ein Hohn auf die Idee der europäischen Völkergemeinschaft, wenn zwischen diesen beiden Nachbarn Kanonenboote in Aktion treten, statt daß sie ihre Fischerei- und sonstigen Probleme in friedlicher Partnerschaft lösen.[5]
- Es ist und bleibt ein Skandal, daß die Regierungen bis auf den heutigen Tag keine Reform der gemeinsamen Agrarpolitik zustandegebracht haben, sondern jetzt versuchen müssen, die Milch- und Weinseen tropfenweise abzulassen[6] – was immerhin schon als Fortschritt gilt –, während es dringend erforderlich wäre, Mittel für eine europäische Beschäftigungs-, Forschungs- und Technologiepolitik freizubekommen, die die Möglichkeiten der Gemeinschaft stärker auf diese für die industrielle Zukunft Europas und damit vor allem für die Arbeitnehmer entscheidenden Felder konzentriert.

Vor fünf Jahren haben weit über 100 Millionen europäische Bürgerinnen und Bürger über die Zusammensetzung des Europäischen Parlaments entschieden.[7] Viele von ihnen haben diese ersten Direktwahlen mit der Hoffnung auf eine demokratische und politische Weiterentwicklung der Gemeinschaft verbunden. Eine Gemeinschaft, die in der Lage ist, sich in den weltpolitischen und weltwirtschaftlichen Herausforderungen zu behaupten.

Doch heute müssen wir feststellen: Die europäische Krise ist nicht überwunden, sie ist in dramatischer Weise vertieft worden. Die real existierende Europäische Gemeinschaft läuft Gefahr, den Gedanken der europäischen Einigung zu verspielen.

Die Ursachen für diese Entwicklung liegen tiefer, als sie in dem akuten Konflikt mit der konservativen Lady – der Gesinnungsfreundin unserer deutschen Konservativen – zum Vorschein kommen. Die Ursachen der Krise liegen vor allem in der mangelnden Funktionsweise der europäischen Organe:
- So hätte der Europäische Rat der Staats- und Regierungschefs die Keimzelle einer späteren europäischen Regierung werden sollen.[8] Aber geworden ist er zu einer Art letzter (und manchmal bis

zur physischen Erschöpfung der Teilnehmer tagenden) Instanz für die Fachministerräte, die ihre Pflicht nicht tun.

– Und die Kommission in Brüssel hat sich zu wenig mehr als einer gehobenen Verwaltungsstelle auf Obergutachterbasis entwickelt statt zu einem starken Partner der Regierungen.

– Unterdessen ist das Parlament mit seinen Rechten und Pflichten kürzer gehalten worden, als es dem europäischen demokratischen Gedanken entspricht und als es eine wirksame demokratische Kontrolle auf europäischer Ebene verlangen würde.

Es ist leider so, daß nationale und übernationale Bürokratien dabei sind, den europäischen Gedanken um Saft und Kraft zu bringen. Die schönen Sprüche aus der europäischen Lyrik – ich meine: das sicher gutgemeinte Gerede von einer Europäischen Union oder von den Vereinigten Staaten von Europa – haben die konkreten Fehlentwicklungen nur überdeckt. Jetzt, in einer Zeit der wirtschaftspolitischen Krise und ausgerechnet in einer Phase großer sicherheitspolitischer Herausforderungen, brechen diese Schwächen auf.

Die Staats- und Regierungschefs aber müssen wissen: Wenn es ihnen nicht sehr bald gelingt, Lösungen zu finden, die Europa wenigstens ein Stückchen nach vorn bringen, dann werden ihnen die Wählerinnen und Wähler am 17. Juni die Quittung mit dem Stimmzettel ausstellen.[9] Und sie – die Bürgerinnen und Bürger – haben dann auch allen Grund zu einer solchen Denkzettel-Wahl gegen die Art und Weise, in der „von oben", von den Regierenden, mit dem europäischen Wirtschaftspotential umgegangen wird, von dessen Entwicklung das Schicksal von Millionen von Arbeitnehmern und ihrer Familien abhängt.

Wir Sozialdemokraten haben der Bundesregierung in der jetzigen Situation erneut unsere konstruktive Mitarbeit angeboten. Und der Bundeskanzler weiß, daß das nicht nur hingesagte Worte sind. Aber ebenso unmißverständlich füge ich hinzu: Wir werden das Versagen der Regierungen zum Hauptthema des Europa-Wahlkampfes machen, wenn nicht wenigstens unter dem Schock des Scheiterns alle Anstrengungen unternommen werden, Europa aus der Krise zu führen.

Nr. 12
Aus der Rede des Vorsitzenden der SPD, Brandt, vor der
Parteihochschule der KP Chinas in Peking
30. Mai 1984[1]

Neue Gesellschaft 31 *(1984) 7, S. 592–599.*[2]

Willy Brandt: Nachbarn auf einem kleinen Planeten

Für die Möglichkeit, hier zu Fragen des Friedens sprechen zu können, möchte ich aufrichtig danken. Ich will Bemerkungen zu drei Bereichen machen: erstens zum Denken über Krieg und Frieden in der aufklärerischen und der sozialistischen Tradition; zweitens zu Aspekten der aktuellen Lage; drittens zu einigen grundsätzlichen und praktischen Schlußfolgerungen.

Ich bitte um Verständnis, wenn ich, in Mitteleuropa geboren und im europäischen Denken und Leben zu Haus, dazu neige, die Dinge aus meinem Teil der Welt zu betrachten und an dessen Geschichte zu illustrieren. Ich bin nach China gekommen, um mehr darüber zu erfahren, wie die Weltprobleme *hier* gesehen werden. Mir ist von vornherein bewußt, daß sich Ihnen manche Fragen anders stellen als uns. Und daß wir gut daran tun, Ihre Erfahrungen einzubeziehen und Ihre Urteile zu bedenken. Ich bin natürlich auch gekommen, um auf Ihre Fragen Antwort zu geben.

[...][3]

II.

„Die größte und dringendste Aufgabe ist es, den Frieden zu bewahren und die Freiheit zu sichern." Dieser Satz steht an hervorragender Stelle des Grundsatzprogramms, das die Sozialdemokratische Partei Deutschlands sich im November 1959 auf ihrem Godesberger Parteitag gab.[4] Die Autoren kannten den Zweiten Weltkrieg aus eigener bitterer Erfahrung. Sie fürchteten einen dritten, atomaren Weltkrieg, und sie taten dies um so mehr, als sie wußten und an anderer Stelle des Programms auch schrieben, daß dieses Unglück jederzeit „durch menschliches Versagen ausgelöst" werden könne und geeignet sein werde, die „Selbstvernichtung" der Menschheit herbeizuführen.

Die Aussage, ein neuer allgemeiner, ein neuer Welt-Krieg laufe auf die Selbstvernichtung der Menschheit hinaus, 1959 vielleicht mehr Ahnung als Gewißheit, ist heute weithin unbestritten. Die Militärfachleute sprechen von „mutual assured destruction", also von gegenseitig gesicherter Zerstörung, im Verhältnis der beiden Supermächte; sie meinen die todbringende Zweitschlagfähigkeit.[5] Die Wissenschaftler sagen uns, daß weltweit nicht viel heil bliebe, wenn erst die USA und die SU ihre atomaren Mittel einsetzten. Mögen der Erste und der Zweite Weltkrieg ungeachtet allen Elends und aller Zerstörung noch Positives bewirkt haben – vom Dritten ist in dieser Beziehung nichts mehr zu erwarten.

Die „mutual assured destruction", die Fähigkeit, die Erde zu einem unbewohnbaren oder nahezu unbewohnbaren Ort zu machen, ist das qualitativ Neue, von dem ich sprach. Aus ihm folgt, daß die Verhütung des allgemeinen Krieges absolute Priorität bekommt.

Da allgemeiner Krieg allgemeine Vernichtung nach sich zöge, ist seine Verhütung allgemeine Aufgabe. Das heißt: sie ist allen Völkern und Staaten aufgegeben; wir dürfen und müssen sie von allen Regierungen einfordern. Freilich: Allein mit der verbal bekundeten Bereitschaft, Frieden zu wahren, ist es unter den gegebenen Bedingungen kaum noch getan.

Denn auch das gehört zur Analyse: Angesichts des neuen Kalten Krieges, in den sich die beiden Supermächte verbissen haben, ist die Bekundung friedlicher Gesinnung bestenfalls ein freundliches Zeichen, tatsächlich aber hinter den Anforderungen der Zeit weit zurück. Was wir in Wahrheit brauchen, ist eine durchdachte Politik in allen Staaten und Systemen, die genügend Kraft und Willen mobilisieren, in Theorie und Praxis, in Entwurf und Verwirklichung, den Weltfrieden zu stärken und unzerbrechbar zu machen.

179 Rede vor der Parteihochschule der KP Chinas, 30. Mai 1984

Ich will einige Elemente einer solchen Politik skizzieren, wenn auch natürlich ohne Anspruch auf Vollständigkeit: Um zu Rüstungskontrolle oder gar Abrüstung zu gelangen, bedarf es in erster Linie eines entsprechenden Willens der in etwa gleich Starken. Wenn seit Jahren kein Ergebnis mehr erzielt wurde, dann lag das kaum an mangelnden Fähigkeiten der Diplomaten, sondern vielmehr an den Weisungen, die sie bekamen. SALT II war das letzte Abkommen, das für beide, Amerikaner und Russen, Risiken und Vorteile enthielt.[6] Seither versucht jede Seite, ihre Schwächen zu mindern und die des Partners zu mehren. Die Fortsetzung der Machtpolitik am Verhandlungstisch oder gar Verhandlungen als politisch-psychologischer Flankenschutz weiterer Rüstung können nicht zu Rüstungsbegrenzungs-Abkommen führen, nicht einmal zum Test-Stop. Der Wille fehlt bei solchen, die auf die Wirkung noch immer größerer Stärke setzen. Denn: Etwa gleiche Stärke ist keine schlechte Voraussetzung für den Willen zu Rüstungskontrolle.

Die Partei, deren Vorsitzender ich bin, hat traditionell – anders als Ihre kämpfende Partei[7] – kein besonderes Verhältnis zur militärischen Gewalt als politischem Mittel. Meine Partei hat den Rückgriff darauf selbst dann oft verschmäht, wo sie selbst ein Opfer herrschender Gewalt wurde. Gleichwohl steht uns heute, ob wir nach Mittelamerika[8] oder anderswo hinschauen, nicht der Sinn danach, anderen allein daraus einen Vorwurf zu machen, daß sie den sozialmilitanten Weg gehen, wo ihnen ein friedlicher verbaut ist. Freilich: wo ein neuer weltweiter Krieg sich verbietet, weil er das Ende bedeutete, hat der Kampf, welcher Bewegung auch immer, eine Grenze dort, wo die Verantwortung gegenüber der Existenz der Menschheit beginnt.

Die Gefahr für den allgemeinen Frieden liegt jedoch gewiß weniger in der Maßlosigkeit des Friedensstrebens von schwer benachteiligten Völkern, nicht einmal in schwer verständlichen Irrationalismen in dieser oder jener Region, als vielmehr in der Neigung Dritter, sich in fremde Angelegenheiten einzumischen oder den Ost-West-Konflikt zu exportieren. Zu den Elementen einer globalen Friedens-Politik gehört darum ein Instrumentarium politischer und rechtlicher Natur, also überprüfbare Verpflichtungen, wodurch Einmischung abgeriegelt oder jedenfalls gemindert wird.

Außer eigensüchtigen nationalistischen und hegemonistischen Gründen gibt es auch moralische Überzeugungen, subjektiv ehrlich und objektiv scheinbar gerechtfertigt, die es nahelegen zu intervenieren, den Geschundenen – notfalls mit äußersten Mitteln – zu Hilfe zu eilen. Und doch gebieten Erfahrung und Einsicht, mitmenschliche und ideelle Verbundenheit politisch zu zügeln, sie nicht nur mit Leidenschaft, sondern auch mit Verstand zu üben. Dabei muß klar sein: Die Verantwortung jedes Staates wächst mit dem Gewicht seiner Macht. Nicht-Einmischung ist nicht nur ein schönes Prinzip, sondern ein Gebot der politischen Vernunft. Und Zurückhaltung ist – das läßt sich nachweisen – oft ein erfolgreicheres Verfahren, als manche ‹ihrer›[9] Kritiker glauben.

[...][10]

III.

Die SPD hat auf ihrem Essener Parteitag ein Sicherheitskonzept bestätigt, das die Idee der Gemeinsamen Sicherheit[11] an die Stelle der Einseitigen Sicherheit setzt.[12] Statt nur *gegen* den denkbaren Gegner zu denken und zu planen, soll der Krieg *mit* ihm in einer gemeinsamen Anstrengung verhütet werden. Die deutsche Sozialdemokratie befindet sich dabei in Übereinstimmung mit der Sozialistischen Internationale, die (auf ihrer Brüsseler Bureau-Sitzung im November 1983) feststellte: Das augenblickliche Gleichgewicht des Schreckens muß durch ein Gleichgewicht der Vernunft und durch ein Konzept gemeinsamer Sicherheit ersetzt werden.[13]

Uns ist klar, daß es einen Prozeß des Umdenkens erfordert, bevor man die unserer Erfahrung zuwiderlaufende Vorstellung akzeptiert, daß man nicht *vor*, sondern *mit* dem Gegner sicher sein soll. Vielleicht war es kein Zufall, daß diese Idee im geteilten Deutschland entwickelt wurde. Im Falle eines Konflikts hätten wir das Ende der Bundesrepublik Deutschland, aber auch der DDR. „Im Untergang vereint" war nie unsere Perspektive der Deutschen Einheit. Obwohl

Während seiner China-Reise trifft Willy Brandt am 30. Mai 1984 in Peking auch mit Deng Xiaoping zusammen, dem Vorsitzenden der Zentralen Militärkommission und eigentlichen Staatschef.

es sich bei uns also um zwei Staaten handelt, in denen [sich] unterschiedliche Gesellschaften – zunächst auch Besatzungen –, unterschiedliche Wertvorstellungen, Wirtschafts- und Regierungsformen entwickelt haben, und obwohl diese beiden deutschen Staaten in gegeneinander gerichteten Bündnis-Systemen organisiert sind und bleiben, haben sie das gemeinsame Interesse, ihre Existenz zu sichern. Auf vielen Gebieten Konkurrenten oder Gegner, werden sie nur gemeinsam leben können.

Deswegen sage ich als Deutscher: Es gibt keine Chance für Deutschland ohne Frieden. Vielleicht überrascht Sie die zugespitzte Formulierung, aber es ist so: Die Sicherheit der DDR ist die Sicherheit der Bundesrepublik und umgekehrt.

Dies gilt übrigens auch für Frankreich und Polen, für die Niederlande und die Tschechoslowakei, für Dänemark und Ungarn nicht anders. Es gilt auch für die USA und die Sowjetunion. Ich denke, es gilt für China und Japan; es gilt irgendwann auch für China und die Sowjetunion.

„Mutual assured destruction" hat, was die Großen angeht, die Hoffnung auf Sieg ausgelöscht. Jeder Versuch, aus dieser Situation durch einseitige Rüstungsmaßnahmen herauszukommen, destabilisiert die Sicherheit zwischen den Nationen. Das ist übrigens ein Grund, weshalb wir deutschen Sozialdemokraten jedes Streben nach militärischer Überlegenheit oder militärischer Hegemonie ablehnen und sogar für gefährlich halten. Ich denke dabei auch an jene Vorstellungen der einen Weltmacht, durch Defensiv-Systeme im Weltraum unverwundbar zu werden.[14] Die andere Weltmacht würde kaum zulassen, verwundbar zu bleiben.

Wir wissen, und ich sage das als ein Freund Amerikas und des amerikanischen Volkes, wie schwer es den Vereinigten Staaten fällt, die Idee der Gemeinsamen Sicherheit als Prinzip zu akzeptieren. Wir wissen, wie schwer es für die Sowjetunion ist, die Lehre vom gerechten Krieg aufzugeben. Freilich: Nicht weniger ist notwendig. Wenn die Menschheit, die imstande war, die Kräfte zu produzieren, durch die sie untergehen *kann*, diese Kräfte nicht beherrscht, *wird* sie untergehen.

Die Gefahr des allgemeinen Krieges und damit der allgemeinen Zerstörung zu beseitigen, ist das Ziel der Gemeinsamen Sicherheit. Auf dem Weg zu seiner Verwirklichung die Gefahren zu verringern, ist das Ziel von Schritten, die die SPD in der Strategie-Diskussion vorschlägt, die innerhalb der NATO stattfindet und die heute gültige Strategie der flexiblen Antwort ersetzen soll.

Die Strategie der flexiblen Antwort ist in einem rund sieben Jahre dauernden Prozeß an die Stelle der Strategie der massiven Vergeltung gesetzt worden.[15] Sie setzte sich durch, nachdem die Sowjetunion die Fähigkeit erlangt hatte, durch Interkontinentalraketen mit Atomsprengköpfen die Vereinigten Staaten zum ersten Mal in ihrer Geschichte, trotz der sie umgebenden Ozeane, tödlich zu treffen. Und verständlicherweise hielten es die Amerikaner nicht länger für glaubwürdig, so zu tun, als seien sie bereit, ihre Existenz aufs Spiel zu setzen, um von vornherein einem begrenzten Angriff in Europa zu begegnen.

Heute wird die Glaubwürdigkeitsfrage in Europa gestellt. Die Aufgabe, einen Gegner quasi lückenlos abschrecken zu müssen, ohne daß der Einsatz interkontinentaler Raketen notwendig wäre, hat auf der einen Seite zu immer kleineren Atomwaffen geführt – mit der Tendenz, sie sich als Instrumente zur Kriegsführung vorstellen zu können, und hat so die Idee der Begrenzbarkeit des Krieges auf Europa gebracht.

Dies wiederum hat auf der anderen Seite die Frage entstehen lassen, ob noch glaubwürdig sei und von den Menschen akzeptiert werde, wenn im Ernstfall zerstört würde, was verteidigt werden soll. Selbst-Abschreckung, ich deutete es schon an, ist für viele nicht glaubwürdig. Daraus sind dann die Vorschläge entwickelt worden von nuklearfreien Korridoren und der notwendigerweise damit einhergehenden annähernden konventionellen Stabilität, die dem potentiellen Angreifer auch konventionell ein zu hohes Risiko aufbürdet oder ihm die nukleare Eskalation abverlangt mit abermals gleichen Risiken.[16] Man könnte sagen: Der Weg führt, über die Zwischenstufe der beiderseits gleichmäßig reduzierten Gefährdung, zur Gemeinsamen Sicherheit.

Nun ist mir – wie eingangs erwähnt – bewußt, daß dies eine Sicht ist, die aus der Mitte Europas stammt, aber immerhin damit dem Gebiet der größten Waffenansammlungen, das am gefährdetsten ist als Objekt einer Auseinandersetzung zwischen den beiden Supermächten. Hier muß noch einmal – und ich tue es deutlich – auf die Unvergleichbarkeit zwischen der Bundesrepublik Deutschland und der Volksrepublik China hingewiesen werden.

Die Geschichte – einschließlich unserer Fehler und der in unserem Namen verübten Verbrechen – hat unser Volk geteilt, genauer: Eigene Schuld hat dazu geführt, daß sich die Streitkräfte aus Ost und West in Deutschland trafen und dort blieben. Daß sich der Antagonismus der beiden Großen entwickelte, daran haben wir Deutschen kaum Schuld. Daß es nicht zum gewaltsamen Ausbruch kam, daran haben wir einen gewissen Anteil. Daß es weiterhin nicht zur Explosion kommt, daran gibt es ein vitales Interesse.

De facto hatten wir nicht und haben wir nicht die Möglichkeit, einen eigenen blockfreien Weg zu gehen. Die Bündnisse bleiben aus unserer Sicht Faktoren der Stabilität, solange nicht eine europäische Friedensordnung erreichbar ist, die die Idee der Gemeinsamen Sicherheit verwirklicht und die Bündnisse überflüssig macht. Und damit es hier keine Mißverständnisse gibt: Unter sozialdemokratischer Regierungsverantwortung ist über eine lange Reihe von Jahren hinweg die Bundeswehr in unserem Bündnis nicht schwächer, sondern gewichtiger geworden.

Seine Größe und seine geographische Lage haben China eine Politik ermöglicht, die nicht auf die europäischen Staaten übertragbar ist. Ich kann die chinesische Haltung verstehen, die die Chance zur relativen Äquidistanz hat. Äquidistanz ist für Europa (West wie Ost) keine Möglichkeit.

Anders die Ablehnung des Hegemonismus. Ist der politische Hegemonismus aus Gründen des Selbstbestimmungsrechts der Völker abzulehnen, so der militärische, weil mit der Idee der Gemeinsamen Sicherheit nicht zu vereinbaren. Ich fürchte, daß die Neigung zum politischen Hegemonismus nicht abschaffbar ist. Aus sozialdemokratischer Sicht muß sich evolutionär entwickeln, was das Bessere ist: unter der logisch zwingenden Voraussetzung, daß es sich entwickeln *kann*, daß also der Friede erhalten bleibt.

Die Frage ist, ob die Idee der Gemeinsamen Sicherheit auch außerhalb der gegeneinander gerichteten Bündnisse, also von NATO und Warschauer Pakt, realisiert werden sollte und könnte. In der europäischen Nachbarschaft, im Nahen Osten, erscheint das ziemlich klar. Die arabische Welt weiß im Grunde, daß sie von einer wirksamen Garantie-Existenz für die Israelis ausgehen muß. Und Israel wird um die Einsicht nicht herumkommen, daß auf Dauer seine Sicherheit nur mit und neben den arabischen Staaten gefunden werden kann. Gemeinsame Sicherheit kann für diese Region der Schlüssel zur Lösung der Probleme sein. Wenn dafür Zeit wäre, würde ich diese Problematik gern für andere Regionen durchgehen.

Auch in bezug auf China glaube ich in aller Bescheidenheit sagen zu können, daß es für die Verwirklichung der ihm gesetzten gewaltigen Aufgaben Frieden braucht und nicht unbetroffen bliebe, wenn der Friede zwischen dem, was man weltpolitisch West und Ost nennt, nicht erhalten werden könnte. Die Volksrepublik ist in ihrer Position mit fast keinem anderen Staat vergleichbar. Nicht nur, aber auch wegen ihrer gewaltigen Ausdehnung. Aber auch sie würde im Falle eines atomaren Konflikts zwischen den beiden Supermächten nicht unberührt bleiben – ganz im Gegenteil. Radioaktiver Fall out respektiert keine Staatsgrenzen. Das gleiche gilt per definitionem für die globalen und wahrscheinlich katastrophalen Klimaveränderungen, die dem allgemeinen Nuklearkrieg auf dem Fuße folgen würden. In diesem Sinne wird man als Außenstehender sagen dürfen, daß auch die Volksrepublik China objektiv ein Interesse an Gemeinsamer Sicherheit habe. Es ist jedenfalls für den Fall anzunehmen, daß nur ein System gemeinsamer Sicherheit, das die Supermächte umfaßt, den Frieden der Zukunft gewährleisten kann.

[...][17]

Nr. 13
Schreiben des Vorsitzenden der SPD, Brandt, an den
Ministerpräsidenten Portugals, Soares
13. Juni 1984[1]

AdsD, WBA, A 11.15, 18.

‹Lieber Mário,›[2]
für Deinen Brief vom 2. Juni[3] danke ich Dir. Erst nach meiner Rückkehr aus China und Indien habe ich ihn sehen können.[4]

Unabhängig von unserer vertrauensvollen persönlichen Beziehung und dem guten Verhältnis zwischen unseren beiden Parteien scheint es mir natürlich zu sein, daß man im Bereich der Sicherheitspolitik aus jeweils nationaler Sicht (oder voneinander abweichender Beurteilung neuer Entwicklungen) unterschiedliche Positionen einnehmen kann. In diesem Geist, so erinnere ich mich, haben wir auch unser Gespräch am 8. April in Lissabon geführt.[5]

Was die Aussprache nach dem Abendessen in Paris angeht[6], so brauche ich Dir kaum darzulegen, daß und warum es wichtige Unterschiede zwischen den Politiken der Labour Party und der SPD gibt.[7] Ich hätte allerdings gern noch deutlicher als an jenem Abend dargelegt, weshalb meines Erachtens die gegenwärtige amerikanische Politik die russische Macht über Osteuropa festigt, statt sie lockern zu helfen.

Als deutscher Sozialdemokrat muß ich auch darauf hinweisen dürfen, daß es meine Partei und weite Teile unseres Volkes nicht gleichgültig läßt, in welch verhängnisvoller Weise beide Teile unseres Landes mit nuklearen (und chemischen) Waffen vollgestopft werden, ohne daß ein vernünftiger Ausweg sichtbar wäre.

In meinem politischen Leben habe ich mich gelegentlich geirrt. Doch das Gegenteil von Mut habe ich mir kaum vorzuwerfen gehabt. Deshalb hat es mich an jenem Abend in Paris traurig und zornig gestimmt, daß die Haltung unserer konservativen Gegner als „Mut" gelobt wurde.[8] Den sich für uns ergebenden Umkehrschluß kann ich nicht akzeptieren.

Über Euren Vorschlag, ein Treffen europäischer SI-Parteien aus NATO-Ländern zur Sicherheitspolitik anzustreben, hatten wir schon in Lissabon gesprochen. Ich stehe diesem Gedanken nach wie vor positiv gegenüber.[9] Für die weitere Planung steht Deinen Mitarbeitern Klaus Lindenberg zur Verfügung.

Ich habe die Hoffnung, daß wir uns Anfang Oktober in Rio de Janeiro wiedersehen werden.[10]

Mit besten Grüßen

⟨Dein Willy Brandt⟩[11]

Nr. 14
Rede des Vorsitzenden der SPD, Brandt, in den Münchener Kammerspielen
18. November 1984[1]

Brandt, Willy: Die Chancen der Geschichte suchen, in: Reden über das eigene Land: Deutschland, München 1984, S. 57–70.[2]
© *Verlagsgruppe Random House – Bertelsmann*

Die Chancen der Geschichte suchen

I

Als zur harten Selbstbehauptung herausgeforderter Regierender Bürgermeister von Berlin[3] bin ich nicht auf die Welt gekommen. Auch nicht als Chef einer Regierung, in deren Namen Briefe zur Deutschen Einheit deponiert wurden.[4]

Es war kein kurzer Weg von meinem Großvater, der als Knecht nach Lübeck kam und dort Fabrikarbeiter wurde.[5] Er hatte ein ursprünglich-lebendiges Verhältnis zur mecklenburgischen Heimat. Mit dem Deutschen Reich, für das er verwundet aus Frankreich zurückkam, hatte er nicht viel im Sinn. Wohl aber sehnte er sich nach dem „Vaterland der Liebe und Gerechtigkeit", von dem August Bebel gesprochen hatte[6]; „national" hatte in seinem begrenzten plattdeutschen Wortschatz keinen vorteilhaften Klang.

Günter Gaus hatte recht, als er hier im vorigen Jahr daran erinnerte, daß und wie sehr der Nation-Begriff bei uns geschichtlich belastet ist.[7] Als ich in meinen jungen Jahren „draußen" war, behagte mir durchaus die Vorstellung, zum *anderen* Deutschland zu gehören[8]: dem, das hervorragend durch die Münchner aus Lübeck, Heinrich und Thomas Mann, repräsentiert wurde.

Meine Mutter in Deutschland wie ich weiter im Norden, in meiner skandinavischen Wahlheimat: Für uns war das Reich der Nazis die geschundene Heimat, doch nicht ein uns verpflichtendes Vaterland. Dabei hatte ich eine frühe Jugend hinter mir, in der sich mein linker Abscheu vor Radaunationalismus durchaus mit großdeutschen Sympathien hatte verbinden lassen. Erst Bruno Kreisky hat mich von diesem Holzweg abgebracht.

Die deutsche Nation war mir ganz nahe, als es ihren Angehörigen besonders dreckig ging. Abstrakte Theorien vom Weiterbestehen des Deutschen Reiches vom Jahre X oder Y haben mich dabei nie sonderlich beeindruckt.[9] In Berlin hatte ich das Existenzrecht der mir anvertrauten Menschen zu verteidigen. Daran war anzuknüpfen, als ich von Bonn aus zu wirken hatte.

Meine Söhne sind nicht dazu da, meine Wege nachzuvollziehen. Der eine fragt mehr als die anderen, weshalb es für die Deutschen – um der Gerechtigkeit und der Organisation des Friedens willen – nicht wie für andere Völker das Recht geben soll, unter einem ihnen gemeinsamen Dach zu leben.[10] Die Brüder finden ihre Verankerung stärker in europäischer Kultur, in der sie das finden, was ihnen an Deutschland wichtig ist. Sie verdienen gleichermaßen das Verständnis ihres alten Herrn.

Dasselbe Land, die Zugehörigkeit zur selben Nation vermitteln voneinander abweichende Erfahrungen, Fragen und Antworten. Unterschiedliche Standorte und Generationen, Klassen- oder Schichtenzugehörigkeiten geben der Differenzierung ihre Würze – oder ihre Bitterkeit. Es gibt in der Tat viele Antworten auf ein Thema, das man zu gewissen Zeiten nur auf eine einzige Art zu beantworten zuließ oder befahl.

Mich berührt es übrigens immer noch eigenartig, wenn ich auf Auslandsreisen als *west*deutscher Verantwortungsträger begrüßt werde. Als der gebürtige Saarländer, der an der Spitze der DDR steht[11], dorthin kam, wo er seine Verantwortung trägt, nannte man es dort und anderswo bekanntlich auch noch nicht *Ost*deutschland.[12]

II

Vielleicht darf ich an dieser Stelle meiner Einleitung sagen: Das Wort Nachdenken hat ja nicht nur die Bedeutung von überlegen; es beinhaltet auch das Hinterher-Denken, das Nach-Sinnen dem, was vergangen ist. Was geschehen ist. Wie kommen konnte, was gekommen ist. Wer in diesem Sinne nachdenkt über Deutschland, könnte leicht zu dem Ergebnis kommen, daß er wenig Neues zu denken braucht.

Dennoch, das Nachdenken bleibt uns nicht erspart. Die einfachen Fragen sind dabei die schwierigsten. Wenn die Enkel von uns wissen wollen, was denn Deutschland sei, flüchten wir dann in Abstraktionen? Entwerfen wir ein mittelalterliches Bild vom Heiligen Römischen Reich Deutscher Nation?[13] Oder klammern wir uns an den steckengebliebenen demokratischen Entwurf von 1848?[14] Oder halten wir uns an die Bismarcksche Lösung, die, wenn sie denn eine war, jedenfalls nicht lange hielt?[15]

Oder versuchen wir, was doch nicht das schlechteste wäre, vor allem den Reichtum der Kultur nachzuzeichnen? Mancher stürzt sich auch trauernd in die Erinnerung an Katastrophen, welche nicht abgetan werden können, denn bei unseren Nachbarn und in der Welt werden sie mit dem Namen Deutschland verbunden bleiben. Oder faßt man, was ratsam wäre, das Helle und Dunkle, das Positive und Negative in unseren kollektiven Erfahrungen zusammen, rückt sie ins Taglicht dessen, was man ein Geschichtsbewußtsein nennt?

Dies gibt es nicht ohne Stolz auf große Leistungen, die nachwirken. Es gibt dies auch nicht ohne die Bürde nachwirkender Verantwortlichkeit für Verschulden und Versagen. Vaterlandslose Gesellen möchte man heute die nennen, die nicht die Kraft, den Mut, die Verantwortlichkeit aufbringen, ihr Vaterland von dem zu trennen, was seine selbstverschuldete Schmach und sein noch nicht lange überwundenes Elend ausmachten.

Je aufrichtiger wir mit unserer Vergangenheit umgehen, um so weniger kann uns das Unbehagen anhaben, das uns latent umgibt, ob wir es wahrhaben wollen oder nicht. Oft spiegelt es auch unser eigenes Unbehagen. Draußen gibt es ja nicht nur Ungerechtigkeit und hartnäckiges Mißverstehen. Es gibt auch eine Art unruhiger Neugier an [sic!] uns, manchmal auch einen Überdruß, der wiederum unserem eigenen entspricht.

Es wäre vielleicht gar nicht so übel, wenn wir, wenn die Nachbarn, wenn die Welt keinen besonderen Anlaß hätten, über Deutschland nachzudenken. Wenn Deutschland eine sozusagen normale, undramatische, untragische Existenz führte – ein bißchen langweilig, friedlich, freundlich, wohltätig. Es ist nicht so.

III

Der große amerikanische Kolumnist Walter Lippmann unternahm im Herbst 1953 eine Europa-Reise, die ihn unter anderem nach London und Bonn führte und über die er mehrere Artikel schrieb, die Aufsehen erregten.[16] Er hat damals aus London berichtet, die Politik bewege sich zur Zeit auf zwei Ebenen: „Der Ebene der offiziellen Ziele des Austausches von diplomatischen Noten und der vorgeschlagenen formellen Verhandlungen" – und einer zweiten, wirklichkeitsnäheren Ebene, auf der, wie er schrieb, „alle Regierungen, die westlichen und die östlichen und nicht zuletzt die deutsche dazu neigen, die Lage zu akzeptieren, wie sie nun einmal ist".

Von der oberen Ebene meinte er, nur ein Wunder könne auf dem Verhandlungswege ein Abkommen über die Deutsche Frage herbeiführen. Auf der niederen Ebene dagegen hoffe man, „die Spannung zu vermindern", indem man den Status quo akzeptiere. „Das Risiko, das offenbar zur Zeit niemand einzugehen bereit ist, wäre, an der Seite eines wiedervereinten, wieder gerüsteten, nicht besetzten und souveränen Deutschland zu leben. Ich glaube, dies gilt von Moskau, Bonn, Paris und London." Er konstatierte eine feststehende Überzeugung, wonach westalliierte Truppen auf unabsehbare Zeit in Westdeutschland bleiben müßten. Und das bedeute, daß die Rote Armee nicht aufgefordert werden könne, Ostdeutschland zu verlassen.

Der Feststellung aus London folgten zwei Berichte aus Bonn, von denen der eine mit den Worten begann: „Jetzt, da die Tore zur Einheit Deutschlands geschlossen sind ..." Mit dem Abstand von mehr als dreißig Jahren ist festzustellen: Die Analyse Lippmanns war nicht angenehm, aber sie war zutreffend. Ich füge hinzu: Sie gilt noch immer, und ich sehe weiterhin nicht die Umstände, die zu einer Änderung der machtpolitischen Interessen führen könnten, die eine Voraussetzung wären für eine Änderung dieser Lage. Die Tore zur deutschen Einheit sind heute nicht weniger geschlossen, als Lippmann sie 1953 fand.

Erstaunlicherweise hat sich der Streit darüber, wie offen die Deutsche Frage ist, über mehr als dreißig Jahre gehalten. Aber auch die Fakten, die Interessen haben sich nicht verändert. Das Reden über Deutschland hat Deutschlands Einheit nicht geschaffen. Sondern das viele Reden hat fast vergessen lassen, daß es die nazistischen Führer waren, die Deutschlands Teilung bewirkten.

1954 hat eine Außenministerkonferenz in Berlin die Voraussetzungen erreicht für den österreichischen Staatsvertrag.[17] Der deutsche NATO-Beitritt kam im darauffolgenden Jahr.[18] Er war für Deutschland das Siegel auf dem Status quo, im allgemeinen auch Teilung genannt.

In den leidenschaftlichen Debatten im Deutschen Bundestag ist nachzulesen, daß es nicht an dem Versuch fehlte, sich gegen die Weigerung aufzubäumen, auch nur auszuloten, ob die deutsche Einheit durch Verzicht auf den NATO-Beitritt erreichbar sei, weil anders zu befürchten sei, daß die Deutsche Frage für lange Zeit, und zwar im Sinne der Teilung, „gelöst" sein würde. Leider hat Adenauer mit seiner Auffassung unrecht behalten, daß Westintegration und Wiederbewaffnung fast automatisch zur Wiedervereinigung führen würden; doch er setzte sich durch. Ob die ihm entgegengesetzte Vorstellung eine reale Chance gehabt haben könnte, darf vielleicht als wirklich offengebliebene Frage festgestellt werden.

Wer die Linie von damals zur Gegenwart zieht, wird objektiv festzustellen haben, daß die Deutsche Frage im Sinne der staatlichen Einheit – heute wie damals – nicht mehr eigentlich offen ist; schon gar nicht, solange es NATO und Warschauer Pakt gibt, zumal die Bundesrepublik wie die DDR im Rahmen der beiden Bündnissysteme heute ein viel größeres Gewicht haben als vor dreißig Jahren. Beide deutsche Staaten sind in diese Sicherheitssysteme so weit integriert, daß sie, zur Befriedigung aller ihrer Nachbarn, nicht fähig sind, Krieg zu beginnen; ihre Integration dient dem sogenannten Gleichgewicht zwischen Ost und West, das in all seiner Relativität von der Spannung zwischen den beiden Supermächten bestimmt ist. Die beiden deutschen Staaten wurden in der Teilung insoweit für den Frieden in die Pflicht genommen. Sofern es wirklich um Frieden ging, entsprach dies dem eigenen Interesse; jedenfalls entsprachen die beiden Seiten damit der Realität, daß sie weder allein noch gemeinsam außerhalb der prägenden Bündnissysteme Sicherheit gewinnen können.

Meine Freunde im Bundestag haben das dieser Tage so formuliert, daß die Ausgliederung der beiden Deutschland aus den Paktsystemen – ihre Neutralisierung – eine destabilisierende, gefährliche Illusion wäre. So hat es mir übrigens vor gut fünfundzwanzig Jahren Außenminister Dulles in Washington erklärt.[19] Kein führender Mann in der Sowjetunion hat mir das Gegenteil gesagt.

Angesichts dieser Lage drängt sich die Frage auf, warum dann um alles in der Welt noch heute darüber geredet wird, wie offen die Deutsche Frage sei.[20] Eine Antwort darauf ergibt sich abermals aus einem Rückblick: Im November 1953 schrieb Margret Boveri einen Brief an Theodor Heuss. Darin heißt es: „Alle rufen mit mehr oder weniger Verve nach der Wiedervereinigung. Aber wie viele wünschen sie wirklich?" Und dann führt sie die starken Strömungen vor, von denen sie meint, daß sie „in aller Stille gegen die Wiedervereinigung wirken". Der Durchschnittsdeutsche, so schrieb sie damals, werde „hinters Licht geführt, indem er den Eindruck erhält, als würde alles getan, um die Wiedervereinigung herbeizuführen".[21]

Jene briefschreibende Publizistin unterschätzte damals das Sicherheitsbedürfnis ihrer Landsleute. Das tiefe Mißtrauen gegen die Stalinsche Machtpolitik. Die Hoffnung auf eine Art Geborgenheit an der Seite Amerikas und der westeuropäischen Nachbarn. Der Westen war, auch geistig, attraktiv geworden. Der Osten, wie man zu jener Zeit sagte, wurde als Gegenteil von Geborgenheit empfunden.

Doch auch in jenem Boveri-Zitat finden wir etwas wieder oder vorweggenommen von einer gewissen Schizophrenie oder Doppelbödigkeit heutiger Diskussionen. Darin hat sich soviel nicht geändert in den letzten dreißig Jahren.

Wenn man es positiv werten will, so dokumentiert sich darin das schlechte Gewissen über Versäumnisse oder verpaßte Gelegenheiten. Doch sicher ist darin auch ein Stück Verdrängung enthalten: Nachdem sich der Weg der frühen fünfziger Jahre – was immer Adenauer selbst gemeint haben mag – als die große Illusion der deutschen Nachkriegsgeschichte erwiesen hat, möchte man wenigstens das alte Recht erhalten, oder was als solches empfunden war, einklagbar behalten, auf Kommuniqués und Vertragstexte pochen können, in denen andere sich für unsere Sache ausgesprochen haben, ohne sich freilich in ihrem *follow-up*, wie man auf neudeutsch sagt, erkennbar zu übernehmen.[22]

IV

Es gibt einen weiteren doppelten Boden: Nicht souverän in eigener Sache, also völkerrechtlich gesprochen mit den Vorbehaltsrechten der Siegermächte in allen Deutschland als ganzes betreffenden Fragen[23] behaftet, ergibt sich mancherorts noch immer eine Haltung, aus der heraus man darauf wartet, daß die Zusagen anderer uns eines Tages irgendwie eingelöst und in Gestalt der staatlichen Einheit dargebracht werden.

Gleichzeitig ist das Gewicht der Bundesrepublik gewachsen, und es wird als Erfolg bezeichnet, daß wir nun im Rahmen der Westeuropäischen Union letzte Diskriminierungen losgeworden sind und theoretisch die Möglichkeit zur Herstellung sogar strategischer Waffen und weitreichender Raketen haben[24]; und daß wir Ja oder Nein sagen können, wie alle anderen westlichen Staaten auch, zur Stationierung qualitativ neuer Waffensysteme auf unserem Boden.

Der Stolz auf wachsende Souveränität in Europa läuft parallel mit dem Anspruch auf Nicht-Souveränität in eigener Sache. Unsere politische Diskussion verläuft einmal auf der einen, einmal auf der anderen Ebene, genauer gesagt, die Auseinandersetzungen sind wirklich und unwirklich, die Fiktion der Deutschen Frage und die Realität der bundesdeutschen Politik berühren sich nicht mehr, weil die Realität eben stärker ist. Gegenüber dem anderen deutschen Staat schlägt sie noch stärker durch, diese Realität.

Kaum jemand hat noch erwartet, daß die Bundesrepublik etwa gesamtdeutsche Bedingungen gestellt hätte für Fortschritte oder internationale Aktivitäten, um im Falle des Erfolgs auf die Stationierung der Raketen zu verzichten. Sonntagsreden pflegen oft – oder wieder – die Lebenslüge der fünfziger Jahre; an den restlichen sechs Wochentagen wird den westlichen Interessen der Bundesrepublik Rechnung getragen. Und wenn er Pech hat, könnte sogar einem bayerischen Ministerpräsidenten widerfahren, daß er zum Verfassungsfeind gestempelt wird, weil er sich nicht genau genug an das gehalten hat, was einige aus einem Spruch des Bundesverfassungsgerichts von vor zehn Jahren haben herauslesen wollen.[25]

Der heftige Streit darüber, wie offen die Deutsche Frage heute sei, ähnelt der Dramatik eines Traums, der nachschwingt, aber vorüber ist, wenn man aufwacht. Der Traum ist vorbei. Doch er sagte etwas über die psychologische Befindlichkeit des Träumers. Wer eigentlich kann sich wundern, daß unsere Nachbarn irritiert sind, wenn sie Zeichen eines deutschen Verhaltens feststellen, die ihnen als Träumerei erscheinen?

Eines unserer Probleme besteht doch in der Schwierigkeit, unseren Nachbarn in Ost und West klarzumachen, daß wir im Ernst, im grellen Licht des Tages, auch wissen, was Träumerei ist, dies aber ungern zugeben wollen. Wir können gewiß wünschen, daß bei einigen unserer Nachbarn, zumal Verbündeten, weniger Unsinn über das heutige Deutschland geredet wird. Doch wir können nicht erwarten, daß andere scharf darauf sind, deutsche Schizophrenien zu europäischen zu machen.

Dieses Jahr 1984 hat Grenzen deutschen Manövrierens deutlich gemacht. Aber kein Zweifel, daß uns Phrasendrescher wieder einmal erheblich geschadet haben. Die lächerlich-starken Worte gegen Herrn Andreotti jenseits der Alpen haben nichts bewirkt; seine Bemerkungen übrigens auch nicht.[26]

Ich frage, was eigentlich die sterile Aufgeregtheit sollte, weil im befreundeten Ausland einige Leute sagten, was sie meinen? Gewiß macht es einen Unterschied, wenn einer in der Öffentlichkeit sagt, was andere nur hinter vorgehaltener Hand von sich geben. Aber wem müßte ich erklären, daß die Raketenstationierung auch bei einem Teil unserer französischen Nachbarn nicht allein unter strategischen oder militär-technischen Gesichtspunkten erörtert wurde, sondern auch von der Erwartung begleitet war, die Verhältnisse in Europa würden so zementiert, daß jedenfalls eine grundsätzliche Änderung in der Deutschen Frage immer unwahrscheinlicher werde.[27]

V

Wenn wir ein Stückchen weiter nachdenken über das eigene Land, fällt auf, daß der Kern dessen, was man als Schizophrenie oder Doppelbödigkeit bezeichnen kann, eindeutig rückwärts gewandt ist. Nicht in dem oberflächlichen Sinn, daß man damals getroffene Entscheidungen noch einmal, und zwar diesmal anders treffen möchte, sondern daß man in einem ganz abstrakten Sinn glaubt, festhalten zu können und festhalten zu müssen an dem, was vor dreißig oder mehr Jahren – vielleicht, vielleicht – möglich gewesen sein könnte.

Die heutige Diskussion darüber, wie offen die Deutsche Frage ist, wendet sich zurück; sie ist eine politische Abart der Suche nach der verlorenen Zeit; Balsam auf Wunden, die gepflegt sein wollen. Die Diskussion darüber, wie offen die Deutsche Frage sei, kann Illusion und Selbstbetrug verlängern, gerade weil und wenn sie so tut, als ginge es um ein Problem, das heute akuter wäre als Anfang der fünfziger Jahre.

Zudem wird die Kluft zwischen Anspruch und Wirklichkeit immer größer. Auf der einen Seite ein Glasperlenspiel in zuweilen übersteigerter Feinheit: mit Konstruktionen, Plänen, Entwürfen in den Größenordnungen der damaligen Zeit, ob innerhalb oder außerhalb der Bündnisse, ob neutral oder in Konföderation.

Was da möglich gewesen sein könnte, wird zu einer Sache der Historiker. Wer Politik gestalten will, kann nicht Vergangenheitsbewältigung betreiben, indem er tut, als handle es sich um aktuelle Probleme. Auf der anderen Seite sehen viele in unserem Volk eben durchaus, wie vorrangig es weltweit ist, die Rüstungsschraube anzuhalten, der rasanten Umweltzerstörung entgegenzuwirken, dem Hunger in der Dritten Welt und sonstigen Katastrophen zu begegnen. Um die Gespaltenheit unserer Seele und unseres politischen Verhaltens zu überwinden, müßte es uns gelingen, den nostalgischen Teil der Diskussion über Deutschland zu überwinden. Wir müssen uns klar machen, daß Geschichte nicht zurückzudrehen ist. Daß wir nur eine Chance haben, wenn wir vom Status quo her Geschichte und das heißt Zukunft denken, über Deutschland nicht mehr nur *nach*denken, sondern bewußt *vor*denken.

Nicht in der Klarheit dieser Erkenntnis, aber doch in dem Gefühl für Realitäten lag es, daß einige Leute – zum Beispiel meine politischen Freunde mit mir – eben vom Status quo ausgingen und bereit waren, ihn anzuerkennen. Es ist kein Zufall, daß wirklich alles Wesentliche, was erreicht worden ist an Erleichterungen, von der inneren Anerkennung des Status quo ausgeht: von den Passierscheinen in Berlin 1963[28] über das Verkehrsabkommen bis zum Grundlagenvertrag mit der DDR.[29] Es ist auch kein Widerspruch, wenn ein Mann wie Gustav Heinemann, der, aus dem ersten Kabinett Adenauer ausgeschieden, ein Kämpfer für die Priorität der deutschen Einheit war, als Bundespräsident zu einem Verfechter dessen wurde, daß wir der

DDR die Anerkennung nicht versagen sollten. Wer es gut meint mit unserem Volk, muß zu einem solchen Eingehen auf veränderte Bedingungen fähig sein.

Dies hat nichts zu tun mit sogenannter Äquidistanz gegenüber Wertsystemen in West und Ost. Ich lebe ohnehin nicht in und mit dem Gefühl, daß ich mich einer Meßlatte politischer Grundwerte anpassen lassen müßte.

Was eigentlich ist der Kern dessen, was man Ostpolitik genannt hat? Ich wollte, wir wollten, daß ungelöste Fragen der Vergangenheit uns nicht daran hinderten, die Zukunft zu gestalten. Das bedeutet heute, nicht in die Fruchtlosigkeit von Auseinandersetzungen zurückzufallen, die schon in der Vergangenheit fruchtlos waren.

Wir wollten dafür sorgen, daß das Nebeneinander der beiden deutschen Staaten organisiert werde, weil man nur so – vielleicht – zu einem kooperativen Miteinander kommen könnte, zu einem Miteinander trotz und in der Trennung. Heute dürfen wir nicht zurückfallen und so tun, als gäbe es den Grundlagenvertrag nicht.

Wir haben die unterschiedlichen Standpunkte zwischen Ost und West, die es damals wie heute gab und gibt, nicht verleugnet, wir haben die Schwierigkeiten des Berlin-Problems nicht übersehen: Aber wichtig war, daß sie uns nicht hinderten, praktische Regelungen zu vereinbaren, wo sich dies als möglich erwies. Es war kein Zufall, sondern logisch, daß wir mit dem Moskauer Vertrag vom August 1970 das Geröll der Vergangenheit soweit beiseite räumen konnten, um die Chance zu öffnen, damit ein Bauplatz abgesteckt und planiert werde, auf dem dann die nächste Frage, nämlich die der Sicherheit, behandelt und nach Möglichkeit gelöst werden sollte. Es ist heute nicht die Zeit zu entwickeln, warum das nicht oder noch nicht weitergeführt hat.

Aber es hatte schon seinen Sinn, in Oreanda im Frühherbst 1971 mit Breschnew zu vereinbaren, Truppen-Reduktionen sollten „ohne Nachteil für die Beteiligten" in Ost und West vorgenommen werden.[30] Und es ist schon verwunderlich, auf wie schmaler Quellenbasis man gelegentlich meint, den Vorwurf belegen zu können, unsere Entspannungspolitik habe Fragen der militärischen Sicherheit vernachlässigt oder gar ausgeklammert. Davon kann überhaupt keine Rede sein. Egon Bahr weiß dies so gut wie ich. Der damalige Außenminister Walter Scheel wird sich auch daran erinnern.

Ob es vernünftig war, die Themen KSZE (in Helsinki)[31] und MBFR (in Wien)[32] so stark voneinander zu trennen, ist ein anderes Thema. Ebenso wie die Frage, ob es während der zehn oder elf Jahre in Wien nicht mehr als *eine* Gelegenheit gegeben hätte, ein erstes Reduzierungsabkommen zu vereinbaren.

Die beiden Briefe zur deutschen Einheit, in Moskau wie in Ost-Berlin übergeben, vor Vertragsunterzeichnung, waren nicht nur ein Zeichen, daß der Wunsch nach deutscher Selbstbestimmung durch diese Verträge nicht untergeht, sondern auch ein Zeichen dafür, daß unsere Zukunftsvorstellungen diesen Verträgen *nicht* übergeordnet sind.[33]

Am 12. August 1970 sagte ich in einer Sendung aus der sowjetischen Hauptstadt, mit jenem Vertrag gehe „nichts verloren, was nicht längst verspielt worden ist".[34] Übrigens: Niemand kann heute die Deutsche Frage offener machen, als sie durch die beiden Briefe aus dem Jahr 1970 und 1972 war und ist. Aber die deutsche Politik muß dafür sorgen, daß auch nur der Eindruck vermieden wird, als ob die damals geschlossenen Verträge auch nur in einem einzigen Punkt diesen Briefen *unter*geordnet wären.

Wir waren und ich bleibe der Überzeugung, daß wir – angesichts der gewachsenen und weiter wachsenden Gefahren – Grenzen nicht in Frage stellen dürfen, sondern uns an Verträge halten und Vereinbarungen suchen müssen, die die Grenzen entspannen. Und ich füge hinzu: Für Deutschland und für die Deutschen, wo sie heute leben, bewirken wir nichts, jedenfalls nichts Gutes, wenn wir an der Oder-Neisse-Grenze auch nur verbal herummachen.

Worum ging es in den sechziger Jahren? Wir haben nicht geglaubt, Entspannung mit dem einen gegen den anderen machen zu können. Sondern: Nur in voller Offenheit gegenüber den westlichen Partnern bessere Zusammenarbeit mit dem Osten. Diese aber bezogen auf den vollen Zusammenhang zwischen wirtschaftlichen, kulturellen, politischen und militärischen Fragen. Dies ist, was nicht verlorengehen darf.

VI

Die fruchtlose Diskussion, wie offen wohl die Deutsche Frage sei, sollte beendet werden. Sie bringt nichts.

Mit der DDR als einem Staat, der sehr anders ist als der unsere, aber eben souverän und unabhängig wie andere Staaten des Warschauer Vertrages, sollten wir – wie im Grundlagenvertrag festgelegt – möglichst gute und möglichst enge Beziehungen der Zusammenarbeit entwickeln. Wir sollten nach Gemeinsamkeiten trotz und in der Teilung suchen. Das ist eine Chance, die uns die Geschichte jetzt bietet.

Dabei ergeben sich zwei Schwerpunkte: Der erste ist die Erhaltung des Friedens. Hier gibt es ein vitales gemeinsames Interesse, und es gibt auch die besonderen Möglichkeiten, die aus der Gunst der Geographie abgeleitet werden können: Gerade weil diese beiden Staaten in der Mitte Europas, jeder in seinem Bündnis, für unentbehrlich gehaltene Faktoren – oder sogar Säulen – der Stabilität gehalten werden, haben sie besondere Möglichkeiten und damit auch Pflichten gegenüber ihren Nachbarn.

Mit anderen Worten: Die Stärkung von Stabilität und Frieden im Zentrum Europas sollte zu einem Element der Außenpolitik beider Staaten werden, mit dem sie einen Dienst für Europa leisten; wenn man so will, eine späte Wiedergutmachung dafür, daß und wie vom deutschen Boden Krieg ausgegangen ist. Verantwortungsgemeinschaft gibt es auch in der Trennung, ja, sie erwächst aus ihr – für eine nicht begrenzte Zeit.

Der zweite Schwerpunkt ist in den Erleichterungen für die Menschen zu suchen, die nach den gemachten Erfahrungen um so eher möglich werden, je mehr die Politik zu Entspannung fähig ist und zu mehr Kooperation findet. Mehr für die Menschen zu erreichen, ist nicht Voraussetzung, sondern Ergebnis engeren politischen

Zusammenwirkens. Dazu gehört der pflegliche Umgang mit dem, was ich in Übereinstimmung mit Günter Grass die Kulturnation genannt habe[35]: durch Austausch, Anregung, vor allem das Einander-Zuhören. Beim Zuhören könnte man zum Beispiel die Erfahrung machen, daß „drüben" manchmal das bessere Deutsch geschrieben und gesprochen wird.

Eine derartige Politik entspräche, um in dem herkömmlichen Vokabular zu reden, dem Interesse und der Lage der Nation. Sie erforderte in der Praxis zunächst die Beseitigung der Reste dessen, was man sich beim Abschluß des Grundlagenvertrages aufzuräumen vorgenommen, aber noch nicht geschafft hatte, damit man sich davon unbelastet der Zukunft zuwenden könnte. Wenn beide Seiten die verfassungsrechtlichen Gegebenheiten respektieren und sich an die Regeln des Grundlagenvertrages halten, sollten sich – wie bei der Staatsbürgerschaft[36] – auch bisher für schwierig gehaltene Fragen vernünftig beantworten lassen.

Das bedeutet dann in der Praxis weiter, daß beide deutschen Staaten sich über europäische Sicherheitsfragen konsultieren, wie im Grundlagenvertrag vorgesehen. Es ist zum Beispiel erörterungswürdig, ob beide Staaten in ihren Bündnissen sich zu einer Initiative entschließen können, einen europäischen Gewaltverzicht völkerrechtlich verbindlich auf der Konferenz in Stockholm[37] zu verhandeln oder eine von Chemiewaffen freie Zone in Europa vorzuschlagen.

Eine solche Politik würde der überfälligen Grundeinstellung entsprechen, daß es keinen Mangel an deutscher Souveränität mehr gibt, der uns daran hindert, eigene Interessen zu definieren und das als richtig Erkannte zu verfolgen. Anders gesagt: Nichts aus der Vergangenheit kann geschichtlich entschuldigen, wenn die Verantwortlichen in beiden deutschen Staaten, ohne Überschätzung, das heißt in den bestehenden Bindungen der beiden Bündnisse, nicht wie andere eigenverantwortlich handeln.

Was also die beiden Staaten zu einer realistischen Politik der Rüstungskontrolle und Rüstungsbegrenzung beitragen können, an deren Ende die Sicherheitspartnerschaft steht – die Sicherheitspartnerschaft der Europäer in den Staaten, in denen sie leben –, das nenne ich: die Chancen der Geschichte suchen, gerade auch in der Teilung.

VII

Man braucht weder Hegel noch Marx gelesen zu haben, um die Vorstellung, die Geschichte ein für allemal festhalten und festschreiben zu können, für ganz und gar unhistorisch zu halten.

In der Debatte der letzten Zeit ist jedoch zu Recht und besonders aus geschichtswissenschaftlicher Sicht darauf aufmerksam gemacht worden, daß der Zusammenhang zwischen deutscher Einheit und europäischem Gleichgewicht nach dem Zweiten Weltkrieg außerhalb des Gesichtskreises vieler bei uns in Deutschland geblieben sei. Dabei sollten wir alle wissen, daß die Angst vor dem ganzen Deutschland und vor der Gefährdung des innereuropäischen Gleichgewichts, das von ihm ausgehen könnte, älter ist als die Herausforderung durch Hitler. Das Sicherheitsempfinden der Nachbarn in Ost- und Westeuropa kontrastierte – begründet oder nicht – zu den nationalen Ambitionen derer, die vor uns waren. Bismarck hielt dies mit seiner zynisch-sensiblen, oft genialen Diplomatie im Lot. Aber nach seinem Abschied fiel die allzu erschütterbare Konstruktion in sich zusammen. Weniger als ein dreiviertel Jahrhundert, nicht mehr als ein Atemzug der Geschichte, war dem gegeben, was man das kleindeutsche Reich genannt hatte.

Immerhin ist inzwischen die Erkenntnis gewachsen, daß das Verhältnis der Deutschen (und ihrer Staaten) zueinander in hohem Maße davon abhängt, wie sich die Beziehungen zwischen den Teilen Europas entwickeln. Jedenfalls: Die immer wieder neue Auseinandersetzung mit den Außenfaktoren, von denen die deutsche Zukunft so entscheidend abhängt, bleibt uns nicht erspart. Auch nicht die geduldige Auseinandersetzung mit Auslandsfaktoren, die uns vorbelastet und voreingenommen betrachten.

Wer sich über die friedliche Zukunft seines Volkes in Europa Gedanken macht, sollte nicht mit dem Vorwurf des Revisionismus oder gar des Revanchismus überzogen werden. Doch Illusionen nachzujagen kann auch irritieren. Über eine europäische Perspektive zu reden, bedeutet noch nicht, daß man sie hat. Deutsch-deutsche Politik ohne Entspannung in Europa bliebe in der Luft hängen. Verankert in den Realitäten ist sie nur, wo es gelingt, sie bei Freunden und anderen Partnern hinreichend abzusichern.

Wir brauchen ein europäisches Dach über dem Kopf, das ist sicher. Wenn Europa nicht nur zusammenarbeitet, sondern wenn es zusammenwächst, wird dies gut für den Frieden und nicht schlecht für uns in Deutschland sein. Von Deutschland reden, heißt heute zwangsläufig, nach Europa fragen. Ein vernünftiger, gezähmter deutscher Patriotismus erhält in der Teilung das Gemeinsame, das unser Erbe ist.

Wer nach den Chancen der Geschichte sucht, wird sich bei den simplen Antworten nicht aufhalten können. Solche anzubieten, bliebe hinter der Verantwortung vor der jungen Generation weit zurück.

Nr. 15
Schreiben des Vorsitzenden der SPD, Brandt, an den Generalsekretär des ZK der KP der ČSSR, Husak
28. Januar 1985[1]

AdsD, WBA, A 11.15, 3.

Sehr geehrter Herr Generalsekretär,
mit Interesse höre ich, daß die Überlegungen für die zukünftige Gestaltung eines Gedankenaustauschs zwischen unseren Parteien weiterentwickelt werden.[2]

Den in absehbarer Zeit vorgesehenen Besuch von Herrn Bilak in der Bundesrepublik Deutschland sehe ich dabei als einen wichtigen Schritt an.[3]

Ich habe mir vorgenommen, bei dieser Gelegenheit mit Herrn Bilak auch über humanitäre Fragen zu sprechen. In dieser Hinsicht würde ich es begrüßen, wenn ich von Herrn Bilak erfahren könnte, ob in der Angelegenheit des Herrn Battěk, für den ich mich eingesetzt habe, eine zufriedenstellende Lösung gefunden worden ist.[4]

Ich nehme die Gelegenheit wahr, Ihnen meine respektvollen Grüße zu übermitteln.

⟨gez. Willy Brandt⟩[5]

Nr. 16
Aus dem Artikel über ein Interview des Vorsitzenden der SPD, Brandt, für die schwedische Zeitschrift *aktuellt i politiken*
21. März 1985[1]

aktuellt i politiken, Nr. 6 vom 21. März 1985, S. 20–23 (Übersetzung aus dem Schwedischen: Barbara Karlson).

Wir haben die Antworten für die Jugend

[…][2]

Wie schafft er das?

[…][3]

Eine Frage, die sich stellt, wenn auch ein wenig unanständig, ist natürlich, wie der Mann das schafft. Die meisten jüngeren Politiker hätten schon lange ihre Kräfte erschöpft. Selbst, wenn sie nicht wie er ein Leben unter Druck im Exil geführt haben und danach schrittweise den Ruf eines der bedeutendsten Politiker seines Kontinents errungen hätten. Schließlich hat er die Macht nach einer bitteren Spionageaffäre abtreten müssen.

Das notorische Kettenrauchen scheint der 71jährige Brandt durch das Vermögen auszugleichen, seine Politikerrolle nach der Bürozeit ausschalten zu können.

– Davon abgesehen, dass ich gesundheitlich in Ordnung bin – ich hatte einen Einbruch vor ein paar Jahren, aber fühle mich jetzt gesünder als vor 10 Jahren –, ist es wohl das Gefühl, immer noch Dinge tun zu können, die mich in Gang halten. Und noch etwas:

– Ich war immer sehr darauf bedacht, nie ganz und gar der Politik zu verfallen. Ich versuche jeden Tag etwas zu lesen, was nicht mit Politik zu tun hat. Ich habe Freunde, die schreiben oder malen oder auf irgendeine andere Art und Weise mit Kultur arbeiten. Sie haben mir wohl geholfen, ja das haben sie wohl, sagt er nachdenklich in seinem langsamen, melodischen Norwegisch und zündet sich eine neue Zigarette an.

[...]4

Kein Pessimist

Aber zurück zur Jugend. Besonders in Deutschland ist eine zunehmende Angst und Verzweiflung bei denen zu spüren, die bisher vergebens die nukleare Aufrüstung bekämpft haben. Wenn man die gewaltige Anhäufung von Zerstörungswaffen betrachtet, ist das Schlachtfeld des nächsten Weltkrieges schon mit den Händen zu greifen. Teilt er selbst diese Angst?

Willy Brandt wartet mit der Antwort. Dann dringt aus diesem kraftvollen, sonnengegerbten Gesicht etwas, was am ehesten einem selbstironischen Lächeln ähnelt:

– Ich bin nicht besonders religiös, aber lassen Sie mich dennoch Luther zitieren: Wenn die Welt morgen unterginge, würde ich dennoch meinen Apfelbaum pflanzen.5 Und außerdem meine Schulden bezahlen.

Er präzisiert:

– Wenn ich mich dem Pessimismus hingeben würde, könnte ich auch genauso gut aufhören.

Er wird wieder ernst:
– Verstehen Sie mich recht. Ich verstehe die Verzweiflung der Jugend und hörte sie selbst fragen, was für einen Sinn es macht, Kinder in diese Welt zu setzen. Ich verstehe sie besonders in einem Jahr wie diesem, in dem die Welt das erste Mal mehr als 1.000 Milliarden Dollar für die Rüstung verwenden wird.
[...][6]

Misstraut den Supermächten

Aber die Kernwaffenrüstung? Das andere Schicksalsthema, wie er selbst meint, ist die ständig wachsende Bedrohung in explosiver Verbindung mit der Armutskrise der Welt.

Willy Brandt ist skeptisch gegenüber dem Treffen der zwei Großen in Genf.[7] Er sagt, dass er dem Supermachtmonopol bei der Lösung des Kernwaffenproblems misstraut. Aber er „zieht natürlich ein Übereinkommen der Großmächte einem Verhandlungszusammenbruch vor".

Statt dessen weist er auf die Zusammenarbeit hin, die sich zwischen Regierungen im Westen und der Dritten Welt entwickelt, um die Großmächte unter Druck zu setzen. Er unterstreicht, dass das Überleben der Welt und das Wettrüsten eine Frage ist, die alle Staaten und alle Völker angeht.

– Die Vier-Kontinente-Initiative vor kurzem, bei der *Olof Palme* einer der treibenden Kräfte war, meine ich, ist z.B. sehr wichtig.[8]

Im Zusammenhang damit spricht er auch eine Zusammenarbeit über die Grenzen hinaus an, die in hohem Maße von europäischem Interesse ist. Vielleicht auch, und vielleicht im Besonderen, von deutschem Interesse.

Als ich ihn frage, was das Wichtigste sei, das er erreicht hat, verweigert er mir eine Antwort.

– Wenn Sie mich dagegen fragen, womit ich am zufriedensten bin, machen Sie mir die Sache einfacher. Das ist ganz einfach, dass die Begriffe Deutschland und Frieden wieder in einem Atemzug genannt werden können.

Keine Wiedervereinigung

Er wird noch einmal eifrig und winkt abwehrend zum Mitarbeiter hinüber, der mit diskreten Blicken auf die Uhr andeutet, dass die zugemessene Gesprächszeit jetzt zu Ende ist:

– Wer hätte sich vor zwanzig Jahren vorstellen können, dass zwei deutsche Regierungen sagen würden: Stört uns nicht, lasst uns unsere Verhandlungen weiter betreiben. Wer hätte eine solche Übereinstimmung zwischen Europäern in Ost und West voraussagen können?

Nein, Willy Brandt träumt nicht von einer deutschen Wiedervereinigung.[9]

– Die Wiedervereinigung ist eine Illusion und keine behagliche. Es gibt keine isolierte Lösung des Verhältnisses zwischen den deutschen Staaten. Änderungen hier setzen Änderungen in ganz Europa voraus.

Ein lebendiges Europa

Was er dennoch entstehen sieht, ist ein Europa, wo jede Nation immer deutlicher ihre Eigenart zu bewahren sucht. Das gilt nicht zuletzt auch für Osteuropa:

– Wo für mich vorher eine platte osteuropäische Landschaft war, kann ich jetzt eine Reliefkarte sehen. Europa ist z. B. in Budapest lebendiger als in Wien. Die Sowjetunion hat Osteuropa nicht unterdrücken können.

Wenn wir der großen Katastrophe entgehen, meint Brandt, können wir auf eine Entwicklung hoffen, bei der die europäischen Staaten auf beiden Seiten des Jalta-Vorhangs[10] einander näher kommen.

Hier gibt es unklare Punkte. Und Willy Brandt ist der erste, dem das bewusst wird. Wie weit kann Europa verschmelzen? Kann die Grenze zwischen Diktatur und Demokratie aufgehoben werden? Wer bestimmt das Tempo? Und das Ziel?

Keine Einmischung

Die Schwierigkeit wird sichtbar, als ich ihn frage, ob er z. B. die polnische Solidarność als einen Verbündeten zur Schaffung eines sicheren und freien Europa sieht:

– Hier muss ich meine Worte abwägen. Denn auf der einen Seite ist es für einen Sozialdemokraten selbstverständlich, Sympathie für die Solidarność und andere ähnliche Bewegungen in Osteuropa zu empfinden.

– Auf der anderen Seite habe ich es als Politiker im Westen mit *Staaten* in Osteuropa zu tun und darf nicht so handeln oder reden, dass ich der Einmischung in die inneren Angelegenheiten dieser Staaten angeklagt werden kann. Eine Bewegung wie Solidarność hat auch kein Interesse daran, als eine vom Westen abhängige Kraft zu erscheinen. Das kann gegen sie verwendet werden.[11]

Das ist die Antwort eines Realpolitikers.

Und gewiss kann man z. B. jene in Polen verstehen, die meinen, dass dies eine unvermeidliche Kollision zwischen Freiheit und Stabilität, zwischen europäischer Sicherheit und dem gleichermaßen europäischen Mangel an nationaler Unabhängigkeit illustriert, die für die Völker im Osten gilt.

Über Brandt sollte vielleicht gesagt werden, dass ohne seine Ostpolitik die Unfreiheit und Isolierung östlich der Stacheldrahtgrenze, die Europa immer noch in zwei Hälften teilt, schlimmer wäre und die Möglichkeiten zur Veränderung in den späten Achtzigern mikroskopisch klein.

Deshalb hat der sozialdemokratische Realpolitiker und Ideologe Willy Brandt vielleicht ein größeres Recht, den Namen Europäer zu tragen als irgendein anderer Politiker seiner Zeit.

Nr. 17
Rede des Vorsitzenden der SPD, Brandt, vor dem Council on Foreign Relations in New York
24. April 1985[1]

AdsD, WBA, A 3, 992.[2]

‹In unserer Welt ändert sich viel und wenig zugleich. Zu dem, was sich institutionell wenig ändert, gehört der Council on Foreign Relations.[3] Der Vorsitzende der SPD schließt sich der konservativen Ansicht an, daß die gute Tradition des Council bewahrt bleiben sollte.

Ich habe hier als Regierender Bürgermeister von Berlin, als Außenminister und als Bundeskanzler gesprochen.[4] Heute spreche ich als einer, der die Opposition in seinem Lande repräsentiert. Da sieht man, wie viel sich ändert. Heute wie früher bin ich ein Freund der Vereinigten Staaten, und ich bleibe überzeugt, daß es Sicherheit für mein Land und Europa ohne die Vereinigten Staaten und das Bündnis nicht gibt. Da sieht man, wie wenig sich verändert.

Auf diesem Hintergrund möchte ich begründen, warum ich mich zu einigen wichtigen Aspekten der gegenwärtig von den Vereinigten Staaten verfolgten Außen- und Sicherheitspolitik in kritischer Distanz befinde.

In Berlin habe ich gelernt, daß man sich auf Amerika verlassen kann und daß es berechenbar ist.[5] Dieses Bild Amerikas hat sich für viele in Europa, auch für manche meiner Landsleute verändert. Und zwar wegen sehr rascher Veränderungen dessen, was wir für richtig halten sollen. Frühere Administrationen, ganz gewiß auch gute Amerikaner, haben uns dargelegt, daß Amerika stark ist. Mit guten Gründen, guten Ziffern und verläßlichen Erkenntnissen wurde erklärt, es gebe ein ungefähres Gleichgewicht zwischen den USA und der Sowjetunion. Wir haben uns das zu eigen gemacht. Dann sollten wir fast über Nacht lernen, die Sowjetunion stehe kurz vor der Überlegenheit oder habe sie sogar erreicht.

Erst wurden wir aufgefordert, alles zu tun, um SALT II, ein gutes Abkommen, zu unterstützen. Dann sollten wir lernen, daß es nichts taugt. Schließlich sollten wir verstehen, daß man sich doch daran halte.[6] Das erinnert ein bißchen an die Raketenlücke, die John F. Kennedy entdeckt hatte, allerdings während des Wahlkampfes, und die dann doch keine war.[7]

Erst sollten wir erkennen, daß die Mehrfachsprengköpfe, die MIRV-Technik[8], die beste Antwort für die westliche Sicherheit sei. Jetzt lesen wir über die Vorteile der Midgetman, klein, beweglich und mit <u>einem</u> Sprengkopf.[9]

Auf der einen Seite sollen wir mehr für unsere konventionelle Bewaffnung tun, um die sowjetische Überlegenheit auf diesem Gebiet auszugleichen; es ist ja auch einiges geschehen. Aber so groß ist die vermutete Überlegenheit dann doch wieder nicht, als daß nicht zwischendurch eine einseitige Reduktion amerikanischer Truppen in meinem Land in Aussicht gestellt wird.

Die Beispiele ließen sich fortsetzen. Sie sollen nur illustrieren, warum es begründete Zweifel bei uns gibt, wo es sich um die langfristige, manchmal auch mittelfristige Kalkulierbarkeit der amerikanischen Politik handelt; ich vermute, daß wir es auf absehbare Zeit nicht mit einer grundsätzlich veränderten Situation zu tun haben werden. Was heute in den Himmel gelobt wird, ‹SDI genannt,›[10] kann morgen verworfen werden. Die Größe und die Kraft der Vereinigten Staaten sind noch keine Garantie für die regelmäßige Weisheit ihrer Politik.

Nicht selten wird heute abgelegt, was gestern als letzter Schrei galt, und von den Verbündeten wird erwartet, daß sie jede Mode mitmachen. Um offen zu sein: Ich bin zu altmodisch dafür, vielleicht auch ein wenig zu stolz, weil ich denke, von Frieden und Freiheit auch etwas zu verstehen.›[11]

Wenn Sie genau hinsehen, werden Sie feststellen, daß die Grundzüge der Außenpolitik in westeuropäischen Ländern sich trotz mancher Regierungswechsel wenig ändern. Ganz anders in den USA. Nun kann es nicht meine Sache sein, unerbetene Ratschläge zum Funktionieren des amerikanischen Regierungssystems zu erteilen.

Aber sicher wäre es ein großer Vorteil, wenn die Vereinigten Staaten mit ihren tragenden politischen Kräften in der Lage wären, eine langfristige Außen- und Sicherheitspolitik, mindestens in den strategischen Grundfragen des Ost-West-Verhältnisses, zu erarbeiten und von den allfälligen Wechseln im Weißen Haus in gewisser Hinsicht unabhängig zu machen.

Der Wunsch und das Bedürfnis ergeben sich nicht nur mit dem Blick auf die besondere Art von Kontinuität der Sowjetunion, die ‹natürlich›[12] kein Beispiel für uns ist, sie ergeben sich aus sachlichen Notwendigkeiten:

Ich glaube, daß es notwendig ist, mit Illusionen aufzuräumen. Als ob sich die Sowjetunion „kaputtrüsten" lasse.[13] Als ob die zurückliegenden Rüstungsrunden mehr Sicherheit gebracht hätten. Als ob sich aus dem Ausmaß der weltweiten Rüstungsausgaben nicht schwere Belastungen für den ökonomischen Zustand der Welt ergäben.

Die SALT-II-Verhandlungen haben im übrigen sieben Jahre gedauert, die jetzigen Genfer Verhandlungen werden nicht weniger Zeit erfordern[14] – es sei denn, sie erreichen rasch den toten Punkt. Die Entwicklung neuer Waffensysteme dauert auch Jahre. Wenn jede neue Administration auf diesen Gebieten eine neue Politik macht, ist nicht einmal theoretisch abzusehen, wie die Rüstung kontrolliert, gestoppt oder gar reduziert werden kann: Seit acht Jahren kein Abkommen auf diesem Gebiet[15], seit fünf Jahren kein Gipfel.[16] In der Legislaturperiode dieser Administration keine Entscheidung über SDI[17], also wohl auch kein Durchbruch in Genf.[18]

Das Resultat: Ein Verhalten, das viel Kraft und Mittel erfordert, dem aber die Perspektive fehlt. Immer neuere Waffen, immer höhere Kosten, während Millionen Menschen hilflos an Hunger sterben. Vernunft und Moral, alt und jung, Erfahrung und Idealismus werden herausgefordert, gegen diesen Zustand zu rebellieren. Es wäre beunruhigend, wenn es sich anders verhielte.

Was ich mir als Europäer als Grundelemente langfristiger amerikanischer Außen- und Sicherheitspolitik wünschen würde, ist einfach, vielleicht zu einfach, zu formulieren:

1. Die Anerkennung, daß für eine nicht überschaubare Zeit die USA und die Sowjetunion nur nebeneinander, ohne Überlegenheit, sicher existieren, insofern nur gemeinsam Sicherheit erreichen können und in dieser Perspektive kooperieren.
2. Dieser Grundkonsens, der den 3. Weltkrieg ausschließt, öffnet die Auseinandersetzung in allen anderen Fragen, in denen es zwischen unseren Vorstellungen der Demokratie und dem kommunistischen Weg der Einpartei-Herrschaft tiefgreifende Unterschiede gibt, die geschichtlich ausgetragen werden müssen. Es ist für mich unverständlich, warum die Konkurrenz ausgerechnet dort gesucht wird, wo sie am gefährlichsten ist: auf dem Gebiet der Waffen, während wir die Sowjetunion auf den Gebieten der Wirtschaft, der Gesellschaft, unserer Vorstellung von den Werten des einzelnen Menschen nicht angemessen herausfordern.
3. Wenn man die Europäer langfristig als Partner behalten will, muß man entsprechend mit ihnen umgehen. Es ist beunruhigend, wenn auch im 36. Jahr der Atlantischen Allianz Notwendigkeiten der Konsultation vernachlässigt werden. Und wenn außerdem der Osten ohne Not zusammengeschweißt wird.
4. Es kann nicht vernünftig sein, die Probleme der Dritten Welt durch den Export von Ost-West-Konflikten zusätzlich zu belasten. Die US-Politik gegenüber Süd- und Mittelamerika wirkt auf viele von uns, in Europa und anderswo, nicht überzeugend.[19]
5. Die auch wirtschaftlich stärkste Macht der Welt darf sich nicht wundern, wenn gefragt wird, ob ihr Verhalten der weltpolitischen Verantwortung gerecht wird.

Schließlich noch ein Wort zu SDI. Hier teile ich die Bedenken, die von kompetenteren amerikanischen ‹Politik-›[20] und ‹anderen›[21] Wissenschaftlern schon vorgebracht wurden.[22] Zusätzlich möchte ich zwei Hinweise geben:

1. Meine Partei hat in ihren Überlegungen über eine alternative Strategie das Ziel formuliert, die Doktrin der Abschreckung zu überwinden und durch gemeinsame Sicherheit, als strukturelle Defensivfähigkeit beider Seiten, zu ersetzen.[23] Sie ist dafür hart

kritisiert und verdächtigt worden. Sie können sich vorstellen, wie interessant ‹für uns›[24] die März-Rede Präsident Reagans vor zwei Jahren gewesen ist, in der er eben dies als Ziel proklamiert hat.[25] Inzwischen hört man es schon wieder ein bißchen anders, aber immerhin.

2. Meine Frage ist: Muß man in den Weltraum gehen, um die Abschreckung zu überwinden? Kann man die garantierte Defensivfähigkeit beider Seiten nicht auf der Erde erreichen? Wäre das nicht vernünftiger, außerdem billiger als ein Programm, dessen Gelingen niemand vorhersagen kann? Warum ein fragwürdiger Umweg, statt auf dem geraden Weg für mehr Sicherheit zu sorgen?

Natürlich hat Amerika das Recht, für sich nach größerer Sicherheit gegenüber der Sowjetunion zu suchen. Freilich: Wenn das gelingen würde, dann gäbe es im Bündnis zwei Zonen unterschiedlicher Sicherheit. Vielleicht mag man irgendwann Interkontinental-Raketen abfangen können. Aber was gegen Raketen tun, die hundert Sekunden bis zum Einschlag brauchen? Das aber ist unsere potentielle Bedrohung in Europa. Ich bin nicht sicher, ob das Bündnis zwei Zonen prinzipiell unterschiedlicher Sicherheit verträgt.

Ich plädiere nicht dafür, daß den Europäern in diesem Unternehmen eine etwas bessere Statistenrolle eingeräumt wird.[26] Bei mir überwiegen die Bedenken. Ich hielte es für in hohem Maße geboten, daß die Europäer für die friedliche Nutzung des Weltraums eine eigene Initiative ergreifen.

‹Ich vermute, dies reicht als Einführung in unsere Diskussion.›[27]

Nr. 18
Schreiben des Vorsitzenden der SPD, Brandt, an den Präsidenten der Vereinigten Staaten von Amerika, Reagan
3. Mai 1985[1]

AdsD, WBA, A 11.15, 24.

Sehr geehrter Herr Präsident,
eine Gruppe von Persönlichkeiten – eingeladen von der Third World Foundation und den Parliamentarians for World Order – hat mich in der vergangenen Woche in New York gebeten, Ihnen und Herrn Gorbatschow eine Ausarbeitung zu Fragen der internationalen Sicherheit persönlich zu überreichen.[2] Ich werde mich jetzt nur des zweiten Teils dieser Aufgabe in Moskau entledigen können.[3] Für den ersten Teil muss ich mich damit begnügen, Ihnen den erwähnten Text auf diesem Wege zu übermitteln und ihn Ihrer Aufmerksamkeit zu empfehlen.

Mir ist bewusst, dass die Anlage Ihres Besuchs in der Bundesrepublik nicht nur besondere politische, sondern in deren Gefolge auch aussergewöhnliche terminliche Belastungen mit sich gebracht hat.[4] Von daher verstehe ich, daß Sie – anders als Ihre sechs unmittelbaren Amtsvorgänger – die Zeit nicht gefunden haben, die Meinung des Vorsitzenden der Sozialdemokratischen Partei Deutschlands zu hören.[5] Ich hätte, wie Sie sich denken können, den Zusammenhang zwischen Ost-West und Nord-Süd zur Sprache gebracht und meine Sorgen wegen Mittelamerika[6] nicht ausgespart.

Mit guten Wünschen für Ihre Heimreise und für die deutsch-amerikanischen Beziehungen.
Ihr
‹gez. Willy Brandt›[7]

Nr. 19
Interview des Vorsitzenden der SPD, Brandt, für den Deutschlandfunk
20. Mai 1985

Sozialdemokraten Service Presse Funk TV, Nr. 271/85 vom 20. Mai 1985.[1]

Frage (Schwan):[2] Wenn Sie die Diskussion vom Wochenende einmal Revue passieren lassen, was geht da in Ihnen vor?[3]
Antwort: Das, was ich mitgekriegt habe, das stellt sich mir dar als eine ganz und gar unergiebige und deshalb auch überflüssige Diskussion. Das führt ja nirgendswo hin. Vor allem die ganze Aufgeregtheit. Man tut ja so, als ob der Rechtstitel, wenn es schon einer ist, im Vorspann zum Grundgesetz schon eine Politik ersetzt. Herr Schmude, der für sich gesprochen hat als Person, lenkt ja wohl die Aufmerksamkeit darauf, daß sich einiges verändert hat. Das machen wir uns häufig nicht klar. Das Grundgesetz ist vier Jahre nach Kriegsende gemacht worden. Jetzt sind 36 Jahre dazugekommen. Und ich finde, statt sich zu erregen über den Beitrag von irgendjemand, der es so ernst meint wie Schmude, sollte man lieber mal prüfen, wie es eigentlich um Europa steht und wer uns helfen wird dabei, daß Deutschland wieder näher zusammenkommt.
Frage: Für Strauß sind Schmudes Überlegungen ein Schritt zum Untergang der SPD, zum Untergang Deutschlands.[4] Vom mehrfachen Verrat war bei anderen Unionspolitikern die Rede, Verrat an der Pflicht zur Wiederherstellung der staatlichen Einheit Deutschlands, Verrat an der Pflicht zur Solidarität ‹der›[5] Menschen in der DDR. Gibt es in der SPD neue Ideen zur Überwindung der Spaltung?
Antwort: Die Grundfrage ist doch, und die geht nicht nur die SPD an: Was wird aus Europa? Gibt es Chancen dafür, daß die Teile Europas – wenn auch nicht von heute auf morgen, so doch im historischen Prozeß – näher zusammenkommen, was dann auch bedeuten würde, daß die Teile Europas unabhängiger werden müssen gegenüber den

nuklearen Supermächten. Wenn dies geschähe, dann gäbe es auch die Voraussetzungen dafür, daß die Teile Deutschlands zusammenkommen könnten, jedenfalls aus der heutigen Lage herauskommen könnten. Und bis dahin ist es doch, wenn das Ganze nicht nur ein Nachbeten von Formeln bleiben soll, eine Frage, wie sich das Verhältnis zwischen den beiden Staaten gestaltet, in denen heute nun einmal die Deutschen leben. Welche Erleichterungen kann man sich denken? Daran arbeiten wir ja nun seit zwanzig Jahren mit mehr oder weniger Erfolg, welche Erleichterungen kann man sich vorstellen für den Kontakt der Menschen und damit für den Zusammenhalt der Nation, denn die Nation ist ja nichts, was in den Wolken schwebt, sondern besteht ja aus Menschen. Und wenn dieser Kontakt zwischen den Menschen nicht aufrecht erhalten bleibt, dann kann man sich auch nicht gut vorstellen, was die erregten Diskussionen über die Zukunft der Nation bewirken sollen.

Frage: Wenn ich Sie richtig verstehe, dann kann man doch darüber nachdenken, ob es nicht in der Tat andere Lösungen verfassungsrechtlicher Art gibt, zum Beispiel zwei deutsche Staaten unter einem europäischen Dach oder ein geregeltes Nebeneinander wie zwischen Österreich und der Bundesrepublik Deutschland?

Antwort: Solche Erwägungen hat der von Ihnen erwähnte Strauß manchmal angestellt, ohne daß Leute deshalb über ihn hergefallen wären.[6] Ich glaube nicht, daß uns dies jetzt überhaupt weiterführt. Mein Hinweis vorhin – vier Jahre nach Kriegsende und jetzt 36 Jahre dazu –, der hat ja auch damit zu tun, daß dieses „Wieder" eine gedankliche Konstruktion ist, die wohl viele Leute nicht mehr nachvollziehen können, jedenfalls auch nicht in den uns umgebenden Ländern. Dieses Wiedervereinigen suggeriert ja, daß man etwas, wenn auch mit besserer Regierungsform, wiederherstellt, was wir schon mal hatten, also sagen wir das Bismarcksche Reich in welchen Grenzen auch immer. Und dies ist – glaube ich – ganz und gar irreführend, das „Wieder", sondern man muß ja hin zu was Neuem, zu etwas, was die Barriere wegnimmt zwischen den Teilen Deutschlands, was den Deutschen in einer europäischen Ordnung die Möglichkeit gibt zu entscheiden, entweder leben wir in wie immer organisierten Teilen freundschaftlich, nachbarlich miteinander oder unter einem staatlichen Dach. Das muß offenbleiben.

Frage: Ist das Wiedervereinigungsgebot des Grundgesetzes „de facto" oder „de jure" mit dem Grundlagenvertrag von 1972 nicht praktisch aufgegeben worden? Und deshalb ist die Diskussion vielleicht durchaus berechtigt?

Antwort: Diskussionen, wenn man sie nicht zu wirklichkeitsfremd werden läßt, sind nützlich, bloß die, die wir jetzt haben, ist ja eine, die gar nicht um die Sache geführt wird, sondern eine, die mit der Verteufelung von irgendwelchen Leuten zusammenhängt. Der Grundlagenvertrag gibt nichts auf, denn der sollte nicht und konnte nicht vorhersagen oder vorhersagen wollen, was sich dann ergibt für die Deutschen, wenn – wie ich vorhin sagte – zwischen den Teilen Europas sich ein anderes Verhältnis ergibt und wenn Europa in West und Ost nicht so vollgestopft sein wird mit den Raketen und den Zerstörungsmitteln der beiden Supermächte oder der Bündnisse, wie man will. Das wird ja doch hoffentlich auch den Menschen immer noch mal wieder klar, egal ob diese Diskussion nun vernünftig angeleiert worden ist, was man bezweifeln kann. Es ist ganz und gar illusionär, einerseits die Wiedervereinigung zu predigen und andererseits zu meinen, es könne alles so bleiben mit der militärischen Teilung Europas und dessen, was man Deutschland nennt. Das eine schließt das andere aus.

Frage: Sie haben wiederholt darauf hingewiesen, daß das Grundgesetz, die Präambel von 1949 stammen. Das war der Stand der Dinge von vor Jahrzehnten, und daß man durchaus aus den Erfahrungen der letzten Jahrzehnte neue Impulse erwecken kann, Konsequenzen ziehen kann. Die Regierungskoalition fordert Sie auf – die SPD –, klar Stellung zu beziehen. Ich will Sie jetzt einmal fragen, stehen Sie hinter dem Diskussionsbeitrag von Herrn Schmude?[7] Gibt es da etwas in der SPD [, worüber] neu nachgedacht wird? Und neu nachdenken darf man ja wohl noch.

Antwort: Ich wiederhole gerne noch einmal: Das ist ein persönlicher Beitrag von Dr. Schmude. Die SPD hält überhaupt nichts davon, jetzt das Grundgesetz zur Diskussion zu stellen. Aber daß nachgedacht wird darüber, was aus Deutschland wird, das ist ja wohl im höchsten Maße erwünscht. Daß man die Frage stellen darf, wer denn wohl eigentlich in der Welt, in der wir leben, sich die Beine ausreißt dafür, daß wir wieder einen gemeinsamen deutschen Staat bekommen, das darf man ja wohl fragen. Ich halte überhaupt nichts davon, jetzt diesen schrecklich überflüssigen Streit darüber zu führen, ob man am Grundgesetz herummacht. Da kann ich mir gar nichts davon versprechen.

Frage: Hat Schmude nicht mit aller Deutlichkeit das ausgesprochen, was viele Menschen bei uns und auch in der DDR denken?

Antwort: Das weiß ich nicht, außer in bezug auf den einen Punkt, den ich noch gerne mal sagen will, daß es mit dem „Wieder" nicht getan ist, dieses „Wieder", als ob man zurückkehrt zu dem, was einmal war. Das – glaube ich – ist sehr weit von der Wirklichkeit entfernt und auch wohl von dem, was die Menschen sich wirklich vorstellen. Die Menschen wollen, daß auf eine neue Weise die Deutschen nicht stärker voneinander getrennt sind als andere, sondern ihre Chance bekommen, wenn die europäische Umrahmung dies ermöglicht, daß sie ihre Chance bekommen, darüber zu entscheiden, wie sie miteinander leben wollen, zumal sie eine gemeinsame Geschichte haben und nicht nur eine gemeinsame Sprache, sondern auch eine gemeinsame Kultur, was noch ein bißchen mehr ist.

Frage: Kann man sagen, daß das Ziel der Deutschlandpolitik der SPD die Wiedervereinigung, die staatliche Einheit bleibt?

Antwort: Wenn die staatliche Einheit zu erreichen ist, was ja immer voraussetzt, a) daß die Deutschen es wollen, b) daß die Nachbarn dem zustimmen, das heißt, daß man ein Sicherheitskonzept für Deutschland findet, was sollte die SPD dagegen haben? Im Gegenteil, die SPD wäre dafür. Nur das beantwortet ja überhaupt nichts für das, was ansteht, also wie verbessert man die Beziehungen der staatlichen Gebilde, die es heute gibt, wie fördert man eine europäische Politik, die überhaupt erst eine Option, eine Entscheidungsmöglichkeit schafft dafür, ob man so oder so miteinander leben will. Alles andere ist im Grunde eine Scheindiskussion, überflüssig wie ein Kropf.

Nr. 20
Protokoll des Gesprächs des Vorsitzenden der SPD, Brandt, mit dem Generalsekretär des ZK der KPdSU, Gorbatschow, in Moskau
27. Mai 1985[1]

Archiv der Gorbatschow-Stiftung Moskau (Übersetzung aus dem Russischen: Tamara Timmermann).

M[ichail] Gorbatschow. Erstens will ich unsere Bereitschaft bestätigen, die Beziehungen mit der SPD zu entwickeln. Gerade in diesem Sinne bin ich froh, Sie in Moskau zu begrüßen.[2]

Wir schätzen Ihre Tätigkeit, die darauf zielt, dass sich die Beziehungen zwischen unseren Ländern und Parteien entwickeln und dass diese Beziehungen nicht nur den Interessen unserer Völker, sondern auch der ganzen Welt entsprechen. Wir erinnern uns gut an Ihren Beitrag Ende der 60er Jahre und in den 70ern zur Gestaltung der Bedingungen auf dem europäischen Kontinent, die die Entspannung und die Helsinki-Vereinbarungen möglich machten.

Ich will auch auf die Positionierung aufmerksam machen, die Ihre Partei und Sie persönlich zum vierzigsten Jahrestag des Kriegsendes vornahmen.[3] Dieses Datum war für viele Menschen Anlass, ihre Ansichten und ihr Gesamtkonzept zur Zukunft der Welt fortzuentwickeln. Jeder verpackte seine Vorstellungen in eine Hülle, die seinen Interessen im gegebenen Augenblick entsprach. Es gab viel Demagogie, hinter der sich diese oder jene Interessen verbargen.

Für uns war die Frage der Rolle des deutschen Volkes in der Geschichte, des Beitrags der deutschen Zivilisation zur Geschichte immer klar. Darüber haben wir sogar in dem Moment offen gesprochen, als die deutschen Truppen vor Moskau standen. Seitdem hat sich vieles geändert. Es existieren zwei deutsche Staaten. Die Beziehungen zur Bundesrepublik entwickelten sich kompliziert – in allen vergangenen Jahrzehnten. Aber der 1970 geschlossene Vertrag war ein positiver Schritt.[4] Er hat die Richtigkeit unserer Position gegenüber dem deutschen Volk nochmals bestätigt.

Mit der DDR haben wir freundschaftliche Beziehungen. Mit der Bundesrepublik sind wir bestrebt, Beziehungen auf der Grundlage der friedlichen Koexistenz[5] zu entwickeln. Doch wollen wir uns heute nochmals den Lehren des Kriegs zuwenden, den Lehren, die noch nicht gezogen worden sind. Dies ist nicht nur vom Standpunkt der Geschichte wichtig, sondern auch vom Standpunkt der Gegenwart. Für uns alle ist dies wichtig, in allen Teilen Europas und der Welt, besonders im Blick auf die heutigen Angelegenheiten.

Die Regierung Kohl hat sich total bloßgestellt und gezeigt, was die Grundlage ihrer Politik bildet. Ich spreche nicht von ihrer Politik im Ganzen, sondern von dem Teil, der Europa, die Sache des Friedens, die Beziehungen zwischen den Ländern mit unterschiedlichen gesellschaftlich-politischen Ordnungen betrifft.[6]

Ich bin nur deshalb so weit in die Vergangenheit gegangen, um zu sagen: Wir schätzen Ihre Aktivitäten und die Aktivitäten der SPD sehr. Lenin hat einmal gesagt: Die richtigste Politik ist die prinzipientreue Politik.[7] In jüngster Zeit haben wir die Prinzipientreue Ihrer Politik gespürt.

Doch Sie sind unser Gast. Vielleicht ist es an der Zeit, Ihnen die Möglichkeit zu geben, sich zu äußern?

W[illy] Brandt. Erstens möchte ich Ihnen für die Einladung, für den Empfang, für den Charakter Ihrer Begrüßung danken.

Der Austausch von Meinungen und Erfahrungen zwischen den Parteien – nicht anstelle des Dialogs der Regierungen, sondern als dessen Ergänzung – ist sehr nützlich. Es gibt ein paar Fragen in meinem Gepäck. Doch ehe ich sie stelle, möchte auch ich einige Worte zum Jahrestag des 8. Mai sagen.

Wir haben uns bemüht, ehrliche Antworten auf die existierenden Fragen zu geben, und Ihre Genossen haben das gefühlt, als sie bei uns waren.[8] Das Wichtigste in unserer Einstellung war, ohne unnötige Gegensätze zu provozieren, klarzustellen: Die Vergangenheit darf sich nicht wiederholen. Ihre Genossen aus Wolgograd, Leningrad, Minsk lösten dieses Problem zusammen mit uns. Im Namen der SPD und ihres Vorstands will ich mich bei Ihnen und der gesamten Führung der KPdSU bedanken.

Sie haben den Vertrag von 1970 erwähnt. Er war notwendig. Dieser Vertrag hat zur Entspannung und Normalisierung der Lage in Europa beigetragen. Er hat Grundlagen gelegt, auf denen vieles aufgebaut werden kann.

M. G. Glücklicherweise.

W. B. Ich antworte auf Ihre Worte: Wir als SPD treten für so gute Beziehungen zwischen unseren Ländern ein, wie sie es nur sein können. Gewiss, vieles, wenn nicht alles, hängt von der Zusammensetzung der Regierung ab. In der Polemik zuhause sage ich direkt: Ich wünsche unserer Regierung kein langes Leben. Unsere Chancen werden etwas besser. Viele dachten, wir haben alles verloren. Es hat sich anders erwiesen. Nicht, weil wir so gut sind, sondern weil die anderen schlechter sind, als es schien.

Als wir 1970 den Vertrag unterzeichnet hatten, haben wir später 1971 mit L[eonid] I. Breschnew viel über die Zukunft gesprochen.[9] Es wurde gesagt, dass politische Normalisierung, praktische Arbeit und Senkung des Spannungsniveaus zusammen, parallel geschehen müssen. Später aber sind diese Elemente auseinander gegangen. Kann aber die Entspannung leben, wenn die militärische Entwicklung in eine andere Richtung verläuft?

Dennoch interessieren wir uns für die praktischen Fragen. Viele von uns werden hier praktische Fragen behandeln – technische und kulturelle Zusammenarbeit, Städtepartnerschaft, humanitäre Fragen, die manchmal politische Bedeutung haben. Jetzt aber will ich nicht darüber sprechen.

Ohne in die Details zu gehen, will ich einige Worte zur Lage in der Bundesrepublik sagen. Erstens hat meine Kritik gegenüber Kohl einen differenzierten Charakter. Zweitens, wenn wir die Regierung kritisieren, brauchen Sie nicht zu denken, dass es bei uns in der Bundesrepublik einen militärischen Revanchismus und einen Revisionismus gibt, der Menschen anziehen könnte.[10] Es gibt Unklarheiten, die stören, wir wollen sie beseitigen.

Nun aber ziehe ich meine Fragen aus dem Gepäck. Die erste betrifft, vielleicht, die Genfer Verhandlungen[11], das Problem von Krieg und Frieden. Die zweite ist die Frage nach Europa, nach den europäischen Möglichkeiten. Die dritte betrifft Abrüstung und Entwicklung (die Frage, die Sie auch in dem Kommuniqué mit Vertretern Indiens berührten[12]).

M. G. Einige Bemerkungen zur gesamten Lage in der Welt. Lenin hat einen richtigen Gedanken geäußert: Wenn Du die generellen Fragen nicht geklärt hast, beschäftige Dich nicht mit den partiellen, sonst wirst Du Dich an scharfen Ecken stoßen. Wir versuchen, die Welt vom realistischen Standpunkt aus zu betrachten und dabei nicht nur unsere Interessen in den Blick zu nehmen, sondern auch die der anderen Völker und der Sicherheit insgesamt. Wir wollen, dass es mehr wissenschaftliche Analyse gibt und weniger Emotionen.

Unter Berücksichtigung dieser Bemerkungen will ich sagen: Unsere ausgewogene, aber realistische Analyse zeigt, dass die Spannung in der Welt einen gefährlichen Charakter annimmt. Die positiven Entwicklungen der 70er Jahre, die Entspannung sind durch die expansionistischen Aktivitäten der US-Administration untergraben worden, von denen einige einen aggressiven Charakter tragen.

Weiter: Gewiss üben die sowjetisch-amerikanischen Beziehungen einen ungeheuren Einfluss auf die Weltlage aus. Hier gibt es gewisse Änderungen. Die vertraglich-rechtliche Basis der Entwicklung dieser Beziehungen zum Besten ist untergraben und demontiert worden. Die Beziehungen sind zu den schlechtesten Zeiten zurückgekehrt.

Das dritte Element, das die größte Besorgnis hervorruft, ist die militärische Konfrontation. Die Nuklearwaffen der USA können in fünf bis sieben Minuten die Mitte unseres Landes erreichen.[13] Unsere Gegenmaßnahmen sind adäquat. Man kann sich vorstellen, was passiert, wenn das alles zur Anwendung kommt. Man soll die Situation nicht vereinfachen, wie es manche versuchen. Was sagt man doch: Anscheinend gibt es nichts Schreckliches, der Dialog ist im Gange, die Verhandlungen sind im Gange. Das sind kaum einfach nur naive

Überlegungen. Im politischen Sinne droht hier ein tiefer Irrtum mit ungeheuren Folgen. In der Tat gab es niemals ein solches Gleichgewicht des Schreckens wie heute. Handlungen eines Präsidenten mit einer Psychologie aus der Steinzeit, die den psychologischen Krieg schüren, führen die Situation zum Extrem. Das ist keine Dramatisierung, sondern eine schlichte Feststellung.

Die Frage ist: Werden die Verbündeten der USA mit diesen Stimmungen lange in Einklang bleiben?

Die Wurzel des Bösen besteht darin, dass die regierenden Kreise der USA die in der Welt stattfindenden Veränderungen nicht anerkennen wollen. Bei ihnen ist eine Nostalgie nach den 50er Jahren zu spüren. Die Welt hat sich seitdem jedoch verändert, und zwar stark. Es gibt das sozialistische Weltsystem, es gibt die nationalen Befreiungsbewegungen, Dutzende neue Staaten sind entstanden. Sie wollen Fortschritt und wollen keine Quelle der Bereicherung für die USA sein.

Es wird von der Überwindung der Spaltung Europas geredet. Wenn es um die Abschaffung der Blöcke geht, so begrüßen wir das. Wenn aber die Rede ist von der Absorption der sozialistischen Länder, dann ist das erstens eine Einmischung, eine Hoffnung auf eine Restauration – so etwas werden wir nicht zulassen. Das verheimlichen wir nicht. In der NATO gibt es solche Diskussionen. Sollten solche Ideen Grundlage der Politik bilden, so würde dies den Kurs auf Krieg bedeuten.

Im Sinne unserer Beziehungen als Genossen und Freunde – und wir charakterisieren sie so – will ich sagen: Wir rechnen mit Verständnis in dieser Frage. Wollen wir durch Taten beweisen, welches System besser ist! Lasst das die Geschichte entscheiden! Wir haben keine Pläne, die Bundesrepublik oder die USA in sozialistische Länder umzuwandeln in dem Sinne, wie wir das verstehen. Das betrifft auch die anderen Länder. Wir sind für Frieden, für den friedlichen Wettbewerb, für Zusammenarbeit. Wir sind dafür, dass die Geschichte klärt, welches System in der wirtschaftlichen und politischen Sphäre, in den nationalen Fragen, vom Standpunkt der sozialen Gerechtigkeit aus besser ist. Wir sehen den Wettbewerb in breitem Maßstab und nicht nur vom Standpunkt der materiellen Fragen.

Jetzt – zu Ihren Fragen.

Die erste – zu Genf. Uns ist es schwergefallen, uns für die Verhandlungen zu entscheiden. Es gibt kein Vertrauen. Es ist unmöglich zu glauben, dass der Frieden nur von den USA abhängt. Aber von höheren Interessen ausgehend, haben wir uns doch für neue Verhandlungen entschieden, obwohl klar war: Die USA werden versuchen, aus dieser Tatsache als solcher propagandistische Vorteile zu ziehen. Insoweit werden die schlimmsten Erwartungen bestätigt. Sie beschließen ein Militärprogramm mit der Behauptung: Sonst werden unsere Positionen in Genf geschwächt. Westeuropa sagen sie: Schwächt unsere Position nicht durch Auseinandersetzungen in der NATO. Die atlantische Disziplin wird gestärkt. Den Friedensbewegungen sagen sie: Warum seid ihr unruhig? Es finden doch Verhandlungen statt. Wogegen protestiert ihr?

Am 8. Januar [1985] haben wir vereinbart, in Genf drei Fragen im Zusammenhang zu besprechen.[14] Unsere Position entspricht dieser Vereinbarung. Wir sind zu radikalsten Entscheidungen bereit bis hin zum Nuklearwaffenverbot. Aber im Zusammenhang seiner drei Elemente. Die Amerikaner aber wollen die Weltraumwaffen ausschließen.[15]

Man wirft uns vor: Wir stellen quasi Vorbedingungen. Unsinn! Als wir sahen, dass es keinen Fortschritt und keine Reaktion auf unsere Vorschläge gibt, haben wir entschieden, die Idee des Moratoriums zu veröffentlichen.[16] Kann aber Amerika auf den Nuklearschlagstock verzichten? Waffen aus Europa fortschaffen?

Die Verhandlungen werden nicht vom Fleck kommen, wenn wir uns nicht gemeinsam Mühe geben. Wir sind zu allen Taten bereit, die den Interessen der Völker entsprechen, aber auf Basis der Gleichberechtigung. Ein politisches Striptease machen wir nicht. Wir sind für die große Politik, nicht aber für politisches Spiel. Wir haben eine Grenze erreicht, überschreiten wir sie, so sind die Folgen kaum vorherzusagen. Hier gibt es ein weites Feld der Zusammenarbeit zwischen unseren Parteien. Die Zeit fordert, dass die Möglichkeiten der Zusammenarbeit für die Lösung dieses höchst wichtigen internationalen Problems genutzt werden.

W. B. Die Grundpositionen der Sowjetregierung verstehen wir. Sie haben Harriman zitiert, der ein ehrenwerter Mensch ist – er hat über die Steinzeitideologie gesprochen.[17] In der Steinzeit gab es aber nicht nur entsprechende Denkweisen, sondern auch die Waffen waren anders. Ist es für unsere Zeit nicht typisch, dass es neben der Spannung auch eine gewisse Eigenentwicklung der Probleme im Bereich der Waffenanhäufung und der Qualitätsänderung gibt? Darüber aber später.

Wenn es kaum Hoffnung gibt, in Genf Vereinbarungen zu erreichen, so heißt dies, dass die Zeit der Unsicherheit weitergeht. Das hängt auch mit den inneren Entwicklungen in den USA zusammen. Wir unsererseits sind dafür, die Pershing II und die Marschflugkörper aus Europa abzuziehen. Vor den Wahlen werden wir dieses Problem vorbringen.[18] Die Frage ist aber: Wie kann man diese politische Operation verwirklichen und leichter machen?

Unser Ziel ist, die Nuklearwaffen abzuräumen. Eine Etappe auf diesem Weg ist, deren Aufstellung einzustellen. Wie sieht die UdSSR die Verbindung ihrer Aktivitäten mit diesem Ziel? Wir haben vier konkrete Initiativen vorgeschlagen. Die SPD und die Sozialistische Internationale unterstützen sie. (Darüber wurde auf dem New Yorker Seminar gesprochen[19], auf dem auch Kapiza und Milstein anwesend waren.[20]) Nun die Fragen.

Zum ersten. Wie steht die Sowjetunion zu dem formalen Ablauf der Frist des SALT II-Vertrags? Wird die UdSSR auch weiterhin die darin festgesetzten Begrenzungen beachten?[21]

Zum zweiten. Die Positionierung der Sowjetunion zur Frage des Raketenabwehrvertrags. Wird sie die vorhandenen Bedingungen beachten oder ändert sie ihre Position?[22]

Zum dritten. Wird die UdSSR während der September-Konferenz zur Nichtverbreitung der Kernwaffen den Vorschlag eines Kernwaffenteststopps unterstützen?[23] (Die Kernwaffenversuche bereiten Sorge, denn sie fördern die Fortsetzung des Rüstungswettlaufs.)

Zum vierten. Wie schätzt die sowjetische Regierung die Tatsache ein, dass Frankreich und Großbritannien ihre Nuklearsysteme weiterentwickeln, die dadurch neue Dimensionen erhalten?[24] Und wie wird künftig die Berechnung dieser Systeme erfolgen?

Hier will ich eine Bemerkung machen. Wie Ihnen bekannt ist, wissen wir vom Zusammenhang zwischen dem Problem der Mittelstreckenraketen und den strategischen Waffen. Wie aber ist der Zusammenhang dieser Probleme mit dem Problem der taktischen Systeme?[25] Wenn man sie nicht berücksichtigt, dann entstehen neue „Grauzonen", die Sorgen hervorrufen, sogar im Falle der gegenseitigen Verständigung über andere Waffenarten.

Zum fünften. „Star wars". Wir sind aus vielen Gründen gegen diese Idee.[26] Erstens sind sie eine destabilisierende Waffe. Sie stellen eine ungeheure Geldverschwendung dar usw. Wir sind aber nicht gegen das europäische friedliche Programm, die Teilnahme der Europäer an friedlichen Forschungen.[27] In Paris haben wir neulich darüber gesprochen.[28] Um Ambivalenzen zu vermeiden, sage ich: Es betrifft auch die Schaffung eines eigenen europäischen Beobachtungssystems im Weltraum. Das ist keine Offensivwaffe. Europa will sein eigenes Beobachtungssystem haben, unabhängig von anderen.[29]

Zum sechsten. Das Moratorium. Mit Respekt beobachten wir Ihre Vorschläge.[30] Könnte die UdSSR nicht aber einen noch mutigeren Schritt machen? Irgendeinen neuen Schritt, einen einseitigen Schritt (sozusagen in der Erwartung von Schritten der anderen Seite).[31] Dies könnte eine große Bedeutung haben. Jetzt allerdings ist die Verifizierung zur umstrittensten Frage geworden. Das ist aber eine Scheinfrage: Es existieren Mittel, die es möglich machen, alles zu kontrollieren.

Zum siebten. Die konventionelle Rüstung. Ich bin überzeugt, dass Sie keine Absichten haben, Westeuropa zu überfallen. Objektiv aber besitzen Sie ein Drohpotenzial. Man darf nicht vergessen – es existiert die Frage der Absenkung des Niveaus der konventionellen Rüstung.

Zum achten. Die letzte Frage. Sagen Sie, wollen Sie nicht mit Präsident Reagan zusammentreffen?[32] Es ist nicht meine Sache, Ihnen irgendetwas zu empfehlen. Aber wenn im Ergebnis eines solchen Treffens Voraussetzungen geschaffen würden und Sie zusammen sagen könnten: Es wird keinen dritten Weltkrieg geben – dann würden alle erleichtert aufatmen.

M. G. Unsere gemeinsame Meinung ist, dass der Sinn Ihrer Überlegungen in vielen Aspekten unseren Ansichten über die Welt und ihre Schmerzpunkte nahe ist. Es gibt Möglichkeiten der Zusammenarbeit. Soviel zum Ganzen. Dies hat aber eine große Bedeutung für die heutige und für künftige Begegnungen.

Über Genf. Ja, soweit sind die schlimmsten Erwartungen gerechtfertigt. Vor Beginn der Verhandlungen sagte man in den USA: Sie werden schwierig sein. Jetzt sieht man, wie die erste Runde gezeigt hat[33]: Die Amerikaner ziehen sie in die Länge. Sie können die Verhandlungen nicht verlassen, denn wenn sie weggehen würden, würden sie sich entlarven. So haben sie den Weg der Sabotage gewählt. Ohne Korrektur der Position der USA kann es nicht weitergehen. Werden sie aber eine solche Korrektur vornehmen? Womit sind sie nach Genf gekommen? Wir fordern keine einseitigen Zugeständnisse. Wir wollen Bewegung aufeinander zu. Alle müssen sich für die Einstellung des Rüstungswettlaufs, für die Nichtmilitarisierung des Weltraums aussprechen. Wir dürfen nicht auf Früchte des Nichtstuns warten. Es gibt zu viele gefährliche Entwicklungen.

Wir nehmen zur Kenntnis, was Sie über die Pershing II und die Marschflugkörper gesagt haben.

Nun zu Ihren Fragen.

<u>Zum ersten</u>. Die Bestimmungen des SALT II erfüllen wir und werden sie weiter erfüllen. Die USA drohen mit der Weigerung, sie zu erfüllen.[34]

<u>Zum zweiten</u>. Den ABM-Vertrag werden wir respektieren.

<u>Zum dritten</u>. Die Nuklearwaffenversuche. Eine Vereinbarung über einen Teststopp würden wir begrüßen (entsprechend dem Nichtverbreitungsvertrag).[35]

A[ndrej] A. Gromyko. Wir sind für den sofortigen Teststopp.

M. G. <u>Zum vierten</u>. Die französischen und englischen Nuklearsysteme. Im Gespräch mit Howe habe ich daran erinnert[36], dass Thatcher in einem Brief an den Chef des Generalstabs der USA geschrieben hatte: Die Russen sollen unsere Rüstung anrechnen.[37] Was heißt das? Uns widersprechen sie, im anderen Fall aber stimmen sie der Anrechnung zu? Auf wen sollen wir uns orientieren?

W. B. Auf Thatcher.
M. G. Wenn es um die Mittelstreckenraketen geht, dann muss alles berechnet werden, die englischen, die französischen und die amerikanischen.[38] Zwar sind 40 Prozent der Flugträger am äußeren Rande Europas platziert, aber sämtliche ihrer Raketen können uns erreichen. Wir fordern nicht die gleichzeitige Reduzierung von Rüstungen in Frankreich und England. Wir werden sie aber anrechnen. Wenn sie ihre Rüstung reduzieren, reduzieren wir auch die unsrige. Wir sind zur Nulllösung bereit, aber nicht zu einer falschen Null. Wir wollen das Problem in seiner ganzen Vielfalt betrachten. Wir suchen keine Vorteile für uns selbst, für eine einseitige Abrüstung aber werden wir uns auch nicht entscheiden.

<u>Zum sechsten.</u> Ein mutiger Schritt von unserer Seite. Wie viele Schritte haben wir schon gemacht und machen wir! Wir haben erklärt, dass wir die Nuklearwaffen nicht als erste einsetzen werden.[39] Wir haben gesagt, dass wir sie nicht gegen Länder einsetzen, ‹die sie nicht besitzen.›[40] Wir sind für einen Pakt für die Nichtanwendung von Gewalt.[41] Wir haben ein einseitiges Moratorium für den Weltraum eingeführt. Und für die Mittelstreckenraketen. Wir sind für ein allgemeines Moratorium.[42] Wir haben vorgeschlagen, unsere Mittelstreckenraketen bis auf das Niveau Frankreichs und Englands zu reduzieren.[43] Doch auf alle diese Schritte gab es eine negative Reaktion. Wir lernen daraus und ziehen daraus die Lehren.

Sich für eine einseitige Abrüstung jetzt zu entscheiden würde heißen, nicht nur das eigene Volk einer Bedrohung auszusetzen, sondern auch die Interessen des allgemeinen Friedens. Es wäre kein mutiger, sondern ein unvernünftiger Schritt.
Gromyko. Auf gegenseitiger Grundlage sind wir bereit, so weit zu gehen, wie die andere Seite bereit ist.
M. G. <u>Zum siebten.</u> Für mich ist Ihre Stellungnahme wichtig: Die UdSSR habe keine Absichten, den Westen anzugreifen. So ist es. Das bestätige ich im Namen der Regierung der UdSSR. Aber die Verhandlungen in Wien machen uns Sorgen.[44] Dort sind, was die Länge der Debatten betrifft, alle Rekorde geschlagen worden. Gibt es überhaupt Verhandlungen mit längerem Bart?

Gromyko. Wenn es um das Abrüstungsproblem im Ganzen geht – ja. Hier haben die Verhandlungen einen großen grauen Bart. Insgesamt knapp 40, genauer: 39 Jahre.[45]
M. G. Wir haben einen neuen Vorschlag vorgelegt und rechnen auf das Vertrauen der anderen Seite. Er ist äußerst einfach: die Truppenstärke um ‹20.000 und 13.000›[46] zu reduzieren (obwohl die Situation bei der konventionellen Rüstung zurzeit praktisch gleich ist). Wir sind für die Reduzierung der konventionellen Rüstung.
W. B. In Wien haben wir voneinander viel gelernt, was Transparenz betrifft. Das ganze Unglück kommt von der Arithmetik.
M. G. Zu Reagan. Wir sind für ein Treffen mit ihm. Das hat neulich Andrej Andrejewitsch [Gromyko] noch einmal betont. Wir haben aber verabredet, über dieses Thema öffentlich nicht zu reden.[47] Doch gibt es undichte Stellen in den USA. Es gibt nichts Beständigeres als die amerikanischen undichten Stellen. Wenn wir sie einschätzen, so sehen wir: Die Frage des Treffens verdaut man dort nicht leicht. Es gibt Meinungsaustausch. Ich denke, das Treffen wird stattfinden. Ort und Zeitpunkt werden wir konkretisieren. Gegenwärtig befinden wir uns in der Phase des Suchens.
W. B. Mehr will ich zu diesem Thema nicht wissen.
M. G. Mehr wissen wir soweit auch nicht. Ich unterstütze jedenfalls den Gedanken, dass ein Treffen zur Normalisierung der Lage beitragen würde.
W. B. Zu Europa. Wenn wir bei der Abrüstung keinen Fortschritt machen – die Aussichten sind anscheinend nicht glänzend –, dann müssen Meinungsaustausch und Zusammenarbeit in den Fragen, wo etwas gemeinsam gemacht wird, fortgesetzt werden. Wir brauchen eine zweite Phase der Ostpolitik. Das ist die Hauptsache.

Wir haben keine schlechten Gespräche mit der DDR zum Thema Chemiewaffen geführt.[48] Es wäre gut, wenn es gelingen würde, etwas im Bereich der Chemiewaffen zu tun.
M. G. Europas Beitrag zur Verbesserung der Lage könnte größer sein. Europa hat große geschichtliche Erfahrungen und Möglichkeiten, um effektiv zu handeln. Wir sind für die Fortsetzung des politischen Dialogs.

Jetzt erinnern sich alle an die Entspannung. Doch für eine gewisse Zeit hat man sie vergessen. Die Entspannung ist aber mit der wirtschaftlichen Zusammenarbeit und dem politischen Dialog verbunden. Europa lebt nicht unter einer Glashaube, es löst seine Probleme in der realen Welt. Es hat seine Traditionen, seine Ähnlichkeiten und Unterschiede. Es ist doch wichtig, dass die europäische Politik in Europa gestaltet wird. Viele wichtige Probleme und wichtige Lösungen wurden in Europa geboren. Europas Vernunft soll genutzt werden, um viele der akkumulierten Aufgaben zu lösen.

Der Kontakt mit der SPD ist zweifellos nützlich. Wenn als Ergebnis irgendwelche Fortschritte und realisierbare Ideen entstehen, so wäre dies ein Beitrag zur allgemeinen Sache des Friedens.

Das Gespräch wurde von W. W. Sagladin aufgezeichnet.

Nr. 21
Aus der Ergebnisniederschrift über die Sitzung des Arbeitskreises I der sozialdemokratischen Bundestagsfraktion 11. Juni 1985[1]

AdsD, Bestand SPD-Bundestagsfraktion, 6948.

[...]
TOP 1: <u>Eine Zweite Runde West-Ost-Politik</u>
Zu diesem Thema trug Willy Brandt vor:

Seit einiger Zeit spreche er mit Beharrlichkeit von einer neuen Runde West-Ost-Politik. Was zum Ende der sechziger Jahre die Große Koalition seinerzeit im Rahmen der Ostpolitik vorbereitet habe, sei damals nur möglich gewesen, weil es einen westlichen Rahmen gegeben habe, in dem sich die Bundesrepublik habe bewegen können. Die damalige Ostpolitik sei von den USA, Frankreich und Großbritannien unterstützt worden. Anders sei diese Politik nicht möglich gewesen.[2]

Heute stelle sich die Lage anders dar: Schritte in der militärischen Entspannung hingen zwar weiterhin von den Großmächten ab, die EPZ habe jedoch inzwischen eine neue Qualität erlangt.[3] Im Vergleich zur vorherigen Phase der Ostpolitik gebe es drei neue Erfahrungen:

1. Es sei deutlich geworden, daß Entspannung im Sinne einer Normalisierung verkümmere, wenn sie nicht durch eine militärische Komponente gestützt werde. Dies müsse in einem politischen Gesamtprozeß stehen. Bereits zu Beginn der 70er Jahre habe man die Vorstellung von einer außen- und sicherheitspolitischen Gesamtkonzeption gehabt. Im Herbst 1971, bei seinem Besuch bei Breschnew auf der Krim, sei man in den Gesprächen von der Einheitlichkeit des Entspannungsprozesses ausgegangen.[4] Eine Aufsplitterung in Teilverhandlungen in den verschiedenen Hauptstädten wie Wien, Helsinki und Genf[5] sei damals nicht erwartet worden.
2. Es sei nicht gelungen, Helsinki von illusionären Vorstellungen zu entlasten. Die Probleme in Helsinki seien wohl durch den langen Vorlauf mit den Experten entstanden. Man habe geglaubt, viele Worte bedeuten dasselbe auf beiden Seiten. Bereits vor der Unterzeichnung der Schlußakte von Helsinki sei es notwendig gewesen, die Sprache zu entschlacken und auf das Wesentliche zu beschränken.[6]
3. In den letzten Jahren habe die Verkrampfung der beiden Großen ebenso zugenommen wie das deutliche gemeinsame Interesse der Europäer, nicht alles kaputtgehen zu lassen. Das sei ganz besonders in der Deutschlandpolitik deutlich geworden. Von beiden Teilen Deutschlands aus seien Impulse an die beiden Supermächte gegangen, den Entspannungsprozeß fortzusetzen. Dies sei ein interessantes und wichtiges Phänomen.

Da der Schwerpunkt der Entwicklung beim Rüstungsgeschehen zwischen den beiden Großen liege, bestehe kein Anlaß zum Optimismus in Bezug auf die Fortsetzung einer Entspannungspolitik. Dennoch seien europäische Initiativen auf sicherheitspolitischem Gebiet notwendig und sollten gefördert werden. Dabei sollte man sich auf europaspezifische Themen konzentrieren, wie vertrauensbildende Maßnahmen in allen Bereichen[7], chemiewaffenfreie Zonen[8], Entwicklung einer zweifelsfrei defensiven Verteidigungspolitik[9], Gespräche mit der Sowjetunion über das Thema Rüstung und Entwicklung.[10] Zu diesem Thema höre er von ‹Pérez›[11] de Cuellar, daß die Vereinten Nationen im nächsten Jahr eine Sonderkonferenz in Paris planten.[12] Die Sozialdemokraten sollten sich auf diese Konferenz rechtzeitig einstellen.

Außerdem solle man neben der schwierigen sicherheitspolitischen Operation, bei der Fortschritte nur graduell denkbar seien, die Notwendigkeit der Förderung der Verzahnung Europas im wirtschaftlichen Bereich betonen. Ihr stünde die amerikanische Forderung nach Beschränkung des technologischen Austausches entgegen. Der Wert einer Beschränkung von Handel und Technologietransfer aus sicherheitspolitischen Gründen sei jedoch sehr fragwürdig.[13] Jede der beiden Seiten erfahre relativ schnell, was die andere Seite habe und wie man bestimmte Produkte herstelle. Der Stellenwert wirtschaftlicher Kontakte sei höher einzuschätzen als die Gefahren eines Transfers auf sicherheitspolitischem Gebiet. Im übrigen müsse man neu ansetzen, um die Vorhaben der Europäer auf dritten Märkten zu fördern.

Willy Brandt berichtete dann über seine Gespräche in der Sowjetunion[14]: Wie schon zuvor bei Besuchen im Westen habe er auch in Moskau mit Bedauern feststellen müssen, wie sehr inzwischen das Ansehen der Bundesrepublik Deutschland in West und Ost gelitten habe. Gesprächspartnern müsse man erklären, wer zur Zeit für die Bundesrepublik Deutschland spreche. Dazu gehöre auch die Erläuterung der Rolle Genschers.

Das sei in Moskau nicht anders als in Paris gewesen.[15]

Abgesehen von den Unklarheiten, die den Staat belasteten[16], sei jedoch in Moskau deutlich geworden, daß die Bundesrepublik nicht mehr an erster Stelle unter den europäischen Staaten rangiere. Frankreich, Italien und Großbritannien hätten ihr in dieser Reihenfolge den Rang abgelaufen. Dies gelte trotz der Tatsache, daß wir wirtschaftlich nach wie vor am stärksten seien. Aber auch wenn es um den Handel gehe: Mit politischem good will erreichten die anderen Europäer inzwischen mehr. Das habe sich beim Besuch von Ministerpräsident Craxi gezeigt.[17] Italien nehme es auch mit den COCOM-Bestimmungen nicht allzu genau.[18] Selbst Frankreich und Großbritannien ließen hier lieber alle Fünfe gerade sein. Man solle auch in diesem Zusammenhang das Gewicht des Besuchs von Ministerpräsident Fabius in Ost-Berlin nicht unterschätzen.[19] Der Besuch sei ganz gezielt auf die Außenwirtschaft gerichtet.

[...][20]

Neue Töne seien hingegen in Bezug auf die Rolle Westeuropas zu hören. In der Tischrede Gorbatschows[21] sei deutlich geworden, daß Moskau davon abrücke, alles aus der Perspektive der sowjetisch-amerikanischen Beziehung zu sehen.

Man sei zu dem Ergebnis gekommen, daß nicht nur unterschiedliche Staaten, sondern auch unterschiedliche Gemeinschaften in Ost und West existierten. Bei Craxi sei Gorbatschow noch deutlicher geworden[22]: Er habe sich ausdrücklich auf Europäische Gemeinschaft und RGW bezogen. Dies sei ein bedeutsamer Wechsel. Früher habe man noch gegen die EG polemisiert und vor fünf bis sechs Jahren Kontakten mit der Gemeinschaft ausdrücklich eine Absage erteilt. Damals seien jedoch auch mehrere Partnerstaaten im RGW nicht besonders daran interessiert gewesen, diese Kontakte auszubauen. Man habe befürchtet, daß die Sowjetunion parallel zur Gemeinschaft auf stärkere Integration im RGW dränge und auf diese Weise ihren Einfluß vermehre. Jetzt müsse man sich darauf einstellen, daß es eine differenziertere sowjetische Europapolitik geben werde.

[...][23]

Wenn also die Sowjetunion heute in Bezug auf Europa zu Beziehungen von Block zu Block bereit sei, dann sollte man das nutzen. Außer auf dem wirtschaftlichen Gebiet sollte man sich jedoch auch darum bemühen, Kontakte im kulturellen Bereich zu pflegen. Dies gelte auch für den Austausch von Stadtarchiven.

Entsprechend der Vielfalt der Themen habe man in Moskau die Delegation geteilt[24], um eine möglichst breite Diskussion zu führen.

Die Ergebnisse der Gespräche müßten nun geordnet und ein Fahrplan entwickelt werden, wie und auf welcher Ebene die Kontakte fortgeführt werden sollten.[25]

Er sei von den Generalsekretären der CDU/CSU[26] persönlich angegriffen worden, weil er angeblich humanitäre Fragen und Afghanistan[27] nicht angesprochen habe. Die Vorwürfe erfolgten wider besseres Wissen, denn die Botschaft in Moskau sei voll über die Gespräche unterrichtet worden. Über Afghanistan habe er mit Gorbatschow unter vier Augen gesprochen.[28] Menschenrechtsfragen seien nicht lediglich unter einem humanitären Aspekt, sondern grundsätzlich angesprochen worden. Dabei habe es drei Themen gegeben:
1. Das Schicksal deutscher Bürger in der Sowjetunion.
2. Die Probleme sowjetischer Bürger, die man gemeinhin die Dissidenten nenne. In diesem Zusammenhang habe er eine Botschaft von Sacharow bekommen.[29]
3. Die Diskriminierung sowjetischer Bürger jüdischer Nationalität. In diesem Zusammenhang hätten Petitionen aus der Sowjetunion und Israel vorgelegen.[30]

In allen Fragen habe die sowjetische Seite zugesagt, daß es ein Follow-up geben werde. Einzelheiten sollten mit der Botschaft abgestimmt werden. Man werde in dieser Angelegenheit weiter Kontakt halten, ohne allerdings die Dinge in die Öffentlichkeit zu tragen.

Die Treffen der mit den Ostblock-Parteien vereinbarten Arbeitsgruppen[31] fänden in der Sowjetunion große Aufmerksamkeit. Es lohne sich, die Sowjetunion in dieser Beziehung auch inhaltlich voll ins Bild zu setzen. Anders wären Fortschritte bei der Arbeit dieser Gruppen auch nicht zu erwarten. Im übrigen sollte man auch die westlichen Bruderparteien über den Bund[32] und Scandilux[33] in die Arbeit der Gruppen einbeziehen.

Die Persönlichkeit von Gorbatschow bewertete Willy Brandt wie folgt: Gorbatschow wisse auch in Bezug auf außenpolitische Themen sehr gut Bescheid. Im Gegensatz zu Breschnew rede er frei auf der Grundlage eines gründlich durchgearbeiteten Textes und handschriftlicher Notizen. Im Umgang mit den anderen Repräsentanten der Führungsspitze, auch gegenüber Gromyko, unterstreiche er souverän seine Stellung als erster Mann.

In der anschließenden Aussprache ergriffen Lothar Löffler, Andreas von Bülow, Gerhard Heimann, Peter Corterier, Hermann Scheer, Erwin Horn und Alwin Brück das Wort. Lothar Löffler fragte, ob die Sowjetunion weiterhin auf eine Politik der militärischen Stärke setze. Peter Corterier wies auf Verstöße der Sowjetunion gegen bestehende Abrüstungsverträge hin und warnte vor einer pauschalen Verharmlosung der Sowjetunion. Demgegenüber vertrat Andreas von Bülow die Auffassung, in der Darstellung der militärischen Stärke der Sowjetunion würde allgemein stark übertrieben. Rüstungsdynamik gebe es auf beiden Seiten. Gerhard Heimann stellte die Frage, ob es angesichts des mangelnden Gleichklangs zwischen Westeuropa und den USA überhaupt Aussichten gebe, eine zweite Runde der Ostpolitik erfolgreich abzuschließen. Hermann Scheer beklagte, daß die rüstungskontrollpolitische Kompetenz allein bei den Supermächten läge und von deren bipolarer Sicht bestimmt werde. Auch müsse man sich fragen, ob eine Rüstungskontrollpolitik, die sich an gleichen Rechten und Obergrenzen orientiere, tatsächlich zu Reduzierungen führe. Die Europäer müßten nach neuen rüstungskontrollpolitischen Ansätzen suchen. Dies sollte man einmal mit den französischen Sozialisten besprechen. Alwin Brück fragte nach den Hintergründen für die sowjetische Afghanistan-Politik. <u>Der Afghanistan-Krieg dauere nun bald so lange wie der Zweite Weltkrieg.</u>[34] Die Sowjetunion gehe nach neusten Informationen immer brutaler gegen die Bevölkerung vor.

Abschließend nahm Willy Brandt zu den Fragen wie folgt Stellung: Die amerikanische Regierung sei in vollem Umfang über seine Eindrücke in Moskau informiert worden. Auch in der amerikanischen Haltung könne es in absehbarer Zeit zu Bewegungen kommen. Es sei schwierig festzustellen, inwieweit die sowjetische Militärhierarchie ihren Einfluß auf die jetzige Führung geltend mache. Ihr spezifisches Gewicht sei zur Zeit noch nicht transparent.

In der Sowjetunion sei er gefragt worden, was mit der Dislozierung von Pershing II und Cruise Missiles geschehe, wenn die

SPD wieder an die Regierungsverantwortung käme. Er habe auf die Beschlüsse der SPD hingewiesen, daß wir uns im Bündnis für den Abbau dieser Systeme einsetzen würden. Vieles hinge jedoch auch von der sowjetischen Haltung ab. Im Zusammenhang mit den Weltraumwaffen habe er Gorbatschow darauf hingewiesen, daß die Europäer über bessere Möglichkeiten einer qualifizierten Observation verfügen müßten.[35] Gorbatschow habe dafür ein gewisses Verständnis gezeigt. Es sei besser, wenn die Europäer etwas selbst wüßten, als daß sie es ständig von anderen gesagt bekämen.

Solange die Supermächte sprachlos seien, müßten die Europäer mit Einzelprojekten voranschreiten. Die SPD unternehme den Versuch beispielsweise in der Diskussion mit der SED über eine chemiewaffenfreie Zone.[36] Man müsse mit Interesse vermerken, wie unbefangen sich beispielsweise Brzezinski zur nuklearwaffenfreien Zone geäußert habe.[37] Seine Vorstellungen gingen weit über die der Palme-Kommission hinaus.[38]

Gorbatschow werde vermutlich vor der Bundesrepublik Deutschland Paris besuchen. Es werde in Moskau aufmerksam verfolgt, was die französischen Sozialisten neuerdings als die „Interessen Frankreichs" definierten.[39] Auch aus sowjetischer Sicht habe Europa heute an Relief gewonnen. Das mache den Umgang mit den West- und Osteuropäern für die Sowjetunion nicht leichter.

Was Afghanistan anbetreffe, so habe Gorbatschow versichert, er wolle eine politische Lösung. Die Sowjetunion sei nicht daran interessiert, daß die sowjetischen Truppen auf lange Dauer in Afghanistan blieben. Im übrigen habe Gorbatschow gegen die Vereinigten Staaten und Pakistan polemisiert, die einer Friedensregelung im Wege stünden. Im übrigen gebe es wieder bilaterale Gespräche zwischen den USA und der Sowjetunion über Afghanistan, ebenso wie über den Nahen Osten und den Iran-Irak-Konflikt.[40] In Bezug auf Zentralamerika werde die Nadelstichpolitik der Sowjetunion wohl nachlassen, wenn sich das Verhältnis zwischen den beiden Supermächten insgesamt bessere.

[...]

Nr. 22
**Interview des Vorsitzenden der SPD, Brandt, für die französische Wochenzeitschrift *L'Express*
28. Juni 1985**[1]

Sozialdemokraten Service Presse, Funk, TV. Nr. 346/85 vom 28. Juni 1985.

Frage: ‹Herr Vorsitzender,›[2] mittlerweile gibt es zwischen Frankreich und Deutschland eine „Schicksalsgemeinschaft". Wie kann oder wie sollte sich, Ihrer Meinung nach, diese Gemeinschaft zweier großer, geschichtsbeladener Völker, wie Präsident Mitterrand ‹im Januar 1983› sagte[3], weiter entwickeln?
Antwort: ‹Wissen Sie,› „Schicksalsgemeinschaft", das ist für mich ein Wort aus einer gewissen deutschen Denktradition: eher rechts, eher romantisch, eher irrational. ‹Es ist in der Tat nicht meine Art des Denkens.› Die Sache in einer rationalen Beschreibung akzeptiere ich sehr wohl als ein aus geschichtlicher Erfahrung geborenes enges Verhältnis zwischen unseren beiden Staaten und als eine privilegierte Zusammenarbeit, die auch Europas wegen geboten ist. Tatsächlich sind Frankreich und die Bundesrepublik eng aufeinander angewiesen. ‹Das gilt für die Sicherung der natürlichen Lebensgrundlagen – mit allem, was daran hängt: wirtschaftlich, ökologisch, kulturell, wissenschaftlich, gewiß auch hinsichtlich der militärischen Sicherheit.› Die Bande zwischen unsern beiden Ländern sind so stark, daß man sich keine Lage mehr vorstellen kann, in der es einem von uns sehr schlecht und dem anderen gleichzeitig sehr gut geht. Aus diesem Faktum könnte die Politik beiderseits des Rheins weiterreichende Schlußfolgerungen ziehen, als sie es bislang tut. ‹Sie könnte es auf all den Gebieten tun, die ich angesprochen habe.
Frage: Herr Vorsitzender, vor dem Krieg hatte Churchill Frankreich eine Union vorgeschlagen.[4] Es hätte dann ein einziges Land mit einem gemeinsamen Paß gegeben.› Sind Sie grundsätzlich für eine Union zwischen Frankreich und Deutschland, die die Grundlage für

eine wirkliche europäische Union bildete, mit einem gemeinsamen Paß als erstem Schritt beispielsweise?
Antwort: Man darf die Sachen nicht komplizierter machen, als sie ohnehin schon sind. Kompliziert ist die fortschreitende Integration der Europäischen Gemeinschaft, aber sie ist unverzichtbar. Darum sage ich: Alles, was an enger Kooperation zwischen Frankreich und der Bundesrepublik möglich ist und zugleich[5] zur fortschreitenden Integration Europas beiträgt, sie voranbringt oder sie zumindest nicht lähmt, ist gut und nützlich. Ob eine veritable Union dazugehören könnte, scheint mir fraglich. Wenn man dieses Projekt ernsthaft anpackte, würde das viel Zeit und Energie kosten und den Anschein erwecken, als gäben unsere beiden Länder das größere Projekt der Europäischen Union fürs erste verloren. ‹Bereits vor dem Verdacht eines solchen Defätismus in Sachen Europa sollten wir uns hüten, nicht erst vor dem Defätismus selber.›
Frage: Im Juni letzten Jahres hat Helmut Schmidt dem Bundestag vorgeschlagen, daß Frankreich und Deutschland ihre Zusammenarbeit auf der Basis einer „[deutsch-]französischen Wirtschaftsinitiative" neubelebten. Er schlug am 28. Juni, also vor genau einem Jahr, die möglichen Schritte einer solchen gemeinsamen Initiative vor: die Schaffung eines echten gemeinsamen Binnenmarktes, die zweite Stufe des europäischen Währungssystems mit der europäischen ECU[6], die Bildung einer europäischen Technologiegemeinschaft[7] ‹(Elektronik, Erkundung und Nutzung des Weltraums, Verkehr)›.
Glauben Sie, daß seit einem Jahr Fortschritte in dieser Richtung erzielt worden sind? ‹Wenn nicht, warum? Was schlagen Sie vor?›
Antwort: Mit dem, was Helmut Schmidt hierzu vorgeschlagen hat, bin ich einverstanden. Mehr noch: Man kann das gut und gerne um zusätzliche Felder der Zusammenarbeit erweitern, sofern nur die Richtung klar ist: Frankreich und die Bundesrepublik leisten damit Schrittmacherdienste für Europa. ‹Sie verständigen sich.› Sie zeigen, was möglich ist. ‹Und sie gebrauchen ihren Einfluß, um die Integration der Gemeinschaft voranzubringen.

In den Köpfen haben wir gewisse Fortschritte auf diesem Weg erzielt, aber sie reichen nicht aus.› Manchmal denke ich: Was uns fehlt, ist ein überzeugender gesellschaftlicher Entwurf für die Europäische Gemeinschaft über die nächsten Jahre hinaus. Solange wir Europa nur als Ersatz für den in der Erinnerung verklärten Nationalstaat von ehedem denken – oder als dessen notwendige, aber lästige Ergänzung –, so lange werden wir einen echten Durchbruch kaum erzielen‹. Dabei unterschätze ich den Zwang der Umstände keineswegs. Er verhindert vermutlich, daß wir hinter die bereits erzielte Einigung zurückfallen. Aber er genügt nicht› für den Durchbruch zu einem Europa der Völker, zu einem Europa, das seine Völker mit Herz und Verstand akzeptieren und weitertragen.

‹Frage: Wie könnte, wie müßte dieses Europa aussehen, das nicht nur den Verstand, sondern auch das Herz anspricht? Welche Rolle könnten Deutschland und Frankreich bei seiner Verwirklichung spielen?
Antwort: Im Denken der europäischen Linken hat das Projekt der Vereinigten Staaten von Europa seit vielen Jahrzehnten seinen Platz, die Anfänge liegen noch vor dem Ersten Weltkrieg. Worin lag die Attraktivität dieses Projekts begründet? Einmal in der Hoffnung, daß ein einiges Europa nicht mit sich selber Krieg führen würde. Dann in der festen Annahme, daß nur bei fortschreitender Integration der nationalen Ökonomien der gesellschaftliche Reichtum Europas weiterhin kräftig wachsen würde. Schließlich in der Überzeugung, daß die Emanzipation der arbeitenden Menschen, ihre gerechte Teilhabe an den Früchten der gesellschaftlichen Arbeit und des Erfindungsreichtums in einem geeinten Europa raschere Fortschritte machen würden als in einem zersplitterten. Wenn Sie den Gang der Ereignisse zwischen den großen Kriegen und nach dem Zweiten Weltkrieg verfolgen, werden Sie die ersten beiden Erwägungen leicht als treibende Kräfte identifizieren können. Erst die dritte Erwägung, die sich auf die zeitgemäß abgewandelte Form bezieht, macht die Attraktivität komplett. Und dabei wissen wir, daß sich das Problem von Krieg und Frieden heute nicht mehr primär europäisch stellt, sondern auch global.

Meine Schlußfolgerung:› Wir müssen ein solches europäisches Projekt beschreiben, das unseren Menschen glaubwürdig den Eindruck vermittelt, daß wir durch seine Verwirklichung diesen Tatsachen und Erwägungen gerecht werden können. Wir dürfen nicht länger nur die defensiven Aspekte betonen, die Zwänge der Konkurrenz und der Verteidigung. ‹Etwa nach dem Muster: Wenn wir uns wirtschaftlich, sicherheitspolitisch, wissenschaftlich, kulturell nicht wehren, werden wir an den Rand gedrängt. Die großen Errungenschaften der europäischen Völker, ihr so häufig unter Beweis gestelltes Genie, erlauben uns viel mehr Selbstbewußtsein.› Die fortschreitende Integration unserer Gemeinschaft ist möglich. Wenn wir sie realisieren, werden wir aus unserem kleinen Teil der Welt eine Zone des Friedens, der politischen und gesellschaftlichen Freiheit, der Wohlfahrt für die hier lebenden Menschen machen. Zugleich könnten von hier, von Europa, viel stärker als bisher Impulse ausgehen, die der friedlichen Kooperation und der Überwindung von Massenelend zugutekommen. ‹Die Chancen auf soziale Gerechtigkeit, auf Einheit in der kulturellen Vielfalt sind nirgendwo auf unserem Planeten so günstig wie hier. Franzosen und Deutsche sind vielleicht mehr als andere berufen, dies nicht nur zu sagen, sondern damit auch in der Praxis ernstzumachen.›

Frage: ‹Der Weg einer deutsch-französischen „Schicksalsgemeinschaft" führt zwangsläufig über die Annäherung und letztlich Integration der Sicherheitspolitiken beider Länder.

Am 19. und 20. Juni [1985] wird auf dem Truppenübungsplatz Mutzingen das erste deutsch-französische Großmanöver, „Alliance", stattfinden und 10.000 Soldaten mit 300 Panzern der 3. französischen Panzerdivision aus Freiburg und der 10. Panzerbrigade aus Weiden vereinen. Im September [1985] wird zum ersten Mal eine große französische Armeeeinheit, die 1. Panzerdivision aus Trier, an nationalen deutschen Großmanövern an der Seite des III. Korps der Bundeswehr teilnehmen.› Eine Verteidigung Frankreichs ist ohne die Verteidigung Deutschlands undenkbar. Meinen Sie, man könne auf dem Weg zu einer gemeinsamen Verteidigung rasch voranschreiten oder glauben Sie, daß die Risiken zu groß sind?

Antwort: Wenn ‹die Selbstbehauptung Europas,› die „Europäisierung Europas", wie die deutschen Sozialdemokraten sagen, mehr als ein Schlagwort sein‹, wenn sie Realität werden› soll, dann wird das ohne eine verstärkte deutsch-französische Zusammenarbeit auch auf militärischem Gebiet nicht möglich sein. ‹Welche Risiken sollten dadurch heraufbeschworen werden?› So weit ich sehe, strebt kein ernstzunehmender Mensch in der Bundesrepublik an, den Finger an den Abzug der Force de Frappe zu bekommen. Dagegen könnte uns ein selbständigeres westeuropäisches Verteidigungssystem auf der Basis enger deutsch-französischer Übereinstimmung große Chancen eröffnen. Wir wären imstande, uns bei aller Loyalität zum westlichen Bündnis ein Stück von dem unfruchtbaren Gegensatz der beiden Weltmächte zu lösen. Ein West-Europa, stark und sicher in seinen defensiven Potenzen, könnte ganz anders im Sinne von Frieden, Entspannung und allgemeiner Wohlfahrt wirken, als uns dies heute möglich ist.

‹Entscheidend ist auch in diesem Punkt die Orientierung, die wir der deutsch-französischen Entente und der größeren Gemeinschaft geben, der unsere beiden Völker angehören: Wollen wir in einer Welt aggressiver Konkurrenz nur ein härterer Konkurrent werden und damit zur weiteren Verwilderung der Sitten beitragen? Oder trauen wir unserer Gemeinschaft zu, aufbauend auf den besten Traditionen der europäischen Geschichte, ein Beispiel zu schaffen für freiheitlichen Geist, soziale Verantwortung, Toleranz und Friedfertigkeit? Gelänge uns das zweite, wäre die Welt, gerade auch die Dritte Welt, um eine Hoffnung reicher.›

Frage: ‹Herr Vorsitzender,› Sie und Ihre Partei unterstützen das Projekt einer europäischen Technologiegemeinschaft „Eureka".[8] ‹In seiner Rede vom 24. Mai 1984 in Straßburg hat Präsident Mitterrand die Bedeutung der neuen Technologien unterstrichen sowie die lebenswichtige Notwendigkeit für Europa, gegenüber den Vereinigten Staaten und Japan weiter voranzukommen.[9] Er hat dies seither häufig wiederholt.› In der Zwischenzeit hat sich Ihre Partei durch mehrere sehr prominente Sprecher für eine Beschleunigung der deutsch-französischen technologischen Zusammenarbeit ausgesprochen. ‹Es ist namentlich über das Projekt eines deutsch-französischen Beobachtungssatelliten gesprochen worden.[10] Unterstützen auch Sie

dies?› Welche Prioritäten sollte sich eine solche Zusammenarbeit setzen? ‹Glauben Sie, sie käme schnell genug voran? Birgt sie Risiken?›
Antwort: Die deutschen Sozialdemokraten haben die Initiative Präsident Mitterrands begrüßt. Ich betrachte ihre Verwirklichung als integralen Bestandteil des von mir skizzierten Projekts, und ich hoffe, daß die Verwirklichung rasch vorankommt. Auch hier sehe ich wenig Risiken, aber viele Chancen. Tatsächlich wäre es töricht, wenn die Europäische Gemeinschaft der Herausforderung auswiche, die im Aufkommen neuer Technologien steckt. Wir haben alles, um diese Herausforderung aus eigenen Mitteln zu bestehen: ‹den Erfindungsgeist unserer Ingenieure, die Wertarbeit unserer Arbeiter, wir haben auch das notwendige Kapital und die notwendigen Märkte. Also, packen wir Eureka an! Beschreiben wir die Felder der Zusammenarbeit, definieren wir die Projekte und sagen wir unseren Menschen, welchen Nutzen wir damit für sie, für ihre Zukunft, für die Zukunft ihrer Kinder bezwecken. Die Glaubwürdigkeit des Nutzens ist entscheidend, damit wir die Herausforderung bestehen. Man darf sich nämlich nichts vormachen: Die „technologische Herausforderung" tel quel[11], das ist etwas, was Intellektuelle und Politiker an- bzw. aufregt. Die Mehrheit unserer Mitbürger fragen [!] nach dem Sinn für das alltägliche Leben, sie wollen wissen, wofür sie sich anstrengen sollen und ob ihre Interessen beachtet werden.›

Im übrigen: In meinem Land halten die Bürger entschieden mehr von einer großen zivil ausgerichteten technologischen Initiative als von einer militärisch ausgerichteten. In dieser Haltung manifestiert sich viel gesunder Menschenverstand. Wer die Laser-Technik für die medizinische Chirurgie nutzbar machen will, muß das nicht auf dem Umweg über gigantische Laserkanonen bewerkstelligen, von denen jede für einen Schuß so viel Energie benötigt wie ganz Paris am 14. Juli. Da wird die Absurdität zur Methode. ‹Die japanische Nation hat nach 1945 mit ihren beeindruckenden technischen und industriellen Erfolgen die Legende vom Krieg als Vater aller Dinge schlagend widerlegt. Tatsächlich kann man den gesellschaftlichen Reichtum nicht mehrfach verwenden. Ich bin für ein Höchstmaß produktiver Verwendung.›

Nr. 23
Schreiben des Vorsitzenden der SPD, Brandt, an den Generalsekretär des ZK der KPdSU, Gorbatschow
4. September 1985[1]

AdsD, WBA, A 9, 10.

Sehr geehrter Herr Gorbatschow,
für Ihren ebenso interessanten wie aufschlussreichen Brief vom 26. August [1985] möchte ich Ihnen danken.[2]

Es wird Sie nach unserem Gespräch[3] nicht überraschen, dass ich meine, eine konstruktive amerikanische Antwort auf das sowjetische Moratorium kann materiell und psychologisch ein erster wichtiger Schritt zur Eindämmung des Wettrüstens und für ein vernünftiges Verhältnis der beiden Weltmächte sein. Gerade der letzte Gesichtspunkt mag dafür sprechen, dass das Thema des Moratoriums eine wichtige Rolle bei Ihrem Zusammentreffen mit dem amerikanischen Präsidenten spielen kann.[4] Ich wäre überrascht, wenn bis dahin nach aussen erkennbare [sic] Änderungen der öffentlichen Haltung der USA erkennbar würden.

Auf dem Treffen selbst kann Ihre Bereitschaft, die ich mit positivem Interesse zur Kenntnis genommen habe, das Moratorium über den 1. Januar [1986] hinaus zu verlängern, von Bedeutung sein.

Wenn man weitergehen wollte oder könnte, bleibt das offene Problem, nicht nur die Tests von Sprengsätzen, sondern die Tests neuer atomarer Raketensysteme beiderseits zu beenden.

Unter Umständen wäre auch interessant, an die Dreier-Verhandlungen anzuknüpfen, die 1980 in Genf gescheitert sind[5]: Dort war man nahe an der Einigung über die Zahl der mechanischen automatischen Kontrollmöglichkeiten (black boxes); ob dies fünf oder zehn oder fünfzehn sein müssen, erscheint mir angesichts der politischen Bedeutung der Sache kein Punkt, an dem eine Einigung scheitern dürfte, gerade angesichts der Bedeutung der Sache und angesichts der Reichweite der Intentionen, wie Sie sie in dem Brief dargelegt haben.

Bei Ihrem Gespräch in Paris[6] werden Sie zum Punkt des Moratoriums keine Veränderungen der französischen Position feststellen, die freie Hand behalten will, solange es keine Einigung unter den beiden Weltmächten gibt.[7]

Wenn sich am 20. und 21. September die im Rahmen von Scandilux zusammenwirkenden Parteien treffen[8] und wenn in Wien Mitte Oktober die Konferenz der Sozialistischen Internationale stattfindet[9], werden Ihre Initiativen mit Sicherheit Gegenstand der Erörterung und einer Stellungnahme sein, die in der Linie unserer Ihnen bekannten Grundhaltung liegen werden.[10]

Mit vorzüglicher Hochachtung

‹gez. Willy Brandt›[11]

Nr. 24A
Aus der Niederschrift über das Gespräch des Vorsitzenden der SPD, Brandt, mit dem Generalsekretär des ZK der SED und Staatsratsvorsitzenden der DDR, Honecker, in Ost-Berlin 19. September 1985[1]

SAPMO-BArch, DY 30/IV 2/1/638.[2]

E[rich] Honecker begrüßte W[illy] Brandt und seine Begleitung in der DDR. Er wertete den Besuch W. Brandts als politisch wichtig, nützlich und zeitgemäß. Dabei dankte er dem Gast für dessen Kranzniederlegung am Mahnmal für die Opfer des Faschismus und Militarismus.[3] Er hoffe, daß sich dessen Besichtigung des Museums für Deutsche Geschichte gelohnt habe.[4] Man dürfe die Vergangenheit nicht verdrängen, um desto sicherer in die Zukunft zu gehen.

[...][5]

In der DDR werde W. Brandts persönlicher Anteil am Zustandekommen des europäischen Vertragswerkes und des Entspannungsprozesses der 70er Jahre hoch geachtet und nicht vergessen. Das wolle er, so E. Honecker, zu Beginn ausdrücklich betonen. E. Honecker gratulierte W. Brandt zu der am Morgen bekanntgewordenen Verleihung des „Albert-Einstein-Friedenspreises".[6]

W. Brandt sprach seinen Dank für die Einladung E. Honeckers zum Besuch aus, ebenso für das gestrige Programm.[7] Zusätzlich zu anderen Kontakten sei es nützlich, in diesem Rahmen miteinander zu sprechen. Er teile E. Honeckers Meinung, daß die Grundfragen in den Vordergrund gestellt werden sollten, was nicht ausschließe, auch Fragen der Beziehungen zwischen der BRD und der DDR zu erörtern, Fragen beider Länder und ihrer politischen Gruppierung.

[...][8]

Wie gesagt, sei er sehr einverstanden, über die Grundfragen zu sprechen, bemerkte W. Brandt, wobei er feststellen könne, daß man in der Frage Krieg oder Frieden sehr nahe beieinander sei, sich zum Teil in Übereinstimmung befinde. Für das vorliegende Kommuniqué sei eine gute Arbeit geleistet worden, und er stimme ihm zu.[9]

E. Honecker sagte, die Naturwissenschaftler, von denen W. Brandt der „Albert-Einstein-Preis" zuerkannt wurde, seien Leute, die ja wissen müßten, um was es bei der nuklearen Gefahr gehe. Notwendig seien vor allem der Stopp des Wettrüstens und die Verhinderung seiner Ausdehnung auf den Kosmos. Es sei gut zu wissen, daß es hierin Übereinstimmung gebe. Mit seinen Darlegungen vertrete er, E. Honecker, zugleich die einheitliche Meinung der gesamten Partei- und Staatsführung, die auch die jüngste Initiative zur Schaffung einer chemiewaffenfreien Zone in Mitteleuropa einstimmig unterstützt habe.[10]

Nach wie vor sei die internationale Lage kompliziert. Das Wettrüsten verstärke sich, die Kriegsgefahr nehme nicht ab. Als die entscheidende Ursache für die Verschlechterung der Situation bezeichnete E. Honecker das Streben der USA nach militärischer Überlegenheit, das mit Plänen für die Führ- und Gewinnbarkeit eines Nuklearkrieges in engstem Zusammenhang stehe. Dazu gehöre auch die

Stationierung nuklearer Mittelstreckenraketen der USA in Westeuropa. Es handele sich um zusätzliche Kernwaffenpotentiale von strategischer Bedeutung mit Erstschlagscharakter. Das habe unausweichlich entsprechende Gegenmaßnahmen auf unserer Seite erforderlich gemacht, denn die Bewahrung des militärstrategischen Gleichgewichts sei eine Grundvoraussetzung für den Frieden.

Leider, fuhr E. Honecker fort, sei es so gekommen, wie wir es vorausgesagt hatten. Jetzt gebe es nicht weniger, sondern mehr Waffen, aber nicht mehr, sondern weniger Sicherheit. Er begrüße es, daß die SPD seit ihrem Kölner Sonderparteitag eine klare Haltung gegen die Raketenstationierung beziehe.[11] Wir möchten, sagte er, daß die Raketen bei Ihnen verschwinden und daß die Raketenkomplexe größerer Reichweite bei uns ebenfalls verschwinden. Diese Komplexe deckten das gesamte Stationierungsgebiet von Pershing II und Cruise Missiles ab[12], deren Aufstellung das Drohpotential an der Grenze zwischen beiden Systemen und Bündnissen verstärkt habe.

Mit dem Programm der USA zur Militarisierung des Weltraumes sei jetzt ein Problem von noch größerer Tragweite entstanden.[13] Hierbei gehe es um den ebenso gefährlichen wie aussichtslosen Versuch, militärstrategische Überlegenheit zu erlangen. [...][14]

E. Honecker informierte, dass er im Zusammenhang mit SDI am 26. Juni [1985] einen Brief an H[elmut] Kohl gerichtet habe, ohne bisher eine Antwort zu erhalten.[15] Er übergab den Wortlaut dieses Briefes an W. Brandt. Darin werde betont, daß eine Zustimmung der BRD-Regierung zu SDI schwerlich mit dem gemeinsam vertretenen Standpunkt in Übereinstimmung zu bringen sei, Frieden zu schaffen mit immer weniger Waffen.

[...][16]

Von den Treffen M[ichail] Gorbatschow und F[rançois] Mitterrand[17] sowie M. Gorbatschow und R[onald] Reagan[18] seien Ergebnisse zu erhoffen, die eine Aussicht darauf eröffnen, daß das Wettrüsten auf der Erde gestoppt und seine Ausdehnung in den Weltraum verhindert wird. Auch die anderen Staaten, ob groß oder klein, trügen eine hohe Verantwortung. Bei ihren kürzlichen Gesprächen habe L[aurent] Fabius Frankreich und die DDR zu den mittleren Staaten gerechnet, wogegen er nicht protestiert habe.[19] Natürlich mindere dies alles nicht die Rolle der Großmächte Sowjetunion und USA. Es gehe um die Lebensfrage der gesamten Menschheit.

[...][20]

Leider schienen in der BRD jene zu überwiegen, die zu einer Beteiligung an SDI tendieren. Unser Ziel sei es, eine solche Beteiligung zu verhindern. Deshalb habe er O[tto] Wolff von Amerongen[21] mit auf den Weg gegeben: Wenn schon die Stationierung von Pershing II und Cruise Missiles zu Spannungen führte, so würde eine Beteiligung der BRD – vielleicht als einzige Regierung in Europa – an SDI erst recht keine angenehme Lage für die Entwicklung der Beziehungen zwischen der DDR und der BRD schaffen.

[...][22]

E. Honecker hob die große Verantwortung beider deutscher Staaten für die Friedenssicherung hervor. Auch im Grundlagenvertrag sei verankert worden, daß sie für den Frieden wirken müßten.[23] Die wichtigste Lehre der Vergangenheit sei, alles zu tun, damit von deutschem Boden nie wieder ein Krieg ausgeht. Für die DDR und ihre Regierung sei dies klar. Von der BRD möchte man gern hoffen, daß es auch ihr klar sei, aber leider sei es ihr nicht so klar. Das habe er H. Kohl auch in Moskau gesagt.[24] Alles Wortgeprassel lasse die Tatsache nicht übersehen, daß es in der BRD eine immer größere Anhäufung von Waffen gebe, woran nichts ändere, daß man veraltete Atomwaffen wegwerfe und sie durch neue ersetze. Beide deutschen Staaten sollten auf Ergebnisse in so wichtigen Fragen hinwirken wie die Einstellung aller Kernwaffenexplosionen, der Nichteinsatz von Kernwaffen, der Abschluß eines Vertrages über Gewaltverzicht, die Schaffung atomwaffenfreier Zonen.

Die DDR schätze die Position, die von der SPD in diesen Fragen eingenommen wird, sagte E. Honecker. Er teile den Standpunkt der Sicherheitspartnerschaft. Sicherheit sei nur miteinander, nicht gegeneinander möglich.

E. Honecker würdigte die Tätigkeit der Arbeitsgruppe von SED und SPD zur Schaffung einer chemiewaffenfreien Zone in Mitteleuropa und dankte den seitens der SPD Beteiligten für ihren Beitrag.

Wir sind überhaupt für die Beseitigung aller chemischen Waffen, fuhr er fort. Mit dem gemeinsam erarbeiteten Dokument sei ein Beispiel gegeben, wie man anfangen könne. Anderen stehe frei, sich anzuschließen. TASS habe dieses Ergebnis hoch bewertet. Jetzt sei das Dokument der SED und der SPD offizielles Dokument der DDR und der ČSSR geworden. Weltweit gebe es ein starkes Echo auf den von beiden Regierungen an die Regierung der BRD gerichteten Vorschlag.[25]

Das von SED und SPD erzielte Ergebnis sei eine große Initiative und zeige, wie man unter Hintanstellung bestimmter trennender Probleme, so wichtig sie auch sein mögen, vorankommt. Im Vordergrund stehe die gemeinsame Initiative zur nuklearen Abrüstung, und sie liege im Interesse der gesamten Menschheit.

[...][26] Den Dank der Parteiführung der SED sprach E. Honecker insbesondere H[ermann] Axen und E[gon] Bahr für ihren Anteil und W. Brandt für seine Unterstützung aus.

Die Absicht, die Gespräche zwischen beiden Parteien über Rüstungsbegrenzung und Abrüstung fortzusetzen, werde begrüßt.[27] [...][28]

Die Beziehungen zwischen DDR und BRD seien ein wichtiger Teil der europäischen Zusammenarbeit und von nicht zu überschätzender Bedeutung für das Klima in Europa und darüber hinaus. Worauf es ankomme, sei die Friedenssicherung und das Streben nach Entspannung, sei die Entwicklung gegenseitig vorteilhafter Beziehungen auf der Basis der souveränen Gleichheit, Unabhängigkeit und Nichteinmischung. Die Existenz beider deutscher Staaten sei ein grundlegender Faktor der europäischen Nachkriegsordnung, ihrer Stabilität und des internationalen Kräftegleichgewichts. Daran zu rütteln hieße, Frieden und Stabilität zu gefährden.

Es müsse respektiert werden, daß es zwei deutsche Staaten mit unterschiedlicher Gesellschaftsordnung und unterschiedlicher Bündniszugehörigkeit gibt. Das Deutsche Reich Bismarckscher Prägung sei in den Flammen des zweiten Weltkrieges untergegangen. Träumereien über eine Wiederherstellung der Grenzen von 1937 seien gefährlich, nicht nur für die Bürger der DDR und der BRD.

Bei seinen Gesprächen mit verschiedensten westlichen Staatsmännern, so E. Honecker, habe er keinerlei Vorliebe dafür gefunden, beide deutschen Staaten zusammenzufügen. [...][29]

Man müsse die Tatsachen nehmen, wie sie sind. Alle europäischen Völker könnten gut mit zwei deutschen Staaten leben. Grenzfragen seien letztlich Fragen von Krieg oder Frieden. Die DDR wolle keine Konfrontation und keine Verhärtung der Beziehungen. Sie sei für konstruktive Schritte offen und wolle den Dialog mit allen dazu bereiten Kräften.

E. Honecker ging auf die noch offenen Grundfragen in den Beziehungen zwischen DDR und BRD ein und nannte die Achtung der Grenze als Grenze zwischen souveränen Staaten, die Regelung des Grenzverlaufs auf der Elbe Mitte Strom[30], Respektierung der DDR-Staatsbürgerschaft[31] von der Achtung der Paßhoheit bis zur Auflösung der „Erfassungsstelle" Salzgitter.[32]

In zwei Fragen beginne sich etwas zu bewegen. 1. Die „Erfassungsstelle" Salzgitter sei von Ministerpräsident Lafontaine schon aufgekündigt worden[33], und man könne nur hoffen, daß andere SPD-geführte Landesregierungen folgen. 2. Was die Feststellung der Elbegrenze auf den restlichen 93 km betreffe, so sei man sich in der Grenzkommission bereits einig gewesen, aber das sei am Einspruch [Ernst] Albrechts[34] gescheitert. In der Bundesregierung gebe es Kräfte, die für eine Festlegung auf Elbemitte sind. So sei es schon seit 1945, und jetzt solle dies festgehalten werden. Dann könnte auch eine Reihe anderer Abkommen in Kraft treten.

Zu den sogenannten humanitären Fragen sagte E. Honecker, hier handele die DDR übereinstimmend mit der Schlußakte von Helsinki[35], wonach Entscheidungen über Fragen der Ein- und Ausreise, darunter die Familienzusammenführung, im Einklang mit Recht und Gesetz jedes Staates zu stehen haben. Auch das Paßgesetz der BRD besage, daß „die Erteilung eines Passes versagt werden kann, wenn die innere oder äußere Sicherheit oder sonstige erhebliche Belange der BRD gefährdet sind".[36]

[...]³⁷

E. Honecker wertete die Beziehungen zwischen SED und SPD positiv. Es habe viele Begegnungen, Gespräche und Seminare zu aktuellen Fragen der Friedenssicherung sowie der Gesellschaftswissenschaften gegeben. Der gegenwärtige Stand der Parteibeziehungen sei bedeutsam und tragfähig.

E. Honecker erinnerte an seine Gespräche mit H[ans]-J[ochen] Vogel³⁸, J[ohannes] Rau³⁹, E[gon] Bahr⁴⁰, O[skar] Lafontaine⁴¹, H[erbert] Wehner⁴² und weiteren SPD-Vertretern. Auch die zahlreichen Begegnungen anderer Mitglieder der Partei- und Staatsführung mit namhaften sozialdemokratischen Politikern hätten gezeigt, daß der Meinungsaustausch für beide Seiten fruchtbar und nützlich ist. Er sollte weitergeführt werden.

[...]⁴³

Von Bedeutung sei auch die Fortsetzung der Kontakte zwischen Abgeordneten der Volkskammer der DDR und des Bundestages der BRD.⁴⁴ Allerdings bestünden Hemmnisse, auf Einladung der SPD-Fraktion den Präsidenten der Volkskammer zu entsenden, weil [Philipp] Jenninger nicht klar damit komme, ihn zu einem Besuch zu sich einzuladen, und zwar nicht in irgendeinem Café.⁴⁵ Der Volkskammer-Präsident könne den Besuch sofort realisieren, aber er müsse vom Präsidenten des Bundestages in dessen Amtsräumen empfangen werden.⁴⁶ In der ganzen Welt werde er von Kaisern und Königen empfangen.

Wenn man schon wolle, daß E. Honecker in die BRD komme, dem Präsidenten der Volkskammer aber kein gleichberechtigtes Auftreten gestatte, wieso lade man dann E. Honecker ein.⁴⁷

W. Brandt sagte, er wolle sich für die umfassende Darlegung des Standpunktes von E. Honecker sehr bedanken. Die deutschen Sozialdemokraten würden es sehr begrüßen, wenn er seinen Besuch wahrnehmen könnte. Er wisse, wieviel Quatsch seinerzeit auf westdeutscher Seite gemacht worden sei, hoffe aber, daß dies bei E. Honecker nicht zuviel bittere Gefühle hinterlassen habe.⁴⁸ Obwohl die SPD von einem solchen Besuch nicht viel hätte, die Regierung hätte viel davon, könne der Besuch eine Hebelwirkung zeitigen. Man soll es doch koppeln: Der Besuch E. Honeckers gehe nur, wenn das mit dem Besuch des Volkskammer-Präsidenten in Ordnung gebracht werde. Bei der SPD-Fraktion sei der Volkskammer-Präsident willkommen, aber natürlich nur, wenn ihn der Bundestagspräsident empfängt.[49]

Hinsichtlich des Gipfels der beiden Großmächte sei er nicht sehr optimistisch.[50] Er könne nicht sehen, wie man nennenswerte Fortschritte erreiche, wenn man nicht bei der Vereinbarung der beiden Außenminister bleibe.[51] Im Moment sehe es nicht so aus. Eine weitere Drehung der Rüstungsschraube werde wohl nicht erspart bleiben. Gewisse Zeichen der Entlastung sehe er darin, daß die USA und die UdSSR über einige regionale Probleme auf 5 Gebieten im Gespräch seien.[52] Das sei besser, als wenn es das nicht gäbe. Es sei ein Fortschritt, daß beide sagten, es solle nicht bei einer Begegnung bleiben. Freilich sei dies ein mageres Ergebnis.

W. Brandt stellte Übereinstimmung mit E. Honecker hinsichtlich der Notwendigkeit fest, die Militarisierung des Weltraums zu verhindern, vor allem wegen der Destabilisierung, die eine solche Militarisierung brächte, aber auch wegen der Verschwendung von Ressourcen. Daß SDI keinen sicheren Schutz biete, sei ein weiterer Haupteinwand. Die Vermutung sei berechtigt, daß sich auf seiten der BRD die Industrie lauwarm verhält. Einige der avanciertesten Firmen seien am zurückhaltendsten.

Das Eureka-Projekt[53] halte er für sehr bedeutungsvoll und befürworte eine Einbeziehung von mehr neutralen Staaten in die vorbereitenden Gespräche. Eine solche Brücke könnte wichtig sein. Frankreich sei gegenwärtig wegen seiner Tests im Pazifik[54] in Schwierigkeiten, auf anderen Gebieten voranzukommen. Im nächsten Monat werde die Sozialistische Internationale ein Treffen über die SDI betreffenden Themen abhalten.[55]

Aufmerksam habe er verfolgt, was E. Honecker bei seinen verschiedenen Auslandsreisen gesagt habe, sagte W. Brandt. Auch darin bestehe Einigkeit, so W. Brandt, daß jeder sich in seinem Bündnis und bei anderen bemühen solle.

Zur Stationierung bemerkte er, seinerzeit habe sich H[elmut] Schmidt verkalkuliert.[56] Er habe geglaubt, etwas in Bewegung zu setzen, das eher zu Verhandlungen führen würde. Das habe sich als Fehleinschätzung erwiesen. Eine sozialdemokratische Bundesregierung werde alles daran setzen, um die stationierten Raketen wieder wegzuverhandeln, auf beiden Seiten. Darin sei die Mehrheit der Menschen in der BRD mit der SPD einer Meinung.

Was über die C-Waffen zu Papier gebracht wurde[57], habe große Bedeutung, unterstrich W. Brandt. Bei seinem Moskau-Besuch[58] im Mai [1985] habe er den Eindruck gehabt, daß man dort die prinzipielle Bedeutung des Schrittes gar nicht so klar gesehen hätte. Dann aber sei man doch zu einer gemeinsamen Beurteilung gekommen.

Die SPD könne sich nicht an die Stelle der Regierung setzen wollen, also müsse sie die Regierung bewegen, daß sie sich auf diesen Weg begebe oder sich darauf vorbereite, daß eine künftige andere Regierung diese Verantwortung übernimmt. Das gelte auch für die nächste Stufe, wobei W. Brandt auf die Unterstützung des Palme-Berichts verwies.

[...][59]

W. Brandt bemerkte, die SPD sei jetzt dabei, mit Vertretern der PVAP etwas zu Papier zu bringen, was wahrscheinlich im November [1985] vorliegen werde.[60] [Kazimierz] Barcikowski sei ja kürzlich in der BRD gewesen.[61] Anläßlich des 15. Jahrestages der Unterzeichnung des Vertrages mit Polen wolle man etwas vorlegen, das etwas über das hinausgehe, worüber in Stockholm verhandelt wird.[62]

[...][63]

Er fahre viel herum, sei in Washington[64], London[65], Paris[66], Prag[67], Warschau[68], und daher hätte er es als komisch empfunden, wenn er, im Wissen um die Rolle der DDR in ihrem Bündnis und überhaupt, nicht hierher gekommen wäre.

Gebe es eine zweite Phase der Entspannungspolitik, so würden hoffentlich die Erfahrungen aus der ersten Phase berücksichtigt. Dabei sei es egal, ob man von einer zweiten Phase der Entspannungspolitik oder der Ost-West-Politik spreche. Unterschiedliche Bezeichnungen meinten dieselbe Sache. Möglichkeiten sehe er außer im politischen Bereich auch in Wirtschaft, Kultur und Umweltschutz.

[...][69]

Für Helsinki habe er sich eigentlich immer ein schlankeres Dokument gewünscht.[70] Heute würden die Dinge oft so dargestellt, als hätte E. Honecker dort unterschrieben, die eigene Ordnung aufzugeben, als wäre nie vereinbart worden, zur politischen und militärischen Entspannung zu kommen.

[...][71]

Was E. Honecker über das Deutsche Reich gesagt habe, veranlasse ihn nicht zum Widerspruch, stellte W. Brandt fest. Bei sich zu Hause sage er: „Wieder" wird nichts.[72] Was die Zukunft bringe, könne auch keiner wissen. Wenn Europa im nächsten Jahrhundert mehr zusammenwachse, wäre möglicherweise auch die Frage, ob beide deutsche Staaten eine engere Verbindung eingehen könnten.

Auch wir stehen zu den Verträgen, betonte W. Brandt. Es sei nützlich, daß die Passage aus der Erklärung von E. Honecker und H. Kohl (über die Grenzen) in das jetzige gemeinsame Kommuniqué aufgenommen worden sei.[73]

Zu Salzgitter[74] sagte W. Brandt, wenn [Gerhard] Schröder Ministerpräsident werde, mache er den Laden dicht. Es bestünden Chancen, daß die SPD dort stärkste Partei werde.[75] Schröder gehöre zu den tüchtigsten jungen Leuten, zur nachrückenden Generation der SPD, wie auch Lafontaine, [Björn] Engholm, [Volker] Hauff. Er würde es begrüßen, wenn Schröder die DDR besuchen könne, wozu E. Honecker erklärte, daß dies jederzeit möglich sei.[76]

Mit der Elbgrenze wäre man längst fertig, wenn man das auf Regierungsebene besprechen könnte, sagte W. Brandt. Es sei zudem traurig, daß an dieser nichtgelösten Frage auch der Umweltschutz, der Gewässerschutz scheitere.

Die Respektierung der DDR-Staatsbürgerschaft und -Paßhoheit sei auf seiten der SPD klar, genau in dieser Präsentation des Problems.[77]

Positiv entwickelt hätten sich die Beziehungen auf den Gebieten der Wirtschaft und des Umweltschutzes. Vom Kulturabkommen höre er, daß es Chancen habe, vernünftig zu Ende verhandelt zu werden. Hoffentlich werde es dann nicht zu restriktiv gehandhabt.[78]

Daß der Jugendaustausch wieder in Gang gekommen ist, bewerte er positiv. Er fände es gut, würden gelegentlich auch Schulklassen darin einbezogen.

W. Brandt bemerkte, hinsichtlich der Reiseerleichterungen habe sich E. Honecker zu Recht auf die Rechtsgrundlagen bezogen. Er kenne die Verordnung der DDR von 1982[79] gut und stütze sich darauf, nicht auf eigene Wunschvorstellungen. Ihm erschiene es gut, wenn sich die Reiseanlässe noch erweitern ließen, so daß man sich nicht erst zum 70. Geburtstag besuchen könne. Daher wolle er anregen, den Kreis der Reiseberechtigten zu erweitern, das Reisealter allgemein zu überprüfen.[80] Legal aus der DDR Übergesiedelte hätten den Wunsch, die DDR wieder zu besuchen, allerdings sei es unmöglich, wenn einige von ihnen meinten, sie könnten schon 14 Tage später wieder zurückfahren.

Kommunalpolitiker, so W. Brandt, seien der Auffassung, in den Städtekooperationen, die sich teilweise ganz gut bewährten, könne sich etwas entwickeln.

Schließlich habe ihn die Bundesregierung gebeten, ihre Dankbarkeit zu übermitteln, daß die DDR die Ausreise der Tamilen gestoppt habe. Begrüßen würde man eine Zurückdrängung auch bei Einreisewilligen aus anderen Ländern.[81]

W. Brandt meinte, zwischen SPD und SED seien gute Arbeitsbeziehungen wichtiger als formalisierte Beziehungen. Deshalb solle man keinen großartigen Vertrag darüber abschließen. Die Zusammenarbeit z. B. mit der Grundwertekommission werde als hilfreich empfunden.[82]

Historische Daten seien manchmal eine Last. Die Würdigung der Ereignisse im Jahr 1945 sei in der BRD eine zum Teil keineswegs befriedigende Geschichte gewesen, wobei W. Brandt ausdrücklich die Rede R[ichard] v. Weizsäckers zum 8. Mai als positiv hervorhob.[83] 1986 bringe die Erinnerung daran, daß sich die Entwicklung der Parteien in beiden Teilen Deutschlands sehr unterschiedlich vollzogen habe.[84] Darauf wolle er aufmerksam gemacht haben.

E. Honecker bekräftigte die Übereinstimmung beider Seiten in Grundfragen der Zeit. In den Parteibeziehungen sollte in der gegenwärtigen Weise weitergearbeitet werden, ohne alles zu formalisieren. Die Kontakte würden auch von der SED als wichtig und fruchtbar betrachtet.

Die DDR habe den festen Willen, Reisen in dringenden Familienangelegenheiten zu erweitern, und habe, entgegen den Berichten westlicher Medien, die Voraussetzungen dafür geschaffen.

Das Nichtzustandekommen von Städtepartnerschaften hänge immer noch mit der Nichtrespektierung der DDR-Staatsbürgerschaft zusammen.

Die Erklärungen W. Brandts zu Salzgitter und zur Elbgrenze nehme er gern zur Kenntnis. Durch Lösungen auf dem Verhandlungswege könnten beide Seiten nur gewinnen.

Er mache aus dem Interesse auf unserer Seite kein Geheimnis, daß die SPD die Bundestagswahlen gewinnt, sagte E. Honecker. In der Zeit des Wahlkampfes komme sein BRD-Besuch nicht in Frage. Angesichts des XI. Parteitages und der folgenden Wahlen zur Volkskammer im Juni 1986 sehe er einen Termin nur danach.[85]

[...][86]

E. Honecker gab der Gewißheit Ausdruck, daß eine zweite Phase der Entspannungspolitik Zukunft hat. 1. diene sie der Friedenssicherung, 2. könne sie für die BRD bei der Arbeitsbeschaffung eine große Rolle spielen.

Wie W. Brandt bemerkte, hätten ihn die Grünen gebeten, bei E. Honecker für sie ein gutes Wort einzulegen, was er mit großem Zögern tue. Dort gebe es Leute, die gute Fragen aufwerfen, wobei sie besser darin seien, Fragen aufzuwerfen als sie zu beantworten, andere seien wirr. Ob sie in den nächsten Bundestag kämen, wisse keiner. Für praktische Politik seien es schwierige Leute.

Nach seinem letzten Besuch bei E. Honecker habe ihm H. Schmidt[87] in einem Vermerk über das Gespräch mitgeteilt, für eine Regierungsübernahme durch die SPD sehe er keine Chance vor 1991 oder 1995. Dies sei unerlaubter Pessimismus. Er, W. Brandt, habe nach der 83er Wahl erklärt, daß ein langes Tal der Tränen vor der SPD liege. Zwar gebe es für 1986[88] keine Garantie, es zu schaffen, aber es bestehe jetzt eine andere Situation. Vielleicht kippe die SPD den

Bundesrat noch vor der Bundestagswahl.[89] Die Partei sei lebendig und organisatorisch dabei, vorwärtszukommen. Den Entwurf ihres Programms wolle sie nächsten Sommer zur Diskussion stellen.

J. Rau sei Spitzenkandidat, solle aber nicht bei jeder Kleinigkeit verbraucht werden. In Umfragen werde ein großer Abstand zwischen Kohl und Rau sichtbar. Im Süden finde Rau ebensoviel Zustimmung wie im Norden, etwas weniger im Westen. Wenn kein SPD-Erfolg zu erreichen sei, werde er nicht Oppositionsführer, dann bleibe er Ministerpräsident in NRW.

E. Honecker teilte den Eindruck von den Chancen der SPD. Die Dinge entwickelten sich in der Tat anders, als es H. Schmidt gesagt habe. Die DDR halte Kurs auf die Unterstützung der SPD. Alles, was seinerzeit mit H. Schmidt als Bundeskanzler vereinbart worden war, habe die DDR, nun allerdings mit H. Kohl, realisiert. Sie halte Wort.

Nr. 24B
Notiz über das Gespräch unter vier Augen zwischen dem Vorsitzenden der SPD, Brandt, und dem Generalsekretär des ZK der SED und Staatsratsvorsitzenden der DDR, Honecker, in Ost-Berlin
19. September 1985

SAPMO, DY/30/IV 2/1/638.[1]

W. Brandt fragte, wie bei Reisen von DDR-Bürgern in die BRD eine weitere Förderung beabsichtigt sei – durch mehr Beteiligte, also Erweiterung des Kreises, eine schnellere Bearbeitung ihrer Reiseanträge o. ä., oder ob es für eine Herabsetzung des Reisealters noch zu früh sei.[2]

E. Honecker antwortete, an eine Herabsetzung des Alters sei nicht gedacht. Er sei Gegner einer Aufteilung der Bevölkerung. So werde im Zusammenhang mit dem XI. Parteitag[3] eine Verkürzung der täglichen Arbeitszeit überlegt, nicht aber eine Verkürzung der

DDR-Staats- und Parteichef Erich Honecker (r.) begleitet das Ehepaar Brigitte Seebacher-Brandt (l.) und Willy Brandt am Nachmittag des 19. September 1985 bei einer Stadtbesichtigung durch Ost-Berlin.

Lebensarbeitszeit, wofür ‹nicht›[4] die Mehrheit sei, denn viele Rentner wollten weiter arbeiten.

Jährlich reisten 2,4 Mio. Bürger der BRD in die DDR und 1,5 bis 1,6 Mio. Bürger der DDR in die BRD. Erweitert werden solle die Möglichkeit der Begegnungen in einem vernünftigen Rahmen. Bis auf echte Geheimnisträger habe die DDR alle Einschränkungen beseitigt.

W. Brandt wiederholte die Frage nach DDR-Besuchen von Übersiedlern in die BRD[5], woraufE. Honecker antwortete, die jetzige Praxis sei, daß sie nach 5 Jahren wieder einreisen könnten. In den meisten Fällen wollten die ehemaligen Nachbarn in der DDR diese Leute nicht wiederhaben. Die Frage werde dennoch geprüft.

E. Honecker übergab W. Brandt mehrere Materialien zur Information[6]:

- Beispiele für Aktivitäten der Regierung der DDR gegenüber der Regierung Schmidt, die mit der Regierung Kohl fortgeführt bzw. zum Abschluß gebracht wurden,
- Entwicklung des Einreise-, Ausreise- und Transitverkehrs sowie der Übersiedlung von Bürgern der DDR nach der BRD und West-Berlin,
- zur Entwicklung der Jugendtouristik zwischen beiden deutschen Staaten,
- zu den Beziehungen mit der VR Polen, insbesondere zum Jugendaustausch,
- zur Entwicklung der SED.

W. Brandt sagte, wenn er von Journalisten danach gefragt werde, wolle er zu der „Nachrichtensache" der letzten Tage[7] erklären, dies sei nicht Gegenstand des Gesprächs gewesen. Im übrigen sei er der Meinung, seit es Staaten gibt, gebe es auch immer wieder Versuche, militärisch gut unterrichtet zu sein.

Nr. 25
Tischrede des Vorsitzenden der SPD, Brandt, anlässlich seines Besuchs in Ost-Berlin
19. September 1985

Neues Deutschland vom 20. September 1985.[1]

Zentrale Aufgabe: Wahnsinn des Überrüstens stoppen

Toast von Willy Brandt

Herr Staatsratsvorsitzender und Generalsekretär[2],
in den fünfzehn Jahren seit Erfurt und Kassel[3] ist viel geschehen. Der Grundlagenvertrag, der das Verhältnis der beiden deutschen Staaten völkerrechtlich regelt, ist nicht mehr umstritten. Nach ursprünglichen Schwankungen hat sich Kontinuität durchgesetzt. Das bedeu-

tet, wir können unseren Nachbarn guten Gewissens sagen: Von der Zweistaatlichkeit geht eine gefährliche Spannung nicht mehr aus. Insoweit haben wir den Frieden wirklich sicherer gemacht.

Natürlich wird manches offen bleiben, strittig, doch eine ganze Menge ist gewiß zu verbessern. Wir haben darüber gesprochen. Die SPD setzt sich nicht an die Stelle der Bundesregierung, sondern unterstützt diese, wo es um den Ausbau der praktischen Zusammenarbeit geht. Ich meine, wir dürften nie übersehen, daß die Staaten für die Menschen da sein sollen. Aber gemessen an den Grundfragen des Nebeneinanderlebens, des Miteinanderauskommens, die damals gelöst wurden, sind die noch offenen und umstrittenen bilateralen Punkte fast Lappalien, jedenfalls von geringerem Gewicht. Bei gutem Willen beider Seiten muß der Ausbau der Beziehungen möglich sein. Im Interesse der Menschen.

Was heute den Frieden bedroht, geht nicht mehr von der Mitte Europas aus. Die heutigen Sorgen sind keine deutschen, sondern europäische und weltweite. Es ist nicht einmal beklagenswert, daß die früher so genannten „deutschen Querelen" zur Bedeutungslosigkeit geschrumpft sind, verglichen mit den zentralen Aufgaben: den Wahnsinn des Überrüstens zu stoppen, unsere Umwelt vor weiterer Zerstörung zu schützen, den Welthunger, diese elementare Verletzung von Menschenrecht, zu beseitigen.

Die überragende Aufgabe lautet, unseren Bürgern ein sicheres, friedliches Leben zu ermöglichen.

SPD/SED-Vorschlag zeigt, was praktisch möglich ist

Nach Abschluß des Grundlagenvertrages‹, an den heute verständlicherweise mehrfach erinnert wurde,›[4] hieß es, er solle das Nebeneinander regeln in der Hoffnung, zu einem Miteinander zu kommen. Jetzt ist es an der Zeit, das Miteinander im Interesse der Sicherheit zu organisieren. Das bedeutet: Beide Staaten, loyal in ihren Bündnissen, die für eine nicht überschaubare Zeit bleiben werden, erkennen ihre gemeinsame Verantwortung an, nützen die Chance ihrer Nähe, um – auch im Interesse ihrer Freunde – ihren hoffentlich wichtigen Beitrag zu leisten, damit das unfruchtbare Gegeneinander der Bündnisse schrittweise durch eine Partnerschaft der Sicherheit abgelöst werden kann.

Keine ungelöste Frage darf uns daran hindern.

Verantwortungsgemeinschaft heißt für mich, daß sich beide Seiten in ihren Bündnissen durch eigene Initiativen um die Sicherung des Friedens bemühen. Das geht nur mit unseren beiderseitigen Nachbarn, nicht ohne sie, schon gar nicht gegen sie. Aus der vereinbarten Konsultation beider Regierungen über Fragen der Sicherung des Friedens in Europa[5] sollten Initiativen beider Regierungen werden. Die Friedenspflicht, von der wir in unserem Kommuniqué[6] sprechen ‹werden›[7], sollte sich auf staatlicher Ebene nicht in bloßem Bekenntnis erschöpfen, sondern praktisches Handeln werden.

Mit der gemeinsamen Arbeitsgruppe aus Mitgliedern der SPD-Bundestagsfraktion und der hiesigen Führung konnte ein Beispiel gesetzt werden, was praktisch möglich ist, um das Handeln auf Regierungsebene sachkundig zu erleichtern. Jetzt sind die Regierungen an der Reihe. Ich hoffe, daß die Möglichkeit genutzt wird; daß über eine chemiewaffenfreie Zone in Europa verhandelt und damit ein weltweites Abkommen gefördert wird.[8] Das wäre in der Tat: Frieden schaffen durch weniger Waffen. Auch bei dem noch schwierigeren Thema, wie der Vorschlag der Palme-Kommission in Bezug auf den Abbau nuklearer Waffen verwirklicht werden kann, sind Regierungen nicht zu ersetzen; aber angeregt werden können sie auch hier.

Sie, Herr Vorsitzender, haben von einer notwendigen Koalition der Vernunft gesprochen.[9] Ich greife das auf und ergänze: Der Wille zum Überleben erzwingt auch eine Koalition der Ungleichen. Das gilt zum Beispiel auch für das Verhältnis zwischen den Vereinigten Staaten und der Sowjetunion, für uns erst recht. Vor die Wahl gestellt ‹– und ich greife fast Ihre eigene Formulierung auf –›[10], gemeinsam zu leben oder gemeinsam unterzugehen, tritt offen zutage: Was uns – zum Teil grundlegend – politisch unterscheidet und trennt, ist gewiß keine Lappalie, es behält Bedeutung und Wirkung – der Friedenspflicht ist es trotzdem unterzuordnen.

Ich möchte einige persönliche Worte hinzufügen dürfen. Gestern habe ich‹, woran Sie eben erinnerten,›[11] das Museum für Deutsche Geschichte besucht.[12] Manches liest, deutet und versteht ein deutscher Sozialdemokrat ‹etwas›[13] anders als Ihre Seite, Herr Vorsitzender. Es würde nichts und niemandem helfen, wenn man grundsätzliche oder sogenannte ideologische Unterschiede zudeckte. Aber man kann auch nicht durch das Haus Unter den Linden gehen, ohne angerührt zu werden von den Belegen und Zeugnissen der gemeinsamen deutschen Vergangenheit. Ich verschließe davor die Augen nicht.

Von deutschem Boden darf nie wieder Krieg ausgehen

Wir Sozialdemokraten bemühen uns darum, unter den nach dem Krieg entstandenen Bedingungen und Gegebenheiten alles, was möglich ist, zum Nutzen unseres Volkes zu tun. Verbesserungen im Interesse der Menschen zu erreichen, war ein ‹nicht unwesentlicher›[14] Teil unseres heutigen Gesprächs[15], Herr Vorsitzender, für das ich danke. Es ist mein Wunsch, daß es fortgesetzt werde – in dem Bewußtsein, daß Verständigung sich auf Offenheit gründen muß, der man vertrauen kann.

Doch nichts ist wichtiger, als zur Festigung des Friedens beizutragen. ‹Damals in meiner Erfurter Rede vom 19. März 1970 hatte ich gesagt›[16]: „Wir sind uns sicher darin einig, daß von deutschem Boden kein Krieg mehr ausgehen darf."[17] Ich bin mehr als zufrieden, daß dieser Satz inzwischen bei vielen Begegnungen von Repräsentanten der beiden Staaten unterschiedlicher Gesellschaftsordnung ‹immer wieder›[18] zitiert worden ist. Es wird bei uns ‹auch›[19] viel über das Thema „Die Deutschen heute" diskutiert. Nach allem, was war, bei allem, was ist, gibt es viele Antworten. Eine darunter ist unbezweifelbar und überragend: Bei einem neuen Krieg in Europa wäre das erste Schlachtfeld ein grenzüberschreitend deutsches, westlich und östlich der Elbe. Dies zu verhindern, ist ein identisches Interesse aller Bürgerinnen und Bürger in den beiden deutschen Staaten.

Grundlagenvertrag ist ein Auftrag

Die deutsche Chance hängt für eine nicht überschaubare Zeit davon ab, was die beiden Staaten für die Sicherheit in Europa zu leisten vermögen. Zur Nation gilt auch heute, was in der Präambel des Grundlagenvertrages formuliert wurde.[20] Neben dem 8. Mai, den Bundespräsident von Weizsäcker in seiner großen Rede[21] als letztes gemeinsam erlebtes Datum der Geschichte genannt hat, markiert dieser ‹Grundlagenvertrag›[22] Bereitschaft zur Konsequenz und Auftrag zur Fortsetzung.

‹Ich habe zu danken für die freundliche Aufnahme, die meine Frau und ich und meine Freunde bei Ihnen gefunden haben. Ich wünsche Ihnen und Ihren Kollegen und Mitarbeitern alles Gute.›[23]

Ich erhebe mein Glas auf die Chance zum Frieden für die Menschen in den beiden deutschen Staaten.

Nr. 26
Schreiben des Vorsitzenden der SPD, Brandt, an Pfarrer Eppelmann
2. Oktober 1985[1]

AdsD, WBA, A 11.2, 166.

Lieber Pfarrer Eppelmann,
vielen Dank für Ihren Brief vom 8. September, den ich unmittelbar vor meiner Reise in die DDR erhalten habe.[2]

Ihrer Einladung wäre ich gerne gefolgt, wenn es sich hätte einrichten lassen, was aber schon aus zeitlichen Gründen nicht möglich war.[3]

Sie können davon ausgehen, daß ich die genannten Fälle von Einreiseverweigerungen den zuständigen Stellen in geeigneter Weise zur Kenntnis gebracht habe.[4]

Mein Aufenthalt in der DDR war in mancherlei Hinsicht ermutigend, was Sie gewiß auch der Berichterstattung entnehmen konnten.

Die beiden deutschen Staaten sind aufgefordert, in ihren Bündnissystemen alles zu tun, damit der Friede sicherer wird. Ich bin allen dankbar, die ihren Beitrag dazu leisten.

Mit freundlichen Grüßen
⟨Ihr⟩[5]
⟨gez. Willy Brandt⟩[6]

Nr. 27
Schreiben des Vorsitzenden der SPD, Brandt, an den Vorsitzenden der verbotenen polnischen Gewerkschaft Solidarność, Wałęsa
22. Oktober 1985[1]

AdsD, WBA, A 11.2, 174.

Sehr geehrter Herr Wałęsa,
für den Brief vom 1. September und die Einladung nach Danzig darf ich Ihnen herzlich danken.[2] Die Hoffnung auf eine bessere Verständigung unserer beiden Völker, die Sie mit meinem Besuch verbinden, ehrt mich; es ist auch meine Hoffnung. Indes bin ich nicht sicher, ob ich während meines sehr kurzen Besuchs Gelegenheit finden werde, Danzig zu besuchen und Ihrer freundlichen Einladung zu folgen. Es könnte sein, dass mein Aufenthalt sich auf Warschau beschränkt.[3] Falls sich doch eine Änderung ergeben sollte, werde ich es Sie gern wissen lassen.
Mit freundlichen Grüßen
⟨gez. Willy Brandt⟩[4]

Nr. 28
Aus der Aufzeichnung des ersten Gesprächs zwischen dem
Vorsitzenden der SPD, Brandt, und dem Ersten Sekretär des ZK
der PVAP und Staatsratsvorsitzenden der Volksrepublik Polen,
General Jaruzelski, in Warschau
7. Dezember 1985[1]

AdsD, WBA, A 19, 264.

[...][2]
W[ojciech] J[aruzelski]: Er bezeichnet den Besuch Willy Brandts als ein großes politisches Ereignis in Polen.[3] Er habe auch eine große moralische Bedeutung, denn der Vertrag von 1970 sei ein historischer Augenblick gewesen.[4] Er gibt seiner Hoffnung Ausdruck, daß auch dieser Besuch jetzt historische Impulse geben könne. Es gehe um die Verbesserung der bilateralen Beziehungen vor dem europäischen Hintergrund. Willy Brandt werde als Entspannungspolitiker in Polen besonders geschätzt. Die jetzige internationale Lage sei immer noch schwierig und gefährlich. Gerade deshalb seien bessere bilaterale Beziehungen im Sinne von Entspannung von großer Bedeutung. Der Besuch aus Anlaß des 15. Jahrestages des Vertrages könne einen bedeutsamen Schritt darstellen.
W[illy] B[randt]: Er benutzt die Anrede „Herr General" und verweist darauf, daß er dies im Sinne General de Gaulles verstehe, der diese Anrede nur jemandem gestattet habe, der in der Resistance gewesen ist.[5]
W. J.: Er bedankt sich ausdrücklich für diese Anrede.
W. B.: Er bedankt sich für die Begrüßung und die freundliche Aufnahme, auch im Namen seiner Begleitung und im Namen seiner Frau.[6] Er überbringt die Grüße vieler in der Bundesrepublik Deutschland, natürlich vor allem von der SPD, aber vieler anderer auch. In diesen 15 Jahren seit dem Vertrag sei nicht alles so gut gegangen, wie es hätte gehen sollen. Allerdings ohne den Vertrag wäre es nicht zu Helsinki[7] gekommen und ebenfalls nicht zu dem frühe-

ren Versuch der Entspannung und Kooperation. Er bringt seine Hoffnung [zum] Ausdruck, daß die politische Großwetterlage es erlauben werde, eine zweite Phase der Entspannungspolitik einzuleiten. Es werde sehr darauf ankommen, daß die polnische Stimme in einer solchen zweiten Phase der Entspannung und Kooperation vernehmbar ist. Es gäbe natürlich Phasen, wo man sehr beschäftigt ist mit den Dingen im eigenen Land. Gleichwohl habe man registriert, was General Jaruzelski in der UNO gesagt habe.[8] Er werde jedenfalls seine Rede im Königsschloß mit dem Satz beenden: „Europa braucht Polen".[9] Er wisse, wo ein jeder eingebunden sei. Nur wenn man dies wisse, könne man etwas tun. Er ermutige General Jaruzelski, eigene, konstruktive polnische Beiträge in die neue Runde einzubringen. Selbstverständlich freue er sich über die gemeinsame Erklärung beider Parteien zum Thema vertrauensbildende Maßnahmen[10]; er schlage jedoch vor, daß kompetente Mitarbeiter weiterarbeiten sollten. Die mit der DDR und der ČSSR diskutierten Fragen sollten auch mit Polen erörtert werden.[11] Gleichzeitig bedürfen auch die unmittelbaren Beziehungen der Weiterentwicklung. Auch die gegenwärtige Regierung in Bonn habe daran ein Interesse. Zwar bedaure er, daß auch einige Mitglieder der Regierung in Bonn sich zur Grenzfrage zweideutig geäußert hätten[12]; es sei jedoch nicht so ernst zu nehmen, wie es schiene; aber ärgerlich sei es immerhin genug. Dabei wären auch wahltaktische Überlegungen im Spiel.

W. J.: Er habe mit großer Aufmerksamkeit zugehört, insbesondere der Satz „Europa braucht Polen" habe ihm gut gefallen. Er würde diesen Satz jedoch gerne um folgende zwei Sätze erweitern wollen: „Der Frieden braucht ein stabiles Polen" und „der Frieden braucht gute Beziehungen zwischen der Volksrepublik Polen und der Bundesrepublik Deutschland". Ohne die Verträge der Bundesrepublik Deutschland mit der UdSSR, der VR Polen und der ČSSR[13] wäre all dies nicht denkbar gewesen. Man müsse standhalten gegen allen Druck, der ausgeübt werde. Anfang der 80er Jahre hätten sich die Schwierigkeiten intensiviert. Die Rechtswende in den USA, der Bundesrepublik und in Großbritannien seien [sic!] dafür maßgebend ge-

wesen. Die inneren Schwierigkeiten in Polen wären in den 70er Jahren leichter zu lösen gewesen. „Wir wären schneller damit fertig geworden." Die äußere Einmischung sei ein sehr bedeutsamer Faktor gewesen. Damit sei auch die Finanzierung für Elemente gemeint, die eine Normalisierung stören würden.[14] Die Bundesregierung habe den bilateralen Beziehungen Schaden zugefügt durch konstante Einschaltung in die inneren Angelegenheiten Polens in Form von negativen Stellungnahmen. Die bilateralen Beziehungen seien immer noch so delikat, daß ihr Gewebe gereizt werden könne, vor allem dann, wie es vorgekommen sei, wenn es mit Füßen getreten werde. Inzwischen habe sich dies wieder grundsätzlich verändert. Die Entwicklung der bilateralen Beziehungen könne man „hügelhaft" sehen:
– In den 70er Jahren gab es eine aufsteigende Linie
– Anfang der 80er Jahre gab es einen deutlichen Rückgang
– jetzt gehe es langsam wieder aufwärts.
Zur polnischen Demokratie:

Als Polen schwächer wurde und Schwierigkeiten hatte, wurde versucht, dies auszunutzen. Es gab „revisionistische Extravaganzen". Man habe es als beunruhigend empfunden, daß es einen so deutlichen Konjunkturalismus in der Haltung der Bundesregierung gegeben habe. Eine klare Linie habe es jedenfalls nicht gegeben. Jedenfalls habe die Bundesregierung ein deutliches historisches Ziel vermissen lassen: nämlich die Versöhnung der beiden Völker und die Beseitigung aller Belastungen. Natürlich fände dies seinen breiteren Hintergrund in der Haltung der US-Regierung. Es gäbe viele Befürchtungen, die man im Osten und im Westen gemeinsam habe, so z. B. die Stationierung der Mittelstreckenraketen und die Weltraumrüstung, was beides von der Bundesregierung unterstützt worden wäre.

Was besonders schmerzlich sei: Die US-Politik gegenüber Polen habe einen besonderen instrumentalen Charakter. Polen sei sicher nicht das Hauptzentrum des Bösen. Die Frage der Menschenrechte werde hier nicht besonders schlecht behandelt. Was außer Zweifel stehe: Die USA hätten kein Recht, uns zu belehren oder Sanktionen zu verhängen.[15] Die Bundesregierung sage, es habe keine Sanktionen gegeben. Dies sei aber dennoch der Fall, wenn auch nicht so konkret, wie im Falle der USA. Die Wirtschaftsbeziehungen seien sehr eingeschränkt worden. Die politischen Beziehungen hätten sich verschärft. Vertreter der Bundesregierung hätten zwar große Sympathien für das polnische Volk geäußert und sich sehr emotional gezeigt, man könne jedoch daran [sic!] keine Logik sehen. Denn diese Sympathie habe es nicht gegeben, als sich der polnische Staat im Ruin befand. Als es keine Milch, kein Brot, keine Seife, keine Kohle usw. gegeben habe.[16]

„Polen haben es gerne, bewundert zu werden, ob sie draußen oder drinnen kämpfen oder leiden."

„Wir wollen endlich ein normales Volk werden."

Unter Bezug auf sein Gespräch mit Präsident Mitterrand[17] wird auf das Thema Demokratie und Menschenrechte verwiesen. Man könne die jeweiligen Lagen und auch Lösungen nicht vergleichen. Es gebe unterschiedliche Werthierarchien, aber dennoch universelle Vorstellungen. Die französische Verfassungsentwicklung sei von der polnischen grundverschieden. Was in Frankreich seit der französischen Revolution sich kontinuierlich habe entwickeln können, habe sich in Polen seit der Unabhängigkeit erst in diesem Jahrhundert, und zwar unterschiedlich und sprunghaft entwickeln können. Zunächst sei es um den Aufbau eines neuen Staates gegangen, wobei man die große Rückständigkeit und die großen Zerstörungen berücksichtigen müsse. „Der neue Staat mußte erst gehen lernen." Bis 1970 habe man die Grenzen als gefährdet angesehen. Natürlich seien auch eigene Fehler begangen worden, die zu ökonomischen Schwierigkeiten geführt hätten. Das sei auch die Ursache dafür, warum man die Instrumente der Demokratie noch nicht voll habe anwenden können. Aber es gehe auch um Inhalte. Als Sozialist werde W. B. die Werte der Mitbeteiligung an Produktionsmitteln verstehen können. Auch die Arbeiterselbstverwaltung in Polen sei eine hochentwickelte Form der Demokratie[18]; die Arbeiter würden mitentscheiden, es gebe große Rechte für die Arbeiter. Dies geschehe nicht, weil Präsident Reagan dies fordere, sondern weil man es selber wolle.

Dabei habe man bittere Erfahrungen machen müssen: Wenn diese Rechte verschwinden, dann komme es zu gesellschaftlichen Konflikten. „Ein Staat ohne Demokratie kann nur zeitweise stark sein; langfristig kann er nur mit Demokratie stark sein."

Zur Rolle Polens in Europa: Polen sei mit 38 Millionen Einwohnern nicht nur ein großes Land, sondern es liegt auch an einem neuralgischen Punkt des Kontinents. Wichtig sei, daß Lösungen innerhalb des bestehenden Gesellschaftssystems gefunden werden müssen.

Ohne ein stabiles Polen gebe es kein stabiles Europa. Man verstehe die US-Logik: In globaler Sichtweise gehe es um die Konfrontation von zwei Systemen. Demnach bedeutet die Schwächung eines Kettengliedes die Schwächung des anderen Lagers. Im übrigen koste die Destabilisierung Polens auch weniger Raketen. Gleichwohl könne man die Wertungen der US-Politik nicht verstehen, denn: „Ein destabiles [sic!] Polen bedeutet eine Feuersbrunst vor der eigenen Tür".

Außenminister Genscher habe 1981 zu ihm gesagt, Polen solle seine Probleme mit eigenen Händen lösen.[19] Das habe man getan. Warum jedoch, so frage man sich, seien alle nach dem 13. Dezember 1981 so böse geworden, obwohl man die Probleme mit eigenen Händen zu lösen versucht habe?[20]

Wenn dies vielleicht auch nicht zu den großen Fragen gehöre: Welches Mißtrauen erweckt die Politik der Bundesregierung? „Wenn der Westen ein emotionelles Verhältnis zu Polen hat, dann haben wir ein Recht, ebenfalls emotional zu reagieren."

Solange es in der Bundesrepublik SS-Treffen, Treffen von Landsmannschaften sowie Landkarten und Schulbücher gäbe, die nicht in Ordnung sind, würden Probleme bestehen bleiben. 40 Jahre danach gäbe es dies immer noch und im Grunde genommen sei dies eine Beleidigung der Politik W. B.'s, die auf Versöhnung und gegenseitige Verständigung abgezielt hat.

Dies bedeute auf breiterer Ebene: ein Schaden für die europäische Verständigung, aber auch ein Schaden für die Ostpolitik der Bundesrepublik, wenn Polen umkreist bzw. ausgeschlossen werde.

Insofern bedeute der W. B.-Besuch jetzt ein großes Ereignis, da W. B. die Symbolfigur für ein neues Kapitel der deutsch-polnischen Beziehungen sei. W. B. sei als SPD-Vorsitzender, SI-Präsident und Staatsmann von Weltformat willkommen.

„Wir müssen das wieder aufbauen, was unser Ziel war und bleibt, für den Frieden und Fortschritt in Europa und der Welt."

W. B.: Er dankt für die Offenheit des Gesprächs und auch für die Freundlichkeit gegenüber seiner Person. Es wäre verwunderlich gewesen, wenn aufgrund der Erfahrungen der letzten Jahre nicht ein Empfinden der Bitterkeit vorhanden wäre. Andererseits bedeute dies nicht ein weniger an Respekt gegenüber der Leistung Jaruzelskis für sein Land und sein Volk.

Die SPD-Führung habe sich, so gut es ging, aus der Polemik gegenüber Polen herausgehalten.[21] „Wir waren neugierig, wir hatten Fragen, auch heute noch. Aber anstatt leichtfertig zu kritisieren, haben wir Kritik eingesteckt."

Ende 1981 habe es auch innerhalb der Sozialistischen Internationale Kritik gegeben, auch von seiten Frankreichs, weil W. B. Zurückhaltung gegenüber den Schwierigkeiten in Polen empfohlen habe.[22]

Auch jetzt gebe es Kritik, die z.T. nach Polen hineingetragen werde. Auch von Oppositionellen.[23] Er werde sich dazu nicht öffentlich äußern, er wolle, daß man vertrauensvoll und seriös miteinander spreche.

Zum Konjunkturalismus der Beziehungen zwischen der Bundesrepublik und Polen: Als eine Konstante der jetzigen Bundesregierung habe sich erwiesen, möglichst an keinem Punkt in Washington anzuecken. Dies sei jedoch aus zwei Gründen nicht haltbar:
1. Bleibe der Faktor Washington nicht unverändert und
2. sei eine steigende Tendenz in Westeuropa spürbar, unabhängiger und selbstbewußter gegenüber den US[A] zu werden. Dies sei kein Anti-Amerikanismus, wie einige unserer Gegner sagen würden; eine kritische Erörterung dieses Sachverhaltes gebe es nicht nur bei uns, sondern auch in den US[A] selbst.

W. B. sei 4 Tage vor dem Genfer Gipfel[24] in Washington gewesen und habe den Eindruck bestätigt bekommen, daß die US[A] lange nicht so uniform seien, wie dies nach außen dargestellt werde.[25] Wir in der Bundesrepublik seien keine Phantasten und wüßten, daß der Neutralismus keine Alternative darstelle. Dennoch gebe es die Tendenz, nicht so abhängig zu bleiben, wie es bisher der Fall war.

Er verweist auf das jüngste Treffen sozialdemokratischer Parteien aus Ländern der westlichen Allianz in Bonn, wo es zum ersten Mal nach Genf gelungen sei, eine gemeinsame sicherheitspolitische Plattform zu formulieren, inklusive der Raketenfrage und der Weltraumrüstung.[26]

Zu den Mittelstreckenraketen:
Bundeskanzler Schmidt sei leider einer Fehlkalkulation erlegen. Er habe die Raketen nicht gewollt. Er glaubte, etwas in Gang setzen zu können, das dann zwingend zu Verhandlungen führen würde.[27]

Die SPD werde in dem bevorstehenden Wahlkampf[28] deutlich machen, daß sie die überflüssig stationierten Raketen wegverhandeln möchte.

Unter Bezug auf ein Gespräch mit Paul Nitze in Washington werde darauf hingewiesen, daß man in Genf in der INF-Frage ziemlich weit sei in Bezug auf eine Zwischenlösung. Laut Nitze gehe es nicht um einen Waldspaziergang, sondern um einen Spaziergang im Park.[29]

Wenn man auch ohne Illusionen sei: Eine neue Phase des Dialogs sei möglich. Es werde ein sehr schwieriger Dialog sein bei harten Realitäten auf militärischem Gebiet. Man solle Präsident Reagan nicht unterschätzen, er sei ein fähiger Politiker. Die Frage sei, welche Rolle er sich für sein Bild in der Geschichte vorgenommen habe.

Dabei gehe es auch um harte ökonomische Tatsachen. Natürlich werden die US[A] noch auf lange Sicht das reichste Land der Erde bleiben. Aber es gebe auch Grenzen. Die US-Führung habe lange gemeint, man könne die Sowjetunion kaputtrüsten. Inzwischen beginne man, an dieser Weisheit zu zweifeln. Offenbar habe Außenminister Shultz diesen Aspekt gegenüber Generalsekretär Gorbatschow bei seinem letzten Moskau-Besuch angesprochen.[30] Gorbatschow habe etwas emotional geantwortet: Man habe Schwierigkeiten, aber man werde mithalten, wenn es darauf ankäme.

In Washington habe W. B. den Eindruck bekommen, z. B. bei Senator Lugar, daß für den Ausgleich des Haushaltsdefizits bis 1991 man auch militärisch etwas zurücknehmen müsse. Dies müsse nicht so kommen, aber es sei nun in der US-Debatte drin; die Leute sehen ihr Eigeninteresse involviert.

Außerdem gebe es starke Warnungen von Wissenschaftlern. Eine Umfrage unter naturwissenschaftlichen Nobelpreisträgern habe ergeben, daß man mit großer Mehrheit die Wahrscheinlichkeit eines Atomkrieges in den nächsten 5–15 Jahren aufgrund von Fehlkalkulationen, technischen und/oder menschlichen Irrtümern für wahrscheinlich halte.[31] Diese Gefahr bestehe bei den Kurzstreckenraketen natürlich noch in viel höherem Grade.

Gleichwohl bleibe es die Konstante der Bundesregierung, sich an die US-Führung anzulehnen. Wenn sich in Washington Differenzierungen ergeben, dann werde dies auch Bonn gelten [sic!]. Nach unserer Auffassung sollte man Genf in jedem Fall nutzen, sowohl für die bilateralen Fragen als auch für regionale Sicherheitsprobleme in Europa.

Ein Beispiel könne sein die Vereinbarungen über eine chemiewaffenfreie Zone in der Bundesrepublik, der DDR und der ČSSR. Jetzt werde man über die Möglichkeit eines atomwaffenfreien Korridors für taktische Atomwaffen im Sinne der Palme-Kommission weitersprechen.[32] Es wäre gut, wenn polnische Gesichtspunkte dabei einbezogen werden könnten.

Die SPD werde sich nicht an die Stelle einer Regierung setzen, solange sie Oppositions-Partei ist; dies wäre abenteuerlich. Aber sie habe die Pflicht, sich zu informieren, zu diskutieren und Debatten in Gang zu setzen. Außerdem gehe es darum, sich auf eine neue Regierungsverantwortung vorzubereiten.

Der Ärger in Polen über manche Erscheinungen in der Bundesrepublik sei verständlich. Dennoch stehe die überwältigende Mehrheit der Deutschen in der Bundesrepublik für das Vertragswerk, und dies gelte insbesondere für junge Menschen. Was die Vertriebenenorganisationen beträfe, so könne man nicht widersprechen. Dies bleibe ärgerlich, auch wenn es sich nur um begrenzte Gruppen handele. Wie bereits erwähnt, gehe es Bundeskanzler Kohl dabei auch um wahltaktische Gesichtspunkte, indem er meine, einige notwendige Prozente von rechts hinzugewinnen zu können, obwohl auch Bundeskanzler Kohl sehr wohl wisse, wie es um die Grenze steht.

Anläßlich des jüngsten deutsch-polnischen Forums in Krakau seien gerade von polnischer Seite die Rückschläge und Enttäuschungen diskutiert worden. Gleichwohl sei es möglich gewesen, neue Vorhaben zu diskutieren, die uns nach vorne bringen.[33]

„Ich bin auch gekommen, Herr General, um Ihnen meine offene Hand anzubieten für eine neue Phase konstruktiver Zusammenarbeit."

Zum Thema Demokratie und Menschenrechte:

Der Friede dürfe nicht warten, bis der Streit um dieses Thema beendet sein wird, was wohl nie der Fall sein wird. Für viele Dritte-Welt-Staaten sei diese Debatte überhaupt nicht relevant. Der Prozeß werde noch dauern, bis sich die Dritte Welt im Rahmen der Systemdiskussion zurechtgefunden habe.

Sowohl im Hinblick auf die sozialen als auch im Hinblick auf die individuellen Menschenrechte gebe es überall Probleme. Man habe überall humanitäre Fragen im Gepäck. Das gelte auch für die Bundesrepublik, wenn man jetzt an das Türken-Problem denke, oder früher an die Frage der Legalität der KP[34] vor der Zeit der Verträge.

Auf diesem Gebiet müsse man sich auf beiden Seiten anstrengen, um etwas auf den Weg zu bringen.

Unsere wichtigsten Themen seien jedoch Frieden und bilaterale Beziehungen.

W. J.: Er danke für diese tiefsinnigen Analysen. Er sehe schon eine gewisse Differenzierung in der US-Politik, sehe aber Rivalitäten zwischen der Politik einerseits und US-Wirtschaftskreisen andererseits. Die jetzt vergebenen Rüstungsaufträge hätten eine Laufzeit von 10–15 Jahren; das gelte insbesondere für die Weltraumrüstung.

Er habe nach Genf mit Generalsekretär Gorbatschow gesprochen.[35] Dieser habe ihm den Eindruck vermittelt, daß Präsident Reagan in dieser Frage persönlich engagiert sei, daß die Weltraumrüstung bei ihm zu einer persönlichen fixen Idee geworden sei.

Diese Entscheidung werde wohl realisiert werden. Damit werde es eine neue Qualität militärischer Auseinandersetzung ‹milider›[36] Systeme geben, und zwar auf viel höherer Ebene. Die Erfahrung lehre: man wird nicht mehr zurückgehen. Der Mensch werde dadurch wirklich zum Sklaven der Technik. Hinzu käme in der Tat die Frage des Zufalls und das Problem der kurzen Warnzeiten, die kaum noch Zeiten für Entscheidungen zulassen würden.

Die Sowjetunion wäre zu Gegenmaßnahmen gezwungen. Die sowjetische Wissenschaft sei in der Lage, in kurzer Zeit und vor allem billiger als nach US-Standards im Hinblick auf den Weltraum auszugleichen.

Zwar gebe es nach wie vor das US-Embargo (Cocom)[37], aber bereits jetzt würden die US[A] intensive Kontakte zur sowjetischen Grundlagenforschung suchen. Das sowjetische wissenschaftliche Potential sei gewaltig, es sei sogar Avantgarde in der Laser-Technik.

Dieser Fortschritt sollte für friedliche Zwecke genutzt werden. Andererseits könne auf ein militärisches Gleichgewicht nicht verzichtet werden, wenn auch viele Mittel vergeudet würden, die den Bedürfnissen der Nord-Süd-Entwicklung zugute kommen können. Entweder werde es zu einer Katastrophe des internationalen Finanzsystems kommen, oder es könne gelingen, die Rüstungskosten zu mindern und in andere Bereiche umzulenken. Im übrigen zeigten schon die Erfahrungen des letzten Weltkrieges, daß sich ein Volk wie das sowjetische nicht auf die Knie zwingen lasse.

Die Aktivitäten der SS und der Vertriebenen-Verbände in der Bundesrepublik könne man nicht unterschätzen; auch Hitler habe einmal klein angefangen. Es gehe um Klarheit der Begriffe: Noch immer werde vom Deutschen Reich in den Grenzen von 1937 gesprochen.

Eine besondere Rolle dabei spielten die Schulbücher, deren Inhalt wichtig für den Erziehungsprozeß in den Schulen sei. Die Empfehlungen der Schulbuchkommission seien in Polen angewandt worden, in der Bundesrepublik jedoch nicht, bzw. unterschiedlich, z. T. habe es sogar Rückschläge gegeben.[38]

(Das Gespräch wurde an dieser Stelle aus Zeitgründen unterbrochen.)[39]

Nr. 29
Aus der Rede des Vorsitzenden der SPD, Brandt, im Warschauer Königsschloss anlässlich des 15. Jahrestages der Unterzeichnung des deutsch-polnischen Vertrages
7. Dezember 1985

Archiwum Polskiego Radia S. A.[1]

‹Verehrte Anwesende, meine Damen und Herren und, wenn ich es sagen darf, liebe Freunde!›[2]
Für die Möglichkeit, mich heute vor Ihnen über europäische Friedenspolitik im Allgemeinen und über deutsch-polnische Beziehungen im Besonderen zu äußern, für diese Möglichkeit möchte ich mich bedanken. ‹Ich weiß es zu würdigen, an welchem Ort ich spreche, an welch geschichtsträchtigem Ort, und wie ein Volk durch seine Leistung aus Trümmern dieses Schloss wieder hat erstehen lassen.[3]
Ich weiß, Herr Czyrek, sehr zu schätzen, was Sie zur Begrüßung und Einleitung gesagt haben. Meine Freunde und ich sind aus Anlass der 15-jährigen Wiederkehr des Vertrages gern auf Einladung der Vereinigten Arbeiterpartei nach Polen gekommen, nach Warschau gekommen, und wir bringen Ihnen die Grüße nicht allein derer, die zu unserer Partei gehören, sondern die Grüße vieler, vieler in der Bundesrepublik Deutschland. Ich bin auch dankbar dafür, dass ich im Kreise derer, die sich die Mühe gemacht haben, hierher zu kommen, meinen Freund und Kameraden aus dem Widerstand Józef Cyrankiewicz[4] sehe, mit dem gemeinsam ich die Ehre hatte, den Vertrag vor 15 Jahren zu unterzeichnen.›[5]
[...][6]
Ich habe einen zweiten Bezugspunkt für das, was ich sagen möchte. Der ergibt sich daraus, dass erst zwei Wochen vergangen sind, seit Präsident Reagan und Generalsekretär Gorbatschow zu wichtigen Gesprächen in Genf zusammentrafen.[7] Das Zwischenergebnis, das nach diesem Gipfeltreffen deutlich wurde, hat viele in Europa fragen lassen: Wenn sich die Chance eines etwas entlasteten

Verhältnisses zwischen den beiden nuklearen Weltmächten bestätigen sollte, welche neuen Möglichkeiten würden sich dann ergeben für unterschiedliche Formen europäischer Zusammenarbeit und eigenständiger europäischer Beiträge?

Zu dem, was man das Bilaterale nennt, also das, was auf einem weitem Feld die Beziehungen zwischen der Bundesrepublik Deutschland und der Volksrepublik Polen angeht, werde ich mich heute noch an anderer Stelle äußern können. Doch mir liegt daran, schon bei dieser Gelegenheit heute Vormittag aus meiner Sicht auf drei Aspekte des im Dezember 1970 unterzeichneten Vertrages aufmerksam zu machen:

Einmal sollte der Vertrag, wie schon die Überschrift zeigt, die Grundlagen schaffen, von denen aus die Beziehungen zwischen unseren beiden Staaten zu normalisieren waren. Und in diesem Sinne hat sich das damals Formulierte vorteilhaft dafür ausgewirkt, dass die Zusammenarbeit zum beiderseitigen Nutzen ein gutes Stück vorangebracht werden konnte. Und das sage ich trotz der zwischenzeitlichen Enttäuschungen und Rückschläge, an die in diesem Zusammenhang durchaus auch zu erinnern ist. Sie hatten, diese Enttäuschungen und Rückschläge, im Übrigen andere Ursachen als solche, die in einer auf Entspannung und Normalisierung ausgerichteten Politik angelegt waren.

Zum anderen: Im Warschauer Vertrag stellten beide Staaten fest, dass die ‹Grenze›[8] an Oder und Neiße die Westgrenze Polens bildet. Sie bestätigten, wir bestätigten die Unverletzlichkeit der Grenzen auch für die Zukunft und verpflichteten sich, wir verpflichteten uns zu uneingeschränkter Achtung der territorialen Integrität. Dies ist, wie der Verzicht auf Gewalt als Mittel der Politik, ein entscheidendes Element dessen gewesen, was wir damals „Grundlage der Beziehungen" nannten. Mein Freund Johannes Rau, der Ministerpräsident von Nordrhein-Westfalen, des größten Bundeslandes, brachte es auf den Punkt, als er dieser Tage sagte, Klarheit in der Grenzfrage sei der „Kern unseres Verhältnisses zu Polen".

Drittens war und bleibt es wichtig, den Warschauer Vertrag, auch im Interesse einer friedlichen Entwicklung in Europa, mit konkretem Inhalt zu füllen und es nicht zuzulassen, dass er in Substanz und Geist ausgehöhlt wird.

Nun haben, meine Damen und Herren, manche von uns in dankbarer Erinnerung behalten, was die Kirchen – auf unserer Seite beide großen Kirchen – an Wegbereitung geleistet haben, um der Politik das Vorankommen zu erleichtern. ‹Und ich halte es für bedeutsam, dass heute am gleichen Tag der Vorsitzende der Deutschen Bischofskonferenz und der Primas von Polen in Rom in der Santa Maria [in] Trastevere der Versöhnungsbotschaften gedenken werden, die vor zwanzig Jahren formuliert wurden.›[9] Wenn ich unabhängig davon von kritischen polnischen Freunden nach einer zusätzlichen Versicherung dessen gefragt werde, was in der Bundesrepublik gedacht wird, so mache ich sie, meine kritischen polnischen Freunde – gerade, wo es um Vergangenheit, um Grenzen und Zusammenarbeit geht – auf die Rede aufmerksam, die Bundespräsident von Weiz-

Willy Brandt im Warschauer Königsschloss am 7. Dezember 1985 (r.: Józef Czyrek, Mitglied des Politbüros der PVAP).

säcker anlässlich der vierzigsten Wiederkehr des Kriegsendes, im Mai also, in Bonn gehalten hat.[10] Und ich füge hinzu: Störmanöver einiger Unverbesserlicher oder unverantwortlich Taktierender werden an der Einsicht und Überzeugung der großen Mehrheit nichts mehr zu ändern vermögen.

Lassen Sie mich sagen, dass ich beträchtliche Chancen sehe, die Zusammenarbeit zwischen der Bundesrepublik Deutschland und der Volksrepublik Polen so auszubauen, wie wir es uns beim Vertragsabschluss vor fünfzehn Jahren vorgenommen hatten. Ich bin auch davon überzeugt, dass wir als jeweiliger Teil unseres Bündnissystems, als Partner bei gesamteuropäischen Bemühungen und im bilateralen Gespräch – auf diesen drei Ebenen –, dass wir neue Initiativen ergreifen oder fördern können; freilich immer vorausgesetzt, dass die politische Großwetterlage dies zulässt, so wenig wir uns ihr, der politischen Großwetterlage, einfach ausliefern mögen.

Meine Damen und Herren, zur Politik der Entspannung gibt es keine vernünftige Alternative. Diesen Satz habe ich mir nicht vor der Reise hier nach Warschau ausgedacht, sondern diesen Satz habe ich vor fünfzehn Jahren gesagt und finde ihn auch jetzt richtig. Jede Politik am Rande des Abgrunds führt eben immer wieder nur zu der Erkenntnis, dass der Schritt in den Abgrund die Bereitschaft zum Selbstmord voraussetzt.

Je weiter wir vom Abgrund weg sind, um so sicherer leben wir, obwohl die Gefahren, die aus technischem oder menschlichem Versagen entspringen, auch dann noch nicht gebannt sind, wenn das Wettrüsten nachlässt. Die Politik der Konfrontation hat jedenfalls auch deshalb keine Perspektive, weil ihr logisches Ziel, siegen zu können, nicht mehr existiert – es sei denn, es gäbe die Bereitschaft zum Selbstmord.

Genf zeigt uns meiner Meinung nach, dass für die beiden Weltmächte festgestellt wurde, keine von ihnen könne einen großen Krieg gegen die andere gewinnen. Sie haben miteinander erklärt, dass sich weder die eine noch die andere Seite etwas davon verspricht, militärische Überlegenheit zu erreichen.[11] Was bedeutet das ander[e]s als die Einsicht, dass beide Seiten insoweit einem objektiven Zwang unterliegen, sich miteinander um Friedenssicherung zu kümmern. Und die aller Welt bekundete Erkenntnis, dass es notwendig ist, vom Zustand der gegenseitig gesicherten Zerstörung zu einem Zustand gegenseitig gesicherter Sicherheit zu gelangen. Man kann es auch so sagen, dass Zusammenarbeit für den Frieden zu einem Muss geworden ist.

Wir wissen, die beiden Weltmächte, die Bündnisse und Lager, bleiben durch grundverschiedene Auffassungen und Systeme voneinander getrennt. ‹Und es kann›[12] kein Zweifel daran sein, dass es im europäischen Interesse liegt, die Chancen einer neuen, zweiten Phase der Entspannung und Zusammenarbeit zu nutzen: ohne Illusionen, aber auch ohne Scheuklappen. Und ich meine, es sollte deutlicher werden, was die Europäer selbst beitragen wollen und dass sie nicht nur darauf warten, ob für sie etwas abfällt vom Tisch der ganz Großen.

Vielleicht ist es ja voreilig, von einer Rückkehr zur Entspannung zu sprechen. Aber in eine Phase des Dialogs einzutreten, ist wohl auf jeden Fall einem Zustand der Sprachlosigkeit vorzuziehen. Ich gehöre zu denen, die sich über die Fehler und Schwächen der vorigen Entspannungsrunde Gedanken gemacht haben. Aber ich hätte nichts dagegen, konservativ genannt zu werden, wenn ich – bei allen noch zu erwartenden Hemmnissen und Unzulänglichkeiten – eine Rückkehr zum Abbau von Spannungen ausdrücklich begrüße, nicht zuletzt aus meinem Verständnis von europäischer Mitverantwortung.

Ich sprach, meine Damen und Herren, von dem, was in der gemeinsamen Erklärung von Genf zum Ausdruck gebracht wurde. Jene Genfer Erklärung ist Ausdruck der fundamentalen Tatsache, dass es – wie einige von uns Sozialdemokraten in Deutschland es formuliert haben – in den großen Zusammenhängen nur noch gemeinsame Sicherheit[13] gibt. Ost und West sind bei aller Unterschiedlichkeit ihrer politischen und gesellschaftlichen Auffassungen zwar nicht zu Freunden, aber zu Partnern geworden, wo es um Überleben oder Untergang geht. In Genf wurde dies ausgesprochen und dokumentiert. Das ist viel. Es kann sogar die Grundlage sein für das, was jetzt zu tun ist.

Den dritten Weltkrieg unmöglich zu machen, das ist die Aufgabe der neuen Entspannung. Den militärischen Konflikt zwischen Ost und West auszuschließen, hat Priorität. Das ist logischerweise nur durch beide Seiten und ihre Zusammenarbeit möglich. Grundsätzliche, manche sagen oder nennen es auch ideologische Unterschiede dürfen diese Zusammenarbeit um des Überlebens willen nicht verhindern. Deshalb wird ganz gewiss nicht belanglos, was in dem jeweils anderen Land oder Lager vor sich geht und wie man sich dazu einlässt. Man muss es nur vernünftig einzuordnen wissen und sich weiterhin mit einiger Geduld wappnen.

Die beiden Weltmächte haben den Nicht-Atomstaaten in Europa, zu denen wir beide gehören, ihr Staat und mein Staat, sie haben denen einiges vorgemacht. Sie, die beiden ganz Großen, haben sich um Realismus bemüht. Den gleichen Realismus werden wir anderen zu Grunde zu legen haben. Das heißt: NATO und Warschauer Pakt, EG und RGW, sind die Grundlagen unserer Politik, für mein Land wie für Polen. Und ob uns das immer passt oder nicht: Es gibt keine europäische oder nationale Konstellation, die das zu ändern vermöchte. Und darauf hinzuweisen, bedeutet durchaus nicht, die Rolle der neutralen und nichtgebundenen Staaten in Europa zu unterschätzen oder gar gering zu schätzen. ‹Es ist nur eine andere Form der Einordnung und Zuordnung.›[14]

Wir können nur von der real gegebenen Lage ausgehen, wenn wir reale Fortschritte für Sicherheit und Zusammenarbeit in Europa und damit für unsere Völker erzielen wollen. Auf dieser von mir in Erinnerung gebrachten Grundlage hat Europa seine Perspektive zu suchen. Das bedeutet nicht, dass ich meinte, die Geschichte werde den jetzt auf unserem Kontinent und in seinen Staaten gegebenen Zustand ‹so festschreiben, als ob es immer und in alle Ewigkeit gegeneinander stehende Bündnisse geben müsste.›[15] Ich meine im Gegenteil, dass wir uns am Beginn eines Prozesses befinden könnten, der von der Europäisierung Europas[16] handelt und in dessen Verlauf – auf mehr als einer Seite – ernste Reformen eine wichtige Rolle zu spielen hätten.

Nun würde ich, meine Damen und Herren, nicht denen widersprechen, die eine gewisse Enttäuschung darüber zum Ausdruck bringen, dass Europa in den Verlautbarungen aus Genf eine eher periphere Rolle gespielt hat. Das kontrastiert gewiss zu dem auf unserem Kontinent angehäuften Zerstörungspotenzial. Es wird auch nicht dem gerecht, was bei den Völkern Europas an Hoffnungen und Erwartungen vorhanden ist und bekannt sein sollte.

[...][17]

Aber: Während die Weltmächte, die ja eigentlich keine Nachbarn sind und sich kaum kennen, während die erst einmal ihr Grundverhältnis weiter verbessern müssen, bevor Rüstungskontrolle und Abrüstung in großen Zusammenhängen ernsthaft möglich werden, stehen die Europäer in Ost und West‹, auch wenn sie sich häufig überflüssig streiten,›[18] ‹in einem gegenseitigen Verhältnis, das sogar Elemente des Guten enthält, jedenfalls in einem solchen gegenseitigen Verhältnis, dass es›[19] auch dem harten Wetter der letzten Jahre standgehalten hat. Schlechte Erfahrungen aus der Geschichte wirken heute mancherorts im eher positiven, die Vergangenheit überwindenden Sinne.

Sie‹, die Europäer oder viele von ihnen,›[20] haben ihre europäische Identität wieder entdeckt. ‹Sie sind keine Großmächte, wollen es auch nicht werden. Jedenfalls kenne ich wenige, die das nochmal werden wollten. Jedenfalls kenne ich viele, die mehr Luft zum Atmen möchten.›[21] Sie haben einige wichtige gemeinsame Interessen im Verhältnis zur Bipolarität und Konfrontation der Großmächte. Deswegen allerdings sind sie noch keine handlungsfähige Einheit. Sie haben fast nur im jeweiligen Blockrahmen operiert und operieren können.

Was sie, die Europäer, jetzt miteinander prüfen sollten, ist, ob Genf nicht neue Chancen eröffnet. Das gilt um so mehr, als die Weltmächte ihren guten Willen ‹werden beweisen wollen›[22], das zu Papier Gebrachte weiterzuführen. Das könnte auf dem europäischen „Nebenkriegsschauplatz" – global betrachtet – unter Umständen etwas leichter sein als bei den interkontinentalen Raketen und bei den Weltraumwaffen. Sollte es zu einer Art Wettbewerb um den good will der Europäer kommen, müsste das so schlimm nicht sein.

Die überragende Macht der beiden Weltmächte gibt ihnen ihre überragende Verantwortung. Aber auch die europäischen, nichtatomaren Staaten haben geschichtlich die Verantwortung, zu tun oder zu unterlassen, was ihren Möglichkeiten entspricht. Dass dies nicht so ganz wenig ist, haben wir in der – hoffentlich hinter uns liegenden – Phase eines neuen Kalten Krieges zeigen oder ablesen können. Zwischen Warschau und Paris, zwischen Budapest und Den Haag, zwischen Bonn und Ost-Berlin waren die wachsende Sorge und ein gleichgerichtetes Interesse feststellbar, möglichst doch zu erhalten, was während der ersten Entspannungsphase erreicht worden war.

Nun kann niemand sicher sein, wie weit die Absichtserklärungen von Genf tragen. Aber in den vor uns liegenden Monaten und Jahren muss Europa vielleicht nicht mehr besorgt sein, seine Interessen unter so widrigen Umständen zu wahren, sondern es kann – wenn es dazu fähig ist – seine Interessen gleichgerichtet mit den und neben den Weltmächten verfolgen. Aber dabei hätte Europa etwas zu leisten, was die Weltmächte so gar nicht können.

Ich denke, die Europäer haben es nicht leicht, dem politischen Gesetz zu entsprechen, das das atomare Zeitalter uns politisch diktiert. „Die Atombombe hat alles verändert, nur nicht das Denken der Menschen." – Ich hatte kürzlich in Washington Anlass, daran zu erinnern, dass dieser, eben von mir zitierte, ebenso geniale wie einfache Befund Albert Einsteins, dass dieser Befund auch heute noch stimmt.[23] Ich möchte hier nur hinzufügen: Er gilt – das mit dem zurückgebliebenen Denken der Menschen – jedenfalls auch noch für die Europäer. Auch Europa muss sich klarmachen, dass es nicht mehr die Kraft hätte, nostalgischen Neigungen über Gebühr nachzugehen. Wozu es die Kraft haben kann, ist zu zeigen, dass seine Vielfalt es, Europa nämlich, nicht daran hindert, das gemeinsame Interesse zu verwirklichen, den Krieg auf unserem Kontinent ein für allemal unmöglich zu machen. Dass Europa eine Zone des Friedens wird, ist ohne den Willen und die Initiative Europas nicht möglich. Wenn sich die Europäer – in West und Ost und dazwischen – auf diese Perspektive festlegen, immer im Wissen um die Grundlagen, dann liegt dies auch im Interesse der übrigen Welt, auch der beiden Weltmächte.

Die europäischen Staaten können nicht ersetzen, was die Weltmächte tun müssen. Aber wir können sie unterstützen, wir können ihnen helfen, im europäischen Osten und im europäischen Westen das zu tun, was sie sich global zwischen Ost und West vorgenommen haben. Und wir müssen uns bewusst werden, dass es eine europäische Perspektive und neue Möglichkeiten in Europa gibt nach der Perspektive, die sich die Großen in Genf eröffnet haben.

In den letzten Jahren hatten es manche von uns schwer ‹– ich glaube, Sie in Polen noch schwerer als andere –›[24] gegen den weltpolitischen Wind. Jetzt mag die Gelegenheit sein, parallel zu den Weltmächten, europäische Initiativen zu entwickeln, und zwar solche, die der Genfer Erklärung der Großen entsprechen, statt ihr zu widersprechen. Wie soll das aussehen?

Ich meine, wir werden, jeder in seiner Verantwortung, unsere Überlegungen und Vorschläge zu Fragen gesamteuropäischer Zusammenarbeit neu zu ordnen haben. Und zwar nicht allein, wo es um die Probleme der militärischen Sicherheit und des Abbaus von Überrüstung geht. Aber was diesen Komplex noch einmal angeht, so wird sorgfältig zu prüfen sein, was im Hinblick auf sektorale Probleme unter etwas veränderten Bedingungen mit etwas besserer Aussicht auf Erfolg vorangebracht werden könnte. Sie wissen sicherlich, verehrte Anwesende, dass es gerade ein Treffen in Kopenhagen gegeben hat, auf dem Vertreter von Regierungen und Parteien in den nordeuropäischen Ländern das Projekt einer atomwaffenfreien Zone in jener Region erörterten.[25] Damit vergleichbare Erörterungen, die die Balkanregion zum Gegenstand haben, sind auch nicht, wenn ich es recht verstehe, zu den Akten gelegt worden.

Vertreter der SPD-Bundestagsfraktion, um einen anderen Aspekt zu nennen, werden mit Kollegen aus der DDR darüber beraten, wie der Vorschlag der Palme-Kommission, in unserem Teil Europas einen atomwaffenfreien Korridor zu schaffen, wie dieser Vorschlag verwirklicht werden könnte.[26] Es liegt auf der Hand, dass dies intensive Konsultationen in den beiden Bündnissen erfordern würde. Dies gilt, obwohl die Materie nicht ganz so kompliziert ist, auch für den vorliegenden Vorschlag einer chemiewaffenfreien Zone, zu der die beiden deutschen Staaten und die Tschechoslowakische Sozialistische Republik gehören müssten, weil sie die drei Staaten sind, auf deren Boden im Wesentlichen die Waffen der beiden Großen insoweit lagern.²⁷ Wir hoffen ‹übrigens, wenn es zu einem solchen Vertrag kommt, nachdem die Polemik einmal abgeklungen sein wird›²⁸, dass die Volksrepublik Polen einerseits und die Benelux-Länder andererseits einem solchen Abkommen beitreten würden ‹aus Gründen, die ich hier nicht weiter darzulegen brauche›²⁹.

Lassen Sie mich dies mit drei Hinweisen verbinden, die der Sache dienlich sein mögen: Erstens erinnern wir uns ‹– nicht nur die deutschen Sozialdemokraten, sondern viele überhaupt in der Bundesrepublik und viele sonst in unserem Teil Europas –, viele von uns erinnern sich›³⁰ gut und gern der anregenden und bedeutenden Rolle, die Polen in den Bereichen, die ich eben anspreche, gespielt hat. [...]³¹ Und wir begrüßen es nachdrücklich, wenn Polens unverwechselbare ‹und durch niemanden zu ersetzende›³² Stimme im gesamteuropäischen Dialog wieder stärker zur Geltung kommt. Neben der Aufmerksamkeit, mit der wir die polnischen Dinge über die Jahre hinweg verfolgt haben, lag ein Bedauern, dass Ihre Stimme in der europäischen Politik leiser geworden war.

Zweitens: Wenn meine Partei bestimmte Initiativen ergreift oder an ihnen mitwirkt, so bedeutet dies nicht, dass wir uns Kompetenzen anmaßen, die uns nicht zustehen. Wir setzen uns nicht an die Stelle einer Regierung, die allein zuständig ist, wo es sich um völkerrechtliche Bindungen oder Wirkungen handelt. Aber als gegenwärtig große Oppositionspartei in der Bundesrepublik Deutschland nehmen wir das Recht in Anspruch, nicht nur uns in eigener Verantwortung zu unterrichten, sondern auch unsere Verbindungen und Möglichkeiten zur Vorbereitung nützlicher Vorhaben, europäischer Vorhaben zumal, einzusetzen.

Drittens, verehrte Anwesende, brauchen unsere Nachbarn weder in Polen noch anderswo Sorge zu haben, wenn es in Fragen der europäischen Sicherheit zwischen den beiden deutschen Staaten besser geht, als es hätte gehen können. Welche Erfolge auch immer die Bundesrepublik und die DDR in diesen Bereichen erzielen mögen, sie wissen beide, dass ohne die beiderseitigen Nachbarn und Gemeinschaften nichts geht.

Außerdem ist man sich in Polen gewiss dessen bewusst, dass Bundesrepublik (Warschauer Vertrag) und DDR (Görlitzer Vertrag[33]) in der Grenzfrage übereinstimmen. Im Dreieck Bonn–Ost-Berlin–Warschau braucht es keine überflüssigen Belastungen zu geben, sondern dieses Verhältnis kann, zumal auf dem Hintergrund der deutsch-polnischen Geschichte, zu etwas auch für die anderen Europäer Positivem gewendet werden.

[…][34]

Ich füge hier in Warschau hinzu: Natürlich bleibt mein und meiner Freunde Ziel, dass eines Tages die beiden Bündnisse durch ein europäisches System der Sicherheit abgelöst werden. Doch niemand weiß, wie lange es dauert, wenn es überhaupt geht. Aber ich weiß, dass es nicht an anderen Feldern fehlt, auf denen sich [zu] erproben und nach Möglichkeit zu bewähren, in hohem Maße lohnend ist. Ich denke an die weiten Bereiche der wirtschaftlichen, technischen, wissenschaftlichen, kulturellen Zusammenarbeit.

[…][35]

Lassen Sie mich noch sagen, dass ich die Sorge nicht teile, das Bemühen um ‹die Sicherheitspartnerschaft – nein, ohne Artikel: Sicherheitspartnerschaft. Denn der bestimmte Artikel würde suggerieren, man wisse schon genau, wie sie auszusehen habe –, dass das Bemühen um›[36] Sicherheitspartnerschaft und um Selbstbehauptung Europas bei uns oder anderswo dem Ringen um Reformen im Wege stehen könnte. Ich meine, anders herum wird ein Schuh draus. Dies mindert freilich nicht die Notwendigkeit, schon jetzt aufmerksam auf diejenigen zu hören, die als Europäer das anmahnen, was sich ableitet aus dem Ringen um die individuellen wie um die sozialen Menschenrechte. ‹Um ein Beispiel zu nennen: Mir fällt es nicht immer ganz leicht, wenn mich türkische Sozialdemokraten oder Gewerkschafter besuchen, zu erklären, warum wir mit den türkischen Arbeitern in der Bundesrepublik Deutschland nicht gut genug umgehen, um uns messen lassen zu können an dafür vorgegebenen Standards. Und ich mache damit deutlich, dass es sich um Fragen handelt, die in vielfacher Hinsicht interessieren und aufzuwerfen sind.›[37]

Wir müssen davon ausgehen, dass es – über das heute Bestehende hinaus – eine Vielfalt von bilateralen, regionalen und gesamteuropäischen Bemühungen geben wird. Und ich frage, ob nicht Diskussionsforen ins Auge gefasst werden sollten, auf denen Regierungs- und Parlamentsbeauftragte aus jeweils einigen westeuropäischen und osteuropäischen Staaten zusammengespannt werden, um für jeweils beschriebene Themenbereiche Vorschläge zu erörtern. ‹Ein paar solcher Themen waren in dem enthalten oder angedeutet, was ich hier dargelegt habe.›[38]

Solche Foren oder Konferenzen – wo immer möglich, im Rahmen des KSZE-Prozesses – könnten Vorarbeiten leisten für das, was die Bezeichnung Europäische Friedensordnung verdient. Und warum nicht darüber nachdenken, wie eines Tages ein Vertrag über eine Europäische Friedensordnung auszusehen hätte?

Es geht schließlich um vitale europäische Interessen, um unsere Zukunft. Es gibt auch die europäische Verantwortung, so begrenzt sie sein mag. Es gibt schließlich den europäischen Beitrag, der unerlässlich ist, wenn die gemeinsame Erklärung der Großen von Genf Wirklichkeit werden soll. Die Frage ist also: Können und wollen die Europäer ihren eigenständigen Beitrag leisten, um dem Ergebnis von Genf Nachdruck zu verleihen, damit es möglichst unumkehrbar wird?

Ich werfe diesen Teil meiner europäischen Fragen zuerst in Warschau auf – in einer Hauptstadt also, in der das Nachdenken über die Interessen der Nichtnuklearen Tradition hat. ‹Und in einer Stadt, in der ich einen Vertrag unterschrieben habe, der von dem Verhältnis zwischen zwei Staaten handelte, was wichtig genug war, aber der [sic!] diesen Vertrag gesehen hat als einen Beitrag zu dem, was in Europa nach vorn bewegt werden soll. Und wenn ich diese Frage aufwerfe, dann›[39] betrachten Sie dies bitte als Ausdruck nicht nur meines Respekts, sondern auch meiner beherrschten Zuversicht. ‹Und als Ausdruck meiner Überzeugung, wenn ich sage:›[40] Europa braucht Polen.

Ich danke für Ihre Aufmerksamkeit.

Nr. 30
**Aus der Rede des Vorsitzenden der SPD, Brandt, vor der sozialdemokratischen Bundestagsfraktion
10. Dezember 1985**[1]

AdsD, SPD-Bundestagsfraktion, Tonbandaufzeichnungen.

Das war eine schwierige, aber ich glaube, wie [Hans-] Jochen [Vogel] eben sagte, wichtige, auch in gewisser Hinsicht ertragreiche Reise, die uns in die polnische Hauptstadt gebracht hatte, wo wir von Freitagabend bis gestern Nachmittag waren.[2] Wenn ich sage wir, dann sind das außer mir Hans Koschnick, Egon Bahr, Horst Ehmke und Rudolf Scharping.

[...][3]

In der Einschätzung, dass in einer zweiten Entspannungsphase neue Chancen genutzt werden können, fühle ich mich bestärkt, nein, ich fühle mich geradezu ermutigt durch das Gespräch, das wir gestern zum Abschluss unseres Aufenthalts noch mit dem Primas von Polen, Kardinal Glemp, hatten, der dieser Begegnung wegen eigens etwas früher als ursprünglich geplant von Rom nach Warschau zurückgekehrt war.[4] Und am Sonnabend, als wir uns zu äußern hatten in Warschau zum Vertrag, hat es ja in Rom auch eine gemeinsame kirchliche Veranstaltung des Vorsitzenden der Deutschen Bischofskonferenz und des Primas von Polen gegeben.[5]

Glemps Einschätzung ist auch die meine, nämlich folgende: Wer Druck von außen auf Polen ausübt, wie es tatsächlich, und zwar in recht intensiver Form stattfindet, um es sogar noch vorsichtig zu formulieren, der nimmt zumindest billigend in Kauf, dass dieser Druck sich nach innen fortsetzt. Das ist auch der Knackpunkt, an dem man sich entscheiden muss. Überall da, wo der berechtigte Einsatz für Selbstverwaltung und Menschenrechte zum Kampfinstrument gegen die Volksrepublik Polen wird, überall dort wird er den Menschen und ihren Rechten nicht nutzen. Ganz im Gegenteil. Und wer Polen gar als eine Art Ersatzkriegsschauplatz gewissermaßen im Vorfeld des großen Ost-West-Gegensatzes behandelt, dem muss man vorhalten, dass er dies auf dem Rücken der betroffenen Menschen tut. Und der sollte zumindest darauf verzichten, auch noch die Moral für sich in Anspruch zu nehmen.

Die diversen Versuche der ökonomischen Diskriminierung haben niemandem genutzt. Das gilt auch für andere Formen der Einmischung.

General Jaruzelski mit seinen Mitarbeitern in der Regierung und in der Partei war für uns natürlich der wichtigste Gesprächspartner, hat sich dafür ungewöhnlich viel Zeit genommen.[6] Ich habe ihn als einen diszipliniert denkenden und argumentierenden Polen kennen gelernt, an dem mich, wie auch bei anderen Gesprächspartnern, die fast schonungslose Offenheit beeindruckt hat, in der er uns die Lage und die großen Schwierigkeiten seines Landes schilderte.

Man kann auch fragen, und ich frage mich selbst nach diesem Besuch, ob man vor der Geschichte Bestand hat, wenn man nicht berücksichtigt, dass jemand die militärische Intervention des großen Nachbarstaates abgewendet hat. Denn darum ging es vor vier Jahren in Polen.[7] Und ich verstehe auch diejenigen nicht ganz, die heute in einer gewissen Verkennung der Zusammenhänge manchmal so tun, als hätte vor 1981 immer Demokratie geherrscht in Polen. Das war ja wohl selbst nach dem Ersten Weltkrieg nur während einer recht begrenzten Zeit der Fall, bevor der frühere Sozialist Piłsudski auf andere Weise das Heft in die Hand genommen hat.[8]

Mein Eindruck ist, liebe Freunde, bei allen Vorbehalten, die ich auch habe: Jaruzelski und die polnische Führung wollen ihr Land ernsthaft aus seiner gegenwärtigen, noch immer bedrückenden Lage heraus führen und den Anschluss an das übrige Europa wieder herstellen. Und die brauchen und sie wollen dazu den Dialog im Innern namentlich mit der Katholischen Kirche des Landes, wie uns gestern Kardinal Glemp ausdrücklich bestätigt hat. Und ich füge hinzu: dieser Dialog Staat-Kirche in Polen, der ist in Funktion, er ist wieder in Funktion.

Zum Abschluss seines Besuchs in Warschau spricht der SPD-Vorsitzende Willy Brandt am 9. Dezember 1985 mit dem Primas der Katholischen Kirche in Polen, Kardinal Józef Glemp.

Nun weiß ich, welche Diskussionen der Vorgang ausgelöst hat, der im Rahmen unseres Besuches im Zusammenhang mit dem Namen Lech Wałęsa stand.[9] [Es] hat sich ja außerdem das Pressebild im Laufe dieser Tage schon ein klein wenig verändert.

Ich habe zusätzlich zu dem Brief[10] – sehr ordentlichen Brief, den mir zu schreiben ihm geraten worden war – eine Reihe offener Briefe, zum Teil aus dem Untergrund, zum Teil nicht aus dem Untergrund, etwas verspätet auf den Tisch bekommen – das habe ich aber nicht zu beanstanden –, sind mir zum Teil noch durch die Botschaft, wenn auch mit einer Woche oder sonst Verspätung übermittelt worden. Diese Briefe waren zum Teil nicht frei von Polemik.[11] Doch ich habe schon in Warschau gesagt, und werde mich auch weiterhin daran halten, ich antworte darauf nicht meinerseits mit Polemik, weil es sich überwiegend um Äußerungen von Leuten handelt, die unter schwereren Bedingungen leben, als wir es tun. Wenngleich das eine und das andere einmal sachlich zurechtgerückt werden muss. Aber ich kann nachfühlen, wie jemand wie Lech Wałęsa empfindet.

Fragen muss ich allerdings nach vielen Gesprächen dieser Tage, was heute eigentlich Solidarność darstellt. Das war ja eine gewaltige, große, spontane, in manchen Erscheinungsformen an liebenswerten Anarchosyndikalismus[12] erinnernde Bewegung. Heute hat man es mit sehr unterschiedlichen Strömungen zu tun. Zum Beispiel tritt in der Bundesrepublik und anderswo in Westeuropa eine Gruppierung mit demselben Briefkopf, demselben Symbol auf, mit einem polnischen Wort drunter, das jemand von uns nicht gleich begreift, wenn er die Sprache nicht kann, das heißt „Kämpfende Solidarität".[13] Davon nehmen die Leute im Lande Abstand. Das ist die eine Differenzierung. Die zweite besteht darin, dass natürlich – das hat uns aber Hans-Jürgen Wischnewski schon vor geraumer Zeit berichtet gehabt – eine Reihe derer, die sich aus ihren guten Gründen in der Solidaritätsbewegung engagiert hatten, heute eine aktive Rolle in den neuen Gewerkschaften spielen.[14] So ist der Vorsitzende der neuen Gewerkschaften einer, der zu Solidarność gehörte.[15]

Ich denke, es ist bekannt – nein, ich will noch hinzufügen: So ist es ja auch nicht, als ob wir nicht mit Solidaritätsleuten gesprochen hätten, nicht irgendwelchen. Vier, die vier verschiedene Richtungen vertraten.[16] – Das schadet ja auch nichts, ist in der SPD manchmal auch so, auf bestimmten Gebieten zu bestimmten Fragen, wollte ich sagen, stimmen die Auffassungen nicht immer voll überein. – Aber unter denen, mit denen wir gesprochen haben in der Botschaft, und zwar nicht zwischen Tür und Angel, Ehmke und Bahr noch ein bisschen länger als ich, war der Hauptberater von Lech Wałęsa und der [ehemalige] Chefredakteur des Organs der Bewegung Solidarität.[17] Und alles, was man auf diesem Wege vermittelt bekommen sollte, hat man vermittelt bekommen und man hat auch zurückvermitteln können, was man gesagt haben wollte.

Ich denke, es ist bekannt, warum für mich ein Treffen mit Wałęsa jetzt nicht möglich war. Ich war nicht zu einer allgemeinen Polenreise eingeladen, sondern zu einem Aufenthalt in Warschau. Ich hatte die Wahl, diese Reise entweder abzusagen oder sie in dem mir vorgeschlagenen Rahmen zu machen. Und ich habe mich so entschieden, wie ich mich entschieden habe. Ich möchte außerdem mal all die Gewerkschaftsfreunde aus der Führung der CDU kennen, die im Laufe dieser Jahre, oder auch der FDP, schon sich um Termine mit Lech Wałęsa bemüht hatten.

Ich habe ihm, dem Danziger, über seine engsten Berater – noch einmal: mit denen wir Sonntagnachmittag in Warschau zu einem sehr intensiven Gespräch zusammen waren – ich habe ihm meine Grüße übermitteln lassen, ihm einen Brief angekündigt, der nicht nur Allgemeines enthalten wird. Und Horst Ehmke, der ohnehin vorhatte, in den nächsten Monaten die Stadt zu besuchen, in der er aufgewachsen ist, wird die in Warschau geführten Gespräche auch in Danzig fortführen.[18]

Ansonsten gilt, was wir schon mehrfach gesagt haben: Wir wollen das Gespräch mit allen wesentlichen gesellschaftlichen Kräften Polens führen. Und wir werden das im Rahmen unserer Möglichkeiten auch tun. Mehr möchte ich jetzt zu diesem Punkt nicht mehr sagen, außer, dass die schon erwähnten hochrangigen Berater der jetzt nicht legalen Bewegung Solidarność nach meinem Eindruck sehr wohl verstanden haben, dass es uns bei unserem Versuch einer Wiederbelebung von Entspannungspolitik gerade um die Menschen geht, um ihre Bewegungsfreiheit. Und das alles eben nicht nur auf deklamatorische Weise.

[…][19] [W]ir haben keines unserer Gespräche – wir haben nicht nur gemeinsame geführt, sondern auch jeder noch zusätzlich mit speziellen Gesprächspartnern –, wir haben keines der Gespräche in Warschau vergehen lassen, ohne das anzusprechen, was sich in unserem Kommuniqué so liest: „Sie", die von der dortigen PVAP und wir, „stimmten darin überein, dass humanitäre Fälle im Geiste guter Zusammenarbeit gelöst werden sollen."[20] Zitat Schluss.

Und dies gilt nicht nur für Fragen der Familienzusammenführung und noch nicht abschließend behandelte Wünsche nach Umsiedlung. Dies gilt auch für individuelle Fälle polnischer Staatsangehöriger, für die auf einen Rechtstitel gestützt uns einzusetzen gar nicht mal so leicht ist. Ich habe noch gestern Mittag, auf einen einzelnen Fall bezogen, der auch eine Reihe von Wissenschaftlern bei uns in der Bundesrepublik interessiert, eine gute halbe Stunde mit Jaruzelski selbst sprechen können.[21]

[...][22] [L]asst mich noch eins hinzufügen: Die Vorstellungen darüber, was im Moment mit politischen Gefangenen ist, die Vorstellungen sind unklar. Deshalb will ich sie zurechtrücken. Als ich dorthin fuhr, entnahm ich meinen Unterlagen, es gäbe gegenwärtig ca. 300 politische Gefangene. Als ich dort ankam, unterrichtete mich die Botschaft, die Zahl sei mit 250 zu beziffern. Als wir mit Vertretern nicht der Regierung, sondern der Opposition Sonntagnachmittag zusammentrafen, haben sie gesagt: Sie müssen jetzt ausgehen von 200. Also nehme ich nicht die Zahl der Herrschenden, sondern die Zahl derer, die sich über was zu beschweren haben. Und wir haben die Zusage, dass im Dezember und im Januar, um Weihnachten und Neujahr herum, diese Zahl weiter zurückgehen wird.[23]

Hans Koschnick, wollte ich sagen, hat, weil wir das so aufgeteilt hatten, für uns in Warschau auf diesem Feld besonders geackert. Und ich denke, es wird sich hoffentlich bald herausstellen, dass das nicht fruchtlos war. Und ich möchte gern, dass wir dabei auf unserer Linie bleiben, auch wenn es einen manchmal drängt, dem Generalsekretär der CDU die passende Antwort zu geben.[24] Ich sage hier erneut: Wer konkret etwas für die Menschen herausholen will, der muss zu mehr fähig sein, als die Propagandatrommel zu rühren.

Ich will am Rande erwähnen, dass Koschnick und Scharping am Sonntag nach Auschwitz gefahren sind und von dort zurückkamen nach Warschau. In Auschwitz waren an dem Sonntag 500 Berliner Sozialdemokraten. Das hatte in besonderer Weise Harry Ristock organisiert. Das hat einen starken Eindruck auch bei der Fernsehübertragung in Polen gemacht, und ich weiß es auch zu schätzen, dass die Berliner Sozialdemokraten in Breslau am Lassalle-Grab waren. Dass das Lassalle-Grab wieder so ist, wie es heute ist, hat mit zu tun mit einem mehrfachen Briefwechsel zwischen Jaruzelski und mir.[25] Aber das ist auch ein Vorgang, der nicht dadurch besser wird, dass man ihn dauernd oder vorzeitig in die Presse bringt.

Schließlich, ich habe in Warschau keinen Zweifel daran gelassen, dass für uns gilt, für uns Sozialdemokraten gilt, was im Vertrag von 1970 steht und was darin ausgesagt ist über die Unverletzlichkeit der Grenze an Oder und Neiße und über die Achtung der territorialen Integrität Polens.

Wir haben feststellen müssen, leider feststellen müssen, welche Irritationen immer wieder neue Unklarheiten auf unserer bundesrepublikanischen Seite zu diesem Thema in Polen auslösen und wie diese Unklarheiten einem vernünftigen Verhältnis zu Polen schaden. Und ich habe schon als bemerkenswert empfunden, mit welcher Eindringlichkeit uns gerade auch der Primas von Polen[26] auf diesen Gesichtspunkt hingewiesen hat, übrigens keineswegs an unsere sozialdemokratische Adresse gerichtet. Und ich füge noch hinzu: Auch diejenigen, die die Opposition repräsentierten und am Sonntag zu uns kamen, haben gesagt: „Damit wir uns über eine Sache vorweg klar sind, wir stehen hinter dem Vertrag vom Dezember 1970 und wir stehen hinter Ihrem Bemühen, wenn es irgend geht, Polen in eine neue Phase europäischer Zusammenarbeit einzubeziehen." Ich sage das auch an die Adresse einiger in der anderen großen Fraktion in diesem Hause. Europäische Aufrichtigkeit muss größer geschrieben werden als wahlpolitisches Kalkül, auch dort, wo es um die sogenannte Grenzfrage geht.

Zusammengefasst: Es gibt bei allen weiterbestehenden Schwierigkeiten, es gibt beträchtliche Möglichkeiten, die Zusammenarbeit zwischen unserem Land und Polen auszubauen im Interesse des Friedens, Europas und der Menschen. Vielleicht hat der 15. Jahrestag des Warschauer Vertrages dazu einen Anstoß gegeben. Ich würde das begrüßen. Und ich fände es nützlich und sinnvoll und will gerne meinen Teil dazu beitragen, wenn dies über unsere Fraktion und über unsere Partei hinaus so verstanden würde und wenn andere in unserem Land, die hohe Verantwortung tragen in der Regierung und auch sonst, helfen würden, dass Polen die Chance erhält, die das Land und seine Menschen in Europa brauchen.

Ich danke für Eure Aufmerksamkeit.

Nr. 31
Schreiben des Vorsitzenden der SPD, Brandt, an den
Vorsitzenden der verbotenen polnischen Gewerkschaft
Solidarność, Wałęsa
13. Dezember 1985[1]

AdsD, WBA, A 19, 264.

Sehr geehrter Herr Wałęsa,
von meinem Besuch in der Volksrepublik Polen zurückgekehrt, komme ich zurück auf meinen Brief vom 22. Oktober [1985].[2] Es hat sich mein Eindruck verstärkt, daß der Besuch dazu beitragen konnte, den Beziehungen zwischen der Bundesrepublik Deutschland und der Volksrepublik Polen, vielleicht aber mehr noch der Verständigung und Aussöhnung zwischen unseren Völkern, neue Ermutigung zu geben.

Das geschah in einer Zeit, in der es – wie ich meine – mehr denn je darauf ankommt, nach dem Gipfeltreffen in Genf[3] Chancen für den Frieden in Europa zu einer neuen Phase der Entspannungspolitik auch der europäischen Staaten auf beiden Seiten zu kommen [sic!]. Dazu braucht Europa die Mitwirkung Polens. Das liegt – so sehe ich es – im Interesse des polnischen und des deutschen Volkes; es liegt im Interesse Europas.

Sie wissen, daß ich in Ihr Land eingeladen worden bin, weil 15 Jahre vergangen sind, seit der Vertrag zwischen unseren beiden Staaten abgeschlossen wurde. Ich habe die Einladung zu diesem Zeitpunkt angenommen, weil ich überzeugt bin, daß das, wovon dieser Vertrag handelt, nicht nur für die Regierungen, sondern zugleich für unsere beiden Völker von großer Bedeutung bleibt.

Daß mein Besuch in Ihrem Land, der auf Warschau beschränkt blieb, dem ganzen polnischen Volk galt, war meine Absicht, und ich bin sicher, daß Sie es gespürt haben. Über die Eindrücke hinaus, die mir während der wenigen Tage meines Aufenthaltes in Warschau meine Gastgeber vermittelt haben, war ich tief beeindruckt von dem

Gespräch mit Vertretern des „Klubs der Katholischen Intelligenz", an dem auch Herr Tadeusz Mazowiecki zugegen war. Ich hatte ihn gebeten, Ihnen meine Grüße auszurichten.[4]

Ich hatte außerdem die Ehre, von dem Primas in Polen, Kardinal Józef Glemp, unmittelbar nach seiner Rückkehr aus Rom empfangen zu werden.[5] Bei allen Gesprächspartnern in Ihrem Land habe ich den Eindruck gewonnen, daß in unseren Beziehungen die Grenzfrage als die wichtigste empfunden wurde. Ich bin in Ihr Land gekommen, um dazu eine klare Stellungnahme abzugeben – und ich habe es getan.

Außerdem war es mein Eindruck, daß Druck von außen weder dem inner-polnischen noch dem deutsch-polnischen Dialog nützen kann. Und schließlich darf ich vermuten, daß alle polnischen Patrioten im richtig verstandenen Sinne bereit sein werden, Ihrem Land das Gewicht zu verleihen, das es verdient und das unser gemeinsames Europa braucht.

Die Umstände meines Besuches in Ihrem Land haben es nicht erlaubt, daß wir uns persönlich kennenlernen konnten. Ich weiß, daß Sie dafür Verständnis aufgebracht haben. Ich habe einen meiner Freunde gebeten, anläßlich eines für das kommende Frühjahr vorgesehenen Besuches in Danzig eine Begegnung mit Ihnen anzustreben.[6]

Es grüßt Sie, mit guten Wünschen zum Neuen Jahr
<Willy Brandt>[7]
Willy Brandt

Nr. 32
Schreiben des Vorsitzenden der SPD, Brandt, an den
Generalsekretär des ZK der KPdSU, Gorbatschow
29. Januar 1986[1]

AdsD, WBA, A 9, 10.

Sehr geehrter Herr Gorbatschow,
zunächst möchte ich Ihnen für den Brief danken[2], mit dem Sie mir einige zusätzliche Erwägungen Ihres weitreichenden Abrüstungsvorschlags mitgeteilt haben[3], und auch für die weiteren Erläuterungen, die wir, nicht zuletzt in den Gesprächen mit Botschafter Kwizinski, bekamen.[4]

Sie kennen die prinzipiellen Erklärungen von SPD und Bundestagsfraktion dazu; wir sind in der Tat der Auffassung, dass es kühner Vorschläge und kühner Entschlüsse bedarf, um die Rüstungsentwicklung zu beherrschen, sie anzuhalten und zur Abrüstung zu kommen. Ich möchte auch ausdrücklich unterstreichen, dass ich in Ihren Vorschlägen Wege sehe, die Situation in Europa zu erleichtern, und weiss aus dem Gedankenaustausch der Vergangenheit, dass diese Entschlüsse sicher nicht einfach waren. Ich halte sie für richtig, historisch notwendig und glaube, dass sie sich als fruchtbar erweisen werden, auch falls sie nicht von heute auf morgen zu verwirklichen sind.

Gestatten Sie mir einige Erwägungen in diesem Zusammenhang. Ich halte es weder für politisch noch für militärisch logisch, dass die taktisch operativen Mittel, die die Sowjetunion als Gegenmassnahme zur Stationierung der Pershing II und Cruise Missiles in der DDR und in der ČSSR stationiert haben[5], nicht wieder abgezogen werden sollen, wenn ihre Begründung entfällt, also Pershing und Cruise Missiles entfernt würden. Sie für die Behandlung in der zweiten von Ihnen vorgesehenen Stufe zu reservieren, ist gewissermassen technisch/bürokratisch plausibel, weil sie weniger als 1.000 km reichen, entspricht aber nicht der politischen eurostrategischen Komplexität.[6]

Wir haben es so verstanden, dass Sie die Möglichkeit eines Zwischenabkommens für den eurostrategischen Komplex sehen[7], und begrüssen das. Ich würde es aus europäischen Interessen für sinnvoll halten, auf diesem Wege voranzugehen, selbst wenn die beiden sachlich nicht auflösbaren Komplexe der Weltraumwaffen und der strategischen Waffen nicht so schnell vorankommen. Ich habe auch Grund zu der Annahme, dass, wenngleich aus anderen Erwägungen, eine derartige Neigung auch bei den Amerikanern aktivierbar erscheint.

In dem Masse, in dem nukleare Waffen an Bedeutung verlieren, wächst natürlich die Bedeutung der konventionellen.[8] Wir sind dahin informiert worden, dass dies der sowjetischen Seite bewusst sei; sie habe ihren Vorschlag nicht überladen wollen, sei aber für Anregungen und Überlegungen offen, wie dieses schrecklich komplizierte Thema behandelt werden könne. Es ist ohne Zweifel für Westeuropa von hohem Interesse, da der überwiegende Teil nicht nur der öffentlichen Meinung, sondern auch der Bevölkerung davon ausgeht, dass die Streitkräfte des Warschauer Vertrages konventionell beträchtlich überlegen sind.[9] Die prinzipiellen Kriterien der gemeinsamen Sicherheit, die Ihren Vorschlag zur Beendigung der nuklearen Rüstung auszeichnen und die wir voll teilen, müssen natürlich auch auf den konventionellen Sektor angewendet werden. Hier wird sich meines Erachtens wiederholen, dass politischer Mut wichtiger ist als technische Perfektion. Wie Sie wissen, erörtert eine Arbeitsgruppe mit Vertretern der DDR das Projekt eines atomwaffenfreien Korridors, wie es die Palme-Kommission vorgeschlagen hat.[10] Hier ergibt sich die politisch interessante Möglichkeit, an einem begrenzten Thema für eine begrenzte Region stabilisierende friedenssichernde Elemente zu erörtern unter Einschluss des konventionellen Komplexes. Ihre Meinung dazu wäre von hohem Interesse.[11]

Natürlich stimmen wir Ihrer Auffassung zu, dass ein umfassendes Teststopp-Abkommen zeitlich Priorität hat.[12] Die Bundesrepublik Deutschland hat diese Haltung in den letzten Jahrzehnten vertreten. Sollte die heutige Bundesregierung dabei neuerdings in

Unklarheiten geraten, wird dies die SPD nicht davon abhalten, unsere bisherige Position zu vertreten.

Ich habe mich als Präsident der Sozialistischen Internationale an die Vize-Präsidenten gewendet und sie um ihre Anregungen gebeten.

Es müssen alle Anstrengungen unternommen werden, um das Wettrüsten im All zu verhindern und auf der Erde zu beenden.[13] Wir werden unseren Beitrag im Rahmen unserer Möglichkeiten [leisten] und Kontakte auch mit den Schwesterparteien Westeuropas nutzen.
Mit den besten Wünschen
‹gez. Willy Brandt›[14]

Nr. 33
Schreiben des Vorsitzenden der SPD, Brandt, an den Vorsitzenden der verbotenen polnischen Gewerkschaft Solidarność, Wałęsa
3. März 1986[1]

AdsD, WBA, A 19, 266.

Sehr geehrter Herr Wałęsa,
für die freundliche Art, mit der Sie auf meinen Brief vom Dezember vergangenen Jahres geantwortet haben, danke ich Ihnen.[2]

Es hat mich beeindruckt und zugleich erfreut, daß Sie an wesentliche Gedanken meiner Sichtweise, sowohl im Hinblick auf meinen Besuch in Ihrem Land als auch bezüglich der grundlegenden Fragen zwischen unseren beiden Staaten und Völkern, anknüpfen konnten und daß wir in diesen Dingen ähnlich denken.[3]

Ich teile Ihre Auffassung, daß die Weiterentwicklung guter Beziehungen zwischen unseren Staaten und Völkern nicht nur Sache von Regierungen ist, wenngleich dies selbstverständlich wichtig ist und bleibt.[4] Ich meine jedoch, daß die Verständigung zwischen unseren Völkern und eine gemeinsame, gute und friedliche Zukunft gerade für unsere beiden Staaten ein so starkes Gebot sind, daß dies unabhängig davon gelten sollte, wer beispielsweise in der Bundesrepublik Deutschland gerade in der Regierungsverantwortung steht. Auch in diesem Sinne wollte und will ich meinen Beitrag leisten.

Sie sollten, sehr geehrter Herr Wałęsa, davon ausgehen, daß nicht nur die Wähler meiner Partei, sondern darüber hinaus die weit überwiegende Mehrheit der Bürger der Bundesrepublik Deutschland inzwischen sehr wohl weiß, daß die Grundlage guter Beziehungen und die Chance ihrer Weiterentwicklung in der Endgültigkeit der polnischen Westgrenze liegen. Wie ich Ihnen bereits in meinem Brief vom Dezember vergangenen Jahres sagte, bin ich nach Warschau auch deshalb gekommen, um in dieser Frage eine klare Haltung einzunehmen.

Ich teile Ihre Hoffnung, daß nach dem Genfer Gipfeltreffen[5] eine neue Phase der Entspannungspolitik ihre Chance haben könnte. Dies könnte Europa, Ihrem Land, meinem Land und anderen europäischen Staaten auf beiden Seiten der Allianzen neuen Mut geben. Denn eins ist wahr: Gerechtigkeit zu wahren und die Würde des Menschen ernst zu nehmen, wird nur in einer friedlichen Welt möglich sein.

Damit komme ich auf den Zusammenhang zwischen Entspannungspolitik und der Wahrung der Menschenrechte: Ich meine, daß sie Hand in Hand gehen sollten. Sie werden mir sicher zustimmen können: Gerade weil meine Partei als die authentische Vertretung der Arbeiterbewegung in meinem Land – auch unter Druck und Verfolgung – immer für die Menschenrechte eingetreten ist, weiß sie aus historischer, und das heißt auch aus bitterer Erfahrung: Dies ist ein sehr schwieriger Prozeß, der einem viel Geduld abverlangt. Meine Freunde und ich haben das lernen müssen.

Wenn ich es recht überblicke, hat sich trotz zeitweiliger Rückschläge zwischen unseren Staaten doch einiges zum Besseren wenden können. Dabei sehe ich durchaus den Anteil unserer Kirchen, wenngleich auch auf dieser Ebene wohl manches noch zu tun bleibt. Mein Gedankenaustausch mit dem Primas in Polen, Józef Kardinal Glemp[6], hat mich in dieser Einschätzung durchaus bestärkt.

Auf der anderen Seite sollte nicht außer acht gelassen werden, daß die Beziehungen der Menschen in unseren Staaten zueinander eine positive Entwicklung genommen haben und wir dabei auf einem guten Weg sind. So höre ich, daß im vergangenen Jahr immerhin rund 400.000 Polen unser Land und etwa 300.000 unserer Bürger die Volksrepublik Polen besucht haben. Auch der wissenschaftliche und kulturelle Austausch hat zugenommen und gibt zu berechtigten Hoffnungen Anlaß. Sie werden sicher der Einschätzung zustimmen können, daß es sich dabei um wichtige Schritte handelt, die es weiterzuentwickeln gilt.

Meinen Freunden und mir liegt daran, einen Gedankenaustausch über diese und andere Fragen, wie auch Sie es vorschlagen, auf geeignete Weise fortzusetzen. Mein Freund, Professor Horst Ehmke, Mitglied des Vorstandes unserer Partei und stellvertretender Vorsitzender der SPD-Bundestagsfraktion, wird sich Ende Mai anläßlich einer Privatreise in seiner Geburtsstadt Danzig aufhalten.[7] Vielleicht bietet dieser Besuch die Gelegenheit eines ausführlichen Gesprächs mit Ihnen und Ihren Freunden.

Ich übermittele Ihnen meine freundlichen Grüße

‹gez. Willy Brandt›[8]

Nr. 34
Schreiben des Vorsitzenden der SPD, Brandt, an den Bundeskanzler, Kohl
14. April 1986[1]

AdsD, WBA, A 11.2, 180.

Sehr geehrter Herr Bundeskanzler,
die aktuelle Entwicklung im Zusammenhang mit der Fortführung von Atomtests bewegt mich zu diesem nicht-öffentlichen Schreiben. Seit den 50er Jahren ist die Forderung nach einem umfassenden

Atomtest-Stopp eine entscheidende Frage, in der CDU/CSU und SPD stets weitgehend identische Positionen hatten. Dies war nicht zuletzt immer der Fall, weil ein umfassender Teststopp eine Schlüsselfrage für das Anhalten der atomaren Rüstungsschraube ist.

Ich freue mich, dass Sie auf der Bundespressekonferenz vergangener Woche sich prinzipiell zur Wichtigkeit eines Atomtest-Stopps bekannt haben.[2] Auch erinnere ich mich an Ihre Stellungnahme vom 9. Januar 1986, dass bisher bestehende Hindernisse für einen Atomtest-Stopp „infolge des technologischen Fortschritts bei den Verifikationsmöglichkeiten sowie – und ich verweise hier auf die Äusserungen von G[eneral]S[ekretär] Gorbatschow – durch ein sowjetisches Entgegenkommen bei der Verifikation vor Ort überwunden werden" könnten.[3] Wenige Tage nach dieser Stellungnahme hatte die Sowjetunion nicht nur ihr einseitiges Test-Moratorium bis 31. März 1986 verlängert, sondern auch die Bereitschaft zu Inspektionen vor Ort durch Generalsekretär Gorbatschow erklären lassen.[4]

Obwohl die Vereinigten Staaten ungeachtet des sowjetischen einseitigen Testmoratoriums zwei weitere Tests durchführten und die Sowjetunion sich erklärtermassen nicht mehr an ihr Moratorium gebunden fühlt[5], sehe ich in der jetzigen Situation immer noch die Chance, politischen Willen vorausgesetzt, wenigstens als Zeichen des guten Willens bis zum nächsten Gipfeltreffen zwischen Präsident Reagan und Generalsekretär Gorbatschow[6] auf weitere Atomtests zu verzichten und die angespannten Beziehungen zwischen den beiden atomaren Grossmächten nicht durch weitere, herausfordernd wirkende Testexplosionen erschüttern zu lassen.

Die Äusserungen des Kollegen Volker Rühe in einem Interview, die Amerikaner sollten bereit sein, in Verhandlungen über einen umfassenden Teststopp einzutreten und die Zeit bis zum Gipfeltreffen für eine Denkpause zu nutzen, ermutigt [sic!] mich in der Hoffnung, dass auch Sie, Herr Bundeskanzler, das Gewicht der Bundesregierung zugunsten eines sofortigen Atomtest-Stopps in die Waagschale werfen könnten.

Präsident Kennedy hatte im Sommer 1963 durch die Ankündigung, so lange keine Atomtests durchzuführen, wie auch die Sowjetunion auf weitere Tests verzichtete, binnen weniger Wochen den Begrenzten Teststopp-Vertrag mit Moskau ausgehandelt.[7] Abgeordnete beider Parteien im amerikanischen Repräsentantenhaus bemühen sich in diesen Tagen und Wochen um ein ähnliches Verfahren, um die amerikanischen Tests so lange einzustellen, wie auch keine sowjetischen Testexplosionen stattfinden.

Ich teile die Auffassung, dass ein Teststopp kein Ersatz für Reduzierungen der Nuklearwaffen sein kann, aber ein sofortiger Teststopp kann das Vertrauen schaffen, um in Abrüstungsverhandlungen ernsthaft einzusteigen.

Ich bitte Sie daher dringend, Herr Bundeskanzler, auf unsere amerikanischen Freunde einzuwirken, dass sie so lange auf Atomtests verzichten, so lange die Sowjetunion keine weiteren Tests vornimmt.[8] Es wäre wichtig, in diesem Sinne mitzuhelfen, bevor die jetzige mögliche Chance der Verständigung zwischen den atomaren Grossmächten durch weitere Atomtests vertan wird. Ich versichere Ihnen, dass die deutschen Sozialdemokraten für eine gemeinsame Initiative mit der Regierungskoalition zugunsten eines sofortigen Atomtest-Stopps und der Wiederaufnahme der Verhandlungen über ein umfassendes Atomtest-Verbot bereit sind. Ich bitte dies als einen ernsthaften Vorschlag aufzunehmen, im Interesse unseres Volkes die jetzige Chance zu nutzen, durch einen sofortigen Atomtest-Stopp den immer noch stagnierenden Abrüstungsverhandlungen im Geiste der Genfer Gipfelbewegung[9] zum Durchbruch zu verhelfen.
Mit freundlichen Grüssen
Ihr ⟨(handschriftlich)⟩[10]

Nr. 35
Schreiben des Vorsitzenden der SPD, Brandt, an den Generalsekretär des ZK der KPdSU, Gorbatschow
11. Juni 1986[1]

AdsD, WBA, A 9, 10.

Sehr geehrter Herr Generalsekretär,
wir haben mit Anteilnahme verfolgt, welche Anstrengungen Sie unternommen haben und unternehmen, um mit dem schrecklichen Reaktorunfall in Tschernobyl und seinen Folgen fertig zu werden.[2] Tschernobyl hat gezeigt, daß wir wirklich in einem europäischen Haus leben und in gemeinsamer Unsicherheit schon im Falle einer „friedlichen" Atomkatastrophe; alle Anstrengungen zur Erhaltung der gemeinsamen Sicherheit sind erforderlich, um uns vor einer nicht-friedlichen Atomkatastrophe zu bewahren.

Sie werden gehört haben, daß wir begrüßt hätten, wenn Ihre wichtige Fernsehansprache früher stattgefunden hätte.[3] Um so wichtiger wird es, eine Art europäische Konvention der atomaren Sicherheit zu entwickeln und zu beschließen, die im Interesse der gemeinsamen Sicherheit allen Beteiligten gleiche Verpflichtungen auferlegt, was Information, Vorsorge und Kontrollen angeht. Man wird danach die Frage um so dringlicher aufwerfen, warum entsprechendes zur Beherrschung der atomaren Waffen nicht möglich sein soll.

Johannes Rau wird Sie über unsere Vorstellungen informieren, auch darüber, daß die SPD die Alternativen untersucht, wie und in welcher Zeit für die Bundesrepublik Atomenergie entbehrlich werden kann.[4]

Ohne in diesem Augenblick zu wissen, welche Vorschläge Sie in Budapest machen werden[5], möchte ich die Argumente unterstreichen, die Ihnen Egon Bahr unterbreitete[6], um zu belegen, daß eine konventionelle Komponente unentbehrlich ist, wenn man einen atomwaffenfreien Korridor verwirklichen will. Ich kann verstehen, daß die Repräsentanten der SED zurückhaltend sind, solange

Ihre Budapester Vorschläge noch nicht vorliegen. Für die Diskussion hier wie für die europäische Diskussion wäre es sehr wichtig, wenn eine Verständigung über Grundsätze für einen derartigen Korridor erreichbar wäre.[7]

Sie haben sicher verfolgt, in welcher dramatischen Weise sich die öffentliche Meinung in Fragen der Sicherheit zwischen den USA und Europa, noch genauer zwischen den USA und allen ‹ihren›[8] Verbündeten, auseinanderentwickelt. Das kann nicht gut sein. Dagegen etwas zu tun, ist im wesentlichen Sache der europäischen NATO-Partner.

Allein in den letzten drei Wochen ist die erreichte Einigung in Bern aus Washington verhindert worden[9], wurde angekündigt, das Genfer Zusatzprotokoll zur Rot-Kreuz-Konvention gegen unterschiedslose Kriegsführung nicht zu ratifizieren[10] und sich nicht länger an die SALT-Barriere zu halten.[11] Das ist eine ganze Menge.

Um so wichtiger wäre es, den Arbeitskontakt so wieder herzustellen, wie Sie das, nach der Unterrichtung durch Egon Bahr, zugesagt haben. Ich kann verstehen, daß Sie in den letzten Wochen Wichtigeres im Sinne hatten. Wir erwarten Ihre Entscheidung.[12]

Trotz dieser gesamten Entwicklung bleibt es meiner Auffassung nach richtig, die Politik weiter zu verfolgen, nach der die Sowjetunion sich bereit zeigt, militärischen Druck auf Europa erkennbar und überprüfbar zu reduzieren. Dieses Element würde eine große Rolle spielen können, wenn die westliche Diskussion über eine Reform des Bündnisses weitergeht, die in Amerika und in Europa begonnen hat. Noch ist es nicht so weit, daß die Bündnisse als Faktor der Stabilität entbehrlich werden.[13]

Obwohl es ein starkes Argument ist, daß ein Gipfel konkrete Ergebnisse haben muß, erscheint es aus heutiger Sicht denkbar, daß ein Zusammentreffen zwischen Ihnen und Präsident Reagan noch in diesem Jahr die wirksamste Möglichkeit sein könnte, SALT zu erhalten oder durch entsprechende Rahmenvereinbarungen zu ersetzen.
Mit guten Wünschen für Ihre Arbeit und
freundlichen Grüßen
‹gez. Willy Brandt›[14]

Nr. 36
Schreiben des Vorsitzenden der SPD, Brandt, an Pfarrer Albertz
14. Oktober 1986[1]

AdsD, NL Heinrich Albertz, 1/HAAA000107.

Lieber Heinrich Albertz,
wegen der Bayernwahl[2] komme ich erst heute dazu, Deinen ernsten Brief vom 27. September zu beantworten.[3]

Vorweg möchte ich Dir und Deiner Frau in Bremen Gutes wünschen. Der Gedanke, dass nun auch Du nicht mehr in Berlin präsent sein wirst, will einem zunächst nicht recht in den Kopf. Aber natürlich verstehe ich die Gründe. Und ausserdem weiss ich noch besser als früher, dass Bremen nicht nur eine schöne Stadt ist, sondern die Bremer auch – durchweg – liebenswerte Menschen sind.

Lass' mich dann zwei Details klarstellen, bevor ich zur Sache komme: Das von Dir erwähnte Flugblatt, zumal dessen Überschrift, ist auch vom Präsidium beanstandet und daraufhin korrigiert worden.[4] Die Bezugnahme auf meine seinerzeitige Flucht stammt wohl von einem Pressesprecher.[5] Ich halte sie in dem von Dir erwähnten Zusammenhang für unangebracht, wiewohl wir es damals für überraschend gehalten hätten, wenn ein politischer Flüchtling seine Heimat mit Visum und Flugticket hätte verlassen können. In der Welt ist ja auch sonst vieles anders geworden.

Zur Sache: Du meinst, uns hätten „wahltaktische" Gründe dazu veranlasst, eine Flüchtlingspolitik zu befürworten, die restriktiver ist, als sie aufgrund unserer Erfahrung und Überzeugung sein dürfte. Ich muss dem nachdrücklich widersprechen. Wir lassen am Art[ikel] 16 des Grundgesetzes, der politisch Verfolgten Asyl gewährt, nicht rütteln und haben dies öffentlich wie bei internen Beratungen klargemacht. Wir haben uns kompromisslos gegen das Schüren von Fremdenfeindlichkeit im allgemeinen und gegen Tendenzen in Richtung Rassismus gewandt und werden uns davon auch nicht abbringen lassen.

Ich schreibe dies am Tag nach der bayerischen Wahl, die – mehr als die meisten Kommentatoren wahrhaben wollen – durch diese Thematik beeinflusst worden ist.[6] Die SPD wird sich dadurch nicht von ihrem Weg abbringen lassen. Dies, was die vermutete Wahltaktik angeht.

Allerdings ist dann gleich die von Dir ja auch erwähnte Frage nach Besuchern oder Zureisenden z. B. aus der Volksrepublik Polen anzufügen. Wieso machen wir Leute, auf die dies nicht zutrifft, zu politischen Flüchtlingen und „Asylanten"? Was haben diese davon, und was Gutes soll hieraus für die zwischenstaatlichen Beziehungen werden? Hier müsste es doch darauf ankommen, dem Ausländerrecht zu einer vernünftigen Ausgestaltung und Handhabung zu verhelfen.

Aber die eigentliche Frage ist m. E. diese: Einem wie grossen Teil der Hungerflüchtlinge, darunter gewiss auch viele Terrorflüchtlinge, aus weiten Teilen der Welt meinen wir in der Bundesrepublik eine Heimstatt bieten zu können? Diese Frage stellen, hat nichts mit Wahltaktik zu tun, wohl aber mit demokratischer Akzeptanz. Wenn die nicht gegeben ist, kann es nur böse Fehlentwicklungen geben. Es ist ja kein Zufall, dass die skandinavischen Staaten – mit unbezweifelbar demokratischer Tradition und mit einer über die Zeiten ausgewiesenen Hilfsbereitschaft – sich eben dieser Frage gegenübergestellt sehen. Sie beantworten sie im wesentlichen so, dass sie Kontingente aufnehmen, auf die sie sich mit dem UN-Hochkommissar für Flüchtlingsfragen verständigen. Ich denke, etwas Entsprechendes ist auch bei uns die Alternative zum „Schotten zu".

Mir tut es aufrichtig leid, dass die Klarstellungen, um die sich Egon Bahr, von uns gebeten, bei der DDR-Führung bemühte, missverstanden werden konnten, als machten wir uns zu „Helfershelfern für das Unterlaufen des Asylrechts".[7] In Wirklichkeit ging es doch darum, ob hingenommen werden konnte, dass die Schönefeld anfliegenden Gesellschaften den Transport in die Bundesrepublik in Aussicht stellten, ohne nach einem bundesrepublikanischen Visum zu fragen. Dies in Ordnung zu bringen erschien geboten. Es war ausserdem dazu angetan, der Anti-Asylanten-Kampagne etwas Wind aus den Segeln zu nehmen.

Über die eigentliche Orientierung für das, was über das Asylrecht nach Art[ikel] 16 hinausführt, ist bisher zu wenig gesprochen worden. Es geht um das, was ich die Regionalisierung der Flüchtlingshilfe nenne. Damit meine ich, dass die Europäer mit Einschluss der Bundesrepublik – über das hinaus, was sie an Aufnahmemöglichkeiten meinen tragen zu können – erhebliche Mittel aufwenden sollten, um Flüchtlingen in der Region zu helfen, aus der sie kommen. Meine skandinavischen Freunde haben auf diesem Gebiet schon einige Erfahrung, und ich möchte, dass wir ihnen nacheifern.

Ich hoffe, lieber Heinrich, dass ich ‹mich›[8] verständlich gemacht habe, und bin
mit herzlichen Grüssen
‹Dein Willy Brandt›[9]

Nr. 37
Schreiben des Vorsitzenden der SPD, Brandt, an den Generalsekretär des ZK der KPdSU, Gorbatschow
10. November 1986[1]

AdsD, WBA, A 9, 10.

Sehr geehrter Herr Generalsekretär,
der Besuch von Herrn Falin[2] ist eine willkommene Gelegenheit, Ihnen direkt einige Gedanken zu übermitteln.

Sie werden über die Haltung meiner Partei zu dem Kohl-Interview bei Newsweek unterrichtet worden sein.[3] Das Schreckliche daran ist, nachdem der Wortlaut veröffentlicht worden ist, dass hier ein Stück eines mir nicht verständlichen Denkens offenbar wurde. Auch wenn eine klare Entschuldigung ausgeblieben ist, kann ich gar nicht anders, als im übergeordneten Interesse zu wünschen, dass nach einiger Zeit der Schaden begrenzbar bleibt.

Das Beste an der Sache ist noch, dass die seither angestellten Umfragen gezeigt haben, dass 90 % der Bevölkerung diese Äusserungen missbilligen. Ausserdem haben Sie es als erster Repräsentant der SU geschafft, seit es Umfragen gibt, für eine Mehrheit der Menschen in meinem Land ein besonderes Mass an Glaubwürdigkeit für Entspannung und Abrüstung zu gewinnen. Hier ist, was die Weltmächte angeht, psychologisch eine bedeutende Änderung erfolgt. Ein neues Denken hat begonnen; dies gilt es zu erhalten.

Das gilt gerade, wenn ich nicht mehr hoffen kann, dass meine Partei bei den Wahlen am 25. Januar [1987] die gegenwärtige Regierung ablöst.[4] Diese Einschätzung ist nicht darauf begründet, dass unsere aussenpolitischen Vorstellungen zurückgewiesen werden, sondern gerade darauf, dass sie überlagert werden von innenpolitischen Ereignissen, insbesondere dem Zusammenbruch der Idee der Gemeinwirtschaft[5], die von den Gewerkschaften und der SPD nach dem Kriege mit stolzen Erfolgen begonnen wurde.

Es ist mein Eindruck, dass die gegenwärtige amerikanische Administration zu substantiellen Vereinbarungen, wie sie in Reykjavik ins Auge gefasst wurden[6], wohl leider kaum noch imstande sein wird. Das würde heissen, dass mindestens bis Ende 1989, vielleicht Anfang 1990, die Rüstungsprogramme fortlaufen, aber nichts Entscheidendes geschehen wird, um dies zu stoppen und im Prinzip den Kurs zu Abrüstung und Beseitigung der ungeheuren Gefahren einzuschlagen.

In dieser Situation wird es sehr wichtig sein, wenn Sie sich in der Lage sehen, die Politik gegenüber Japan, China und Europa aktiv weiterzuführen, um zu zeigen, dass es möglich ist, den Grad der Bedrohung zu senken und den Frieden auf den Prinzipien der gleichen Sicherheit wirklich zu sichern. Das würde auch nicht ohne Eindruck auf Amerika bleiben. Sie haben ohnehin erklärt, dass Ihre Vorschläge auf dem Tisch bleiben. Die Fähigkeit zu vernünftigen Arrangements wird auch in Washington wieder einkehren.
Mit Glückwünschen zu Ihrer Haltung im Zusammenhang mit Reykjavik und mit aufrichtigen Grüssen
‹gez. Willy Brandt›[7]

Nr. 38
Erklärung des Vorsitzenden der SPD, Brandt, zum 10. Jahrestag der Charta 77
26. Dezember 1986

Service der SPD für Presse, Funk, TV, Nr. 734/86 vom 26. Dezember 1986.

In diesen Tagen jährt sich zum zehnten Mal der Tag, an dem Frauen und Männer in Prag den mutigen Beschluß faßten, die eigene Regierung, die eigenen Behörden kritisch mit den Prinzipien der auch von der ČSSR anerkannten Prinzipien der Menschenrechte zu konfrontieren. Außerdem forderte diese Gruppe, daß das Übereinkommen von Helsinki politisch und moralisch bei den eigenen Behörden einklagbares Recht sei, das es zu verwirklichen gelte.[1]

Viele von uns, in der Bundesrepublik Deutschland, in Europa und anderswo in der Welt, bleiben den Mitgliedern der Charta 77 zum Dank verpflichtet, weil sie durch eigenes Beispiel, der Verfolgung und dem persönlichen Unbill trotzend, Mahner im Kampf um Bürgerfreiheiten und Bürgerrechte geworden sind. Zugleich aber sind diejenigen, die in der ČSSR, aber auch in anderen Ländern, in denen die Charta beispielgebend wurde, Zeugen für die Richtigkeit der Politik der Entspannung geworden[2]; denn nur in einem Europa, in dem die Ergebnisse der Konferenz von Helsinki nicht nur Symbol, sondern Wirklichkeit werden konnten, sind Aktionen des gewaltfreien Widerstandes von Bürgern gegen Behörden und Staatswillkür in den kommunistischen Staaten zur legitimen Waffe im Kampf für eine gerechtere Gesellschaft geworden. Dies müssen sich jene merken, die immer wieder auf Charta 77 verweisen, deren Konservativismus jedoch eine ideologische Scheuklappenpolitik nicht überwinden kann, die den Kommunismus als undemokratisch zu Recht anprangert, jedoch die Unfreiheit in anderen Teilen der Welt vornehm unter den Teppich kehren will. Wer für die Charta 77 ist, darf sich nicht auf dem rechten Auge blind stellen.

Wer die Frauen und Männer dieser unerschrockenen Gemeinschaft in Anspruch nimmt, wird ihrem Engagement nur gerecht, wenn sie/er den Kampf für die Verwirklichung der Menschenrechte weltweit und losgelöst von Machtinteressen führt, denn: Wo Menschenrechte erst noch zu verwirklichen sind, ist die Charta 77 eine das Gewissen der Welt bewegende Mahnung; sie ist keine auf die ČSSR begrenzte Idee.

Nr. 39
**Vorwort des Vorsitzenden der SPD, Brandt, zum Buch „Menschenrechte mißhandelt und mißbraucht"
Februar 1987**

Brandt, Willy: Menschenrechte mißhandelt und mißbraucht, Reinbek bei Hamburg 1987, S. 7–10.

Erfahrungen mit dem Mißbrauch von Menschenrechten haben mein Leben bestimmt. Ihretwegen gehöre ich seit meinen jungen Jahren jener politischen Bewegung an, die den Geist der Freiheit mit dem Geist der Gerechtigkeit vereinen will. Wir haben bitter erlebt, wie extreme Unmenschlichkeit zur Staatsdoktrin erhoben wurde. Später, als handelnder Politiker, habe ich in unterschiedlichen Ämtern erlebt, wie rasch die Berufung auf Menschenrechte zur billigen Münze werden kann, mißbraucht im außenpolitischen Streit der Mächte wie im innenpolitischen Wettkampf der Parteien.

Ich habe das immer als doppelte Mißhandlung der Opfer empfunden. Sie waren irgendwo da draußen – mißhandelt in der Folterkammer, verschleppt in Geheimgefängnissen, verschollen in Lagern oder verbannt an willkürlich gewählte Orte. Und hierzulande wurden sie noch einmal mißbraucht, um den politischen Gegner in die Ecke zu stellen: Bist du dem Westen noch hinreichend treu, wenn du „rechte" Generalregime geißelst? Und machst du dem Osten nicht unerlaubte Zugeständnisse, wenn du zur Kenntnis nimmst, daß auch „linke" Diktatoren nicht aller Tage Abend bedeuten?

Zu all den Schwierigkeiten und Widersprüchen, die es der Menschenrechtspolitik ohnehin schwermachen, erschien mir die Neigung zu parteilicher Schuldzuweisung seit langem als unerträglich. Verletzte Menschenrechte als Waffe im ideologischen Kampf zu benutzen ist kein Verhalten, das dem Leiden der Betroffenen gerecht würde. Propaganda über die Schandtaten des Feindes ist zwar so alt wie die Geschichte der Menschen, aber mit Propaganda ist überzeugende Politik für die Menschenrechte nicht zu machen. Diese muß zum Inhalt haben, auf das Schicksal der Opfer so rasch und so wirkungsvoll wie irgend möglich positiv einzuwirken.

Jeder Freigelassene, jede verhinderte Folter ist ein Erfolg von Menschenrechtspolitik. Ihre Mittel können vielfältig sein. Der öffentliche laute Schrei, die behutsame Diplomatie, die gewagte Aktion, der Freikauf wie der Austausch: Das Ziel ist immer die Rettung der Opfer. Deshalb brauchte man sich nicht zu rechtfertigen, wenn einem wichtige Begegnungen im Zusammenhang mit der Entspannungspolitik als Verrat an den Menschenrechten angekreidet wurden.

Zur Arbeit für die Menschenrechte gehört das Fegen vor der eigenen Tür. Wer sich zum Westen und damit zu seiner Verfassungsgeschichte bekennt, muß sich eine noch härtere Prüfung seiner menschenrechtlichen Verhältnisse gefallen lassen als derjenige, der sich auf andere Traditionen beruft. Als griechische Obristen im Namen der Freiheit und des Westens Demokraten folterten[1], wurden auch *unsere* Verfassungsprinzipien herausgefordert. Es bleibt bedrückend, daß ein wichtiger Teil der deutschen Rechten unempfindsam blieb für die Leiden der Mißhandelten. So auch in Spanien, in Chile, in Südafrika.[2]

Ähnlich schwierige Auseinandersetzungen gibt es mit solchen, die sich für links halten und meinen, damit vereinbaren zu können, was Menschen – auf dem Boden des eigenen Landes oder weiter entfernt – im Namen einer „sozialistisch" firmierenden Staatsmacht angetan wird. Es gibt weitere ernste Konflikte, denen sich eine Politik für die Menschenrechte ausgesetzt sieht:

Seit Gründung der Vereinten Nationen gibt es für die Mitgliedsstaaten – auf dem Papier – einen *gemeinsamen* Kodex in Sachen Menschenrechte.[3] Es ist jener, der sich aus der Tradition des Humanismus, der Aufklärung und der europäisch-amerikanischen Verfassungsgeschichte herleitet. Aber schon im überwiegend demokratisch verfaßten Westen gibt es erhebliche Abstände zwischen Theorie und Praxis. Anderen Herrschaftsformen in anderen Teilen der Welt ist mit Formelkompromissen nicht beizukommen. Und doch können die Sorge um Verfolgte und das Ringen um gesichertes Menschenrecht nicht auf Eis gelegt werden, bis – ausgehend von anderen Traditionen – allem zugestimmt wird, was wir als richtig erkannt haben. An antiwestlichen und antifreiheitlichen Anfechtungen hat es ja, bis in die jüngste Vergangenheit, auch auf deutschem Boden nicht gefehlt ...

Wir sind mit mehr oder weniger Erfolg dabei, auch die „neuen" Dimensionen der Menschenrechte zu begreifen und mit Leben erfüllen zu helfen: Sicherung des Überlebens im Atomzeitalter, Freiheit von Hunger, Gerechtigkeit beim Nutzen der Güter. So kreisen die hier dargelegten Überlegungen um das Thema: Wie kann im Widerstreit der Interessen, der Glaubenshaltungen und des unablässigen Machtkampfes doch eine Übereinstimmung gefunden oder jedenfalls eine Annäherung gefördert werden, die einem aktiven Einstehen für die Menschenrechte zugute käme?

Die hier dargelegten Gedanken habe ich im Laufe des vergangenen Jahres zu Papier gebracht. Freimut Duve hatte mich hierzu ermuntert. Neben ihm sind mir Christoph Charlier und Klaus-Henning Rosen mit kritisch-nützlichen Hinweisen behilflich gewesen.

Ich verstehe meinen Text auch als Vorschlag zum Dialog – an dessen Ende eine neue Qualität menschenrechtlicher Debatte zwischen vielen, die es angeht, stehen möge. Diesen Essay möchte ich aber zugleich verstanden wissen als Ausdruck von Dankbarkeit gegenüber all denen – den Publizisten und Kirchenleuten, den Anwälten der Bedrängten und Organisatoren praktischer Hilfe –, die die eigentliche Menschenrechtsarbeit leisten.

So sei diese Schrift *amnesty international* und allen anderen Initiativen gewidmet, die Verfolgten zu helfen und über Verbrechen gegen die Menschenrechte aufzuklären bemüht sind.
Unkel, im Februar 1987 W[illy]B[randt]

Nr. 40
Schreiben des Vorsitzenden der SPD, Brandt, an den Generalsekretär des ZK der KPdSU, Gorbatschow
12. Februar 1987[1]

AdsD, WBA, A 9, 10.

Sehr geehrter Herr Generalsekretär,
nach dem, was ich Ihnen als meine Einschätzung Ende vergangenen Jahres übermittelt habe[2], werden Sie verstehen, dass das Wahlergebnis keine grosse Überraschung war, auch wenn eine solche Feststellung natürlich unbefriedigend bleibt.[3] Unsere Aufgabe ist nun, alle Kräfte darauf zu konzentrieren, dass europäische Entspannungspolitik vorangetrieben wird und möglichst gute Voraussetzungen für die nächsten Bundestagswahlen 1990 geschaffen werden.

Was den letzten Punkt angeht, so ist das bei der SPD natürlich anders als bei Ihrer Partei. Ich werde als Vorsitzender daran mitzuwirken haben, dass auf unserem Parteitag im nächsten Jahr die Weichen richtig gestellt werden, was Personen und Programm angeht.[4] Dabei mag es Sie interessieren, dass die Beschlüsse, die wir im August letzten Jahres auf dem Parteitag in Nürnberg[5] gefasst haben, unbestritten sind. Die dort erreichte Profilierung und Geschlossenheit der Partei spricht für die Kontinuität ihrer politischen Grundhaltung.

Was den ersten Punkt angeht, so kann ich von der neuen Bundesregierung bedauerlicherweise nicht viel Neues erwarten. Sie wird auch weiterhin vor allem keinen Ärger mit Washington haben wollen, was zu einer gewissen Zurückhaltung führen dürfte gegenüber einer Administration, deren Handlungsfähigkeit vom Ende dieses Jahres an begrenzt sein wird, und unter dem Gesichtspunkt der Ungewissheit über die Person des nächsten Präsidenten.[6] Der erkennbare Wunsch, das Verhältnis zwischen Bonn und Moskau von den Belastungen zu befreien, die Herr Kohl zu verantworten hat, wird aus übergeordneten Gründen von uns unterstützt.[7] Dabei will ich nicht verhehlen, dass uns die Ankündigung von dem geplanten April-Besuch des Herrn Antonow eine Woche vor den Wahlen erstaunt hat[8] und hier den Eindruck erwecken konnte, als würde man es unseren innenpolitischen Widersachern möglichst leicht machen. Meine Einschätzung ist, dass die Kontinuität unserer Entspannungspolitik, die Herr Genscher zu formulieren sucht, auch in der kommenden Bundesregierung nicht mehr Gewicht haben wird als in der bisherigen.

Natürlich verkenne ich nicht das Gewicht der strategischen Fragen; aber gerade nach dem Ergebnis der Bundestagswahlen ist dort ein wirklicher Einfluss der Bundesrepublik und Westeuropas begrenzt. Es wird im Mittelpunkt unserer Aktivitäten stehen, unsere engeren Freunde in Westeuropa davon zu überzeugen, dass es sinnvoll ist, die Aufmerksamkeit auf das Thema der konventionellen Stabilität zu konzentrieren, das heisst die Politik zu verstärken, die im Interesse „unseres europäischen Hauses"[9], wie Sie es formuliert haben, in Ansätzen schon entwickelt worden ist. Dies wird gerade dann in den Vordergrund rücken, wenn aus innenpolitischen Gründen der Vereinigten Staaten von Washington her bis Ende 1989 keine entscheidenden Schritte mehr zu erwarten sein werden.

Wir verfolgen mit grosser Aufmerksamkeit die politischen Bewegungen, die Sie in Ihrem Land vorantreiben. Damit meine ich jetzt nicht so sehr Ihre aussenpolitische Grundhaltung, das neue Denken für die Friedenssicherung, sondern die auf innere Reformen ausgerichteten Schritte.[10] Ich bin mir der Schwierigkeiten bewusst, die das mit sich bringt, und möchte Sie gleichwohl auf diesem Weg bestärken. Der in Gang gesetzte Prozess liegt nicht nur im Interesse Ih-

res Landes, er hat schon bisher die faszinierte Aufmerksamkeit Westeuropas und der Vereinigten Staaten gefunden und kann die globale Position Ihres Landes positiv verändern. Das ist eine ganz wichtige Sache, gerade für das friedliche Zusammenleben der Menschheit, das zu organisieren die historische Aufgabe unserer Zeit ist. Ob dafür die Sowjetunion gedrängt werden muss oder ob sie dafür eine entscheidende Rolle spielt, wird von dem Erfolg Ihrer Reformanstrengungen abhängen, für die ich Ihnen Kraft und Erfolg wünsche.
Mit freundlichen Grüßen!
‹gez. Willy Brandt›[11]

Nr. 41
Vermerk über das Gespräch des Ehrenvorsitzenden der SPD, Brandt, mit dem Generalsekretär des ZK der SED und Vorsitzenden des Staatsrates der DDR, Honecker, in Bonn
8. September 1987[1]

SAPMO-BArch, DY 30/ IV 2/1/671.[2]

Zu Beginn des Gesprächs sagte W[illy] Brandt, daß der Besuch E[rich] Honeckers in der BRD historische Bedeutung habe.[3] Keiner könne das wieder wegwischen. Der Weg bis hierher sei ein Hürdenlauf gewesen. ["]Im Hürdenlauf seid Ihr ja besser als wir.["] E. Honecker erklärte, er stimme zu, daß man bei einem Langstreckenlauf langen Atem brauche.[4] W. Brandt bemerkte, er habe bereits bei den Olympischen Spielen 1972 in München gespürt, daß in der breiten Öffentlichkeit der Bundesrepublik Vorbehalte für bessere Beziehungen zur DDR immer weniger würden.

Auf sein Gespräch mit Weizsäcker und Kohl eingehend[5], sagte E. Honecker, daß im Zentrum die gemeinsame Verantwortung für die Friedenssicherung gestanden habe. Übereinstimmung habe geherrscht, daß die Pershing 1A nicht zum Hemmnis für ein Abkommen zwischen der UdSSR und den USA werden dürften.[6] Das würde auch das kommende Woche stattfindende Gespräch zwischen Shultz und Schewardnadse erleichtern.[7] E. Honecker informierte in diesem Zusammenhang über ein Gespräch mit A[rmand] Hammer in Berlin.[8]

Erich Honecker sagte, er möchte Willy Brandt persönlich im Namen der Führung der SED sehr herzlich für seinen großen Beitrag für die Entspannung in Europa und hinsichtlich der Normalisierung der Beziehungen zwischen beiden deutschen Staaten seinen Dank aussprechen. Der Wert des gemeinsamen Dokuments der Grundwertekommission der SPD und der Akademie für Gesellschaftswissenschaften beim ZK der SED werde hoch geschätzt.[9] Von großem Gewicht seien die gemeinsamen Vorschläge für eine chemiewaffenfreie Zone und einen atomwaffenfreien Korridor.[10]

Sehr bewegt bedankte sich Willy Brandt für die an seine Person gerichteten herzlichen Worte betreffs der, wie er sagte, „Eisbrecherfunktion". Er teile die Auffassung, daß die Linie des Gemeinsamen Dokuments zwischen SPD und SED gut sei[11], vor allem sei der Grundgedanke richtig, daß die bestehenden Gegensätze kein Hindernis für die Schaffung einer bleibenden Friedensordnung sein dürften.[12] Bezug nehmend auf ein Gespräch, das er mit J[ános] Kádár geführt habe, stellte er die Frage, ob man bei dem Trennungsstrich zwischen Sozialdemokraten und Kommunisten von 1918 stehenbleiben müsse?[13] Er gab zu überlegen, ob nicht auch zwischen Sozialdemokraten und Kommunisten über die Friedensfrage hinaus Gemeinsamkeiten festzustellen seien, die es gelte hervorzuheben.[14] Bei M[ichail] Gorbatschow gebe es ähnliche Gedanken.[15] Eine andere Frage sei, daß eine Abstimmung zwischen unseren Parteien erforderlich ist, wie man die jeweiligen Nachbarn noch stärker für unsere Initiative für eine chemiewaffenfreie Zone und einen atomwaffenfreien Korridor interessieren kann.

Das heißt, so sagte Willy Brandt, was macht der eine und was macht der andere gegenüber seiner Gemeinde. Das große Problem seien für die SPD die Franzosen, und zwar alle politischen Richtungen. Ende Juli [1987] habe er Mitterrand besucht.[16] F[rançois] Mitterrand sei sehr wirklichkeitsfremd. Notwendig sei, gemeinsame Schritte zu besprechen, wie auf Frankreich eingewirkt werden könne.[17] E. Honecker erwiderte, das sei richtig. Er hätte eine Einladung von Mitterrand, wisse aber gegenwärtig nicht, wie er sich mit dem Blick auf die bevorstehenden Präsidentschaftswahlen verhalten solle. W. Brandt äußerte, es sei gegenwärtig unklar, ob Mitterrand noch einmal kandidiere. Wenn er es tue, würde er die Wahl gewinnen. Man könne davon ausgehen, daß die KPF ihn im zweiten Wahlgang unterstütze. Die Ehefrau Mitterrands rate aber von einer Kandidatur ab, da eine weitere siebenjährige Amtszeit in seinem fortgeschrittenen Alter eine zu große Belastung sei.[18]

Nr. 42
Aus der Rede des Ehrenvorsitzenden der SPD, Brandt, vor dem Internationalen Institut für Friedensforschung in Stockholm 18. September 1987[1]

Stockholm International Peace Research Institute (SIPRI) (Hrsg.): Rüstung und Abrüstung – SIPRI-Jahrbuch 1988. Aus dem Englischen übersetzt von Thomas Horlohe und Holger Iburg. Redaktion: Wolfgang Mallmann, Baden-Baden 1988, S. 346–356.

[...][2]

Mir wird sicher gestattet sein, mit einigen Bemerkungen konstatierender Natur zu beginnen. Dabei kann ich es mir leisten, mich von taktischen Nebenabsichten freizuhalten: Ich halte Fortschritte bei internationalen sicherheitspolitischen Verhandlungen für wahrscheinlich. Doch es wäre leichtsinnig, erneute Rückschläge und Verirrungen nicht auch einzukalkulieren.

1. Als der Termin für die heutige Veranstaltung vereinbart wurde, haben wir nicht wissen können, was zu Beginn dieser Woche klargestellt sein würde, nämlich die bestätigte Wahrscheinlich-

keit eines ersten tatsächlichen *Abrüstungsabkommens* zwischen den beiden nuklearen Weltmächten.³ Wer übellaunig sagt, dadurch würden doch nur wenige Prozent des vorhandenen nuklearen Zerstörungspotentials berührt, der verkennt die *prinzipielle* Bedeutung des sich jetzt Abzeichnenden und unterschätzt wohl auch dessen Ausbaufähigkeit.

2. Anschlußverhandlungen über Atomwaffen mit weniger als 500 km Reichweite rücken in den Bereich des Möglichen. Darüber hinaus ist das Thema konventioneller Stabilität auf niedriger Stufenleiter generell von jener Seite akzeptiert, bei der das Übergewicht angesiedelt ist, auch wenn deren Vorteil aus naheliegenden Gründen übertrieben dargestellt worden sein mag. Was in Wien seit bald fünfzehn Jahren im Zeichen von MBFR erörtert wird und wovon zu einem früheren Zeitpunkt eine Schrittmacherfunktion hätte ausgehen können, verliert an Bedeutung.⁴ Auf dem gewiß noch steinigen Weg zur Sicherheit in Europa kann sich das im Bericht der Palme-Kommission enthaltene Korridor-Modell⁵ – nicht notwendigerweise allein auf die beiden deutschen Staaten beschränkt – als hilfreich erweisen.

3. Das Vernunftgebot des Palme-Berichts – ich meine das Konzept der Gemeinsamen Sicherheit⁶ – beginnt, blockübergreifend, auch in eher konservativen Regierungskreisen, ernster genommen zu werden. Ich kann freilich nicht dazu raten, das dem entgegenstehende Denken in alten Bahnen zu unterschätzen. Aber wieviel sich doch schon verändert hat, zeigte sich beispielsweise in der vorigen Woche, als man in Bonn den Staatsbesuch aus der DDR erlebte.⁷ 1970, als ich persönlich den Kontakt zur DDR aufnahm, trafen die dort Verantwortlichen und ich uns immerhin schon in dem Bekenntnis, von deutschem Boden solle nie wieder Krieg ausgehen.⁸ Inzwischen wird darüber beraten, was man miteinander – und jeder in seinem Außenbereich – tun kann, um den Frieden in Europa und in der Welt sicherer machen zu helfen. Und ehedem tödlich zerstrittene Parteien stellen in aller Ruhe fest: Das Ringen zwischen den Ideologien (oder was man so

nennt) läßt sich zivilisieren, es ist dem Friedensinteresse unterzuordnen.[9]

4. Die Genfer Verhandlungen – in diesem Fall nicht der nuklearen Weltmächte, sondern des großen Ausschusses, der seit 1960 im Auftrag der Vereinten Nationen tätig ist – haben nahe an ein Ergebnis geführt, das eine weltweite Ächtung chemischer Waffen bedeuten würde.[10] Solange nicht ausgeschlossen werden kann, daß sich doch noch erheblich verzögernde Komplikationen einstellen, sollten regionale Projekte – z. B. jenes einer chemiewaffenfreien Zone in Europa – nicht zu den Akten gelegt werden.[11] Im übrigen kann sich hier wie auf anderen Gebieten als sinnvoll unterstützend erweisen, was auf der Stockholmer KVAE-Konferenz im vorigen Jahr zum Thema Verifikation erarbeitet und gemeinsam empfohlen wurde.[12]

5. Die Logik spricht dafür, daß ein weniger verkrampftes Verhältnis zwischen den Weltmächten sich auf mehrere der sogenannten regionalen Konflikte entlastend auswirken kann. An einigen Punkten scheint sich dies abzuzeichnen, an anderen nicht.[13] Ich kann gewiß nicht dazu raten, sich allzu hochgespannten Erwartungen hinzugeben. Doch wir sollten wissen, daß blasierter Negativismus noch nie Bedeutendes auf den Weg gebracht hat.

[...][14]

Meine Erfahrung hat mich gelehrt, daß man am ehesten weiterkommt, wenn man Bestehendes nicht ignoriert, sondern zur Kenntnis nimmt und danach sinnt, wie man es zum Besseren zu wenden vermag. Unter dem politischen Mantel der Weiterführung läßt sich wohl manches substantiell ändern. Das haben wir seinerzeit mit dem versucht, was man unsere Ostpolitik nannte. Da sie die Kälte überwinden half, brauchte man den dicken Mantel nicht mehr.

Die beiden Bündnisse, NATO und Warschauer Pakt, bleiben unentbehrliche Faktoren der Stabilität. Sie bleiben auch unentbehrlich für die Schritte zu einem so gefestigten Frieden in Europa, daß er nach menschlichem Ermessen unzerbrechbar wird. Es läßt sich mit sehr unterschiedlichen Worten zum Ausdruck bringen, daß man sich dieser Realität bewußt ist. Dies geht auch die neutralen und nichtgebundenen Staaten an; eine solche Haltung entspricht ihrem Interesse.

Nicht die Änderung der europäischen Landkarte steht an, sondern die innere Anerkennung von Grenzen, damit diese ihren trennenden Charakter verlieren und Menschen verbinden können, statt sie unnötig voneinander zu trennen. Dies mündet nicht in die Erfüllung von Träumen, die von Vergangenheit handeln. Aber es kann auf neue Weise zusammenfügen helfen, was zusammengehört.

Eigentlich ist dies nichts Neues mehr. Die Anerkennung der DDR als Staat, die wir 1969 vornahmen, führte zum sogenannten Grundlagenvertrag, zur erweiterten Möglichkeit der Begegnung der Menschen, zu mehr Sicherheit (potentiell auch: Entfaltungsmöglichkeit) für Berlin, zu einer Entspannung durch Gewaltverzicht im europäischen Rahmen und durch das, was trotz aller Hindernisse durch die Konferenz von Helsinki in Gang gesetzt werden konnte.[15] Das Ja zum status quo ermöglichte Veränderungen ohne Gefahren für unser „europäisches Haus" – ein Bild, das mir zusagt, aber ein Begriff, den überzustrapazieren ich nicht empfehlen kann.[16]

Die Prinzipien jenes Grundlagenvertrages von 1972 haben gerade das Siegel protokollarischen Gepränges erhalten, und das Fernsehen hat dies durch seine Bilder in das Bewußtsein der Menschen in Ost und West getragen. Die Hymnen beider Staaten waren gewissermaßen die musikalische Begleitung für das Ende eines längst illusionär gewordenen Anspruchs, vielleicht auch der beginnenden Hoffnung auf eine neue Epoche.[17]

Was können deren Kennzeichen sein? Wenn die Unabhängigkeit und Selbständigkeit der beiden deutschen Staaten, wie sie im Grundlagenvertrag formuliert ist, nicht mehr bestritten, sondern – wie es im Augenblick aussieht – von der Zustimmung aller relevanten politischen Kräfte in Deutschland getragen werden, dann werden unerfüllbare Ansprüche nicht mehr daran hindern, die Kraft auf Zusammenarbeit zu konzentrieren. Gemeinsamkeit ist es, die zur Chance der Deutschen wurde. Der Rest ist Offenheit der Geschichte, über die in letzter Zeit in West *und* Ost Wesentliches gesagt wurde.[18]

Die beiden deutschen Staaten können einen wichtigen, vielleicht sogar unentbehrlichen Beitrag gewiß schon dadurch leisten, daß sie gemeinsame Interessen analysieren und zu Vorschlägen formulieren, die jeder von ihnen in seinem Bündnis einbringt. Sie werden damit umso erfolgreicher sein, je mehr sich in diesen Vorschlägen das europäische Interesse an Entspannung, Abrüstung und Sicherheit wiederfindet.

Dies wäre „*neues Denken auf deutsch*" als Teil eines neuen Denkens für Europa. Gorbatschow hat dafür das Bild vom europäischen Haus geprägt, das zu mancherlei Anmerkungen einladen könnte. Zunächst haben wir es mit einer Situation zu tun, in der sich zwei Weltmächte, in unterschiedlichem Umfang Anteilseigner dieses Hauses, um Verfügungsgewalt streiten und die alten Besitzer und Mieter dabei für sich und ihren Standpunkt zu gewinnen suchen.

Es ist an der Zeit, sich auf die Besitztitel und die daraus erwachsende Verantwortung zu besinnen. Wer soll denn über das sogenannte europäische Haus bestimmen, wenn nicht diejenigen, die darin wohnen, darin aufgewachsen und davon abhängig sind? Es ist an der Zeit, nicht nur in den Gruppierungen zu denken, zu denen unsere Staaten gehören, sondern in kontinentalen Gesamtzusammenhängen. Und es ist an der Zeit, nicht bloß auf die Vorschläge zu warten, mit denen die Weltmächte entsprechend ihrer globalen Verantwortung uns hoffentlich noch positiv überraschen, sondern eigene Konzepte zu entwickeln, europäische, die den Kriterien der – auch für die beiden Weltmächte geltenden – gemeinsamen Sicherheit entsprechen.

Ob eine Begrenzung der interkontinentalen Zerstörungsmaschinen bald zu erreichen ist, läßt sich wohl nicht davon trennen, was aus der Weltraumrüstung wird. Über die Möglichkeit einer nuklearwaffenfreien Welt will ich hier nicht laut nachdenken. Aber wenn es auf dem Wege dorthin nur um das Gleichgewicht ginge, ließe sich dies auch durch wenige Waffensysteme auf beiden Seiten gewährleisten.

Damit im sogenannten *europäischen* Haus Friede einkehrt, muß man dafür sorgen, daß darin niemand mehr bedroht ist oder sich bedroht fühlen muß. Stabilität vom Atlantik bis zum Ural heißt die

Aufgabe, wenn das erste Mittelstreckenabkommen unterzeichnet sein wird.[19]

Dies ist eine gewaltige Aufgabe; hier werden wir es mit einer Vielfalt von Streitkräften und Regionen zu tun haben. Dem Norden mögen andere Regelungen angemessener erscheinen als dem Süden. Zentraleuropa mit seiner größten Anhäufung von Waffen und Streitkräften erscheint am schwierigsten, aber auch am drängendsten. Wenn hier Stabilität erreicht wird, so wird sie sich in den dieses Gebiet umlagernden Regionen leichter erreichen lassen. (Unter Zentraleuropa verstehe ich in diesem Zusammenhang das Gebiet von der Westgrenze der Bundesrepublik Deutschland bis zur Ostgrenze Polens, von Dänemark und den Beneluxstaaten bis zur Tschechoslowakei und Ungarn.)

In Wien, für den KSZE-Rahmen, wird über ein Mandat verhandelt.[20] Dabei wird es sehr darauf ankommen, daß man sich zwischen Ost und West zunächst über die notwendigen Prinzipien der Stabilität einigt, also gemeinsame Sicherheit, Beseitigung von Überlegenheiten, Berücksichtigung geografischer Asymmetrien, Beseitigung von Angriffsfähigkeit und der militärischen Optionen, die die jeweils andere Seite als besonders gefährlich empfindet – und natürlich entsprechende Kontrollen. Wenn die Prinzipien akzeptiert sind, kann man sich daran machen festzulegen, was dies im einzelnen bedeutet für Streitkräfte, ihre Struktur und Stationierung, die Strategien bzw. die Doktrinen (je nach westlichem oder östlichem Sprachgebrauch) und die Zahlen.

Der Streit um die Zahlen sollte jedenfalls nicht am Anfang stehen. Die Erfahrungen der MBFR-Verhandlungen sollten uns gelehrt haben, wie zeitraubend und unproduktiv es ist, sich erstmal darüber verständigen zu wollen, was jede Seite heute wo hat. Ich meine, Europa hat keine Zeit für die Wiederholung eines sinnlosen Streits. Mich interessiert nicht so sehr, wieviel Panzer heute der Warschauer Vertrag hat; ich möchte vor allem wissen, wieviel er im Ergebnis der Verhandlungen haben wird und wo sie stehen. Das gleiche gilt natürlich auch für die NATO. Ich nenne dies nur als ein Beispiel für die Beseitigung der Überlegenheiten.

Man sollte sich auf das Ziel konzentrieren und darauf, wie dessen Kriterien festgelegt werden. Von den sowjetischen Erwägungen prozentualer Reduktionen kann ich mir nicht viel versprechen; sie würden eine neue Datendiskussion fast unausweichlich machen. Wenn das Ziel bestimmt ist, wäre vielmehr zu vereinbaren, welcher Anteil in der zentraleuropäischen Region bleiben soll: 40 oder 50 Prozent dessen, was für Gesamteuropa ins Auge gefaßt ist? Oder, um bei dem Beispiel zu bleiben, soll es sich um 3.000, 4.000 oder 5.000 Panzer in der zentraleuropäischen Region handeln?

An diesem Punkt wird der Vorschlag eines atomwaffenfreien Korridors erneut interessant, besonders wenn man ihn ausbauen kann zu einem Gebiet, aus dem alles schwere angriffsfähige Gerät entfernt wird. Mit solchen Regelungen wäre die Angriffsfähigkeit wohl entscheidend reduziert, denn der Mangel an Überlegenheit würde dem Angreifer ein untragbares Risiko aufbürden.

Dieses Ergebnis kann verstärkt werden, wenn es beiden Seiten überlassen bleibt, eine beliebige Anzahl modernster, intelligenter Abwehrmittel zu stationieren, die dem Verteidiger einen klaren Vorteil geben. Das wäre, was man strukturelle Nichtangriffsfähigkeit nennt.

Es gibt bei mir in der Bundesrepublik Deutschland eine neue interessante Annäherung zwischen großen Teilen der Koalition und der Opposition. Sie wissen miteinander: Je kürzer die Reichweiten, umso deutscher die Wirkung. Es gibt ein offenkundiges Interesse, darauf zu drängen, daß nach einem Mittelstreckenabkommen die erwähnten atomaren Waffen mit einer Reichweite von unter 500 Kilometern verhandelt werden.[21] Und die Abrüstung darf gewiß nicht beurlaubt werden, wenn es um Waffen geht, die von ihrer Natur her nur das Schlachtfeld in den beiden deutschen Staaten bedrohen würden.

Natürlich kann man sich das daraus zu Folgernde nur schrittweise vorstellen, schon wegen des Zusammenhangs zwischen konventioneller Stabilität und sogenannten taktischen Atomwaffen; weder politisch noch technisch ist dieser Zusammenhang auflösbar. Hier ergeben sich aber interessante Möglichkeiten für Staaten, wie die beiden deutschen, die über Atomwaffen nicht verfügen.

In der Konzentration auf Zentraleuropa drückt sich auch der Respekt aus, den die unabhängige französische Atomwaffe weiterhin, für eine jetzt nicht absehbare Zeit, für sich beanspruchen kann. Die von mir geteilten Hoffnungen auf ein engeres Zusammenwirken der Westeuropäer und deren gebündelte Verantwortung für die Verteidigung richtet [sic] sich nicht zuletzt auf die konventionellen französischen Streitkräfte. Sie wären für die hier skizzierten Überlegungen besonders wichtig. Dabei will ich nicht verhehlen, daß mir die Überwindung von Denken in alten Bahnen auch mancherorts in Westeuropa noch eine wichtige Aufgabe zu sein scheint.

Gemeinsame Sicherheit für Europa durch strukturelle Nichtangriffsfähigkeit – das ist das Ziel, das uns, mit Aufwand von einigem Verstand, die Geschichte bietet, wenn das erste Abkommen zwischen den beiden Weltmächten unterzeichnet sein wird.

Dieses Ziel, vor einigen Jahren Utopie, würde in den Bereich des Möglichen rücken. Man könnte es auch anders umschreiben. Es wäre eine gewisse Entmilitarisierung des Ost-West-Konflikts, die Ersetzung der militärischen Konfrontation durch friedlichen Wettstreit und Zusammenarbeit, vor allem, aber nicht allein auf dem Gebiet der Wirtschaft. Das wäre wirklich ein Durchbruch und könnte einen neuen Abschnitt in der europäischen Geschichte einläuten.

Auch dann blieben die „ideologischen" Unterschiedlichkeiten, die Unvereinbarkeiten der Systeme; auch die Unterschiedlichkeiten von Geschmack oder Fähigkeit der Besitzer, sich die eigenen Räume im europäischen Haus einrichten zu wollen oder zu können. Aber das alles wäre untergeordnet dem Gesetz des Überlebens: richtig verstandene Sicherheit zuerst.

Das zu erreichen, wäre der beste Beitrag, den Europa der Welt leisten könnte. Wir würden uns helfen und zugleich Kräfte freimachen zur Bewältigung der großen Gefahren, die die Menschheit bedrohen. Es wird in hohem Maße an uns in Europa liegen, ob Gemeinsame Sicherheit als sicherheitspolitische Grundorientierung in die Phase praktischer Bewährung kommt.

Nr. 43
Aus der Aufzeichnung des Gesprächs des Präsidenten der SI und Ehrenvorsitzenden der SPD, Brandt, mit dem Generalsekretär des ZK der KPdSU, Gorbatschow, in Moskau
5. April 1988[1]

Archiv der Gorbatschow-Stiftung Moskau (Übersetzung aus dem Russischen: Tamara Timmermann).

[...][2]

W[illy] B[randt] Herr Generalsekretär, wir möchten Meinungen darüber austauschen, was wir zusammen oder unter Berücksichtigung der gegenseitigen Positionen tun können, um Antworten zu finden auf globale Herausforderungen im Bereich der europäischen und der internationalen Sicherheit, der Nord-Süd-Problematik, der künftigen wirtschaftlichen Zusammenarbeit, des Umweltschutzes. Wir möchten auch darüber sprechen, wie wir weiter unsere Zusammenarbeit und Konsultationen entwickeln und den gegenseitigen Informationsaustausch verbessern.

Sehr gerne möchten wir hören, auf welcher Etappe sich die Perestroika[3] nach diesen drei Jahren befindet, welche weiteren Schritte Sie planen, um die internationale Zusammenarbeit auf der außenpolitischen Bühne in Gang zu bringen, und auch in der Innenpolitik.

[...][4]

M[ichail] G[orbatschow] Eine Frage möchte ich sofort beantworten und Sie über unsere Perestroika informieren. Und dies umso mehr, als Egon Bahr eine Frage zum Sinn des Artikels in „Sowjetskaja Rossija" gestellt hat. Die Antwort kann man heute in der „Prawda" lesen.[5] Unsere Losung ist schlicht und klar: „Mehr Sozialismus! Mehr Demokratie!" Es ist aber nicht einfach, diese Losung mit realem Inhalt zu füllen. Es ist kein Zufall, dass diese Losung entstanden ist. Sie ist nicht um schöner Worte willen hervorgehoben worden.

Nach dem März 1985 hat unsere Leitung entschieden, die Gesellschaft, in der wir leben, besser zu verstehen. Die vitalen Probleme, die die gesamte Gesellschaft bewegten, haben uns dazu gebracht. Die Analyse aber führte zu weitgehenden Schlussfolgerungen, zur Notwendigkeit der Perestroika. Tatsächlich sind wir zu der Schlussfolgerung gelangt, dass das Potenzial des Sozialismus, der Gesellschaftsordnung für die Werktätigen entfaltet und von all seinen Fesseln befreit werden muss. In der wirtschaftlichen Sphäre geht es um den Verzicht auf das administrative Kommandosystem, das zum Nachteil der Werktätigen wirkt, und auf den überflüssigen Zentralismus.

Es hat sich erwiesen, dass es ohne theoretisches Umdenken und ohne Verzicht auf Dogmatismus, Stereotypen und gewöhnliche Formen und Methoden der Arbeit unmöglich ist, vorwärts zu gehen. Vieles, was uns heute behindert, hat seine Wurzeln in den 30er, 40er Jahren und in der Stagnationsperiode.[6] Die Antworten suchen wir nicht außerhalb des Rahmens des Sozialismus. Die Perestroika kennzeichnet nicht einen Wechsel des Banners unserer Ideen. Wir sind überzeugt, dass der Sozialismus für uns breite Horizonte öffnet in der wirtschaftlichen Sphäre, in der sozialen Politik und in dem, was die soziale Gerechtigkeit, die moralische Gesundheit der Gesellschaft und die geistige Entwicklung betrifft. Wir sind alle im Sozialismus geboren. Wir können auch nichts anderes tun, als den Sozialismus zu entwickeln.

Das heißt nicht, dass wir uns anderen Erfahrungen verschließen. Lenin äußerte den Gedanken, dass ein Kommunist zu werden nur dann möglich ist, wenn Du die ganze Summe des Wissens und der Erfahrungen, die die vorigen Generationen angesammelt haben, die ganze menschliche Kultur beherrschst. Diese Idee transformieren wir unter Berücksichtigung der heutigen Realitäten; wir öffnen die Türen weit für die Kenntnisse der Welt und für das Beherrschen ihrer Errungenschaften.

Ich will jetzt nicht in die Vergangenheit gehen; warum wir vieles von Lenins Einstellungen und Vorstellungen vom Sozialismus verloren haben. So aber ist es tatsächlich. Wir müssen das leninistische Antlitz des Sozialismus wiederherstellen, gewiss unter den Bedingungen der heutigen Umstände. Sonst wäre das noch eine Variante des Dogmatismus. So wurde der erste Teil der Losung geboren: „Mehr Sozialismus!" – durch Entfaltung seines Potenzials und durch Reinigung von allem Fremden, was sich an ihm festsetzte.

[...][7]

Deswegen ist uns ganz klar, dass unsere Hauptaufgabe darin besteht, die sowjetische Gesellschaft zu demokratisieren und das Volk in alle Prozesse einzubeziehen – in die ökonomischen, politischen und geistigen. Bei aller Wichtigkeit der theoretischen, organisatorischen und politischen Tätigkeit der Partei (die Perestroika ist durch ihre Initiative eingeleitet worden) spielen eine Hauptrolle doch die Werktätigen. Wenn sie den Weg der Perestroika gehen, dann werden die Probleme gelöst, gewinnt die Perestroika einen unwiderruflichen Charakter. Egon Bahr ist der Meinung, dass die Perestroika diesen Zustand noch nicht erreicht habe. Ein Literat hat diesen Gedanken so zum Ausdruck gebracht: „Drei Jahre sind schon vergangen, die Perestroika dauert immer noch. Es sind aber drei Jahre vergangen, und sie ist noch nicht unwiderruflich geworden." So ist es wirklich.

[...][8]

E[gon] Bahr. Und wie beeinflusst die Perestroika Ihre Beziehungen zu anderen Ländern in Osteuropa?

M. G. Wir sehen, dass man unsere Perestroika unterschiedlich einschätzt. Sie geht aber von unseren inneren Bedürfnissen und Bedingungen aus. Lass jede Partei in jedem konkreten sozialistischen Land selber entscheiden, was von unserer Perestroika ihr passt und was nicht. Darin liegt der Sinn unserer Beziehungen mit den sozialistischen Ländern. Transformationen geschehen zurzeit in allen sozialistischen Ländern. Alle haben ein Kriterium: Mehr Sozialismus, mehr Demokratie. In unserem Land haben wir gespürt, wie eng das Volk mit dem Sozialismus verbunden ist, wie es sich um die Zukunft des Sozialismus kümmert. [...][9] Das hat auch die Perestroika gebracht: ideologische Diskussionen, politischen Dialog, mehr Kultur. In einem Wort: Wir lernen Demokratie.

W. B. Es ist atemraubend interessant, was Sie gerade erzählt haben. Ich erlaube mir einen Kommentar. Vor sieben Jahren war ich mit Präsident Mitterrand, der offensichtlich bald wieder Präsident wird, in jenen Orten in der DDR, wo er im Krieg als Kriegsgefangener war.[10] Bei einem Mittagessen erzählte ein dortiger SED-Parteisekretär viel über die erfolgreiche Arbeit der Partei. Als Mitterrand ihn zu erzählen bat, was ihnen nicht gelingt, hörte er, dass eigentlich alles gelingt. Aus Ihren Überlegungen folgt, dass Sie kein solcher Mensch sind. Ich möchte zwei Fragen stellen. Was denken Sie, wie viel Zeit werden Sie brauchen, um die „Reibungsverluste" im Laufe der Perestroika, die einer Revolution verwandt ist, zu überwinden und um die breiten Massen ihre Ergebnisse in Form materieller Erfolge spüren zu lassen?

Wie tief ist der Einfluss der Perestroika auf die Beziehungen zwischen den Nationalitäten?

M. G. Zur Fortsetzung des Themas Perestroika muss ich sagen, dass im Westen eine gewisse Transformation ihrer Einschätzung stattgefunden hat. Solange wir über unsere Gesellschaft diskutierten und Selbstkritik übten, wurde das im Westen begrüßt, und zwar sehr breit. Als aber die Perestroika durch die Politik und die Praxis in eine reale Dimension überzugehen begann, hat sich der Ton im Westen geändert. Dort hat man verstanden, dass dies eine ernste Sache ist.

Das riesige Interesse in der Welt für die Perestroika lässt sich erstens dadurch erklären, dass sie in der UdSSR stattfindet; zweitens geht es um den Sozialismus, den man fast auf den Müllhaufen der Geschichte schicken wollte, der aber plötzlich eine Dynamik sowie eine Fähigkeit zu Selbsterneuerung und Entwicklung zeigte. Und endlich, dass die Perestroika in der Außenpolitik vom neuen Denken und von konkreten Initiativen zur Verbesserung der internationalen Lage begleitet wird. Das alles hat die Menschen, die Weltöffentlichkeit ergriffen. Das Feindbild in Gestalt der Sowjetunion begann zu verschwimmen. Es beginnt alles zu zerfallen, worauf die westliche Außenpolitik basierte. Insbesondere darüber wollte ich mit Ihnen sprechen.

Dank dem gemeinsamen Beitrag der sozialistischen Länder, der Initiativen der Sozialdemokraten und der Sozialistischen Internationale, der realistisch denkenden politischen Kreise des Westens und der Bewegung der Nichtpaktgebundenen ist zur Zeit eine neue

Situation entstanden. Die Welt hat geantwortet. Wir haben einen großen Vertrauenskredit bekommen. Das heißt, wir sind auf einem richtigen Weg.

Dennoch muss man auch sehen, dass die konservativen rechten Kräfte nach dem Schock zu sich kommen und „zum Sammeln blasen". Das letzte NATO-Treffen in Brüssel zeigte, dass dort am wenigsten über Abrüstung geredet wurde, auch im konventionellen Bereich.[11] Dort hat man eine Antwort auf „Gorbatschows Herausforderung" gesucht. Meine Bekannte Thatcher hat sich in dem Sinne selbst kritisiert, dass sie Gorbatschow allzu sehr gelobt hätte. Jetzt möchte sie einen direkt entgegen gesetzten Beitrag leisten. Jetzt, hieß es, muss man bremsen und die Initiative der Sowjetunion abfangen. Darin steckt das Ernsthafte des Augenblicks. Doch das Wichtigste ist, dass breite Kreise der Weltöffentlichkeit für eine Besserung der Lage,

„*Atemberaubend interessant*" – *Bei seinem Besuch in Moskau erfahren Willy Brandt und seine Begleiter Egon Bahr (r.) und Jan Pronk (2. v. r.) aus erster Hand, wie Michail Gorbatschow (l.) die Sowjetunion reformieren will.*

für die Festigung der Sicherheit, für Abrüstung, für die Entwicklung der ökonomischen Beziehungen und für eine Regelung der Regionalkonflikte eintreten.

Als Antwort auf die von Ihnen gestellten Fragen möchte ich unterstreichen, dass es gar nicht einfach ist, unsere Ökonomie zu verstehen und zu charakterisieren. Wenn man die Pro-Kopf-Erzeugung von Kohle, Stahl, Strom und sogar Getreide in der UdSSR und zum Beispiel in England vergleicht oder in der UdSSR und in der Bundesrepublik, so zeigt sich, dass wir bei vielen Ergebnissen vorne liegen. Wenn wir aber das Niveau des Pro-Kopf-Nationaleinkommens vergleichen, dann stellt sich die Frage, wo verschwindet das alles?

[...][12]

Nun zur Perestroika und zur Nationalitätenfrage. Hier steht etwas in Einklang mit der Aussage eines lokalen SED-Funktionärs. Ein solcher Standpunkt hat uns keine Möglichkeit gegeben, rechtzeitig Probleme zu sehen, die im Laufe der Entwicklung der einzelnen Republiken und Gebiete in den Beziehungen zwischen Nationalitäten entstanden, und Maßnahmen zu ihrer Lösung zu verfügen. Unter den Bedingungen von Glasnost[13] und Demokratisierung sind diese Fragen aufgedeckt und scharf gestellt worden, und sie müssen mit einer entsprechenden Aufmerksamkeit behandelt werden. Im Prinzip ist es eine positive Erscheinung. Weder in Nagorny Karabach noch in Aserbaidschan oder Armenien, nirgendwo wurden antisowjetische und antisozialistische Losungen hervorgehoben, es wurde kein Wunsch ausgesprochen, aus der Sowjetunion auszutreten. Umgekehrt hat Nagorny Karabach sogar den Antrag gestellt, in die RSFSR aufgenommen zu werden, damit Russland zum Schiedsrichter würde.[14]

Die Wurzeln dieses Problems reichen tief in die Jahrhunderte zurück. [...][15] Dieses Gebiet ist eine Wiege von zwei Kulturen, zwei Völkern. Wenn den kulturellen, nationalen und sozialen Aspekten die notwendige Aufmerksamkeit gewidmet worden wäre, dann wäre nichts geschehen. Was geschah, wurde durch mangelnde Aufmerksamkeit Aserbaidschans für das kleine Nationalitätsgebiet provoziert. Wir haben alles getan, um die Situation zu beruhigen. Es gab nirgendwo Krawall außer in Sumgait.[16]

Dort aber sind Gruppen von kriminellen Elementen, anscheinend von jemandem aufgehetzt, auf die Straßen geströmt, in Häuser eingebrochen und haben mehrere Familien erledigt. Bemerkenswert ist, dass Aserbaidschaner bei sich Armenier versteckten. Hieraus ergibt sich eine Schlussfolgerung: Es ist notwendig, diese Fragen im Rahmen demokratischer Entwicklungen tief zu untersuchen und zu lösen. Eine tiefgreifende Analyse ist nötig. Deswegen haben wir entschieden, ein ZK-Plenum besonders den nationalen Beziehungen zu widmen.

W. B. Fand eine Hetzerei von außen statt?

M. G. Überwiegend von außen. Wir sind keine Idealisten. Westliche Zentren versuchen, unsere Glasnost und Offenheit auszunutzen und falsche Werte und Losungen einzuführen. Nun wird vom Ausland schon offen die Veröffentlichung inoffizieller Zeitschriften finanziert. Es werden Organisationen gegründet, die als Alternative zu den existierenden politischen Strukturen gefördert werden. Wenn man einige ausländische „Stimmen" hört, tragen ihre Sendungen den Charakter der Belehrung. In diesem Kontext ist es angebracht, an den Beitrag der westlichen Rundfunksender zu den polnischen Entwicklungen zu erinnern. Eine sehr böswillige, provozierende Rolle spielt die Deutsche Welle[17], und zwar im Laufe aller Perestroika-Jahre. Meiner Meinung nach ist sie sogar stolz darauf. Dieser Sender wird eigentlich durch staatliche Mittel finanziert. Wem kann das nützen? Die Sozialdemokraten sind bestimmt nicht darunter. Wie aber will die offizielle Macht ihre Beziehungen mit uns verbessern, wenn sie solche Einmischung in unsere Angelegenheiten zulässt?

W. B. Wir sind bereit, mit Ihnen in dieser Frage zusammenzuarbeiten. Wir werden dankbar sein, wenn Sie uns die Sie beunruhigenden Materialien zur Kenntnisnahme übergeben. Wegen der Sprachbarriere können wir nur deutschsprachige Sendungen überprüfen. Wir wären bereit, diese Frage im Bundestag oder in der Öffentlichkeit zu besprechen.

M. G. Diese Frage haben wir in einem Gespräch mit Genscher berührt.[18] Er sagte, im letzten Jahr sei beabsichtigt gewesen, den Direktor dieses Senders auszuwechseln.

W. B. Der Wechsel hat nichts geändert.[19] Außerdem beherrscht der neue Direktor, genauso wie wir, keine Sprachen der Völker der UdSSR, in denen die Sendungen übertragen werden.

A[natoli] F. Dobrynin. Der Direktor kann doch Übersetzungen dieser Sendungen lesen.

M. G. Wir leisteten in der Presse öffentlich Widerstand gegen solche Aktivitäten. Rundfunksendungen in solchem Geiste, die an die UdSSR gerichtet sind, widersprechen dem breit anerkannten Recht eines jeden Volkes auf seine eigene politische und soziale Wahl, dem Recht, selbständig über das eigene Schicksal zu bestimmen.

[...][20]

So, mit dem Thema Perestroika sind wir fertig. Die Perestroika aber setzt sich gewiss weiter fort. Nun können wir zu internationalen Fragen übergehen: Sicherheitsprobleme, Nord-Süd-Beziehungen. Die Positionen der jeweils anderen Seite sind uns gut bekannt. Ich denke, wir irren uns nicht, wenn wir sagen, dass ein großer Wunsch, die internationalen Beziehungen auf den Grundlagen der Friedlichen Koexistenz umzubauen und die zwischenstaatlichen Beziehungen zu entideologisieren, in letzter Zeit in der Welt spürbar geworden ist. In unserem Konzept der Vision von der Welt gibt es vieles, das auf Lenin und den Oktober[21] zurückgeht. Gewiss berücksichtigen wir auch die modernen Realitäten, die mit der Nukleargefahr, mit der Ökologie, mit der technisch-wissenschaftlichen Revolution, mit der Informationsexplosion, mit den Problemen des Hungers und der Unterentwicklung usw. verbunden sind. Wir haben auch einiges genutzt, was die Sozialistische Internationale, die Brandt-[22] und die Palme-Kommission[23] hervorgehoben haben. Unsere Kontakte waren fruchtbar.

Ich möchte die Aufmerksamkeit jedoch auf zwei Momente lenken. Erstens: Die konservativen Kräfte empfinden die Perestroika als eine Bedrohung ihrer Interessen, eine Bedrohung für den Westen. Zweitens: Die Perestroika wird auch von den linken Kräften nicht richtig eingeschätzt. Da nehmen manche das neue Denken als den Klasseninteressen widersprechend wahr. Hier fehlt meiner Meinung nach die Dialektik. Wie können Entmilitarisierung, Stopp des Wettrüstens, Umlenken der Mittel auf die Entwicklungspolitik den Klasseninteressen nicht entsprechen? Frieden und Beschäftigung entsprechen bedingungslos den Interessen der Werktätigen. Demokratische Entwicklung und fortschrittliche Veränderungen nützen ihnen auch. Nur unter diesen Bedingungen kann sich der Sozialismus entwickeln. Auf die Perestroika sind gleichsam die Strahlen von zwei Scheinwerfern gerichtet. Das muss uns Anreiz geben, noch aktiver zusammenzuwirken mit dem Ziel, das neue Denken zu festigen.

W. B. Mitte Mai 1988 findet in Madrid eine Tagung des Rates der Sozialistischen Internationale statt. An ihr werden Führer sozialistischer Parteien aus der ganzen Welt teilnehmen, Europa eingeschlossen, insgesamt rund 110 Personen.[24] Wir stellen uns die Aufgabe, eine „europäische Antwort" zu finden auf die Probleme, die in den Beziehungen zwischen Ost und West existieren.

M. G. Werden Beobachter aus anderen Parteien eingeladen?

W. B. Auf den Veranstaltungen der Sozialistischen Internationale sind Beobachter aus der Sowjetunion immer Ehrengäste, natürlich mit Ausnahme der geschlossenen Tagungen.

Zurück zum Thema der Tagung der Internationale in Madrid. Wir müssen klarstellen, wie die Reaktion der Sozialisten auf den Stand der Beziehungen zwischen Ost und West ist, wie wir dem Abrüstungsprozess helfen können, der durch den Dialog zwischen der UdSSR und den USA begonnen hat. Wir hoffen, dass die sowjetischen Genossen bei unseren Bemühungen mitwirken werden. Ich möchte daran erinnern, dass im Februar [1988] in Genf eine Tagung des Abrüstungsrates der Sozialistischen Internationale stattfand, den K[alevi] Sorsa leitet.[25] Die Teilnahme der sowjetischen Genossen an dieser Tagung war für uns eine große Hilfe.

Ich möchte jetzt einige konkrete Fragen stellen, die internationale Probleme betreffen.

Erstens. Wir alle hofften sehr, dass zwischen der UdSSR und den USA ein Abkommen über eine 50-prozentige Reduzierung ihrer strategischen Offensivwaffen geschlossen wird.[26] Jetzt scheint ein solches

Abkommen weniger wahrscheinlich zu sein. Was können Sie dazu sagen?

Zweitens. In Genf haben wir eine Enttäuschung erlebt wegen des mangelnden Fortschritts in Sachen Chemiewaffenverbot.[27] Schuld ist die negative Position Frankreichs und der USA in dieser Frage. In diesem Kontext haben wir zu überlegen begonnen, ob wir nicht versuchen sollten, ein regionales Abkommen, insbesondere über ein europäisches Chemiewaffenverbot, zu schließen. Über diese Frage haben wir mit den Vertretern der Tschechoslowakischen Kommunistischen Partei und der SED gesprochen.[28] Wie stehen Sie zu dieser Initiative?

Drittens. Egon Bahr sprach neulich in England und Frankreich mit unseren Kollegen, den Führern der sozialistischen Parteien. Eine der Fragen, die er besprach, betrifft das Problem der britischen und französischen Nuklearwaffen.[29] Wir haben den Eindruck, dass Mitterrand bereit ist, seine Position etwas zu ändern, und dass er in dieser Frage seiner Regierung voraus ist. Wenn er wiedergewählt wird[30], dann hoffen wir, dass beim Problem des Anrechnens der französischen und britischen Waffen im Laufe der Verhandlungen gewisse Fortschritte erreicht werden können. Zu diesem Thema unterhielt sich Egon Bahr mit dem Führer der britischen Labour Party, [Neil] Kinnock. Ausführlicher wird er aber selbst davon erzählen.

Viertens. Wir haben von Ihrer Idee gehört, ein „europäisches Forum" einzuberufen, dessen Aufgabe es wäre, die Tätigkeiten der europäischen Regierungen beim Erreichen von Abrüstung und Entspannung auf dem europäischen Kontinent zu ergänzen.[31]

Die SPD hat zusammen mit der Polnischen Vereinigten Arbeiterpartei einen Entwurf für ein gemeinsames Dokument vorbereitet.[32] Wir sind der Ansicht, dass auch andere Parteien sich unserem Vorschlag anschließen könnten. Sein Sinn besteht darin, dass sich der Oberste Sowjet der UdSSR an die Parlamente der europäischen Länder mit dem Vorschlag wendet, auf regulärer Basis Parlamentarierkonferenzen einzuberufen. An diesen Konferenzen könnten auch jene politischen Parteien teilnehmen, die in den Parlamenten vertreten sind. Demnächst treffe ich mich mit den Vorsitzenden der europäischen Vereinigungen der liberalen und christdemokratischen Parteien. Sie sind beide Italiener.[33] Wenn Sie unseren Vorschlag billigen, könnte ich mit ihnen diese Frage besprechen.

Fünftens. Uns ist bekannt, dass Sie sich an den UN-Generalsekretär mit dem Vorschlag gewandt haben, bei den Vereinten Nationen eine Expertengruppe zu Fragen der allgemeinen Sicherheit zu organisieren.[34] Haben Sie mit den Amerikanern über Ihren Vorschlag gesprochen? Welche Rolle könnte die Sozialistische Internationale im Kontext Ihres Vorschlags spielen? Diese Frage könnten wir auf der Tagung des Rates der Internationale in Madrid[35] besprechen.

Sechstens. Gewiss sind wir sehr daran interessiert, über Regionalkonflikte zu sprechen, d. h. Afghanistan, Zentralamerika, Südafrika, Nahost. Könnte vielleicht eine solche Besprechung morgen stattfinden? Wir möchten sehr gerne wissen, wie die Sozialistische Internationale und ihre Mitgliedsparteien zur Lösung der Regionalprobleme beitragen könnten.

[...][36]

M. G. Sie fragen, auf welche Weise die Mitgliedsparteien der Sozialistischen Internationale zur Normalisierung der Beziehungen zwischen Ost und West beitragen können. Mir scheint, wenn so ein Forum wie die Sozialistische Internationale bei ihrem Treffen im Mai ihre Treue zu den Abrüstungs- und Entspannungsprozessen bestätigt, so hätte das eine ungeheure Bedeutung für Europa. Und wenn sie die UdSSR und die USA nicht auf dieselbe Stufe stellt, wird das ein extrem wichtiger Schritt sein. Die Sozialistische Internationale kann es nicht übersehen, dass wir in unserer Politik vieles, wenn nicht alles berücksichtigt haben, was wir im Laufe unseres Dialogs mit der Führung der Internationale, mit den Sozialdemokraten besprachen. Den Beitrag der Sozialdemokratischen Partei Deutschlands zur Diskussion über das Schicksal der Pershing-1A-Raketen[37] schätzen wir sehr.

Jetzt will ich mich nicht zu konkreten Fragen äußern. Doch muss ich eine Bemerkung machen, dass es Probleme gibt, die man im Kampf für Frieden, Entspannung und Abrüstung nicht übersehen darf. Jetzt denke ich an das Jahr 1914, als die internationale Arbeiterbewegung sich spaltete, als die Kommunisten und die Sozialdemokraten auseinander gingen, und zwar auf lange Zeit. Mir scheint, dass wir die Lehre daraus gezogen haben. Das, was heute zwischen der KPdSU und den Mitgliedsparteien der Sozialistischen Internationale geschieht, weist über den Rahmen von ausschließlich „Krieg und Frieden" betreffenden Fragen hinaus. Wir können schon von unserem Zusammenwirken mit den Parteien der Sozialistischen Internationale reden. Nun will ich Ihre konkreten Fragen beantworten.

Ist die 50-prozentige Reduzierung der strategischen Offensivwaffen der UdSSR und der USA im Laufe von Reagans Besuch in der Sowjetunion möglich?[38] Paradoxerweise ist das eine ganz reale Sache. Diese Frage ist im großen Maße schon durchgearbeitet. Es wurden Kriterien ermittelt, über die unteren Niveaus Entscheidungen getroffen, Lösungen wurden entweder schon gefunden oder werden bald gefunden. Sogar das unter Berücksichtigung des Maßes an Reduzierungen schwerste Problem – das Problem der Kontrolle – ist lösbar. Solche Probleme wie mobile Raketen, Berechnung der luftgestützten Marschflugkörper, Niveaus der Begrenzung der seegestützten Marschflugkörper sind praktisch bestimmt worden. Es wird um diese Fragen trotzdem gestritten, doch es ist möglich, eine Vereinbarung zu treffen.

[...][39]

Doch muss man weiter in Richtung der 50-prozentigen Reduzierung der strategischen Offensivwaffen arbeiten. In den USA stehen Präsidentschaftswahlen bevor.[40] Eine neue Administration wird an die Macht kommen. Wir haben aber vor, die Arbeit an diesem Problem während der ganzen Zeit fortzusetzen. Uns erreichen Gerüchte, dass Reagan seine Untergebenen zur Berichterstattung anhält und Fortschritte in Genf von ihnen fordert. Diese Forderungen zeigen jedoch keine Wirkung.

Gewissen Anzeichen zufolge gelangt man in den USA zurzeit zu der Auffassung, dass SDI[41] nicht nur ökonomisch unzweckmäßig ist, sondern auch eine politische Destabilisierung mit sich bringen kann. Wir werden nicht auf die Verkoppelung mit dem Raketenabwehrvertrag verzichten.[42] Sonst würde der gesamte Prozess des Rüstungswettlaufs beschleunigt. Wir werden nicht den Weg von SDI gehen, eine Antwort aber werden wir suchen, um nicht zu sagen, wir haben sie schon gefunden. Das wird kein sowjetisches SDI sein, sondern einfacher und preiswerter. Das heißt aber Rüstungswettlauf, und zwar in verschiedenen Richtungen. Darin besteht die Gefahr von SDI.

Wenn der Rat der Sozialistischen Internationale nochmals seine negative Stellungnahme gegenüber SDI kundtut, so wäre das nicht schlecht.

Das Problem des Chemiewaffenverbots ist sehr aktuell. Wir haben viel getan, um die „Knoten zu lösen". Dieser Prozess entwickelte sich positiv. Jemand hat aber plötzlich Thatcher an der Hand gefasst und lässt sie nicht frei. Wir arbeiteten mit ihr aktiv an dem Abkommen über das Chemiewaffenverbot. Das Ganze hängt von den Amerikanern ab.

[…][43]

Was das regionale Abkommen über ein Chemiewaffenverbot betrifft, so würden wir es nur begrüßen.[44] Das sind wichtige Schritte. Man darf aber nicht das Endziel vergessen.

Nun zu den französischen und britischen Nuklearwaffen. Wir vermuten, dass sich diese Frage nach der 50-prozentigen Reduzierung der strategischen Offensivwaffen der UdSSR und der USA in einer praktischen Dimension stellt. Wir wenden uns gegen Thatchers Position, Nuklearwaffen seien Abschreckungsmittel und Garantie für eine friedliche Entwicklung Europas. Wir finden eine solche Einschätzung der Rolle der Nuklearwaffen grundsätzlich falsch. Doch jetzt fordern wir nicht, dass England und Frankreich die Realisierung ihrer Nuklearprogramme einstellen. Wenn aber das Abkommen über die 50-prozentige Reduzierung der Nukleararsenale der UdSSR und der USA geschlossen worden ist, dann wird unbedingt auch die Frage der britischen und französischen Nuklearwaffen auf die Agenda kommen.

Zum „europäischen Forum". Sie meinen anscheinend den von uns vorgeschlagenen „Runden Tisch".[45] Ich würde es begrüßen, wenn wir mit Ihnen auf regulärer Basis im Blick auf die Idee „europäisches

Haus"[46] zusammenarbeiteten. Die Idee „europäisches Haus" wurzelt in der Analyse der europäischen Situation und der Rolle Europas in den Angelegenheiten der Welt. Diese Idee wurde nicht um eines schönen Wortes willen geäußert. Wir sind Europäer, sogar wenn andere anders denken. Es gibt große Traditionen der Verbindungen mit Europa. Unsere Entwicklung als Staat ist im Flussbett der europäischen Geschichte verlaufen. Wir sind Nachbarn. Wir haben gemeinsame Lehren gezogen aus dem, was in Europa auf verschiedenen Etappen seiner Geschichte geschah.

In Europa ist die Konfrontation der Blöcke am stärksten, und gleichzeitig besitzt Europa das stärkste intellektuelle Potenzial und die reichsten geschichtlichen Erfahrungen. Ohne den Beitrag Europas wird die Normalisierung der Beziehungen zwischen Ost und West natürlich unmöglich sein. Unter voller Berücksichtigung dessen, was uns eint, wie auch dessen, was uns trennt, müssen wir überlegen, wie wir die Beziehungen vom Atlantik bis zum Ural umbauen. Wir denken, dass es ganz real ist, die Besonderheiten, die sozialen und ideologischen Unterschiede zwischen den Staaten zu bewahren und doch die Bemühungen der Europäer in den Bereichen Ökonomie, Handel, Wissenschaft, Kultur, Umweltschutz usw. zu einigen. Deswegen soll der Bau des „europäischen Hauses" weder nach osteuropäischen noch nach westeuropäischen Projekten verlaufen. Ein gemeinsames Projekt ist nötig.

Wenn ich von dem „geteilten Europa" höre, scheint mir dies als ein versteckter Aufruf zur Konfrontation. Gewiss ist Europa zurzeit nach sozialpolitischen Kennzeichen geteilt. Wie aber kann dieses Problem gelöst werden? Das sozialistische Europa kann doch das kapitalistische Europa nicht herausdrängen. Und Westeuropa kann nicht das sozialistische Europa herausdrängen. Deswegen ist ein Bauprojekt für ein „gesamteuropäisches Haus" nötig. Zu diesem Zweck schlagen wir vor, einen „Runden Tisch" zusammenzurufen, wo Kommunisten wie Sozialdemokraten und Konservative vertreten wären. Kurz, die ganze Palette der politischen Kräfte Europas. Das wäre ein Anfang für die Gestaltung des Bauprojekts „europäisches Haus".

Gespräch mit Gorbatschow, 5. April 1988

Sie schlagen vor, solch ein Forum auf parlamentarischer Ebene zusammenzurufen, wir aber auf der Ebene aller politischen Kräfte. Am „Runden Tisch" könnten alle politischen Parteien teilnehmen – Kommunisten, Sozialdemokraten, Christdemokraten usw. Sicher schließt das Kontakte auf parlamentarischer Ebene nicht aus. Die Idee des „Runden Tisches" ist aber breiter. Wir halten es für notwendig, alle konstruktiven Kräfte Europas in diesen Prozess einzubeziehen, die auf gleichberechtigter Basis Fragen der europäischen Sicherheit, der Ökonomie, des Handels usw. besprechen. Die Parlamente können diese Probleme nicht lösen. Man muss alle gesellschaftlichen Kräfte vereinen, die Einfluss auf die Regierungen und ihre Politik ausüben.

In diesem Kontext möchte ich mich zu den Integrationsprozessen in Europa äußern. Wir sind der Meinung, dass es reale Entwicklungen sind, die berücksichtigt werden müssen. Einen Aspekt aber, und zwar die militärische Komponente, müssen wir immer im Blick halten. Gewiss können irgendwelche Elemente der militärischen Integration stattfinden. Wenn es aber zur Modernisierung der Rüstung führt, würde dadurch der Abrüstungsprozess untergraben. Diese Gefahr sehen wir, und wir möchten Ihre Aufmerksamkeit darauf lenken. Unsere Position in dieser Frage ist deutlich: Die Integrationsprozesse in der militärischen Sphäre dürfen nicht die Abrüstung untergraben.

[...][47]

Zu unserem Vorschlag, bei der UN eine Expertengruppe für Probleme der allgemeinen Sicherheit zu organisieren.[48] Natürlich bleibt unser Vorschlag, der seine Aktualität nicht verliert, vollinhaltlich in Kraft. Die Erfahrung zeigt, dass es im Prozess der Beschlussfassung Fehler geben kann. Deswegen wäre die Einbeziehung von Wissenschaftlern und Experten von großer Bedeutung. Soweit uns bekannt ist, unterstützt der UN-Generalsekretär diese Idee. Der Westen aber bezieht in dieser Frage eine negative Stellung.

[...][49]

W. B. Gleich will ich Herrn J[an] Pronk bitten, ein paar Worte zu Wirtschaftsproblemen zu sagen. Zunächst aber will ich einige Bemerkungen machen.

Der Integrationsprozess in Europa soll der Entspannung nicht schaden. Hier sind wir einer Meinung. Integration muss mit Offenheit verbunden sein. Es gibt Tendenzen, die als negativ eingeschätzt werden können. Was den „Runden Tisch" betrifft, so sagte ich nicht, dass wir uns nur auf die Parlamente fixieren wollen. Es müssen auch nicht die Parlamente selbst als Institute wirken. Sie müssen nur die Teilnehmer des Treffens benennen, denn in den Parlamenten sind die politischen Parteien und Gruppen konzentriert, die das Vertrauen der Bevölkerung genießen. Es wäre nicht erwünscht, dass das Treffen zu einer riesigen Versammlung würde, die an die UN-Generalversammlung erinnert, wo meistens vorbereitete Texte verlesen werden. Die Kommunistische Partei Italiens ist gewiss eine sehr wichtige Kraft, eine der beiden wichtigsten politischen Kräfte des Landes. Doch möchten die Sozialdemokraten der Bundesrepublik und Hollands nicht auf gleichberechtigter Grundlage mit den ganz kleinen kommunistischen Parteien ihrer Länder an dem Treffen teilnehmen.

M. G. (*scherzhaft*) Dann sollten wir auch mit Ihnen nicht sprechen. Unsere Partei hat 20 Millionen Mitglieder und Ihre? Das ist irgendein „demokratischer Chauvinismus". Warum könnten nicht wir alle – Kommunisten, Sozialdemokraten, Konservative – uns an denselben Tisch setzen und unsere Standpunkte vergleichen? Es muss ein informelles Treffen sein. Und jeder wird sein Gesicht wahren.

W. B. Wer wird zu dem Treffen einladen?

M. G. Sie, die PCI[50] und irgendeine christdemokratische oder konservative Partei.

W. B. Wie viele Teilnehmer – fünfhundert oder fünftausend?

M. G. Wie Sie wollen![51]

W. B. Zu 1914. Vor zehn Jahren habe ich mit János Kádár gesprochen, den ich sehr schätze.[52] Auch er hat sich dazu geäußert. Er sagte: Ist es so notwendig, dass wir uns noch immer mit diesen Fragen beschäftigen, dass wir fortwährend über unsere Widersprüche reden?[53] Wir in der Sozialistischen Internationale unternehmen jetzt Schritte, um eine neue Deklaration über Grundprinzipien der Sozialistischen Internationale auszuarbeiten, die wir auf unserem ordentlichen Kongress in Schweden im Juni 1989 öffentlich annehmen wollen.[54]

In dieser Deklaration wollen wir unser Verhältnis zu den Kommunisten und zur Sowjetunion neu definieren. Unsere vorige Deklaration war auf dem Höhepunkt des Kalten Krieges verabschiedet worden (1951).[55] Die Positionen, auf denen sie gegründet war, halten wir heute für falsch. Da ging es um Stalinismus. Jetzt müssen wir über Perestroika sprechen, über die Änderungen, über die Fragen, die erst entstanden sind und die weder 1914 noch 1945 existierten. Einige Fragen überschreiten die Grenzen der existierenden Systeme. Es bleiben auch heute sogenannte ideologische Gegensätze. Man muss sie nicht verkleinern. Aber ihre Wirkungssphäre wird immer enger.

M. G. Ich stimme zu.

W. B. Trotz der vorhandenen Unstimmigkeiten zwischen uns haben wir zusammen mit der SED ein gemeinsames Dokument ausgearbeitet, in dem ausdrücklich erläutert wurde, dass diese Unstimmigkeiten Frieden und Zusammenarbeit nicht bedrohen dürfen.[56]

[...][57]

Wir treten für die weitere Zusammenarbeit der SI und der KPdSU ein, und wir glauben, es ist nicht nötig, in dieser Frage etwas Neues zu erfinden.

M. G. Von meiner Seite aus kann ich bestätigen, dass wir unsere Zusammenarbeit mit der Sozialistischen Internationale und mit der SPD hoch einschätzen. Wir sind bereit, auch weiter im Geiste der Traditionen und unter Berücksichtigung des Entstehens neuer Probleme mit Ihnen zusammen an allen Veranstaltungen aktiv teilzunehmen. Wir sind bereit, Ihre aktiven Partner zu sein.

[...][58]

E. Bahr. Zunächst möchte ich Ihre Idee unterstützen, dass Sie aktive Partner in der Zusammenarbeit sein werden. Morgen findet unser Gespräch mit A[natoli] F. Dobrynin statt, und wir werden entscheiden, wann die Arbeitsgruppe für die Frage des Baus des „europäischen Hauses" ihre Tätigkeit beginnt.[59] Es gibt Ideen zu diesem Thema, sie sind aber noch nicht vollständig durchdacht.

Westeuropäische Militärintegration wird nicht schneller verlaufen als die Realisierung der landwirtschaftlichen Struktur des Gemeinsamen Marktes, es braucht zehn Jahre. Die Rüstungsmoderni-

sierung dauert fünf bis acht Jahre. Es beginnt eigentlich ein Wettlauf.
– Findet erst eine konkrete Abrüstung in allen Waffenarten, konventionellen und nuklearen, statt, oder überholt die Militärintegration den Abrüstungsprozess? Wir wollen alle Nuklearwaffen beseitigen, die Niveaus der konventionellen Waffen stabilisieren und die Fähigkeit beseitigen, andere Staaten anzugreifen.

M. G. Die Tendenz zur Beseitigung der Rüstungen muss auf jede mögliche Art und Weise gefördert werden.

Uns haben Gerüchte erreicht, dass in der Bundesrepublik die Idee aufkam, eine große Koalition zu schaffen. Man will die SPD heranziehen, um alles das abzuräumen, was sich während der Amtszeit der heutigen Regierung angesammelt hat. Brauchen Sie vielleicht ein paar Planierraupen? *(Alle lachen.)*

W. B. Eine solche Möglichkeit darf man nicht völlig ausschließen, aber die Existenz einer großen Koalition ist kaum wahrscheinlich. Die heutige Koalition wird noch einige Zeit halten. Änderungen können nur nach den nächsten Wahlen erfolgen. *(Ironisch)* Ihr Freund Strauß will eine große Koalition, Späth[60] auch.

M. G. Strauß ist ein interessanter Gesprächspartner.[61] Mit Ihnen haben wir aber auch sehr gut und inhaltsreich gesprochen. Morgen sprechen unsere Genossen mit Ihnen über andere Fragen, darunter auch über die regionalen Konflikte. Noch einmal äußere ich unsere feste Überzeugung: Die regionalen Konflikte sind nur durch politische Regelungen zu lösen.

W. B. Wir schätzen es sehr hoch ein, dass Sie uns so viel Zeit gewidmet haben. Wir wünschen Ihnen Erfolg bei Ihren Perestroika-Bemühungen. Wir hoffen, dass unsere gemeinsamen Anstrengungen zur Lösung der internationalen Probleme ebenfalls erfolgreich sein werden.

Wir möchten Ihnen ein kleines Geschenk übergeben. Das ist eine Genfer Veröffentlichung der russischen Opposition von 1870, die in einer Zeit erschien, als Ihre Partei noch nicht existierte.

M. G. 1870 ist doch Lenins Geburtsjahr. Herzlichen Dank. Auch ich wünsche Ihnen Erfolg und hoffe auf die weitere fruchtbare Zusammenarbeit zwischen der KPdSU und der Sozialistischen Internationale.

Nr. 44
Schreiben des Ehrenvorsitzenden der SPD, Brandt, an den Generalsekretär des ZK der KPdSU, Gorbatschow
2. August 1988[1]

AdsD, WBA, A 13, 161 B.

Sehr geehrter Herr Generalsekretär,
es ist ein ungewöhnlicher Grund, der mich zu diesem Brief an Sie veranlasst. Ich fühle mich dazu ermutigt als ein Mann, der selbst bei seiner Politik der Normalisierung und Entspannung nationalistischen Gegenwind erlebt hat und mit seinen begrenzten Möglichkeiten helfen will, dass Ihr Kurs erfolgreich verläuft.

Grund meiner Sorge sind die zunehmenden Spannungen zwischen Rumänien und Ungarn.[2] Wenn die rumänischen Absichten ungehemmt durchgeführt werden, sind Spannungen unausbleiblich, weil die neue ungarische Führung nicht einfach hinnehmen wird, dass ihr Vertrauenskredit in der Bevölkerung aus einem solchen Grund aufgezehrt wird.[3] Es geht um die Vermeidung einer konfliktträchtigen Situation zwischen Staaten des Warschauer Vertrages, während über ein europäisches Haus diskutiert wird, also die Vermeidung einer Ost-Ost-Spannung, während Ost-West-Entspannung angestrebt wird.

Wie ich höre, waren Ihre Bemühungen erfolgreich, die rumänische Position soweit zu bewegen, dass der Abschluss eines Mandats in Wien hoffentlich bald möglich wird.[4] Aber mit der wünschenswerten Formel in Wien, die die Verhandlungen ermöglicht, ist in diesem wie in anderen Fällen noch nichts zur Substanz gewonnen.

Ich habe gewiss die Frage der Menschenrechte niemals als eine Keule im Kalten Krieg missbraucht, aber es ist schwer hinnehmbar, wenn ein Land der europäischen Völkerfamilie sich so klar ausserhalb dessen bewegt, was an der Schlussakte von Helsinki[5] unumstritten ist, und sich vielleicht erst recht dazu legitimiert fühlt, sein praktisches Verhalten nicht zu ändern, wenn ein verbales Nachgeben den Kompromiss ermöglicht hat.

Sie werden mir sicher zustimmen, dass die Erfahrungen zu der Vermutung berechtigen, einige Kreise im Westen könnten eine derartige Entwicklung zum Vorwand nehmen, um den notwendigen Prozess der konventionellen Abrüstung und dessen, was der Warschauer Vertrag gerade vorgeschlagen hat[6], zu verzögern. Sie kennen meine Position: Die Entspannung in Europa soll nicht unter den ungelösten Problemen der beiden Weltmächte leiden (nicht zuletzt Sie selbst haben diese Gefahr weitgehend gebannt). Das bedeutet aber auch: Fortschritte in Europa dürfen nicht unter einem Konflikt von zwei Verbündeten der Sowjetunion leiden.

Ich wäre froh, wenn Sie sich zu einem Schritt der Einwirkung auf Herrn Ceaușescu entschliessen würden mit dem Ziel, dass mit dem Beginn der Wiener Verhandlungen eine erkennbare Änderung des praktischen rumänischen Verhaltens wünschenswert und im Gesamtinteresse sogar erforderlich wäre.[7] Es ist übrigens ganz unverständlich, wenn direkte bilaterale Gespräche zur Lösung eines Problems abgelehnt werden, während sie zwischen potentiellen Gegnern unterschiedlicher Bündnisse schon Norm geworden sind.[8]

Da ich Ihnen nichts zumuten will, während ich einen nicht sehr angenehmen Schritt vermeide, habe ich mich auch direkt an Herrn Ceaușescu gewendet.[9] Meine Zeilen an ihn füge ich zu Ihrer persönlichen Information bei.

Sie werden sicher verstehen, dass dies mit einer Einmischung in Ihre inneren Angelegenheiten nichts zu tun hat.

Ich habe mit Respekt vom Verlauf Ihrer grossen Konferenz[10] Kenntnis genommen und
grüsse Sie in Verbundenheit
‹Willy Brandt›[11]

Nr. 45
Schreiben des Ehrenvorsitzenden der SPD, Brandt, an den
Generalsekretär des ZK der KP Rumäniens, Ceauşescu
2. August 1988[1]

AdsD, WBA, A 10.1, Büroleiter Klaus Lindenberg, 11.

Sehr geehrter Herr Generalsekretär,
es ist ein ungewöhnlicher Grund, der mich zu diesem Brief veranlasst.[2]

Ich tue es in der unvergessenen Erinnerung an unsere Begegnungen am Schwarzen Meer, in Bonn wie in Ihrer Hauptstadt und an die bahnbrechende Rolle, die Ihr Land, und nicht zuletzt Sie selbst, für die Politik der Entspannung, die Aufnahme diplomatischer Beziehungen zur Bundesrepublik Deutschland und die Politik der Abrüstung in Europa gespielt haben.[3]

Gerade diese Rolle, das Ansehen und Gewicht, das dadurch gewonnen wurde, darf meiner Überzeugung nach nicht gefährdet werden, indem die Spannungen zwischen Ihrem Land und der Ungarischen Volksrepublik eine Bedeutung erhalten, die ihnen angesichts der historischen Entwicklungen in Europa nicht zukommen.

Sie kennen – wie ich – das Interesse einiger Kreise, auch Vorwände zu benutzen, um den notwendigen Kurs der Abrüstung und Entspannung im Interesse Europas zu verlangsamen oder faktisch zu blockieren.

Sie selbst haben in den zurückliegenden Jahren interessante Vorschläge zur Abrüstung in Europa gemacht, die den Interessen vieler europäischer Staaten entsprechen. Auch dies darf meines Erachtens nicht verdunkelt werden.

Gerade wenn in Wien die Voraussetzungen geschaffen werden, um das grosse Werk zu beginnen, an dessen Ende ein europäisches Haus stehen soll[4], wird ein rumänisches Verhalten zu einem unentbehrlichen Beitrag, der in diesem Geist zu einem entspannenden Modus vivendi zu seinem Nachbarn Ungarn führt.

Ich hoffe sehr, dass Sie meinen Brief als Ausdruck der Sorge eines Mannes empfinden, der weder persönliche noch parteipolitische Interessen damit verbindet, sondern ausschliesslich die, dass Entspannung und Abrüstung in Europa möglichst zügig vorankommen und alles das geschieht, worüber wir schon Anfang 1967 gesprochen haben.[5]
Mit freundlichen Grüssen und
guten Wünschen
‹Willy Brandt›[6]

Nr. 46
Schreiben des Ehrenvorsitzenden der SPD, Brandt, an den Parlamentspräsidenten der Islamischen Republik Iran, Rafsanjani
24. August 1988[1]

AdsD, WBA, A 10.1, Büroleiter Klaus Lindenberg, 10.

Sehr geehrter Herr Präsident,
das Lebenszeichen von Herrn Dr. Cordes, das der Familie und der Bundesregierung durch Ihren Mitarbeiter übermittelt worden ist, hat in meinem Land und in meiner Partei ein positives Echo gefunden. Aber es sind auch die Erwartungen für eine baldige Freilassung von Herrn Dr. Cordes gewachsen. Ich darf Sie deshalb sehr herzlich darum bitten, im Interesse der Menschlichkeit Ihre Bemühungen fortzusetzen.[2]

Sie kennen meine Sorgen ‹um den›[3] internationalen Terrorismus, alle unsere Länder sind davon betroffen. Ich hoffe, daß die Voraussetzungen günstiger geworden sind, um einen großen Teil der Ursache dieses Terrorismus zu beseitigen. Das Gespräch, das Ihr Mitarbeiter am 29. Juli 1988 mit dem Vorsitzenden der Sozialdemokratischen Partei Deutschlands, Herrn Dr. Vogel, geführt hat[4], hat gute

Voraussetzungen geschaffen für weitere Konsultationen zwischen Ihnen und uns.[5] Ich werde mich dafür einsetzen, daß solche Konsultationen auch in dem dafür zuständigen Gremium der Sozialistischen Internationale geführt werden. Lassen Sie mich abschließend sagen, daß ich sicher bin, daß eine Intervention von Ihrer Seite dazu beitragen wird, die Kontakte Ihres Landes zur Bundesrepublik Deutschland, aber auch zu anderen Ländern in der Welt, zu intensivieren.

Ihrem Lande wünsche ich einen baldigen und gerechten Frieden.[6]
Mit freundlichen Grüßen[7]

Nr. 47
Aus der Rede des Ehrenvorsitzenden der SPD, Brandt, über „40 Jahre Grundgesetz – Hoffnung und Verpflichtung" in der Friedrich-Ebert-Stiftung in Bonn
14. September 1988[1]

Frankfurter Rundschau vom 15. September 1988.[2]

I.

Es begann mit einem doppelten Mißverständnis: dem vom Provisorium und dem von der kurzen Dauer der Teilung Deutschlands. Wir erkennen mittlerweile die tiefere Bedeutung in dem unserem französischen Nachbarn mehr als uns geläufigen Wort, nichts sei dauerhafter als das Provisorium.

[...][3]

Wir wissen nicht, wie in einem Prozeß der sich neu zusammenfindenden Teile Europas die mit der Zusammengehörigkeit der deutschen Nation zusammenhängenden Fragen beantwortet werden mögen. Doch ist auch unabhängig davon vielen klargeworden, daß Bismarcks Reich eher die Ausnahme der deutschen Geschichte darstellt. Und im geschichtlichen Zusammenhang stellt sich inzwischen die Weimarer Republik – viel mehr denn die Bonner – als das Provisorium dar. Nicht einmal die Staatsform, geschweige denn die Farben der Flagge[4] waren nach 1918 in der Zustimmung einer soliden Mehrheit verankert. Der qualitativ bedeutende Unterschied zwischen Weimar und Bonn liegt darin, daß die wesentlichen politischen und die durch sie repräsentierten gesellschaftlichen Kräfte anders als damals die – an die demokratischen Traditionen des Westens anknüpfenden – Ordnungselemente und Spielregeln des Grundgesetzes akzeptiert oder sich sogar zueigen gemacht haben. ‹Das ist es, was man bei uns als Verfassungskonsens rühmt, also die Akzeptanz tragender Grundsätze, die das Funktionieren und – nach menschlichem Ermessen – die Kontinuität des Gemeinwesens gewährleisten.›[5]

Die Verfassung vom Mai '49 mit ihren Grundrechten, mit der Vorgabe von Zielen eines modernen Rechts- und Sozialstaats, den an alten Erfahrungen und neuen Notwendigkeiten orientierten Organisationsnormen, hat in den vierzig Jahren ihrer Geltung den nicht über Gebühr einengenden Rahmen geboten, der es möglich macht, staatliches Handeln, seine Institutionen und Organisationsformen den sich ändernden Bedingungen anzupassen. Weder die Mitwirkung am Prozeß der europäischen Einigung wird dadurch behindert, noch eine, wenn sie denn möglich sein sollte, qualitative, über die Regelung praktischer Fragen hinausgehende Veränderung des Verhältnisses zwischen den auf deutschem Boden etablierten Staatsgebilden.

Die Bedingungen, unter denen das Kaiserreich ohne eigentlichen Bruch mit den alten Gewalten in die Weimarer Republik transformiert wurde, sind nicht mit denen zu vergleichen, unter denen aus den Trümmern der Naziherrschaft ein staatliches Notdach gezimmert wurde. Freilich sollte nicht verkannt werden, daß wir hier im deutschen Westen nicht nur unter den Lasten von Krieg und Kriegsfolgen zu leiden hatten, sondern in mancherlei Hinsicht auch zu Nutznießern des Ost-West-Konflikts geworden waren. Inzwischen hat der Zeitablauf neuen Generationen die Chance gegeben, zu bestätigen, was sich bewährt hat, und anderes dem Prüfstand kritischer Überprüfung zuzuweisen.

[...][6]

V.

Ich komme zu noch einem Mißverständnis, wenn wir es denn, weil das Eingeständnis von Realitätsverlust auf diese Weise nicht so wehtut, so nennen wollen: Wir haben lange so getan, ich auch, aber unser höchstes Gericht länger, als ich begreifen kann, als verpflichte uns das Grundgesetz zur ‹*Wieder*vereinigung.›[7]

In Wirklichkeit spricht die Präambel des Grundgesetzes von der Verpflichtung des gesamten deutschen Volkes, „in freier Selbstbestimmung die Einheit und Freiheit Deutschlands zu vollenden".[8] Damit sollte gesagt werden, daß sich das durch Hitlerkrieg und Besatzung gespaltene Volk trotz dieser Spaltung in einer Schicksalsgemeinschaft befinde. Die Einheit zu beschwören, war mehr als eine Fiktion, wiewohl wir wissen, daß die bundesrepublikanische Wirklichkeit im Verständnis vieler nicht nur Geführter, sondern auch Führender mit dem Rücken zum anderen Teil Deutschlands Gestalt annahm.

Seit Anbeginn hat es eine erhebliche Verwirrung der Begriffe gegeben, und damit wurde aus Einheit ‹*Wieder*vereinigung.›[9] Als ob die Geschichte und die europäische Wirklichkeit für uns eine Anknüpfung an das Bismarck-Reich bereithielte. Oder als ob sich das ganze Problem darauf reduziere, wie sich der Anschluß der DDR an die Bundesrepublik Deutschland vollziehen lasse oder vollziehen werde. ‹Ich habe mich, wie man weiß, über Karlsruhe nie so geäußert, wie es mir seinerzeit nachgesagt wurde[10], doch wie der Begriff Wiedervereinigung im Bundesverfassungsgerichtsurteil[11] zum Grundlagenvertrag in Anspruch genommen wurde, das habe ich in der Tat für wirklichkeitsfremd und schon deshalb nicht für hilfreich gehalten. Ich meine die Vorstellung vom Reich, das nur vorübergehend nicht „handlungsfähig" sei. Und den qualitativen Ver-

Der SPD-Ehrenvorsitzende während seines Vortrags bei der Veranstaltung „40 Jahre Grundgesetz – Hoffnung und Verpflichtung" in der Friedrich-Ebert-Stiftung in Bonn am 14. September 1988.

349 Rede über „40 Jahre Grundgesetz", 14. Sept. 1988

gleich zwischen der Grenze zur DDR und Grenzen zwischen den Bundesländern.›¹²

Die Entstehungsgeschichte des Grundgesetzes belegt, daß es Sozialdemokraten waren, die die nationale Einheit besonders deutlich auf ihre Fahne geschrieben hatten. „Das Streben der deutschen Sozialdemokratie geht auf Deutschland als eine ökonomische, nationale und staatsrechtliche Einheit", sagte Kurt Schumacher auf dem Nürnberger Parteitag im Sommer '47.¹³ Sein großer Gegenspieler, Konrad Adenauer, hatte schon im ersten Jahr nach Kriegsende erklärt: „Meiner Ansicht nach sollten die Westmächte die drei Zonen, die sie besetzt halten, tunlichst in einem staatsrechtlichen Verhältnis zueinander belassen."¹⁴

‹Die Vorstellung, den deutschen Westen in Ordnung zu bringen und stark zu machen, war nicht auf Anhänger des ersten Bundeskanzlers beschränkt, aber die Geister schieden sich, wo es darum ging, konkret herauszufinden, ob und wie die Teile Deutschlands – anders als durch Anschluß – wieder zusammengefügt werden könnten.›¹⁵

Statt sich mit einer veränderten weltpolitischen Realität auseinanderzusetzen, stand hierzulande die Fiktion des nationalpolitisch Vergangenen hoch im Kurs. Mit der Theorie vom Fortbestand des Deutschen Reiches – mein Freund Carlo Schmid sprach von der „gesamtdeutsche(n) Hoheitsgewalt in Westdeutschland"¹⁶ –, die das Bundesverfassungsgericht dann aufgenommen hat, haben auch wir uns den Umgang mit dem Problem der deutschen Einheit gewiß nicht leichter gemacht. Vollends durch den kalten Krieg und seine Nachwirkungen gefördert, wurde die Hoffnung auf ‹Wiedervereinigung›¹⁷ geradezu zu einer Lebenslüge der zweiten Deutschen Republik.

Es war notwendig, daß wir mit unserer Ostpolitik diesen Realitätsverlust zu überwinden suchten; es war nicht einfach, aber inzwischen sind fast alle dafür. „Ich wollte, wir wollten, daß ungelöste Fragen der Vergangenheit uns nicht daran hinderten, die Zukunft zu gestalten"¹⁸ – so habe ich das Ziel unserer Ostpolitik seinerzeit umschrieben.

Mit jenen Verträgen ging, sagte ich damals, „nichts verloren, was nicht längst verspielt worden ist".¹⁹ In den Briefen zur deutschen Einheit haben wir festgehalten, daß der Wunsch der Deutschen auf Selbstbestimmung mit den Verträgen nicht untergegangen ist.²⁰ In der Präambel zum Grundlagenvertrag und in Verbindung mit den Ost-Verträgen wurde der Dissens in der nationalen Frage festgehalten.²¹

‹Ich habe damals und auch danach bezweifelt, daß Karlsruhe damals den inneren Frieden gefördert habe, wie es ein Kommentator des Urteils beschrieb (der übrigens das Urteil für falsch erklärte). Man konnte seinerzeit sogar den Eindruck gewinnen, die Lautstärke der Argumente sei mehr als ihr Gehalt beachtet worden.

Es wurde registriert, daß das Gericht in einer Entscheidung über die DDR-Staatsangehörigkeit seine frühere Auffassung behutsam korrigierte²², und es wurde natürlich auch vermerkt, daß der Präsident des Bundesverfassungsgerichts am 17. Juni '88 vor dem Bundestag Worte fand²³, die in einer veränderten Landschaft nach vorne weisen können.›²⁴ Ich bleibe bei der Überzeugung, daß die Stärkung der Stabilität und Frieden im Zentrum Europas zu einem Element der Außenpolitik beider deutscher Staaten werden und bleiben sollten, mit dem sie einen Dienst für Europa leisten; wenn man so will, eine späte Wiedergutmachung dafür, daß und wie vom deutschen Boden Krieg ausgegangen ist: „Verantwortungsgemeinschaft gibt es auch in der Trennung, ja, sie erwächst aus ihr."²⁵

Die Präambel des Grundgesetzes²⁶ steht der Organisation des Friedens in Europa ebensowenig im Wege wie dem westeuropäischen Binnenmarkt und einer Währungsentwicklung der Europäischen Gemeinschaft.

VI.

[...]²⁷

Der Ausbau der Europäischen Gemeinschaft wird die Prinzipien einer gesunden föderalen Struktur erneut auf die Probe stellen. Es läßt sich bereits ablesen, daß die Regionen eine wichtige Rolle spielen werden, wo der Nationalstaat weiterhin relativiert wird. Es sollte auch klar sein, daß ein demokratisch verfaßtes Europa nur ein solches sein kann, in dem parlamentarisch kontrolliert und mitentschieden wird.

Sozialdemokraten sollten auf die neuen Herausforderungen gut vorbereitet sein. Aber natürlich ist vielen nicht mehr bewußt, daß die „Vereinigten Staaten von Europa" nicht erst seit dem Heidelberger Parteitag von 1925[28] zu unserer Programmatik gehören, sondern daß diese Zielsetzung schon *vor* dem deutsch-französischen Krieg von 1870/71 vertreten wurde. Ich erinnerte daran, daß während der Nazizeit die Forderung nach europäischer Einigung in den Dokumenten der inneren Opposition ebenso wie in denen des Exils eine bedeutende Rolle spielte.

‹Mit einigem Erstaunen habe ich kürzlich gesehen, daß die Sozialunion im Rahmen der EG als eine Neuentdeckung dargestellt wird. Wer sich die Mühe macht, nachzulesen, wird allerdings feststellen können, daß dies ein Thema meiner Saarbrücker Parteitagsrede '70[29] war und daß ich im Herbst '72 die Gipfelkonferenz in Paris – Vorläufer des Europäischen Rates – mit einem Memorandum befaßte, das diesen Gegenstand zum Inhalt hatte.[30] Es ist nicht alles neu, was so angepriesen wird. Aber besser spät als nie. Wobei es klar sein sollte, daß eine Einigung auf den kleinsten gemeinsamen Nenner nicht in Betracht kommen kann; käme es darüber zum Streit, hätten wir das Grundgesetz auf unserer Seite.›[31]

Jedenfalls ist zu vermuten, daß auch unser bundesstaatliches System durch die europäische Entwicklung neu gefordert sein wird. Daß Europa verfassungsrechtliche Anpassungen der beteiligten Gliedstaaten nach sich ziehen wird, liegt auf der Hand. Aber es kann nicht deutlich genug gesagt werden, daß Mitwirkungsrechte der Bürger nicht zurückgestutzt werden dürfen; sonst gefährdet man die Einigung.

[...][32]

Nr. 48
Schreiben des Präsidenten der SI, Brandt, an den Planungs- und Forschungsoffizier im NATO Defense College in Rom, Peter von Schubert
25. Januar 1989[1]

AdsD, WBA, A 3, 1066.

Lieber Herr von Schubert,
auf der Grundlage dessen, was Pierre Harmel und Klaus Schütz geschrieben haben, bin ich der Auffassung[2]:
1. Eine Formulierung der heutigen Ziele der NATO würde anders aussehen als 1967.[3] Wir werden wohl bis Mitte des Jahres „das Gesamtkonzept" vorliegen haben, hoffentlich also die Vorstellung, wie Europa, mindestens was seine Sicherheit angeht, am Ende der Phase aussehen soll, die jetzt in Wien begonnen[4] und die vielleicht länger als zehn Jahre dauern wird. Schon dabei wird deutlich werden, daß für das anzustrebende Ziel der Gemeinsamen Sicherheit kein Link zur Lösung der deutschen Frage enthalten sein wird.
2. Heute ist deutlicher, als es 1967 sein konnte, daß die staatliche deutsche Einheit nicht zur Vorbedingung der europäischen Sicherheit gemacht werden darf. Im Gegenteil: Sofern es für die Deutschen ‹in dieser Hinsicht veränderte Perspektiven›[5] gibt, werden sie erst entstehen, wenn die Sicherheits-Frage keine entscheidende Rolle mehr spielt. (Dann wird es immer noch die Schwierigkeiten geben, ‹die durch die unterschiedlichen politischen Systeme und die sich ändernden wirtschaftlichen Realitäten bedingt sind.›[6])
Es ergibt sich also, daß ein vertraglich fixierter Zustand der Sicherheit für Europa als das Ziel der nächsten Etappe für die Allianz mit den beiden existierenden deutschen Staaten erreicht werden wird.
3. Es wäre wahrscheinlich zuviel verlangt, vom Bündnis eine Formulierung zu erwarten, daß ‹staatliche deutsche Einheit logisch

nicht erreichbar ist, solange NATO und Warschauer Vertrag bestehen.>[7] Da beide Bündnisse unentbehrlich sind, um Stabilität und Sicherheit für Europa zu garantieren, könnte eine Re-Definition der Ziele des Bündnisses die Auffassung enthalten, daß seine Mitglieder vom berechtigten Anspruch des deutschen Volkes auf Selbstbestimmung überzeugt bleiben.
Mit freundlichen Grüßen
‹Willy Brandt›[8]

Nr. 49
Interview des Ehrenvorsitzenden der SPD, Brandt, für den *Express*, Köln
7. Juni 1989[1]

Express vom 7. Juni 1989.

Willy Brandt fürchtet neues Blut-Vergießen

EXPRESS: Wie soll die Bundesrepublik bzw. die Bundesregierung auf die blutigen Unruhen in China[2] **reagieren?**

Brandt: „An unserer Abscheu, unserer Sorge und unserem Mitgefühl darf es keinen Zweifel geben. Aber mit dem Ruf nach Abbruch der Wirtschaftsbeziehungen ist es jetzt wirklich nicht getan. Wir sollten auch nicht so tun, als ob sich die Reformkräfte nicht doch noch durchsetzen könnten."

EXPRESS: Was bedeuten diese Vorgänge für die anderen kommunistischen Länder und deren Reformprozesse, zum Beispiel die Sowjetunion, Polen und Ungarn?

Brandt: „Ich glaube nicht, daß es hier einen direkten Zusammenhang gibt. Revolutionäre Prozesse enthalten allerdings immer mehr als nur eine Möglichkeit. Schlecht beraten waren wir allerdings von denen, die meinten, uns eine gute chinesische statt einer schlechten russischen Karte empfehlen zu sollen."³

EXPRESS: **Wie schätzen Sie die Machtverhältnisse in China ein? Gibt es dort wirklich noch eine Chance für die reformorientierten Kräfte? Oder befürchten Sie einen längerwierigen [!] Bürgerkrieg?**

Brandt: „Wir wissen noch zu wenig von dem, was in China im Gange ist. Ich fürchte, daß sich ausweitende blutige Auseinandersetzungen nicht auszuschließen sind. Aber meine Hoffnung geht natürlich dahin, daß die auf Öffnung, Erneuerung und Demokratisierung gerichteten Kräfte bald eine neue Chance haben werden."

Nr. 50
Aus der Rede des Ehrenvorsitzenden der SPD, Brandt, vor dem Deutschen Bundestag zum Staatsbesuch des Generalsekretärs des ZK der KPdSU und Präsidenten der Sowjetunion, Gorbatschow
16. Juni 1989

*Verhandlungen des Deutschen Bundestages, Stenographische Berichte, 11. Wahlperiode, 150. Sitzung, S. 11190–11193.*¹

Brandt (SPD): [...]² Dies war, wie wir gehört und gelesen haben oder uns sogar überzeugen konnten, ein inhaltsvoller Besuch.³ Es war ein Erfolg der Bundesregierung, zu dem wir gratulieren, (Beifall bei der SPD, der CDU/CSU, der FDP sowie bei Abgeordneten der GRÜNEN) zumal sie sich eine früher heftig umstrittene, nein angefeindete Politik zu eigen gemacht hat, (Heiterkeit und Beifall bei der SPD und bei Abgeordneten der GRÜNEN) wozu wir auch gratulieren. (Erneute Heiterkeit und Beifall bei der SPD und den GRÜNEN sowie bei Abgeordneten der CDU/CSU) Das ist eine Wende, zu der wir Glück wünschen. (Heiterkeit und Beifall bei der SPD und den GRÜNEN)

Die Gemeinsame Erklärung[4] ist mit vollem Recht, meine Damen und Herren, für die Staaten und nicht bloß für die Regierungen formuliert worden. Diese Linie wird, wie ich sehen kann, von allen wichtigen politischen Kräften in der Bundesrepublik Deutschland getragen. Das heißt: Sie ist für die anderen verläßlich und berechenbar.

Sie, Herr Bundeskanzler, und Ihre Mitarbeiter in der Regierung haben es dabei leicht, leichter als es andere vor Ihnen hatten. (Beifall bei der SPD und des Abg[eordneten] Schily [GRÜNE])

Mit meinen politischen Freunden begrüße ich die Ergebnisse dieser Tage, soweit es sich darum handelt, der praktischen Zusammenarbeit einiges hinzuzufügen und dabei nicht zuletzt die Rahmenbedingungen zu verbessern, unter denen sich ein zunehmender wirtschaftlicher Austausch vollziehen kann. „Hilfe" würde ich das, wo es um beiderseitige, also auch eigene Interessen geht, nicht nennen. Die braucht und sollte man, auch nicht indirekt, als Wohltätigkeit deklarieren. (Beifall der Abg. Frau Dr. Vollmer [GRÜNE])

Die Haarspalterei orthodoxer Statuspriester in Sachen Berlin hat auch 18 Jahre nach dem Viermächteabkommen, 19 Jahre nach dem Moskauer Vertrag nicht voll überwunden werden können. Das ist aus meiner Sicht mehr als ein Schönheitsfehler und korrekturbedürftig. Wenn ich den Bundeskanzler richtig verstanden habe, könnte sich dort etwas andeuten.[5] Das wäre ja nur zu begrüßen. (Beifall bei der SPD, der CDU/CSU, der FDP sowie des Abg. Schily [GRÜNE])

Die Bilanz, meine Damen und Herren, bleibt gleichwohl in doppelter Hinsicht positiv. Das eine Positivum ergibt sich aus dem, was zwischenstaatlich vereinbart wurde; das andere sind die gemeinsamen – „Textübungen" hätte ich fast gesagt – Orientierungen – so will ich sagen –, auf die gestützt den Bemühungen um die Organisation des Friedens in Europa zusätzliche Impulse verliehen werden sollen. Die Gefahr von Formelkompromissen, Herr Bundeskanzler, ist natürlich weiterhin nicht von der Hand zu weisen. Sie ist aber geringer geworden, soweit ich sehen kann. Das ist auch schon etwas.

Ich habe – das bleibt einem nicht erspart, wenn man mein Alter erreicht hat – schon viele Texte gelesen, (Heiterkeit) viele Texte, die sich gut und vielversprechend lasen – mit einigen davon habe ich wohl auch direkt zu tun gehabt. Also weiß ich: Wichtiger als der Wortglanz von Prinzipien ist, was man mit und aus ihnen macht. (Beifall bei allen Fraktionen) Aber, verehrte Kolleginnen und Kollegen, ich stehe nicht an zu sagen, die Gemeinsame Erklärung vom Dienstag ist ein gewichtiges Dokument. Sie formuliert eine Art gemeinsamer Philosophie – wie man heutzutage sagt – der Grundsätze für die Überwindung der europäischen Teilung. Wenn sich die beiden Staaten und ihre Regierungen daran orientieren, sich in ihrer Tagespolitik daran orientieren, dann werden sie den Erfolg haben, den ich uns allen wirklich wünsche.

Gorbatschows Satz, daß unsere Zusammenarbeit zu einem Katalysator, zu einem Katalysator neuer Beziehungen zwischen Ost und West, werden könnte, habe ich gern gehört.[6] Ich sage offen: Andere Bezüge erscheinen mir eher wie alte, nicht sonderlich beeindruckende Bekannte, Textbekannte. Etwa zum Selbstbestimmungsrecht der Völker und zu den Menschenrechten[7] ist schon bei früheren Gelegenheiten Wegweisendes zu Papier – zu Papier! – gebracht worden. Manches steht schon in der Charta der Vereinten Nationen[8], anderes stand schon in der Erklärung von Helsinki.[9] Hoffentlich kann mehr daraus werden.

Von allem anderen abgesehen: Wenn wir miteinander das Niveau der Rüstungen in Europa wesentlich herunterschrauben helfen und wenn die Atomwaffen davon nicht ausgenommen werden, (Beifall bei der SPD und den GRÜNEN sowie bei Abgeordneten der CDU/CSU und der FDP) gibt es neue Hoffnung für eine friedliche Zukunft.

Dem sowjetischen Partei- und jetzt auch Staatschef[10] ist im übrigen noch nicht nachgesagt worden, daß er von PR keine Ahnung habe. (Heiterkeit) „Public relations", was bei uns „Öffentlichkeitsarbeit" genannt wird, heißt drüben wohl noch immer „Propaganda". (Heiterkeit) Auf dem Gebiet haben sich die einen wie die anderen in diesen Tagen so gut bemüht, wie sie konnten. (Heiterkeit) Man

Begleitet vom sowjetischen Außenminister, Eduard Schewardnadse (vorne l.), vom nordrhein-westfälischen Ministerpräsidenten, Johannes Rau (hinten r.), und von zwei Dolmetschern, erzählt Willy Brandt dem sowjetischen Staatspräsidenten, Michail Gorbatschow, während einer gemeinsamen Zugfahrt von Bonn nach Dortmund am 15. Juni 1989 folgenden Witz: „Bush, Gorbatschow und Honecker haben Audienz beim lieben Gott. Dort erfahren sie: ‚In 14 Tagen kommt die Sintflut.' Zu Hause stellen sie sich einzeln der Presse. Bush berichtet von einer guten und einer schlechten Nachricht: Der liebe Gott entbiete allen Amerikanern ein kräftiges ‚God bless you', doch in zwei Wochen gehe die Welt unter. Gorbatschow berichtet von zwei schlechten Nachrichten: Den lieben Gott gebe es wirklich, und in 14 Tagen gehe die Welt unter. Honecker überbringt zwei gute Nachrichten: Gott habe die DDR anerkannt, und in 14 Tagen fielen Glasnost und Perestroika ins Wasser." Zit. aus: Der Spiegel, Nr. 25 vom 19. Juni 1989, S. 22.

könnte meinen, dies habe damit zu tun – so ein Besucher aus Übersee zu mir –, daß am Sonntag bei uns gewählt werde.[11] Dieser Besucher hat sich aufklären lassen; aber er hat hinzugefügt, Gorbatschow, falls er kandidierte, hätte doch wohl eine gute Chance. (Heiterkeit und Beifall) Dem konnte ich nun wieder nicht widersprechen. (Heiterkeit) Aber erstens kandidiert er nicht und zweitens nicht in Listenverbindung mit seinen Gastgebern in diesen Tagen; (Heiterkeit) mit anderen aber auch nicht.

Gewiß: Miteinander zu tun haben westeuropäische Einheit und gesamteuropäische Einigung schon. Das wird ja auch, wenn man genau hinhört – auch wenn man es sonst nicht wüßte –, bei jenem Besuch deutlich, den Präsident Mitterrand dieser Tage – nicht zufällig dieser Tage – in Polen macht.[12] (Dr. Dregger [CDU/CSU]: Das war gut!) Da ich „Polen" gesagt habe, füge ich „Ungarn" hinzu. Herr Bundeskanzler, wenn ich nicht hätte hier sein müssen, dann wäre ich heute gern, da ich eingeladen war, in Budapest dabeigewesen, (Beifall bei der SPD und bei Abgeordneten der CDU/CSU) wenn auf demonstrativ bewegende Weise einer der schlimmsten Justizmorde der europäischen Nachkriegsgeschichte jedenfalls symbolisch überwunden wird.[13] (Beifall bei allen Fraktionen)

Mit meinen politischen Freunden – vermutlich nicht nur mit ihnen, aber gerade auch mit ihnen – grüße ich alle, die sich im sogenannten Osteuropa – als ich zur Schule ging, hieß das noch anders – (Dr. Dregger [CDU/CSU]: Mitteleuropa!) auf jenen Weg begeben haben, der von Recht und Freiheit, europäischer Freiheit, handelt.

Meine Damen und Herren, beide Prozesse, die ich andeute, der westeuropäische und der gesamteuropäische Prozeß, können, wenn man Glück hat, in den 90er Jahren – wohl eher in der zweiten Hälfte der 90er Jahre als in der ersten – zu ganz wichtigen Zwischenergebnissen führen. Es wird inhaltlicher Klarheit und ziemlich viel politischer Weisheit bedürfen, damit aus Schnittlinien nicht allzu schwierige Bruchstellen werden.

Ich gehe davon aus, daß die meisten von uns, weil es im deutschen Interesse liegt, verhindern helfen möchten, daß die beiden großen europäischen Prozesse dieses Zeitabschnitts miteinander unnötig kollidieren. (Beifall bei der SPD und des Abg. Dr. Dregger [CDU/CSU])

[...]¹⁴

Beim Blick zurück freue ich mich darüber, daß die Zeit hinter uns liegt, in der der Vertrag mit der Sowjetunion wie [der] mit Polen nach hartem Streit der Meinungen und Emotionen nur mit knapper Mehrheit angenommen und auch der Weg nach Helsinki zur gesamteuropäischen Konferenz heftig umstritten war.¹⁵

Heute wird wohl den allermeisten klar sein: Ohne unseren Beitrag, ohne unsere Ostpolitik keine Überwindung des Kalten Krieges. (Beifall bei der SPD, der FDP und bei Abgeordneten der GRÜNEN) Ohne den Moskauer Vertrag keine Konferenz über Sicherheit und Zusammenarbeit in Europa, die nach sehr schwierigen, enttäuschenden Anlaufjahren dann durchaus Vernünftiges zustande gebracht hat.

Aber, wie wir seinerzeit sagten: Keine deutsche Ostpolitik, die nicht im Westen verankert ist! (Beifall bei der SPD, der CDU/CSU und der FDP sowie des Abg. Schily [GRÜNE])

So, wie wir dies damals sagten – wohl nicht von allen damals klar genug angenommen –, sage ich heute: Die Europäische, lies: westeuropäische Gemeinschaft, zu der wir gehören, muß offenbleiben für die sinnvolle Zusammenführung aller Teile des Kontinents, und Europa muß sein Gewicht mehren, ohne sich gegen Amerika zu formieren. (Beifall bei der SPD, der CDU/CSU und der FDP)

Ich bekenne, daß mir so war, als hätten in den Wochen vor dem Bush-Besuch¹⁶ einige zu tief in die nationale Mottenkiste gegriffen.¹⁷ Der Teil der europäischen Hausordnung, der in Wien hinsichtlich militärischer Stabilität auf möglichst niedrigem Niveau geschrieben wird¹⁸, kommt nur mit Amerika zustande. Das weiß man in Moskau, und in Bonn sollte uns dies erst recht bewusst bleiben. (Beifall bei der SPD, der CDU/CSU und der FDP – Beifall des Abg. Schily [GRÜNE])

Im übrigen rückt die Zeit näher, in der abzubauen sein wird, was die Menschen, zumal die Menschen eines Volkes, willkürlich voneinander trennt. Verstehen Sie es nicht falsch, wenn ich sage: Im August 1961 war man – nicht in Berlin, aber sonst – ziemlich allein mit dem Ruf: Die Mauer muß weg![19] (Bahr [SPD]: Sehr wahr! – Zuruf von der SPD: Weiß Gott!) Die Westmächte protestierten, bestätigten aber im übrigen, daß die andere Seite in ihrem Bereich machen könne, was sie für richtig halte. Hier in Bonn wurde dem sowjetischen Botschafter bestätigt, man teile unser Entsetzen, doch das Vorgefallene – wie es hieß –, solle die Beziehungen zwischen den beiden Staaten nicht stören.[20] (Zurufe von den GRÜNEN: Hört! Hört!) Ein Stück Rückerinnerung.

Warum erinnere ich daran? – Nicht nur, um uns klarzumachen, wie viel sich verändert hat, sondern auch, um davor zu warnen, in der veränderten Lage zu meinen, die beharrliche Arbeit am europäischen Frieden, die uns aufgegeben ist, sei nun plötzlich durch allzu einfache Formeln zu ersetzen, in Berlin oder anderswo. (Beifall bei der SPD und den GRÜNEN)

Mancher wird beispielsweise in diesen Tagen gleich mir gedacht haben: Ein Glück, daß wir nicht denen gefolgt sind, die sich jahrelang, und zwar einige von ihnen mit einer gewissen Hartnäckigkeit, darum bemühten, uns den Maoismus als eine vorteilhafte Alternative zum Leninismus zu empfehlen (Heiterkeit und Beifall bei der SPD – Beifall des Abg. Schily [GRÜNE]) und uns das große China als natürlichen und mächtigen Helfer auf dem Weg zu unseren europäischen und deutschen Zielen anzupreisen.[21] (Heiterkeit und Beifall bei der SPD) Das hat sich als ein ziemlicher Irrtum erwiesen.

Ein neuer Irrtum wäre es zu meinen, Glasnost[22] und Perestroika[23] kennzeichneten den Weg einer unfallfreien Fahrt. Ohne Rückschläge kann sich ein Prozeß von historischem Gewicht überhaupt nicht vollziehen. (Beifall bei der SPD und den GRÜNEN – Zustimmung des Abg. Dr. Dregger [CDU/CSU])

Mir käme es allerdings einigermaßen anmaßend vor, unsere Empfindungen in die simple Form eines „alles Gute" an die Adresse Gorbatschows zu kleiden oder gar hinzuzufügen, warum wir meinten, er müsse bleiben, was er ist. (Heiterkeit und Beifall bei der SPD und den GRÜNEN) Auf uns in Deutschland kommt es dabei nicht sonderlich an, aber erschweren sollten wir gewiß nichts von dem, was in östlicher Himmelsrichtung an Öffnung und Neugestaltung im Gange ist.

Das sympathische Bild vom europäischen Haus[24] ist im übrigen nicht so neu, wie manche meinen. Herr Gromyko hatte es schon Ende der 60er Jahre vor den Vereinten Nationen auf seiner Liste.[25] Breschnew hatte es bei seinem in anderem Zusammenhang erwähnten letzten Besuch in der Bundesrepublik Deutschland drauf, als er schon reichlich klapprig war.[26] (Heiterkeit) Ich will damit sagen: Das Bild ist sympathisch. Eine ordentliche Hausordnung zu finden, das bleibt schrecklich wichtig und auch mühsam. Dazu gibt es brauchbare Entwürfe, an denen weiter zu arbeiten sein wird. Sie haben ihre Bedeutung gerade für uns Deutsche hüben und drüben. Denn vom Dach, von den Etagen und von den Umgangsregeln hängt viel für die Art ab, in der wir Deutsche in Europa werden miteinander leben können.

Die Chancen – wenn ich dies abschließend sagen darf –, miteinander Vernünftiges zustande zu bringen, sind besser geworden. Das ist eine ganze Menge. Ich gehöre zu denen, die dafür dankbar sind. Aber ich möchte auch weiterhin bei denen sein, die einigermaßen eifersüchtig darüber wachen, daß die den Völkern gemachten Versprechen eingelöst werden. Denn nur wenn sie eingelöst werden, öffnen sich für Europa jene Chancen, auf die die Menschen hüben und drüben Anspruch haben. (Anhaltender Beifall bei allen Fraktionen)

Nr. 51
Aus der Rede des Ehrenvorsitzenden der SPD, Brandt, vor dem Deutschen Bundestag zum 50. Jahrestag des deutschen Überfalls auf Polen
1. September 1989[1]

Verhandlungen des Deutschen Bundestages, Stenographische Berichte, 11. Wahlperiode, 154. Sitzung, S. 11633–11637.[2]

Brandt (SPD): [...][3]
Ein faszinierender Prozeß der Neugestaltung führt uns nun dem größeren Europa näher. Aber: Ohne Widersprüche und Rückschläge wird es auch weiterhin nicht abgehen. Ich denke mir, Staaten auf Rädern wird die künftige europäische Hausordnung nicht vorsehen (Heiterkeit und Beifall bei der SPD) und keine Vertreibung und keine Trennmauer – schon gar nicht zwischen Angehörigen ein und derselben Nation –, auch nicht Regierungen, die von ein paar Dutzend Divisionen abhängiger sind als von der Verständigung mit dem eigenen Volk. (Beifall bei der SPD, der CDU/CSU, der FDP und bei Abgeordneten der GRÜNEN) Wie immer: Wer das ganze Europa in den Blick faßt, kommt jedenfalls um Deutschland nicht herum.

Mit dem Warschauer Vertrag vom Dezember 1970 wie mit dem voraufgegangenen Moskauer Vertrag haben wir die Kette des Unrechts durchbrechen, der Vernunft eine neue Chance geben, menschliche Erleichterungen fördern wollen. Mir war bewußt, daß sich die Siegermächte auf Grenzen verständigt hatten, die über ursprüngliche polnische Forderungen und Erwartungen hinausgingen.[4] Mir war zum anderen bekannt, daß ein konservativer Nazi-Gegner wie Carl Goerdeler, der langjährige Leipziger Oberbürgermeister, und ein Sozialdemokrat wie Ernst Reuter, damals Oberbürgermeister von Magdeburg, vorausgesagt hatten, was Hitlers Krieg für die Ostgrenze bedeuten würde. Das kam nicht wie ein Blitz vom Himmel. Es gibt im übrigen nicht den geringsten Zweifel daran, daß unser erster Bundeskanzler auch hinsichtlich der früheren preußisch-deutschen Ostgebiete keinen

Illusionen anhing. Schon er wußte, daß uns in der weiten Welt keine Regierung in Grenzforderungen unterstützen würde.[5] Und es wäre mehr als peinlich, wenn man bei uns den Eindruck aufkommen ließe, es bedürfte russischer Truppen, um Polens Grenze gegen deutsche Ansprüche zu sichern. (Beifall bei der SPD und den GRÜNEN) Wer – im Gegensatz zum Geist des Warschauer Vertrages – die Grenzen in Frage stellt, statt sie durchlässig, wirklich durchlässig machen zu helfen, der gefährdet den Zusammenhalt und die Chancen neuen Zusammenhalts zwischen den Deutschen, wo sie heute leben. (Beifall bei der SPD sowie bei den Abgeordneten der GRÜNEN und der FDP)

Was unser Bundespräsident dieser Tage dem polnischen Staatsoberhaupt geschrieben hat, sollte nicht nur unser aller Würdigung, sondern auch unser aller Zustimmung finden können.[6] (Beifall bei allen Fraktionen) Im übrigen verweise ich – mehr als pflichtgemäß – auf den Entschließungsantrag der sozialdemokratischen Fraktion dieses Hauses.[7]

Leider, Herr Bundeskanzler, war in diesem Sommer hier und da der Eindruck entstanden, von London und Paris, sogar von Washington sei der Weg nach Warschau kürzer als der von Bonn.[8] Das polnische Volk und seine Regierung – das gilt gleichermaßen für Ungarn und für die anderen Länder, in denen die Prozesse der Erneuerung langsamer anlaufen – sollten spüren, daß wir uns ihnen in Solidarität verbunden fühlen.

[...][9]

Ich will im übrigen, wo es um größere Dinge geht, nicht unterstellen, daß die polnische Seite nur Wünsche vorbringt, die leicht zu befriedigen sind; das glaube ich nicht. Der Gedanke, die Kommission der Europäischen Gemeinschaft in die Hilfe für Polen einzuschalten, war gut. Von uns wird Zusätzliches erwartet; das weiß hier jeder.

Wo es nach vorn führt und solide ist, werden wir uns große Mühe geben müssen. Selbsthilfe und europäische Unterstützung müssen wirksam ineinandergreifen, und zwar so, daß nicht neue drückende Abhängigkeiten entstehen.

Ich will offen meinem Empfinden Ausdruck geben – das möchte ich zum Schluß sagen –, daß eine Zeit zu Ende geht, in der es sich in unserem Verhältnis zum anderen deutschen Staat vor allem darum handelte, durch vielerlei kleine Schritte den Zusammenhalt der getrennten Familien und damit der Nation wahren zu helfen.

Was jetzt im Zusammenhang mit dem demokratischen Aufbruch im anderen Teil Europas auf die Tagesordnung gerät, wird mit neuen Risiken verbunden sein, schon deshalb, weil es ein historisch zu belegendes und höchst vielfältig gefächertes, keineswegs erst durch den Hitler-Krieg belebtes Interesse der europäischen Nachbarn und der halbeuropäischen Mächte daran gibt, was aus Deutschland wird.

Der Wunsch, das Verlangen der Deutschen nach Selbstbestimmung wurde in den Westverträgen bestätigt und ist durch die Ostverträge nicht untergegangen; sie bleiben Pfeiler unserer Politik. In welcher staatlichen Form auch immer dies in Zukunft seinen Niederschlag finden wird, mag offenbleiben. Entscheidend ist, daß heute und morgen die Deutschen in den beiden Staaten ihrer Verantwortung für den Frieden und die europäische Zukunft gerecht werden. Wir sind nicht die Vormünder der Landsleute in der DDR. Wir haben ihnen nichts vorzuschreiben, dürfen ihnen freilich auch nichts verbauen. (Beifall bei der SPD sowie bei Abgeordneten der GRÜNEN, der CDU/CSU und der FDP)

Ich habe vor mir einen Brief liegen – ich habe ihn nicht selber bekommen, sondern jemand hat ihn mir gestern gegeben –, einen Brief von einer Dame aus dem westlichen Sachsen, in dem sie von den Menschen schreibt, die Angst haben, daß das Leben an ihnen vorbeigehe, und in dem sie schreibt: Keiner hungert; aber jeder hungert nach etwas Besserem.[10]

Dies ist nicht das einzige bedrückende Zeugnis dessen, was die Menschen dort beschäftigt und uns mit angeht. Das Bewußtsein unserer Menschen hier, in der Bundesrepublik, wachzuhalten, daß die Nachbarn im anderen Teil Deutschlands zwar das kürzere Los gezogen, aber den Krieg nicht mehr als wir verloren haben, bleibt ein Gebot der Stunde. (Lebhafter Beifall bei allen Fraktionen)

Und daß eine effiziente und unbürokratische Hilfe für bedrängte, in unverschuldete Not geratene Landsleute ein Gebot unserer Selbstachtung bleibt, sollte keiner weiteren Worte bedürfen.

Ich möchte für meine politischen Freunde – und sicher nicht nur für diese – Dank sagen an alle nichtamtlichen und amtlichen Personen und Stellen, die nachbarliche und humanitäre Hilfe leisten und dabei auf störende Publizität verzichten. (Beifall bei allen Fraktionen)

Jede Generation muß wohl von neuem lernen, was Albert Schweitzer die Ehrfurcht vor dem Leben genannt hat. Die Lebensliebe ist das große Geschenk, das den Überlebenden zuteil wurde. Wir haben sie weiterzugeben wie die Einsicht, die ich vor vielen Jahren – lange ist's her – auf die Formel zu bringen versuchte, daß Krieg die ultima irratio, Frieden jedoch die ultima ratio der Menschheit sei.[11]

Um Lebenshilfe und Freiheitswillen zu bitten, das ist, wie ich es verstehe, die Pflicht, die uns die Erinnerung an den September 1939 vermittelt. (Anhaltender, lebhafter Beifall bei der SPD und den GRÜNEN – Beifall bei der CDU/CSU und der FDP)

Nr. 52
Beitrag des Ehrenvorsitzenden der SPD, Brandt, für die Zeitung *Bild*
21. September 1989[1]

Bild vom 21. September 1989.

Willy Brandt zur Wiedervereinigung

„Es ist nicht ewig zu trennen, was doch zusammengehört"

Die Flüchtlinge aus der DDR finden bei uns eine hilfsbereite Aufnahme.[2] Das ist erfreulich und im Grunde selbstverständlich. Der dramatische Exodus hat das Verhältnis zwischen den Teilen Deutschlands wieder auf die europäische Tagesordnung gesetzt. Was lange verdrängt war, liegt nun auf dem Tisch und öffnet neue Perspektiven.

Gleichzeitig erleben wir nicht nur Ratlosigkeit im anderen Teil Deutschlands. Ein neuer politischer Wille deutet sich an.[3] Die Krise kann vernünftig nur durch weite Öffnung und breite Reform behoben werden: Bewegungs- und Meinungsfreiheit. Teilhabe statt Bevormundung.

Der Mensch lebt nicht vom Brot allein

Wandel wird sich, wie das ferne chinesische Beispiel zeigt, auch nicht auf das wirtschaftliche Feld beschränken lassen.[4] Der Mensch lebt nicht vom Brot allein. Andererseits: Eine demokratische Erneuerung in der DDR könnte durch den Ausbau der Wirtschaftsbeziehungen abgestützt werden. Bundesrepublikanisch und europäisch.

Wer die Tür zuschlägt...

Ich verstehe nicht, weshalb man den Sozialdemokraten anhängen will, ihre Deutschland-Politik sei gescheitert.[5] Über manches läßt sich streiten, aber nicht über das Bemühen, den Zusammenhalt zwischen den Menschen im geteilten Deutschland zu wahren. Die Politik der kleinen Schritte hat sich bewährt. Die Entwicklung führt jetzt über sie hinaus.

Nicht zuletzt: Selbstbestimmung und Einheit bleiben parteiübergreifende, nationale Orientierungspunkte. Unsachliche Polemik dient den deutschen Interessen nicht. Es ist auch eine alte Erfahrung: Wer die Tür zuschlägt, muß sie (meistens) wieder aufmachen.[6]

Über die tagesaktuellen Vorgänge hinaus: Wenn die Teile Europas enger zusammenrücken, unter welcher Art von Dach werden dann die Deutschen leben? Und sich solcher Aufgaben annehmen, die sie mehr als andere verbinden?

Die Zeichen stehen günstig für Europa

Wir haben uns zu lange beim „Wieder" aufgehalten. Nichts wird so, wie es einmal war. Und offen bleibt, wann und wie weit und in welcher Form die Menschen in den beiden jetzigen Staaten zusammenfinden werden. Doch gewiß wird nicht ewig zu trennen sein, was denn doch zusammengehört.

Die Geschichte lehrt: ‹Allein›⁷ werden die Deutschen nicht über die Deutsche Frage entscheiden. Diese Einsicht hat nichts mit Resignation zu tun. Aber sehr viel mit der Pflicht, die deutschen und die europäischen Dinge noch enger zu verknüpfen. Das demokratische Prinzip der Selbstbestimmung läßt sich dabei weder ausklammern noch überspielen.

Die Zeichen für Europa – und für die Zukunft der Deutschen innerhalb einer europäischen Friedensordnung – stehen günstiger als noch vor wenigen Jahren.

Die DDR wird sich dem weitreichenden Wandel, der im Osten im Gange ist, nicht entziehen können. Die Geschichte kennt allerdings nicht nur gerade und störungsfreie Wege.

Nr. 53
Schreiben des Ehrenvorsitzenden der SPD, Brandt, an den Vorsitzenden der SPD, Vogel
25. September 1989¹

AdsD, WBA, A 10.1, Büroleiter Klaus Lindenberg, 16.

Lieber Jochen,
Du hast mir freundlicherweise von Deinem Brief an M[ichail] Gorbatschow sowie von dem beigefügten Vermerk mit Überlegungen zur Lage in der DDR Kenntnis gegeben.²

Ich bin mit der darin aufgezeichneten Linie durchaus einverstanden, möchte allerdings für weitere Überlegungen zu erwägen geben, ob eine generelle Verdammung von „Destabilisierungen" dem Gegenstand hinreichend gerecht wird.³ Landgewinn für staatsbürgerliche Freiheit ist kaum zu erzielen, ohne verkrustete Strukturen zu „destabilisieren". (Gorbatschow selbst ist übrigens dem Vorwurf seiner Konservativen ausgesetzt, er rufe „Destabilisierung" hervor.)

Vielleicht läßt sich künftig eine Wortwahl finden, die unsere Intentionen noch klarer zum Ausdruck bringt.
Mit freundlichen Grüßen
‹Dein
Willy Brandt›[4]

Nr. 54
Aus der Aufzeichnung des Gesprächs des Präsidenten der SI und Ehrenvorsitzenden der SPD, Brandt, mit dem Generalsekretär des ZK der KPdSU und Präsidenten der Sowjetunion, Gorbatschow, in Moskau
17. Oktober 1989

Archiv der Gorbatschow-Stiftung Moskau (Übersetzung aus dem Russischen: Tamara Timmermann).[1]

M[ichail] Gorbatschow. Ich begrüße herzlich Herrn Brandt und seine Kollegen in Moskau. Unsere Treffen sind schon zur Tradition geworden, sie sind ein wichtiges Element unserer außenpolitischen Tätigkeit. Mit Befriedigung spreche ich über das gegenseitige Verständnis. Es ist wichtig nicht nur für die bilateralen Beziehungen, sondern auch für Europa.

W[illy] Brandt. Ich stimme Ihnen zu. Ich glaube, dass diese Treffen für beide Seiten sehr wichtig sind. Ich möchte auch von meinen Kollegen aus dem Präsidium der Sozialistischen Internationale grüßen und auch aus der Bundesrepublik – nicht nur von meiner Partei, sondern auch von Herrn Kohl. Ein paar Tage vor meiner Abreise nach Moskau traf ich mit dem Bundeskanzler zusammen.[2] Ihrem Lob in Berlin hat er mehr Aufmerksamkeit geschenkt als Ihren kritischen Bemerkungen.[3] Bei uns sind die Erinnerungen an Ihren

Besuch in der Bundesrepublik vom Juni [1989] noch frisch. Es war ein großes Ereignis. Auch Ihre Reise in die DDR habe nicht nur ich selbst mit Interesse und großer Achtung beobachtet. Wir haben Ihren Aussagen dort sehr aufmerksam zugehört.[4]

Erlauben Sie mir, Ihnen meine Kollegen vorzustellen. Egon Bahr ist oft in Moskau ...

M. G. Ist das eine Kritik an ihm? Für uns sind Treffen mit Bahr etwas ganz Normales.

W. B. Hans Koschnick – Vorsitzender der außenpolitischen Kommission beim SPD-Vorstand; Gerhard Schröder aus Niedersachsen. Übrigens ist er ein ehemaliger „Komsomolze", jetzt erwachsener. *(Heiterkeit.)*

M. G. Aus meiner eigenen Erfahrung weiß ich, dass auch die Komsomolzen heranwachsen.

W. B. Morgen will Schröder nach Kasachstan fliegen. Sie wissen doch, dass wir uns für die Fragen interessieren, die die sowjetischen Bürger deutscher Abstammung betreffen. Ich will gleich sagen, dass unser Interesse darin besteht, dass sie in der Sowjetunion bleiben und dabei ihre kulturelle Eigenart bewahren. ‹Es wäre gut, wenn ein Teil derjenigen, die bereits in die Bundesrepublik ausgereist sind, zurückkehren.›[5]

M. G. Es fällt uns leicht und schwierig zugleich, uns mit Ihnen zu unterhalten. Leicht ist es, weil es das Maß des gegenseitigen Verständnisses erlaubt, kameradschaftlich und offen mit Ihnen zu reden, alle Themen zu besprechen. Schwierig ist es, weil wir nicht mit allgemeinen Redensarten davonkommen können.

Ich möchte Ihnen vorschlagen, unser Gespräch, wie es schon öfter geschah, mit dem philosophischen Teil zu beginnen: Wo befinden sich die sozialistische Idee, ihre Verzweigungen im Kontext der Weltentwicklung? Wir erleben eine interessante und wichtige Etappe der Verwirklichung der Ideen des Sozialismus. Die ganze sozialistische Welt ist in eine Zeit tiefer Veränderungen eingetreten. Im Westen hat man das als Zusammenbruch der sozialistischen Idee, des Sozialismus empfunden.

[...][6]

Ich habe den Eindruck – und um es noch stärker zu sagen, die Überzeugung –, dass wir in Folge der tiefen Veränderungen, die in den sozialistischen Ländern stattfinden, und der Entwicklungen in den sozialdemokratischen Parteien einander näher kommen. Wenn wir sagen, dass wir in unserer Welt der wechselseitigen Abhängigkeit die Lebensweise suchen müssen, um mit jedem Land unabhängig von seiner Wahl in bester Eintracht zu leben, dann ist es selbstverständlich, dass wir Zusammenarbeit und neue Formen der Beziehungen mit der Sozialdemokratie nicht nur bei Problemen des Friedens suchen müssen, sondern auch bei der Lösung der verschiedenen sozialen Aufgaben.

Sie und natürlich vor allem wir selbst müssen daran interessiert sein, dass die Perestroika in unserem Land gelingt. Im Großen gesehen betrifft das alle Anhänger der Ideen des Sozialismus. Wir spüren Ihre Solidarität und Ihr Verständnis.

Jetzt ist nicht der richtige Zeitpunkt, unsere schwierige Situation und die Mehrzahl unserer Probleme zu nutzen, um zu versuchen, den Vorrang dieses oder jenes Weges nachzuweisen. Die Erfahrung beweist, dass wir, wenn wir miteinander zusammenwirken, unseren Werten treu bleiben, dass die Unterschiede erhalten bleiben.

Wichtig ist aber auch, dass es zwischen uns viel und immer mehr Gemeinsames gibt. Wir müssen einander jetzt bei der Suche nach der sozialistischen Perspektive besondere Aufmerksamkeit widmen. Dabei können wir der Welt und der Zivilisation sehr wichtige Urteile und Vorschläge sowie unsere Vorstellung anbieten, wie die Zivilisation im 21. Jahrhundert aussehen wird.

Das sind einleitende Bemerkungen.

W. B. Ich möchte besonders Ihren letzten Gedanken unterstützen: Sehr wichtig ist, dass die Perestroika gelingt. Ich wäre Ihnen sehr dankbar, wenn Sie mir sagen könnten, was hier vom sogenannten Westen und von uns Sozialdemokraten, die überwiegend zum Westen gehören, erwartet wird, um der Perestroika zu helfen. Es wird häufig gesagt, dass der Sozialismus „zum Ende kommt", sich selbst überlebt. Ich dagegen denke, dass wir es vom historischen Standpunkt gesehen in einem sehr großen Teil der Welt mit einem neuen Anfang, mit einer neuen Qualität des Sozialismus zu tun haben.

Gestern trafen wir mit sowjetischen Wissenschaftlern zusammen, die über die Sozialdemokratie forschen. Es wurde über Programme gesprochen. Wenn es um eine entwickelte Gesellschaft geht, dann kann ihre Wirtschaft auf Marktelemente nicht verzichten. Auf der anderen Seite geben die Internationalisierungsprozesse keineswegs Impulse für liberalistische Lösungen.

[...]⁷

M. G. [...]⁸

Wir scheuen die Zusammenarbeit nicht länger. Als Parteien behalten wir unsere Individualitäten, bereichern uns aber wechselseitig. Der Prozess des gegenseitigen Verständnisses nimmt zu. Vielleicht ist es der richtige Zeitpunkt, an Schritte zu denken, um die Spaltung des Jahres 1914 zu überwinden.⁹ Herr Brandt, mir hat sich Ihre positive Reaktion auf diesen Gedanken bei einem unserer früheren Treffen eingeprägt.¹⁰ [...]¹¹

Was erwarten wir vom Westen im Zusammenhang mit der Perestroika? Verständnis. Damit in dieser Umbruchzeit nicht das passiert, was in vergangenen Jahrzehnten passierte, als jeder nach dem Prinzip handelte: Je schlechter, desto besser für den anderen.

Es findet eine zu wichtige Wende statt. Zu Mitterrand, Kohl, Thatcher sagte ich: Es ist unzulässig, dass sich jemand jetzt wie „ein Elefant im Porzellanladen" benimmt.¹² Das würde verhängnisvolle Folgen haben.

Die Mehrheit [der Politiker] in der Welt versteht jedoch die positive Bedeutung der Perestroika. [...]¹³ Wir sprechen über die Entstehung eines neuen Vertrauens. Wir aber müssen selbst die Perestroika schaffen.

[...]¹⁴

(Weiter wurde das Gespräch unter vier Augen fortgesetzt.)

W. B. ‹Wie geht es Ihnen gesundheitlich, Herr Gorbatschow? Haben Sie Zeit, um auszuschlafen?

M. G. Ich halte durch. Die Belastung ist gewiss ungeheuer.›¹⁵

[...]¹⁶

Wenn wir die Situation auf dem Markt der Massenbedarfsgüter schnell entspannen könnten, wäre Vieles geklärt. Jetzt durchläuft die Perestroika die schärfste Periode. Es ist ein riesiges Land mit einer großen Vielfalt der Verhältnisse. Schwerste Probleme haben sich angesammelt, u. a. ein Bewusstsein, das auf Dogmatismus und Konservatismus basiert. Das alles sind sehr große Hindernisse. Zugleich wird die neue Entwicklungsrichtung im wirtschaftlichen, politischen und sozialen Bereich eine extrem große Bedeutung für unser Land, für den Sozialismus sowie für die ganze Welt haben.

W. B. Ich schließe mich diesem Gedanken an.

M. G. Ich möchte unsere Einschätzung der Situation vertraulich zum Ausdruck bringen. Das wichtigste ist, dass es keine Alternative zur Perestroika gibt. Alle reden jetzt über verschiedene Probleme, keiner konnte aber eine Alternative zum heutigen Kurs vorschlagen. Das heißt, dass unsere Strategie richtig ist. Es geht um Taktik, um Prioritäten und um das Tempo der Änderungen. Hier existiert eine große Meinungsvielfalt.

Wenn die soziale Spannung zunimmt und die Lebensbedingungen sich verschlechtern, kann jeder Funke ausreichen. Deswegen hängt das Schicksal der Perestroika davon ab, ob es uns gelingt, diese Knoten zu lösen – Markt und Finanzen. Mehrere Schritte sind schon gemacht. Strikte Maßnahmen werden durchdacht und ausgearbeitet, um die negativen Entwicklungen zu zügeln und die Situation zu kontrollieren.

Wenn man die Urteile, die heute abgegeben werden, vom philosophischen Standpunkt aus zusammenfasst, so findet man alles, vom Anarchismus bis zum Monarchismus. Wir haben aber gelernt, all das ruhig zu betrachten.

W. B. Mir kommt ein Zitat des französischen Dichters Camus in den Sinn, der sagte, dass man fähig sein muss, sich Sisyphos als einen glücklichen Menschen vorzustellen.[17]

M. G. Einer hat mir ein Souvenir geschickt, das einhundert Herakles darstellt.[18]

W. B. Es ist fast derselbe Gedanke.

M. G. Aus der DDR kehrte ich beunruhigt und aufgewühlt zurück. Dort wird Zeit verloren. In diesem Land ist viel gemacht worden. Es geht offensichtlich darum, dass die Leute nicht nur in den Genuss materieller Güter und sozialer Fürsorge gelangen, sondern sich auch als Persönlichkeiten realisieren können. ‹Ich habe unseren deutschen Genossen in Gesprächen gesagt: Hätten wir nur solche Probleme wie Ihr! Das Leben selbst gibt Euch Signale, die Ihr in Eure Politik umsetzen sollt.›[19]

In Berlin hielt ich es für nötig, auf einzelne Passagen der Bremer Rede von Kohl zu antworten. Anscheinend versteht er die Realitäten. Seine Rede war aber von dem Zweck diktiert, auf der nationalistischen Welle Wahlpositionen zu gewinnen, der SPD einen Schlag zu versetzen.[20]

Der Nationalismus ist aber eine gefährliche Sache. Das sehen wir bei uns. Deswegen habe ich in meiner Rede in Berlin gesagt, dass der Bundeskanzler von der gemeinsamen Deklaration abwich, die in Bonn verabschiedet wurde.[21] Das hat er verstanden, und vor kurzem rief er mich an. Das Gespräch war nicht einfach, wir haben verschiedene Themen besprochen. Der Bundeskanzler zögerte lange, darüber zu sprechen, weswegen er anrief. Erst als ich anfing, ihm für seinen Anruf zu danken, fing er an, über die DDR zu sprechen. Er hat bestätigt, dass alles in Kraft bleibt, wie es in der Bonner Erklärung fixiert worden war. Er geht von den existierenden Vereinbarungen aus und will keine Destabilisierung der Lage in der DDR. Ich sagte, dass ich das von ihm Gesagte zur Kenntnis nehme.[22]

Ich kehre noch einmal zum Thema zurück, dass in dieser Zeit der tiefen Veränderungen jede Einmischung unzulässig ist. Ich sehe, dass wir beide dieses Problem sehr gründlich verstehen. Dem Bundeskanzler habe ich das nicht gesagt, Ihnen sage ich das jedoch, weil ich sehe, dass wir beide ein tiefes Verständnis dieses Problems haben. So oder so beunruhigt das, was in der CDU-Führung passiert, sowohl Mitterrand als auch Thatcher. Das habe ich bei unserem letzten Gespräch gespürt.[23] Bei den Amerikanern passiert auch etwas, obwohl es nicht ganz sicher ist. Ich vermute, die USA denken: Das, was zwischen der Bundesrepublik und der Sowjetunion geschieht, kann dazu führen, dass die UdSSR zur „Patin" der Wiedervereinigung Deutschlands wird. Es ist nicht ausgeschlossen, dass sie entscheiden, dieser Entwicklung zuvorzukommen. Das sind aber nur meine Vermutungen, die auf meinen Beobachtungen basieren. Ihre [die amerikanische] politische Linie wird korrigiert.

‹Wir und Sie hatten schon seit langem realistische Positionen eingenommen, die den Entwicklungen in Europa starke Impulse gaben und eine neue Etappe der Zusammenarbeit öffneten.›[24]

W. B. Vor kurzem war meine Frau (sie ist von Beruf Historikerin) in den USA. Dort traf sie mit einer hochrangigen Beamtin aus dem State Department zusammen, der Tochter von Botschafter Charles Bohlen, der aus den sowjetisch-amerikanischen Beziehungen der Nachkriegsperiode bekannt ist. Sie hat sich in dem Sinne geäußert, dass der Schlüssel für die Lösung der deutschen Frage in Moskau liegt und dass man in den USA noch nicht weiß, was in der nächsten Runde passiert und wie man darauf reagieren muss. So die Botschaft aus Amerika.[25]

‹Wir finden es nicht gut, dass junge Leute aus der DDR ausreisen.[26] Weitaus nicht der schlimmste Teil der Gesellschaft strömt weg, eher diejenigen, denen es besser geht als den anderen. Das heißt, dass sie nicht aus materiellen Gründen in die Bundesrepublik umziehen. Der Grund hierfür ist, dass die DDR-Regierung sie nicht als vollberechtigte Bürger betrachtet. Man sagt, die Zahl der Flüchtenden wird weiter zunehmen. In der DDR entsteht ein neues Selbstbewusstsein. Dort muss dringend etwas entschieden werden. Die Regierung muss einen Dialog mit der breiten Öffentlichkeit und nicht nur mit den Blockparteien beginnen.›[27]

Ich möchte auch die Frage der Stellung beider deutscher Staaten in der neuen europäischen Friedensordnung berühren. Während Ihres Besuchs in Berlin haben wir eine sehr wichtige Aussage von Gerassimow beachtet, der auf den mit der sowjetischen Militärpräsenz in der DDR verbundenen strategischen Faktor verwies.[28]

‹Das ist eine wichtige Tatsache, darüber muss man direkt sprechen. Es heißt nicht, dass es dort [nicht] weniger Truppen geben wird. Das bleibt aber ein wichtiger Faktor in den Beziehungen zwischen den zwei größten Mächten.›[29]

Schon lange wollte ich Ihnen so einen Gedanken mitteilen. Man kann die deutschen Angelegenheiten nicht von den europäischen Angelegenheiten trennen. Wenn es aber so ist und wenn das restliche Europa auch weiter den Weg der Annäherung und des Zusammenwachsens geht, dann können die beiden deutschen Staaten untereinander in verschiedenen Bereichen mehr Gemeinsames finden als andere Staaten. ‹Ist es vielleicht sinnvoll, für sie in der Perspektive eine Möglichkeit aufzuzeigen, ein gewisses „gemeinsames Dach" für ein Zusammenwirken in diesen Bereichen zu schaffen? Dies hat dabei nichts mit der „Wiedervereinigung" zu tun. Überhaupt wehre ich mich schon lange gegen diesen Ausdruck. „Wiedervereinigung" heißt eine Rückkehr in die Vergangenheit, die erstens unmöglich ist und zweitens nicht unser Ziel sein kann.

M. G. Wir wollen darüber nachdenken. Dies umso mehr, als – wie ich vermute – wir [beide] verstehen, dass diese Frage heute nicht auf der Tagesordnung steht. In Europa finden die Integrationsprozesse statt. Die Zukunft wird zeigen, wie das Vereinigte Europa aussieht. Die Einbildungskraft der Geschichte ist stark genug.›[30] Neulich habe ich einen Brief von Todenhöfer von der CDU bekommen, ein wahrhaftiges Ultimatum. Analoge Botschaften hat er an Bush, Thatcher, Mitterrand geschickt.[31]

W. B. Den braucht man nicht ernst zu nehmen.

Es gibt noch eine Frage. ‹Ich glaube nicht, dass sie eine ernsthafte Bedeutung bekommt, ich erwähne sie aber, weil wir offen miteinander sprechen.›[32] In der DDR ist eine Gruppe von Sozialdemokraten entstanden. Diese Leute betrachten sich nicht als Partei, sondern als eine Vereinigung. Persönlich kenne ich sie nicht, ich hörte aber, dass sie kein SPD-Anhängsel sein wollen. ‹Neulich bekam ich als SI-Präsident einen Brief von ihnen, und ich bin in eine komplizierte Lage geraten.[33] Auf einer Seite kann es nicht um einen Beitritt dieser Vereinigung zur Internationale gehen. Gleichzeitig kann ich dieses Schreiben nicht ignorieren. Vorerst habe ich entschieden, meinen schwedischen Freund zu ihnen zu schicken und damit zu verstehen zu geben, dass ihr Adressat nicht die SPD ist.›[34]

M. G. Was kann ich sagen? Meiner Meinung nach beginnen dort ernsthafte Veränderungen. Heute wird eine Politbürositzung stattfinden, dann voraussichtlich eine ZK-Plenarsitzung. Es wird um einen breiten Dialog zwischen der Partei und der Öffentlichkeit, der Bevölkerung gehen. ‹Ich würde raten, eine gewisse Zeit abzuwarten, um die dortigen Entwicklungen nicht zu stören. Gerade jetzt muss man vorsichtig und zurückhaltend sein.›[35] Dann, wenn die Situation und die Entwicklungen eingeschätzt sind, wäre es schon möglich, auf sie zu reagieren.

W. B. Ich stimme Ihnen zu.

Für die DDR wäre es sehr wichtig, die Lage in den Massenmedien zu ändern.

M. G. Ich bin einverstanden.

W. B. Die Situation in den baltischen Republiken interessiert mich auch.[36] Mit unseren nördlichen Freunden stehe ich in Verbindung. Vor kurzem haben [Mauno] Koivisto und [Perrti] Paasio[37] Bonn besucht. Was die Beziehungen zwischen Finnland und Estland betrifft, so sagten sie, dass sie die Absicht haben, die wirtschaftliche und kulturelle Zusammenarbeit zu entwickeln (und dies umso mehr, als sich die Sprachen einander so ähneln), auf jede Einmischung und jegliche Störungen aber zu verzichten.

Der schwedische Führer I[ngvar] Carlsson hat mir versichert, dass sie, wenn sie die noch aus Livländischen Zeiten herrührenden traditionellen schwedisch-lettischen Beziehungen in verschiedenen Bereichen entwickeln, die Sowjetunion nicht stören wollen. Ich glaube, Sie brauchen sich über die Position dieser Länder nicht zu beunruhigen.

Komplizierter steht es mit Litauen. Es hat keinen festen Partner in Nordeuropa. In Dänemark allerdings entbrannte eine demagogische Konkurrenz zwischen den Konservativen und den Sozialdemokraten über die Priorität in den Kontakten mit Litauen. Ich habe unseren Genossen in Kopenhagen geraten, davon abzulassen. Hoffentlich hören sie auf mich.

Der sozialdemokratische Oberbürgermeister[38] der Ruhrgebietsstadt Duisburg, die Partnerstadt von Vilnius ist, wird wahrscheinlich in meinem Auftrag dorthin reisen, um die Lage zu bewerten. Unser Einfluss in dieser Region ist gering. Ich versichere Ihnen aber, dass, wenn wir ihn doch benutzen werden, dann nur, um die Lage zu beruhigen. Wenn nötig, sagen wir jemandem: ‹Die Föderation in der UdSSR in Frage zu stellen heißt einfach, mit dem Feuer zu spielen. Die Bewahrung der Föderation öffnet jedoch breite Möglichkeiten für die Zusammenarbeit zwischen den Republiken.›[39]

M. G. Es ist wirklich so. Ich unterhalte viele Kontakte zu Abgeordneten aus dem Baltikum. Wenn ich mit ihnen zusammentreffe, versuche ich, ihnen einen einfachen Gedanken klar zu machen: Wir haben noch nie unter den Bedingungen einer richtigen Föderation zusammengelebt. Das, was wir hatten, wurde „Föderation" genannt, es war aber ein unitärer Staat. Jetzt werden die Republiken wirtschaftlich selbständig, ihre Souveränität bekommt einen realen Inhalt, wir geben ihnen die volle Freiheit zur Entwicklung der Kultur, der Sprache und der Eigenheiten.

Es sind sehr starke Verbindungen zwischen den Republiken auf der Basis der Arbeitsteilung entstanden. Sie sind wesentlich stärker als in der Europäischen Gemeinschaft. Zum Beispiel hat der Betrieb „RAF" in Riga ungefähr 400 Lieferanten für sein Montageband. So ist es praktisch in allen Betrieben. Nur ein Verrückter kann soweit gehen, das alles für eine abstrakte Idee der „Unabhängigkeit" kaputtzumachen. Es muss alles bewahrt werden, was der Entwicklung der Republiken in vielen Richtungen helfen kann. Das Lebendige zu zerreißen ist keine Politik, sondern ein Abenteuer.

Nicht unbedeutend ist noch etwas. Beim russischen Volk erwecken die separatistischen Tendenzen eine starke Empörung. Es hat seine Vorstellungen über die Staatlichkeit und über Russland, die in Jahrhunderten verwurzelt sind.

W. B. Die Zeit läuft ab. Ich möchte gerne noch mehrere Fragen berühren, die die europäischen Angelegenheiten und die globalen Probleme betreffen. Ich denke, es wäre besser, sie schriftlich als eine Denkschrift zu formulieren. Ich werde sie Ihnen durch V[alentin] M. Falin übermitteln.[40]

M. G. Einverstanden. Es wird uns sehr interessieren.

Ich danke Ihnen für das inhaltsreiche Gespräch und besonders für das Vertrauen und für die menschliche Sympathie, die zwischen uns entstanden ist. Meine Grüße an die Mitglieder der SI-Leitung.
W. B. Ich danke Ihnen.

Nr. 55
Aus dem Gespräch des Ehrenvorsitzenden der SPD, Brandt, mit dem Nachrichtenmagazin *Der Spiegel*
23. Oktober 1989

Der Spiegel, Nr. 43 vom 23. Oktober 1989, S. 24–27.

„Jetzt größere Schritte"

SPIEGEL-Gespräch mit dem SPD-Ehrenvorsitzenden über die deutsch-deutschen Beziehungen

SPIEGEL: Herr Brandt, Sie waren sich bei Ihrem Besuch in Moskau in der vorigen Woche mit Generalsekretär Gorbatschow einig, daß es in der DDR rasch zu Reformen kommen muß.[1] Ermutigt Sie die Ablösung Erich Honeckers durch Egon Krenz?[2] Oder gab es da nur einen Wechsel von einem alten zu einem jüngeren Alt-Stalinisten?
BRANDT: Ich kann Herrn Gorbatschow nicht in Anspruch nehmen für meine Beurteilung der Entwicklung in der DDR. Aber Sie haben recht: Auch er hatte den Eindruck gewonnen, daß etwas passieren muß – vor allem, was das Verhältnis zwischen [!] den Bürgern zu ihrem Staat betrifft.
Ich betrachte das, was sich am 18. Oktober vollzogen hat, als einen ersten Schritt, vielleicht nur einen Übergang – was weiß ich. Aber es ist ein wichtiges Datum. Herrn Krenz, der das jetzt macht – ich weiß nicht, für wie lange –, ist nicht nur zuzuschreiben, was er kürzlich an törichtem Zeug über China von sich gegeben hat.[3] Er hat

in den letzten Tagen auch vernünftige Ratschläge an die Sicherheitskräfte vermittelt – in Leipzig und an andere Adressen.[4]
SPIEGEL: Trauen Sie ihm Reformen zu?
BRANDT: Ach, wissen Sie: Reformen. Ich entwickle eine zunehmende Allergie gegen den Umgang mit diesem Begriff. Wir sind ja eh in der politischen Sprache manchmal ein bißchen arm. Und unser Einfühlungsvermögen in einen solchen ganz neuen Abschnitt – auf den anderen Teil Deutschlands bezogen – ist leicht überentwickelt. Auch mir fehlen gelegentlich die Worte. Selbst „Perestroika" greift ja weiter als „Reformen".
SPIEGEL: „Reform" war ein Schlüsselwort Ihrer Kanzlerschaft.
BRANDT: Ja, aber ohne die Grundlagen der staatlichen und der ökonomischen Ordnung in Frage zu stellen. Jetzt reden wir von etwas anderem: Ich betrachte das Absetzen hoher Führungspersonen normalerweise nicht als Reform. Ich würde die zögerlich und widerspruchsvoll sich vollziehende Ablösung eines Ein-Parteien-Staats einen eher revolutionären – wenn auch hoffentlich mit friedlichen Mitteln – denn einen evolutionären Vorgang nennen. Ich würde die Ablösung der Kommandowirtschaft, wenn sie kommt – aber sie müßte ja kommen –, nicht als bloße Reform betrachten.
SPIEGEL: Krenz – der Revolutionär?
BRANDT: Das muß sich zeigen. [...][5] Der eigentliche Punkt ist: Wer immer da die Nummer eins ist, der sollte wissen, daß er bald relevante Kräfte an einen Tisch bringen muß – ob der nun rund, viereckig oder achteckig ist, das ist alles wurscht. Honecker hat noch an einem länglich-viereckigen Tisch die Vertreter der Blockparteien empfangen, die sich künftig etwas mehr räuspern werden, als sie es bisher durften. Krenz muß Leute vom „[Neuen] Forum" und vom „[Demokratischen] Aufbruch" holen. Er muß ein paar wichtige Betriebsräte dabeihaben. Er sollte auch mindestens einen Sozialdemokraten dabeihaben.
SPIEGEL: Die Antrittsrede von Krenz bezog nur SED und Blockparteien in die Diskussion ein.[6]
BRANDT: Er wird noch erleben, daß dies nicht reicht. Ich glaube, diese beiden Dinge – Umschalten auf eine neue Informationspolitik

und Dialog nicht als taktisches Manöver, sondern als strategische Operation –, das wäre schon eine ganze Menge für die erste Stufe.
SPIEGEL: Oskar Lafontaine verlangt Parteienpluralismus und freie Gewerkschaften.[7]
BRANDT: Ich stimme mit Oskar Lafontaine insofern überein, als er das perspektivisch sieht, dann ist Parteienpluralismus nur eine Frage der Zeit. Voraussetzung ist der Dialog unterschiedlicher Kräfte an einem Tisch. Und mit freien Gewerkschaften meint Lafontaine mit Sicherheit nicht die Gründung neuer Gewerkschaften, sondern daß die FDGB-Gewerkschaften gegenüber Staat und Partei frei werden müssen.
SPIEGEL: Warum so zurückhaltend?
BRANDT: Das Beispiel Polens zeigt, daß große wirtschaftliche Vorhaben nicht durch konkurrierende Gewerkschaften erleichtert werden, die sich mit ihren Forderungen übertreffen wollen.
SPIEGEL: Sehen Sie auf diesem Gebiet Bewegung in der DDR?
BRANDT: Der FDGB-Vorsitzende Harry Tisch hat noch vor kurzer Zeit beim DGB wenig überzeugt. Jetzt hat er auch nach außen hörbar gemacht, was in den Betrieben los ist.[8] Dies ist ja wohl der eigentliche qualitative Sprung, der in der DDR stattgefunden hat: vom Protest der stark intellektuell und evangelisch geprägten Gruppen – bei allem Respekt sei es gesagt – hin zur Arbeiterschaft in Sachsen und anderswo.
SPIEGEL: Welche Rolle haben Gorbatschow und andere Sowjets bei dem Führungswechsel in der DDR gespielt?
BRANDT: Wie stark der sowjetische Einfluß war und in der Folge ist, das kann ich nicht beurteilen.
SPIEGEL: Hat Moskau auch Einfluß auf die Personenauswahl genommen? Hat Krenz den Segen des Kreml?
BRANDT: Ich glaube, die Personenauswahl war eine autonome Ost-Berliner Entscheidung.
SPIEGEL: Wie stellen Sie sich die künftigen Kontakte zur DDR vor? Reicht es, mit der SED zu sprechen?
BRANDT: Wir entdecken die Welt nicht neu. Ich habe ja diese Polemik hinsichtlich der Parteikontakte für kleinlich und engstirnig

gehalten – so wie ich es für ganz kurzsichtig oder auch schäbig halte, aus dem Deutschland-Thema ein Wahlkampf-Thema des nächsten Jahres machen zu wollen. Kontakte zur SED bleiben auch dann interessant, wenn die SED – hoffentlich – ihre Rolle als Staatspartei einbüßt. Das wird nicht von heute auf morgen gehen. Aber man muß in der Phase, die jetzt begonnen hat, die Gespräche – soweit Kräfte und Zeit reichen – auf möglichst viele sich erstrecken lassen. Es gibt neben den Blockparteien sehr wichtige Gruppen wie „Forum" und „Aufbruch". Sehen Sie mal, hier in meinem Zimmer saß Anfang vorigen Jahres Bärbel Bohley, als sie aus der DDR rausexpediert worden war.[9] Sie saß nicht allein da. Die haben an mich die Fragen gerichtet, ob ich nicht mithelfen könne, daß sie zurückgehen können. Mich hat damals diese Grundhaltung sehr beeindruckt: Wir wollen *dort* unsere Arbeit machen.

SPIEGEL: Wie halten Sie es mit der SDP?

BRANDT: Die haben gesagt: Wir heißen nicht SPD, sondern SDP in der DDR. Wir sind kein Anhängsel der SPD. Wir werden nicht von Bonn aus gesteuert. Wir sind auch nicht einfach eine Wiederbelebung jener SPD, die in die SED übergeführt wurde. Wir sind etwas Neues. – Sie haben sich an mich gewandt, weil ich Präsident der Sozialistischen Internationale bin, und möchten gerne Mitglied werden. Ich habe Ihnen mitgeteilt, daß ich darüber Ende November mit meinen Freunden in Genf sprechen werde.[10] Und natürlich kann ich schon jetzt sagen: Wir sind natürlich an möglichst engem Kontakt interessiert.

SPIEGEL: Es ist doch vorstellbar, daß in ganz Osteuropa das Pendel am Sozialdemokratismus vorbei in eine neoliberale oder gar konservative Richtung ausschlägt, weil die Wirtschaft liberaler organisiert werden muß, wenn sie die Bedürfnisse der Menschen erfüllen soll.

BRANDT: Wenn es den Menschen hilft, kann es mir nur recht sein. Aber ich glaube nicht, daß es sich so vollziehen wird.

[...][11]

SPIEGEL: Könnte die deutsch-deutsche Grenze fallen, wenn Wien zum Erfolg würde?[12]

BRANDT: So einfach ist das nicht. Denn außer der Sicherheit gibt es mindestens noch die Ökonomie. Tatsächlich ist die DDR wegen der besonderen innerdeutschen Regelungen näher an der EG als die anderen Partner des RGW – zum Leidwesen übrigens etwa der Polen, der Ungarn und der Tschechen. Die hätten auch gerne um die Ecke rum ansehnlich am europäischen Markt partizipiert.
SPIEGEL: Die deutsche Frage – ein Handelsproblem?
BRANDT: Viel komplizierter als bei der militärischen Sicherheit kommen wir hinein in einen Prozeß, der vom künftigen Verhältnis der EG zu einzelnen Staaten handelt – auf Teilgebieten, wohl aber auch in bezug auf die Gesamtheit der Staaten des RGW. Ich stimme wiederum mit dem Bundesaußenminister voll überein, wenn er sagt: Dieses Sich-Einstellen auf den – nennen wir es mal so – großen Umbruch im anderen Teil Europas darf nichts daran ändern, daß wir als Bundesrepublik den Ausbau der EG ohne Vorbehalte weiter mitmachen.
[...][13]
SPIEGEL: Können Sie Ihr Zukunftsbild der beiden deutschen Staaten in Umrissen beschreiben?
BRANDT: Vielleicht könnte ich, aber ich will nicht. Es gibt Zeiten, in denen man sich bewußt darauf beziehen darf, daß der Phantasie der Geschichte nicht über Gebühr vorzugreifen ist.
SPIEGEL: Gorbatschows Berater Valentin Falin hat in Moskau gesagt, man könne „nur bedingt" über „Neu- oder Wiedervereinigung" reden, solange kein Friedensvertrag existiere.[14] Das Wort „Wiedervereinigung" haben auch Sie immer abgelehnt.
BRANDT: Wegen des „Wieder".
SPIEGEL: Auf „Vereinigung" legen Sie schon Wert.
BRANDT: Ich habe an der Lomonossow-Universität vom Zusammenhalt der Deutschen gesprochen.[15] Es ist dieselbe Sache wie die Einheit, die bei den Menschen anfängt. [...][16] Falins Äußerung betrachte ich primär als Hinweis darauf, daß die vier Status-Mächte, wie man in Rußland sagt, noch einmal ins Spiel kommen, wenn es um die weitere deutsche Entwicklung geht.[17] Unter denen sind bekanntlich einige, die gleicher sind als andere – zwei jedenfalls.[18] Der

Hinweis auf den Friedensvertrag bedeutet also: Denkt nicht, ihr könnt das allein regeln, auch wenn dies im übrigen zwischen Bonn und Ost-Berlin möglich wäre. Da wollen noch andere mitreden.
SPIEGEL: Es lag in der Logik der kleinen Schritte, daß man zusammenwächst. Jetzt werden noch größere Schritte verlangt.
BRANDT: Das ist völlig richtig. [...][19]
SPIEGEL: Sie waren jetzt schon zum dritten Mal bei Gorbatschow. Wenn Sie einen Bogen über die vergangenen 20 Jahre schlagen: Wohin steuert Ihrer Meinung nach die Sowjetunion?
BRANDT: Warum soll ich wissen, was die auch nicht wissen? Jedenfalls helfen die früheren Phasen kaum bei der Beurteilung der jetzigen. Da bewegte sich wenig. Heute wird diese Zeit in Rußland übrigens noch ein bißchen kritischer beurteilt, als ich es vor dem Hintergrund unserer Vertragspolitik für angemessen halte. Wir haben Gorbatschow nicht erfunden. Wir werden nun allerdings noch einmal daran erinnert, daß der personelle Faktor in der Geschichte nicht unterschätzt werden darf. Jetzt jedenfalls gibt es dort eine solche weit aus dem Durchschnitt herausragende Person. Für wie lange und ob ohne große Rückschläge, das kann ich nicht wissen. Nur: Die wollen zur gleichen Zeit die Wirtschaft modernisieren, wollen den Staatsapparat durchlüften, wollen die Nationalitätenfrage regeln. Sie wollen aus der Union der Sozialistischen Sowjetrepubliken eine Föderation mit weitgehenden Rechten der einzelnen Republiken machen.
SPIEGEL: Und das Ganze noch in das „Europäische Haus" einziehen lassen.
BRANDT: Das ist seine Formulierung. Ich spreche lieber von der europäischen Friedensordnung. Ich sehe da allerdings eine völlig ungeklärte Frage: Wie paßt denn überhaupt die Union der Sowjetrepubliken in ein europäisches Haus? Also der russische Teil der UdSSR ist Teil der europäischen Geschichte und nicht nur der Geographie, die Charles de Gaulle insoweit als bis zum Ural zutreffend beschrieben hat.[20] Aber dann gibt es noch riesige Gebiete, die über das europäische Rußland hinausreichen. [...][21] Also ein europäisches Haus, das bis Wladiwostok reicht, kann ich mir schwer vorstellen.

SPIEGEL: Richard von Weizsäcker hat Ihr Leben „ein deutsches Schicksal" genannt, „ein Leben voller Risiken der Existenz, geprägt von gutem Gelingen, harten Rückschlägen und neuen Ufern".[22] Welche neuen Ufer möchten Sie noch ansteuern?
BRANDT: [...][23] Ich würde es, auf die kommenden Jahre bezogen, eher unbestimmt lassen und sagen: Es ist ganz schön, erleben zu können, daß man in der Abendsonne mehr aufgescheucht wird, als man es sich eigentlich vorgestellt hatte.
SPIEGEL: Herr Brandt, wir danken Ihnen für dieses Gespräch.

Nr. 56
Rede des Ehrenvorsitzenden der SPD, Brandt, vor dem Schöneberger Rathaus in Berlin
10. November 1989

Deutsches Rundfunkarchiv Frankfurt/Main.[1]

Liebe Berlinerinnen und Berliner,
liebe Landsleute von drüben und hüben,
dies ist ein schöner Tag nach einem langen Weg, aber wir befinden uns erst an einer Zwischenstation. Wir sind noch nicht am Ende des Weges angelangt. Es liegt noch 'ne ganze Menge vor uns.

Die Zusammengehörigkeit der Berliner und der Deutschen überhaupt manifestiert sich auf eine bewegende, auf eine uns aufwühlende Weise, und sie tut es am bewegendsten dort, wo getrennte Familien endlich wieder ganz unverhofft und tränenvoll zusammenfinden. Mich hat auch das Bild angerührt von dem Polizisten auf unserer Seite, der 'rübergeht zu seinem Kollegen drüben und sagt: Jetzt haben wir uns so viele Wochen, vielleicht Monate auf Abstand gesehen, ich möchte Ihnen heute mal die Hand geben. Das ist die richtige Art, sich dem Problem zu nähern: einander die Hand zu geben, nachtragend nur dort zu sein, wo es unbedingt sein muss. Aber wo immer es geht, Trennendes zu überwinden. Das hab' ich auch heute mittag am Brandenburger Tor gespürt, und hier sind ja viele auf dem Platz, die auch heute mittag am Brandenburger Tor waren.

Als Bürgermeister der schwierigen Jahre von 1957 bis 1966, also auch der Zeit des Mauerbaus und danach, und als einer, der in der Bundesrepublik und für sie einiges zu tun hatte mit dem Abbau von Spannungen in Europa und mit dem jeweils erreichbaren Maß an sachlichen Verbindungen und menschlichen Kontakten, sage ich hier heute abend meinen ganz herzlichen Gruß an die Berlinerinnen und Berliner in allen Teilen der Stadt. Und gleichermaßen an die Landsleute drüben wie hüben, in beiden Teilen Deutschlands. Und ich füge hinzu: Es wird jetzt viel davon abhängen, ob wir uns – wir Deutschen, hüben und drüben – der geschichtlichen Situation gewachsen erweisen.

Das Zusammenrücken der Deutschen, darum geht es, das Zusammenrücken der Deutschen verwirklicht sich anders, als es die meisten von uns erwartet haben. Und keiner sollte in diesem Augenblick so tun, als wüsste er ganz genau, in welcher konkreten Form die Menschen in den beiden Staaten in ein neues Verhältnis zueinander geraten werden. Dass sie in ein anderes Verhältnis zueinander geraten, dass sie in Freiheit zusammenfinden und sich entfalten können, darauf allein kommt es an.

Und eines ist sicher, es wurde vorhin im Abgeordnetenhaus gesagt: Es ist sicher, dass nichts im anderen Teil Deutschlands wieder so werden wird, wie es war.[2] Die Winde der Veränderung, die seit einiger Zeit über Europa ziehen, haben an Deutschland nicht vorbeiziehen können. Meine Überzeugung war es immer, dass die betonierte Teilung und dass die Teilung durch Stacheldraht und Todesstreifen gegen den Strom der Geschichte standen. Und ich habe es noch in diesem Sommer zu Papier gebracht – man kann es nachlesen, wenn man will –, ohne dass ich genau wusste, was im Herbst passieren würde: Berlin wird leben und die Mauer wird fallen.[3] Übrigens, übrigens, liebe Freunde, ein Stück von jenem scheußlichen Bauwerk, ein Stück davon könnte man dann von mir aus sogar als ein geschichtliches Monstrum stehen lassen. So, so wie wir

Auf der Kundgebung anlässlich des Falls der Mauer spricht Willy Brandt am 10. November 1989 vor dem Schöneberger Rathaus zu Berlinern aus beiden Teilen der Stadt.

seinerzeit nach heftigen Diskussionen in unserer Stadt uns bewusst dafür entschieden haben, die Ruine der Gedächtniskirche stehen zu lassen.

Denen, die heute noch so schön jung sind, und denen, die nachwachsen, kann es nicht immer leicht fallen, sich die historischen Zusammenhänge, in die wir eingebettet sind, klarzumachen. Deshalb sage ich nicht nur, dass wir bis zur Überwindung der Spaltung noch einiges vor uns haben, sondern ich erinnere uns auch daran, dass die widernatürliche Spaltung – und mit welchem, mit welchem Zorn, aber auch mit welcher Ohnmacht habe ich hier am 16. August '61 von dieser Stelle aus dagegen angeredet[4] – ich will sagen: auch das hat natürlich nicht erst am 13. August 1961 begonnen. Das deutsche Elend begann mit dem terroristischen Nazi-Regime und dem von ihm entfesselten schrecklichen Krieg. Jenem schrecklichen Krieg, der

Berlin wie so viele andere deutsche und nichtdeutsche Städte in Trümmerwüsten verwandelte. Aus dem Krieg und aus der Veruneinigung der Siegermächte erwuchs die Spaltung Europas, Deutschlands, in Berlin reproduziert auf mehrfache Weise.

Und jetzt erleben wir, und das ist etwas Großes – und ich bin dem Herrgott dankbar dafür, dass ich dies miterleben darf – wir erleben, dass die Teile Europas wieder zusammenwachsen.

Und ich bin sicher, liebe Freunde, ich bin sicher, dass der Präsident der Vereinigten Staaten und der erste Mann der Sowjetunion, dass Bush und Gorbatschow dies, was im Gange ist bei uns, zu würdigen wissen werden, wenn sie einander demnächst auf einem Schiff im Mittelmeer begegnen.[5] Und ich bin sicher, dass unsere französischen und unsere englischen Freunde – vergessen wir nicht, neben den Amerikanern die bewährten Schutzmächte von West-Berlin in schwierigen Jahren, in langen schwierigen Jahren –, ich bin sicher, dass sie mit uns den Prozess der Veränderung und des neuen Aufbruchs zu würdigen wissen. Ich bin sicher, dass unsere Nachbarn im europäischen Osten verstehen, was uns bewegt, und dass es sich einfügt in das neue Denken und in die Neugestaltung politischen Handelns, das sie, die Zentral- und Osteuropäer, selbst erfüllt und in Anspruch nimmt.

Die Sicherheit, die wir unseren Nachbarn und auch den großen Mächten dieser Welt bieten können, ist die, dass wir keine Lösung unserer Probleme anstreben, die sich nicht einfügt in unsere Pflichten gegenüber dem Frieden und gegenüber Europa. Und in die gemeinsame Überzeugung, dass die Europäische Gemeinschaft weiterentwickelt und die Zerstückelung unseres Kontinents definitiv überwunden werden muss.

Damals, im August '61, haben wir nicht nur im Zorn gefordert: Die Mauer muss weg. Wir haben uns auch sagen müssen, Berlin muss trotz der Mauer weiterleben. Wir haben die Stadt – mit Hilfe des Bundes, was wir auch nicht vergessen wollen – wiederaufgebaut. Andere, die nach uns kamen, haben dem Wiederaufbau Wichtiges hinzugefügt. Aber hier in Berlin war uns zusätzlich zu allen innerstädtischen Aufgaben und zum Wohnungsbau, zum kulturellen und wirtschaftlichen Neuaufbau, aufgetragen, den Weg nach Deutschland in und durch Berlin offen zu halten. Das zwang uns dann zum intensiveren Nachdenken darüber, wie wir, auch als es schier hoffnungslos aussah, wie wir den besonders brutalen Auswirkungen der Trennung, wenn's irgend ginge, doch entgegenwirken könnten. Und natürlich gab es nicht immer gleich Übereinstimmung darüber, wie das am besten zu erreichen sei.

Mir hat sich das Datum des 18. Dezember 1963 besonders eingeprägt, nicht nur, weil ich Geburtstag hatte – damals wurde ich 50 –, sondern es hat sich mir eingeprägt, weil das der Tag war, an dem aufgrund der Passierscheine – mehr konnten wir damals nicht erreichen – Hunderttausende, viel mehr als man erwartet hatte, drüben waren, nicht nur die Verwandten in Ost-Berlin, sondern auch die, die aus „der Zone" kamen, wie wir damals sagten, wieder treffen konnten.[6] Das war schrecklich unzulänglich, das blieb schrecklich brüchig, aber wir haben uns nicht davon abbringen lassen, auch jeden möglichen kleinen Schritt zu tun, um den Kontakt zwischen den Menschen zu fördern und den Zusammenhalt der Nation nicht absterben zu lassen.

Es hat dann noch fast ein Jahrzehnt gedauert, bis durch einen Verkehrsvertrag und einen Grundlagenvertrag die damals möglichen Veränderungen erreicht werden konnten.[7] Eine Vielzahl von Abkommen und Absprachen hat sich dem hinzugefügt. Und es bleibt richtig, dass wir ein Vakuum, einen Leerraum auch aus nationalen Gründen nicht entstehen lassen durften.

Richtig war es auch, die Außenbedingungen für das geteilte Deutschland und die Menschen in ihm zu entlasten und zu verbessern, wo immer dies möglich war. Das war der Inhalt unserer Vertragspolitik, auch mit wichtigen Partnern im Osten. Das war der Inhalt unseres Hinwirkens auf die gesamteuropäische Konferenz in Helsinki[8], schwierig beginnend, aber verpflichtet auf die Menschenrechte, verpflichtet auf Zusammenarbeit, verpflichtet auch auf Abbau der Rüstungen, der Überrüstungen in Europa. Und dieses sich langsam Hinbewegen auf Stabilität, auf den Abbau statt weiteren Aufbau von Rüstungen, macht sich nun bezahlt. Dies ist im Gange, dies hat wesentlich dazu beigetragen, dass wir es heute mit verbesserten Rahmenbedingungen zu tun haben. Und ich füge hinzu: Wenn ich meine Landsleute im anderen Teil Deutschlands gut verstehe, dann stimmen sie mit mir und ich denke mit uns allen hier überein: Keiner von ihnen wünscht Schwierigkeiten mit den sowjetischen Truppen, die sich noch auf deutschem Boden befinden. Die werden weniger werden. An der militärischen Präsenz anderer wird sich etwas ändern. Wir wollen keinen Trouble, wir wollen friedliche Lösungen auch im Verhältnis zur Großmacht im Osten.

Ich möchte noch sagen: Es ist zusätzlich dazu, dass es einen Hoffnungsträger auch in der Sowjetunion gibt und dass es Demokratiebewegungen in Polen und Ungarn gibt – und anderswo werden sie folgen –, es ist ein neuer Faktor von ganz eigener Qualität hinzugetreten. Unsere Landsleute in der DDR und in Ost-Berlin haben sich ihrer Geschicke selbst, und zwar unüberhörbar für alle Welt, angenommen. Das Volk selbst hat gesprochen, hat Veränderungen gefordert, nicht zuletzt das Recht auf wahrhaftige Information und auf freie Bewegung und auf Freiheit des organisatorischen Zusammenschlusses. Und ich denke, dass diese Volksbewegung im anderen Teil Deutschlands ihre Erfüllung nur in wirklich freien Wahlen finden kann. Und ich meine auch, wie der Regierende Bürgermeister Momper, dass es eine lohnende Aufgabe sein kann, am Werk der Erneuerung an Ort und Stelle mitzuwirken und sie, wenn es irgend geht, nicht denen zu überlassen, die übrigbleiben.[9]

Ich sag' noch einmal: Nichts wird wieder so, wie es einmal war. Dazu gehört, dass auch wir im Westen nicht an unseren Parolen von gestern allein gemessen werden, sondern an dem, was wir heute und morgen zu tun, zu leisten bereit und in der Lage sind, geistig und materiell. Und ich hoffe, die Schubladen sind nicht leer, was das Geistige angeht. Ich hoffe auch, die Kassen sind nicht allzu leer. Und ich hoffe, die Terminkalender lassen Raum für das, was jetzt sein muss. Die Bereitschaft nicht zum erhobenen Zeigefinger, sondern zur Solidarität, zum Ausgleich, zum neuen Beginn, wird auf die eigentliche Probe gestellt. Es gilt jetzt, neu zusammenzurücken, den Kopf klar zu behalten, und das so gut wie möglich zu tun, was unse-

ren deutschen Interessen ebenso entspricht wie unserer Pflicht gegenüber unserem europäischen Kontinent.
Ich danke für Ihre Aufmerksamkeit.

Nr. 57
Mündliche Botschaft des Generalsekretärs des ZK der KPdSU und Präsidenten der Sowjetunion, Gorbatschow, an den Ehrenvorsitzenden der SPD, Brandt
10. November 1989[1]

AdsD, WBA, 10.1, Büroleiter Klaus Lindenberg, 13.

In Verbindung mit nicht gewöhnlichen und ernsthaften Besorgnissen bezüglich der Situation in Berlin habe ich mich entschlossen, Sie in dieser Form anzusprechen (mündl[iche] Botschaft):

Ich fange damit an, was mich zu diesem dringenden Appell an Sie bewogen hat. Es geht um zwei Kundgebungen, die heute, am 10. November, in West-Berlin und in der Hauptstadt der DDR stattfinden sollen.[2]

Nach eingegangenen Meldungen beabsichtigen auch Sie, zusammen mit Bundeskanzler Kohl, an der vorgesehenen Kundgebung teilzunehmen.

In Anbetracht der faktischen Offenheit für Massenbewegungen von Menschenströmungen in beide Richtungen besteht eine natürliche Gefahr, daß sich eine chaotische Situation mit unvorstellbaren Folgen ergeben könnte.

Deswegen bitte ich Sie, guten Willen und Ihre Autorität voll einzusetzen, um jeglichen unerwünschten oder dramatischen Wendungen in der Entwicklung der Ereignisse vorzubeugen.

Die in der Bundesrepublik verkündeten Erklärungen, die sich auf Anheizung von Emotionen und Leidenschaften unter dem Motto der Aufhebung (?) der Existenz von zwei deutschen Staaten richten, verfolgen nur das Ziel, die Situation in der DDR zu destabilisieren, die in Entwicklung befindlichen Prozesse der Demokratisierung und Erneuerung auf allen Gebieten des Lebens der Gesellschaft zu unterminieren.

Ich bin mir bewußt, daß Sie sich voll die Tiefe und Ernsthaftigkeit der Veränderungen in der DDR vorstellen. Die neue Führung der DDR ist jetzt dabei, keineswegs einfache oder leichte Entschlüsse zu fassen. Sie handelt zielstrebig und dynamisch im Interesse des Volkes, sie führt einen breit angelegten Dialog mit verschiedenen Gruppen und Schichten der Gesellschaft.

Ich möchte der Hoffnung Ausdruck geben, daß Sie persönlich und Ihre Partei Klugheit und Gelassenheit (?) an den Tag legen, angesichts des so wichtigen Erneuerungsprozesses in der DDR und sich diesen Prozessen mit gutem Willen stellen.

In Verbindung mit den gegenwärtigen Ereignissen habe ich mich auch an Bundeskanzler Kohl gewandt.[3]
M. Gorbatschow

Nr. 58
Schreiben des Ehrenvorsitzenden der SPD, Brandt, an den Generalsekretär des ZK der KPdSU und Präsidenten der Sowjetunion, Gorbatschow
11. November 1989

AdsD, WBA, A 10.1, Büroleiter Klaus Lindenberg, 13.

Sehr geehrter Herr Generalsekretär,
Ihre Botschaft erreichte mich aus technischen Gründen gestern abend in Berlin erst mehrere Stunden, nachdem die Kundgebung vor dem Schöneberger Rathaus zuende gegangen war.[1]

Die Kundgebung hat nicht die von Ihnen befürchteten Verwicklungen mit sich geführt. Stattdessen erlebte ich in beiden Teilen

Berlins eine fröhliche, menschlich bewegende Reaktion von Hunderttausenden auf die Möglichkeit zu freierem Verkehr zwischen den beiden Teilen der Stadt.

Man wird Ihnen berichtet haben, dass ich unsere Gefühle und Interessen so vorgetragen habe, dass keine destruktive[n] Wirkungen daraus erwachsen. Ich habe nicht versäumt, den Zusammenhang mit Ihrem Bemühen um Erneuerung herauszustellen und auch die militärische Präsenz Ihrer Streitkräfte in der DDR in Rechnung zu stellen.

Ich registriere aufmerksam die neuen Akzente, wie sie von der veränderten DDR-Führung gesetzt wurden. Gleichwohl meine ich, dass der Dialog mit den anderen politischen und gesellschaftlichen Gruppen nicht lange auf sich warten lassen sollte. Freie Wahlen werden folgen müssen.

Meine Freunde und ich raten den Bürgern in der DDR, zumal den Jungen, nicht weiter zu übersiedeln, sondern in ihrer Heimat an der Neugestaltung mitzuwirken. Die sowjetische Führung sollte es richtig einzuordnen wissen, dass eine engere – zumal wirtschaftliche – Zusammenarbeit zwischen den beiden deutschen Staaten geeignet sein kann, entstandene Schwierigkeiten zu überwinden.

Sie können sicher sein, dass wir, auch künftig, die Realitäten sehen, die strategischen Interessen aller Beteiligten kennen und wissen, wie wichtig, nein entscheidend es ist, die sicherheitspolitische Stabilität zu erhalten, ohne die das Europäische Haus nicht gebaut werden kann.

‹Mit freundlichen Grüssen
Willy Brandt›[2]

Nr. 59
Aus dem Protokoll über die gemeinsame Sondersitzung des Parteivorstandes und des Geschäftsführenden Fraktionsvorstandes der SPD
11. November 1989

AdsD, SPD-Parteivorstand, Vorstandssekretariat, Protokolle des Parteivorstands, 11. 11. 1989.

Zu Beginn der gemeinsamen Sitzung von Parteivorstand und Geschäftsführendem Fraktionsvorstand wurde Willy Brandt von Hans-Jochen Vogel herzlich begrüßt. Er sagte zu Willy Brandt: „Dein politisches Lebenswerk ist am Abend des 9. November 1989 gekrönt worden."
[...][1]
Willy Brandt sagte, ihm seien drei Bemerkungen wichtig:
1. Es sei festzustellen und zu kritisieren, daß die Bundesregierung und die CDU der Situation nicht gerecht werden, wenn sie, wie dies geschieht, die Lage parteipolitisch zu nutzen versuche[n]. Sie sei[en] aufzufordern, den Vorschlägen des SPD-Vorsitzenden zu folgen und hier in der Bundesrepublik Deutschland einen runden Tisch einzurichten.[2] Gefragt sei nicht das Erheben des Zeigefingers, sondern Förderung der Bereitschaft zur sinnvollen Hilfe. Es dürfe nicht um Propaganda gehen, sondern um die substantielle Gemeinsamkeit.
2. Die Lage in der DDR sei durch Labilität gekennzeichnet. In der SED gebe es Differenzierungsprozesse. Die Labilität könne nur überwunden werden, wenn es bald zu freien Wahlen komme. In der Zwischenzeit müsse in der DDR eine Einbeziehung der politischen Alternativgruppen in der Führung des Staates vorgenommen werden. Es sei auf den Tatbestand hinzuweisen, daß die Neugestaltung nur durch die, die dort blieben, erfolgen kann, ohne Kritik an denen zu üben, die weggegangen seien.
Von ausschlaggebender Bedeutung für die Sicherheit sei die Rolle der Sowjetunion. Es gebe Hinweise darauf, daß Honecker

bereits den Befehl erteilt habe, seinerzeit in Leipzig Truppen einzusetzen.³ Die Sowjetunion habe klargemacht, daß ihre Panzer nicht eingreifen würden.⁴

Willy Brandt berichtete, daß er nach seiner Rede vor dem Schöneberger Rathaus einen Brief von Gorbatschow erhalten habe.⁵ Gorbatschow sei offenbar von der Sorge ausgegangen, daß die Situation nach den beiden Kundgebungen am gestrigen Tage in Ost- und in West-Berlin zu Schwierigkeiten führen könne. Er habe in dem Brief zum Ausdruck gebracht, daß alle europäischen Grenzen, auch die deutsch-deutsche Grenze, ihren Bestand haben müss[t]e[n]. Dies sei von Gorbatschow deutlicher, als er es erwartet habe, betont worden.

3. Es komme darauf an, daß sich unsere Partei in der Frage der nationalen Einheit nicht verheddere, zumal nicht in Zeiten, wo sich die Menschen in Deutschland überall vereinten. Aus der Zweistaatlichkeit ein Dogma zu machen, sei ebenso abwegig wie im Nationalstaat die einzige Ableitung aus dem Grundgesetz zu sehen. Und hinzuweisen sei durch uns Sozialdemokraten auf den notwendigen Prozeß des Zusammenwachsens der Teile Europas.

[...]⁶

Nr. 60
Rede des Ehrenvorsitzenden der SPD, Brandt, vor der sozialdemokratischen Bundestagsfraktion
29. November 1989

AdsD, SPD-Bundestagsfraktion, Tonbandaufzeichnungen.

Liebe Genossinnen und Genossen,
ich muss mit 'ner Vorwegentschuldigung beginnen. Dies ist in meinem jetzigen Lebensrhythmus meistens die Zeit, in der ich normalerweise mein Abendessen zu mir nehme und ein Glas Rotwein oder

auch zwei dazu trinke. Davon möchte ich auch heute, davon möchte ich auch heute nicht grundsätzlich abweichen.

Sondern ich möchte Folgendes sagen: In demokratisch verfassten Staaten ist es kein Nachteil, sondern ein Vorteil, wenn die politischen Kräfte, worüber sie sonst auch immer streiten mögen, auf dem Gebiet der auswärtigen Politik möglichst nahe beieinander liegen. Und das gilt für die Deutschlandpolitik, wie wir es nennen, erst recht. Deshalb war es, wie immer man die eine oder andere Betonung setzen mag, war es gestern goldrichtig, sich nicht in Gegensatz zu dem zu begeben, was in der Erklärung des Bundeskanzlers war, und zwar unabhängig davon, ob nun 10 Punkte schon gleich einen Plan ergeben.[1] – Das ist ja ein bisschen willkürlich: Fast alles Mögliche aufschreiben, Punkte davor setzen, es einen Plan nennen. – Und auch unabhängig davon, unabhängig davon, was dem hinzuzufügen wäre.

Ich hab' heute Vormittag mit dem noch immer amtierenden, seit geraumer Zeit amtierenden Bundeskanzler auch hierüber ein Wort gesprochen und kein Hehl daraus gemacht, dass meiner Meinung nach dem eine ganze Menge hinzuzufügen ist. Aber jedenfalls zwei, drei wichtige Punkte werden hinzugefügt durch den Antrag, der hier vorliegt und den ich nachdrücklich unterstützen möchte.[2]

Ich möchte Euch einen Eindruck von gestern vermitteln: Ich hab', weil ich mit dem Kennedy, dem jetzigen, dem übrig gebliebenen, rumziehen musste in Berlin und gern rumgezogen bin, Mittag gegessen, also nicht zu Abend, gestern zu Mittag, mit der Bärbel Bohley und dem Pfarrer Eppelmann und unserem Ibrahim [Böhme] von der SDP. Und das war – da lagen ja schon die Berichte vor in Berlin über das, was hier gelaufen war[3] – und das war für mich hochinteressant, dass es bei den Dreien, die ja doch sehr eigenständige, manchmal auch eigenwillige Partner sind – warum auch nicht? –, dass keiner von denen eine Gegenposition bezogen hat, sondern gesagt hat: Da wird man wohl anknüpfen müssen, da werdet Ihr was dazuzufügen haben, wir werden was hinzuzufügen haben. Selbst, ‹...›[4] jetzt mal, in der Frage der Zweistaatlichkeit beginnen die Freunde, um die es dort geht, zu begreifen, dass sie weggeschwemmt werden von der Meinung in ihrem Teil Deutschlands, wenn sie auf einer dogmatischen Position der Zweistaatlichkeit beharren, so wie diejenigen, sag ich mal hier, am Wegesrand liegen bleiben, die, bevor freie Wahlen sind, noch alles Mögliche andere geregelt haben wollen.

Alles verständlich. Aber Revolutionen, auch wenn sie friedlich sind, erfordern Improvisation und nicht perfektionistische Vorwegklärung. Und im Übrigen lehrt die Geschichte, dass Versäumnisse in der ersten Phase einer Revolution Gewalttätigkeit in der zweiten oder dritten Phase nach sich ziehen. Das nur in Klammern.

Also, wir sind nun drin, und das spürte man gestern. Also, wir haben ja nicht nur den Bischof besucht im anderen Teil der Stadt,[5] sondern viele Menschen gesehen, sind sogar über den Weihnachtsmarkt gegangen. Es ist ja auch manchmal ganz gut, ganz einfachen Bürgern zu begegnen.

Ich sage Euch, wir dürfen uns nicht abheben von jenem Gefühl, dass aus der Einheit der Menschen – die erleben sie jetzt zu Hunderttausenden, das ist die Einheit von unten –, dass ein Prozess im Gange ist bis hin zu dem, was ich den neu heranwachsenden Deutschen Bund nenne, weil ich mal mit einem deutschen Wort auch zu sagen versuche, was man Konföderation oder so ähnlich nennen kann. Wohlwissend, ja, wohlwissend, wohlwissend, dass man vom neu heranwachsenden sprechen muss, weil der vorherige so schön nicht war, der im vorigen Jahrhundert zu Ende gegangen ist.[6] Ich sag Euch nur noch mal: Dies ist nicht 'ne Zeit für noch so schöne perfektionistische oder gar rechthaberische Eigenpositionen, sondern für konstruktives Einwirken – ich greife das Wort von vorhin auf: konstruktiv und initiativ einwirken – auf den Prozess der Umgestaltung und Neugestaltung in Deutschland. Und damit den Prozess, den der andere Teil unseres Volkes heute noch wacher wahrnimmt, als wir es schon können.

Schönen Dank.

Nr. 61
**Rede des Ehrenvorsitzenden der SPD, Brandt, in der
St. Marienkirche Rostock
6. Dezember 1989**

*Willy Brandt in Rostock. Hrsg. von der Sozialdemokratischen Partei
Deutschlands in der DDR, Rostock o. J., S. 7–11.*[1]

Meine Damen und Herren, Schwestern und Brüder, liebe Landsleute
‹vor allem›[2]!
(Begeisterter Beifall)
Ich bin wirklich sehr, sehr glücklich, (Kindergeschrei im Hintergrund) daß ich in dieser vorweihnachtlichen Zeit bei Ihnen in Rostock sein kann. Ich danke Ihnen allen dafür, daß Sie in so großer Zahl gekommen sind. Ich danke für die Begrüßung und die Blumen, die mir auf dem Weg gegeben wurden, und ich bedanke mich vor allen Dingen bei Pastor Gauck, daß er uns hier hat zusammenkommen lassen. (Beifall) Ich sage, ich bin glücklich, so wie ich es im vorigen Monat war, an jenem 10. November in Berlin, als die Mauer durchlässig wurde.[3] (Beifall) Und als die getrennten Familien wieder zusammenkamen, freundlich, fröhlich, ohne Aggression. Ich hab mich meiner Tränen nicht geschämt an diesem Tag.
(Beifall)
Dieses Jahr [19]89 wird in die Geschichte eingehen. (Beifall) Ich habe am Wochenende in Hamburg einen französischen Publizisten getroffen[4], der hat etwas neidisch gesagt, wenn man bisher in der Welt 89 sagte, dann meinte man damit 1789 (Lachen) mit der großen französischen Revolution, die sich zu den Ideen der Freiheit und der Gleichheit und der Brüderlichkeit bekannte, sich freilich nicht immer daran gehalten hat, so ist das mit den Idealen, ‹daß es›[5] manchmal schwer fällt, ihnen nahe genug zu bleiben. Jetzt, sagt er, wird man in Zukunft fragen, ob nicht 1989 gemeint ist mit dem, was nicht allein in Deutschland geschieht, sondern in Europa. (Beifall) Der Prozeß, dessen Zeugen wir sind, ja ‹und›[6] nicht nur Zeugen, Sie noch

mehr als ich unmittelbar Beteiligte, dieser Prozeß handelt von dem freiheitlichen Erwachen der Völker in diesem Teil Europas und er handelt davon, und das ist schrecklich wichtig auch für uns Deutsche, daß die Teile Europas zusammenwachsen. (Beifall) Ich bin selbstverständlich auch glücklich, weil gestern die Vertreter der Behörden, der heute bestehenden Behörden auf beiden Seiten, aus Bonn und Ost-Berlin gesagt haben, im neuen Jahr können wir reisen in beiden Richtungen in Deutschland.[7] (Beifall) Heute brauchte ich noch ein Visum, aber die waren dort ‹sonst›[8] sehr freundlich zu mir. (Lachen, dann Beifall) Nun bin ich ja eigentlich gar nicht zu einer Versammlung gekommen, sondern um heute Abend mit Vertretern der neuen Kräfte in diesem Teil Deutschlands und mit jungen Leuten aus Ihrer Stadt darüber zu diskutieren, wie es nun weitergeht.[9] (Beifall) Und außerdem habe ich 'ne harte Konkurrenz heute Abend, weil während wir dort in Warnemünde diskutieren für das Zweite Deutsche Fernsehen, wird in Bremen Werder gegen Neapel spielen, (Lachen) was ja auch viele Rostocker interessiert wegen der engen Verbindung zwischen diesen beiden alten Städten Rostock und Bremen.[10] Also man muß auch mit solcher Konkurrenz leben und, wenn es geht, mit ihr fertig werden.

(Beifall)

Ich denke, liebe Freunde, es ist jetzt ganz wichtig, daß wir nicht bei den Sentimentalitäten stehenbleiben. Obwohl ich Ihnen zugebe, für mich ist dieses bewegend auch deshalb, weil ich ja zur Hälfte ein Mecklenburger bin. (Beifall) Meine Mutter kam aus Klütz, und ich habe in meiner Kindheit nicht nur Klütz und Wismar besucht, sondern auch Rostock und Schwerin und Malchin und Güstrow. Das Land ist mir vertraut, aber es sind 53 Jahre her, seit ich das letzte Mal als junger Mann meinen Fuß auf Rostocker Boden setzte.[11] Da schwingt sehr viel mit. Was ist alles in dieser Zeit an Elend über unser Volk gekommen, aber jetzt sind wir dabei, aus dem Tunnel herauszukommen, wir alle miteinander.

(Beifall)

Es ist wirklich sehr wichtig, daß die Entschlossenheit zur grundlegenden Erneuerung nicht erlahmt. Es ist auch wichtig, daß das nicht aus dem Ruder läuft. Ich mische mich nicht ein, wie käme ich dazu, aber ich kann einige Ratschläge vermitteln. Ich darf vielleicht auch Bitten äußern.

Aus meiner Sicht ist es ganz, ganz wichtig, daß die Entschlossenheit ganz ungebrochen bleibt und daß sie gepaart bleibt mit Besonnenheit, weil aus Chaos nur sehr selten etwas Gutes, Neues entstanden ist.

(Beifall)

Aber es ist schon gut, daß wir uns verständigen, was Erneuerung heißen soll aus meiner Sicht: daß Schluß gemacht wird mit dem Mißbrauch der Idee des Sozialismus, der doch davon handeln sollte, daß Leute aus der Unmündigkeit herausgeholt und nicht in Unmündigkeit hineingebracht werden sollen.

(Beifall)

Der doch davon handeln soll, daß die Menschen wissen, was der Ertrag ihrer Arbeit ist, und dazu braucht man eine funktionierende Wirtschaft und nicht eine, die durcheinandergebracht wird, die durch Inkompetenz zugrunde gerichtet wird.

‹Ich denke, der lange Weg nähert sich seinem Ende in der DDR, aber auch für das, was uns miteinander verbindet, uns im deutschen Westen, Sie in diesem Teil Deutschlands, der[12] mehr hat Lasten tragen müssen und demgegenüber manche im deutschen Westen vergessen haben, daß die Landsleute in der DDR den Krieg nicht mehr verloren haben als die anderen.›[13]

(Beifall)

Es war ein langer Weg, das sagte ich, der sich, wie wir alle spüren, seinem Ende nähert, und es war nicht immer leicht, die Etappen des hinter uns liegenden Weges richtig abzustecken, auch hinreichendes Verständnis zu finden für das, worum man sich bemühte. Der Pastor hat erinnert an das Jahr [19]61. Ich erinnere mich, daß im Dezember [19]63, als ich noch Bürgermeister in Berlin war, wir mit sehr viel Mühen jedenfalls für die Weihnachtstage Passierscheine aushandeln konnten, damit man die Familien nach langer Zeit der Trennung wieder besuchen konnte[14], weil ich immer ausgegangen bin von der Vorstellung, die Familien müssen zusammenhalten, damit die Teile des Volkes zusammenhalten, und die ganze Politik soll sich zum Teufel scheren, wenn sie nicht dazu da ist, den Menschen das Leben etwas leichter zu machen ‹statt es ihnen zu erschweren›[15].

(Beifall)

Wir mußten dann Anfang der siebziger Jahre, wir in der Bundesrepublik, mit zuweilen schwierigen Partnern im anderen Teil Europas vertragliche Regelungen treffen, um Spannungen abzubauen, mit der Sowjetunion, mit Polen, mit der Tschechoslowakei, auch einen Grundlagenvertrag mit der DDR, der uns zum Beispiel ermöglichte, daß wir zwischen Berlin und dem Bundesgebiet ungehindert hin und her fahren konnten, und einiges andere kam hinzu.[16] Wir haben dann, indem wir diese Voraussetzungen schufen, mitgewirkt an der ersten ‹gesamtdeutschen, nein›[17] gesamteuropäischen Konferenz im Sommer [19]75 in Helsinki[18], der finnischen Hauptstadt, und haben uns nicht abbringen lassen von der Idee, daß die Rüstungen heruntergeschraubt werden müssen in Europa. (Beifall) Insofern haben wir einige der Voraussetzungen mitschaffen helfen für das, was nun in Bewegung gekommen ist. Nur, ich will das auch nicht übertreiben, den Gorbatschow habe ich nicht erfunden und auch nicht früh genug einkalkulieren können, daß die beiden Weltmächte, die Vereinigten Staaten von Amerika auf der einen Seite, die Sowjetunion auf der anderen Seite, erkennen würden, daß sie erdrückt werden von dem Wettrüsten der hinter uns liegenden Jahre, daß damit Schluß gemacht werden muß, daß Mittel umgelenkt werden müssen für Zwecke, die den Menschen in den eigenen Ländern zugute kommen, aber auch für die, denen es sehr viel schlechter geht als uns. Pastor Gauck hat eben daran erinnert.[19] Wenn ich heute mit Freunden und Kollegen aus der dritten Welt spreche, dann äußern sie die Furcht, die veränderte Lage in Europa und verstärkte wirtschaftliche Zusammenarbeit zwischen dem Westen und Osten in Deutschland und überhaupt könnte[n] dazu führen, daß wir noch weniger zu tun bereit sind für alle die vielen Millionen Menschen, die nicht einmal satt werden, und wo die Kinder nicht einmal genug zu essen bekommen, bevor sie schlafen gehen. Da sag' ich, da müssen wir aufpassen, und ich rate allen, die jetzt und in den nächsten Jahren in Deutschland Verantwortung tragen.

(Beifall)

Ich sage ihnen: wir müssen das eine tun und dürfen das andere doch nicht lassen. (Beifall) Uns um die eigenen Dinge kümmern, sie wirklich besser machen auf vielen Gebieten und gleichzeitig uns ein offenes Herz bewahren für die, die es sehr viel schlechter haben und die doch unsere Partner sind in dieser Welt und nicht nur einfach die ganz armen Verwandten.

(Beifall)

Ich habe gesagt, ich will mich nicht einmischen. Das tue ich auch nicht, aber mir schien es ganz logisch zu sein, daß dieser Aufbruch des Freiheitlichen in der DDR, rascher als es mancher vorausgesehen hat, zu freien Wahlen führen muß. (Beifall) Erst zu einem runden Tisch, an dem schon die neuen Kräfte mitsitzen, weil es für eine bisherige Regierung kaum noch ausreichende Legitimität gibt. (Beifall) Und dann die Wahlen, bei denen ich hoffe, daß die wirklich demokratischen Kräfte zusammenstehen.[20]

(Beifall)

Freie Wahlen, aus denen auch für die Verhandlungen mit der Bundesrepublik Deutschland eine wirklich vom Volk getragene Regierung hervorgeht.

(Beifall)

Ich habe hier nicht als ein Parteimann zu sprechen, und ich bekunde in dieser Stunde ausdrücklich: Was wir brauchen in Deutschland, also auch in der DDR, ist nicht neue Einförmigkeit, sondern ist das faire Zusammenwirken von politischen Kräften, die um den jeweils möglichen besten Weg ringen. Also was ich sage, ist gesagt in Respekt vor denen, die sich anders entscheiden. Ich sag' nur als einer, der aus der Sozialdemokratie kommt: Die deutsche Sozialdemokratie ist wieder da, nicht nur im deutschen Westen, sondern in Deutschland.

(Beifall)

Und ich sage dies in einer Stadt, in der deutlicher als anderswo abzulesen ist, wieviel Verlogenheit mit der berühmten Vereinigung von 1946 verbunden war.²¹ Das war keine Vereinigung, das war die Gefangennahme einer großen politischen Partei durch eine andere. (Beifall) Da haben am 6. Januar 1946 im Stadttheater meine politischen Freunde einstimmig beschlossen, sie wollten eine solche Form von Vereinigung nicht.²² Sie ist ihnen aufgezwungen worden, und ein Mann, wie der Willy Jesse, den die alten Rostocker noch kennen, wurde im Sommer [19]46 auf der Straße verhaftet. Nach 8 Jahren kam er aus Rußland wieder. Und der Heinrich Beese, Heini Beese, wie wir ihn nannten, kam von [19]48 [an] sechs Jahre nach Bautzen, 2 ½ Jahre in Einzelhaft, [beide] wegen ihrer Überzeugung.²³ Da können die, die bisher dran waren, nichts mehr rehabilitieren, aber die Wahrheit der Geschichte muß auf den Tisch. (Beifall) Und die Wahrheit der Geschichte ist einzuklagen nicht nur bei der bisher herrschenden Partei, oder was von ihr übrig bleibt, (Lachen, Beifall) sondern auch einzuklagen bei denen, die, wenn sie auf einem anderen und besseren Weg gehen wollen, in der Nachfolge der russischen Besatzungsmacht stehen, und die uns damals hier in Rostock und anderswo etwas überstülpen wollten, was zu uns nicht paßte.

(Beifall)

Nun werden die Deutschen zusammenrücken, ohne daß einer von uns genau weiß, unter welcher Art von Dach wir uns zusammenfinden. Aber wenn es wahr ist, daß die Teile Europas näher zusammenkommen, ich hoffe sehr eng, dann ist es logisch, muß auch für unsere Nachbarn in West und Ost logisch sein, daß die Deutschen auf den Gebieten, auf denen sie mehr gemeinsam haben als andere, hierzu auch in eine engere Verbindung miteinander treten. Und das ist ja nicht nur (Beifall) die gemeinsame Geschichte und die Kultur und die Sprache, das sind ja auch viele praktische Dinge, und es ist die uns auferlegte gemeinsame Friedenspflicht. Für die Jungen muß es schwer sein zu verstehen, daß wir immer noch in die Haft genommen werden für das, was eine frühere Diktatur über unser Volk gebracht hatte. Ich weiß, ein wie langes Gedächtnis die Völker haben können, nur sag' ich auch: Nationale Schuld wird nicht durch die willkürliche Spaltung einer Nation getilgt. (Beifall) Und deshalb habe ich dieser Tage gesagt, mir schwebt vor, daß wir zu einer neuen Art von deutschem Bund zusammenfinden, schematisch kann man das eh nicht zusammenfügen, auch auf Gebieten, wo später ein höheres Maß an Einheitlichkeit da sein wird, nimmt das seine Zeit. Das sagt uns die Vernunft. Nebenbei gesagt, auch das, was der Dr. Modrow vor ein paar Wochen gesagt hat, der sich ja auf seine Weise ehrlich bemüht, er kommt nur ein bißchen sehr spät, (Lachen) aber auch was er genannt hat aus seiner Sicht, was er eine Vertragsgemeinschaft[24] nennt, ist ja vom Ansatz her nicht so weit entfernt, was andere von uns einen deutschen Bund nennen. Wiedervereinigung[25] kann ich mir eh schwer vorstellen.[26]

Es wird nichts wieder so, wie es war. (Beifall) Sondern es ist etwas Neues, was wir schaffen müssen, und das müssen wir in Respekt voreinander schaffen, und da darf der deutsche Westen sich nicht als Vormund aufschwingen und aufführen. (Beifall) Es gibt ja seit gestern einen ersten, wenn auch noch sehr, ‹sehr›[27] bescheidenen Ansatz. Daß der Vertreter der Bundesregierung und die, die noch für die DDR regieren, vereinbart haben, es soll im nächsten Jahr möglich sein, ich sag' noch einmal sehr bescheiden, aber vom Prinzip her richtig, daß Bürger der DDR, wenn sie zu uns kommen, nicht auf ein Gnadenbrot angewiesen sind, (Beifall) ‹sondern daß sie jedenfalls ein paar hundert Mark›[28] ihres eigenen Geldes wirklich eintauschen können, die ersten 100 Mark 1:1, die zweiten 1:5, tut mir leid, daß man noch nichts besseres hat vereinbaren können.[29]

(Lachen, Beifall)

Das ist ja ein erster Einstieg in eine Währungsunion, die in den nächsten Jahren kommen muß, (Beifall) und von der ich hoffe, daß man dabei die Sparer, die einfachen Sparer in der DDR nicht vergißt. (Beifall) ‹Denn›[30] die haben für ihr Geld mindestens so hart gearbeitet wie irgend jemand im deutschen Westen.

Ich denke, es gibt eine Fülle von Feldern praktischer Zusammenarbeit in den nächsten Jahren, und wenn ich die Lage in der Bundesrepublik Deutschland einigermaßen richtig überschaue, ‹dann›[31] gibt es die Bereitschaft zu helfen, zu unterstützen, besser gesagt, Hilfe zur Selbsthilfe zu leisten. Ich glaube auch, daß wir weit über die praktischen Dinge hinaus zu starker Annäherung kommen können, auch wo es um die Gesetze geht, nur sag' ich Ihnen ganz offen, noch wichtiger als ob die Texte unserer Gesetze übereinstimmen ist, daß Rechtsstaatlichkeit überall in Deutschland ‹Einkehr hält›[32].

(Beifall)

Ich habe Währungsunion gesagt, die kommen muß, die wirtschaftliche Zusammenführung, die kommen muß, ohne Einverleibung, ohne gar ein Ausschlachten der DDR, wirtschaftliche Zusammenführung, um das Gefälle abzubauen. Das nimmt Jahre.

Ich verfolge mit Interesse, was sich jetzt alles an Gestank verbreitet, ‹rückblickend›[33] auf Herrscher der zurückliegenden Jahre.[34] (Beifall) Aber ich sag' Ihnen auch, so sehr ich der Meinung bin, daß Gesetzesbrecher vor ihren Richter gehören, so wenig sympathisch empfinde ich die Jagd auf Sündenböcke, wenn sie aus den Reihen derer kommt, die alle dabei waren.

(Beifall)

Das Ziel, das wir vor uns haben, ist nicht nur, daß wir, wie ich hoffe, ganz eng zusammenkommen, in Schritten, in Etappen, sondern daß wir unsere gute deutsche Rolle in einer europäischen Friedensordnung spielen, so daß nie mehr Krieg in Europa kommen kann, daß in West und Ost die Rüstungen heruntergefahren werden und dieser Kontinent, dieser alte und doch noch immer wieder lebendige europäische Kontinent seiner Menschen wegen und der Menschen in anderen Teilen der Welt wegen konstruktiv zusammenarbeiten kann.

Das wollte ich gerne hier heute Nachmittag gesagt haben.

Ich sehe jetzt auf den Plakaten aus der einen und anderen Stadt, wenn wir das bei uns am Fernsehschirm verfolgen, wie neben den Parolen, die Freiheit fordern und die freie Wahlen fordern, nun auch zunehmend erinnert wird an einen Text, den man lange nicht mehr gesungen hat hierzulande, höre ich. (Beifall) Nämlich einen Text, der handelt von einig deutsches Vaterland.[35] (Beifall) Da berühren wir uns rasch, denn die Hymne im anderen Teil Deutschlands lautet: Einigkeit und Recht und Freiheit[36] für das deutsche Vaterland.

(Beifall)

Nr. 62
Interview des Ehrenvorsitzenden der SPD, Brandt, für die
Financial Times (London), Le Monde (Paris) und die *Süddeutsche Zeitung*
14. Dezember 1989

Süddeutsche Zeitung vom 14. Dezember 1989.[1]

Warten bis irgendwann nach dem Jahr 2000?

Fragen an den ehemaligen Bundeskanzler zur Zukunft der beiden Teile Deutschlands in einem zusammenwachsenden Europa

Frage: *Herr Brandt, Sie haben unlängst mit Helmut Kohl gesprochen über dessen Zehn-Punkte-Plan und dabei auch andere Auffassungen als er zum Ausdruck gebracht.*[2] *Worin bestehen die Differenzen oder die Wünsche, die Sie zusätzlich haben?*

Brandt: Also, ich würde es für ganz falsch halten, wenn man gelegentliche Gespräche zwischen einem amtierenden Bundeskanzler und einem seiner Vorgänger auf dem öffentlichen Markt abhandelt. Das entwertet den Charakter solcher Unterhaltungen. Ich habe gesagt, daß ich gegen die Punkte von Bundeskanzler Kohl eigentlich nichts haben kann. Ich könnte höchstens hinzufügen, sie enthalten durchweg Selbstverständlichkeiten. Um so mehr habe ich mich gewundert, daß sie eine solche Aufmerksamkeit erweckt haben. Das Ganze war vielleicht ein bißchen zu sehr auf Public Relations angelegt. Die Einschaltung der Diplomatie, also des Außenministers, hätte nicht geschadet.

Denken Sie denn nicht, daß der berühmte elfte Punkt über die polnische Westgrenze fehlt?

Es war ein großer Mangel, daß die Bundesregierung und der Kanzler mit zwei offenen Flanken hineingegangen sind in eine Diskussion, die gar nicht schwierig zu werden brauchte. Das eine ist die innenpolitisch, wahlpolitisch bedingte Auslassung des Punktes der polnischen Westgrenze, und das andere, den Eindruck zu erwecken, als sei die Bundesrepublik nicht gleichermaßen wie zuvor entschlossen, den Ausbau der EG einschließlich der Währungsunion zu betreiben.

Haben Sie den Eindruck, wenn Kohl in der Frage der polnischen Grenze sich frei äußern und entscheiden könnte, daß er dann daran keinen Zweifel lassen würde?

Ja, den Eindruck habe ich.

Dieses Wort von den konföderativen Strukturen[3]: Meinen Sie, daß das kompromißfähig ist, nicht nur in England, beispielsweise, sondern auch in der DDR?

Es kommt sehr darauf an, was man damit meint. Kohl sagte ja in seinen Punkten, er beziehe sich auch auf das, was Hans Modrow als interimistischer Ministerpräsident in seiner Regierungserklärung Vertragsgemeinschaft genannt hatte.[4] Er hat nicht gesagt, das sei identisch. Ich sage es noch ein bißchen allgemeiner: Der Prozeß, den wir jetzt erleben, handelt davon, daß die Teile Europas zusammenwachsen. Deutschland ist ein wichtiges Unterthema davon. Wenn das so ist, dann ist es ja fast natürlich, daß die Deutschen sich fragen und andere nicht notwendigerweise etwas dagegen haben müssen, daß die Teile Deutschlands hierfür auch nach den geeigneten Instrumenten der Kooperation suchen. Ich habe nichts gegen die beiden Begriffe „Vertragsgemeinschaft" oder „konföderative Strukturen". Aber ich habe nicht ohne Grund gesagt eine Art von Deutschem Bund, wohl wissend, daß der Deutsche Bund im 19. Jahrhundert sich stützte auf weithin unabhängige deutsche Staaten.[5]

Ist Ihre Art Deutscher Bund...

... nicht identisch mit dem, was andere Leute Wiedervereinigung nennen, wo ich ja aber seit langem meine Probleme wegen des „wieder" gehabt habe. Aber ich schließe auch nicht aus, daß die Struktur eines Staatenbundes sich zu mehr entwickeln kann. Jemand hat dieser Tage gesagt: Konföderationen entwickeln sich geschichtlicher Erfahrung zufolge zu Föderationen, oder sie gehen ein.

Welche Voraussetzungen müßten also erfüllt sein, daß aus Ihrer Art Deutscher Bund genau diese Föderation, also der Bundesstaat, entsteht?

Erstens: Warum muß ich mir den Kopf zerbrechen über alles, was in weiteren Runden auf die Tagesordnung geraten kann? Zweitens wäre es ganz und gar unvernünftig, unrealistisch auch, den Deutschen zuzumuten, sie sollten mit größerer nationaler Einheit warten müssen, bis irgendwann nach dem Jahr 2000 und wahrscheinlich ein gutes Stück danach eine Struktur entsteht für alle Teile Europas. Wenn man ihnen dies nahebringt – sogar ein bißchen zu sehr von oben herab, wie ich jetzt hier und da lese –, so ist dies die sicherste Garantie, in Deutschland einen Nationalismus zu fördern, für den es an sich nicht furchtbar viel natürliche Ansatzpunkte gibt.

Wie hoch schätzen Sie die Gefahr ein, daß dieses Thema bewußt nationalistisch entweder von den Linken oder vom rechten Spektrum als Wahlkampfthema aufgegriffen werden könnte? Sie selber haben ja einmal gesagt, ein guter Deutscher darf kein Nationalist sein...

Das werde ich am nächsten Montag auf dem SPD-Parteitag in Berlin wiederholen und erneut begründen.[6] Die Berliner Erklärung, die dem Parteitag am Montag zur Annahme empfohlen wird, ist begrüßenswert konkret.[7] Und sie läßt es nicht an Deutlichkeit mangeln, wo es sich um den engen Zusammenhang zwischen den deutschen und den europäischen Entwicklungen handelt. Und trotzdem ist es gut, sich daran zu erinnern, daß 45 Jahre Geschichte nicht ein ganz kurzer Abschnitt sind. Die Generation, die jetzt heranwächst, kann ungeduldiger werden, weil sie sich persönlich weniger belastet fühlt mit dem, was Deutschland angerichtet hat in der Welt. Und manchen im Westen und im Osten, die heute das Sagen haben, würde ich raten, die Gefühlswelt zweier nachwachsender deutscher Nationen[8] nicht unberücksichtigt zu lassen, sonst könnte es kontraproduktiv werden.

Herr Brandt, neue Generationen haben auch neue Befürchtungen. Ich sehe das bei den Nachbarn Deutschlands. Nicht die Furcht vor einem Angriff, aber vor einer übermächtigen Macht in Mitteleuropa.

Das ist die kritische Größe Deutschlands. Der liebe Gott oder wer auch immer hat es so eingerichtet, daß wir dort leben, wo wir leben, und ich kann den prinzipiellen Unterschied nicht erkennen, ob man 65 Millionen Menschen zählt oder 80 Millionen. Wenn man die geschichtlichen Vorbelastungen weglassen könnte, was man ja aber leider nicht kann, dann wäre das Argument allein, ob es 15 Millionen mehr sind, nicht ein wirklich durchschlagendes.

Aber die ökonomische Macht?
Da muß doch die Konsequenz sein, die ökonomische Integration wirklich entschieden voranzubringen. Wer Angst hat vor der DM, muß den ECU stark machen.[9] Das brauche ich nicht so sehr Präsident Mitterrand zu sagen, aber der britischen Premierministerin müßte man dieses sagen.
Und Ihrem Finanzminister auch...
Ich könnte noch eine Adresse nennen.
Also, wer Angst hat vor den Deutschen, muß Europa stark machen?
So ist es. Und zwar in seinen mehrfachen Dimensionen. Wobei das heute mit der EG im Vordergrund steht, aber die anderen europäischen Prozesse stehen immer daneben und müssen auch beschleunigt werden. Wie soll man sich, frage ich jetzt einmal, irgendeine gemeinsame politische Konstruktion vorstellen für die beiden Staaten, solange es Militärbündnisse gibt und unterschiedliche Formen der sicherheitspolitischen Integration hier und dort? Daß es fremde Truppen auf dem Gebiet des einen und des anderen Staates gibt, spricht jetzt auch dafür, eine Qualität des Zusammengehens zu wählen, die nicht eine einstaatliche ist. Obwohl es vom Prinzip her, theoretisch, auch denkbar ist, daß auf dem Boden eines Staates vertraglich Truppen anderer Mächte stehen.
Die DDR steckt in einer psycho-politischen Krise, die SED hat eine neue Führung gewählt. Hat diese Partei eine Überlebenschance in der nahen Zukunft?
Keiner weiß heute genau, was und wieviel übrigbleibt von der bisher alles dominierenden Staatspartei, genannt SED. Sie haben gelesen wie ich, daß Herr Modrow meint, 20 Prozent bei den Wahlen im Mai wären auch ein schönes Ergebnis. Und daß er zweitens sagt, er hoffe, dann jedenfalls als eine Art Juniorpartner einer Koalitionsregierung angehören zu können.[10] Das werden wir ja sehen im Mai.[11] Eigentlich kann ich mir nicht auch noch den Kopf über die bisherigen DDR-Kommunisten zerbrechen. Aber ich nehme schon ernst, was dort an Veränderungen vor sich geht. Ich empfinde aber auch ein tiefes Unbehagen bei mancher Art, wie sie sich verabschieden von dem, was vorher war. Die Jagd auf Sündenböcke, wie sie betrieben

wird von Leuten, die alle dabeigesessen haben. Vieles, was heute läuft, ist in Wirklichkeit eine abstoßende Form von Abrechnung.

Also Sie meinen, daß die Leute, die jetzt im Gefängnis sitzen, dort nicht hingehören?[12]

Wie soll ich das im Einzelfall kontrollieren? Aber ich bleibe mal bei meiner Aussage, daß vieles mir erscheint wie eine Jagd auf Sündenböcke. Was immer man hält von den Tatbeständen, die vorgebracht werden: Ich habe noch nicht gehört, daß jemand zur Verantwortung gezogen wird, weil er andere ins Gefängnis gebracht hat oder weil er andere daran gehindert hat, frei ihre Meinung zu sagen oder von den Rechten Gebrauch zu machen, die ihnen von der Verfassung der DDR zustanden. Das ist eine ein bisschen verschobene Situation. Wobei ich nicht juristisch denke, sondern politisch, moralisch. Mein Punkt ist zweitens: Ich kann als Sozialdemokrat oder auch überhaupt als deutscher Demokrat nicht Leute ausgrenzen wollen, die sich auf ihre Weise, gestützt auf ihre Art bitterer Erfahrung, neu bemühen wollen. Man muß sich auch die Menschen angucken, um zu wissen, wie schlimm es wäre, sie einfach beiseite schieben zu wollen. Aber das heißt nicht, daß ich ein engeres Verhältnis zwischen der Sozialdemokratie und der Nachfolge-SED sehe. Die bitteren Erfahrungen lassen sich nicht so einfach auslöschen. Wie die sich wirklich nennen werden, wissen wir auch erst in einigen Tagen.[13]

Haben Sie einen Vorschlag, wie sie sich benennen sollten?

Ich werde einen Teufel tun, aber sie gucken sich natürlich auch um, wie man das in Ungarn gemacht hat und in Polen in Zukunft machen wird, in der Tschechoslowakei steht ein ähnliches Thema an.[14] Wir sollten als große Wahrscheinlichkeit davon ausgehen, daß die bisherige Opposition, die nun sehr rasch nach oben gekommen ist, oder beträchtliche Teile von ihr, sich den Wählern gemeinsam stellen wird. Jedenfalls würde ich dies nicht bedauern, wenn es so wäre.

Nach Ihrer Auffassung wäre es sinnvoll, bei dieser ersten Wahl am 6. Mai[15] *die SDP, also die neuen Sozialdemokraten in der DDR, zusammenzufügen mit anderen Kräften?*

Jedenfalls reden die darüber, und da es Sozialdemokraten ohne jeden Zweifel auch im Neuen Forum[16] gibt und im Demokratischen Aufbruch[17], halte ich es für logisch, daß sie zumindest den Versuch machen, ob sie für die ersten Wahlen auf breiterer Basis als nach dem engen Parteischema antreten. Vielleicht klappt es nicht, aber ich hätte nichts dagegen, daß man diesen Versuch macht. Wenn sie, wovon ich ausgehe, die Mehrheit bekommen, dann spricht vieles dafür, daß sie von dieser Mehrheit auch Gebrauch machen bei der Bildung einer neuen Regierung. Dann mag als zusätzliche Frage dazukommen, was aus den Leuten von der SED-Nachfolge wird. Dem sollte man nicht vorgreifen.

Wenn Sie jetzt an die letzten fünf Jahre denken, bereuen Sie es, daß die hiesige SPD ihre Beziehungen zur SED etwas zu exklusiv ausgebaut hatte?

Da sind erhebliche Mißverständnisse entstanden, und nicht alle davon waren zu vermeiden. Wenn Egon Bahr und Leute wie er sich mit SED oder DDR-Regierung bemüht haben, der europäischen Abrüstung möglichst nahe zu kommen, dann war dies richtig und bleibt richtig, auch wenn die damaligen Partner dort heute nichts mehr bedeuten. Wenn Erhard Eppler und seine Grundwerte-Kommission sich bemüht haben zu begründen, daß auch weiterwirkende, ernste, tiefgehende, prinzipielle Meinungsverschiedenheiten zivilisiert ausgetragen werden sollen, dann hat dies Wirkung gehabt auf das, was sich jetzt dort abspielt.

Und welche Worte finden Sie für Herrn Rühe, der ganz plakativ von einem Wandel durch Anbiederung spricht?[18] *Können Sie das auf einen kurzen Nenner bringen?*

Das ist nicht seriös. Wenn ich Retourkutschen fahren würde, was ich aber nicht möchte, dann würde ich die Frage aufwerfen: Wer hat denn eigentlich den roten Teppich für Herrn Honecker ausgerollt, und wer ist denn mit wem zu Staatsjagden gegangen, mit den führenden Leuten des Ostblocks in den letzten Jahren auf Hirsch- und auf Bärenjagd? Wer hat denn seine Art von Kontakten gepflegt mit Leuten, die jetzt als Devisenbeschaffer und Waffenhändler hinter Schloß und Riegel sitzen?[19] Ich habe nichts übrig für eine solche Art, Rechnungen aufmachen.

Sie sind kein Jäger, richtig?
Nein, Angler.
Werden Sie zur Unterstützung des Wahlkampfes der neuen Kräfte im kommenden Frühling noch einmal in die DDR reisen?
Sicher mehr als einmal, wenn auch nicht unbedingt zu Wahlveranstaltungen im engeren Sinn des Wortes.
Es würde Ihrer Auffassung nach keine Einmischung im klassischen Sinne sein, wenn ein westdeutscher Politiker hinübergeht und dort drüben hilft, Wahlkampf zu machen?
Das muß mit der gebührenden Zurückhaltung geschehen. Wer dort kandidieren will, muß seinen Wohnsitz dort nehmen, das wäre auch möglich, aber das ist nicht mein Teil.
Was halten Sie persönlich von einem sogenannten Dritten Weg zwischen Kapitalismus und Sozialismus? Ist das machbar, oder sind das Träumereien?
Nein, es müssen nicht Träumereien sein. Nur: ich weiß nicht recht, was das bedeuten soll. Wenn sich ein Weg als eine Sackgasse erwiesen hat, dann sehe ich nicht, was der dritte Weg soll. Also man müßte eine andere Nummerierung vornehmen.
Am Montag gab es ein Treffen in Berlin zwischen den Alliierten, das erste seit 1971.[20] Ist dieses Treffen jetzt nützlich?
Was soll ich dagegen haben, daß die sich treffen, zumal wenn ich höre, sie hätten über besseren Luftverkehr und über dieses oder anderes miteinander geredet? Wenn es erscheinen sollte als ein Wiederbeleben von Vier-Mächte-Verantwortung, ohne daß die Spaltung weiter überwunden wird, dann wird es als ein Anachronismus erscheinen und nicht als etwas, was auf dem Weg nach vorn liegt. Wenn Sie so wollen: Warum sollen die vier Alliierten, auf Berlin bezogen, sich nicht fragen, stimmt eigentlich unser Verhältnis zu dem, was im Gange ist, noch? Die Menschen aus Ost- und Westberlin gehen jeden Tag hin und her. Aber deren Bestimmungen gehen noch davon aus, als ob die Sektoren im Westen und Osten voneinander getrennt sind. Also, wenn sie da etwas adjustieren, die verehrten vier Mächte, warum nicht?
Vor zwanzig Jahren ging Ihre Deutschland- und Ostpolitik von dem Grundsatz aus, daß Realitäten anerkannt werden müßten und daß darauf

eine neue Politik aufzubauen sei. Wie ernst muß man als Deutscher nehmen, wenn Gorbatschow unter Hinweis auf die Nachkriegsordnung und die bestehenden Grenzen davor warnt, Realitäten zu verändern?

Aber die Realitäten verändern sich doch! Das haben wir in Polen gesehen, und das sehen wir anderswo. Auch wenn sich Polen in der DDR auf evangelisch abspielt.[21] Aber das ist schon beeindruckend.

Nicht die Realitäten der Grenzen.

Nein, nein. Wovon handelte denn in Wirklichkeit unsere Ostpolitik? Sie handelte von drei Faktoren. Der erste, dafür zu sorgen, daß besonders unmenschliche Auswirkungen der Spaltung eingedämmt würden, überwunden würden. Und hier mußten wir ausgehen von den gegebenen Realitäten, ob man diese nun im übrigen billigte oder nicht. Zweitens haben wir durch unsere Vertragspolitik Spannungen abgebaut, und zwar mit den Partnern, die es gab; da konnten wir uns nicht andere aussuchen. Drittens haben wir hierdurch den Schlüssel für die gesamteuropäische Politik von Helsinki zur Verfügung gestellt.[22] Wenn man diese drei Komponenten deutscher Ostpolitik nimmt, so hat das die Lage in Europa mit verändert. Wir sind in einer neuen Phase, in der es um weitergehende Dinge geht. Natürlich kann man die Interessen der Mächte nicht unberücksichtigt lassen. Wenn wir mal bei der Sowjetunion bleiben, und das wird ja Herr Gorbatschow auch registriert haben: Es gibt nirgends – obwohl ich gelesen habe, Außenminister Schewardnadse habe Herrn Genscher gegenüber etwas anderes berichtet – Ansätze von Feindseligkeit gegenüber den sowjetischen Truppen in der DDR.[23] Wenn mal dieser Zeitabschnitt beschrieben wird, dann wird ja wohl der 9. Oktober als ein besonderer Tag deutsch-sowjetischer Freundschaft vermerkt werden, weil an diesem Tag sowjetische, hohe sowjetische Offiziere verhindert haben, daß es ein Blutbad in Leipzig gegeben hätte [!].[24] Und mittlerweile hört man, die Gefahr war dort am meisten akut, aber wohl nicht nur dort. Die Deutschen werden sich merken, wer andere von ganz schlimmen Fehlentwicklungen abgehalten hat.

Sie meinen, die Sowjets hatten einen größeren Einfluß gehabt als die DDR-Führung gerade am 9. Oktober in Leipzig?

Ich glaube, ja. Daß dort Gorbatschow etwas angeordnet hätte, das glaube ich nicht. Die Moskauer Führung wird allgemein gesagt haben, wir wollen nicht noch einmal in etwas verwickelt werden, was beiden Seiten nicht gut bekommen kann. Wenn Sie sich die NVA vorstellen, dann müssen Sie immer wissen, auf den höheren Etagen, in den höheren Stäben sitzen einige Dutzend hohe sowjetische Offiziere. Und keine wichtige Operation der NVA kann an diesen vorbei sich entwickeln. Und wenn dort ein gescheiter General sagt, gesagt hat, Ihr könnt machen, was Ihr wollt, aber unsere Truppen und unsere Panzer bleiben in den Kasernen, dann ist das ein Datum.

Ist das so geschehen, wie Sie das schildern?

Ich habe mir das nicht bloß ausgedacht.

Sie sprachen über die Interessen der Mächte. Es ist ja klar, daß die Sowjetunion die DDR, den Preis des Zweiten Weltkrieges, nicht sofort preisgeben wird. Manche träumen auch, in Amerika ist es zu hören, ein wiedervereinigtes Deutschland könnte immer noch ein Mitglied der NATO bleiben. Ist das alles ganz unrealistisch? Und: Unter welchen Bedingungen, meinen Sie, wäre die Sowjetunion bereit, die DDR militärisch aufzugeben?

Man muß etwas aushandeln, wovon beide Seiten, die anderen Mächte und die Deutschen, sagen, damit können wir leben. Gorbatschow, wissen Sie, könnte sich, glaube ich, nichts Schöneres vorstellen, als umgeben zu sein von lauter Finnlands, das, glaube ich, wäre seine Idealvorstellung.[25] Schöne, friedfertige, tüchtige, wirtschaftlich prosperierende Finnlands. Aber er wird es so einfach nicht kriegen. So einfach spielt sich das nicht ab. Aber sind nicht die beiden Bündnisse dabei, ihre Funktion zu verändern? Wird nicht aus gegeneinander gerichteten Bündnissen ein Instrumentarium zur Sicherung friedlicher Zusammenarbeit? Jedenfalls ist dies eine Möglichkeit. Die Lösung wird sein, solange es die Bündnisse gibt, muß man sich etwas ausdenken, was die Deutschen loyale Partner bleiben läßt, auf der einen wie auf der anderen Seite. Jedenfalls darf und wird die Bundesrepublik keinen Zweifel daran lassen, daß sie ein loyaler Partner der Gemeinschaften und des Bündnisses ist, zu denen sie gehört.

Sie meinen nicht, daß Gorbatschow oder ein anderer Kreml-Führer die berühmte deutsche Karte spielen und sagen könnte: Ich gebe Euch die deut-

sche Einheit, als Gegenleistung müssen dort die ausländischen Truppen abgezogen werden?

Die Bündnisse sind sich beide einig, denke ich, daß die tatsächliche oder sogenannte deutsche Frage nicht durch das Ausklammern Deutschlands zu beantworten ist. Und ich hoffe, die Deutschen selbst verstehen dies auch. Das will keiner. Also, wird es immer die Frage sein: Wie ist Deutschland einzubeziehen in sich nun freilich verändernde Strukturen?

Der Bundeskanzler erklärt zur Zeit seinen Partnern, er sei jetzt der Garant für die Treue der Bundesrepublik zum Bündnis, zur EG, wogegen eine sozialdemokratische Regierung eher unzuverlässig würde. Das zieht bei manchen Politikern. Was sagen Sie dazu?

Wenn er das tatsächlich so vorbrächte, wäre es nicht nur sachlich unrichtig, sondern eine Vernachlässigung deutscher Interessen. Ein deutscher Regierungschef muß, wenn er gut beraten ist, auf Gebieten, auf denen die beiden Hauptkräfte, die in der westdeutschen Politik tatsächlich übereinstimmen, dies ausspielen und nicht in Frage stellen. Das ist ein ganz ernster Punkt. Ich hoffe, daß er das in Zukunft tut. Wenn er sagte, in bezug auf unsere Vertragstreue stimmen die beiden Hauptströmungen der deutschen Politik, stimmen Regierung und alternative Regierung überein, wäre das eine angemessene Vertretung deutscher Interessen.

Sie haben vorhin vor der Gefahr eines neuen Nationalismus gewarnt, der dann eintreten könnte, wenn sich die Entwicklung des deutschen Zusammenwachsens in Europa nicht mit den anderen Interessen verzahnt vollziehen würde. Frau Thatcher hat unlängst zur Europäischen Wirtschafts- und Währungsunion nein gesagt.[26] Ist das eine Politik, die Deutschland eher aus der europäischen Entwicklung hinaustreibt?

Bei allem Respekt vor der britischen Premierministerin: In dieser Phase zu sagen, wir müssen kurztreten in der EG und bei der Wirtschafts- und Währungsunion wegen Osteuropa, ist in Wirklichkeit eine Camouflage. Sie benutzt dieses neue Argument, um ohnehin vorhandene Bedenken vorzubringen. Das stärkt das Argument nicht.

Vielleicht darf ich noch etwas Persönliches fragen: Wie würden Sie Ihre Beziehungen zu Helmut Kohl beschreiben? Ist das Freundschaft...? Können

Sie sich in Ihrem neuen Bundesstaat Deutschland einen Bundeskanzler Kohl für alle Deutschen vorstellen?
Das sehe ich nicht leicht kommen, aber ... ist ja auch nicht akut. Wer in Zukunft für Deutschland Verantwortung trägt, wird sich aus Wahlen ergeben. Was Kohl und mich angeht: Das ist keine Verbrüderung – es ist ein entspanntes Verhältnis, was natürlich dadurch leichter sein mag, daß ich im engeren Sinne kein Konkurrent bin.

Aber Sie werden vielleicht vom Kanzler als der gute Sozialdemokrat hochstilisiert, damit die CDU die anderen Sozialdemokraten etwas mehr prügeln kann.
Da bin ich fein raus. Normalerweise ist für die deutsche Rechte ein toter Sozialdemokrat ein guter Sozialdemokrat. Und tot bin ich noch nicht.

Kann man sich vorstellen, daß während des Prozesses zur Herstellung der deutschen Einheit ein Punkt erreicht wird, an dem dann doch ein gemeinsames Staatsoberhaupt gewählt werden muß – eine Art Präsident des deutschen Bundes?
Für mich scheint der eigentliche Ansatzpunkt eine parlamentarische Versammlung zu sein, die ja auch in Kohls Punkten erwähnt wird. Das ist der Ansatz für ein gemeinsames Dach.

Aber einen Dachdecker auf dem gemeinsamen Dach bräuchte man doch vielleicht?
Ja. Kommt Zeit, kommt Rat ...

Können Sie sich selbst vorstellen, dieser Dachdecker auf dem gemeinsamen Dach zu sein?
Ich habe genug zu tun, und ich helfe hier und da ein bißchen mit. Ich habe Ämter gehabt, ich strebe keine Ämter mehr an, aber Einfluß werde ich noch ein bißchen haben, das ist wohl wahr.

Nr. 63
Aus der Rede des Ehrenvorsitzenden der SPD, Brandt, auf dem Parteitag der SPD in Berlin
18. Dezember 1989

SPD (Hrsg.): *Protokoll vom Programm-Parteitag Berlin 18.–20. 12. 1989, Bonn 1990, S. 124–142.*

Meine Damen und Herren! Liebe Genossinnen! Liebe Genossen! Liebe Freunde! Ich habe mich für viele Freundlichkeiten zu bedanken. Die Einladung, am 19. März [1990] nach Erfurt zu kommen, nehme ich besonders gerne an.[1] Morgen abend bin ich erst einmal in Magdeburg.[2]

(Beifall)

[...][3]

Meine Gedanken gehen heute 26 Jahre zurück, nämlich zum 18. Dezember 1963. Herta [Däubler-Gmelin] hat daran erinnert, und auch Walter Momper hat es getan.[4] Welch ein Weg von jenen bescheidenen Berliner Passierscheinen bis hin zur innerdeutschen Reisefreiheit![5] Damals war viel Freude in der Stadt, auch damals schon. Doch es gab auch damals nicht nur Zustimmung.

Ein geschätzter CDU-Kollege, der Bundesminister Ernst Lemmer, fragte mich, ob wir uns nicht mit allzu wenig hätten abspeisen lassen. Ich habe damals gesagt, wir hätten uns vorgenommen, die offenen Themen Schritt für Schritt abzuarbeiten. Ich fügte hinzu: Noch so kleine Schritte sind mehr wert als alle großen Worte.

(Beifall)

In der Tat, unzulängliche Vereinbarungen und schwierige Verträge haben dazu gedient, den Zusammenhalt der getrennten Familien, der getrennten Volksteile und der gespaltenen Nation wahren zu helfen. Ich blieb der Meinung, die ganze Politik soll sich zum Teufel scheren, wo sie nicht dazu dient, Menschen in Bedrängnis das Leben etwas leichter zu machen.

(Beifall)

Welche vernünftige Orientierung können wir in unserem Volk heute verwirklichen? Ich wende mich mit meiner Antwort über diesen wichtigen Parteitag hinaus an die Landsleute diesseits und jenseits der bisher so schmerzhaft trennenden Linien.

Erstens. Einander beistehen ist jetzt der Deutschen erste Bürgerpflicht.

(Beifall)

Zweitens. Mit dem Einstieg in ein neues Verhältnis zwischen den beiden Staaten braucht nicht gewartet zu werden, bis die Mai-Wahlen in der DDR stattgefunden haben;[6] (Beifall) aber der Weg zu unbezweifelbarer Demokratie muß störfrei gehalten werden.

(Beifall)

Drittens. Gemeinsame Interessen sprechen dafür, daß das Werk der Neugestaltung im anderen Teil Deutschlands jetzt Vorrang hat. Recht muß einkehren, Hektik gedämpft, Gewalttätigkeit vermieden, umfassende ökonomische und ökologische Zusammenarbeit eingeleitet werden.

Viertens. Es kann keine Rede davon sein, im Westen die Schotten dicht zu machen; aber die jetzt und künftig Verantwortlichen stehen in der Pflicht, sich über die sozialen Konsequenzen von Freizügigkeit und weiterreichender Einheit klarzuwerden.[7]

(Beifall)

Fünftens: Auf gar keinen Fall darf man sich zu etwas hinreißen lassen, was Konflikte mit den ausländischen – in diesem Fall sowjetischen – Streitkräften zur Folge hätte. Sie haben sich in die Ereignisse des Oktober 1989[8] erfreulicherweise nicht hineinziehen lassen und werden im übrigen ja auch nicht immer dort bleiben, wo sie heute sind.

(Beifall)

[...][9]

Aber Europa ist der eigentliche Gegenstand, Deutschland ein wichtiges, ein sehr wichtiges, glaube ich, Unterthema. [...][10]

Was die Völker jetzt voranbringen, gibt unserem alten Kontinent ein neues Gewicht. Amerika bleibt wichtig, Ostasien wird wichtiger, aber Europa sackt nicht ab. Ich habe das Anfang des Jahres in Amerika noch anders gehört. Ich wiederhole: Europa sackt nicht ab. Daß seine Teile zusammenwachsen, entspricht einer geschichtlichen Logik. Und die Menschen spüren: Das Zukünftige ist besser gesichert, wenn hierüber gemeinsam und verantwortlich befunden wird.

Es kann nun auch als sicher gelten, daß wir – unter welcher Form von Dach auch immer – der deutschen Einheit näher sind, als dies noch bis vor kurzem erwartet werden durfte. Die Einheit von unten wächst, und sie wird weiter wachsen.

(Beifall)

Diese Einheit, die wächst, wird einen politischen Ausdruck finden, auch wenn dies noch einige eingeübte Statusdiplomaten im eigenen Land und in anderen Ländern aufscheuchen mag.

Aus den Wahlen im Mai [1990] wird eine neue Regierung für die DDR hervorgehen. Ob die Übergangsregierung bis dahin zurechtkommt, ohne mehr unbelastete Fachleute, zumal solche von den Vertretern der demokratischen Opposition benannt, wird sich zeigen.[11] Die beiden deutschen Seiten dürften [sic!] ihre engere Zusammenarbeit nicht durch fachliche Unzulänglichkeiten über Gebühr belasten lassen.

Liebe Freunde, wie wir Deutschen unsere inneren Probleme lösen, dazu brauchen wir – bald ein halbes Jahrhundert nach dem Krieg – kaum noch auswärtigen Rat. Über unsere Stellung in Europa und in der Welt verfügen wir freilich nicht ganz allein. Präsident François Mitterrand hat hierzu Hinweise gegeben, die zu überhören unklug wäre.[12]

Einige Staatsmänner oder Staatsfrauen scheinen sich allerdings schwerzutun, wenn die Gelegenheit bestehen könnte, einlösen zu sollen, wozu sich ihre Vorgänger auf geduldigem Papier gern bekannten.[13]

(Beifall)

[...][14]

Es ist, liebe Freunde, kein Beweis überentwickelter Staatskunst, wenn man sich mit schweren Steinen im Rucksack auf einen Gipfel begibt.

Stein Nr. 1: Der wahltaktische Umgang mit der Ostgrenze, von dem ja heute morgen schon die Rede war.[15] Dabei ist klar, sonnenklar: Wer den künftigen Zusammenhalt der Deutschen gefährden will, der muß – und sei es nur mit advokatorischen Mitteln – gegen die heutige Westgrenze Polens anrennen; keinen Staat auf der ganzen Welt hätten wir dabei auf unserer Seite.

(Beifall)

Stein Nr. 2: Die deutsche Interessenlage erlaubt kein Schwanken angesichts der Europäischen Währungsunion. Wer sich vor der D-Mark fürchtet, dem muß gesagt werden, er möge gemeinsam mit uns für eine starke europäische Währung, für einen starken ECU sorgen.[16]

(Beifall)

Stein Nr. 3: Statt immer noch militärische Halb-Weltmacht – ich habe nicht gesagt Halbwelt-Macht – spielen zu wollen, hätte unzweideutig rüberkommen müssen – [Hans-] Jochen Vogel hat es hier heute früh deutlich genug gesagt –, daß beide Seiten in Deutschland sich in dieser Situation gefordert fühlen müssen, Schrittmacherdienste für Abrüstung zu leisten.

(Beifall)

Dabei war und bin ich dafür, das jeweils erreichbare Maß an Gemeinsamkeit anzustreben, wo Existenzfragen der Nation und Europas anstehen. Es bleibt immer genug übrig, worüber zu streiten sich lohnt.

Es wäre müßig, wenn wir uns jetzt – hüben wie drüben – mit einer gewissen deutschen Gründlichkeit in das Thema vertieften, unter welcher Art von gemeinsamem Dach wir in Zukunft leben werden. Doch wenn es wahr ist, daß die Teile Europas zusammenwachsen, was ist dann natürlicher, als daß die Deutschen in den Bereichen, in denen sie mehr als andere in Europa gemeinsam haben, enger miteinander kooperieren.

(Beifall)

Denn nirgend steht auch geschrieben, daß sie, die Deutschen, auf einem Abstellgleis zu verharren haben, bis irgendwann ein gesamteuropäischer Zug den Bahnhof erreicht hat. Das ist nicht das, was in meinem Verständnis Einbettung bedeutet. Allerdings gebe ich gern zu, daß beide Züge, der gesamteuropäische und der deutsche, bei ihren Fahrten vernünftig zu koordinieren sind. Denn wer hätte etwas davon, wenn sie irgendwo auf der Strecke zusammenstießen?

Gewiß, liebe Freunde, Sicherheitsinteressen der anderen haben selbst dann Gewicht, wenn sie sich stärker an eingebildeten als an objektiven Gegebenheiten orientieren oder aus diesen ableiten. Viele von uns sehen ein, daß ein deutsches Haus nicht gut zwei militärische Bündnisse beherbergen kann. Aber ist das nicht bloß eine Momentaufnahme? Sind die Bündnisse nicht dabei – das im Osten allemal –, ihren Charakter zu ändern? Werden wir es nicht insoweit in absehbarer Zeit mit einer veränderten, grundlegend veränderten Wirklichkeit zu tun haben? Bis sie eines Tages hinfällig geworden sein werden, mögen die Bündnisse noch wichtige Aufgaben erst der Vergewisserung, dann der Abwicklung zu erfüllen haben. Ich plädiere insoweit – maßgebenden Einwänden in West und Ost nachspürend – für etwas Geduld.

[...][17]

Die Drei Mächte – in diesem Fall die USA, die UdSSR und Großbritannien – haben den Deutschen auf der Potsdamer Konferenz vom Sommer 1945 die Chance der Einheit in Aussicht gestellt.[18] Die regelmäßigen Bekundungen zugunsten deutscher Einheit – etwa als ritueller Bestandteil von NATO-Texten, an denen auch ich zeitweilig mitzuwirken hatte – sind doch nicht etwa in der Erwartung abgegeben worden, niemandem werde die Probe aufs Exempel abverlangt? Und die gesamteuropäische Vereinbarung von Helsinki soll doch wohl schon gar nicht zu einem Hindernis dagegen aufgebaut werden, daß die Teile Deutschlands – einvernehmlich und in Ausübung des Rechts auf Selbstbestimmung – überflüssig gewordene Trennzäune wegräumen?[19] Auch Vorbehalte der Vier Mächte sollten mit Blick auf die Jahrtausendwende nur mit großer Vorsicht aus der Vitrine geholt werden.[20]

Ich kann nicht dazu raten, den Deutschen – bei ungenügender Berücksichtigung des Generationenwandels – den Eindruck zu vermitteln, es werde über ihre Köpfe hinweg über Dinge verfügt, die sie selbst angehen.

(Beifall)

Die Mächtigen dieser Welt haben es, wie wir selbst, nicht mit der ersten, sondern mit einer zweiten Generation derer zu tun, die nach 1945 heranwuchsen. Im Übergang zu den 90er Jahren – 45 Jahre nach Kriegsende – taugt die Kategorie Sieger–Besiegte nicht mehr.

(Beifall)

Die jungen Deutschen – ich, der ich die Geschichte dieses Volkes über lange Zeit verfolgt habe, darf dies wohl sagen –, die jungen Deutschen von heute wollen Frieden und Freiheit wie die Jungen – jedenfalls die meisten – in anderen Ländern auch. Und wer will ernsthaft widersprechen, wenn ich hinzufüge: Noch so große Schuld einer Nation kann nicht durch eine zeitlos verordnete Spaltung getilgt werden.[21]

(Beifall)

[...][22]

Aus dem Vorstand der SED war jetzt zu vernehmen, am Zusammenschluß von 1946, da legal zustandegekommen, sei nichts in Ordnung zu bringen. Das ist ein ernster Irrtum. Die Wahrheit kommt auf den Tisch. Und gravierendes Unrecht muß im Rahmen des Möglichen wiedergutgemacht werden.

(Beifall)

[...][23]

Wer die Verhältnisse in der DDR auch nur einigermaßen kennt, weiß, daß nicht nur die Häuser neue Farbe bitter nötig haben, sondern daß vor allem der Anschluß an moderne technische Möglichkeiten und zeitgemäße Formen des Wirtschaftens dringend gewonnen werden muß. Der Teil Deutschlands, den heute die DDR ausmacht, hat die Chance, im nächsten Zeitabschnitt einen großen Schritt nach vorn zu tun. Die Erneuerung von Produktionsapparat und Infrastruktur erfordert – anders geht das gar nicht – vielfältige Kooperation mit fortgeschrittenen westdeutschen oder europäischen Unternehmen und Instituten. Diese Zusammenarbeit kann nur ge-

Nach Willy Brandts Rede vor dem Berliner SPD-Bundesparteitag am 18. Dezember 1989 feiern die Delegierten ihren Ehrenvorsitzenden mit „standing ovations". Auf dem Podium applaudieren: Hans-Jochen Vogel (l.) Oskar Lafontaine (2. v. l.), Johannes Rau (2. v. r.) und Herta Däubler-Gmelin (r.).

deihen, wenn nicht geringgeschätzt wird, was drüben unter von Beginn an schwierigen Bedingungen zustande gebracht wurde.

(Beifall)

Diese Kooperation darf nicht geprägt sein durch gleichschaltende Überheblichkeit; sie muß von partnerschaftlichem Denken getragen sein, und eine solche Perspektive wird es vielen noch lohnender erscheinen lassen, dort zu bleiben und zu wirken, wo sie zu Hause sind.

(Beifall)

[...][24]

Ich sage, liebe Freunde: Die SPD ist wieder da, auch in Sachsen, Sachsen-Anhalt, in Thüringen, in Mecklenburg und in dem, was von

Preußen übriggeblieben ist. Die Sozialdemokratie erlebt ihre Wiedergeburt zugleich in jenen anderen Teilen Europas, in denen sie während der zurückliegenden Jahrzehnte verfolgt und in Zwangsjacken gesteckt worden war. (Es wird dabei noch manche Zersplitterung geben; das läßt sich bei Neuanfängen selten vermeiden.) Engagierte Frauen und Männer gehen neu ans Werk in Warschau und in Prag, in Budapest und in Sofia und vielerorts sonst. Auch an manchen Stellen in der Sowjetunion wird jetzt häufiger, als man es noch zur Kenntnis nimmt, auf sozialdemokratische Gedanken zurückgegriffen.

Im Revolutionsjahr 1989 drängt nicht länger nur der sozialdemokratische Gedanke zur Wirklichkeit, es drängt nunmehr auch die Wirklichkeit zum sozialdemokratischen Gedanken. Das ist eine Anleihe von dem Mann mit dem dicken Buch. (Das Kapital)[25]
(Beifall)
[…][26]

Nr. 64
Aus dem Interview des Ehrenvorsitzenden der SPD, Brandt, für ***Midi Libre*** **(Montpellier)**
8. Januar 1990[1]

Midi Libre vom 8. Januar 1990 (Übersetzung aus dem Französischen: Dominik Rigoll).

Midi Libre: Haben Sie damit gerechnet, dass sich der Lauf der Geschichte derart beschleunigen würde zum Jahresende 1989?
Willy Brandt: Ich spürte, dass in Osteuropa etwas passieren würde, insbesondere zwischen Deutschland und Russland. Die Geschwindigkeit aber, mit der dies vonstatten ging, habe ich nicht vorausgesehen. Und diese Entwicklung in der anderen Hälfte des Kontinents ist gewiss unumkehrbar.

M. L.: Das Schicksal der Europäischen Gemeinschaft wird sich vermutlich wandeln. Welche Richtung wird sie Ihrer Meinung nach einschlagen?
W. B.: Ich denke nicht, dass sie daran Schaden nehmen wird, im Gegenteil. Aber sie wird neue Aufgaben wahrnehmen müssen. Im Übrigen sind sich in Deutschland Regierungsmehrheit und Opposition vollkommen einig über die Notwendigkeit, dass sich die Gemeinschaft auch in Zukunft im Rahmen der bestehenden Verträge weiterentwickelt.

Und dies mit Blick auf 1992 und darüber hinaus, also hinsichtlich des [gemeinsamen] Binnenmarktes, der steuerrechtlichen, monetären und sozialen Harmonisierung.[2] Fest steht allerdings, dass sie ihre Ostpolitik wird modifizieren müssen – nicht nur mit Blick auf die wirtschaftliche Zusammenarbeit.

M. L.: Was halten Sie von dem Vorschlag François Mitterrands, eine große Konföderation der europäischen Staaten zu gründen?[3]
W. B.: Man muss von den „Inhalten" ausgehen. Sicherheitspolitische Fragen beispielsweise: Die Verhandlungen, die momentan in Wien stattfinden, zielen hier auf die Schaffung neuer Strukturen ab.[4] Und solche Strukturen brauchen wir notwendigerweise.

Auch zu einer umweltpolitischen Gesamtkonzeption könnte man im Rahmen des Abkommens von Helsinki innerhalb der kommenden fünf oder sechs Jahre kommen.[5]

Was wirtschaftliche Probleme angeht, gibt es gewiss keine Globallösung für alle osteuropäischen Staaten. Unterschiede müssen berücksichtigt und die Lösungen mithilfe von auf die jeweiligen Einzelstaaten zugeschnittenen Kooperationen angepasst werden. Auf diese Weise könnte sich innerhalb eines Zeitraumes von zehn bis fünfzehn Jahren eine Freihandelszone abzeichnen und ein [politisches] Gebilde[6] entstehen, das dem ähneln könnte, was Herr Mitterrand „Konföderation" nennt – ein Begriff, an dem ich nicht unbedingt festhalten würde.

M. L.: Drei Blöcke zeichnen sich ab: Russland, das unter dem Einfluss des mächtigen Deutschlands stehende Mitteleuropa so-

wie Westeuropa mit dem wirtschaftlich schwächeren Frankreich. Teilen Sie diese Vision eines Europas der drei Ebenen?
W. B.: Ich halte diese dreiteilige Vision für zu schematisch. Zweifelsohne liegen die Dinge noch viel komplizierter. Denn momentan existiert mit Finnland, Schweden oder Norwegen zwischen der Europäischen Gemeinschaft und den Ländern Osteuropas eine dritte Freihandelszone...[7]

Außerdem gibt es da eine Sache, die nur wenige sehen und von der niemand spricht. Es existiert eine Politik für den Süden Europas. Man spricht vom Beitritt der Türkei. Deren Beitrittsgesuch ist im Moment nicht realisierbar[8], aber zweifelsohne wird man andere Assoziationsarten vorsehen müssen, welche es Europa erlaubten, seine Handelsbeziehungen mit allen Ländern zu regeln, die zwischen der Türkei und Marokko liegen.

Die Vorstellung, die man manchmal in Frankreich hört, wonach Deutschland seine wirtschaftliche Macht und seine dominierende Stellung außerhalb der europäischen Strukturen nutzen würde, entspricht ganz und gar nicht unseren Absichten. Wir wollen unsere wirtschaftliche Macht im Osten nicht unabhängig nutzen, sondern immer gemeinsam mit Brüssel, mit der Europäischen Gemeinschaft.

Wir sind damit einverstanden, dass für die DDR ein früheres und solideres Arrangement gefunden werden soll. Aber dies wird sich nicht mit einem bilateralen Vertrag bewerkstelligen lassen, sondern immer mit einem Abkommen zwischen der DDR und Brüssel.

In wirtschaftlicher Hinsicht ist die Intervention der Bundesrepublik in der DDR vollkommen normal. In der DDR gibt es einen Rückstand, der durch eine große Modernisierungsanstrengung aufgeholt werden muss. Warum sollte sich dies nicht mit unseren Mitteln verwirklichen lassen? Wir würden es allerdings vorziehen, wenn dies über gemeinschaftliche Kanäle [der EG] vonstatten ginge.
M. L.: In Frankreich freut man sich über den Fall der Berliner Mauer. Man sieht, dass die Wiedervereinigung Deutschlands wahrscheinlich ist. Aber die Franzosen stellen sich Fragen. Relativ gesehen wird ein vereinigtes Deutschland Frankreich noch schwächer machen.

W. B.: Ich wiederhole: Wir würden die wirtschaftliche Transformation im anderen Teil Deutschlands gerne mit allen Staaten der Gemeinschaft verwirklichen. Ich habe keine bessere Antwort als diese hier.

Es wird keine Wieder-Vereinigung geben. Was einmal existierte, wird nicht zurückkommen. Aber zweifelsohne wird es eine Vereinigung geben, eine deutsche Einheit. Was die genaue Form angeht, so kennen wir sie noch nicht.

Seit dem Ende des Krieges haben wir stets gesagt, dass wir für die Selbstbestimmung [der Deutschen] und für die deutsche Einheit sind. Gegenüber der jungen Generation wäre es fatal, hätte man dies nur gesagt, solange es nicht realisierbar war.

M. L.: Aus verteidigungspolitischer Perspektive, denken Sie, dass diese neue Situation die Neutralisierung Europas nach sich zieht?

W. B.: Ich denke nicht, dass „Neutralisierung" das richtige Wort ist. Man muss sich den neuen Realitäten anpassen. Ein Beispiel: Unser Verteidigungsminister und unsere Offiziere sprechen noch immer von rumänischen, polnischen, ungarischen usw. Divisionen. Sie werden sich den neuen Gegebenheiten anpassen müssen, denn faktisch sind diese zwischen der Bundesrepublik und der Sowjetunion stationierten Divisionen heute neutralisiert. Sie sind nicht mehr einsatzbereit.

Aber niemand weiß, was in zwei Jahren aus ihnen und der UdSSR geworden sein wird. Ich selbst weiß es auch nicht. Allerdings bin ich mir sicher, dass die Herrschaft des Kommunismus, so wie sie in den Ländern des Ostblocks existierte, nicht wiederkehren wird.

[…][9]

M. L.: Wird nicht jetzt, da die „Vereinigung" in der Luft liegt, ganz Deutschland zum für die Sowjets strategisch wichtigsten Punkt in Mitteleuropa? Hat die Achse Paris-Bonn eine Zukunft?

W. B.: Ich glaube, dass Gorbatschow kein Interesse daran hat, dass die Bundesrepublik die EWG verlässt. Selbst wenn wir es wollten, aber wir wollen es nicht. Und selbst wenn Sie es sich wünschten.

Es gibt eine Achse Paris-Bonn, aber es gibt auch eine Achse Paris-Moskau. Ich hoffe, dass unsere jeweiligen Regierungen in Bonn und Paris in Zukunft ihre privilegierten Beziehungen nicht aufgeben und zugleich neue Beziehungen zu Moskau entwickeln werden. Und vor allem mit den Ländern westlich der Sowjetunion.

Das neue Interesse, das Frankreich Rumänien oder Polen entgegenbringt, ist kein Zufall. Diese Länder erwarten ein Mehr an französischem Engagement. Die Deutschen werden sich darüber freuen. Wir haben alle beide unsere Rolle zu spielen.

M. L.: Denken Sie, dass sich Frankreich nicht genug engagiert? Dass es vielleicht über unzureichende ökonomische Mittel verfügt?

W. B.: Das ist nicht nur eine materielle Frage. Frankreich kann viel geben dank seiner Geschichte und seiner Kultur. Deutschland wird eher seine Wirtschaftskraft anbieten.

M. L.: Wird der Zusammenbruch des kommunistischen Systems in den Ländern des Ostens an der Grenze zur Sowjetunion Halt machen?

W. B.: Die Sowjetunion erlebt selbst den Beginn eines Transformationsprozesses. Ich habe in den letzten Monaten nie so häufig über Sozialdemokratie diskutiert wie in Moskau.

Ich habe sehr frei mit Gorbatschow gesprochen und ich denke, dass das, was sich in Bewegung gesetzt hat, nicht an der sowjetischen Grenze zum Stehen kommen wird.

Dennoch ist die Gefahr, die von den Konservativen ausgeht, real. Aber im Moment sind es vor allem die nationalistischen Bewegungen, die eine Reaktion Großrusslands – der Slawophilen – provozieren und in Moskau eine Veränderung verursachen könnten. Wenn sie an Macht gewönnen und es ihnen gelänge, die UdSSR zu spalten, würde das Gorbatschow nicht überleben.

M. L.: Kann sich der Kommunismus auflösen, die Sowjetunion jedoch nicht?

W. B.: Die Frage ist, ab wann man Dinge als kommunistisch bezeichnet. Der sowjetische Staatsapparat ist noch nicht bereit, das Einparteiensystem aufzugeben. Das ist der große Unterschied zu den Ländern Osteuropas.

M. L.: Man kann beobachten, wie der Kommunismus stirbt. Aber zugleich konstatiert man eine neue Blüte der extremen Rechten und den Aufstieg religiöser Fundamentalismen. Denken Sie, dass die Welt eines Tages ohne Ideologie auskommen wird?
W. B.: In der Tat besteht in Osteuropa die Gefahr einer Wiedergeburt nationalistischer Tendenzen. Schon vor dem Krieg[10] konnte man diese extremistischen Tendenzen, die oft mit einer bestimmten Art Antisemitismus einhergingen, in Ungarn oder Polen beobachten. Trotzdem habe ich den Eindruck, dass dies nicht wirklich gefährlich ist. Ich bin mir auch sicher, dass auch in Frankreich und in der Bundesrepublik keine wirkliche Gefahr besteht.

Wenn wir jedoch den europäischen Horizont verlassen, existieren sicherlich vom Islam her kommende, fundamentalistische Tendenzen, die ihrerseits gefährlich sind. Sogar in Europa.

M. L.: In der BRD bringt die Entwicklung der Beziehungen zur DDR anscheinend eine Fixierung auf die Oder-Neiße-Grenze mit sich. Helmut Kohl scheint dieser Frage auszuweichen.
W. B.: Ich glaube, dass Helmut Kohl in dieser Frage einen riesigen Fehler begeht. Zum einen, weil er auf sehr schlechte Art und Weise ein juristisches Problem angeht, aber auch weil er ein unangebrachtes wahltaktisches Element einführt.

Das juristische Problem ist folgendes: Ein deutscher Kanzler kann nur im Namen der Bundesrepublik und nicht für Deutschland als Ganzes unterzeichnen. Das heißt, wir akzeptieren eine Grenze, die dem präzisen Wortsinne nach keine Grenze ist.

Kohl sagt: Wenn es eine Regierung für ganz Deutschland geben wird, wird diese Regierung diese Grenze definitiv anerkennen. Ich sage, gemeinsam mit anderen: Wir dürfen diese Grenze nicht modifizieren. Ich sage dies nicht, weil ich denke, dass es sich um eine gerechte Grenze handelt. Aber, wie bei anderen Ungerechtigkeiten auch, ist es nach einer gewissen Zeit angebracht, bestimmte Kapitel als erledigt zu betrachten.

Ich sehe übrigens keine einzige Regierung, die Deutschland in dieser Frage unterstützen würde.

M. L.: Akzeptieren die jungen Deutschen und die öffentliche Meinung im Allgemeinen diese moderate Sicht der Dinge?
W. B.: Ich habe den Eindruck, und die Umfragen bestätigen es, dass die jungen Leute ein Infragestellen dieser Grenze ablehnen. Im Dezember bin ich in der DDR in Rostock und Magdeburg auf Veranstaltungen aufgetreten und jedes Mal war die Menge damit einverstanden, den Streit mit Polen nicht wieder zu beleben.
M. L.: In Bezug auf Guillaume, ihren Mitarbeiter, dessen Spionagetätigkeit ihren Rücktritt nach sich zog, halten es einige Verlautbarungen der letzten Zeit für möglich, dass es sich hierbei um Machenschaften ihres Nachfolgers Helmut Schmidt handelte.
W. B.: Ich ziehe es vor, nicht von diesen Kommentaren, die aus Ostdeutschland kommen, zu sprechen. Ich will nur sagen, dass es vollkommen lächerlich ist, Helmut Schmidts Namen mit dieser Affäre in Verbindung zu bringen.
M. L.: Welche Rolle spielt heute der Präsident der Sozialistischen Internationale?
W. B.: Es handelt sich um eine besonders interessante Bewegung zu einem Zeitpunkt, da in Osteuropa die Sozialdemokratie zu neuem Leben erwacht. Bei den Wahlen in der DDR beispielsweise tritt sie bereits an. Um nochmals auf Gorbatschow zurückzukommen, während unserer Treffen im Oktober habe ich ihm gesagt, dass die Demokratie [!] nach Ostdeutschland zurückgekehrt ist. Er sah mich an, lächelte und sagte: „Ist es dafür nicht ein bisschen zu früh?" Ich habe ihm geantwortet, dass ich daran nichts ändern könne...[11]

Das neue Aktionsfeld der Sozialdemokratie liegt in Osteuropa und ... darüber hinaus. In den drei baltischen Sowjetrepubliken kommt die Sozialdemokratie zum Vorschein. Ich bin mir nicht sicher, ob dieser Gedanke zur wichtigsten Kraft in diesen Ländern wird, aber ich weiß, dass er eine wichtige Rolle spielen wird.

Zum anderen hat sich die Sozialistische Internationale im Laufe der letzten fünfzehn Jahre in Lateinamerika und in zahlreichen Ländern der Welt ununterbrochen weiterentwickelt. Dies zeigt Ihnen die unbestreitbar wichtige Rolle der Bewegung, deren Vorsitz ich innehabe.

M. L.: In Frankreich schwelt ein Streit um die Neuordnung der Regionen. Denken Sie, dass die Größe einer Region wichtig ist, wenn es darum geht, sich besser auf Europa einstellen zu können?

W. B.: Wenn die Europäische Gemeinschaft ein wenig weiter vorangeschritten sein wird, werden größere Regionen notwendig sein. Schauen wir nach Norden: Zwischen Dänemark und Deutschland entwickeln sich neue Beziehungen über die Region Jütland. Als weiteres Beispiel ließe sich das Elsass und das Baseler Land nennen oder Katalonien als Bindeglied zwischen Spanien und Frankreich. Ich denke auch, dass Montpellier eine wichtige Rolle in der Schaffung dieser regionalen Gemeinschaften spielen wird.

Nr. 65
Schreiben des Generalsekretärs des ZK der KPdSU und Präsidenten der Sowjetunion, Gorbatschow, an den Ehrenvorsitzenden der SPD, Brandt
7. Februar 1990[1]

AdsD, WBA, A 13, 223.

Geehrter Willy Brandt!
Da wir es in den letzten Jahren gelernt haben, alles, was uns besorgt, ohne Umschweife zu erörtern, begannen wir, einander besser zu verstehen. Wie dem auch sei, aber bei mir hat sich eine solche Meinung herausgebildet, und ich möchte sie auch weiterhin behalten.

Dieses Schreiben gilt der Situation in der DDR, die ohne weiteres in ein Schlüsselproblem für ganz Europa hinüberwachsen kann. Ich nehme an, daß ernst zu nehmende Politiker keinen Anlaß haben, unsere Unterstützung der Anstrengungen des Ministerpräsidenten Hans Modrow um die grundlegende Reformierung der DDR und Annäherung der beiden deutschen Staaten mit Mißtrauen aufzunehmen. Was die Wiedervereinigung Deutschlands betrifft, so war es weder einst noch jetzt unsere Ansicht, daß die Spaltung die Endstation der Geschichte sei. Und wir hatten kein Mitgefühl dafür[2], sondern setzten uns energisch, wie Sie sich sicherlich erinnern, für die Selbstbestimmung der Deutschen, für die freien Wahlen und dafür ein, daß das friedliebende Deutschland einen würdigen Platz in der Familie der friedliebenden Völker einnehme.

Heute hat das Leben seine Akzente, ja sogar die Prioritäten neu gesetzt. In unserem grundsätzlichen Herangehen bleibt das einheitliche Deutschland den nationalen Interessen der Sowjetunion nicht gegenanzeigend. Natürlich, wenn dies unter Einhaltung bestimmter Bedingungen geschieht, die sich logischerweise aus der tragischen Vergangenheit ergeben.

In diesem Kontext verdient es der „Hans-Modrow-Plan" nach meinem Dafürhalten, mit überaus großer Aufmerksamkeit gelesen und überlegt zu werden.[3] Und zwar unter dem Blickwinkel sowohl der Bestrebungen der Deutschen als auch der Gewährleistung der Stabilität in Europa, einer Dynamisierung der sich hier entwickelnden konstruktiven Prozesse und deren Unumkehrbarmachung.

Der kalte Krieg hat in Deutschland, ja in Europa überhaupt ganz tiefe Furchen hinterlassen. Die Perspektive einer Überwindung seiner traurigen Hinterlassenschaft bot sich vor allen Dingen dadurch, daß ein Nachlassen der militärischen Konfrontation und eine Abwertung des Stärkefaktors in der Politik einsetzten. Daraus ergibt sich, daß die neue Sicht für die nationalen und die gesamteuropäischen Interessen mit der neuen Sicht für das Sicherheitsproblem als Ganzes identisch ist. Sie ist von einer Distanzierung, und zwar einer eindeutigen und ehrlichen Distanzierung, von den Konzeptionen nicht zu trennen, die darauf hinauslaufen, einseitige Vorteile, durch wen es auch sei, zu gewinnen.

Der militärisch-politische Status des künftigen einheitlichen Deutschland ist für uns das Schlüsselproblem. Und es muß so gelöst werden, daß die Sicherheit der Sowjetunion dadurch nicht benachteiligt, daß der Friedensprozeß in Europa dadurch bekräftigt wird. Man sollte wohl kaum die Erörterung der dazu gehörenden Probleme, einschließlich der Möglichkeit für die militärische Neutralität Deutschlands, aufschieben. Mit ihrer Erörterung könnte man schon jetzt im Kreise der vier Mächte und der beiden deutschen Staaten beginnen. Selbstverständlich gibt es auch eine andere Variante, nämlich die Erörterung im Rahmen eines gesamteuropäischen Forums.

Wie dem auch sei, aber das Sicherheitsproblem läßt sich, ob es uns gefällt oder nicht, keinesfalls umgehen. Und diejenigen, die sich auf Gedankengänge über die Zugehörigkeit des ganzen künftigen einheitlichen Deutschland bzw. dessen Teile zur NATO und über die weitere Benutzung des Territoriums der BRD zu den Zwecken einlassen, die den Zielen eines militärischen Blocks dienen, sind gegen die Wiedervereinigung, sind für das Fortbestehen der Spaltung. Und ist es etwa ein ernst zu nehmendes Angebot, die Sowjetunion zu einem Dialog anzufordern und von vornherein zu erklären, daß man auf ihre strategischen Positionen keine Rücksicht zu nehmen gedenke?

Sie und ich haben wiederholt unsere diesbezüglichen Meinungen ausgetauscht und stets mit Genugtuung festgestellt, daß unsere Positionen einander ähnelten. Den Weg zur Einheit sahen unsere beiden Seiten in der Förderung des gesamteuropäischen Prozesses, in der Stärkung und Entwicklung von all dem, das die Situation in der Region berechenbar, stabil und für sie bewohnenden Völker in gleichem Maße günstig macht. Kein mechanisches Addieren, sondern Annäherung, keine Einverleibung des Kleineren durch den Größeren, sondern eine gute Nachbarschaft, die organisch in etwas qualitativ Neues hinüberwächst.

Seit einiger Zeit aber begann über allem die Idee zu stehen: „Hauptsache man schließt sich zusammen, und dann werden wir sehen." Der europäische Prozeß wird beiseitegeschoben, und an die Spitze der Politik rückt der „Wahlprozeß". Da kommen die Staatsräson und das Verantwortungsgefühl, an die Sie selbst erst vor kurzem appelliert haben, zu kurz. Die Wahllogik fordert Opfer, wobei man sich oft nicht einmal über die nächsten Perspektiven Gedanken macht.

Ich weiß nicht, ob Sie mir zustimmen werden, doch neige ich persönlich zu der Ansicht, daß die grundlegende Frage, nämlich die, wie Deutschland und Europa sein müssen, nicht auf Kundgebungen, im Gejohle der von Emotionen übersättigten Menge, in einer Atmosphäre des Psychoterrors, die von Massenmedien und nicht ohne Mitwirkung politischer Parteien der BRD geschaffen wurde, entschieden werden kann.

Die Öffnung der Grenze, dieser in der gegenwärtigen Etappe besonders menschliche Akt, wird vorwiegend zur rücksichtslosen, massierten Einmischung in die inneren Angelegenheiten der DDR und dazu mißbraucht, die Republik ausbluten zu lassen. Von einer freien Wahl des Weges kann auch bereits keine Rede sein. Ich könnte manche geschichtliche Parallele ziehen, das bietet sich geradezu an. Doch beschränke ich mich lediglich auf die Frage: Brauchen denn die DDR und ihre Bevölkerung heute eine solche Hilfe?

Während unserer letzten Treffen hoben Sie hervor, daß eine Destabilisierung der DDR angesichts einer gewissen Empfindlichkeit der Region mit unberechenbaren Wendungen für alle, besonders für die Deutschen selbst, verbunden und unerwünscht sei.[4]

Und noch eins. Wir mischen uns nicht in die gegenseitigen Beziehungen anderer Parteien ein. Doch können wir nicht umhin, daran zu erinnern, zu welchen Auswirkungen die Orientierung der deutschen Kommunisten darauf geführt hat, ihren Hauptfeind nicht in den Nazis, sondern in den Sozialdemokraten zu sehen. Heute stellt die Geschichte diese Prüfungsfrage zwar anders, jedoch kaum weniger dramatisch. Ich bitte Sie, sich auch diesen Aspekt des Problems gründlich zu überlegen.

Wichtiger denn je ist es, daß einen die politische Weitsicht und vernünftige Kalkulationsfähigkeit nicht im Stich lassen. Es kommt auf den konstruktiven Charakter und die stabilisierende Politik an. Die heutige Verantwortung vor den Deutschen und vor allen Völkern Europas wird morgen gute Früchte tragen.

M. GORBATSCHOW

Nr. 66
Aus dem Interview des Ehrenvorsitzenden der SPD, Brandt, für
Le Figaro **(Paris)**
8. Februar 1990

Le Figaro vom 8. Februar 1990 (Übersetzung aus dem Französischen: Dominik Rigoll).[1]

LE FIGARO. Herr Präsident, Sie haben nach Herrn Gorbatschows Zustimmung zur deutschen Einheit erklärt, die Einheit sei „gelaufen".[2] **Wann wird sie denn nun kommen, die Einheit? Sechs Monate, zwei Jahre, zehn Jahre?**
Willy BRANDT: Im Laufe dieses Jahrzehnts. Ganz sicher nicht in sechs Monaten. Ich habe dies ohne Umschweife gesagt und wollte dies auch so sagen. Die sowjetische Nummer Eins hat keine grundlegenden Einwände gegen die Vereinigung der Deutschen. Und er fügte hinzu, was für mich offensichtlich ist, dass der Einigungsprozess den Interessen der vier Großmächte und unserer europäischen Nachbarn Rechnung tragen muss, neun an der Zahl, wie man weiß.
‹Was den Einigungsprozess betrifft, so geht es nicht darum, schon jetzt ein Referendum abzuhalten.› Es besteht nicht der geringste Zweifel an dem Wunsch der Deutschen, sich einander anzunähern. Von unten verwirklicht sich die Einheit seit dem 9. November überall, in Berlin und entlang der innerdeutschen Grenze. Für die Menschen existiert diese sehr künstliche Grenze praktisch nicht mehr. Das Gefühl, der selben Nation anzugehören, ist demnach eine Realität. ‹Aber es gibt andere, praktische Realitäten, die jetzt zu verwirklichen sind und die in keinem direkten Zusammenhang mit dem gemeinsamen Dach stehen, das sie überwölben wird. Sie betreffen die Eingliederung Deutschlands in das europäische Umfeld.› Die erste Frage besteht darin herauszufinden, wie eine vertragliche Gemeinschaft und eine Konföderation zwischen zwei Staaten, die zunächst weiter bestehen werden, zu verwirklichen sind. Es mag vorstellbar sein, dass zwei deutsche Staaten der gleichen Wirtschafts-

gemeinschaft angehören, wie dies Jacques Delors vorgeschlagen hat, doch es ist unmöglich, dass ein einziger deutscher Staat zwei Militärbündnissen angehört. Man wird das Konföderationsstadium erst dann überwinden können, wenn die Bündnisfrage geklärt ist. ‹Zum jetzigen Zeitpunkt haben wir dermaßen viele praktische Probleme zu lösen – Wirtschaftsunion, Währungsunion, Anpassung der Sozialsysteme –, dass wir im Laufe der nächsten Jahre vollkommen in Beschlag genommen sein werden.›

Helmut Kohl hat gerade den unverzüglichen Beginn von Verhandlungen über die deutsche Währungsunion vorgeschlagen ... Was halten Sie davon?[3]

‹Erstens hat die Bundesrepublik versprochen, an der Schaffung der europäischen Währungsunion mitzuwirken. In diesem Punkt sind wir Sozialdemokraten, als stärkste Oppositionskraft, mit der Regierung einverstanden. Demnach wäre eine deutsch-deutsche Währungsunion, die im Gegensatz zur europäischen Tagesordnung stünde, nicht realisierbar.›[4] Der desolate Zustand der Ost-Mark und der ostdeutschen Wirtschaft stellt ein Problem dar. Bis heute kennt niemand wirklich ‹weder› den Umfang der DDR-Auslandsverschuldung ‹noch den Kaufkraftüberhang unserer Landsleute›. Es ist verständlich, dass die Bundesbank die West-Mark nicht gefährden will, schließlich ist es ihre Pflicht, über ihre Stabilität zu wachen.[5] Meines Erachtens wird man daher Schritt für Schritt in Richtung stabiler Wirtschaftsbeziehungen voranschreiten müssen, bevor man die freie, durch die West-Mark gestützte Konvertibilität der Ost-Mark in Betracht zieht.

‹Unter Führung des großen Ludwig Erhard hatten wir zehn Jahre auf die volle Konvertibilität der West-Mark gewartet. Der Prozess der Währungsunion zwischen BRD und DDR wird nicht zehn Jahre dauern, aber wenigstens zwei Jahre.›

[...][6]

Vor zehn Tagen ‹in Gotha› haben Sie gesagt, dass die Existenz der DDR „keine innere Berechtigung mehr hat".[7] **Dieser Staat ist also in Ihren Augen nurmehr eine leere Hülse?**

Ich hätte noch deutlicher werden und sagen können, dass die DDR nie ihre innere Legitimität gefunden hat. Sie ist das Produkt der sowjetischen Besatzung. Was sie nicht daran gehindert hat, viele junge Menschen zu prägen. Doch man muss immer zu der Vorstellung zurückkommen, dass sich die deutsche Einheit in einem europäischen Kontext realisieren muss. ‹Ich will damit nicht zu verstehen geben, es gäbe Leute, die von Europa reden, um Deutschland daran zu hindern, sich zu verwirklichen. Aber ich denke, dass man sich mit den Vier und den Europäern über die Sicherheitsparameter einigen und das zukünftige Verhältnis des Organismus, der da im Entstehen begriffen ist, zur Europäischen Gemeinschaft klären muss. Deshalb wird das Zusammenwachsen von DDR und BRD keinem Automatismus folgen.›

Präsident Mitterrand hat sich in Bonn für die Selbstbestimmung der Deutschen ausgesprochen.[8] Auf dem Pariser Gipfel, anschließend in Kiew und in Ostberlin spürte man in seinen Worten jedoch eher eine Sorge um Stabilität als den Wunsch, schnell voranzuschreiten.[9] Was ist Ihr Eindruck?
Ich habe schon lange nicht mehr mit Herrn Mitterrand gesprochen, aber ich habe seine Erklärungen der letzten Monate sehr aufmerksam verfolgt. ‹Im Dezember, auf dem Berliner Parteitag meiner Partei, habe ich gesagt, dass es sich lohnt, dem französischen Präsidenten zuzuhören.[10]› Er ist der erste Staatschef seit langem gewesen, der von „Wiedervereinigung" gesprochen hat.[11] Sie wissen, dass ich selbst die Vorsilbe „Wieder-", die die Möglichkeit einer Rückkehr in die Vergangenheit suggeriert, nicht verwende.[12]

Ich denke, dass sich jemand, der die Geschichte kennt wie Herr Mitterrand, der Unterschiede bewusst ist zwischen der deutsch-polnischen Grenze und jener Grenze, die die beiden Teile Deutschlands trennt. Die Anerkennung der Grenze zu Polen wurde uns nicht nur als Reaktion auf Hitler und den Krieg auferlegt, sie ergab sich auch aus Gründen der Vernunft. Niemand würde uns unterstützen, wenn wir sie ablehnten. Demgegenüber zählt die innerdeutsche Grenze ‹, der im Abkommen von Helsinki 1975 festgehaltenen Definition entsprechend,› zu den „bei gegenseitiger Einwilligung abänderbaren Grenzen".[13] ‹Hinzu kommt natürlich die Zustimmung der Vier Mächte, mitsamt ihren Vorbehaltsrechten.[14]›

In der Tat hat Herr Mitterrand in Latché gesagt, die innerdeutsche Grenze teile ein Volk.[15] Aber ist seine Sorge um Stabilität denn nicht berechtigt?
Ich verstehe, wenn ein Mann wie der Präsident der französischen Republik darauf achtet, dass das Minimum an Stabilität, das wir haben, nicht „ins Rutschen gerät". Doch auch in Frankreich weiß man, dass es in historischen Prozessen nicht immer einfach ist, Revolution und Stabilität unter einen Hut zu bringen. Veränderungen kratzen immer etwas am Gleichgewicht.

Herr Gorbatschow hat es für gut befunden, seinen exzellenten Äußerungen zur deutschen Einheit den Hinweis beizufügen, dass „die Entscheidung nicht der Straße gehören wird".[16] Ich habe lange gewartet, bis der Vorsitzende einer kommunistischen Partei, noch dazu der mächtigsten von allen, sagt, dass das Volk, dass die Straße kein Wort mitzureden hat... ‹Das ist das wohlbekannte konservative Argument gegen das Volk.›

Geht die Bewegung hin zur Einheit vom deutschen Volk aus?
Ja. Nichtsdestotrotz sagen mir Freunde: „Unter denen, die Dir in der DDR applaudieren und Dir ‚Einheit' zurufen, gibt es viele, die nur an das westliche Lebensniveau denken." Ich habe Ihnen geantwortet: „Und wenn schon, ist das verboten?" Wenn ihnen die Einheit schneller eine Verbesserung der Lebensverhältnisse bringt, warum sie ihnen vorenthalten? ‹So ist der Mensch nun einmal.› Ich befürchte nur, dass es nicht so schnell gehen wird, wie es sich viele wünschten.

Daher muss der Lebensstandard in der DDR schnell angehoben werden, sonst wächst die Auswanderung weiter an. Es besteht das Risiko, dass sich die Vereinigung in der Bundesrepublik vollzieht, während in der DDR entweder Chaos herrscht oder Leere. Es gibt zwei große Gefahren für die Stabilität: Millionen – und nicht mehr nur Tausende – in den Westen abwandernde Menschen und unüberwindbare wirtschaftliche Schwierigkeiten in der DDR.

Was halten Sie von Herrn Mitterrands Idee einer europäischen Konföderation?[17]
Sie entspricht dem, was Gorbatschow „das europäische Haus" nennt, oder der polnische Premierminister „die paneuropäische Kooperation"...

Und dem, was Sie wiederum „die europäische Friedensordnung" nennen würden?
„Friedensordnung" setzt den Akzent vor allem auf Fragen der Sicherheit. „Föderation" oder „europäische Konföderation" kann Wirtschaft, Ökologie, Kultur einschließen.
‹**Herr Mitterrand hat gesagt, dass „die EWG nicht über die Maßen anschwellen kann". Wer wird Mitglied der EWG sein, wenn eines Tages die deutsche Einheit vollendet sein wird?**
Die EWG hat zwei Aufgaben zu erfüllen, die mit dem Osten kaum etwas zu tun haben. Sie muss ihre Beziehungen zu den EFTA-Staaten Schweden, Finnland, Norwegen, Österreich und Schweiz regeln. Ich hoffe, dies wird bis 1993 geschehen. Hinzu kommt das wissentlich ignorierte Problem des Verhältnisses der EWG mit den Mittelmeer-Anrainerstaaten, von Marokko bis zur Türkei. Gespräche mit deren Repräsentanten haben mir zu verstehen gegeben, dass sie sich ein engeres Verhältnis wünschen, welches geeignet wäre, die Immigration in die Staaten der Gemeinschaft zu bremsen. Außerdem wird man die Beziehungen zu den Ländern des Comecon überdenken müssen, der eine leere Hülle geworden ist.

Es wird Beziehungen unterschiedlicher Intensität zwischen der EWG und den Staaten geben, die zwischen Deutschland und Russland liegen. Vielfältige Assoziationsformen sind denkbar. Delors sagt, die DDR könnte in ein paar Jahren Teil der EWG werden. Russland stellt ein spezielles Problem dar. Niemand wird vorgeben, das europäische Haus oder die europäische Konföderation bis Wladiwostok ausdehnen zu wollen. Die Intensität der Beziehungen mit den Staaten westlich der UdSSR wird sich von denjenigen mit der Sowjetunion unterscheiden.

Alles in allem schließe ich eine Ausweitung der wirtschaftlichen Dimensionen der Gemeinschaft nicht aus, wohingegen ihre politischen Dimensionen unverändert bleiben werden.›
Wird eine europäische Verteidigungsgemeinschaft noch im Bereich des Vorstellbaren liegen?
Das hängt vom Gegner ab. Ich sehe nicht mehr die Gefahr, die von all den in der DDR, in Polen, der Tschechoslowakei und Ungarn stationierten Divisionen ausging. Was die Sowjetunion angeht, so bleibt sie eine große

Militärmacht. Wenn sie in eine Krise gerät und die Stabilität bedroht ist, bleibt der Sicherheitsfaktor wichtig. Doch der Rahmen verändert sich gerade. Die zwei Großen sind dabei, ihre Militärpräsenz in einem Umfang zu verringern, der die Erwartungen übertrifft. Der Charakter der Bündnisse wird sich verändern, im Osten noch mehr als bei uns.

In der BRD sind sich Regierung und Opposition einig, in der NATO bleiben zu wollen, jedenfalls solange sie existiert. Aber das bedeutet nicht, dass ganz Deutschland Teil der NATO sein muss. Ich schlage die Ausweitung des Status von West-Berlin auf die DDR vor, was nicht notwendigerweise bedeutet, dass die Westmächte ihre Militärpräsenz auf die DDR ausdehnen müssen. Ein besonderer Status für die DDR könnte dieses Jahr mit der UdSSR ausgehandelt werden.

Sie hatten zwei wichtige Treffen mit Gorbatschow, im Mai 1985 und im Oktober 1989.[18] ‹Beim ersten Mal haben Sie die Ankündigung des Endes der Spannungen und der „zweiten Phase der Entspannung" mit nach Hause gebracht. Nach dem zweiten Gespräch wussten Sie vor allen anderen, dass Honecker ein paar Stunden später zurücktreten würde.› **Hat Sie das, was Ihnen Gorbatschow ‹darüber hinaus› gesagt hat, von der Notwendigkeit überzeugt, den Blickwinkel zu ändern und die deutsche Einheit in die Programmatik Ihrer Partei aufzunehmen?**

Nein, zu diesem Zeitpunkt stellte die deutsche Einheit Gorbatschow vor Probleme. ‹Um sich etwas Bewegungsspielraum zu verschaffen, hat er mir gesagt: „Glauben Sie nicht, dass all die westlichen Staatsmänner keine Einwände formulieren."› Seine Erklärung vom 30. Januar zugunsten der deutschen Einheit ist daher umso bemerkenswerter.[19]

Doch während Ihre Parteifreunde vor dem Wiedervereinigungsprojekt zurückschreckten, gingen Sie auf Gegenkurs.

Es gibt eine Beschleunigung des Prozesses, die von außen auferlegt ist. Erstens hat die Sowjetunion entschieden, nicht mehr militärisch in der DDR zu intervenieren. Dies ist jedenfalls das, was ich den Worten Gorbatschows entnommen habe. Anschließend verstärkte sich der Autoritätsverlust der ostdeutschen KP in einer unvorhersehbaren Schnelligkeit. So habe ich die Erklärung meiner Partei ein bisschen in Richtung deutscher Nation beeinflusst.

Bis letzten Sommer hat die West-SPD auf das falsche Pferd gesetzt, die Partei Honeckers.
Es war kein anderes Pferd in Sichtweite. ‹Sozialdemokraten haben auch Kontakte mit Oppositionsgruppen aufgenommen, mit Einverständnis des SPD-Vorstands.[20]› Man konnte noch nicht mit der Ost-SPD Verbindung aufnehmen; da sie nun einmal noch nicht existierte. ‹Sie wurde in den Monaten Juli und August gegründet.[21] Niemand kannte diese Leute.› Mitte Oktober habe ich Gorbatschow gesagt, dass in der DDR eine Sozialdemokratie entstehen würde ‹, und dass ich dafür nichts könne.› Er sah mich lächelnd an und antwortete: „Ist das nicht etwas verfrüht?"[22]

[...][23]

Bei ihrem Treffen am 12. Februar 1990 in Bonn scharen sich die Spitzen von SPD-Ost und SPD-West um den Ehrenvorsitzenden Willy Brandt. V. l. n. r., stehend: Johannes Rau, Stephan Hilsberg, Hans-Jochen Vogel, Ibrahim Böhme, Markus Meckel, Harald Ringstorff (verdeckt) und Martin Gutzeit.

Würden Sie den 9. November als Nationalfeiertag vorschlagen? Und eine Synthese beider Nationalhymnen?
Der 9. November 1989 war ein großer Tag. Doch man wird später erkennen, dass es mehr Chaos gab als Vernunft. Jene, welche die Berliner Mauer öffneten, wussten nicht, was sie taten. Es sei denn, einige unter ihnen wollten heilloses Durcheinander stiften, glücklicherweise vergeblich. Eines Tages wird es eine gemeinsame Feier aller Deutschen geben. Zum Beispiel auf der ersten gemeinsamen parlamentarischen Versammlung. Die Zusammenfügung beider Nationalhymnen ist eine gute Idee. ‹„Deutschland einig Vaterland" und „Einigkeit und Recht und Freiheit" passt gut zusammen. Man kann auch einen Dichter finden, der etwas Neues komponiert.›
Rehabilitieren die Ostdeutschen nicht die Deutschen für die Fehler, die sie in der Vergangenheit gemacht haben?
Ich glaube ja. Der Widerstand der Westberliner war bereits ein Schritt in diese Richtung. Wir hätten ohne die Präsenz der Alliierten nicht standhalten können, aber die Alliierten hätten ohne die Berliner ihre Position nicht halten können. Das, was in der DDR passiert, ist eine Art Fortsetzung davon.

All dies ist für die Deutschen sehr bewegend. Aber in den Transformationen Europas, die durch die Niederlage des Kommunismus und seiner gelenkten Wirtschaft in ganz Europa ausgelöst wurden, sind wir nicht mehr als ein Unterkapitel. ‹Dies ist der historische Kontext.›
Sie haben Gott für den 9. November gedankt. Glauben Sie, dass Er wollte, was passiert ist?
Ganz gleich, welchen Namen man Ihm gibt: Ja, Er wollte es.

Nr. 67
Schreiben des Ehrenvorsitzenden der SPD, Brandt, an den Generalsekretär des ZK der KPdSU und Präsidenten der Sowjetunion, Gorbatschow
13. Februar 1990[1]

AdsD, WBA, A 13, 223.

Geehrter Michail Gorbatschow,
Ihr Brief vom 7. Februar hat mich tags darauf in Berlin erreicht.[2] Ich danke Ihnen für die Offenheit Ihrer Darlegungen und will meinerseits ebenso antworten.

Nach dem, was jetzt Bundeskanzler Kohl – und vorher Ministerpräsident Modrow – über die Gespräche mit Ihnen berichtet haben[3], scheint mir zweierlei festzuhalten zu sein: Einmal haben Sie in aller Deutlichkeit klargemacht, daß die Verwirklichung der Einheit Deutschlands nicht an der Sowjetunion scheitern wird. Das ist von der deutschen Öffentlichkeit sehr positiv aufgenommen worden, und ich zögere nicht, Ihnen meinen Respekt und meine Zufriedenheit mit diesem Stand der Dinge zum Ausdruck zu bringen. Ich sage dies auch vor dem Hintergrund, daß meine Regierung den bekannten „Brief zur deutschen Einheit" hinterlegte, als ich gemeinsam mit Herrn Kossygin den Moskauer Vertrag vom August 1970 unterzeichnete.[4]

Zugleich gibt es erhebliche Unklarheiten hinsichtlich der beiden Hauptinhalte, die jetzt hinsichtlich Deutschlands auszuhandeln sind. Ich meine damit einmal die praktischen Fragen (Währung, Wirtschaft, Sozialgesetzgebung usw.), die zwischen den beiden Regierungen in Deutschland zu regeln sind und hoffentlich bald nach dem 18. März – d. h. nach den Wahlen zur Volkskammer – in eine feste Form gebracht werden können. Zum anderen handelt es sich um den sicherheitspolitischen Status, über den Deutschland nicht allein, sondern nur im Einvernehmen mit den Vier Mächten und den europäischen Nachbarn entscheiden kann.

Die Einheit Deutschlands wird nicht verwirklicht sein, bevor nicht auch dieser zweite, über das Innerdeutsche hinausgehende Vorgang abgeschlossen sein wird. Dies ist sicherlich nicht im Handumdrehen zu erwarten. Aber es wäre hilfreich, wenn daran ernsthaft gearbeitet würde und nicht der Eindruck entstünde, die beteiligten Auslandsfaktoren suchten einen unzumutbaren Zeitgewinn.

Für mich bedeutet es keine neue Einsicht, daß es keine Regelung geben kann, die auf einseitige Vorteile aus ist und die Sicherheitsinteressen der Sowjetunion unberücksichtigt läßt. Allerdings zweifle ich daran, daß die Formel einer „Neutralität" bzw. „Neutralisierung" dem gerecht wird, was von einem vereinigten Deutschland erwartet wird – und was es selbst auf sich zu nehmen hat. Kommt es nicht vielmehr darauf an, auf welche Weise Deutschland in ein System der europäischen Sicherheit einbezogen wird? Und welche Art von Zwischenlösungen vorgesehen werden [!], sollten die bisherigen Allianzen, wenn auch in modifizierter Form, zunächst weiterbestehen?

Die bisherige Ordnung in Europa ist mit seinen [!] Bündnissen um die deutsche Teilung herum aufgebaut worden. Wenn die Teilung wegfällt, verlieren beide Bündnisse ihre bisherige Aufgabe. Die sozialdemokratischen Parteien in beiden Staaten lehnen die NATO für das vereinte Deutschland ab. Ich teile Ihre Auffassung, daß der militärisch-politische Status eines künftigen Deutschland der Schlüssel für Sicherheit und Stabilität in Europa ist. In welche europäische Struktur der gebundenen Freiheit Deutschland entlassen wird, muß zwischen den Hauptbeteiligten bald vereinbart werden.

Ich kann nicht dazu raten, von einem Entweder-Oder zwischen dem Verhandlungsrahmen Vier Mächte plus die beiden deutschen Regierungen und dem gesamteuropäischen Rahmen der KSZE auszugehen. Sinnvoller wäre es meines Erachtens, dem einen Vorgang den anderen folgen zu lassen. Aber, wie gesagt, nicht so, daß die notwendigen Entscheidungen auf die lange Bank geschoben werden. Wir wirken gegen jeden überstürzten „Anschluß", der einige auf die Idee bringen würde, daß damit Deutschland Mitglied der NATO geworden sei und die Erwägungen von Herrn Genscher zu einem Pflaster machen würden, das den Schmerz Moskaus lindern könnte.[5]

Aufgrund meiner Erfahrungen teile ich nicht Ihre Skepsis gegenüber öffentlichen Kundgebungen. Man kann nicht das Volk außenvor [!] lassen, wo es um dessen Schicksal geht. Man darf es auch nicht nur Konservativen oder sogar Demagogen überlassen. Die Veranstaltungen, auf denen ich in der DDR gesprochen habe, waren von großer Disziplin getragen. Ich habe auch überall Zustimmung zu meinen Appellen gefunden, es zu keinerlei Reibereien im Verhältnis zu den sowjetischen Streitkräften in der DDR kommen zu lassen. Und die Zustimmung ist besonders stark, wenn ich Ihre Rolle im Ringen um Erneuerung, zumal in den internationalen Beziehungen, hervorhebe.

Aber, gewiß, Emotionen sind mit im Spiel – auch bei mir –, wenn es um die Überwindung der Teilung geht. Natürlich darf man nicht zu ihren Gefangenen werden. Die Parteien in der Bundesrepublik Deutschland – ob sie sich nun im einzelnen immer klug verhalten oder nicht – konnten sich gar nicht aus dem heraushalten, was an neuer Meinungsbildung in der DDR imgange ist. Auch wenn keiner von uns dorthin führe, unser Fernsehen wird dort aufmerksam verfolgt; das gehört zur deutschen Realität. Vor allem: Die Bewegungsfreiheit seit dem 9. November hat eine elementare neue Realität geschaffen, der sich keine Partei entziehen kann.

Ich kenne keinen verantwortlichen Politiker in der BRD, der die DDR „ausbluten" lassen wollte. Das Problem ist vielmehr, daß der Zusammenbruch alter Strukturen – zumal die kopflose Entscheidung vom 9. November über die abrupte Öffnung der Grenzen – uns vor schwer lösbare Probleme gestellt hat. Ich hoffe sehr, daß die ins Chaotische tendierenden Gefahren abgewendet werden können und daß es zu einem organischen Zusammenwachsen kommt und nicht etwa zu einem willkürlichen, am Interesse der betroffenen Menschen vorbeigehenden „Anschluß".

Ihre Bemerkung über die geschichtliche Belastung im Verhältnis zwischen Sozialdemokraten und Kommunisten habe ich gut verstanden. Sie ändert allerdings nichts an der schweren Belastung, die durch das Ergebnis des SED-Regimes entstanden ist. Die Art, wie mit den früheren Parteiführern abgerechnet und wie dadurch dem Denunziantentum Vorschub geleistet wird, macht die Dinge nicht einfacher. Es waren z. B. Sozialdemokraten, die sich für die Haftverschonung Honeckers öffentlich eingesetzt haben.[6] Aber es wird sicher die Zeit kommen, in der über manches ruhiger geurteilt werden kann. Unser Gespräch ist unvergessen.[7]

Es wäre sehr gut, in einem engen und vertrauensvollen Kontakt zu bleiben; wenn nicht jetzt, wann dann? Ihre Einladung zu politischer Weitsicht und einem Verhalten vernünftiger Berechenbarkeit trifft bei mir auf offene Ohren. Ich treffe mich mit Ihnen im Bewußtsein der Verantwortung vor dem eigenen Volk und vor den Völkern Europas in ihrer Gesamtheit.

In diesem Sinne übermittle ich Ihnen meine aufrichtigen Grüße.
‹Willy Brandt›[8]

Nr. 68
Aus der Rede des Ehrenvorsitzenden der SPD, Brandt, anlässlich der 17. Römerberggespräche in der Frankfurter Paulskirche
8. Juni 1990

Der Umbau Europas. Deutsche Einheit und europäische Integration. Die Frankfurter Römerberg-Gespräche, hrsg. von Hilmar Hoffmann und Dieter Kramer, Frankfurt/Main 1991, S. 13–20.[1]

[...][2]

Zunächst wissen wir wohl immer noch nicht gut genug über die Etappen Bescheid, in denen sich der deutsche Zusammenschluß vollziehen wird. Klar ist zunächst nur die im Juli 1990 anlaufende Wirtschaftseinheit.[3] Und da scheinen sich die meisten auf unserer, der westdeutschen Seite einig, daß sie nichts kosten darf; regierungsamtlich scheint man uns erzählen zu wollen, daß es auch nichts kosten wird. So ungefähr hatte ich mir die Nutzanwendung aus vielen zur äußerlichen Pflicht erstarrten 17.-Juni-Reden vorgestellt.[4]

[...][5]

Was vor uns liegt, ist schon deshalb keine *Wieder*vereinigung, weil wir uns dazu durchgerungen hatten – einige allerdings *so* spät, daß es fast *zu* spät wurde –, die Grenzen zu unseren Nachbarn nicht in Frage zu stellen. Ich könnte auch sagen: nicht mehr am deutsch-polnischen Vertrag vom Dezember 1970 herumzumachen, sondern ihn so mit Leben zu erfüllen, daß den Grenzen – wie im Westen – nach und nach der Charakter des Abschottenden genommen wird.[6]

Ich bin bei denen, die wollen, daß die Bundesrepublik, die DDR und Berlin vereinigt werden – nicht weniger, auch nicht mehr. Deutsche Forderungen nach Gebietsveränderungen gibt es vernünftigerweise nicht, gegen keinen der immerhin neun Nachbarstaaten. Unmißverständliche Klarheit in dieser Frage wird *ein* Grundstein der neuen europäischen Friedensordnung sein.

Im übrigen ändern weder deutsche Aufgeregtheiten noch nachbarliches Mißtrauen etwas daran, daß nicht mehr ein deutscher Nationalstaat seinen Platz in veränderter europäischer Landschaft zu finden hat, sondern eine grundgesetzlich *föderal* verfaßte, etwas erweiterte Republik, deren größter Teil seit Jahr und Tag in die EG eingefügt ist (und diese von Anfang an mitgestaltet hat). Meiner Einschätzung nach, hoffentlich nicht durch Wunschdenken getrübt, wird das *bundes*staatliche Element nicht geschwächt, sondern gestärkt, wenn die Länder der bisherigen DDR demnächst hinzukommen. Und die Modalitäten der Währungs- und Wirtschaftsunion, die man drüben abzuarbeiten haben wird, während wir noch darüber streiten, was uns mehr über den Kopf gestülpt als überzeugend erklärt wurde, sind bekanntlich in vielen Einzelheiten mit „Brüssel" abgestimmt worden. Daß immer wieder einige, nicht irgendwelche Regierungen über unterbliebene oder unzulängliche Konsultationen klagen, ist vielleicht unvermeidlich. Wir sollten diese Klagen wohl doch nicht ernster nehmen, als sie gemeint sind.

Die deutsche Vereinigung soll europäisch, gesamteuropäisch, eingebettet sein; daraus darf keine Phrase werden, kein Mitentscheidungs-Monopol der Großen oder Scheingroßen, kein unzumutbarer Druck, und so, daß die europäische Entwicklung nicht gestört, sondern gefördert wird. Die Vision eines gestärkten Deutschland hat es trotzdem in sich. Ich danke Andrzej Szczypiorski für das, was er auf dem Katholikentag in Berlin über den Weg der Zusammenarbeit, Verständigung, Versöhnung sagte und wie er „vom Vertrauen in die deutsche Demokratie" sprach.[7]

Der, wie man so sagt, „interne" Teil der Vereinigung ist natürlich nicht schon mit dem erledigt, wovon der ‹viel erwähnte›[8] (und noch viel zu wenig durchleuchtete) Staatsvertrag handelt.[9] Wann wird gemeinsam gewählt, wann die gesamtdeutsche Regierung gebildet?[10] Wird vorher das Volk in beiden Teilen um seine Meinung zum – den Umständen entsprechend leicht veränderten und ergänzten Grundgesetz – befragt? Es wäre bedauerlich, wenn es das nicht würde.[11] Und was ist mit dem „externen" Teil, also dem, der vom außen- und sicherheitspolitischen Status Deutschlands handelt?[12] Eigentlich müßte das klar sein, wenn die politische Einigung erfolgt. Doch ist das in einigen Monaten, wie uns suggeriert wird, oder bis Mitte 1991 überhaupt möglich, und wie wirkt inzwischen auf uns ein, was sich im Osten weiterhin verändert?

Ralf Dahrendorf sprach kürzlich von der großen Ungleichzeitigkeit dieser Zeit: Die europäische Umwälzung unserer Tage steht im Westen überwiegend im Zeichen von Sammlung (mit sich neu herausbildendem Eigengewicht der Regionen), im Osten scheinen auseinanderstrebende Kräfte ‹Einfluß zu gewinnen.›[13] In der Tat, der Stalinismus hat nichts hinterlassen, was Interessenkonflikte friedlich beizulegen und produktiv zu überwinden geeignet wäre. Durch die jahrzehntelange Verdrängung von Problemen hat sich ungewöhnlich viel Sprengstoff angehäuft. Dabei wird es im Interesse der Nationen darauf ankommen, zerstörerisches Gegeneinander der Nationalismen zu verhindern (‹um›[14] anderen Rückfällen in eine böse Vergangenheit energisch zu begegnen).

Einen Rückfall in den Vorkriegs-Nationalismus darf sich Europa nicht leisten. Für uns heißt dies: Verantwortungsvolle, geschichtsbewußte, zukunftsoffene Deutsche dürfen sich zu nationalistischem Verhalten nicht verleiten lassen. Es wäre gegen den aufrechten Gang, sogar gegen gebücktes Wohlstandsdenken.

[...][15]

Und was ist mit der Sicherheit? Neutralität oder Neutralisierung erscheinen im deutschen Fall ebenso wenig praktikabel wie gleichzeitige Zugehörigkeit zu zwei Bündnissen (auch wenn das andere[16] nur noch auf dem Papier steht, während das unsere ganz gewiß große Veränderungen vor sich hat.) Und, so fragt man uns, so frage auch ich, wie käme die Bundesrepublik dazu, ihre Zugehörigkeit zur NATO aufzukündigen? Auch bei einer weitreichenden Anpassung an die veränderte Weltlage möchte man – auch ich – die Verklammerung mit den Amerikanern nicht zur Disposition stellen. Wo es um tatsächliche oder vermeintliche Sicherheit zwischen den Staaten geht, haben sich in kurzer Zeit gewaltige Veränderungen ergeben. Der Warschauer Pakt kann militärisch vergessen werden, aber die Sowjetunion und Rußland bleiben eine große Macht. Die NATO ist intakt, doch sie wird nicht bleiben, was sie war. Wir sollten uns hüten, als Präzeptoren der europäischen Partner (und der Großmächte) aufzutreten. Ein neues europäisches Sicherheitssystem sollte als Gemeinschaftswerk aller Beteiligten, d. h. aller KSZE-Staaten, entstehen. Unsere Aufgabe sollten wir darin sehen, Perspektiven aufzeigen zu helfen, wie die bisherigen Allianzen in einem europäischen Sicherheitssystem aufgehen können. Damit wäre gewiß auch den Sicherheitsinteressen der Sowjetunion gedient, die genau zu interpretieren wir uns allerdings nicht anmaßen dürfen. Wozu ich nicht raten kann (und wovon ich Ludwig Erhard vor gut 25 Jahren abgeraten habe), ist die primitiv-materialistische Attitüde, man könne „den Russen" ihren Einfluß auf Deutschland und noch mehr schlichtweg abkaufen.

Auch die Diskussion um den sicherheitspolitischen Status des vereinten Deutschland sollten wir, gerade nach dem deutschlandpolitischen Patt des Treffens Bush/Gorbatschow, mit eigenen Vorschlägen voranbringen helfen.[17] So sollten die beiden deutschen Außenminister schon den 2-plus-4-Verhandlungen eine Halbierung der deutschen Streitkräfte im KSZE-Rahmen verbindlich anbieten. Gleichzeitig sollten sie die Bereitschaft erklären, daß das vereinte Deutschland auf den Besitz von ABC-Waffen und die Verfügung über sie verzichtet. Ein solcher Schritt könnte dazu beitragen, daß sich die Verhandlungen nicht festfahren.

Während die alten Konstellationen in Frage stehen, gewinnt das Nachdenken über eine künftige gesamtkontinentale Sicherheitsstruktur rasch an Bedeutung. Das ist ja nicht mehr nur Neuland. Als Teil des Helsinki-Prozesses wurden „vertrauensbildende" Maßnahmen vereinbart, und die Möglichkeiten gegenseitiger Kontrolle erreichten einen hohen Stand. Bei den Verhandlungen in Wien steht ein erstes Abkommen an, das die konventionellen Streitkräfte auf beiden Seiten ein gutes Stück zurückfahren würde.[18] An einem zweiten, sich auf Atomwaffen erstreckenden Abkommen wird gearbeitet. Nun liegt es auf der Hand, daß im Anschluß an diese Abmachungen eine Sicherheitsagentur zu errichten sein wird, die sich vergewissert, daß sich die beteiligten Regierungen an die übernommenen Verpflichtungen halten. Vielleicht braucht man – wie Václav Havel in Straßburg darlegte – zusätzlich eine Einrichtung, die sich rechtzeitig darum kümmert, daß Streitfragen geschlichtet werden.[19]

Es gibt auch einen bedenkenswerten polnischen Vorschlag – von ihm war auch zwischen Bush und Gorbatschow die Rede –, der für die Zusammenfassung vor allem der nicht-sicherheitspolitischen Aufgaben von Helsinki einen „Kooperationsrat" errichten will.[20] Das erscheint mir vernünftig, schon allein, wenn man an den Umweltschutz denkt. Es wird darauf zu achten sein, daß gesamteuropäische Institutionen nicht nur geschaffen, sondern auch mit Zuständigkeiten ausgestattet werden. Einem früheren Regierenden Bürgermeister darf es nicht versagt werden, wenn er Berlin als Sitz mindestens einer der zu errichtenden Behörden in Erinnerung bringt.

[...][21]

Nr. 69
Aus der Rede des Ehrenvorsitzenden der SPD, Brandt, vor der sozialdemokratischen Bundestagsfraktion
14. Juni 1990

AdsD, SPD-Bundestagsfraktion, Tonbandaufzeichnungen.

Liebe Genossinnen und Genossen,
[...]¹
Ich denke, dass Offenheit auch in einem solchen Augenblick geboten bleibt. Und deshalb muss ich sagen dürfen, für die Glaubwürdigkeit und die Zukunft der deutschen Sozialdemokratie war und bleibt es von vitaler Bedeutung, dass es keine Unklarheit gibt über unseren Standort in der und zur deutschen Frage, diese nämlich gleichgesetzt mit dem Recht auf Selbstbestimmung als einem Grundelement internationalen Rechts.

Das ist keine deutsch-nationale Attitüde. Das Selbstbestimmungsrecht ist ein Teil des internationalen Rechts, jedenfalls dessen, was sich als solches herausgebildet hat. Und deshalb trifft mich auch gar nicht, wenn man gelegentlich deutsch-national genannt wird, wenn man selbst weiß, worum es eigentlich geht.²
[...]³ Und, was immer da geschrieben worden ist, Oskar und ich sind in Bezug auf diesen Punkt einer Meinung. Übrigens auch hinsichtlich dessen, was in Berlin auf dem Parteitag gesagt und von manchen hinterher ganz missverständlich interpretiert worden ist.⁴

Bitte, um noch ... – damit wir uns nicht missverstehen: Europäische Orientierung ist nicht schon, wenn ein französisches Regierungsmitglied oder wer auch immer meint, seine Interessenlage europäisch verkleiden zu können, seine nationale, und gegen unsere legitimen Vorhaben ins Feld führen zu sollen. Und gute deutsche Politik ist es nicht schon, wenn ein deutscher Bundeskanzler oder wer auch immer behauptet, es sei dies.
[...]⁵

Dann sind wir sicher der Meinung, wenn nicht alle, dann die allermeisten von uns, insoweit der jetzt vorliegende Vertrag, bei all seinen Unzulänglichkeiten – und er enthält schreckliche Unzulänglichkeiten –, insoweit dieser Vertrag als nun mal gegebenes Instrument genutzt wird für den nächsten Abschnitt staatlicher Einheit in Deutschland, kann man nichts dagegen haben, kann man nichts dagegen haben.[6] Der Meinung war auch heute die sozialdemokratische Fraktion im Berliner Abgeordnetenhaus. [Die] „Alternativen"[7] waren anderer Meinung, kann ich nichts daran ändern. Die anderen Parteien waren der Meinung, die ich eben genannt habe. Dieser Meinung waren die Sozialdemokraten und sind, in der Volkskammer drüben.

Nebenbei gesagt, das hat ja eben der Wolfgang Thierse schon anklingen lassen: Ich muss dringend darum bitten, dass erwachsene Sozialdemokraten – es gibt auch andere, die erst noch auf dem Weg des Erwachsenseins sich befinden –, aber dass erwachsene Sozialdemokraten nirgends Trauer bekunden über das Abhandenkommen einer vermeintlichen Alternative. Das war ein bankrottes Unternehmen, das dort abgedankt hat.

Und die Verantwortung dafür, wer das zugrunde gerichtet hat, dort wie in den anderen Ländern des RGW und des Comecon, diese Verantwortung muss klar bleiben. Und da dürfen wir auch nicht in eine schiefe Schlachtordnung geraten gegenüber denen, die bei uns noch die Mehrheit haben im Bundestag.

Dritter Punkt: Die wie auch immer zu artikulierende Hinnahme dieses Vertrages – die Hinnahme würde es ja auch bei entsprechender Begründung bei der formalen Ablehnung geben –, die Hinnahme dieses Vertrages kann uns nicht hindern, darf uns nicht hindern an schonungsloser Kritik an der Art, in der Regierung und insbesondere Bundeskanzler mit dem Gegenstand umgegangen sind.

Ich weiß, ein früherer Bundeskanzler, Helmut Schmidt, würde das vielleicht noch ein bisschen deutlicher sagen als ich jetzt. [Er] hält sich zurück in öffentlicher Kritik an Amtsvorgängern.

Ich werde das, wenn ich in der nächsten Woche das Wort nehme, nur bedingt einhalten können.[8] (Zwischenruf.)

Bitte?

Nein, nur bedingt. (Zwischenruf.) Was? Habe ich Vorgänger gesagt? Ach so. Die sind tot, überwiegend, die Vorgänger. Also geht's um Nachfolger. Sonst stimmt es. (Heiterkeit)

Also, es war ja auch heute bemerkenswert, dass im Parteirat und im Parteivorstand, und zumal im Parteirat – [zum] Vorstand konnte ich nur verspätet kommen –, aber dass dort doch völlige Einigkeit bestand – ein wichtiger weiterer Punkt dessen, worüber wir uns einig sind. Kein Zweifel, dass dies im Bundestag und in der Öffentlichkeit schonungslos 'rübergebracht werden muss. Hier ist Parteiegoismus an die Stelle nationaler Gesamtverantwortung gesetzt worden. Das muss 'rüber kommen. Und Pflichtvergessenheit ist zu, nicht nur zu beklagen, sondern anzuprangern, nämlich gemessen an dem, was den Menschen in Deutschland gegenüber geboten gewesen wäre.

Was den Vertrag selbst angeht, liebe Freunde, Freundinnen und Freunde: Erstens können wir nicht, erstens können wir nun wirklich nicht vorbeigehen an den inhaltlichen Beiträgen, die erstens auf der Ostseite eingebracht sind, an den sogenannten – und tatsächlichen – Nachbesserungen, die auf unserer Seite eingebracht worden sind.

Zweitens. Auf die Gefahr hin, einige verhauen mich deswegen, kann ich nicht vorbeigehen an einem gewissen Element von Zwangsläufigkeit, das im Prozess steckt. Also, dass die dort den Kopf verloren haben am 9. November voriges Jahr und damit ein Element des Chaotischen hineingebracht haben, daran war nix zu ändern. Auch wenn es hier eine bessere Regierung gegeben hätte.

Dass am 6. Februar die Bundesbank und ihr von mir wirklich geschätzter Präsident aufgegeben haben gegenüber der Regierung, können wir auch nachträglich nicht mehr [ändern].[9] Das ist natürlich, sind wir uns sicher einig, Oskar, das ist das eigentliche Datum, wo ein alternatives Verfahren möglich gewesen wäre. Aber was soll ich machen, wenn das die Geschäftslage ist zwischen Bundesregierung einerseits und der Hüterin der deutschen Währung – hoffentlich in Zukunft auch mit großer Unabhängigkeit. Aber so war die Geschäftslage. So. Und wie sieht es jetzt aus? Jetzt können wir uns entscheiden, entweder zu sagen: Nein, aber bitte liebes deutsches Publikum, missversteht das nicht: Wir sagen nein, aber gegen die Einheit ist das nicht gerichtet. Alternative A. Alternative B: Ja, aber damit übernehmen wir nicht irgendeine Verantwortung für die Versäumnisse dieser Regierung. Das ist die Alternative.

Ich neige zu der Meinung, dass Alternative B uns die Chance gibt, uns deutlicher verständlich zu machen. Gerade auch bei den Landsleuten in der DDR, denn wenn wir rascher, als wir es vermutet haben, gesamtdeutsche Wahlen haben[10], brauchen wir ja auch ein paar Stimmen dort. Oder? Brauchen jedenfalls einige Stimmen mehr, als wir schon haben. Und die Chance, dass wir sie auf der Linie von Alternative B eher kriegen, scheint mir durchaus gegeben, durchaus gegeben zu sein.

Schließlich, Oskar hat das zu einem Punkt anklingen lassen: Ich bin sehr dafür, schon jetzt die Thematik auszuweiten. Die Regierung möchte diesen Vorgang isolieren. Dann kommt der zweite Staatsvertrag[11] und über das Ergebnis von 2+4[12] sollen wir möglichst wenig wissen, bis es dann da ist.

Die Opposition in einem Bundestag, der eh kurz gehalten worden ist in dieser ganzen Geschichte – ganz anders als in den fünfziger Jahren, ganz anders als bei den großen leidenschaftlichen Debatten um die Verträge[13] Anfang der siebziger Jahre – der Bundestag, jedenfalls seine Opposition, sind dazu da, schon jetzt, schon jetzt erneuter Hektik zu widersprechen bei den nächsten Stufen. Die nächste Stufe, so wie sie sich jetzt abzeichnet, bedeutet ja, dass aus der Länderbildung[14] eine neue schreckliche Hektik wird. Und dass das völlig übersehen wird im Moment, dass es eigentlich erst Sinn gibt, zu einem gesamtdeutschen Parlament zu wählen, wenn feststeht: Hört das jetzt auf mit den Vorbehaltsrechten?[15] Wie viele fremde Truppen wie lange? Wie viele deutsche Streitkräfte passen in welche Form von modifizierter NATO oder/und europäischem Sicherheitssystem hinein? Wenn es etwas gibt, was mündige Bürgerinnen und Bürger wissen müssen, dann sind es diese Grundelemente. Eigentlich bin ich auch tief traurig über den jetzt sich abzeichnenden Verlauf bei Verfassung und Volksabstimmung. Daran können wir vermutlich wenig ändern. Aber in Ordnung ist das nicht. Also, [das] darf hier mal jemand sagen, der seit 49 dabei ist, auch in diesem Haus, wenn auch unterbrochen für einige Jahre, wo man im Bundesrat saß.

Ich hab' doch die ganz deutliche Erinnerung daran, dass Artikel, der berühmte, immer wieder zitierte, für Berlin in die Verfassung hineingekommen ist (Zuruf), ja, Saarland und Berlin[16], und dass der andere Artikel für das reingekommen ist, nämlich der 146, was man damals Wiedervereinigung nannte und was ich Vereinigung schlicht zu nennen empfohlen habe.[17]

Aber ich fürchte, wir können das nicht groß ändern. Aber darauf zu bestehen, dass auch ein durch den erweiterten Bundestag überholtes Grundgesetz, dass darüber die Menschen in beiden Teilen Deutschlands entscheiden sollen, eingeladen werden sollen zu entscheiden, dafür bin ich.

Also, lasst mich noch einen ergänzenden Satz sagen. Dieses Ausweiten der Thematik, das ist nicht nur die Statusfrage, sondern das handelt zugleich von einer neuen Phase europäischer Friedenspolitik. Wer soll denn das anders machen als wir? Ich weiß, es gibt auch in der Regierung ein paar, die so was wollen. Aber wir, wir müssen das neu, neu anpacken, und wir müssen die Frage stellen, wohin das mit Europa geht und welche konstruktive Rolle Deutschland dabei spielen kann.

[...][18]

Nr. 70
Schreiben des Ehrenvorsitzenden der SPD, Brandt, an den Schriftsteller Grass
24. August 1990[1]

AdsD, WBA, A 10.1, Büroleiter Klaus Lindenberg, 19.

Lieber Günter,
in Deinem Gespräch mit der „Neuen Gesellschaft", wiedergegeben in der „Frankfurter Rundschau" vom 27. Juli, meintest Du, ich hätte „auf irgendeinem norddeutschen Marktplatz, in Mecklenburg" dem das Wort geredet, was Du ein hastiges Sofortprogramm Einheit nennst.[2]

Ich möchte Dich darauf aufmerksam machen (vgl. beiliegendes Büchlein, S. 55–61), daß die von Dir beanstandete Rede am 6. 12. 1989 in der Rostocker Marienkirche gehalten wurde.[3] Ich sprach ohne Manuskript, der gedruckte Text wurde von einem Tonband abgeschrieben.

Was immer sonst zwischen uns gekommen sein mag – wie ich nach dem 9. Nov. '89 an meine Kasseler Punkte vom Frühjahr '70 hätte anknüpfen können, will nicht in meinen Kopf.[4] Daß mich im übrigen das Ausmaß an Unvermögen, das sich hüben wie drüben zeigt, sehr traurig stimmt, wirst Du Dir denken können.
Ich wünsche Dir Gutes!
‹Dein Willy Br[andt]›[5]

Nr. 71
Aus dem Gespräch des Ehrenvorsitzenden der SPD, Brandt, mit dem Bundeskanzler, Kohl, über Deutschland im Ersten Deutschen Fernsehen
30. September 1990[1]

Presse- und Informationsamt der Bundesregierung, Berlin.

Pleitgen:
Ich begrüße Sie zum Gespräch über Deutschland mit Bundeskanzler Helmut Kohl und Alt-Bundeskanzler Willy Brandt.

Der Platz, an dem wir uns befinden, das Arbeitszimmer von Konrad Adenauer, hat in der jüngeren Geschichte eine große und zentrale Rolle gespielt. Von hier aus hat Konrad Adenauer die Westintegration der Bundesrepublik Deutschland betrieben. Von hier haben Sie, Herr Willy Brandt, die Ostpolitik durchgekämpft. Sie, Herr Bundeskanzler Kohl haben beides auf Ihre Weise fortgesetzt, nun werden Sie der erste gesamtdeutsche Bundeskanzler. Wie soll denn dieses Land aussehen? Was soll es für ein Land sein, eine erweiterte Bundesrepublik oder eine neue deutsche Republik?
Kohl:
Ich glaube, es ist natürlich ein Stück Bundesrepublik und ein Stück DDR dabei, aber es ist mehr als das Zusammenfügen von 61, 62 Millionen plus 17 Millionen. Zunächst einmal haben wir eine gemeinsame Geschichte, damit müssen wir ja anfangen, eine gemeinsame Tradition, eine gemeinsame Muttersprache und eine gemeinsame Kulturlandschaft. Ich halte das letztere für besonders wichtig, weil es ja immerhin eines der verbindlichsten Glieder auch in dem Zeitraum der Trennung war. Und die Welt hat sich geändert. Diese Bundesrepublik Deutschland, das wiedervereinigte Deutschland ist weit mehr als irgendein Teil unserer Geschichte eingebettet in Europa, ein wesentlicher Bestandteil Europas. Und allein die Tatsache, wie diese Einigung jetzt zustande gekommen ist, ist ja ein völliges Novum in der Geschichte. Es gab nie einen Vorgang in der modernen Mensch-

heitsgeschichte, in dem die Einigung eines Landes, die Vereinigung eines Landes, die Wiedervereinigung – wie immer Sie den Begriff nehmen – mit der Zustimmung aller Nachbarn erfolgt ist, ohne Krieg, ohne blutige Revolution, ohne Tote, ohne Leid – jedenfalls im Moment des Einigungsprozesses – in einer so ungewöhnlich friedlichen Weise. Und damit ist, glaube ich, der Grundakkord der Zukunft des wiedervereinigten, des einigen Deutschlands angelegt.

Dieses Deutschland wird sicher, im besten Sinne des Wortes, wird es, wenn Sie von den nationalstaatlichen Kategorien der letzten hundert Jahre ausgehen, europäischer sein. Es gibt kein Zurück zum Nationalstaat des 19. Jahrhunderts. Es [!] sind Deutsche und Europäer. Das ist, glaube ich, das Wichtigste, und das liegt ja in der Präambel des Grundgesetzes schon festgelegt, einer Deutschland [!] und politischen Einigung Europas.

Pleitgen:
Herr Brandt, in den Erklärungen in den Jahren vor der Wende haben Sie den Eindruck erweckt, als wenn das Streben nach einem vereinten Deutschland nicht Ihre erste Priorität ist. Sie haben damals auch davon gesprochen, daß die Diskussion um die deutsche Frage rückwärts gewandt sei.[2] Nun ist die deutsche Einheit da vor der europäischen. Ich glaube, Sie hätten das umgekehrte Verfahren bevorzugt. Ist das nun ein Geburtsfehler, daß es so herum gekommen ist? Tun wir uns Deutsche, wir vereinten Deutschen, dadurch schwerer, tun sich unsere Nachbarn dadurch mit uns schwerer?

Brandt:
Nein, das ist ein Mißverständnis. Ich bin rundum zufrieden, daß wir diesen Punkt erreicht haben, an dem wir stehen. Ich sage, wie der Bundeskanzler, dies ist eine gewaltige Sache, daß nicht gekrönte Häupter, sondern das Volk diesmal entschieden hat, nicht Einigungskriege, wie wir sie in der Geschichte gekannt haben bei uns und anderswo, nicht Bürgerkriege, sondern eine friedfertige, freiheitliche Umwälzung hat stattgefunden bei uns – natürlich gefördert durch das, was in Osteuropa und in Rußland vor sich gegangen ist und noch im Gange ist bei allen Unsicherheiten. Nein, die Tatsache, daß nun die deutsche Einheit rascher läuft noch als die europäische

Einigung, finde ich, sollte uns nur anspornen. Gestützt darauf, daß unsere staatliche Einheit wieder hergestellt ist, mit daran zu wirken, daß das größere Europa entsteht, die europäische Friedensordnung, die sich ja wie immer erweiternde europäische Gemeinschaft und daß die europäische Mitverantwortung für andere Teile der Welt gestärkt wird.

Pleitgen:
Sollte nun Deutschland ein Makler, der Makler zwischen Ost und West sein oder sollten wir unsere nationale Souveränität, nachdem wir sie gerade gewonnen haben, wieder aufgeben zugunsten einer europäischen Ordnung?

Brandt:
Es ist gut, Herr Pleitgen, daß Sie nicht schon von der Weltmacht Deutschland gesprochen haben, über die hier und da gemunkelt wird. Ein ganz passender [!] Ausdruck für das, was vor uns liegt. Vielleicht kommen wir darauf noch. Ich gehe mal von zwei Dingen aus. Einmal finde ich, es ist fabelhaft, wie unsere Nachbarn alles in allem, und auch die beiden halbeuropäischen Großmächte, wie sie auf diese Entwicklung reagiert haben. Die äußere Absicherung des deutschen Einigungsprozesses ist nicht nur rascher, sondern auch viel reibungsloser vor sich gegangen, als ich es Anfang des Jahres 1990 – vielleicht der Bundeskanzler auch – für wahrscheinlich gehalten habe. Trotzdem – das Wort von der „kritischen Größe Deutschlands" bleibt. Deutschland paßte, wenn man so will, von seiner Größe her in die bisherige europäische Gemeinschaft leichter rein, [die] Bundesrepublik Deutschland war gleichgewichtig mit Frankreich, Italien, Großbritannien – ohne andere zu übersehen. Und jetzt kommt es sehr darauf an, uns selbst hinreichend deutlich zu machen – und den anderen damit auch –, daß dies eben nicht ein Nationalstaat alter Prägung ist. Auch wenn wir ein bißchen größer sein werden als andere, sind wir europäisch eingebunden. Das sieht man ja selbst bei kleinen praktischen Regelungen, die in bezug auf die bisherige DDR getroffen wurden und werden mussten. Also ich glaube, wir können unsere Nachbarn davon überzeugen, daß wir als deutsche Europäer, als Teil des sich organisierenden, weiter zusammenfindenden Eu-

ropas eine – nicht nur für uns, auch für die anderen – vorteilhafte Rolle spielen können. Ich sage nun folgendes hinzu [!]. Dies hat natürlich eine gewisse Bedeutung für unsere Landsleute in dem, was bisher DDR war. Denn bei allem Widerwillen gegen das kommunistische Regime, das ja dann mündete in die friedliche Umwälzung, hat es nicht nur aus geographischen Gründen natürlich eine Menge Verbindungen gegeben zu unseren Nachbarn im Osten. Und da gibt es manche aus dem Kulturleben, aus der Wissenschaft, aus anderen Bereichen, die einem sagen, können wir hier nicht sogar etwas miteinbringen aus unseren Erfahrungen – nicht immer positiven Erfahrungen. Das finde ich gut. Ich finde, das ist gut, daß wir nicht nur unsere Erfahrungen einbringen, sondern die ihre. Denn also dieses, was zusammenwachsen soll, weil es zusammengehört, das ist dann eben nicht, daß der eine sich dem anderen anschließt. Wir sollten es anders formulieren, Herr Pleitgen. Ich würde sagen, es muß erst noch zusammenwachsen, was gar nicht zusammengehört. Das läßt sich nicht von einem Tag zum nächsten machen.

Pleitgen:
Sie haben einen Punkt angesprochen, der theoretisch sehr viel für sich hat. Aber ist es denn wirklich so, daß unsere Landsleute da im Osten tatsächlich mit diesen guten Gefühlen gegenüber den Polen und den Sowjetbürgern ausgestattet sind? Sie haben ja ihre Erfahrungen machen müssen. Es ist ihnen ja diese Freundschaft verordnet worden. Und das ist ja nicht so sehr der natürliche Weg, so daß ich da eher Störungen erwarte, während wir auf unserer Seite da etwas entspannter rangehen können.

Brandt:
Sie können weitergehen, Herr Pleitgen, und sagen, es gibt leider sogar – übrigens noch mitgeschürt durch das kommunistische Regime – Ressentiments gegenüber den polnischen Nachbarn. Das ist böse. Da muß man mithelfen, daß das überwunden wird. Aber ich sprach von den Wissenschaftlern, ich sprach von den Künstlern. Ich denke an manche, die durch ihre technischen Berufe eine Menge Verbindungen geknüpft haben. Und ich gehöre zu denen, die es begrüßen, daß es einige Leute gibt, die Russisch können in

Bundeskanzler Helmut Kohl (M.) und Altbundeskanzler Willy Brandt während ihres Gesprächs über die deutsche Einheit, das am 21. September 1990 im Palais Schaumburg von Fritz Pleitgen (r.) moderiert und für das ARD-Fernsehen aufgezeichnet wird.

dem anderen Teil Deutschlands. Bei uns gibt es zu wenige. Ich möchte, daß es bei uns einige mehr gäbe. Ich begrüße, daß es an der Grenze an die Tschechoslowakei einige gibt, die Tschechisch können, denn wir müssen uns ja auf diesen anderen Teil Europas stärker miteinstellen – selbstverständlich gestützt auf unsere Verankerung im Westen.
[...][3]
Pleitgen:
Herr Brandt, nun gibt es aber doch die normative Kraft des Faktischen und bei all den Bemühungen, die wir an den Tag legen, wird ja uns vermutlich etwas abverlangt. Da gab es ja schon diesen Vorschlag, daß das vereinte Deutschland ständiges Mitglied im UNO-Sicherheitsrat sein sollte. Aus Amerika kann man ganz tolle Sachen

lesen, daß Deutschland die künftige Weltmacht sei. Glauben Sie, daß wir daran vorbeikommen?
Brandt:
Kommt sehr darauf an, was man hierunter versteht. Da kommt ein sowjetischer Journalist, vielleicht auch Politikerberater, und setzt in die Welt, Deutschland solle in den Sicherheitsrat, ständiges Mitglied. Und dann gibt es in der Bundesrepublik leider einige, die drauf hopsen – nicht der Bundeskanzler –, anstatt zu sagen: Freunde, was vor uns liegen wird – nicht morgen, nicht übermorgen –, was natürlich vor uns liegen wird, ist die Frage, wie wird Europa auf der Weltebene vertreten sein. Wenn Europa sich enger zusammenschließt, dann wird ein Zeitpunkt kommen, wo es nicht automatisch und nur durch England und Frankreich dort vertreten wird – die kamen rein als Siegermächte, wurden dann außerdem noch Atommächte –, aber Europa wird mehr sein als Frankreich und England. Das ist die eigentliche Frage. Außerdem muß man natürlich wissen, wenn man jetzt vorschlüge, Deutschland soll da mit rein, dann muß Japan auch mit rein, und Indien muß rein, sobald man das wieder anrührt, weil das eben so groß ist wie China, bevölkerungsreich ist. Nein, dies ist nicht der richtige Weg, der europäische ist der einzig vernünftige – auch auf dieses Thema bezogen. Und dann müssen wir zweitens wissen, schon wo es um den anderen Teil Europas geht – so stark wir sein mögen –, das schaffen wir nicht alleine, das schaffen wir nur zusammen mit den anderen, denen zu helfen, nämlich in den Ländern östlich von uns, daß sie auf die Beine kommen. Und ich finde es sehr gut, daß hier schon im Gespräch bisher auch von Weltaufgaben in dem Sinne gesprochen wurde, daß wir das Elend mitbekämpfen müssen, die Umweltgefahren, die von weit her auf uns zukommen, eindämmen müssen. [...][4]
Kohl:
Herr Pleitgen, eigentlich ist das, war wir eben hier besprechen können, ein Hinweis darauf, was man tun kann. Sie haben gefragt, was man tun kann. Wenn irgendjemand jetzt sagt, die Deutschen sollen in den Weltsicherheitsrat, und wir sagen, das ist wirklich jetzt nicht unser Thema.[5] Das wird dann Thema sein irgendwann in einer

absehbaren Zeit, aber nicht morgen und übermorgen, und in dem sich die Europäer als ganzes wieder finden müssen. Das haben wir übrigens schon, Herr Kollege Brandt, beim Weltwirtschaftsgipfel sitzt die EG sozusagen als achter mit am Tisch neben den sieben Industrienationen. Das ist schon ein Stück Realität. Bei der Anfrage, wollt ihr in den Weltsicherheitsrat, blickt die ganze Welt auf uns. Das ist sozusagen eine Testfrage. Ich bin auch gar nicht sicher, ob die Anfrage, die Debatte, nicht auch in diesem Sinne schon bereits inszeniert wurde. Und wenn wir jetzt einfach sagen, wir haben wirklich andere Probleme im Augenblick. Und wir sind nicht der Meinung, daß das jetzt unser Anzug ist, sondern wir denken darüber nach, wie Europa vertreten werden kann später, dann werden viele sagen, also die verhalten sich recht vernünftig. Und so kommt fast jeden Tag – ich sag das noch einmal – in der Alltagspolitik irgendein Test auf uns zu. Das kann man nicht vorprogrammieren, aber man muß es im Hinterkopf behalten. [...][6]

Pleitgen:
Ich stelle ja hier eine große Koalition in den Grundsatzvorstellungen fest, was nichts schlechtes sein muß.

Kohl:
Die Übereinstimmung zwischen Herrn Brandt und mir gibt es in vielen Gebieten, das ist noch lange keine große Koalition, aber das ist doch ganz gut, wenn wir übereinstimmen.

Brandt:
... ich würde sagen, wenn wir schon bei dem Thema sind, die große Koalition nicht verstehen [!] wollen auf die Form, wie man eine Regierung bildet, sondern ob Leute, auch wenn sie sich im übrigen weiter streiten, große wichtige Dinge gemeinsam anpacken können. Also ich hätte mir in diesem Jahr seit Ende '89 schon ein bißchen mehr Gemeinsamkeit gewünscht auf die innerdeutschen Fragen bezogen. Das ist jetzt in der letzten Runde schon ein bißchen weiter gediehen. Ich kann darin nichts Schlechtes sehen, auch nichts Schlechtes für den notwendigen Meinungsaustausch zwischen unterschiedlichen Strömungen in der parlamentarischen Demokratie.

Kohl:
Keine Einwände dagegen.
Pleitgen:
Herr Brandt, eine Sprache, eine Geschichte, eine Kultur, ein Land, also theoretisch müßte ja diese deutsche Einheit ein leichtes sein. Aber sind die Deutschen aus Ost und West eigentlich noch kompatibel? Sie haben ja immerhin 40 Jahre in entgegengesetzten Gesellschaftssystemen gelebt. Jetzt wird von der einen Seite eine sehr selbstbewußte, teils auch selbstgefällige Bevölkerung eingespeist. Von der anderen Seite kommt eine irritierte, von Selbstzweifeln geplagte Bevölkerung rein – wie wird daraus eine Nation?
Brandt:
Also ich glaube, es ist notwendig, Herr Pleitgen, hier den Generationsfaktor mit reinzubringen. Es ist kein Zweifel daran, daß die Jüngeren, die keine eigene Erfahrung haben von der bösen Vergangenheit, die hinter uns liegt, daß manche von denen Anlaufschwierigkeiten haben – nicht nur in Ihrer Region, Herr Bundeskanzler, auch anders [!] haben sich viele Jüngere daran gewöhnt gehabt, daß es viel leichter ist nach Frankreich zu fahren und Italien...
Kohl:
... und sie sind auch gefahren...
Brandt:
... warum auch nicht, während sie fast keine eigene Erfahrung hatten von dem anderen Teil Deutschlands, das wird sich aber rasch ändern. Zweitens kommt das Regionale hinein. Rascher als viele heute glauben, werden sich, und da kommt dann doch die gemeinsame Kulturlandschaft wieder rein, werden sich die Regionen zusammenbinden. Oben bei mir, woher ich komme, werden die Mecklenburger und die Holsteiner rascher beieinander sein als andere. Die Hessen und die Thüringer übrigens auch, wo ja durch die Linie wirklich unendlich viele Familien durchgegangen sind [!]. Bei uns auch. All das wird, überhaupt, ich sehe ja überhaupt die sich erweiternde Bundesrepublik, nicht durch Annexion, sondern durch den Willen des Volkes sich erweiternde Bundesrepublik, als eine, in der das bundesstaatliche, auf Regionalprinzipien mitbasierende eine größere Rolle

spielen wird. Kommt jetzt noch hinzu allerdings, daß wir es in einer Übergangszeit mit Belastungen zu tun haben, die sich aus dem Umbruch dort ergeben, dem wirtschaftlichen Zusammenbruch, sozialen Problemen erheblichen Ausmaßes und der Frage, wie rasch kriegt man das in den Griff. Wir sind jetzt nicht bei einem kritischen Aufarbeiten des Jahres, das hinter uns liegt, sonst würde ich dazu manche kritische Frage zu stellen haben. Wichtiger ist aber, was wir jetzt gestützt und vom 3. Oktober aus [!] machen können, damit die soziale Benachteiligung, die wirtschaftliche Benachteiligung in einer überschaubaren Zeit von Jahren überwunden wird.

Kohl:
Also ich will Ihre Prämisse bestreiten, wenn ich Sie richtig verstanden habe. Die Einheit der Nation hat natürlich auch in diesen 40 Jahren trotz aller Belastungen überhaupt nicht aufgehört. Und jetzt gerade vor einem Jahr, als die ersten Tausende vor allem junger Leute aus dem Schilfgürtel des Neusiedler Sees herauskamen, als Ungarn – was eine große Tat war – die Grenzen öffnete, konnte man das ja auch spontan überall empfinden; ich erlebe das ja nun unentwegt bei jedem Besuch drüben.

[...][7]

Pleitgen:
Herr Brandt und Herr Bundeskanzler Kohl, und trotzdem muß ich auf einen Punkt zurückkommen, Mitteldeutschland oder Ostdeutschland, wir müssen ja Farbe bekennen. Wir müssen ja uns mit den Regionen dort auseinandersetzen. Warum sagen wir nicht Ostdeutschland, denn jetzt steht ja im 2-plus-4-Vertrag und auch im Einigungsvertrag, dieses ist Deutschland, ... ja, wir werden so im Alltag, das spielt eine wichtige Rolle. Warum sagen wir nicht, das ist jetzt Ostdeutschland?

Kohl:
Das ist der östliche Teil dieses Deutschlands ... weil es die Menschen dort Ihnen sehr krumm nehmen, und zwar aus gutem Grund.

Pleitgen:
Ich bin nicht sicher, ich finde, also Ost ist doch nichts Diffamierendes.

Brandt:
Also Thüringer sind natürlich nicht Ostdeutsche, also wirklich nicht, und wie die Hessen ein Teil dieser hessisch-thüringischen Kultur ...
Kohl:
Wissen Sie, das können Sie ja fortsetzen, wenn Sie ....
Pleitgen:
... wird das nicht gefährlich gegenüber dem Ausland ...
Kohl:
... warum? Wenn Sie in Rom mit dem Papst reden und sagen würden, daß Krakau in Osteuropa liegt, ist die Audienz beendet. Also das ist für ihn Mitteleuropa ...
Brandt:
... Ostmitteleuropa ...
Kohl:
... ja natürlich. Also wir müssen es ja nicht sagen. Warum sollen wir eigentlich Begriffe verwenden, die a) nach meinem Gefühl falsch sind und b) noch Ärgernis erregen. Das ist der Unterschied zwischen einem Chefredakteur und einem Politiker.
Pleitgen:
Ja, ich kriege dann auch Ärger, aber ich finde, daß man da eindeutig ist, und ich könnte mir vorstellen, daß darüber ein großes Nachdenken ausbricht bei unseren Nachbarn. Daß man sagt, wir wollen da nicht zugeben, daß jetzt unsere Grenze an Oder und Neiße aufhört, daß sie dort ist – die Ostgrenze.
Brandt:
Das ist ja nun endlich klar. Ich habe ja selbst meine Probleme damit gehabt oder mit anderen wegen dieses Problems, so schwer das auch für viele natürlich gewesen ist, daß wir Ja sagen müssen, weil sonst das Ganze nicht zusammenpaßt. Und natürlich ist es der östliche Teil dieses neuen Deutschlands, aber im übrigen, ich war vorhin schon mal bei der Regionalisierung. Der Mecklenburger ist kein Ostdeutscher, sondern ein Norddeutscher. Vorpommern sind schon ein bißchen – hätte ich vorhin übrigens anders ... die Vorpommern empfinden sich immer natürlich noch nicht richtig als Teil ein und desselben Landes, ja.

Kohl:
Ja, auch das gibt es.
Pleitgen:
Aber wir müssen ja auch in einer anderen Frage Farbe bekennen für die Entwicklung und auch die spätere Verfassung des künftigen Deutschlands. Es ist ja von großer Bedeutung, von wo es regiert wird, also aus dem rheinischen Bonn oder aus dem preußischen Berlin. Herr Bundeskanzler, was ist Ihre maßgebliche Meinung?
Kohl:
Da muß ich Ihnen sagen, einen Teil dieser Debatte verstehe ich wirklich überhaupt nicht, und ich finde den Vertrag sehr klug. Ich finde erstens einmal, daß es richtig ist, daß das gesamtdeutsche Parlament dies entscheidet.[8] Zweitens ist das überhaupt keine Frage, die für mich eilbedürftig ist, was die Tagesordnung betrifft. Über den Rang Berlins, so steht es ja auch im Einigungsvertrag, kann es gar keinen Zweifel geben. Aber wenn ich mir die Aufgaben ansehe, die jetzt auf uns zukommen, ich spreche jetzt gar nicht nur von den Kosten, ich spreche von den Aufgaben, ist das in meiner Prioritätenliste keine Frage, die ganz oben steht. [...][9]
Pleitgen:
Sie würden es nicht forcieren, daß jetzt das gesamtdeutsche Parlament im Januar schon darüber befindet?
Kohl:
Nein, ich forciere das mit absoluter Sicherheit nicht.
Brandt:
Da bin ich völlig einer Meinung. Es ist nicht gleich aufzurufen. Das muß vernünftig vorbereitet werden. Ich bin auch sehr dafür, daraus nicht eine Parteienangelegenheit zu machen ...
Kohl:
Auch richtig.
Brandt:
Überdies werde ich empfehlen, daß die Fraktionen die Stimmabgabe ihrer Mitglieder freigeben sollten in dieser Frage, aber soweit sind wir noch nicht. Ich sage nur, Herr Pleitgen, daß im Vertrag jetzt, im Einigungsvertrag, steht, Berlin ist die Hauptstadt Deutschlands – wer

würde das beklagen, ein früherer Berliner Bürgermeister schon gar nicht, nur da muß noch ein bißchen Butter zu den Fischen. Allein das Symbolische reicht nicht. Die Berliner fragen, was ich gut verstehen kann, was haben wir eigentlich seit dem 9. November 89 verbrochen, daß man uns jetzt nicht mehr will, denn bis dahin habt ihr alle den Eindruck erweckt, ihr wäret dafür, viele dann vermutlich in der Annahme, es kommt gar nicht zu diesem Tag – war ja auch nicht so wahrscheinlich, daß wir dann doch so rasch diesen Tag erreicht hätten. Ich bin für eine sehr, wenn es geht, emotionsfreie Diskussion...
Kohl:
... relativ ...
Brandt:
... relativ, und meiner Meinung nach wird unter dem Strich was herauskommen, was entweder heißt, Berlin und Bonn oder Bonn und Berlin und nicht: Berlin oder Bonn. Nur sage ich ebenso deutlich, nur Hauptstadt auf dem Papier und den Bundespräsident dahinsetzen – erstens macht der das gar nicht und zweitens reicht das nicht.
Pleitgen:
Dann möchte ich an Sie beide die Frage stellen, wie soll denn unser vereintes Deutschland heißen?
Kohl:
Ich habe da kein Problem mit dem Begriff Bundesrepublik Deutschland. Wir sind uns einig, es ist ein Bundesstaat. Der Begriff ist eingeführt. [...][10]
Brandt:
Mir würde auch Deutschland reichen, aber ich verstehe die Erwägungen, die beim Bundeskanzler mitschwingen. Aus praktischen Gesichtspunkten ist dies mit Federal Republic of Germany immer ein bißchen ein Problem, wir wissen gar nicht, ob wir mit F oder mit A anfangen als Staatsnamen.[11] Also ich kann mit beiden leben, Deutschland oder Bundesrepublik.
Kohl:
Im übrigen werden in der Alltagssprache, wie bisher ja auch schon, Herr Kollege Brandt, viele Deutschland sagen ... bei Übertragungen Länderspiel Fußball...[12]

Brandt:
Wenn der Bundesrat zustimmen muß, dann heißt es Bundesrepublik Deutschland.
Pleitgen:
Wie ist es denn mit einem Begriff wie Bund Deutscher Länder, der nun auch ins ...
Brandt:
... der ist überholt.
Kohl:
Nein, nein, das ist auch ein ganz anderer Begriff. Das würde meinen schärfsten Protest auslösen. Es gibt Leute, die so denken. Dann sind wir aber nicht mehr beim Bundesstaat, sondern beim Staatenbund, und das ist für mich indiskutabel.
Pleitgen:
Und welche Nationalhymne?
Kohl:
Das Deutschlandlied. Das haben die Menschen auf den Straßen der DDR gesungen wider Erwarten für viele, aber sie haben es gesungen. [...][13]
Pleitgen:
Also in wenigen Tagen ist die deutsche Einheit. Glauben Sie, daß wir vor einer guten Zukunft stehen oder werden wir durch schwierige Jahre gehen?
Kohl:
Wir gehen durch sehr schwierige Jahre, das ist ganz klar, wobei ich persönlich meine, das wird Sie vielleicht überraschen, auch manchen unserer Zuschauer, [daß] die ökonomisch-wirtschaftlichen Fragen viel schneller gelöst werden, als viele glauben. Ich bleibe bei meiner These, unterschiedlich nach den einzelnen Feldern, aber in 3 bis 5 Jahren werden wir dort wirklich Landschaften vor uns sehen, die dem Gesamtstatus der Gesamtrepublik entsprechen – weitgehend. Wir werden dort auch Regionen haben, die weiter zurückgeblieben sind, das haben wir übrigens hier auch, das ist auch hier unser Problem. Die Frage nach der geistig-moralischen, im weitesten Sinne des Wortes, Entwicklung, wie gehen wir miteinander um: das eben an-

gesprochene Problem des gestrigen Regimes, die Fähigkeit, miteinander rechtsstaatlich auch in dieser Frage umzugehen, das Verständnis für das Auseinanderleben und jetzt die Notwendigkeit, aufeinanderzuzugehen, das gehört alles dazu. Das wird länger dauern, das wird schwieriger sein, aber meine Prognose will ich an den jungen Leuten festmachen. Und das ist natürlich dann nicht nur Deutschland, sondern das Umfeld. Wenn ich die Lebensspanne des Kollegen Brandt betrachte oder meine, dann sind wir ja jeweils als 20-jährige oder 18-jährige in einer Zeit gewesen, wo man fest damit rechnete, daß irgendwann zu unserer Lebenszeit Krieg sein wird. Ich glaube, man kann heute mit einer großen Wahrscheinlichkeit jungen 18-jährigen, 15-jährigen sagen, als junge Deutsche habt ihr zeit eures Lebens die Chance, in Frieden, Freiheit zu leben. Und das ist eine Prognose, wie man sie in den letzten 200 Jahren jungen Deutschen, jungen Europäern nicht stellen konnte.
Brandt:
Ich bin davon nicht wesentlich entfernt. Was das Ökonomische angeht, glaube ich freilich, es wird mehr kosten, als es den Menschen bisher bewußt gemacht worden ist. Ich glaube, daß in der Tat in einem halben Jahrzehnt ein wesentlicher Teil der heutigen DDR das modernere Deutschland sein wird, weil unsere Firmen, wenn sie investieren, nicht altes Zeug dorthin schleppen, sondern moderne Technologie, aber es wird eine schwierige Übergangszeit auch in sozialer Hinsicht. Im übrigen sehe ich die eigentlichen Probleme von außen auf uns zukommen in doppelter Hinsicht. Also wir sehen ja jetzt – wie immer wir die Sache sonst einordnen –, wir sehen am Golfkonflikt[14], daß in dem Augenblick, wo der alte Ost-West-Konflikt zuende geht, anderswo Kräfte freigesetzt, zerstörerische Kräfte, potentiell zerstörerische Kräfte freigesetzt werden. Ich weiß nicht, inwieweit dieses Europa in Anspruch nehmen wird, aber natürlich kann es sich damit leichter auseinandersetzen, wenn es noch mehr ein Stück zusammengerückt ist. Aber das zweite ist folgendes, ich habe bis vor ein paar Jahren geglaubt, die neue Völkerwanderung haben wir im wesentlichen von Afrika zu erwarten. Und das ist dann mehr ein Problem unserer französischen, spanischen, italienischen

Kollegen, dieses Hereindrücken von Menschen aus Gebieten, in denen es ihnen schlecht geht. Heute kann ich nicht mehr ausschließen, nach dem, was ich überblicke, daß es doch auch ein gutes Stück potentieller Völkerwanderung von Ost nach West in Europa geben kann und daß uns dies vor erhebliche Schwierigkeiten stellen kann, es sei denn, wir sind in der Tat – dabei waren wir schon mal – in der Lage, ohne uns als Deutsche zu übernehmen, die Lage so verbessern zu helfen, daß nicht aus der heute Oder-Neiße- eine neue Armutsgrenze wird oder Wohlstandsgrenze, wie immer man will, und die befürchtete quasi neue Völkerwanderung ausbleibt.

Pleitgen:
Dies ist ein weiteres großes Kapitel und das war das Gespräch über Deutschland mit Bundeskanzler Helmut Kohl und Alt-Bundeskanzler Willy Brandt wenige Tage vor der deutschen Einheit, auf Wiedersehen.

Nr. 72
Schreiben des Ehrenvorsitzenden der SPD, Brandt, an den Bundesminister der Finanzen, Waigel
29. Oktober 1990[1]

AdsD, WBA, A 10.1, Büroleiter Klaus Lindenberg, 22.

Sehr geehrter Herr Bundesminister,
Sie haben sich am vergangenen Donnerstag im Bundestag erneut der von mir vor einigen Jahren bemühten „Lebenslüge" bedient, ohne freilich den Zusammenhang auch nur anzudeuten, aus dem heraus dieses Wort gewählt wurde.[2] Sie hatten sicherlich auch nicht die Zeit, was ich wohl verstehen kann, meinem Ihnen am 4. Oktober in Berlin mündlich gegebenen Rat zu folgen und wegen der Begriffsbestimmung einmal bei Henrik Ibsen nachzuschauen.[3]

Zum ersten: In meinem Berliner Vortrag vom 11. September 1988 (Siedler, Berliner Lektionen, S. 72–88) polemisiere ich gegen „die Verwirrung der Begriffe" und sage: „Aus Einheit wurde Wiedervereinigung. Als ob die Geschichte und die europäische Wirklichkeit für uns eine Anknüpfung an das Bismarck-Reich bereithielte." Ich frage mich, was einer, der in der Tradition von F. J. Strauß steht, eigentlich gegen diesen Satz haben konnte oder haben kann. Wer Illusionen hinsichtlich der Ostgrenze hegte, hat sich von diesen ja verabschieden und zur Kenntnis nehmen müssen, dass die deutsche Einheit nicht unter den Bedingungen eines „Wieder" zu erreichen war.

In der erwähnten Berliner Rede heißt es: „Durch den Kalten Krieg und dessen Nachwirkungen gefördert (nicht gefordert, wie es in der gedruckten Fassung steht), wurde die „Wiedervereinigung" zu jener spezifischen Lebenslüge der zweiten Deutschen Republik."[4]

Bitte, „Wiedervereinigung" steht auch in der gedruckten Fassung in Anführungszeichen, und das Wieder ist gesperrt gedruckt!

Ich habe dann daran erinnert, durch die Briefe zur deutschen Einheit sei festgehalten worden, „daß der Wunsch der Deutschen nach Selbstbestimmung mit den Verträgen und durch den sonstigen Ablauf des Geschehens nicht untergegangen" sei („nicht" gesperrt gedruckt!). Weiter: „Und in der Präambel zum Grundlagenvertrag wie in Verbindung mit den Ostverträgen wurde der Dissens in der nationalen Frage – indem wir ihn als nationale Frage verstehen – festgehalten."[5] Ich kann mir nicht vorstellen, lieber Herr Waigel, daß Sie den textlichen und inhaltlichen Zusammenhang kannten, als Sie zum wiederholten Mal mein Wort von der „Lebenslüge" so in Anspruch nahmen, als hätte ich mich gegen die deutsche Einheit ausgesprochen. Das Gegenteil ist der Fall.

Also zum anderen: Lebenslüge heißt, sich über längere Zeit in die Tasche lügen, sich etwas vormachen etc. Wenn ich Sie auf Henrik Ibsen aufmerksam machte – dem ich während meiner norwegischen Jahre nahekam, der ja aber auch lange in München gelebt hat –, so wegen dessen vielfacher Variationen zu diesem Thema.

Der Brockhaus nennt Lebenslüge, ebenfalls unter Hinweis auf Ibsen, „das Festhalten an einer als fragwürdig durchschauten geistigen Einstellung, die zur Rechtfertigung der eigenen Lebensführung vor sich selbst dient".[6] Dies ließ sich zu Recht auf diejenigen beziehen, die anderen und sich selbst einredeten, eine Rückkehr zum Bismarck-Reich sei erstens wünschenswert und zweitens möglich.[7]

Sie werden sicher nichts dagegen haben, werter Herr Kollege, wenn ich diesen Brief als einen solchen betrachte, der auch anderen Interessierten zur Kenntnis gelangen kann.
Mit freundlichen Grüßen
‹Ihr Willy Brandt›[8]

Nr. 73
Aus dem Vermerk des Ehrenvorsitzenden der SPD, Brandt, über seine Gespräche in Bagdad
10. November 1990

AdsD, WBA, A 19, 187 (Übersetzung aus dem Englischen: Wolfgang Schmidt).

Besuch in Bagdad/Irak,
5.–9. November 1990

<u>Zusammenfassende Aufzeichnung der Gespräche</u>

Alle Gespräche wurden in einer offenen und höflichen Atmosphäre geführt und behandelten ein breites Spektrum an Themen.

<u>1 Rückzug aus Kuwait</u>

Langatmige Rechtfertigungen für die Invasion und Annexion Kuwaits ließen wenig Zweifel daran, dass der irakische Führer [Saddam

Hussein] noch nicht bereit ist aufzugeben und abzuziehen. Die Argumente sind wohl bekannt, seit ein diesbezügliches Memorandum des Außenministers, Tarik Aziz, an die betreffenden Regierungen und Parteien verteilt wurde.[1] Diese Argumente reichen von angeblichen „kuwaitisch-amerikanischen Verschwörungen" in den Wochen und Monaten vor der Invasion bis zu lange verhinderten „historischen Rechten".

Es scheint, als ob die irakischen Führer annehmen, die Weltgemeinschaft würde ihr Verhalten billigen, wenn diese nur den „wahren" Hintergrund wüsste. Darüber hinaus versuchen sie, sich selbst als die gewissenhafteren Wächter des kuwaitischen Öls (und der Petrodollars) darzustellen, die die Ölversorgung für alle zu vorhersagbaren Preisen sichern würden.

Gleichzeitig ist sich die irakische Führung bewusst, dass sie das internationale Klima von 1990 für wie auch immer begründete unilaterale Aktionen falsch eingeschätzt hat. Deshalb und mit Blick auf die Sanktionen der UN scheinen die Iraker zu realisieren, dass die Zukunft Kuwaits auf der bevorzugten regionalen arabischen Ebene wird verhandelt werden müssen. Sie zeigten ein gewisses Interesse an vorläufigen Abmachungen irgendeiner Art von dreiseitiger Übergangsverwaltung, die zu einer Volksabstimmung über die Zukunft Kuwaits (und Schiedssprüchen über umstrittene Inseln und Ölfelder) führt.

2 „Verknüpfung" mit den Konflikten im Nahen Osten

Wie er schon in seiner Rede vom 12. August [1990] erklärte, sieht Präsident Saddam Hussein die momentane Golfkrise in einem Zusammenhang mit anderen Konflikten in Nahen Osten, und zwar im Libanon und in Israel/Palästina.[2] Der letztere wird als fundamental für die „regionale Stimmung" eingeschätzt. Jedoch scheint die Verknüpfung mit Palästina für Saddam Hussein keine Bedingung zu sein für eine Lösung der Kuwait-Frage innerhalb der „arabischen Familie".

Erwartet wird Bewegung der wichtigsten Akteure in der Weltpolitik, um den Weg für eine Friedensordnung im Nahen und Mittleren Osten freizumachen. Dies im Sinn ist die Rede Präsident Mitterrands vor den Vereinten Nationen begrüßt worden[3], ebenso die gemeinsame französisch-sowjetische Erklärung beim letzten Besuch Präsident Gorbatschows in Paris[4] und die Ideen, die kürzlich von der Blockfreienbewegung in New York[5] [geäußert wurden]. Ich wies auf die Erklärung des EG-Gipfels in Rom hin, die den Irakern in Bezug auf Kuwait nicht gefiel, aber ich deutete an, dass die Notwendigkeit anerkannt worden sei, auch die seit langem bestehenden regionalen Probleme zu lösen.[6]

Um einen Friedensprozess praktikabel zu machen, zeigte die irakische Führung Interesse an Mechanismen und Verfahren der Europäischen Konferenz über Sicherheit und Zusammenarbeit seit ihren frühen Anfängen in den späten 60er Jahren.

In Bagdad trifft Willy Brandt am 7. und 8. November 1990 mit dem irakischen Staatspräsidenten Saddam Hussein zusammen, um deutsche und andere westliche Geiseln aus der Hand des Diktators freizubekommen und Chancen für eine friedliche Beilegung der Golfkrise auszuloten.

3 Freilassung der Geiseln

Langsam, aber allmählich scheint die irakische Führung zu begreifen, dass die Verschleppung von Ausländern nicht nur grausam gegenüber unschuldigen Menschen ist, sondern auch kontraproduktiv für ihre eigene Sache.[7] Das Argument, dass die sogenannten „speziellen Gäste" Schutzschilde gegen eine militärische Option sind, wurde nur genannt, um Verständnis dafür zu erbitten, dass die Freilassung aller Geiseln das falsche Signal an das irakische Volk geben würde, die Kriegsgefahr entschärfe sich. Dennoch fürchte ich, dass dies ein Vorwand ist, der den Irakern erlaubt, auf Zeit zu spielen.

Wieder und wieder habe ich erklärt, dass die Freilassung aller Geiseln die Vorbedingung dafür ist, die Sinne zu öffnen für ernsthafte Gespräche über politische Fragen.

Wesentliche Ergebnisse und Erkenntnisse

In humanitärer Hinsicht führten meine Bemühungen zur Freilassung von 193 ausländischen Staatsangehörigen: 138 Deutsche, von denen 35 zuvor an strategischen Orten festgehalten worden waren; 51 andere Europäer, unter ihnen 18 Italiener und 11 niederländische Bürger; dazu 3 Amerikaner und ein kanadischer Staatsbürger. In den Worten von Präsident Saddam Hussein ist dies nicht „das Ende des Wegs".

Wie erwartet haben die politischen Bemühungen keine greifbaren Ergebnisse erbracht. Obwohl die irakische Führung darauf aus ist, „die Option eines Krieges zu isolieren", gab sie keine Anzeichen dafür, rasch Schritte zur Erfüllung der UN-Resolutionen zu unternehmen. Eher hofft der Irak darauf, durch das Darlegen seines Falls – militärische Zurückhaltung im Nahen und Mittleren Osten und das Ende der Sabah-Herrschaft[8] in Kuwait – die politische Initiative in der arabischen Welt und auch in den Vereinten Nationen zurückzugewinnen.

Ich hatte den Eindruck, dass Präsident Saddam Hussein und sein Außenminister verzweifelt nach einem Meinungsaustausch suchen

über Wege und Mittel, die Krise zu überwinden. Angesichts der politischen Dringlichkeit, des Leidens der ausländischen Staatsangehörigen und – es muss erwähnt werden – des Leidens des irakischen Volkes ist es meine Überzeugung, dass alle Angebote für ernsthafte Gespräche aufgegriffen werden sollten. Die nationalen Anteile der freigelassenen Geiseln könnte[n] sogar in die Richtung weisen, wen die irakische Führung treffen möchte.
Bonn, den 10. November 1990
[...]⁹

Anhang 2: Vorbereitungsphase

Eine erste Botschaft von Präsident Saddam Hussein war von den deutschen Mitgliedern des Europäischen Parlaments, Dieter Schinzel und Gerhard Schmid[10], überbracht worden, die Bagdad in der ersten Oktoberwoche besucht hatten. Der irakische Botschafter in Bonn, Omar Ghani, überreichte dann am 22. Oktober die private Einladung von Präsident Saddam Hussein.[11]

Ich informierte die irakische Seite, dass ich nach Bagdad reisen würde, um die Aussichten auf Frieden zu erkunden, vorausgesetzt, die Bundesregierung hätte keine Einwände gegen meine private Mission. Von Anfang an erklärte ich außerdem, dass ich über die Freilassung der Geiseln nicht „verhandeln" würde, jedoch übermittelte ich den Irakern meine Erwartungen zur Freilassung von Deutschen und anderen Ausländern, um den Weg für ein besseres gegenseitiges Verstehen freizumachen.

Da der Bundeskanzler (in Übereinstimmung mit den Parteiführern im Bundestag) darum gebeten hatte, nicht vor dem EG-Gipfel in Rom zu reisen, verschob ich meine Entscheidung über den Zeitpunkt meiner Mission.

Eine erneuerte Einladung von Präsident Saddam Hussein erreichte mich während eines Besuchs in den USA. Parallel dazu erhielt ich eine weitere gemeinsame Resolution deutscher Geiseln, die ebenfalls meinen Besuch erbaten, um ihre Sache zu unterstützen.[12]

In einem Treffen mit dem UN-Generalsekretär, Pérez de Cuellar, in New York (am 31. Oktober)¹³ informierte ich mich über seine Bemühungen für eine friedliche Lösung und die Befreiung der Geiseln.¹⁴ Bemühungen der deutschen Regierung, mir in einer größeren europäischen Delegation offizielle Unterstützung der UN zu verschaffen, wurden weder auf meine Bitte hin unternommen noch sah der Generalsekretär dies als hilfreich für meine Mission an.¹⁵ Demzufolge flog ich am 5. November als Privatmann nach Bagdad ab mit den „besten Wünschen" der Bundesregierung und des UN-Generalsekretärs.

Nr. 74
Erklärung des Ehrenvorsitzenden der SPD, Brandt, über seine Gespräche in Bagdad
12. November 1990¹

AdsD, WBA, A 19, 187.

Die Bemühungen um eine nicht-militärische Überwindung der Golfkrise dürfen nicht aufgegeben, sondern sollten verstärkt werden. Davon haben mich meine Gespräche in Bagdad zusätzlich überzeugt. Auch die mitmenschliche Pflicht gegenüber den im Irak widerrechtlich Festgehaltenen erfordert mehr als feierliche Proteste, nämlich zusätzliche konkrete Anstrengungen.

Bevor ich heute vor einer Woche in den Irak fuhr, wurde klargestellt, daß ich es nicht für möglich hielt, als Vermittler tätig zu werden. Wohl aber erklärte ich mich bereit, an Gesprächen darüber teilzunehmen, wie der dort entstandene, ernste Konflikt politisch beigelegt werden könnte. Hiermit verband ich die Erwartung, daß den festgehaltenen Deutschen und anderen Ausländern alsbald die Ausreise ermöglicht werde.²

Jeder einzelne hat verdient, daß man sich in seiner Bedrängnis um ihn bemüht. Ich kann nicht bestätigen, daß ich den Ertrag meiner Reise insoweit für enttäuschend gehalten habe. Vielmehr frage ich andere, ob es angemessen ist, in diesem Zusammenhang herablassend von „einer Handvoll Geiseln" zu sprechen.[3] Oder ob man Solidarität mit Nichtstun verwechseln darf. (Oder ob sich so rasch vergessen läßt, daß noch im letzten Jahr erhebliche öffentliche Gelder aufgewendet wurden, um Landsleute freizubekommen, die anderswo ihrer Freiheit beraubt waren.)[4]

Im übrigen kann keine Rede davon sein, daß die irakische Führung von Vorstellungen über eine Friedensordnung im Nahen Osten nichts hätte wissen wollen; das Gegenteil ist richtig.[5] Allerdings konnte man durchaus den Eindruck gewinnen, die irakische Präsidentschaft sei sich ihrer infolge der Okkupation Kuwaits eingetretenen Isolierung nicht hinreichend im klaren. Auch die – durch das veränderte Verhältnis zwischen den USA und der Sowjetunion und durch die fortschreitende Einigung Europas – veränderte Weltlage wird in ihrer Tragweite noch kaum zur Kenntnis genommen. Daneben steht die Hoffnung, einen großen Teil der Massen in der arabischen Welt für das eigene Lager bewegen zu können, wenn es denn zur bewaffneten Konfrontation kommt. Daß die Weltmächte bzw. die Staatengemeinschaft ein Exempel in Sachen Annektion statuieren könnten, wird nicht aufmerksam genug zur Kenntnis genommen.

Ich habe nicht bestätigt gefunden, daß der Präsident des Irak bestrebt sei, den Golfkonflikt schwelen zu lassen, bis der Durchbruch zu einer nahöstlichen Friedensordnung gelungen ist. Während einerseits historische Begründungen für die eigene Aggression ins Feld geführt werden, hat andererseits das Nachdenken über „arabische Lösungen" begonnen. Das heißt: Man spürt, daß es bei dem durch die Besetzung eingetretenen Zustand nicht bleiben kann, doch vor den Konsequenzen dieser Einsicht schreckt man noch zurück – und hört auch nicht gern, daß das Konto inzwischen durch die Ausplünderung Kuwaits in erheblichem Maße weiter belastet worden ist.

Für den Fall, daß die militärische Konfrontation noch vermieden werden kann, deuten sich mehrere Schienen an, auf denen eine nahöstliche Friedensordnung (bzw. eine ihr voraufgehende Sicherheitskonferenz) voranbewegt werden könnte. Die Erfahrungen, die wir in Europa mit dem Helsinki-Prozeß[6] und mit den Verhandlungen über Gemeinsame Sicherheit gemacht haben, können gewiß nicht schematisch von einer Region auf eine andere übertragen werden, doch sie können von sachlichem Nutzen sein und stoßen – auch in Bagdad – auf Interesse.

Ein besonders einfühlsamer schreibender Zeitgenosse hat gemeint, wer jetzt nach Bagdad reise, werde dort zu Propagandazwecken mißbraucht.[7] Ich habe das nicht so empfunden. Mir hat niemand einen Preis abverlangt, ich hätte ihn auch nicht entrichtet. Im übrigen ist bekannt, daß mir der Generalsekretär der Vereinten Nationen seine guten Wünsche und seine moralische Unterstützung mit auf den Weg gegeben hatte, während er eine Beauftragung für das Gegenteil von hilfreich hielt.[8] Ihm berichte ich ebenso wie der eigenen Regierung und einigen anderen Interessierten.[9]

Bei den im Irak zurückgebliebenen Landsleuten bin ich im Wort, sie nicht sich selbst zu überlassen.[10] Hinsichtlich des Friedens fühle ich mich in der Pflicht: Mindestens so sehr wie diejenigen, die für ihre Regierungen sprechen. Oder wie der französische Staatspräsident, dessen Wort in Arabien gehört wird. Und dessen Landsleute längst zuhause sind. Dem amtlichen Bonn wird dies ebensowenig entgangen sein wie der Europäischen Gemeinschaft.

Nr. 75
Aus dem Protokoll der Sitzung des Parteivorstands der SPD
3. Dezember 1990

AdsD, WBA, B 25, 230.

[...]¹

In seiner Ausführung² ging Willy Brandt zunächst auf einige Änderungsvorschläge zum Text der Entschließung ein.³ Sodann sagte er, unser Land brauche eine starke SPD. Er sei betroffen von dem Wahlergebnis, doch sehe er keine Veranlassung zu einem Scherbengericht. Denn die Partei habe, wie der Kanzlerkandidat, einen engagierten Wahlkampf geführt. Doch dürfe nichts wegerklärt werden.

[...]⁴

Künftig dürfe nicht mehr gefragt werden können, ob es sich bei der SPD um die Partei für ganz Deutschland handele. Es sei zu fragen, warum unsere Partei nicht ihr Erstgeburtsrecht in Sachen nationale Einheit durch Selbstbestimmung hervorgehoben habe. Ihm liege daran klarzustellen, daß er sich nicht taktisch, sondern grundsätzlich zur Frage der Einheit geäußert habe.

[...]⁵

Erhard Eppler sagte, ihn habe die Niederlage ebensowenig überrascht wie Willy Brandt. Er erinnerte an die Situation vor einem Jahr, als die Partei über die Formulierung der Deutschlandpolitik gestritten habe. Er sei erschrocken gewesen über die Haltung einiger in diesem Punkte. Viele hätten ein Gesamtdeutschland nicht gewollt. Eine solche Haltung habe schließlich zum Ausscheiden der Grünen aus dem Parlament geführt, auch in unseren Reihen habe es ähnliche Töne gegeben. Er habe nicht verstanden, daß für das vereinigte Deutschland nicht gelten sollte, was jeder Oberbürgermeister tagtäglich praktiziere und zeige – seine gesamte Stadt zu vertreten. Auf den Wahlkampf übertragen bedeute dies, gewählt werde, wer sich voll identifiziere. Er sei sich nicht im klaren, ob die Wahlkampfführung diese Fragen immer genug durchdacht habe.

[...]⁶
Zur Deutschlandpolitik erinnerte Norbert Gansel an die letzten beiden Jahre vor dem Fall der Mauer. Unsere Partei habe im Umgang mit der SED und mit den Bürgerrechtsbewegungen Fehler gemacht, die eine Ursache für unsere Schwierigkeiten mit diesem Thema im Vereinigungsprozeß gewesen seien. Jetzt sei es richtig, mit den Themen von Oskar Lafontaine die Einheit zu verwirklichen.

[...]⁷

Gerhard Schröder betonte, es sei falsch, etwas als historisch überholt zu bezeichnen, was gestern noch richtig war. Er sage dies nicht nur vor dem Hintergrund in Niedersachsen, sondern auch mit Blick auf Hessen. Die gescheiterte rot-grüne Zusammenarbeit in Berlin könne mit anderen Modellen nicht gleichgesetzt werden.⁸

Er glaube nicht, daß die nationale Frage, ein nationales Defizit, wie es Willy Brandt sehe, Ursache für den Wahlausgang gewesen sei. Er könne dies nicht nachvollziehen. Auch sei dies nicht Teil seines Lebens gewesen. Eine andere Linie in der nationalen Frage hätte dazu führen können, daß Sozialdemokraten bereits ein Ja zum Einsatz von Bundeswehrsoldaten am Golf hätten sagen müssen.⁹

Der Wahlkampf sei von der Ausländerfrage mehr beherrscht worden als von dem nationalen Thema, wenn dies auch nicht immer deutlich geworden wäre. Wie es in dieser Frage weitergehe, sei für ihn offen. Ein Rütteln an Art[ikel] 16 G[rund]G[esetz] könne es jedoch nicht geben.¹⁰

Für richtig halte er es, inhaltlich und personell Kontinuität zu wahren. Er bitte jedoch um Verständnis für Oskar Lafontaine, der sich, nicht zuletzt aufgrund des Attentates in diesem Jahr, bis zu seiner Entscheidung über den Parteivorsitz etwas Zeit nehmen wolle.

Klaus von Dohnanyi hielt es für richtig, wenn im Wahlkampf alles getan werden müsse, was der Kanzlerkandidat vorgebe. Die Art seines Wahlkampfes habe alle festgelegt. Das gelte zur Frage der Einführung der DM ebenso wie für die Aussagen über die Einheit Deutschlands als Provisorium und die so bezeichneten Fehler der Regierung bei der Einführung der Wirtschafts- und Währungsunion. Spätestens jedoch, als klar wurde, daß die Sowjetunion den Einheitsprozeß mittrage, hätte ein Wechsel erfolgen müssen, so wie Oskar Lafontaine zum Thema Asylrecht eine Positionsverschiebung vorgenommen habe.[11]

Oskar Lafontaine sei ein großes Talent. In der Deutschlandfrage könne er ihm jedoch nicht folgen. Jemandem, der in dieser Frage so entscheidend geirrt habe, könne er nicht zustimmen, sofern nicht eine Veränderung der Position vorgenommen werde.

[...][12]

Die Wahlergebnisse hätten ihn erschreckt, so berichtete Wolfgang Thierse. Die Zustimmung zur Union im Osten sei erklärbar. Die Mehrzahl der Menschen dort sei verunsichert. [...][13] Ein Problem sei es gewesen, daß Sozialdemokraten in ihren Aussagen zur staatlichen Vereinigung den Eindruck erweckt hätten, es gehe nicht um das Wie, sondern um das Ob. Die um den ersten Staatsvertrag geführte Kostendebatte der SPD sei in der ehemaligen DDR nicht verstanden worden. Die SPD habe in der nationalen Frage einen Nachholbedarf. Es gehe nicht um das Ob, sondern um die Qualität. [...][14]

Nicht Defizite in der nationalen Frage, so betonte Dieter Spöri, seien ein Grund für unser Abschneiden gewesen, sondern die Tatsache, daß Kohl letztlich in der Außenpolitik fast alles richtig gemacht habe. [...][15]

Offenbar gebe es bei Willy Brandt, Erhard Eppler und Klaus von Dohnanyi in der Frage der Deutschlandthematik ein Problem, das auf der Generationenfrage beruhe. [...][16]

Hans Koschnick stellte fest, es komme jetzt nach den Wahlen darauf an, die Weichen für die Zukunft zu stellen, gefundenes Vertrauen auszubauen. Viele Menschen hätten den Eindruck gehabt, in der SPD gebe es Vorbehalte gegen die Einheit. Richtig sei es, deutlich zu machen, daß die SPD 40 Jahre lang zielstrebig den Weg der Einheit gegangen sei. Ein Teil des Mißtrauens sei durch uns selbst zu verantworten, nicht zuletzt durch die Fehlinterpretationen des sogenannten Streitpapiers.[17] [...][18]

Für ihn sei die nationale Frage nicht von Generationen abhängig. Oskar Lafontaine sollte jetzt die Gelegenheit nutzen, eine neue Mannschaft zusammenzustellen von Leuten, die noch im Jahre 2000

Verantwortung tragen. Dabei müßten Vorsitz und Fraktionsvorsitz nicht in einer Hand liegen.

In einem Zwischenbeitrag sagte Oskar Lafontaine, er habe den Eindruck, daß ein Teil der Debatte von einer falschen Voraussetzung aus geführt werde. Er habe in der Endphase des saarländischen Landtagswahlkampfes, als er zum Kanzlerkandidaten vorgeschlagen wurde, sehr deutlich gemacht, daß er nicht als Oppositionsführer nach Bonn gehen werde. Dies habe er bei seiner Nominierung zum Kanzlerkandidaten im März [1990] erneut erklärt. Zu bedenken sei auch, daß in diesem schwierigen Wahlkampf durch Äußerungen aus den eigenen Reihen seine Wahlkampagne in zentralen Punkten unterlaufen worden sei. Zutiefst verletzt sei er darüber, daß, auch durch Äußerungen aus unserem Lager, der Eindruck entstehen konnte, er sei gegen die Menschen in der DDR und er hätte Probleme mit der deutschen Einheit. Dies sei unzutreffend. Er sei an diesen Punkt nur anders herangegangen, er habe den Zugang zum Einigungsprozeß über die soziale Frage gefunden. [...][19]

Als bedauerlich bezeichnete er es, daß es mit Willy Brandt in der sogenannten nationalen Frage offenbar nicht zur Übereinstimmung gekommen sei. [...][20]

[Peter von Oertzen:] Gern sei er zu einer historischen Debatte bereit. Er erinnerte daran, daß in einer Erklärung des Parteivorstandes aus dem vergangenen Jahr zur Situation in der DDR der von ihm vorgeschlagene Halbsatz über die Menschenrechte keinen Eingang fand.[21] Auch habe die von ihm vorgeschlagene Konferenz anläßlich des 20. Jahrestages des Einmarsches in die Tschechoslowakei nicht stattgefunden. [...][22]

Ausdrücklich bestätigte Hans-Ulrich Klose die Haltung Oskar Lafontaines, der sich nie gegen die Einheit ausgesprochen, sondern immer die soziale Einheit gefordert habe. Doch Willy Brandt habe recht, unsere Partei habe das Thema staatliche Einheit nicht besetzt. Die Wahl wäre allerdings auch so gelaufen, wenn wir uns in dieser Frage anders verhalten hätten. Die Regierung habe immer das Prä des Handelns gehabt. Unsere Partei habe wenig Hoffnung vermitteln können. [...][23]

Das Wahlergebnis, so unterstrich Harald Ringstorff, sei schon bei der Volkskammerwahl vorbereitet worden. [...][24] Die deutsche Einheit sei kein Generationsthema und in den neuen Bundesländern auch kein Thema, das in der SPD kontrovers diskutiert werde. Im Osten hätten alle ihre Hoffnung auf die Einheit gesetzt, einer Hoffnung, der Willy Brandt zuerst Ausdruck gegeben habe. [...][25]

Christoph Zöpel sprach sich dafür aus, in einer neuen Sichtweise die Pluralität der deutschen Geschichte neu aufzunehmen. Es seien Fakten gesetzt worden. Durch die schnelle Vereinigung seien die Deutschen in der DDR, anders als die Osteuropäer, vor politischen Schwierigkeiten bewahrt worden. Der Einbruch bei unseren Stammwählern habe nichts mit der Haltung zum Nationalstaat zu tun. Alle Fragen von Bedeutung seien heute nicht mehr im nationalstaatlichen Rahmen zu lösen. Es seien europäische Kategorien, europäische Lösungsmöglichkeiten gefragt. Dies gelte auch für die Behandlung der Ausländerfrage. Eine Rückkehr zu den traditionellen Themen der SPD sei nur über Europa denkbar.

[...][26]

Als beständiger Gegner der Zweistaatlichkeit müsse er, so betonte Horst Ehmke, die in dieser Debatte laut gewordene Kritik an der Wahlkampfführung zur Behandlung der Frage der nationalen Einheit zurückweisen. Die Einheit sei nie in Frage gestellt gewesen. Entscheidend sei für uns, wie Einheit sozial gestaltet werden könne. In der Sache sei mit der Volkskammerwahl bereits Wesentliches, auf das heutige Wahlergebnis Bezogenes festgelegt gewesen. Dafür trage Oskar Lafontaine keine Verantwortung, der zum Zeitpunkt der Volkskammerwahl noch nicht einmal nominiert gewesen sei.

[...][27]

Herta Däubler-Gmelin meinte, unsere Programmschwerpunkte seien nach wie vor gültig, wir hätten einen guten Wahlkampf geführt, es sei insbesondere gelungen, junge Leute und Frauen anzusprechen. Unser schlechtes Abschneiden sei offensichtlich auf den unklaren Umgang mit der deutschen Einigung zurückzuführen. Den Grünen mit ihrer noch skeptischeren Haltung sei es noch übler ergangen. Uns habe nicht nur das Nachwirken des Streits um die

Währungs- und Wirtschaftsunion, sondern auch die Tatsache geschadet, daß die notwendige inhaltliche Auseinandersetzung mit dieser Grundsatzfrage nicht offen genug und nicht konsequent genug geführt worden sei. Dafür habe es dann umso mehr Illoyalitäten gegeben. Sie halte die Klärung, gerade auch für die Zukunft, für vordringlich. Schon deshalb, weil es die Union sonst leicht habe, die berechtigte SPD-Kritik an der Kohl'schen Politik vom Tisch zu wischen. Außerdem werde die SPD-Haltung zum Nationalstaat auch für andere Fragen zunehmend bedeutungsvoll. Sie selbst habe es seit dem 9. November des letzten Jahres für falsch gehalten, mit der Bildung des Nationalstaates Bundesrepublik (neu) Parallelen zu dem von 1871 oder gar zu seiner Perversion durch die Nazis zu ziehen. Heute habe der Nationalstaat, föderativ strukturiert, wie die Bundesrepublik es sei und bleibe, und eingebettet in Verträge, Wirtschaftsbeziehungen und andere wirksame Verflechtungen, eine andere Funktion. Er sterbe aber auch nicht einfach ab. Zwar sei heute keine wichtige politische Frage mehr alleine nationalstaatlich lösbar, weder Sicherheits-, noch Umwelt- oder Wirtschaftsfragen. Auch soziale Gerechtigkeit könne allein nationalstaatlich nicht mehr organisiert werden, wie die zunehmend drängender werdenden Einwanderungsprobleme zeigten. Der Nationalstaat werde aber noch lange Zeit hindurch weiterbestehen, auch in Europa mit dem Erstarken der Europäischen Gemeinschaft. Er werde Ordnungsebene sein, auf der gewählt und damit darüber bestimmt werde, welche Partei politisch die Weichen stellen könne, zudem schaffe er auch Identifikation für seine Bürgerinnen und Bürger. [...][28]

An Willy Brandt gewandt sagte Heidi Wieczorek-Zeul, auch wenn es in der nationalen Frage eine andere Linie gegeben hätte, sei kaum ein anderes Wahlergebnis zu erwarten gewesen. Es gebe in diesem Punkte unterschiedliche Ansatzpunkte. Ein nachträglicher Streit sei unnütz, da niemand den Beweis erbringen könne, mit welchem Weg mehr zu erreichen gewesen wäre. Mit einer anderen Haltung hätten wir andere Stimmen verloren. Konsens gebe es über die sozialen Fragen der Einheit. Allerdings müsse auch darüber Klarheit bestehen, daß unsere Programmatik längst nicht alle Wähler erreicht hätte. [...][29]

Hans-Jochen Vogel sagte in seiner Zusammenfassung, es bestehe Einigkeit darüber, daß die dynamische deutsche und europäische Entwicklung die Bundesregierung begünstigt habe und von dort keine wesentlichen Fehler gemacht wurden. Es sei unredlich zu behaupten, unsere Partei habe sich im Punkte der deutschen Einheit nur in Formelkompromissen bewegt. Er erinnerte daran, wie der Parteivorstand Schritt für Schritt den Weg formuliert und das bessere Konzept für die Lösung der nun anstehenden Fragen entwickelt habe. [...][30]

Zum Schluß richtete er an Oskar Lafontaine die Bitte, heute noch keine abschließende Äußerung zu machen und jedenfalls die Aussprache im Parteirat abzuwarten. Hans-Jochen Vogel betonte, es habe im Präsidium das Einverständnis von Oskar Lafontaine dazu gegeben, daß die Einladung zur Übernahme des Vorsitzes öffentlich gemacht werde. Der Zeitraum der Entscheidung sei allein Oskar Lafontaine überlassen worden. Er bat Oskar Lafontaine, alles abzuwägen. Er habe die Zeit, sich zu prüfen und dann nach vorne zu marschieren. Er hoffe, so betonte Hans-Jochen Vogel, daß es einen Aufbruch nach vorne geben werde.

Anknüpfend an Hans-Jochen Vogel sagte Willy Brandt, der Parteivorstand müsse Geduld aufbringen, doch werde nicht über Gebühr viel Zeit zur Verfügung stehen. Dann ging Willy Brandt auf die unterschiedlichen Hinweise in der Diskussion zur Frage der staatlichen Einheit ein. Er betonte, für ihn sei die Einheit nie eine taktische Frage gewesen, sondern sie habe grundsätzliche Bedeutung. Nicht das Nationale sei entscheidend, sondern die Selbstbestimmung der Menschen. Wenn die Menschen in der DDR einen eigenen Staat gewollt hätten, sei dies für ihn klar gewesen. Die Leute dort hätten sich jedoch anders entschieden. Wenn dies hier nicht akzeptiert worden wäre, hätte er die Partei bitten müssen, ihn aus seinem Amt als Ehrenvorsitzender zu entlassen. So wie 1972 der Stolz auf unser Land zum Thema des Wahlkampfes gemacht werden konnte, sei er heute glücklich darüber, daß die deutsche Vereinigung in engem Einklang mit den europäischen Nachbarn erfolgt sei.[31]

Oskar Lafontaine sagte, er habe aufmerksam zugehört. Er habe alle Argumente abgewägt. Er sehe, daß die Entscheidung über die

Frage des künftigen Vorsitzes keinen längeren Verzug erlaube. Er erinnerte daran, daß er sich, angesichts der Aufgaben im Saarland, 1987 zur Übernahme dieses Amtes nicht entscheiden konnte. Im Sommer dieses Jahres sei es für ihn nicht leicht gewesen, die ihm angetragene Kanzlerkandidatur auf sich zu nehmen. Im Juni habe er erneut über diese Frage entscheiden müssen. Er habe, was allen bekannt gewesen sei, nicht gewollt, doch habe er im Interesse der Partei schließlich zugestimmt.

Er habe in den Gesprächen über die Frage des Parteivorsitzes zum Ausdruck gebracht, daß eine Personaldiskussion jetzt nicht erfolgen sollte. Andererseits sehe er ein, daß es eine Hängepartie auch nicht geben könne. Er habe geprüft, in welcher Weise er seine Aufgabe als Ministerpräsident wahrzunehmen habe. Aus all diesen Gründen müsse er nunmehr definitiv die Übernahme des Amtes des Parteivorsitzenden ablehnen. Er werde weiterhin seine Aufgabe als Stellvertreter wahrnehmen und bundespolitisch aktiv bleiben. Er schließe es nicht aus, sich zu einem späteren Zeitpunkt größeren Belastungen erneut zu stellen. Dies sei allerdings keine Ankündigung.

Hans-Jochen Vogel drückte sein Bedauern über die Entscheidung von Oskar Lafontaine aus, sie müsse jedoch respektiert werden. Gegenwärtig sei eine weitere Diskussion dieses Punktes im Parteivorstand nicht möglich. Er dankte Oskar Lafontaine für seinen bisherigen Einsatz, für den er viel Respekt und Anerkennung gefunden habe.

[…][32]

Nr. 76
Rede des Ehrenvorsitzenden der SPD, Brandt, vor dem Deutschen Bundestag zur Krise am Persischen Golf
14. Januar 1991

Verhandlungen des Deutschen Bundestages, Stenographische Berichte, 12. Wahlperiode, 2. Sitzung vom 14. Januar 1991, S. 24–28.

Frau Präsidentin! Meine Damen und Herren! Über diesem Januar 1991 liegt eine mehrfache Tragik: Da schien das Ende des Kalten Krieges den Weg freigemacht zu haben für eine wesentliche Entlastung der Nord-Süd-Beziehungen. Sogar über eine nutzbringende Friedensinitiative durfte man sich Gedanken machen. Und jetzt? Wie weit zurückgeworfen werden wir uns selbst dann finden, wenn die akute Kriegsgefahr am Golf gebannt sein sollte? Aber sie ist es ja nicht; im Augenblick müssen wir doch eher davon ausgehen, daß der Krieg stattfinden wird, als daß er abgewendet werden kann.

Vor kurzem sah es noch so aus, als könnte endlich zukunftsträchtige Zusammenarbeit zwischen Israel und seinen arabischen Nachbarn begründet werden. Wie wichtig dies gerade aus europäischer Sicht und deutscher Mitverantwortung wäre, dazu durfte ich am 20. Dezember in Berlin etwas sagen, nicht zum erstenmal.[1] Und jetzt? Wie lange wird es wohl dauern, bis sich Fäden endlich so knüpfen lassen, daß sie halten?

Da hatten die Präsidenten der beiden nuklearen Großmächte angefangen, von gemeinsamen Menschheitsaufgaben zu reden, und den Eindruck zu vermitteln, sie zögen friedenspolitisch an einem Strang. Und heute? An wessen Adresse war es eigentlich gerichtet, wenn vor wenigen Tagen in einem Beschluß der Volksdeputierten in Moskau davon die Rede war, die Suche nach einer friedlichen Lösung der Krise werde ganz besonders befürwortet? Man muß, denke ich, nicht aus Lübeck kommen, um das Geschehen an der Ostsee ebenso wichtig zu nehmen wie das an anderen geschichtsträchtigen Küsten.[2]

Gorbatschow ist in der akuten Gefahr, daß ihm die Grundsubstanz politischen Kredits abhanden kommt. Ich wende mich – da ich es darf – beschwörend an den Träger des Friedensnobelpreises 1990 in der Hoffnung, daß er noch die Möglichkeit hat, weiteres Unheil abzuwenden. (Beifall im ganzen Hause)

Meine Fraktion wird sich durch ihren Vorsitzenden, den Kollegen Vogel, zu diesen tief deprimierenden Vorgängen am Wochenende noch gesondert äußern. Ich stelle aber schon jetzt fest, Herr Bundeskanzler, daß wir, was dieses Thema angeht, mit der Regierung übereinstimmen.[3] (Beifall bei der SPD, der CDU/CSU und der FDP sowie bei Abgeordneten des Bündnisses 90/GRÜNE)

Mit meinen Freunden, Landsleuten und Ko-Europäern bin auch ich mit guten Gedanken bei den Opfern und ihren Familien. Ich grüße alle diejenigen in Litauen wie in Lettland und Estland – und nicht nur dort –, die bittere Enttäuschung erfahren, nachdem sie Grund hatten, davon auszugehen, daß die feierlichen gesamteuropäischen Texte von Helsinki und Paris – Menschenrechte, Selbstbestimmung, Verzicht auf Gewalt – auch für sie bestimmt gewesen seien.[4] Ein geschichtlicher Schlußpunkt ist das jedenfalls nicht.

Aber manche, die uns zuhören und für die wir sprechen, haben sich natürlich über dieses Wochenende die Frage gestellt: Auf wie sicherem Grund steht das, was im hinter uns liegenden Jahr mit der Sowjetunion vereinbart wurde?[5]

Soweit es an uns liegt, sollte es keine Unklarheiten geben, schon gar nicht hinsichtlich des Wunsches, Schwierigkeiten mit den sowjetischen Soldaten auf deutschem Boden zu vermeiden und ihnen bei ihrer geordneten Heimkehr weiterhin behilflich zu sein.

Die europäische Politik wird im übrigen viel zu tun haben, um sich illusionsfrei auf den Prozeß fortdauernden Wandels in der bisherigen Sowjetunion einzustellen.

Zeiten verwirrender Gefahren – wenn ich mich der sehr ernsten Krise am Golf zuwenden darf – dürfen nicht dazu verleiten, den springenden Punkt des Geschehens aus dem Auge zu verlieren. Tatsache ist, daß vor einem knappen halben Jahr nicht etwa Kuwait den

Irak angegriffen hat, sondern daß es die irakische Staatsführung war, die Kuwait, Mitglied der Vereinten Nationen, auf brutale Weise hat besetzen lassen. Tatsache ist weiter, daß sich seitdem der Sicherheitsrat der Vereinten Nationen, wie es dessen Pflicht war, durch vielfache Beschlüsse bemühte, diese schwere Verletzung des Völkerrechts rückgängig machen zu lassen. Die dafür gesetzte Frist läuft morgen ab, nach unserer Zeit Mittwoch früh um 6.00 Uhr.[6]

Nun stellt sich die Frage, ob sich aus dem Ablauf dieser Frist ein Automatismus ableitet, der nur noch dem Einsatz militärischer Machtmittel Raum läßt. Das mag auf den ersten Blick logisch erscheinen. Doch ich sage hier ganz offen, daß ich mich den Argumenten derer nicht verschließen kann, die in Amerika wie in Europa und in anderen Teilen der Welt, nicht zuletzt in der nahöstlichen Region selbst, hinter einen solchen Automatismus ernste Fragezeichen setzen, die statt dessen gefragt haben, ob die Möglichkeit nichtmilitärischer Sanktionen so hätte genutzt werden können oder noch genutzt werden kann, daß recht bald die gewünschte Wirkung erzielt wird. (Beifall bei der SPD und dem Bündnis 90/GRÜNE) Eine Pflicht zur militärischen Intervention vermag ich nicht zu erkennen, zumal dann nicht, wenn andere Mittel noch nicht wirksam genug eingesetzt wurden. (Beifall bei der SPD, dem Bündnis 90/GRÜNE und Abgeordneten der PDS/LL sowie des Abg. Dr. Weng (Gerlingen) (FDP))

Es ist auch nicht so, daß in eine antiamerikanische Ecke gestellt werden könnte, wer den Sinn der Truppenkonzentrationen in der arabischen Wüste bezweifelt. Er befände sich immerhin in der Gesellschaft früherer Präsidentschaftsberater und hoher Militärs, ganz zu schweigen von einer sehr starken Minderheit im Senat und Repräsentantenhaus der Vereinigten Staaten.

Wenn in der amerikanischen und der internationalen Debatte wiederholt an Korea und an Vietnam erinnert wurde, so doch wohl nicht zuletzt, um nach den Zielen von Krieg und Frieden zu fragen. Ich mag es auch in diesem Augenblick noch nicht für unabweisbar halten, daß ein Krieg ausbricht, der über das Gebiet am Persischen Golf und über den Nahen Osten hinaus verheerende Ausmaße annehmen könnte und der uns in Europa bestimmt nicht ungeschoren davonkommen ließe.

Es hatte ja seinen guten Grund, daß sich die Hoffnungen der Europäer in besonderem Maße auf die Torschlußreise von Pérez de Cuéllar konzentrierten[7] und daß viele von uns immer noch glauben möchten, Präsident Mitterrand könnte das Prestige seines Landes und das Gewicht seines Wortes im letzten Augenblick einsetzen, so einsetzen, daß das den Nachbarn in der arabischen Welt nicht weniger zugute käme als uns in Europa.

Der Generalsekretär der Vereinten Nationen und der Präsident der Französischen Republik, denke ich, sollten wissen, daß Europa und wir in Deutschland allemal voll hinter ihnen stehen, wo es sich um einen vielleicht entscheidenden, so von vielen schon kaum noch für möglich gehaltenen Dienst am Frieden handelt. (Beifall bei der SPD und dem Bündnis 90/GRÜNE sowie bei Abgeordneten der CDU/CSU, der FDP und der Gruppe der PDS/LL)

Der Generalsekretär der Vereinten Nationen wird dem Weltsicherheitsrat noch heute – oder wird es nach dortiger Zeit erst morgen früh sein? – über seine Friedensbemühungen in Bagdad berichten. Daß bei seinen Gesprächen mit der irakischen Führung die Resolution zu Kuwait eingehend erörtert wurde, zeigt zwar, daß Saddam Hussein weiß, worum es eigentlich geht, aber seine heutige Rede – soweit sie uns zur Kenntnis gekommen ist – vor dem irakischen Parlament hat wiederum nicht erkennen lassen, daß der Irak den UN-Beschlüssen Folge leisten will.

Kein Zweifel nun, daß schon viel kostbare Zeit verschenkt worden ist, und zwar nicht allein wegen der in Bagdad offensichtlich zur Staatsdoktrin erhobenen Sturheit.

Ich will beim Wesentlichen bleiben, beim springenden Punkt und sage noch einmal: Verantwortlich für das beängstigende Spiel mit Zeit, unser aller Zeit, ist im besonderen die irakische Führung, die nicht wahrhaben wollte, daß sie eine Bringschuld zu erfüllen hat, weil die Beschlüsse des Weltsicherheitsrats unzweideutig verlangen, der Irak muß Kuwait räumen. (Beifall bei der SPD, der CDU/CSU und der FDP sowie bei Abgeordneten des Bündnisses 90/GRÜNE)

Da möge man sich in Bagdad nichts vormachen: Das meinen auch diejenigen auf beiden Seiten des Atlantik, die von einer eher eingeengten militärischen Handlungslogik nicht überzeugt sind. Das habe ich übrigens vor ein paar Monaten in Bagdad so und nicht anders gesagt.[8] Das habe ich dem dortigen Präsidenten übrigens auch auf Grund meiner nicht staatlichen Verantwortung am 18. Dezember 1990 geschrieben, als der Kollege Hans-Jürgen Wischnewski, der dem Hause nun leider nicht mehr angehört, mit einem sehr enttäuschenden Bericht von dort zurückkam.[9] Inhaltlich gibt es insoweit, so gut ich es verstehe, zwischen Minderheit und Mehrheit im Deutschen Bundestag keinen Unterschied.

Aber ob es einem gefällt oder nicht: Die harte UN-Resolution 678[10] hat bis zur Stunde ihre Wirkung verfehlt. Ob aus Fehleinschätzung oder eiskaltem Kalkül: Die irakische Führung hat bis zur Stunde keinerlei Anstalten gemacht, ihre Truppen zurückzuziehen oder unmißverständlich anzukündigen, daß sie damit übermorgen beginnt.

Ich kehre zu der Frage zurück, ob bei anhaltender Sturheit die militärische Offensive gleichsam automatisch zu folgen habe, da auf Grund der Beschlußlage des Sicherheitsrates dann alle Mittel – so steht es dort – erlaubt seien. Das Recht, Kuwait mit militärischen Mitteln zu befreien – wenn das dann Befreiung wäre –, wenn sich Irak nicht noch auf den Weg des Rückzugs begibt, läßt sich nicht bestreiten. Aber – so fragen Gläubige und Ungläubige, Moslems und Christen – gibt es immer noch eine Alternative, die nicht schwächliche Nachgiebigkeit bedeutete, sondern die den Druck der internationalen Staatengemeinschaft wirksamer als bisher zur Geltung brächte?

Wir selbst stünden übrigens etwas besser da – lassen Sie mich das in aller Offenheit sagen –, wenn wir guten Gewissens sagen könnten, es hätte im Zeichen unserer neu gewonnenen Souveränität deutlichere deutsche Initiativen gegeben. (Beifall bei der SPD, dem Bündnis 90/GRÜNE und der PDS/LL) Bei uns hätte z.B. aber nicht zuletzt gegen jene Profiteure wirksamer, wirksam genug eingeschritten werden können, die sich einer besonderen Art von Entwicklungspolitik angenommen haben, (Beifall bei der SPD, dem Bündnis 90/GRÜNE und der PDS/LL sowie bei Abgeordneten der CDU/CSU und der FDP) nämlich einer Politik zur Entwicklung von Krieg. Wir stünden besser da, wenn mit dem Pfund deutscher Wirtschaftskraft im Sinne konstruktiver Politik im Nahen Osten im guten Sinne gewuchert worden wäre.

Weshalb haben nicht die deutsche und die europäische Politik stärker als erkennbar darauf gedrängt, das Wirtschaftsembargo wirksamer zu machen (Beifall bei der SPD und dem Bündnis 90/GRÜNE sowie bei Abgeordneten der PDS/LL) und etwa jeden Luftverkehr und alle Arten von Geschäftskontakten zu unterbinden? Ich weiß: Zugenommen hat mancherorts das Verständnis für die Notwendigkeit einer weniger egoistischen und besser koordinierten Erdölpolitik. Aber mit solchen eher abstrakten Einsichten ist im Augenblick nicht viel gewonnen.

Daß ein Krieg in der Golfregion nur zu leicht zum Flächenbrand werden kann, meine Damen und Herren, darauf habe ich wie andere Debattenredner hier im Bundestag am 15. November hingewiesen.[11] Mittlerweile läßt sich diese Gefahr noch deutlicher als vor zwei Monaten ablesen. Auch mit begleitenden schwerwiegenden Verletzungen des Völkerrechts, darunter Terrorakten außerhalb der Region, muß gerechnet werden. Wie die verschärften Kontrollen auf den Flughäfen zeigen, werden solche Terrordrohungen ernst genommen – zu Recht, wie ich meine. Niemand hier wird allerdings glauben wollen, polizeiliche Maßnahmen böten uns ausreichenden Schutz vor den Fernwirkungen eines Golfkrieges, wenn er denn kommt.

Inzwischen erkennt man die ganz reale Gefahr eines Krieges, der zusätzlich zu den tödlichen Bedrohungen des Einsatzes chemischer und biologischer Waffen eine Umweltkatastrophe von globalen Ausmaßen heraufbeschwören und außerdem die Weltwirtschaft gewaltig belasten würde. Angesichts dieser Gefahren darf man zwar nicht politisch in die Knie gehen, aber man darf den Kopf auch nicht in den Sand stecken.

Ich habe hier an jenem 15. November gefragt, ob jemand meinte, wir könnten unbeschadet am Rande stehen, wenn die Golfregion samt Erdölfeldern in Flammen stünde. Was das bedeuten könnte, habe ich, wie andere auch, erst lernen müssen: Die Folgen der Rußwolken wären, wenn sie etwa die Hälfte der Nordhalbkugel überdeckten, nicht weit entfernt von jenem nuklearen Winter, der bei einem entsprechenden Einsatz von Atomwaffen zu vermuten wäre.

Was die militärische Seite angeht: Ich räume ein, daß man nicht gut ein System weltweiter kollektiver Sicherheit fordern kann und sich dann im Prinzip dagegen wenden darf, daß dies im Rahmen des Möglichen auf dem Boden der Vereinten Nationen verwirklicht wird, allerdings – nach den Vorschriften der Charta – vernünftigerweise unter gemeinsamem Oberbefehl; jedenfalls darf die Kontrolle den Vereinten Nationen nicht entgleiten. (Beifall bei der SPD und dem Bündnis 90/GRÜNE)

Nun darf aber bei dieser Gelegenheit nicht die Entscheidung übers Knie gebrochen werden, in welcher Weise sich Deutschland künftig verhält, wenn es aufgefordert wird, sich an friedenssichernden Aufgaben der Vereinten Nationen zu beteiligen. Das Grundgesetz gilt, bis es verändert oder ergänzt ist, was übrigens, da dies ein Zeichen internationaler Verantwortung setzte, recht bald geschehen sollte. (Beifall bei Abgeordneten der CDU/CSU)

Politisch untauglich erscheint der sozialdemokratischen Fraktion die deutsche Beteiligung an der Entsendung einer mobilen Einsatzeinheit der NATO in die Türkei. Sie hält dies für eine Fehlentscheidung; (Beifall bei der SPD sowie bei Abgeordneten des Bündnisses 90/GRÜNE und der PDS/LL) dies auch deshalb, weil das Entsendungsverlangen in der Türkei selbst lebhaft umstritten ist. (Widerspruch bei der CDU/CSU)

Wer lediglich auf externe Anforderung reagiert, verkennt vermutlich die Brisanz der Lage wie des Problems. Die verfassungsmäßigen Konditionen sollten jedermann bekannt sein. Indirekt leisten wir ohnehin – man denke nur an die Infrastruktur mit allem, was für den Nachschub der Alliierten davon abhängt – erheblich mehr, als den meisten bewußt ist. Ich füge hinzu: Materiell ist das schon heute wesentlich mehr, als der symbolische Marinebeitrag mancher anderer Länder bedeutet.

In der einen wie in der anderen Richtung muß man sich wohl freilich erst noch daran gewöhnen, daß wir nicht mehr unter fremdem Vorbehaltsrecht leben.[12]

Was die deutsche Außenpolitik in der Golfregion anbelangt, so will ich Ihr grundsätzliches Einstehen, Herr Bundeskanzler, für eine friedliche Konfliktlösung natürlich überhaupt nicht in Zweifel ziehen. Gleichwohl – ich habe es schon gesagt und wiederhole es – hätte ich mir mit anderen ein höheres Maß an Eigeninitiative gewünscht. (Beifall bei der SPD und bei Abgeordneten des Bündnisses 90/GRÜNE) Ständig wiederholte Bekundungen der Bereitschaft, sich ein- und unterzuordnen, sind eben doch kein Ersatz für zielstrebiges Handeln. (Beifall bei der SPD – Dr. Probst (CDU/CSU): Was heißt das denn?)

Wenn die Europäische Gemeinschaft in der Golfkrise eher als Zwerg denn als ernst zu nehmender Akteur wahrzunehmen war, so schließt dies selbstredend die Kritik an jenen ein, die uns einreden wollten, der Übergang zur politischen Union stehe unmittelbar bevor. Davon kann ja leider überhaupt keine Rede sein. (Frau Dr. Hellwig (CDU/CSU): Ist der gewünscht oder nicht?) Davon kann leider keine Rede sein, da, wie die jüngste Erfahrung zeigt, die Handhabung der intergouvernementalen EPZ – Europäische Politische Zusammenarbeit – nicht ausreichend ist, um ernste Dinge zu bewegen. Es ist ja keinem aufmerksamen Beobachter verborgen geblieben, daß die EPZ mit ihrer jetzigen Entscheidungsstruktur, wo es sich um mehr als um nicht verpflichtende Bekenntnisse handelt, lediglich zu einem inhaltsarmen Minimalkonsens führt, und zwar deshalb, weil es an hinreichender inhaltlicher Übereinstimmung mangelte.

Ernste Beiträge zur Lösung von Konflikten dürfen jedoch nicht auf die lange Bank geschoben werden, bis endlich einmal eine Politische Union verwirklicht sein mag und, wenn ich hinzufügen darf, inzwischen hoffentlich auch der Unsinn halbjährlicher Präsidentschaftswechsel überwunden sein wird; (Beifall bei der SPD) denn das kommt der Behandlung ernster Dinge nun weiß Gott nicht zugute.

Nicht von ungefähr, meine Damen und Herren, verlief der Golfgipfel im September in Helsinki ohne europäische Beteiligung auf europäischem Boden, ohne Beteiligung irgendwelcher Art der Gemeinschaft.[13] Das Tauziehen Ende des Jahres um die Befugnisse der italienischen Präsidentschaft wirkte eher peinlich. Das Hin und Her um ein irakisches Treffen mit einer Troika in oder von Luxemburg paßt zusätzlich in das triste Bild dessen, was uns – so wir es nicht besser wissen – als gemeinsame Außenpolitik verkauft wird.[14] Nicht einmal über einen gemeinsamen, geordneten Abzug der Botschaften aus Bagdad hat man sich verständigen können. Ich fand das nicht nur bedauerlich, sondern auch blamabel.

Aber vielleicht kann Europa ja doch noch etwas tun: Ähnlich wie seine Rede vor den Vereinten Nationen im September setzte François Mitterrands Sieben-Punkte-Plan vom vorigen Mittwoch die Räumung Kuwaits in eine zeitliche Abfolge zur Bewältigung anderer Probleme im Nahen und Mittleren Osten.[15] Wem das nicht paßt, weil er darin ein Eingehen auf Saddam Husseins nachträglich konstruierte „linkage", also Zusammenfügung unterschiedlicher Probleme, zwischen Kuwait und Palästina befürchtet, verkennt die Lage und vergißt zudem, daß zur Palästinenser-Frage bereits 1980 – das ist jetzt über zehn Jahre her – auf dem EG-Gipfel in Venedig durch die Außenminister eine europäische Initiative versprochen worden war.[16] Daß daraus dann nichts wurde, war vor allem dem lähmenden Ost-West-Konflikt geschuldet.

Nun hatten wir gehofft, es können sich neue Chancen zur Lösung auch der zentralen Nahostprobleme bieten. Keine Frage: Die irakische Führung hat das Thema Palästina nachgeschoben. Jedenfalls war bei den Verhandlungen mit Kuwait vor der Invasion, Ende Juli [1990] also, davon keine Rede. Keine Frage aber auch, daß es ein politischer Fehler wäre, wenn dieses Thema von europäischer oder westlicher Seite krampfhaft ausgespart würde.

Man sollte sich nichts vormachen: Der Vorwurf doppelter Standards wird in der Region auch von solchen erhoben, die mit Saddam Hussein nichts am Hut haben. (Beifall bei der SPD und bei Abgeordneten der PDS/LL) Daß erneut wenig balancierte Äußerungen aus der PLO-Führung die palästinensische Sache nicht gerade erleichtern, steht auf einem anderen Blatt.[17]

Meine Partei hat – ich will daran überhaupt keinen Zweifel aufkommen lassen – bei aller Verbundenheit mit Israel und zumal mit den dorthin entkommenen Überlebenden des Holocaust das Selbstbestimmungsrecht der Palästinenser seit vielen Jahren befürwortet. Ich sehe keinen Grund, warum man wegen der akuten Krise Problemverdrängung betreiben sollte. (Beifall bei der SPD) Allerdings füge ich da noch einmal hinzu: Nichts darf zu Lasten geschriebener und ungeschriebener Zusicherungen und Verpflichtungen gehen.

Die Sorgen vor ungezügelter Aufrüstung – nicht allein des Irak – sind sehr ernst zu nehmen. Nur, die Konsequenz, die manche daraus ableiten, Krieg müsse sein, damit aus Kuwait kein zweites München[18] werde, diese Weisheit ist dann doch einem Zweifel ausgesetzt. Sie hätte unkalkulierbare Folgen für eine ohnehin in hohem Maße instabile Region. Machtambitionen haben mehrere, nicht nur der eine. (Beifall bei Abgeordneten der SPD) Und um es gelinde zu sagen: Vordemokratisch ist mehr als eines der dortigen Regime auch. (Beifall bei der SPD sowie bei Abgeordneten der CDU/CSU und der PDS/LL) Zumal – in der Regel ebenfalls weit über jedes vernünftige Maß hinaus – militärisch gerüstet wird, woran – wie noch einmal erwähnt werden darf – Waffenexporteure aus West und Ost und übrigens auch aus Staaten des Südens kräftig verdient haben und verdienen.

Die vernünftige Schlußfolgerung daraus, daß nämlich für den Nahen und Mittleren Osten ein dem KSZE-, ein dem Helsinki-Prozeß vergleichbarer Prozeß recht bald begonnen werden sollte, wird mittlerweile von vielen Seiten geteilt. Daß Europa hierzu über dringend erforderliche, höchst restriktive Waffenexportkontrollen hinaus seinen Beitrag leisten sollte, liegt auf der Hand. Allein wegen der geographischen Nähe müssen Europa die politischen und wirtschaftlichen Perspektiven der arabischen Welt in hohem Maße interessieren, was den Südeuropäern so bewußt ist wie uns mittlerweile die schwierige Situation in Osteuropa. Hier wie dort sind gerade auch die damit verbundenen kulturellen Herausforderungen nicht zu übersehen.

Es gibt – wer hier wüßte es nicht – eine Mehrzahl ungelöster Probleme, z. B. zwischen Zypern und Afghanistan – Libanon nicht zu vergessen –, oder sagen wir: von Marokko bis zum Indischen Ozean. Es gibt den Libanon und die Kurden, den dreisten Reichtum weniger und das Elend der Massen. Es gibt eine wahnsinnige Überrüstung.

Saddam Hussein, von dem man halten mag, was man will, hat im vergangenen Sommer – ich denke, es war der 12. August – selbst darauf hingewiesen, daß die Mittel der Massenzerstörung unter Kontrolle gebracht werden müssen. Es hätte sich vielleicht gelohnt, ihn rasch beim Wort zu nehmen.

Im übrigen gibt es keinen Zweifel, daß regionale Vereinbarungen – wo immer möglich – den Vorzug verdienen gegenüber solchen, die als von außen kommend verstanden werden. Stabile Verhältnisse lassen sich ohnehin nur über einen längeren Zeitraum durch vertrauensbildende Zusammenarbeit herstellen: zwischen den arabischen Staaten und mit Israel und mit dem Iran. Europa kann und sollte in diesem langwierigen Prozeß seine vermittelnde und auch sonst hilfreiche Rolle spielen, sowenig erfolgversprechend es auf den Tag bezogen aussehen mag.

Allerdings gibt es wohl keinen Zweifel daran, daß die jüngsten Veränderungen im Ost-West-Verhältnis, einschließlich der damit neu verbundenen weltpolitischen Ungewißheiten, uns noch mehr Probleme bescheren werden, als man zunächst angenommen hatte. Die irakische Führung hatte offensichtlich nicht damit gerechnet, daß Moskau – übrigens auch Peking – mit Washington auf der Ebene der Vereinten Nationen übereinstimmen würde. Seitdem vermissen manche, die sich sehr daran gewöhnt hatten, die Rolle der Sowjetunion als eines weltpolitischen Faktors.

Es kommt hinzu, was in Rußland und in den anderen Republiken rumorend im Gange ist. Hoffentlich gehört dazu nicht die Kalkulation einiger Leute, im Windschatten von Nahost lasse sich erledigen, was sonst noch mehr Empörung auslösen würde. (Beifall bei der SPD sowie bei Abgeordneten der FDP und der CDU/CSU)

Meine Damen und Herren, deutsche Verantwortung hat im Wissen um alle Schwierigkeiten dem Frieden zu gelten – darin stimme ich dem Bundeskanzler ausdrücklich zu – und der Sorge um das internationale Recht. Andere entscheiden in dieser Runde über Krieg und Frieden.

Wenn unsere Stimme Gehör finden soll, dann muß sie unmißverständlich als Stimme des Friedens zu hören sein. Wir sind dies auch, denke ich, den vielen Bürgern schuldig, die vielerorts, übrigens gerade auch in den neuen Bundesländern, für Frieden spontan aktiv geworden sind. (Beifall bei der SPD und beim Bündnis 90/GRÜNE sowie bei Abgeordneten der PDS/LL)

Wir entscheiden weiterhin darüber, was wir uns aufladen lassen und was wir selbst auf uns nehmen wollen, damit es dem verträglichen Umgang zwischen den Völkern und ihren Staaten zugute kommen kann.

Vielen Dank für Ihre Aufmerksamkeit. (Anhaltender Beifall bei der SPD – Beifall beim Bündnis 90/GRÜNE sowie bei Abgeordneten der FDP und PDS/LL)

Nr. 77
Beitrag des Ehrenvorsitzenden der SPD, Brandt, für die *Frankfurter Allgemeine Zeitung*
8. Mai 1991

Frankfurter Allgemeine Zeitung vom 8. Mai 1991.

Appell für Berlin

Über die politische und seelische Einheit des Landes

Die Diskussion über die Frage unserer Hauptstadt ist verwirrend und dem Gegenstand weithin nicht angemessen. Ich unterschätze weder die Gewöhnung an Bonn noch die Interessen des Raums zwischen Koblenz und Köln, noch die finanziellen Folgen der Entscheidung. Aber ich meine, Geschichtsbewußtsein und ein wacher Sinn für das neue Europa dürfen dabei nicht verlorengehen. Die Bekenntnisse der Nachkriegszeit auch nicht.

Mein Votum richtet sich nicht gegen das liebenswerte Bonn, aber es zielt eindeutig darauf, daß Parlament und Regierung, zusätzlich zum Bundespräsidenten, den Schwerpunkt ihrer Arbeit nach Berlin verlegen. Dieses Votum ist vergangenheitsbezogen und zukunftsorientiert. Es ist zugleich europäisch und gesamtdeutsch begründet. Die Europäische Gemeinschaft wird sich, wenn auch nicht ohne Schwierigkeiten, nach Osten erweitern, wie ich hoffe, ohne westliche Substanz einzubüßen. Es liegt im europäischen Interesse, der Spaltung durch einen neuen Armutsgraben vorzubeugen. Für uns Deutsche ist von vitaler Bedeutung, wie und wann der Kontinent zusammenwächst.

Berlin bringt – auch, aber nicht nur wegen seiner geographischen Lage – die Voraussetzungen dafür mit, daß Deutschland seine Aufgaben in der sich ausdehnenden Europäischen Gemeinschaft vorteilhaft wahrnehmen kann. Die nordeuropäische Erweiterung wird der mittelosteuropäischen vorausgehen, und auch für diese Himmelsrichtung strahlt die Stadt an der Spree – mindestens seit den Tagen von Edvard Munch und August Strindberg – aus wie kaum eine andere.

Die Verwirklichung der deutschen Einheit im Innern – nicht nur wirtschaftlich und sozial, sondern auch seelisch und kulturell – läßt sich an der Spree besser fördern als vom linken Ufer des Rheins aus. Dies freilich nur dann, wenn Berlin mit mehr als einem symbolischen Hauptstadt-Titel bedacht wird. Wesentliche hauptstädtische Aufgaben müssen tatsächlich von dort aus wahrgenommen werden können. Alles andere ist Schall und Rauch. Es war eine vielleicht schlaue, aber keineswegs gute Idee, die Worthülse von der „Hauptstadt Berlin" und deren Trennung von den hauptstädtischen Aufgaben in den Einigungsvertrag einzusetzen[1]; er wurde, wie die Dinge lagen, auch in anderen Teilen mit der heißen Nadel genäht. Gegen das Wort, es sei politisch verjährt, was der Bundestag im Herbst '49 beschloß, verwahre ich mich ausdrücklich; es ist ja auch viele Male danach bekräftigt worden.[2] Die Leichtigkeit, mit der mancherorts darüber hinweggegangen wird, hinterläßt keinen guten Geschmack. Ein Berliner Bürgermeister, der der Stadt über Ultimatum und Mauerbau und unmittelbare Konfrontation der Supermächte hat hinweghelfen können, muß sich sehr beherrschen, darüber nicht bitter zu werden.

Auch das neuerdings vorgebrachte Argument, bei der seinerzeitigen Bestätigung Berlins sei man davon ausgegangen, die neue deutsche Ostgrenze würde nicht festgeschrieben, sticht nicht. Erstens gab es unter denen, die damals agierten und votierten, nicht wenige, die insoweit keine Illusionen hatten. Zum anderen gilt mein Hinweis auf die veränderte Lage in Europa: So schön nahe Bonn bei Brüssel liegt, so vorteilhaft liegt Berlin im alten neuen Europa. Ich widerspreche im übrigen, wenn jemand unterstellt, es solle „alles nach Berlin". Von Aufgabenteilung kann aber ernsthaft nicht die Rede sein, wenn dem anderen ein Türschild zugesprochen wird und der eine die Einrichtung behält. Doch noch einmal: Ich habe überhaupt keinen Grund und empfände es als undenkbar [!], meine Empfehlung mit Negativurteilen über Bonn zu verbinden. Diese Stadt hat sich um die alte Bundesrepublik größere Verdienste erworben, als es viele von uns je vermuten konnten.

Die Aussage, ein Drittel der Bonner Bevölkerung solle verfrachtet werden, ist unbedacht. Denn erhebliche Teile zentraler Einrichtungen können am Rhein bleiben. Dies ist wünschenswert und möglich, ebenso wie die Ansiedlung neuer, zukunftsträchtiger Institutionen. Ein natürlicher Personalwechsel, auch in anderen Feldern üblich, kommt hinzu. Das bundesstaatliche Prinzip steht nicht in Frage. Ihm wurde von Bonn aus wenig Gewalt angetan, es war auch dem alten Berlin nicht fremd. Jetzt hat es sich zugunsten jener alten deutschen Regionen zu bewähren, die in der Bürokratensprache zu „neuen Bundesländern" wurden. Für den Bundesstaat im ganzen wird es allerdings ebenfalls von Vorteil sein, wenn die Kraftfelder von Kultur, Ökonomie und Politik einander überschneiden und sich in täglicher Berührung beeinflussen.

Nachdrücklich stimme ich zu, wenn geltend gemacht wird, daß die regionale Verteilung von Behörden und Institutionen des Bundes nicht an den östlichen Bundesländern vorbeigehen darf. Ich habe noch nicht gehört, Befürworter von Berlin hätten Einwände erhoben, daß ein oberstes Bundesgericht nach Leipzig geht oder daß, zum Beispiel, der Sitz der Kultusministerkonferenz nach Weimar verlegt wird. Andererseits war es grundvernünftig, an „Besitzständen" der Mainmetropole und anderer nicht zu rütteln.

Den Gedanken eines Hauptstadtvertrages zwischen dem Land Berlin und dem Bund halte ich für gut. Dabei sollte klar sein, daß es so oder so erheblicher Mittel bedarf, um die Folgen der unverschuldeten, langandauernden und doppelten Spaltung zu überwinden. Schon aus diesem Grund ist hinter manche Rechnung, die jetzt aufgemacht wird, ein dickes Fragezeichen zu setzen. Zum anderen sollte bald klar sein, was in den nächsten Jahren nach Berlin kommt, was in Bonn bleibt oder neu angesiedelt wird und was schließlich an dritten Orten bleibt oder dorthin kommen soll. Alle Beteiligten haben Anspruch auf Klarheit und Fairneß. Von Zeitplänen, die über die Jahrtausendwende hinausreichen, kann ich mir nicht viel versprechen.

Anläßlich der Konstituierung des gesamtdeutschen Bundestages – am 20. Dezember in Berlin – hatte ich angeregt, den Rat „einer hochrangigen Kommission von (auch geschichtlich versierten) Kundigen einzuholen und dem Bundestag alsbald hierüber zu berichten".[3] Der Vorschlag ist leider liegengeblieben, ebenso wie die Anregung, daß der Bundesrechnungshof „uns über die Kostenfrage unparteilich aufklären" möge. Ich gebe die Hoffnung nicht auf, wir möchten geschichtsnah bleiben und die gesamteuropäischen wie die gesamtdeutschen Perspektiven im Auge behalten. Eine übertriebene Fixierung auf Gegebenheiten der letzten Jahrzehnte hilft dabei ebenso wenig wie ein kollektiv nachwirkendes Unbehagen. Im übrigen soll es vorkommen, daß ein vorgeblich schlechtes Gewissen dazu dient, die Bequemlichkeit zu legitimieren.

Es ist wider alle Wahrheit, wenn Berlin als Hort kaiserlichen Übermuts, militaristischen Preußentums (es gab auch ein anderes!), nazistischer Tyrannei und kommunistischer Stasi-Herrschaft abgemalt wird. Es fiele nicht schwer, eine liberale, soziale und demokratische Gegenrechnung aufzumachen. Mir tut es weh, wenn bei mehr als einer Gelegenheit gerade ausländische Gesprächspartner daran erinnern, wo – nicht erst 1944 – der deutsche Widerstand sein Zentrum hatte und wo auf deutschem Nachkriegsboden am härtesten um Freiheitsrechte gerungen wurde. Ob sich wohl der deutsche Westen 1949 hätte staatlich konstituieren können, wenn die Berliner nicht dem Druck der Blockade standgehalten hätten? Ob wohl die deutsche Einheit hätte wiedererlangt werden können, wäre West-Berlin vor die Hunde gegangen?

Ich stehe unter dem Verdacht, meine Bürgermeisterzeit – und die voraufgegangenen Jahre an der Seite Ernst Reuters und die nachfolgenden Jahre mit der von Berlin nicht loszulösenden Ostpolitik – nicht vergessen zu haben. Diesen Verdacht bestätige ich gern. Von Interessen weiß ich mich frei. Aber es gibt sie, so ist das Leben. Der Gedanke einer Volksabstimmung ist mir nicht unsympathisch. Ich zweifle daran, daß er Wirklichkeit wird. Er hätte stärkeres Gewicht, würde auch zum überholten und ergänzten Grundgesetz – also der Verfassung des wieder zusammengewachsenen Deutschland – die Zustimmung des Staatsvolkes erbeten werden.[4]

Im November '89, als die Mauer fiel, habe ich mir ein Zusammenwachsen an der Hauptstadt Berlin vorbei nicht träumen lassen. Erfahrung und Instinkt sagen mir: Wenn man eine europapolitisch und nationalpolitisch gut begründete Entscheidung fällen kann, lohnt es nicht, ihr auszuweichen. Wer jetzt zu kurz springt, setzt die Nachfolgenden dem Ruf aus, sie möchten gefälligst nachsetzen.

Nr. 78
**Aus dem Interview des Ehrenvorsitzenden der SPD, Brandt, für die *Süddeutsche Zeitung*
10. Mai 1991**[1]

Süddeutsche Zeitung vom 10. Mai 1991.

„Ich neige zur Änderung des Grundgesetzes"

Willy Brandt äußerte sich unter anderem zur künftigen deutschen Rolle in der Weltpolitik und zum sowjetischen Truppenabzug aus Deutschland. Wir dokumentieren einige Antworten im Wortlaut:
SZ: Soll Deutschland ständiges Mitglied im Sicherheitsrat der Vereinten Nationen werden?
Brandt: Da gibt es mittlerweile eine Menge von Mißverständnissen – auch dieses, ich hätte mit meinem Hinweis auf die Reform der UNO sagen wollen, ich strebte eine deutsche Stellung als ständiges Sicherheitsratsmitglied an. Das wäre ganz unvernünftig. Ich bin auch nicht dafür ... Der Weg kann jetzt nur so aussehen, daß Frankreich und Großbritannien von den anderen Mitgliedern der Europäischen Gemeinschaft gebeten werden, neben der Vertretung ihrer eigenen Interessen gemeinsame Gesichtspunkte der EG einfließen zu lassen. Das würde wohl ein Stück zusätzlicher Konsultation in Bezug auf die UN-Politik bedeuten ...
SZ: Soll sich Deutschland künftig an internationalen Sicherheitsaktionen beteiligen?
Brandt: Ich verstehe alle in meinem Land, nicht nur die in meiner eigenen Partei, die nach dem heutigen Stand der Dinge große Bedenken haben, sich auf eine Diskussion über die Frage „out of area" einzulassen – also die Frage, ob die Bundeswehr außerhalb des NATO-Gebietes tätig werden soll. Etwas anderes ist es, daß die Bundesrepublik sicherlich eine Abstinenz in der Frage von Aktivitäten der Vereinten Nationen nicht durchhalten wird ...

SZ: Raten Sie zu einer Grundgesetzänderung, oder halten Sie die Möglichkeiten, die sich aus der UN-Charta ergeben, für ausreichend?[2]
Brandt: Ich neige dazu – auch deshalb, um zu vermeiden, daß über Politik vom Verfassungsgericht in Karlsruhe entschieden wird –, daß das Grundgesetz geändert wird.
SZ: Mit dem Ziel, daß sich Deutschland unter der Führung und Verantwortung der Vereinten Nationen an militärischen Einsätzen beteiligt?
Brandt: Ich selbst meine dies. Wenn ich für meine Partei zu sprechen hätte, wäre ich vorsichtig – obwohl man sehen wird, daß auf unserem Parteitag in Bremen zusätzlich zu dem, was bisher vorliegt, Neues vorliegen wird, was besagt: Wenn die Vereinten Nationen reformiert werden, kann sich die Frage anders stellen ...[3]
SZ: Es gibt jetzt Spekulationen, daß der Plan für den Abzug der sowjetischen Truppen aus Deutschland bis Jahresbeginn 1995 nicht eingehalten werden kann ...
Brandt: Es gibt natürlich solche Befürchtungen. Es gibt aber auch Anzeichen von sowjetischer Seite, den Prozeß zu beschleunigen. Jemand, der nicht weit von Gorbatschow entfernt ist, hat jetzt zu mir gesagt: Wir können uns auch einen Prozeß vorstellen, bei dem man aus dem 1. Januar 1995 einen 1. Januar 1994 machen könnte[4] ...

Nr. 79
Aus dem Interview des Ehrenvorsitzenden der SPD, Brandt, für *Die Welt*
16. September 1991

Die Welt vom 16. September 1991.[1]

„Politisch ist Europa noch schrecklich weit zurück"

WELT: Ist im wiedervereinigten Deutschland schon zusammengewachsen, was zusammengehört?
Brandt: Das wäre zuviel erwartet. Die staatliche Einheit ist schneller verwirklicht worden, als irgend jemand dies Ende 1989 vermutet hatte. Auch die europäische, atlantische und internationale Einordnung des vereinigten Deutschlands hat sich schneller regeln lassen, als die meisten – auch ich – es für möglich gehalten hatten. Fast alles andere ist im Fluß.
WELT: Wann wird die wirtschaftliche Teilung des Landes überwunden sein?
Brandt: Das wirtschaftliche Zusammenfügen und das Synchronisieren der Sozialsysteme dauert eine Reihe von Jahren, vielleicht sogar etwas länger als die vier, fünf Jahre, von denen ich einmal ausgegangen bin. In den neunziger Jahren ist das aber zu machen.
WELT: Und wann fällt die Mauer in den Köpfen der Menschen?
Brandt: Auf beiden Seiten hat sich unüberhörbar eine gewisse Fremdheit vor dem eigenen Volk herausgebildet – nicht nur im Osten gegenüber der alten Bundesrepublik; es gibt auch viele Vorbehalte von Deutschen in der alten Bundesrepublik gegenüber den Landsleuten in den neuen Ländern. Das wird sich durch ein reges Hinüber und Herüber mit der Zeit von selbst abbauen.
WELT: Fehlt im Westen die Bereitschaft, mit denen im Osten zu teilen?
Brandt: Ich stimme nicht ein in die gelegentliche Volksbeschimpfung an die Adresse der Westdeutschen. Nur: Sie sind zum

richtigen Zeitpunkt nicht hinreichend gefordert worden. Weil dies so ist, kann man nicht behaupten, sie wären nicht bereit gewesen, noch etwas zuzulegen.

WELT: Aufklärungsdefizite, falsche Verheißungen?
Brandt: Ja und nein. Die sozialen und ökonomischen Lasten des Vereinigungsprozesses werden doch getragen. Niemand bezahlt gerne Steuern, aber die Bürger bezahlen sie. Die großen Beträge für den Osten sind Ausdruck einer grandiosen Umverteilung; sie wird sich irgendwann in den neunziger Jahren als eine gute Vorleistung erweisen.

[...]²

WELT: Sind die Menschen in den neuen Ländern durch das Unrechtsregime der DDR zu anderen Deutschen geworden?
Brandt: Natürlich nicht. Abgesehen von der Systemfrage: Auch jene, die innerlich nichts mit dem Regime während der SED-Zeit zu tun hatten, haben sich in gewisser Hinsicht daran gewöhnen müssen – oder wollen –, daß man, um durchzukommen, die Vorgaben von oben bekommt und sich stark orientiert an dem, was vorgegeben wird. Das ist bei uns, Gott sei dank, anders gelaufen; das wird auch bei diesen Menschen anders werden, ganz gewiß werden sie zu mehr Selbstsicherheit finden.

WELT: Die Sowjetunion existiert praktisch nicht mehr.³ Ist das auseinanderbrechende Riesenreich noch berechenbar?
Brandt: Ich denke, dies wird man in relativ kurzer Zeit bejahen können; absolute Sicherheit haben wir nicht, aber alles deutet darauf hin, daß wir es mit einem neuen Gebilde zu tun haben, mit einer neuen Art von Union mit eindeutigem Schwergewicht bei Rußland.

WELT: Spielten die Russen nicht schon immer die Hauptrolle in der UdSSR?
Brandt: In der Tat, so neu ist diese Rolle der Russen nicht. Nur: Wir im Westen Europas und zumal wir Deutschen tun gut daran, nicht aus den Augen zu verlieren, daß Rußland ein großes Land ist und bleibt – und tatsächlich oder potentiell eine große Macht. Aber es zeichnet sich ab, daß es nicht Rußland allein sein wird. Und selbst wenn die Union nur aus Rußland, der Ukraine, Weißrußland und

Kasachstan bestehen würde, wäre dies mehr als 80 Prozent der bisherigen Sowjetunion.

WELT: Rechnen Sie damit, daß es bei diesen vier Republiken in einer künftigen Union bleiben wird?

Brandt: Es werden wohl mehr werden in dieser neuen, aufgelockerten, aber wirtschaftlich und militärisch zusammenhängenden Form.

WELT: Bereitet Ihnen der Gedanke an das sowjetische Atomwaffenpotential und die Kontrolle darüber schlaflose Nächte?

Brandt: Solche Gedanken fördern die Nachtruhe nicht. Ich frage mich: Was wird in einer solchen Umbruchsituation aus den besonders gefährlichen Waffen? Ich bin gespannt, zu erfahren, was in den kritischen Tagen[4] mit den Kodes für die Atomwaffen gewesen ist. In dieser Phase mit Atomwaffen zu spielen hätte keinen Sinn ergeben. Trotzdem ist es ermutigend, daß die führenden Personen in Rußland gleich erkannt haben, daß dies bei der Umgestaltung des Staates ein Knackpunkt ist.

WELT: Vertrauen Sie der Zusage, die strategischen Atomwaffen seien auf russischem Boden und unter Kontrolle?

Brandt: Ja. Die Atomwaffen waren überwiegend – aber nicht alle – auf russischem Gebiet. Was aus dem anderen Zeug wird, das es schließlich auch noch gibt, bleibt wichtig.

WELT: Welches andere Zeug?

Brandt: Gefährlich wird es, wenn die staatliche Organisation völlig durcheinander gerät und spaltbares Material oder Atomwaffen oder Teile von ihnen dorthin verkauft werden, wo man sie gern hätte. Es gibt schließlich eine Reihe von Grenzen und grenzübergreifenden Verbindungen. Wenn man dies vor Augen hat, kann man schon unruhig werden.

WELT: Bislang gibt es erst Umrisse der neuen Machtstrukturen. Wird der Abrüstungsdialog weitergehen?

Brandt: Bei denen, die etwas zu sagen haben, sehe ich eine große Bereitschaft, mit den Staaten der Nato, also mit Westeuropa wie mit Amerika, die Verhandlungen über die Rüstungsbegrenzung weiterzuführen. Weil die Leute in Moskau selbst die Umgestaltung brauchen, werden sie bereit sein, bei der Rüstung zu sparen. Das könnte eine Umschichtung von Militärausgaben in zivile Bereiche bedeuten – und so etwas wie eine Friedensdividende. Zwar kostet das Vernichten von Waffen auch Geld, aber nur einmal und überschaubar. Und dann wäre es schon beruhigend, wenn es vieles von dem Zeug nicht mehr gäbe.

WELT: Hat Gorbatschow beim Putsch politisch an Gewicht verloren, ist Boris Jelzin der neue Zarewitsch?[5]

Brandt: Ich bin seit der kritischen Woche nicht in Moskau gewesen. Aber ich habe eine Reihe von Kontakten gehabt. Da ändert sich vieles sehr schnell. In der kritischen Woche habe ich mit Alexander Jakowlew telefoniert; damals war er, wie sein Freund Schewardnadse, auf ganz starken Abstand zu Gorbatschow gegangen. Beide sind aus der Kommunistischen Partei ausgetreten, um ihrem Ausschluß zuvorzukommen, beide waren tief enttäuscht von Gorbatschow, den sie als Zögerer empfunden hatten. Und ein paar Wochen später erscheint Jakowlew wieder als Berater des Präsidenten Gorbatschow beim Kanzler der Bundesrepublik Deutschland. So rasch verändern sich auch dort die Konstellationen.

WELT: Sind Gorbatschow und Jelzin die künftige Erfolgsformation mit festgeschriebener Rollenverteilung?

Brandt: Es hat sich relativ rasch eine Kooperation der beiden herausgebildet, die man so nicht hat voraussehen können. Ob das hält, und wie lange und wer Präsident der neuen Form von Union werden wird – das wird man sehen.

WELT: Welche politischen Überlebenschancen räumen Sie Gorbatschow ein?

Brandt: Gorbatschows geschichtlicher Rang ist unbestritten. Er hat den großen Umbruch seit 1985 mit herbeigeführt, wenn auch dieser Umbruch in dieser Form in keiner Weise von ihm erstrebt oder geplant worden war; Gorbatschow wollte sein System reformieren und es für die Menschen dort und in anderen Ländern akzeptabel machen. Daraus ist etwas ganz anderes geworden: das Ende des kommunistischen Systems auch und gerade in der Sowjetunion, nachdem das Ende des Kommunismus in den der Sowjetunion vorgelagerten Staaten schon passiert war.

WELT: Wird Jelzin, der starke Mann während des Putsches, Gorbatschows Stuhl besetzen?
Brandt: In der neuen Konstruktion, die sich herausbildet, bedeutet es schon etwas, der erste Mann der Russen zu sein. Ich wage mal einen Vergleich: Ein Vorsitzender der IG Metall wird nicht unbedingt Vorsitzender des Deutschen Gewerkschaftsbundes werden wollen – die erste Funktion ist wichtig genug.
WELT: Ist der Kommunismus weltweit am Ende?
Brandt: Historisch werden Sie recht haben, trotzdem sollten wir uns klar darüber sein: Es gibt noch eine riesengroße Macht, die auf im dortigen Verständnis kommunistische Weise regiert wird, nämlich China. Und es gibt auch noch einige mittelgroße kommunistisch regierte Staaten: Nordkorea, Vietnam und Kuba, auch wenn man meint, der Castro werde es nicht mehr lange machen. Geschichtlich wiegt der Zusammenbruch des kommunistischen Systems in der Sowjetunion und in den der Sowjetunion vorgelagerten Staaten schon schwer genug.
WELT: Ist mit den Ereignissen in der Sowjetunion der Rudelführer der Ideologie Lenins tot, oder trägt der Leitwolf nun ein gelbes Fell?
Brandt: Früher, als die Sowjetunion noch intakt war oder intakt zu sein schien, hat es Gruppen und Strömungen gegeben, die sich bei Mao besser aufgehoben glaubten als bei den Moskowitern. Ich habe nirgends gesehen, daß dies von durchgreifender Bedeutung gewesen wäre – in Europa lediglich, als die Albaner auf die chinesische Karte gesetzt hatten; sonst war nicht viel drin. Aber es würde ja schon reichen, wenn von China auf die asiatische Welt weiterhin ein betonter Einfluß ausginge.
WELT: Sind die Einwirkungsmöglichkeiten nicht eher gering?
Brandt: Gegenwärtig sehe ich nicht, daß die Chinesen in erheblichem Maße missionieren. Sie sind vielmehr stark an möglichst guter Kooperation mit möglichst vielen Staaten interessiert, unabhängig von deren innerer Verfassung. Das ist eine Momentaufnahme; es muß nicht immer so bleiben. Wir tun sicher gut daran, nicht zu glauben, es seien nun alle Probleme kommunistischer Bewegungen und auch Staatssysteme schon erledigt.

WELT: In Jugoslawien ist Bürgerkrieg.[6] Die Europäer schauen besorgt zum Balkan. Die EG spitzt den Mund und droht mit Sanktionen und der Anerkennung Sloweniens und Kroatiens, aber sie pfeift nicht. Ist die Gemeinschaft nur ein Papiertiger, der vielbeschworene Krisenmechanismus wirkungslos?

Brandt: So weit würde ich nicht gehen. Aber sicher ist dreifach seit Anfang des Jahres klargeworden, daß die EG mit ihrer außenpolitischen Komponente noch sehr, sehr weit hinter dem herhinkt, was sie sich vorgenommen hatte. Deutlich zu sehen war das während des Golfkrieges, angesichts der jugoslawischen Tragödie und auch bei der Krise in Moskau.[7] Mit dem vorausgesagten Übergang zur politischen Union dauert es wohl noch eine Weile. Am Beispiel Jugoslawien läßt sich ablesen: Der Mechanismus ist noch ganz schwach und wirkt holprig; geschichtliche Belastungen schlagen durch, die Atavismen zurückliegender, den Zweiten Weltkrieg kennzeichnender blutiger Auseinandersetzungen.

WELT: Sollte Deutschland Slowenien und Kroatien im Alleingang anerkennen, oder muß ein solcher Schritt eine konzertierte Aktion der EG sein?

Brandt: Ich meine, aber das ist meine Art von Erfahrung: Mit Anerkennung droht man nicht. Es gibt, wie auch sonst im Leben, einige Dinge, die macht man, oder man läßt sie sein. Das eigentliche Versagen der Europäischen Gemeinschaft in diesem Punkt liegt vor der Sommerpause. Genscher hatte recht mit seiner damaligen Position, nicht auf das völlige Auseinanderbrechen dieser Föderation zu setzen, sondern auf deren Umgestaltung. Damals steckte aber keine Kraft dahinter – und diese Kritik geht nicht nur an die deutsche Adresse. Denn damals waren nicht nur die Kroaten, sondern auch die Slowenen bereit, über eine neue Konföderation zu verhandeln.

WELT: Hätte eine frühe ernste Drohung, die Kopplung von Sanktionen auf politischem wie ökonomischem Gebiet, wirklich etwas bewirken können?

Brandt: Davon bin ich überzeugt. Das Malheur ist aber zu einer Zeit passiert, wo die EG noch schrecklich weit hinter dem zurück ist, was sie hätte sein wollen, und gleichzeitig die KSZE mit ihren ohnehin schwach vorgesehenen Institutionen so weit noch nicht ist, überhaupt etwas tun zu können. Der Zufall hat es gefügt, daß das Versagen auf beiden Schienen gleichzeitig offenbar geworden ist. Es ist kein Zufall, daß Polens Präsident Lech Wałęsa gesagt hat, die Vereinten Nationen müßten sich auf die Konfliktbeherrschung einstellen. Nicht nur der polnische Präsident ist über die beiden europäischen Mechanismen tief enttäuscht.

WELT: Können Sie sich ein Europa ohne militärische Komponente vorstellen?

Brandt: Nein. Nur schadet es nicht, wenn man über die Formen in aller Ruhe noch etwas nachdenkt. Jeder muß wissen: Politische Union geht nicht ohne Sicherheitspolitik. Doch ich kann nicht einsehen, welchen Grund wir haben könnten, jetzt etwas an der Nato zu ändern; die hat sich schon allein durch ihre Existenz als ein Stabilitätsfaktor erwiesen. Man wird genau schauen müssen, was die EG jetzt zustande bringt und was aus dem Helsinki-Prozeß[8] werden kann. Bis das geklärt ist, sollte die Nato unangetastet bleiben.

WELT: Wie stehen Sie zu einer europäischen Eingreiftruppe, um das Sterben in Jugoslawien zu beenden?

Brandt: Das ist ein noch ernsteres Kapitel als die Sache mit der Anerkennung. Es wäre ja nicht so schlecht gewesen, etwas zu haben, was man in die Friedensverhandlungen einbringen könnte, die hoffentlich doch noch zu etwas führen – etwas, was ein gutes Stück hinausreicht über die braven EG-Beobachter, die in Kroatien mit ihren weißen Anzügen herumlaufen und Eisverkäufer genannt werden. Wenn man in der Beurteilung der politischen Situation in bezug auf das, was man will – außer daß man Frieden herstellen will –, nicht mehr übereinstimmt, geht die Frage, was man mit Truppen machen wollte, wenn man sie nur hätte, ins Leere.

WELT: Ist, was sich im Vielvölkerstaat Jugoslawien abspielt, ein Vorgeschmack darauf, was in der auseinandergebrochenen Sowjetunion bevorstehen könnte?

Brandt: Ich hoffe nicht, wenn ich an den größeren Teil der Sowjetunion denke. Aber in einigen der Randrepubliken muß man sich wohl noch auf einiges gefaßt machen. Es war unübersehbar, wie

schwierig das noch unter dem alten Regime etwa zwischen Armenien und Aserbaidschan⁹ war; da kann auch anderswo etwas aufbrechen. Da kann etwas, was bisher unter der Decke gehalten wurde, durchbrechen als eine bedauerliche und unvernünftige Form von übersteigertem Nationalismus, der mancherorts in Rassismus übergeht. Damit werden wir wohl eine ganze Weile zu tun haben.
[...]¹⁰

Nr. 80
Aus dem Interview des Ehrenvorsitzenden der SPD, Brandt, für das Magazin *Stern*
23. Dezember 1991

*Stern, Nr. 1/1992 vom 23. Dezember 1991, S. 23–26.*¹

„Mit der Stasi-Pest rasch fertig werden"

STERN: Herr Brandt, die deutsche Einheit ist mehr als ein Jahr alt und über eine angemessene Bewältigung der DDR-Vergangenheit wird intensiver gestritten als zuvor. Sie haben dafür plädiert, Schuldige zu richten.² Aber wer ist schuldig? Oder sollte im Sinne einer inneren Aussöhnung bald ein Schlußstrich gezogen werden?
BRANDT: Ohne Vergleich im übrigen, aber nach 1945 hat eine gute Portion Opportunismus gegenüber vielen, die ein erhebliches Stück Verantwortung zu tragen hatten, im Ganzen dazu geführt, daß man jene böse Zeitspanne relativ rasch hinter sich gebracht hat. Heute sehe ich die Tendenz, als möchte man gegenüber der DDR nachholen, was gegenüber den Nazis versäumt wurde – was mir nicht einleuchtet. Wer was verbrochen hat, indem er andere mißhandelte oder weil er sich schamlos bereicherte, gehört vor den Kadi nicht zuletzt auf Grundlage der Gesetze, die im anderen Teil Deutschlands galten.

Aber zu glauben, daß die Justiz die Rolle der Geschichtsklärung übernehmen kann, das halte ich für einen großen Irrtum.
STERN: Was halten Sie von der Idee eines Tribunals?
BRANDT: Einige von mir besonders geschätzte Landsleute, wie Wolfgang Thierse und Pastor Schorlemmer, haben diesen Gedanken vorgebracht.[3] Aber der Begriff ist fragwürdig. Das klingt nach Gerichtsinstanz besonderer Prägung. Es geht aber doch wohl um das politisch-moralische Aufarbeiten. Es müßte demnach so etwas wie eine deutlich herausgehobene Untersuchungskommission sein, in Anlehnung vielleicht an die Arbeit der Enquetekommissionen des Bundestags. Wo nach streng rechtsstaatlichen Maßstäben aufgearbeitet wird und, so gut es geht, geklärt wird, was eigentlich vor sich gegangen ist. Das andere, was mindestens so wichtig, aber noch ein bißchen schwieriger ist: Wie man mit der Stasi-Pest fertig wird. Die Gefahr ist riesengroß, daß wir durch jahrelanges Daran-Herummachen zu Gefangenen der Vergangenheit werden – in einer Zeit, in der es darauf ankäme, den Blick nach vorne zu öffnen.
STERN: Wozu raten Sie?
BRANDT: Ich rate dazu, die juristischen Klärungen so sehr wie möglich zu straffen. Um dann möglichst rasch sagen zu können: Das war's. Ich hoffe, daß wir mit der Gauck-Behörde[4] und den rechtlichen Bestimmungen, die sie begleiten, bald zu einer Flurbereinigung kommen und nicht zunehmenden Flurschaden in Kauf zu nehmen haben.
STERN: Was heißt das für die Person Erich Honecker?
BRANDT: Ich war froh, nicht in der Haut derjenigen zu stecken, die sich dieser weltberühmt gewordenen Provinzposse von Amts wegen annahmen. Was soll schon dabei herauskommen, wenn politische Taktik und staatsadvokatorischer Eifer kollidieren? Das Urteil über das SED-Regime bleibt unabhängig davon, wie und wohin sich der ehemalige Staatsratsvorsitzende hat absetzen können.[5]
STERN: Den Sorgen mancher Nachbarn vor dem größer gewordenen Deutschland wurde von Ihnen und anderen begegnet mit dem Hinweis auf die europäische Einigung. Ist nun angesichts der Schwierig-

keiten des europäischen Prozesses das Gewicht Deutschlands als Nationalstaat nicht doch größer, als es gut ist?
BRANDT: Was kann ich daran ändern, daß wir als deutsches Volk dort leben, wo wir leben? Und daß wir der Zahl nach etwas mehr sind als die Franzosen oder die Engländer oder die Italiener? Es ist ja aber nicht mehr ein deutscher Nationalstaat alter Prägung, sondern es ist ein demokratischer Bündnisstaat, der sich Osteuropa oder anderen gegenüber darstellt. Es gibt hier, bei allen Unzulänglichkeiten, ein Land mit eindeutig europäischer Ausrichtung und Einbindung. Die Sorge anderer, wir könnten Osteuropa als ein Reservat betrachten, als ein Feld egoistischer deutscher Entfaltung vor allem auf wirtschaftlichem Gebiet, die Sorge ist zwar nicht ganz weg, aber die westlichen Nachbarn beginnen zu verstehen, daß es im deutschen Interesse liegt, gemeinsam mit ihnen Osteuropa an die Gemeinschaft heranzuführen.
STERN: Aber es gibt bisher keine Definition der politischen Rolle Deutschlands. Daraus resultieren viele außenpolitische Unsicherheiten, gerade auch in Ihrer Partei. Der neue Fraktionschef Hans-Ulrich Klose zum Beispiel hatte die mehrheitlich pazifistische Haltung der SPD während des Golfkriegs scharf kritisiert.[6]
BRANDT: Es gibt keine weltpolitische deutsche Rolle im überkommenen Sinne. Wir stehen zwischen zwei Schwierigkeiten: Die eine Möglichkeit wäre, nationalstaatlich neu vorzupreschen; aber das wäre unvernünftig, und wir würden damit auch auf die Nase fallen. Also muß deutsche Außenpolitik zur deutschen Komponente einer europäischen Politik werden. Aber diese macht nur ganz mühsam Fortschritte. Nun denken aber manche unserer Landsleute immer, da lägen in New York bei den Vereinten Nationen oder sonstwo welche auf der Lauer, um Deutschland aufzufordern, seine Truppen möglichst rasch irgendwo hinzuschicken. Den Deubel werden die tun. Insofern war die SPD gut beraten, sich über die begrenzte Blauhelm-Option hinaus nicht auf militärische Einsätze außerhalb der Nato einzulassen.[7] Das entspricht nicht nur der eigenen Überzeugung, sondern auch der internationalen Realität. Mit politikfernem Pazifismus hat das nichts zu tun.

STERN: Muß die Belastung durch die Verbrechen des Nationalsozialismus bei der künftigen deutschen Politik immer mitbedacht werden? Oder wird Deutschland, wie auch manche in Ihrer Partei sagen, allmählich ein ganz normaler Staat?
BRANDT: Man sollte das jedenfalls immer im Hinterkopf haben. Nur darf man es einer neuen Generation nicht anlasten wollen. Man muß der neuen Generation freilich nahebringen, daß sie dies bitte auch nicht ausklammert. Es kann nicht vernünftige Politik sein, den Nachwachsenden primär ein Schuldgefühl zu vermitteln für etwas, was ihre Großväter zu verantworten haben – wohl aber zu wissen, daß das Gedächtnis der Völker länger ist, als daß es nur von einer Generation zur nächsten oder übernächsten reicht.
STERN: Man hat allerdings heute manchmal den Eindruck, daß den jüngeren Deutschen sehr wenig Schuldempfinden vermittelt worden ist.
BRANDT: Ich bin gegen Kollektivschuld. Ich habe 1972, nicht nur weil es ein wichtiger Wahlkampf war, sondern weil es meiner Überzeugung entsprach, auf Plakate schreiben lassen: „Deutsche, wir können stolz sein auf unser Land."[8] Das habe ich gemeint als einer, der nun wirklich gewußt hat und weiterhin weiß, welche Schande die Nazi-Herrschaft über Deutschland und welches Leid sie über Europa gebracht hat und wie vieles davon noch weiterwirkt. Aber immerhin haben wir aus diesem Trümmerhaufen und trotz der schrecklichen Last der Gewaltherrschaft wieder etwas Ansehnliches hingestellt. Allerdings muß auch eine schuldfreie junge Generation berücksichtigen, warum andere uns weiterhin ein bißchen kritisch angucken.
STERN: Herr Brandt, Sie waren selbst Zeiten Ihres Lebens politischer Flüchtling. Fühlen Sie sich noch wohl in einem Deutschland, wo Flüchtlingsheime brennen?[9]
BRANDT: Ach wissen Sie, ich bin gelegentlich in Frankreich, und dann ärgere ich mich ein bißchen über Le Pen und die durch ihn dort artikulierte Fremdenfeindlichkeit. Und bei uns in Deutschland schäme ich mich dann dessentwegen, was hier mancherorts möglich ist im Verhalten zu Menschen aus anderen Teilen der Welt. Und

trotzdem fühle ich mich wohl, zumal zum Wohlfühlen auch gehört, daß man mithelfen kann, unvernünftige und tief unsympathische Dinge zurückzudrängen. Wir haben uns ja ein bißchen viel Zeit gelassen, hart genug gegenzuhalten, als das anfing mit den brutalen Angriffen auf Zuwanderer oder Flüchtlinge.
STERN: Schließt diese Kritik das Verhalten der SPD ein?
BRANDT: Nein, dazu besteht aus meiner Sicht keine Veranlassung. Die gebotenen Signale mußten in erster Linie von denen kommen, die die gesamtstaatlichen Organe repräsentieren. Die haben sich reichlich viel Zeit gelassen.
STERN: Wir hatten von Ihnen aufgrund Ihrer eigenen Erfahrungen ein etwas härteres Urteil über deutschen Fremdenhaß erwartet.
BRANDT: Dazu fühlte ich mich jetzt nicht herausgefordert. Als ich Flüchtling war – das war im übrigen eine ganz andere Zeit. Es läßt sich ziemlich wenig von dort übertragen. Es ist sogar schwierig, genau nachzuvollziehen, was die Verfassungsväter 1948/49 gemeint haben, als sie den Asylrechts-Artikel 16 in unser Grundgesetz schrieben.[10] Jedenfalls haben sie es in einer Zeit geschrieben, als keiner in der ganzen Welt auf den Gedanken gekommen wäre, hier um Asyl nachzusuchen. Trotzdem war es wichtig, daß das Prinzip, Verfolgte aufzunehmen, in der Verfassung verankert wurde. Die Verpflichtungen aus der Genfer Flüchtlingskonvention kamen hinzu.
STERN: Man könnte sich ja heute auch darüber freuen, daß so viele Flüchtlinge nach Deutschland kommen.
BRANDT: Ich möchte mal anders herangehen und sagen: Wir machen uns das Leben schwer, wenn wir herumstreiten, ob wir ein Einwanderungsland sind oder nicht. Wenn ich da, wo ich wohne, sehe, wer die Straße in Ordnung hält, dann sehe ich Kollegen, die von woanders herkommen. Wenn ich abends essen gehe, dann werde ich häufig bewirtet, bekocht und bedient von Leuten, die woanders herkommen. Wenn dieses Deutschland sich immer wieder fortentwickelt hat, dann nicht zuletzt deswegen, weil es sich nicht abschotten konnte und wollte; heute sind es Millionen Nichtdeutsche, die unter uns leben. Der Artikel 16 muß weiterhin Verfolgten Zuflucht gewähren. Für andere Zuwanderer gilt – unabhängig von ihren

Beweggründen des Kommens –, daß man zu gemeinsamen europäischen Regelungen kommen muß. Da kann man die Bundesregierung nur unterstützen. In Maastricht hat sie sich allerdings insoweit nicht durchsetzen können.[11]

STERN: Es kann aber wohl kein Zufall sein, daß Ausländerfeindlichkeit in Deutschland in vorher kaum gekanntem Ausmaß aufbricht, kaum daß die nationale Einheit hergestellt ist.

BRANDT: Ich höre gelegentlich, daß da ein Zusammenhang vermutet wird. Aber ich meine, daß das ein Irrtum ist. Ich vermute im Gegenteil, wenn wir die Chance zur nationalen Einheit nicht genutzt hätten, dann hätte sich etwas aufgestaut in Richtung Nationalismus, was dann irgendwann sehr zu Lasten der Demokratie hätte durchbrechen können. Daß Neonazis ihr Treiben in Gebiete der ehemaligen DDR verlegt haben und dortige Schwierigkeiten auszuschlachten suchen, ist mir wohl bewußt. Energisches Gegensteuern erschiene mir geboten.

[…][12]

STERN: Herr Brandt, wir freuen uns, daß es Ihnen gesundheitlich wieder gut geht.[13] Sind damit auch alle Gedanken an einen Abschied aus der Politik zurückgestellt?

BRANDT: Politik ist für mich nicht etwas, woraus man sich pensionieren lassen kann. Ich kann ja auch nicht aufhören, Bücher zu lesen. Die Politik hat mich, seit ich erwachsen bin, und ein bißchen davor, immer beschäftigt. Und das wird sich nun auch nicht mehr ändern.

Nr. 81
Schreiben des Ehrenvorsitzenden der SPD, Brandt, an den ehemaligen Präsidenten der Sowjetunion, Gorbatschow
20. Januar 1992[1]

AdsD, WBA, A 13, 185.

Werter Michail Sergejewitsch,
Ihre Grüße zum Jahreswechsel habe ich erhalten und erwidere sie gerne und ebenso herzlich.

Meine Grüße verbinde ich mit Worten des Dankes: für manches gute Gespräch in Moskau und in Deutschland; für vieles, was die Deutschen im Prozeß ihrer Vereinigung nicht zuletzt Ihnen zu verdanken haben; für Ihren außergewöhnlichen Beitrag zur friedlichen Umgestaltung und hoffentlich auch Erneuerung unseres europäischen Kontinents; nicht zuletzt für Ihren persönlichen Beitrag, der Welt eine Chance auf eine weniger gefahrvolle Zukunft eröffnet zu haben.

Ich vermute nachempfinden zu können, welch ungewöhnlichen Spannungen Sie in den letzten Monaten ausgesetzt waren.[2] Sie werden zugleich empfunden haben, welch historische Leistungen mit Ihrem Namen verbunden bleiben. Und die Vermutung spricht dafür, daß Sie in veränderter Verantwortung Ihrem eigenen Volk und der internationalen Gemeinschaft noch wesentliche Dienste erweisen können.

Gleichzeitig versichere ich Ihnen, daß meine politischen Freunde und ich selbst das in unseren Kräften Stehende tun werden, damit es auch in der Zukunft zwischen dem deutschen und den Völkern der ehemaligen Sowjetunion zu einer friedlichen und gleichzeitig fruchtbaren Zusammenarbeit kommt. Das gilt nicht zuletzt für das deutsche und das russische Volk und ihre Staaten.

Ich wünsche Ihnen Gutes und vertraue darauf, daß wir Gelegenheit finden werden, uns in absehbarer Zeit erneut auszutauschen.[3]
Es grüßt Sie, sehr freundlich,
‹Willy Brandt›[4]

Nr. 82
Aus dem Gespräch des Ehrenvorsitzenden der SPD, Brandt, mit dem Nachrichtenmagazin *Der Spiegel*
24. Februar 1992

Der Spiegel, Nr. 9 vom 24. Februar 1992, S. 22–25.[1]

„Erst das Land, dann die Partei"

Der SPD-Ehrenvorsitzende über die Aufarbeitung der Vergangenheit und deren politische Konsequenzen

SPIEGEL: Herr Brandt, solange es den Eisernen Vorhang und die kommunistischen Regime im Osten gab, stand die von Ihnen mitgeprägte Ost- und Entspannungspolitik in hohem Ansehen – auch international. Ist der Schatz von gestern zur Last von heute geworden?
BRANDT: Nein. Nur, die Welt ist komplizierter geworden. Viele haben geglaubt – ich nicht, übrigens –, daß wir mit dem Jahr 1989 ganz einfach in eine neue Weltordnung eintreten würden. Wir sind statt dessen in eine neue Weltunordnung eingetreten. Trotzdem behält das, was man Ost- und Entspannungspolitik genannt hat, eindeutig seine historische Berechtigung.
SPIEGEL: Aber sie ging von der falschen Voraussetzung aus, die kommunistischen Regime hätten noch lange Bestand.
BRANDT: Ich kenne bis heute keinen, der mir vor dem Sommer 1989 den so raschen Zusammenbruch des sowjetischen Reiches vorausgesagt hätte. Wir waren Teil einer westlichen Politik, die den dritten Weltkrieg verhindern wollte. Das führte dann rascher, als es viele erwartet hatten, zur Helsinki-Konferenz über Sicherheit und Zusammenarbeit (KSZE).[2] Keiner wird heute mehr bestreiten, daß von dort aus Impulse auf Polen, die Tschechoslowakei und auch auf die DDR ausgegangen sind, die nicht auf Abräumen, sondern auf politische Auflockerung und menschliche Erleichterungen gerichtet wa-

ren. Diese Politik ist im übrigen ja von meinen beiden Nachfolgern im Kanzleramt weitergeführt worden.
SPIEGEL: Wären die östlichen Diktaturen, der SED-Staat eingeschlossen, ohne diese Entspannungspolitik vielleicht schneller zusammengebrochen?
BRANDT: Ich glaube, das ist ein Irrtum. Gyula Horn, der ehemalige ungarische Außenminister, sagt: Ohne die Ostpolitik wären die Dinge bei uns in Ungarn und anderswo nicht so gelaufen, wie sie gelaufen sind. Jiří Dienstbier, der jetzige Außenminister der Tschechoslowakei, schreibt, daß die Charta 77, zu deren Trägern er gehörte, mitgeschöpft hat aus den Impulsen unserer Ostpolitik.[3] Ich kenne jemanden in Moskau, der es wissen mußte und der sagte: Gorbatschow wäre kaum vorstellbar gewesen ohne die westliche Ostpolitik.
SPIEGEL: Der SPD wird vorgeworfen, die Ostpolitik habe das Regime der DDR stabilisiert.
BRANDT: Diese These halte ich für grundfalsch. Die Sowjetunion ist stärker, als es irgendeiner vorausgesehen hat, vielleicht auch mehr, als es irgendeiner wünschen durfte, durcheinandergeraten, nachdem sich die Führung vom Frühjahr 1985 an auf neue Fragestellungen eingelassen hat. Diskutiert wurde plötzlich nicht nur über Abrüstung, sondern auch über Strukturwandel und andere, wie Gorbatschow sagte, globale Fragen.
Oder nehmen wir die SED: Es gibt Zeugen, die damals im dortigen politischen Geschäft waren, die nachweisen, daß bis in die politische Führung der DDR Selbstzweifel geweckt und differenzierende Gespräche geführt wurden, gestützt auf die Art von Politik, die unsereins im Westen zu entwickeln versucht hat.
SPIEGEL: Rührte das Umdenken in der Sowjetunion nicht in erster Linie aus der Erkenntnis, daß ohne die ökonomisch-technologische Anbindung an den Westen der Zusammenbruch drohte?
BRANDT: Da ist eine Menge dran. Gorbatschow und seine Mitstreiter haben gesehen, daß die Ressourcen durch die Rüstung nicht länger überbeansprucht werden konnten. Bei gelegentlichen Kontakten mit einem so ungewöhnlich klugen Menschen wie Andrej Sacharow[4] erfuhr ich, daß auch bei ihm der ressourcenverschlin-

gende Rüstungswettlauf die wichtigste Komponente seiner Kritik ausmachte.

SPIEGEL: Haben Sie an die Reformfähigkeit des Systems geglaubt?

BRANDT: Nein, bei allem Respekt vor Gorbatschow, ich habe mich sehr kritisch geäußert, mehr nach innen als nach außen, über die Halbherzigkeit, die sich aus den starren Machtstrukturen dort ergab. Das galt auch für die mangelnde Reformfähigkeit der DDR.

SPIEGEL: Die SPD, aber auch Sie müssen heute den Vorwurf ertragen, sie hätten sich zuwenig um die Oppositionsparteien in den osteuropäischen Staaten gekümmert, weil eine Destabilisierung der dortigen Regierungen verhindert werden sollte.

BRANDT: Ich habe vorhin Herrn Dienstbier erwähnt. Ich war 1985 in Prag. Da war er noch Heizer. Peter Glotz hat damals in meinem Auftrag mit ihm und den Leuten der Charta 77 gesprochen.[5] Drei Jahre später, bei meinem Besuch in Moskau, führte Hans Koschnick für mich Gespräche mit dortigen Sozialdemokraten und Liberalen.[6] Horst Ehmke und ich hatten in der Deutschen Botschaft Gespräche mit Tadeusz Mazowiecki, der damals, im Jahre 1985, einer der engsten Mitarbeiter von Lech Wałęsa war.[7] Soll ich den Beispielen weitere hinzufügen?

SPIEGEL: Die Vorwürfe kommen auch von Bürgerrechtlern aus der ehemaligen DDR.

BRANDT: Ich habe immer Respekt gehabt vor denen, die meinten, weitergehen zu können als andere. Nur, ich bin auch im nachhinein nicht der Meinung, daß diese anderen recht haben, wenn sie glauben, man hätte ihnen die Revolution gestohlen. Sie haben eine ganz starke Rolle gespielt im Herbst 1989. Aber das Dilemma, in dem sich die befanden, die eigentlich nicht die deutsche Einheit, sondern eine reformierte DDR wollten, läßt sich im nachhinein nicht auflösen.

SPIEGEL: Das gemeinsame Papier von SPD und SED gilt vielen Kritikern als Beleg für zu große Nähe zwischen Ihrer Partei und der SED.[8]

BRANDT: Das Papier kam sehr spät, doch es war ein wichtiges Berufungsdokument, auch für Kirchenleute in der DDR, auch für kritische Leute in der Einheitspartei. Hoffentlich wird das alles noch mal ein bißchen genauer aufgeschrieben. Aber ich fühle mich schon etwas unbehaglich, wenn ich dies hier aufzähle. Es sieht ja so aus, als müßte man sich im nachhinein rechtfertigen, daß man auch diese Dimension vor Augen hatte.

[...][9]

SPIEGEL: Wie erklären Sie sich, daß im Ausland das Mißtrauen gegen angebliche deutsche Großmannssucht ausgerechnet in einer Zeit wächst, in der Deutschland seine zentrale Rolle an der Nahtstelle des überwundenen Ost-West-Konfliktes verloren hat?

BRANDT: Wissen Sie, die Geschichte wirkt häufig auf eigenartige Weise nach. Ich finde, wir sollten das, was da gelegentlich vorgebracht wird, nicht arrogant zurückweisen, sondern deutlich machen: Wir sind nicht auf eine deutsche Sonderrolle aus. Wir wollen unsere Aktivitäten eingebettet sehen in die europäischen Zusammenhänge, ob man das nun auf die Gemeinschaft im engeren Sinne begrenzt oder auf die Allianz im weiteren Sinne.

SPIEGEL: Wäre es an der Zeit, die ständige Mitgliedschaft im Sicherheitsrat der Vereinten Nationen anzustreben?

BRANDT: Es ist ganz und gar unvernünftig, dieses zu einem vorrangigen Ziel der deutschen Politik zu machen, auf kurze Sicht oder überhaupt, ständiges Mitglied im Sicherheitsrat zu werden. Das geht im übrigen nicht nach eigenem Belieben. Ich rate dazu, daß wir uns nicht zu sehr ärgern, wenn andere sagen, wir gehörten nicht dahin. Wir sagen: Kommt Zeit, kommt Rat, und inzwischen können wir eine Menge tun.

SPIEGEL: Beispielsweise?

BRANDT: Erstens müssen wir unseren verehrten Nachbarn, vielleicht auch Freunden in Frankreich und in Großbritannien sagen: Ihr seid da drin – als Siegermacht. Aber wir können keine gemeinsame Außenpolitik der Europäischen Gemeinschaft entwickeln, wenn nicht das, was Frankreich und Großbritannien dort vertreten, ein gerüttelt Maß an vorbereitender Klärung mit sich führt im Kreise der Zwölf – oder wie viele es sonst sein werden.

Wir können bei einer ganzen Reihe von Uno-Sonderorganisationen aktiver werden, ohne daß wir diesen Sitz haben. Ich denke zugleich auch an Weltbank, Währungsfonds, Gatt und andere Institutionen, die sich mit Ökonomie und Ökologie, nicht zuletzt in Krisenregionen, befassen.

SPIEGEL: Nach dem Bonner Steuerstreit steht die SPD unter dem Verdacht, sie habe den neuen Ländern die vom Bund zugedachten Steuermilliarden verwehren wollen. Hat Ihre Partei da Fehler gemacht?[10]

BRANDT: Ich habe keine Lust, mich darauf einzulassen; wenn überhaupt, dann hinter verschlossenen Türen. Aber das Thema Finanzierung der Einheit bleibt natürlich – ob auf die SPD bezogen oder über sie hinaus – schwierig. Die wirtschaftliche Einheit dauert länger – obwohl ich denke, daß wir Ende des Jahrzehnts das meiste hinter uns haben werden. Auch unter den östlichen Bundesländern wird ein Gefälle bleiben. Trotzdem wird das zusammenwachsen.

SPIEGEL: Behält der Vollzug der Einheit auch in der jetzigen Phase der ökonomischen Anspannung für Sie Priorität?

BRANDT: Ich habe in der ersten Phase die Schwierigkeiten wohl nicht hoch genug angesetzt. Aber was hilft das jetzt? Noch einmal ganz bewußt eine Kleinigkeit über den Tellerrand des eigenen politischen Vereins, Partei genannt, hinaus gedacht – es ist hoch an der Zeit, daß wir zu einer fortlaufenden besseren Abstimmung der entscheidenden Kräfte kommen.

SPIEGEL: Innerhalb Ihrer Partei?

BRANDT: Jetzt denke ich an das ganze Land, das andere kann auch nicht schaden. Aber erst kommt das Land, dann kommt die Partei. [...][11]

SPIEGEL: Sie waren 1990 der einzige, der dem damals amtierenden Ministerpräsidenten Hans Modrow einen einigermaßen respektablen Empfang in Bonn hat zuteil werden lassen. Der CDU-Abgeordnete [Johannes] Gerster aber meint, Modrow sei „eine Schande für den deutschen Bundestag".[12]

BRANDT: Ich weiß noch, wie überall der Beifall aufbrauste, wenn man den Namen Gorbatschow nannte. Wenn ich mich recht erinnere, war der einmal Kommunist, wie Modrow. Auch der ungarische Außenminister Gyula Horn, der den Karlspreis bekommen hat,

war Kommunist.¹³ Modrow hat mitgeholfen, unblutig über die schwierige Übergangszeit von 1989/90 hinwegzukommen. Bei anderen Völkern würde das gewürdigt. Warum nicht auch bei uns?¹⁴
[...]¹⁵

Nr. 83
Aus der Rede des Ehrenvorsitzenden der SPD, Brandt, auf dem Kongress der Internationalen Ärzte für die Verhütung des Atomkrieges (IPPNW) in Berlin
28. Februar 1992

*Sozialdemokratischer Pressedienst 47 (1992) 45, 5. März 1992, S. 3–6, und ebd., Nr. 46, 6. März 1992, S. 4–6.*¹

[...]²

Wie wir alle wissen, hat der schnelle Lauf der Zeit auch den letzten Präsidenten der Sowjetunion (jedenfalls in dieser Funktion) überholt; und der rasche Zerfall des sowjetischen Imperiums hat die politische Weltkarte (nach 1989) noch einmal ganz wesentlich verändert.³ Trotz aller Unsicherheiten jedoch, die die neue Weltlage kennzeichnen, scheint eines zumindest gesichert: Auch die jetzige Kremlführung bekennt sich zum Kurs der Abrüstung. Erst im vergangenen Monat haben die Präsidenten Rußlands und der USA eine weitere Reduzierung der „strategischen" Atomwaffen angekündigt⁴; und daß die taktisch genannten Waffenarsenale verschwinden sollen, ist gemeinsam beschlossene Sache.

Freilich drängt sich die Frage auf, ob überall in der früheren Sowjetunion so verfahren wird wie in Moskau verkündet. Angesichts der immensen politischen und wirtschaftlichen Schwierigkeiten sowie der ökonomischen, sozialen, ethnischen Problemlagen, auch der historischen Belastungen innerhalb der Gemeinschaft Unabhängiger Staaten – die eben alles andere als aus einem Guß ist –, kann es keinen von uns gleichgültig lassen, daß durch „Zellteilung" neue Atommächte entstanden sind. Daß die souveränen Republiken Ukraine, Kasachstan und Weißrußland es nicht bleiben wollen, haben ihre Präsidenten zwar unisono kundgetan, doch über die Zeiträume und die Bedingungen des tatsächlichen Atomwaffenverzichts hört man recht Unterschiedliches. Und das bleibt beunruhigend.

Selbst wenn es zutreffen sollte, daß mittlerweile alle „taktischen" Atomwaffen auf das Territorium der Russischen Föderation verbracht sind und dort auch der berühmte Koffer für – gottlob unvorstellbare – „strategische" Einsätze verwahrt wird, kann wohl niemand dafür seine Hand ins Feuer legen, daß auch alle (der, wie man hört, rund 2.000) Atomwaffenexperten noch dort sind, wo sie vor Jahresfrist waren.

Nicht von ungefähr ist das Fremdwort Proliferation[5] in aller Munde. Denn es gehört wenig Phantasie dazu, sich vorzustellen, daß Länder mit Atomwaffen-Ambitionen jenen Sachverstand anzapfen wollen. Während laut über Fonds zum wohldotierten Halten sowjetischer Atomexperten nachgedacht wird, laufen – wie berichtet wird – still und leise die Abwerbungsversuche und der Schwarzhandel mit kritischem Material.

Naiv, wer da glaubte, der Herrscher im Zweistromland wäre der einzige Nachfrager von Nuklear-Knowhow gewesen. Daß andere in der weiteren Mittel-Ost-Region bereits weiter waren als der Irak, wußten Kenner der Szene schon vor dem kürzlichen Eingeständnis atomarer Waffenpotentiale in Pakistan. Von zumindest sechs weiteren Entwicklungsländern weiß man, daß sie dicht dran sind an der Atombombe – und im Laufe dieses Jahrzehnts auch ballistische Trägerraketen bauen könnten.

Wenn man überdies um die vergleichsweise einfachen Herstellungsverfahren für chemische und biologische Massenvernichtungswaffen weiß, kann einem fürwahr bange werden – zumal die etablierten Atommächte noch immer übervolle ABC-Waffenarsenale haben.

Keine Frage, im Interesse kollektiver Sicherheit wäre es allemal vernünftig, das Teufelszeug weltweit kontrolliert zu vernichten! Nur

– die Welt wird bekanntlich nur sehr bedingt von Vernunft regiert, sondern in hohem Maße von Staaten mit konkurrierenden Interessen – oder was man dafür hält – geprägt. Und in der Staatenwelt halten sich weiterhin nicht wenige an Machiavelli, der seinem „Fürst" riet, „da es schwer ist, beides zugleich zu sein, ist es viel sicherer, gefürchtet als geliebt zu sein".[6] Dennoch wächst auch unter machtbewußten Realisten die Einsicht, daß die Proliferation von Massenvernichtungswaffen (mit mehr oder weniger großer Reichweite) nur durch Systeme der kollektiven Sicherheit verhindert beziehungsweise konterkariert werden kann.

III.

Während in der Ära des Kalten Krieges an kollektive Sicherheit kaum zu denken war – standen sich doch zwei hochgerüstete Bündnissysteme konfrontativ gegenüber –, haben sich die Realisierungschancen zu Beginn der 90er Jahre merklich verbessert. Ein klarer Indikator ist das neuerliche Interesse an den Vereinten Nationen. Selbst an Orten, von denen aus jahrzehntelang – durch Vetomacht – die Weltorganisation daran gehindert wurde, den Zielsetzungen der UN-Charta gerecht zu werden, scheint plötzlich der Geist von San Francisco wieder lebendig zu werden.[7] Was dort einst den Gründungsvätern der Vereinten Nationen vorschwebte, ein kollektives Sicherheitssystem – nämlich eines, das potentielle Friedensstörer durch die Sanktionspotentiale der UNO in die Schranken verweist –, wird mittlerweile nicht nur in New York als Auftrag der Staatengemeinschaft verstanden.

Um etwaige Mißverständnisse zu vermeiden, die durch Assoziationen von UNO und Golfkrieg[8] entstehen könnten, will ich nochmals ausdrücklich betonen: Ein kollektives Sicherheitssystem soll und muß dazu da sein, Kriege zu verhindern! Offenkundig waren die Vereinten Nationen im Golfkonflikt dazu (noch) nicht in der Lage. Dem damaligen Generalsekretär fehlten die personellen und technischen Möglichkeiten, um frühzeitig die Invasion in Kuwait zu vereiteln. Im weiteren Konfliktverlauf erwies sich der Sicherheitsrat zwar als (durchaus auch schnell) beschlußfähiges Gremium, aber das Heft des Handelns geriet ihm nolens volens aus der Hand. Die eigentlichen Entscheidungen wurden bekanntlich nicht in New York, am Sitz und im Rahmen der Vereinten Nationen, getroffen.

Wer über das, was hinter uns liegt, hinaus will, der muß zweierlei anstreben:
- Eine Stärkung der Vereinten Nationen, deren Organe in die Lage versetzt werden müssen, Konflikte frühzeitig zu erkennen, einzudämmen und möglichst mit friedlichen Mitteln zu lösen.
- Zweitens und gleichzeitig müssen regionale Sicherheitssysteme ausgebaut und institutionell verankert werden.

Ich kenne den neuen UN-Generalsekretär, den Ägypter Boutros Boutros Ghali, recht gut und habe keinen Zweifel, daß er beides verwirklichen möchte.[9] Aus seiner langjährigen diplomatischen und politischen Erfahrung weiß er nur zu gut, daß in seiner Heimatregion kollektive Sicherheit bislang eine Fata Morgana war – auf den Nahen und Mittleren Osten bezogen – oder – auf Afrika bezogen – bislang überhaupt nicht gegeben war. Und er hat sich nicht zuletzt deshalb um den schwierigen UN-Job beworben, weil er weiß, daß die eklatanten Defizite regionaler Sicherheit einstweilen durch eine handlungsfähige Weltorganisation kompensiert werden müßten.

Ob sich die wohlklingenden Worte beim kürzlichen Gipfeltreffen der Sicherheitsratsmitglieder[10] – nämlich die UNO wesentlich zu stärken – auch in klingender Münze niederschlagen, wird sich Mitte des Jahres erweisen, wenn der Generalsekretär seine Vorschläge zur Reform der Arbeitsweise der Vereinten Nationen unterbreiten soll. Da die ständigen Mitglieder im Sicherheitsrat zwar voller Selbstvertrauen, aber – durch die Fünferbank – bei knapper Kasse sind, eröffnet [das] vor allem denjenigen, die substantiell zur Funktionstüchtigkeit der Vereinten Nationen beitragen könnten, reale Mitspracherechte. Ich hoffe, daß diese Chance in Bonn und Tokio (anderswo auch noch) erkannt wird – hoffentlich, ohne daß aus verstärktem Engagement gleich Ansprüche auf Zuwachs an formellem Status abgeleitet werden.

529 Rede auf dem Kongress der IPPNW in Berlin, 28. Feb. 1992

Was ich damit meine, ist hoffentlich einsichtig: Niemand wäre damit gedient, wenn neue Vetorechte beansprucht würden, da alle UN-Erfahrung lehrt, daß Vetorechte der Weltorganisation nicht geholfen, sondern sie nicht selten gelähmt haben. Auch ist davon auszugehen, daß deutsche und japanische Ambitionen wohlbegründbare Ansprüche anderer Länder aus anderen Teilen der Welt nach sich ziehen würden. Eingedenk der regionalen Konfliktlagen, in die in diesem Zusammenhang genannte Regionalmächte auf die eine oder andere Weise verstrickt sind, und nicht zuletzt wegen der Atomwaffenproblematik wäre es fürwahr kontraproduktiv, Vetorechte zu verbreitern. Vetorechte sollten vielmehr verengt oder auf längere Sicht durch bessere Prozeduren ersetzt werden. Im übrigen sollte man sich klarmachen, daß die Zeit für eine große Revision der UN-Charta noch nicht gekommen ist.

Sicherlich ist es lobenswert, daß sich die fünf Vetomächte mittlerweile über Maßnahmen zur Kontrolle von Rüstungsexporten, zur Nicht-Weiterverbreitung von Massenvernichtungswaffen und wohl auch zur weltweiten Ächtung von C-Waffen verständigt haben. Aber drehen wir uns nicht gleichwohl noch immer im Kreise der Aufrüstungslogik, solange die fünf Etablierten an ihrem Atomwaffen- und zugleich Vetoprivileg festhalten? Ich befürchte, man wird die Verantwortlichen in der Ukraine nicht davon überzeugen können, ihren Atomverzicht rasch in die Wirklichkeit umzusetzen, solange sie nicht wissen, was anderswo geschieht. Und ich vermute, Frankreich wird sich nicht bewegen, wenn andere es nicht auch tun. Und diese Kettenreaktion – absurd, wie sie uns erscheinen mag – läßt sich über China und den indischen Subkontinent bis sonstwohin weiterverfolgen. Dieser Kreis läßt sich nur durchbrechen, wenn durch Druck von außen und innen die Einsicht wächst, das Teufelszeug abzubauen und Restbestände unter die Kontrolle der Vereinten Nationen zu bringen – was ja auch über regionale Sicherheitssysteme gewährleistet werden könnte.

Besteht nun berechtigter Anlaß zu hoffen, daß jener gefahrenvolle Kreis bald unterbrochen wird? Ich halte das für möglich, weil die „Kreislaufschwachen" kaum anders können, als den Ausstieg aus dem verderblichen Wettlauf anzustreben. Trotz aller Unwägbarkeiten von Ferndiagnosen ist wohl offenkundig, daß man in Rußland – und in den anderen Nachfolgestaaten der Sowjetunion – verstanden hat, wohin die Ressourcenverschwendung durch das Wettrüsten führt. Doch selbst die USA spüren die Grenzen dysfunktionaler Leistungsfähigkeit. Ohne die – bis dato '89 – vorrangigen Weltmächte noch länger auf die gleiche Stufe stellen zu können, ist es gleichwohl der gleiche Referenzrahmen, der die Beteiligten erkennen läßt, daß militärische Größe nicht mehr ausschlaggebend sein wird für zukünftige Weltgeltung. Man hat begriffen oder wird es noch zu begreifen haben, daß den Weltenlauf nur bestehen kann, wer auf militärischem Gebiet Ballast abwirft, um Anschluß an leichtfüßigere Konkurrenten zu gewinnen.

IV.

Wer 1989 (vorschnell) meinte, die Verlierer des Zweiten Weltkriegs seien die wahren Gewinner des Kalten Krieges, da sie ihre Energien in hohem Maße auf wirtschaftliche Felder verlagerten, wundert sich 1992, wie schwer wir in Deutschland uns tun, jener vermeintlichen „Siegerrolle" gerecht zu werden. Lassen wir außer acht, daß bei der Verwunderung im Ausland mancherorts Schadenfreude mitschwingt, sondern befragen uns, warum die Unbeschwertheit des November '89 so rasch geschwunden ist.

Ich vermute, das erneut verbreitete Gefühl der Unsicherheit erklärt sich nicht allein aus den objektiven und subjektiven Schwierigkeiten, staatliche Einheit in wirkliche Vereinigung umzusetzen. Vielmehr belastet das teils schockartige Bewußtwerden der gesamteuropäischen Problemlage, die uns wahrlich nicht gleichgültig sein kann: Die Vorgänge vom Sommer letzten Jahres in der Noch-Sowjetunion[II], die aktuelle Wirtschaftskrise in jenem Teil Europas und die durch soziale Anspannungen angeheizten nationalen Konflikte, der Problemdruck in den uns hautnahen Staaten Mittelosteuropas – all das nährt die Sorge vor Migrationsströmen und nicht zuletzt großen finanziellen Anforderungen. Bei der langen Liste der europäischen Sicherheitsrisiken dürfen die höchst unsicheren Atommeiler ebenso wenig vergessen werden wie die Gefahr von nationalistischen Exzessen, wie wir sie im sich auflösenden und zerfleischenden Jugoslawien erleben[12] – ohne daß das übrige Europa bisher fähig gewesen wäre, auf überzeugende Weise konfliktüberwindend tätig zu sein. Und aus gesamteuropäischer Perspektive kann uns auch nicht gleichgültig lassen, was südlich des Mittelmeers passiert – Algerien ist durch die Bindungen zu Frankreich allemal Europa nah.

An gutem Willen dieses oder jenes gesamteuropäische Risiko abzubauen, besteht kein Mangel: Die Brüsseler EG-Kommission arbeitet auf Hochtouren, um osteuropäischen Staaten Assoziationsvereinbarungen anzubieten. Hilfsprogramme werden aufgelegt, Nahrungsmittel gar per Flugzeug vor Ort gebracht. Auch um politische Vermittlung war und ist man – wenn auch unzulänglich, wie erwähnt – im Südosten bemüht. Die NATO ist über den eigenen Schatten gesprungen und hat einen Kooperationsrat mit ehemaligen Warschauer-Pakt-Staaten etabliert, und der kann sich als Ausgangspunkt für sehr viel mehr erweisen.[13]

Was jedoch fehlt, ist die große Linie einer integrativen gesamteuropäischen Konzeption. Weder gibt es so etwas wie einen Marshall-Plan, der kalkulierbare Transferleistungen zum längerfristigen (Wieder-)Aufbau leistungsfähiger Wirtschaften in Aussicht stellt, noch bestehen klare Überlegungen, wie langfristig kollektive Sicherheit gestaltet werden soll. Die KSZE wächst horizontal, aber der institutionelle Tiefgang ist weiterhin flach. Europas fürwahr unterentwickelte Fähigkeit zur Selbststeuerung offenbart sich in Hilfeersuchen an die UNO – wie im jugoslawischen Nationalitätenkrieg.[14] Und es bleibt nun einmal ein schrecklicher Widerspruch, daß der Westen zwar fähig war, den Emir von Kuwait wieder in seine Macht einzusetzen, nicht aber fähig, auf die Gesundung der ehemals sowjetischen Republiken einigermaßen konstruktiv und entschlossen hinzuwirken.

Wohlwissend, daß die Veränderungen der europäischen Landkarte alle Staaten überrascht und letztlich unvorbereitet getroffen haben, macht es wenig Sinn, die objektiven Defizite der Problembewältigung in subjektive Schuldzuweisungen umzumünzen. Vielleicht erwächst aus den aktuellen Schwächesymptomen Europas immerhin eine neue Empathie für die seit langem „gebeutelten" Entwicklungskontinente. Mithin ein gemeinsames Interesse an leistungsfähigen Vereinten Nationen, die es verdient hätten, daß ihren schwächsten Gliedern zumindest ein ansehnlicher Teil der „Friedensdividende" gutgeschrieben wird.

[...][15]

Nr. 84
Rede des Ehrenvorsitzenden der SPD, Brandt, vor Sozialdemokraten in Luxemburg
4. Mai 1992

Willy Brandt: Auf dem Weg zu einer neuen Architektur Europas. Cahiers Socialistes Européens, Nouvelle Série, Nr. 5, Luxemburg 1992.[1]

Zur Architektur Europas

Ihrer freundlichen Einladung, hier an einem Vorort europäischer Integration über die Perspektiven kontinentaler Zusammenarbeit zu sprechen, bin ich gern gefolgt. Ich darf sicher davon ausgehen, daß von mir nicht nur Randbemerkungen zum gegenwärtigen Stand der Europäischen Gemeinschaft erwartet werden, sondern auch Hinweise auf deren inhaltliche und räumliche Erweiterung – sowie auch auf das, was an sachlicher Zusammenarbeit zu gestalten bleibt, wenn man – wie ich – davon ausgeht, daß die Formel „von Vancouver bis Wladiwostok" nicht geeignet ist, der fortschreitenden Einigung Europas die angemessene Orientierung zu geben.

Wenn also von „Architektur" die Rede ist, widerrate ich jeder möglichen Neigung zur Gigantomanie. Was neu zu gestalten ist, sollte sich auf kreative Weise und organisch aus gewachsenen Strukturen des europäischen Raumes entwickeln. Das wird sich als schwierig genug erweisen.

Auf der anderen Seite sind wir nicht mehr in jener Situation, in der es leicht über die Lippen kam (und nichts kostete), daß den Völkern im Osten der Weg in die Gemeinschaft offenstünde, wenn sie nicht mehr durch Fremdherrschaft und Diktatur daran gehindert sein würden. Erfreulicherweise geschah dies überwiegend auf friedliche Art und Weise – aber leider auch, vor allem auf dem Balkan, mit gewaltsamen Erschütterungen, die vermutlich noch nicht zu Ende sind. Nicht zuletzt deshalb, aber auch wegen der in diesem Ausmaß kaum erwarteten wirtschaftlichen Schwierigkeiten ist die Hochstimmung des Herbstes '89 weitgehend verflogen.

Gegenwärtig wird das Leben der Menschen in der Mitte und im östlichen Teil Europas durch existentielle Alltagssorgen schwer beeinträchtigt. Die dortigen Wirtschaftskrisen mit ihren sozialen Spannungen, Kinderkrankheiten der neuen Demokratien und aufgeheizten Nationalismen, zudem die Befürchtungen vor [!] massenhafter Wanderung gen Westen und nicht zuletzt das Wissen um große finanzielle Anforderungen, die schon vorliegen und zu erwarten sind – all das hat auch in diesem Teil Europas mancherlei Ängste genährt. Jedenfalls hat es mancherorts die Neigung verstärkt, sich auf so etwas wie einen „Fahrplan" für das größere Europa noch nicht festzulegen.

Das ist verständlich, aber wenig hilfreich. Was kann nun in dieser nicht einfachen Lage, in der Gesamteuropa zu neuen Ufern strebt, von der Politik verlangt werden?

- Erstens sind, einzelstaatlich und gemeinschaftlich, konkrete Maßnahmen gefragt, um den Problemdruck zu mindern. Daß, gelinde gesagt, Zweifel an der Fähigkeit der (wie man so sagt) etablierten politischen Gruppierungen bestehen, offenkundige wirtschaftliche und soziale – auch rechtliche – Probleme zu meistern, ist offenkundig und ließ sich neuerlich auch an Wahlergebnissen ablesen. Unseren demokratischen Institutionen wird der Nachweis abverlangt, daß sie weder verfettet noch reaktionsfaul geworden sind.

– Zweitens werden für die europäische Zusammenarbeit realistische Konzepte gebraucht, wobei EG-intern überzeugende Schritte zur „vertieften" Union erwartet werden, gleichzeitig aber auch glaubhafte Perspektiven zur Erweiterung des Raumes gemeinsamer europäischer Sicherheit und partnerschaftlicher wirtschaftlicher Zusammenarbeit.
– Und drittens ist die europäische Politik gewiß gut beraten, wenn sie sich den Blick durch den kontinentalen Tellerrand nicht verstellen läßt, mithin die globalen Zusammenhänge und Interdependenzen im Auge behält. Das Wort von der „einen" Welt muß mehr als ein Sonntagsslogan werden, zumal sich an europäischer Mitverantwortung für weltweite Entwicklungen ohnehin nicht zweifeln läßt.

I.

Wenn ich meinen ersten Punkt hier nicht vertiefe, so nicht aus Scheu vor kritischen Tönen (die, nebenbei gesagt, nicht nur Angehörige anderer politischer Familien, sondern auch der eigenen treffen würden), vielmehr aus der banalen Erkenntnis, daß konkrete Vorschläge nun einmal auf die je spezifischen Problemlagen der einzelnen Länder und Regionen passen sollten. Was zur Schaffung neuer Arbeitsplätze oder zur Linderung von Wohnungsnot getan werden muß, kann in aller Regel nur vor Ort entschieden werden. Und Europa eignet sich nicht als Verschiebebahnhof für Verantwortlichkeiten.

Freilich kann es weiterhin nicht schaden, das eine oder andere von den Nachbarn zu lernen, sich über Grenzen hinweg abzustimmen und Maßnahmen zu koordinieren, wo sie nicht ohnehin in den Bereich gemeinsamer Verantwortung fallen. Ich denke hier nicht zuletzt an das vielerorts heikle Flüchtlingsproblem und die sich aufdrängende Nachfrage: Wann EG-Europa endlich zu einer gemeinsamen Asyl- und Einwanderungspolitik finden wird? (Ich weiß wohl, dieses Thema allein wäre ein abendfüllendes Programm.)

Daß ⟨in⟩[2] Situationen, wie sie gegenwärtig hier und da gegeben scheinen, die radikalen Verfechter vermeintlich einfacher Problemlösungen Zulauf erhalten, kann nicht überraschen, aber sehr wohl beunruhigen. Bei den Propagandisten der „Einfachheit" bzw. Einfältigkeit gerät allemal auch die europäische Integration auf die Anklagebank. Das muß kein Nachteil sein, denn es führt die Auseinandersetzung hin zum Grundsätzlichen. Und das gibt uns die Chance, die vielen Frauen und Männer in den EG-Ländern zu mobilisieren, die sehr wohl wissen, daß wir nach den schlimmen Jahrhunderten des zerstörerischen Gegeneinanders die Zukunft gedeihlichen Miteinanders zu verteidigen haben.

Ich darf davon ausgehen, daß man in Luxemburg über die Schwierigkeiten, die mit der Integration der Zwölf verbunden sind, besser als mancherorts sonst Bescheid weiß; über die mühseligen Feinarbeiten für den Binnenmarkt brauche ich mich hier kaum zu äußern, und es hieße Eulen nach Athen tragen, wollte ich hier über die teils vereinbarte, teils sich auf andere Weise abzeichnende Marschroute der EG-12 berichten. Daher will ich zu dem, was Ende letzten Jahres in Maastricht beschlossen wurde[3], lediglich drei Anmerkungen machen:

Erstens zeigt alle bisherige Erfahrung, daß wichtige, aber auch weniger wichtige Vorhaben der EG meistens etwas mehr Zeit brauchen, als man zunächst gedacht hat; das muß auch weiterhin kein Malheur sein – jedenfalls kein größeres als die Perfektionssucht eines Teils der EG-Bürokratie.

Zweitens will ich nicht verhehlen, daß ich mir – und uns allen – mehr gewünscht hätte, als auf dem EG-Gipfel vereinbart wurde. So insbesondere weitergehende Kontroll- und Entscheidungsrechte für das Europa-Parlament, deutlichere Schritte zur Sozialunion (ohne britischen Sonderweg[4]) und eine Politische Union mit verbindlichen Gemeinsamkeiten in der Außen-, Sicherheits- und Entwicklungspolitik.

Drittens ist zu erwarten, daß von den Prozessen der Ratifizierung von „Maastricht" – so oder so – erhebliche Wirkungen für die Gemeinschaft ausgehen werden; dies gilt dann noch einmal in besonderem Maße für die indirekt interdependenten Vorgänge in Frankreich und Deutschland. Mit neu-deutscher Nachdenklichkeit zur Währungsunion möchte ich Sie nicht behelligen, zumal ich davon ausgehe, daß die gegenwärtigen Schwierigkeiten, ohne sie auch nur andeutungsweise zu unterschätzen, in den nächsten Jahren zu überwinden sind. Und daß, zum anderen, die vereinigten Zentralbanker über genügend monetäre Künste verfügen, um bis Ende dieses Jahrzehnts einen harten Ecu[5] zu schaffen, wobei ja noch nicht das letzte Wort darüber gesprochen ist, wie das europäische Geld letztlich heißen soll. Allerdings sollte allerseits Klarheit darüber bestehen, daß Wohlstand nur zu mehren und Geldwertstabilität nur zu sichern sind, wenn im gegebenen Zeitraum auf den finanziellen und wirtschaftlichen Feldern – was selbstverständlich die soziale Komponente einschließt – mehr als eine vage Harmonisierung der nationalen Interessen gelingt.

Generell gilt es, liebgewonnene Traditionen – wenn immer möglich – zu bewahren, weil Europas Stärke die geschichtlich begründete Vielfalt ist. Gleichwohl sind Angleichungen unter den Mitgliedsstaaten nun einmal nötig, um die Integrationsvorteile auszuschöpfen. Angleichung im Sinne eines fairen Ausgleichs sollte jedenfalls nicht als Gleichmacherei mißverstanden werden. Nur kann der gemeinsame Nenner eben nicht der niedrigste sein.

Was die Befürchtung der selbstbewußten Länder und Regionen anbelangt, zu vieles werde in Brüssel entschieden und von dort reglementiert, meine ich, das von Jacques Delors zu Recht so stark betonte Leitmotiv der Subsidiarität sei eine gute Orientierung für die Innenarchitektur der Gemeinschaft: Einerseits brauchen wir eine verbindliche Hausordnung, aber andererseits auch weiterhin die Freiheit, unsere Zimmer nach eigenem Geschmack einrichten zu können. Wesentlich scheint mir, daß wir nicht nur Fenster und Türen offen halten, sondern uns auch stets bewußt bleiben, daß unser europäisches Haus nicht allein dasteht. Europäische Integration und „Weltinnenpolitik", mit der Abgabe von Kompetenzen nach oben, werden umso besser gelingen, je mehr gleichzeitig der Spielraum für Dezentralisierung genutzt wird.

II.

Die EG – zunächst der Sechs, dann der Neun, dann der Zwölf – war grundsätzlich auf die europäischen Demokratien angelegt, tatsächlich blieb sie auf den Westen des Kontinents begrenzt. Daraus ist niemandem ein Vorwurf zu machen, und niemand hat vorausgesehen, was sich wann und wie tiefgreifend verändern würde.

Vielen, zumal jüngeren EG-Bürgern dürfte erst im Herbst '89 wieder oder überhaupt bewußt geworden sein, daß Europa nicht an den Demarkationslinien im sogenannten Osten endete. Und daß wir in der Mitte und im Osten europäische Nachbarn haben, die uns wortwörtlich nahe sind. Aber neu zu lernen war, wie weit wir wirtschaftlich und sozial und sogar mental voneinander entfernt sind. Und als wie schwierig es sich erweist, nach den Jahren der Uniformität funktionsfähige Demokratien zu entwickeln. Zweifellos hat zudem die jahrzehntelange Trennung Fremdheiten erzeugt, die auch und gerade im vereinten Deutschland spürbar sind – die „Mauern in den Köpfen und Herzen" verschwinden nicht umstandslos. Wir – und ich meine damit keineswegs nur meine Landsleute – werden schon einiges zu leisten haben, um ein gedeihliches Zusammenleben im größer gewordenen Europa möglich zu machen.

Wer es als Umstand und als überflüssige Last empfindet, daß kurz- und mittelfristig umfängliche Nachbarschaftshilfe erwartet wird, verkennt die längerfristigen Vorteile für beide Seiten. Niemand kann nämlich ein Interesse daran haben, das vorhandene Wohlstandsgefälle auf der West-Ost-Schiene noch weiter auseinanderklaffen zu lassen. Schon wer weiß, daß krasse Einkommensunterschiede im Zeitalter umfassender Kommunikation die Migrationsströme anschwellen lassen, muß im eigenen Interesse dazu beitragen, daß Menschen es für lohnend halten, in ihrer Heimat zu bleiben.

Kein Zweifel: Nach der Beendigung des Kalten Krieges haben sich die europäischen Sicherheitsrisiken weitgehend von der militärischen auf die wirtschaftliche und soziale Ebene verlagert. Zwar gehöre ich nicht zu denen, die die militärische Dimension der Sicherheit zu vernachlässigen geneigt sind – ich werde darauf zurückkommen –, aber vorrangig gilt es jetzt, einen spürbaren Einsatz an der „Wirtschaftsfront" in den früher kommunistisch regierten Staaten zu leisten. Niemand sollte sich der Illusion hingeben, die im Osten neugewonnene Chance für die Demokratie sei zukunftsträchtig zu nutzen, wenn die soziale Misere das menschlich Erträgliche übersteigt.

Da wir längst wissen, daß die im Osten geübte Staatswirtschaft die natürlichen Ressourcen vergeudete, dabei die Umwelt in schier unglaublichem Ausmaße zerstören half und infolge technologischer Rückständigkeit und niedriger Produktivität Güter erzeugte, die auf den Weltmärkten heutzutage schlechterdings nicht verkäuflich sind – angesichts dieser tristen Lage in Mittelost- und Osteuropa ist dringend hilfreiche Zusammenarbeit geboten. Und die setzt das Wissen darum voraus, daß die Aufgabe größer und komplizierter ist, als es selbst solide Fachleute im Visier hatten.

Man sollte aus den Fehlern in anderen Teilen der Welt und in der internationalen Wirtschafts- und Finanzpolitik lernen. Eine exzessive Neuverschuldung des Ostens könnte zur Falle werden. Eine Sache ist, schnell zu helfen und mehr als bisher personelle und technische Unterstützung zu gewähren, aber Vorsicht walten zu lassen, wo es sich um das Ausmaß und die Formen von Finanztransfers handelt.

Sicherlich kann und muß darüber beraten und verhandelt werden, wie effektiv geholfen werden kann. Nur ist überhaupt nicht damit geholfen, wenn manche im Westen sich mit wohlfeilen Theorien über die Selbstheilungskräfte freier Märkte leicht tun, aber merklich zugeknöpft sind, wenn es um ganz praktisches Mittun geht. Wobei es natürlich nicht nur um Kredite und Investitionen geht, sondern auch und gerade um personelle und administrative Hilfen; an technischem Knowhow fehlt es ebenso wie an modernen Verwaltungsstrukturen, von denen ein erfolgreicher Strukturwandel abhängig ist.

Dabei will ich keineswegs geringschätzen, was bilateral zwischen den Regierungen und was über multilaterale Organisationen unternommen worden ist. Immerhin hat gerade die EG mit der ČSFR, Ungarn und Polen inhaltsreiche Assoziierungsverträge vereinbart und auch anderen Reformstaaten Hilfe zugesagt; und dieser Tage wurden auf der Frühjahrstagung von Weltbank und IWF endlich Kreditprogramme für Rußland und andere GUS-Staaten auf den Weg gebracht, die aber möglicherweise noch nicht ausgereift sind. Überdies hat die neugegründete Europäische Bank für Wiederaufbau begonnen, tätig zu werden; schließlich sollten die nichtstaatlichen Hilfeleistungen, wie vor allem die Lieferungen von Nahrungsmitteln, nicht vergessen werden, die doch mehr als symbolische Bedeutung haben.

Was jedoch weiterhin fehlt, ist die große Linie eines gesamteuropäischen bzw. gesamtwestlichen Vorhabens im Sinne einer Art von Zukunftsprogramm ähnlich dem Marshall-Plan, der in den 40er Jahren – wie wir Älteren uns gut erinnern – durch hohe Transferleistungen wesentlich zum Wiederaufbau und damit zugleich zur Festigung der Demokratie Westeuropas beigetragen hat. Wer da jenseits des Atlantik allerdings meint, was einst die Amerikaner finanziell geschultert haben, sollten nunmehr die Deutschen (und vielleicht die Japaner) vollbringen, der verkennt freilich die Größenordnungen. Es müßten schon alle, die dazu in der Lage sind, zum Lastenausgleich beitragen. Anders ergibt das Wort „burden-sharing" keinen rechten Sinn.

Wohlwissend, daß Jahrzehnte fehlgeleiteter Entwicklung nicht gleichsam über Nacht korrigiert werden können – und zwar selbst dann nicht, wenn enorme Finanzmittel zur Verfügung gestellt werden, wie wohl historisch einmalig im deutschen Sonderfall –, müssen wir davon ausgehen, daß die Länder im östlichen Teil Europas nachhaltige und über einen längeren Zeitraum sich erstreckende Engagements von westlicher Seite brauchen. Das heißt vor allem offene Märkte bei uns – und für gewisse Zeit Schutzraum zum Aufbau wettbewerbsfähiger Industrien und bäuerlicher Landwirtschaft. Und zwar mit dem längerfristigen Ziel, das zu erreichen, was in Westeuropa – wenn auch gewiß nicht vollkommen – gelungen ist: die Annäherung der Lebensstandards und der Zukunftschancen.

Diese Vision wird sich aufgrund der unterschiedlichen Ausgangslage in einigen Ländern früher als in anderen realisieren lassen.

So bin ich recht zuversichtlich, daß um die Jahrtausendwende die ČSFR, Ungarn und Polen Mitglieder der Europäischen Gemeinschaft sein können. Und es wäre wohl klug, da kräftemobilisierend, wenn die EG diesen Staaten die konkret anzustrebende Mitgliedschaft recht bald verbindlich zusagen würde.

Inzwischen wird die nächste Stufe der EG-Erweiterung verwirklicht worden sein. Ich meine die Aufnahme der fast schon dazugehörenden EFTA-Staaten (– es sei denn, in dem einen oder anderen Fall überlegt man es sich noch anders).[6] Ich halte es für wahrscheinlich, daß sich die EG-Ausdehnung im Norden auch zum Vorteil der Baltischen Staaten auswirken kann. Im Südosten sehe ich nicht, wie das auf Eis gelegte Beitrittsgesuch der Türkei jetzt neu gefördert werden könnte[7] – von anderem abgesehen könnte es ja auch so sein, daß die Türkei stärker, als bisher vorauszusehen, durch ihre neuen Engagements in Mittelasien in Anspruch genommen sein wird. Aber allein deshalb dürfen wir die Beziehungen zur Türkei nicht vernachlässigen.

Ich weiß natürlich um die – nicht nur in Brüssel angesiedelten – Bedenken gegen eine Verbreiterung der EG, da gegenwärtig die Vertiefung im Kreise der Zwölf ganz oben auf der Tagesordnung steht. Aber die Einwände können mich, so sie grundsätzlicher Art sind, nicht überzeugen. Was in den 8oer Jahren vernünftig war, nämlich beides gleichzeitig zu wagen – weil einerseits Spanien, Portugal und Griechenland eine handfeste Perspektive brauchten, andererseits die japanische Herausforderung das Projekt EG '92 beflügelte –, kann unter den Bedingungen dieser 90er Jahre nicht unvernünftig sein.

Selbstverständlich hatte und behält die westeuropäische Komponente ihren eigenen Rang, aber die EG wurde gewiß nicht erfunden, um die Entwicklung und Integration neuer Demokratien zu erschweren – vielmehr gilt es, diesen Prozeß so zu gestalten, daß sein Ergebnis dem Kontinent im ganzen zum Vorteil gereicht.

Gleichwohl kann dies nicht bedeuten, einer gewissermaßen grenzenlosen Erweiterung das Wort zu reden. Raum und Zeit – denken wir allein an den Koordinationsaufwand und die Entscheidungsprozesse – wollen wohl bedacht sein. Hinsichtlich der räumlichen Dimensionen habe ich schon anklingen lassen, daß ich mir eine EG, die eines Tages bis nach Wladiwostok reichen würde – selbst wenn dies einige Reißbrettarchitekten so entwerfen mögen – nicht gut vorstellen kann. Ich vermute, dadurch würden geopolitische und demographische Ungleichgewichte geschaffen, die auszuhalten oder auszugleichen die EG überfordert wäre.

Das spricht nicht dagegen, sondern dafür, um eine möglichst umfassende und qualifizierte Zusammenarbeit mit den Nachfolgestaaten der Sowjetunion bemüht zu sein. Und zwar auf den Gebieten der Wirtschaft, der Industrienormen, des Verkehrswesens, der Energie und Ökologie, gewiß auch der Kultur. Hier finden sich die Sektoren, auf denen überschaubare Projekte finanziell gestützt werden sollten.

III.

Für die europäische Sicherheit im weiteren Sinne sind verläßliche Beziehungen und Vereinbarungen zu Rußland, zur Ukraine und anderen Staaten der früheren Sowjetunion unerläßlich. Unser vorrangiges Interesse sollte darin bestehen, die wirtschaftliche Krise in Rußland, der Ukraine (und den anderen Nachfolge-Republiken) überwinden zu helfen und sie – wie übrigens auch die Länder des Balkan – über jeweils geeignete, möglichst maßgeschneiderte Abkommen möglichst gut auf die Gemeinschaft zu orientieren.

Ich sehe also ein Europa unterschiedlicher Dichte: Um den Kern unserer Gemeinschaft ein Kranz assoziierter Staaten und ein weiterer Kreis von Staaten, zu denen sich ein Verhältnis qualifizierter, wachsend enger Zusammenarbeit entwickelt.

Auf dem Wege weiterer Annäherung können neben der EG auch andere europäische Institutionen wichtige Dienste leisten: zumal die KSZE und der Europarat; auch die NATO kann hierbei eine wichtige Rolle spielen.

Bedauerlicherweise ist die KSZE institutionell nur schwach verankert – die bislang geschaffenen Einrichtungen (in Wien, Warschau und Prag)[8] haben zunächst kaum mehr als symbolische Bedeutung –, aber die Grundsätze für die gesamteuropäische Zusammenarbeit, die in der Pariser Charta[9] niedergelegt sind, sollten selbstverständlich auch für jene gelten, die seitdem als Mitgliedsstaaten aufgenommen wurden.[10] (Was uns daran erinnert, daß die KSZE mittlerweile über Europa hinaus greift – von Beginn bis nach Nordamerika, nunmehr auch in die Tiefe Asiens.)

Ohne neue, völkerrechtlich verbindliche Instrumente kann heute die KSZE ihrer Charta faktische Geltung nicht verschaffen; das ist die schmerzliche Lehre auf dem Balkan, wo das Blutvergießen weder verhindert noch beendet werden konnte – leider auch nicht durch die EG-Vermittlung. Und wer wollte seine Hand dafür ins Feuer legen, daß die latenten Konflikte zwischen GUS-Staaten friedlich gelöst werden können.

Ich will nicht verallgemeinern, da sich Nationalitätenfragen – auch Anfälligkeiten für Fremdenhaß – von Land zu Land unterschiedlich stellen, aber eines ist sicher: Dem Wohl der Völker ist mit Rückgriffen in nationalistische und ethnische Mottenkisten ebensowenig gedient wie dem Gedeihen gesamteuropäischer Zusammenarbeit.

Man sollte sich überall im klaren sein, daß zum freiheitlichen Europa nur gehören kann, wer die Volksgruppen[-] und Menschenrechte garantiert und den Grunderfordernissen pluralistischer Demokratie gerecht wird. Da die KSZE-Prinzipien zum Schutz von nationalen und religiösen Minderheiten eindeutig sind, wird es höchste Zeit, daß die KSZE-Partner verbindliche rechtliche Regelungen vereinbaren und sich auch darüber klar werden, welche Maßnahmen erforderlichenfalls zu ergreifen sind, um sicherzustellen, was europäisch geboten ist.

Konkret sollte die Aufgabe der Überprüfung der relevanten KSZE-Prinzipien wohl am besten dem Europarat übertragen werden – Menschenrechtskonventionen wurden bereits in Straßburg erarbeitet, und der Europarat hat sich für gesamteuropäische Zusammenarbeit frühzeitig hinreichend offen gezeigt.

Die NATO hat inzwischen eine Offenheit gezeigt, die ihr manche nicht zugetraut hatten. Nachdem der Warschauer Pakt im Papierkorb der Geschichte endete, stellte sich fast zwangsläufig die Herausforderung, die Nordatlantische Allianz von einem konfrontativen Militärbündnis in Richtung auf eine kooperationswillige Sicherheitsagentur zu verändern. Mit dem neugeschaffenen Nordatlantischen Kooperationsrat (dessen Kürzel NAKR man sich wohl merken muß) ist die NATO über den eigenen Schatten gesprungen und hat einen großen Schritt in Richtung auf gemeinsame, gesamteuropäische Sicherheit getan.[11]

Freilich sind auf dem Wege dorthin noch schwierige Aufgaben des Rüstungsabbaus und der Rüstungskontrolle zu bewältigen. So kann niemanden gleichgültig lassen, ob und wie das Militärpotential der früheren Sowjetunion kontrolliert wird, da – nach der „Zellteilung" in vier Atommächte – die Risiken nuklearer Proliferation – und die Weitergabe von Wissen über andere gefährliche Waffensysteme – in südliche oder andere Himmelsrichtung nicht von der Hand zu weisen sind. Daß die Präsidenten der Ukraine, Kasachstans und Weißrußlands unisono erklärt haben, sie wollten keine Atommächte bleiben, ist zwar lobenswert, doch über die Zeiträume und die Bedingungen des tatsächlichen Atomwaffenverzichts hört man recht Unterschiedliches, Kasachstan will jedenfalls atomarer Gesprächspartner der USA bleiben. Das muß nicht beunruhigen, aber die „nukleare Lage" bleibt unübersichtlich. Da es darum geht, gute Absichten zu verifizieren, wird es sehr darauf ankommen, wie die anderen Atomstaaten sich verhalten – China eingeschlossen –, und ob die NATO und die KSZE mit Rat und Tat behilflich sein können.

Zudem muß die NATO ehemalige Mitgliedsstaaten des Warschauer Paktes weitgehend „einbinden", damit in Mitteleuropa kein Sicherheitsvakuum bleibt. Offene Fragen einer gesamteuropäischen Sicherheitsstruktur lassen sich vermutlich eher im NAKR erörtern als innerhalb der KSZE, die bis auf weiteres – wider die in sie gesetzten Hoffnungen – über alternative Sicherheitsstrukturen nicht verfügt.

Gerade weil politische und wirtschaftliche Stabilität in den Ländern der früheren Sowjetunion ziemlich viel Zeit brauchen werden, dürfen wir in unserem Bemühen um Sicherheit nicht so lange war-

Willy Brandt an seinem Schreibtisch in Unkel am 25. Oktober 1991, wenige Tage nach einer schweren Darmkrebsoperation.

ten: Wir haben ja auch wichtige Vorhaben auf den Weg gebracht, während es noch RGW und SU gab. Nun ein gesamteuropäisches Korsett gegenseitiger kontrollierbarer Sicherheit zu schaffen, liegt ebenso in unserem wie im Interesse jener neuen Staaten, die sich dann besser auf ihre innere Entwicklung konzentrieren könnten.

IV.

Trotz der bekannten Bemühungen sind Europas Fähigkeiten zur regionalen Konfliktlösung weiterhin unterentwickelt, wie sich in wiederholten Hilfeersuchen an die UNO im jugoslawischen Nationalitätenkrieg deutlich gezeigt hat.[12] Und es darf wohl auch daran erinnert werden, wie schwer es die EG-Staaten hatten, im Golfkonflikt zu einer gemeinsamen Haltung zu finden. Aus diesen und anderen Gründen – auch wegen der brisanten Situation im uns nahen Maghreb – sollte uns daran gelegen sein, die europäische Politik innerhalb der ‹Vereinten›[13] Nationen weit mehr als bisher auf einen Nenner zu bringen. Und die ‹Vereinten›[14] Nationen so zu stärken, daß sie Konflikte frühzeitig erkennen, eindämmen und möglichst mit friedlichen Mitteln lösen können.

Europäische Sicherheit muß sich vernünftigerweise in ein umfassendes kollektives Sicherheitssystem einfügen, das potentielle Friedensstörer durch die Sanktionspotentiale der UNO in die Schranken verweist – wie es sich die Gründungsväter der ‹Vereinten›[15] Nationen vorstellten. Mittlerweile wird dies – stärker als in den zurückliegenden Jahren und nicht nur in New York – als vorrangiger Auftrag der Staatengemeinschaft verstanden.

Bei diesem Vorhaben sollte man sich bewußt sein, daß die internationale Sicherheit nicht nur durch „Irrläufer" mit Massenvernichtungswaffen gefährdet wird, sondern auch durch die globale Umweltzerstörung, excessiven Energie- und Rohstoffverbrauch, Überbevölkerung und von vielen als unfair empfundene Bedingungen der Weltwirtschaft. Überdies können Verteilungskämpfe und Wanderungsbewegungen die kollektive Sicherheit ebenso gefährden wie zur gewalttätigen Explosion tendierende ethnische oder konfessionell begründete Spannungen, die Verfolgung von Minderheiten und andere gravierende Verletzungen der grundlegenden Menschenrechte. Kein Zweifel, Entwicklung in Frieden, der Schutz der Menschenrechte und der globalen Umwelt gehören zu den großen Aufgaben der Gegenwart und der Zukunft. Mit militärischen Mitteln werden diese Aufgaben sicherlich nicht zu bewältigen sein.

Letztlich geht es um globale Perspektiven des Überlebens. Daher haben wir Europäer auch nicht die Wahl zwischen Hinwendung zum Osten oder zum Süden, sondern wir müssen das eine tun und dürfen das andere nicht lassen. Bei aller notwendigen Konzentration auf europäische Anforderungen dürfen wir nicht die Nord-Süd-Aufgaben aus dem Auge verlieren – mithin den Entwicklungsländern in Afrika, Lateinamerika und Asien nicht über Gebühr geduldiges

Verständnis für die gegenwärtigen Probleme unseres Kontinents abverlangen. Im Süden lebt die weit überwiegende Mehrheit der Menschheit – und wer die Prognosen über die Weltbevölkerungsentwicklung kennt, der weiß, daß dort weithin die Zukunft entschieden wird.

Weil gegenwärtig im Vorfeld der großen Rio-Konferenz[16] ein unschönes Gezerre um Mittel für ökologisch sinnvolle und notwendige Maßnahmen stattfindet, füge ich hinzu: Eine bessere Verwendung für die „Friedensdividende" könnte ich mir nicht denken, als einsparbare Militärausgaben an allen „Fronten" – lokal, national und international – im besonderen Maße für Aufgaben der Sicherung unserer natürlichen Umwelt zu verwenden, was notwendigerweise Maßnahmen zur Überwindung der Massenarmut einschließen sollte.

Angesichts der ganz realen Risiken der Ozonlöcher und der globalen Klimaveränderungen sollten wir schleunigst zu einer Neubewertung interdependenter Entwicklung kommen. Ich hoffe daher, daß auf der Rio-Konferenz nicht nur wohlklingende Reden gehalten werden, sondern – unter maßgeblicher europäischer Mitwirkung – Umwelt und Entwicklung als vorrangige Prioritäten internationaler Sicherheit behandelt werden.

Auch angesichts der beängstigenden Vorhersagen über Wanderungsbewegungen, die unsere politischen Systeme vor Zerreißproben stellen würden, dürfen wir in Europa nicht durch Nachlässigkeit neue Gräben aufreißen. Mit meiner Vorstellung von einem weltoffenen Europa würde sich Abschottung wahrlich nicht vereinbaren lassen. Vielmehr mit tatkräftiger, solidarischer Hilfe, damit die politischen Wirren und die wirtschaftliche Misere im östlichen Teil Europas und darüber hinaus nicht von Dauer sind. Daß hierzu auch eine gemeinsame europäische Politik auf den Gebieten der Zuwanderung gehört, liegt auf der Hand.

Offenheit, Verständnis und Hilfsbereitschaft werden sich auszahlen. Eine eingeengte Weltsicht würde sich dagegen bitter rächen. Mir liegt sehr daran, auch dieses Element gemeinsamer europäischer Orientierung nicht zu kurz kommen zu lassen.

Anmerkungen

Einleitung

1 Vgl. *Brandt, Willy:* Die Partei der Freiheit. Willy Brandt und die SPD 1972–1992, bearb. von *Karsten Rudolph*, Bonn 2002 (Berliner Ausgabe, Bd. 5), Nr. 89.
2 Protokoll der Verhandlungen des Parteitages der Sozialdemokratischen Partei Deutschlands vom 19.–23. April 1982 in München, Bonn o. J., S. 910.
3 Nr. 3.
4 Ebd.
5 Nr. 9.
6 Zit. bei *Hacke, Christian:* Zur Weltmacht verdammt. Die amerikanische Außenpolitik von John F. Kennedy bis G. W. Bush, München 2001, S. 308.
7 Vgl. AdG 54 (1984), S. 28267.
8 Vgl. AdG 53 (1983), S. 26476.
9 Vgl. dazu auch *Brandt, Willy:* Über Europa hinaus. Dritte Welt und Sozialistische Internationale, bearb. von *Bernd Rother* und *Wolfgang Schmidt*, Bonn 2006 (Berliner Ausgabe, Bd. 8), Einleitung.
10 Nr. 12.
11 Vgl. Nr. 9.
12 Vgl. Nr. 6.
13 Vgl. *Talbott, Strobe:* Raketenschach, München und Zürich 1984, S. 197–253.
14 Nr. 5.
15 Nr. 10.
16 Nr. 3.
17 Ebd.
18 Ebd.
19 Nr. 1.
20 Nr. 3.
21 Vgl. Nr. 3, Nr. 7 und Nr. 12.
22 „Das neue Selbstbewusstsein Europas", in: Bundeskanzler Willy Brandt: Reden und Interviews. Herbst 1971 bis Frühjahr 1973, Hamburg 1973, S. 330–334.
23 Nr. 11.
24 Nr. 22.
25 Vgl. *Bender, Peter:* Das Ende des ideologischen Zeitalters. Die Europäisierung Europas, Berlin 1981.
26 Vgl. „Willy Brandt über Peter Bender: ‚Das Ende des ideologischen Zeitalters'. Vier Stufen der Vision", in: *Der Spiegel*, Nr. 23 vom 1. Juni 1981, S. 186–189.
27 Vgl. *Brandt, Willy:* Die Entspannung unzerstörbar machen. Internationale Beziehungen und deutsche Frage 1974–1982, bearb. von *Frank Fischer*, Bonn 2003 (Berliner Ausgabe, Bd. 9), Nr. 72. Für den Zeitraum nach 1982 vgl. insbesondere Nr. 29 im vorliegenden Band.
28 Nr. 9.
29 Nr. 3.
30 Nr. 1.
31 Zu den innerparteilichen Kritikern zählten u. a. die Professoren Gesine Schwan, Karl Kaiser und Heinrich August Winkler. Vgl. insbesondere ihre Aufsätze in: *Maruhn, Jürgen/Wilke, Manfred* (Hrsg.): Wohin treibt die SPD? Wende oder Kontinuität sozialdemokratischer Sicherheitspolitik, München 1984.
32 Vgl. Nr. 6.
33 Nr. 3.
34 Vgl. Berliner Ausgabe, Bd. 5, Nr. 92.
35 Nr. 7.
36 *Informationen der sozialdemokratischen Bundestagsfraktion*, Nr. 1345 vom 14. September 1983.
37 Vgl. Nr. 7.
38 Nr. 9.
39 Vgl. ebd.
40 Nr. 6.
41 Vgl. EA 38 (1983) 18, S. D 512–D 513.
42 Nr. 8.
43 Vgl. EA 39 (1984) 1, S. D 19 f.
44 Vgl. Bundesdelegierten-Konferenz und Außerordentlicher Parteitag der Sozialdemokratischen Partei Deutschlands, Köln, 18. und 19. November 1983, Protokoll der

Verhandlungen und Anhang, Bonn o. J., S. 196–200.
45 Vgl. AdG 53 (1983), S. 27192.
46 Diesen Beschluss fasste der SPD-Bundesparteitag in Essen im Mai 1984. Vgl. Protokoll der Verhandlungen des SPD-Parteitags in Essen vom 17.–21. Mai 1984, Bonn o. J., S. 744–747.
47 Nr. 10.
48 Vgl. „Wo ist der Deutschen Vaterland?", in: *Der Spiegel*, Nr. 48 vom 28. November 1983, S. 17.
49 Siehe die Aufzeichnung von Klaus Lindenberg über die Gespräche von Willy Brandt, Felipe González und Bruno Kreisky in Madrid, 7./8. April 1984, Mai 1984, in: AdsD, WBA, A 19, 237. Vgl. dazu auch *Brandt, Willy:* Erinnerungen. Mit den Notizen zum „Fall G.", Berlin und Frankfurt/Main 1994, S. 366, und *Seebacher, Brigitte:* Willy Brandt, München 2004, S. 37 f.
50 Vgl. *Fischer, Frank:* „Im deutschen Interesse". Die Ostpolitik der SPD von 1969 bis 1989, Husum 2001, S. 288–299.
51 Siehe dazu die Aufzeichnung Veronika Isenbergs, Parteiführertreffen in Paris am 25. Mai 1984 und Brüssel, 31. 5./1. 6. 1984, 14. Juni 1984, in: AdsD, WBA, A 19, 254.
52 Nr. 13.
53 Zur tiefen Kluft zwischen SPD und US-Regierung in sicherheitspolitischen Fragen während der gesamten achtziger Jahre vgl. *Fischer* 2001, S. 266–288.
54 Nr. 17.
55 Ebd.
56 Nr. 18.
57 Vgl. Verhandlungen des Deutschen Bundestages, Stenographische Berichte, 9. Wahlperiode, Bd. 123, S. 8938 f.
58 So sagte Bundesinnenminister Friedrich Zimmermann (CSU) Ende Januar 1983, die Bundesregierung werde die deutsche Frage nicht auf die Bundesrepublik und die DDR beschränken, sondern die „ostdeutschen Gebiete jenseits von Oder und Neiße" einbeziehen. Im Herbst 1985 erklärte der Bundesminister für innerdeutsche Beziehungen, Heinrich Windelen (CDU), dass die Ostverträge hinsichtlich der Grenzfrage nicht „das ganze Deutschland" binden könnten. Vgl. AdG 53 (1983), S. 26327, und AdG 56 (1986), S. 29709.
59 Nr. 1.
60 Vgl. Berliner Ausgabe, Bd. 8, Einleitung.
61 Siehe dazu einen Vermerk des Internationalen Sekretariats vom 10. Juni 1983, in: AdsD, WBA, A 11.4, 135.
62 Siehe das Schreiben von Günter Grunwald an Willy Brandt vom 12. Januar 1984, in: AdsD, Dep. Ehmke, 1/HEAA000436.
63 Vgl. *Moseleit, Klaus:* Die „Zweite" Phase der Entspannungspolitik der SPD 1983–1989. Eine Analyse ihrer Entstehungsgeschichte, Entwicklung und der konzeptionellen Ansätze, Frankfurt/Main 1991, S. 1.
64 Vgl. Nr. 21.
65 Ebd.
66 Ebd.
67 Nr. 10.
68 Nr. 29.
69 Vgl. Vorstand der SPD (Hrsg.): Materialien – Frieden und Abrüstung in Europa. Ergebnisse der gemeinsamen Arbeitsgruppe SPD-PVAP (Vereinigte Polnische Arbeiterpartei), Bonn 1989.
70 Vgl. *Fischer* 2001, S. 222.
71 Vgl. ebd., S. 221.
72 Siehe dazu AdsD, Dep. Bahr, 1/EBAA 000722.
73 Siehe dazu AdsD, Dep. Bahr, 1/EBAA 000960.
74 Schreiben von Gaus an Brandt und Vogel vom 14. November 1982, in: AdsD, Dep. Bahr, 1/EBAA000951.

75 Zit. bei *Reißig, Rolf:* Dialog durch die Mauer. Die umstrittene Annäherung von SPD und SED. Mit einem Nachwort von *Erhard Eppler*, Frankfurt/Main 2002, S. 28–30.
76 Siehe das Schreiben Honeckers an Brandt von Januar 1983, in: AdsD, WBA, A 9, 11.
77 Vgl. Nr. 2.
78 Schreiben Brandts an Honecker vom 24. Mai 1983, in: AdsD, WBA, A 9, 11.
79 Vgl. *Reißig* 2002, S. 33.
80 Vgl. *Moseleit* 1991, S. 58–61 und S. 138.
81 Vgl. *Potthoff, Heinrich:* Die „Koalition der Vernunft". Deutschlandpolitik in den 80er Jahren, München 1995, S. 60
82 Nr. 14.
83 Nr. 5.
84 AdG 54 (1984), S. 27963 und 28143.
85 Nr. 14.
86 Nr. 19.
87 Vgl. AdG 56 (1986), S. 29709.
88 Protokoll der SPD-Parteivorstandssitzung vom 18. November 1985, in: AdsD, SPD-Parteivorstand, „Parteirat 8. 10. 85 u. a.".
89 Vgl. Zukunft für alle – Arbeiten für soziale Gerechtigkeit und Frieden. Regierungsprogramm 1987–1990 der Sozialdemokratischen Partei Deutschlands, Bonn o. J, S. 42.
90 Vgl. *Potthoff* 1995.
91 *Seebacher* 2004, S. 77.
92 Siehe Information Nr. 376/85 über die Haltung des SPD-Vorsitzenden Willy Brandt im Zusammenhang mit seinem geplanten Aufenthalt in der DDR (18. bis 20. 9. 1985), in: BStU, Archiv der Zentralstelle, ZAIG 3482.
93 Vgl. *Suckut, Siegfried:* Willy Brandt in der DDR. Oder: Die Schwierigkeiten des MfS mit der „Autoritätsperson im Weltmaßstab", in: Jahrbuch für Historische Kommunismusforschung 16 (2008), S. 170–182.
94 *Seebacher* 2004, S. 77.
95 Nr. 24A.
96 Ebd.
97 Siehe dazu die Unterlagen in: AdsD, WBA, A 19, 184.
98 Vgl. Nr. 24B.
99 Vgl. AdG 56 (1986), S. 29709.
100 Einzige und mit Vorsicht zu interpretierende Quelle dazu ist der IM-Bericht „Äußerungen leitender Vertreter des Bundes der Evangelischen Kirchen in der DDR zum Gesprächsverlauf und zur Wertung ihrer Begegnung mit dem Vorsitzenden der SPD, Brandt, am 19. September 1985 in der Hauptstadt der DDR", in: BStU, Zentralarchiv, MfS HA XX, 1411.
101 Siehe das Schreiben Peter Brandts an Willy Brandt vom 25. Juli 1985, in: AdsD, WBA, A 11.2, 164.
102 Nr. 26.
103 *Brandt, Willy:* Sicherheit gibt es nur miteinander, in: *Sozialdemokratischer Pressedienst*, Nr. 140 vom 26. Juli 1985, S. 1 f.
104 Nr. 21.
105 Nr. 24A.
106 Vgl. Nr. 16.
107 Siehe das Papier „Auslegung des Charakters, der Aufgaben und der Struktur der Gruppe LISTY", das bei einer Versammlung in Bergisch-Gladbach am 17. Oktober 1984 beschlossen wurde, in: AdsD, WBA, A 19, 185.
108 Siehe den Vermerk von Klaus Lindenberg an Hans-Eberhard Dingels vom 30. Januar 1985, Betr.: Gespräch mit der Listy-Gruppe (ČSSR), 24/1/85, in: AdsD, WBA, A 19, 185.
109 Vgl. Berliner Ausgabe, Bd. 9, Nr. 35. Siehe den weiteren Briefwechsel in: AdsD, WBA, A 11.2, 168 und 179, sowie A 10.1 (Büroleiter K. Lindenberg), 2, 8 und 14.
110 Vgl. „Brandt sagt ab", in: *Der Spiegel*, Nr. 48 vom 26. November 1984, S. 16 f.

111 Vgl. „Brandt verzichtet auf Besuch bei Hájek", in: *Süddeutsche Zeitung* vom 11. November 1985.
112 Siehe den Vermerk von Hans-Eberhard Dingels an Hans Koschnick vom 21. Mai 1986, in: AdsD, WBA, A 19, 185.
113 Vgl. Nr. 15.
114 Nr. 38.
115 Vgl. Dienstbier, Jiří: *Träumen von Europa*, Berlin 1991, S. 150.
116 Nr. 16.
117 Vgl. Berliner Ausgabe, Bd. 8, Nr. 61–63, sowie Berliner Ausgabe, Bd. 9, Nr. 70, 71 und 73.
118 Nr. 4.
119 Nr. 5.
120 Aufzeichnung von Klaus-Henning Rosen über das Treffen Willy Brandts mit der polnischen Delegation unter Leitung des PVAP-Fraktionsvorsitzenden Barcikowski am 25. Oktober 1983 in Bonn, in: AdsD, NL Selbmann, 89.
121 Ende Januar 1984 reiste Hans-Jürgen Wischnewski nach Warschau, im April absolvierte Björn Engholm einen mehrtägigen Aufenthalt in Polen, im Mai wurde Horst Ehmke an der Weichsel empfangen, im Juni weilte eine Delegation der SPD-Bundestagsfraktion im Land, im August war Karsten Voigt Gast der Sejm-Fraktion der PVAP, im selben Monat unternahm Stephan Thomas eine Informationsreise durch sieben polnische Städte und im November 1984 besuchte Hans-Jochen Vogel die polnische Hauptstadt. Danach kam es zu regelmäßigen Treffen der gemeinsamen Arbeitsgruppe über Vertrauensbildende Maßnahmen, die auf Seiten der SPD Ehmke leitete.
122 So z. B. die Vorsitzenden des Gesprächskreises Polen in der SPD-Bundestagsfraktion, die Abgeordneten Polkehn und (dessen Nachfolger) Schmitt. Vgl. *Polkehn, Walter*: Zum Mord an Pfarrer Popieluszko: Mit dem Verbrechen sollten die Regierung und die Kirche Polens provoziert werden, in: *Sozialdemokratischer Pressedienst*, Nr. 214 vom 6. November 1984, S. 1, sowie *Schmitt, Rudi*: Polen auf dem Weg zum inneren Ausgleich. Die große Mehrheit der Bevölkerung hat sich auf die Realitäten eingestellt und will das Beste daraus machen, in: *Sozialdemokratischer Pressedienst*, Nr. 204 vom 24. Oktober 1985, S. 5.
123 Vgl. *Glotz, Peter*: Von Heimat zu Heimat. Erinnerungen eines Grenzgängers, Berlin 2005, S. 304 f., und *Garton Ash, Timothy*: Im Namen Europas. Deutschland und der geteilte Kontinent, München 1993, S. 448, 484.
124 Nr. 16.
125 Siehe das Schreiben Jaruzelskis an Brandt vom 8. Dezember 1984, in: AdsD, WBA, A 19, 263. Brandt akzeptierte die Einladung wenig später. Siehe das Schreiben Ehmkes an Brandt vom 22. Februar 1985, in: AdsD, WBA, A 11.11, 42.
126 Michnik war durch seine regelmäßig im Nachrichtenmagazin *Der Spiegel* veröffentlichten Gefängnisberichte auch in der Bundesrepublik bekannt. 1983 hatte Heinrich Böll bei Willy Brandt für den Inhaftierten um Unterstützung gebeten. Siehe den Briefwechsel zwischen Böll und Brandt vom 5. und 14. März 1983, in: AdsD, WBA, A 11.2, 144.
127 *Michnik, Adam*: Zwischen Rußland und Deutschland, in: *Kultura* (deutschsprachige Sonderausgabe), Herbst 1984, S. 33–49 (hier: S. 48).
128 *Michnik, Adam*: „Totalitäre Ruhe ist kein Frieden"', in: *Der Spiegel*, Nr. 35 vom 26. August 1985, S. 110 f.
129 Siehe den Vermerk von Karl-Heinz Klär vom 8. September 1985, in: AdsD, WBA, A 19, 265.

130 Schreiben von Hans Koschnick an Karl-Heinz Klär vom 10. September 1985, in: AdsD, WBA, A 19, 265.

131 Schreiben Wałęsas an Brandt vom 1. September 1985, in: AdsD, WBA, A 11.2, 174. Den Brief, der von der Deutschen Botschaft weitergeleitet worden war, hatte Bronisław Geremek entworfen. Vgl. *Garton Ash* 1993, S. 448 und S. 760.

132 Nr. 27.

133 Protokoll der SPD-Präsidiumssitzung vom 21. Oktober 1985, in: AdsD, Präsidiumsprotokolle.

134 Vgl. *Ehmke, Horst:* Mittendrin. Von der Großen Koalition zur Deutschen Einheit, Reinbek 1996, S. 380.

135 Vgl. „Brandt nicht zu Wałęsa", in: *Bild* vom 19. November 1985, sowie „Brandt trifft nicht Wałęsa", in: *Frankfurter Allgemeine Zeitung* vom 19. November 1985.

136 „Brandt bereit zu Treffen mit Wałęsa – Aber nur in Warschau", in: *Kölner Stadtanzeiger* vom 20. November 1985.

137 Vgl. dazu auch *Seebacher* 2004, S. 79 f.

138 Nr. 28. Zweifellos wollte Brandt damit auf eine Gemeinsamkeit zwischen ihm, Jaruzelski und de Gaulle hinweisen: ihren Widerstand gegen den Nationalsozialismus.

139 Nr. 29.

140 Nr. 28.

141 „Brandt: Mein Polen-Besuch gilt dem ganzen Volk", dpa-Meldung vom 8. Dezember 1985.

142 Vgl. *Dienstbier* 1991, S. 147, und *Białołęcki, Janusz:* Zwei Besuche, in: *Tygodnik Mazowsze*, Nr. 150/151 [1985/1986], S. 3. Eine deutsche Übersetzung befindet sich in: AdsD, WBA, A 19, 266.

143 Siehe das Schreiben Brandts an Volker Rühe vom 20. September 1989, in: AdsD, WBA, A 13, 83.

144 Nr. 29.

145 Vgl. *Martenson, Sten:* „Willy Brandt und sein türkisches Beispiel", in: *Stuttgarter Zeitung* vom 9. Dezember 1985.

146 Vgl. *Stehle, Hansjakob:* „Bloß nicht Salz in die Wunden streuen. Der SPD-Vorsitzende bemühte sich, die polnischen Empfindlichkeiten zu schonen", in: *Die Zeit*, Nr. 51 vom 13. Dezember 1985, S. 2; *Kaufman, Michael T.:* „Solidarity faults a visit by Brandt. It contends he lent support to Jaruzelski and avoided opponents of regime", in: *The New York Times* vom 10. Dezember 1985; *Schleicher, Harry:* „Jubiläumsfeier nur mit Gästen der Opposition. In Warschau plädiert Willy Brandt für neue europäische Perspektiven / Kein Treffen mit Wałęsa", in: *Frankfurter Rundschau* vom 9. Dezember 1985; *Jagla, Jürgen C.:* „Politiker im Ausland", in: *Bonner Rundschau* vom 9. Dezember 1985.

147 Nr. 28.

148 Vgl. Nr. 30.

149 *Der Spiegel* schrieb beispielsweise: „,Solidarität', vor fünf Jahren Symbol des Widerstandes gegen das kommunistische System, ist heute ohne wirklichen Einfluß – die Arbeiter wechseln zur Staatsgewerkschaft." Vgl. „Birnen im Weidenbaum", in: *Der Spiegel*, Nr. 39 vom 23. September 1985, S. 168–171.

150 „Brandt zweimal mit Jaruzelski zusammengetroffen", in: *Frankfurter Allgemeine Zeitung* vom 9. Dezember 1985.

151 Vgl. *Brandt* 1994, S. 473 f.

152 Vgl. *Ehmke* 1996, S. 379.

153 Dabei waren außerdem Stanisław Stomma, Mitglied des Rates beim Primas der Katholischen Kirche und einstiger Sejm-Abgeordneter, der früher bei Solidarność aktive Journalist Krzysztof Śliwiński und der Warschauer Vorsitzende des KIK, Andrzej Swiecicki. Siehe die undatierte Aufzeichnung über das Gespräch in: AdsD, Dep. Ehmke, 1/HEAA000797.

154 „Brandt und Jaruzelski ziehen positive Bilanz", in: *Frankfurter Allgemeine Zeitung* vom 10. Dezember 1985. Vgl. auch *Białołęcki, Janusz:* Zwei Besuche, in: *Tygodnik Mazowsze*, Nr. 150/151 [1985/1986], S. 3. Eine deutsche Übersetzung befindet sich in: AdsD, WBA, A 19, 266.
155 *Białołęcki* [1985/1986], S. 3.
156 Siehe die Aufzeichnung Klaus Lindenbergs, Betr.: Zweites Vier-Augen-Gespräch Willy Brandt/General Jaruzelski, Warschau, 9. Dezember 1985, im Gebäude des ZK der PVAP, 9.35 bis 10.20 Uhr, in: AdsD, WBA, A 19, 264.
157 Vgl. Nr. 31.
158 Schreiben Wałęsas an Brandt vom 17. Januar 1986 (deutsche Übersetzung), in: AdsD, WBA, A 19, 266.
159 Nr. 33. Siehe auch das Schreiben von Klär an Rau, Vogel, Koschnick, Bahr und Ehmke vom 4. Februar 1986 (mit ms. Zusatz für Ehmke) sowie Klärs Notiz für Brandt vom 14. Februar 1986, in: AdsD, WBA, A 19, 266.
160 Nach dem Kreml-Besuch von Kanzlerkandidat Hans-Jochen Vogel im Januar 1983 knüpften Mitarbeiter der SPD-nahen Zeitschrift „Neue Gesellschaft" drei Monate später während eines Moskau-Aufenthalts eine erste Verbindung zwischen den beiden Parteien. Im Sommer des Jahres reisten zuerst Egon Bahr und dann Karsten Voigt zu sicherheitspolitischen Gesprächen nach Moskau. Siehe die Unterlagen in: AdsD, Dep. Ehmke, 1/HEAA000435 und 436.
161 Nr. 10.
162 Siehe dazu die Unterlagen in: AdsD, Dep. Bahr, 1/EBAA000960, sowie Dep. Ehmke, 1/HEAA000437.
163 Zum „geheimen Kanal" vgl. *Bahr, Egon:* Zu meiner Zeit, München 1996, S. 293–297, und *Keworkow, Wjatscheslaw:* Der geheime Kanal. Moskau, der KGB und die Bonner Ostpolitik, Berlin 1995.

164 Siehe AdsD, WBA, A 9, 10.
165 Siehe das Schreiben Brandts an Gorbatschow vom 3. Juni 1985, in: AdsD, WBA, A 9, 10, sowie das Schreiben Bahrs an Gromyko vom 3. Juni 1985 und das Schreiben Bahrs an Gorbatschow vom 14. Oktober 1985, in: AdsD, Dep. Bahr, 1/EBAA000960 und 961.
166 Egon Bahr erinnert sich, dass Gorbatschow zunächst den früheren sowjetischen Botschafter in Bonn, Valentin Falin, als Beauftragten benannt habe. Für einen „back channel"-Kontakt sei dies aber ganz unpassend gewesen, da Falin aufgrund seiner offiziellen Funktionen in Moskau nicht schnell nach Bonn habe kommen können. So Bahr im Gespräch mit dem Bearbeiter Wolfgang Schmidt am 25. Juni 2008. Für die Bemühungen vgl. Nr. 35. Siehe auch das Schreiben Gorbatschows an Brandt vom 7. August 1986, in: AdsD, Dep. Bahr, 1/EBAA000960 (inoffizielle deutsche Übersetzung) und WBA, A 9, 10 (Original in russischer Sprache).
167 Nr. 20.
168 Protokoll der Parteivorstandssitzung vom 30. Mai 1985, in: AdsD, Parteivorstand, „Parteirat 7. 5. 85 ff.". Vgl. auch *Seebacher* 2004, S. 71 f.
169 Vgl. Nr. 21.
170 Siehe den Vermerk von Klaus-Henning Rosen, Betr.: Stand der Gespräche über einen Austausch sowjetischer Kriegsgefangener in Afghanistan, 22. Dezember 1986, sowie die ebenfalls von Rosen angefertigte Unterrichtung für den Herrn Fraktionsvorsitzenden, nachrichtlich Horst Ehmke, 23. Februar 1988, in: AdsD, Dep. Ehmke, 1/HEAA000468. Vgl. auch *Rosen, Klaus-Henning:* Menschenrechte konkret: Hilfe der Sozialdemokratie für verfolgte Bürger, in: *Dowe, Dieter* (Hrsg.): Die Ost- und Deutschlandpolitik der SPD in der Opposition 1982–1989. Papiere eines Kon-

gresses der Friedrich-Ebert-Stiftung am 14. und 15. September 1993 in Bonn, Bonn 1993, S. 49–55.

171 Vgl. *Rosen* 1993, S. 53 f. Siehe auch die Vermerke Rosens über seine Gespräche in Moskau über Menschenrechtsfragen vom 7. November 1985 und vom 24. November 1986, in: AdsD, Dep. Ehmke, 1/HEAA-000766.

172 Vgl. *Brandt* 1994, S. 473.

173 Auskunft von Hans-Peter Riese gegenüber dem Bearbeiter Uwe Mai am 6. Juni 2003.

174 *Gorbatschow, Michail S.:* Erinnerungen, Berlin 1995, S. 1000. Zu Brandts Sicht auf Gorbatschow vgl. *Seebacher* 2004, S. 72 f.

175 Siehe z. B. die Schreiben Gorbatschows an Brandt vom 26. August 1985 und vom 20. Januar 1986, in: AdsD, WBA, A 9, 10, sowie Dep. Bahr, 1/EBAA000744 und 960.

176 Vgl. *Grachev, Andrei:* Gorbachev's Gamble. Soviet Foreign Policy and the End of the Cold War, Cambridge 2008, S. 43–58.

177 Vgl. EA 41 (1986) 5, S. D 135–D 143.

178 Nr. 32.

179 Vgl. AdG 56 (1986), S. 29982.

180 Siehe das Schreiben Bahrs an Brandt vom 17. Juli 1986, in: AdsD, Dep. Bahr, 1/EBAA000960.

181 Vgl. Nr. 32 und 35.

182 Nr. 34.

183 Vgl. EA 41 (1986) 14, S. D 376–D 379.

184 Vgl. *Brown, Archie:* Der Gorbatschow-Faktor. Wandel einer Weltmacht, Oxford und New York 1996, S. 379 f.

185 Vgl. *Shultz, George P.:* Turmoil and Triumph. My Years as Secretary of State, New York 1993, S. 751–780. Siehe auch *Savranskaya, Svetlana/Blanton, Thomas* (Ed.): The Reykjavik File – Previously Secret Documents from U.S. and Soviet Archives on the 1986 Reagan-Gorbachev Summit. From the collections of The National Security Archive, George Washington University, Washington DC. National Security Archive Electronic Briefing Book No. 203, in: http://www.gwu.edu/~nsarchiv/NSAEBB/NSAEBB203/index.htm (veröffentlicht am 13. Oktober 2006).

186 Nr. 37.

187 Vgl. *Schöllgen, Gregor:* Geschichte der Weltpolitik von Hitler bis Gorbatschow 1941–1991, München 1996, S. 401 f.

188 Nr. 42.

189 Vgl. EA 41 (1986) 22, S. D 625–D 638.

190 Nr. 42.

191 Vgl. Nr. 44 und 45.

192 Vgl. *Brown* 1996, S. 207–220.

193 Nr. 43.

194 Vgl. Nr. 41.

195 Das gemeinsame Papier von SPD und SED ist dokumentiert in: *Reißig* 2002, S. 393–398.

196 Die ausführlichste Darstellung liefert ein Hauptbeteiligter: *Reißig* 2002, bes. S. 72–386. Für knappe kritische Analysen des Papiers und seiner Wirkungen vgl. *Sturm, Daniel Friedrich:* Uneinig in die Einheit. Die Sozialdemokratie und die Vereinigung Deutschlands 1989/90, Bonn 2006, S. 93–103, *Winkler, Heinrich August:* Der lange Weg nach Westen. Zweiter Band: Deutsche Geschichte vom „Dritten Reich" bis zur Wiedervereinigung, München 2000, S. 452 f., und *Garton Ash* 1993, S. 474–480.

197 Nr. 42.

198 Vgl. *Winkler* 2000, Bd. 2, S. 453–459.

199 Vgl. *Jansen, Silke:* Zwei deutsche Staaten – zwei deutsche Nationen? Meinungsbilder zur deutschen Frage im Zeitablauf, in: Deutschland Archiv 22 (1989) 10, S. 1132–1143.

200 Zur Debatte um den Entwurf des außen- und deutschlandpolitischen Leitantrags, der für den Wiesbadener CDU-Bundesparteitag erstellt wurde und in dem die Vokabel „Wiedervereinigung" zunächst

nicht auftauchte, vgl. *Winkler* 2000, Bd. 2, S. 470 f.
201 Nr. 9.
202 Vgl. Nr. 14.
203 Nr. 19.
204 Nr. 47. In seinen „Erinnerungen", deren erste Auflage 1989 erschien, spitzte Brandt diese Formulierung noch einmal zu: „Durch den Kalten Krieg und dessen Nachwirkungen gefördert, gerann ‚Wiedervereinigung' zur spezifischen Lebenslüge der zweiten deutschen Republik." *Brandt* 1994, S. 156 f.
205 Das Urteil des Bundesverfassungsgerichts vom 31. Juli 1973 ist dokumentiert in: Texte zur Deutschlandpolitik, Reihe II/Bd. 1: 22. Juni 1973–18. Februar 1974, hrsg. vom Bundesministerium für innerdeutsche Beziehungen, Bonn 1975, S. 79–110. Die Begriffe „Wiedervereinigung" und „Wiederherstellung der staatlichen Einheit" verwendeten die Richter als Synonyme.
206 Nr. 72. Zur gesamten Debatte vgl. *Grebing, Helga:* Willy Brandt. Der andere Deutsche, Paderborn/München 2008, S. 117–119.
207 Willy Brandt im Gespräch mit Horst Schättle in der ZDF-Sendung „Zeugen des Jahrhunderts" am 13./15. Dezember 1988.
208 Vgl. *die tageszeitung* vom 14. und vom 21. Februar 1989.
209 Vgl. *Hildermeier, Manfred:* Geschichte der Sowjetunion 1917–1991. Entstehung und Niedergang des ersten sozialistischen Staates, München 1998, S. 1034–1036.
210 Zu Gorbatschows UNO-Rede vgl. *Grachev* 2008, S. 163 f.
211 Vgl. *Schöllgen, Gregor:* Die Außenpolitik der Bundesrepublik Deutschland. Von den Anfängen bis zur Gegenwart, München 1999, S. 182.
212 „Wiedervereinigung? Neuvereinigung!", in: *Frankfurter Allgemeine Zeitung* vom 6. Mai 1989.

213 Siehe das Schreiben Horst Graberts an Willy Brandt vom 27. Juni 1989 nebst Anlage, in: AdsD, WBA, A 10.1 (Büroleiter K. Lindenberg), 13.
214 *Brandt* 1994, S. 487.
215 Zu Brandts Reaktion auf die Niederschlagung der Studentenproteste in Peking vgl. Nr. 49.
216 Vgl. *Winkler* 2000, Bd. 2, S. 489.
217 Vgl. ebd., S. 489–493.
218 Nr. 51.
219 Vgl. ebd.
220 Nr. 53.
221 Vgl. *Reißig* 2002.
222 Vgl. *Winkler* 2000, Bd. 2, S. 484 f.
223 Vgl. *Sturm* 2006, S. 169–171.
224 Nr. 52. Zu den Begriffen „Selbstbestimmung" und „Einheit" bei Brandt vgl. *Grebing, Helga:* Geschichte der deutschen Arbeiterbewegung. Von der Revolution 1848 bis ins 21. Jahrhundert, Berlin 2007, S. 230 f.
225 Vgl. *Winkler* 2000, Bd. 2, S. 499–504, und *Sturm* 2006, S. 123–127.
226 Nr. 54.
227 Ebd.
228 Vgl. „SED krenzt Honecker aus", in: *die tageszeitung* vom 19. Oktober 1989. Zu den Vorgängen in der SED vgl. *Winkler* 2000, Bd. 2, S. 504 f. Zur Mitteilung über den bevorstehenden Sturz Honeckers vgl. *Seebacher* 2004, S. 295.
229 Nr. 55.
230 Siehe das Schreiben Brandts an Ibraim [!] Boehme vom 9. November 1989, in: AdsD, WBA, A 13, 140c.
231 Vgl. *Napolitano, Giorgio:* Dal PCI al socialismo europeo. Un'autobiografia politica, Rom 2006, S. 244.
232 Zu Schabowskis Pressekonferenz und zur Bundestagssitzung vgl. *Winkler* 2000, Bd. 2, S. 510–512.
233 Verhandlungen des Deutschen Bundestages, Stenographische Berichte, 11.

Wahlperiode, 174. Sitzung, 9. November 1989, S. 13221.

234 Vgl. *Seebacher* 2004, S. 295 f., und *Vogel, Hans-Jochen:* Nachsichten. Meine Bonner und Berliner Jahre, München und Zürich 1997, S. 303.

235 Rede von Willy Brandt anlässlich der Verleihung des Dolf-Sternberger-Preises Anfang Februar 1992 (1. 2. 1992) in der alten Aula der Uni Heidelberg, in: *Brandt, Willy:* „...was zusammengehört". Über Deutschland, 2., überarb. und erweit. Aufl., Bonn 1993, S. 147 f.

236 Vgl. *Rother, Bernd:* „Jetzt wächst zusammen, was zusammengehört" – Oder: Warum Historiker Rundfunkarchive nutzen sollten, in: *Garton Ash, Timothy:* Wächst zusammen, was zusammengehört? Deutschland und Europa zehn Jahre nach dem Fall der Mauer (Schriftenreihe der Bundeskanzler-Willy-Brandt-Stiftung, Heft 8), Berlin 2001, S. 25–50.

237 Nr. 56.

238 Vgl. *Merseburger, Peter:* Willy Brandt 1913–1992. Visionär und Realist, Stuttgart und München 2002, S. 838. Aufzeichnungen über das Gespräch liegen nicht vor.

239 Nr. 57.

240 Vgl. Dokumente zur Deutschlandpolitik: Deutsche Einheit. Sonderedition aus den Akten des Bundeskanzleramtes 1989/90. Bearb. von *Hanns Jürgen Küsters* und *Daniel Hofmann*, München 1998, S. 504 f. (Nr. 80).

241 Nr. 58.

242 Nr. 59.

243 Vgl. „Der macht auch was", in: *Der Spiegel*, Nr. 47 vom 20. November 1989, S. 133–135 (Zitat: S. 133).

244 Zit. bei *Winkler* 2000, Bd. 2, S. 520–522.

245 Vgl. Dokumente zur Deutschlandpolitik 1989/90, S. 61 f. und S. 616 (Nr. 112). Zu den Hintergründen der Ränkespiele in Moskau, deren Ergebnis Portugalows Mission war, vgl. *Grachev* 2008, S. 146 f.

246 Vgl. *Weidenfeld, Werner:* Außenpolitik für die deutsche Einheit. Die Entscheidungsjahre 1989/90 (Geschichte der deutschen Einheit, Band 4), Stuttgart 1998, S. 105–114.

247 Zur kontroversen Debatte in der SPD vgl. *Sturm* 2006, S. 219–224.

248 Nr. 60.

249 Vgl. *Grebing* 2007, S. 231.

250 Vgl. *Schöllgen* 1999, S. 189–191.

251 Vgl. Nr. 62.

252 Vgl. *Sturm* 2006, S. 138–141, und *Grebing* 2007, S. 235. Die Erklärung ist abgedruckt in: *Gutzeit, Martin/Hilsberg, Stephan:* Die SDP/SPD im Herbst 1989, in: *Kuhrt, Eberhard* (Hrsg.): Opposition in der DDR von den 70er Jahren bis zum Zusammenbruch der SED-Herrschaft (Am Ende des realen Sozialismus. Beiträge zu einer Bestandsaufnahme der DDR-Wirklichkeit in den 80er Jahren, hrsg. von *Eberhard Kuhrt* im Auftrag des Bundesministeriums des Innern, Bd. 3), Opladen 1999, S. 607–686 (hier: S. 683 f.).

253 Nr. 61.

254 Vgl. *Winkler* 2000, Bd. 2, S. 537–541.

255 Nr. 63.

256 Vgl. *Weidenfeld* 1998, S. 165.

257 Nr. 63.

258 *SPD* (Hrsg.): Protokoll vom Programm-Parteitag Berlin 18.–20. 12. 1989, Bonn 1990, S. 153.

259 Vgl. Nr. 70.

260 Wortlaut der Rede in: Protokoll des SPD-Parteitags 1989, S. 241–265 (Zitate: S. 253 f.).

261 „Akzente setzen in Berlin und Magdeburg", in: *Süddeutsche Zeitung* vom 21. Dezember 1989. Der Verfasser des Artikels, Martin E. Süskind, war in den siebziger Jahren Redenschreiber Brandts gewesen. Vgl. auch „'Auf den Kohl eindreschen'", in:

Der Spiegel, Nr. 22 vom 28. Mai 1990, S. 21–25 (hier: S. 22 f.).
262 Vgl. „Akzente setzen in Berlin und Magdeburg", in: *Süddeutsche Zeitung* vom 21. Dezember 1989 sowie „Das wär's", in: *Der Spiegel*, Nr. 52 vom 25. Dezember 1989, S. 65 f.
263 Vgl. Protokoll des SPD-Parteitags 1989, S. 539–545 (Zitat: S. 539). Eine direkte Mitwirkung Brandts am Text ist allerdings nicht nachweisbar.
264 „Akzente setzen in Berlin und Magdeburg", in: *Süddeutsche Zeitung* vom 21. Dezember 1989.
265 *Fuhr, Eckhard:* Jubel für Brandt in Magdeburg, in: *Frankfurter Allgemeine Zeitung* vom 21. Dezember 1989. Ein Manuskript oder ein Mitschnitt von Brandts Rede waren nicht auffindbar.
266 *heute-journal* vom 19. Dezember 1989. Wir danken dem ZDF für die Überlassung des Berichtes.
267 Vgl. *Weidenfeld* 1998, S. 201–206, sowie *Winkler* 2000, Bd. 2, S. 543.
268 Vgl. Nr. 64.
269 Rede Brandts in der Evangelischen Akademie Tutzing am 31. Januar 1990, in: *Brandt* 1993, S. 74–83 (Zitat: S. 76).
270 Nr. 66.
271 Vgl. *Sturm* 2006, S. 288.
272 Vgl. ebd., S. 308.
273 Vgl. *Wirsching, Andreas:* Abschied vom Provisorium. Geschichte der Bundesrepublik Deutschland 1982–1990 (Geschichte der Bundesrepublik Deutschland, Band 6), München 2006, S. 667–672.
274 Hubert Védrine, damals Pressesprecher Mitterrands, fertigte ein handschriftliches Stichwortprotokoll an. Bei Brandts Prognose notierte er statt „Allianz" der Einfachheit halber „CDU". Siehe Verbatim manuscrit des entretiens entre le Président et Willy Brandt, 8. März 1990, in: Archives Nationales, Paris, 5 AG 4/CD 73/1.

275 Siehe das Schreiben Willy Brandts an François Mitterrand vom 22. März 1990, in: Archives Nationales, Paris, 5 AG 4/635.
276 Vgl. Nr. 61. Vgl. auch *Sturm* 2006, S. 390 f.
277 Vgl. Nr. 66. Zur Debatte über die Währungsunion und zum Vorschlag von Matthäus-Maier und Roth vgl. *Grosser, Dieter:* Das Wagnis der Währungs-, Wirtschafts- und Sozialunion. Politische Zwänge im Konflikt mit ökonomischen Regeln, Stuttgart 1998 (Geschichte der deutschen Einheit, Bd. 2), S. 152–158.
278 So Brandt am 14. Juni 1990 vor der SPD-Bundestagsfraktion. Vgl. Nr. 69.
279 Vgl. *Sturm* 2006, S. 393 f.
280 Vgl. *Wirsching* 2006, S. 650.
281 Vgl. *Sturm* 2006, S. 230–237.
282 Vgl. Nr. 66. Zur anhaltenden Ost-West-Wanderung vgl. *Wirsching* 2006, S. 677.
283 Vgl. *Sturm* 2006, S. 402–418, und *Winkler* 2000, Bd. 2, S. 571 f.
284 Berliner Ausgabe, Bd. 5, Nr. 105.
285 Das deutete Brandt vor dem SPD-Parteirat am 14. Juni 1990 an. Vgl. *Sturm* 2006, S. 414.
286 Vgl. „Auf den Kohl eindreschen", in: *Der Spiegel*, Nr. 22 vom 28. Mai 1990, S. 21–25.
287 Vgl. *Sturm* 2006, S. 371, und *Lafontaine, Oskar:* Das Herz schlägt links, München 1999, S. 21.
288 Vgl. *Winkler* 2000, Bd. 2, S. 571–573, und *Sturm* 2006, S. 399–419.
289 *Lafontaine* 1999, S. 31.
290 Tonbandabschrift der Rede Willy Brandts bei einer Regionalkonferenz der Friedrich-Ebert-Stiftung für Asien und Pazifik in Manila, 1. Juni 1990, in: AdsD, WBA, A 3, 1086.
291 Vgl. Verhandlungen des Deutschen Bundestages, Stenographische Berichte, 11. Wahlperiode, 21. Juni 1990, S. 17142.

292 Vgl. Nr. 65.
293 Nr. 67.
294 Nr. 66.
295 Vgl. *Winkler* 2000, Bd. 2, S. 548–551.
296 Anm. 274.
297 Der amerikanische Botschafter in Bonn, Vernon A. Walters, nannte am 8. Mai 1990 ebenfalls die Regelung für Nord-Norwegen als mögliches Vorbild für die Behandlung des bisherigen DDR-Territoriums durch ein der NATO angehörendes Gesamtdeutschland. Siehe den Text der Rede vor dem Redaktionskomitee der Presseagentur Associated Press in Frankfurt/Main in: http://www.2plus4.de/chronik.php3?date_value=08.05.90&sort=003-000 (10. September 2008).
298 Publik machte Brandt seine neue Einschätzung der Zeitperspektive in einem Interview mit dem Bonner *General-Anzeiger* vom 15. März 1990, das vorab veröffentlicht wurde in: *Presseservice der SPD*, Nr. 115/90 vom 14. März 1990.
299 Vgl. *Brandt, Willy:* Im Interesse der Einheit. Bonn, Bundespressekonferenz, 15. März 1990, in: *Brandt* 1993, S. 104–108 (hier: S. 106).
300 Nr. 68.
301 Ebd.
302 Vgl. *Zelikow, Philip/Rice, Condoleezza:* Sternstunde der Diplomatie. Die deutsche Einheit und das Ende der Spaltung Europas, Berlin 1997, S. 384 f. und 390 f., sowie *Wirsching* 2006, S. 687 f.
303 Vgl. *Schöllgen* 1999, S. 196–203.
304 Vgl. *Winkler* 2000, Bd. 2, S. 593 f.
305 Vgl. ebd., S. 596 f.
306 Diesen Standpunkt vertrat Brandt z. B. in seiner Rede in Erfurt am 3. März 1990. Vgl. *Brandt* 1993, S. 95–103.
307 Vgl. Nr. 69.
308 Vgl. *Winkler* 2000, Bd. 2, S. 553–556.
309 Vgl. *Zelikow/Rice* 1997, S. 397.
310 Vgl. z. B. Nr. 69.
311 Unter Berufung auf die *Frankfurter Allgemeine Zeitung* vom 12. September 1990 zitiert bei: *Grosser* 1998, S. 380.
312 Vgl. Nr. 71.
313 Vgl. *Lafontaine* 1999, S. 31 f.
314 Vgl. Nr. 75.
315 Notizen von Klaus Lindenberg über das zweite Statement Willy Brandts in der Sitzung des SPD-Parteivorstandes am 3. Dezember 1990, in: AdsD, WBA, B 25, 230.
316 Vgl. Nr. 75.
317 Nr. 77.
318 Vgl. *SPD-Parteivorstand* (Hrsg.): Protokoll vom Parteitag, Bremen, 28.–31. Mai 1991, Bonn 1991, S. 624–626.
319 Vgl. Verhandlungen des Deutschen Bundestages, Stenographische Berichte, 12. Wahlperiode, 20. Juni 1991, S. 2749–2751.
320 Vgl. *Winkler* 2000, Bd. 2, S. 608 f.
321 Nr. 80.
322 Anm. 315.
323 Vgl. *Brandt, Willy:* Verbrecher und andere Deutsche. Ein Bericht aus Deutschland 1946, bearb. von *Einhart Lorenz*, Bonn 2007 (Willy-Brandt-Dokumente, Band 1). Vgl. auch *Rother, Bernd:* Willy Brandt – Der Kniefall von Warschau, in: *Fröhlich, Claudia/Kohlstruck, Michael* (Hrsg.): Engagierte Demokraten. Vergangenheitspolitik in kritischer Absicht, Münster 1999, S. 299–308.
324 Nr. 82.
325 Nr. 79.
326 Verhandlungen des Deutschen Bundestages, Stenographische Berichte, 12. Wahlperiode, 12. März 1992, S. 6714–6717 (Zitat: S. 6714).
327 Vgl. *Winkler* 2000, Bd. 2, S. 623.
328 Vgl. *Krech, Hans:* Vom Zweiten Golfkrieg zur Golf-Friedenskonferenz (1990–1994). Handbuch zur Geschichte der militärischen Kräftebalance am Persischen Golf. Unter Mitarbeit von *Günter Mohrmann*, Bremen 1996, S. 58 f.

329 Vgl. „Er hat ja noch so viele", in: *Der Spiegel*, Nr. 46 vom 12. November 1990, S. 22 f.
330 Vgl. „Im Geiselbasar von Bagdad", in: *Der Spiegel*, Nr. 45 vom 5. November 1990, S. 18–20.
331 Vgl. Nr. 73.
332 Vgl. ebd. und *Merseburger* 2002, S. 853 f.
333 Vgl. Nr. 73.
334 Ebd. und Nr. 74.
335 Vgl. Nr. 76.
336 Vgl. *Schöllgen* 1996, S. 452–454.
337 Vgl. Nr. 76. Siehe dazu auch Brandts Interview-Äußerungen in: „Warum sollen wir nicht dabeisein?", in: *Der Spiegel*, Nr. 7 vom 11. Februar 1991, S. 27–30.
338 Siehe Protokoll der SPD-Parteivorstandssitzung vom 18. März 1991, in: AdsD, SPD-PV, PV-Sitzungen. Vgl. auch, „Ein Dolch mit Monogramm", in: *Der Spiegel*, Nr. 13 vom 25. März 1991, S. 22–25.
339 Vgl. Nr. 78.
340 Siehe dazu auch das Schreiben von Willy Brandt an Oskar Lafontaine vom 17. Mai 1991, in: AdsD, WBA, A 12, 14.
341 Protokoll des SPD-Parteitags 1991, S. 650. Vgl. auch „Vom Oberlehrer zum Volkshochschullehrer", in: *die tageszeitung*, 30. Mai 1991.
342 Vgl. Nr. 80.
343 Vgl. Nr. 83.
344 Vgl. Nr. 82. Vgl. auch „Warum sollen wir nicht dabeisein?", in: *Der Spiegel*, Nr. 7 vom 11. Februar 1991, S. 27–30.
345 Vgl. Nr. 83.
346 Nr. 84.
347 Vgl. Nr. 83.
348 Nr. 79.
349 Zu Brandts Reaktion vgl. auch Berliner Ausgabe, Bd. 8, Nr. 109.
350 Nr. 79.
351 Nr. 82.
352 Ebd.
353 Verhandlungen des Deutschen Bundestages, 12. Wahlperiode, S. 6714–6717 (Zitate: S. 6716). Für Brandts Argumente aus dem Jahr 1962 gegen den Abbruch der Handelsbeziehungen vgl. *Brandt, Willy*: Koexistenz – Zwang zum Wagnis, Stuttgart 1963, S. 76.
354 Nr. 84.
355 Vgl. dazu *Giering, Claus/Jung, Christian*: Reform der Europäischen Union, in: *Weidenfeld, Werner* (Hrsg.): Europa-Handbuch, Bonn 1999, S. 424–444 (hier: S. 428–433).
356 Nr. 84.
357 Vgl. dazu insbesondere *Schwan, Gesine*: Die SPD und die westliche Freiheit, in: Die Neue Gesellschaft 30 (1983) 10, S. 929–934; *dies.*: Zur Bedeutung der westlichen Freiheit für die Friedenspolitik der SPD, in: Die Neue Gesellschaft 31 (1984) 1, S. 82–86; *dies.*: Gegen bürokratische Engstirnigkeit – für eine faire Auseinandersetzung um den zukünftigen Kurs der SPD, in: Die Neue Gesellschaft 31 (1984) 12, S. 1164–1170.
358 Vgl. Berliner Ausgabe, Bd. 8, Nr. 115, Anm. 2.

Nr. 1

1 Diese erste deutsch-sowjetische Expertenkonferenz über Sicherheitsfragen wurde von der Friedrich-Ebert-Stiftung organisiert und fand am 21./22. Oktober 1982 in Bonn statt. Zu den öffentlichen Reaktionen vgl. Medienecho zum Deutsch-Sowjetischen Expertengespräch am 21. und 22. Oktober 1982 in Bonn. Generalthema: Ost-West-Beziehungen und europäische Sicherheit, hrsg. von der Studiengruppe Sicherheit und Abrüstung im Forschungsinstitut der Friedrich-Ebert-Stiftung, Bonn 1982.

2 Brandt hatte Moskau vom 29. Juni–2. Juli 1981 besucht. Das Gespräch mit Breschnew ist dokumentiert in: Berliner Ausgabe, Bd. 9, Nr. 65.

3 Vgl. Probleme und Perspektiven der europäischen Sicherheit und der Rüstungskontrolle. Presseecho zum dritten Europäisch-Amerikanischen Workshop am 25. und 26. Juni 1982 in Bonn, hrsg. von der Studiengruppe Sicherheit und Abrüstung im Forschungsinstitut der Friedrich-Ebert-Stiftung, Bonn 1982.

4 Gemeint ist der Regierungswechsel vom 1. Oktober 1982. Vgl. Einleitung.

5 In seiner ersten Regierungserklärung am 13. Oktober 1982 betonte Bundeskanzler Helmut Kohl, zu den Ostverträgen zu stehen und sie als „Instrumente aktiver Friedenspolitik" zu nutzen. Vgl. Verhandlungen des Deutschen Bundestages, Stenographische Berichte, 9. Wahlperiode, Bd. 123, S. 8938 f.

6 Gemeint ist der Moskauer Vertrag vom 12. August 1970. Vgl. *Brandt, Willy*: Ein Volk der guten Nachbarn. Außen- und Deutschlandpolitik 1966–1974, bearb. von *Frank Fischer*, Bonn 2005 (Berliner Ausgabe, Bd. 6), Nr. 41–43.

7 1981 war das deutsch-britisch-französisch-sowjetische Projekt vereinbart worden, eine Erdgasleitung aus Sibirien nach Westeuropa zu bauen. Dieses „Erdgas-Röhren-Geschäft" stieß jedoch auf heftige Kritik der amerikanischen Regierung, die deswegen ein Ausfuhrverbot für Ausrüstungsgüter verhängte, das erst im Dezember 1982 aufgehoben wurde. Vgl. *Winkler* 2000, Bd. 2, S. 391.

8 Die vom schwedischen Ministerpräsidenten Olof Palme geleitete internationale Kommission hatte ihren Bericht im Juni 1982 veröffentlicht. Vgl. Der Palme-Bericht der unabhängigen Kommission für Abrüstung und Sicherheit, Berlin 1982.

9 Gemeint sind die Verhandlungen über eine beiderseitige und ausgewogene Verminderung von Truppen und Rüstungen in Europa (MBFR), die seit dem 30. Oktober 1973 in Wien geführt wurden.

10 Die Konferenz über Sicherheit und Zusammenarbeit in Europa (KSZE) war unter Beteiligung von 35 Staaten am 3. Juli 1973 in Helsinki eröffnet worden. Am 1. August 1975 hatten die Staats- und Regierungs- bzw. Parteichefs die KSZE-Schlussakte unterzeichnet. Nach Belgrad 1978 fand das zweite Folgetreffen der KSZE vom 11. November 1980 bis 9. September 1983 in Madrid statt. Im Schlussdokument wurde u. a. die Einberufung der Konferenz über Vertrauens- und Sicherheitsbildende Maßnahmen in Europa (KVAE) beschlossen, die am 17. Januar 1984 in Stockholm eröffnet werden sollte. Vgl. EA 38 (1983) 20, S. D 537–554.

11 Durch die amerikanisch-sowjetischen Verträge über die Begrenzung strategischer Atomwaffen vom 26. Mai 1972 (SALT I) und vom 18. Juni 1979 (SALT II) waren insbesondere bei den Interkontinentalraketen Obergrenzen für beide Seiten festgelegt worden. Wegen des sowjetischen Einmarsches in Afghanistan lehnte der US-Senat die Ratifizierung von SALT II jedoch ab. Allerdings erklärten sowohl die Carter- als auch die Reagan-Administration 1980 bzw. 1982, dass die USA das Abkommen einhalten würden, solange auch die Sowjetunion dies tue.

12 Gemeint sind die sogenannten SS-20-Raketen mit einer Reichweite von bis zu 5000 km und max. drei voneinander unabhängigen Atomsprengköpfen. Seit 1976 stellte die Sowjetunion diese neue bodengestützte Mittelstreckenrakete, die auf Ziele in Westeuropa ausgerichtet waren, in großer Zahl auf. 1982 waren es bereits über 200 und bis 1987 wurden 441 SS-20 stationiert. Hinzu kamen die seit den sechziger Jahren stationierten Mittelstreckenraketen älterer Bauart SS-4 und SS-5, die mit je einem Nuklearsprengkopf ausgestattet waren und

Stück für Stück durch die erheblich zielgenauere SS-20 ersetzt wurden. Vgl. *Risse-Kappen, Thomas:* Null-Lösung. Entscheidungsprozesse zu den Mittelstreckenwaffen 1970–1987, Frankfurt/Main und New York 1988, S. 29–32. Vgl. auch Einleitung.

13   Am 17. Oktober 1980 hatten die USA und die Sowjetunion in Genf Verhandlungen über die nuklearen Mittelstreckenwaffen (INF) aufgenommen. Die Verhandlungen waren aber nach nur einem Monat unterbrochen worden. Sie konnten erst am 30. November 1981 fortgesetzt werden. Am 29. Juni 1982 hatten in Genf auch die Gespräche über die Reduzierung der strategischen Nukleararsenale begonnen (START).

14   In Reaktion auf die Stationierung sowjetischer SS-20-Raketen hatte die NATO am 12. Dezember 1979 einen Doppelbeschluss gefasst. Zum einen vereinbarte das Bündnis, die technisch veraltete Pershing Ia durch neue amerikanische Nuklearwaffensysteme in Westeuropa zu ersetzen und 1000 nukleare Gefechtsköpfer abzuziehen. Zum anderen bot die nordatlantische Allianz der Sowjetunion an, so bald wie möglich Verhandlungen über die atomaren Mittelstreckenwaffen aufzunehmen. Würde jedoch binnen vier Jahren kein Abkommen zustande kommen, sollte im Herbst 1983 die Aufstellung von 108 Pershing-II-Raketen und 464 bodengestützten Marschflugkörpern (Cruise Missiles) beginnen. Der Wortlaut ist dokumentiert in: EA 35 (1980) 2, S. D 35–D 37. Zur Genese des NATO-Doppelbeschlusses vgl. *Haftendorn, Helga:* Deutsche Außenpolitik zwischen Selbstbeschränkung und Selbstbehauptung 1945–2000, Stuttgart und München 2001, S. 264–296.

15   US-Präsident Reagan hatte am 18. November 1981 eine weltweit geltende beiderseitige Null-Lösung für alle landgestützten Mittelstreckenwaffen der USA und der Sowjetunion vorgeschlagen. Das hätte den Verzicht auf die Stationierung der neuen amerikanischen Systeme bedeutet und auf sowjetischer Seite zur Verschrottung der SS-20 sowie aller älteren Raketentypen geführt. Vgl. EA 36 (1981) 24, S. D 654–D 660. Der Kreml hielt dagegen, dass „eine wirkliche Null-Option" nur ein vollkommen kernwaffenfreies Europa sein könne. Falls der Westen dazu nicht bereit sei, sollten alle bestehenden Kernwaffensysteme in Europa – einschließlich der französischen und britischen Nuklearwaffen – mit einer Reichweite von mehr als 1000 km auf 300 in Ost und West begrenzt werden. Die räumliche Verlagerung eines Teils der Waffen hinter vereinbarte Grenzen schloss die sowjetische Führung dabei nicht aus. Im März 1982 kündigte Parteichef Breschnew zudem an, die Zahl der im europäischen Teil der Sowjetunion stationierten mehr als 300 Mittelstreckenraketen für die Dauer der Genfer Verhandlungen einzufrieren – jedoch unter der Bedingung, dass die USA keine Vorbereitungen für die Stationierung von Pershing II und Cruise Missiles in Westeuropa treffen würden. Vgl. EA 37 (1982) 8, S. D 206–D 214.

16   Vgl. Parteitag der Sozialdemokratischen Partei Deutschlands vom 19. bis 23. April 1982 in München. Band 2: Angenommene und überwiesene Anträge, Bonn o. J., S. 910.

17   Gemeint ist die KSZE-Schlussakte von Helsinki, die am 1. August 1975 von den 35 Teilnehmerstaaten der Konferenz – darunter auch die USA und Kanada – unterzeichnet worden war. Vgl. EA 30 (1975) 17, S. D 437–D 484.

Nr. 2

1   Vorlage ist eine Durchschrift des Schreibens, von dem Hans-Jochen Vogel,

Hans-Jürgen Wischnewski und Günter Gaus jeweils eine Kopie erhielten.

2   In seinem Brief, der am 8. Februar 1983 im Büro Brandt eingegangen war, hatte der SED-Generalsekretär den Vorsitzenden der Sozialdemokraten und „weitere Repräsentanten" der SPD zu der internationalen Konferenz aus Anlass des 100. Todestages von Karl Marx eingeladen. Die Tagung fand vom 11.–16. April 1983 in Ost-Berlin statt. Siehe das Schreiben Honeckers an Brandt von Januar 1983, in: AdsD, WBA, A 9, 11.

3   Zur Entwicklung der Parteibeziehungen zwischen SPD und SED vgl. Einleitung.

4   Stempel.

Nr. 3

1   Vorlage ist das deutsche Manuskript des Buchbeitrages von Brandt, das am 5. Mai 1983 an den Verlag Tiden Norsk Forlag in Oslo übersandt wurde. Für die in norwegischer Sprache veröffentlichte Fassung vgl. *Brandt, Willy:* Avspenningspolitikk – det rette nå, in: Dynamitt og hestehov. Reiulf Steen femti år. Redigert av Magne Nedregaard, Oslo 1983, S. 84–92.

2   Weggelassen wurden einleitende Bemerkungen, in denen Brandt insbesondere Reiulf Steen für die Unterstützung der deutschen Initiativen zur Entspannungspolitik in den sechziger und siebziger Jahren dankt.

3   Vgl. Berliner Ausgabe, Bd. 6.

4   Vgl. Berliner Ausgabe, Bd. 9.

5   Die Formulierung „Der Frieden ist nicht alles, aber alles ist ohne den Frieden nichts" gebrauchte Brandt erstmals 1981. Vgl. Berliner Ausgabe, Bd. 5, Nr. 80.

6   So lautete damals die Forderung der Friedensbewegung in der DDR.

7   Ende Dezember 1979 waren sowjetische Truppen in Afghanistan einmarschiert.

8   Nicht nur unter Kritikern der Reagan-Administration war diese Auffassung damals verbreitet. Demnach hieß es, die amerikanische Regierung verfolge das Ziel, durch die massive Aufrüstung der USA den Niedergang des sowjetischen Imperiums beschleunigen bzw. diesen bewusst herbeiführen zu wollen, da sie davon ausginge, dass die Sowjetunion aufgrund ihrer technologischen und wirtschaftlichen Rückständigkeit beim Rüstungswettlauf nicht mehr mithalten könne. Nach dem Ende des Kalten Krieges und der Auflösung der Sowjetunion fand die These, die Amerikaner hätten durch die Aufrüstung die „Kapitulation" des Kremls absichtlich erzwungen, viele Anhänger. Tatsächlich waren aber die Meinungen in der Reagan-Administration, speziell die Ansichten des Präsidenten, über die Möglichkeiten und Ziele der amerikanischen Politik gegenüber der Sowjetunion in den achtziger Jahren weniger eindeutig und weitaus differenzierter als vermutet. Vgl. *Beth A. Fischer:* The Reagan Reversal: Foreign Policy and the End of the Cold War, Columbia (Missouri) 1997.

9   Hier spielt Brandt auf eine Aussage des amerikanischen Verteidigungsministers Caspar Weinberger an: „Wir müssen sicherstellen, daß dieses sowjetische Imperium, wenn es denn aufgrund seiner eigenen Widersprüche zusammenbricht, das mit einem Winseln tut und nicht mit einem großen Knall." „Mit einem Winseln, nicht mit einem Knall", in: *Der Spiegel,* Nr. 40 vom 28. September 1981, S. 145–150 (Zitat S. 150).

10   Die nach dem belgischen Außenminister Pierre Harmel benannte Studie über die künftigen Aufgaben der NATO hatte im Dezember 1967 festgestellt: „Mi-

litärische Sicherheit und Politik der Entspannung stellen keinen Widerspruch, sondern eine gegenseitige Ergänzung dar." EA 23 (1968) 23, S. D 75 f.

11 Die sowjetischen Mittelstreckenraketen hätten ihre Ziele in Westeuropa innerhalb von fünf bis fünfzehn Minuten erreicht, die amerikanischen Systeme in acht bis zwölf Minuten. Bei Kurzstreckenraketen war die Vorwarnzeit noch kürzer.

12 Vgl. Nr. 1, Anm. 8.

13 Vgl. ebd., Anm. 13.

14 Korrigiert aus: stimmten.

15 Der Begriff „Gemeinsame Sicherheit" war das Leitmotiv des Berichts der Palme-Kommission und stammte von Egon Bahr. Vgl. *Vogtmeier, Andreas*: Egon Bahr und die deutsche Frage. Zur Entwicklung der sozialdemokratischen Ost- und Deutschlandpolitik vom Kriegsende bis zur Vereinigung, Bonn 1996, S. 241–252, sowie *Fischer* 2001, S. 132–159.

16 Gemeint sind die Verträge SALT I und II. Vgl. Nr. 1, Anm. 11.

17 Vgl. ebd., Anm. 17.

18 Vgl. ebd., Anm. 10.

19 Vgl. ebd., Anm. 9.

20 1982 hatten große amerikanische Tageszeitungen über eine Leitlinie des US-Verteidigungsministeriums berichtet, die davon ausging, einen Atomkrieg bis zu sechs Monate führen und gewinnen zu können. Vgl. „USA: Atomkrieg doch führbar?", in: *Der Spiegel*, Nr. 35 vom 30. August 1982, S. 104 f.

21 Zur amerikanischen Friedensbewegung vgl. *Fröhlich, Stefan:* Nuclear Freeze Campaign. Die Kampagne für das Einfrieren der Nuklearwaffen unter der Reagan-Administration, Opladen 1990.

22 Vgl. Anm. 5.

Nr. 4

1 Das Kriegsrecht in Polen war am 13. Dezember 1981 verhängt worden. Vgl. Berliner Ausgabe, Bd. 8, Einleitung und Nr. 61–63. Nachdem es Ende 1982 ausgesetzt worden war, wurde das Kriegsrecht am 22. Juli 1983 aufgehoben.

2 Dazu zählten z. B. die Solidarność-Mitglieder Jacek Kuroń und Adam Michnik. Siehe dazu auch den Briefwechsel zwischen Heinrich Böll und Willy Brandt im März 1983 über einen Hilferuf Michniks aus dem Gefängnis, in: AdsD, WBA, A 11.2, 144.

3 Nach Massendemonstrationen und einer Streikwelle hatten die polnische Regierung und Vertreter des Überbetrieblichen Streikkomitees am 31. August 1980 die Danziger Vereinbarung unterzeichnet. Zu den wichtigsten Punkten des Abkommens gehörten die Zulassung freier Gewerkschaften, die Garantie des Streikrechts, Meinungs- und Pressefreiheit sowie die Freilassung von Oppositionellen. Vgl. *Winkler* 2000, Bd. 2, S. 360.

Nr. 5

1 Das Interview führte der Bonner Korrespondent des SFB, Gerd Kolbe.

2 Der CSU-Vorsitzende und bayerische Ministerpräsident Franz Josef Strauß hatte auf einer als privat bezeichneten Reise vom 17.–27. Juli 1983 die ČSSR, Polen und die DDR besucht und dabei auch Gespräche mit hochrangigen Politikern geführt. Vgl. AdG 53 (1983), S. 26827.

3 Von Strauß eingefädelt, hatten westdeutsche Banken der DDR Ende Juni 1983 einen Milliardenkredit gewährt, für den die Bundesrepublik Deutschland bürgte. Diese Initiative eines der schärfsten Kritiker der sozial-liberalen Deutschlandpolitik überraschte die Öffentlichkeit ebenso wie sein Treffen mit Erich Honecker im Jagdschloss

Hubertusstock am 24. Juli 1983. Vgl. *Potthoff* 1995, S. 19–21 und 145–157, sowie *Strauß, Franz Josef*: Die Erinnerungen, Berlin 1989, S. 470–484.

4   Hauptstreitpunkt der 1973 begonnenen Verhandlungen über ein deutsch-deutsches Kulturabkommen war die Forderung der DDR nach Herausgabe von Kunstgegenständen aus der Stiftung Preußischer Kulturbesitz. Am 20. September 1983 wurden die Gespräche wieder aufgenommen und schließlich am 6. Mai 1986 mit der Unterzeichnung eines Abkommens abgeschlossen. Im Umweltbereich einigten sich beide deutsche Staaten am 12. Oktober 1983 auf die gemeinsame Gewässerreinigung des Grenzflusses Röden. Ein umfassendes Umweltabkommen wurde erst am 8. September 1987 unterzeichnet. Vgl. *Weidenfeld, Werner/Korte, Karl-Rudolf* (Hrsg.): Handbuch zur Deutschen Einheit 1949–1989–1999, aktual. Neuausgabe, Bonn 1999, S. 427.

5   Hier nicht abgedruckt sind Antworten Brandts auf die Frage, ob die Position West-Berlins beim Milliardenkredit für die DDR hinreichend berücksichtigt worden sei.

6   In einem Interview mit Radio Polonia hatte Strauß erklärt, in Polen habe ein Chaos verhindert werden müssen. Nach seinem flüchtigen Eindruck habe sich die Lage wieder konsolidiert und die Regierung bemühe sich wohl auch, Belastungen abzubauen. Die bevorstehende Aufhebung des Kriegsrechts sei ein erster Schritt auf dem richtigen Weg. Jetzt gehe es um die Frage, wie die polnische Wirtschaft wieder in Gang gebracht werden könne. Vgl. AdG 53 (1983), S. 26827.

7   Vgl. Nr. 4.

8   Nach der Verhängung des Kriegsrechts in Polen hatte der amerikanische Präsident Ronald Reagan am 23. Dezember 1981 Sanktionen gegen Polen verkündet. Vgl. AdG 51 (1981), S. 25231.

9   Weggelassen ist eine kurze Passage über die mögliche Gefahr der Bildung einer neuen rechtsradikalen Partei in der Bundesrepublik.

10   Beim sogenannten „Waldspaziergang" am Genfer See hatten sich Paul Nitze und Julij Kwizinski am 16. Juli 1982 auf einen Kompromiss bei den INF-Verhandlungen verständigt, der u. a. einen Verzicht auf die Pershing II und die beiderseitige Begrenzung der Starteinrichtungen von Mittelstreckenwaffen vorsah. Demnach hätte die Sowjetunion ihre Bestände auf 75 SS-20 reduzieren müssen, während die USA 75 Cruise Missiles hätten aufstellen dürfen. Der Vorschlag wurde aber sowohl in Washington als auch in Moskau abgelehnt. Vgl. *Talbott* 1984, S. 197–253.

11   Am 13. Juli 1983 hatte Bundesaußenminister Genscher die USA und die Sowjetunion aufgefordert, sich „in Richtung auf die Ergebnisse des Waldspaziergangs" zu bewegen. Bundeskanzler Kohl erklärte am 18. Juli 1983, ob die „Waldspaziergangsformel" die Lösung sei, könne er nicht sagen; das müsse in Genf geprüft werden. Fünf Tage später betonte er das Festhalten an der Stationierung der amerikanischen Raketen, falls es keine befriedigenden Verhandlungsergebnisse gebe. Auch eine denkbare Zwischenlösung bei den Genfer Gesprächen mache einen „Waffenmix" aus Pershing II und Cruise Missiles nicht entbehrlich, so Kohl. Vgl. AdG 53 (1983), S. 27024.

12   So hatte Helmut Schmidt schon im Mai 1983 öffentlich erklärt, dass er diesen Kompromiss, über den er während seiner Amtszeit als Bundeskanzler nicht informiert worden war, akzeptiert hätte. Vgl. „Nachrüstung: Der Countdown läuft", in: *Der Spiegel*, Nr. 21 vom 23. Mai 1983, S. 17 f.

13   Der außerordentliche Parteitag, der über die Haltung der SPD zur Raketenfrage

entschied, fand schließlich am 18./19. November 1983 in Köln statt.

14 Die abschließenden Fragen und Antworten, die hier nicht dokumentiert sind, widmen sich der damaligen politischen Stimmung in der Bundesrepublik.

Nr. 6

1 Brandt bezieht sich auf eine im Auftrag des SPD-Vorstands durchgeführte Infratest-Umfrage vom 4.–22. August 1983. Vgl. *Informationen der Sozialdemokratischen Bundestagsfraktion*, Nr. 1335 vom 13. September 1983.

2 Vgl. Nr. 1, Anm. 13.

3 Am 4. Mai 1983 hatte das US-Repräsentantenhaus mit einer Mehrheit von 278 zu 149 Stimmen eine Resolution angenommen, die ein „Einfrieren" („Freeze") der amerikanischen und sowjetischen Nukleararsenale forderte. Vgl. AdG 53 (1983), S. 26599.

4 Vgl. *Brandt, Willy:* Berlin bleibt frei. Politik in und für Berlin 1947–1966, bearb. von *Siegfried Heimann*, Bonn 2004 (Berliner Ausgabe, Bd. 3).

5 Vgl. Nr. 1, Anm. 9.

6 Breschnew hatte bereits im Juli 1981 bei seinem Treffen mit dem SPD-Vorsitzenden sowjetische Gegenmaßnahmen angedroht, falls amerikanische Raketen stationiert würden. Vgl. Berliner Ausgabe, Bd. 9, Nr. 65 und 66.

7 Vgl. Nr. 1, Anm. 14.

8 Frankreich und Großbritannien hatten sich 1979 mit den USA und der Bundesrepublik Deutschland darauf verständigt, dass ihre Nuklearpotenziale nicht in die amerikanisch-sowjetischen INF-Verhandlungen einzubeziehen seien. Die 162 französischen und britischen Raketen waren fast ausschließlich auf U-Booten stationiert, womit sie nach westlicher Auffassung ohnehin zu den strategischen Kernwaffen zählten. In Genf weigerte sich die US-Regierung strikt, mit der Sowjetunion über Nuklearsysteme von Drittstaaten zu verhandeln. Vgl. *Risse-Kappen* 1988, S. 108 f.

9 Für diese Forderung der Sowjetunion hatte Brandt schon im Juli 1981 Verständnis gezeigt und sie im Gespräch mit Breschnew ausdrücklich akzeptiert. Vgl. Berliner Ausgabe, Bd. 9, Nr. 65.

10 Am 30. Juli 1983 hatte der sowjetische Verteidigungsminister Dmitrij Ustinow den Vorschlag wiederholt, die nuklearen Mittelstreckenwaffen in Europa auf 300 Systeme für jede Seite zu reduzieren und auch bei der Zahl der Sprengköpfe Parität herzustellen. Allerdings machte der Kreml weiterhin den Verzicht auf die Stationierung neuer amerikanischer Raketen zur Bedingung und bestand auf der Einbeziehung der britischen und französischen Atomwaffen. Vgl. EA 38 (1983) 18, S. D 505–D 509.

11 Vgl. Nr. 1, Anm. 11.

12 Vgl. EA 35 (1980) 2, S. D 35–D 37.

13 Die Abschiedsrede vom 17. Januar 1961 ist dokumentiert in: AdG 31 (1961), S. 8867.

Nr. 7

1 Vorlage ist die vom SPD-Pressedienst veröffentlichte Wiedergabe des Berichts, die anhand einer Audioaufzeichnung der Fraktionssitzung erstellt wurde und fast durchgehend dem Wortlaut der Ausführungen Brandts folgt. In die Pressemitteilung wurden zusätzlich Zwischenüberschriften eingefügt. Die Tonaufnahme ist im AdSD archiviert. Wichtige Abweichungen der hier abgedruckten Vorlage vom gesprochenen Wort sind im Folgenden kenntlich gemacht.

2 Im ersten Teil seines politischen Berichts äußert sich Brandt zu innenpoli-

tischen Themen: dem Erscheinungsbild der Bonner Koalition, den Wahlkämpfen in Hessen und Bremen, der Werftenkrise, der Oberbürgermeisterwahl in Mannheim sowie einer sozialdemokratischen Informationskampagne zur Wirtschafts- und Sozialpolitik. Danach wendet er sich der sicherheitspolitischen Diskussion zu, die er mit Erläuterungen zum genauen Termin des bevorstehenden außerordentlichen SPD-Bundesparteitags im November 1983 einleitet.

3 Am 1. September 1983 hatte ein sowjetischer Abfangjäger eine Boeing 747 der Korean Airlines auf ihrem Flug von New York nach Seoul abgeschossen, nachdem sie in den Luftraum der Sowjetunion eingedrungen war. Alle 269 Insassen des Verkehrsflugzeugs kamen dabei ums Leben. Der Abschuss erfolgte auf Befehl des sowjetischen Verteidigungsministers. Vgl. AdG 53 (1983), S. 26939.

4 Das SPD-Präsidium hatte am Tag zuvor Stellung genommen und den Abschuss „schärfstens verurteilt". *Sozialdemokraten Service Presse Funk TV*, Nr. 527/83 vom 6. September 1983.

5 Erst nach fünf Tagen hatte die sowjetische Führung den Abschuss zugegeben. Sie behauptete jedoch weiter, die koreanische Maschine habe sich auf einem Spionageflug befunden. Vgl. AdG 53 (1983), S. 26963.

6 Vgl. *Rau, Johannes/Vogel, Hans-Jochen:* Schwerer Rückschlag für Vertrauensbildung, in: *Sozialdemokratischer Pressedienst* 38 (1983), Nr. 168 vom 2. September 1983, S. 1.

7 Weggelassen wurde in der Vorlage der Hinweis von Brandt, dass er in diesem Jahr später als üblich Urlaub gemacht habe.

8 Vgl. *Rau, Johannes:* Vertragen statt Rüsten, in: *Sozialdemokratischer Pressedienst* 38 (1983), Nr. 168 vom 2. September 1983, S. 4–6.

9 Vgl. „SPD: Vertragen statt rüsten", in: *Vorwärts*, Nr. 37 vom 8. September 1983, S. 7.

10 In der nicht abgedruckten Passage verweist Brandt u. a. auf seinen in der *Washington Post* erschienenen offenen Brief an amerikanische Freunde. Vgl. Nr. 6.

11 Das ist der Wortlaut Brandts. In der Vorlage falsch wiedergegeben als: „trotzdem, was da Schreckliches".

12 Vgl. Nr. 1, Anm. 13. Am 6. September 1983 wurde die sechste und entscheidende Runde der INF-Verhandlungen eröffnet.

13 Am 28. Juli 1983 hatten sich die USA und die Sowjetunion in Wien auf ein neues Getreideabkommen mit fünfjähriger Laufzeit geeinigt. Demnach verpflichtete sich die Sowjetunion, jährlich mindestens 9 Mio. Tonnen Weizen und Mais aus Amerika anzukaufen. Vgl. AdG 53 (1983), S. 26848.

14 In einer Fernsehansprache verurteilte Reagan am 5. September 1983 den Abschuss als „Verbrechen gegen die Menschlichkeit". Er kündigte u. a. an, das bilaterale Verkehrsabkommen mit der Sowjetunion nicht zu erneuern und das seit 1981 geltende Landeverbot der sowjetischen Fluglinie Aeroflot in den USA nicht aufzuheben. Zugleich sprach er sich aber für die Fortsetzung der Abrüstungsverhandlungen aus. Vgl. AdG 53 (1983), S. 26963.

15 Bundeskanzler Kohl verurteilte den „Akt der Barbarei". Die Bundesregierung bezeichnete die amerikanischen Reaktionen und Sanktionen als „maßvoll und verantwortungsbewusst". Vgl. ebd.

16 Gemeint ist Alois Mertes (CDU), Staatsminister im Auswärtigen Amt.

17 Ursprünglicher Wortlaut: „wollen".

18 Paul Nitze, Chefunterhändler der USA bei den Genfer Verhandlungen, hatte am 5. September 1983 in Bonn sowohl mit

Bundeskanzler Kohl als auch mit dem SPD-Fraktionsvorsitzenden Hans-Jochen Vogel gesprochen. Vgl. AdG 53 (1983), S. 27024. Für das Gespräch mit Vogel siehe den Vermerk Egon Bahrs in: AdsD, WBA, A 9, 36.
19   In der Vorlage nicht abgedruckt.
20   In einem *Prawda*-Interview hatte Generalsekretär Jurij Andropow am 27. August 1983 das sowjetische Angebot modifiziert, die Zahl der Mittelstreckenwaffen in Europa auf 300 für beide Seiten zu begrenzen. In diesem Fall würden überzählige SS-20-Raketen verschrottet und nicht nach Osten verlagert werden. Die Sowjetunion sei auch bereit, ihre Mittelstreckenraketen und die dazu gehörigen Atomsprengköpfe auf das Niveau der britisch-französischen Nuklearwaffen zu senken, die in die INF-Verhandlungen einbezogen werden müssten. Andropow hielt ebenso daran fest, dass keine neuen amerikanischen Mittelstreckenwaffen aufgestellt und die im asiatischen Teil der Sowjetunion stationierten SS-20 nicht berücksichtigt werden dürften. Vgl. EA 38 (1983) 18, S. D 512–D 513.
21   In der Vorlage nicht abgedruckt.
22   Als Kanzlerkandidat der SPD hatte Hans-Jochen Vogel im Januar 1983 die amerikanische sowie die sowjetische Hauptstadt besucht und dabei sowohl mit Präsident Reagan als auch mit Generalsekretär Andropow gesprochen. Zu den sowjetischen Erklärungen in der Raketenfrage vgl. *Sozialdemokraten Service Presse Funk TV*, Nr. 22/83 vom 13. Januar 1983.
23   Ebd.
24   Vgl. Anm. 20.
25   Vgl. Nr. 5, Anm. 10.
26   Vgl. Nr. 1, Anm. 14.
27   Gemeint ist ein Kompromissvorschlag Hans-Jochen Vogels zur Abrüstung, der am 5. September 1983 von der SPD-Bundestagsfraktion gebilligt worden war. Die vier Punkte beinhalteten: 1. Verbindung der INF- mit den START-Verhandlungen; 2. Verpflichtung der USA und der Sowjetunion, in diesen Verhandlungen auch eine Begrenzung aller ihrer land-, luft- und seegestützten nuklearen Mittelstreckensysteme anzustreben; 3. Austausch von Absichtserklärungen bei der Zusammenlegung der Verhandlungen, wobei die Sowjetunion eine drastische Reduktion ihrer landgestützten Mittelstreckenwaffen durch Verschrotten bekanntgeben und die USA versprechen sollten, die britischen und französischen Systeme im Rahmen der Gesamtverhandlungen in geeigneter Weise zu berücksichtigen; 4. Vereinbarung beider Seiten über einen Stationierungs- und Modernisierungsstopp für Kurzstreckenraketen in Europa. Vgl. AdG 53 (1983), S. 27024.
28   Gemäß NATO-Doppelbeschluss sollte im Herbst 1983 mit der Raketenstationierung begonnen werden, falls die INF-Verhandlungen bis dahin kein Ergebnis erbracht hätten. Brandt fordert also eine Verschiebung der Stationierung.
29   Griechenlands sozialistische Regierung weigerte sich, den Abschuss des südkoreanischen Flugzeugs zu verurteilen. Das führte beim Treffen der EG-Außenminister am 12. September 1983 in Athen zu einem Eklat. Vgl. „Die leiseste Stimme", in: *Der Spiegel*, Nr. 38 vom 19. September 1983, S. 156 f.
30   Die Sowjetunion hatte Gegenmaßnahmen angekündigt, falls amerikanische Raketen aufgestellt würden. Vgl. Nr. 6, Anm. 6. Ab 1984 wurden neue atomare Kurz- und Mittelstreckenraketen der Typen SS-21, SS-12 (auch SS-22 genannt) und SS-23 in der DDR und der Tschechoslowakei stationiert.
31   Vgl. Anm. 27.
32   In der Vorlage nicht abgedruckt.
33   Gemeint sind insbesondere die Treffen von Hans-Jochen Vogel am 28. Mai 1983, von Egon Bahr am 24. August 1983 und von

Helmut Schmidt am 5. September 1983 mit SED-Generalsekretär Erich Honecker. Vgl. *Potthoff* 1995, S. 119–144 und S. 160–185.

34 In der Vorlage nicht abgedruckt.

35 Vgl. Nr. 3.

36 Ende August 1983 forderte Lafontaine jedoch: „Die Bundesrepublik muß das Ausscheiden aus der militärischen Integration der Nato wagen und atomwaffenfrei werden." *Lafontaine, Oskar:* „Den Austritt aus der Nato wagen", in: *Der Spiegel,* Nr. 35 vom 29. August 1983, S. 44–56.

37 Frankreich hatte die militärische Integration der NATO 1966 verlassen und kehrte erst 2009 voll zurück.

38 Spanien gehört seit 1982 der NATO an, vollzog die volle militärische Integration aber erst 1996.

39 Die Gespräche fanden im Rahmen einer im Frühjahr 1983 gegründeten sicherheitspolitischen Arbeitsgruppe von SPD und PS statt. Im Januar 1985 legte sie eine gemeinsame Sieben-Punkte-Erklärung vor. Vgl. *Fischer* 2001, S. 292–294.

40 Korrigiert aus: Sobelsa.

41 Frankreichs Sozialisten standen ohne Wenn und Aber zum NATO-Doppelbeschluss wie zur Strategie der nuklearen Abschreckung und lehnten die Einbeziehung der französischen Kernwaffen in die amerikanisch-sowjetischen Verhandlungen ab. Vgl. *Fischer* 2001, S. 290 f.

42 Gemeint ist der CDU-Generalsekretär Heiner Geißler, der die Friedensbewegung und die SPD immer wieder scharf attackierte.

43 Wenige Tage zuvor hatten 800 Demonstranten, darunter etliche prominente Persönlichkeiten, die Zufahrtswege zum US-Atomwaffenlager im schwäbischen Mutlangen friedlich blockiert. Das amerikanische Militär und die deutsche Polizei hielten sich betont zurück. Vgl. „Der unerklärte Frieden von Mutlangen", in: *Der Spiegel,* Nr. 36 vom 5. September 1983, S. 116 f.

44 Vgl. Nr. 6, Anm. 1.

45 Am 6. August 1983 begannen 12 Menschen in Paris, Oakland, Toronto und Bonn ein „unbefristetes Fasten für das Leben". Die Forderungen der Gruppe lauteten: Keine Stationierung von Pershing-II-Raketen und Cruise Missiles in Europa, Abbau der sowjetischen SS-20-Raketen und Einstellung aller Atomwaffenversuche durch die Nuklearmächte. Vgl. „Wir stehen doch am Abgrund", in: *Der Spiegel,* Nr. 37 vom 12. September 1983, S. 27–29.

46 Vgl. Nr. 4.

47 Sieben Wochen später besuchte eine polnische Delegation Bonn. Ihr Leiter, das Politbüromitglied der kommunistischen Polnischen Vereinigten Arbeiterpartei (PVAP), Kazimierz Barcikowski, sprach am 25. Oktober 1983 im Bundeshaus mit Willy Brandt. Siehe AdsD, NL Selbmann, 89.

48 Die SPD-Abgeordneten und Mitglieder des Auswärtigen Ausschusses des Bundestages, Hans-Jürgen Wischnewski und Norbert Gansel, hatten vom 5.–28. August 1983 Syrien, Libanon, Irak, Jordanien, Israel, Ägypten, Saudi-Arabien und Tunesien bereist und dabei mehr als 70 Gespräche mit nahezu allen wichtigen Politikern geführt. Vgl. *Sozialdemokraten Service Presse Funk TV,* Nr. 514/83 vom 30. August 1983.

49 Am 28. August 1983 hatte Ministerpräsident Menachem Begin seinen Rücktritt angekündigt. Als Nachfolger wurde Yitzhak Schamir nominiert. Vgl. AdG 53 (1983), S. 26946.

50 Bundeskanzler Kohl besuchte Israel schließlich vom 24.–29. Januar 1984. Vgl. AdG 54 (1984), S. 27376.

51 Hier nicht abgedruckt werden abschließende Bemerkungen Brandts zur Lage in Latein- und Mittelamerika sowie zum Freitod eines Asylbewerbers, der von der

Bundesrepublik in die Türkei abgeschoben werden sollte.

Nr. 8

1   Vorlage ist ein Durchschlag des Schreibens. Kopien gingen an Helmut Schmidt, Johannes Rau, Hans-Jochen Vogel, Hans-Jürgen Wischnewski, Egon Bahr, Horst Ehmke, Peter Glotz, Pentti Väänänen und Kalevi Sorsa.

2   Am 10. September 1983 hatte der sowjetische Botschafter Semjonow dem SPD-Vorsitzenden ein Schreiben Andropows sowie einen Brief des ZK der KPdSU übergeben. Siehe AdsD, WBA, A 9, 9.

3   Brandt bezieht sich nur auf die im europäischen Teil der Sowjetunion stationierten SS-20. Nach Angaben des Bundesverteidigungsministeriums im Juli 1983 besaß die UdSSR zu diesem Zeitpunkt insgesamt 351 SS-20 sowie 248 der älteren SS-4- und SS-5-Raketen. Vgl. AdG 53 (1983), S. 27024.

4   Zum Problem der Einbeziehung der französischen und britischen Kernwaffen vgl. Einleitung sowie Nr. 6, Anm. 8 und 9.

5   Vgl. Nr. 7, Anm. 20.

6   Gemeint sind die informellen Treffen von Mitgliedsparteien der Sozialistischen Internationale aus Norwegen, Dänemark und den Benelux-Staaten, die seit 1981 unter dem Namen Scandilux stattfanden. Für die SPD nahm meist Egon Bahr als Beobachter an den Gesprächen teil. Die Teilnehmer einte eine kritische Haltung gegenüber der amerikanischen Sicherheits- und Verteidigungspolitik. Die südeuropäischen Mitgliedsparteien der SI standen den von Scandilux vertretenen Positionen eher ablehnend gegenüber. Vgl. *Devin, Guillaume:* L'Internationale Socialiste, Paris 1993, S. 230.

7   Vgl. Anm. 2. In seinem Antwortschreiben vom 30. November 1983 bekräftigte der sowjetische Generalsekretär die „unveränderte Bereitschaft zu gegenseitigen Konsultationen und zum Meinungsaustausch" sowohl mit der SPD als auch der Sozialistischen Internationale und begrüßte das Nein der deutschen Sozialdemokraten gegen die Stationierung amerikanischer Raketen. Siehe AdsD, Dep. Bahr 1/EBAA000961.

8   Gemeint ist der deutsch-sowjetische Vertrag vom 12. August 1970.

9   Stempel.

Nr. 9

1   Die Anhörung fand am 29. September 1983 unter dem Vorsitz des Abgeordneten des Repräsentantenhauses Edward J. Markey im Rayburn House Office Building in Washington D. C. statt. Es war das zweite Hearing der Reihe „Public Forums on the INF Negotiations in Geneva and the proposed U. S. deployment of Pershing II and ground-launched Cruise Missiles in Europe", die von der Nuclear Freeze Campaign organisiert wurde.

2   Vorlage für den Abdruck ist die Transkription der Anhörung in englischer Sprache. Für die Übersetzung des von Brandt verlesenen Eingangsstatements wurde auch eine unautorisierte deutsche Fassung herangezogen, die der SPD-Pressedienst am 30. September 1983 veröffentlichte. *Sozialdemokraten Service Presse Funk TV,* Nr. 587/83 vom 30. September 1983.

3   Ausgelassen wurden einleitende Bemerkungen Markeys zur Stationierung amerikanischer Mittelstreckenraketen in Europa und zu den INF-Verhandlungen in Genf sowie Begrüßungsworte mehrerer Kongressmitglieder an die Adresse Brandts.

4 Dwight D. Eisenhower, John F. Kennedy, Lyndon B. Johnson und Richard M. Nixon.
5 Vgl. Berliner Ausgabe, Bd. 6.
6 Brandt zitiert Meinungsumfragen, nach denen 90 % der Bundesbürger die NATO und das Bündnis mit den USA unterstützten, aber 65 % am Sinn der Stationierung neuer Raketen zweifelten oder aber dagegen seien. Anschließend betont er, dass in den Jahren der sozialdemokratischen Regierungsverantwortung die Verteidigungsanstrengungen der Bundesrepublik erhöht worden seien.
7 Gemeint sind die amerikanisch-sowjetischen Verhandlungen in Genf über Nuklearwaffen. Vgl. Nr. 1, Anm. 13.
8 Weggelassen werden Erläuterungen Brandts zur Gefährlichkeit des Wettrüstens im dichtbesiedelten Europa.
9 Gemeint ist der NATO-Doppelbeschluss vom 12. Dezember 1979. Vgl. Nr. 1, Anm. 14.
10 Brandt wiederholt den unmittelbar vorher geäußerten Gedanken mit anderen Worten. Dies gilt auch für all jene Auslassungen in diesem Dokument, die von den Bearbeitern nicht kommentiert werden.
11 Zum Problem der Einbeziehung der französischen und britischen Kernwaffen vgl. Einleitung sowie Nr. 6, Anm. 8 und 9.
12 Vgl. Nr. 6, Anm. 3.
13 Vgl. Nr. 7, Anm. 27.
14 Im NATO-Doppelbeschluss hatte es allerdings geheißen: Über Begrenzungen von amerikanischen und sowjetischen Mittelstreckenwaffen solle „Schritt für Schritt bilateral im Rahmen von SALT III" verhandelt werden. Das unmittelbare Ziel dieser Verhandlungen solle die Vereinbarung von Begrenzungen für amerikanische und sowjetische landgestützte Mittelstrecken-Raketensysteme sein. Vgl. EA 35 (1980) 2, S. D 35–D 37. Kern des Doppelbeschlusses war also die Forderung nach einem eigenständigen Abkommen für die Mittelstreckenwaffen der USA und der Sowjetunion. Dem stimmte der Kreml im Sommer 1980 zu, so dass die INF-Verhandlungen beginnen konnten.
15 Brandt hielt sich vom 26.–30. September 1983 in den USA auf. Siehe AdsD, WBA, A 19, 240.
16 Bundeskanzler Helmut Schmidt hatte 1977 als erster Regierungschef im westlichen Bündnis eine Reaktion auf die sowjetische Bedrohung durch die SS-20-Raketen gefordert. Vgl. *Winkler* 2000, Bd. 2, S. 353 f.
17 Bundeskanzler Helmut Kohl bekräftigte immer wieder, dass nach einem Scheitern der Genfer INF-Verhandlungen die Stationierung der neuen amerikanischen Nuklearwaffen im November 1983 beginnen müsse und werde. Vgl. AdG 53 (1983), S. 27024.
18 Nr. 8.
19 Vgl. Berliner Ausgabe, Bd. 9.
20 Vgl. Nr. 1, Anm. 11.
21 Brandt zitiert mehrere Passagen aus dem NATO-Doppelbeschluss.
22 Gemeint sind insbesondere die bereits 1959 aufgestellten SS-4- und SS-5-Raketen der Sowjetunion, die nur einen Nuklearsprengkopf tragen konnten.
23 Durch die Aufstellung der SS-20-Raketen, die allmählich die SS-4 und SS-5 ersetzten und bis zu drei Sprengköpfe tragen konnten, hatte sich die Zahl der atomaren Gefechtskörper auf sowjetischen Mittelstreckenraketen bis zum Jahr 1983 auf 1301 erhöht. Vgl. AdG 53 (1983), S. 27024.
24 Brandt meint den Beschluss des SPD-Bundesparteitages in Berlin im Dezember 1979. Vgl. Protokoll der Verhandlungen des Parteitages der Sozialdemokratischen Partei Deutschlands vom 3. bis 7. Dezember 1979 in Berlin, Bonn o. J., S. 1243.

25 Am 2. Oktober 1981 hatte US-Präsident Reagan ein Programm zur umfassenden Modernisierung der strategischen Nuklearwaffen der USA angekündigt. Vgl. EA 36 (1981) 22, S. D 590–D 592.

26 Am 8. August 1981 hatte die US-Regierung bekannt gegeben, diese Nuklearwaffe mit verstärkter Strahlenwirkung zu produzieren und auf amerikanischem Territorium zu lagern. Damit war der Produktionsaufschub aufgehoben worden, den die Carter-Administration 1978 erlassen hatte. Vgl. AdG 51 (1981), S. 24792.

27 Der amerikanische Senat hatte am 12. Juli 1983 die Wiederaufnahme der seit 1969 eingestellten Produktion chemischer Waffen genehmigt. Vgl. EA 38 (1983) 15, S. Z 138. Binäre Chemiewaffen bestehen aus zwei oder mehr Komponenten, die sich voneinander getrennt in einem Geschoss befinden und sich erst nach dessen Abschuss zum Kampfstoff vermischen.

28 Brandt beklagt den mangelnden Willen, ein Abrüstungsabkommen zu schließen.

29 In einer Rede vor der sozialdemokratischen Bundestagsfraktion hatte Brandt am 13. September 1983 bekannt, dass ihm die Zustimmung schon beim SPD-Parteitag in Berlin 1979 nicht leicht gefallen sei. „Ich war der Meinung, wenn man einen Bundeskanzler hat und der kommt auf einem schwierigen Gebiet zu dem Ergebnis, zu dem er gekommen war, dann hat man ihn zu unterstützen. Jedenfalls war das meine Pflicht als Parteivorsitzender." *Informationen der sozialdemokratischen Bundestagsfraktion*, Nr. 1345 vom 14. September 1983.

30 In seiner Rede vor der Vollversammlung der Vereinten Nationen hatte Präsident Reagan am 26. September 1983 neue Vorschläge für die INF- und START-Verhandlungen gemacht. Vgl. EA 38 (1983) 22, S. D 623–D 626.

31 Als „Forward Based Systems" galten Nuklearwaffen an Bord von Flugzeugen sowie auf Schiffen und U-Booten in der Nähe des sowjetischen Territoriums. Reagan hatte erstmals die Bereitschaft der USA erklärt, in einem INF-Abkommen nicht nur Raketen, sondern auch Flugzeuge zu begrenzen. Vgl. Anm. 30.

32 Vgl. Nr. 7, Anm. 20.

33 Der sowjetische Generalsekretär Andropow hatte sich Ende August 1983 schriftlich an europäische Regierungschefs gewandt. Am 20. September 1983 schrieb er 60 SPD-Bundestagsabgeordneten einen Brief, worin er seine Bereitschaft zum Einfrieren der Nuklearwaffenpotenziale und zu einem Moratorium für Kernwaffentests bekundete. Zum selben Thema erging zugleich ein weiteres Schreiben an die Bundesregierung. Vgl. AdG 53 (1983) S. 27024.

34 Ausgelassen wird Brandts Hinweis auf einen Vortrag in Ohio, bei dem er erstmals Vorschläge für eine Phase des „Einfrierens" von Atomwaffen gemacht hatte. Er selbst verzichtete an dieser Stelle auf die Wiedergabe seiner vier Punkte, die er jedoch im Verlauf der Diskussion noch präsentierte. Siehe unten.

35 Gemäß dem NATO-Doppelbeschluss sollten in der Bundesrepublik Deutschland alle 108 Pershing-II-Raketen sowie 96 Cruise Missiles stationiert werden.

36 Die Stationierung sowjetischer Raketen auf Kuba hatte im Oktober 1962 die beiden Supermächte an den Rand eines Krieges geführt. Nach einer amerikanischen Seeblockade rund um die Karibikinsel zog die Sowjetunion die Raketen wieder ab. Vgl. *Hacke* 2001, S. 79–81.

37 Durch computergestützte Frühwarnsysteme sollte ein atomarer Angriff der an-

deren Seite noch innerhalb der Raketenflugzeit erkannt werden. Ein Alarm – auch ein falscher – würde dann automatisch den Start der eigenen Raketen und den nuklearen Gegenschlag auslösen, so Kritiker. Gegen diese Furcht wandten Militärfachleute ein, dass es ein voll automatisches Entscheidungssystem weder auf westlicher noch östlicher Seite gebe. Die Entscheidung zum Einsatz militärischer Mittel sei und bleibe eine ausschließlich politische Entscheidung. Vgl. *Weise, Hans-Heinrich*: Kein „Krieg aus Versehen", in: Computerwoche 11 (1984), Nr. 44 vom 26. Oktober 1984. http://www.computerwoche.de/heftarchiv/1984/44/1176538/ (5. September 2008).

38 Vgl. Nr. 7.

39 Nur wenige Wochen nach dem westdeutschen Milliardenkredit für die DDR begann das ostdeutsche Regime mit dem Abbau der automatischen Selbstschussanlagen an der innerdeutschen Grenze. Außerdem genehmigte die DDR ihren Bürgern mehr Westreisen in dringenden Familienangelegenheiten und hob den Mindestumtausch für Kinder unter 14 Jahren auf. Vgl. AdG 53 (1983), S. 27066, sowie Nr. 5.

40 Vgl. Berliner Ausgabe, Bd. 3.

41 Der Vorsitzende Markey dankt Brandt und stellt ihm weitere Mitglieder des Kongresses vor, die zur Anhörung erschienen sind. Anschließend eröffnet Senator Tsongas mit einer ersten Frage die Diskussion.

42 Ausgelassen wurde eine Bemerkung über die unterschiedlichen Mehrheitsverhältnisse im amerikanischen Repräsentantenhaus und im Senat.

43 Ausgelassen ist ein Hinweis Brandts auf sein letztes Gespräch mit Breschnew 1981 über die Entwicklung der SS-20.

44 Am 29. September 1983 hatte Brandt in einer Rede am Walsh College in Canton/Ohio einen Vier-Punkte-Vorschlag gemacht. Siehe AdsD, WBA, A 3, 933.

45 Da insbesondere die Sowjetunion große Vorbehalte gegen Inspektionen vor Ort hatte, konnten für die Überprüfung der Rüstungsbegrenzungsabkommen bis dato nur die sogenannten „nationalen technischen Mittel" vereinbart werden. Die Verifikation erfolgte außerhalb des Territoriums des überprüften Landes und fand zumeist mit Hilfe von Satelliten, Flugzeugen oder Schiffen statt. Vgl. http://www.armscontrol.de/themen/verifikation.htm (5. September 2008).

46 Vgl. Nr. 1, Anm. 13, und Nr. 6.

47 Über die Einflussnahme der Kommunisten auf die Friedensbewegung in der Bundesrepublik vgl. *Ploetz, Michael/Müller, Hans-Peter*: Ferngelenkte Friedensbewegung? DDR und UdSSR im Kampf gegen den NATO-Doppelbeschluss, Münster 2004.

48 Seit Ende der siebziger Jahre hatten sich in der DDR unabhängige Friedens- und Umweltgruppen gebildet, die sich gegen die Hochrüstung in Ost und West wandten. 1981/82 verbreitete sich dann die kirchliche Bewegung „Schwerter zu Pflugscharen", deren alttestamentarisches Symbol rasch zum Kennzeichen der ostdeutschen Friedensbewegung wurde. Vgl. *Neubert, Erhart*: Geschichte der Opposition in der DDR 1949–1989, Bonn 1997, S. 335–498.

49 Brandt berichtet über die Friedfertigkeit der Demonstranten und meint, dass zu den 90 % der Befürworter der NATO-Mitgliedschaft der Bundesrepublik auch ein beträchtlicher Teil der Anhänger der Friedensbewegung zähle.

50 Brandt weist darauf hin, dass die Friedensbewegung auch Teile der CDU erfasst habe. Im Weiteren kündigt er für den außerordentlichen SPD-Parteitag im November 1983 ein Papier zur Sicherheitspolitik an, das fordern werde, die Abhängigkeit von

den Nuklearwaffen zu reduzieren und die konventionelle Verteidigung zu stärken.

51 Helmut Schmidt hatte auf Einladung der dortigen Evangelischen Kirche vom 3.–5. September 1983 die DDR besucht und dabei u.a. in Potsdam mit Bischöfen, Pfarrern und Laien diskutiert. In Ost-Berlin traf er mit Staats- und Parteichef Honecker zusammen und sprach anschließend mit Vertretern der Berliner Kirchenleitung. Vgl. „Keine Alternative zum deutsch-deutschen Dialog", in: *Vorwärts*, Nr. 37 vom 8. September 1983, S. 6.

52 Aus Anlass der Feierlichkeiten zum 500. Geburtstag von Martin Luther hatte Richard von Weizsäcker in seiner Eigenschaft als Präsidiumsmitglied des Evangelischen Kirchentags der Bundesrepublik am 25. September 1983 eine Rede in der Schlosskirche in der Lutherstadt Wittenberg gehalten. Vgl. Deutschland Archiv 16 (1983) 10, S. 1120.

53 40 Mitglieder der Jenaer Friedensgemeinschaft, die seit 1982 immer wieder mutige Protestdemonstrationen organisiert und dafür zeitweise in Haft gesessen hatten, waren im Mai und Juni 1983 in die Bundesrepublik abgeschoben worden. Vgl. *Neubert* 1997, S. 485–488.

54 Nicht abgedruckt sind Fragen und Antworten zur Stärke der konventionellen Streitkräfte in Ost und West, zu den möglichen Gründen und Absichten der sowjetischen Seite bei der Aufstellung der SS-20 sowie zur Bedeutung der Wahlsiege der konservativen Parteien in Großbritannien und der Bundesrepublik Deutschland mit Blick auf die Stationierung amerikanischer Raketen.

55 Der bayerische Ministerpräsident und CSU-Vorsitzende Strauß war am 24. Juli 1983 in Hubertusstock (DDR) mit Honecker zusammengetroffen. Vgl. Nr. 5, Anm. 2.

56 Vgl. Anm. 52. Außerdem war Berlins Regierender Bürgermeister am 15. September 1983 zu einem Gespräch mit dem Staats- und Parteichef der DDR nach Ost-Berlin gereist.

57 Gemeint ist die Reise, die er als Bundeskanzler am 19. März 1970 nach Erfurt unternommen hatte. Anfang 1981 war Brandt – mit dem Wagen aus Berlin kommend – auf dem Gebiet der DDR für wenige Stunden mit François Mitterrand zusammengetroffen. Vgl. *Brandt* 1994, S. 490.

58 Brandt weist kurz auf das gewachsene Gewicht Westeuropas hin.

59 Es folgen Fragen und Antworten zur Verhandlungsstrategie des Westens gegenüber der Sowjetunion, zu den möglichen gefährlichen Auswirkungen einer Raketenstationierung in Westeuropa und des Wettrüstens allgemein, zur Bedeutung menschlicher Beziehungen zwischen den Regierungschefs im Ost-West-Verhältnis, zum Ursprung des NATO-Doppelbeschlusses sowie zu den neuesten Vorschlägen der Reagan-Administration zur Rüstungskontrolle.

60 Vgl. Nr. 1, Anm. 14.

61 Brandt nimmt kurz Stellung zur Frage nach der Gültigkeit des stillschweigenden Abkommens der beiden Supermächte, das nach dem Ende der Kuba-Krise 1962 zum Abzug amerikanischer Raketen aus der Türkei führte. Die Anhörung endet mit Worten des Dankes.

Nr. 10

1 Vorlage ist eine Aufzeichnung des Gesprächs, die Klaus Lindenberg am 2. Januar 1984 anfertigte. Es fand in der SPD-Parteizentrale in Bonn statt.

2 Hier nicht abgedruckt sind Angaben über die Teilnehmer des Gesprächs. Auf sowjetischer Seite zählten dazu: Richard I.

Kossolapow (Chefredakteur der Zeitschrift *Kommunist*), Nikolai Portugalow und Wladimir Tjutjunow (Mitarbeiter des ZK der KPdSU), Wladimir S. Semjonow (Botschafter) sowie Wladimir Fomenko (Dolmetscher). Neben Brandt waren auf deutscher Seite dabei: Günter Gaus, Karl-Heinz Klär, Klaus Lindenberg und Hans Schumacher.

3   *Kommunist* war das theoretische und politische Organ des Zentralkomitees der KPdSU. Vom 25. April–4. Mai 1983 hatte eine Delegation aus Mitarbeitern der *Neuen Gesellschaft* Moskau besucht. Siehe den von Hans Schumacher angefertigten Bericht über den Aufenthalt in: AdsD, NL Selbmann, 164/5.

4   Peter Glotz, Karsten Voigt und Hans Schumacher reisten vom 30. Oktober– 2. November 1984 nach Moskau. Siehe das Schreiben von Glotz an Brandt vom 26. November 1984 mit einem anliegenden Reisebericht, in: AdsD, WBA, A 11.3, 53.

5   Hier und im Folgenden korrigiert aus: Kosolopow.

6   Bei nur 14 Gegenstimmen und drei Enthaltungen lehnte die große Mehrheit der 400 Delegierten des außerordentlichen Parteitags der SPD in Köln am 19. November 1983 die Stationierung amerikanischer Mittelstreckensysteme auf dem Boden der Bundesrepublik ab und forderte stattdessen weitere Verhandlungen. Die SPD rief die Sowjetunion dazu auf, ihre auf Europa gerichteten SS-20-Raketen beträchtlich zu vermindern, und verlangte von beiden Supermächten, keine neuen Nuklearraketen kürzerer Reichweite aufzustellen. Nach dem Willen der Sozialdemokraten sollten sich beide Seiten auf ein kontrollierbares Einfrieren des Testens, des Stationierens und der Produktion aller Atomwaffen verständigen und sich anschließend im Gesamtrahmen der START- und INF-Verhandlungen über einen allgemeinen Abbau der nuklearen Rüstung einigen. Vgl. AdG 53 (1983), S. 27192.

7   Am 22. November 1983 votierte der Deutsche Bundestag mit 286 zu 225 Stimmen bei einer Enthaltung für den Beginn der Stationierung amerikanischer Raketen gemäß dem NATO-Doppelbeschluss von Dezember 1979. Tags darauf brach die Sowjetunion die INF-Verhandlungen in Genf ab. Vgl. ebd.

8   Der SPD-Vorsitzende äußert sich im Folgenden ausführlich zu den Wahlchancen und den innenpolitischen Zielen seiner Partei. Ihre Perspektive sei es, allein auf eine Mehrheit hinzuarbeiten, da sie gegenwärtig keinen Partner habe.

9   Das Büro der Sozialistischen Internationale hatte unter dem Vorsitz Willy Brandts am 24./25. November 1983 in Brüssel getagt und einstimmig eine Resolution zur internationalen Sicherheitspolitik verabschiedet. Das Gremium forderte u. a. ein umfassendes Einfrieren aller Atomwaffen, einen Gewaltverzichtsvertrag zwischen NATO und Warschauer Pakt sowie die Schaffung atomwaffenfreier Zonen und Korridore. Die SI appellierte „an alle ihre Mitgliedsparteien […] und darüber hinaus an alle Parteien und Menschen guten Willens, alles in ihren Kräften Stehende zu tun, den Abbau vorhandener Waffenarsenale zu unterstützen und Bedingungen für gegenseitiges Vertrauen und Sicherheit zu schaffen". *Sozialdemokraten Service Presse Funk TV*, Nr. 690/83 vom 25. November 1983.

10   Am 24. Oktober 1983 hatten die Sowjetunion, die DDR und die ČSSR offiziell mitgeteilt, mit den Vorbereitungsarbeiten für die Aufstellung von Kurzstrecken- und Mittelstreckenraketen kürzerer Reichweite auf dem Gebiet der DDR und der Tschechoslowakei zu beginnen, die eine Gegenmaßnahme im Falle der Stationierung ame-

rikanischer Mittelstreckenwaffen in Westeuropa sei. Vgl. EA 39 (1984) 1, S. D 19 f.

11 In ihrem 1982 veröffentlichten Bericht hatte die Palme-Kommission die Schaffung einer zunächst 150 km breiten Zone in Mitteleuropa empfohlen, die frei von nuklearen Gefechtsfeldwaffen sein sollte. Vgl. Palme-Bericht 1982, S. 164–166.

12 Die Konferenz über Vertrauens- und Sicherheitsbildende Maßnahmen in Europa (KVAE) wurde am 17. Januar 1984 in Stockholm eröffnet. Vgl. EA 39 (1984) 9, S. D 231–D 272.

13 Am 15. Dezember 1983 war in Wien auch die 31. Runde der seit 1973 laufenden Verhandlungen über eine beiderseitige und ausgewogene Verminderung von Truppen und Rüstungen in Europa (MBFR) ergebnislos zu Ende gegangen. Vgl. EA 39 (1984) 1, S. Z 10.

14 Schon im Februar 1958 hatten die Sowjetunion und ihre Verbündeten erstmals den Vorschlag für eine atomwaffenfreie Zone in Mitteleuropa unterbreitet (Rapacki-Plan). Vgl. AdG 28 (1958), S. 6877.

15 Vgl. Berliner Ausgabe, Bd. 8, Nr. 73.

Nr. 11

1 Der Beitrag ist identisch mit dem europapolitischen Teil einer Rede, die Brandt zum Abschluss des baden-württembergischen Landtagswahlkampfs am 23. März 1984 in Stuttgart gehalten hatte. Siehe das Manuskript „Willy Brandt, Stuttgart, 23. März 1984 – Versatzstück Europa –" in: AdsD, WBA, A 3, 955. Siehe auch *Sozialdemokraten Service Presse Funk TV*, Nr. 125/84 vom 23. März 1984.

2 Gemeint sind die Gipfeltreffen der Staats- und Regierungschefs der zehn EG-Mitgliedsländer in Stuttgart vom 17.–19. Juni 1983, in Athen vom 4.–6. Dezember 1983 und in Brüssel vom 19./20. März 1984.

3 Vor allem die unnachgiebige Forderung der britischen Premierministerin Thatcher nach einem Beitragsrabatt für ihr Land, über dessen Berechnung keine Einigung erzielt werden konnte, führte zum Scheitern des Brüsseler Gipfels. Ein weiterer ungelöster Streitpunkt war die Höhe der irischen Milchproduktion. Vgl. EA 39 (1984) 10, S. D 273 f.

4 Brandt zitiert den Vertrag zur Gründung der Europäischen Wirtschaftsgemeinschaft vom 25. März 1957.

5 Am 7. März 1984 hatte die französische Marine im Golf von Biskaya zwei spanische Kutter beim illegalen Fischfang innerhalb der 200-Meilen-Wirtschaftszone Frankreichs gestellt. Weil sich die Spanier dem Entern ihrer Boote widersetzt hatten, waren sie unter Beschuss genommen worden. Dabei wurden neun Fischer verletzt. Vgl. AdG 54 (1984), S. 27490.

6 Dem Rat der EG-Landwirtschaftsminister gelang es am 30./31. März 1984 bei einer Sitzung in Brüssel, sich über die Festsetzung der Agrarpreise, den Abbau der Währungsausgleichsbeträge und die Neuregelung der gemeinsamen Agrarpolitik zu einigen. Vgl. AdG 54 (1984), S. 27557.

7 Die erste Direktwahl zum Europäischen Parlament hatte am 7. und 10. Juni 1979 stattgefunden.

8 Am 9./10. Dezember 1974 hatten die Staats- und Regierungschefs der EG festlegt, künftig dreimal jährlich als Europäischer Rat zu tagen, um „die Tätigkeiten der Gemeinschaften und die Arbeiten der Politischen Zusammenarbeit weiterzuentwickeln und ihren Gesamtzusammenhang zu gewährleisten". Vgl. AdG 44 (1974), S. 19115.

9 Am 17. Juni 1984 fand in der Bundesrepublik Deutschland die zweite Direktwahl zum Europäischen Parlament statt.

Nr. 12

1   Der Vortrag vor der Parteihochschule fand im Rahmen eines Besuchs in der Volksrepublik China statt, den der SPD-Vorsitzende vom 28. Mai–4. Juni 1984 absolvierte. Dabei traf Brandt am 30. Mai 1984 mit dem Generalsekretär der KP Chinas, Hu Yaobang, sowie dem eigentlichen Staatschef, Deng Xiaoping, zusammen. Siehe AdsD, WBA, A 3, 969, und A 19, 87.

2   Irrtümlich datiert die *Neue Gesellschaft* den Vortrag auf Juni 1984. Eine leicht gekürzte englische Fassung der Rede ist veröffentlicht in: *Socialist Affairs* 34 (1984) 3, S. 31–34.

3   Im ersten Abschnitt, der hier nicht wiedergegeben wird, äußert sich Brandt, wie angekündigt, „zum Denken über Krieg und Frieden in der aufklärerischen und der sozialistischen Tradition".

4   Das Godesberger Programm ist dokumentiert in: *Dowe, Dieter/Klotzbach, Kurt* (Hrsg.): Programmatische Dokumente der deutschen Sozialdemokratie, 4., überarb. und aktual. Aufl., Bonn 2004, S. 324–345.

5   „Gegenseitig gesicherte Zerstörung" durch die atomare Zweitschlagfähigkeit bedeutete, dass jede Seite auch nach einem gegnerischen nuklearen Erstangriff, der große Landstriche und die Infrastruktur zerstört hätte, über genügend intakte Atomwaffen verfügen würde, um damit einen ebenso verheerenden Gegenschlag („Zweitschlag") ausführen zu können.

6   SALT II, das zweite amerikanisch-sowjetische Abkommen über die Begrenzung der strategischen Nuklearwaffen, war 1979 unterzeichnet worden, wurde aber von den USA nicht ratifiziert.

7   Gemeint ist die Kommunistische Partei Chinas, die durch den chinesischen Bürgerkrieg und den Krieg gegen Japan an die Macht gekommen war.

8   Brandt spielt hier insbesondere auf Nicaragua und El Salvador an.

9   Korrigiert aus: „seiner".

10   In den folgenden beiden Absätzen, die hier nicht dokumentiert werden, spricht Brandt über die Einflüsse des Wettrüstens auf die Weltwirtschaft.

11   Zum Konzept der „Gemeinsamen Sicherheit" vgl. Nr. 1 und 3.

12   Der vom Parteitag angenommene Antrag des SPD-Vorstands „Für eine neue Strategie des Bündnisses" ist dokumentiert in: Protokoll der Verhandlungen des SPD-Parteitags in Essen vom 17.–21. Mai 1984, Bonn o. J., S. 744–747.

13   Vgl. Nr. 10, Anm. 9.

14   Brandt meint die Strategic Defense Initiative (SDI) der USA, die Präsident Ronald Reagan am 23. März 1983 angekündigt hatte. Diesem auch als „Star Wars" („Krieg der Sterne") bezeichneten Programm lag die Vision zugrunde, in der Zukunft die Strategie der atomaren Abschreckung abzulösen. SDI beinhaltete die Entwicklung und den Aufbau eines weltraumgestützten Abwehrsystems, das in der Lage sein sollte, strategische Nuklearraketen des Gegners abzufangen und zu vernichten, ehe sie den Boden der USA oder ihrer Verbündeten erreichten. Vgl. AdG 53 (1983), S. 26476.

15   Das Konzept der „flexiblen Reaktion" war 1961 unter Präsident Kennedy entwickelt, aber erst 1967 zur gültigen NATO-Strategie erklärt worden. Im Gegensatz zu der bis dahin geltenden „Strategie der massiven Vergeltung", die jeden sowjetischen Angriff auf die NATO nuklear beantworten sollte, sah die „flexible response" eine abgestufte, nicht vorhersehbare Antwort mit konventionellen und/oder atomaren Waffen vor. Vgl. *Hacke* 2001, S. 85 f.

16   Brandt bezieht sich auf die Vorschläge der Palme-Kommission. Vgl. Nr. 1, 3 und 10.

17 Im Schlussteil seiner Rede geht Brandt auf die gescheiterten amerikanisch-sowjetischen Rüstungskontrollverhandlungen ein, wiederholt seine Vorschläge aus dem Herbst 1983 zur stufenweisen Reduzierung von Atomwaffen, weist auf die „Vier-Kontinente-Abrüstungsinitiative" hin und erwähnt die an Washington und Moskau gerichtete Forderung der chinesischen Regierung, die Stationierung von Mittelstreckenraketen einzustellen.

Nr. 13

1 Vorlage ist eine Kopie, auf der vermerkt ist, dass Hans-Jürgen Wischnewski eine Ablichtung des Schreibens erhielt.
2 Hs.
3 Siehe das Schreiben von Soares an Brandt vom 2. Juni 1984 in: AdsD, WBA, A 11.15, 18.
4 Brandt hatte sich vom 28. Mai–4. Juni 1984 in China und vom 5.–7. Juni 1984 in Indien aufgehalten. Vgl. Nr. 12 und siehe AdsD, WBA, A 19, 87.
5 Vom 7.–12. April 1984 hatte Brandt Madrid, Lissabon, Genf und Rom besucht. Nach Gesprächen mit Felipe González und Bruno Kreisky in der spanischen Hauptstadt traf der Präsident der Sozialistischen Internationale in Lissabon auch mit Mário Soares zusammen. Siehe WBA, A 3, 960 und A 19, 237.
6 Am 25. Mai 1984 hatte in Paris ein informelles Treffen der Parteiführer der Sozialistischen Internationale stattgefunden. Dabei war es insbesondere zwischen Soares und dem Briten Neil Kinnock zu einem heftigen Disput über die NATO-Nachrüstung gekommen. Der Labourchef hatte im Falle eines Wahlsieges den Abzug aller Cruise Missiles aus Großbritannien angekündigt. Der Portugiese hatte darauf geantwortet, man müsse sich die Frage stellen, ob man die Rückkehr der Labour Party an die Macht wünschen dürfe, und die Stationierung amerikanischer Raketen in Westeuropa vehement verteidigt. Siehe dazu die Aufzeichnung Veronika Isenbergs, Parteiführertreffen in Paris am 25. Mai 1984 und Brüssel, 31.5./1. 6. 1984, 14. Juni 1984. In dieser Aufzeichnung wurden die Äußerungen von Soares, die offenbar auch gegen die SPD gerichtet waren, absichtlich nur verkürzt wiedergegeben. Siehe den Vermerk Isenbergs an Willy Brandt vom 15. Juni 1984, in: AdsD, WBA, A 19, 254.

7 Die britische Labour Party wandte sich nicht nur gegen die Stationierung von Pershing II und Cruise Missiles in Westeuropa, sondern trat auch für die einseitige nukleare Abrüstung Großbritanniens ein. Die stärksten Differenzen mit den deutschen Sozialdemokraten gab es aber in der Europapolitik, da Labour den Austritt Großbritanniens aus der Europäischen Gemeinschaft befürwortete.

8 Gemeint ist die Zustimmung der Bundestagsmehrheit von CDU/CSU und FDP zur Stationierung der amerikanischen Mittelstreckenwaffen in der Bundesrepublik. Vgl. Nr. 10, Anm. 7.

9 Die Konferenz von zwölf sozialdemokratischen und sozialistischen Parteien aus NATO-Mitgliedsstaaten fand vom 20.–22. März 1985 in Lissabon statt und trug den Titel „Das Bündnis und die Entwicklung einer europäischen Position". Vgl. *Socialist Affairs* 35 (1985) 2, S. 68.

10 In Rio de Janeiro traf am 1./2. Oktober 1984 das Büro der Sozialistischen Internationale zu seiner nächsten Sitzung zusammen. Vgl. Berliner Ausgabe, Bd. 8, Einleitung.

11 Hs.

Nr. 14

1   Brandts Vortrag fand auf dem „Münchner Podium in den Kammerspielen '84" im Rahmen der Reihe „Reden über das eigene Land: Deutschland" statt, die vom Kulturreferat der Stadt München und der Bertelsmann Verlagsgruppe veranstaltet wurde. An fünf aufeinander folgenden Sonntagen sprachen außer Brandt auch Rudolf Augstein, Otto Schily, Werner Herzog und Franz Josef Strauß.

2   Vorlage ist die veröffentlichte Fassung der Rede. Für das Manuskript und mehrere von Brandt hs. überarbeitete Entwürfe des Vortrags, zu dem Egon Bahr, Klaus Harpprecht und Günter Gaus Vorschläge und Skizzen lieferten, siehe AdsD, WBA, A 3, 980.

3   Vgl. Berliner Ausgabe, Bd. 3.

4   Im „Brief zur Deutschen Einheit" stellte die Bundesregierung anlässlich der Unterzeichnung des Moskauer Vertrags 1970 wie des Grundlagenvertrags 1972 gegenüber den Regierungen der Sowjetunion bzw. der DDR fest, dass die Verträge nicht im Widerspruch zu dem politischen Ziel der Bundesrepublik Deutschland stünden, „auf einen Zustand des Friedens in Europa hinzuwirken, in dem das deutsche Volk in freier Selbstbestimmung seine Einheit wiedererlangt". Die Auswärtige Politik der Bundesrepublik Deutschland, hrsg. vom Auswärtigen Amt, Köln 1972, S. 763.

5   Zu Brandts Großvater, Ludwig Frahm, vgl. *Brandt, Willy*: Hitler ist nicht Deutschland. Jugend in Lübeck – Exil in Norwegen 1928–1940, bearb. von *Einhart Lorenz*, Bonn 2002 (Berliner Ausgabe, Bd. 1), Einleitung.

6   Dieses Zitat wird Bebel häufig zugeschrieben. Einen Nachweis dafür gibt es aber nicht.

7   Vgl. Reden über das eigene Land: Deutschland. Stefan Heym, Hans Jürgen Syberberg, Alexander Kluge, Gerd Bucerius, Günter Gaus, München 1983, S. 121–142.

8   Vgl. *Brandt, Willy*: Zwei Vaterländer. Deutsch-Norweger im schwedischen Exil – Rückkehr nach Deutschland 1940–1947, bearb. von *Einhart Lorenz*, Bonn 2000 (Berliner Ausgabe, Bd. 2).

9   Brandt spielt insbesondere auf die Entscheidung des Bundesverfassungsgerichts vom 31. Juli 1973 an, das in seinem Urteil zur Klage Bayerns gegen den Grundlagenvertrag festgestellt hatte, dass Deutsche Reich existiere fort, obwohl es zwei deutsche Staaten gebe. Die Bundesrepublik Deutschland sei als Staat identisch mit dem Staat „Deutsches Reich" – in Bezug auf seine räumliche Ausdehnung allerdings „teilidentisch", so dass insoweit die Identität keine Ausschließlichkeit beanspruche. Das Urteil des Bundesverfassungsgerichts vom 31. Juli 1973 ist dokumentiert in: Texte zur Deutschlandpolitik, Reihe II/Bd. 1: 22. Juni 1973–18. Februar 1974, hrsg. vom Bundesministerium für innerdeutsche Beziehungen, Bonn 1975, S. 79–110.

10   Gemeint ist sein ältester Sohn Peter Brandt.

11   Erich Honecker.

12   Das Gebiet der DDR wurde bis zum Ende der sechziger Jahre in der Bundesrepublik zumeist als Mitteldeutschland bezeichnet.

13   Die seit 1512 gebräuchliche Formel „Heiliges Römisches Reich Deutscher Nation" bezeichnete die deutschen Teile des Reichsgebiets, das seit dem 10./11. Jahrhundert auch Italien und Burgund umfasste. 1806 wurde das Reich aufgelöst.

14   1848/49 erarbeitete die Paulskirchenversammlung in Frankfurt/Main einen Verfassungsentwurf, der hinsichtlich des Staatsgebietes eine kleindeutsche Lösung vorsah, d. h. die Einigung Deutschlands

ohne Einbeziehung des österreichischen Kaiserreichs.

15 Nach Kriegen gegen Dänemark (1864), Österreich (1866) und Frankreich (1870/71) wurde am 18. Januar 1871 das Deutsche Reich unter der Führung Preußens gegründet.

16 Lippmann verarbeitete die Reiseeindrücke in seiner populären Kolumnenreihe „Today and Tomorrow", die in mehr als 250 amerikanischen und europäischen Zeitungen erschien. Die nachfolgenden Zitate entstammen den Artikeln „Post-Stalin diplomacy" vom 22. Oktober 1953 (aus London), „German unity on ice" vom 10. November 1953 und „Provisional Germany" vom 12. November 1953 (beide aus Bonn). Vgl. *Schlaack, Susanne:* Walter Lippmann und Deutschland. Realpolitische Betrachtungen im 20. Jahrhundert, Frankfurt/Main 2004, S. 348–354.

17 Bei der Berliner Konferenz vom 25. Januar–18. Februar 1954 erzielten die Außenminister der Sowjetunion, der USA, Großbritanniens und Frankreichs keine Einigung über die Zukunft Deutschlands. Der Durchbruch bei der Lösung der österreichischen Frage gelang erst ein Jahr später. Am 15. Mai 1955 wurde der Staatsvertrag unterzeichnet, der die alliierte Besetzung des Landes beendete und Österreichs Unabhängigkeit bei „immerwährender Neutralität" wiederherstellte.

18 Der Beitritt der Bundesrepublik Deutschland zur NATO erfolgte am 9. Mai 1955.

19 Das Gespräch, bei dem diese Äußerung fiel, fand am 10. Februar 1958 statt. Vgl. *Schmidt, Wolfgang:* Kalter Krieg, Koexistenz und kleine Schritte – Willy Brandt und die Deutschlandpolitik 1948–1963, Wiesbaden 2001, S. 224, sowie *Brandt, Willy:* Begegnungen mit Kennedy, München 1964, S. 36. Später datierte Brandt die Begegnung irrtümlich ins Jahr 1959. Vgl. *Brandt* 1994, S. 154.

20 Neu aufgeflammt war der Streit in der Bundesrepublik durch die Äußerung des SPD-Politikers Hans Apel am 13. August 1984, die deutsche Frage sei nicht mehr offen. Vgl. AdG 54 (1984), S. 27963. Siehe auch Anm. 26.

21 Mit ihrem Brief vom 3. November 1953 antwortete die Journalistin auf ein Schreiben des damaligen Bundespräsidenten vom 30. Oktober 1953. Der Briefwechsel ist veröffentlicht in: *Boveri, Margret:* Die Deutschen und der Status quo, München 1974, S. 151–157 (Zitate: S. 154 f.). In ihrem Schreiben zitierte Boveri auch jene Stellen aus den Lippmann-Artikeln, die Brandt in seiner Rede anführt. Vgl. Anm. 16.

22 In Artikel 7, Absatz 2 des 1955 in Kraft getretenen Deutschlandvertrags hieß es, dass die Bundesrepublik und die drei Westmächte „zusammenwirken, um mit friedlichen Mitteln ihr gemeinsames Ziel zu verwirklichen: Ein wiedervereinigtes Deutschland, das eine freiheitlich-demokratische Verfassung, ähnlich wie die Bundesrepublik, besitzt und das in die europäische Gemeinschaft integriert ist." Vertrag über die Beziehungen zwischen der Bundesrepublik Deutschland und den Drei Mächten (Deutschlandvertrag) in der geänderten Fassung vom 23. Oktober 1954, in: Die Auswärtige Politik der Bundesrepublik Deutschland 1972, S. 262–266.

23 Seit der Potsdamer Konferenz 1945 übten die Siegermächte Sowjetunion, USA, Großbritannien und Frankreich die höchste Regierungsgewalt in den „Deutschland als Ganzes betreffenden Fragen" gemeinsam aus. Diese alliierten Vorbehaltsrechte blieben von den Westverträgen 1955 ausdrücklich unberührt. Die Souveränität der Bundesrepublik Deutschland war somit eingeschränkt.

24 Am 26./27. Oktober 1984 hatten die Außen- und Verteidigungsminister der sieben Mitgliedsstaaten anlässlich des 30. Jahrestags der Gründung der WEU in Rom getagt und eine umfassende Neustrukturierung und Wiederbelebung der Organisation beschlossen. Dazu zählte auch die stufenweise Abschaffung von überflüssig gewordenen Beschränkungen bei der Herstellung konventioneller Waffen (Flugkörper größerer Reichweite und Bombenflugzeuge für strategische Zwecke). Vgl. AdG 54 (1984), S. 28173.

25 Innerparteiliche Kritiker in der CSU warfen Franz Josef Strauß wegen seines Treffens mit Erich Honecker im Juli 1983 Verrat vor. 1973 hatte das Bundesland Bayern vor dem Bundesverfassungsgericht gegen den deutsch-deutschen Grundlagenvertrag geklagt. Vgl. Nr. 5 und Anm. 9.

26 Der italienische Außenminister Giulio Andreotti hatte am 13. September 1984 in Rom gesagt: „Der Pangermanismus muss überwunden werden. Es gibt zwei deutsche Staaten, und zwei müssen es bleiben." Das löste große Empörung bei der Bundesregierung aus. Sowohl Bundeskanzler Kohl als auch Außenminister Genscher brachten in Stellungnahmen ihr „außerordentliches Befremden" und ihr „absolutes Unverständnis" zum Ausdruck und verlangten Aufklärung von der italienischen Regierung. Vgl. AdG 54 (1984), S. 28143.

27 Gemeint ist offenbar eine Äußerung, die der für internationale Beziehungen zuständige Sekretär der Sozialistischen Partei Frankreichs, Jacques Huntzinger, gemacht haben soll. Bereits 1983 hatte *Der Spiegel* geschrieben: „Sozialist Huntzinger: ‚Die Pershing 2 in der Bundesrepublik erledigt das deutsche Problem für die nächsten 20 Jahre.'" Zit. aus „Wo ist der Deutschen Vaterland?", in: *Der Spiegel*, Nr. 48 vom 28. November 1983, S. 17. Brandt sagte dazu im April 1984: „Ein führender Vertreter der französischen PS habe vor einiger Zeit gegenüber Dritten die Ansicht vertreten: Wenn die Pershings und die Cruise Missiles vielleicht keinen anderen Sinn hätten, so doch einen: nämlich die deutsche Teilung zu vertiefen, so daß man das deutsche Problem für mindestens 20 Jahre vom Hals habe." Siehe die Aufzeichnung von Klaus Lindenberg über die Gespräche von Willy Brandt, Felipe González und Bruno Kreisky in Madrid, 7./8. April 1984, Mai 1984, in: AdsD, WBA, A 19, 237. Vgl. auch *Brandt* 1994, S. 366. Brigitte Seebacher schreibt, jene Äußerung eines „Abgesandten" des französischen Präsidenten sei im Rahmen einer Konferenz der Sozialistischen Internationale gefallen, die kurz nach Mitterrands Rede im Deutschen Bundestag vom 20. Januar 1983 stattgefunden habe. Wie Brandt nennt sie jedoch keinen Namen. Vgl. *Seebacher* 2004, S. 37 f.

28 Das erste Passierscheinabkommen zwischen dem Berliner Senat und der DDR wurde am 17. Dezember 1963 geschlossen. Vgl. Berliner Ausgabe, Bd. 3.

29 Der Verkehrsvertrag zwischen der Bundesrepublik Deutschland und der DDR wurde am 26. Mai 1972 unterzeichnet, der Grundlagenvertrag am 21. Dezember 1972. Vgl. Berliner Ausgabe, Bd. 6.

30 Das Treffen des sowjetischen Generalsekretärs Breschnew mit Bundeskanzler Brandt hatte vom 16.–18. September 1971 auf der Halbinsel Krim stattgefunden. Vgl. Berliner Ausgabe, Bd. 6, Nr. 57–59.

31 Die Konferenz über Sicherheit und Zusammenarbeit in Europa (KSZE) war am 3. Juli 1973 in der finnischen Hauptstadt eröffnet worden. Am 1. August 1975 hatten 35 Staats- und Regierungschefs die Schlussakte von Helsinki unterzeichnet. Vgl. EA 30 (1975) 17, S. D 437–D 484.

32 Gemeint sind die Verhandlungen über eine beiderseitige und ausgewogene Verminderung von Truppen und Rüstungen in Europa (MBFR), die seit dem 30. Oktober 1973 in Wien geführt wurden.

33 Anm. 4.

34 Der Wortlaut der Fernsehansprache anlässlich der Unterzeichnung des Moskauer Vertrags ist dokumentiert in: Bundeskanzler Willy Brandt: Reden und Interviews, Hamburg 1971, S. 203 f.

35 In seiner Regierungserklärung vom 18. Januar 1973 sagte Bundeskanzler Brandt: In der Geschichte „– wie in der unzerstörbaren Gemeinsamkeit der Sprache, der Kunst, der Kultur, des Alltags und des geistigen Erbes – lebt die Nation fort, auch in der Trennung". *Brandt, Willy:* Mehr Demokratie wagen. Innen- und Gesellschaftspolitik 1966–1974, bearb. von *Wolther v. Kieseritzky,* Bonn 2001 (Berliner Ausgabe, Bd. 7), Nr. 85. In seiner Rede schlug Brandt auch die Gründung einer Deutschen Nationalstiftung vor, womit er eine Idee aufgriff, die ihm Günter Grass in einem Schreiben am 18. Mai 1972 unterbreitet hatte. Vgl. *Jürgs, Michael:* Bürger Grass. Biografie eines deutschen Dichters, München 2002, S. 265 f. Zum Begriff „Kulturnation" vgl. *Winkler* 2000, Bd. 2, S. 541.

36 Die Bundesregierung beharrte darauf, dass es nur eine deutsche Staatsbürgerschaft gebe, während die Ost-Berliner Führung von Bonn verlangte, eine eigenständige DDR-Staatsbürgerschaft anzuerkennen.

37 Die Konferenz über Vertrauens- und Sicherheitsbildende Maßnahmen in Europa (KVAE) war am 17. Januar 1984 in Stockholm eröffnet worden. An ihr nahmen die 35 KSZE-Mitgliedsstaaten teil. Vgl. EA 39 (1984) 9, S. D 231–D 272.

Nr. 15

1 Vorlage ist eine Kopie des Schreibens, das Hans-Eberhard Dingels, der Leiter der Abteilung für Internationale Beziehungen beim SPD-Parteivorstand, am 1. Februar 1985 in Prag übergab. Siehe dazu den Vermerk von Klaus Lindenberg an Dingels vom 30. Januar 1985 sowie den Vermerk von Dingels an Brandt vom 8. Februar 1985, in: AdsD, WBA, A 19, 185.

2 Kontakte zwischen SPD und KPČ bestanden seit Juni 1983. Die Initiative dazu war von tschechoslowakischer Seite ausgegangen. Siehe den Vermerk von Dingels an Brandt und Wischnewski vom 15. Juni 1983, in: AdsD, WBA, A 11.4, 135. Brandt hatte eigentlich im September 1984 in die Tschechoslowakei reisen wollen. Er sagte jedoch die bereits geplante Reise ab, da die Führung in Prag seinen Wunsch ablehnte, auch den früheren Außenminister und Unterzeichner der „Charta 77", Jiří Hájek, zu besuchen. Vgl. „Brandt sagt ab", in: *Der Spiegel,* Nr. 48 vom 26. November 1984, S. 16 f.

3 Auf Einladung des SPD-Parteivorstandes hielt sich der ZK-Sekretär der KPČ, Vasil Bilak, am 11./12. März 1985 zu einem Besuch in Bonn auf. Dabei traf er u. a. auch zu einem Gespräch mit Willy Brandt zusammen. Siehe die Aufzeichnung Veronika Isenbergs vom 2. April 1985, in: AdsD, WBA, A 11.4, 137.

4 Der Soziologe Rudolf Battěk gehörte zu den Erstunterzeichnern der Charta 77 und war seit 1980 der Sprecher dieser Menschenrechtsgruppe. Da er unter anderem zwei Briefe an den österreichischen Bundeskanzler Bruno Kreisky geschrieben und darin auf Verletzungen der KSZE-Schlussakte von Helsinki durch die Tschechoslowakei aufmerksam gemacht hatte, geriet er im Juni 1980 in Haft. Ein Jahr später wurde Battěk, der sich als Sozialdemokrat

verstand, wegen „subversiver Tätigkeit gegen den sozialistischen tschechoslowakischen Staat" zu siebeneinhalb Jahren Gefängnis verurteilt. Brandt forderte daraufhin die dafür Verantwortlichen öffentlich auf, „Rudolf Battěk freizulassen und die Repressionen gegen Bürger zu beenden, die sich auf die Schlussakte von Helsinki berufen". *Sozialdemokraten Service Presse Funk TV*, Nr. 428/81 vom 29. Juli 1981. Battěk wurde erst am 30. Oktober 1985 aus der Haft entlassen. Acht Tage später reiste Brandt nach Prag. Peter Glotz, der ihn begleitete, traf dabei auch mit Jiří Hájek und anderen Regimekritikern zusammen. Siehe AdsD, WBA, A 19, 185.

5 Stempel.

Nr. 16

1 Der in der Zeitschrift der Schwedischen Sozialdemokratischen Arbeiterpartei veröffentlichte Artikel Håkan Hermanssons basiert auf einem Interview, das der Journalist am 7. Februar 1985 in der SPD-Parteizentrale in Bonn mit Brandt führte.

2 Im einleitenden Abschnitt schildert der Autor des Artikels aus seiner Sicht die historische und gegenwärtige Rolle Brandts.

3 Brandt widmet sich, so der Autor, den großen Problemen der Welt: Rüstungswettlauf und Nord-Süd-Konflikt.

4 Nicht abgedruckt werden Passagen, in denen sich Brandt über das Verhältnis der SPD zur Jugend und über die Notwendigkeit äußert, der wachsenden Bürokratisierung entgegen zu treten.

5 Dieser Satz wird dem deutschen Reformator zugeschrieben, ist aber nicht eindeutig belegt.

6 In diesem Abschnitt streift Brandt das Thema „Hunger in der Welt".

7 Am 7./8. Januar 1985 hatten sich die Außenminister der USA und der Sowjetunion, Shultz und Gromyko, bei einem Treffen in Genf darauf geeinigt, die Ende 1983 abgebrochenen Abrüstungsverhandlungen über nukleare Mittelstreckenwaffen (INF) und strategische Atomwaffen (START) wiederaufzunehmen sowie über Weltraumwaffen zu sprechen. Die neuen Gespräche begannen am 12. März 1985. Vgl. EA 40 (1985) 3, S. D 59 f.

8 An dieser Initiative für die Beendigung des Wettrüstens nahmen neben dem schwedischen Ministerpräsidenten die Staats- und Regierungschefs von Argentinien, Griechenland, Indien, Mexiko und Tansania teil, die am 22. Mai 1984 in Stockholm und erneut am 28. Januar 1985 in Neu Delhi Gipfeltreffen abgehalten hatten. Insbesondere forderte die Sechsergruppe die Atommächte auf, die Erprobung von Nuklearwaffen sofort einzustellen und bald einen Vertrag zum Verbot von Atomtests abzuschließen. Vgl. EA 39 (1984) 14, S. D 421 f, und EA 40 (1985) 8, S. D 229–D 232.

9 Wörtlich wird Brandt in einer Bildunterschrift zitiert: „Ich habe schon vor langer Zeit aufgehört, von einer deutschen Wiedervereinigung zu sprechen. Die spielt für die Jugend auch keine so große Rolle, wie man manchmal im Ausland glaubt."

10 Gemeint sind die Vereinbarungen der alliierten Konferenz in Jalta im Februar 1945, die häufig als Ursache für die Teilung Europas nach dem Zweiten Weltkrieg bezeichnet werden.

11 Zur Haltung Brandts gegenüber Polen und der Gewerkschaft Solidarność vgl. auch Einleitung und Nr. 4, 27–31 und 33 sowie Berliner Ausgabe, Bd. 8, Nr. 61–63.

Nr. 17

1 Der SPD-Vorsitzende hielt sich vom 23.–26. April 1985 in New York auf. Siehe AdsD, WBA, A 19, 172.

2 Brandt trug die Rede in englischer Sprache vor. Vorlage ist das vom SPD-Vorsitzenden in New York benutzte Manuskript, auf dem sich auch seine hs. Änderungen befinden, sowie die vom Büro Brandt erstellte deutsche Fassung der Rede, die in Auszügen vom SPD-Pressedienst veröffentlicht wurde. Vgl. *Sozialdemokratischer Pressedienst*, Nr. 79 vom 25. April 1985, S. 5 f.

3 Der Council on Foreign Relations wurde 1921 gegründet und widmet sich seither den Fragen der internationalen Beziehungen und der amerikanischen Außenpolitik. Zu den Mitgliedern dieses einflussreichen Clubs zählen hochrangige Manager, Politiker, Akademiker, Medienleute sowie Vertreter von zivilgesellschaftlichen Organisationen.

4 Diese Auftritte Brandts vor dem Council hatten am 17. Februar 1958, 10. Februar 1959, 16. März 1961, 10. Juni 1963, 20. April 1965, 9. Februar 1967, 18. Juni 1971, 27. September 1973 und 11. Februar 1980 stattgefunden.

5 Vgl. Berliner Ausgabe, Bd. 3.

6 Zu den SALT-Verträgen vgl. Nr. 1, Anm. 11.

7 Der demokratische Präsidentschaftskandidat John F. Kennedy hatte im Wahlkampf 1960 behauptet, die Sowjetunion besitze einen Vorsprung gegenüber den USA bei den Trägerraketen für Atomwaffen. Tatsächlich war das Gegenteil richtig. Unter Kennedy bauten die Amerikaner ihre Raketenüberlegenheit von 3:1 auf 17:1 aus. Vgl. *Hacke* 2001, S. 80.

8 MIRV ist die Abkürzung für „multiple independently targetable reentry vehicle" und bezeichnet nukleare Mehrfachsprengköpfe einer Interkontinentalrakete, die somit mehrere Ziele gleichzeitig angreifen kann. Die ersten Raketen mit MIRV-Technologie wurden Anfang der 1970er Jahre von den USA stationiert.

9 Midgetman wurde seit Mitte der 1980er Jahre von den USA entwickelt und war eine für den mobilen Einsatz auf straßengängigen Fahrzeugen ausgelegte kleine Interkontinentalrakete mit nur einem Nuklearsprengkopf. Das Entwicklungsprogramm für Midgetman wurde 1992 eingestellt.

10 Im englischen Redemanuskript hs. gestrichen.

11 Dieser Teil der Rede Brandts wurde vom SPD-Pressedienst nicht veröffentlicht. Vgl. Anm. 2.

12 Im englischen Redemanuskript hs. eingefügt.

13 Vgl. Nr. 3, Anm. 8.

14 Die amerikanisch-sowjetischen INF- und START-Verhandlungen in Genf waren im März 1985 wiederaufgenommen worden. Vgl. auch Nr. 1, Anm. 13, sowie Nr. 16, Anm. 7.

15 Am 23. September 1977 hatten sich die USA und die Sowjetunion auf die Verlängerung des SALT-I-Vertrages verständigt. Vgl. AdG 47 (1977), S. 21265.

16 Vom 15.–18. Juni 1979 hatten sich Präsident Carter und Generalsekretär Breschnew in Wien zu einer amerikanisch-sowjetischen Gipfelkonferenz getroffen.

17 Zur Idee der Strategischen Verteidigungsinitiative (SDI) vgl. Nr. 12, Anm. 14. Das weltraumgestützte Raketenabwehrprojekt war nicht nur im amerikanischen Kongress und unter den Bündnispartnern der USA sehr umstritten, sondern auch in der Reagan-Administration selbst. Vgl. *Hacke* 2001, S. 306 f.

18 Die Sowjetunion hatte sich mit ihrer Forderung durchsetzen können, bei der Wiederaufnahme der INF- und START-Verhandlungen in Genf auch über den

Komplex Weltraumwaffen zu verhandeln. Vgl. AdG 55 (1985), S. 28356.

19 Erklärtes Ziel der Reagan-Administration war der Sturz der sandinistischen Regierung in Nicaragua. Sie warf dem Regime in Managua vor, den Kommunismus nach El Salvador, Honduras und Costa Rica tragen zu wollen. Die USA unterstützten daher die Contra-Rebellen und verminten nicaraguanische Häfen. Zur kritischen Unterstützung der Sandinisten durch die SPD und die Sozialistische Internationale vgl. Berliner Ausgabe, Bd. 8.

20 Im englischen Redemanuskript hs. korrigiert: Aus „politicians" wurde „political". In der vom SPD-Pressedienst veröffentlichten Fassung heißt es: „Politikern".

21 Im englischen Redemanuskript hs. eingefügt: „other". In der vom SPD-Pressedienst veröffentlichten Fassung nicht enthalten.

22 Die Hauptkritikpunkte an SDI waren: Das Programm widerspreche dem amerikanisch-sowjetischen ABM-Vertrag von 1972, führe zu einem neuen Wettrüsten im Weltraum und könne das strategische Gleichgewicht zerstören, wenn es tatsächlich gelänge, die USA dadurch unverwundbar zu machen. Allerdings bezweifelten viele Wissenschaftler die technische Machbarkeit einer lückenlosen Raketenabwehr und wiesen auf die extrem hohen Kosten für Forschung und Entwicklung hin. Vgl. „Mit beiden Füßen auf der Erde" und „Ein Job, zu schwierig für die Technik", in: *Der Spiegel*, Nr. 19 vom 6. Mai 1985, S. 30 f. und 35–42.

23 Zum Konzept der „Gemeinsamen Sicherheit" der SPD vgl. Nr. 1, 3, 12.

24 In der vom SPD-Pressedienst veröffentlichten Fassung nicht enthalten.

25 Zur Rede Reagans vom 23. März 1983 vgl. Nr. 12, Anm. 14.

26 Die amerikanische Regierung hatte am 29. März 1985 den NATO-Partnern zum ersten Mal förmlich eine Beteiligung am SDI-Forschungsprogramm angeboten. Vgl. EA 40 (1985) 20, S. D 549 f.

27 Der Schlusssatz der Rede wurde vom SPD-Pressedienst nicht veröffentlicht. Vgl. Anm. 2.

Nr. 18

1 Vorlage ist eine Kopie des Schreibens.

2 Brandt hatte sich vom 23.–26. April 1985 in New York aufgehalten und dabei auch an einem Symposium „Survival in the Nuclear Age" teilgenommen, das die Third World Foundation und die Organisation Parliamentarians for World Order gemeinsam ausrichteten. Vgl. *Sozialdemokraten Service Presse Funk TV*, Nr. 217/85 vom 22. April 1985. In ihrer Abschlusserklärung forderten die Konferenzteilnehmer, zu denen u. a. Bruno Kreisky, Olusegun Obasanjo, Carlos Andrés Peréz, Shridath Ramphal und Inga Thorsson zählten, eine Vereinbarung gegen ein mögliches Wettrüsten im Weltraum, ein Atomteststopp-Abkommen, das Einfrieren der nuklearen Raketenrüstung und eine Erklärung der Atommächte zum Verzicht auf den Ersteinsatz von Nuklearwaffen. Vgl. *Sozialdemokraten Service Presse Funk TV*, Nr. 244/85 vom 29. April 1985. Siehe dazu auch AdsD, WBA, A 19, 172, und A 11.16, 252.

3 Zum Besuch Brandts in Moskau Ende Mai 1985 vgl. Nr. 20.

4 Präsident Reagan stattete der Bundesrepublik Deutschland vom 1.–6. Mai 1985 einen Besuch ab und nahm dabei vom 2.–4. Mai 1985 am Weltwirtschaftsgipfel in Bonn teil. Im Vorfeld der Reise war es zu heftigen Kontroversen darüber gekommen, dass Bundeskanzler Kohl seinen amerikanischen Gast dazu eingeladen hatte, am 5. Mai 1985 den Soldatenfriedhof in Bitburg zu besuchen, denn dort lagen auch 49 Soldaten der Waffen-SS begraben. Erst unter

dem massiven Druck öffentlicher Proteste wurde auch ein gemeinsamer Besuch des Konzentrationslagers Bergen-Belsen vereinbart, der am selben Tage stattfand. Vgl. AdG 55 (1985), S. 28725.

5   Unmittelbar nach seiner Rückkehr aus New York (Anm. 2) war Brandt mitgeteilt worden, dass er nicht mit Reagan zusammentreffen werde, obwohl ihm der amerikanische Botschafter in Bonn, Arthur F. Burns, im Februar 1985 eine Begegnung mit dem Präsidenten bei dessen Deutschland-Besuch zugesichert hatte. Für die Absage soll angeblich der designierte Nachfolger von Burns, Richard Burt, verantwortlich gewesen sein, der dies jedoch umgehend dementierte. Auch die Bundesregierung, der Brandt Untätigkeit vorwarf, bedauerte, dass der SPD-Vorsitzende keinen Termin bekommen hatte. Die Einladung zum Staatsbankett, das zu Ehren Reagans am Abend des 5. Mai 1985 gegeben wurde, sagte Brandt ab. Vgl. „Vielleicht Nancy", in: Der Spiegel, Nr. 20 vom 13. Mai 1985, S. 22 f., sowie Sozialdemokraten Service Presse Funk TV, Nr. 257/85 vom 6. Mai 1985.

6   Vgl. 17, Anm. 19.

7   Stempel.

Nr. 19

1   Die Vorlage ist eine Pressemitteilung der SPD, die nach einer Niederschrift des Bundespresseamtes den Wortlaut des Interviews wiedergibt, das am 20. Mai 1985 geführt und ausgestrahlt wurde.

2   Die Fragen stellte Heribert Schwan.

3   Die Frage bezieht sich auf die deutschlandpolitische Debatte, die durch die Äußerungen des stellvertretenden SPD-Fraktionsvorsitzenden Jürgen Schmude ausgelöst wurde. Der hatte am 17. Mai 1985 in einem Vortrag vor dem Historisch-Politischen Arbeitskreis des Kuratoriums Unteilbares Deutschland gefragt, ob die Präambel des Grundgesetzes von 1949 noch zeitgemäß sei und nicht geändert werden müsse. Schmude sah einen Widerspruch zwischen der in der Präambel enthaltenen Verpflichtung der Bundesrepublik auf die Vollendung der Einheit Deutschlands und dem Text des Grundlagenvertrags von 1972. Der ginge nämlich von dem Grundsatz aus, dass sich die Hoheitsgewalt jedes der beiden deutschen Staaten auf sein Staatsgebiet beschränke und dass beide Partner die Unabhängigkeit und Selbständigkeit des anderen in inneren und äußeren Angelegenheiten respektierten. Politiker von CDU, CSU und FDP hatten sich daraufhin scharf ablehnend geäußert. Aber auch Sozialdemokraten kritisierten Schmudes Vorstoß. Vgl. „Volle Verachtung", in: Der Spiegel, Nr. 22 vom 27. Mai 1985, S. 22.

4   Vgl. ebd.

5   Vermutlich gemeint: „mit den"

6   Franz Josef Strauß hatte im Jahre 1966 erklärt, er glaube nicht mehr an eine Wiederherstellung eines deutschen Nationalstaates, und für eine „Europäisierung der deutschen Frage" plädiert. Vgl. Winkler 2000, Bd. 2, S. 243.

7   Anm. 3.

Nr. 20

1   Vorlage ist die sowjetische Überlieferung des Gesprächs, das am 27. Mai 1985 im Kreml stattfand. Die in indirekter Rede verfasste deutsche Überlieferung gibt alle wesentlichen Elemente der Unterredung sehr ähnlich wieder. Siehe das von Uwe Stehr angefertigte und von Klaus Lindenberg überarbeitete „Protokoll" vom 4. Juni 1985 in: AdSD, WBA, A 9, 10. Demnach begann das Gespräch um 10:30 Uhr und dauerte gut zweieinhalb Stunden. Daran nahmen außerdem teil: Andrej Gromyko, Boris Pono-

marjow, Wadim Sagladin, Andrej Alexandrow, Egon Bahr, Hans Koschnick, Björn Engholm, Dietrich Stobbe, Wolfgang Clement, Karl-Heinz Klär, Uwe Stehr und Klaus Lindenberg sowie Viktor Rykin und Eggert Hartmann als Dolmetscher.

2   Brandt hielt sich vom 26.–29. Mai 1985 zu politischen Gesprächen in Moskau auf. Vgl. AdG 55 (1985), S. 28839. Siehe auch AdsD, WBA, A 19, 178.

3   Am 29. April 1985 hatte der SPD-Parteivorstand eine Erklärung zum 8. Mai 1945/85 – das „Nürnberger Manifest" – verabschiedet. Sozialdemokraten Service Presse Funk TV, Nr. 245/85 vom 30. April 1985.

4   Der deutsch-sowjetische Vertrag war am 12. August 1970 in Moskau unterzeichnet worden.

5   Dieser Begriff ging ursprünglich auf Lenin zurück und wurde dann in den fünfziger Jahren von Chruschtschow zu einer Doktrin ausgebaut. Demnach war das friedliche Nebeneinanderbestehen kommunistischer und kapitalistischer Staaten prinzipiell möglich und im Atomzeitalter auch unumgänglich. Das bedeutete aber nicht die Aufgabe der weltrevolutionären Zielsetzung des Kommunismus.

6   Gorbatschow spielt damit zum einen auf den Besuch des Soldatenfriedhofs in Bitburg an (vgl. Nr. 18, Anm. 4), zum anderen auf die umstrittene Teilnahme von Bundeskanzler Kohl am Treffen der schlesischen Landsmannschaft im Juni 1985. Dessen ursprüngliches Motto „Schlesien bleibt unser" hatte eine Diskussion um die Endgültigkeit der Oder-Neiße-Grenze ausgelöst. Die Sowjetunion und die osteuropäischen Nachbarstaaten warfen der Bundesrepublik deswegen „Revanchismus" vor. Vgl. AdG 55 (1985), S. 28460.

7   Diese Äußerung Lenins wurde durch Stalin überliefert. Vgl. Stalin, Josef W.: Über Lenin. Rede auf dem Gedenkabend der Kremlkursanten am 28. Januar 1924, in: Stalin, Josef W.: Werke, Bd. 6: 1924, 2. Aufl., Dortmund 1976, S. 47–57.

8   Am 7. Mai 1985 hatte die SPD in Nürnberg ein Friedensgespräch veranstaltet, an dem u. a. auch Vertreter aus Wolgograd, Leningrad und Minsk teilnahmen. Vgl. Sozialdemokraten Service Presse Funk TV vom 17. April 1985.

9   Gemeint ist Brandts Treffen mit Breschnew in Oreanda im September 1971. Vgl. Berliner Ausgabe, Bd. 6, Nr. 57–59.

10 Vgl. Anm. 6.

11 Die amerikanisch-sowjetischen Verhandlungen waren am 12. März 1985 wieder aufgenommen worden. Die erste Runde der neuen Gespräche hatte am 23. April 1985 geendet. Vgl. auch Nr. 16, Anm. 7.

12 Der indische Ministerpräsident Rajiv Gandhi hatte der Sowjetunion vom 21.–26. Mai 1985 einen Besuch abgestattet. Vgl. AdG 55 (1985), S. 28799.

13 Gemeint ist die nukleare Mittelstreckenrakete Pershing II. Westlichen Angaben zufolge hätte die Rakete 10–15 Minuten benötigt.

14 Die drei Verhandlungsbereiche betrafen die nuklearen Interkontinental- und Mittelstreckenraketen sowie die Weltraumwaffen. Vgl. Nr. 16, Anm. 7.

15 Die USA lehnten die sowjetische Forderung nach einem generellen Forschungsverbot für Weltraumwaffen ab.

16 Die Sowjetunion hatte in Genf vorgeschlagen, dass beide Seiten für die gesamte Dauer der Verhandlungen folgende Punkte einhalten sollten: 1. ein Moratorium für die Erforschung, Schaffung, Erprobung und Stationierung weltraumgestützter Waffen; 2. ein Einfrieren sowohl der Zahl der Atomsprengköpfe als auch der Trägermittel bei den strategischen Offensivwaffen; 3. die Beendigung der Aufstellung von US-Mittelstreckenwaffen in Europa

und den Stopp der sowjetischen Gegenmaßnahmen. Ende März 1985 waren diese Vorschläge publik gemacht worden. Vgl. AdG 55 (1985), S. 28699.

17 W. Averell Harriman, der frühere Botschafter der USA in Moskau und Sonderberater mehrerer amerikanischer Präsidenten, hatte 1984 geschrieben, Präsident Reagan habe die Abrüstungsgespräche mit den Sowjets in Genf nur als „Propagandaforum" und „Schleier" benutzt, um neue Kernwaffen in Stellung zu bringen. Ein Nuklearkrieg sei damit näher gerückt. Vgl. „If the Reagan pattern continues, America may face nuclear war", in: New York Times, Nr. 1 vom 1. Januar 1984.

18 Gemeint ist die Bundestagswahl am 25. Januar 1987. In ihrem Wahlprogramm, das sie im Oktober 1986 verabschiedete, forderte die SPD von den USA „die Rücknahme der Stationierung von Pershing II und Cruise Missiles" und von der Sowjetunion den „unverzüglichen Abbau" der in der DDR und der ČSSR aufgestellten Raketen sowie eine „drastische Verminderung der SS-20-Raketen auf einen Stand vor 1979". Regierungsprogramm 1987–1990 der Sozialdemokratischen Partei Deutschlands, S. 44 f.

19 Gemeint sind die vier Forderungen in der Abschlusserklärung des New Yorker Symposiums „Survival in the Nuclear Age" am 25./26. April 1985, die Brandt an Gorbatschow überreichte. Vgl. Nr. 18, Anm. 2.

20 Gemeint sind die Professoren Sergei Petrowitsch Kapiza und Michail Milstein.

21 Der 1979 unterzeichnete, aber von den USA nie ratifizierte SALT-II-Vertrag, an dessen Bestimmungen sich beide Seiten bis dahin gleichwohl hielten, galt offiziell bis zum 31. Dezember 1985. Vgl. Nr. 1, Anm. 11.

22 Der amerikanisch-sowjetische ABM-Vertrag vom 26. Mai 1972 begrenzte die ballistischen Raketenabwehrsysteme (Anti-Ballistic Missiles) auf eines für jede Seite. Eine solche Anlage mit maximal 100 Abfangraketen durfte entweder die eigene Hauptstadt oder einen Komplex mit Interkontinentalraketen schützen und musste unbeweglich sein. Die Entwicklung see-, luft- oder weltraumgestützter ABM-Systeme war verboten. Der Vertragstext ist dokumentiert in: AdG 42 (1972), S. 17120.

23 Gemeint ist die dritte Konferenz zur Überprüfung des Vertrags über die Nichtverbreitung von Kernwaffen, die vom 27. August–21. September 1985 in Genf stattfinden sollte. Vgl. EA 40 (1985) 18, S. Z 157 f., 19, S. Z 169 f., und 20, S. Z 181 f. Die Bemühungen um ein allgemeines Atomteststoppabkommen hatten schon in den fünfziger Jahren begonnen. In diesem Zusammenhang erinnerten die Nichtnuklearmächte seit 1968 immer wieder an Artikel VI des Atomwaffensperrvertrags, der die Verpflichtung enthält, baldmöglichst Verhandlungen über die Einstellung des atomaren Wettrüstens und die nukleare Abrüstung aufzunehmen sowie einen Vertrag über die allgemeine und vollständige Abrüstung abzuschließen.

24 1980 hatte Großbritannien die Modernisierung seiner Atomstreitmacht beschlossen. Die auf U-Booten stationierten und mit nur einem Nuklearsprengkopf bestückten Polaris-Raketen wurden in den achtziger Jahren verbessert und sollten in den neunziger Jahren durch das amerikanische Trident-Raketensystem mit Mehrfachsprengköpfen ersetzt werden. Vgl. EA 35 (1980) 15, S. Z 147. Frankreich modernisierte seine Atomstreitkräfte im Rahmen des 1983 verabschiedeten Militärprogramms 1984–1988. Dazu gehörten u. a. der Bau zusätzlicher atomgetriebener U-Boote, die Produktion von Mehrfachsprengköpfen sowie die Entwicklung neuer Raketentypen mittlerer und kürzerer Reichweite. Vgl. AdG 53 (1983), S. 26829.

25 Gemeint sind die atomaren Kurzstreckenwaffen bis 500 km Reichweite. Die Sowjetunion hatte 1984 mit der Stationierung neuer Raketen dieses Typs (SS-21 und SS-23) in der DDR und der Tschechoslowakei begonnen. Die NATO dachte derweil bereits über eine Modernisierung ihrer Kurzstreckensysteme nach.

26 Zur Strategischen Verteidigungsinitiative (SDI) der USA und der ablehnenden Haltung der SPD vgl. Nr. 12, Anm. 14, und Nr. 17.

27 Gemeint ist das Eureka-Programm, ein von Frankreich initiiertes europäisches Gemeinschaftsprojekt zur Förderung der zivilen Hochtechnologieforschung und -entwicklung. Vgl. AdG 55 (1985), S. 28841.

28 Gemeinsam mit Egon Bahr und Wolfgang Roth hatte Brandt am 21. Mai 1985 Paris besucht und dort u. a. mit Verteidigungsminister Charles Hernu und dem Parteichef der französischen Sozialisten, Lionel Jospin, gesprochen. Vgl. „Kohl ruiniert sein Ansehen", in: *Der Spiegel*, Nr. 22 vom 27. Mai 1985, S. 19–21.

29 Treibende Kraft hinter dieser Idee war Frankreich, das hierbei die Beteiligung der Bundesrepublik suchte. Im Mai 1984 hatten sich Präsident Mitterrand und Bundeskanzler Kohl auf eine weitreichende militärtechnische Zusammenarbeit geeinigt, wozu auch die Entwicklung eines militärischen Beobachtungssatelliten gehören sollte. Allerdings geriet das Projekt bald ins Stocken, weil das Auswärtige Amt und das Verteidigungsministerium in Bonn nicht an einem Strang zogen. Vgl. *Reinke, Niklas:* Geschichte der deutschen Raumfahrtpolitik. Konzepte, Einflußfaktoren, Interdependenzen 1923–2002, München 2004, S. 279–284.

30 Anm. 16.

31 In der deutschen Überlieferung des Gesprächs heißt es an dieser Stelle: „Könnte die Sowjetunion nicht […] einseitig einen vollständigen Stopp der Atomtests erklären, solange die USA keine Atomversuche machten?" (Anm. 1). Am 29. Juli 1985 gab Gorbatschow bekannt, die Sowjetunion werde vom 6. August 1985 an bis zum 1. Januar 1986 keine atomaren Testexplosionen durchführen. Die USA seien aufgefordert, sich diesem Moratorium anzuschließen, das sodann über den 1. Januar 1986 hinaus in Kraft bliebe. Vgl. AdG 55 (1985), S. 29084.

32 Präsident Reagan hatte bereits am 11. März 1985 eine entsprechende Einladung an den neuen sowjetischen Generalsekretär ausgesprochen, die von Gorbatschow grundsätzlich begrüßt worden war. Der Briefwechsel ist dokumentiert in: http://www.gwu.edu/~nsarchiv/NSAEBB/NSAEBB172/index.htm (5. September 2008). Am 3. Juli 1985 wurde offiziell bestätigt, dass das Gipfeltreffen am 19./20. November 1985 in Genf stattfinden werde. Vgl. AdG 55 (1985), S. 28699 und S. 28925.

33 Vgl. Anm. 11.

34 USA und Sowjetunion warfen sich gegenseitig Vertragsverletzungen vor. Vgl. AdG 55 (1985), S. 28699.

35 Vgl. Anm. 23.

36 Gorbatschow hatte vom 15.–21. Dezember 1984 London besucht und dabei u. a. mit Premierministerin Thatcher und Außenminister Geoffrey Howe gesprochen. Vgl. AdG 54 (1984), S. 28330.

37 Der Brief wurde nicht ermittelt. Allerdings lehnte Frau Thatcher die Einbeziehung der britischen Atomstreitmacht in die Mittelstreckenwaffenverhandlungen strikt ab.

38 Zur Frage der Anrechnung der französischen und der britischen Atomwaffen vgl. Nr. 6, Anm. 8.

39 Die entsprechende Botschaft Generalsekretär Breschnews an die Vereinten Nationen vom 12. Juni 1982 ist dokumentiert in: EA 37 (1982) 2, S. D 451–D 454.

40 Um die sowjetische Haltung korrekt wiederzugeben, müsste es eigentlich heißen: „die sie nicht besitzen und auf deren Territorium auch keine Atomwaffen stationiert sind."

41 Am 4./5. Januar 1983 hatten die Staaten des Warschauer Pakts der NATO angeboten, einen Vertrag über gegenseitige Nichtanwendung militärischer Gewalt zu schließen. Vgl. AdG 53 (1983), S. 26245.

42 Vgl. Anm. 16.

43 Diesen Vorschlag hatte Generalsekretär Andropow erstmals am 21. Dezember 1982 vorgebracht. Vgl. EA 38 (1983) 4, S. D 92–D 96. Vgl. auch Nr. 7, Anm. 20.

44 Gemeint sind die MBFR-Verhandlungen, die seit 1973 geführt wurden.

45 Gemeint sind die Genfer Abrüstungskonferenzen der Vereinten Nationen, deren Geschichte bis 1947 zurückreicht, als der Sicherheitsrat eine „Kommission für konventionelle Rüstungen" einsetzte. Nach mehrmaligen Neustrukturierungen und Umbenennungen lautet der offizielle Name seit 1979: UN-Konferenz für Abrüstung.

46 Am 14. Februar 1985 hatte die sowjetische Delegation bei den MBFR-Verhandlungen in Wien im Namen der Warschauer Paktstaaten den Vorschlag unterbreitet, 20.000 sowjetische Soldaten aus Polen, der ČSSR und der DDR sowie 13.000 Mann der amerikanischen Streitkräfte aus der Bundesrepublik und den Beneluxstaaten abzuziehen. Vgl. AdG 55 (1985), S. 28489.

47 Vgl. Anm. 32.

48 Diese gemeinsame Arbeitsgruppe von SPD und SED war das Ergebnis eines Gesprächs zwischen Hans-Jochen Vogel und Erich Honecker am 14. März 1984 gewesen und hatte ihre Tätigkeit Anfang Juli 1984 aufgenommen. Nach insgesamt sechs Treffen veröffentlichte sie am 19. Juni 1985 die Vorlage eines „Rahmens für ein Abkommen zur Bildung einer von chemischen Waffen freien Zone in Europa". Vgl. *Moseleit* 1991, S. 58–60.

Nr. 21

1 Die Sitzung fand im Raum 2703 im Neuen Hochhaus („Langer Eugen") des Bundestages in Bonn statt und begann um 10.30 Uhr. Weitere Tagesordnungspunkte waren die sicherheitspolitischen Vorstellungen der französischen Sozialisten, ein Antrag der SPD zum Berlin-Verkehr sowie Verschiedenes.

2 Vgl. Berliner Ausgabe, Bd. 6.

3 Gemeint ist die 1972 begründete Europäische Politische Zusammenarbeit der Europäischen Gemeinschaft auf dem Gebiet der Außenpolitik.

4 Vgl. Berliner Ausgabe, Bd. 6, Nr. 57–59.

5 In Wien fanden seit 1973 die Verhandlungen über die Reduzierung konventioneller Truppen und Rüstungen (MBFR) statt, in Helsinki tagte von 1973 bis 1975 die Konferenz über Sicherheit und Zusammenarbeit in Europa (KSZE) und in Genf sprachen die USA und die Sowjetunion über nukleare Mittelstreckenwaffen (INF) und strategische Atomwaffen (START).

6 Die KSZE-Schlussakte von Helsinki wurde am 1. August 1975 unterzeichnet. Vgl. EA 30 (1975) 17, S. D 437–D 484.

7 Diesem Thema widmete sich die gemeinsame Arbeitsgruppe der SPD-Bundestagsfraktion und der polnischen PVAP, die im Herbst 1984 gegründet worden war. Vgl. *Ehmke, Horst*: Wege zur Sicherheitspartnerschaft. Aus der Tätigkeit der gemeinsamen Arbeitsgruppe von SPD-Bundestagsfraktion und PVAP, in: Blätter für deutsche und internationale Politik 31 (1986) 6, S. 669–674.

8 Zur gemeinsamen Arbeitsgruppe von SPD und SED vgl. Nr. 20, Anm. 48.

9 Dieses Thema war wichtiger Bestandteil einer weiteren gemeinsamen Arbeitsgruppe von SPD und SED zur Bildung eines atomwaffenfreien Korridors in Europa. Sie traf sich erstmals im Dezember 1985. Vgl. *Moseleit* 1991, S. 60–62.

10 Seit Juni 1984 bestand eine gemeinsame Arbeitsgruppe der SPD-Bundestagsfraktion und der KPdSU zur Reduzierung von Rüstungskosten zugunsten der „Dritten Welt". Das Ergebnis der Gespräche wurde 1986 vorgelegt. Siehe dazu AdsD, Dep. Bahr, 1/EBAA 000960.

11 Korrigiert aus: „Peres".

12 Die „Konferenz über die Beziehungen zwischen Abrüstung und Entwicklung" fand vom 24. August–11. September 1987 in New York statt. Vgl. AdG 57 (1987), S. 31415.

13 Seit 1950 stellte das in Paris ansässige Coordinating Committee on Multilateral Export Controls (Cocom) regelmäßig eine Liste strategisch bedeutsamer Hochtechnologiegüter zusammen, die von den NATO-Mitgliedsländern und Japan nicht in die RGW-Staaten und nach China geliefert werden durften. 1985 setzten die USA eine Verschärfung des Verbots durch. Vgl. „Militärs reden mit", in: *Der Spiegel*, Nr. 15 vom 8. April 1985, S. 17.

14 Vgl. Nr. 20.

15 Zum Paris-Besuch Brandts am 21. Mai 1985 vgl. ebd., Anm. 28.

16 Zu den hier gemeinten „Unklarheiten" vgl. ebd., Anm. 6.

17 Der Moskau-Besuch des italienischen Ministerpräsidenten Bettino Craxi fand am 28./29. Mai 1985 statt. Vgl. EA 40 (1985) 12, S. Z 102.

18 Anm. 13.

19 Der französische Premierminister Laurent Fabius hielt sich am 10./11. Juni 1985 in Ost-Berlin auf. Dabei vereinbarten Frankreich und die DDR, ihren Warenaustausch bis 1990 zu verfünffachen. Vgl. EA 40 (1985) 13, S. Z 107.

20 Brandt berichtet im Folgenden über seine Gespräche in Moskau. Die sowjetische Haltung in Abrüstungsfragen lasse kaum Hoffnung auf Fortschritte bei den Genfer Verhandlungen zu.

21 Zur Tischrede am 27. Mai 1985 vgl. AdG 55 (1985), S. 28839.

22 Anm. 17.

23 Brandt erklärt, dass es auch hinsichtlich der Nord-Süd-Problematik neue Töne in Moskau gebe.

24 Zur SPD-Delegation gehörten neben Brandt die Politiker Egon Bahr, Hans Koschnick, Björn Engholm und Dietrich Stobbe.

25 Insbesondere ging es dabei um die Frage der Wiederaufnahme eines vertraulichen Kontakts, um den direkten Meinungsaustausch zwischen dem SPD-Vorsitzenden und dem sowjetischen Generalsekretär zu ermöglichen. Schon zwischen 1969 und 1982 hatte ein solcher geheimer „back channel" bestanden, dessen Mittelsmänner Egon Bahr und Wjatscheslaw Keworkow bzw. Walerij Lednew gewesen waren. Für sein Gespräch mit Michail Gorbatschow notierte Willy Brandt am 19. Mai 1985 handschriftlich: „Es ist wünschenswert, den vertraulichen Kanal wiederherzustellen." Siehe AdsD, WBA, A 9, 10. Wie Bahr dem sowjetischen Außenminister Gromyko am 3. Juni 1985 mitteilte, hätten Brandt und Gorbatschow bei ihrem Treffen in Moskau „im Prinzip zugestimmt", den Kontakt wiederaufzunehmen. Seinem Schreiben fügte Bahr einen persönlichen Brief Brandts an Gorbatschow bei, den Gromyko übergeben sollte und in dem es u. a. hieß: „Ich sehe also Ihrer Entscheidung entgegen, wenn Sie beauftragen, um den verläßlichen direkten Meinungsaustausch zwischen uns zu sichern." Siehe das Schreiben

Bahrs an Gromyko in: AdsD, Dep. Bahr, 1/EBAA000961; das Schreiben Brandts an Gorbatschow vom 3. Juni 1985, in: AdsD, WBA, A 9, 10. Der Brief des SPD-Vorsitzenden wurde allerdings nicht beantwortet. Siehe das Schreiben Bahrs an Gorbatschow vom 14. Oktober 1985, in: AdsD, Dep. Bahr, 1/EBAA000960. Zum weiteren Verlauf des Vorgangs vgl. Nr. 35 und Einleitung.

26 Heiner Geißler und Gerold Tandler.

27 Seit Ende 1979 hielten sowjetische Truppen Afghanistan besetzt und führten dort Krieg.

28 Im Willy-Brandt-Archiv finden sich über das Vier-Augen-Gespräch keine Aufzeichnungen. Verlauf und Inhalt sind jedoch sehr knapp zusammengefasst in einer von der DDR-Staatssicherheit an Erich Honecker übermittelten „Information über den Aufenthalt Willy Brandts in Moskau" vom 6. Juni 1985. Demnach fand dieser Teil der Unterredung auf Ersuchen Brandts statt und behandelte den politischen Kurs der Bundesregierung, die Rolle Westeuropas in der internationalen Politik, den Zusammenhang von Wettrüsten und Hunger in der „Dritten Welt", Afghanistan sowie die Kontakte zwischen SPD und KPdSU. Zur Situation in Afghanistan seien Brandt auf dessen Bitte hin „entsprechende Erläuterungen" gegeben worden. Siehe SAPMO DY 30/IV2/2.035/65.

29 Der sowjetische Physiker, Friedensnobelpreisträger und Regimekritiker Andrei Sacharow war 1980 verhaftet und nach Gorki verbannt worden, wo er, von der Außenwelt isoliert, unter Aufsicht des KGB leben musste.

30 Brandt hatte in Moskau die Namen von ca. 100 jüdischen Familien übermittelt, die aus der Sowjetunion nach Israel ausreisen wollten. Im November 1985 wurde seinem Büro eine Liste übergeben, wonach die Ausreise bei ungefähr der Hälfte der Fälle genehmigt worden bzw. bereits erfolgt sei. Siehe das Schreiben von Klaus-Henning Rosen an Erich Wolfram vom 23. Dezember 1985, in: AdsD, WBA, A 10.1 (Büroleiter Rosen), 404.

31 Anm. 7–9. Vgl. auch Einleitung.

32 Gemeint ist der Bund der sozialdemokratischen Parteien der EG.

33 Vgl. Nr. 8, Anm. 6.

34 Hervorhebung wie in der Vorlage.

35 Vgl. Nr. 20.

36 Vgl. ebd., Anm. 48.

37 Vgl. *Brzezinski, Zbigniew:* The Future of Yalta, in: Foreign Affairs 63 (1984/85) 2, S. 279–302 (hier: S. 300). In dem Artikel sprach sich der ehemalige Sicherheitsberater von US-Präsident Carter für eine transatlantisch abgestimmte Strategie zur langfristigen Überwindung der europäischen Spaltung aus. Um den Einfluss der Sowjetunion in Europa zu mindern und einen schrittweisen Wandel in ihrem Machtbereich herbeizuführen, sollten einerseits die Amerikaner ihr militärisches Engagement auf dem Kontinent deutlich zurückfahren und anderseits die Westeuropäer ihre sicherheitspolitische Abhängigkeit von den USA verringern, die Zusammenarbeit mit den Staaten Osteuropas verstärken, aber auch die dortigen Oppositionsbewegungen unterstützen. Für die weitere Zukunft konnte sich Brzezinski u. a. die Schaffung demilitarisierter oder atomwaffenfreier Zonen in Europa vorstellen. Ebenso schloss er nicht aus, dass Gebiete nach dem Vorbild Österreichs neutralisiert werden könnten, „sogar ein lose konföderiertes Deutschland".

38 Vgl. Nr. 10, Anm. 11.

39 Die PSF lehnte beispielsweise das amerikanische SDI-Programm ab.

40 Der Krieg zwischen Irak und Iran dauerte seit September 1980 an.

Nr. 22

1   Vorlage ist die vom SPD-Pressedienst vorab veröffentlichte und ungekürzte deutsche Fassung des Interviews, das der französische Journalist Elie Marcuse in schriftlicher Form mit Willy Brandt führte. Siehe dazu AdsD, WBA, A 3, 998. *L'Express* publizierte die Äußerungen des SPD-Vorsitzenden – erheblich gekürzt und ins Französische übersetzt – gemeinsam mit den Antworten von Bundeskanzler Kohl, dem die gleichen Fragen vorgelegt worden waren. Vgl. „L'avenir de l'Europe vu par Helmut Kohl et Willy Brandt", in: *L'Express*, Nr. 1774 vom 5. Juli 1985, S. 9–11. Im Folgenden sind jene Passagen kenntlich gemacht, die in der französischen Wochenzeitschrift nicht abgedruckt wurden.

2   Der hier und im Folgenden in spitze Klammern gesetzte Text ist in der von *L'Express* veröffentlichten Fassung nicht enthalten. Vgl. Anm. 1.

3   Gemeint ist die Rede Mitterrands vor dem Deutschen Bundestag am 20. Januar 1983. Vgl. Deutscher Bundestag, 9. Wahlperiode, Stenographischer Bericht, 142. Sitzung, 20. Januar 1983, S. 8977–8992.

4   Churchills Angebot datierte vom 16. Juni 1940, also unmittelbar vor der Niederlage Frankreichs im Krieg gegen Hitler-Deutschland.

5   Hervorhebung wie in der Vorlage; in der französischen Fassung nicht hervorgehoben.

6   Seit 1979 war die European Currency Unit (Europäische Währungseinheit) die Rechnungseinheit der EG. Die englische Abkürzung ECU lehnte sich an den Écu an, eine alte französische Münze.

7   Vgl. Deutscher Bundestag, 10. Wahlperiode, Stenographischer Bericht, 77. Sitzung, 28. Juni 1984, S. 5596–5603.

8   Vgl. Nr. 20, Anm. 27.

9   Für Mitterrands Rede vor dem Europäischen Parlament vgl. AdG 54 (1984), S. 27702.

10   Vgl. Nr. 20, Anm. 29.

11   Französisch für: als solche.

Nr. 23

1   Vorlage ist ein Durchschlag, auf dem hs. vermerkt ist: „an J[ohannes] Rau 5/9 zur Mitnahme nach Moskau". Der designierte Kanzlerkandidat der SPD besuchte die sowjetische Hauptstadt am 9./10. September 1985 und überreichte dem sowjetischen Generalsekretär das Schreiben Brandts persönlich. Siehe dazu auch das Protokoll des Gesprächs Gorbatschow-Rau in: AdsD, WBA, A 9, 10.

2   Siehe das Schreiben Gorbatschows an Brandt vom 26. August 1985, in: AdsD, WBA, A 9, 10. Darin hatte der Generalsekretär den einseitig erklärten Atomteststopp der Sowjetunion näher erläutert, der seit dem 6. August 1985 in Kraft war und vorerst bis Ende des Jahres gelten sollte. Vgl. auch Nr. 20, Anm. 31.

3   Vgl. Nr. 20.

4   Das Gipfeltreffen zwischen Reagan und Gorbatschow fand am 19.–21. November 1985 in Genf statt.

5   Von 1977 bis 1980 hatten die USA, Großbritannien und die Sowjetunion in Genf Gespräche über ein umfassendes Verbot von Kernwaffentests geführt. Vgl. EA 35 (1980) 16, S. Z 157.

6   Gorbatschow reiste vom 2.–5. Oktober 1985 zu einem Staatsbesuch in die französische Hauptstadt. Vgl. EA 40 (1985) 21, S. D 583–D 604.

7   Brandt war am 12. Juli 1985 in Paris mit dem französischen Staatspräsidenten Mitterrand zusammengetroffen. Siehe AdsD, WBA, A 19, 173. Frankreich lehnte den sowjetischen Moratoriumsvorschlag

vor allem deshalb ab, weil es 1985 mehrere unterirdische Atomtests im Südpazifik durchführte.

8   Vgl. Nr. 8, Anm. 6.

9   Im Anschluss an eine Sitzung des „Büros" der Sozialistischen Internationale fand am 16./17. Oktober 1985 in Wien eine Sonderkonferenz der SI über Abrüstung statt, an der auch hochrangige Vertreter aus den USA, der Sowjetunion, China und Indien teilnahmen. Vgl. AdG 55 (1985), S. 29275.

10   Das „Büro" der SI verabschiedete einstimmig einen Appell zur Abrüstung, der die USA und die Sowjetunion u. a. dazu aufforderte, die SALT-Vereinbarungen zu respektieren, am ABM-Vertrag festzuhalten, auf die Entwicklung von Weltraumwaffen zu verzichten und einem ab Januar 1986 gültigen Moratorium für Atomwaffen zuzustimmen. Vgl. AdG 55 (1985), S. 29275.

11   Stempel.

Nr. 24A

1   Vom 18.–20. September 1985 hielten sich Brandt und seine Frau Brigitte in Ost-Berlin und zu einem Kurzbesuch in Weimar auf. Siehe AdsD, WBA, A 19, 184. Vgl. auch „Komischer Bogen", in: *Der Spiegel*, Nr. 39 vom 23. September 1985, S. 22 f., sowie Einleitung.

2   Vorlage ist die von der SED erstellte Überlieferung des Gesprächs, das im Staatsratsgebäude in Ost-Berlin stattfand. Daran nahmen außerdem teil: auf östlicher Seite Hermann Axen, Günter Schabowski, Otto Reinhold, Frank-Joachim Herrmann, Gunter Rettner sowie seitens der SPD Egon Bahr, Wolfgang Clement, Günter Gaus und Karl-Heinz Klär. Siehe dazu auch den von Klär angefertigten fünfseitigen „Bericht über das Gespräch zwischen Willy Brandt und Erich Honecker am 19. September 1985 im Gebäude des Staatsrats der DDR" vom 23. September 1985. Über diese zusammenfassende Aufzeichnung, die für die SPD-Präsidiumsmitglieder bestimmt war, schrieb der Büroleiter Brandts an Oskar Lafontaine am 26. September 1985: „Wichtig war natürlich auch manches, was in meinem – jugendfreien – Vermerk nicht drinsteht." Beides in: AdsD, WBA, A 19, 184. Die hier abgedruckte „Niederschrift" und Klärs „Bericht" sind auch dokumentiert in: *Potthoff* 1995, S. 340–358. Für das Vier-Augen-Gespräch Brandt-Honecker vgl. Nr. 24B.

3   Am Mahnmal Unter den Linden hatte der SPD-Vorsitzende keinen Kranz, sondern ein Blumengebinde niedergelegt. Auf Brandts Wunsch hin war auch auf das sonst übliche militärische Zeremoniell verzichtet worden.

4   Brandt hatte das Museum am Vortag besucht. Vgl. Nr. 25.

5   Hier nicht abgedruckt sind Bemerkungen Honeckers über die Notwendigkeit von Gesprächen zur Friedenssicherung.

6   Die Einstein-Friedenspreis-Stiftung würdigte damit Brandts Verdienste und fortdauernde Bemühungen für den Weltfrieden. Der SPD-Vorsitzende nahm die Auszeichnung am 13. November 1985 in Washington D. C. entgegen. Vgl. *Sozialdemokraten Service Presse Funk TV*, Nr. 596/85 vom 12. November 1985.

7   Vgl. Anm. 3 und 4.

8   Brandt geht kurz auf die Verleihung des Albert-Einstein-Preises und die Gefahr eines Atomkrieges ein.

9   Das gemeinsame Kommuniqué vom 19. September 1985 ist abgedruckt in: Texte zur Deutschlandpolitik III/3, Bonn 1986, S. 446–449. Siehe auch AdsD, WBA, A 19, 184.

10   Auf der Basis der von der SPD-SED-Arbeitsgruppe am 19. Juni 1985 gemachten Vorschläge (vgl. Nr. 20, Anm. 48) hatten die

Regierungen der DDR und der ČSSR der Bundesregierung Verhandlungen über die Schaffung einer chemiewaffenfreien Zone vorgeschlagen. Diese Offerte war Gegenstand eines Schreibens von Honecker an Bundeskanzler Kohl vom 12. September 1985, der den Vorstoß aber zurückwies. Vgl. AdG 55 (1985), S. 29145 und 29709.

11   Vgl. Nr. 10, Anm. 6.

12   Hier geht es um die bis zu diesem Zeitpunkt in der Bundesrepublik, Großbritannien, Italien und Belgien stationierten amerikanischen Mittelstreckensysteme Pershing II und Cruise Missiles sowie die als östliche „Gegenmaßnahmen" dazu in der DDR und der ČSSR stationierten sowjetischen Raketen SS-21 (Reichweite bis zu 120 km), SS-23 (bis zu 500 km) sowie SS-12 – auch S-22 genannt – (bis zu 930 km). Vgl. auch Einleitung.

13   Zur Strategischen Verteidigungsinitiative (SDI) der USA vgl. Nr. 12, Anm. 14, und Nr. 17.

14   Im Folgenden macht Honecker weitere Ausführungen zum Thema SDI.

15   Bundeskanzler Kohl antwortete mit einem Schreiben vom 26. September 1985. Der Briefwechsel blieb unveröffentlicht. Vgl. *Potthoff* 1995, S. 346, Anm. 15.

16   Hier nicht abgedruckt sind weitere Äußerungen Honeckers gegen das Wettrüsten im Weltraum und für die friedliche Erforschung des Alls.

17   Vgl. Nr. 23, Anm. 6.

18   Das Gipfeltreffen fand vom 19.–21. November 1985 in Genf statt.

19   Der französische Premierminister Fabius hatte am 10./11. Juni 1985 Ost-Berlin besucht. Vgl. AdG 55 (1985), S. 28857.

20   Im folgenden, nicht abgedruckten Abschnitt des Gesprächs macht Honecker amerikanische Kreise für die Spannungen verantwortlich, äußert sich skeptisch zu den Erfolgsaussichten des Gipfeltreffens Gorbatschow-Reagan und erinnert an seine gemeinsame Erklärung mit Bundeskanzler Kohl vom 12. März 1985.

21   Honecker hatte den Vorsitzenden des Ostausschusses der deutschen Wirtschaft am 18. September 1985 zu einem Gespräch empfangen.

22   In den hier nicht abgedruckten Passagen erklärt Honecker, die DDR trage die Politik ihres Bündnisses mit. Sie habe sich auch dafür eingesetzt, dass sich die Beziehungen zwischen beiden deutschen Staaten nicht verschärften, und bleibe an guten Beziehungen interessiert.

23   Siehe Artikel 5 des Vertrages über die Grundlagen der Beziehungen zwischen der Bundesrepublik Deutschland und der Deutschen Demokratischen Republik vom 21. Dezember 1972.

24   Das Gespräch Honecker-Kohl hatte am 12. März 1985 am Rande der Beisetzungsfeierlichkeiten für den sowjetischen Generalsekretär Tschernenko in Moskau stattgefunden und ist dokumentiert in: *Potthoff* 1995, S. 305–310.

25   Vgl. Anm. 10.

26   Ausgelassen sind Redundanzen.

27   Die gemeinsame Arbeitsgruppe von SPD und SED zur Bildung eines atomwaffenfreien Korridors in Europa traf sich erstmals im Dezember 1985.

28   Im Folgenden geht Honecker auf die Kritik der Bundesregierung an den Gesprächen zwischen SED und SPD ein. Des Weiteren spricht er sich für eine Neubelebung der Entspannung auf der Basis der in Europa bestehenden Bündnisse und Abkommen aus, insbesondere der KSZE-Schlussakte und des Grundlagenvertrages.

29   Honecker erwähnt in diesem Zusammenhang Gespräche mit dem amerikanischen Botschafter in Ost-Berlin und dem französischen Premierminister Fabius.

30 In dem 1978 unterzeichneten Protokoll der gemeinsamen Grenzkommission hatten sich die Bundesrepublik und die DDR nicht über den Verlauf von ca. 95 km Elbgrenze einigen können. Vgl. Zehn Jahre Deutschlandpolitik. Die Entwicklung der Beziehungen zwischen der Bundesrepublik Deutschland und der Deutschen Demokratischen Republik 1969–1979. Bericht und Dokumentation, hrsg. vom Bundesministerium für innerdeutsche Beziehungen, Bonn 1980, S. 16.

31 Zu den Konsequenzen der „vorbehaltlosen Respektierung" der Staatsbürgerschaft der DDR durch die Bundesrepublik hatte die DDR-Führung in einem internen Positionspapier im September 1984 festgehalten: „Aufgabe der ‚Obhuts- und Schutzpflicht' gegenüber Bürgern der DDR, Verzicht auf die Ausübung diplomatischer konsularischer Schutzfunktionen für DDR-Bürger, Gleichbehandlung der Bürger der DDR wie Bürger anderer Staaten." Zit. bei *Staadt, Jochen:* Die SED im Bundestagswahlkampf 1986/87. Eine Fallstudie, in: *Schroeder, Klaus/Erler, Peter* (Hrsg): Geschichte und Transformation des SED-Staates. Beiträge und Analysen, Berlin 1994, S. 286–308 (S. 306 f.)

32 Die „Zentrale Erfassungsstelle der Landesjustizverwaltungen" in Salzgitter sammelte seit November 1961 Informationen über das vom SED-Regime verübte Unrecht. Die Erfassungsstelle war auf Vorschlag des damaligen Regierenden Bürgermeisters Willy Brandt von den Bundesländern eingerichtet worden. Vgl. Berliner Ausgabe, Bd. 3, Einleitung. Die Forderung nach ihrer Auflösung hatte Honecker ebenfalls schon 1980 in seiner Geraer Rede erhoben.

33 Am 9. April 1985 hatte der neue saarländische Ministerpräsident angekündigt, sein Bundesland werde sich an der Finanzierung der Erfassungsstelle künftig nicht mehr beteiligen.

34 Ernst Albrecht (CDU), seit 1976 Ministerpräsident Niedersachsens.

35 Vgl. Nr. 1, Anm. 17.

36 § 7, Absatz 1, Nr. 1 des Gesetzes über das Paßwesen vom 4. März 1952, zuletzt geändert am 26. März 1975.

37 Nicht abgedruckt ist die folgende Passage, in der Honecker den deutlichen Anstieg der Ausreisen aus der DDR und der Zahl der Reisen in dringenden Familienangelegenheiten hervorhebt.

38 Mit dem SPD-Fraktionsvorsitzenden war der SED-Chef am 28. Mai 1983, am 14. März 1984 und am 16. Mai 1985 zusammengetroffen. Vgl. *Potthoff* 1995, S. 119–144, S. 267–288 und S. 311–329.

39 Das Gespräch mit dem Ministerpräsidenten Nordrhein-Westfalens hatte am 11. Januar 1985 stattgefunden. Vgl. ebd., S. 289–304.

40 Zuletzt waren sich Honecker und Bahr am 24. August 1983 begegnet. Vgl. ebd., S. 160–164.

41 Für die Unterredung mit Lafontaine am 11. März 1984 vgl. ebd. S. 265 f.

42 Das Treffen Honecker-Wehner hatte am 31. Mai 1973 stattgefunden. Vgl. *Potthoff, Heinrich:* Bonn und Ost-Berlin 1969–1982. Dialog auf höchster Ebene und vertrauliche Kanäle – Darstellung und Dokumente, Bonn 1997, S. 280–291.

43 Honecker weist auf einen bevorstehenden Besuch von Betriebsräten aus Völklingen hin und erklärt sich damit einverstanden, im Kommuniqué auch die Förderung des Jugendaustauschs zu erwähnen.

44 Auf Einladung des DDR-Parlaments hatte erstmals am 8./9. März 1984 eine Delegation der SPD-Bundestagsfraktion Gespräche mit Volkskammerabgeordneten in

Ost-Berlin geführt. Vgl. AdG 55 (1985), S. 27575.

45 Deswegen hatte die DDR am 19. Mai 1985 einen für Mitte Juni 1985 vorgesehenen Bonn-Besuch des Präsidenten der Volkskammer, Horst Sindermann, abgesagt.

46 Sindermann folgte der Einladung der SPD-Bundestagsfraktion schließlich vom 19.–21. Februar 1986. Allerdings wurde er dabei von Bundestagspräsident Philipp Jenninger nicht in dessen Amtszimmer, sondern in der Dienstvilla empfangen, um nicht den Eindruck entstehen zu lassen, es gebe zwischen dem Bundestag und der Volkskammer offizielle Beziehungen. Vgl. AdG 55 (1985), S. 29709.

47 Die noch von Helmut Schmidt 1981 ausgesprochene Einladung an Honecker, zu einem Besuch in die Bundesrepublik zu kommen, war von Helmut Kohl mehrmals wiederholt worden. Auf massiven sowjetischen Druck hin hatte Honecker seine bereits geplante Reise im September 1984 absagen müssen. Vgl. *Potthoff, Heinrich:* Im Schatten der Mauer. Deutschlandpolitik 1961–1990, Berlin 1999, S. 239 f.

48 Brandt bezieht sich auf die offiziellen Erklärungen, die im September 1984 von der DDR als Gründe für die Absage des Honecker-Besuchs genannt worden waren. Ost-Berlin hatte die Diskussionen in der Bundesrepublik über die geplante Visite als „äußerst unwürdig und abträglich" sowie als „absolut unüblich" für den Umgang zwischen souveränen Staaten bezeichnet.

49 Anm. 45 und 46.
50 Anm. 18.
51 Vgl. Nr. 16, Anm. 7.
52 Seit 1985 führten die amerikanische und die sowjetische Regierung auch Gespräche über regionale Konflikte in Afrika, Asien und Mittelamerika.
53 Vgl. Nr. 20, Anm. 27.

54 Frankreich führte 1985 auf dem Mururoa-Atoll eine Serie von Atomtests durch.
55 Vgl. Nr. 23, Anm. 9.
56 Als erster westlicher Regierungschef hatte Bundeskanzler Helmut Schmidt im Oktober 1977 auf die Aufstellung der sowjetischen SS-20-Raketen hingewiesen, womit er den Prozess anstieß, der zum NATO-Doppelbeschluss führte. Vgl. *Schmidt, Helmut:* Menschen und Mächte, 13. Aufl., Berlin 1991, S. 230–235.
57 Anm. 10.
58 Nr. 20.
59 Brandt berichtet kurz über positive Reaktionen kleiner westlicher Nachbarn auf die C-Waffen-Initiative der SPD.
60 Gemeint ist die SPD-PVAP-Arbeitsgruppe über vertrauensbildende Maßnahmen. Vgl. Nr. 21, Anm. 7.
61 Das Mitglied des Politbüros der PVAP hatte die Bundesrepublik vom 9.–13. September 1985 besucht und war am 12. September mit Brandt in Bonn zusammengetroffen. Siehe AdsD, WBA, A 19, 263.
62 Seit dem 17. Januar 1984 verhandelten die KSZE-Staaten in Stockholm auf der Konferenz über Vertrauens- und Sicherheitsbildende Maßnahmen in Europa (KVAE).
63 Brandt verweist noch einmal auf die bevorstehende Konferenz der SI im Oktober 1985 in Wien. Vgl. Nr. 23, Anm. 9.
64 Vgl. Nr. 17 sowie Anm. 6.
65 Nach London reiste der SPD-Vorsitzende am 29./30. November 1985.
66 Brandt hatte Paris am 21. Mai und am 12. Juli 1985 besucht. Vgl. Nr. 20, Anm. 28, und Nr. 23, Anm. 7.
67 Brandt besuchte Prag und Bratislava vom 7.–10. November 1985.
68 Vgl. Nr. 27–31.
69 In der hier nicht dokumentierten Passage setzt Brandt die Erörterung über die Chancen für eine erweiterte, blockübergrei-

fende Zusammenarbeit in Europa fort, die auch von Gorbatschow befürwortet werde. Auch mit Breschnew habe er seinerzeit an eine Verbindung von Sicherheitspolitik und Zusammenarbeit gedacht. Beides sei aber voneinander getrennt worden.

70 Vgl. Nr. 1, Anm. 17.

71 Brandt äußert sich zum Zusammenhang von Rüstung und Hunger in der Welt und weist u. a. auf sein in Kürze erscheinendes Buch „Der organisierte Wahnsinn" hin.

72 Vgl. Nr. 14 und 19.

73 Gemeint ist die gemeinsame Erklärung, die Honecker und Kohl nach ihrem Treffen in Moskau am 12. März 1985 abgegeben hatten. Der Satz, „Die Unverletzlichkeit der Grenzen und die Achtung der territorialen Integrität und der Souveränität aller Staaten in Europa in ihren gegenwärtigen Grenzen sind eine grundlegende Bedingung für den Frieden", wurde wörtlich in das Kommuniqué übernommen.

74 Anm. 32.

75 Schröder trat als Spitzenkandidat der SPD bei den Landtagswahlen in Niedersachsen am 15. Juni 1986 an, verlor aber knapp.

76 Schröder besuchte die DDR vom 17.–19. Dezember 1985 und traf dabei auch mit Honecker zusammen. Vgl. *Potthoff* 1995, S. 370–383.

77 In ihrem Wahlprogramm für die Bundestagswahl 1987 formulierte die SPD: „Wir werden die Staatsbürgerschaft der DDR im Rahmen des Grundgesetzes respektieren. Unser Staatsbürgerrecht bleibt unverändert für jeden Deutschen, der es in freier Entscheidung wahrnehmen kann und will." Zukunft für alle – Arbeiten für soziale Gerechtigkeit und Frieden. Regierungsprogramm 1987–1990 der Sozialdemokratischen Partei Deutschlands, S. 42.

78 Zu den deutsch-deutschen Verhandlungen vgl. Nr. 5, Anm. 4.

79 Gemeint ist die „Anordnung über Regelungen zum Reiseverkehr von Bürgern der DDR" vom 15. Februar 1982. Demnach konnten Genehmigungen für Reisen zu Verwandten in „nichtsozialistischen Staaten" und Berlin (West) erteilt werden, wenn Einladungen anlässlich von Geburten, Jugendweihen, Konfirmationen, Erstkommunionen, Eheschließungen, 25-, 50-, 60-, 65- und 70-jährigen Ehejubiläen, Geburtstagen (60., 65., 70., 75. und jeder weitere Geburtstag), lebensgefährlichen Erkrankungen und Sterbefällen vorlagen. Vgl. Innerdeutsche Beziehungen. Die Entwicklung der Beziehungen zwischen der Bundesrepublik Deutschland und der Deutschen Demokratischen Republik 1980–1986, hrsg. vom Bundesministerium für innerdeutsche Beziehungen, Bonn 1986, S. 178–180.

80 Nach Genehmigung konnten Rentner (Frauen ab 60, Männer ab 65 Jahren) und Invaliden seit 1964 Verwandte, seit 1984 auch Bekannte im Westen besuchen.

81 Über den Ost-Berliner Flughafen Schönefeld waren allein zwischen Januar und Ende Mai 1985 17.000 Flüchtlinge, vornehmlich Tamilen aus dem Bürgerkriegsland Sri Lanka, eingereist, um anschließend in West-Berlin politisches Asyl zu beantragen. Am 15. Juli 1985 hatte die DDR-Regierung bekannt gegeben, Einwohner Sri Lankas, die keine gültigen Einreisepapiere und kein Transitvisum mit sich führten, unverzüglich in ihre Heimat zurückzuschicken. Vgl. AdG 56 (1986), S. 29709. Zur weiteren Entwicklung dieses Problems mit Asylflüchtlingen aus anderen Ländern vgl. Nr. 36.

82 Seit Februar 1984 traf sich die Grundwertekommission der SPD mit Mitgliedern der Akademie für Gesellschaftswissenschaften beim ZK der SED. Bis April 1989 gab es

insgesamt sieben gemeinsame Tagungen. Vgl. *Reißig* 2002, S. 33 und 38.

83 Die Rede des Bundespräsidenten Richard von Weizsäcker am 8. Mai 1985 bei einer Gedenkstunde im Deutschen Bundestag zum 40. Jahrestag der Beendigung des Krieges in Europa und der nationalsozialistischen Gewaltherrschaft ist dokumentiert in: EA 40 (1985) 10, S. D 265–D 272.

84 Gemeint ist der 40. Jahrestag der Zwangsvereinigung von KPD und SPD zur SED, die im April 1946 in der Sowjetischen Besatzungszone vollzogen wurde.

85 Der XI. Parteitag der SED fand vom 17.–21. April 1986, die Volkskammerwahl am 8. Juni 1986, die Bundestagswahl am 25. Januar 1987 und der Honecker-Besuch in der Bundesrepublik vom 7.–11. September 1987 statt.

86 Im Folgenden spricht Honecker über die DDR-Wirtschaftspolitik, die Hilfe für die „Dritte Welt" und die Beziehungen mit der Volksrepublik China.

87 Zur Begegnung Schmidt-Honecker am 5. September 1983 vgl. *Potthoff* 1995, S. 165–185.

88 Die Wahl zum 11. Deutschen Bundestag fand am 25. Januar 1987 statt.

89 Das gelang nicht, weil die SPD die Landtagswahl in Niedersachen im Juni 1986 nicht gewann.

Nr. 24B

1 Der Text des Vier-Augen-Gesprächs ist auch abgedruckt in: *Potthoff* 1995, S. 358 f.
2 Vgl. Nr. 24A, Anm. 79 und 80.
3 Der XI. Parteitag der SED fand vom 17.–21. April 1986 statt.
4 Hs. eingefügt.
5 Vgl. Nr. 24A.
6 Siehe die Unterlagen in: AdsD, WBA, A 9, 11.

7 Am 19. August 1985 hatte sich ein hochrangiger Beamter der für die Spionageabwehr zuständigen Abteilung des Bundesverfassungsschutzes in die DDR abgesetzt. Auf die gleiche Weise waren im selben Monat drei weitere Bundesbürger geflohen, die als Agenten für die DDR-Staatssicherheit gearbeitet hatten. Vgl. AdG 55 (1985), S. 29109.

Nr. 25

1 Das *Neue Deutschland* veröffentlichte die Rede nach dem Wortlaut, fügte aber Zwischenüberschriften ein. Das Manuskript Brandts, datiert auf den 18. September 1985, befindet sich in: AdsD, WBA, A 3, 1000. Abweichungen sind kenntlich gemacht.

2 Gemeint ist Erich Honecker, der unmittelbar zuvor seine Tischrede gehalten hatte. Vgl. „Es gibt nichts Dringlicheres als die Verteidigung des Friedens – Toast von Erich Honecker", in: *Neues Deutschland* vom 20. September 1985.

3 Zu den Begegnungen zwischen Bundeskanzler Willy Brandt und DDR-Ministerpräsident Willi Stoph am 19. März und 21. Mai 1970 vgl. Berliner Ausgabe, Bd. 6, Nr. 33 und 38.

4 Im Manuskript nicht enthalten. Vgl. Anm. 1.

5 In der „Erklärung über Politische Konsultationen" vom 8. November 1972, die zu den Anlagen des Grundlagenvertrages gehörte, hatten die Bundesrepublik Deutschland und die DDR vereinbart, sich im Zuge der Normalisierung ihrer Beziehungen „über Fragen von beiderseitigem Interesse, insbesondere über solche, die für die Sicherung des Friedens in Europa von Bedeutung sind, zu konsultieren." Texte zur Deutschlandpolitik I/11, Bonn 1973, S. 293.

6 Vgl. Nr. 24A, Anm. 9.

7 In Brandts Manuskript nicht enthalten. Vgl. Anm. 1.
8 Vgl. Nr. 24A, Anm. 10.
9 Erstmals hatte Honecker diese Formulierung am 5. Oktober 1983 in einem Schreiben an Bundeskanzler Kohl gebraucht, in dem es hieß, „[...] daß sich alle, die das Abgleiten der Menschheit in eine nukleare Katastrophe verhindern wollen, zu einer Koalition der Vernunft zusammentun sollten". AdG 53 (1983), S. 27104.
10 In Brandts Manuskript nicht enthalten. Vgl. Anm. 1.
11 In Brandts Manuskript nicht enthalten. Vgl. Anm. 1.
12 Der Museumsbesuch in der Straße Unter den Linden fand am 18. September 1985 statt. Über die von Honecker genehmigten „operativen Maßnahmen" der DDR-Staatssicherheit, mit denen Brandt und seine Begleitung auf Schritt und Tritt überwacht wurden, um sie von der Bevölkerung in Ost-Berlin und Weimar abzuschirmen, siehe BStU, Archiv der Zentralstelle, MfS HA VI, 1842, und MfS HA VIII, 1786. Vgl. auch *Suckut* 2008, S. 170–182.
13 In Brandts Manuskript nicht enthalten. Vgl. Anm. 1.
14 In Brandts Manuskript (Anm. 1) steht: „wesentlicher".
15 Vgl. Nr. 24A und 24B.
16 In Brandts Manuskript (Anm. 1) steht: „Ich wiederhole aus meiner Erfurter Erklärung vom 19. März 1970".
17 Die Erklärung ist abgedruckt in: Dokumente zur Deutschlandpolitik, VI. Reihe, Band 1: 21. Oktober 1969–31. Dezember 1970, bearb. von *Daniel Hofmann*, München 2002, S. 411–419.
18 In Brandts Manuskript nicht enthalten. Vgl. Anm. 1.
19 In Brandts Manuskript nicht enthalten. Vgl. Anm. 1.

20 Die Bundesrepublik Deutschland und die DDR hatten den Grundlagenvertrag „ausgehend von den historischen Gegebenheiten und unbeschadet der unterschiedlichen Auffassungen [...] zu grundsätzlichen Fragen, darunter zur nationalen Frage" abgeschlossen. Texte zur Deutschlandpolitik I/11, Bonn 1973, S. 268.
21 Vgl. Nr. 24A, Anm. 83.
22 In Brandts Manuskript (Anm. 1) steht: „Vertrag".
23 In Brandts Manuskript nicht enthalten. Vgl. Anm. 1.

Nr. 26

1 Vorlage ist eine Kopie des Schreibens, das von Peter Brandt an den Adressaten übergeben wurde. Vor dem Besuch in Ost-Berlin hatte Brandts ältester Sohn seinen Vater aufgefordert, nicht nur mit der Staatsführung und der Leitung der Evangelischen Kirche in der DDR, sondern auch mit Vertretern der Opposition zu sprechen, und ein Treffen mit Pfarrer Eppelmann empfohlen. Siehe das Schreiben Peter Brandts an Willy Brandt vom 25. Juli 1985, in: AdsD, WBA, A 11.2, 164.
2 Siehe das Schreiben Eppelmanns an Brandt vom 8. September 1985, das am 14. September 1985 im Büro Brandt eingegangen war, in: AdsD, WBA, A 11.2, 166. Zur Reise in die DDR vgl. Nr. 24A–25.
3 Der Pfarrer der Ost-Berliner Samaritergemeinde hatte den SPD-Vorsitzenden in seine Wohnung eingeladen, da die Gespräche mit Honecker und kirchenleitenden Persönlichkeiten „allein kein rechtes Bild von den Fragen und Problemen, dem Denken und den Wünschen der ‚kleinen Leute' vermitteln können" (Anm. 2). In einem Gespräch mit den Vertretern der Evangelischen Kirche in der DDR Johannes Hempel, Manfred Stolpe und Martin Ziegler

am Abend des 19. September 1985 erwähnte Brandt die Einladung eines Pfarrers, ohne allerdings dessen Namen zu nennen, und erklärte dazu, „so etwas doch hier nicht machen zu können". Siehe den IM-Bericht „Äußerungen leitender Vertreter des Bundes der Evangelischen Kirchen in der DDR zum Gesprächsverlauf und zur Wertung ihrer Begegnung mit dem Vorsitzenden der SPD, Brandt, am 19. September 1985 in der Hauptstadt der DDR", in: BStU, Zentralarchiv, MfS HA XX, 1411.

4 In seinem Schreiben (Anm. 2) hatte Eppelmann über die seit 1983 bestehenden Friedenspartnerschaften seiner Kirchengemeinde mit evangelischen Gemeinden im Westen berichtet und im Fall von drei Pfarrern aus der Bundesrepublik und West-Berlin, denen seit 1984 die Einreise in die DDR verweigert wurde, um Unterstützung gebeten.

5 Hs. eingefügt.
6 Stempel.

Nr. 27

1 Vorlage ist eine Kopie des Schreibens, das über die Botschaft der Bundesrepublik Deutschland in Warschau an Wałęsa übermittelt wurde. Siehe AdsD, WBA, A 11.2, 174.

2 Siehe das Schreiben Wałęsas an Brandt vom 1. September 1985, das mit einem Schreiben der bundesdeutschen Botschaft in Warschau vom 4. September 1985 an den SPD-Vorsitzenden übersandt worden war, in: AdsD, WBA, A 11.2, 174. Wałęsa hatte Brandt eingeladen, während des geplanten Polen-Besuchs im Dezember 1985 auch nach Danzig zu kommen. Dort hätten beide Gelegenheit, so der Pole, über Verbindendes oder Trennendes miteinander zu sprechen und zum 15. Jahrestag des deutsch-polnischen Vertrages wie des Arbeiterprotestes von 1970 Blumen an den Danziger Gedenkstätten niederzulegen. Vgl. Einleitung.

3 Zu Planung und Ablauf des Besuchs in Warschau vgl. Einleitung sowie Nr. 28–31.

4 Stempel.

Nr. 28

1 Vorlage ist die von Klaus Lindenberg am 17. Dezember 1985 angefertigte vertrauliche Aufzeichnung des Gesprächs. Auf polnischer Seite führte Bogumil Sujka Protokoll. Als Dolmetscher fungierte Leopold Kutyla. Das Gespräch fand am Vormittag im Gebäude des ZK der PVAP statt und dauerte knapp zwei Stunden.

2 Weggelassen sind hier die Angaben über Ort, Zeit und Teilnehmer des Treffens.

3 Der SPD-Vorsitzende hielt sich vom 6.–9. Dezember 1985 in Warschau auf. Vgl. auch Einleitung sowie Nr. 29–31.

4 Zum deutsch-polnischen Vertrag vom 7. Dezember 1970 vgl. Berliner Ausgabe, Bd. 6, Nr. 46–49.

5 Für die Anrede „Mon General", die Brandt gegenüber de Gaulle verwendete, vgl. Brandt 1994, S. 242. Vgl. auch Einleitung.

6 Brandt wurde außerdem von Hans Koschnick, Egon Bahr, Horst Ehmke und Rudolf Scharping begleitet.

7 Gemeint sind der KSZE-Prozess und die Schlussakte von Helsinki 1975.

8 Jaruzelski hatte am 27. September 1985 vor der UN-Generalversammlung in New York gesprochen und die Einberufung einer internationalen Expertengruppe vorgeschlagen, die einen Bericht über die Folgen der Militarisierung des Weltalls ausarbeiten sollte. Vgl. EA 40 (1985) 20, S. Z 180.

9 Nr. 29.

10 Am 25. November 1985 hatte eine Arbeitsgruppe der SPD und der PVAP eine „Gemeinsame Erklärung zur Sicherheit und Zusammenarbeit in Europa durch Maßnahmen der gegenseitigen Vertrauensbildung" zwischen NATO und Warschauer Pakt veröffentlicht. Vgl. *Vorstand der SPD* (Hrsg.): Materialien – Frieden und Abrüstung in Europa. Ergebnisse der gemeinsamen Arbeitsgruppe SPD-PVAP (Vereinigte Polnische Arbeiterpartei), Bonn 1989, S. 7–9.

11 Gemeint sind die Gespräche zwischen SPD und SED unter Beteiligung der KPČ über eine chemiewaffenfreien Zone bzw. einen atomwaffenfreien Korridor in Mitteleuropa. Vgl. Nr. 20, Anm. 48, Nr. 21, Anm. 9, und Nr. 24A, Anm. 10.

12 Brandt bezieht sich hier nicht zuletzt auf Äußerungen des Bundesministers für innerdeutsche Beziehungen, Heinrich Windelen. Der hatte am 23. Oktober 1985 im Bundestag erklärt, dass die Bundesrepublik Deutschland an die von ihr abgeschlossenen Ostverträge rechtlich und politisch gebunden sei und damit auch an die darin enthaltenen Aussagen zu den Grenzen. Aber diese Verträge, so Windelen weiter, könnten nicht das ganze Deutschland binden. Vgl. AdG 56 (1986), S. 29709.

13 Zum Moskauer Vertrag vom 12. August 1970, dem Warschauer Vertrag vom 7. Dezember 1970 und zum Prager Vertrag vom 11. Dezember 1973 vgl. Berliner Ausgabe, Bd. 6.

14 Jaruzelski spielt auf die finanzielle Unterstützung der Gewerkschaft „Solidarność" aus dem Ausland an.

15 Als Reaktion auf die Verhängung des Kriegsrechts Ende 1981 hatte die amerikanische Regierung Sanktionen gegen Polen beschlossen. Sie wurden erst am 19. Februar 1987 aufgehoben. Vgl. EA 42 (1987) 6, S. Z 53.

16 Jaruzelski unterschlägt hier sowohl umfangreiche Lebensmittellieferungen der EG als auch die große Hilfsbereitschaft vor allem der Deutschen in der Bundesrepublik in den frühen achtziger Jahren. Millionen Bundesbürger schickten Pakete nach Polen, um die dortige Versorgungskrise lindern zu helfen. Die Bundesregierung unterstützte von Februar bis Juni und November bis Dezember 1982 diese Hilfe durch Portobefreiung.

17 Jaruzelski, der zuvor Libyen und Algerien besucht und sich vor der Weiterreise nach Tunesien zwei Tage in Paris aufgehalten hatte, war am 4. Dezember 1985 überraschend vom französischen Staatspräsidenten zu einem achtzigminütigen Gespräch empfangen worden. Rechte und linke Politiker in Frankreich protestierten heftig gegen diese Begegnung. Mitterrand verteidigte das Treffen mit dem Hinweis, dass er die Einschränkung der Freiheitsrechte in Polen, vor allem der gewerkschaftlichen und der religiösen Freiheit, scharf kritisiert habe. Vgl. AdG 55 (1985), S. 29415.

18 Von Demokratie konnte auch im polnischen Modell der Arbeiterselbstverwaltung keine Rede sein. Eine der Forderungen der Gewerkschaft „Solidarność" war die Schaffung einer „authentischen Arbeiterselbstverwaltung".

19 Genscher hatte Warschau am 19./20. März 1981 besucht. Vgl. *Genscher, Hans-Dietrich:* Erinnerungen, Berlin 1995, S. 267.

20 Am 13. Dezember 1981 hatte Jaruzelski das Kriegsrecht in Polen verhängt.

21 Zur Haltung Brandts und der SPD zur polnischen Krise vgl. Berliner Ausgabe, Bd. 8, Nr. 61–63, und Bd. 9, Nr. 60, 69–71 und 73.

22 Vgl. Berliner Ausgabe, Bd. 8, Nr. 61–63.

23 Sowohl in der Bundesrepublik als auch bei polnischen Oppositionellen wurde Brandt dafür kritisiert, sich während seines Polen-Besuchs nicht mit Lech Wałęsa getroffen zu haben. Vgl. Einleitung sowie Nr. 27, 30, 31 und 33.

24 Vom 19.–21. November 1985 hatte in Genf das erste Gipfeltreffen zwischen dem amerikanischen Präsidenten Ronald Reagan und dem sowjetischen Generalsekretär Michail Gorbatschow stattgefunden. Vgl. AdG 55 (1985), S. 29375.

25 Brandt hatte sich vom 12.–14. November 1985 in den USA aufgehalten und dabei u. a. mit Vizepräsident Bush sowie den Senatoren Richard Lugar und Edward Kennedy gesprochen. Siehe dazu die Vermerke in: AdsD, WBA, A 19, 180.

26 Das zweite Treffen von 14 sozialdemokratischen und sozialistischen Parteien aus den NATO-Staaten hatte am 28./29. November 1985 in Bonn stattgefunden. Vgl. AdG 56 (1986), S. 29672.

27 Vgl. Nr. 24A, Anm. 56.

28 Gemeint ist die Bundestagswahl am 25. Januar 1987.

29 Zum Besuch Brandts in Washington vgl. Anm. 25. Zum „Waldspaziergang" vgl. Nr. 5, Anm. 10.

30 U. a. begleitet von Paul Nitze, hatte George Shultz am 4./5. November 1985 politische Gespräche im Kreml geführt. Vgl. EA 40 (1985) 23, S. Z 210.

31 Brandt bezieht sich auf eine Umfrage der Albert-Einstein-Friedenspreis-Stiftung. Demnach hätten von etwa 80 Nobelpreisträgern nur drei gefunden, dass ein Atomkrieg in nächster Zeit nicht möglich sei. Vgl. *Sozialdemokraten Service Presse Funk TV*, Nr. 599/85 vom 13. November 1985.

32 Anm. 11.

33 Vom 22.–24. November 1985 hatte das vierte deutsch-polnische Forum in Krakau stattgefunden, zu dem ca. 90 Teilnehmer aus dem politischen, kulturellen und wirtschaftlichen Leben beider Länder gekommen waren. Vgl. AdG 56 (1986), S. 29661.

34 1956 war die KPD in der Bundesrepublik als verfassungsfeindliche Partei verboten worden.

35 Am 21. November 1985 hatte Gorbatschow die in Prag versammelten höchsten Repräsentanten der Staaten des Warschauer Pakts über seine Genfer Gespräche mit Präsident Reagan unterrichtet. Vgl. EA 40 (1985) 24, S. Z 222.

36 Vermutlich gemeint: „beider".

37 Vgl. Nr. 21, Anm. 13.

38 Die Gemeinsame deutsch-polnische Schulbuchkommission war 1972 ins Leben gerufen worden. Sie hatte das Ziel, eine Verständigung über die Art der gegenseitigen Darstellung im Geschichts- und Geografieunterricht zu erreichen. Die von der Kommission 1976 verabschiedeten Empfehlungen zum Fach Geschichte waren in der Bundesrepublik heftig umstritten und wurden von CDU/CSU-regierten Bundesländern nicht übernommen.

39 Um 12 Uhr stand die Rede des SPD-Vorsitzenden im Königsschloss auf dem Programm. Vgl. Nr. 29. Zu weiteren Begegnungen zwischen Brandt und Jaruzelski kam es am Nachmittag des 7. Dezember im Rahmen eines Delegationsgesprächs, am Tag darauf bei einem sonntäglichen Ausflug zum Geburtsort Chopins sowie am 9. Dezember 1985 vormittags im Gebäude des ZK der PVAP und mittags im Gästehaus der polnischen Regierung. Siehe dazu die vertrauliche Aufzeichnung Lindenbergs über das zweite Vier-Augen-Gespräch Willy Brandts mit General Jaruzelski in Warschau am 9. Dezember 1985, 20. Dezember 1985/7. Januar 1986, in: AdsD, WBA, A 19, 264. Vgl. dazu auch *Brandt* 1994, S. 472–474.

Nr. 29

1 Vorlage ist der Wortlaut der Rede, die vom Sender Radio Polonia aufgenommen und in dessen deutschsprachigem Programm ausgestrahlt wurde. Auf wesentliche Abweichungen vom Manuskript Brandts, das vorab veröffentlicht worden war, wird im Folgenden hingewiesen. Vgl. *Sozialdemokraten Service Presse Funk TV*, Nr. 663/85 vom 7. Dezember 1985.

2 Im Manuskript (Anm. 1) nicht enthalten.

3 Bis Ende des 18. Jahrhunderts Sitz der polnischen Könige, war das Schloss im Zweiten Weltkrieg völlig zerstört worden. Sein Wiederaufbau begann 1971 und wurde 1988 abgeschlossen.

4 Als Mitglied der Polnischen Sozialistischen Partei (PPS) hatte Cyrankiewicz von 1941–1945 in den Konzentrationslagern Auschwitz und Mauthausen eingesessen. Nach dem Krieg unterstützte er bedingungslos die Zwangsvereinigung der PPS mit der Kommunistischen Partei Polens zur PVAP. Bei der Unterzeichnung des Warschauer Vertrages am 7. Dezember 1970 amtierte er als Ministerpräsident.

5 Im Manuskript (Anm. 1) nicht enthalten.

6 Ausgelassen wurde ein redundanter Satz zum Anlass des Besuchs.

7 Das amerikanisch-sowjetische Gipfeltreffen hatte vom 19.–21. November 1985 in Genf stattgefunden. Die „Gemeinsame Erklärung" ist dokumentiert in: EA 40 (1985) 24, S. D 687–D 690.

8 Im Manuskript (Anm. 1) heißt es: „Grenzlinien".

9 Im Manuskript (Anm. 1) nicht enthalten. Anlässlich des 20. Jahrestages der Erklärung der polnischen Bischöfe zu den beiderseitigen Beziehungen feierten die Kardinäle Höffner und Glemp in Rom gemeinsam eine Messe.

10 Vgl. Nr. 24A, Anm. 83.

11 Anm. 7.

12 Im Manuskript (Anm. 1) heißt es: „Aber es kann doch".

13 Vgl. Nr. 3, Anm. 15.

14 Im Manuskript (Anm. 1) nicht enthalten.

15 Im Manuskript (Anm. 1) heißt es „festschreiben.".

16 Zum Begriff „Europäisierung Europas" vgl. Einleitung.

17 In der ausgelassenen Passage seiner Rede streift Brandt kurz den jeweiligen Stand der Konferenz über Vertrauensbildende Maßnahmen und Abrüstung in Europa in Stockholm, der MBFR-Gespräche in Wien und der INF-Verhandlungen in Genf.

18 Im Manuskript (Anm. 1) nicht enthalten.

19 Im Manuskript (Anm. 1) heißt es: „in einem guten gegenseitigen Verhältnis, das".

20 Im Manuskript (Anm. 1) nicht enthalten.

21 Im Manuskript (Anm. 1) heißt es: „sie sind keine Grossmächte und wollen mehr Luft zum Atmen."

22 Im Manuskript (Anm. 1) heißt es: „beweisen müssen".

23 Einstein hatte 1946 geschrieben: „Die Freisetzung der Atomkraft hat alles verändert, nur nicht unser Denken." Am 13. November 1985 hatte Brandt in Washington den Albert-Einstein-Friedenspreis entgegen genommen. Vgl. Nr. 24A, Anm. 6.

24 Im Manuskript (Anm. 1) nicht enthalten.

25 Die Konferenz mit 100 Parlamentariern aus Dänemark, Island, Norwegen, Finnland und Schweden hatte am 29./30. November 1985 in Kopenhagen stattgefunden. Vgl. *Socialist Affairs* 36 (1986) 1, S. 55.

26 Vgl. Nr. 21, Anm. 9.

27 Vgl. Nr. 24A, Anm. 10.

28 Im Manuskript (Anm. 1) nicht enthalten.
29 Im Manuskript (Anm. 1) nicht enthalten.
30 Im Manuskript (Anm. 1) nicht enthalten.
31 Brandt nennt als Beispiele u. a. den Rapacki-Plan aus den 1950er Jahren und Jaruzelskis Vorschlag für einen Bericht über die Folgen der Weltraumrüstung. Vgl. Nr. 28, Anm. 8.
32 Im Manuskript (Anm. 1) nicht enthalten.
33 Im Görlitzer Abkommen vom 6. Juli 1950 hatten die Regierungen der DDR und Polens übereinstimmend festgestellt, dass die Oder-Neiße-Grenze „die „Staatsgrenze zwischen Deutschland und Polen bildet".
34 An dieser Stelle berichtet Brandt von seinem Besuch in Ost-Berlin und zitiert aus der Rede, die er dort gehalten hatte. Vgl. Nr. 25.
35 Im Folgenden nennt Brandt mögliche Felder der gesamteuropäischen Kooperation.
36 Im Manuskript (Anm. 1) nicht enthalten.
37 Im Manuskript (Anm. 1) nicht enthalten.
38 Im Manuskript (Anm. 1) nicht enthalten.
39 Im Manuskript (Anm. 1) nicht enthalten.
40 Im Manuskript (Anm. 1) nicht enthalten.

Nr. 30

1 Ein stark gekürzter und bearbeiteter Auszug des Berichts wurde veröffentlicht in: *Sozialdemokraten Service Presse Funk TV*, Nr. 667/85 vom 10. Dezember 1985.
2 Brandt hielt sich vom 6.–9. Dezember 1985 in Warschau auf. Vgl. Einleitung und Nr. 28–31.
3 Ausgelassen wurden Bemerkungen Brandts über die historischen und aktuellen Bezugspunkte seiner Polen-Reise.
4 Siehe die vertrauliche Aufzeichnung Lindenbergs über das Gespräch Willy Brandts mit dem Primas von Polen, Kardinal Józef Glemp, in Warschau am 9. Dezember 1985, 20. Dezember 1985/7. Januar 1986, in: AdsD, WBA, A 19, 264.
5 Vgl. Nr. 29, Anm. 9.
6 Nr. 28.
7 Gemeint ist die Verhängung des Kriegsrechts in Polen am 13. Dezember 1981, die manchem Beobachter im Westen als einzige Alternative zu einem militärischen Eingreifen der Sowjetunion galt. Aus sowjetischen Akten wurde inzwischen bekannt, dass die Kremlführung einen Einmarsch in Polen ablehnte. Vgl. Soviet Deliberations during the Polish Crisis, 1980–1981. Edited, Translated, Annotated, and Introduced by *Mark Kramer*, Special Working Paper No. 1, Cold War International History Project, Washington, D.C., 1999. http://www.wilsoncenter.org/topics/pubs/ACF56F.PDF (25. März 2009).
8 Marschall Józef Piłsudski und seine Anhänger im polnischen Militär hatten sich im Mai 1926 an die Macht geputscht.
9 Zum Nichtzustandekommen eines Treffens mit Wałęsa vgl. Einleitung und Nr. 31.
10 Gemeint ist das Schreiben Wałęsas an Brandt vom 1. September 1985. Vgl. Nr. 27, Anm. 2.
11 Eines dieser Schreiben hatte der Vorsitzende der „Kämpfenden Solidarität" in Polen, Kornel Morawiecki, am 28. November 1985 an Brandt gerichtet. Darin hieß es: „Indem Sie die Einladung Lech Wałęsas abgelehnt haben, haben Sie Ihr Unvermögen

bewiesen zu erkennen, wer die wirklichen Vertreter der polnischen Bevölkerung sind – ein Unvermögen, das Ihre Leistungen als Kanzler in den siebziger Jahren zunichte machen kann." Der Brief wurde veröffentlicht in: *Die Welt* vom 7. Dezember 1985. Siehe weitere Schreiben in: AdsD, WBA, A 19, 266.

12 Der Anarchosyndikalismus ist eine Ende des 19. Jahrhunderts entstandene revolutionäre, gewerkschaftliche Arbeiterbewegung, die politische Parteien ablehnt und die unmittelbare Übernahme der Produktionsmittel in den Betrieben durch die Selbstorganisation der Arbeiter anstrebt.

13 Die radikale, aber keineswegs terroristisch operierende Untergrundorganisation „Solidarność Walcząca" hatte sich unmittelbar nach Verhängung des Kriegsrechts in Polen gebildet. Sie unterhielt gute Kontakte nach Westeuropa und Nordamerika, von wo sie auch finanzielle und logistische Unterstützung erhielt. Umgekehrt wurden Untergrundpublikationen in den Westen geschmuggelt, um auf die Lage der Gewerkschaftsbewegung aufmerksam zu machen. Vgl. *Hey, Patrizia:* Die Gewerkschaftsregionen als Überlebensgarant der polnischen Solidarność-Bewegung – Struktur und Arbeitsformen in Niederschlesien. Untersuchungen des Forschungsschwerpunkts Konflikt- und Kooperationsstrukturen in Osteuropa an der Universität Mannheim (FKKS) 29/2002, Mannheim 2002, S. 32–40.

14 Nach dem Verbot der unabhängigen Solidarność entstanden durch das Gewerkschaftsgesetz vom 8. Oktober 1982 neue, regimetreue Gewerkschaften in Polen. Sie mussten das sozialistische Eigentum an den Produktionsmitteln und die führende Rolle der kommunistischen Partei anerkennen. Vgl. *Pradetto, August:* Die neuen polnischen Gewerkschaften. Berichte des Bundesinstituts für ostwissenschaftliche und internationale Studien, Nr. 11/1987, Köln 1987.

15 Im Herbst 1984 war das ehemalige Solidarność-Mitglied Alfred Miodowicz, der 1986 in ZK und Politbüro der PVAP berufen wurde, zum Vorsitzenden der staatlich kontrollierten „Allpolnischen Vereinigung der Gewerkschaften" ernannt worden. Vgl. „Birnen im Weidenbaum", in: *Der Spiegel,* Nr. 39 vom 23. September 1985, S. 168–171.

16 Das Treffen mit vier Vertretern des Klubs der Katholischen Intelligenz (KIK), an dem auch Egon Bahr, Horst Ehmke und Hans Koschnick teilnahmen, hatte am 8. Dezember 1985 in den Räumen der Deutschen Botschaft stattgefunden. Die polnischen Gesprächspartner waren Tadeusz Mazowiecki, Berater Wałęsas und ehemaliger Chefredakteur der nun verbotenen Tageszeitung „Solidarność", Stanisław Stomma, Mitglied des Rates beim Primas der Katholischen Kirche und einstiger Sejm-Abgeordneter, der früher bei Solidarność aktive Journalist Krzysztof Śliwiński und der Warschauer Vorsitzende des KIK, Andrzej Święcicki. Siehe die Aufzeichnung über das Gespräch in: AdsD, Dep. Ehmke, 1/HEAA000797. Vgl. auch Einleitung.

17 Tadeusz Mazowiecki.

18 Vgl. Nr. 33.

19 Ausgelassen wurden Redundanzen.

20 Siehe das gemeinsame Kommuniqué von SPD und PVAP vom 9. Dezember 1985 in: AdsD, WBA, A 19, 265.

21 Konkret ging es darum, dem Historiker Bronisław Geremek, der ein enger Berater Lech Wałęsas war, einen Besuch in der Bundesrepublik zu ermöglichen. In dieser Sache hatte General Jaruzelski am Mittag des 9. Dezember 1985 Brandt persönlich aufgesucht, um seinen Gast „mit abstrusen Einwänden seines Sicherheitsapparats vertraut zu machen". *Brandt* 1994, S. 473 f. Offenbar beschuldigte man Geremek, für

westliche Geheimdienste tätig zu sein. Nach seiner Rückkehr ließ der SPD-Vorsitzende den von Jaruzelski geäußerten Verdacht „auf dem kleinen Dienstweg" prüfen. Es gab „jedoch keinerlei Hinweise für Kontakte in den genannten deutschen Bereichen". Siehe dazu das Schreiben Horst Ehmkes an Brandt vom 19. Dezember 1985 („persönlich/ vertraulich"), in: AdsD, WBA, A 11.11, 42.

22 Ausgelassen wurde ein abgebrochener Satz, den Brandt im nächsten Absatz wieder aufgreift.

23 Die entsprechenden Zusagen, die Brandt in Warschau gegeben worden waren, wurden jedoch nicht eingehalten. Vgl. Einleitung.

24 Heiner Geißler.

25 Bereits 1976 hatte Brandt vom damaligen polnischen Parteichef Edward Gierek die Zusage erhalten, dass die Grabstätte Ferdinand Lassalles auf dem jüdischen Friedhof in Breslau nicht eingeebnet, sondern neu instandgesetzt werden sollte. Vgl. Berliner Ausgabe, Bd. 9, Nr. 27. Das Grab wurde jedoch erst 1984 von polnischen Restauratoren wiederhergestellt, nachdem sich Brandt in einem persönlichen Brief an General Jaruzelski gewandt hatte. Vgl. *Reiff, Klaus:* Polen. Als deutscher Diplomat an der Weichsel, Bonn 1990, S. 90–93.

26 Anm. 4.

Nr. 31

1 Vorlage ist eine Kopie des Schreibens.
2 Nr. 27.
3 Vgl. Nr. 29, Anm. 7.
4 Vgl. Nr. 30, Anm. 16. In einem Telefongespräch mit dpa hatte Wałęsa am 10. Dezember 1985 bestätigt, dass ihm Mazowiecki die Grüße Brandts übermittelt habe. Vgl. „Druck von außen hilft nicht", in: *Münchner Merkur* vom 11. Dezember 1985.
5 Vgl. Nr. 30, Anm. 4.

6 Eine von Horst Ehmke für Mai 1986 geplante Reise nach Danzig kam wegen des Reaktorunfalls in Tschernobyl nicht zustande.

7 Hs. unterzeichnet.

Nr. 32

1 Vorlage ist ein Durchschlag des Schreibens, dessen Entwurf von Egon Bahr stammte.
2 Das Schreiben Gorbatschows vom 20. Januar 1986, zu dem auch ein erläuterndes Papier des ZK der KPdSU gehörte, war Brandt durch Botschafter Semjonow in Bonn am selben Tag überbracht worden. Der sowjetische Generalsekretär bat den SPD-Vorsitzenden und SI-Präsidenten um Unterstützung für seine neuesten Abrüstungsvorschläge und bot die Fortsetzung des begonnenen Meinungsaustauschs an. Siehe AdsD, Dep. Bahr, 1/EBAA000744 und 960.
3 Am 15. Januar 1986 hatte Gorbatschow u. a. vorgeschlagen, bis zum Jahr 2000 stufenweise alle nuklearen und chemischen Waffen zu beseitigen bei gleichzeitigem Verzicht der USA und der Sowjetunion auf die Entwicklung, Erprobung und Stationierung von Weltraumwaffen. Vgl. EA 41 (1986) 5, S. D 135–D 143.
4 Der sowjetische Unterhändler bei den Genfer Verhandlungen hielt sich am 22./23. Januar 1986 zu politischen Gesprächen in Bonn auf und traf dabei auch mit Brandt und Bahr zusammen. Siehe dazu den Bericht Willy Brandts in: Protokoll der Sitzung des SPD-Präsidiums am 27. Januar 1986, S. 3 f., in: AdsD, SPD-Präsidiumsprotokolle 1986.
5 Vgl. Nr. 24A, Anm. 12, sowie Einleitung.
6 Gorbatschows drei Stufen umfassender Plan zur Abschaffung aller Atomwaffen

bis zum Jahr 2000 (Anm. 3) sah vor, dass in der ersten Phase die strategischen Nuklearwaffen, mit denen die Sowjetunion und die USA das Territorium des jeweils anderen erreichen konnten, um die Hälfte reduziert und zudem alle nuklearen Mittelstreckenwaffen in Europa vollständig beseitigt werden sollten. Die Beseitigung der taktischen Kernwaffen mit Reichweiten bis 1.000 km wäre erst in der zweiten Phase erfolgt, die spätestens 1990 beginnen sollte. Im Juni 1986 stellten die Warschauer-Pakt-Staaten klar, dass im Falle einer vollständigen Beseitigung der amerikanischen Mittelstreckenraketen in Europa auch die in der DDR und der ČSSR seit 1984 stationierten sowjetischen Raketen größerer Reichweite (SS 12/SS 22 und SS 23) entfernt würden. Vgl. EA 41 (1986) 16, S. D 446.

7 Als „eurostrategisch" galten die in Europa stationierten nuklearen Waffen mit Reichweiten zwischen 1.000 und 5.000 km.

8 Gorbatschow hatte sich am 15. Januar 1986 sehr allgemein auch für eine Reduzierung der konventionellen Waffen und Streitkräfte in Mitteleuropa ausgesprochen (Anm. 3). Er präzisierte seine Vorstellungen am 18. April 1986. Vgl. EA 41 (1986) 16, S. D 435–D 437.

9 In seinem Antwortschreiben vom 17. März 1986, das erst am 7. April 1986 bei Brandt eintraf, betonte Gorbatschow, dass die Sowjetunion bei den konventionellen Waffen keine Überlegenheit anstrebe und „zur Zeit eine annähernde Kräftegleichheit zwischen der NATO und dem Warschauer Vertrag besteht". Siehe AdsD, WBA, A 9, 10.

10 Vgl. Nr. 21, Anm. 9.

11 In seinem Schreiben vom 17. März 1986 (Anm. 9) antwortete Gorbatschow, die Sowjetunion unterstütze die Idee, in Europa eine von den nuklearen Gefechtsfeldwaffen freie Zone zu schaffen. Ihre Verwirklichung wäre ein „verheißungsvolles Vorbild".

12 Gorbatschow hatte am 15. Januar 1986 die Einstellung aller Kernwaffenversuche vorgeschlagen und angekündigt, das seit dem 6. August 1985 geltende sowjetische Moratorium für atomare Testexplosionen einseitig um weitere drei Monate zu verlängern. Am 29. März 1986 erklärte er, die Sowjetunion sei bereit, die Nukleartests nicht wieder aufzunehmen, solange auch die USA keine Tests durchführten. Vgl. EA 41 (1986) 16, S. D 429–D 432.

13 In seiner Antwort hob Gorbatschow die aus seiner Sicht große Bedeutung dieses Punkts hervor. Die SPD könne in Zukunft eine noch wichtigere Rolle dabei spielen, allen Versuchen eine Abfuhr zu erteilen, die westeuropäischen Länder an SDI anzuschließen oder eine „Europäische Verteidigungsinitiative" zu schaffen. Vgl. Anm. 9.

14 Stempel.

Nr. 33

1 Vorlage ist eine Kopie des Schreibens, auf der hs. vermerkt ist: „ab: 4. 3. 86 ü[ber]/ H[orst]E[hmke]". Ehmke besuchte Warschau vom 5.–7. März 1986. Vgl. Ehmke 1996, S. 380. Zur Entstehung des Schreibens siehe AdsD, WBA, A 19, 266 und vgl. Einleitung.

2 Auf Brandts Brief vom 13. Dezember 1985 (Nr. 31) hatte Wałęsa am 17. Januar 1986 geantwortet. Dessen Schreiben war von Tadeusz Mazowiecki am 29. Januar 1986 an den deutschen Botschafter in Warschau mit dem Hinweis übergeben worden: „Herr Wałęsa habe diesen Brief persönlich sehr sorgfältig redigiert. Er bäte darum, diesen Brief in seiner ganzen Differenziertheit wahrzunehmen." Siehe Klaus Lindenbergs „Notiz für W[illy] B[randt]" vom 31. Januar 1986 in: AdsD, WBA, A 19, 266.

3 Auch Wałęsa hatte die endgültige Anerkennung der Westgrenze Polens als die

„Grundlage" der deutsch-polnischen Beziehungen bezeichnet. Vgl. Anm. 2.
4 Wałęsa hatte geschrieben: „Wichtig ist, daß auch die Existenz der gesellschaftlichen Kräfte und Bestrebungen berücksichtigt wird [...]. Was Polen betrifft, so ist ein Ignorieren der in der Gesellschaft so umfassend verankerten Wünsche und Bestrebungen undenkbar. [...] Wir erwarten vielmehr, daß die neue Formel der Entspannung nicht auf dem Ignorieren dieser Wünsche und Kräfte beruht." Vgl. Anm. 2.
5 Vgl. Nr. 29, Anm. 7.
6 Vgl. Nr. 30, Anm. 4.
7 Diese Reise kam wegen des Reaktorunfalls in Tschernobyl nicht zustande.
8 Stempel.

Nr. 34
1 Vorlage ist eine Kopie des Schreibens. Weitere Kopien gingen an Johannes Rau, Hans-Jochen Vogel, Peter Glotz und Egon Bahr.
2 Vor der Bundespressekonferenz hatte Kohl am 11. April 1986 gesagt, ein nuklearer Teststopp sei ein wichtiges Ziel seiner Regierung, könne jedoch kein Ersatz für eine substanzielle Reduzierung vorhandener Waffenarsenale sein. Vgl. EA 41 (1986) 9, S. Z 73.
3 Zur Pressekonferenz des Bundeskanzlers am 9. Januar 1986 vgl. EA 41 (1986) 3, S. Z 19 f.
4 Zur Erklärung Gorbatschows vom 15. Januar 1986 vgl. Nr. 32, Anm. 12.
5 Die Amerikaner hatten zuletzt am 22. März und am 10. April 1986 unterirdische Atombombentests durchgeführt. Anschließend hatte die sowjetische Regierung erklärt, sich nicht mehr an ihre einseitige Zurückhaltung auf diesem Gebiet gebunden zu fühlen. Vgl. EA 41 (1986) 9, S. Z 79. Allerdings verlängerte die Sowjetunion am 14. Mai 1986 ihr Moratorium abermals bis zum 6. August 1986. Vgl. AdG 56 (1986), S. 29937.
6 Das nächste Gipfeltreffen fand am 11./12. Oktober 1986 in Reykjavik statt.
7 Das Abkommen über das Verbot von Kernwaffenversuchen in der Atmosphäre, im Weltraum und unter Wasser war am 5. August 1963 von der Sowjetunion, den USA und Großbritannien unterzeichnet worden. Mehr als 100 Staaten traten bei. Vgl. Schöllgen 1996, S. 169 f.
8 Kohl antwortete in einem Schreiben am 12. Mai 1986, die Schwierigkeit sei, dass „die Amerikaner lediglich über Verifikation sprechen möchten, während die Sowjetunion [...] Verhandlungen über einen umfassenden und sofortigen Teststopp fordert". Er habe deshalb angeregt, „zunächst über eine Begrenzung von Tests als Übergangslösung nachzudenken und die für die Funktionsfähigkeit der vorhandenen Nuklearwaffen notwendigen Tests auf bestimmte zeitlich eingegrenzte Intervalle festzulegen". Siehe AdsD, WBA, A 11.2, 180. Dessen ungeachtet führten die USA ihre Atomversuche unvermindert fort. Daraufhin beendete die Sowjetunion ihren einseitigen Teststopp, den sie 1986 insgesamt viermal verlängert hatte, und brachte am 26. Februar 1987 eine Atombombe unterirdisch zur Explosion. Vgl. AdG 57 (1987), S. 30858.
9 Zum Genfer Gipfeltreffen Reagan-Gorbatschow vom 19.–21. November 1985 vgl. Nr. 29, Anm. 7.
10 Das Original wurde demnach hs. unterzeichnet mit: „Willy Brandt".

Nr. 35
1 Vorlage ist ein Durchschlag des Schreibens, von dem Johannes Rau eine Kopie erhielt.

2   Am 26. April 1986 war der Atomreaktor in Tschernobyl infolge von Bedienungsfehlern und Konstruktionsmängeln explodiert, wodurch große Mengen radioaktiven Materials freigesetzt wurden, die über vielen Regionen Europas niedergingen.

3   Erst 18 Tage nach dem Unfall hatte Gorbatschow im sowjetischen Fernsehen Stellung genommen. Vgl. AdG 56 (1986), S. 29905. Tags zuvor, am 13. Mai 1986, war durch Botschafter Kwizinski im Büro Brandt ein Schreiben des ZK der KPdSU übergeben worden, das sehr allgemein gehaltene und beschönigende Angaben über das Unglück und seine Folgen enthielt. Siehe AdsD, Dep. Ehmke, 1/HEAA000437.

4   SPD-Kanzlerkandidat Johannes Rau traf am 25. Juni 1986 mit Gorbatschow im Kreml zusammen. Siehe das Protokoll des Gesprächs in: AdsD, Dep. Bahr, 1/EBAA000961. Auf ihrem Parteitag in Nürnberg beschloss die SPD Ende August 1986, innerhalb von zehn Jahren aus der friedlichen Nutzung der Kernenergie auszusteigen.

5   In Budapest tagte am 10./11. Juni 1986 der Politische Beratende Ausschuss der Warschauer-Pakt-Staaten. Das Gremium machte Vorschläge für die stufenweise Abrüstung der konventionellen Waffen und Streitkräfte sowie der taktischen Atomwaffen in Europa. Der erste Schritt sollte dabei die Reduzierung der Truppenstärken von NATO und Warschauer Pakt innerhalb von ein bis zwei Jahren um je 100.000 bis 150.000 Mann sein. Vgl. AdG 56 (1986), S. 29982.

6   An der Spitze des Bundestagsunterausschusses für Abrüstung und Rüstungskontrolle war Bahr im April 1986 nach Moskau gereist. Vgl. *Fischer* 2001, S. 248.

7   Seit Dezember 1985 verhandelte eine gemeinsame Arbeitsgruppe von SPD und SED über einen atomwaffenfreien Korridor in Mitteleuropa. Nach insgesamt sechs Sitzungen veröffentlichten beide Parteien am 21. Oktober 1986 gemeinsame Grundsätze für die Schaffung einer solchen Zone in der Bundesrepublik, der DDR und der ČSSR, die auf jeder Seite des „Eisernen Vorhangs" 150 km breit sein sollte. Die Grundsätze und das gemeinsame Kommuniqué sind dokumentiert in: *Vorwärts*, Nr. 43 vom 25. Oktober 1986, S. 34–37.

8   Korrigiert aus: „seiner".

9   Eine Expertenkonferenz über menschliche Kontakte, die im Rahmen der KSZE in Bern getagt hatte, war nach sechswöchigen Beratungen am 27. Mai 1986 ohne ein gemeinsames Schlussdokument zu Ende gegangen. Die Einigung scheiterte am Widerstand der USA gegen einen von neutralen und blockfreien Staaten eingebrachten Entwurf, dem alle anderen Delegationen zustimmten. Vgl. EA 41 (1986) 12, S. Z 117 f.

10 Gemeint sind die Zusatzprotokolle I und II vom 8. Juni 1977 zu den Genfer Abkommen vom 12. August 1949 über den Schutz der Opfer internationaler bzw. nicht internationaler bewaffneter Konflikte.

11 Am 27. Mai 1986 hatte der amerikanische Präsident Reagan unter Verweis auf sowjetische Vertragsverletzungen angekündigt, dass sich die USA nicht länger an das 1979 unterzeichnete, aber nie ratifizierte SALT-II-Abkommen gebunden fühlten. Vgl. EA 41 (1986) 14, S. D 376–D 379.

12 Zur Frage eines „vertraulichen Kanals" zwischen Brandt und Gorbatschow vgl. Nr. 21, Anm. 25. In seinem Antwortschreiben vom 7. August 1986 teilte Gorbatschow zur „Wiederherstellung eines Arbeitskontaktes" mit: „Wir glauben ihn im Laufen begriffen zu sein [sic!], und zwar auf einer streng vertraulichen Grundlage – wenn akzeptabel – über E[gon] Bahr und unseren Genossen E. Koroljow." Siehe die inoffizielle Übersetzung des Schreibens in: AdsD, Dep. Bahr, 1/EBAA000960; das Original in russischer Sprache befindet sich in:

AdsD, WBA, A 9, 10. Im Gespräch mit dem Bearbeiter Wolfgang Schmidt erklärte Egon Bahr am 25. Juni 2008, dass er Koroljow nie getroffen habe und auch nicht wisse, wer dieser Mann sei. Vgl. auch Einleitung.

13 Gorbatschow hatte während seines Besuchs in Ost-Berlin Mitte April 1986 die gleichzeitige Auflösung der Militärorganisationen von NATO und Warschauer Pakt empfohlen. Vgl. „Offene Hand", in: *Der Spiegel*, Nr. 18 vom 28. April 1986, S. 152 f. Dieser Vorschlag wurde von den Warschauer-Pakt-Staaten immer wieder vorgebracht. Vgl. z. B. EA 40 (1095) 24, S. D 679, und EA 41 (1986) 9, S. D 263.

14 Stempel.

Nr. 36

1 Vorlage ist das Original.

2 Die Landtagswahl in Bayern hatte am 12. Oktober 1986 stattgefunden.

3 In seinem Schreiben vom 27. September 1986, das an Willy Brandt und Egon Bahr gerichtet war, hatte Albertz sein völliges Unverständnis darüber ausgedrückt, dass die SPD nach Gesprächen in Ost-Berlin einen Transitstopp von Asylflüchtlingen über den Flughafen Schönefeld in die Bundesrepublik erreicht hatte. Die Sozialdemokraten hätten damit ausgerechnet die DDR „zum Helfershelfer für das Unterlaufen des Asylrechts" gemacht. Siehe das Schreiben in: AdsD, WBA, A 11.2, 175. Im Auftrag Brandts hatte Bahr am 5. September 1986 mit Honecker über das Problem gesprochen und angekündigt, die SPD werde nach Rückkehr in die Regierungsverantwortung „voll die Staatsbürgerschaft der DDR respektieren". Sodann verständigten sich beide darauf, dass der SPD-Kanzlerkandidat Rau am 18. September 1986 erklären konnte, die DDR-Führung habe ihm zugesagt, von Oktober an nur solchen Personen den Transit zu gestatten, die über ein Anschlussvisum anderer Staaten verfügten. Vgl. *Potthoff* 1995, S. 29 f. und 453–459.

4 Das beanstandete Flugblatt, von dem eine Kopie dem Schreiben an Brandt beigefügt war, trug die Überschrift „SPD macht's möglich. DDR stoppt Asylanten-Transit – Rau und Bahr: Handeln statt Aussitzen". Vgl. *Service der SPD für Presse, Funk, TV*, Nr. 480 vom 19. September 1986.

5 Albertz hatte geschrieben: „Und der Hinweis auf Willy Brandts Flucht vor den Nazis ohne Ticket an einem Flugschalter ist wirklich zynisch." Vgl. Anm. 3.

6 Die SPD hatte nur 27,5 Prozent der Stimmen erzielt und größere Verluste verzeichnen müssen als die CSU, die mit 55,8 Prozent ihre absolute Mehrheit verteidigte.

7 Anm. 3.

8 Hs. eingefügt.

9 Hs. unterzeichnet.

Nr. 37

1 Vorlage ist ein Durchschlag des Schreibens, das Egon Bahr entworfen hatte.

2 Am 11. November 1986 traf der Leiter der sowjetischen Nachrichtenagentur Novosti, Valentin Falin, bei einer Konferenz des Instituts für Friedensforschung und Sicherheitspolitik an der Universität Hamburg mit Egon Bahr zusammen, der das Schreiben Brandts überreichte. Siehe AdsD, Dep. Bahr, 1/EBAA000645.

3 Das amerikanische Nachrichtenmagazin *Newsweek* hatte Bundeskanzler Kohl am 20. Oktober 1986 mit den Worten zitiert: „Er [Gorbatschow] ist ein moderner kommunistischer Führer, der sich auf Public Relations versteht. Goebbels, einer von jenen, die für die Verbrechen der Hitler-Ära verantwortlich waren, war auch ein Experte in Public Relations." Über ihren Botschafter in Bonn, Kwizinski, hatte die sowjetische Regierung daraufhin eine Klarstellung des

Zitats verlangt. Am 6. November 1986 erklärte der Kanzler vor dem Bundestag, es sei nicht seine Absicht gewesen, Generalsekretär Gorbatschow persönlich mit Goebbels vergleichen zu wollen. „Ich bedauere sehr, dass dieser Eindruck entstehen konnte, und distanziere mich mit Entschiedenheit davon." Da die noch am selben Tag veröffentlichte Tonbandaufnahme des Interviews Kohls Darstellung widersprach, blieben die deutsch-sowjetischen Beziehungen schwer belastet. AdG 57 (1987), S. 30827.

4 Nach demoskopischen Höhenflügen bis Mitte des Jahres prognostizierten Umfragen im November 1986 der SPD nur noch 35 % der Stimmen.

5 Gemeint ist der Skandal um die hochverschuldete gewerkschaftseigene Wohnungsbaugesellschaft Neue Heimat.

6 Beim Gipfeltreffen in der isländischen Hauptstadt am 11./12. Oktober 1986 waren der amerikanische Präsident und der sowjetische Generalsekretär einer Einigung sehr nahe gekommen. Im Grundsatz hatten sich Reagan und Gorbatschow, der seinen Verhandlungspartner mit weitreichenden Zugeständnissen und radikalen Abrüstungsvorschlägen überraschte, darauf verständigt, alle nuklearen Mittelstreckenwaffen in Europa zu beseitigen, die Zahl der Interkontinentalraketen zu halbieren und die konventionellen Streitkräfte drastisch zu verringern. Der Gipfel scheiterte aber daran, dass die USA sich weigerten, in ein zehnjähriges Testverbot für SDI einzuwilligen. Vgl. *Schöllgen* 1996, S. 398 f. Vgl. auch EA 41 (1986) 24, S. D 667–D 698.

7 Stempel.

Nr. 38

1 Am 1. Januar 1977 hatten 250 Bürger der ČSSR eine Erklärung unterzeichnet, in der sie unter Berufung auf internationale Menschenrechtskonventionen und die KSZE-Schlussakte von Helsinki die permanente Verletzung der Menschenrechte durch die Staatsorgane und die Kommunistische Partei ihres Landes anprangerten. Die Gruppe gab sich den Namen „Charta 77" und bestimmte den ehemaligen Außenminister Jiři Hájek, den Schriftsteller Václav Havel und den Philosophen Jan Patočka zu ihren Sprechern. Die Erklärung der „Charta 77" vom 1. Januar 1977 ist dokumentiert in: EA 32 (1977) 13, S. D 335–D 358.

2 Der Satz ist unvollständig.

Nr. 39

1 Von 1967 bis 1974 regierte in Griechenland das Militär. Zu Brandts Haltung vgl. *Brandt, Willy:* Begegnungen und Einsichten. Die Jahre 1960–1975, Hamburg 1976, S. 625 f.

2 Zu Brandts Engagement für Demokratie und Menschenrechte in diesen Ländern vgl. Berliner Ausgabe, Bd. 8.

3 Gemeint ist die Allgemeine Erklärung der Menschenrechte, die am 10. Dezember 1948 von der Generalversammlung der Vereinten Nationen angenommen wurde.

Nr. 40

1 Vorlage ist ein Durchschlag, auf dem hs. vermerkt ist: „E[gon] B[ahr] zur Überbringung 12/2". Bahr hatte das Schreiben auch entworfen.

2 Nr. 37.

3 Die SPD erreichte bei der Bundestagswahl am 25. Januar 1987 nur 37,0 % Prozent der Stimmen und verfehlte ihr Ziel, eine eigene Mehrheit zu bilden, deutlich. CDU/CSU und FDP setzten ihre Regierungskoalition fort.

4 Brandt hatte bereits 1986 angekündigt, beim Bundesparteitag 1988 nicht mehr als

Parteivorsitzender zu kandidieren. Vgl. Berliner Ausgabe, Bd. 5, Einleitung und Nr. 101.

5 Vgl. Parteitagsprotokoll der SPD, 25. 8.–29. 8. 1986 in Nürnberg.

6 Die nächste Präsidentschaftswahl in den USA fand am 4. November 1988 statt. Amtsinhaber Ronald Reagan durfte nicht mehr antreten.

7 Zu Kohls *Newsweek*-Interview vgl. Nr. 37, Anm. 3.

8 Als Reaktion auf die Äußerungen von Bundeskanzler Kohl gegenüber *Newsweek* hatte der stellvertretende Ministerpräsident der Sowjetunion, Alexej Antonow, seinen für den 27. November 1986 geplanten Besuch in der Bundesrepublik abgesagt. Am 3. April 1987 holte er die Reise nach. Vgl. „Die Amateure sind wieder unterwegs", in: *Der Spiegel*, Nr. 48 vom 24. November 1986, S. 19 f., und „Angst vor der Null-Lösung", in: *Der Spiegel*, Nr. 15 vom 6. April 1987, S. 17–19.

9 Nach seinen eigenen Angaben benutzte Gorbatschow dieses Bild, das er fortan immer wieder gebrauchte, erstmals in einem Interview für das französische Fernsehen am 1. Oktober 1985: „Sie und wir leben in diesem Europa [...]. Wir leben in einem Haus, obwohl die einen dieses Haus durch den einen und die anderen durch den anderen Eingang betreten." *Gorbatschow, Michail:* Erinnerungen, Berlin 1995, S. 632. Dass die Metapher allerdings nicht neu war, darauf machte Brandt 1989 aufmerksam. Vgl. Nr. 50.

10 Vor dem Plenum des ZK hatte Gorbatschow am 27./28. Januar 1987 eine tief greifende Umgestaltung („Perestroika") und Demokratisierung von Staat, Partei und Gesellschaft in der Sowjetunion angekündigt. Vgl. AdG 57 (1987), S. 30709.

11 Stempel.

Nr. 41

1 Das Gespräch fand am Abend des 8. September 1987 im Hotel Bristol in Bonn statt im Anschluss an ein Essen, das Honecker gegeben hatte.

2 Vorlage ist die Überlieferung von Seiten der DDR, die ebenfalls veröffentlicht ist in: *Potthoff* 1995, S. 636 f. Eine von Brandts Mitarbeiter Klaus Lindenberg am 10. September 1987 angefertigte „Notiz über das Gespräch zwischen Willy Brandt und Erich Honecker am 8. 9. 1987 in Bonn" befindet sich in: AdsD, Dep. Bahr, 1/EBAA000959. Passagen aus dieser Notiz Lindenbergs, die die Vorlage präzisieren oder ergänzen, werden in den folgenden Anmerkungen zitiert.

3 Honecker besuchte die Bundesrepublik vom 7.–11. September 1987. Vgl. *Winkler* 2000, Bd. 2, S. 454–459.

4 Lindenberg notierte ergänzend die Aussage Honeckers, dass die DDR schon 1972 zwanzig Goldmedaillen gewonnen habe (Anm. 2).

5 Das Gespräch mit Bundespräsident Richard von Weizsäcker hatte am Tag zuvor stattgefunden. Mit Bundeskanzler Kohl war Honecker am 7./8. September 1987 in Bonn zu insgesamt vier Unterredungen zusammengetroffen. Vgl. *Potthoff* 1995, S. 576–606.

6 Die sich seit dem 22. Juli 1987 abzeichnende Einigung bei den amerikanisch-sowjetischen INF-Verhandlungen sah eine weltweit geltende doppelte „Null-Lösung" vor: die Beseitigung aller landgestützten nuklearen Mittelstreckensysteme größerer (1.000–5.500 km) und kürzerer Reichweite (500–1.000 km). Zur zweiten Kategorie zählte die amerikanische Rakete Pershing 1A, von der sich 72 ohne Atomsprengköpfe ausgerüstete Exemplare im Besitz der Bundeswehr befanden. Obwohl diese formal nicht Gegenstand der Verhandlungen gewesen waren, bestand die Sowjetunion auf ihrer Einbeziehung in die Gesamtregelung.

Nach anfänglichem Widerstreben hatte Bundeskanzler Kohl am 26. August 1987 die Bereitschaft der Bundesrepublik erklärt, nach Inkrafttreten des INF-Vertrages die deutschen Pershing 1A vollständig abzubauen. Vgl. *Schöllgen* 1996, S. 404.

7 Zum Treffen der Außenminister der USA und der Sowjetunion vom 15.–17. September 1987 in Washington, bei der sie eine Grundsatzvereinbarung zu einem Abkommen über Mittelstreckenwaffen schlossen, vgl. EA 42 (1987) 20, S. D 576 f. An dieser Stelle des Gesprächs hielt Lindenberg zusätzlich die Frage Brandts fest, ob das Abkommen tatsächlich zustande komme, was Honecker bejahte (Anm. 2).

8 Über dieses Treffen Honeckers mit dem amerikanischen Geschäftsmann Hammer findet sich in Lindenbergs Aufzeichnung nichts (Anm. 2). Stattdessen ist dort an dieser Stelle zum Gespräch Honecker-Brandt festgehalten:
„EH Die Einheit Deutschlands sei jetzt keine entscheidende Frage, sie sei kein Thema für heute.
WB Auch Gorbatschow habe gesagt, wer könne schon wissen, was in hundert Jahren sei...
EH Er sehe nun neue Voraussetzungen, nachdem sich einiges verkrampft hatte. B[undes]K[anzler] Kohl habe ihm gesagt, dass er etwas Kritik in seiner Fraktion gefunden habe.
WB Aber das wird niemand mehr aufhalten können."

9 Das gemeinsame Papier von SPD und SED mit dem Titel „Der Streit der Ideologien und die gemeinsame Sicherheit" war am 27. August 1987 veröffentlicht worden. Es ist abgedruckt in: Blätter für deutsche und internationale Politik 32 (1987) 10, S. 1365–1371. Vgl. auch Einleitung.

10 Vgl. dazu insbesondere Nr. 20, Anm. 48, und Nr. 35, Anm. 7. Über die Parteibeziehungen zwischen SPD und SED notierte Lindenberg (Anm. 2) an dieser Stelle zusätzlich den Satz Honeckers: „Er freue sich sehr über diese Entwicklung."

11 Anm. 9. Bei Brandts Erwiderung protokollierte Lindenberg (Anm. 2) außerdem: „Das Dokument habe vielleicht etwas schlanker ausfallen können [...]."

12 Bei Lindenberg (Anm. 2) heißt es dazu: „das, was bliebe, dürfe den Frieden nicht gefährden".

13 Brandt bezieht sich auf ein Vieraugengespräch, das er während seines Besuchs in Ungarn vom 21.–30. März 1978 mit dem Chef der ungarischen Kommunisten geführt hatte. Dabei habe Kádár gefragt: „Müssen wir eigentlich die Schlachten von 1914 und 1917 immer noch einmal schlagen?" *Brandt* 1994, S. 467. Über dieses Gespräch konnten leider keine Aufzeichnungen ausfindig gemacht werden. In den zusammenfassenden Informationsberichten, die anlässlich der weiteren Besuche Willy Brandts in Budapest vom 11.–13. November 1981 sowie vom 26.–29. Juni 1985 angefertigt wurden, wird dieses Thema nicht erwähnt. Siehe Magyar Országos Levéltár (Ungarisches Landesarchiv), Abteilung V, Aktenbestand der Magyar Szocialista Munkáspárt, M-KS-228.f.11/4401. und 11/4429.ö.e. Doch bei der erneuten Unterredung mit Kádár, die am 27. Juni 1985 in Budapest stattgefunden hatte, war der SPD-Vorsitzende offenbar auf die früheren Erörterungen zurückgekommen. Karsten D. Voigt, der ebenso wie der damalige internationale Sekretär der USAP, Gyula Horn, dabei gewesen war, bestätigte in einem Schreiben an Heinrich August Winkler vom 17. August 2001: „Willy Brandt hat damals tatsächlich die künftige Möglichkeit der Überwindung der politischen Spaltung

der Arbeiterbewegung angesprochen. Ich erinnere mich daran ganz genau, weil ich damals erstaunt war, dass er im Gespräch mit Kádár so weit ging." Vgl. dazu auch Voigt, Karsten D.: Dialog zwischen SPD und kommunistischen Parteien, in: Bentele, Karlheinz/Faerber-Husemann, Renate/Scharpf, Fritz W./Steinbrück, Peer (Hrsg.): Metamorphosen. Annäherungen an einen vielseitigen Freund. Horst Ehmke zum Achtzigsten, Bonn 2007, S. 275–284 (S. 281).

14 Über diese Passage des Gesprächs Brandt-Honecker hielt Lindenberg fest (Anm. 2): WB [...] „andererseits – Kádár habe ihm gegenüber einmal so etwas bemerkt – stelle sich die Frage, ob man bei 1918 – oder welches Datum man immer nehme – bleiben müsse. Man könne sich fragen, wo man sich heute einiger sei als vor 50 Jahren. Aber dies müsse wohl anderen überlassen bleiben. EH Er empfinde dies als einen sehr guten Gedanken. Vielleicht sollte man es nicht nur anderen überlassen: ‚Wir müssen noch etwas mithelfen'. In ‚unseren' Kreisen sei das auch schon besprochen worden, und er wisse, daß dies Gorbatschow bewege. Und immerhin: die ausführliche Berichterstattung über das SED-SPD-Dokument in Prawda und TASS sei doch wichtig."

15 Vgl. dazu Nr. 43.

16 Das Treffen hatte nicht Ende Juli, sondern am 24. Juni 1987 in Paris stattgefunden. Siehe den Vermerk von Klaus Lindenberg für Hans-Jochen Vogel vom 30. Juni 1987, Betr.: Gespräch von Willy Brandt mit François Mitterrand in Paris am 24. 06. 1987, in: AdsD, WBA, A 13, 346.

17 Lindenberg fasste Brandts Position in dieser Frage wie folgt zusammen (Anm. 2): „Für uns blieben die Franzosen ein großes Problem. Sie blieben in allem skeptisch, was sich an Deutschem tue. Selbst sein letztes Gespräch mit Mitterrand im Juni habe diesen Eindruck bestätigt. Vielleicht könne es sinnvoll sein, durch Beauftragte besprechen zu lassen, wie man beiderseits beruhigend auf Frankreich einwirken könne."

18 Mitterrand gab seine Kandidatur erst im darauf folgenden Frühjahr bekannt und wurde am 8. Mai 1988 wieder zum französischen Staatspräsidenten gewählt.

Nr. 42

1 Zum Gedenken an den 1986 ermordeten schwedischen Ministerpräsidenten hielt Willy Brandt am 18. September 1987 die erste Olof Palme Memorial Lecture, die sich den Problemen der Rüstungskontrolle und Abrüstung widmet.

2 Zu Beginn seiner Rede dankt Brandt dem Stockholmer Institut für die Einladung und erinnert an Olof Palmes Bemühungen in der Sicherheitspolitik.

3 Gemeint ist die Mitte September 1987 getroffene Grundsatzvereinbarung für das amerikanisch-sowjetische Abkommen über die Beseitigung der landgestützten atomaren Mittelstreckenwaffen. Vgl. Nr. 41, Anm. 6 und 7.

4 Gemeint sind die Verhandlungen über eine beiderseitige und ausgewogene Verminderung von Truppen und Rüstungen in Europa (MBFR), die seit dem 30. Oktober 1973 in Wien geführt wurden und am 24. September 1987 in die 43. Runde gegangen waren.

5 Vgl. Nr. 10, Anm. 11, sowie Nr. 35, Anm. 7.

6 Vgl. Nr. 3, Anm. 15.

7 Zum Honecker-Besuch vgl. Nr. 41.

8 Vgl. Nr. 25, Anm. 17.

9 Das gemeinsame Papier von SPD und SED mit dem Titel „Der Streit der Ideologien und die gemeinsame Sicherheit" war am 27. August 1987 veröffentlicht worden. Vgl. auch Einleitung.

10 Gemeint ist die Genfer UN-Konferenz für Abrüstung (vgl. Nr. 20, Anm. 45). Dort waren 1987 erhebliche Fortschritte in Richtung eines weltweiten Verbots der Herstellung, Lagerung und Anwendung chemischer Waffen erzielt worden. Im Sommer des Jahres hatte Frankreich einen Entwurf für eine Konvention vorgelegt. Vgl. EA 42 (1987) 18, S. Z 174.

11 Vgl. Nr. 20, Anm. 48, und Nr. 24A, Anm. 10.

12 Die Konferenz über Vertrauens- und Sicherheitsbildende Maßnahmen in Europa (KVAE), an der die 35 KSZE-Mitgliedsstaaten teilgenommen hatten, war nach mehr als zweieinhalbjähriger Dauer am 22. September 1986 in Stockholm zu Ende gegangen. Zu den im Schlussdokument vereinbarten vertrauensbildenden Maßnahmen zählten insbesondere die Regelungen über die Ankündigung und Beobachtung von Manövern sowie kurzfristig anzumeldende Inspektionen. Vgl. EA 41 (1986) 22, S. D 625-D 638.

13 Seit 1985 führten die USA und die Sowjetunion bilaterale Gespräche über regionale Konflikte in Asien, Afrika und Mittelamerika. Bereits im Oktober 1986 hatte der Abzug der sowjetischen Truppen aus Afghanistan begonnen. Auch in Mittelamerika zeichneten sich seit August 1987 Fortschritte in Richtung Frieden ab. Dagegen dauerte der Krieg zwischen Iran und Irak weiter an.

14 Nicht abgedruckt sind hier die folgenden Ausführungen Brandts zur Nord-Süd-Problematik und seine Erläuterungen zum Konzept der Gemeinsamen Sicherheit.

15 Vgl. Berliner Ausgabe, Bd. 6 und 9.

16 Vgl. Nr. 40, Anm. 9.

17 Gemeint ist der Besuch Erich Honeckers in der Bundesrepublik. Vgl. Nr. 41.

18 Beispielsweise hatte Bundespräsident Richard von Weizsäcker im Februar 1987 erklärt: „Die deutsche Frage ist eben offen, solange das Brandenburger Tor zu bleibt. Die offene deutsche Frage ist Teil der offenen europäischen Frage – einer Friedensordnung für Europa." Zit. bei: *Die Zeit*, Nr. 9 vom 20. Februar 1987, S. 2. Während seines Staatsbesuchs in der Sowjetunion im Juli 1987 sprach Weizsäcker das Thema auch gegenüber Gorbatschow an. Der sowjetische Generalsekretär antwortete schließlich, man solle die Lösung der deutschen Frage der Geschichte überlassen; niemand wisse, was in hundert Jahren sei. Vgl. *Winkler* 2000, Bd. 2, S. 451 f.

19 Unterzeichnet wurde der INF-Vertrag am 8. Dezember 1987. Vgl. auch Nr. 41, Anm. 6 und 7.

20 In Wien tagte seit dem 4. November 1986 die 3. KSZE-Folgekonferenz. Das Mandat für Verhandlungen über konventionelle Streitkräfte in Europa wurde am 10. Januar 1989 beschlossen.

21 Bei den atomaren Kurzstrecken- bzw. Gefechtsfeldwaffen besaß die Sowjetunion in Europa eine Überlegenheit, so dass die NATO vor der Alternative stand, entweder nachzurüsten oder auf den vollständigen Abbau dieser Systeme hinzuarbeiten. In Übereinstimmung mit den Bündnispartnern plädierte die Bundesregierung anfänglich gegen eine Null-Lösung auch bei dieser Kategorie nuklearer Waffen, um die atomare Abschreckung gegen einen konventionellen sowjetischen Angriff zu erhalten. 1988/89 änderte Bonn jedoch seine Haltung, als die Sowjetunion einen drastischen Abbau ihrer konventionellen Streitkräfte vorschlug. Vgl. *Schöllgen* 1996, S. 405 f.

Nr. 43

1 An dem ca. vierstündigen Gespräch, das im Katharinensaal des Großen Kreml-Palasts stattfand, nahmen auf sowjetischer

Seite auch Anatoli F. Dobrynin, Wadim Sagladin, Anatoli Tschernajew und Viktor Rykin teil. Brandt, der sich vom 4.–6. April 1988 in Moskau aufhielt, wurde begleitet von Egon Bahr, Jan Pronk und Klaus Lindenberg. Als Übersetzer fungierten Wladimir Fomenko und Eggert Hartmann. Vorlage ist die auf den 8. April 1988 datierte sowjetische Überlieferung der Unterredung. Siehe auch das von Klaus Lindenberg am 18. April 1988 erstellte zusammenfassende Protokoll des Gesprächs in: AdsD, WBA, A 19, 233.

2 Ausgelassen wurden die Begrüßung zwischen beiden Politikern und die einleitenden Bemerkungen Gorbatschows über den beiderseitigen Dialog, der drei Jahre zuvor mit dem damaligen Besuch Brandts in Moskau begonnen habe. Vgl. dazu Nr. 20.

3 Vgl. Nr. 40, Anm. 10.

4 Brandt stellt Egon Bahr und Jan Pronk vor.

5 Am 13. März 1988 war in der Tageszeitung *Sowjetskaja Rossija* ein Beitrag einer orthodoxen Kommunistin unter der Überschrift „Ich kann meine Prinzipien nicht aufgeben" erschienen. Der Perestroikakritische Artikel führte zu heftigen Diskussionen im Politbüro und zu einer von Gorbatschow selbst in Auftrag gegebenen Replik in der *Prawda*. Vgl. *Gorbatschow* 1995, S. 370–376.

6 Als Zeit der Stagnation galt die Ära Breschnew 1964–1982.

7 Im Folgenden blickt der sowjetische Generalsekretär auf die (Fehl-)Entwicklungen in der Sowjetunion unter Chruschtschow und Breschnew zurück.

8 In dem hier folgenden Teil des Gesprächs, der nicht abgedruckt ist, macht Gorbatschow längere Ausführungen zur Bedeutung und zu den Problemen der Perestroika in der sowjetischen Gesellschaft.

9 Hier geht Gorbatschow noch einmal kurz auf die Auseinandersetzung um den Artikel in der *Sowjetskaja Rossija* ein. Vgl. Anm. 5.

10 Vgl. *Brandt* 1994, S. 490.

11 Gemeint ist die Gipfelkonferenz der NATO am 2./3. März 1988 in Brüssel. Für deren Beschlüsse vgl. EA 43 (1988) 7, S. D 201–D 208.

12 Gorbatschow berichtet im Folgenden über die bereits eingeleiteten Wirtschaftsreformen.

13 Russisch für: Offenheit, Transparenz, Informationsfreiheit. Unter diesem von Gorbatschow geprägten politischen Leitbegriff wurden Beschränkungen der Pressefreiheit in der Sowjetunion gelockert, um die Entscheidungen des Partei- und Staatsapparats transparenter zu machen.

14 Der Konflikt zwischen den Sowjetrepubliken Aserbaidschan und Armenien um die mehrheitlich von Armeniern bewohnte Region Nagorny Karabach, die seit 1923 als autonomes Gebiet zum aserbaidschanischen Territorium gehörte, war Ende Februar 1988 eskaliert. Nach nationalistischen Massendemonstrationen kamen hunderte Menschen ums Leben. Vgl. AdG 58 (1988), S. 31973.

15 Hier nicht dokumentiert sind Erklärungen Gorbatschows, wie Lenin die Frage Nagorny Karabach gelöst habe.

16 Am 28./29. Februar 1988 war es in der aserbaidschanischen Industriestadt Sumgait am Kaspischen Meer zu Pogromen gegen Armenier gekommen. Zur Beendigung der Unruhen wurden dort und andernorts sowjetische Truppen eingesetzt. Gorbatschow beschönigt insofern die Geschehnisse. Vgl. Anm. 14.

17 Im Zeichen von *Glasnost* hatte die Sowjetunion 1987 den jahrzehntelangen Einsatz von Störsendern gegen die russischsprachigen Sendungen von BBC London

und der Voice of America eingestellt, nicht jedoch gegen das Programm der Deutschen Welle, dem von der Bundesregierung finanzierten Auslandssender. Zu den Vorwürfen gegen die deutsche Radiostation wurden von sowjetischer Seite trotz mehrmaliger Aufforderung keinerlei konkrete Beispiele oder Belege geliefert. Vor dem Moskau-Besuch des SPD-Vorsitzenden hatte deshalb ein beim Sender in Köln beschäftigter Sozialdemokrat darum gebeten, Brandt möge dieses Problem im Kreml ansprechen. Siehe das Schreiben von Lothar Schwartz an Klaus Lindenberg vom 30. März 1988 mit den dazugehörigen Anlagen, in: AdsD, WBA, A 19, 233.

18 Außenminister Genscher hatte Bundespräsident Richard von Weizsäcker bei dessen Staatsbesuch in der Sowjetunion vom 6.–11. Juli 1987 begleitet.

19 Heinz Fellhauer hatte am 30. Juni 1987 Klaus Schütz als Intendanten der Deutschen Welle abgelöst.

20 Weggelassen werden Erläuterungen Gorbatschows zur Änderung des sowjetischen Pressegesetzes.

21 Gemeint ist die Oktober-Revolution der Bolschewisten in Russland 1917.

22 Zu den Vorschlägen der von Willy Brandt geleiteten Unabhängigen Kommission für Internationale Entwicklungsfragen („Brandt-Kommission" oder „Nord-Süd-Kommission") vgl. Berliner Ausgabe, Bd. 8.

23 Vgl. Nr. 1, Anm. 8.

24 Das Treffen des Rats der Sozialistischen Internationale fand am 11./12. Mai 1988 in Madrid statt. Siehe AdsD, WBA, A 13, 143.

25 Zur Sitzung des Socialist International Disarmament Advisory Council (SIDAC) in Genf am 15./16. Februar 1988 siehe AdsD, WBA, A 13, 138.

26 Das Abkommen über die Reduzierung der strategischen Nuklearwaffen (START) sollte erst am 31. Juli 1991 unterzeichnet werden.

27 Vgl. Nr. 42, Anm. 10.

28 Am 5. April 1988 wurde zeitgleich in Bonn, Ost-Berlin und Prag eine gemeinsame Erklärung von SPD, SED und KPČ veröffentlicht, in der die drei Parteien eine chemiewaffenfreie Zone in der Bundesrepublik Deutschland, der DDR und der ČSSR vorschlugen. Vgl. AdG 1988, S. 32082. Vgl. auch Nr. 20, Anm. 48, und Nr. 24A, Anm. 10.

29 Zur Frage der Anrechnung der britischen und der französischen Nuklearwaffen in den amerikanisch-sowjetischen Verhandlungen vgl. Nr. 6, Anm. 8, sowie Nr. 20, Anm. 24.

30 Mitterrand wurde am 8. Mai 1988 wieder zum französischen Staatspräsidenten gewählt.

31 In einem undatierten Schreiben an die SPD-Führung, das u. a. die Ergebnisse des Washingtoner Gipfeltreffens vom Dezember 1987 thematisierte, hatte das ZK der KPdSU die Idee unterbreitet, einen „Europäischen Runden Tisch" zu europäischen Sicherheitsproblemen einzurichten, an dem „die breitesten politischen und gesellschaftlichen Kräfte des ganzen Kontinentes vertreten" sein sollten. Siehe AdsD, Dep. Ehmke, 1/HEAA000437.

32 Die seit 1984 bestehende Arbeitsgruppe von SPD und PVAP (vgl. Nr. 21, Anm. 7) hatte bereits mehrere gemeinsame Erklärungen veröffentlicht: zuletzt am 27. Mai 1987 zum „Europäischen Rat für Vertrauensbildung" und am 10. Februar 1988 über „Kriterien und Maßnahmen für Vertrauensschaffende Sicherheitsstrukturen in Europa". Vgl. *Vorstand der SPD 1989*, S. 11–13.

33 Es handelt sich um die Präsidenten der Liberalen bzw. Christdemokratischen Internationale, Giovanni Malagodi und Flaminio Piccoli. Das zunächst für April und

dann für Oktober 1988 geplante Treffen mit Brandt kam allerdings nicht zustande. Siehe AdsD, WBA, A 13, 120 A.

34   Dies hatte Gorbatschow erstmals am 17. September 1987 öffentlich vorgeschlagen. Vgl. EA 42 (1987) 24, S. D 657.

35   Anm. 24.

36   Im hier nicht abgedruckten Teil des Gesprächs erläutert Egon Bahr zunächst die Bedeutung einer chemiewaffenfreien Zone in Zentraleuropa. Anschließend informiert er Gorbatschow über ein Detail seines Treffens mit dem Führer der britischen Labour Party und leitet eine Frage Kinnocks weiter.

37   Vgl. Nr. 41, Anm. 6.

38   Der Besuch Reagans in der Sowjetunion fand vom 29. Mai–2. Juni 1988 statt. Vgl. EA 43 (1988) 13, S. D 345–D 376.

39   Gorbatschow berichtet über amerikanische Vorbehalte bei der Kontrolle seegestützter Marschflugkörper.

40   Am 4. November 1988 wählten die USA einen neuen Präsidenten.

41   Zur Strategischen Verteidigungsinitiative (SDI) der USA vgl. Nr. 12, Anm. 14.

42   Zum amerikanisch-sowjetischen Raketenabwehrvertrag (ABM) von 1972 vgl. Nr. 20, Anm. 22. Die Sowjetunion wertete SDI als Verletzung des ABM-Vertrags.

43   Ausgelassen wurde eine kurze Bemerkung Gorbatschows zu den Gründen des amerikanischen Widerstands gegen ein Chemiewaffenverbot.

44   Anm. 28.

45   Anm. 31.

46   Vgl. Nr. 40, Anm. 9.

47   Nicht abgedruckt sind kurze Stellungnahmen Gorbatschows zu Abrüstungsfragen.

48   Anm. 34.

49   Im Folgenden schildert der sowjetische Generalsekretär die ablehnende Position der USA in der gerade erörterten Frage.

50   Die Kommunistische Partei Italiens.

51   In Lindenbergs zusammenfassendem Protokoll des Gesprächs (Anm. 1) warf Wadim Sagladin an dieser Stelle ein: „100 Teilnehmer wären gut."

52   Vgl. Nr. 41, Anm. 13.

53   Lindenberg protokollierte an dieser Stelle (Anm. 1): „Er [Brandt] hat auf diese Weise die Frage der Spaltung der Arbeiterbewegung angesprochen; Gorbatschow – das ist schwer zu protokollieren – hat mit seinem Blick geantwortet."

54   Zum SI-Kongress in Stockholm vom 20.–22. Juni 1989 vgl. Berliner Ausgabe, Bd. 8, Einleitung.

55   Die Prinzipienerklärung „Ziele und Aufgaben des demokratischen Sozialismus" war anlässlich des Kongresses zur Neugründung der Sozialistischen Internationale vom 30. Juni–3. Juli 1951 in Frankfurt/Main verabschiedet worden und ist abgedruckt in: *Dowe/Klotzbach* 2004, S. 266–275.

56   Zum SPD-SED-Dialogpapier vgl. 41, Anm. 9, sowie Einleitung.

57   Brandt verweist darauf, dass die SI keine „Superpartei" sei, sondern eine Vereinigung von eigenständigen Parteien. Zudem lobt er die bestehende Zusammenarbeit mit der KPdSU und schlägt vor, sich frühzeitig über geplante Veranstaltungen zu informieren.

58   Im nun folgenden Teil des Gesprächs, der hier nicht abgedruckt ist, gibt Brandt das Wort an Jan Pronk, der daraufhin die Nord-Süd-Beziehungen und Fragen der Weltwirtschaft anspricht, an denen sich Gorbatschow sehr interessiert zeigt.

59   Die Arbeitsgruppe der SPD-Bundestagsfraktion und des ZK der KPdSU über

Fragen des Aufbaus eines gemeinsamen europäischen Hauses kam am 16./17. September 1988 in Moskau zu ihrer ersten Sitzung zusammen. Siehe AdsD, Dep. Bahr, 1/EBAA000723.

60 Der baden-württembergische Ministerpräsident Lothar Späth war Anfang Februar 1988 nach Moskau gekommen. Vgl. *Gorbatschow* 1995, S. 702 f.

61 Franz Josef Strauß hatte Moskau vom 28.–31. Dezember 1987 besucht. Über sein Gespräch mit Gorbatschow vgl. *Strauß* 1989, S. 552–565.

Nr. 44

1 Vorlage ist eine Kopie des Schreibens, das am 2. August 1988 vom Büro Brandt an den sowjetischen Botschafter in Bonn, Juli Kwizinski, mit der Bitte um Weiterleitung übersandt wurde.

2 Ursache der schweren Spannungen zwischen Rumänien und Ungarn, die seit Frühjahr 1988 andauerten, waren die Pläne des Ceauşescu-Regimes, Tausende Dörfer zu zerstören und deren Einwohner zwangsumzusiedeln. Vor allem die rund zwei Millionen Menschen zählende ungarische Minderheit in Rumänien war von den als „Systematisierung der Landwirtschaft" bezeichneten Maßnahmen betroffen. Vgl. AdG 58 (1988), S. 32317. In dieser Frage hatte sich Ungarns Botschafter in der Schweiz, János Hajdú, im direkten Auftrag des Generalsekretärs und Ministerpräsidenten Károly Grósz am 5. Juli 1988 in einem Schreiben an Brandt gewandt, in dem es hieß: „Die Autorität Ihrer Stimme […] könnte und würde nach unserer festen Überzeugung nicht direkt beteiligte, aber für die Stabilität und für den Frieden Europas Verantwortung tragende Persönlichkeiten und Parteien zur vernünftigen Stellungnahme, ja vielleicht sogar zum politischen Handeln veranlassen." Da Brandt sich zu dieser Zeit im Urlaub in Frankreich aufhielt, bat er Egon Bahr am 15. Juli 1988, den Botschafter in Bonn zu empfangen. Siehe das Schreiben Hajdús an Brandt vom 5. Juli und das Schreiben von Klaus Lindenberg an Bahr vom 15. Juli 1988 in: AdsD, Dep. Bahr, 1/EBAA000743. Über sein Gespräch mit Hajdú, der dabei um einen Schritt Willy Brandts „im Interesse jener Beachtung von Menschenrechten, wie sie in Helsinki vereinbart worden sind", bat, informierte Bahr den SPD-Ehrenvorsitzenden umgehend. Bahr empfahl Brandt, sich sowohl an Gorbatschow als auch an Ceauşescu zu wenden und übersandte zugleich die Entwürfe für die beiden Briefe. Siehe das Schreiben Bahrs an Brandt und den beigefügten Vermerk vom 20. Juli 1988 in: AdsD, WBA, A 13, 161 B.

3 Der seit Juni 1987 amtierende Ministerpräsident Ungarns, Károly Grósz, war am 22. Mai 1988 auch zum neuen Generalsekretär der USAP gewählt worden.

4 Bei den Beratungen des 3. KSZE-Folgetreffens in Wien zeigte Rumänien große Vorbehalte bezüglich eines Auftrags, nach Abschluss der Konferenz gesonderte Verhandlungen über das Thema Menschenrechte aufzunehmen. Egon Bahr hatte die Information über Gorbatschows „erfolgreiche Bemühungen" in dieser Sache sowohl von Bundesaußenminister Genscher als auch vom ungarischen Botschafter in der Schweiz, Hajdú, erhalten. Siehe dazu Bahrs Vermerk vom 20. Juli 1988 in: AdsD, WBA, A 13, 161 B.

5 Vgl. Nr. 1, Anm. 17.

6 Zu den Vorschlägen des Politischen Beratenden Ausschusses, des höchsten Gremiums der Warschauer-Pakt-Staaten, der am 15./16. Juli 1988 in Warschau getagt hatte, vgl. EA 43 (1988) 15, S. D 420–D 431.

7   Bei der Wiederaufnahme der Verhandlungen des Wiener KSZE-Folgetreffens am 29. August 1988 blieb die rumänische Delegation der Sitzung fern. Vgl. EA 43 (1988) 18, S. Z 156.

8   In seinem Antwortschreiben vom 31. August 1988 erklärte Gorbatschow zwar wortreich, er teile Brandts Besorgnisse und sei „ganz und gar dafür", dass beide Länder die Probleme in direkten Verhandlungen beilegen sollten. Der Kremlchef fügte aber hinzu: „Ich muß offen sagen – und Sie werden mich sicherlich richtig verstehen –, daß die Möglichkeiten für unsere Einflußnahme bei Fragen, die die inneren Angelegenheiten souveräner Staaten berühren, durchaus begrenzt sind." AdsD, WBA, A 13, 161 B.

9   Nr. 45

10 Gemeint ist die 19. Allunions-Parteikonferenz der KPdSU, die vom 28. Juni–1. Juli 1988 in Moskau stattgefunden hatte. Vgl. EA 43 (1988) 15, S. Z 134.

11 Hs. unterzeichnet.

Nr. 45

1   Vorlage ist eine Kopie des Schreibens, das am 2. August 1988 vom Büro Brandt an den rumänischen Botschafter in Bonn, Marcel Dinu, mit der Bitte um Weiterleitung übersandt wurde.

2   Zu den Spannungen zwischen Rumänien und Ungarn und zur Vorgeschichte dieses Schreibens vgl. Nr. 44, Anm. 2.

3   Als erstes osteuropäisches Land hatte Rumänien am 31. Januar 1967 diplomatische Beziehungen mit der Bundesrepublik Deutschland aufgenommen. Brandt und Ceaușescu waren sich erstmals am 5. August 1967 auf dem am Schwarzen Meer gelegenen Landsitz des rumänischen Staats- und Parteichefs begegnet. Weitere Treffen hatten am 27. und 29. Juni 1973 in Bonn sowie am 8./9. Juni 1978 in Bukarest stattgefunden.

4   Die Repressionen der rumänischen Regierung gegen die nationalen Minderheiten in ihrem Land belasteten zunehmend das 3. Folgetreffen der KSZE in Wien. Vgl. EA 43 (1988) 15, S. Z 138. Vgl. dazu auch Nr. 44, Anm. 4 und 7.

5   Ceaușescu beantwortete das Schreiben nicht, wie Brandt in einem Interview erklärte, in dem er seine Initiative erstmals publik machte. Vgl. „Chruschtschows Enkel werden keine Kommunisten mehr sein", in: *Süddeutsche Zeitung*, Nr. 81 vom 8./9. April 1989.

6   Hs. unterzeichnet.

Nr. 46

1   Vorlage ist eine Kopie des Schreibens, das Hans-Jürgen Wischnewski entworfen hatte und über den in der Bundesrepublik lebenden Deutsch-Algerier Abdelkader Sahraoui übermittelt wurde. Siehe dazu das Schreiben von Klaus-Henning Rosen an Sahraoui vom 26. August 1988, in: AdsD, WBA, A 10.1.3, 10.

2   Der deutsche Manager Rudolf Cordes war im Januar 1987 von Mitgliedern der pro-iranischen Hisbollah-Miliz im Libanon entführt worden. Die Geiselnehmer verlangten, einen in der Bundesrepublik Deutschland vor Gericht stehenden libanesischen Terroristen aus der Haft zu entlassen. Cordes wurde schließlich am 13. September 1988 freigelassen, ohne dass die Forderung der Entführer erfüllt wurde. Die Bundesregierung lobte daraufhin die iranische sowie die syrische Regierung für ihre Unterstützung und dankte öffentlich u. a. auch dem SPD-Vorsitzenden Vogel für seine Hilfe. Vgl. AdG 58 (1988), S. 32593.

3   Korrekt müsste es wohl heißen: „wegen des".

4   An diesem Gespräch Hans-Jochen Vogels mit Saeed Emami, einem Mitarbeiter des iranischen Geheimdienstes, nahm auch Hans-Jürgen Wischnewski teil. Siehe die hs. Notizen in: AdsD, WBA, A 10.1.3, 10.

5   Seit dem Frühjahr 1987 unterhielt der Vermittler Sahraoui im Auftrag Brandts und der SPD sowie eng abgestimmt mit der Bundesregierung Kontakte mit der Hisbollah-Führung im Libanon und hohen Stellen in Syrien und Iran. Siehe AdsD, WBA, A 12, 28. Vgl. auch „Rückkehr aus der Geiselgruft", in: *Die Zeit*, Nr. 38, vom 16. September 1988, S. 2.

6   Nach fast acht Jahren Krieg hatten Iran und Irak am 20. August 1988 einen Waffenstillstand geschlossen.

7   Die Kopie ist nicht unterzeichnet.

Nr. 47

1   Brandt hielt die Rede anlässlich der Eröffnung einer Veranstaltungsreihe der Friedrich-Ebert-Stiftung am 14. September 1988.

2   Unter der Überschrift „Ein ‚Notdach', unter dem der Rechtsstaat sich entwickeln konnte – 40 Jahre Grundgesetz: Willy Brandt über Hoffnung und Verpflichtung des als Provisorium gedachten Ordnungsrahmens" wurde die Rede von der *Frankfurter Rundschau* in einer leicht gekürzten Fassung veröffentlicht. Diese Kürzungen gegenüber dem von Brandt benutzten Manuskript sind in den nachfolgenden Anmerkungen ebenso kenntlich gemacht wie die von den Bearbeitern vorgenommenen Auslassungen. Siehe das Manuskript in: AdsD, WBA, A 3, 1052.

3   Weggelassen ist hier ein Absatz über den 1948 von den Westmächten erteilten Auftrag an den Parlamentarischen Rat, eine Verfassung auszuarbeiten, sowie eine – auch von der *FR* nicht abgedruckte – Sequenz, die sich auf ein Zitat Carlo Schmids bezieht.

4   Die Staatsfarben der Weimarer Republik waren Schwarz-Rot-Gold.

5   Dieser Satz ist in der *FR* nicht wiedergegeben worden.

6   In dem von den Bearbeitern ausgelassenen Teil seiner Rede äußert sich Brandt u. a. zum Umgang mit den Hinterlassenschaften der Nazi-Diktatur in der Bonner Republik, zum sozialdemokratischen Exil gegen Hitler und zur Beteiligung der SPD an der Schaffung des Grundgesetzes sowie zur Bedeutung demokratischer Mitbestimmung in Staat und Gesellschaft.

7   Hervorhebung wie in der *FR* abgedruckt. Im Manuskript heißt es: Wieder-Vereinigung.

8   Die Präambel des Grundgesetzes vom 23. Mai 1949 lautete wörtlich: „Das gesamte deutsche Volk bleibt aufgefordert, in freier Selbstbestimmung die Einheit und Freiheit Deutschlands zu vollenden."

9   Anm. 7.

10   Vermutlich ist der von der *Frankfurter Allgemeinen Zeitung* vom 27. Juni 1973 kolportierte Ausspruch gemeint, den ein nicht genanntes sozialdemokratisches Regierungsmitglied damals gemacht haben soll: „Von den acht Arschlöchern in Karlsruhe lassen wir uns doch nicht unsere ganze Ostpolitik kaputtmachen."

11   Zum Urteil des Bundesverfassungsgerichts vom 31. Juli 1973 vgl. Nr. 14, Anm. 9.

12   In der von der *FR* veröffentlichten Fassung nicht enthalten.

13   Vgl. Protokoll der Verhandlungen des Parteitags der Sozialdemokratischen Partei Deutschlands vom 29. Juni–2. Juli 1947 in Nürnberg, Hamburg 1947, S. 35–56.

14   Zu dieser Äußerung Adenauers vom 5. Oktober 1945, die er in einem Gespräch mit Journalisten machte, vgl. *Adenauer*,

Konrad: Erinnerungen 1945–1953, 6. Aufl., Stuttgart 1987, S. 34 f.

15 In der von der *FR* veröffentlichten Fassung nicht enthalten.

16 Carlo Schmid hatte am 8. September 1948 vor dem Parlamentarischen Rat in Bonn gesagt: „[I]n dem Gebiet, für das das Grundgesetz gilt, wird nicht eine separate ‚westdeutsche' Gebietshoheit ausgeübt, sondern gesamtdeutsche Hoheitsgewalt in Westdeutschland." Der Parlamentarische Rat 1948–1949. Akten und Protokolle, Bd. 9: Plenum, bearb. von *Wolfram Werner*, München 1996, S. 35.

17 Hervorhebung wie in der *FR* abgedruckt. Im Manuskript: „Wiedervereinigung".

18 Zitat aus Nr. 14.

19 Anlässlich der Unterzeichnung des deutsch-sowjetischen Vertrages hatte Bundeskanzler Brandt in einer Fernsehansprache aus Moskau am 12. August 1970 gesagt: „[M]it diesem Vertrag geht nichts verloren, was nicht längst verspielt worden war." Texte zur Deutschlandpolitik I/6, Bonn 1971, S. 97 f.

20 Vgl. Nr. 14, Anm. 4.

21 Vgl. Nr. 25, Anm. 20.

22 In einem Urteil vom 21. Oktober 1987 hatte das Bundesverfassungsgericht erklärt: „Erst wenn eine Trennung der Deutschen Demokratischen Republik von Deutschland durch eine freie Ausübung des Selbstbestimmungsrechts besiegelt wäre, ließe sich die in der Deutschen Demokratischen Republik ausgeübte Hoheitsgewalt aus der Sicht des Grundgesetzes als eine von Deutschland abgelöste fremdstaatliche Gewalt qualifizieren." DFR – BVerfGE 77, 137–2 BvR 373/83.

23 Die Rede von Roman Herzog zum Tag der deutschen Einheit ist dokumentiert in: Texte zur Deutschlandpolitik III/6, Bonn 1989, S. 231–241.

24 In der von der *FR* veröffentlichten Fassung nicht enthalten.

25 Zitat aus Nr. 14.

26 Vgl. Anm. 8.

27 Brandt wendet sich in dem hier nicht dokumentierten Teil der Rede der Ausgestaltung des Föderalismus zu.

28 Das Heidelberger Programm der SPD ist dokumentiert in: *Dowe/Klotzbach* 2004, S. 194–203.

29 Vgl. Parteitag der Sozialdemokratischen Partei Deutschlands vom 11. bis 14. Mai 1970 in Saarbrücken. Protokoll der Verhandlungen, Angenommene und überwiesene Anträge, Hannover/Bonn 1970.

30 Die Konferenz der Staats- und Regierungschefs der EG hatte am 19./20. Oktober 1972 in Paris stattgefunden. Die Initiative der Bundesregierung für Maßnahmen zur Verwirklichung einer europäischen Sozial- und Gesellschaftspolitik ist dokumentiert in: EA 27 (1972) 23, S. D 585–D 590.

31 In der von der *FR* veröffentlichten Fassung nicht enthalten.

32 Am Schluss seines Vortrags geht Brandt auf die Programmdebatte der SPD ein und erinnert an fünf spezifisch sozialdemokratische Grundüberzeugungen, welche seine Partei von anderen unterscheide: Das Streben nach Vermenschlichung des Staates, die Weiterentwicklung des Rechtsstaats, das Ringen um eine lebendige Demokratie, das Bekenntnis zu Europa und das Arbeiten für den Frieden.

Nr. 48

1 Vorlage ist eine Kopie des Schreibens in englischer Sprache. Dessen deutscher Entwurf, der von Egon Bahr am 23. Januar 1989 angefertigt worden war, wurde nach geringfügigen Korrekturen Willy Brandts ins Englische übersetzt. Wiedergegeben wird hier der Wortlaut des überarbeiteten

deutschen Entwurfs. Siehe die Unterlagen in: AdsD, WBA, A 3, 1066.

2   Im Rahmen einer Untersuchung am NATO Defense College in Rom zur Frage „Germany's NATO Membership and German Reunification – A Contradiction?" hatte von Schubert Ende 1988 sowohl Pierre Harmel als auch Willy Brandt gebeten, zu den Deutschland-Passagen des sogenannten Harmel-Berichts von 1967 „aus heutiger Sicht" Stellung zu nehmen. Insbesondere sollten beide Politiker beantworten, ob die „deutsche Frage" bei einer Neuformulierung der Zukunftsaufgaben der NATO anders behandelt werden müsste. Siehe die Schreiben von Schuberts an Brandt vom 5. Dezember 1988 und an Klaus Lindenberg vom 9. Januar 1989 sowie auch Harmels Stellungnahme vom 6. Dezember 1988 in: AdsD, WBA, A 3, 1066. Eine Äußerung von Klaus Schütz konnte nicht ermittelt werden.

3   Der im Dezember 1967 in der NATO vorgelegte Harmel-Bericht ist dokumentiert in: EA 23 (1968) 3, S. D 73–D 77. Vgl. Nr. 3, Anm. 10 sowie Berliner Ausgabe, Bd. 6, Einleitung.

4   Nach mehr als 15 Jahren Dauer wurden die Wiener MBFR-Verhandlungen am 2. Februar 1989 erfolglos abgebrochen. Am selben Ort begannen am 9. März 1989 die Verhandlungen der Mitgliedstaaten der NATO und des Warschauer Pakts über konventionelle Streitkräfte in Europa (KSE) sowie die parallel laufenden Beratungen der 35 KSZE-Staaten über vertrauensbildende Maßnahmen. Vgl. EA 44 (1989) 5, S. Z 44 und 7, S. Z 62.

5   Von Brandt gegenüber Bahrs Entwurf geändert aus: „Chancen".

6   Von Brandt gegenüber Bahrs Entwurf geändert aus: „die durch die unterschiedlichen politischen Systeme, die wirtschaftlichen Realitäten, nicht zuletzt den gemeinsamen europäischen Binnenmarkt bedingt sind."

7   Von Brandt gegenüber Bahrs Entwurf geändert aus: „daß logisch staatliche deutsche Einheit nicht erreichbar ist, solange es NATO und Warschauer Vertrag gibt."

8   Hs. unterzeichnet.

Nr. 49

1   Die Fragen stellte die Journalistin Doris Köpf am 6. Juni per Fax. Die Antworten schrieb Brandt hs. nieder. Sie wurden noch am selben Tag telefonisch übermittelt. Siehe AdsD, WBA, A 3, 1062.

2   Am 3./4. Juni 1989 hatte das chinesische Militär den seit Monaten von Studenten besetzten „Platz des himmlischen Friedens" in Peking mit Waffengewalt geräumt und damit die Demokratiebewegung im Land zerschlagen. Dem Massaker in Chinas Hauptstadt fielen Schätzungen zufolge bis zu 3.000 Menschen zum Opfer.

3   Brandt spielt damit auf führende Politiker von CDU und CSU an, die Ende der sechziger und Anfang der siebziger Jahre statt einer Annäherung an die Sowjetunion bessere Beziehungen mit China befürworteten.

Nr. 50

1   Brandts Rede ist auch dokumentiert in: Gorbatschow in Bonn. Die Zukunft der deutsch-sowjetischen Beziehungen – Reden und Dokumente vom Staatsbesuch, Köln 1989, S. 93–98.

2   Zu Beginn seiner Rede, mit der er auf die Regierungserklärung von Bundeskanzler Kohl antwortete, hebt der SPD-Ehrenvorsitzende die außenpolitischen Übereinstimmungen zwischen Regierung und Opposition bei der Bewertung des Besuchs von Staatspräsident Gorbatschow in der Bundesrepublik hervor.

3 Gorbatschow hatte die Bundesrepublik Deutschland vom 12.–15. Juni 1989 besucht. Vgl. AdG 59 (1989), S. 33409, sowie Dokumente zur Deutschlandpolitik 1989/90, S. 276–299 (Nr. 2).

4 Die Gemeinsame Erklärung, die Bundeskanzler Kohl und Staatspräsident Gorbatschow am 13. Juni 1989 in Bonn unterzeichneten, ist dokumentiert in: EA 44 (1989) 13, S. D 382–D 385.

5 Im Vorfeld des Gorbatschow-Besuchs hatten sich die beiden Außenminister auf folgende Formulierung geeinigt: „Berlin (West) nimmt an der Entwicklung der Zusammenarbeit unter strikter Einhaltung und voller Anwendung des Viermächte-Abkommens vom 3. September 1971 teil." Ebd., S. D 384. In seiner Regierungserklärung berichtete Kohl, er habe Gorbatschow „unmissverständlich erklärt", dass West-Berlin „an der dynamischen Aufwärtsbewegung der deutsch-sowjetischen Beziehungen" „in jeder Weise voll teilnehmen" müsse. Ebd., S. D 398.

6 Brandt bezieht sich hier auf Gorbatschows Ansprache anlässlich eines von Bundespräsident von Weizsäcker gegebenen Abendessens am 13. Juni 1989. Vgl. EA 44 (1989) 13, S. D 393.

7 In der Gemeinsamen Erklärung hieß es, dass insbesondere die „Achtung des Selbstbestimmungsrechts der Völker" und die „Verwirklichung der Menschenrechte" „Bauelemente des Europas des Friedens und der Zusammenarbeit" sein müssten (Anm. 4).

8 Die Charta der Vereinten Nationen vom 26. Juni 1945 ist dokumentiert in: AdG 15 (1945), S. 289.

9 Vgl. Nr. 1, Anm. 17.

10 Generalsekretär Gorbatschow war am 25. Mai 1989 auch zum Staatspräsidenten der Sowjetunion gewählt worden.

11 Am 18. Juni 1989 fand in der Bundesrepublik die Wahl zum Europäischen Parlament statt.

12 Der französische Staatspräsident Mitterrand besuchte Polen vom 14.–16. Juni 1989. Vgl. EA 44 (1989) 14, S. Z 124.

13 Am 16. Juni 1989 wurden in Budapest die sterblichen Überreste des 1958 hingerichteten Ministerpräsidenten Imre Nagy und von vier seiner Mitarbeiter feierlich beigesetzt. Vgl. EA 44 (1989) 14, S. Z 127.

14 Brandt wirbt an dieser Stelle um eine hohe Beteiligung an der bevorstehenden Europawahl und erinnert in diesem Zusammenhang auch an die blutig niedergeschlagene Demokratiebewegung in China.

15 Vgl. Berliner Ausgabe, Bd. 6.

16 Der amerikanische Präsident George Bush hatte im Rahmen einer Europareise die Bundesrepublik Deutschland am 30./31. Mai 1989 besucht. Vgl. AdG 59 (1989), S. 33382.

17 Wahrscheinlich spielt Brandt hier auf den Streit der NATO über die Modernisierung ihrer atomaren Kurzstreckenraketen in Europa an. Dass die Bundesregierung den Abbau dieser Waffengattung wünschte, war auf heftige Kritik vor allem in Washington und London gestoßen und hatte starke Zweifel an der Zuverlässigkeit des deutschen Bündnispartners laut werden lassen. Erst mit dem Beschluss des NATO-Gipfels Ende Mai 1989, die Entscheidung über die Modernisierung dieser Raketen bis 1992 zu verschieben, wurde die Krise beendet. Vgl. Schöllgen 1996, S. 406–408.

18 Gemeint sind die Wiener Verhandlungen über konventionelle Streitkräfte in Europa. Vgl. Nr. 48, Anm. 4.

19 Vgl. Berliner Ausgabe, Bd. 3, Einleitung und Nr. 66–72.

20 Im Kommuniqué über das Gespräch zwischen Bundeskanzler Adenauer und

dem sowjetischen Botschafter in Bonn, Smirnow, am 16. August 1961 hatte es geheißen: „Der Bundeskanzler [...] wies seinerseits darauf hin, daß die Bundesregierung keine Schritte unternimmt, welche die Beziehungen zwischen der Bundesrepublik und der UdSSR erschweren und die internationale Lage verschlechtern." Dokumente zur Deutschlandpolitik, IV. Reihe, Bd. 7: 12. August bis 31. Dezember 1961, bearb. von *Gisela Biewer*, hrsg. vom Bundesministerium für innerdeutsche Beziehungen, Frankfurt/Main 1976, S. 48.

21 Vgl. Nr. 49, Anm. 3.

22 Vgl. Nr. 43, Anm. 13.

23 Vgl. Nr. 40, Anm. 10, und Nr. 43.

24 Vgl. Nr. 40, Anm. 9.

25 In einem Gespräch, zu dem der damalige Außenminister Brandt mit seinem sowjetischen Amtskollegen am 22. September 1969 am Rande der Generalversammlung der Vereinten Nationen in New York zusammengekommen war, hatte Gromyko von einem „gemeinsamen europäischen Dach" gesprochen. Vgl. Akten zur Auswärtigen Politik der Bundesrepublik Deutschland (AAPD) 1969, bearb. von *Franz Eibl* und *Hubert Zimmermann*, München 2000, Bd. II, S. 1061.

26 Der sowjetische Staats- und Parteichef Leonid Breschnew hatte am 23. November 1981 in Bonn gesagt: „Europa bleibt unser gemeinsames Haus." EA 37 (1982) 1, S. D 6.

Nr. 51

1 Brandt sprach im Anschluss an Bundeskanzler Kohl, der eine „Erklärung der Bundesregierung aus Anlaß des 50. Jahrestages des Ausbruchs des Zweiten Weltkrieges" abgegeben hatte.

2 Die Rede ist – leicht gekürzt – auch veröffentlicht in: *Brandt, Willy:* „... was zusammengehört". Über Deutschland, 2., völlig überarb. und erw. Aufl., Bonn 1993, S. 13–21. Für das Manuskript und Redeentwürfe siehe AdsD, WBA, A 3 1057.

3 Im ersten Teil seiner Rede, der hier nicht abgedruckt ist, blickt der SPD-Ehrenvorsitzende auf den deutschen Überfall auf Polen und den Beginn des Zweiten Weltkriegs in Europa am 1. September 1939 zurück und resümiert die historischen Lehren der vergangenen fünfzig Jahre.

4 Brandt meint die Vereinbarung zwischen den USA, Großbritannien und der Sowjetunion im sogenannten Potsdamer Abkommen von August 1945, mit der die Gebiete östlich von Oder und Neiße „unter polnische Verwaltung" gestellt worden waren.

5 Indirekt geht Brandt hier auf einen Expertenstreit ein, den Karl Kaiser im Sommer 1989 mit seiner „auf Zeugen gestützten" Behauptung entfacht hatte, es gebe ein von Adenauer und dem damaligen amerikanischen Außenminister Acheson unterzeichnetes Papier zur Oder-Neiße-Grenze. Ein solches Dokument wurde indes in den Archiven nicht gefunden. Siehe dazu das Schreiben Kaisers an Brandt vom 24. August 1989, in: AdsD, WBA, A 10.1 (Büroleiter Klaus Lindenberg), 14, und vgl. *Kaiser, Karl:* „Bundesregierung stellt keine Ansprüche... Konrad Adenauer und die Oder-Neiße-Linie: Frühe Einsichten in die Grenzen deutscher Politik", in: *Die Zeit*, Nr. 40 vom 29. September 1989, S. 49 f. Dokumentiert ist lediglich ein Gespräch vom 21. November 1951, in dem Adenauer gegenüber Acheson erklärte: „Die Bundesregierung stelle keine Ansprüche und verlange keine Bindungen der Alliierten hinsichtlich der Gebiete östlich der Oder-Neiße. Sie erwarte aber, dass auch die Alliierten keinerlei Bindungen gegenüber Dritten, sei es zum Beispiel gegenüber Polen, eingingen. Dieses Problem müsse der Friedensregelung vorbehalten bleiben." AAPD, Bd. 1: Adenauer und die Hohen

Kommissare 1949–1951, bearb. von Frank-Lothar Kroll und Manfred Nebelin, München 1989, S. 526–528. Eine am 7. April 1972 angefertigte Kopie dieses Protokolls befindet sich in: AdsD, Dep. Bahr, 1/EBAAA0000856.

6   Die Botschaft von Bundespräsident von Weizsäcker an den polnischen Staatspräsidenten Jaruzelski vom 28. August 1989 ist abgedruckt in: Ludwig, Michael: Polen und die deutsche Frage. Mit einer Dokumentation, Bonn 1991, S. 161.

7   Der Entschließungsantrag der SPD-Fraktion vom 31. August 1989 (Bundestagsdrucksache 11/5114) lautete: „An dem Tage, an dem vor 50 Jahren unter Hitler der deutsche Angriff auf Polen begonnen hat und damit der Zweite Weltkrieg entfesselt worden ist, bekräftigt der Deutsche Bundestag den dauerhaften Bestand der Westgrenze Polens. Es gibt keine deutschen Gebietsansprüche gegen Polen."

8   Der französische Staatspräsident Mitterrand und der amerikanische Präsident Bush hatten im Juni bzw. Juli 1989 Warschau besucht. Außerdem war der polnische Präsident Jaruzelski im Juni 1989 in Großbritannien empfangen worden. Der Polen-Besuch von Bundeskanzler Kohl fand erst im November 1989 statt.

9   Brandt beklagt, dass das Porto für private Hilfspakete nach Polen erhöht worden sei und fordert eine Senkung.

10   Nicht ermittelt.

11   So Brandt in seiner Rede „Friedenspolitik in unserer Zeit" am 11. Dezember 1971 vor der Universität Oslo anlässlich der Verleihung des Friedensnobelpreises. EA 27 (1972) 2, S. D 25–D 35.

Nr. 52

1   Am 18. September 1989 hatte Bild bei Brandt angefragt, ob er seine Rede, die er wenige Tage zuvor auf dem Landesparteitag der SPD Niedersachsen gehalten hatte, in einen kurzen Kommentar zu den Themen „DDR/Fluchtsituation, Verhältnis SPD : SED, Thema Wiedervereinigung, ggf. Situation im Ostblock" umformulieren könne. Die Überschrift mit dem Begriff „Wiedervereinigung" fügte Bild ein, ebenso die Zwischenüberschriften. Siehe die Unterlagen in AdsD, WBA, A 3, 1063.

2   Nach der Öffnung der Grenze Ungarns zu Österreich am 11. September 1989 flohen innerhalb von drei Tagen 15.000 DDR-Bürger. In den meisten Fällen begaben sie sich in die Bundesrepublik Deutschland.

3   Ende August 1989 gelangte der Aufruf zur Gründung einer Sozialdemokratischen Partei in der DDR in die Öffentlichkeit. Am 19. September stellte die zehn Tage zuvor gegründete oppositionelle Gruppierung „Neues Forum" den Antrag auf Zulassung als politische Vereinigung.

4   Zu China vgl. Nr. 49.

5   In der Haushaltsdebatte des Bundestages am 5. September 1989 hatte der designierte CDU-Generalsekretär Volker Rühe die Kontakte der SPD zur SED scharf attackiert. Aber auch Sozialdemokraten fingen an, Kritik am Kurs ihrer Partei zu üben. Norbert Gansel forderte im September 1989 für die nächste Phase der Deutschlandpolitik „Wandel durch Abstand". Vgl. Sturm 2006, S. 167–175.

6   Am 15. September 1989 hatte die DDR-Führung eine seit langem vereinbarte Delegationsreise der SPD-Bundestagsfraktion nach Ost-Berlin abgesagt. Vgl. ebd., S. 171.

7   In der an die Zeitung übermittelten Fassung unterstrichen (Anm. 1).

Nr. 53

1   Vorlage ist eine Kopie des Schreibens.

2   Es handelt sich um das Schreiben Vogels an Gorbatschow vom 22. September

1989, dem ein dreiseitiges Papier mit dem Titel „Überlegungen der SPD zur Lage in der DDR" beigefügt war. Siehe dazu auch AdsD, Dep. Ehmke, 1/HEAA000438.

3   Vogel hatte an Gorbatschow geschrieben, sie hätten bei ihrem gemeinsamen Gespräch im Juni 1989 darin übereingestimmt, dass der Prozess „des neuen Denkens, der Offenheit und des Umbaus" „empfindlich gestört werden könnte, wenn es in der gegenwärtigen Phase zu Destabilisierungen in Staaten des Warschauer Paktes kommen würde. Schon damals habe ich mit Bezug auf die DDR die Befürchtung geäußert, daß Instabilität auch die Folge verweigerter oder auch nur verzögerter Reformen sein könnte. Diese Befürchtung hat sich in der Folgezeit erheblich verstärkt." Auch in dem beigefügten Papier der SPD hatte es geheißen: „Wir sind weder an einer Destabilisierung noch an einer Entvölkerung der DDR interessiert." Anm. 2.

4   Hs. unterzeichnet.

Nr. 54

1   Vorlage ist die sowjetische Überlieferung des Gesprächs, das am 17. Oktober 1989 im Gebäude des ZK der KPdSU stattfand und um 11 Uhr begann. Daran nahmen auch Alexander Jakowlew, Wadim Medwedjew, Valentin Falin, Anatoli Tschernajew, Egon Bahr, Hans Koschnick, Gerhard Schröder, Klaus Lindenberg sowie die Dolmetscher Wladimir Fomenko und Eggert Hartmann teil. Der Unterredung im großen Kreis schloss sich ein Vier-Augen-Gespräch zwischen Brandt und Gorbatschow an, wobei Alexander Tschernjajew und Klaus Lindenberg als Protokollanten sowie Wladimir Fomenko als Dolmetscher fungierten. Die sowjetische Mitschrift wurde in *Swobodnaja Mysl*, H. 17 (November 1992), S. 22–29, in Auszügen veröffentlicht. Für die deutsche Überlieferung des gesamten Treffens sorgte Lindenberg mit zwei Niederschriften: Siehe „Zusammenfassendes Protokoll, Gespräch Willy Brandts mit dem Generalsekretär des ZK der KPdSU, Michael [!] Gorbatschow. Am 17. Oktober 1989 im Gebäude des ZK der KPdSU, Beginn: 11.00 Uhr" vom 19. Oktober 1989 sowie ein nur für Brandt persönlich bestimmtes „Zusammenfassendes Protokoll, Vier-Augen-Gespräch zwischen Michail Gorbatschow und Willy Brandt, 17. Oktober 1989 im Gebäude des ZK der KPdSU" vom 18. Oktober 1989, in: AdsD, WBA, A 19, 86. Die deutsche Überlieferung weicht substanziell nur in wenigen Punkten von derjenigen der Gastgeber ab, ist aber grundsätzlich weniger ausführlich und gibt das Gespräch fast durchweg nur in indirekter Rede wieder. Im Folgenden wird in den Anmerkungen erläutert, wo die Protokolle Lindenbergs von der Vorlage abweichen. Zudem werden von Lindenberg aufgezeichnete wichtige Zitate Brandts aus dem Vier-Augen-Gespräch wiedergegeben.

2   Brandt traf seinem Terminkalender zufolge Bundeskanzler Kohl am 11. Oktober 1989. Über den Inhalt des Gespräches gibt es im WBA keine Aufzeichnungen.

3   Gorbatschow besuchte Ost-Berlin am 6./7. Oktober 1989. Seine Rede beim Festakt zum 40. Gründungstag der DDR am 7. Oktober 1989 ist abgedruckt in: *Neues Deutschland* vom 9. Oktober 1989. Zur Bundesrepublik führte er u. a. aus: „Und in der BRD kommen in der letzten Zeit Stimmen auf, die die Wiederherstellung Deutschlands in den Grenzen von 1937 fordern, und auch das polnische Schlesien kommt wieder zur Sprache. [...] Gerade die realistische Linie hat es erlaubt, unsere Beziehungen mit der BRD zum beiderseitigen Nutzen und zur beiderseitigen Zufriedenheit weit voranzubringen, eine Reihe von für beide Länder vorteilhaften Abkommen zu schließen.

Man möchte hoffen, daß diese Herangehensweise auch weiterhin überwiegen wird. [...] Wir sind optimistisch in bezug auf die Perspektiven der Entwicklung der Lage in Europa und der Welt. Die Gespräche mit dem Präsidenten von Frankreich, François Mitterrand, dem Premierminister von Großbritannien, Margaret Thatcher, dem Bundeskanzler der BRD, Helmut Kohl, und anderen Politikern haben mich darin noch bestärkt."

4 Presseberichten zufolge äußerte sich Gorbatschow in Ost-Berlin zur Lage in der DDR zurückhaltend und ermunterte die dortige Führung indirekt zu Reformen. Vgl. *die tageszeitung* vom 9. Oktober 1989; *Der Spiegel*, Nr. 41 vom 9. Oktober 1989, und *Die Zeit*, Nr. 42 vom 13. Oktober 1989.

5 Diese Aussage Brandts lässt sich in der deutschen Überlieferung nicht nachweisen. Vgl. Anm. 1.

6 Weggelassen werden hier Ausführungen Gorbatschows zum Potenzial des Sozialismus.

7 Brandt berichtet im Folgenden ausführlich über die Verabschiedung des neuen Grundsatzprogramms der SI im Juni 1989 und die weitere Zusammenarbeit der Internationale mit der KPdSU. Zudem spricht er die Gründung einer internationalen Zeitschrift für Probleme des Sozialismus an und bittet Gorbatschow um einen Beitrag zur ersten Ausgabe.

8 Gorbatschow begrüßt Brandts Angebot zur Zusammenarbeit mit der SI und kündigt an, die KPdSU werde beim nächsten Parteitag 1990, zu dem er eine SI-Delegation einladen wolle, ein neues Programmdokument zur Gestalt der erneuerten sozialistischen Gesellschaft vorlegen.

9 Der Streit um die Haltung zum Krieg war 1914 der Auslöser für die Spaltung der marxistisch orientierten Arbeiterbewegung in einen sozialdemokratischen und in einen kommunistischen Zweig.

10 Vgl. Nr. 43.

11 Gorbatschow erklärt, dass er darüber nachdenken müsse, ob er den gewünschten Artikel für eine internationale Zeitschrift schreiben werde. Vgl. Anm. 4.

12 Gorbatschow traf Kohl am 12. und am 13. Juni 1989 in Bonn zu drei Gesprächen, Mitterrand beim Staatsbesuch in Paris vom 4. – 6. Juli 1989 und Margaret Thatcher am 23. September 1989 in Moskau. Die deutschen Vermerke über die Unterredungen mit dem Bundeskanzler sind abgedruckt in: Dokumente zur Deutschlandpolitik 1989/90, S. 276–299 (Nr. 2). Dort heißt es auf S. 283 aus dem Munde Gorbatschows: „Es handle sich um sehr sensible Prozesse. Man müsse wissen, daß große Wirkungen ausgelöst würden, wenn jetzt jemand von außen mit einem Stock in diesem aufgewühlten Ameisenhaufen herumwühlen würde." Zum Treffen mit Mitterrand vgl. *Schabert, Tilo:* Wie Weltgeschichte gemacht wird. Frankreich und die deutsche Einheit, Stuttgart 2002, S. 375 f., und *Bozo, Frédéric:* Mitterrand, la fin de la guerre froide et l'unification allemande. De Yalta à Maastricht, Paris 2005, S. 60–63. Über ihren Besuch in Moskau berichtet Thatcher in ihren Memoiren: Downing Street No. 10. Die Erinnerungen, Düsseldorf 1993, S. 1096 f.

13 Gorbatschow dankt den Sozialdemokraten und der SI für ihre Solidarität und ihr Verständnis für die sowjetische Reformpolitik.

14 Hier nicht abgedruckt wird ein detaillierter Bericht zum Stand der Perestroika und den damit verbundenen großen ökonomischen und politischen Schwierigkeiten.

15 Diese Passage wurde von Lindenberg nicht protokolliert.

16 Weggelassen wird ein Hinweis auf einen Telefonanruf Ryschkows, der, so berichtet Gorbatschow, mitteilte, dass es bei der gleichzeitig laufenden Sitzung des Obersten Sowjets großen Streit um das Eigentumsgesetz gebe.

17 Camus, Albert: Der Mythos des Sisyphos, Reinbek 2004, S. 160. Die französische Erstausgabe erschien 1942.

18 Herakles steht für gewaltige Kräfte.

19 In Lindenbergs Protokoll über das Vier-Augen-Gespräch heißt es an dieser Stelle: „Er habe den Genossen in Berlin (DDR) gesagt: ‚Wenn wir Ihre [!] Probleme hätten, würde ich sagen: Das Leben selbst gibt Euch Signale. Diese muß man aufnehmen, richtig einschätzen und in Politik umsetzen.'"

20 Am 11. September 1989 erklärte Kohl vor dem CDU-Bundesparteitag in Bremen, dass die Teilung Deutschlands widernatürlich sei. Eine Anerkennung der DDR-Staatsbürgerschaft lehnte er ab. Vgl. Dokumente zur Deutschlandpolitik 1989/90, S. 426, Anm. 4.

21 „Es scheint, als würden die Reformen in der Sowjetunion und anderen sozialistischen Ländern einige Politiker dazu verführen, diese oder jene ihrer alten Ansprüche wieder geltend zu machen. Es ging so weit, sogar eine zweifelhafte Interpretation der im Juni [1989] in Bonn unterzeichneten sowjetisch-westdeutschen Erklärung zu geben." *Neues Deutschland*, 9. Oktober 1989.

22 Bundeskanzler Kohl rief Gorbatschow am 11. Oktober 1989 an. Der zusammenfassende deutsche Vermerk notiert: „Der Bundeskanzler teilt dem Präsidenten mit, es liege nicht im Interesse der Bundesrepublik Deutschland, daß die Entwicklung in der DDR außer Kontrolle gerate. Unser Interesse sei vielmehr, daß die DDR sich dem Kurs Gorbatschows anschließe und daß die Menschen dort blieben." Vgl. Dokumente zur Deutschlandpolitik: 1989/90, S. 449 f.

23 Margaret Thatcher führte mit Gorbatschow am 23. September 1989 „ein offenes Gespräch zum Thema Deutschland. Ich erklärte ihm, daß uns in der NATO diese Aussicht nun doch recht bedenklich stimmte – obwohl wir uns aus Tradition zur deutschen Wiedervereinigung bekannten. Dies, fügte ich hinzu, sei nicht nur meine Meinung, sondern ich hätte die Frage auch mit einem anderen westlichen Spitzenpolitiker diskutiert – womit ich Präsident Mitterrand meinte, den ich allerdings nicht namentlich nannte. Gorbatschow bestätigte, auch die Sowjetunion wünsche keine deutsche Wiedervereinigung." *Thatcher* 1993, S. 1097.

24 Lindenberg zitiert Gorbatschow mit den Worten: „Wir beide stehen schon lange auf der Basis realistischer Politik, was Europa rettet, ein integriertes Europa. Das Leben wird zeigen, was für ein Europa zustande kommt."

25 In Lindenbergs Protokoll fehlen Angaben, von wem diese Botschaft stammte und wer sie Brandt überbrachte.

26 Brandt meint die DDR-Bürger, die vermittels der Besetzung der bundesrepublikanischen Botschaften in Prag und Warschau sowie über die nun offene ungarische Westgrenze ausreisen konnten.

27 Bei Lindenberg heißt es an dieser Stelle: „Zum Thema DDR: es mache uns keinen Spaß, daß so viele junge Leute kommen, und zwar nicht aus materiellen Gründen, sondern weil sie als mündige Menschen nicht ernstgenommen würden. In der Diskussion mit Studenten aus der DDR am Vortag in der Lomonossow-Universität habe er gesagt, daß die ihn interessieren, die nicht weggehen, sondern die bleiben. Er habe an Selbstbewußtsein appelliert. Die jetzige Krise könne eine Selbstidentität der DDR bringen. Aber man müsse

bald etwas unternehmen. Der Dialog mit gesellschaftlichen Gruppen, nicht nur mit den Blockparteien, sei notwendig."

28 Im Gespräch mit dem *Spiegel* erläuterte Brandt dies wenige Tage später: „Nach der Gorbatschow-Rede in Ost-Berlin hat der Sprecher des sowjetischen Außenministeriums Gerassimow dem Sinne nach gesagt: Vergeßt bitte nicht, daß es in bezug auf die DDR auch noch einen strategischen Faktor gibt. Damit hat er gemeint, daß es in der DDR – anders als in Polen und Ungarn – noch sowjetische Divisionen mit etwa 400.000 Mann gibt." *Der Spiegel* Nr. 43 vom 23. Oktober 1989, S. 25. Vgl. auch Nr. 55.

29 In Lindenbergs Protokoll wird Brandts Erläuterung dazu wie folgt festgehalten: „Man müsse dies deutlich sagen, daß diese Präsenz im Verhältnis der beiden Großen wichtig sei, wenngleich sie in Zukunft etwas weniger werden könnte."

30 Lindenberg protokollierte diese Passage wie folgt:
„W[illy] B[randt]: [...] Vielleicht könnte sich daraus für die beiden deutschen Staaten ein kleines gemeinsames Dach ergeben – was etwas anderes wäre als Wiedervereinigung. G[orbatschow]: ‚Wir wollen darüber nachdenken.'
W. B.: ‚Deshalb habe ich es gesagt. Ich bitte darum.'
G.: ‚Ich stelle fest, daß es eine gewisse Übereinstimmung gibt. Wir verbinden es mit der weiteren Entwicklung in Europa.'
W. B.: ‚Er sei gegen das Wort Wiedervereinigung. Man wolle sie nicht; und es gehe auch nicht. Etwas Phantasie müsse man auch der Geschichte überlassen."

31 Todenhöfer verlangte von den Empfängern seines Schreibens die sofortige Wiedervereinigung Deutschlands. Vgl. http://www.chronik-der-mauer.de/index.php/de/Media/TextPopup/id/593084/month/November/oldAction/Detail/oldModule/Chronical/year/1989 (9. Juli 2008).

32 Lindenberg protokolliert diesen Satz Brandts mit den Worten: „Dies alles sei kein großes Problem; er erwähne es der Offenheit wegen."

33 Das Schreiben der SDP in der DDR an die SI vom 7. Oktober 1989 mit dem Betreff: „Antrag auf Aufnahme in die Sozialistische Internationale" liegt in: AdsD, WBA, A 13, 140c.

34 Etwas abweichend davon heißt es in der Überlieferung durch Lindenberg: „Er habe in seiner Eigenschaft als SI-Präsident einen Brief erhalten. Nicht die SPD sei der Adressat. Er erwäge, einen schwedischen Genossen zu bitten, Kontakt aufzunehmen."

35 Nach Lindenbergs Protokoll sagte Gorbatschow: „Wir und Sie müssen ganz behutsam und zurückhaltend sein, um den Prozeß nicht zu stören.' Die nächste Zukunft werde zeigen, was kommen wird. Es werden ernstzunehmende Prozesse sein."

36 In den drei baltischen Republiken gab es Bestrebungen, sich von der Sowjetunion zu lösen.

37 Der Präsident und der Außenminister Finnlands.

38 Josef Krings.

39 Lindenberg protokollierte diese Sätze Brandts und eine Bestätigung Gorbatschows wie folgt:
„W. B.: [...] Man spiele mit dem Feuer, wenn man dort die Gemeinschaft mit der Sowjetunion anschneide.
G.: ‚Genau so ist es. Ich sage das offen.' W. B.: Unterhalb der politischen Unabhängigkeit werde es wohl viele Formen von Eigenständigkeit geben."

40 Dieses Dokument war nicht auffindbar; womöglich wurde es angesichts der rasanten Veränderungen in Osteuropa nie verfasst.

Nr. 55
1 Vgl. Nr. 54.
2 Egon Krenz hatte am 18. Oktober 1989 Erich Honecker als SED-Generalsekretär abgelöst.
3 Während eines Besuchs in Saarbrücken am 7./8. Juni 1989 hatte Krenz die blutige Niederschlagung der Studentenproteste verteidigt und erklärt, „in Peking sei nur ‚etwas getan worden, was die Ordnung wiederherstellt'". *Der Spiegel*, Nr. 24 vom 12. Juni 1989, S. 27.
4 Am 13. Oktober 1989 hatte Krenz gegenüber Honecker durchsetzen können, dass der Einsatz von Schusswaffen gegen Demonstranten untersagt wurde. Vgl. *Hertle, Hans-Hermann/Stephan, Gerd-Rüdiger*: Die letzten Tage des Zentralkomitees der SED. Einführung und historischer Rückblick, in: *Dies.* (Hrsg.): Das Ende der SED. Die letzten Tage des Zentralkomitees, Berlin 1997, S. 20–100, hier: S. 51. Vgl. auch *Krenz, Egon*: Herbst '89, Berlin 1999, S. 106 f.
5 In der hier weggelassenen Passage fordert Brandt, dass die Massenmedien der DDR wahrheitsgemäß berichten müssen.
6 Krenz' Fernsehansprache war identisch mit seiner Rede vor dem ZK der SED am 18. Oktober 1989. Vgl. *Krenz* 1999, S. 133. Der Wortlaut in: *Hertle/Stephan* 1997, S. 106–119.
7 *Presseservice der SPD*, Nr. 647/89 vom 13. Oktober 1989.
8 Tisch besuchte Mitte September den DGB. Fragen zur Massenflucht aus der DDR wich er aus. Vgl. *die tageszeitung* vom 14. September 1989: „DDR-Tisch gab sich spröde". Einen Monat später reagierte Tisch in der FDGB-Zeitung *Tribüne* auf kritische Fragen von Mitgliedern der DDR-Gewerkschaft. Vgl. *die tageszeitung* vom 14. Oktober 1989: „In der DDR beginnt's Gezerre um den Dialog".

9 Wie andere Oppositionelle hatte Bohley Anfang Februar 1988 die DDR verlassen müssen, konnte aber nach einem halben Jahr wieder einreisen. Am 23. Februar 1988 war sie mit Brandt in Bonn zusammengetroffen. Anschließend schrieb sie ihm, „das vorgestrige Gespräch mit Ihnen hat mir den Glauben zurückgegeben, daß überall Menschen zu finden sind, die Mitgefühl und ein großes Herz haben." AdsD, WBA, A 10.1 (Büroleiter K. Lindenberg), 7.
10 Im Auftrag von Willy Brandt antwortete sein Büroleiter Klaus Lindenberg am 19. Oktober 1989 im geschilderten Sinn auf den Aufnahmeantrag der SDP vom 7. Oktober. Der Briefwechsel in: AdsD, WBA, A 13, 140c.
11 Brandt äußert sich zur strategischen Bedeutung der sowjetischen Truppen in der DDR.
12 „Wien" meint die dort seit dem 9. März 1989 laufenden Verhandlungen über Reduzierung von konventionellen Streitkräften in Europa, die 1990 zu einem Abkommen führten.
13 Brandt äußert sich zur Zukunft der Europäischen Gemeinschaft.
14 Falins Äußerung konnte nicht nachgewiesen werden.
15 Die Rede ist im Wortlaut abgedruckt in: *Brandt* 1993, S. 22–32. Brandt sagte u. a.: „Auf die beiden Teile Deutschlands bezogen: Meine Landsleute, in ihrer erdrückenden Mehrheit, wollen nichts, was die Verwirklichung der Europäischen Friedensordnung gefährden könnte. Aber sie meinen auch, daß sich das Recht auf die Selbstbestimmung mündiger Bürger und auf nationalen Zusammenhalt hiermit vereinbaren lassen können muß. Dies mache ich mir ausdrücklich zu eigen." Ebd., S. 31.
16 Brandt erinnert an die Politik der kleinen Schritte, die 1963 mit dem Berliner

Passierscheinabkommen begann. Vgl. hierzu Berliner Ausgabe, Bd. 3, Nr. 93.

17 Mit „Status-Mächte[n]" meint Brandt die vier Alliierten.

18 Die USA und die Sowjetunion.

19 Brandt äußert sich zu den Möglichkeiten einer institutionalisierten Zusammenarbeit von Ost- und Westeuropa in den Bereichen Sicherheit, Umwelt und Wirtschaft.

20 Der französische Staatspräsident Charles de Gaulle definierte Europa häufig als „vom Atlantik bis zum Ural" reichend.

21 Eine kurze Bemerkung zur Größe Sibiriens wurde weggelassen.

22 Richard von Weizsäcker am 20. Januar 1989 bei der Feier aus Anlass von Brandts 75. Geburtstag, veröffentlicht in: Macht und Moral. Willy Brandt zum 75. Geburtstag, hrsg. von *Johannes Gross*, Frankfurt/Main 1989, S. 16.

23 Brandt hält die Kommentierung einer anerkennenden Äußerung des Bundespräsidenten für gewagt.

Nr. 56

1 Für den Tonmitschnitt ist keine Signatur vergeben worden. Die von der Bundeskanzler-Willy-Brandt-Stiftung angefertigte Transkription wurde bereits veröffentlicht in: *Garton Ash* 2001 (Bundeskanzler-Willy-Brandt-Stiftung, Schriftenreihe, Heft 8), S. 31–41. Dort befinden sich auch weitere Hinweise zur Überlieferung des Redetextes.

2 Eberhard Diepgen (CDU) hatte dort erklärt: „Nichts wird – so hoffe ich – sein, wie es war." Abgeordnetenhaus von Berlin, 11. Wahlperiode, Plenarprotokoll, 17. Sitzung, 10. November 1989, S. 780.

3 In seinen Erinnerungen, die im September 1989 erschienen waren, schrieb Brandt: „Und Berlin? Und die Mauer? Die Stadt wird leben, und die Mauer wird fallen." *Brandt, Willy:* Erinnerungen, Frankfurt/Main 1989, S. 495.

4 Die Rede ist abgedruckt in: *Brandt, Willy:* Mit Herz und Hand. Ein Mann in der Bewährung, Hannover 1962, S. 155–163.

5 Am 2./3. Dezember 1989 trafen sich Bush und Gorbatschow im Hafen von Valetta (Malta) an Bord der „Maxim Gorki".

6 Vgl. hierzu Berliner Ausgabe, Bd. 3, Nr. 93. Nicht schon am 18. Dezember, sondern ab dem 19. Dezember 1963 konnten die West-Berliner ihre Verwandten im Ostteil besuchen. Am 50. Geburtstag Brandts begann die Frist zur Antragstellung.

7 Vgl. Berliner Ausgabe, Bd. 6, S. 62 f.

8 Die Konferenz über Sicherheit und Zusammenarbeit in Europa (KSZE) 1973–1975.

9 Unmittelbar vor Brandts Auftritt hatte Walter Momper in seiner Rede erklärt: „Viele Menschen überlegen sich, die DDR zu verlassen. Ich bitte diese Menschen, jetzt zu prüfen, ob sie nicht doch mehr Vertrauen in den Prozeß der Erneuerung und den Prozeß der Reformen in der DDR haben können, ob sie nicht gebraucht werden beim demokratischen Aufbau in der DDR." „Wir Deutschen sind jetzt das glücklichste Volk auf der Welt." Die Reden am 10. November 1989 vor dem Rathaus Schöneberg. Dokumentation Berlin, hrsg. von der Senatskanzlei Berlin, Berlin o. J., S. 4.

Nr. 57

1 Am Ende der Vorlage ist vermerkt: „(Text wurde mündlich am 10. 11. um 20.53 Uhr durch Botschafter Kwizinsky an Klaus Lindenberg übermittelt.)" Die in Klammern gesetzten Fragezeichen wurden offenbar bei der Niederschrift der Mitteilung von Brandts Büroleiter eingefügt. *Der Spiegel* berichtete hingegen von einer schriftlichen

„Depesche", die Brandt in einem Berliner Hotel übergeben worden sei; vgl. „Der macht auch was", in: *Der Spiegel*, Nr. 47 vom 20. November 1989, S. 133–135, hier: S. 133.

2   Die Kundgebung vor dem Schöneberger Rathaus war zum Zeitpunkt der Übermittlung der Botschaft bereits beendet. Vgl. Nr. 56. Am selben Tag waren zudem etwa 60.000 Menschen einem Aufruf der SED-Bezirksleitung gefolgt und hatten sich im Lustgarten in Ost-Berlin versammelt. Dort sprachen 15 Redner, ohne Zensur der Partei. Vgl. „Avantgarde oder verlorenes Häufchen?", in: *die tageszeitung* vom 13. November 1989.

3   Die Botschaft Gorbatschows an Kohl, die diesen während der Kundgebung erreichte, ist abgedruckt in: Dokumente zur Deutschlandpolitik 1989/90, S. 504 f. (Nr. 80).

Nr. 58

1   Vgl. Nr. 57.
2   Hs. unterzeichnet.

Nr. 59

1   Vogel schildert seine Eindrücke in Berlin.
2   Zu diesem Vorschlag vgl. *Presseservice der SPD*, Nr. 701/89 vom 10. November 1989.
3   Bei den Demonstrationen am 9. und am 16. Oktober 1989 in Leipzig stellten Kräfte der Volkspolizei das größte Kontingent. NVA-Einheiten warteten am 9. Oktober jedoch in den Außenbezirken Leipzigs auf eine mögliche Verwendung. Der Einsatzplan sah einen Schießbefehl nicht vor, doch streute die Staatssicherheit gezielt das Gerücht, es werde scharf geschossen werden, sollte die Demonstration zustande kommen. Angesichts der mit 70.000 Menschen alle Erwartungen übertreffenden Beteiligung erklärten die örtlichen Befehlshaber die geplante Auflösung der Demonstration für undurchführbar. Vgl. *Jankowski, Martin:* Sieg ohne Helden – eine vergessene Revolution. Der Volksaufstand vom 9. Oktober 1989, in: Deutschland Archiv 41 (2008) 5, S. 820–825. Der Einsatzbefehl für den 16. Oktober, den Egon Krenz und Fritz Streletz (Sekretär des Nationalen Verteidigungsrates der DDR) am 13. Oktober 1989 Erich Honecker vorgelegt hatten, sah zwar vor, das Entstehen der Demonstration zu verhindern. Sollte dies misslingen, durfte dennoch auf keinen Fall von der Schusswaffe Gebrauch gemacht werden. Vgl. *Hertle, Hans-Hermann:* Der Fall der Mauer. Die unbeabsichtigte Selbstauflösung des SED-Staates, Opladen 1996, S. 129. Krenz zufolge hatte Honecker ein härteres Vorgehen verlangt und den Befehl erst nach einer längeren Diskussion unterschrieben. Vgl. *Krenz* 1999, S. 107.

4   Unter Berufung auf ein Interview mit Valentin Falin im Jahre 1999 schreibt einer der ehemaligen Mitarbeiter Gorbatschows, der sowjetische Staats- und Parteichef habe Honecker bereits im Sommer 1989 in Moskau erklärt, dass es im Falle von inneren Schwierigkeiten in der DDR keine Unterstützung durch den Kreml geben werde und insbesondere kein Eingreifen der Roten Armee. Vgl. *Grachev* 2008, S. 137.

5   Vgl. Nr. 57.
6   Im Anschluss ergriff Hans-Jochen Vogel erneut das Wort.

Nr. 60

1   Vgl. Verhandlungen des Deutschen Bundestages, Stenographische Berichte, 11. Wahlperiode, 28. November 1989, S. 13510–13514.

2   Die SPD-Fraktion brachte am folgenden Tag einen Entschließungsantrag ein, in dem sie Kohls zehn Punkte begrüßte. Sie forderte jedoch zusätzlich, die polnische Westgrenze anzuerkennen und auf die Modernisierung vorhandener sowie die Stationierung neuer atomarer Kurzstreckenraketen in der Bundesrepublik zu verzichten. Vgl. Deutscher Bundestag, 11. Wahlperiode, Drucksache 11/5933 vom 30. November 1989.
3   Gemeint ist Kohls Zehn-Punkte-Plan.
4   An dieser Stelle der Tonaufzeichnung sind ein oder zwei Wörter Brandts nicht zu verstehen.
5   Laut Brandts Terminkalender hatte er sich mit dem Evangelischen Bischof Gottfried Forck getroffen. Siehe AdsD, WBA, A 1, 242.
6   Gemeint ist der Deutsche Bund 1815–1866.

Nr. 61

1   Die Bearbeiter haben die publizierte Rede mit dem Tonmitschnitt im Wortarchiv des NDR Schwerin (Archivnummer S009434) verglichen. Sofern die gedruckte Fassung davon abwich, wurden die Ergänzungen bzw. Korrekturen übernommen und kenntlich gemacht. Die Hinweise auf Beifall etc. stammen aus dem Transkript des NDR-Archivs, wurden aber mit der Audiofassung verglichen. Wir danken dem Archiv des NDR Schwerin für eine Kopie des Tonmitschnitts. Die Rede wurde auch publiziert in: Brandt, Willy: „...was zusammengehört". Reden zu Deutschland, Bonn 1990, S. 55–61. Die zweite, völlig überarbeitete und erweiterte Auflage, die 1993 erschien, trug den leicht abweichenden Untertitel „Über Deutschland". Dort ist die Rede auf den Seiten 49–56 zu finden. Diese Fassung unterscheidet sich an einigen Stellen von der hier zugrunde liegenden älteren Publikation und der Tonaufzeichnung.
2   Fehlt in der Druckfassung.
3   Vgl. Einleitung und Nr. 56.
4   Am 1./2. Dezember 1989 nahm Willy Brandt am Symposium der Zeit „Ende des Kommunismus – und was nun?" teil. Am zweiten Tag diskutierte er u. a. mit dem Chefredakteur von Le Monde, André Fontaine. Siehe die Unterlagen zum Symposium in: AdsD, WBA, A 3, 1059.
5   In der Druckfassung: „wenn's".
6   Fehlt in der Druckfassung.
7   Am 5. Dezember 1989 traf Kanzleramtsminister Rudolf Seiters in Ost-Berlin mit DDR-Ministerpräsident Hans Modrow zusammen. Sie vereinbarten die Abschaffung von Mindestumtausch und Visumpflicht für Bundesbürger bei Reisen in die DDR ab dem 1. Januar 1990. Zugleich wurde beschlossen, für eine Übergangszeit von zwei Jahren einen Devisenfonds einzurichten, aus dem jeder DDR-Bürger für Reisen in die Bundesrepublik pro Jahr bis zu 200 DM im Umtausch gegen Mark der DDR erhalten konnte. Drei Viertel der dafür benötigten 2,9 Milliarden DM brachte die Bundesrepublik auf. Vgl. Jäger, Wolfgang: Die Überwindung der Teilung. Der innerdeutsche Prozeß der Vereinigung 1989/90 (= Geschichte der deutschen Einheit, Band 3), Stuttgart 1998, S. 78 f.
8   Fehlt in der Druckfassung.
9   Die Diskussion fand im Rahmen der Sendung „Kennzeichen D" des ZDF statt. Siehe den Eintrag in Brandts Terminkalender in: AdsD, WBA, A 1, 240. Weitere Unterlagen hierzu sind im WBA nicht überliefert.
10   Das Spiel in der 3. Runde des UEFA-Pokals endete 5:1 für Werder Bremen.
11   Vgl. Brandt, Willy: Links und frei. Mein Weg 1930–1950, Hamburg 1982, S. 172.
12   Brandt formulierte: „das".
13   Fehlt in der Druckfassung.

14 Vgl. Berliner Ausgabe, Band 3, S. 60 f., und Dokument Nr. 93.
15 Fehlt in der Druckfassung.
16 Zu den erwähnten Verträgen vgl. Berliner Ausgabe, Bd. 6.
17 Fehlt in der Druckfassung.
18 Brandt meint die Konferenz über Sicherheit und Zusammenarbeit in Europa (KSZE), die am 1. August 1975 mit der Unterzeichnung der Schlussakte zu Ende ging.
19 Gaucks Begrüßungsworte sind abgedruckt in: Willy Brandt in Rostock. Hrsg. von der Sozialdemokratischen Partei Deutschlands in der DDR, Rostock o. J., S. 6.
20 Am 7. Dezember 1989 war in Berlin erstmals der Runde Tisch zusammengekommen. In einer Art Ersatzparlament verhandelten die DDR-Oppositionsgruppen, die allesamt nicht in der Volkskammer vertreten waren, und die SED, die Blockparteien sowie der FDGB gleichberechtigt miteinander. Schon in der Nacht zum 8. Dezember 1989 hatte der Runde Tisch beschlossen, dass am 6. Mai 1990 freie Volkskammerwahlen abgehalten werden sollten. Vgl. *Jäger* 1998, S. 369–372. Später wurden diese Wahlen auf den 18. März 1990 vorverlegt.
21 Brandt meint die Zwangsvereinigung von SPD und KPD in der Sowjetischen Besatzungszone zur SED am 22. April 1946. Zu seiner Reaktion 1946 vgl. Berliner Ausgabe, Bd. 2, S. 43 f. sowie Dokumente Nr. 18 und 20.
22 Die Entschließung der SPD Rostock vom 6. Januar 1946 ist abgedruckt in: *Malycha, Andreas:* Auf dem Weg zur SED. Die Sozialdemokratie und die Bildung einer Einheitspartei in den Ländern der SBZ. Eine Quellenedition, Bonn 1996, S. 255. Darin lehnten die Rostocker Sozialdemokraten die spätere „Verschmelzung der Arbeiterparteien" nicht grundsätzlich ab, doch könne sie nur durch vorherige „ehrliche und vertrauensvolle enge Zusammenarbeit" und auf dem Wege einer Urabstimmung in ganz Deutschland erfolgen. Zuvor müssten „reichseinheitliche Parteien der Sozialdemokratie und der Kommunistischen Partei" entstehen.
23 Zu Jesse und Beese vgl. Der Freiheit verpflichtet. Gedenkbuch der deutschen Sozialdemokratie im 20. Jahrhundert, hrsg. vom Vorstand der Sozialdemokratischen Partei Deutschlands, Marburg 2000, S. 32 f. und 158 f.
24 Am 17. November 1989 hatte Ministerpräsident Modrow in seiner ersten Regierungserklärung eine „Vertragsgemeinschaft" zwischen beiden deutschen Staaten vorgeschlagen als Alternative zu den „ebenso unrealistischen wie gefährlichen Spekulationen über eine Wiedervereinigung". Zit. bei *Winkler* 2000, Bd. 2, S. 521 f. Vgl. auch Einleitung.
25 Brandt betont den ersten Wortteil: „Wieder". In *Brandt* 1990 (Reden): „*Wieder*vereinigung".
26 Zu Brandts Kritik am Begriff „Wiedervereinigung" vgl. die Einleitung und insbesondere Nr. 14, 16, 47, 54 sowie 72.
27 Fehlt in der Druckfassung.
28 In der Druckfassung: „ Sie können 200 Mark".
29 Zur Vereinbarung über den Umtauschkurs für in die Bundesrepublik reisende DDR-Bürger vgl. Anm. 13 sowie *Grosser* 1998, S. 139 f.
30 Fehlt in der Druckfassung.
31 Druckfassung: „da".
32 Druckfassung: „eingelöst wird".
33 Druckfassung: „ rückwirkend".
34 Brandt spielt auf den Bericht einer Volkskammerkommission über Amtsmissbrauch und auf die innerparteilichen Maßnahmen der SED gegen frühere Spitzenfunktionäre der Partei an. So wurde am 23. November 1989 das frühere Politbüro-

Mitglied Günter Mittag ausgeschlossen und gegen Erich Honecker ein Parteiverfahren eröffnet. Vgl. *Winkler* 2000, Bd. 2, S. 528 sowie *Jäger* 1998, S. 73.

35 Brandt meint die DDR-Hymne, die seit den siebziger Jahren nur noch instrumental aufgeführt wurde, da im Text der Passus „Deutschland, einig Vaterland" vorkam.

36 Brandt betont das Wort „Freiheit".

Nr. 62

1 Die Fragen stellten die Bonner Korrespondenten David Marsh (*Financial Times*, London), Luc Rosenzweig (*Le Monde*, Paris) und Martin E. Süskind (*Süddeutsche Zeitung*).

2 Das Gespräch fand am 29. November 1989 statt. Vgl. Nr. 60.

3 „Fünftens. Wir sind aber auch bereit, noch einen entscheidenden Schritt weiterzugehen, nämlich konföderative Strukturen zwischen beiden Staaten in Deutschland zu entwickeln mit dem Ziel, eine Föderation, d. h. eine bundesstaatliche Ordnung, in Deutschland zu schaffen", hieß es in Bundeskanzler Kohls Zehn-Punkte-Plan. Vgl. Deutscher Bundestag, Stenographische Berichte, 11. Wahlperiode, 28. November 1989, S. 13512.

4 Modrow formulierte in seiner Regierungserklärung vom 17. November 1989: „Wir sind dafür, die Verantwortungsgemeinschaft beider deutscher Staaten durch eine Vertragsgemeinschaft zu untersetzen, die weit über den Grundlagenvertrag und die bislang geschlossenen Verträge und Abkommen zwischen beiden Staaten hinausgeht." Vgl. *Neues Deutschland* vom 18./19. November 1989.

5 Unklar bleibt, ob Brandt diesen Satz nach der nun folgenden unvollständigen Frage fortsetzt.

6 Brandt sagte dort: „Verantwortungsvolle und geschichtsbewußte Deutsche dürfen sich nicht zu nationalistischem Verhalten mißbrauchen lassen." Protokoll vom Programm-Parteitag [der SPD], Berlin, 18.–20. 12. 1989, Bonn 1990, S. 131.

7 Abgedruckt in: Ebd., S. 539–545.

8 Vermutlich ist dies ein Versprecher von Brandt oder ein Transkriptionsfehler; es muss wohl „Generationen" heißen.

9 Vgl. Nr. 22, Anm. 6.

10 Brandt bezieht sich auf ein Interview Modrows in: *Der Spiegel*, Nr. 49 vom 4. Dezember 1989, S. 34–53, hier: S. 46.

11 Die zunächst für den 6. Mai 1990 geplanten Volkskammerwahlen fanden bereits am 18. März 1990 statt.

12 Am 3. Dezember 1989 waren der ehemalige FGDB-Vorsitzende Harry Tisch und das abgelöste SED-Politbüromitglied Günter Mittag verhaftet worden, am 8. Dezember der frühere Chef der Staatssicherheit, Erich Mielke, Ex-Ministerpräsident Willi Stoph sowie die abgewählten Politbüromitglieder Günther Kleiber und Werner Krolikowski.

13 Am 16./17. Dezember 1989 benannte sich die SED auf einem Sonderparteitag in Sozialistische Einheitspartei Deutschlands – Partei des Demokratischen Sozialismus (SED-PDS) um. Anfang Februar 1990 trennte sich die Partei vom Namensbestandteil SED.

14 Die „Ungarische Sozialistische Arbeiterpartei" nahm im Oktober 1989 den Namen „Ungarische Sozialistische Partei" an. In Polen löste sich die kommunistische PVAP im Januar 1990 auf, woraufhin sich zwei sozialdemokratisch orientierte Parteien gründeten. Die KPČ wurde 1990 in eine Föderation umgewandelt, der die neu entstandenen kommunistischen Parteien Tschechiens und der Slowakei angehörten. Die slowakische KP benannte sich später in „Partei der demokratischen Linken" um.

15 Anm. 11.

16 Diese Oppositionsbewegung war am 10. September 1989 in der DDR gegründet worden. Nach einer Abspaltung schloss sich das „Neue Forum" im Februar 1990 mit anderen Bürgerbewegungen zum „Bündnis 90" zusammen, das bei der Volkskammerwahl 1990 2,9 % der Stimmen erhielt und sich später mit der Partei „Die Grünen" vereinigte.
17 Die oppositionelle Gruppierung „Demokratischer Aufbruch" (DA) bestand seit Oktober 1989, gründete sich jedoch erst am 16./17. Dezember 1989 als Partei. Bei der Volkskammerwahl 1990 ging der DA mit CDU und DSU das Wahlbündnis „Allianz für Deutschland" ein, erreichte selbst aber nur 0,9 % der Stimmen. Im August 1990 fusionierte die Partei mit der CDU.
18 Volker Rühe (CDU) hatte diese Formulierung am 5. September 1989 im Bundestag verwendet. Vgl. Deutscher Bundestag, Stenographische Berichte, 11. Wahlperiode, S. 11730.
19 Brandt meint Alexander Schalck-Golodkowski, der zum Zeitpunkt des Gespräches nach seiner Flucht aus der DDR in der Bundesrepublik in Untersuchungshaft saß und beste Kontakte zu Franz Josef Strauß unterhalten hatte.
20 Zum Inhalt des Botschaftertreffens vgl. Dokumente zur Deutschlandpolitik 1989/90, S. 641 f. (Nr. 121).
21 Brandt spielt damit auf die bedeutende Rolle evangelischer Geistlicher beim Umbruch in der DDR an, während in Polen die katholische Kirche eine wichtige Rolle in der Opposition gegen das kommunistische Regime eingenommen hatte.
22 Helsinki meint die Konferenz über Sicherheit und Zusammenarbeit in Europa in der finnischen Hauptstadt von 1973–1975.
23 Am 5. Dezember 1989 war Bundesaußenminister Genscher in Moskau mit seinem sowjetischen Amtskollegen und KPdSU-Generalsekretär Gorbatschow zusammengetroffen. Die Kreml-Führung äußerte Sorge über die Sicherheit ihrer Soldaten in der DDR. Schon jetzt würden Offiziersfrauen beschimpft und sei es zu Übergriffen gegen Armeeeinrichtungen gekommen. Vgl. „Die Siegermächte warnen Bonn", in: *Der Spiegel*, Nr. 50 vom 11. Dezember 1989, S. 16 f. Dort wird Gorbatschow als Urheber der Formulierung genannt.
24 Brandt bezieht sich auf die Montagsdemonstration an jenem Tag. Für seine Annahme, sowjetische Offiziere hätten am 9. Oktober 1989 in Leipzig ein Blutbad verhindert, gibt es keinen dokumentarischen Nachweis. Hans-Hermann Hertle zufolge waren die ursprünglich zur Auflösung der Demonstration entschlossenen DDR-Sicherheitskräfte von der unerwartet hohen Beteiligung – ca. 70.000 Menschen – derart überwältigt, dass sie sich auf Selbstverteidigung beschränkten, die aber angesichts der Gewaltlosigkeit des Protestes nicht erforderlich wurde. Vgl. *Hertle* 1996, S. 114–117. Zwar berichtet der damalige Botschafter der DDR, Wjatscheslaw Kotschemassow, im Vorfeld der Demonstration habe es Befehle an die in der DDR stationierten Truppen der Roten Armee gegeben, in den Kasernen zu bleiben. Doch ein aktives Eingreifen der sowjetischen Seite in die Geschehnisse in Leipzig erwähnt auch er nicht. Vgl. *Kotschemassow, Wjatscheslaw:* Meine letzte Mission. Fakten, Erinnerungen, Überlegungen, Berlin 1994, S. 169. Nikolai S. Portugalow ergänzte aus der Rückschau, dass dieser Befehl aus Moskau dazu diente, die eigenen Leute zu zügeln. Besonders der Oberkommandierende der sowjetischen Truppen in der DDR habe die Lage dramatisiert. Vgl. *Kuhn, Ekkehard:* Gorbatschow und die deutsche Einheit. Aussagen der wichtigsten russischen und deutschen Beteiligten, Bonn 1993, S. 44.

25 Brandt denkt hierbei an die Neutralität Finnlands, die durch ein Freundschafts- und Kooperationsabkommen mit der Sowjetunion ergänzt wurde.
26 Thatcher tat dies beim Gipfeltreffen der EU in Straßburg am 8./9. Dezember 1989. Vgl. „Helmut Kohls wunderschöne Gipfel-Weihnacht", in: *die tageszeitung* vom 11. Dezember 1989.

Nr. 63

1 Zur Reise nach Erfurt, die bereits am 3. März 1990 stattfinden sollte, vgl. Einleitung.
2 Vgl. Einleitung.
3 Brandt bedankt sich für Geburtstagswünsche und nimmt eine Einladung zum Besuch Erfurts an.
4 Vgl. SPD, Protokoll 1989, S. 64 und 72 f.
5 Das Passierscheinabkommen wurde am 17. Dezember 1963 unterzeichnet. Am Tag darauf, an Brandts 50. Geburtstag, konnten die ersten Anträge auf Erteilung eines Passierscheines gestellt werden. Vgl. Nr. 61, Anm. 30.
6 Am 6. Mai 1990 sollte nach dem damaligen Stand die DDR-Volkskammer neu gewählt werden. Die Wahl wurde schließlich auf den 18. März 1990 vorgezogen.
7 Mit der Formulierung „die Schotten dicht zu machen" bezog sich Brandt auf Oskar Lafontaines Vorschlag vom 25. November 1989, künftig den Übersiedlern aus der DDR keine Leistungen der bundesrepublikanischen Sozialversicherung mehr zu gewähren. Der saarländische Ministerpräsident begründete seinen Vorstoß damit, dass in der DDR keine politische Unterdrückung mehr existiere. Zudem locke die bisherige Praxis gerade die Leistungsträger aus der DDR in den Westen. Rechtlich griff Lafontaine auf ein Gesetz aus dem Jahr 1950 zurück, nach dem DDR-Bürgern der Aufenthalt in der Bundesrepublik nur bei Gefahr für Leib und Leben gewährt werde. Lafontaine stellte auch in Frage, Übersiedlern automatisch die bundesdeutsche Staatsangehörigkeit zu gewähren. Unter massivem Druck der übrigen Mitglieder der SPD-Führung verfolgte Lafontaine ab Mitte Dezember 1989 seinen Vorschlag nicht weiter. Vgl. *Grosser* 1998, S. 137 f., und *Sturm* S. 230–237.
8 Brandt meint die Montagsdemonstrationen in Leipzig und anderen Städten der DDR.
9 Brandt vergleicht 1989 mit 1789, dem Jahr der Französischen Revolution.
10 Die Unterdrückung der Freiheitsrechte sei die Ursache für die Auflehnung der Völker im Osten.
11 Mit „Übergangsregierung" meint Brandt die seit dem 18. November 1989 amtierende Regierung Modrow.
12 Mitterrand hatte am 10. Dezember 1989 gegenüber der Presse erklärt, Deutschland könne sich zwar theoretisch gegen den Willen der Siegermächte des Zweiten Weltkriegs vereinen, müsse aber tatsächlich die nach dem Krieg in Europa entstandenen Konstellationen berücksichtigen. Vgl. *Weidenfeld* 1998, S. 152.
13 Die Wendung „Staatsfrauen" macht deutlich, dass Brandt hier insbesondere von der britischen Premierministerin Margaret Thatcher spricht. Sie stand der Einheit Deutschlands sehr kritisch, ja ablehnend gegenüber. Vgl. *Weidenfeld* 1998, S. 131–133.
14 Eine *Wieder*vereinigung werde es nicht geben, „und nichts wird wieder, wie es war."
15 Brandt bezieht sich ohne Namensnennung auf Bundeskanzler Kohl, in dessen Zehnpunkte-Programm die Anerkennung der bestehenden Westgrenze Polens fehlte. Vgl. Einleitung und Nr. 60.

16   European Currency Unit (ECU) war von 1979 bis 1998 die Europäische Rechnungseinheit und insofern Vorläuferin des Euro.

17   Brandt kritisiert indirekt das Treffen der Vier Mächte im Gebäude des Alliierten Kontrollrats im Westteil Berlins am 11. Dezember 1989.

18   Die Potsdamer Konferenz tagte vom 17. Juli bis 2. August 1945. Die von den Großen Drei verabschiedete Erklärung, das später sogenannte „Potsdamer Abkommen", sah nach einer demokratischen und friedlichen Neugestaltung Deutschlands auch die Bildung einer deutschen Zentralregierung vor. Vgl. Eschenburg, Theodor: Jahre der Besatzung 1945–1949 (= Geschichte der Bundesrepublik Deutschland, Bd. 1), Stuttgart/Wiesbaden 1983, S. 46.

19   Gemeint ist die Schlusserklärung der KSZE-Konferenz vom 1. August 1975, in der sich die Unterzeichnerstaaten u. a. zur Unverletzlichkeit der Grenzen aller Staaten in Europa bekannt hatten. Zugleich stellte die Schlussakte aber fest, dass die „Grenzen, in Übereinstimmung mit dem Völkerrecht, durch friedliche Mittel und durch Vereinbarung verändert werden können". EA 30 (1975) 17, S. D 437–D 484.

20   Den USA, der Sowjetunion, Großbritannien und Frankreich standen Vorbehaltsrechte für Fragen, die Deutschland als Ganzes betrafen, also auch solchen im Zusammenhang mit der deutschen Einheit, zu. Vgl. Nr. 14, Anm. 23.

21   Ähnlich hatte sich Brandt bereits am 6. Dezember 1989 in Rostock geäußert: „[N]ationale Schuld wird nicht durch die willkürliche Spaltung einer Nation getilgt." Vgl. Nr. 61.

22   Brandt warnt vor nationalistischen Tendenzen in Europa und geht auf die Zwangsvereinigung von SPD und KPD zur SED 1946 ein.

23   Brandt verlangt von der SED eine grundlegende Erneuerung und spricht sich gegen eine Ausgrenzung von Kommunisten aus. Des Weiteren beschäftigt er sich mit der Zukunft Europas und verteidigt die Kontakte der SPD zu den kommunistischen Regierungsparteien während der achtziger Jahre.

24   Sozialismus, betont Brandt, schließe für die SPD Freiheit, Gerechtigkeit und Solidarität ein.

25   Brandt zitiert Karl Marx, der 1844 in seinem Werk „Zur Kritik der Hegelschen Rechtsphilosophie. Einleitung" geschrieben hatte: „Es genügt nicht, daß der Gedanke zur Verwirklichung drängt, die Wirklichkeit muß sich selbst zum Gedanken drängen." Marx, Karl/Engels, Friedrich: Werke. Band 1. Berlin/DDR 1970, S. 386.

26   Deutschland, so der SPD-Ehrenvorsitzende abschließend, brauche eine starke Sozialdemokratie.

Nr. 64

1   Das Interview fand am 3. Januar 1990 in Brandts Ferienhaus in Gagnières (Südfrankreich) statt. Die Fragen stellten Paul Katz, Rémy Loury, Jacky Vilacèque, François Schonen und Claude-A. Maurin. Kurt Brenner, Leiter des Maison de Heidelberg in Montpellier, übersetzte.

2   Im Februar 1987 hatten die EG-Mitgliedsstaaten die „Einheitliche Europäische Akte" unterzeichnet, die u. a. die Vollendung des europäischen Binnenmarktes bis zum 31. Dezember 1992 vorsah.

3   In seiner Ansprache zum Jahreswechsel am 31. Dezember 1989 hatte Mitterrand – neben der fortgesetzten Stärkung der Europäischen Gemeinschaft – die Schaffung einer Konföderation aller europäischen Staaten vorgeschlagen. Dieser

Vorschlag fand keine ausreichende Resonanz. Vgl. *Schabert* 2002, S. 450.

4   Zu den Verhandlungen über konventionelle Streitkräfte in Wien vgl. Nr. 48, Anm. 4.

5   Am 1. August 1975 war in der finnischen Hauptstadt die Schlussakte der „Konferenz über Sicherheit und Zusammenarbeit in Europa" unterzeichnet worden. Seither hatten mehrere Folgekonferenzen und Spezialtreffen stattgefunden, die sich auch Umweltfragen widmeten.

6   Oder: „eine [politische] Einheit". Im Original: „entité".

7   Gemeint ist die 1960 gegründete „Europäische Freihandelsassoziation" (EFTA), der zu diesem Zeitpunkt neben den genannten Ländern auch Island, Österreich und die Schweiz angehörten.

8   Das türkische Beitrittsgesuch stammte aus dem Jahre 1987 und wurde im Dezember 1989 von der EG-Kommission vorläufig abgelehnt.

9   Brandt berichtet u. a., dass sich die Sowjetunion im Herbst 1989 gegen eine Intervention zur Rettung der kommunistischen Regimes entschieden habe.

10 Brandt meint den Zweiten Weltkrieg.

11 Zum Treffen Brandt-Gorbatschow vom 17. Oktober 1989 vgl. Nr. 54. In der sowjetischen Niederschrift ist die Replik Gorbatschows, die Brandt hier zitiert, allerdings nicht enthalten. Für eine weitere, leicht abweichende Schilderung der Unterredung vgl. Nr. 66.

Nr. 65

1   Brandt erhielt den Brief am 8. Februar 1990. Der von der sowjetischen Seite angefertigten deutschen Fassung lag das russische Original bei. Der Abdruck folgt der sowjetischen Übersetzung. Brandt antwortete am 13. Februar 1990. Vgl. Nr. 67.

2   Im russischen Original ist dieser Satzteil ähnlich schwer verständlich. Der dahinter liegende Gedankengang scheint zu sein, dass die sowjetische Seite kein „Mitgefühl" mit der Teilung Deutschlands haben musste, weil diese von ihr nicht als Endzustand der Geschichte angesehen wurde. Vielmehr habe die Sowjetunion Initiativen zur Überwindung der Zweistaatlichkeit entfaltet. Wir danken Herrn Arkadi Miller für die Beratung bei der Interpretation des russischen Textes.

3   DDR-Ministerpräsident Modrow hatte am 1. Februar 1990 einen Stufenplan zur Erreichung der deutschen Einheit vorgelegt. Seine Überschrift hieß: „Für Deutschland, einig Vaterland". Vgl. Texte zur Deutschlandpolitik III/8a, Bonn 1991, S. 49–51.

4   Aus dem Gespräch am 17. Oktober 1989 in Moskau ist eine derartige Äußerung nicht überliefert. Hingegen berichtete Gorbatschow damals, Bundeskanzler Kohl habe diese Position in einem Telefonat vertreten. Vgl. Nr. 54. Für Brandts Haltung zur Frage einer „Destabilisierung" der DDR vgl. Nr. 53.

Nr. 66

1   Das Interview führte Jean-Paul Picaper. Eine deutsche Fassung konnte nicht ermittelt werden. Nach der Freigabe des Textes durch Willy Brandt kürzte die Redaktion des *Figaro* das Interview für den Abdruck und überarbeitete es stilistisch. Da die gekürzten Passagen Äußerungen Brandts enthalten, die Herausgeber und Bearbeiter für interessant halten, werden sie teilweise ebenfalls ediert. Sie sind in spitze Klammern gesetzt. Die von Brandt autorisierte Fassung, datiert auf den 5. Februar 1990, liegt in: AdsD, WBA, A 3, 1070.

2   Am 30. Januar 1990 erklärte der sowjetische Staatschef Michail Gorbatschow anlässlich des Besuches des DDR-Ministerpräsidenten Hans Modrow, die Vereinigung der Deutschen werde „niemals und von niemandem prinzipiell in Zweifel gezogen". Vgl. *die tageszeitung* vom 31. Januar 1990. Brandt bezog sich in seiner Rede in der Evangelischen Akademie Tutzing am 31. Januar 1990 darauf und kommentierte: „Man könnte salopp sagen, die Sache ist gelaufen, die von Deutschland handelt." *Brandt* 1993, S. 74–83, hier S. 76.
3   In der von Brandt genehmigten Fassung vom 5. Februar 1990 lautete die Frage: „Ist in punkto deutsche Währungsunion etwa keine Eile geboten?" Am 6. Februar erläuterte Bundeskanzler Helmut Kohl der CDU/CSU-Bundestagsfraktion seinen Vorschlag einer Währungsunion. Am 7. Februar fasste die Bundesregierung einen entsprechenden Beschluss. Vgl. Dokumente zur Deutschlandpolitik 1989/90, S. 94 f., S. 761 (Nr. 163), und S. 768–770 (Nr. 165B). Brandt hatte bereits am 6. Dezember 1989 in einer Rede in Rostock gefordert, eine Währungsunion müsse kommen. Vgl. *Brandt* 1993, S. 55, und Nr. 61.
4   Der folgende Satz beginnt in der Fassung vom 5. Februar 1990 mit den Worten: „Zweitens stellt der desolate Zustand der Ost-Mark [...]".
5   Bundesbankpräsident Karl-Otto Pöhl plädierte zum Zeitpunkt des Interviews für die schrittweise Einführung einer Währungsunion. Zur damaligen Haltung der Deutschen Bundesbank vgl. *Grosser* 1998, S. 156–158.
6   Brandt zeigt sich zuversichtlich, dass die SPD die Wahlen in der DDR gewinnen werde. In den „nächsten Jahren" würden weiterhin zwei deutsche Staaten existieren. Auf die Idee angesprochen, er könne Präsident einer Konföderation beider Staaten werden, antwortete er, dass es dieses Amt wohl nicht geben werde.
7   Bei der Wiedergründung des SPD-Landesverbandes Thüringen in Gotha hatte Willy Brandt am 27. Januar 1990 laut Tonbandniederschrift u. a. ausgeführt, „[...] daß jener Recht hat, der sagte, eine Wiederholung der deutschen Geschichte verhindert man jedenfalls nicht dadurch, daß man einen Staat künstlich am Leben behält, der keine innere Notwendigkeit hat". *Sozialdemokratischer Pressedienst* 45 (1990) 20, 29. Januar 1990, S. 5. Diese Rede ist auch abgedruckt in: *Brandt* 1990, S. 81–87, hier S. 85.
8   In der Pressekonferenz zum Abschluss des deutsch-französischen Gipfeltreffens hatte Mitterrand am 3. November 1989 auf die Frage eines deutschen Journalisten, ob er Angst vor der Wiedervereinigung habe, erklärt, er habe keine Angst vor ihr. Vgl. Dokumente zur Deutschlandpolitik 1989/90, S. 472, Anm. 8.
9   Am 18. November 1989 hatte ein Sondertreffen der EG-Staats- und Regierungschefs in Paris stattgefunden. Am 6. Dezember war Mitterrand mit dem sowjetischen Staatspräsidenten Gorbatschow in Kiew zusammengetroffen. Schließlich hatte der französische Präsident vom 20.–22. Dezember 1989 als erster Staatschef der Westmächte die DDR besucht.
10   Am 18. Dezember 1989 hatte Brandt in seiner Parteitagsrede formuliert: „Liebe Freunde, wie wir Deutschen unsere Probleme lösen, dazu brauchen wir – ein halbes Jahrhundert nach dem Krieg – kaum noch auswärtigen Rat. Über unsere Stellung in Europa und der Welt verfügen wir freilich nicht ganz allein. Präsident François Mitterrand hat hierzu Hinweise gegeben, die zu überhören unklug wäre." Protokoll des SPD-Parteitags 1989, S. 127.
11   Im Juli 1989 hatte Mitterrand mehrfach davon gesprochen, das Streben der

Deutschen nach Wiedervereinigung sei legitim. Vgl. *Schabert* 2002, S. 376 f. In seiner Pressekonferenz in Bonn am 3. November 1989 hatte der Staatspräsident nach der Mitschrift des Bundespresseamtes gesagt, er habe „keine Angst vor der Wiedervereinigung. [...] Ich glaube, der Wunsch nach Wiedervereinigung ist legitim seitens der Deutschen." Vgl. Dokumente zur Deutschlandpolitik 1989/90, S. 472, Anm. 8.

12 Vgl. dazu Nr. 14, 16, 19, 47, 54, 55, 62 und 64 sowie Einleitung.

13 In der KSZE-Schlussakte vom 1. August 1975 hatten die 35 Teilnehmerstaaten erklärt, „daß ihre Grenzen, in Übereinstimmung mit dem Völkerrecht, durch friedliche Mittel und durch Vereinbarung verändert werden können". EA 30 (1975) 17, S. D 437–D 484, hier S. D 439.

14 Als Siegermächte des Zweiten Weltkriegs besaßen die Sowjetunion, die USA, Großbritannien und Frankreich seit 1945 gemeinsame Rechte und Verantwortlichkeiten in Bezug auf Berlin und Deutschland als Ganzes. Somit hing eine Vereinigung der beiden deutschen Staaten von der Zustimmung der Vier Mächte ab. Im Deutschlandvertrag von 1954 hatten die drei Westmächte ausdrücklich die Gültigkeit der alliierten Vorbehaltsrechte bis zur Wiedervereinigung Deutschlands und einer friedensvertraglichen Regelung bekräftigt.

15 In seinem Landhaus in Latché hatte der französische Staatspräsident am 4. Januar 1990 mit Bundeskanzler Helmut Kohl gesprochen.

16 Dem Berliner Rundfunk der DDR hatte Gorbatschow am 30. Januar 1990 zur Frage der deutschen Einheit gesagt: „Sie muß verantwortungsbewußt diskutiert werden. Auf der Straße ist sie nicht zu lösen." Vgl. Deutschland Archiv 23 (1990) 3, S. 468.

17 Vgl. 64, Anm. 3.

18 Vgl. Nr. 20 und 54.

19 Vgl. *Weidenfeld* 1998, S. 228.

20 Vgl. *Jäger* 1998, S. 144.

21 Die Gründung der SDP war am 7. Oktober 1989 erfolgt. Am 24. Juli 1989 hatten die Initiatoren der Partei den Aufruf zur Gründung verfasst. Vgl. ebd. S. 253 f.

22 Vgl. Nr. 54. Dort ist der Dialog abweichend wiedergegeben.

23 Gefragt, ob Gorbatschow nicht zum Sozialdemokraten geworden sei, verweist Brandt darauf, dass die UdSSR weiterhin ein Einparteienstaat sei. Weiter betont der SPD-Ehrenvorsitzende, wie dringend es sei, Konflikte mit den sowjetischen Truppen in der DDR zu vermeiden. In den Volkskammerwahlkampf werde er sich nicht einschalten, jedoch an Veranstaltungen anderer Art teilnehmen.

Nr. 67

1 Vorlage ist eine Kopie des Schreibens.

2 Nr. 65.

3 Modrow war am 30. Januar 1990 in Moskau mit Gorbatschow zusammengetroffen, Helmut Kohl hatte den sowjetischen Generalsekretär am 10. Februar dort besucht.

4 Vgl. Berliner Ausgabe, Bd. 6, S. 50 f.

5 Vermutlich bezieht sich Brandt auf Genschers Rede vor der Evangelischen Akademie Tutzing am 31. Januar 1990. Darin hatte er zwar für die NATO-Mitgliedschaft des vereinten Deutschland plädiert. Das Gebiet der DDR sollte jedoch nicht in die NATO einbezogen werden. Vgl. *Genscher* 1995, S. 714 f. Der „Vertrag über die abschließende Regelung in bezug auf Deutschland" vom 12. September 1990 sah schließlich vor, dass deutsche NATO-Truppen erst nach Ende des Abzugs der sowjetischen Truppen vom Gebiet der DDR dort stationiert werden durften. Dauerhaft

ausgeschlossen blieben die Stationierung ausländischer Truppen und die von Kernwaffenträgern. Der Vertragstext ist dokumentiert in: Außenpolitik der Bundesrepublik Deutschland. Dokumente von 1949 bis 1994, hrsg. aus Anlaß des 125. Jubiläums des Auswärtigen Amts, Köln 1995, S. 699–703.

6 Vgl. die Pressemitteilung von Egon Bahr, in: *Presseservice der SPD*, Nr. 47/90 vom 30. Januar 1990.

7 Vermutlich ist das Gespräch vom 17. Oktober 1989 gemeint. Vgl. Nr. 54.

8 Hs. unterzeichnet.

Nr. 68

1 Vorlage ist die veröffentlichte Fassung der Rede. Das Manuskript befindet sich in: AdsD, WBA, A 3, 1080.

2 Brandt bedankt sich für die Einladung.

3 Am 1. Juli 1990 trat die Währungs-, Wirtschafts- und Sozialunion der beiden deutschen Staaten in Kraft.

4 Gemeint sind die Reden zum Tag der deutschen Einheit am 17. Juni.

5 Brandt äußert sich zu den Perspektiven der europäischen Einigung. Er plädiert u. a. für die Ausdehnung der EG nach Osten.

6 Zum deutsch-polnischen Vertrag vgl. Berliner Ausgabe, Bd. 6, S. 56–59 und Nr. 47–51.

7 In einer Rede beim Deutschen Katholikentag in Berlin hatte Szczypiorski gesagt: „Es geht (jetzt) um Versöhnung und Verständnis zwischen Polen und Deutschen. [...] Die Mehrheit der Polen begrüßt mit Sympathie den Einigungsprozeß des deutschen Volkes [...]. Unsere Beunruhigung und Ängste kommen aus den tragischen Erfahrungen der Vergangenheit – und das soll man verstehen. Die Polen aber vertrauen auf die Kraft der polnischen Demokratie, sie vertrauen also auch auf die Kraft der deutschen Demokratie." Zit. nach: *die tageszeitung* vom 28. Mai 1990.

8 In der Druckfassung (S. 16) heißt es: „vielleicht erwähnte"; im Redemanuskript jedoch „viel erwähnte".

9 Brandt meinte damit den ersten Staatsvertrag zwischen der Bundesrepublik Deutschland und der DDR über die Währungs-, Wirtschafts- und Sozialunion. Der Text ist abgedruckt in: Dokumente zur Deutschlandpolitik III/Bd. 8a, S. 215–287.

10 Die Verhandlungen über den zweiten Staatsvertrag zur Herstellung der Einheit Deutschlands (Einigungsvertrag) begannen am 6. Juli 1990. Parallel dazu wurde auch über einen gesamtdeutschen Wahlvertrag verhandelt.

11 Ursprünglich hatte die SPD verlangt, die Einheit über den Artikel 146 des Grundgesetzes zu vollziehen, der eine Volksabstimmung über eine neue gesamtdeutsche Verfassung vorsah. Sie zeigte sich jedoch bald offen für den Beitritt der DDR zur Bundesrepublik Deutschland nach Artikel 23 des Grundgesetzes. An der Forderung nach einer Volksabstimmung über die geänderte Verfassung hielten die Sozialdemokraten gleichwohl auch nach der Vereinigung fest.

12 Über die außen- und sicherheitspolitischen Aspekte der Einheit Deutschlands verhandelten die beiden deutschen Staaten mit den USA, der Sowjetunion, Großbritannien und Frankreich seit dem 13. Februar 1990 in den 2+4-Gesprächen.

13 Im Manuskript lautete diese Passage: „zu dominieren".

14 Redemanuskript: „und".

15 Brandt wiederholt, dass die osteuropäischen Staaten langfristig in die EG gehörten.

16 Hier bezieht sich Brandt auf den Warschauer Pakt.

17 Vom 30. Mai–3. Juni 1990 hatte Gorbatschow die USA besucht und gegenüber Bush zugestanden, wie der amerikanische Präsident bei einem gemeinsamen Presseauftritt berichtete, dass über die Bündniszugehörigkeit des vereinten Deutschlands die Deutschen allein zu entscheiden hätten, auch wenn die USA und die Sowjetunion weiterhin unterschiedliche Standpunkte über eine Vollmitgliedschaft Deutschlands in der NATO einnahmen. Vgl. *Weidenfeld* 1998, S. 469, und *Zelikow/Rice* 1997, S. 384 f. und 390 f. Von den anwesenden Journalisten wurde die Tragweite der Äußerung Bushs offenbar nicht erkannt, vielleicht weil eine ausdrückliche Bestätigung durch Gorbatschow fehlte. Brandt konnte daher davon ausgehen, dass es in dieser Frage keinen Durchbruch gegeben habe.

18 Zu den Verhandlungen in Wien vgl. Nr. 48, Anm. 4. Am 19. November 1990 wurde der Vertrag über Konventionelle Streitkräfte in Europa (KSE-Vertrag) in Paris unterzeichnet.

19 Brandt bezieht sich vermutlich auf Havels Rede vor der Parlamentarischen Versammlung des Europarats am 10. Mai 1990. Vgl. EA 45 (1990) 11, S. Z 114; die Rede ist in Auszügen dokumentiert in: AdG 60 (1990), S. 34504 (dort heißt es aber fälschlich, sie sei vor dem Europaparlament gehalten worden).

20 Hierzu Näheres in: *Weidenfeld* 1998, S. 330.

21 Europa müsse globale Verantwortung übernehmen. Vorstellungen von einem „Ende der Geschichte" hält Brandt für absurd.

Nr. 69

1 Brandt begrüßt Oskar Lafontaine, der erstmals seit dem am 25. April 1990 auf ihn verübten Attentat wieder an einer Fraktionssitzung teilnimmt.

2 So hatte der Publizist Detlef zum Winkel in einem Interview mit der *tageszeitung* vom 23. Januar 1990 Brandt „deutschnationale Propaganda" vorgeworfen.

3 Brandt konkretisiert, er beziehe sich auf das moderne Verständnis von Selbstbestimmung.

4 Die Reden Brandts und Lafontaines auf dem Berliner Parteitag der SPD im Dezember 1989 hatten nach Meinung vieler Beobachter gegensätzliche Positionen zur deutschen Einheit erkennen lassen. Vgl. *Winkler* 2000, Bd. 2, S. 536–540, sowie Protokoll des SPD-Parteitags 1989, S. 124–142 und S. 241–265.

5 Die deutsche Einigung, so Brandt, sei ein „Unterkapitel" der europäischen Einigung, die Osteuropa einbeziehen müsse.

6 Brandt bezieht sich auf den „Vertrag über die Schaffung einer Währungs-, Wirtschafts- und Sozialunion zwischen der Bundesrepublik Deutschland und der Deutschen Demokratischen Republik" vom 18. Mai 1990, der am 1. Juli 1990 in Kraft trat. SPD-Kanzlerkandidat Lafontaine lehnte den Vertrag ab und forderte, die sozialdemokratische Fraktion müsse am 21. Juni 1990 im Bundestag dagegen stimmen. Danach sollte der von der SPD dominierte Bundesrat den Vertrag dennoch passieren lassen. Lafontaine setzte sich mit dieser Linie aber nicht durch. Nur 25 SPD-Bundestagsabgeordnete votierten mit Nein. Vgl. auch Berliner Ausgabe, Bd. 5, Nr. 105.

7 Gemeint ist die „Alternative Liste".

8 Willy Brandt sprach am 21. Juni 1990 in der Bundestagsdebatte zum Vertrag über die Währungs-, Wirtschafts- und Sozial-

union. Vgl. Verhandlungen des Deutschen Bundestages. Stenographische Berichte. 11. Wahlperiode. 217. Sitzung, 21. Juni 1990, S. 17203–17209.

9   Am 6. Februar 1990 beschlossen die Vorsitzenden der Koalitionsfraktionen, die Bundesregierung möge mit der DDR in Verhandlungen über eine Währungsunion eintreten. Bundesbankpräsident Karl-Otto Pöhl hatte bis dahin für einen stufenweisen Übergang zu einer Währungsunion plädiert. Mit dem Bonner Beschluss konfrontiert, rückte er trotz anhaltender sachlicher Bedenken davon ab. Vgl. *Grosser* 1998, S. 184 f.

10 Am 12. Juni 1990 hatte die Ost-CDU erklärt, sie unterstütze das Ziel der Bonner Regierungskoalition, die erste gesamtdeutsche Bundestagswahl im Dezember 1990 abzuhalten. Vgl. *Zelikow/Rice* 1997, S. 397.

11 Vgl. Nr. 68, Anm. 10.

12 Vgl. ebd., Anm. 12.

13 Gemeint sind die Ostverträge. Vgl. dazu Berliner Ausgabe, Bd. 6.

14 Ohne zu ahnen, dass die deutsche Einheit dann schon vollzogen sein würde, beschloss die Volkskammer am 22. Juli 1990 die Wiederherstellung von fünf Ländern in der DDR zum 14. Oktober 1990. Vgl. AdG 60 (1990), S. 34732.

15 Zu den alliierten Vorbehaltsrechten in Bezug auf Berlin und Deutschland als Ganzes vgl. Nr. 66, Anm. 14.

16 Es handelt sich um Artikel 23 des Grundgesetzes, der in der ursprünglichen Formulierung lautete: „Dieses Grundgesetz gilt zunächst im Gebiete der Länder Baden, Bayern, Bremen, Groß-Berlin, Hamburg, Hessen, Niedersachsen, Nordrhein-Westfalen, Rheinland-Pfalz, Schleswig-Holstein, Württemberg-Baden und Württemberg-Hohenzollern. In anderen Teilen Deutschlands ist es nach deren Beitritt in Kraft zu setzen."

17 Artikel 146 Grundgesetz in der Fassung von 1949: „Dieses Grundgesetz verliert seine Gültigkeit an dem Tage, an dem eine Verfassung in Kraft tritt, die von dem deutschen Volke in freier Entscheidung beschlossen worden ist."

18 Abschließend betont Brandt, dass bei der Vereinigung der SPD in Ost und West die Freunde in der DDR fair behandelt werden sollten.

Nr. 70

1 Vorlage ist eine Kopie des Schreibens.

2 Das Gespräch mit Grass erschien in: Die Neue Gesellschaft/Frankfurter Hefte 37 (1990) 8, S. 702–710. Das von Brandt angesprochene Zitat befindet sich auf S. 702.

3 Das von Brandt erwähnte Buch ist: *Brandt* 1990. Dort ist auf den genannten Seiten die Rostocker Rede abgedruckt. Jedoch weicht diese Fassung leicht von der ab, die in der Broschüre „Willy Brandt in Rostock", herausgegeben von der SPD Rostock, ebenfalls 1990 veröffentlicht wurde. Letztere wirkt authentischer, weil näher am gesprochenen Wort.

4 Grass hatte in dem Gespräch mit Die Neue Gesellschaft/Frankfurter Hefte (Anm. 2) Brandt auch vorgeworfen, mit seinen Äußerungen in der DDR „unter dem Niveau seiner Kassler [!] *Elf Punkte*" geblieben zu sein. Tatsächlich waren es 20 Punkte gewesen, die Brandt dem DDR-Ministerpräsidenten Stoph beim Treffen in Kassel am 21. Mai 1970 vorgetragen hatte. Es handelte sich bei ihnen um „unsere Vorstellungen über Grundsätze und Vertragselemente für die Regelung gleichberechtigter Beziehungen zwischen der Bundesrepublik Deutschland und der Deutschen Demokratischen Republik [...]", wie der Bundeskanzler seinerzeit

seinem Gesprächspartner erläuterte. Vgl. Dokumente zur Deutschlandpolitik VI/ Bd. 1, S. 554 f. (Nr. 143). Vgl. auch Berliner Ausgabe, Bd. 6, S. 56.
5   Hs. unterzeichnet.

Nr. 71
1   Das Gespräch, das Fritz Pleitgen moderierte, wurde am 21. September 1990 im Palais Schaumburg in Bonn aufgezeichnet und am 30. September um 21.45 Uhr in der ARD gesendet. Vorlage ist eine Transkription des Bundespresseamts, das den Text mit Sperrfristvermerk vorab veröffentlichte.
2   Vgl. z. B. Nr. 14 und Nr. 47.
3   Kohl äußert sich zur künftigen Rolle Deutschlands in Europa und in der Welt.
4   Brandt plädiert dafür, einen Teil der künftigen Ersparnisse aufgrund von Abrüstung für die „Menschheitsaufgaben" Überwindung des Nord-Süd-Gefälles und Umwelt einzusetzen.
5   Satz unvollständig.
6   Bundeskanzler Kohl schließt sich Brandts Wunsch nach vermehrten Mitteln für die Dritte Welt an.
7   Kohl konstatiert eine gewachsene Bindung an die historischen Regionen und erwartet von den Bürgern der DDR eine Bereicherung der kulturellen Szene Deutschlands. Die westdeutschen Parteien sollten die DDR-Reformkräfte aufnehmen. Brandt hat den Eindruck, viele in der DDR fühlten sich vom Westen überrollt, und plädiert für eine Überarbeitung des Grundgesetzes, an deren Ende eine Volksabstimmung stehen solle. Kohl entwickelt seine eigenen Vorstellungen über die Verfassungsreform, ohne auf die Frage der Volksabstimmung einzugehen. Hinsichtlich der Veröffentlichung von Akten der Staatssicherheit sollten die Bürger der DDR das erste Wort haben. Kohl tritt aber auch für einen Kurs der Versöhnung ein. Brandt hält die Verfolgung strafrechtlich relevanter Vergehen der DDR-Diktatur für notwendig, spricht sich aber gegen eine „Hexenjagd" aus.
8   Der Einigungsvertrag bestimmte Berlin als Hauptstadt und wies dem Deutschen Bundestag die Entscheidung über den Sitz von Parlament und Regierung zu. Die Abstimmung darüber fand am 20. Juni 1991 statt. Vgl. dazu Nr. 77.
9   Kohl wünscht sich ein ruhiges Herangehen an diese Entscheidung.
10   Darüber solle in Ruhe mit den neuen Parlamentariern aus der bisherigen DDR gesprochen werden.
11   „A" steht für Allemagne.
12   Satz unvollständig.
13   Kohl und Brandt äußern sich zum künftigen Schicksal Erich Honeckers, der sich zu diesem Zeitpunkt im sowjetischen Militärhospital in Beelitz-Heilstätten (bei Berlin) aufhielt. Der Bundeskanzler wünscht sich ein streng rechtsstaatliches Vorgehen, Brandt ergänzt dies um die Berücksichtigung humanitärer Erwägungen.
14   Vgl. Einleitung und Nr. 73, 74 und 76.

Nr. 72
1   Vorlage ist eine Kopie des Schreibens. Brandts Brief wurde in umfangreichen Auszügen und Paraphrasen in der FAZ vom 15. Dezember 1990 unter der Überschrift „Willy Brandt und die ‚Lebenslüge'" wiedergegeben.
2   Am 25. Oktober 1990 hatte Waigel vor dem Bundestag erklärt: „Wir haben auch über Deutschland gesprochen, als manche ein vereinigtes Deutschland zur Lebenslüge erklären wollten. [...] Nur, meine Damen und Herren, bei allem Respekt vor Ihrem Ehrenvorsitzenden, von dem ich fest über-

zeugt bin, daß er sich über die Einheit freut und gefreut hat, er muß sich schon vorhalten lassen, noch vor zwei Jahren gesagt zu haben, das sei eine Lebenslüge." Verhandlungen des Deutschen Bundestages, Stenographische Berichte, 11. Wahlperiode, 231. Sitzung, 25. Oktober 1990, S. 18306.

3 Ibsen hatte 1885 in seiner Tragikomödie „Die Wildente" formuliert: „Wenn Sie einem Durchschnittsmenschen seine Lebenslüge nehmen, so bringen Sie ihn gleichzeitig um sein Glück." Zit. bei *Winkler* 2000, Bd. 2, S. 472.

4 Die Zitate dieses und des vorherigen Absatzes in: Berliner Lektionen, Berlin 1989, S. 81 f.

5 Ebd., S. 82. Fast gleichlautende Formulierungen zur „Lebenslüge" finden sich in Nr. 14 und Nr. 47.

6 Brockhaus Enzyklopädie in zwanzig Bänden. 17., völlig neu bearbeitete Auflage des großen Brockhaus, Band 11 (L-MAH), Wiesbaden 1970, S. 233. In früheren und späteren Auflagen der Enzyklopädie fehlt das Stichwort „Lebenslüge".

7 Hierauf antwortete Waigel in einem Schreiben vom 23. November 1990; siehe AdsD, WBA, B 25, 188. Darin verwies Waigel darauf, dass Brandt in der Berliner Rede unter „Wiedervereinigung" auch einen Anschluss der DDR an die Bundesrepublik verstanden habe. Daher bleibe er bei seiner Formulierung. Vgl. auch Nr. 47.

8 Hs. unterzeichnet.

Nr. 73

1 Brandt bezieht sich vermutlich auf den Brief des irakischen Außenministers, Tarik Aziz, an Chedli Klibi, Generalsekretär der Arabischen Liga, vom 15. Juli 1990. Der englische Wortlaut ist nachlesbar in: http://www.meij.or.jp/text/Gulf%20 War/iraqiMemo.htm (14. Dezember 2006).

2 Für den englischen Text der Rede vgl. http://www.meij.or.jp/text/Gulf%20War/ irqkwt900812.htm (14. Dezember 2006).

3 In seiner Rede vom 24. September 1990 hatte der französische Staatspräsident zur Beilegung des Golfkonfliktes als ersten Schritt den Rückzug des Irak aus Kuwait unter internationaler Überwachung und die Freilassung der Geiseln vorgeschlagen. Anschließend sollten die Streitpunkte im Nahen Osten beigelegt werden. Am Ende des Prozesses würde eine allgemeine Verringerung der Rüstung in der Region stehen. Vgl. EA 45 (1990) 20, S. Z 209.

4 Gorbatschow und Mitterrand trafen sich am 28./29. Oktober 1990. Zwar unterzeichneten sie ein langfristiges Kooperationsabkommen, doch berichtete die Presse ausdrücklich, es habe entgegen vorherigen Erwartungen keine gemeinsame Erklärung zum Irak gegeben. Vgl. „Mideast tensions – Gorbachev, in France, Says His Envoy Found Signs of Shift by Iraq", in: *New York Times* vom 30. Oktober 1990.

5 Am Rande der UNO-Vollversammlung beschlossen die Außenminister der Bewegung der blockfreien Staaten am 4. Oktober 1990 eine Erklärung, „in der die irakische Invasion und die Annexion Kuwaits als ‚unannehmbar, null und nichtig' verurteilt werden". Vgl. EA 45 (1990) 21, S. Z 221.

6 Der EG-Sondergipfel fand am 27./28. Oktober 1990 statt. Die Golf-Krise war eines unter mehreren Themen. Die Staats- und Regierungschefs verurteilten die Besetzung Kuwaits. Verabschiedet wurde auch eine Erklärung zum Nahen und Mittleren Osten. Wortlaut beider Erklärungen in: EA 46 (1991) 1, S. D 14 f.

7 Die irakische Regierung verweigerte nach der Invasion Kuwaits Tausenden Ausländern, die dort oder im Irak lebten, die Ausreise. Zahlreiche dieser Personen wurden in den folgenden Wochen an strate-

gisch wichtige Stellen verbracht. Offenkundig sollten sie als „menschliche Schutzschilde" zur Verhinderung eines militärischen Angriffes dienen. Vgl. „Er hat ja noch so viele", in: *Der Spiegel*, Nr. 46 vom 12. November 1990, S. 22 f.

8 Sabah war der Name der Herrscherdynastie.

9 In Anhang 1 sind auf einer Seite die Gesprächstermine in Bagdad aufgelistet. Brandt traf am 5. November 1990 in Bagdad ein, wo er von Außenminister Aziz begrüßt wurde. Am darauf folgenden Tag sprach er u. a. mit PLO-Chef Arafat. Mit Saddam Hussein kam der SPD-Ehrenvorsitzende am 7. und 8. November zu mehrstündigen Gesprächen zusammen.

10 Vorlage: Schmidt.

11 Diese Dokumente konnten im WBA nicht ermittelt werden.

12 Anm. 7.

13 Brandt hatte vom 27. Oktober bis 3. November 1990 die USA bereist und dort Vorträge gehalten.

14 Anm. 7.

15 Dem *Spiegel* zufolge hatte Bundeskanzler Kohl am 31. Oktober 1990 in einem Telefonat mit Brandt angeregt, dieser möge sich von einem Christdemokraten und einem Liberalen begleiten lassen. Der SPD-Ehrenvorsitzende war auf diesen Vorschlag, den das Nachrichtenmagazin als Wahlkampftaktik wertete, nicht eingegangen. Kohl hatte Brandt auch empfohlen, die Reise nur anzutreten, wenn er „den Segen der UNO" bekomme. UN-Generalsekretär Pérez de Cuellar lehnte eine offizielle Erklärung zu Brandts Vorhaben jedoch ab. Vgl. „Im Geiselbasar von Bagdad", in: *Der Spiegel*, Nr. 45 vom 5. November 1990, S. 18–20.

Nr. 74

1 Brandt gab die Erklärung in Bonn ab.

2 Vgl. Nr. 73, Anm. 7.

3 Günter Wolf hatte in seinem Kommentar „Das Manko der Brandt-Reise" in der *Frankfurter Neuen Presse* vom 8. November 1990 geschrieben: „Saddam Hussein scheint Gefallen an dem Spiel gefunden zu haben, angesehene westliche Staatsmänner zu empfangen und ihnen eine Handvoll Geiseln mit nach Hause zu geben." Mit Brandt konnten 198 Personen den Irak verlassen.

4 Brandt dürfte sich auf den Freikauf von Häftlingen aus der DDR durch die Bundesregierung beziehen.

5 Über den Vermerk vom 10. November 1990 (Nr. 73) hinaus konnten im WBA keine Aufzeichnungen über die Gespräche Brandts mit der irakischen Führung in Bagdad ermittelt werden.

6 Gemeint ist die blockübergreifende Konferenz über Sicherheit und Zusammenarbeit in Europa (KSZE), deren erstes Treffen 1973–1975 in Helsinki stattgefunden hatte. Folgetreffen waren in Belgrad (1977–1978), Madrid (1980–1983) und Wien (1986–1989) abgehalten worden.

7 Mit dem „schreibenden Zeitgenossen" dürfte Brandt den Journalisten Herbert Kremp gemeint haben. Am 10. November 1990 hatte dieser in der *„Bild"*-Zeitung einen Kommentar „Von Hussein mißbraucht" veröffentlicht, der sich kritisch mit der Reise des SPD-Ehrenvorsitzenden nach Bagdad beschäftigte. Dass Brandt und andere ausländische Emissäre von Hussein zu Propagandazwecken missbraucht würden, war zuvor bereits von der amerikanischen Regierung erklärt worden. Vgl. „Mideast Tensions – U.S. Declares Missions To Iraq Are ‚Being Used'", in: *New York Times* vom 8. November 1990.

8 Vgl. Nr. 73.

9 Dies erfolgte durch Versendung des Vermerks vom 10. November 1990, hier abgedruckt als Nr. 73.
10 Brandt hatte die Ausreise von 138 Deutschen erreicht. Presseberichten zufolge hatten sich zuvor 317 Deutsche im Irak befunden. Vgl. „Da muß noch was drauf", in: *Der Spiegel*, Nr. 46 vom 12. November 1990, S. 18–21. Am 20. November gab die irakische Regierung die umgehende Freilassung aller verbliebenen Deutschen bekannt. Vgl. EA 45 (1990) 24, S. Z 249.

Nr. 75

1 Nach der Begrüßung durch Hans-Jochen Vogel nimmt zunächst Oskar Lafontaine Stellung zum Wahlergebnis (vgl. hierzu Einleitung, S. 93). Die SPD sei „mit einem blauen Auge davongekommen." Vogels Angebot, den Fraktionsvorsitz zu übernehmen, habe er abgelehnt. Über den Parteivorsitz denke er noch nach, so Lafontaine. Anschließend erklärt Vogel, die SPD habe ihr Wahlziel nicht erreicht; die Union habe jedoch aus den Verlusten der SPD keinen Nutzen ziehen können. „Der tatsächliche Gewinner sei die FDP." Das Parteipräsidium, so Vogel, habe Lafontaine einstimmig gebeten, beim nächsten Parteitag für den Vorsitz zu kandidieren.
2 Vgl. auch Berliner Ausgabe, Bd. 5, Nr. 108. Dort ist das Manuskript von Brandts Statement in der PV-Sitzung vom 3. Dezember 1990 in Gänze abgedruckt. Diese Fassung weicht sprachlich vom hier publizierten Protokoll ab.
3 Gemeint ist die Entschließung des SPD-Präsidiums, die veröffentlicht wurde in: *Presseservice der SPD*, Nr. 531/90 vom 3. Dezember 1990. Die beiden nicht übernommenen kurzen Änderungsanträge sind überliefert in: AdsD, WBA, A 3, 1075.

4 Tatsache sei, so Brandt, dass die SPD auf das Niveau der Jahre 1957 bis 1959 abgerutscht sei. Die SPD müsse nun „die Kräfte für freiheitliche, soziale und umweltbewußte Demokratie in Deutschland" bündeln.
5 Brandt fährt fort, „[e]s dürfe nicht der Eindruck entstehen, daß die Einheit in Freiheit mehr als Bürde denn als Chance begriffen werde".
6 Nach Eppler spricht Hermann Heinemann, der Lafontaine auffordert, den Parteivorsitz zu übernehmen. Norbert Gansel schließt sich dem an.
7 Auch Rudolf Scharping bittet Lafontaine, den Parteivorsitz zu übernehmen und sich schnell zu entscheiden. Rudolf Dreßler kritisiert, es entstehe ein Problem, „wenn unsere Partei signalisiere, das Leben gehe bis 40, höchstens bis 60 Jahre".
8 Seit der Landtagswahl am 13. Mai 1990 regierte Schröder in Niedersachsen mit einer rot-grünen Koalition. In Berlin war die rot-grüne Regierung am 2. Dezember 1990 klar abgewählt worden. In Hessen fand am 20. Januar 1991 eine Landtagswahl statt, bei der SPD und Grüne die Mehrheit gewannen.
9 An dem von den USA angeführten Truppenaufmarsch am Persischen Golf, der 1991 zur Befreiung des von Irak besetzten Kuwaits führte, nahmen insgesamt 34 Staaten teil. Die Bundesrepublik Deutschland und Japan stellten keine Soldaten, leisteten aber erhebliche finanzielle Beiträge.
10 Schröder bezieht sich auf die Debatte um Missbrauch des Asylrechts. In Artikel 16 des Grundgesetzes hieß es damals: „Politisch Verfolgte genießen Asylrecht."
11 Lafontaine hatte Ende Juli 1990 vorgeschlagen, Artikel 16 des Grundgesetzes um eine Formulierung zu ergänzen, dass Staatsangehörige von Ländern, in denen nachweislich keine Menschenrechtsverlet-

zungen stattfänden (z.B. Polen), keinen Asylantrag in der Bundesrepublik mehr stellen dürften. Vgl. „Große Koalition gegen Grundrecht auf Asyl?", in: *die tageszeitung* vom 1. August 1990.
12 Walter Momper und Hans Eichel wünschen sich Lafontaine als Vorsitzenden.
13 Thierse erklärt, Lafontaine sei nicht der falsche Kandidat gewesen.
14 Lafontaine solle Oppositionsführer werden, so Thierse.
15 Die Politik der SPD sei geeignet, „die Grünen wegzubringen", meint Spöri.
16 Spöri betont, der SPD sei es nicht gelungen, „wirtschaftspolitische Kompetenz zu zeigen". Er verstehe, dass Lafontaine erst einmal eine Pause zum Nachdenken über den Parteivorsitz benötige. Anschließend erklärt Henning Scherf, es sei „von größter Bedeutung", dass erstmals seit 15 Jahren die SPD wieder große Teile der Jugend habe gewinnen können. Lafontaine möge sich dem Appell aller nicht entziehen.
17 Gemeint ist das gemeinsame Papier von SPD und SED mit dem Titel „Der Streit der Ideologien und die gemeinsame Sicherheit" vom 27. August 1987. Vgl. auch Nr. 41, Anm. 9, und Einleitung.
18 Auch Ältere müssten angesprochen werden, so Koschnick.
19 Weiter sagt Lafontaine: Obwohl für die CDU seit dem Frühjahr alles „wie nach einem Drehbuch abgelaufen sei", habe sie um 0,4 % abgenommen, wenn man Bundestags- und Volkskammerwahlergebnis addiere.
20 Zur Übernahme des Parteivorsitzes äußert sich Lafontaine ausweichend: „Es müsse die Gesamtkonstellation stimmen [...]." Peter von Oertzen plädiert dafür, Lafontaine Zeit zu gönnen.
21 Es konnte kein Antrag von Oertzens zu den deutschlandpolitischen Erklärungen des PV aus dem Jahr 1989 ermittelt werden.

22 Ibrahim Böhme räumt ein, dass die SPD in den neuen Bundesländern „keine Volkspartei" sei. Die Arbeiter hätten sie nicht gewählt. Er forderte Lafontaine auf, den Vorsitz zu übernehmen. Dem schloss sich Inge Wettig-Danielmeier an. Reinhard Höppner meint, Fraktions- und Parteivorsitz gehörten in eine Hand.
23 Klose plädiert für eine schnelle Klärung der Führungsfrage.
24 Das Ziel der SDP sei damals die Zweistaatlichkeit gewesen, erklärt Ringstorff.
25 Wie Gansel sei er, Ringstorff, für Lafontaine als Vorsitzenden.
26 Zöpel und danach auch Wolfgang Roth halten eine Entscheidung über den Vorsitz innerhalb von vier bis sechs Wochen für erforderlich.
27 Ehmke kündigt an, nicht mehr als stellvertretender Fraktionsvorsitzender zu kandidieren, um Jüngeren Platz zu machen. Er appelliert an Oskar Lafontaine, der einstimmigen Bitte des Präsidiums zu entsprechen und den Vorsitz der Partei zu übernehmen. Darauf antwortet Lafontaine, „er sehe sich immer wieder von außen unter Druck gesetzt, auch jetzt durch eine mit ihm nicht abgestimmte Erklärung. Dies entspreche nicht den menschlichen Dimensionen, ihm Zeit für die erforderlichen Überlegungen und Diskussionen zu lassen".
28 Däubler-Gmelin meint, die Entscheidung zum Parteivorsitz müsse nicht heute unter Druck fallen. Im Anschluss sieht Susi Möbbeck keinen Einfluss der Haltung der SPD zum Einigungsprozess auf das Wahlergebnis. Ruth Winkler wundert sich, dass die Frage der Einheit nun erneut debattiert werde.
29 Wieczorek-Zeul ist der Ansicht, dass über die Frage des Parteivorsitzes bald entschieden werden muss. Volker Hauff hingegen erkennt „keinen Anlass, jetzt in Hektik zu verfallen". Die SPD müsse sich nun

auf die Einheit einstellen. Karl-Heinz Hiersemann widerspricht dem Eindruck, Lafontaine habe „Einwände gegen die Einheit gehabt". Ihm solle für die Entscheidung über den Parteivorsitz Zeit gegeben werden. Anke Brunn teilt diese Position. Regine Hildebrandt meint, Lafontaine „sei in der Lage, die soziale Komponente der Einheit darzustellen". Käthe Woltemath wünscht sich Lafontaine auch künftig als Kanzlerkandidaten. Anke Fuchs erklärt, die SPD habe in der Frage der deutschen Einheit „neben dem Lebensgefühl gelegen". Lafontaine solle aber den Vorsitz übernehmen. Auch Magdalene Hoff sieht dies so. Klaus Matthiesen erblickt die Aufgabe der SPD darin, die Grünen überflüssig zu machen. „Hierzu habe Oskar Lafontaine einen wesentlichen Beitrag geleistet."

30 Die SPD, so Vogel, habe die richtigen politischen Konzepte.

31 Zu diesem zweiten Diskussionsbeitrag Brandts vgl. auch Einleitung.

32 Vogel stellt fest, dass der PV die Erklärung des Präsidiums zur Bundestagswahl zustimmend zur Kenntnis genommen habe. Damit endeten die Beratungen zum Tagesordnungspunkt „Ergebnis der Bundestagswahl".

Nr. 76

1 Brandt sprach damals als Alterspräsident zur Eröffnung der ersten Sitzung des 12. Bundestages. Vgl. Verhandlungen des Deutschen Bundestages, Stenographische Berichte, 12. Wahlperiode, 1. Sitzung vom 20. Dezember 1990, S. 1–5.

2 Eine Anspielung Brandts auf die Erstürmung der Sendezentrale des Rundfunks in Vilnius durch sowjetische Truppen in der Nacht zum 13. Januar 1991, bei der 14 Menschen getötet wurden. Litauen befand sich zu diesem Zeitpunkt auf dem Wege der Loslösung von der UdSSR hin zur staatlichen Selbständigkeit.

3 Auch die Bundesregierung verurteilte den sowjetischen Militäreinsatz in Litauen. Vgl. die Regierungserklärung von Bundeskanzler Kohl in: Verhandlungen des Deutschen Bundestages, Stenographische Berichte, 12. Wahlperiode, 2. Sitzung vom 14. Januar 1991, S. 23 f.

4 Gemeint sind die KSZE-Schlussakte von Helsinki vom 1. August 1975 und die Erklärung des KSZE-Treffens der Staats- und Regierungschefs in Paris („Charta von Paris für ein Neues Europa") vom 21. November 1990. Dokumentiert in: EA 30 (1975) 17, S. D 437–D 484, sowie EA 45 (1990) 24, S. D 656–664.

5 Im 2+4-Vertrag vom 12. September 1990 war der Abzug der Roten Armee von deutschem Boden bis Ende 1994 vereinbart worden. Einen Monat später hatten die Bundesrepublik und die Sowjetunion dazu den Vertrag „über die Bedingungen des befristeten Aufenthalts und die Modalitäten des planmäßigen Abzugs" der sowjetischen Truppen aus Deutschland unterzeichnet. Nach seiner Ratifizierung trat dieses Abkommen am 5. Mai 1991 in Kraft.

6 Am 29. November 1990 hatte der UN-Sicherheitsrat mit der Resolution 678 ein Ultimatum an den Irak gerichtet, das den Abzug der irakischen Truppen aus Kuwait bis zum 15. Januar 1991 verlangte. Der Irak kam dieser Forderung nicht nach. Am 17. Januar 1991 begann die von den USA geführte Koalition mit den angedrohten militärischen Operationen, um Kuwait zu befreien.

7 In Bagdad hatte der UN-Generalsekretär am 13. Januar 1991 vergeblich versucht, den Irak zum Rückzug zu bewegen.

8 Vgl. Nr. 73 und 74.

9 Siehe Wischnewskis Bericht und das Schreiben Brandts in: AdsD, WBA, A 10.1 (Büroleiter: K. Lindenberg), 181.
10 Vgl. Anm. 6.
11 Vgl. Verhandlungen des Deutschen Bundestages, Stenographische Berichte, 11. Wahlperiode, 235. Sitzung vom 15. November 1990, S. 18842–18846.
12 Brandt meint die bis zum 2. Oktober 1990 gültigen alliierten Vorbehaltsrechte.
13 Am 8./9. September 1990 hatten sich US-Präsident Bush und der sowjetische Staatschef Gorbatschow in der finnischen Hauptstadt getroffen.
14 Brandt bezieht sich auf Pläne für ein Treffen der Außenminister Italiens, Luxemburgs und der Niederlande mit ihrem irakischen Amtskollegen Tarik Aziz in Luxemburg. Dieser zog jedoch ein Gesprächsangebot von US-Außenminister James Baker vor. Aziz' Gegeneinladung nach Bagdad lehnte die EG ab. Zu den Details vgl. „Im zweiten Rang", in: *Stuttgarter Zeitung* vom 5. Januar 1991, „Poos sieht keine Chance für Gespräche", in: *Süddeutsche Zeitung* vom 11. Januar 1991, und „Vorerst keine EG-Delegation in den Irak", in: *Frankfurter Allgemeine Zeitung* vom 15. Januar 1991.
15 Zu Mitterrands Rede vor der UNO vgl. Nr. 73, Anm. 3. Zum Sieben-Punkte-Plan vgl. Blätter für deutsche und internationale Politik 36 (1991) 3, S. 260.
16 Die Erklärung über den Nahen Osten, die der Europäische Rat am 12./13. Juni 1980 in Venedig verabschiedete, ist dokumentiert in: EA 35 (1980) 14, S. D 382 f.
17 Die PLO stellte sich in dem Konflikt an die Seite des Irak. Vgl. *Der Spiegel*, Nr. 3 vom 14. Januar 1991, S. 121.
18 Gemeint ist das Münchner Abkommen von 1938, mit dem Frankreich und Großbritannien der Abtretung des bis dahin tschechoslowakischen Sudetengebietes an Deutschland zustimmten, um einen Krieg zu verhindern und das Überleben der Tschechoslowakei – die nicht zu den Verhandlungen hinzugezogen war – zu sichern. Diese „Appeasement"-Politik scheiterte, Hitler setzte seine aggressive Außenpolitik fort.

Nr. 77

1 Artikel 2, Absatz 1, des Einigungsvertrages lautet: „Hauptstadt Deutschlands ist Berlin. Die Frage des Sitzes von Parlament und Regierung wird nach der Herstellung der Einheit Deutschlands entschieden."
2 Am 30. September 1949 hatte das Parlament erstmals beschlossen: „Der Bundestag bekennt sich zu Berlin als dem demokratischen Vorposten Deutschlands. Er erklärt feierlich vor aller Welt, daß nach dem Willen des deutschen Volkes Groß-Berlin Bestandteil der Bundesrepublik Deutschland und ihre Hauptstadt sein soll." Am 3. November 1949 bekräftigte der Bundestag, „die leitenden Bundesorgane seien nach Berlin zu verlegen, ‚sobald allgemeine, freie, gleiche, geheime und direkte Wahlen in ganz Berlin und in der sowjetischen Besatzungszone' durchgeführt seien". Vgl. Brandt, Willy: Von Bonn nach Berlin. Eine Dokumentation zur Hauptstadtfrage, Berlin 1957, S. 14–16.
3 Brandt hatte als Alterspräsident zur Eröffnung der ersten Sitzung des 12. Bundestages gesprochen. Vgl. Verhandlungen des Deutschen Bundestages, Stenographische Berichte, 12. Wahlperiode, 1. Sitzung vom 20. Dezember 1990, S. 1–5. Dort heißt es „Sachkundigen" statt „Kundigen".
4 Brandt spielt auf Artikel 146 des Grundgesetzes an. Vgl. dazu Nr. 68, Anm. 11, und Nr. 69, Anm. 17.

Nr. 78

1   Am 8. Mai 1991 erläuterte Willy Brandt in Bonn mehreren Journalisten, darunter Martin Süskind von der *Süddeutschen Zeitung*, die Vorschläge der „Stockholmer Initiative zu globaler Sicherheit und Weltordnung" für die Reform der Vereinten Nationen. Die Redaktion der *Süddeutschen Zeitung* dokumentierte nur Brandts Äußerungen zu Deutschlands künftiger Rolle in der UNO und zum Abzug der sowjetischen Truppen. Beim Kürzen fügte sie an den entsprechenden Stellen drei Punkte ein. Zur „Stockholmer Initiative" vgl. Berliner Ausgabe, Bd. 8, S. 97 f.

2   Die Charta der Vereinten Nationen besagt in Artikel 43, dass jedes Mitglied sich verpflichtet, nach einem Scheitern friedlicher Mittel zur Konfliktregelung „dem Sicherheitsrat auf sein Ersuchen Streitkräfte zur Verfügung [zu] stellen [...]". Vgl. http://www.unric.org/index.php?option=com_content&task=view&id=108&Itemid=196&limit=1&limitstart=7 (22. Januar 2008).

3   Brandt konnte sich in der SPD nicht mit dem Vorhaben durchsetzen, eine deutsche Beteiligung auch an friedenserzwingenden UN-Einsätzen zu ermöglichen. Der Kompromiss, den er mittrug, beschränkte die Beteiligung der Bundeswehr auf friedenserhaltende Aktionen der Vereinten Nationen (sogenannte Blauhelm-Missionen). Um dies zu ermöglichen, plädierten die Sozialdemokraten für eine Änderung des Grundgesetzes. Vgl. die Berichterstattung in *die tageszeitung* vom 28. und 30. Mai 1991 sowie den Beschluss in: Protokoll vom Parteitag [der SPD] in Bremen, 28.–31. Mai 1991, Bonn 1991, S. 649–653.

4   Die letzten sowjetischen Truppen zogen schließlich am 31. August 1994 aus Deutschland ab. Vgl. auch Nr. 76, Anm. 5.

Nr. 79

1   Die Fragen stellte Hans-Werner Loose.
2   Im Folgenden äußert sich Brandt zu den Perspektiven der Parteien in den neuen Bundesländern.
3   Am 5. September 1991 hatte der Kongress der Volksdeputierten die Umwandlung der Sowjetunion in einen Bund unabhängiger Republiken beschlossen.
4   Gemeint ist der Putschversuch konservativer Kräfte der KPdSU gegen Staatspräsident Gorbatschow vom 18.–21. August 1991.
5   Der russische Präsident Boris Jelzin war der Anführer der Gegenkräfte, die den Putschversuch gegen Gorbatschow zum Scheitern gebracht hatten.
6   Am 25. Juni 1991 hatten sich Kroatien und Slowenien für unabhängig erklärt. Die serbisch dominierte Zentralregierung ordnete daraufhin den Einsatz von Militär an. Während es mit Slowenien seit Anfang Juli zu keinen militärischen Auseinandersetzungen mehr kam, entbrannte der Krieg mit Kroatien um so heftiger.
7   Zum Golfkrieg vgl. die Einleitung sowie Nr. 73, 74 und 76. Zur Krise in Moskau vgl. Anmerkung 4.
8   Vgl. Nr. 74, Anm. 6.
9   Vgl. Nr. 43, Anm. 14 und 16.
10   Die Nord-Süd-Beziehungen sind Thema des Schlussabschnittes.

Nr. 80

1   Mit Brandt sprachen Charlotte Wiedemann, Heinrich Jaenecke und Hans-Peter Schütz. Heft 1 des Jahrganges 1992 erschien bereits vor Weihnachten 1991.
2   In einem Interview mit dem *Kölner Stadt-Anzeiger* vom 2. Oktober 1991 hatte Brandt dafür plädiert, sich „zu beeilen bei den Fällen, die eine rechtliche Klärung erfahren müssen und da nicht bei den Klei-

nen anzufangen, sondern bei den wirklich Verantwortlichen".

3   Auch der frühere DDR-Bürgerrechtler Wolfgang Ullmann trug diesen Vorschlag mit. Vgl. das Interview von Wolfgang Thierse für *die tageszeitung* vom 26. November 1991.

4   Der Bundesbeauftragte für die Unterlagen des Staatssicherheitsdienstes der ehemaligen DDR.

5   Im Dezember 1989 war in der DDR ein Ermittlungsverfahren wegen Amtsmissbrauchs und Hochverrats gegen Honecker eingeleitet worden. Nachdem Ende November 1990 gegen ihn ein Haftbefehl ausgestellt worden war, floh der ehemalige Staatsratsvorsitzende in ein sowjetisches Militärhospital in Beelitz-Heilstätten. Am 13. März 1991 flog Erich Honecker von dort nach Moskau. Am 16. November 1991 erreichte ihn ein Ausweisungsbeschluss der russischen Regierung, woraufhin er in der chilenischen Botschaft in Moskau Asyl suchte.

6   Klose hatte der Forderung der SPD nach einem sofortigen Ende der Kämpfe widersprochen und erklärt, Saddam Hussein müsse niedergekämpft werden. Vgl. "SPD: In den Wolken", in: *Der Spiegel*, Nr. 6 vom 4. Februar 1991, S. 36 f.

7   Brandt bezieht sich auf den Beschluss des SPD-Parteitages Ende Mai 1991 in Bremen zur Außen-, Friedens- und Sicherheitspolitik. Vgl. auch Nr. 78, Anm. 3

8   So das Motto auf SPD-Plakaten zur Bundestagswahl 1972.

9   Seit Ende August 1991 war es vor allem in den neuen Ländern zu Überfällen auf Asylbewerber- und Aussiedlerwohnheime gekommen. So hatten Rechtsradikale zwischen dem 17. und 23. September 1991 im sächsischen Hoyerswerda ein Ausländerwohnheim mit Steinen, Flaschen, Stahlkugeln und Benzinbomben angegriffen. Diese Ausschreitungen bildeten den Auftakt für eine Serie von ausländerfeindlichen Anschlägen im gesamten Bundesgebiet. Vgl. AdG 61 (1991), S. 36068.

10   Artikel 16, Absatz 2, zweiter Satz lautete damals: "Politisch Verfolgte genießen Asylrecht."

11   Gemeint ist das EU-Gipfeltreffen in Maastricht vom 9.–11. Dezember 1991.

12   Brandt äußert sich zur Lage der SPD.

13   Am 10. Oktober 1991 hatte sich Brandt einer Darmkrebsoperation unterziehen müssen.

Nr. 81

1   Vorlage ist eine Kopie des Schreibens.

2   Im August 1991 scheiterte ein Putschversuch gegen Gorbatschow, im Dezember 1991 wurde die Sowjetunion aufgelöst.

3   Brandt und Gorbatschow trafen am 5. März 1992 zu einem Gespräch in Bonn zusammen. Vgl. Berliner Ausgabe, Bd. 8, Nr. 115.

4   Hs. unterzeichnet.

Nr. 82

1   Das Gespräch führten Paul Lersch und Klaus Wirtgen.

2   Vgl. Nr. 1, Anm. 10 und 17.

3   Zur "Charta 77" vgl. Nr. 38, Anm. 1.

4   Brandt hatte Sacharow am 6. April 1988 in dessen Moskauer Wohnung getroffen.

5   Brandt hatte Prag und Bratislava vom 7.–10. November 1985 besucht. Vgl. dazu auch Nr. 15, Anm. 4.

6   Brandt meint eigentlich seinen Besuch in Moskau im Oktober 1989. Vgl. Nr. 54.

7   Vgl. Nr. 30, Anm. 16, Nr. 31 und Einleitung.

8   Gemeint ist das gemeinsame Papier von SPD und SED mit dem Titel "Der Streit der Ideologien und die gemeinsame Sicher-

heit" vom 27. August 1987. Vgl. Nr. 41, Anm. 9.

9 Brandt antwortet auf Fragen zur außenpolitischen Diskussion in der SPD. Vieles sei noch offen, weil keiner wisse, wie sich „diese neue Weltunordnung" entwickele. Unklar sei auch der Verbleib der taktischen Atomwaffen der aufgelösten Sowjetunion.

10 Die SPD hatte beabsichtigt, mit ihrer Mehrheit im Bundesrat die Verabschiedung des Steueränderungsgesetzes 1992 zu verhindern. Es beinhaltete eine Erhöhung der Mehrwertsteuer und die Beendigung von Strukturhilfen für finanzschwache westliche Bundesländer, um den „Fonds Deutsche Einheit" zu finanzieren. Schließlich stimmten jedoch Berlin und Brandenburg, an deren Landesregierungen die SPD beteiligt war, am 14. Februar 1992 mit den CDU/CSU-geführten Ländern. Vgl. *die tageszeitung* vom 15. Februar 1992.

11 Brandt äußert sich zu den finanziellen Lasten der deutschen Einheit und zum Umgang mit der DDR-Geschichte, zu den Akten des Ministeriums für Staatssicherheit und zur Diskussion um Kontakte des brandenburgischen Ministerpräsidenten, Manfred Stolpe, zu diesem Ministerium.

12 Eine Äußerung Gersters mit diesem Wortlaut ist nicht nachweisbar. In einer Sitzung des Bundestages hatte er sich jedoch an eine PDS-Abgeordnete mit den Worten gewandt: „Sie, Frau Jelpke, könnten mehr als durch Reden glaubwürdig einen Beitrag leisten, wenn Sie den früheren Befehlshaber der Stasi in Dresden, Herrn Modrow, auffordern würden, sein Mandat im Bundestag niederzulegen." Verhandlungen des Deutschen Bundestages, Stenographische Berichte, 12. Wahlperiode, 57. Sitzung, 14. November 1991, S. 4691.

13 Horn erhielt 1990 den Internationalen Karlspreis der Stadt Aachen für seine Verdienste um die Überwindung der Teilung Europas.

14 Diese Passage des Interviews wurde von mehreren Zeitungen aufgegriffen. So veröffentlichte die *Sächsische Zeitung* sie am 9. März 1992 im Wortlaut in ihrer Rubrik „Zeit im Zitat".

15 Im Schlussteil plädiert Brandt dafür, dass im Umgang mit der DDR-Vergangenheit „Gerechtigkeit im Verhältnis zum Recht nicht zu kurz" kommen solle.

Nr. 83

1 Der SPD-Pressedienst dokumentierte die Rede Brandts in zwei Folgen.

2 In den ersten beiden Abschnitten seiner Rede gratuliert Brandt der Vereinigung zum zehnjährigen Bestehen, setzt sich kurz mit den aktuellen Gefährdungen des Friedens auseinander und würdigt die Rolle der Friedensbewegungen bei der Überwindung der Ost-West-Konfrontation.

3 Im Dezember 1991 wurde die Sowjetunion aufgelöst, womit Gorbatschow sein Staatsamt verlor.

4 Am 31. Juli 1991 hatten die USA und die Sowjetunion den START-Vertrag geschlossen. Damit wurden die strategischen Atomwaffenarsenale auf beiden Seiten um ein gutes Drittel auf jeweils 1600 Trägersysteme und 6.000 nukleare Gefechtsköpfe reduziert. Vgl. *Rühl, Lothar*: Der START-Vertrag. Eine erste Reduzierung strategischer Angriffswaffen, in: EA 46 (1991) 20, S. 583–592. Zu den Vorschlägen des amerikanischen Präsidenten Bush und des russischen Präsidenten Jelzin vom Januar 1992 vgl. „So weit und nicht weiter", in: *Der Spiegel*, Nr. 6 vom 3. Februar 1992, S. 144–146.

5 Weitergabe, Weiterverbreitung.

6 *Machiavelli, Niccolò*: Il Principe/Der Fürst. Italienisch/Deutsch. Übersetzt und hrsg. von *Philipp Rippel*, Stuttgart 1986,

S. 129. Dort lautet dieser Passus: „[...] da es aber schwerfällt, beides zu vereinigen, ist es viel sicherer, gefürchtet als geliebt zu werden [...]".

7   Die fünf ständigen Mitglieder des UN-Sicherheitsrats – die USA, Russland (vormals Sowjetunion), Großbritannien, Frankreich und die Volksrepublik China (bis 1971 Taiwan) – können Entscheidungen dieses Gremiums mit einem Veto blockieren. Bis Ende 1991 hatte die Sowjetunion 119 Vetos eingelegt, die USA 59, Großbritannien 32, Frankreich 18 und die Volksrepublik China 2. Die Mehrzahl der sowjetischen Einsprüche wurde vor 1965 ausgesprochen, seither gab es deutlich mehr amerikanische als sowjetische Vetos. Eigene Berechnungen auf der Grundlage von http://www.globalpolicy.org/security/data/vetotab.htm (12. August 2008). In San Francisco war die Organisation der Vereinten Nationen 1945 gegründet worden.

8   Gemeint sind der Angriff des Irak auf Kuwait im Jahre 1990 und die Vertreibung der Invasoren durch eine US-geführte Koalition im Auftrag der Vereinten Nationen 1991. Vgl. Nr. 76, Anm. 6.

9   Vgl. dazu Berliner Ausgabe, Bd. 8, Nr. 113.

10 Am 31. Januar 1992 hatten sich die Mitglieder des UN-Sicherheitsrates getroffen und über Möglichkeiten zur Stärkung der Vereinten Nationen beraten. Generalsekretär Boutros-Ghali erhielt den Auftrag, bis zum Sommer 1992 geeignete Vorschläge zu entwickeln. Vgl. Blätter für deutsche und internationale Politik 37 (1992) 2, S. 262.

11 Im August 1991 war ein Putschversuch konservativer Kräfte der KPdSU gegen Staatspräsident Michail Gorbatschow misslungen.

12 1991 hatte die von Serben dominierte Jugoslawische Volksarmee, unterstützt von serbischen Freischärlern, vergeblich versucht, die Unabhängigkeit Kroatiens zu verhindern. 1992 hielten die Kämpfe in Kroatien an und griffen auf Bosnien-Herzegowina über.

13 Der Nordatlantische Kooperationsrat war Ende 1991 von der NATO ins Leben gerufen worden. Er sollte die Zusammenarbeit mit den osteuropäischen Staaten und den Nachfolgestaaten der Sowjetunion institutionalisieren. Vgl. http://www.nato.int/docu/handbook/2001/hb020201.htm (18. Januar 2008).

14 Am 16. Dezember 1991 war von den EG-Außenministern eine Erklärung zur Lage in Jugoslawien verabschiedet worden, welche dieses Ersuchen enthielt. Sie ist dokumentiert in: Blätter für deutsche und internationale Politik 37 (1992) 2, S. 240.

15 Im letzten Teil seiner Rede äußert sich Brandt zur ungefähren Höhe und möglichen Verwendung der „Friedensdividende", also des Betrages, der durch die Reduzierung der Militärausgaben nach Ende des Kalten Krieges eingespart werden sollte. Vgl. dazu Berliner Ausgabe, Bd. 8, Nr. 107.

Nr. 84

1   Brandt sprach auf Einladung der Luxemburger Sozialistischen Arbeiterpartei (LSAP). Für das Manuskript der Rede siehe AdsD, WBA, A 19, 242.

2   In der gedruckten Fassung steht: „die", im Manuskript der Rede jedoch das korrekte „in".

3   Am 9./10. Dezember 1991 hatten sich die Staats- und Regierungschef der EG bei ihrem Gipfeltreffen in der niederländischen Stadt Maastricht über eine grundsätzliche Reform der Europäischen Gemeinschaften verständigt. Sie einigten sich auf den Entwurf des Vertrages über die Europäische Union, der u. a. das Europäische Parlament

stärkte, die Gemeinsame Außen- und Sicherheitspolitik begründete und die Einführung einer gemeinsamen Währung bis spätestens 1. Januar 1999 vorsah. Am 7. Februar 1992 wurde der Vertrag unterzeichnet, ebenfalls in Maastricht.

4 Großbritannien trat dem in Maastricht vereinbarten Protokoll über eine vertiefte Integration in der Sozialpolitik nicht bei.

5 Vgl. Nr. 22, Anm. 6.

6 Bis auf Island und Liechtenstein stellten zwischen 1989 und 1992 die zur EFTA gehörenden Staaten Anträge zur Aufnahme in die Europäische Gemeinschaft. Österreich, Schweden und Finnland traten der EU 1995 bei. In Norwegen und der Schweiz verhinderten Volksabstimmungen Verhandlungen über den Beitritt.

7 Die Türkei hatte 1987 einen Antrag auf Vollmitgliedschaft in der EG gestellt, der 1990 vorerst abgelehnt worden war.

8 In Wien befand sich das Konfliktverhütungszentrum der KSZE (seit 1994: OSZE), in Warschau hatte das Büro für freie Wahlen seinen Sitz, in Prag arbeitete das Sekretariat.

9 Die Erklärung des KSZE-Treffens der Staats- und Regierungschefs in Paris („Charta von Paris für ein Neues Europa") vom 21. November 1990 ist dokumentiert in: EA 45 (1990) 24, S. D 656–D 664.

10 Zum Zeitpunkt von Brandts Rede waren dies: Albanien, Armenien, Aserbaidschan, Bosnien-Herzegowina, Estland, Georgien, Kasachstan, Kirgisistan, Kroatien, Lettland, Litauen, Moldawien, Slowenien, Tadschikistan, Turkmenistan, Ukraine, Usbekistan und Weißrussland.

11 Vgl. Nr. 83, Anm. 13.

12 Vgl. ebd., Anm. 14.

13 Gedruckte Fassung: „Vereinigte", Redemanuskript: „Vereinte".

14 Wie Anm. 13.

15 Wie Anm. 13.

16 Vom 3.–14. Juni 1992 tagte die UN-Konferenz über Umwelt und Entwicklung in Rio de Janeiro. Sie verabschiedete u. a. eine Artenschutz- und eine Klimaschutzkonvention.

Anhang

Quellen- und Literaturverzeichnis

Archivalische Quellen

Willy-Brandt-Archiv im Archiv der sozialen Demokratie der Friedrich-Ebert-Stiftung, Bonn
Persönliche Unterlagen/biographische Materialien 1913–1992 (A 1)
Publizistische Äußerungen Willy Brandts 1933–1992 (A 3)
Schriftwechsel/Aufzeichnungen geheim/vertraulich (A 9)
Abgeordnetentätigkeit (A 10)
    Deutscher Bundestag (A 10.1)
Sozialdemokratische Partei Deutschlands (Parteiführung) 1964–1987 (A 11)
    Persönliche Korrespondenz A-Z 1981–1986 (A 11.2)
    Präsidium, Bundesminister, Staatssekretäre A-Z 1964–1986 (A 11.3)
    Erich-Ollenhauer-Haus, zentrale Arbeitsgemeinschaften und Verbände (A 11.4)
    Ausländische Regierungen, Parteien, Bewegungen A-Z 1976–1987 (A 11.15)
    Einzelthemen (A 11.16)
Sozialistische Internationale 1976–1992 (A 13)
Reisen und Veranstaltungen (A 19)
Schriftgut Unkel (Akten) (B 25)
Archiv der sozialen Demokratie der Friedrich-Ebert-Stiftung, Bonn
Depositum Egon Bahr
Depositum Horst Ehmke
NL Heinrich Albertz
NL Eugen Selbmann
SPD-Bundestagsfraktion
SPD-Parteivorstand
SPD-Präsidiumsprotokolle
Ton- und Filmarchiv

Bundesarchiv
  Stiftung Archiv der Parteien und Massenorganisationen der DDR im Bundesarchiv
  Sozialistische Einheitspartei Deutschlands (DY30)
Bundesbeauftragte für die Unterlagen des Staatssicherheitsdienstes der ehemaligen Deutschen Demokratischen Republik, Berlin
  Archiv der Zentralstelle
    Hauptabteilung VI (Passkontrolle, Tourismus, Interhotel)
    Hauptabteilung VIII (Beobachtung, Ermittlung)
Magyar Országos Levéltár (Ungarisches Landesarchiv), Budapest
  Abteilung V, Aktenbestand der Magyar Szocialista Munkáspárt

Veröffentlichte Quellen

I. Veröffentlichungen Willy Brandts

Brandt, Willy: Von Bonn nach Berlin. Eine Dokumentation zur Hauptstadtfrage, Berlin 1957.

Brandt, Willy: Mit Herz und Hand. Ein Mann in der Bewährung, Hannover 1962.

Brandt, Willy: Begegnungen mit Kennedy, München 1964.

Bundeskanzler Willy Brandt: Reden und Interviews, Hamburg 1971.

Brandt, Willy: Begegnungen und Einsichten. Die Jahre 1960–1975, Hamburg 1976.

Brandt, Willy: Links und frei. Mein Weg 1930–1950, Hamburg 1982.

Brandt, Willy: Avspenningspolitikk – det rette nå, in: Dynamitt og hestehov. Reiulf Steen femti år. Redigert av *Magne Nedregaard*, Oslo 1983, S. 84–92.

Brandt, Willy: Die Chancen der Geschichte suchen, in: Reden über das eigene Land: Deutschland, München 1984, S. 57–70.

Brandt, Willy: Sicherheit gibt es nur miteinander, in: *Sozialdemokratischer Pressedienst*, Nr. 140 vom 26. Juli 1985.

Brandt, Willy: Menschenrechte mißhandelt und mißbraucht, Reinbek 1987.

Brandt, Willy/Berghaus, Ruth, u. a.: Berliner Lektionen, Berlin 1989.

Brandt, Willy: Erinnerungen, Frankfurt/Main 1989.
Brandt, Willy: „...was zusammengehört". Reden zu Deutschland, Bonn 1990.
Brandt, Willy: Auf dem Weg zu einer neuen Architektur Europas. Cahiers Socialistes Européens, Nouvelle Série, Nr 5, Luxemburg 1992.
Brandt, Willy: „...was zusammengehört". Über Deutschland, Bonn 1993.
Brandt, Willy: Erinnerungen. Mit den „Notizen zum Fall G", Berlin und Frankfurt/Main 1994.
Brandt, Willy: Zwei Vaterländer. Deutsch-Norweger im schwedischen Exil – Rückkehr nach Deutschland 1940–1947, bearb. von *Einhart Lorenz,* Bonn 2000 (Berliner Ausgabe, Band 2).
Brandt, Willy: Mehr Demokratie wagen. Innen- und Gesellschaftspolitik 1966–1974, bearb. von *Wolther v. Kieseritzky,* Bonn 2001 (Berliner Ausgabe, Band 7).
Brandt, Willy: Hitler ist nicht Deutschland. Jugend in Lübeck – Exil in Norwegen 1928–1940, bearb. von *Einhart Lorenz,* Bonn 2002 (Berliner Ausgabe, Band 1).
Brandt, Willy: Die Partei der Freiheit. Willy Brandt und die SPD 1972–1992, bearb. von *Karsten Rudolph,* Bonn 2002 (Berliner Ausgabe, Band 5).
Brandt, Willy: Die Entspannung unzerstörbar machen. Internationale Beziehungen und deutsche Frage 1974–1982, bearb. von *Frank Fischer,* Bonn 2003 (Berliner Ausgabe, Band 9).
Brandt, Willy: Berlin bleibt frei. Politik in und für Berlin 1947–1966, bearb. von *Siegfried Heimann,* Bonn 2004 (Berliner Ausgabe, Band 3).
Brandt, Willy: Ein Volk der guten Nachbarn. Außen- und Deutschlandpolitik 1966–1974, bearb. von *Frank Fischer,* Bonn 2005 (Berliner Ausgabe, Band 6).
Brandt, Willy: Über Europa hinaus. Dritte Welt und Sozialistische Internationale, bearb. von *Bernd Rother* und *Wolfgang Schmidt,* Bonn 2006 (Berliner Ausgabe, Band 8).
Brandt, Willy: Verbrecher und andere Deutsche. Ein Bericht aus Deutschland 1946, bearb. von *Einhart Lorenz,* Bonn 2007 (Willy-Brandt-Dokumente, Band 1).

II. Editionen, zeitgenössische Dokumente, Erinnerungen

Abgeordnetenhaus von Berlin, 11. Wahlperiode, Plenarprotokoll 17. Sitzung, 10. November 1989.

Adenauer, Konrad: Erinnerungen 1945–1953, 6. Auflage, Stuttgart 1987.

Akten zur Auswärtigen Politik der Bundesrepublik Deutschland, Band 1: Adenauer und die Hohen Kommissare 1949–1951, bearb. von *Frank-Lothar Kroll* und *Manfred Nebelin*, München 1989.

Akten zur Auswärtigen Politik der Bundesrepublik Deutschland 1969, bearb. von *Franz Eibl* und *Hubert Zimmermann*, München 2000.

Die Auswärtige Politik der Bundesrepublik Deutschland, hrsg. vom Auswärtigen Amt, Köln 1972.

Außenpolitik der Bundesrepublik Deutschland. Dokumente von 1949 bis 1994, hrsg. aus Anlaß des 125. Jubiläums des Auswärtigen Amts, Köln 1995.

Bahr, Egon: Zu meiner Zeit, München 1996.

Boveri, Margret: Die Deutschen und der Status quo, München 1974.

Bräutigam, Hans Otto: Ständige Vertretung. Meine Jahre in Ost-Berlin, Hamburg 2009.

Brockhaus Enzyklopädie in zwanzig Bänden, Band 11 (L-MAH), Wiesbaden 1970.

Bundesdelegierten-Konferenz und Außerordentlicher Parteitag der Sozialdemokratischen Partei Deutschlands, Köln, 18. und 19. November 1983, Protokoll der Verhandlungen und Anhang, Bonn o. J.

Dienstbier, Jiří: Träumen von Europa, Berlin 1991.

Dokumente zur Deutschlandpolitik, Reihe IV, Band 7: 12. August bis 31. Dezember 1961, bearb. von *Gisela Biewer*, Frankfurt/Main 1976.

Dokumente zur Deutschlandpolitik. Deutsche Einheit. Sonderedition aus den Akten des Bundeskanzleramtes 1989/90, bearb. von *Hanns Jürgen Küsters* und *Daniel Hofmann*, München 1998.

Dokumente zur Deutschlandpolitik, VI. Reihe, Band 1: 21. Dezember 1969–31. Dezember 1970, bearb. von *Daniel Hofmann*, München 2002.

Dowe, Dieter/Klotzbach, Kurt (Hrsg.): Programmatische Dokumente der deutschen Sozialdemokratie, 4. überarb. und aktual. Auflage, Bonn 2004.

Ehmke, Horst: Mittendrin. Von der Großen Koalition zur Deutschen Einheit, Reinbek 1996.

Ehmke, Horst: Wege zur Sicherheitspartnerschaft. Aus der Tätigkeit der gemeinsamen Arbeitsgruppe von SPD-Bundestagsfraktion und PVAP, in: Blätter für deutsche und internationale Politik 31 (1986), S. 669–674.

Der Freiheit verpflichtet. Gedenkbuch der deutschen Sozialdemokratie im 20. Jahrhundert, hrsg. vom Vorstand der Sozialdemokratischen Partei Deutschlands, Marburg 2000.

Genscher, Hans-Dietrich: Erinnerungen, Berlin 1995.

Glotz, Peter: Von Heimat zu Heimat. Erinnerungen eines Grenzgängers, Berlin 2005.

Gorbatschow in Bonn. Die Zukunft der deutsch-sowjetischen Beziehungen – Reden und Dokumente vom Staatsbesuch, Köln 1989.

Gorbatschow, Michail: Erinnerungen, Berlin 1995.

Innerdeutsche Beziehungen. Die Entwicklung der Beziehungen zwischen der Bundesrepublik Deutschland und der Deutschen Demokratischen Republik 1980–1986, hrsg. vom Bundesministerium für innerdeutsche Beziehungen, Bonn 1986.

Kotschemassow, Wjatscheslaw: Meine letzte Mission. Fakten, Erinnerungen, Überlegungen, Berlin 1994.

Krenz, Egon: Herbst '89, Berlin 1999.

Lafontaine, Oskar: Das Herz schlägt links, München 1999

Machiavelli, Niccolò: Il Principe/Der Fürst. Italienisch/Deutsch. Übersetzt und hrsg. von *Philipp Rippel,* Stuttgart 1986.

Macht und Moral. Willy Brandt zum 75. Geburtstag, hrsg. von *Johannes Gross,* Frankfurt/Main 1989.

Malycha, Andreas: Auf dem Weg zur SED. Die Sozialdemokratie und die Bildung einer Einheitspartei in den Ländern der SBZ. Eine Quellenedition, Bonn 1996.

Marx, Karl/Engels, Friedrich: Werke. Band 1, Berlin/DDR 1970.

Michnik, Adam: Zwischen Rußland und Deutschland, in: Kultura (deutschsprachige Sonderausgabe), Herbst 1984, S. 33–49.

Napolitano, Giorgio: Dal PCI al socialismo europeo. Un'autobiografia politica, Rom 2006.

Der Palme-Bericht der unabhängigen Kommission für Abrüstung und Sicherheit, Berlin 1982.

Der Parlamentarische Rat 1948–1949. Akten und Protokolle, Band 9: Plenum, bearb. von *Wolfram Werner*, München 1996.

Polkehn, Walter: Zum Mord an Pfarrer Popieluszko: Mit dem Verbrechen sollten die Regierung und die Kirche Polens provoziert werden, in: Sozialdemokratischer Pressedienst, Nr. 214 vom 6. November 1984.

Presseecho zum dritten Europäisch-Amerikanischen Workshop am 25. und 26. Juni 1982 in Bonn, hrsg. von der Studiengruppe Sicherheit und Abrüstung im Forschungsinstitut der Friedrich-Ebert-Stiftung, Bonn 1982.

Protokoll der Verhandlungen des Parteitages der Sozialdemokratischen Partei Deutschlands vom 29. Juni bis 2. Juli 1947 in Nürnberg, Hamburg 1947.

Protokoll der Verhandlungen des Parteitages der Sozialdemokratischen Partei Deutschlands vom 11. bis 14. Mai 1970 in Saarbrücken, Bonn/Hamburg 1970.

Protokoll der Verhandlungen des Parteitages der Sozialdemokratischen Partei Deutschlands vom 3. bis 7. Dezember 1979 in Berlin, Bonn o. J.

Protokoll der Verhandlungen des Parteitages der Sozialdemokratischen Partei Deutschlands vom 19. bis 23. April 1982 in München, Bonn o. J.

Protokoll der Verhandlungen des Parteitages der Sozialdemokratischen Partei Deutschlands vom 17. bis 21. Mai 1984 in Essen, Bonn o. J.

Protokoll der Verhandlungen des Parteitages der Sozialdemokratischen Partei Deutschlands vom 25. bis 29. August 1986 in Nürnberg, Bonn o. J.

Protokoll der Verhandlungen des Programm-Parteitages der Sozialdemokratischen Partei Deutschlands vom 18. bis 20. Dezember 1989 in Berlin, Bonn 1990.
Protokoll der Verhandlungen des Parteitages der Sozialdemokratischen Partei Deutschlands vom 28. bis 31. Mai 1991 in Bremen, Bonn 1991.
Protokoll vom Wahlparteitag der SPD in Offenburg, 25. Oktober 1986, Bonn 1986.
Rau, Johannes: Vertragen statt Rüsten, in: Sozialdemokratischer Pressedienst 38 (1983), Nr. 168 vom 2. September 1983, S. 4–6.
Rau, Johannes/Vogel, Hans-Jochen: Schwerer Rückschlag für Vertrauensbildung, in: *Sozialdemokratischer Pressedienst* 38 (1983), Nr. 168 vom 2. September 1983, S. 1.
Reagan, Ronald: Erinnerungen. Ein amerikanisches Leben, Frankfurt/Main 1990.
Die Reden am 10. November 1989 vor dem Rathaus Schöneberg. Dokumentation Berlin, hrsg. von der Senatskanzlei Berlin, Berlin o. J.
Reden über das eigene Land: Deutschland. *Stefan Heym, Hans Jürgen Syberberg, Alexander Kluge, Gerd Bucerius, Günter Gaus,* München 1983.
Reiff, Klaus: Polen. Als deutscher Diplomat an der Weichsel, Bonn 1990.
Rosen, Klaus-Henning: Menschenrechte konkret: Hilfe der Sozialdemokratie für verfolgte Bürger, in: *Dowe, Dieter (Hrsg.):* Die Ost- und Deutschlandpolitik der SPD in der Opposition 1982–1989. Papiere eines Kongresses der Friedrich-Ebert-Stiftung am 14. und 15. September 1993 in Bonn, Bonn 1993.
Savranskaya, Svetlana/Blanton, Thomas (Ed.): The Reykjavik File – Previously Secret Documents from U.S. and Soviet Archives on the 1986 Reagan-Gorbachev Summit. From the collections of The National Security Archive, George Washington University, Washington D.C. National Security Archive Electronic Briefing Book No. 203, in: http://www.gwu.edu/nsarchiv/NSAEBB/NSAEBB203/index.htm (veröffentlicht am 13. Oktober 2006).

Schmidt, Helmut: Menschen und Mächte, Berlin 1991.

Schmitt, Rudi: Polen auf dem Weg zum inneren Ausgleich. Die große Mehrheit der Bevölkerung hat sich auf die Realitäten eingestellt und will das Beste daraus machen, in: Sozialdemokratischer Pressedienst, Nr. 204 vom 24. Oktober 1985.

Shultz, George P.: Turmoil and Triumph. My Years as Secretary of State, New York 1993.

Soviet Deliberations during the Polish Crisis, 1980–1981. Edited, Translated, Annotated, and Introduced by *Mark Kramer*, Special Working Paper No. 1, Cold War International History Project, Washington, D.C., 1999. http://www.wilsoncenter.org/topics/pubs/ACF56F.PDF (25. März 2009).

Stalin, Josef W.: Über Lenin. Rede auf dem Gedenkabend der Kremlkursanten am 28. Januar 1924, in: *Stalin, Josef W.:* Werke, Band 6: 1924, 2. Auflage, Dortmund 1976.

Stockholm International Peace Research Institute (SIPRI) (Hrsg.): Rüstung und Abrüstung – SIPRI-Jahrbuch 1988, Baden-Baden 1988.

Strauß, Franz Josef: Die Erinnerungen, Berlin 1989.

Texte zur Deutschlandpolitik, hrsg. vom Bundesministerium für innerdeutsche Beziehungen, Bonn 1971–1991.

Thatcher, Margaret: Downing Street No. 10. Die Erinnerungen, Düsseldorf 1993.

Der Umbau Europas. Deutsche Einheit und europäische Integration. Die Frankfurter Römerberg-Gespräche, hrsg. von *Hilmar Hoffmann* und *Dieter Kramer*, Frankfurt/Main 1991.

Verhandlungen des Deutschen Bundestages, Stenographische Berichte, 9.-12. Wahlperiode.

Vogel, Hans-Jochen: Nachsichten. Meine Bonner und Berliner Jahre, München und Zürich 1997.

Vorstand der SPD (Hrsg.): Materialien – Frieden und Abrüstung in Europa. Ergebnisse der gemeinsamen Arbeitsgruppe SPD-PVAP (Vereinigte Polnische Arbeiterpartei), Bonn 1989.

Willy Brandt in Rostock. Hrsg. von der Sozialdemokratischen Partei Deutschlands in der DDR, Rostock o. J.

Zehn Jahre Deutschlandpolitik. Die Entwicklung der Beziehungen zwischen der Bundesrepublik Deutschland und der Deutschen Demokratischen Republik 1969–1979. Bericht und Dokumentation, hrsg. vom Bundesministerium für innerdeutsche Beziehungen, Bonn 1980.

Zukunft für alle – Arbeiten für soziale Gerechtigkeit und Frieden. Regierungsprogramm 1987–1990 der Sozialdemokratischen Partei Deutschlands.

III. Pressedienste, Zeitungen, Zeitschriften

aktuellt i politiken, Stockholm
Archiv der Gegenwart, Königswinter
Bild, Hamburg
Blätter für deutsche und internationale Politik, Berlin
Deutschland Archiv, Gütersloh
Europa-Archiv, Bonn
L'Express, Paris
Der Express, Köln
Le Figaro, Paris
Foreign Affairs, New York
Frankfurter Allgemeine Zeitung, Frankfurt/Main
Frankfurter Rundschau, Frankfurt/Main
Informationen der sozialdemokratischen Bundestagsfraktion, Bonn
Münchner Merkur, München
Die Neue Gesellschaft, Bonn-Bad Godesberg, ab 1985 Die Neue Gesellschaft / Frankfurter Hefte, Bonn
Neues Deutschland, Berlin
New York Times, New York
Midi Libre, Montpellier
Socialist Affairs, London
Sozialdemokraten Service Presse Funk TV, Bonn
Sozialdemokratischer Pressedienst, Bonn
SPD Pressemitteilungen und Informationen, Bonn
Der Spiegel, Hamburg

Der Stern, Hamburg
Stuttgarter Zeitung, Stuttgart
Süddeutsche Zeitung, München
die tageszeitung, Berlin
Vorwärts, Bonn
Die Welt, Bonn/Hamburg
Die Zeit, Hamburg

Darstellungen

Bender, Peter: Das Ende des ideologischen Zeitalters. Die Europäisierung Europas, Berlin 1981.
Bozo, Frédéric: Mitterrand, la fin de la guerre froide et l'unification allemande. De Yalta à Maastricht, Paris 2005.
Brown, Archie: Der Gorbatschow-Faktor. Wandel einer Weltmacht, Oxford und New York 1996.
Brzezinski, Zbigniew: The Future of Yalta, in: Foreign Affairs 63 (1984/85) 2, S. 279–302.
Camus, Albert: Der Mythos des Sisyphos, Reinbek 2004.
Devin, Guillaume: L'Internationale Socialiste, Paris 1993.
Eschenburg, Theodor: Jahre der Besatzung 1945–1949 (Geschichte der Bundesrepublik Deutschland, Band 1), Stuttgart/Wiesbaden 1983.
Fischer, Benjamin B.: A Cold War Conundrum: The 1983 Soviet War Scare, in: https://www.cia.gov/library/center-for-the-study-of-intelligence/csi-publications/books-and-monographs/a-cold-war-conundrum/source.htm#HEADING1-07 (veröffentlicht am 19. März 2007; letztes Update: 7. Juli 2008).
Fischer, Beth A.: The Reagan Reversal: Foreign Policy and the End of the Cold War, Columbia (Missouri) 1997.
Fischer, Frank: „Im deutschen Interesse". Die Ostpolitik der SPD von 1969 bis 1989, Husum 2001.
Fröhlich, Stefan: Nuclear Freeze Campaign. Die Kampagne für das Einfrieren der Nuklearwaffen unter der Reagan-Administration, Opladen 1990.

Garton Ash, Timothy: Im Namen Europas. Deutschland und der geteilte Kontinent, München 1993.

Garton Ash, Timothy: Wächst zusammen, was zusammengehört?, Berlin 2001 (Bundeskanzler-Willy-Brandt-Stiftung, Schriftenreihe, Heft 8), S. 31–41.

Giering, Claus/Jung, Christian: Reform der Europäischen Union, in: *Weidenfeld, Werner* (Hrsg.): Europa-Handbuch, Bonn 1999.

Grachev, Andrei: Gorbachev's Gamble. Soviet Foreign Policy and the End of the Cold War, Cambridge 2008.

Grebing, Helga: Geschichte der deutschen Arbeiterbewegung. Von der Revolution 1848 bis ins 21. Jahrhundert, Berlin 2007.

Grebing, Helga: Willy Brandt. Der andere Deutsche, Paderborn/München 2008.

Grosser, Dieter: Das Wagnis Währungs-, Wirtschafts- und Sozialunion. Politische Zwänge im Konflikt mit ökonomischen Regeln, Stuttgart 1998 (Geschichte der deutschen Einheit, Band 2).

Gutzeit, Martin/Hilsberg, Stephan: Die SDP/SPD im Herbst 1989, in: *Kuhrt, Eberhard* (Hrsg.): Opposition in der DDR von den 70er Jahren bis zum Zusammenbruch der SED-Herrschaft (Am Ende des realen Sozialismus. Beiträge zu einer Bestandsaufnahme der DDR-Wirklichkeit in den 80er Jahren, hrsg. von *Eberhard Kuhrt* im Auftrag des Bundesministeriums des Innern, Bd. 3), Opladen 1999.

Hacke, Christian: Zur Weltmacht verdammt. Die amerikanische Außenpolitik von John F. Kennedy bis G. W. Bush, München 2001.

Hertle, Hans-Hermann: Der Fall der Mauer. Die unbeabsichtigte Selbstauflösung des SED-Staates, Opladen 1996.

Hertle, Hans-Hermann/Stephan, Gerd-Rüdiger: Die letzten Tage des Zentralkomitees der SED. Einführung und historischer Rückblick, in: *Dies.* (Hrsg.): Das Ende der SED. Die letzten Tage des Zentralkomitees, Berlin 1997, S. 20–100.

Heuser, Beatrice: The Soviet response to the euromissiles crisis, in: *Nuti, Leopoldo* (Ed.): The Crisis of Détente in Europe. From Helsinki to Gorbachev, 1975–1985, London/New York 2009.

Hey, Patrizia: Die Gewerkschaftsregionen als Überlebensgarant der polnischen Solidarność-Bewegung – Struktur und Arbeitsformen in Niederschlesien. Untersuchungen des Forschungsschwerpunkts Konflikt- und Kooperationsstrukturen in Osteuropa an der Universität Mannheim (FKKS) 29/2002, Mannheim 2002.

Hildermeier, Manfred: Geschichte der Sowjetunion 1917–1991. Entstehung und Niedergang des ersten sozialistischen Staates, München 1998.

Jäger, Wolfgang: Die Überwindung der Teilung. Der innerdeutsche Prozess der Vereinigung 1989/90, Stuttgart 1998 (Geschichte der deutschen Einheit, Band 3).

Jankowski, Martin: Sieg ohne Helden – eine vergessene Revolution. Der Volksaufstand vom 9. Oktober 1989, in: Deutschland Archiv 41 (2008), Gütersloh 2008.

Jürgs, Michael: Bürger Grass. Biografie eines deutschen Dichters, München 2002.

Keworkow, Wjatscheslaw: Der geheime Kanal. Moskau, der KGB und die Bonner Ostpolitik, Berlin 1995.

Krech, Hans: Vom Zweiten Golfkrieg zur Golf-Friedenskonferenz (1990–1994). Handbuch zur Geschichte der militärischen Kräftebalance am Persischen Golf. Unter Mitarbeit von *Günter Mohrmann*, Bremen 1996.

Kuhn, Ekkehard: Gorbatschow und die deutsche Einheit. Aussagen der wichtigsten russischen und deutschen Beteiligten, Bonn 1993.

Ludwig, Michael: Polen und die deutsche Frage. Mit einer Dokumentation, Bonn 1991.

Mastny, Vojtech: „Able Archer". An der Schwelle zum Atomkrieg?, in: *Greiner, Bernd/Müller, Christian Th./Walter, Dierk* (Hrsg.): Krisen im Kalten Krieg. Studien zum Kalten Krieg, Bd. 2, Hamburg 2008.

Mastny, Vojtech: How Able Was „Able Archer"? Nuclear Trigger and Intelligence in Perspective, in: Journal of Cold War Studies 11 (2009) 1, S. 108–123.

Merseburger, Peter: Willy Brandt 1913–1992. Visionär und Realist, Stuttgart und München 2002.

Moseleit, Klaus: Die „Zweite" Phase der Entspannungspolitik der SPD 1983–1989. Eine Analyse ihrer Entstehungsgeschichte, Entwicklung und der konzeptionellen Ansätze, Frankfurt/Main 1991.

Neubert, Erhart: Geschichte der Opposition in der DDR 1949–1989, Bonn 1997.

Plato, Alexander von: Die Vereinigung Deutschlands – ein weltpolitisches Machtspiel. Bush, Kohl, Gorbatschow und die geheimen Moskauer Protokolle, Berlin 2002.

Ploetz, Michael/Müller, Hans-Peter: Ferngelenkte Friedensbewegung? DDR und UdSSR im Kampf gegen den NATO-Doppelbeschluss, München 2004.

Potthoff, Heinrich: Bonn und Ost-Berlin 1969–1982. Dialog auf höchster Ebene und vertrauliche Kanäle – Darstellung und Dokumentation, Bonn 1997.

Potthoff, Heinrich: Die „Koalition der Vernunft". Deutschlandpolitik in den 80er Jahren, München 1995.

Potthoff, Heinrich: Im Schatten der Mauer. Deutschlandpolitik 1961–1990, Berlin 1999.

Pradetto, August: Die neuen polnischen Gewerkschaften. Berichte des Bundesinstituts für ostwissenschaftliche und internationale Studien, Nr. 11/1987, Köln 1987.

Reinke, Niklas: Geschichte der deutschen Raumfahrtpolitik. Konzepte, Einflußfaktoren, Interdependenzen 1923–2002, München 2002.

Reißig, Rolf: Dialog durch die Mauer. Die umstrittene Annäherung von SPD und SED, Frankfurt/Main 2002.

Risse-Kappen, Thomas: Null-Lösung. Entscheidungsprozesse zu den Mittelstreckenwaffen 1970–1987, Frankfurt/Main und New York 1988.

Rödder, Andreas: Deutschland einig Vaterland. Die Geschichte der Wiedervereinigung, München 2009.

Rother, Bernd: Willy Brandt – Der Kniefall von Warschau, in: *Fröhlich, Claudia/Kohlstruck, Michael* (Hrsg.): Engagierte Demokraten. Vergangenheitspolitik in kritischer Absicht, Münster 1999, S. 299–308.

Rother, Bernd: „Jetzt wächst zusammen, was zusammengehört" – Oder: Warum Historiker Rundfunkarchive nutzen sollten, in: *Garton Ash, Timothy:* Wächst zusammen, was zusammengehört? Deutschland und Europa zehn Jahre nach dem Fall der Mauer (Schriftenreihe der Bundeskanzler-Willy-Brandt-Stiftung, Heft 8), Berlin 2001.

Rühl, Lothar: Der START-Vertrag. Eine erste Reduzierung strategischer Angriffswaffen, in: Europa Archiv 46 (1991), Bonn 1991.

Schabert, Tilo: Wie Weltgeschichte gemacht wird. Frankreich und die deutsche Einheit, Stuttgart 2002.

Schlaack, Susanne: Walter Lippmann und Deutschland. Realpolitische Betrachtungen im 20. Jahrhundert, Frankfurt/Main 2004.

Schmidt, Wolfgang: Kalter Krieg, Koexistenz und kleine Schritte – Willy Brandt und die Deutschlandpolitik 1948–1963, Wiesbaden 2001.

Schöllgen, Gregor: Die Außenpolitik der Bundesrepublik Deutschland. Von den Anfängen bis zur Gegenwart, München 1999.

Schöllgen, Gregor: Geschichte der Weltpolitik von Hitler bis Gorbatschow 1941–1991, München 1996.

Schöllgen, Gregor: Willy Brandt. Die Biographie, Berlin und München 2001.

Seebacher, Brigitte: Willy Brandt, München 2004.

Staadt, Jochen: Die SED im Bundestagswahlkampf 1986/87. Eine Fallstudie, in: *Schroeder, Klaus/Erler, Peter* (Hrsg.): Geschichte und Transformation des SED-Staates. Beiträge und Analysen, Berlin 1994, S. 286–308.

Sturm, Daniel F.: Uneinig in die Einheit. Die Sozialdemokratie und die Vereinigung Deutschlands 1989/90 (Willy-Brandt-Studien, Bd. 1), Bonn 2006.

Suckut, Siegfried: Willy Brandt in der DDR. Oder: Die Schwierigkeiten des MfS mit der „Autoritätsperson im Weltmaßstab", in: Jahrbuch für Historische Kommunismusforschung 16 (2008), Berlin 2008, S. 170–182.

Talbott, Strobe: Raketenschach, München und Zürich 1984.
Vogtmeier, Andreas: Egon Bahr und die deutsche Frage. Zur Entwicklung der sozialdemokratischen Ost- und Deutschlandpolitik vom Kriegsende bis zur Vereinigung, Bonn 1996.
Voigt, Karsten D.: Dialog zwischen SPD und kommunistischen Parteien, in: *Bentele, Karlheinz/Faerber-Husemann, Renate/Scharpf, Fritz W./Steinbrück, Peer* (Hrsg.): Metamorphosen. Annäherungen an einen vielseitigen Freund. Horst Ehmke zum Achtzigsten, Bonn 2007, S. 275–284
Weidenfeld, Werner: Außenpolitik für die Einheit. Die Entscheidungsjahre 1989/90, Stuttgart 1998 (Geschichte der deutschen Einheit, Band 4).
Weidenfeld, Werner/Korte, Karl-Rudolf (Hrsg.)*:* Handbuch zur Deutschen Einheit 1949–1989–1999, Bonn 1999.
Weise, Hans-Heinrich: Kein „Krieg aus Versehen", in: Computerwoche 11 (1984), Nr. 44 vom 26. Oktober 1984.
Winkler, Heinrich August: Der lange Weg nach Westen. Zweiter Band. Deutsche Geschichte vom „Dritten Reich" bis zur Wiedervereinigung, München 2000.
Zelikow, Philip/Rice, Condoleezza: Sternstunde der Diplomatie. Die deutsche Einheit und das Ende der Spaltung Europas, Berlin 1997.

Abkürzungsverzeichnis

AAPD	Akten zur Auswärtigen Politik der Bundesrepublik Deutschland
ABM	Anti-Ballistic-Missile-System (Raketenabwehr-System)
AdG	Archiv der Gegenwart
AdsD	Archiv der sozialen Demokratie
AK	Arbeitskreis
Anm.	Anmerkung
ARD	Arbeitsgemeinschaft der öffentlich-rechtlichen Rundfunkanstalten der Bundesrepublik Deutschland
BRD	Bundesrepublik Deutschland
BStU	Bundesbeauftragte(r) für die Unterlagen des Staatssicherheitsdienstes der ehemaligen Deutschen Demokratischen Republik
CDU	Christlich-Demokratische Union Deutschlands
COCOM	Coordinating Committee for East-West-Trade-Policy
COMECON	Council for Mutual Economic Assistance (Rat für gegenseitige Wirtschaftshilfe)
ČSFR	Česká a Slovenská Federativní Republika (Tschechische und Slowakische Föderative Republik)
ČSSR	Československá Socialistická Republika (Tschechoslowakische Sozialistische Republik)
CSU	Christlich-Soziale Union in Bayern
DDR	Deutsche Demokratische Republik
Dep.	Depositum
DFR	Deutschsprachiges Fallrecht
DGB	Deutscher Gewerkschaftsbund
DM	Deutsche Mark
dpa	Deutsche Presseagentur
EA	Europa-Archiv
ECU	European Currency Unit (Europäische Währungseinheit)

EFTA	European Free Trade Association (Europäische Freihandelsassoziation)
EG	Europäische Gemeinschaft
EWG	Europäische Wirtschaftsgemeinschaft
f.	folgende
FAZ	Frankfurter Allgemeine Zeitung
FDGB	Freier Deutscher Gewerkschaftsbund der DDR
FDP	Freie Demokratische Partei
FES	Friedrich-Ebert-Stiftung
ff.	folgende (Seiten)
FR	Frankfurter Rundschau
GAU	Größter anzunehmender Unfall
GG	Grundgesetz
HA	Hauptabteilung
Hs., hs.	Handschriftlich, handschriftlich
IM	Informeller Mitarbeiter
INF	Intermediate Range Nuclear Forces (nukleare Mittelstreckenwaffen)
IPPNW	International Physicians for the Prevention of Nuclear War (Internationale Ärzte für die Verhütung des Atomkrieges)
KGB	Komitet Gossudarstwennoi Besopasnosti (Komitee für Staatssicherheit) [der Sowjetunion]
KIK	Klub Inteligencji Katolickiej (Klub der Katholischen Intelligenz)
KP	Kommunistische Partei
KPČ	Kommunistische Partei der Tschechoslowakei
KPdSU	Kommunistische Partei der Sowjetunion
KPF	Kommunistische Partei Frankreichs
KSE-Vertrag	Vertrag über konventionelle Streitkräfte in Europa
KSZE	Konferenz über Sicherheit und Zusammenarbeit in Europa
KVAE	Konferenz über Vertrauensbildung und Abrüstung in Europa

MBFR	Mutual Balanced Force Reductions (Gegenseitige ausgewogene Truppenreduzierung)
MfS	Ministerium für Staatssicherheit
MIRV	Multiple independently targetable reentry vehicle (nukleare Mehrfachsprengköpfe, die den Angriff mehrerer Ziele gleichzeitig ermöglichen)
Ms., ms.	Maschinenschriftlich, maschinenschriftlich
NAKR	Nordatlantischer Kooperationsrat
NATO	North Atlantic Treaty Organization (Nordatlantikpakt)
NDR	Norddeutscher Rundfunk
NL	Nachlass
NRW	Nordrhein-Westfalen
NS	Nationalsozialismus, nationalsozialistisch
PCI	Partito Comunista Italiano (Kommunistische Partei Italiens)
PDS	Partei des Demokratischen Sozialismus
PDS/LL	Partei des Demokratischen Sozialismus/Linke Liste
PLO	Palestine Liberation Organisation (Palästinensische Befreiungsorganisation)
PSF	Parti Socialiste Français (Sozialistische Partei Frankreichs)
PStS	Parlamentarischer Staatssekretär
PV	Parteivorstand
PVAP	Polnische Vereinigte Arbeiterpartei
RGW	Rat für gegenseitige Wirtschaftshilfe [engl. Abkürzung COMECON]
RSFSR	Russische Sozialistische Föderative Sowjetrepublik
SALT	Strategic Arms Limitation Talks (Gespräche über die Begrenzung nuklearstrategischer Waffen)
SDI	Strategic Defense Initiative (Strategische Verteidigungsinitiative)
SDP	Sozialdemokratische Partei in der DDR
SED	Sozialistische Einheitspartei Deutschlands
SFB	Sender Freies Berlin

SI	Sozialistische Internationale
SIDAC	Socialist International Disarmament Advisory Council (Beratender Ausschuss der SI für Abrüstung)
SIPRI	Stockholm International Peace Research Institute (Internationales Institut für Friedensforschung in Stockholm)
SPD	Sozialdemokratische Partei Deutschlands
SS	Surface-to-Surface (missile) [Bezeichnung für sowjetische Boden-Boden Flugkörpertypen]
START	Strategic Arms Reduction Talks (Gespräche über die Reduzierung nuklearstrategischer Waffen)
Stasi	Staatssicherheit
SU	Sowjetunion
SZ	Süddeutsche Zeitung
TASS	Telegrafnoe Agenstvo Sovetskogo Sojuza (Nachrichtenagentur der Sowjetunion)
TV	Television
UdSSR	Union der Sozialistischen Sowjetrepubliken
UN, UNO	United Nations Organization (Organisation der Vereinten Nationen)
US, USA	United States of America (Vereinigte Staaten von Amerika)
USAP	Ungarische Sozialistische Arbeiterpartei
WBA	Willy-Brandt-Archiv
ZAIG	Zentrale Auswertungs- und Informationsgruppe
ZDF	Zweites Deutsches Fernsehen
ZK	Zentralkomitee

Editionsgrundsätze

Die Berliner Ausgabe zeichnet anhand von Quellen, die nach wissenschaftlichen Kriterien ausgewählt werden, das politische Wirken Willy Brandts nach. Dabei werden die unterschiedlichen Funktionen und Ämter Brandts und thematisch abgrenzbare Tätigkeitsfelder jeweils gesondert behandelt. Die vorliegenden Dokumentenbände stützen sich vorwiegend auf Materialien aus dem Willy-Brandt-Archiv (WBA), das im Archiv der sozialen Demokratie der Friedrich-Ebert-Stiftung untergebracht ist. Veröffentlichte Dokumente und Schriftstücke aus anderen Archiven werden übernommen, wenn sie ursprünglicher oder vollständiger sind als Schriftstücke aus dem WBA, wenn sie Lücken im Brandt-Nachlass schließen oder ihr Inhalt eine Aufnahme in die Edition nahe legt.

In beschränktem Umfang werden in die Edition auch Quellen aufgenommen, deren Verfasser nicht Willy Brandt selbst war, die aber in unmittelbarem Bezug zu seinem politischen Denken und Tun stehen. So finden sich in den Bänden sowohl Briefe oder sonstige Mitteilungen an Willy Brandt als auch Vorlagen seiner Mitarbeiter.

Die Edition richtet sich in Übereinstimmung mit dem gesetzlich festgelegten politischen Bildungsauftrag der Bundeskanzler-Willy-Brandt-Stiftung (BWBS) an eine breite historisch-politisch interessierte Öffentlichkeit. Dies war sowohl bei der Auswahl der zu publizierenden Dokumente als auch bei ihrer Aufbereitung und Kommentierung zu beachten. Deshalb finden *vereinzelt* auch „populäre" Materialien Berücksichtigung, die z. B. Einblick in den Alltag eines Spitzenpolitikers und Staatsmannes gewähren. Sämtliche fremdsprachigen Texte wurden ins Deutsche übertragen und sind als Übersetzungen kenntlich gemacht.

Die durchnummerierten Dokumente sind grundsätzlich chronologisch angeordnet. Ausschlaggebend dafür ist das Datum des betreffenden Ereignisses, bei zeitgenössischen Veröffentlichungen das Datum der Publikation. Einzelne Bände der Berliner Ausgabe verbinden aus inhaltlichen Gründen eine themenbezogene systematische Gliederung mit dem chronologischen Ordnungsprinzip. Ein Dokument, das als Anlage kenntlich gemacht oder aus dem Textzusammenhang als Anlage erkennbar ist, gilt mit Blick auf die Reihenfolge und die Nummerierung nicht als eigenständig, wenn das Hauptdokument, dem es beigegeben ist, ebenfalls abgedruckt wird. In diesem Fall trägt es die Nummer des Hauptdokuments zuzüglich eines Großbuchstabens (in alphabetischer Reihenfolge) und wird im Dokumentenkopf ausdrücklich als Anlage ausgewiesen. Das Datum der Anlage ist für die Einordnung unerheblich.

Der Dokumentenkopf umfasst Dokumentennummer, Dokumentenüberschrift und Quellenangabe. Die Dokumentenüberschrift vermittelt auf einen Blick Informationen zum Datum, zur Art des Dokuments und zu den jeweils unmittelbar angesprochenen handelnden Personen. Die Quellenangaben weisen in der Regel nur den Fundort des Originals nach, nach dem das Dokument abgedruckt wird. Fremdsprachige Archivnamen und Bestandsbezeichnungen sind in den Angaben des Dokumentenkopfes ins Deutsche übersetzt.

Wird das Dokument unvollständig wiedergegeben, wird es in der Dokumentenüberschrift als Auszug bezeichnet.

Zum Dokument gehören sämtliche im Originaltext enthaltenen Angaben. Dazu zählen im einzelnen: Datum und Uhrzeiten, Klassifizierung, Anrede, Anwesenheits- oder Teilnehmerlisten, Überschriften und Zwischenüberschriften, Schlussformeln, Unterschriften, Namenskürzel, hand- oder maschinenschriftliche Zusätze, Kommentare und Korrekturen, sofern sie nicht einen deutlich späteren Zeitbezug haben. Auf eine Reihe dieser Angaben wird beim Abdruck verzichtet, wenn sie inhaltlich unerheblich oder schon im Dokumentenkopf enthalten sind. Dies gilt insbesondere für Datumsangaben, Absenderanschriften, Adressen und ebenso für Überschriften, sofern diese dem Dokumentenkopf weitestgehend entsprechen. Hand- bzw. maschinenschriftliche Vermerke oder Kommentare, die sich auf das Dokument insgesamt beziehen, werden unabhängig von ihrer Aussagekraft immer in der Anmerkung wiedergegeben, wenn sie von Brandt selbst stammen; dies gilt ebenso für die Paraphe oder andere Kürzel Brandts sowie Stempel bzw. Vermerke, mit denen bestätigt wird, dass Brandt Kenntnis von dem Schriftstück genommen hat. Übrige Vermerke, Paraphen oder Stempel werden nur dann in eine Anmerkung aufgenommen, wenn dies aus Sicht des jeweiligen Bearbeiters aus inhaltlichen Gründen geboten ist.

Streichungen im Original erscheinen nicht im Dokumententext, alle hand- bzw. maschinenschriftlichen Zusätze oder Korrekturen werden in der Regel *unkommentiert* in den Dokumententext übernommen, da sie allesamt als vom jeweiligen Verfasser genehmigt gelten können. Wird solchen Ergänzungen, Verbesserungen oder Streichungen jedoch eine wichtige inhaltliche Aussagekraft zugeschrieben, wird dies insoweit in textkritischen Anmerkungen erläutert. Im Text selbst werden solche Passagen in spitze Klammern „‹ ›" gesetzt. Unterschriften und Paraphen des Verfassers eines Dokuments werden in der Regel kommentiert, Unterstreichungen, Bemerkungen und Notizen am Rand nur dann, wenn dies inhaltlich geboten erscheint.

Bei der Wiedergabe der Dokumente wird ein Höchstmaß an Authentizität angestrebt. Die im jeweiligen Original gebräuchliche Schreibweise sowie Hervorhebungen werden unverändert übernommen. Dies gilt ebenso für die Wiedergabe von Eigennamen aus slawischen Sprachen, die im übrigen Text grundsätzlich in der transkribierten Form erscheinen. Das Layout folgt weitgehend dem Original, sofern Absätze, Zeilenausrichtung und Aufzählungen betroffen sind. Offensichtliche „Verschreibfehler" werden hingegen ohne weiteren Hinweis verbessert, es sei denn, sie besitzen inhaltliche Aussagekraft. Sinnentstellende Passagen und Zusätze werden im Dokumententext belassen, Streichungen solcher Art nicht rückgängig gemacht und in textkritischen Anmerkungen mit der gebotenen Zurückhaltung erläutert. Ebenso wird mit schwer verständlichen oder heute nicht mehr gebräuchlichen Ausdrücken verfahren. Sachlich falsche Angaben in der Vorlage werden im Anmerkungsapparat korrigiert. Tarnnamen und -bezeichnungen sowie sonstige „Codes" oder schwer zu deutende Formulierungen werden in eckigen Klammern im Dokumententext aufgeschlüsselt. Abkürzungen im Originaltext werden in der Regel im Abkürzungsverzeichnis aufgelöst. Im Dokumententext selbst werden sie – in eckigen Klammern – nur dann entschlüsselt, wenn es sich um ungewöhnliche Kurzschreibformen handelt.

Die Berliner Ausgabe enthält einen bewusst knapp gehaltenen Anmerkungsteil, der als separater Abschnitt dem Dokumententeil angehängt ist. Die Zählung der Anmerkungen erfolgt durchgehend für die Einleitung und für jedes einzelne Dokument. Der Kommentar soll in erster Linie „Serviceleistung" für die Leserin und den Leser sein. Er ergänzt die im Dokumentenkopf enthaltenen formalen Informationen, gibt textkritische Hinweise, erläutert knapp Ereignisse oder Sachverhalte, die aus dem Textzusammenhang heraus nicht verständlich werden oder der heutigen Erfahrungswelt fremd sind, weist in den Dokumenten erwähntes veröffentlichtes Schriftgut nach und liefert Querverweise auf andere Quellentexte innerhalb der Edition, sofern sie in einem engeren Bezug zueinander stehen. Es ist nicht Aufgabe des Kommentars, Ereignisse oder Sachverhalte, die in den edierten Schriftstücken angesprochen sind, *detailliert* zu rekonstruieren. Ebenso wenig sollen weitere nicht abgedruckte Aktenstücke oder anderes Schriftgut mit dem Ziel nachgewiesen werden, den geschichtlichen Kontext der abgedruckten Quellentexte in ihrer chronologischen und inhaltlichen Abfolge sichtbar zu machen und damit Entscheidungsprozesse näher zu beleuchten.

Es bleibt der Einführung zu den einzelnen Bänden vorbehalten, das edierte Material in den historischen Zusammenhang einzuordnen, die einzelnen Dokumente in Bezug zueinander zu setzen sowie zentrale Begriffe ausführlich zu klären. Darüber hinaus unterzieht sie das politische Wirken Brandts und die jeweiligen historischen Rahmenbedingungen seiner Politik einer kritischen Bewertung. Aufgabe der Einführung ist es auch, die Auswahl der Dokumente zu begründen, in der gebotenen Kürze den Forschungsstand zu referieren und auf einschlägige Sekundärliteratur hinzuweisen.

Eine erste Orientierung in jedem Band bietet dem Leser das durchnummerierte Dokumentenverzeichnis mit Angabe der Seitenzahlen, über das sich jedes Dokument nach Datum, Bezeichnung des Vorgangs und der daran beteiligten Personen erschließen lässt. Das Personenregister listet die Namen aller in der Einführung, im Dokumententeil einschließlich Dokumentenverzeichnis, im Anmerkungsapparat und in den Zeittafeln genannten Personen mit Ausnahme des Namens von Willy Brandt auf, sofern sie nicht im Rahmen selbstständiger bibliographischer Angaben ausgewiesen sind; es enthält zusätzlich biographische Angaben, insbesondere zu den maßgeblichen Funktionen, die die angesprochenen Personen während der vom jeweiligen Band erfassten Zeitspanne ausübten. Die alphanumerisch geordneten Schlagwörter des Sachregisters, denen weitere Unterbegriffe zugeordnet sein können, ermöglichen einen gezielten, thematisch differenzierten Zugriff. Das Quellen- und Literaturverzeichnis vermittelt – mit Ausnahme von Artikeln in Tages-, Wochen- oder monatlich erscheinenden Zeitungen bzw. Pressediensten – einen Überblick über die im Rahmen der Bearbeitung des jeweiligen Bandes der Berliner Ausgabe eingesehenen Archivbestände und die benutzte Literatur.

Carsten Tessmer

Personenregister

Acheson, Dean G. (1893–1971), amerikanischer Jurist und Politiker, 1949–1953 Außenminister 626

Adenauer, Konrad (1876–1967), 1949–1967 MdB (CDU), 1949–1963 Bundeskanzler, 1950–1966 Bundesvorsitzender der CDU 67, 192 f., 197, 350, 363 f., 457, 622, 626

al-Ahmad al- Jaber al-Sabah, Sheikh Jaber III (1926–2006), 1977–2006 Emir von Kuwait 532

Albertz, Heinrich (1915–1993), Pfarrer und Politiker (SPD), 1966–1967 Regierender Bürgermeister von Berlin 304–306, 611

Albrecht, Ernst (geb. 1930), 1976–1990 Ministerpräsident von Niedersachsen (CDU) 249, 596

Alexandrow, Andrej Michajlowitsch (1918–1993), Berater im Außenministerium der Sowjetunion, 1964–1986 persönlicher Assistent des Generalsekretärs des ZK der KPdSU für internationale Angelegenheiten 587

Alfonsin, Raúl (1927–2009), argentinischer Politiker (Radikale Bürgerunion), 1983–1989 Staatspräsident 583

Altenburg, Wolfgang (geb. 1928), 1983–1986 Generalinspekteur der Bundeswehr, 1986–1989 Vorsitzender des NATO-Militärausschusses 147 f.

Andreotti, Giulio (geb. 1919), italienischer Politiker (Christdemokraten), Ministerpräsident 1972/1973, 1976–1979, 1989–1992, jeweils mit Unterbrechungen 36, 196, 581

Andropow, Juri Wladimirowitsch (1914–1984), sowjetischer Politiker und Diplomat, 1967–1982 Vorsitzender des KGB, ab 1973 Mitglied des Politbüros der KPdSU, 1982–1984 deren Generalsekretär 25 f., 54, 149, 154–156, 568, 570, 572, 590

Antonow, Alexej Konstantinowitsch (geb. 1912), sowjetischer Politiker, 1980–1988 stellv. Vorsitzender des Ministerrates, 1985–1988 ständiger Vertreter der UdSSR beim RGW 313, 613

Apel, Hans (geb. 1932), Politiker, 1970–1988 Mitglied des SPD-PV, 1974–1978 Bundesminister der Finanzen, 1978–1982 Bundesminister der Verteidigung 36, 580

Arafat, Jasir (1929–2004), 1969–2004 Vorsitzender der PLO 649

Arbatow, Georgij (geb. 1923), sowjetischer Historiker und Politiker, ab 1967 Leiter des „Instituts für die USA und Kanada" der Akademie der Wissenschaften, ab 1981 Mitglied des ZK der KPdSU, 1982 Mitglied der Unabhängigen Kommission für Internationale Sicherheits- und Abrüstungsfragen („Palme-Kommission") 127

Augstein, Rudolf (1923–2002), seit 1947 Herausgeber von *Der Spiegel* 579

Axen, Hermann (1916–1992), ab 1946 Mitglied der SED, ab 1970 Mitglied des Politbüros des ZK der SED 248, 594

Aziz, Tariq (geb. 1936), irakischer Politiker, 1983–1991 Außenminister, 1979–2003 Vizepremierminister 474, 476, 648 f., 653

Bahr, Egon (geb. 1922), Journalist und Politiker, seit 1956 Mitglied der SPD, 1972–1990 MdB (SPD), 1974–1976 Bundesminister für wirtschaftliche Zusammenarbeit, 1976–1981 Bundesgeschäftsführer der SPD, 1980–1982 Mitglied der Unabhängigen Komission für Internationale Sicherheits- und Abrüstungsfragen („Palme-Komission") 19–22, 33, 51 f., 58 f., 90, 105 f., 127, 151 f., 199, 248, 250, 286, 289, 302 f., 305, 324, 326, 328, 333, 361, 370, 411, 554, 564, 568, 570, 579, 587, 589, 591, 594, 596, 601, 606 f., 610–612, 617, 619 f., 623 f., 628

Baker, James A. (geb. 1930), 1989–1992 Außenminister der USA 653

Ball, George (1909–1994), amerikanischer Jurist und Diplomat 136

Barcikowski, Kazimierz (1927–2007), polnischer Politiker (PVAP), 1980–1989 Mitglied des Politbüros der PVAP 45, 252, 569

Battěk, Rudolf (geb. 1924), tschechischer Philosoph und Politiker, von 1969–1985 mehrmals aus politischen Gründen in Haft, 1977 Unterzeichner der Charta '77 43, 204, 582 f.

Bebel, August (1840–1913), 1869 Mitbegründer der Sozialdemokratischen Arbeiterpartei, 1875 Mitbegründer der Sozialistischen Arbeiterpartei, 1892–1913 Vorsitzender der SPD 189, 579

Beese, Heinrich (1904–1969), Schlosser, ab 1920 SPD-Mitglied, 1928–1933 Vorsitzender der Sozialistischen Arbeiterjugend Mecklenburg-Lübeck, 1933 inhaftiert, ab 1946 in Rostock politisch tätig, 1949 Verurteilung zu 25 Jahren Haft durch ein Sowjetisches Militärtribunal, 1956 Entlassung, Übersiedlung in die Bundesrepublik 403

Begin, Menachem (1913–1992), israelischer Politiker, 1948–1983 Vorsitzender der Partei Cherut (Freiheit), 1977–1983 Ministerpräsident, 1978 Friedensnobelpreis 569

Bender, Peter (1923–2008), Althistoriker und Publizist 22

Bilak, Vasil (geb. 1917), slowakischer Politiker, 1968–1988 Mitglied des Präsidiums der KPČ 203 f., 582

Bismarck, Otto Fürst von (1815–1898), 1862–1890 preußischer Ministerpräsident, 1871–1890 Reichskanzler 66 f., 170, 190, 202, 216, 248, 347 f., 472 f.

Bohlen, Avis T. (geb. 1940), amerikanische Diplomatin 375

Bohlen, Charles E. (1904–1974), amerikanischer Politiker, 1953–1957 Botschafter der USA in Moskau 375

Bohley, Bärbel (geb. 1945), Bürgerrechtlerin und Malerin, Januar 1988 vom MfS verhaftet und Abschiebung in die Bundesrepublik, August 1988 Rückkehr in die DDR, 1989 Mitinitiatorin der Bürgerrechtsbewegung *Neues Forum* 382, 396, 632

Böhme, Ibrahim (1944–1999), 1967–1976 Mitglied der SED, 1989 Mitbegründer der SDP (später SPD), ab Februar 1990 deren Vorsitzender, April 1990 Rücktritt wegen des Vorwurfs der Spitzeltätigkeit für das MfS, 1992 Ausschluss 396, 441, 651

Böll, Heinrich (1917–1985), Schriftsteller, 1972 Nobelpreisträger für Literatur 552, 564

Bonner, Jelena (geb. 1923), russische Politikerin und Menschenrechtlerin, Ehefrau von Andrej D. → Sacharow 57

Boutros-Ghali, Boutros (geb. 1922), ägyptischer Politiker und Diplomat, 1990/91 SI-Vizepräsident, 1992–1996 UN-Generalsekretär 529, 657

Boveri, Margret (1900–1975), deutsche Journalistin 193 f., 580

Brandt, Lars (geb. 1951), Sohn von Rut und Willy Brandt, Schriftsteller, Filmemacher und Künstler 189

Brandt, Matthias (geb. 1961), Sohn von Rut und Willy Brandt, Schauspieler 41, 189

Brandt, Peter (geb. 1948), Sohn von Rut und Willy Brandt, seit 1990 Professor für Neuere Geschichte an der Fernuniversität Hagen 189, 579, 600

Brenner, Kurt (geb. 1935), seit 1969 Leiter des Maison de Heidelberg in Montpellier 640

Breschnew, Leonid I. (1906–1982), sowjetischer Politiker, 1960–1964 und 1977–1982 Vorsitzender des Präsidiums des Obersten Sowjet (Staatsoberhaupt), 1964–1966 Erster Sekretär, 1966–1982 Generalsekretär der KPdSU 54, 62, 68, 124, 198, 221, 231, 234, 362, 562, 566, 573, 581, 584, 587, 589, 598, 617, 626

Brück, Alwin (geb. 1931), Politiker, seit 1952 Mitglied der SPD, 1965–1990 MdB (SPD), 1974–1982 PStS im Bundesministerium für wirtschaftliche Zusammenarbeit 235

Brunn, Anke (geb. 1942), 1986–1999 Mitglied des SPD-PV, 1985–1998 Ministerin für Wissenschaft und Forschung in NRW 652

Bruns, Wilhelm (1943–1991), Politikwissenschaftler, ab 1983 Leiter der Abteilung Außenpolitik- und DDR-Forschung in der FES 129

Brzezinski, Zbigniew (geb. 1928), polnisch-amerikanischer Politikwissenschaftler, 1977–1981 Sicherheitsberater von US-Präsident Jimmy Carter 236, 592

Bülow, Andreas von (geb. 1937), Jurist, Politiker und Autor, 1960 Eintritt in die SPD, 1969–1994 MdB (SPD), 1980–1982 Bundesminister für Forschung und Technologie 235

Burns, Arthur F. (1904–1987), 1970–1978 Vorsitzender der US-Notenbank, 1981–1985 Botschafter in der Bundesrepublik 586

Burt, Richard (geb. 1947), 1985–1987 amerikanischer Botschafter in der Bundesrepublik 586

Bush, George H. W. (geb. 1924), amerikanischer Politiker, 1970–1972 UNO-Botschafter, 1972–1974 Vorsitzender der Republikanischen Partei, 1976–1977 Chef des amerikanischen Geheimdienstes CIA, 1981–1989 Vizepräsident, 1989–1993 41. Präsident der USA 39, 90, 358, 360, 376, 388, 449 f., 489, 526, 603, 625, 627, 633, 645, 653, 656

Camus, Albert (1913–1960), französischer Schriftsteller, 1957 Nobelpreis für Literatur 373

Carlsson, Ingvar (geb. 1934), schwedischer Politiker (Sozialdemokrat), 1982–1986 stellv. Ministerpräsident, 1986–1991 und 1994–1996 Ministerpräsident 377

Carter, Jimmy (geb. 1924), amerikanischer Politiker, 1977–1981 39. Präsident der

USA, 2002 Friedensnobelpreisträger 561, 572, 584, 592

Castro, Fidel (geb. 1923), kubanischer Politiker, 1959–2008 Regierungschef und 1976–2008 Staatspräsident 511

Ceaușescu, Nicolae (1918–1989), rumänischer Politiker, 1965 Erster Sekretär des ZK der Rumänischen Kommunistischen Partei, ab 1974 Staatspräsident, 1989 Sturz und Hinrichtung 62, 343–345, 620 f.

Charlier, Christoph (geb. 1953), 1985–1991 Leiter des Referats Öffentlichkeitsarbeit beim SPD-PV Bonn 311

Chopin, Frederic (1810–1849), polnischer Klavierkomponist 603

Chruschtschow, Nikita S. (1894–1971), sowjetischer Politiker (KPdSU), 1939–1952 Mitglied des Politbüros, 1952–1964 Mitglied des Präsidiums der KPdSU, 1953–1964 Erster Sekretär des ZK, 1958–1964 Ministerpräsident 587, 617, 621

Churchill, Sir Winston (1874–1965), britischer konservativer Politiker, 1940–1945 und 1951–1955 Premierminister 237, 593

Clement, Wolfgang (geb. 1940), 1970–2008 SPD-Mitglied, 1981–1986 Sprecher des SPD-PV, 1987–1988 Chefredakteur der Hamburger *Morgenpost*, 1998–2002 Ministerpräsident von NRW, 2002–2005 Bundesminister für Wirtschaft und Arbeit 587, 594

Cordes, Rudolf (geb. 1933), Repräsentant der Hoechst-Werke im Nahen Osten, Januar 1987 im Libanon entführt, September 1988 Freilassung 345 f., 621

Corterier, Peter (geb. 1936), 1969–1983, 1984–1987 MdB (SPD), 1981–1982 Staatsminister im Auswärtigen Amt 235

Craxi, Bettino (1934–2000), italienischer Politiker (Sozialistische Partei), 1976–1993 Generalsekretär der PSI, 1983–1987 Ministerpräsident 233, 591

Cyrankiewicz, Józef (1911–1989), 1947–1952 und 1954–1970 polnischer Ministerpräsident 274, 604

Czyrek, Józef (geb. 1928), 1980–1982 polnischer Außenminister, 1981–1989 Mitglied des Politbüros der PVAP 274, 276

Dahrendorf, Lord Ralf (1929–2009), deutsch-britischer Soziologe, Publizist und Politiker, 1947 Beitritt zur SPD, 1967 zur FDP, 1974–1984 Rektor der London School of Economics, 1987–1997 Rektor des St. Antony's College in Oxford 448

Däubler-Gmelin, Herta (geb. 1943), 1972–2009 MdB (SPD), 1983–1993 stellv. Vorsitzende der SPD-Bundestagsfraktion, 1998–2002 Bundesministerin der Justiz 417, 423, 485, 651

Delors, Jacques (geb. 1925), französischer Politiker (Sozialistische Partei), 1981–1984 Wirtschafts- und Finanzminister, 1985–1995 Präsident der EG-Kommission 436, 439, 537

Deng, Xiaoping (1904–1997), chinesischer Politiker, 1955–1967 Mitglied des Politbüros der KP Chinas, 1967 Verlust aller Ämter und bis 1973 Haft im „Umerziehungslager", 1973 Wiederaufnahme ins Politbüro, 1976 erneute Enthebung aus allen Ämtern, 1977 Rehabilitierung, 1983–1989 Vorsitzender der Zentralen Militärkommission 182, 577

Dienstbier, Jiří (geb. 1937), tschechischer Journalist und Politiker, 1958 Eintritt in die KP der Tschechoslowakei, 1968 Parteiausschluss, 1977 Mitunterzeichner der „Charta '77", 1979–1982 aus politischen Gründen in Haft, 1989–1992 Außenminister 44, 522 f.

Diepgen, Eberhard (geb. 1941), 1984–1989 und 1991–2001 Regierender Bürgermeister von Berlin, 1989–1991 Vorsitzender der CDU-Fraktion im Abgeordnetenhaus 633

Dingels, Hans-Eberhard (geb. 1930), 1961–1965 Leiter des Auslandsreferats, 1965–1995 Leiter der Abteilung für internationale Beziehungen/Politik des SPD-PV 582

Dinu, Marcel (geb. 1935), 1986–1990 rumänischer Botschafter in der Bundesrepublick 621

Dobrynin, Anatoli F. (geb. 1919), sowjetischer Diplomat und Politiker, 1961–1986 Botschafter in den USA, 1971–1988 Mitglied des ZK der KPdSU, 1986–1988 Sekretär des ZK und Leiter der Abteilung für internationale Beziehungen 340, 617

Dohnanyi, Klaus von (geb. 1928), 1969–1981 MdB (SPD), 1972–1974 Bundesminister für Bildung und Wissenschaft, 1981–1988 Erster Bürgermeister von Hamburg 482 f.

Downey, Thomas Joseph (geb. 1949), amerikanischer Politiker, 1975–1993 Kongressabgeordneter (Demokraten) 170

Dregger, Alfred (1920–2002), 1972–1998 MdB (CDU), 1982–1991 Vorsitzender der CDU/CSU-Bundestagsfraktion 359–361

Dreßler, Rudolf (geb. 1940), 1980–2000 MdB (SPD), 1984–2000 Mitglied des SPD-PV, 1987–2000 stellv. Vorsitzender der SPD-Bundestagsfraktion, 2000–2005 Botschafter der Bundesrepublik in Israel 650

Dulles, John Foster (1888–1959), 1953–1959 Außenminister der USA 193

Duve, Freimut (geb. 1936), Publizist und Politiker (SPD), 1980–1998 MdB 311

Ehmke, Horst (geb.1927), 1969–1994 MdB (SPD), 1969 Bundesminister der Justiz, 1969–1972 Bundesminister für besondere Aufgaben und Chef des Bundeskanzleramtes, 1972–1974 Bundesminister für Forschung, Technologie und das Post- und Fernmeldewesen, 1977–1990 stellv. Vorsitzender der SPD-Bundestagsfraktion 51, 53, 152, 286, 289 f., 294, 299, 485, 523, 552, 601, 606–608, 651

Eichel, Hans (geb. 1941), Politiker (SPD), 1975–1991 Oberbürgermeister von Kassel, 1991–1999 Ministerpräsident von Hessen, 1999–2005 Bundesfinanzminister 651

Einstein, Albert (1879–1955), Physiker, 1921 Nobelpreis für Physik, ab 1933 in den USA, Professor in Princeton 245, 281, 605

Eisenhower, Dwight D. (1890–1969), 1944–1945 Oberbefehlshaber der Alliierten Streitkräfte in Westeuropa, 1950–1953 NATO-Oberbefehlshaber, 1953–1961 34. Präsident der USA 146, 160, 571

Emami, Saeed (1959–1999), iranischer Geheimdienstler 622

Engholm, Björn (geb. 1939), 1962 Eintritt in die SPD, 1969–1983 MdB, 1981–1982

Bundesminister für Bildung und Wissenschaft, 1983–1994 MdL Schleswig-Holstein, 1984–1993 schleswig-holsteinischer Ministerpräsident, 1991–1993 SPD-Vorsitzender 99, 253, 552, 587, 591

Eppelmann, Rainer (geb. 1943), Pfarrer und Bürgerrechtler, 1989 Mitgründer des Demokratischen Aufbruchs, 1990 Mitglied der Volkskammer und Eintritt in die CDU, 1990–2005 MdB 41, 262 f., 396, 600 f.

Eppler, Erhard (geb. 1926), Politiker, 1961–1976 MdB (SPD), 1968–1974 Bundesminister für wirtschaftliche Zusammenarbeit, 1970–1991 Mitglied des PV, 1973–1989 Mitglied des SPD-Präsidiums, 1981–1983 und 1989–1991 Präsident des Evangelischen Kirchentages 71, 411, 481, 483

Erhard, Ludwig (1897–1977), Nationalökonom und Politiker, 1949–1977 MdB (CDU), 1949–1963 Bundesminister für Wirtschaft, 1963–1966 Bundeskanzler 436, 449

Fabius, Laurent (geb. 1946), französischer Politiker (Sozialistische Partei), 1984–1986 Premierminister 233, 246, 591, 595

Falin, Valentin M. (geb. 1926), sowjetischer Diplomat und Politiker, 1971–1978 Botschafter in Bonn, 1978–1983 stellv. Leiter der Abteilung für internationale Information beim ZK der KPdSU, 1988 Leiter der internationalen Abteilung beim ZK der KPdSU, 1989 Mitglied des ZK der KPdSU 306, 378, 383, 554, 611, 628, 634

Fellhauer, Heinz (geb. 1928), 1980–1981 und 1987–1991 Intendant der Deutschen Welle 618

Fomenko, Wladimir sowjetischer Dolmetscher 575, 617, 628

Fontaine, André (geb. 1921), französischer Journalist, 1985–1991 Direktor von *Le Monde* 398, 635

Forck, Gottfried (1923–1996), Theologe, 1981–1991 Bischof der evangelischen Kirche in Berlin-Brandenburg – Bereich Ost 397, 635

Frahm, Ludwig (1875–1935), Stiefgroßvater von Willy Brandt 188 f.

Frahm, Martha (1894–1969), Mutter von Willy Brandt 78, 189, 399

Fuchs, Anke (geb. 1937), 1980–2002 MdB (SPD), 1987–1991 Bundesgeschäftsführerin der SPD, 1993–1998 stellv. Vorsitzende der SPD-Bundestagsfraktion, 1998–2002 Vizepräsidentin des Deutschen Bundestags, seit 2003 Vorsitzende der Friedrich-Ebert-Stiftung 652

Fulbright, William (1905–1995), amerikanischer Politiker (Demokrat), 1945–1974 Senator 136

Gandhi, Rajiv (1944–1991), indischer Politiker (Kongress-Partei), 1984–1989 Premierminister 583, 587

Gansel, Norbert (geb. 1940), 1972–1997 MdB (SPD), 1986–1991 Vorsitzender des Parteirats der SPD, ab 1991 Mitglied des SPD-PV, 1997–2003 Oberbürgermeister von Kiel 71, 99, 153, 482, 569, 627, 650 f.

Gauck, Joachim (geb. 1940), Pfarrer und Politiker, 1989 Mitbegründer des Neuen Forums in Rostock, 1990 Mitglied der Volkskammer, 1991–2000 Bundesbeauftragter für die Stasi-Unterlagen 398, 400

Gaulle, Charles de (1890–1970), französischer General und Politiker, 1944–1945 Chef der „Provisorischen Regierung der Republik Frankreich", 1945–1946 und 1958 Ministerpräsident, 1958–1969 Staatspräsident 48, 264, 384, 553, 601, 633

Gaus, Günter (1929–2004), Journalist und Politiker, 1969–1973 Chefredakteur des Nachrichtenmagazins *Der Spiegel*, 1974–1981 Leiter der Ständigen Vertretung der Bundesrepublik in der DDR, 1976–2002 Mitglied der SPD, 1981 Wirtschaftssenator in Berlin 34, 189, 575, 579, 594

Geißler, Heiner (geb. 1930), 1951 Eintritt in die CDU, 1965–1967 und 1980–2002 MdB, 1977–1989 CDU-Generalsekretär, 1982–1985 Bundesminister für Jugend, Familie und Gesundheit 153, 234, 291, 569, 592, 607

Genscher, Hans-Dietrich (geb. 1927), 1965–1998 MdB (FDP), 1969–1974 Bundesminister des Innern, 1974–1985 Bundesvorsitzender der FDP, 1974 bis September 1982 und Oktober 1982 bis 1992 Bundesminister des Auswärtigen 30, 36, 74, 88 f., 140, 150, 232, 268, 313, 330, 383, 413, 444, 512, 565, 581, 602, 618, 620, 625, 638, 643

Gerassimow, Gennadi I. (geb.1930), sowjetischer Diplomat, 1986–1990 außenpolitischer Sprecher von → Gorbatschow 375, 631

Geremek, Bronisław (1932–2008), polnischer Historiker und Politiker, 1950–1968 Mitglied der PVAP, 1980 Berater der Solidarność, 1981–1982 und 1983 Internierung, 1989–2001 Mitglied des Sejm, 1990–2001 Mitglied liberaler Parteien 51, 290 f., 553, 606 f.

Gerster, Johannes (geb. 1941), Politiker (CDU), 1972–1976 und 1977–1994 MdB 525, 656

Gierek, Edward (1913–2001), polnischer Politiker, 1970–1980 Erster Sekretär der PVAP, 1981 Ausschluss aus der Partei, 1981–1983 in Haft 607

Ghani Al-Doory, Abdul Jabbar Omar (geb. 1941), 1987–1999 irakischer Botschafter in Bonn 96, 477

Glemp, Józef (geb. 1929), 1981–2007 Erzbischof von Warschau, Primas von Polen 51, 276, 286–288, 292, 294, 298, 604

Glotz, Peter (1939–2005), 1961 Eintritt in die SPD, 1972–1977 und 1983–1996 MdB, 1981–1987 Bundesgeschäftsführer der SPD, ab 1983 Chefredakteur der Zeitschrift *Die Neue Gesellschaft/Frankfurter Hefte* 43, 172, 523, 575, 583

Goebbels, Josef (1897–1945), 1933–1945 Reichsminister für Volksaufklärung und Propaganda 60, 611

Goerdeler, Carl Friedrich (1884–1945), 1920–1931 Mitglied der DNVP, 1930–1937 Oberbürgermeister von Leipzig, Widerstandskämpfer des 20. Juli 1944, 1945 hingerichtet 363

González Marquez, Felipe (geb. 1942), spanischer Politiker (Sozialist), 1982–1996 Ministerpräsident 578

Gorbatschow, Michail S. (geb. 1931), sowjetischer Politiker, 1985–1991 Generalsekretär der KPdSU, 1988–1990 Vorsitzender des Präsidiums des Obersten Sowjets (Staatsoberhaupt), 1990–1991 Staatspräsident, 1990 Friedensnobelpreis 54–63, 68, 70, 72 f., 75 f., 82, 88–90, 101, 107 f., 110, 214, 219–230, 233–236, 243 f., 246, 270, 272, 274,

295–297, 300, 302 f., 306 f., 312–315, 320, 324–343, 355–362, 368–379, 381, 383 f., 388, 391–393, 395, 401, 413 f., 427 f., 430–435, 438, 440 f., 443–446, 449 f., 475, 489 f., 510 f., 520, 522 f., 525 f., 554, 587–589, 591–593, 595, 598, 603, 607–621, 624 f., 627–634, 638, 641–645, 648, 653–655, 656 f.

Grabert, Horst (geb. 1927), Politiker (SPD) und Diplomat, 1972–1974 Chef des Bundeskanzleramtes 69

Grass, Günter (geb. 1927), Schriftsteller und Bildender Künstler, Begründer der Sozialdemokratischen Wählerinitiative, 1982–1993 Mitglied der SPD, 1999 Nobelpreis für Literatur 79 f., 201, 456, 582, 646

Gromyko, Andrej Andrejewitsch (1909–1989), sowjetischer Politiker, 1957–1985 Außenminister, 1973–1988 Mitglied des Politbüros der KPdSU, 1985–1988 Staatsoberhaupt der UdSSR 227–229, 235, 362, 583, 586, 591, 626

Grósz, Károly (1930–1996), ungarischer Politiker, 1987–1988 ungarischer Ministerpräsident, 1988–1989 Generalsekretär der KP 620

Guillaume, Günter (1927–1995), Mitarbeiter des MfS der DDR, ab 1972 im persönlichen Stab des Bundeskanzlers, 1974 Verhaftung und 1975 Verurteilung wegen Spionage, 1981 Abschiebung in die DDR 39, 430

Gutzeit, Martin (geb. 1952), Theologe, 1989 Mitbegründer der SDP 441

Hájek, Jiří (1913–1993), tschechoslowakischer Politiker, 1968 Außenminister, 1970 Ausschluss aus der KPČ, 1977 Mitglied der Bürgerrechtsgruppe Charta '77, 1981 und 1989 kurzzeitig in Haft 43, 582 f., 612

Hajdú, János (geb. 1937), ungarischer Journalist und Diplomat, 1987–1990 Botschafter in Bern 620

Hammer, Armand (1898–1990), amerikanischer Geschäftsmann, Träger des Lenin-Ordens 315, 614

Harmel, Pierre (geb. 1911), belgischer Politiker (Christlich-Soziale Partei), 1965–1966 Ministerpräsident, 1966–1973 Außenminister 132, 353, 563, 624

Harpprecht, Klaus (geb. 1927), Journalist und Schriftsteller, 1968 Eintritt in die SPD 579

Harriman, W. Averell (1891–1986), amerikanischer Politiker (Demokrat) und Diplomat, 1943–1946 Botschafter in der UdSSR 225, 588

Hartmann, Eggert (geb. 1941), seit Mai 1970 Konferenzdolmetscher im Sprachendienst des AA 587, 617, 628

Hauff, Volker (geb. 1940), 1969–1989 MdB (SPD), 1978–1980 Bundesminister für Forschung und Technologie, 1980–1982 Bundesminister für Verkehr, 1989–1991 Oberbürgermeister von Frankfurt am Main 253, 651

Havel, Václav (geb. 1936), tschechischer Dramatiker und Politiker, 1977 Mitbegründer der Charta '77, 1977, 1979–1983 und 1989 in Haft, 1989 Friedenspreis des Deutschen Buchhandels, 1989–1992 Staatspräsident der Tschechoslowakei, 1993–2003 Präsident der Tschechischen Republik. 450, 612, 645

Hegel, Georg Wilhelm Friedrich (1770–1831), Philosoph 202

Heimann, Gerhard (geb. 1934), 1959 Eintritt in die SPD, 1979–1981 Senator für

Bundesangelegenheiten in Berlin, 1983–1990 MdB 235

Heinemann, Gustav (1899–1976), 1946–1952 Mitglied der CDU, 1949–1950 Bundesminister des Innern, 1952 Austritt aus der CDU, 1952–1957 Vorsitzender der GVP, 1957 Eintritt in die SPD, 1957–1969 MdB, 1966–1969 Bundesminister der Justiz, 1969–1974 Bundespräsident 197

Heinemann, Hermann (1928–2005), 1974–1992 Vorsitzender des SPD-Bezirks Westliches Westfalen, 1985–1992 Minister für Arbeit, Gesundheit und Soziales in NRW 650

Hellwig, Renate (geb. 1940), MdB (CDU) 1980–1998 496

Herakles, Griechische Gottheit, Sohn des Zeus und der Alkmene 373, 630

Hermansson, Håkan (geb. 1948), schwedischer Journalist, 1985–1997 Auslandsredakteur der sozialdemokratischen Tageszeitung „Arbetet" 583

Hernu, Charles (1923–1990), französischer Politiker (Sozialist), 1981–1986 Verteidigungsminister 589

Herrmann, Frank-Joachim (geb. 1931), Journalist, Leiter der Kanzlei des Vorsitzenden des Staatsrates der DDR 594

Herzog, Roman (geb. 1934), Jurist und Politiker, 1970 Eintritt in die CDU, 1987–1994 Präsident des Bundesverfassungsgerichts, 1994–1999 Bundespräsident 351

Herzog, Werner (geb. 1942), deutscher Filmemacher 579

Heuss, Theodor (1884–1963), 1924–1928 und 1930–1933 MdR (DDP), 1948 Gründungsmitglied und bis 1949 Vorsitzender der FDP, 1949–1959 Bundespräsident 193

Hiersemann, Karl-Heinz (1944–1998), Politiker, 1985–1991 Vorsitzender des SPD-Bezirks Franken 652

Hildebrandt, Regine (1941–2001), Biologin, 1989 Mitglied der SDP, 1990 Ministerin für Arbeit und Soziales der DDR, 1990–1999 Ministerin für Arbeit, Soziales, Gesundheit und Frauen in Brandenburg, 1990–2001 Mitglied des Parteivorstands der SPD 652

Hilsberg, Stephan (geb. 1956), Ingenieur, 1989 Mitbegründer der SDP, seit 1990 MdB (SPD), 2000–2002 PStS im Bundesministerium für Verkehr, Bau und Wohnungswesen, 2005–2007 stellv. Vorsitzender der SPD-Bundestagsfraktion 441

Hitler, Adolf (1889–1945), „Führer" der NSDAP, 1933–1945 Reichskanzler 202, 273, 348, 363, 365, 437, 611, 622, 627, 653

Hoff, Magdalene (geb. 1940), 1984–1998 Mitglied des SPD-PV 652

Höffner, Joseph (1906–1987), katholischer Theologe, 1969–1987 Erzbischof von Köln, 1976–1987 Vorsitzender der Deutschen Bischofskonferenz 276, 604

Honecker, Erich (1912–1994), 1930 Eintritt in die KPD, 1935 Verhaftung, 1937–1945 im Zuchthaus Brandenburg, 1946–1955 Vorsitzender der Freien Deutschen Jugend, 1958–1989 Mitglied des SED-Politbüros, 1971–1989 Erster Sekretär (ab 1976 Generalsekretär) der SED, 1976–1989 Staatsratsvorsitzender (Staatsoberhaupt) der DDR 34, 38–40, 42, 63, 65, 72 f., 129, 169, 190, 244–258, 260–262, 314–316, 358, 379 f., 394, 411,

440 f., 446, 515, 563 f., 569, 574, 579, 581, 590, 592, 594–600, 611, 613–616, 632, 634, 637, 647, 655

Höppner, Reinhard (geb. 1948), Mathematiker, 1989 Mitglied der SDP, 1990–2004 Mitglied des SPD-PV, 1994–2002 Ministerpräsident von Sachsen-Anhalt 651

Horn, Erwin (1929–2006), 1969–1998 MdB (SPD) 235

Horn, Gyula (geb. 1932), ungarischer Politiker, 1989–1990 Außenminister, 1990–1998 Vorsitzender der Ungarischen Sozialistischen Partei 522, 525, 614, 656

Howe, Geoffrey (geb. 1926), britischer Politiker (Konservative), 1983–1989 Außenminister 227, 589

Hu Yaobang (1915–1989), chinesischer Politiker, 1980–1987 Generalsekretär der KP 577

Huntzinger, Jacques (geb. 1943), 1981–1985 Internationaler Sekretär der Sozialistischen Partei Frankreichs 28, 152, 581

Húsak, Gustáv (1913–1991), tschechoslowakischer Politiker (Kommunist), 1975–1989 Staatspräsident 43, 203 f.

Hussein, Saddam (1937–2006), irakischer Politiker, ab 1957 Mitglied der Baath-Partei, 1979–2003 Staats- und Regierungschef, 2006 Verurteilung und Hinrichtung 96 f., 473–477, 479, 492 f., 497, 499, 527, 649, 655

Ibsen, Henrik (1828–1906), norwegischer Schriftsteller 471–473, 648

Jaenecke, Heinrich (geb. 1928), Journalist, 1966–1995 beim *Stern* 654

Jakowlew, Alexander (1923–2005), 1987–1990 Mitglied des Politbüros der KPdSU 510, 628

Jaruzelski, Wojciech (geb. 1923), polnischer General und Politiker, 1943–1945 Soldat der an der Seite der Roten Armee kämpfenden polnischen Truppen, 1968–1983 Verteidigungsminister, 1971–1989 Mitglied des Politbüros der PVAP, 1981–1989 Erster Sekretär des ZK der PVAP, 1981–1985 Ministerpräsident, 1981–1983 in der Zeit des Kriegsrechts Vorsitzender des Militärrates der VR Polen, 1985–1989 Vorsitzender des Staatsrates (Staatsoberhaupt), 1989–1990 Staatspräsident 44, 46, 48–52, 264–273, 287, 291, 364, 553, 601–605, 606 f., 627

Jelpke, Ursula (geb. 1951), 1990–2002 PDS-MdB 656

Jelzin, Boris (1931–2007), 1985–1987 Vorsitzender der Moskauer KP, 1981–1990 Mitglied des ZK der KPdSU, 1991–1999 Präsident der Russischen Föderation 510 f., 526, 654, 656

Jenninger, Philipp (geb. 1932), 1957 Eintritt in die CDU, 1969–1990 MdB (CDU), 1982–1984 Staatsminister im Bundeskanzleramt, 1984–1988 Bundestagspräsident 250, 597

Jesse, Willy (1897–1971), Schlosser und Politiker (SPD), 1932/33 MdL Mecklenburg-Schwerin, 1944 Flucht nach Schweden, 1945/46 Landessekretär SPD Mecklenburg-Vorpommern, 1946–1954 in der SBZ/DDR und in der Sowjetunion inhaftiert, 1954 Entlassung in die Bundesrepublik 403

Johannes Paul II. (1920–2005), polnischer Geistlicher, 1978–2005 Papst 466

Johnson, Lyndon B. (1908–1973), amerikanischer Politiker (Demokrat), 1963–1969 36. Präsident der USA 571

Jospin, Lionel (geb. 1937), französischer Politiker, 1981–1988 und 1995–1997 Erster Sekretär (Vorsitzender) der Sozialisten 589

Kádár, János (1912–1989), ungarischer Politiker (Kommunist), 1956–1988 Erster Sekretär des ZK, 1956–1958 und 1961–1965 auch Ministerpräsident 63, 315, 339, 614 f.

Kaiser, Karl (geb. 1934), Politikwissenschaftler, 1974–1991 Professor an der Universität Köln 549, 626

Kapiza, Sergei P. (geb. 1928), russischer Physiker und Fernsehmoderator 225, 588

Katz, Paul (geb. 1933), französischer Journalist 640

Kennan, George F. (1904–2005), amerikanischer Diplomat und Historiker, 1952–1953 Botschafter in Moskau und 1961–1963 in Belgrad, 1982 Friedenspreis des Deutschen Buchhandels 136

Kennedy, Edward M. (Ted) (geb. 1932), amerikanischer Politiker (Demokrat), Bruder von –› John F. Kennedy, seit 1962 Senator von Massachusetts 396, 603

Kennedy, John F. (1917–1963), amerikanischer Politiker (Demokrat), 1953–1960 Senator von Massachusetts, 1961–1963 35. Präsident der USA, bei einem Attentat ermordet 160, 210, 300, 571, 577, 580, 584

Keworkow, Wjatscheslaw E. (geb. 1923), sowjetischer KGB-General 591

Kinnock, Neil (geb. 1942), britischer Politiker, 1983–1992 Vorsitzender der Labour Party 333, 578, 619

Klär, Karl-Heinz (geb. 1947), Historiker, 1983–1987 Leiter des Büros des SPD-Vorsitzenden 575, 587, 594

Kleiber, Günther (geb. 1931), Ingenieur, 1984–1989 Mitglied des Politbüros der SED 637

Klibi, Chedli (geb. 1925), tunesischer Politiker, 1979–1990 Generalsekretär der Arabischen Liga 648

Klose, Hans-Ulrich (geb. 1937), 1964 Eintritt in die SPD, 1974–1981 Erster Bürgermeister von Hamburg, seit 1983 MdB, 1987–1991 Schatzmeister der SPD, 1991–1994 Vorsitzender der SPD-Bundestagsfraktion 484, 516, 651, 655

Kohl, Helmut (geb. 1930), seit 1947 Mitglied der CDU, 1973–1998 Bundesvorsitzender der CDU, 1982–1998 Bundeskanzler 15, 28, 31, 36, 59 f., 65, 74–77, 81 f., 84, 87, 89 f., 92 f., 97, 108, 140, 153 f., 159 f., 177, 220 f., 246 f., 253, 256, 258, 272, 299–301, 306, 313 f., 356, 359, 364, 369, 372, 374, 391 f., 396, 406 f., 415 f., 429, 436, 443, 457–470, 477, 483, 486, 490, 496, 561, 565, 567–569, 571, 581, 585, 587, 589, 593, 595, 597 f., 600, 609, 611–614, 624–630, 634 f., 657, 640–644, 647, 649, 652

Koivisto, Mauno (geb. 1923), finnischer Politiker (Sozialdemokrat), 1982–1994 Staatspräsident 377

Kolbe, Gerd (geb. 1934), Diplom-Kaufmann und Journalist 564

Köpf (heute: Schröder-Köpf), Doris (geb. 1963), Journalistin und Buchautorin 354 f., 624

Koroljow, E. 610

Koschnick, Hans (geb. 1929), 1967–1985 Bürgermeister und Senatspräsident von Bremen (SPD), 1975–1979 stellv. Vorsitzender der SPD   47, 51, 55, 286, 291, 370, 483, 523, 587, 591, 601, 606, 628, 651

Kossolapow, Richard I. (geb. 1930), sowjetischer Philosoph und Journalist, 1976–1986 Chefredakteur der Zeitschrift *Kommunist*   172–174, 575

Kossygin, Alexej N. (1904–1980), sowjetischer Politiker, 1948–1952 und 1960–1980 Mitglied des Politbüros der KPdSU, 1964–1980 Vorsitzender des Ministerrats der UdSSR   443

Kotschemassow, Wjatscheslaw (1918–1998), 1983–1990 Botschafter der Sowjetunion in der DDR   638

Krawtschuk, Leonid (geb. 1934), ukrainischer Politiker, 1991–1995 Präsident   527, 544

Kreisky, Bruno (1911–1990), österreichischer Politiker (Sozialdemokrat), 1938–1945 Exil in Schweden, 1967–1983 SPÖ-Vorsitzender, 1970–1983 Bundeskanzler, 1967–1989 Vizepräsident der SI   189, 578, 582, 585

Kremp, Herbert (geb. 1928), Journalist, ab 1969 bei der Tageszeitung *Die Welt*   649

Krenz, Egon (geb. 1937), DDR-Politiker, 1983–1989 Mitglied des Politbüros der SED, Oktober-Dezember 1989 SED-Generalsekretär   73, 379–381, 632, 634

Krings, Josef (geb. 1926), Pädagoge und Politiker (SPD), 1975–1997 Oberbürgermeister von Duisburg   377

Krolikowski, Werner (geb. 1928), DDR-Politiker (SED), 1971–1989 Mitglied des Politbüros   637

Kuroń, Jacek (1934–2004), polnischer Historiker und Politiker, ab 1980 Berater von Solidarność, 1981–1984 inhaftiert, 1989–1991, 1992–1993 Arbeitsminister   564

Kutyla, Leopold (geb. 1940), 1973–1990 im polnischen Außenministerium tätig   601

Kwizinski, Julij A. (geb. 1936), sowjetischer Diplomat, 1981–1983 sowjetischer Verhandlungsführer bei den SALT-Verhandlungen in Genf, 1986–1990 Botschafter in der Bundesrepublik   18, 140, 295, 565, 610, 611, 620, 633

Lafontaine, Oskar (geb. 1943), 1966–2005 Mitglied der SPD, 1976–1985 Oberbürgermeister von Saarbrücken, 1985–1998 Ministerpräsident des Saarlandes, 1987–1995 stellv., 1995–1999 Vorsitzender der SPD, 1990 Kanzlerkandidat der SPD, 1998–1999 Bundesminister der Finanzen   23, 38, 79 f., 83–87, 92–94, 99, 108 f., 151, 249 f., 253, 381, 423, 451, 453 f., 481–485, 487 f., 569, 596, 639, 645, 650–652

Lassalle, Ferdinand (1825–1864), 1863 Begründer des Allgemeinen Deutschen Arbeitervereins   291, 607

Lednew, Walerij (1922–1987), sowjetischer Journalist, 1966–1987 Redakteur bei der Auslandsabteilung der Zeitung *Sowjetskaja kultura*   591

Lemmer, Ernst (1898–1970), 1956–1961 Vorsitzender der CDU Berlin, 1957–1962 Bundesminister für gesamtdeutsche Fragen, 1964–1965 Bundesminister für Vertriebene, 1965–1969 Sonderbeauftragter des Bundeskanzlers für Berlin   417

Lenin, Wladimir Iljitsch (1870–1924), russischer Politiker, Gründer und Vorsitzender der KPdSU, 1917–1924 Vorsitzender des Rats der Volkskommissare (Regierungschef) 220, 222, 325, 341, 511, 587, 617

Le Pen, Jean-Marie (geb. 1928), französischer rechtsextremer Politiker, seit 1972 Vorsitzender der Partei Front National, seit 1984 Abgeordneter im Europäischen Parlament 517

Lersch, Paul (geb. 1935), Jurist und Journalist, 1971–2000 beim *Spiegel* 655

Lindenberg, Klaus (geb. 1940), Politikwissenschaftler, 1968–1982 Mitarbeiter der Friedrich-Ebert-Stiftung, 1977–1983 Berater, 1983–1989 Mitarbeiter, 1989–1992 Büroleiter von Willy Brandt 94, 188, 575, 587, 601, 613–615, 617, 628, 632 f.

Lippmann, Walter (1889–1974), amerikanischer Journalist und Autor, 1931–1962 Kolumnist bei der *New York Herald Tribune*, 1962–1967 bei der *Washington Post* 191 f., 580

Löffler, Lothar (1929–2005), 1969–1987 MdB (SPD) 235

Loose, Hans-Werner (geb. 1939), Journalist, 1990–1998 bei *Die Welt* 507–514, 654

Loury, Rémy (geb. 1946), französischer Journalist, 1985 Mitgründer von „Reporter ohne Grenzen" 640

Lugar, Richard (geb. 1932), amerikanischer Politiker (Republikaner), seit 1977 US-Senator des Bundesstaates Indiana 271, 603

Luther, Martin (1483–1546), deutscher Reformator 168, 205, 574, 583

Machiavelli, Niccoló (1469–1527), italienischer politischer Schriftsteller 528

Madrid, Miguel de la (geb. 1934), mexikanischer Jurist und Politiker (PRI), 1982–1988 Staatspräsident 583

Malagodi, Giovanni (1904–1991), italienischer Politiker (Liberale Partei), 1972–1975 Parteivorsitzender, 1982–1989 Präsident der Liberalen Weltunion, 1987 Senatspräsident 334, 618

Mann, Heinrich (1871–1950), Schriftsteller, ab 1933 Exil in Frankreich, ab 1940 in den USA 189

Mann, Thomas (1875–1955), Schriftsteller, 1929 Literaturnobelpreis, 1933–1952 Emigration und Exil in Frankreich, der Schweiz und den USA, 1952 Rückkehr in die Schweiz 189

Mao Tse-tung (1893–1976), chinesischer Politiker, 1935–1976 Vorsitzender der KP, 1954–1959 Staatspräsident 511

Marcuse, Elie französischer Journalist, 1985–1991 Senior reporter für *L'Express* 237–242, 593

Markey, Edward J. (geb. 1946), amerikanischer Politiker (Demokrat), seit 1976 Abgeordneter des Repräsentantenhauses 157, 160, 162–164, 166 f., 570, 573

Marsh, David (geb. 1952), 1973–1995 Journalist, 1986–1991 Bonn-Korrespondent der *Financial Times* 637

Marx, Karl (1818–1883), sozialistischer Theoretiker, Philosoph, Ökonom und Journalist 34, 129, 202, 424, 563, 640

Matthäus-Maier, Ingrid (geb. 1945), MdB 1976–1982 (FDP) und 1983–1999 (SPD), 1988–1999 stellvertretende SPD-Fraktionsvorsitzende 84

Matthiesen, Klaus (1941–1998), Politiker (SPD), 1983–1995 Landesminister in NRW 652

Maurin, Claude-André (geb. 1957), französischer Journalist 640

Mazowiecki, Tadeusz (geb. 1927), polnischer Schriftsteller, Journalist und Politiker, 1989/90 Ministerpräsident 52, 102, 289, 294, 523, 606 f., 608

McNamara, Robert S. (1916–2009), amerikanischer Politiker (Demokrat), 1961–1968 Verteidigungsminister, 1968–1981 Präsident der Weltbank 136

Meckel, Markus (geb. 1952), Theologe, 1989 Mitbegründer der SDP, 1990 Außenminister der DDR, seit 1990 MdB (SPD) 441

Medwedjew, Wadim A. (geb. 1929), sowjetischer Politiker, 1986–1990 Sekretär des ZK der KPdSU, 1988–1990 Mitglied des Politbüros 628

Mertes, Alois (1921–1985), 1972–1985 MdB (CDU), 1982–1985 Staatsminister im Auswärtigen Amt 149, 567

Michnik, Adam (geb. 1946), polnischer Publizist und Politiker, ab 1980 Berater von Solidarność, 1989–1991 Abgeordneter des Sejm, seit 1989 Herausgeber der *Gazeta Wyborcza* 46, 552, 564

Mielke, Erich (1907–2000), DDR-Politiker (SED), 1957–1989 Minister für Staatssicherheit 39, 637

Milstein, Michail (1910–1992), russischer Wissenschaftler und Militär, Mitarbeiter des Instituts für amerikanische und kanadische Studien der Akademie der Wissenschaften der UdSSR 225, 588

Miodowicz, Alfred (geb. 1929), polnischer Gewerkschaftsfunktionär und Politiker, 1984–1991 Vorsitzender der „Allpolnischen Vereinigung der Gewerkschaften", 1986–1990 Mitglied des ZK der PVAP, 1986–1989 des Politbüros 289, 606

Mischnick, Wolfgang (1921–2002), Politiker, 1968–1990 Vorsitzender der FDP-Bundestagsfraktion 141

Mittag, Günter (1926–1994), DDR-Politiker, 1963–1989 Mitglied des Politbüros der SED 637

Mitterrand, Danielle (geb. 1924), französische Politikerin (Sozialistin), Ehefrau von François Mitterrand 316

Mitterrand, François (1916–1996), französischer Politiker, 1971–1981 Erster Sekretär der Parti Socialiste, 1981–1995 Staatspräsident 28, 39, 82 f., 89, 237, 241 f., 246, 267, 315 f., 326 f., 333, 359, 372, 374, 376, 409, 419, 425, 437–439, 475, 480, 492, 497, 558, 574, 581, 589, 593, 602, 615, 618, 625, 627, 629 f., 639, 640, 642, 648, 653

Mlynář, Zdeněk (1930–1997), tschechischer Politiker und Politologe, ab 1946 Mitglied der KP, führender Ideologe des „Prager Frühlings", 1970 aus der KP ausgeschlossen, Mitunterzeichner der „Charta 77", 1977 Emigration nach Österreich 43

Möbbeck, Susi (geb. 1964), Politikerin (SPD), 1988–1991 Jungsozialisten-Bundesvorsitzende 651

Modrow, Hans (geb. 1928), Politiker (SED/PDS), 1958–1990 Mitglied der Volkskammer, 1967–1989 Mitglied des ZK, 1989/90 Ministerpräsident, 1990–1994 MdB 76, 82, 95, 404, 407, 409, 431 f., 443, 525 f., 635–637, 639, 641 f., 643, 656

Momper, Walter (geb. 1945), 1967 Eintritt in die SPD, 1975–1995 und seit 1999 MdA von Berlin, 1989–1991 Regierender Bürgermeister von Berlin 74, 390, 417, 633, 651

Morawiecki, Kornel (geb. 1941), polnischer Physiker und Gewerkschafter, 1982–1989 in der „Kämpfenden Solidarität" aktiv 605

Munch, Edvard (1863–1944), norwegischer Maler 501

Nagy, Imre (1903–1958), ungarischer Politiker (Kommunist), 1953–1955 und 1956 Ministerpräsident, 1958 zum Tode verurteilt, 1989 rehabilitiert 359, 625

Napolitano, Giorgio (geb. 1925), italienischer Politiker, seit 1945 Mitglied der KP (ab 1991 Democratici di Sinistra), seit 2006 italienischer Staatspräsident (Partito Democratico) 73

Nasarbajew, Nursultan (geb. 1940), seit 1990 Präsident von Kasachstan ohne zeitliche Begrenzung 527, 544

Nitze, Paul H. (1907–2004), amerikanischer Bankier, Diplomat und Politiker (Demokrat), 1981–1984 Chefunterhändler der USA bei den INF-Verhandlungen mit der UdSSR, 1984–1989 Sonderberater des Außenministeriums 18, 140, 149, 270, 565, 567, 603

Nixon, Richard M. (1913–1994), amerikanischer Politiker (Republikaner), 1950–1953 Senator, 1953–1961 Vizepräsident, 1969–1974 37. Präsident der USA 571

Nyerere, Julius (1922–1999), tansanischer Politiker, 1964–1985 Staatspräsident, 1987–1990 Vorsitzender der Süd-Kommission („Nyerere-Kommission") 583

Obasanjo, Olusegun (geb. 1937), nigerianischer General und Politiker, 1980–1982 Mitglied der Unabhängigen Kommission für Internationale Sicherheits- und Abrüstungsfragen („Palme-Kommission"), 1999–2007 Staatspräsident 585

Oertzen, Peter von (1924–2008), Politologe, 1970–1975 Kultusminister von Niedersachsen, 1973–1993 Mitglied des SPD-PV 484, 651

Paasio, Perrti (geb. 1939), finnischer Politiker (Sozialdemokrat), 1989–1991 Außenminister 377

Palme, Olof (1927–1986), schwedischer Politiker, 1969–1986 Vorsitzender der Sozialdemokratischen Partei, 1969–1976 und 1982–1986 Ministerpräsident, bei einem Attentat ermordet 20, 28, 127, 132 f., 174 f., 206, 236, 252, 260, 271, 282, 296, 317, 321, 561, 576 f., 583, 615

Papandreou, Andreas (1919–1996), griechischer Politiker (Panhellenische Sozialistische Bewegung), 1981–1989 und 1993–1996 Ministerpräsident 583

Patočka, Jan (1907–1977), tschechoslowakischer Philosoph, Mitglied der Charta '77, nach Polizeiverhör gestorben 612

Pelger, Hans (geb. 1938), 1968–2003 Leiter des Karl-Marx-Hauses Trier 129

Pelikán, Jiří (1923–1999), tschechischer Publizist und Politiker, seit 1939 Mitglied der im Exil tätigen KP der Tschechoslowakei, Protagonist des „Prager Frühlings", 1969 Emigration nach Italien, 1979–1989 Abgeordneter im Europäischen Parlament (PSI) 43

Pérez, Carlos Andrés (geb. 1922), venezolanischer Politiker (Demokratische Aktion), 1974–1979 und 1989–1993 Staatspräsident, 1983–1996 Vizepräsident der SI 585

Pérez de Cuéllar, Javier (geb. 1920), peruanischer Politiker und Diplomat, 1982–1991 UN-Generalsekretär 97, 232, 338, 478, 480, 492, 528, 649, 653

Picaper, Jean-Paul (geb. 1938), französischer Journalist 641

Piccoli, Flaminio (1915–2000), italienischer Politiker, 1986–1989 Präsident der Christlich-Demokratischen Internationale 334, 618

Piłsudski, Józef (1867–1935), polnischer Militär und Politiker (Sozialist), 1918–1922 Staatspräsident, 1926–1935 Verteidigungsminister und de facto Diktator Polens 287, 605

Pleitgen, Fritz (geb. 1938), Fernsehjournalist 457–470, 647

Pöhl, Karl-Otto (geb. 1929), 1948–2005 Mitglied der SPD, 1980–1991 Präsident der Bundesbank 453, 642, 646

Polkehn, Walter (1921–1985), Politiker (SPD) 552

Ponomarjow, Boris N. (1905–1995), sowjetischer Politiker, 1955–1986 Leiter der Internationalen Abteilung des ZK, 1972–1986 Kandidat des Politbüros 55, 586 f.

Portugalow, Nikolai (1928–2008), sowjetischer Journalist und Politiker, 1979–1990 Mitarbeiter der internationalen Abteilung des ZK 76, 575, 638

Probst, Albert (geb. 1931), 1969–1998 CSU-MdB 496

Pronk, Jan P. (geb. 1940), niederländischer Politiker (PvdA), 1973–1977 und 1989–1998 Minister für Entwicklungszusammenarbeit, 1977–1983 Mitglied der Unabhängigen Kommission für Internationale Entwicklungsfragen, 1980–1985 stellv. Generalsekretär der UNCTAD, 1985–1986 stellv. UN-Generalsekretär 328, 338, 617, 619

Rafsanjani, Ali Akbar Hashemi (geb. 1934), iranischer Geistlicher, 1979/80 Mitglied im Revolutionsrat, 1980–1989 Parlamentspräsident, 1989–1997 Staatspräsident 345 f.

Ramphal, Shridath (geb. 1928), 1975–1990 Generalsekretär des British Commonwealth, 1977–1983 Mitglied der Unabhängigen Kommission für Internationale Entwicklungsfragen, 1980–1982 Mitglied der Unabhängigen Kommission für Internationale Sicherheits- und Abrüstungsfragen („Palme-Kommission"), 1984–1987 Mitglied der Weltkommission für Umwelt und Entwicklung („Brundtland-Kommission"), 1987–1990 Mitglied der Süd-Kommission („Nyerere-Kommission") 585

Rapacki, Adam (1909–1970), 1956–1968 polnischer Außenminister 605

Rau, Johannes (1931–2006), 1952–1957 Mitglied der GVP, ab 1957 der SPD, 1968–1999 Mitglied des SPD-Parteivorstandes, 1982–1999 stellv. SPD-Vorsitzender, 1987 SPD-Kanzlerkandidat, 1978–1998 Ministerpräsident von NRW, 1999–2004 Bundespräsident 27, 147, 250, 256, 275, 302, 358, 423, 441, 593, 596, 610 f.

Reagan, Ronald W. (1911–2004), Filmschauspieler und amerikanischer Politiker (Republikaner), 1981–1989 40. Präsident der USA 17 f., 29 f., 59–61, 105, 107 f., 148, 162, 213 f., 223, 226, 229, 243, 246, 267, 270, 272, 274, 300, 303, 335, 561–563, 565, 567 f., 572, 574, 577, 584–589, 593, 595, 603, 610, 612 f., 619

Reinhold, Otto (geb. 1925), 1962–1989 Rektor der Akademie für Gesellschaftswissenschaften der SED 594

Rettner, Gunter (1942–1998), DDR-Politiker, seit 1963 SED-Mitglied, 1985–1989 Leiter der Abteilung für Internationale Politik und Wirtschaft des ZK der SED 594

Reuter, Ernst (1889–1953), Politiker (SPD), 1931–1933 Oberbürgermeister von Magdeburg, 1935–1945 Exil in der Türkei, 1948–1953 Oberbürgermeister bzw. Regierender Bürgermeister von Berlin 363, 504

Riese, Hans-Peter (geb. 1941), Journalist 57

Ringstorff, Harald (geb. 1939), 1989 Mitbegründer der SDP in Rostock, 1990–2003 SPD-Vorsitzender von Mecklenburg-Vorpommern, 1998–2008 Ministerpräsident von Mecklenburg-Vorpommern 441, 485, 651

Ristock, Harry (1928–1992), 1973–1988 Mitglied des SPD-PV, 1975–1981 Senator für Bau- und Wohnungswesen in Berlin 291

Rosen, Klaus-Henning (geb. 1938), 1976–1989 Leiter des persönlichen Büros von Willy Brandt 56f., 311

Rosenzweig, Luc (geb. 1943), französischer Journalist, 1980–1985 bei *Libération*, 1985–2001 *Le Monde* 637

Roth, Wolfgang (geb. 1941), 1969–1972 stellv., 1972–1974 Bundesvorsitzender der Jusos, 1976–1993 MdB (SPD), 1981–1991 stellv. Vorsitzender der SPD-Bundestagsfraktion 84, 589, 651

Rowland, James (geb. 1926), amerikanischer Politiker (Demokrat), 1983–1995 Abgeordneter des amerikanischen Kongresses 168

Rühe, Volker (geb. 1942), 1976–2005 MdB (CDU), 1989 bis 1992 Generalsekretär der CDU, 1982–1989 und von 1998–2000 stellvertretender Vorsitzender der CDU/CSU-Fraktion, 1992–1998 Bundesminister der Verteidigung 300, 411, 627, 638

Rykin, Viktor (geb. 1933), Dozent an der Akademie der Gesellschaftswissenschaften beim ZK der KPdSU 587, 617

Ryschkow, Nikolai I. (geb. 1929), sowjetischer Politiker, 1985–1991 Vorsitzender des Ministerrates der SU, 1985–1990 Mitglied im Politbüro der KPdSU 630

Sacharow, Andrej D. (1921–1989), sowjetischer Atomphysiker und Bürgerrechtler, 1970 Gründung eines Komitees für die Verwirklichung der Menschenrechte in der UdSSR, 1975 Friedensnobelpreis, 1980–1986 Verbannung, ab April 1989 Abgeordneter im Kongress der Volksdeputierten 56f., 234, 522, 592, 655

Sagladin, Wadim W. (1927–2006), sowjetischer Politiker, 1964–1988 Erster Stellvertretender Leiter der Internationalen Abteilung des ZK der KPdSU, 1988–1991 Leiter der Internationalen Abteilung 230, 587, 617, 619

Sahraoui, Abdelkader (geb. 1935), deutsch-algerischer Politiker, 1953 Mitbegründer der Unabhängigkeitsbewegung FLN, 1977 Haft in Algier und Exil in Deutschland, 1988 Rückkehr nach Algerien 621 f.

Schabowski, Günter (geb. 1929), Politiker und Journalist, ab 1952 Mitglied der SED, ab 1978 Chefredakteur des SED Zentralorgans „Neues Deutschland",

1984–1989 Mitglied des Politbüros des ZK der SED 73, 594

Schalck-Golodkowski, Alexander (geb. 1932), 1975–1989 Staatssekretär im Ministerium für Außenhandel der DDR 411, 638

Schamir, Yitzhak (geb. 1915), israelischer Politiker, 1973–1996 Abgeordneter in der Knesset, 1980–1983 Außenminister, 1983–1992 Ministerpräsident und Vorsitzender des Likud 569

Scharping, Rudolf (geb. 1947), Politiker (SPD), 1975–1994 MdL (SPD) Rheinland-Pfalz, 1985–1993 Landesvorsitzender der SPD in Rheinland-Pfalz, 1991–1994 rheinland-pfälzischer Ministerpräsident, 1993–1995 SPD-Parteivorsitzender, 1994 Kanzlerkandidat, 1994–1998 Vorsitzender der SPD-Fraktion im Deutschen Bundestag, 1998–2002 Bundesminister der Verteidigung 286, 291, 601, 650

Scheel, Walter (geb. 1919), Politiker, 1953–1974 MdB (FDP), 1968–1974 FDP-Bundesvorsitzender, 1969–1974 Bundesminister des Auswärtigen und Vizekanzler, 1974–1979 Bundespräsident, seit 1979 Ehrenvorsitzender der FDP 199

Scheer, Hermann (geb. 1944), Politiker und Publizist, seit 1965 Mitglied der SPD, seit 1980 MdB (SPD), 1980–1990 Sprecher der SPD-Bundestagsfraktion für Abrüstung 235

Schewardnadse, Eduard (geb. 1928), georgischer Politiker, 1972–1985 Vorsitzender der KP Georgiens, 1985–1990 Außenminister der Sowjetunion 315, 358, 413, 510, 625, 638

Schily, Otto (geb. 1932), Rechtsanwalt und Politiker, 1983–1986, 1987–1989, ab 1990 MdB (Die Grünen/ ab 1989 SPD), 1994–1998 stellv. Vorsitzender der SPD-Bundestagsfraktion, 1998–2005 Bundesminister des Innern 356, 360 f., 579

Schinzel, Dieter (geb. 1942), Politiker (SPD), 1976–1994 Mitglied des Europäischen Parlaments 96, 477

Schmid, Carlo (1896–1979), 1947–1973 Mitglied des SPD-PV, 1949–1972 MdB 350, 622 f.

Schmid, Gerhard (geb. 1946), Politiker (SPD), 1979–2004 Mitglied des Europäischen Parlaments 96, 477

Schmidt, Helmut (geb. 1918), seit 1946 Mitglied der SPD, 1953–1962 und 1965–1987 MdB (SPD), 1961–1965 Innensenator von Hamburg, 1965–1967 stellv., 1967–1969 Vorsitzender der SPD-Bundestagsfraktion, 1968–1984 stellv. Vorsitzender der SPD, 1969–1972 Bundesminister der Verteidigung, Juli-Dezember 1972 Bundesminister für Wirtschaft und Finanzen, 1972–1974 Bundesminister der Finanzen, 1974–1982 Bundeskanzler, seit 1983 Mitherausgeber der Wochenzeitung *Die Zeit* 15 f., 18, 24, 26 f., 36, 105, 124, 151, 160, 162, 168, 238, 251, 255 f., 258, 270, 430, 452, 565, 569, 571 f., 574, 597

Schmitt, Rudi (geb. 1928), 1968–1980 Oberbürgermeister von Wiesbaden, 1980–1987 MdB (SPD) 552

Schmude, Jürgen (geb. 1936), Politiker (SPD), 1969–1994 MdB, 1978–1981 Bundesminister für Bildung und Wissenschaft, 1981–1982 Bundesminister der Justiz, 1985–2003 Präses der Synode der Evangelischen Kirche in Deutschland 38, 215, 217 f., 586

Schonen, François 1990 Professor an der Universität Montpellier 640

Schorlemmer, Friedrich (geb. 1944), evangelischer Theologe, Bürgerrechtler und Mitglied der SPD 515

Schröder, Gerhard (geb. 1944), Jurist und Politiker, 1963 Eintritt in die SPD, 1978–1980 Bundesvorsitzender der Jusos, 1980–1986 und 1998–2005 MdB, 1986–1998 MdL (Niedersachsen), 1989–2005 Mitglied des SPD-Präsidiums, 1990–1998 Niedersächsischer Ministerpräsident, 1998–2005 Bundeskanzler, 1999–2004 SPD-Vorsitzender 253, 370, 482, 598, 628, 650

Schroeder, Patricia S. (geb. 1940), 1973–1997 Abgeordnete des amerikanischen Kongresses (Demokratische Partei) 167

Schubert, Peter von (1941–2007), Diplom-Politologe, Planungs- und Forschungsoffizier im NATO Defense College in Rom 353 f., 624

Schumacher, Hans (geb. 1943), 1962 Eintritt in die SPD, 1970–1988 verantwortlicher Redakteur der Zeitschrift *Die Neue Gesellschaft*, ab 1985 *Die Neue Gesellschaft/Frankfurter Hefte* 172, 575

Schumacher, Kurt (1895–1952), 1946–1952 SPD-Vorsitzender, 1949–1952 MdB (SPD) und Vorsitzender der Bundestagsfraktion 350

Schuschkewitsch, Stanislau (geb. 1934), weißrussischer Wissenschaftler und Politiker, 1991–1994 Staatspräsident 527, 544

Schütz, Hans-Peter (geb. 1939), Journalist 654

Schütz, Klaus (geb. 1926), 1946 Eintritt in die SPD, 1967–1977 Regierender Bürgermeister von Berlin, 1977–1981 Botschafter in Israel, 1981–1987 Intendant der *Deutschen Welle* 353, 618

Schwan, Gesine (geb. 1943), Politikwissenschaftlerin, Mitglied der SPD (seit 1970) 549

Schwan, Heribert (geb. 1944), 1974–1989 Redakteur beim *Deutschlandfunk* 215–218, 586

Schwartz, Lothar (geb. 1928), Journalist, 1973–1981 Sprecher des SPD-PV, anschließend bei der *Deutschen Welle* 618

Schweitzer, Albert (1875–1965), evangelischer Theologe und Arzt, 1913 Gründung eines Kinderkrankenhauses im Gabun, 1952 Friedensnobelpreis 366

Seebacher(-Brandt), Brigitte (geb. 1946), Historikerin und Journalistin, Witwe Willy Brandts, 1965–1995 Mitglied der SPD 39, 104, 257, 262, 375, 594

Seiters, Rudolf (geb. 1937), 1969–2002 MdB (CDU), 1989–1991 Chef des Bundeskanzleramts, 1991–1993 Bundesminister des Innern 635

Semjonow, Wladimir S. (1911–1992), 1978–1986 sowjetischer Botschafter in Bonn 570, 575, 607

Shultz, George P. (geb. 1920), amerikanischer Politiker, 1982–1989 Außenminister 270, 315, 583, 603

Sindermann, Horst (1915–1990), 1967–1989 Mitglied des Politbüros der SED, 1976–1989 Präsident der Volkskammer der DDR 250 f., 597

Sisyphos Held der griechischen Mythologie 373

Śliwiński, Krzysztof (geb. 1940), polnischer Biologe und Bürgerrechtler,

1981 nach der Verhängung des Kriegsrechts verhaftet 553, 606

Smirnow, Andrej (1905–1982), 1955–1956 sowjetischer Botschafter in Österreich, 1956–1966 Botschafter in der Bundesrepublik Deutschland 626

Soares, Mário A. (geb. 1924), portugiesischer Politiker, 1973–1985 Generalsekretär der Sozialistischen Partei Portugals, 1976–1978 und 1983–1985 Ministerpräsident, 1986–1996 Staatspräsident 28 f., 187 f., 578

Soppelsa, Jacques (geb. 1943), französischer Politikwissenschaftler, 1982–1989 Präsident der Universität Paris I (Panthéon-Sorbonne), Leiter des Sicherheitspolitischen Ausschusses der PSF 152

Sorsa, Kalevi (1930–2004), finnischer Politiker, 1975–1987 Vorsitzender der Sozialdemokratischen Partei, 1972, 1975–1976 und 1987–1989 Außenminister, 1972–1975, 1977–1979 und 1982–1987 Ministerpräsident 332

Späth, Lothar (geb. 1936), Politiker (CDU) und Manager, 1978–1991 Ministerpräsident von Baden-Württemberg 341, 620

Spöri, Dieter (geb. 1943), Politiker (SPD), 1988–1998 Mitglied des SPD-PV, 1992–1996 stellv. Ministerpräsident und Wirtschaftsminister des Landes Baden-Württemberg 483, 651

Stalin, Josef W. (1879–1953), sowjetischer Politiker, 1922–1953 Generalsekretär der KPdSU, 1941–1953 Vorsitzender des Rates der Volkskommissare bzw. des sowjetischen Ministerrates 194, 587

Steen, Reiulf (geb. 1933), norwegischer Politiker, 1975–1981 Vorsitzender der Arbeiterpartei 130, 563

Stehr, Uwe (geb. 1941), Mitarbeiter von Willy Brandt 587

Stobbe, Dietrich (geb. 1938), 1960 Eintritt in die SPD, 1967–1981 MdA (SPD) von Berlin, 1977–1981 Regierender Bürgermeister von Berlin, 1981–1983 Leiter des New Yorker Büros der Friedrich-Ebert-Stiftung, 1983–1990 MdB (SPD) 587, 591

Stolpe, Manfred (geb. 1936), Jurist und Politiker, 1982–1989 stellvertretender Vorsitzender des Bundes der Evangelischen Kirchen in der DDR, seit 1990 Mitglied der SPD, 1990–2002 Ministerpräsident des Landes Brandenburg 41, 600, 656

Stomma, Stanisław (1908–2005), polnischer Publizist und Politiker, 1957–1976 unabhängiger Abgeordneter im polnischen Sejm 47, 553, 606

Stoph, Willi (1914–1999), DDR-Politiker (SED), 1950–1989 Mitglied des ZK der SED, 1953–1989 Mitglied des Politbüros, 1964–1973 und 1976–1989 Vorsitzender des Ministerrats der DDR 637, 646

Strauß, Franz Josef (1915–1988), Politiker, 1949–1978 MdB (CSU), 1953–1962 und 1966–1969 Bundesminister in verschiedenen Ministerien, 1961–1988 Vorsitzender der CSU, 1978–1988 bayrischer Ministerpräsident, 1980 Kanzlerkandidat der Unionsparteien 30, 36, 46, 138–140, 169, 195, 215 f., 341, 472, 564 f., 574, 579, 581, 586, 620, 638

Streletz, Fritz (geb. 1926), DDR-Militär, 1971–1989 Sekretär des Nationalen Verteidigungsrates 634

Strindberg, August (1849–1929), schwedischer Schriftsteller 501

Sujka, Bogumil (gestorben 2002), polnischer Politiker (PVAP), stellvertretender Leiter der Auslandsabteilung des ZK 601

Süskind, Martin E. (geb. 1944), Journalist, 1973–1975 und 1977–1992 *Süddeutsche Zeitung*, 1975–1977 Mitarbeiter Willy Brandts 557, 637, 654

Süssmuth, Rita (geb. 1937), deutsche Politikerin (CDU), 1985–1988 Bundesministerin für Jugend, Familie und Gesundheit, 1988–1998 Bundestagspräsidentin 489

Święcicki, Andrzej (geb. 1948), polnischer Religionssoziologe, bis 1986 Vorsitzender des Warschauer „Klubs der katholischen Intelligenz" 553, 606

Szczypiorski, Andrzej (1928–2000), polnischer Schriftsteller, 1989–1991 Senator 448, 644

Tandler, Gerold (geb. 1936), 1956 Eintritt in die CSU, 1970–1991 MdL Bayern, 1971–1976 und 1983–1988 CSU-Generalsekretär 234, 592

Teltschik, Horst (geb. 1940), Wirtschaftsmanager und Politiker (CDU), 1982–1990 Abteilungsleiter im Kanzleramt 76

Thatcher, Margaret (geb. 1925), britische Politikerin, 1959–1992 Mitglied des Unterhauses (Konservative Partei), 1975–1991 Vorsitzende der Konservativen Partei Großbritanniens, 1979–1990 Premierministerin 175 f., 227 f., 328, 336, 372, 374, 376, 409, 415, 576, 589, 629 f., 639

Thierse, Wolfgang (geb. 1943), Germanist und Politiker, 1989 Mitglied der Bürgerbewegung Neues Forum, Januar 1990 Beitritt zur SDP der DDR, Juni-September 1990 deren Vorsitzender, September 1990–2005 stellv. Vorsitzender der SPD, März-Oktober 1990 Mitglied der Volkskammer, ab August 1990 Vorsitzender der SPD-Volkskammer-Fraktion, seit 3. Oktober 1990 MdB (SPD), 1990–1998 stellv. Vorsitzender der SPD-Bundestagsfraktion, 1998–2005 Bundestagspräsident 452, 483, 515, 651

Thomas, Stephan G. (1910–1987), Politiker (SPD) und Publizist 552

Thorsson, Inga (1915–1994), schwedische Diplomatin und Politikerin (Sozialdemokraten), 1974–1982 Staatssekretärin für Abrüstung, 1978–1981 Vorsitzende einer von UN-Generalsekretär Waldheim eingesetzten Arbeitsgruppe zum Verhältnis zwischen Abrüstung und Entwicklung 585

Tisch, Harry (1927–1995), DDR-Politiker, 1975–1989 Mitglied des Politbüros der SED, 1975–1989 FDGB-Vorsitzender 381, 632, 637

Tjutjunow, Wladimir 575

Todenhöfer, Jürgen (geb. 1940), 1972–1990 MdB (CDU), 1981–1987 abrüstungspolitischer Sprecher der CDU/CSU-Bundestagsfraktion 376, 631

Tschernajew, Anatoli S. (geb. 1921), sowjetischer Journalist und Historiker, 1961–1986 Mitarbeiter der Internationalen Abteilung des ZK der KPdSU, 1986–1991 außenpolitischer Berater von –> Gorbatschow 58, 617, 628

Tschernenko, Konstantin U. (1911–1985), sowjetischer Politiker, 1978–1985 Mitglied des Politbüros der KPdSU, 1984/85

Generalsekretär der KPdSU und Staatsoberhaupt 54, 595

Tsongas, Paul (1941–1997), amerikanischer Politiker (Demokrat), 1973–1979 Abgeordneter des Repräsentantenhauses, 1979–1985 Senator 165, 573

Ullmann, Wolfgang (1929–2004), Theologe und Politiker (Bündnis 90/DIE GRÜNEN), 1990–1994 MdB, 1994–1998 Mitglied des Europaparlamentes 655

Ustinow, Dimitrij (1908–1984), sowjetischer Militär und Politiker, ab 1976 Mitglied des Politbüros der KPdSU, 1976–1984 Verteidigungsminister 24, 566 f.

Védrine, Hubert (geb. 1947), französischer Politiker (Sozialist), 1988–1991 Pressesprecher des Staatspräsidenten 558

Verheugen, Günter (geb. 1944), bis 1982 FDP, 1983–1999 MdB (SPD), 1993–1995 Bundesgeschäftsführer der SPD, 1999–2004 EU-Erweiterungskomissar, 2004–2009 Vizepräsident der Europäischen Kommission 99

Vilacèque, Jacky (Jacques) (geb. 1949), französischer Journalist 640

Vogel, Hans-Jochen (geb. 1926), seit 1950 SPD-Mitglied, 1960–1972 Oberbürgermeister von München, 1972–1981 und 1983–1994 MdB, 1972–1981 Bundesminister in verschiedenen Ministerien, 1981 Regierender Bürgermeister von Berlin, 1983 Kanzlerkandidat, 1983–1991 Fraktionsvorsitzender im Bundestag, 1984–1987 stellv. Vorsitzender, 1987–1991 Vorsitzender der SPD 15, 20, 34 f., 70 f., 74, 77, 86, 93, 147, 149, 151, 250, 286, 345, 368 f., 394, 420, 423, 441, 487 f., 490, 552, 554, 568, 590, 596, 621 f., 627 f., 634, 650, 652

Voigt, Karsten D. (geb. 1941), 1962 Eintritt in die SPD, 1969–1972 Juso-Bundesvorsitzender, 1976–1998 MdB, seit 1999 Koordinator der Bundesregierung für die deutsch-amerikanische Zusammenarbeit 32, 77, 552, 554, 575, 614 f.

Volkmar, Günter (1923–2006), 1980–1988 Vorsitzender der Gewerkschaft Handel, Banken und Versicherungen 148

Vollmer, Antje ((geb. 1943), Pastorin und Politikerin (Bündnis 90/Die Grünen), 1983–1985, 1987–1990 und 1994–2005 MdB 356

Voß, Peter (geb. 1941), Journalist, 1985–1993 Moderator des heute-journals (ZDF) 81

Waigel, Theodor (geb. 1939), 1972–2002 MdB (CSU), 1989–1998 Bundesfinanzminister 67, 409, 471–473, 647 f.

Wałęsa, Lech (geb. 1946), Elektromonteur und polnischer Gewerkschafter, ab 1980 Vorsitzender von Solidarność, 1981–1982 in Haft, 1983 Friedensnobelpreis, 1990–1995 Staatspräsident 46–48, 52 f., 102, 263, 288–290, 293 f., 297–299, 513, 523, 601, 603, 605–607, 609

Walters, Vernon A. (1917–2002), US-Amerikanischer Diplomat, 1985–1989 Botschafter bei den UN, 1989–1991 Botschafter in der Bundesrepublik Deutschland 559

Wehner, Herbert (1906–1990), Politiker, 1927–1942 Mitglied der KPD, 1946 Eintritt in die SPD, 1949–1983 MdB, 1958–1973 stellv. Vorsitzender der SPD, 1966–1969 Bundesminister für gesamtdeutsche Fragen, 1969–1983 Vorsitzender der SPD-Bundestagsfraktion 15, 250, 596

Weinberger, Caspar (1917–2006), 1981–1987 Verteidigungsminister der USA 563

Weizsäcker, Richard Freiherr von (geb. 1920), Politiker, 1954 Eintritt in die CDU, 1969–1981 MdB, 1981–1984 Regierender Bürgermeister von Berlin, 1984–1994 Bundespräsident 168 f., 254, 262, 276 f., 314, 364, 385, 574, 613, 616, 618, 625, 633

Weng, Wolfgang (geb. 1942), Politiker (FDP), 1983–1998 MdB 491

Wettig-Danielmeier, Inge (geb. 1936), Politikerin (SPD), 1981–1992 Bundesvorsitzende der Arbeitsgemeinschaft sozialdemokratischer Frauen, 1990–2005 MdB, 1991–2007 Bundesschatzmeisterin der SPD 651

Wieczorek-Zeul, Heidemarie (geb. 1942), 1965 Eintritt in die SPD, 1974–1977 Vorsitzende der Jungsozialisten, 1979–1987 MdEP (SPD), seit 1984 Mitglied des SPD-PV, seit 1987 MdB (SPD), seit 1998 Bundesministerin für wirtschaftliche Zusammenarbeit und Entwicklung 486, 651

Wiedemann, Charlotte (geb. 1954), Journalistin 654

Windelen, Heinrich (geb. 1921), 1957–1990 MdB (CDU), 1983–1987 Bundesminister für innerdeutsche Beziehungen 550, 602

Winkel, Detlef zum (geb. 1949), Journalist 645

Winkler, Heinrich August (geb. 1938), Historiker (siehe Angaben zu den Herausgebern in diesem Band) 549

Winkler, Ruth (geb. 1954), 1988–1995 Mitglied des SPD-PV 651

Wirtgen, Klaus (geb. 1938), Volkswirt und Journalist, ab 1970 Mitarbeiter des *Spiegel* 655

Wischnewski, Hans-Jürgen (1922–2005), 1946 Eintritt in die SPD, 1957–1990 MdB (SPD), 1966–1968 Bundesminister für wirtschaftliche Zusammenarbeit, 1970–1985 Mitglied des SPD-PV und des Präsidiums, 1976–1979 und 1982 Staatsminister im Bundeskanzleramt, 1979–1982 stellv. SPD-Vorsitzender 152 f., 289, 493, 552, 569, 621 f.

Wolff von Amerongen, Otto (1918–2007), Industrieller, 1969–1988 Präsident des Deutschen Industrie- und Handelstages 247

Woltemath, Käthe (1920–2004), 1989 Mitbegründerin der SDP in Mecklenburg-Vorpommern, 1992 Parteiaustritt 652

Ziegler, Martin (geb. 1931), Theologe, 1983–1991 Leiter des Sekretariats des Bundes der Evangelischen Kirchen in der DDR 600

Zimmermann, Friedrich (geb. 1925), 1957–1990 MdB (CSU), 1982–1989 Bundesminister des Inneren 550

Zöpel, Christoph (geb. 1943), Politiker (SPD), 1978–1990 Landesminister in NRW, 1990–2005 MdB, 1999–2002 Staatsminister im Auswärtigen Amt 485, 651

Sachregister

Abkommen und Verträge
— Abkommen über ein begrenztes Verbot von Kernwaffenversuchen, 5. August 1963   301, 609
— Allgemeines Zoll- und Handelsabkommen (GATT), 1. Januar 1948   525
— Amerikanisch-sowjetischer Vertrag über die Begrenzung strategischer Atomwaffen (SALT I), 26. Mai 1972   127, 561, 584
— Amerikanisch-sowjetischer Vertrag über die Begrenzung strategischer Atomwaffen (SALT II), 18. Juni 1979   32, 59, 127, 146, 160 f., 180, 210 f., 225, 227, 303, 561, 577, 588, 594, 610
— Amerikanisch-sowjetischer Vertrag über die Begrenzung von Raketenabwehrsystemen (ABM-Vertrag), 26. Mai 1972   18, 225, 227, 335 f., 585, 588, 594
— Amerikanisch-sowjetischer Vertrag über die Beseitigung der Mittelstreckenwaffen (INF-Vertrag), 8. Dezember 1987   61, 107, 315, 317, 321–323, 614
— Amerikanisch-sowjetisches Getreideabkommen, 28. Juli 1983   567
— Charta von Paris für ein neues Europa, 21. November 1990   490, 543
— Genfer Abkommen, 12. August 1949 (Zusatzprotokolle I und II, 8. Juni 1977)   303, 610
— Genfer Flüchtlingskonvention, 28. Juli 1951   518 siehe auch Flüchtlinge
— Görlitzer Abkommen zwischen der DDR und der Volksrepublik Polen, 6. Juli 1950   284, 605
— Grundlagenvertrag zwischen der Bundesrepublik Deutschland und der DDR, 21. Dezember 1972   65, 197–201, 217, 247, 258 f., 262, 319, 348, 351, 389, 401, 472, 579, 586, 595, 599 f.
— Kulturabkommen zwischen der Bundesrepublik Deutschland und der DDR, 6. Mai 1986   139, 253, 565
— Münchener Abkommen zwischen dem Deutschen Reich, Frankreich, Großbritannien, Italien, 29. September 1938   498
— Österreichischer Staatsvertrag, 15. Mai 1955   192, 580
— Ostverträge   30 f., 253, 272, 351, 401, 472, 561, 602
   — Vertrag zwischen der Bundesrepublik Deutschland und der Sowjetunion („Moskauer Vertrag"), 12. August 1970   67, 125, 156, 198 f., 219–221, 265, 356, 360, 363, 443, 579, 623
   — Vertrag zwischen der Bundesrepublik Deutschland und der Tschechoslowakischen Sozialistischen Republik über die gegenseitigen Beziehungen („Prager Vertrag"), 11. Dezember 1973   265
   — Vertrag zwischen der Bundesrepublik Deutschland und der Volksrepublik Polen über die Grundlagen der Normalisierung ihrer gegenseitigen Beziehungen („Warschauer Vertrag"), 7. Dezember 1970   47 f., 67, 252, 264 f., 271, 274–277, 284–286, 291–293, 360, 363 f., 447, 601, 604
— Passierscheinabkommen zwischen dem Berliner Senat und dem Ministerrat der DDR, 17. Dezember 1963   197, 389, 400, 417, 632 f.
— Potsdamer Abkommen zwischen den Vereinigten Staaten von Amerika, der

Sowjetunion und Großbritannien, 2. August 1945   421, 626
— Schlussakte der Konferenz über Sicherheit und Zusammenarbeit in Europa (KSZE) in Helsinki, 1. August 1975   41 f., 90, 104, 128, 135, 219, 231, 249, 253, 264, 285, 308, 342, 357, 360, 401, 413, 421, 425, 437, 449 f., 490, 513, 521, 532, 542–544, 561, 582 f., 595, 612, 620
— Umweltabkommen zwischen der Bundesrepublik Deutschland und der DDR, 8. September 1987   565
— Verkehrsvertrag zwischen der Bundesrepublik Deutschland und der DDR, 26. Mai 1972   197, 389
— Vertrag über die abschließende Regelung in bezug auf Deutschland (Zwei-plus-Vier-Vertrag), 12. September 1990   91
— Vertrag über die Beziehungen zwischen der Bundesrepublik Deutschland und den Drei Mächten (Deutschlandvertrag), 23. Oktober 1954   580
— Vertrag über die Europäische Union (Vertrag von Maastricht), 7. Februar 1992   103, 536
— Vertrag über die Nichtverbreitung von Kernwaffen (Atomwaffensperrvertrag), 1. Juli 1968   227, 588
— Vertrag über die Schaffung einer Währungs-, Wirtschafts- und Sozialunion zwischen der Bundesrepublik Deutschland und der Deutschen Demokratischen Republik (Staatsvertrag), 18. Mai 1990   448, 452–454, 483, 644–646
— Vertrag zur Gründung der Europäischen Wirtschaftsgemeinschaft, 25. März 1957   175
— Vertrag zwischen der Bundesrepublik Deutschland und der Deutschen Demokratischen Republik über die Herstellung der Einheit Deutschlands (Einigungsvertrag), 31. August 1990   91, 465, 467, 501

— Viermächte-Abkommen zwischen Frankreich, Großbritannien, den Vereinigten Staaten von Amerika und der Sowjetunion über Berlin (Berlin-Abkommen), 3. September 1971   356
Abrüstung siehe Rüstung: Abrüstung und Rüstungskontrolle
Abschreckung siehe Sicherheitspolitik: Abschreckung
Aeroflot   567
Afghanistan   17, 56, 104, 131, 234–236, 334, 498, 592, 616
— Gefangenenaustausch   56
Afrika   470, 529, 546, 597, 616
Agrarpolitik   176, 576
Ägypten   569
Aktion Sühnezeichen   148
aktuellt i politiken   204–208
Albanien   511
Albert-Einstein-Friedenspreis   245, 594, 603 f.
Algerien   532, 602
Alliierte siehe Vier Mächte
Alternative Liste für Demokratie und Umweltschutz, Berlin   452
amnesty international   312
Anarchosyndikalismus   289, 606
Antiamerikanismus   23, 136, 142, 148, 269
Antisemitismus   429
Äquidistanz   185, 198
Arabische Staaten   186, 479 f., 489, 498 f.
Arbeiterbewegung   298, 309, 606
— Spaltung in Kommunisten und Sozialdemokraten   63, 315, 334 f., 339 f., 372, 434, 445, 614 f., 619
— Zwangsvereinigung 1946   33, 254, 402 f., 422, 599, 640
Argentinien   583
Armenien   329 f., 514, 617
Armut   240, 547
Aserbaidschan   329 f., 514, 617
Asien   25, 60, 418, 511, 543, 546, 597, 616
Asylbewerber   254, 304–306, 518 f., 535, 569, 598, 611

Athen 175, 568, 576
Atlantik 61, 320, 337
Atomkraftwerke 302, 532, 610 *siehe auch Tschernobyl*
Atomsprengköpfe *siehe Rüstung: Nuklearwaffen*
Atomwaffen *siehe Rüstung: Nuklearwaffen, Sicherheitspolitik*
Aufklärung 178, 311
Aufrüstung *siehe Rüstung*
Auschwitz 291, 604
Ausländerfeindlichkeit 304, 482, 517–519, 543
Ausländerrecht 305, 482, 485
Auswärtiges Amt 149, 589
— Deutsche Botschaft in Moskau 234
— Deutsche Botschaft in Warschau 47, 52, 70, 288 f., 291, 523, 553, 601, 606, 608
„Back Channel" 54, 303, 554, 591 f., 610 *siehe auch Ostpolitik, Sozialdemokratische Partei Deutschlands (SPD): Beziehungen mit kommunistischen Parteien*

Bagdad 96–98, 473–480, 492 f., 497
Balkan 100, 174, 282, 534, 542 f.
Baltikum 102, 377 f., 430, 489 f., 541, 631
Bayern 169, 195, 579, 581
BBC London 617
Beelitz-Heilstätten 647
Befreiungsbewegungen 180, 223
Belgien 16, 563, 595
Belgrad 39, 561
Benelux-Staaten 28, 283, 321, 570, 590 *siehe auch Belgien, Luxemburg, Niederlande*
Bergen-Belsen 585
Berlin 74, 165, 188 f., 192, 197 f., 209, 304, 319, 356, 361, 385 f., 391, 396, 398, 412, 435, 442, 448, 450, 455, 489
— Berliner Mauer 40, 73–75, 108, 361, 386–388, 398, 426, 442, 504
— Blockade 1948/49 504
— Brandenburger Tor 74 f., 386, 616
— Hauptstadt 94 f., 467 f., 500–504

— Rathaus Schöneberg 74, 385, 387, 392
— Reichstag 92
— Vier-Mächte-Verantwortung 87, 356, 412, 640
Berlin (Ost) 34, 39, 41, 65, 69–72, 75, 151, 168 f., 199, 233, 244, 257–260, 281, 284, 315, 369, 374 f., 391, 395, 437, 563, 574, 594–601, 611, 618
Berlin (West) 36, 86, 88, 109, 143, 157, 168, 388 f., 391, 395, 440, 442, 471 f., 565, 598, 601
Bern 303, 610
Bertelsmann Verlagsgruppe 579
Bild-Zeitung 47, 71, 649
„Bismarck-Reich" *siehe Deutsches Reich: „Bismarck-Reich", Deutsche Einheit, Nationalstaat*
Bitburg 585, 587
Blockfreiheit *siehe Neutralität*
Bonn 23, 53, 71, 94–96, 124, 153, 172, 189, 191 f., 265, 270, 277, 281, 284, 313 f., 317, 344, 346 f., 349, 358, 360 f., 364, 377, 461, 467 f., 500–504, 560, 569, 574, 582 f., 585, 590, 607, 613, 618, 620 f., 623
„Bonner Wende" 1982 128, 265
Brandt-Kommission *siehe Unabhängige Kommission für Internationale Entwicklungsfragen (Brandt-Kommission)*
Bremen 47, 304, 374, 399, 567
Breslau 291, 607
Brüssel 146, 173, 175, 177, 181, 328, 502, 575 f.
Budapest 39, 58, 70, 207, 281, 302 f., 359, 424, 610, 614
Bürgerrechtsbewegungen 41–48, 50–53, 164, 208, 359, 523, 582 f. *siehe auch Deutsche Demokratische Republik (DDR), Polen, Sowjetunion, Tschechoslowakei*
Bukarest 39, 62, 69, 344
Bulgarien 31, 39
Bundesbank 84, 436, 453
Bundesbeauftragter für die Unterlagen des Staatssicherheitsdienstes der ehemaligen DDR (BStU) 515, 656

Bundesministerium der Verteidigung 570, 589
Bundespresseamt 586
Bundespressekonferenz 609
Bundesrat 87, 91, 256
Bundesrechnungshof 503
Bundesregierung 28, 36, 125, 148 f., 152, 177, 220 f., 246–254, 258 f., 265–269, 271, 296, 300, 312 f., 345, 394, 567, 572, 581 f., 586, 592, 595, 616, 621 f.
Bundesrepublik Deutschland *siehe Abkommen und Verträge, Auswärtiges Amt, Bonn, „Bonner Wende 1982", Bundesbank, Bundesministerium der Verteidigung, Bundespresseamt, Bundespressekonferenz, Bundesrat, Bundesrechnungshof, Bundesregierung, Bundesverfassungsgericht, Bundeswehr, Deutsche Einheit, Deutscher Bundestag, Deutschlandpolitik, Große Koalition, Grundgesetz, Ostpolitik, Reisen und Staatsbesuche, Sozial-liberale Koalition, Wahlen, Westdeutschland, Westintegration, Wiederbewaffnung, Zentrale Erfassungsstelle der Landesjustizverwaltungen (Salzgitter)*
Bundestag *siehe Deutscher Bundestag*
Bundesverfassungsgericht 66, 195, 348–351, 506, 579, 581, 622 f.
Bundeswehr 90, 143, 147 f., 185, 240, 449, 613
— Einsatz im UNO-Auftrag 98 f., 495, 505 f., 516, 654

Canton (Ohio, USA) 166, 573
CDU/CSU *siehe Christlich Demokratische Union Deutschlands (CDU), Christlich Soziale Union in Bayern (CSU)*
Charta 77 *siehe Tschechoslowakei: Charta 77*
Chemiewaffen *siehe Rüstung: Chemiewaffen*
Chile 140, 310
China *siehe Volksrepublik China*
Christdemokraten 169, 338 f.
Christdemokratische Internationale 334, 618 f.
Christlich Demokratische Union Deutschlands (CDU) 30, 36, 48, 83, 91, 93, 95, 215, 234, 290–292, 300, 374, 376, 394, 417, 573, 578, 586, 603, 612
Christlich Soziale Union in Bayern (CSU) 30, 36, 48, 93, 215, 234, 300, 578, 581, 586, 603, 611 f.
COCOM-Liste *siehe Ost-West-Handel*
Comecon *siehe Rat für gegenseitige Wirtschaftshilfe (RGW)*
Computer 18, 132, 147, 163 f., 572 f.
Costa Rica 585
Council on Foreign Relations 29, 209–213, 584
Cruise Missiles (Marschflugkörper) *siehe Raketen: Mittelstreckenraketen*
ČSSR *siehe Tschechoslowakei*

Dänemark 183, 321, 337, 431, 570, 580, 604
— Jütland 431
Danzig 47 f., 52 f., 138, 263, 290, 294, 299, 564, 601, 607
— Westerplatte 47
Demokratie 51, 64, 106, 132, 166, 176 f., 207, 212, 266–268, 272, 287, 305, 324, 326, 347, 352, 539, 543, 602, 623
Den Haag 281
Deutsche Demokratische Republik (DDR) 19, 26, 58, 69, 129, 139, 144, 150 f., 157, 164, 167–169, 172, 181, 183, 187, 190, 193, 195, 198, 200, 207, 215 f, 218–220, 229, 231, 244–263, 265, 271, 282–284, 295 f., 310, 314 f., 317, 319–322, 327, 347–351, 367 f., 374, 379–383, 431, 436, 521, 564 f., 569, 575, 579–582, 586, 589–592, 594–601, 605, 608, 610 f., 613, 618, 623, 632, 642 *siehe auch Berlin, Berlin (Ost), Bundesbeauftragter für die Unterlagen des Staatssicherheitsdienstes der ehemaligen DDR, Deutsche Einheit, Deutschlandpolitik, Wahlen*
— „Allianz für Deutschland" 83

- Ausreise- und Fluchtbewegung 1989 69–71, 366, 375, 390, 393 f., 630
- Bürgerrechtsbewegung 41, 65, 68–73, 168, 262 f., 366, 381, 390, 413, 419, 523, 632 siehe auch Friedensbewegung: in der DDR
- Demonstrationen 70, 72, 76, 413, 638 f.
- „Demokratie jetzt" 70
- „Demokratischer Aufbruch" 83, 380, 382, 411
- Destabilisierung 70 f., 368 f., 434, 628, 630
- Einreiseverweigerungen 262, 601
- Evangelische Kirche 41, 78, 102, 168, 262 f., 413, 573 f., 600 f., 638
- Familienzusammenführungen 40 f., 249
- Freie Wahlen 74 f., 393 f., 397, 402
- Freier Deutscher Gewerkschaftsbund (FDGB) 381
- Grenzverlauf 40, 249, 253, 255, 596
- Häftlingsfreikauf 36, 649
- Hymne 79, 319, 405
- Jugendaustausch mit der Bundesrepublik 41, 254, 258, 596
- Katholische Kirche 168, 606
- Milliardenkredite aus der Bundesrepublik 1983/84 36, 565, 573
- Ministerium für Staatssicherheit 39 f., 503, 592, 599 f.
- Nationale Volksarmee 414
- „Neues Forum" 70, 380, 382, 411
- Reisebestimmungen 36, 41, 73, 254–258, 399, 573, 596, 598
- Revolution 1989/90 73–76, 377 f., 390 f., 396 f., 418
- „Runder Tisch" 82, 394, 402
- SDP siehe Sozialdemokratische Partei in der DDR (SDP)
- Sowjetische Truppen 76, 90, 192, 375, 390, 393–395, 413 f., 418, 439, 445, 490, 505 f., 631 f., 638, 643
- Sozialistische Einheitspartei Deutschlands (SED) 31, 33–35, 63–65, 70–73, 76, 83, 102, 129, 236, 247 f., 250, 254 f., 258 f., 302, 315, 327, 329, 333, 340, 377, 380–382, 394, 403, 409, 422, 440 f., 563, 590, 599, 618, 640 siehe auch Arbeiterbewegung
  - XI. Parteitag 1986 255 f.
- Spionagefälle 258, 599
- Staatsbürgerschaft und Paßhoheit 38, 40, 201, 249, 253, 255, 351, 582, 596, 598, 611
- Städtepartnerschaften 41, 254 f.
- Tamilische Flüchtlinge 254, 304 f., 598
- Übersiedler in die Bundesrepublik 41, 84, 254, 257 f., 418, 639
- Unrecht 40, 95, 403, 405, 409 f., 445 f., 508, 514 f., 596, 636 f., 647, 654–656
- Volkskammer 69, 91, 250 f., 394, 596 f.
- Wirtschaftliche Lage und Perspektiven 84, 422, 426 f., 436, 438, 465

Deutsche Einheit siehe auch Berlin, Deutsche Demokratische Republik (DDR), Deutsches Reich, Deutschlandpolitik, Grundgesetz, Nationalstaat, Selbstbestimmungsrecht, Sozialdemokratische Partei Deutschlands (SPD), Vier Mächte

bis 9. November 1989: 35–39, 66 f., 70, 72, 109, 181, 189–203, 215–218, 261 f., 319 f., 346–351, 353 f., 360 f., 364–368, 374–376, 381–383, 472, 523, 579–582, 586, 614, 616, 622 f., 627, 631 f.
- Briefe zur deutschen Einheit 1970 und 1972 188, 199, 351, 443, 472, 579
- deutsche Kultur/Kulturnation 190, 201, 218, 582
- deutsche Nation 70, 109, 189, 201, 216, 262, 346, 497, 582
- deutsche Staatsbürgerschaft 38, 201, 582
- Deutsches Volk 219 f.
- Konföderation 69, 169 f., 592
- „Wiedervereinigung" 37, 65–68, 71, 169, 191–195, 207, 216–218, 253, 348–350, 366 f., 374, 382, 458, 471–473, 556, 580, 583, 627, 631

- Ziel der staatlichen Einheit 36 f., 65, 70, 170, 193 f., 215, 218, 586
- Zweistaatlichkeit 28, 65, 248 f., 259, 319, 581
- 9. November 1989–3. Oktober 1990: 74, 76–93, 108, 385–391, 395–397, 402 f., 405–409, 414–423, 427, 432–451, 454, 456, 458–471, 481–488, 642
- Beitritt der DDR zur Bundesrepublik 1990 91 siehe auch Abkommen und Verträge
- Bündniszugehörigkeit des vereinten Deutschland 88–91, 414, 421, 433, 436, 440, 443 f., 449, 454
- Gesamtdeutsche Verfassung 91 siehe auch Grundgesetz, Volksabstimmung
- Konföderation 77, 397, 404, 407 f., 436
- Kosten und Finanzierung 84, 87, 92, 470
- Modrow-Plan, 1. Februar 1990 431 f.
- Nationalfeiertag 442
- Nationalhymne 442, 469
- Staatsname des vereinten Deutschland 468
- Vorschlag einer Vertragsgemeinschaft, 17. November 1989 76
- „Wiedervereinigung" 76 f., 404, 407, 427, 432 f., 437, 447, 455, 636, 639
- Wirtschafts-, Währungs- und Sozialunion 83–87, 91, 404 f., 436, 443, 446–448, 452–454, 482, 485 f., 642 siehe auch Abkommen und Verträge
- Zehn-Punkte-Plan, 28. November 1989 77, 396, 406 f., 635
- „Zwei-plus-Vier"-Verhandlungen 87–91, 449 siehe auch Abkommen und Verträge
- Zweistaatlichkeit 76, 79, 395 f.
  nach dem 3. Oktober 1990: 93–96, 481–488, 507, 519 f., 650
- Hauptstadtfrage 94 f., 467, 500–504
- Innere Einheit 95 f., 501, 507, 525, 538, 647
- Wirtschaftliche Perspektiven und Probleme 87, 95 f., 507, 525, 656

Deutsche Frage siehe Deutsche Einheit, Deutschlandpolitik
Deutsche Nationalstiftung 582
Deutsche Presseagentur (dpa) 607
Deutsche Welle 330 f., 618
Deutscher Bund 1815–1866 77 siehe auch Deutsche Einheit: Konföderation
Deutscher Bundestag 125, 172, 238, 250 f., 255, 330, 351, 515, 575, 590, 593, 597
Deutscher Gewerkschaftsbund (DGB) 53, 148, 307, 511
Deutsches Reich 66, 188 f., 202, 253, 348, 350, 579 f.
- „Bismarck-Reich" 65–67, 170, 216, 248, 347 f., 472 f. siehe auch Deutsche Einheit
- in den Grenzen von 1937 48, 67, 248 f., 273
- Kaiserreich 65, 347
Deutschlandfunk 215–218
Deutschlandpolitik 34, 36, 70 f., 102 f., 108, 139, 143, 169 f., 191–203, 215–218, 231, 248–263, 367, 394, 396, 456, 565, 573, 586 siehe auch Berlin, Deutsche Demokratische Republik (DDR), Deutsche Einheit, Ostpolitik, Vier Mächte
- Alliierte Vorbehaltsrechte 87, 194, 437, 580
Deutschlandvertrag siehe Abkommen und Verträge
Diktatur 106, 207, 212, 309 f.
Dissidenten siehe Bürgerrechtsbewegungen
Dortmund 20, 358
Dresden 69, 168
„Dritte Welt" siehe Entwicklungsländer
„Dritter Weg" 412
Duisburg 377

ECU siehe Europäische Gemeinschaft (EG): Europäisches Währungssystem (EWS)
Einmischung in innere Angelegenheiten 81, 180 f., 208, 223, 266, 287, 330, 343 siehe auch Intervention

- Prinzip der Nichteinmischung 140, 181, 248
- Einwanderung siehe Migration
- Eiserner Vorhang 164, 207 f. siehe auch Europa, Ost-West-Beziehungen, -Konflikt
- El Salvador 577, 585
- Elbe 40, 249, 253, 255, 261, 596
- Entspannungspolitik siehe Ost-West-Beziehungen, -Konflikt: Entspannung
- Entwicklungsländer 51, 53, 132, 197, 206, 212, 241, 272, 599
- Entwicklungspolitik 31, 33, 331 f., 401 f., 489, 547
- EPZ siehe Europäische Gemeinschaft (EG): Europäische Politische Zusammenarbeit (EPZ)
- Erdgas-Röhren-Geschäft 126, 561
- Erdöl 474, 494
- Erfurt 39, 258, 261, 417, 574, 639
- Essen 181
- Estland 377, 490
- Eureka siehe Europäische Gemeinschaft (EG): Hochtechnologieforschung
- Eurokommunismus siehe Kommunismus: Eurokommunismus
- Europa 18, 20–23, 55, 60 f., 108, 125–128, 131, 133–135, 142–146, 150 f., 158, 160 f., 164, 169 f., 173 f., 175–177, 184 f., 195 f., 200–203, 206–209, 212 f., 215–220, 222–226, 228–233, 236–242, 247–249, 253, 259–262, 265, 268 f., 271, 274 f., 277–285, 287, 292–295, 298, 303, 307 f., 315, 317–323, 332–340, 342–348, 351 f., 418, 431, 442, 447, 542, 586, 620
  - europäische Kultur 189, 240
  - Mitteleuropa 22, 40, 82, 145, 174, 185, 245, 247, 321–323, 359, 425, 466, 576
  - Nordeuropa 174, 282
  - Osteuropa 22, 44, 79, 82, 94, 100, 103, 108 f., 135, 144, 170, 185, 187, 202, 207 f., 236, 282, 285, 326, 337, 359, 424–426, 428, 458, 466, 498, 516, 531, 534, 539 f., 547, 592, 644 f.
  - Ostmitteleuropa 41 f., 68, 109, 466, 531, 539
  - Westeuropa 18 f., 22, 25 f., 58, 148, 155, 160 f., 167, 169 f., 185, 194, 202, 224, 226, 233, 235 f., 241, 246, 269, 282, 285, 289, 296 f., 313 f., 323, 337, 426, 509, 562, 564, 574, 578, 592
- Europäische Bank für Wiederaufbau und Entwicklung 540
- Europäische Einigung 32, 78 f., 92, 102 f., 176, 347, 352, 359, 367, 376, 395, 399, 403, 405, 407, 420 f., 425, 448, 458 f., 479, 485, 515, 537, 633, 644 f.
- „Europäisierung Europas" 21–23, 32, 37, 61, 170, 240 f., 279–285, 320
- Europäische Friedensordnung 32 f., 42, 48, 61, 106, 131 f., 173, 185, 285, 361, 375, 384, 439, 459, 616, 632 siehe auch Europa, Frieden, Sicherheitspolitik: Europäisches Sicherheitssystem
- Europäische Gemeinschaft (EG) 21, 23, 32, 67, 78, 100, 126, 175–177, 233, 238–242, 279, 351 f., 359 f., 383, 388, 407, 409, 415, 425 f., 427, 431, 436 f., 439, 447, 459, 505, 512, 533, 537, 568, 576, 578, 602, 632 siehe auch Konferenzen und Verhandlungen
  - Außenpolitik siehe Europäische Politische Zusammenarbeit (EPZ)
  - Binnenmarkt 238, 351, 425, 536
  - Erweiterung 102, 439, 501, 516, 532–534, 539–542, 644
  - Europäische Politische Zusammenarbeit (EPZ) 103, 150, 231, 496 f., 499, 512, 524, 645
  - Europäische Union 82, 103, 177, 238
  - Europäischer Rat 175 f., 352, 576
  - Europäisches Parlament 103, 176 f., 536
  - Europäisches Währungssystem (EWS) 238, 351, 537, 593
  - Europäische Währungsunion 78, 84, 407, 409, 415, 420, 436, 537

- Hochtechnologieforschung 238, 241 f., 251, 589
- Integration 78, 102, 238–240, 338 f.
- Kommission 177, 364, 532
- Militärische Kooperation 22, 240 f., 338–341, 513
- Politische Union 513, 536
- Präsidentschaft 496
- Sozialunion 103, 352, 536
- Subsidiarität 103, 537
- Vereinigte Staaten von Europa 177, 239, 352

Europäische Konföderation 82, 425, 438 f.
Europäische Union siehe Europäische Gemeinschaft (EG)
„Europäisches Haus" siehe Sowjetunion: „Europäisches Haus"
Europäisches Sicherheitssystem siehe Sicherheitspolitik
Europarat 542 f.
European Free Trade Association (EFTA) 426, 439, 541
Exil 189, 352, 622
L'Express 237–242, 593

Faschismus siehe Nationalsozialismus
Fernsehen
- ARD 92, 461

Finanzsystem
- internationales 273

Finnland 377, 414, 426, 439, 604, 639
Fischerei 176, 576
Flüchtlinge 304–306, 517 f., 535, 598 siehe auch Abkommen und Verträge: Genfer Flüchtlingskonvention, Asylbewerber
Flughafen Schönefeld 305, 598, 611
Flugzeuge 150, 162, 572 f.
Föderalismus 351 f.
Force de Frappe siehe Frankreich: Nuklearwaffen
Forward Based Systems siehe Rüstung: Nuklearwaffen
Frankfurt/Main 97, 503, 579, 619
Frankfurter Allgemeine Zeitung 94, 622

Frankfurter Rundschau 346, 456, 622 f.
Frankreich 22, 28, 39, 88, 94, 151 f., 176, 183, 188, 196, 230, 232 f., 236–242, 246, 251, 267, 269, 315 f., 346, 426, 428–431, 437 f., 451, 459, 462, 464, 470, 497, 505, 517, 524, 532, 536, 561, 569, 576, 580, 588–594, 602, 615 f.
- Elsass 431
- Kommunistische Partei 316
- Nuklearwaffen 25 f., 60, 145, 149, 151, 155, 158, 225, 227 f., 241, 244, 323, 333, 336, 530, 562, 566, 568 f., 588, 593 f., 597 siehe auch Raketen, Rüstung
- Parti Socialiste (PSF) 28, 152, 156, 235 f., 333, 569, 581, 590, 592

Französische Revolution 1789 78, 267, 398, 639
FREEZE siehe Friedensbewegung: in den USA, Vereinigte Staaten von Amerika: Repräsentantenhaus
Freiburg 240
Freie Demokratische Partei Deutschlands (FDP) 30, 36, 77, 93, 141, 290, 578, 586, 612
Freiheit 17, 38, 43, 50 f., 64, 66, 71, 74, 79, 81, 107, 109, 137, 143, 178, 208, 210, 240, 290, 308–311, 368, 639 siehe auch Menschenrechte
Frieden 31, 64, 125 f., 128, 130–136, 178–180, 183, 185 f., 189, 193, 200, 203, 206, 210, 220, 222–224, 228, 230, 236, 239–241, 245–250, 255, 259–263, 265, 269, 272, 274, 278, 281, 292 f., 307, 313–318, 320, 332, 334 f., 340, 346, 351, 365, 499 f., 563, 579, 598, 620, 623
Friedensbewegung 16, 23, 135 f., 145, 152 f., 224, 656 siehe auch Pazifismus
- in den USA 25, 136, 143, 155, 158
- in der Bundesrepublik 16, 23, 105, 144, 152, 155, 167 f., 569, 573
  - Kundgebung in Bonn, 22. Oktober 1983 23
- in der DDR 167 f., 563, 573 f.

Friedensdividende   489, 510, 533, 547, 647, 657
Friedensnobelpreis   46, 57, 490
Friedliche Koexistenz *siehe Koexistenz*
Friedrich-Ebert-Stiftung   31, 34, 53, 56, 87, 124, 129, 346, 349, 560, 622
Frühwarnsysteme   163, 572 f.

G ATT *siehe Abkommen und Verträge: Allgemeines Zoll- und Handelsabkommen (GATT)*
Gemeinsame Sicherheit *siehe Sicherheitspolitik: Gemeinsame Sicherheit/ Sicherheitspartnerschaft*
Gemeinschaft unabhängiger Staaten (GUS)   100, 103, 508 f., 526, 540, 542 *siehe auch Russland, Sowjetunion*
Genf   16, 18, 24, 26 f., 32, 55, 73, 105, 127 f., 133, 140 f., 144 f., 148–150, 154–156, 158, 163, 206, 211, 222, 224 f., 227, 231, 243, 269–272, 274, 277–282, 285, 293, 298, 301, 318, 332 f., 335, 341, 382, 562, 565 f., 570, 575, 578, 583 f., 587–590, 593 *siehe auch Konferenzen und Verhandlungen*
Gera   38, 596
Gerechtigkeit   298, 309, 311
— soziale   240
Geschichte   17, 131, 185, 188, 200, 202 f., 219, 241, 261 f., 274, 279–281, 287, 323, 327, 337, 348, 424, 616, 645
— Geschichtsbewusstsein   190, 448, 500, 637
— Offenheit der Geschichte   68, 319, 354
Gewalt *siehe Krieg*
Gewaltverzicht   40, 201, 228, 247, 275, 319
Gewerkschaften *siehe Deutscher Gewerkschaftsbund (DGB), Industriegewerkschaft (IG) Metall, Polen: Allpolnische Vereinigung der Gewerkschaften, Solidarność*
Glasnost *siehe Sowjetunion: Perestroika und Glasnost*
Gleichgewicht *siehe Sicherheitspolitik: Gleichgewicht*

Golf von Biskaya   576
Golfkrieg *siehe Krieg: Golfkrieg 1990/91*
Gorki   592
Gotha   436, 642
Griechenland   150, 310, 541, 568, 583, 612
Großbritannien   16, 88, 99, 175, 230, 232 f., 265, 329, 415, 421, 459, 462, 505, 524, 536, 561, 574, 576, 580, 593, 595, 609, 639
— Labour Party   28, 156, 187, 333, 578, 619
— Nuklearwaffen   25 f., 60, 145, 149, 155, 158, 225, 227 f., 333, 336, 562, 566, 568, 588 f. *siehe auch Raketen, Rüstung*
Große Koalition   230, 341
Grundgesetz   66, 76, 91, 98 f., 346–352, 598, 622 f. *siehe auch Deutsche Einheit, Deutschlandpolitik*
— Artikel 16   304–306, 482 f., 518 f. *siehe auch Asylbewerber*
— Artikel 23   91
— Artikel 146   91, 455
— Parlamentarischer Rat   66, 622 f.
— Präambel   215, 217 f., 348, 351, 586, 622
— Verfassungsreform   91, 448, 454 f., 504–506, 647
Die Grünen   255, 482 *siehe auch Alternative Liste für Demokratie und Umweltschutz, Berlin*
Güstrow   399

H amburg   398, 611
Harmel-Bericht *siehe NATO: Harmel-Bericht*
Hegemonie, Hegemonismus   181, 183, 185
Heiliges Römisches Reich Deutscher Nation   190, 579 *siehe auch Deutsche Einheit, Deutsches Reich*
Helsinki   32, 41 f., 103, 128, 135, 199, 219, 231, 249, 253, 264, 308, 319, 342, 496, 561, 620 *siehe auch Abkommen und Verträge, Konferenzen und Verhandlungen*
Hessen   464, 466, 482, 567
Hessischer Rundfunk   74

Holocaust 498 *siehe auch Nationalsozialismus: Verbrechen*
Holstein 464
Honduras 585
Hoyerswerda 655
Hubertusstock 565, 574
Humanismus 311
Humanitäre Fälle *siehe Menschenrechte: humanitäre Fälle*
Hungerstreik 153

Ideologien 22, 64, 106, 134 f., 261, 279, 308, 310, 317, 323, 337, 340
Indien 187, 222, 462, 530, 578, 583, 587, 594
Indischer Ozean 499
Industriegewerkschaft (IG) Metall 511
INF *siehe Abkommen und Verträge, Konferenzen und Verhandlungen, Raketen: Mittelstreckenraketen*
Infratest 566
Interkontinentalraketen *siehe Raketen: Interkontinentalraketen*
Internationaler Währungsfonds (IWF) 525, 540
Internationales Institut für Friedensforschung Stockholm (SIPRI) 316–323, 615
Intervention 131, 181, 287
Irak 96–98, 236, 473–480, 489–500, 527, 569, 622 *siehe auch Krieg: Golfkrieg 1990/91*
Iran 236, 345 f., 499, 621 f.
Islam 429
Island 604
Israel 57, 98, 153 f., 186, 234, 474, 489, 498 f., 569, 592
Italien 16, 28, 36, 232 f., 459, 464, 470, 579, 581, 595
— Kommunistische Partei 73, 339

Jalta 207
Japan 165, 183, 241 f., 307, 462, 530, 540 f., 577, 591
Jena 168, 574
Jordanien 569
Jugend 204–206, 583
Jugoslawien 31, 39, 100, 512 f., 532 *siehe auch Krieg*

Kalter Krieg *siehe Ost-West-Beziehungen, -Konflikt: Kalter Krieg*
Kanada 562
Kapitalismus 337, 412, 587
Karl-Marx-Haus 129
Karlsruhe 348, 351, 506, 622
Kasachstan 370, 509, 527, 544
Kassel 258, 456, 646
Katalonien 431
Kaukasus 90
Kiew 437
Kirchen 136, 138, 168, 276, 298, 311, 573 f., 604 *siehe auch Deutsche Demokratische Republik (DDR), Polen*
Klütz 399
Koblenz 500
Koexistenz 22
— friedliche 63, 220, 331, 587
Köln 172 f., 246, 500, 566, 575, 618
Kommunismus 17, 29, 63 f., 100, 106, 109, 132, 138, 144, 165, 212, 223, 308, 325 f., 427–429, 438, 442, 503, 510 f., 521, 539, 585, 587, 612
— Eurokommunismus 63, 73, 106
— Kommunisten 167 f., 315, 337–340, 573
— Maoismus 361, 511
— Stalinismus 340, 448
Kommunist (Moskau) 53, 172, 174, 575
Kommunistische Partei Deutschlands (KPD), Deutsche Kommunistische Partei (DKP) 272, 434, 603
Konferenzen und Verhandlungen
— Deutsch-sowjetische Expertenkonferenz über Sicherheitsfragen in Bonn, 21./22. Oktober 1982 21, 124, 560

- Dritte Konferenz zur Überprüfung des Vertrags über die Nichtverbreitung von Kernwaffen in Genf, 27. August– 21. September 1985   225, 588
- Gipfelkonferenz der NATO in Brüssel, 2./3. März 1988   328
- Gipfelkonferenz der Staats- und Regierungschefs der Europäischen Gemeinschaft (EG) in Paris, 19./20. Oktober 1972   352
- Gipfeltreffen der Staats- und Regierungschefs der sieben führenden westlichen Industrienationen (G 7) in Bonn, 2.–4. Mai 1985   585
- Gipfeltreffen der Staats- und Regierungschefs der Vier-Kontinente-Abrüstungsinitiative in Stockholm, 22. Mai 1984, und in Neu Delhi, 28. Januar 1985   206, 583
- Gipfeltreffen zwischen dem amerikanischen Präsidenten Bush und dem sowjetischen Generalsekretär Gorbatschow auf Malta, 2./3. Dezember 1989   388
- Gipfeltreffen zwischen dem amerikanischen Präsidenten Bush und dem sowjetischen Generalsekretär Gorbatschow in Helsinki, 8. September 1990   496
- Gipfeltreffen zwischen dem amerikanischen Präsidenten Carter und dem sowjetischen Generalsekretär Breschnew in Wien, 15.–18. Juni 1979   584
- Gipfeltreffen zwischen dem amerikanischen Präsidenten Reagan und dem sowjetischen Generalsekretär Gorbatschow in Genf, 19./20. November 1985   206, 226, 229, 243, 246, 251, 269 f., 272, 274, 277–282, 285, 293, 298, 301, 589, 595, 603
- Gipfeltreffen zwischen dem amerikanischen Präsidenten Reagan und dem sowjetischen Generalsekretär Gorbatschow in Reykjavik, 11./12. Oktober 1986   59 f., 300, 303, 307, 612
- Konferenz der Außenminister der Vier Mächte in Berlin, 25. Januar– 18. Februar 1954   192, 580
- Konferenz der Großen Drei in Jalta, 4.–11. Februar 1945   583
- Konferenz der Vereinten Nationen für Abrüstung in Genf (seit 1947)   229, 318, 590, 616
- Konferenz der Vereinten Nationen über die Beziehungen zwischen Abrüstung und Entwicklung in New York, 24. August–11. September 1987   232, 591
- Konferenz der Vereinten Nationen über Umwelt und Entwicklung in Rio de Janeiro, 3.–14. Juni 1992   547
- Konferenz über eine nordeuropäische atomwaffenfreie Zone in Kopenhagen, 29./30. November 1985   282, 604
- Konferenz über Sicherheit und Zusammenarbeit in Europa (KSZE) in Helsinki, 3. Juli 1973–1. August 1975   32, 98, 199, 231, 319, 389, 475, 480, 498, 561
- Konferenz über Vertrauens- und Sicherheitsbildende Maßnahmen in Europa (KVAE) in Stockholm, 17. Januar 1984–22. September 1986   61, 100, 127, 135, 174, 201, 252, 318, 561, 616
- KSZE-Expertenkonferenz über menschliche Kontakte in Bern, April–Mai 1986   303, 610
- KSZE-Folgetreffen in Madrid, 11. November 1980–9. September 1983   127, 561
- KSZE-Folgetreffen in Wien, 4. November 1986–15. Januar 1989   61, 321, 342–344, 616, 620 f.
- Potsdamer Konferenz, 17. Juli– 2. August 1945   421, 580
- Sitzung des Europäischen Rates der Staats- und Regierungschefs der EG in Athen, 4.–6. Dezember 1983   175

- Sitzung des Europäischen Rates der Staats- und Regierungschefs der EG in Brüssel, 19./20. März 1984   175, 576
- Sitzung des Europäischen Rates der Staats- und Regierungschefs der EG in Maastricht, 9.–11. Dezember 1991   519
- Sitzung des Europäischen Rates der Staats- und Regierungschefs der EG in Rom, 27./28. Oktober 1990   475, 477
- Sitzung des Europäischen Rates der Staats- und Regierungschefs der EG in Stuttgart, 17.–19. Juni 1983   175
- Sitzung des Europäischen Rates der Staats- und Regierungschefs der EG in Venedig, 12./13. Juni 1980   497
- Tagung der Außen- und Verteidigungsminister der WEU in Rom, 26./27. Oktober 1984   581
- Tagung des Politischen Beratenden Ausschusses der Warschauer-Pakt-Staaten in Budapest, 10./11. Juni 1986   302 f., 610
- Treffen der Brandt- und der Palme-Kommission in Rom, 20.–22. Januar 1984   175
- Treffen des amerikanischen Außenministers Shultz und des sowjetischen Außenministers Gromyko in Genf, 7./8. Januar 1985   251, 583
- Verhandlungen über die nuklearen Mittelstreckenwaffen (INF) in Genf, 17. Oktober 1980–23. November 1983 und 12. März 1985–8. Dezember 1987   16, 18 f., 24–27, 29, 32, 55, 57 f., 61, 105, 127 f., 133, 140 f., 143–146, 148–150, 154–156, 158–163, 166 f., 171, 211, 222, 224 f., 227 f., 270 f., 562, 565–572, 575, 583 f., 587, 613
- Verhandlungen über die Reduzierung strategischer Atomwaffen (START) in Genf, 29. Juni 1982–8. Dezember 1983 und 12. März 1985–31. Juli 1991   25, 27, 32, 127 f., 133, 143, 148–150, 158–163, 167, 171, 211, 222, 224 f., 227, 332 f., 335 f., 562, 568, 572, 575, 583 f.
- Verhandlungen über eine beiderseitige und ausgewogene Verminderung von Truppen und Rüstungen in Europa (MBFR) in Wien, 30. Oktober 1973–2. Februar 1989   32, 61, 127, 135, 174, 199, 228 f., 317, 321, 561, 576, 590
- Verhandlungen über ein umfassendes Verbot von Kernwaffentests in Genf, 1977–1980   243, 593
- Verhandlungen über Konventionelle Streitkräfte in Europa (KSE) in Wien und Paris, 9. März 1989–19. November 1990   360, 382, 425, 450, 616

Konföderation *siehe Deutsche Einheit: Konföderation*
Konservative   337, 339
Kopenhagen   282, 377, 604
Korea   491
- Nordkorea   101, 511
- Südkorea   24, 147 f., 164, 567 f.

KPdSU *siehe Sowjetunion: Kommunistische Partei*
Krakau   272, 466, 603
Kreml *siehe Moskau, Sowjetunion*
Krieg   127 f., 130–136, 144, 147 f., 178–181, 183 f., 186, 193, 200, 222 f., 242, 245, 247–249, 261, 277, 281, 317, 335, 351, 365
- Chinesischer Bürgerkrieg   180, 577
- Deutsche Einigungskriege   580
  - Deutsch-französischer Krieg 1870/71   352
- Erster Weltkrieg   163, 179, 238, 287
- Golfkrieg 1990/91   96–98, 473–480, 482, 489–500, 512, 516, 528, 545 f. *siehe auch Irak, Kuwait*
- Irakisch-iranischer Krieg 1980–1988   236, 616, 622
- Jugoslawische Sezessionskriege   100, 512 f., 532, 545
- konventioneller Krieg   142

— Nuklearer (Dritter) Weltkrieg 18, 29, 59, 101, 105, 127, 133–135, 142, 144, 179 f., 186, 205, 212, 226, 245, 271, 278 f., 302, 521, 564, 572 f., 588, 603
— Zweiter Weltkrieg 163, 178 f., 202, 219 f., 235, 239, 248, 273, 327, 347 f., 363, 365, 387 f., 400, 414, 437, 531, 593, 604, 626
— 40. Jahrestag des Kriegsendes 215 f., 219 f., 254, 262, 277, 587, 599
Krim 231
Kroatien 512 f.
KSZE, -Prozess, -Schlussakte siehe Abkommen und Verträge, Konferenzen und Verhandlungen
Kuba 31, 101, 511
— Kuba-Krise 1962 105, 163, 572, 574
Kultura (Paris) 46
Kulturaustausch 221, 233, 252, 284, 299, 337
Kulturnation siehe Deutsche Einheit: deutsche Kultur/Kulturnation
Kuratorium Unteilbares Deutschland 586
Kurden 499
Kuwait 96–98, 473–476, 489–500, 528, 532

Labour Party siehe Großbritannien: Labour Party
Laser-Technik 242, 273
Latché 438
Lateinamerika 430, 546
„Lebenslüge" 65–67, 195, 350, 471–473, 556
Leipzig 69 f., 72, 76, 83, 363, 380, 395, 413, 503, 638
Leningrad 220 f., 587
Lettland 377, 490
Libanon 474, 498 f., 569
— Hisbollah-Miliz 621 f.
Liberale Internationale 334, 618 f.
Libyen 602
Lissabon 187 f., 578
Litauen 377, 490, 652

London 191 f., 252, 364
Lübeck 188 f., 489
Luxemburg 102, 497, 533

Madrid 127, 332, 334, 561, 578
Magdeburg 69, 81, 363, 417, 430
Maghreb 546
Malchin 399
Malta 388
Manila 87
Mannheim 567
Manöver 240
Maoismus siehe Kommunismus: Maoismus
Marokko 426, 439, 499
Marshall-Plan 103, 532, 540
Marxismus-Leninismus siehe Kommunismus
Mauthausen 604
MBFR-Verhandlungen siehe Konferenzen und Verhandlungen
Mecklenburg 188, 423, 456, 464, 466
Menschenrechte 41–44, 50 f., 53, 56, 64, 102, 135, 137–140, 234, 259, 266 f., 272, 284, 286, 298, 308–312, 342, 347, 357, 389, 484, 543, 546, 602, 612, 620
— humanitäre Fälle 40, 51, 107, 139, 169, 204, 221, 234, 249, 272, 290 f.
Mexiko 583
Midgetman siehe Raketen: Interkontinentalraketen
Migration 470, 518, 531, 534, 538, 546 f.
Minderheitenrechte 543
Minsk 221, 587
MIRV siehe Rüstung: Nuklearwaffen: Sprengköpfe
Mittelamerika 18, 180, 212, 214, 236, 334, 569, 597, 616
Mitteldeutschland 465, 579 siehe auch Deutsche Demokratische Republik (DDR)
Mitteleuropa siehe Europa: Mitteleuropa
Montpellier 431
Moratorium siehe Rüstung: Abrüstung und Rüstungskontrolle
Moskau 39, 53–57, 72, 75 f., 82, 124 f., 145, 149, 192, 199, 214, 219, 232–235, 247,

270, 301, 313, 324, 328, 360, 369 f., 383,
489, 510, 520, 560, 565, 575, 586–588,
591–593, 595, 598, 610, 616 f., 620, 623
München   37, 128, 188–203, 314, 472, 579
Museum für Deutsche Geschichte, Berlin
   244, 261, 600
Mutlangen   152, 569
Mutual Assured Destruction (gegenseitig
   gesicherte Zerstörung) *siehe Sicherheitspolitik: Abschreckung*

Nachrüstung *siehe NATO: Doppelbeschluss*
Nagorny Karabach   329 f., 617
Naher und Mittlerer Osten   96, 98, 153 f.,
   186, 236, 334, 474–476, 479 f., 491, 498,
   529
Nation *siehe Deutsche Einheit: deutsche Nation*
Nationalismus   100, 136, 189, 408, 429, 448,
   514, 519, 532, 637, 640
Nationalsozialismus   37, 60, 95, 189, 192,
   244, 347, 352, 387, 403, 434, 503, 599,
   612, 622 *siehe auch Deutsches Reich,
   Holocaust, Widerstand*
— Verbrechen   44, 78 f., 107, 185, 190 f.,
   387, 422, 514, 517, 640
Nationalstaat   79, 94, 108, 170, 239, 352,
   486, 516, 586
NATO   19, 21, 23, 27–29, 33, 37, 40, 59, 67,
   88–91, 100, 126, 131 f., 134, 142 f.,
   148–152, 156, 164, 169, 173, 185 f., 188,
   192 f., 201, 209, 212 f., 223 f., 236, 241,
   259 f., 279, 282, 284, 298, 303, 318, 321,
   328, 353 f., 414, 421, 433, 440, 444, 449,
   454, 495, 505, 509, 513, 516, 528, 542–544,
   589–591, 608, 610 f., 616 *siehe auch
   Sicherheitspolitik*
— Doppelbeschluss   15 f., 23 f., 26, 28,
   105, 107, 141, 144, 146, 149 f., 158–164,
   170–173, 251 f., 270, 562, 568 f., 571 f.,
   574 f., 578, 581, 597
— Harmel-Bericht   132, 353, 563 f.
— militärische Integration   145, 151, 569
— Nordatlantischer Kooperationsrat
   100, 532, 544

— Verteidigungsstrategien   184, 577
Neapel   399
Neonazis   519
Neu Delhi   583
Die Neue Gesellschaft   172, 174, 456, 575
Neues Deutschland   65, 258, 599
Neusiedler See   465
Neutralität   23, 88, 90, 105, 136, 143, 185,
   193, 270, 427, 433, 444, 449, 580, 592
— Blockfreienbewegung   327, 475, 610
— neutrale Staaten   279, 319
Neutronenbombe *siehe Rüstung: Nuklear-
   waffen*
New York   29 f., 209, 214, 225, 475, 478, 516,
   528 f., 546, 567, 583–586, 588, 601
Newsweek   60, 306, 611–613
Nicaragua   577, 585
Niederlande   16, 183, 339
Niedersachsen   71, 87, 253, 370, 482
Nobelpreisträger   271, 603
Nordamerika   60, 144, 543
Nordkorea *siehe Korea: Nordkorea*
Nordrhein-Westfalen   256, 275
Nord-Süd-Beziehungen, -Konflikt   214,
   273, 324, 331 f., 401 f., 489, 535, 546, 591,
   619, 647
Nord-Süd-Kommission *siehe Unabhängige
   Kommission für Internationale Entwick-
   lungsfragen (Brandt-Kommission)*
Norwegen   89, 130, 133, 426, 439, 472, 570,
   604
Nuklearwaffen *siehe Rüstung: Nuklearwaffen*
„Null-Lösung", „-Option" *siehe Rüstung:
   Abrüstung und Rüstungskontrolle*
Nürnberg   312, 350, 587, 610

Oakland   569
Oder-Neiße-Grenze   31, 48, 50, 52, 67, 77,
   89, 91, 108, 199, 265, 267, 272, 275–277,
   284, 292, 294, 298, 363 f., 406 f., 420,
   429 f., 437, 466, 470, 472, 587, 602, 605,
   608 f., 626 f. *siehe auch Deutsche Einheit,
   Ostpolitik, Polen*

Olympische Sommerspiele
— in Moskau 1980   17
— in München 1972   314, 613
Oreanda   198
Oslo   563
Ostblock *siehe Osten*
Ostdeutschland   190, 465 f. *siehe auch Deutsche Demokratische Republik (DDR)*
Osten   194, 208, 212, 266, 282, 309, 427 f. *siehe auch Europa: Osteuropa, Warschauer Pakt*
Österreich   68–70, 192, 216, 439, 580, 592
Osteuropa *siehe Europa: Osteuropa*
Ostmitteleuropa *siehe Europa: Ostmitteleuropa*
Ostpolitik   21, 30, 33, 102 f., 108, 157, 198 f., 208, 219, 230 f., 268, 318, 350 f., 355, 360, 365, 384, 412 f., 417, 504, 521 f., 622 *siehe auch Abkommen und Verträge, Deutschlandpolitik, Ost-West-Beziehungen, -Konflikt: Entspannung*
— zweite Phase der   30–32, 53, 101, 106, 229–232, 235, 252, 255, 265, 278 f., 282–286, 290, 298 *siehe auch Sozialdemokratische Partei Deutschlands (SPD): Beziehungen mit kommunistischen Parteien*
Ostsee   489
Ost-West-Beziehungen, -Konflikt   20–22, 36, 51, 55, 124–128, 130–136, 147, 162, 164, 169 f., 172, 180, 193, 198 f., 211 f., 214, 219–223, 233, 286 f., 323, 332–338, 574
— Entspannung   17, 19, 30–32, 40, 44, 46, 52–54, 57 f., 101, 104 f., 125 f., 128, 130–132, 136, 146, 199 f., 203, 219, 221 f., 230 f., 241, 245, 252 f., 264 f., 275, 277–282, 293, 298, 308, 310, 312 f., 315, 319, 334, 342–345, 521 f., 609 *siehe auch Ostpolitik*
— Kalter Krieg   101, 109, 125, 131, 135, 340, 342, 347, 350, 360, 432, 472, 528, 531, 538
— — zweiter   18, 179, 280 f.

Ost-West-Handel   32, 126, 140, 169, 232 f., 267, 284
— COCOM-Liste   233, 273, 591

Pakistan   236, 527, 530
Palästina   98, 474, 497 f.
— Palestine Liberation Organization (PLO)   497
Palme-Kommission *siehe Unabhängige Kommission für Abrüstung und Sicherheitsfragen (Palme-Kommission)*
Paris   39, 89, 187, 192, 226, 232, 236, 242, 244, 252, 281, 352, 364, 475, 569, 578, 589, 591, 593, 602, 615
Parlamentarians for World Order   214, 585
Parlamentarischer Rat *siehe Grundgesetz: Parlamentarischer Rat*
Parlamente   333, 338 f.
Parti Socialiste (PSF) *siehe Frankreich: Parti Socialiste (PSF)*
Patriotismus   37, 203
Paulskirchenverfassung 1848/49   190, 579
Pazifik   251
Pazifismus   23, 28, 136, 168, 516
Peking   69, 178, 182, 354 f.
Perestroika *siehe Sowjetunion: Perestroika und Glasnost*
Pershing Ia *siehe Raketen: Mittelstreckenraketen*
Pershing II *siehe Raketen: Mittelstreckenraketen*
Pluralismus   132
„Politik der Stärke"   170 f.
Polen   23, 39, 44–53, 70, 91, 102, 104, 107, 137–140, 153, 170, 183, 258, 263–294, 297–299, 305, 321, 330, 354, 359, 363 f., 410, 413, 420, 427–430, 438 f., 460, 513, 521, 540 f., 564 f., 590, 601–607 *siehe auch Oder-Neiße-Grenze, Warschau*
— Allpolnische Vereinigung der Gewerkschaften (staatlich kontrollierte Gewerkschaften)   289, 606
— Arbeiterproteste 1970   47, 601

— Deutsch-polnische Schulbuchkommission 273, 603
— Deutsche Minderheit 290
— Hilfspakete aus der Bundesrepublik 602, 627
— Familienzusammenführungen 290
— Katholische Kirche 45, 47, 51, 138, 276, 286–288, 292, 294, 298, 638
— Klub der katholischen Intelligenz (KIK) 47, 52, 294, 606
— Kriegsrecht, 13. Dezember 1981–22. Juli 1983 17, 44 f., 137–140, 268 f., 287, 564 f., 602, 605 f.
— Politische Häftlinge 51, 291
— Polnische Sozialistische Partei (PPS) 604
— Polnische Vereinigte Arbeiterpartei (PVAP) 31, 33, 45, 51, 106, 138, 252, 264 f., 274, 290, 569, 604, 606
— Solidarność 41, 44–47, 50–53, 68, 106 f., 137 f., 208, 263, 288–294, 297, 564, 602 f., 606, 608 f.
— Solidarność Walczca (Kämpfende Solidarität) 289, 605 f.
Populismus 535
Portugal 541
— Sozialistische Partei 28 f., 187 f.
Potsdam 421, 574
Prag 39, 43, 70, 252, 308, 424, 542, 582 f., 603, 618
Prawda 324, 568, 615, 617
Preußen 424, 503, 580
Proliferation *siehe Rüstung: Nuklearwaffen: Weiterverbreitung*

Radioaktivität 186, 610
Radio Polonia 565, 604
Raketen 148, 210, 217, 243, 268, 335 *siehe auch NATO: Doppelbeschluss, Rüstung: Nuklearwaffen*
— Interkontinentalraketen 61, 127, 133 f., 142 f., 150, 160, 184, 213, 280, 320, 561 f., 612
— Midgetman 210, 584

— Trident 588
— Kurzstreckenraketen 61, 132, 134, 150 f., 160, 213, 271, 317, 322, 564, 568, 575, 589, 616, 625
— SS-21 26, 150, 295, 569, 595
— SS-23 26, 58, 150, 295, 569, 595, 608
— Mittelstreckenraketen 17 f., 25 f., 28, 30, 60 f., 104, 127 f., 133, 140–146, 149 f., 160, 163, 167, 226, 228, 246, 251 f., 266, 270, 296, 564, 566, 570 f., 575 f., 608, 612–614
— Cruise Missiles (Marschflugkörper) 16, 18, 24, 26, 28, 55, 58, 105, 141, 154 f., 159, 162–164, 173, 195 f., 225, 227, 235 f., 246 f., 295, 562, 565, 569 f., 572, 578, 581, 595
— Pershing Ia 315, 334, 562, 613 f.
— Pershing II 16, 24, 26, 28, 55, 58, 105, 141, 154 f., 159, 162–164, 173, 195 f., 225, 227, 235 f., 246 f., 295, 562, 565, 569 f., 572, 578, 581, 587, 595
— Polaris 588
— SS-4 561 f., 570 f.
— SS-5 561 f., 570 f.
— SS-12/22 26, 58, 150, 295, 569, 595, 608
— SS-20 15–18, 25, 58, 105, 133, 145 f., 149 f., 155, 159–163, 171, 561 f., 565, 568–575, 597
Raketenabwehrsysteme 213, 588
Raketenstationierung *siehe NATO: Doppelbeschluss, Raketen*
Rapacki-Plan 576, 605 *siehe auch Sicherheitspolitik*
Rassismus 100, 304, 514
Rat für gegenseitige Wirtschaftshilfe (RGW) 32, 233, 279, 383, 439, 591
Rechtsradikalismus 429
Reformen 138, 279, 284 *siehe auch Sowjetunion: Perestroika und Glasnost*
Reisen und Staatsbesuche
— Antonow in Bonn 1987 313, 613

- Bahr in Berlin (Ost) 1983   151
- Bahr in Berlin (Ost) 1986   305, 611
- Bahr in Moskau 1986   58, 302 f., 610
- Barcikowski in Bonn 1983   569
- Barcikowski in der Bundesrepublik 1985   252, 597
- Bilak in Bonn 1985   203 f., 582
- Brandt in Bagdad 1990   96–98, 473–480, 649
- Brandt in Belgrad 1985   39, 614 f.
- Brandt in Budapest 1981   614
- Brandt in Budapest 1985   39, 315
- Brandt in China und Indien 1984   178–187, 577 f.
- Brandt in den USA 1983   22, 157–171, 571
- Brandt in der DDR 1985   38–41, 244–263, 594–601
- Brandt in Erfurt 1970   39, 261
- Brandt in London 1985   252, 597
- Brandt in Madrid, Lissabon, Genf und Rom 1984   578, 581
- Brandt in Moskau 1970   199, 623
- Brandt in Moskau 1981   124, 560, 566
- Brandt in Moskau 1985   39, 54–56, 214, 219–236, 252, 586 f., 591 f.
- Brandt in Moskau 1988   56 f., 63, 324–341, 523, 617–620
- Brandt in Moskau 1989   72 f., 369–379, 384, 440
- Brandt in New York 1985   29 f., 209–214, 583–586
- Brandt in Oreanda 1971   198, 221, 231
- Brandt in Paris 1984   187
- Brandt in Paris, Mai 1985   252, 589
- Brandt in Paris, Juli 1985   39, 252, 593
- Brandt in Paris 1987   315 f., 615
- Brandt in Prag 1985   39, 43, 252, 523, 583
- Brandt in Rumänien 1967   344 f., 621
- Brandt in Sofia 1984   39
- Brandt in Ungarn 1978   614
- Brandt in Warschau 1985   39, 48–51, 252, 263–294, 297 f., 523, 601–607
- Brandt in Washington 1958   193
- Brandt in Washington 1983 *siehe Reisen und Staatsbesuche: Brandt in den USA 1983*
- Brandt in Washington 1985   39, 252, 269–271, 281, 594, 603
- Brandt und Mitterrand in der DDR 1981   326 f., 574
- Craxi in Moskau 1985   233, 591
- Delegationen der „Neuen Gesellschaft" in Moskau 1983 und 1984   575
- Fabius in Berlin (Ost) 1985   233, 246 f., 591
- Falin in Hamburg 1986   306, 611
- Genscher in Moskau 1987   330
- Genscher in Polen 1981   268
- Gorbatschow in der Bundesrepublik 1989   355–362, 374, 624 f.
- Gorbatschow in London 1984   589
- Gorbatschow in Berlin (Ost) 1986   611
- Gorbatschow in Paris 1985   244, 246, 613
- Honecker in der Bundesrepublik 1987   65, 250 f., 255, 314–317, 319, 613–615
- Jaruzelski in Paris 1985   267, 602
- Kohl in Israel 1984   154, 569
- Kohl in Moskau 1990   82, 443
- KPdSU-Delegation in Bonn 1983   53, 172–175, 575
- Kwizinski in Bonn 1986   295, 607
- Lippmann in Europa 1953   191 f., 580
- Modrow in Moskau 1990   82, 443
- Nitze in Bonn 1983   149, 567 f.
- Rau in Moskau 1985   593
- Rau in Moskau 1986   302, 610
- Reagan in der Bundesrepublik 1985   30, 214, 585 f.
- Reagan in der Sowjetunion 1988   335
- Schmidt in der DDR 1983   151, 168, 255, 574
- Schröder in der DDR 1985   253, 598
- Shultz in Moskau 1985   270
- Sindermann in Bonn 1986   250 f., 597

- Strauß in der DDR, Polen und der Tschechoslowakei 1983   138–140, 169, 564 f., 581
- Vogel in der DDR 1983   151
- Vogel in Moskau 1983   149, 568
- Vogel in Washington 1983   568
- Weizsäcker in der DDR 1983   168 f., 574
- Weizsäcker in der Sowjetunion 1987   616
- Wischnewski und Gansel im Nahen Osten 1983   153, 569

Resistance *siehe Widerstand*
Revanchismus   203, 221, 587
Revisionismus   202, 221, 266
Reykjavik   59 f., 307, 612
Rhein   237
Riga   378
Rio de Janeiro   188, 578
Rom   175, 276, 286, 294, 466, 475, 477, 578, 581, 604
Rostock   78, 84, 398–405, 430, 456
Rumänien   31, 39, 62, 342–345, 427 f., 620 f.
Russland   18, 22, 163, 170, 424 f., 439, 449, 458, 499, 508 f., 520, 531, 540, 542 *siehe auch Sowjetunion*
Rüstung *siehe auch Raketen, Sicherheitspolitik*
- ABC-Waffen   449, 527, 546
- Abrüstung und Rüstungskontrolle   19–22, 27–32, 35, 40, 55, 57–61, 105, 125–128, 130–136, 142–146, 159, 162 f., 166 f., 173–175, 180, 197 f., 201, 224–229, 235, 243 f., 247 f., 258–260, 280, 295 f., 299–303, 307, 317–323, 332–336, 338, 343–345, 357, 389, 401, 405, 420, 509 f., 523, 526 f., 530 f., 544
  - „Einfrieren", Moratorium   25, 143, 163, 166 f., 224, 226, 228, 243 f., 566, 572, 575, 585, 587, 594
  - „Null-Lösung", „-Option"   61, 107, 141, 145, 161, 228, 562, 613, 616 *siehe auch NATO: Doppelbeschluss, Raketen: Mittelstreckenraketen*
- Verifikation   162, 166 f., 226, 243, 300, 318, 573, 609
- Chemiewaffen   35, 161, 187, 229, 247 f., 252, 318, 333, 336, 530, 572, 607, 616
- Konventionelle Waffen und Streitkräfte   61, 184, 198, 210, 226, 228 f., 296, 302, 313, 317, 321–323, 341, 574, 590, 608, 610, 612
- Nuklearwaffen   25, 58, 61, 127 f., 131, 133 f., 141–146, 149–153, 155, 158–167, 171, 173 f., 184, 187, 205 f., 210 f., 217, 222–228, 245–248, 270 f., 281, 301–303, 317, 320–323, 340 f., 357, 509, 527, 544, 561–563, 569–577, 587–589, 607 f.
  - Forward Based Systems   162, 572
  - Neutronenbombe   161, 572
  - Sprengköpfe   149, 160, 210, 566, 568, 571, 584
  - strategische Nuklearwaffen   61, 145, 161, 171, 226, 296, 332, 335 f., 566, 572, 608
  - taktische Nuklearwaffen   61, 226, 271, 295, 322, 625
  - Tests und Teststopp   25, 40, 59, 166 f., 180, 225, 227, 243, 247, 251, 296, 299–301, 569, 572, 583, 585, 588 f., 593 f., 597, 608 f.
  - Weiterverbreitung   225, 527 f., 530, 544
- Rüstung und Entwicklung   165, 206, 211, 222, 232, 273, 592, 598
- Rüstungsexport   498, 530
- Strahlenwaffen   134

Saarbrücken   23, 86, 352
Saarland   80, 87, 108 f., 455, 488, 596
Sachsen   365, 423
Sachsen-Anhalt   423
SALT *siehe Abkommen und Verträge, Raketen: Interkontinentalraketen, Rüstung: Nuklearwaffen*
Salzgitter *siehe Zentrale Erfassungsstelle der Landesjustizverwaltungen (Salzgitter)*
San Francisco   528

Sanktionen 140, 148 f., 266 f., 273, 286 f.,
565, 567, 602
Satelliten 573
— Beobachtungssysteme 226, 236, 241 f.,
589
Saudi-Arabien 96, 569
Schiffe 572 f.
Schulen 273
Schwante 73
Schwarzes Meer 344, 621
Schweden 339, 426, 439, 561, 604
— Sozialdemokratische Arbeiterpartei
583
Schweiz 439, 620
— Baseler Land 431
Schwerin 69, 399
SDI *siehe Vereinigte Staaten von Amerika: Strategische Verteidigungsinitiative (SDI)*
Sender Freies Berlin 138–141, 564
Selbstbestimmungsrecht 77, 81, 93, 199, 331, 351, 354, 368, 421, 451, 472, 481, 487, 498, 579, 622 f., 632, 645
— der Völker 185, 357
Seoul 567
Sicherheitspolitik 19, 23, 25, 27 f., 36, 124–128, 130–136, 143, 146, 151 f., 154–156, 161, 173 f., 178–188, 209–214, 231 f., 240 f., 270–272, 282–285, 331–336, 538 f. *siehe auch NATO, Raketen, Rüstung, Sowjetunion, Vereinigte Staaten von Amerika, Warschauer Pakt*
— Abschreckung 27, 29, 126, 184, 212 f., 336, 569, 577, 616
— Mutual Assured Destruction (gegenseitig gesicherte Zerstörung) 134, 179, 183, 278, 577
— Chemiewaffenfreie Zonen 32, 35, 40, 201, 232, 236, 245, 247, 260, 271, 282 f., 315, 318, 333, 336, 590, 595, 619
— Europäisches Sicherheitssystem 21 f., 32, 88, 90, 100, 284, 353, 444, 449 f., 454, 535, 544 f.
— Gemeinsame Sicherheit/Sicherheitspartnerschaft 19–21, 27, 48, 59, 61, 105, 126, 133–135, 151, 164 f., 181, 183–186, 201 f., 212 f., 247, 260, 278, 284, 296, 302, 307, 317, 320–323, 353, 564
— Gleichgewicht 127, 134, 155, 193, 209, 246, 248, 273, 320, 585
— des Schreckens 27, 181, 223
— europäisches 202
— Nuklearwaffenfreie Zonen 28, 35, 40, 58 f., 174, 184, 236, 247, 271, 282, 296, 302 f., 315, 317, 322, 575 f., 592, 608
— Regionale Sicherheitssysteme 100
— Strukturelle Nichtangriffsfähigkeit 19, 32, 61, 212, 232, 321–323
— Vertrauensbildende Maßnahmen 232, 265, 450, 616
Siegermächte *siehe Vier Mächte*
SIPRI *siehe Internationales Institut für Friedensforschung Stockholm (SIPRI)*
Skandinavien 28, 189, 305 f.
Slowenien 512
Sofia 39, 424
Solidarność *siehe Polen: Solidarność*
Souveränität 194 f., 200 f., 248, 580, 598
Sowjetskaja Rossija 324, 617
Sowjetunion 17 f., 20–22, 24 f., 27, 29 f., 39, 53 f., 60–62, 77, 82, 88–90, 101, 105, 108, 124–128, 130 f., 133–135, 140 f., 144 f., 147–150, 154–156, 158–167, 169–174, 179 f., 183, 185–187, 193 f., 206 f., 209–213, 216 f., 219–235, 241, 247 f., 251, 260, 265, 270, 273–283, 287, 306 f., 312–343, 354, 360, 374, 381, 384, 421, 427 f., 432, 439 f., 443, 449, 479, 482, 490, 499, 509, 513, 521, 544, 561–580, 584–595, 597, 605, 607–613, 616–621, 641 *siehe auch Gemeinschaft unabhängiger Staaten (GUS), Russland*
— Abrüstungsvorschläge 26, 55, 57–61, 149, 154 f., 162 f., 174, 224, 226, 228 f., 243 f., 295 f., 300–303, 307, 562, 568, 572, 576, 587–589, 593, 607–609 *siehe auch Rüstung: Abrüstung und Rüstungskontrolle*

- Abschuss einer südkoreanischen Verkehrsmaschine 1983   24, 147 f., 164, 567 f.
- Auflösung 1991   100 f., 508, 510, 520, 526
- Breschnew-Doktrin   68
- Bürgerrechtsbewegung   57, 234
- Deutsche Invasionen 1914 und 1941   163
- „Europäisches Haus"   59–62, 302, 313, 319 f., 323, 336 f., 340, 342, 344, 362 f., 384, 438 f., 613, 626
  — Idee eines „Europäischen Runden Tischs"   333 f., 336–339, 618
- Invasion in Afghanistan 1979·   17, 56, 104, 131, 235 f., 561
- Juden   57, 234, 592
- KGB   167, 592
- Kommunistische Partei (KPdSU)   26, 28, 31, 33, 53 f., 63, 76, 108, 172–174, 219–221, 224, 312, 326, 330, 332, 335, 339–341, 510, 570, 591 f., 607, 618 f., 621, 629
- Nationalitätenfrage   327, 329 f., 428, 617
- Oberster Sowjet   333, 489
- Perestroika und Glasnost   62–65, 68, 313 f., 324–332, 340, 358, 361, 371–373, 380, 384, 613, 617, 629, 643
- Putschversuch 1991   101, 509 f., 512, 520, 531
- Rote Armee   192, 505 f.
- Russlanddeutsche   57, 234, 370
- TASS   248, 615
- Wirtschaftliche Lage   165 f., 171, 325, 329, 563

Sozialdemokratie   64, 337–339, 371 f., 424, 428, 430
- Bund der sozialdemokratischen Parteien der EG   234

Sozialdemokratische Partei Deutschlands (SPD)   23, 26, 30 f., 37, 125–129, 140 f., 143, 146–158, 160 f., 177–181, 184 f., 187, 209, 212–215, 217 f., 236, 240–242, 249–256, 259–261, 264 f., 269–271, 274, 278, 291 f., 295–297, 300–302, 304–307, 327, 330, 339, 341, 345 f., 563, 570, 585–587, 597 f., 608, 611 f., 621–623
  siehe auch Arbeiterbewegung
- Außen- und Sicherheitspolitik *siehe Sicherheitspolitik*
- Außerordentlicher Bundesparteitag in Dortmund 1983   20
- Außerordentlicher Bundesparteitag in Köln 1983   26, 141, 172 f., 246, 565–567, 573–575
- Beziehungen mit Bürgerrechtlern im Osten   42–46, 51–53, 101 f., 107, 208, 262 f., 288–294, 297–299, 308 f., 482, 484, 523, 582 f., 600 f., 608 f., 632
- Beziehungen mit kommunistischen Parteien   31–35, 42, 45, 53 f., 56–58, 71, 101 f., 106, 129, 153–156, 172–175, 203 f., 219–221, 224 f., 229 f., 234, 250, 252, 254 f., 271, 282 f., 290, 333–341, 381 f., 411, 441, 482, 552, 554, 582, 627
  siehe auch Ostpolitik: zweite Phase der
- SPD/KPdSU-Arbeitsgruppe „Europäisches Haus" 1988–1990   33, 340, 619 f.
- SPD/KPdSU-Arbeitsgruppe über Rüstung und Entwicklung 1984–1986   33, 53, 591
- SPD/PVAP-Arbeitsgruppe über vertrauensbildende Maßnahmen 1984–1989   33, 252, 265, 333, 590, 602, 618
- SPD/SED-Arbeitsgruppe für eine chemiewaffenfreie Zone 1984/85   35, 40, 229, 236, 245, 247 f., 252, 259 f., 282 f., 315, 333, 590, 594 f.
- SPD/SED-Arbeitsgruppe für einen atomwaffenfreien Korridor 1985/86   35, 40, 282, 296, 302 f., 315, 591, 595, 610, 618
- SPD/SED-Papier 1987   64 f., 71, 102, 106, 315, 340, 483, 523 f., 614 f.

- Tagungen der Grundwertekommission der SPD und der Akademie für Gesellschaftswissenschaften beim ZK der SED 1984–1989   35, 254, 411, 598 f.
- Bundesparteitag in Berlin 1979   24, 571 f.
- Bundesparteitag in Berlin 1989   79–81, 408, 451
- Bundesparteitag in Bremen 1991   94, 99, 506, 654
- Bundesparteitag in Essen 1984   181
- Bundesparteitag in München 1982   16, 128
- Bundesparteitag in Nürnberg 1986   312, 610
- Bundesparteitag in Saarbrücken 1970   352
- Bundestagsfraktion   23 f., 33, 87, 147–154, 193, 230–236, 251, 282, 286–292, 295, 395–397, 451–455, 566–568, 572, 596 f.
- Deutschlandpolitik *siehe Deutsche Einheit, Deutschlandpolitik*
- Europapolitik *siehe Europa, Europäische Einigung, Europäische Gemeinschaft (EG)*
- Godesberger Programm 1959   178 f.
- Grundwertekommission   254, 315, 411
- Parteitag in Heidelberg 1925   352
- Parteitag in Nürnberg 1947   350
- Parteivorstand   54, 76, 93, 99, 151, 394 f., 481–488, 566, 650–652
- Präsidium   304, 567
- Regierungsprogramm 1987–1990   38
- Verhältnis zu ehemaligen SED-Mitgliedern   95
- Wahlkampf 1972   487, 517

Sozialdemokratische Partei in der DDR (SDP/SPD)   70, 73, 75, 78, 82 f., 86, 376, 380, 382, 396, 402, 410 f., 423 f., 441, 631 f., 646

Sozialismus   63, 106, 178, 223, 267, 310, 324–327, 332, 337, 370–372, 400, 640

Sozialistische Einheitspartei Deutschlands (SED) *siehe Deutsche Demokratische Republik (DDR): Sozialistische Einheitspartei Deutschlands (SED)*

Sozialistische Internationale (SI)   28, 31, 39, 43, 54, 58, 62 f., 73, 98, 104, 107, 225, 269, 297, 327, 331–336, 339–341, 346, 376, 382, 430, 581, 585, 619, 629, 631
- Informelles Treffen der Parteiführer in Paris, 25. Mai 1984   28, 187, 578
- Konferenz sozialdemokratischer und sozialistischer Parteien aus NATO-Mitgliedsstaaten in Bonn, 28./29. November 1985   270
- Konferenz sozialdemokratischer und sozialistischer Parteien aus NATO-Mitgliedsstaaten in Lissabon, 20.–22. März 1985   188, 578
- Kongress in Frankfurt/Main, 30. Juni–3. Juli 1951   619
- Kongress in Stockholm, 20.–22. Juni 1989   339 f.
- Scandilux   156, 234, 244, 570
- Sitzung des Abrüstungsrats (SIDAC) in Genf, 15./16. Februar 1988   332
- Sitzung des „Büros" in Brüssel, 24./25. November 1983   173, 181, 575
- Sitzung des „Büros" in Rio de Janeiro, 1./2. Oktober 1984   188
- Sitzung des Rats („Council") in Madrid, 11./12. Mai 1988   332, 334, 336
- Sonderkonferenz über Abrüstung in Wien, 16./17. Oktober 1985   244, 251, 594

Sozial-liberale Koalition   15, 67, 108, 139

Spanien   151, 176, 310, 431, 470, 541, 569, 576

Der Spiegel   73, 76, 85, 96, 101, 379–385, 521–526

SS-4 *siehe Raketen: Mittelstreckenraketen*
SS-5 *siehe Raketen: Mittelstreckenraketen*
SS-12/22 *siehe Raketen: Mittelstreckenraketen*
SS-20 *siehe Raketen: Mittelstreckenraketen*
SS-21 *siehe Raketen: Kurzstreckenraketen*

SS-23 *siehe Raketen: Kurzstreckenraketen*
Stadtarchive 233
Städtepartnerschaften 221 *siehe auch Deutsche Demokratische Republik (DDR)*
Stalinismus *siehe Kommunismus: Stalinismus*
START *siehe Konferenzen und Verhandlungen*
„Star wars" *siehe Vereinigte Staaten von Amerika: Strategische Verteidigungsinitiative (SDI)*
Status quo 191 f., 197, 319
Steinzeit 223, 225
Stiftung Preußischer Kulturbesitz 565
Stockholm 61, 174, 201, 252, 316–323, 561, 583, 616
Straßburg 241, 450, 543
Strukturelle Nichtangriffsfähigkeit *siehe Sicherheitspolitik: Strukturelle Nichtangriffsfähigkeit*
Stuttgart 175, 576
Südafrika 310, 334
Südamerika 212
Süddeutsche Zeitung 99
Südkorea *siehe Korea: Südkorea*
Sumgait 329, 617
Supermächte *siehe Sowjetunion, Vereinigte Staaten von Amerika*
Syrien 569, 621 f.
Systemwettbewerb 223, 323

Tansania 583
TASS *siehe Sowjetunion: TASS*
Terrorismus 305, 345, 621
Third World Foundation 214, 585
Thüringen 168, 423, 464, 466 *siehe auch Deutsche Demokratische Republik (DDR)*
Tokio 529
Toronto 569
Trier 129, 240
Tschechoslowakei 19, 23, 26, 39, 58, 102, 139, 150, 170, 183, 248, 265, 271, 283, 295, 321, 410, 439, 521, 539–541, 564, 569, 575, 589 f., 595, 608, 610
— Charta 77 41, 43 f., 308 f., 522 f., 582 f., 612

— Kommunistische Partei 31, 33, 203 f., 333, 582, 618
— „Listy" 42 f.
— „Prager Frühling" und Besetzung 1968 43, 68, 70, 107, 484
Tschernobyl 59, 302, 607, 609 f.
Tunesien 569, 602
Türkei 102, 426, 439, 495, 541, 570, 574
— türkische Arbeiter in der Bundesrepublik 50, 272, 284

U-Boote 566, 572, 588
Überbevölkerung 546
UdSSR *siehe Sowjetunion*
Ukraine 508, 527, 530, 542, 544
Umweltschutz 33, 92, 106, 139, 197, 252 f., 324, 331, 337, 450, 539, 546 f., 565, 647
— Ozonloch 547
Unabhängige Kommission für Abrüstung und Sicherheitsfragen (Palme-Kommission) 19, 28, 127, 132 f., 174 f., 236, 252, 260, 271, 282, 296, 317, 331, 561, 564, 576 *siehe auch Sicherheitspolitik: Gemeinsame Sicherheit/ Sicherheitspartnerschaft*
Unabhängige Kommission für Internationale Entwicklungsfragen (Brandt-Kommission) 51, 175, 331
Ungarn 23, 39, 62, 68–70, 102, 107, 170, 183, 321, 342, 344, 354, 359, 364, 410, 427, 429, 439, 465, 522, 539–541, 620 f.
— Ungarische Sozialistische Arbeiterpartei 31, 33, 62–64, 68, 614
Unilateralismus 144
Unkel 74, 312, 545
Ural 61, 320, 337, 384

Vancouver 533
Vereinigte Staaten von Amerika (USA) 17, 21–24, 39, 55, 62, 77, 105, 126–128, 130 f., 133 f., 136, 140–146, 148–150, 154–167, 169–171, 179 f., 183–186, 193 f., 206, 209–214, 216 f., 222–225,

227, 229–231, 235 f., 241, 245–247, 251, 260, 265–283, 300 f., 303, 307, 313–323, 332–336, 360, 421, 461 f., 477, 479, 509, 531, 540, 561–578, 580, 584–595, 597, 602, 607–616
— Außen- und Sicherheitspolitik 17 f., 26, 28, 51, 57, 59–61, 88, 96, 98, 102, 105, 131, 146, 161, 173, 187, 209–213, 243 f., 270 f., 374, 499, 531, 563, 584 f. *siehe auch Raketen, Rüstung*
— Kongress 22, 24 f., 157–171, 584
  — Repräsentantenhaus 136, 143, 158, 301, 566, 570, 573
  — Senat 561, 572 f.
— Strategische Verteidigungsinitiative (SDI) 18, 29 f., 40, 55, 60, 134, 183, 210–213, 224, 226, 236, 246 f., 251, 266, 270–273, 280, 296 f., 320, 335 f., 577, 584 f., 587, 592, 594 f., 608, 612
— Weizenlieferungen an die Sowjetunion 148, 567
Vereinte Nationen (UNO) 97 f., 133, 162, 232, 265, 318, 334, 338 f., 475–478, 480, 495, 497, 499, 505, 513, 516, 528, 532 f., 545 f., 572, 601
— Allgemeine Erklärung der Menschenrechte 1948 311
— Charta 1945 357, 495, 506, 528
— Hochkommissar für Flüchtlingsfragen 305
— Kollektives Sicherheitssystem 495, 528–530, 546
— Reform 505, 529 f.
— Resolution 678, 29. November 1990 493
— Sicherheitsrat 96, 147, 491 f., 528 f.
  — Ständige Mitglieder 99 f., 461, 505, 524
Verhandlungen *siehe Konferenzen und Verhandlungen*
Verifikation *siehe Rüstung: Abrüstung und Rüstungskontrolle*
Vertriebenenverbände 48, 268, 271, 273
— Schlesische Landsmannschaft 587

Vichy 94
Vier Mächte 87, 91, 194, 383, 412, 421, 433, 437, 442–444, 640 *siehe auch Deutschlandpolitik: Alliierte Vorbehaltsrechte, Frankreich, Großbritannien, Sowjetunion, Vereinigte Staaten von Amerika*
Vier-Kontinente-Abrüstungsinitiative 206, 578, 583
Vietnam 31, 101, 491, 511
Vilnius 377, 652
Voice of America 618
Völkerrecht 131, 491, 500
Völklingen 596
Volksabstimmung 91, 435, 448, 455, 504, 647
Volksrepublik China 69, 101, 178, 183, 185–187, 307, 354 f., 361, 367, 379, 462, 499, 511, 530, 544, 577 f., 591, 594, 599, 625
— Kommunistische Partei 31, 178–186
Vorpommern 466

W
Waffen-SS 268, 273, 585
Wahlen
— Bundestagswahl, 6. März 1983 15, 255
— Bundestagswahl, 25. Januar 1987 225, 255 f., 270, 307, 312 f., 598, 612
— Bundestagswahl, 2. Dezember 1990 76, 86, 91–94, 109, 481–488
— Europawahl, 7./10. Juni 1979 176
— Europawahl, 17. Juni 1984 177
— Europawahl, 18. Juni 1989 359
— Kommunalwahl in der DDR, 7. Mai 1989 68
— Landtagswahl in Bayern, 12. Oktober 1986 304 f., 611
— Landtagswahl in Niedersachsen, 15. Juni 1986 253, 598
— Präsidentschaftswahlen in Frankreich, 8. Mai 1988 316, 615
— Präsidentschaftswahlen in den USA, 4. November 1988 335
— Volkskammerwahl in der DDR, 8. Juni 1986 255

Volkskammerwahl in der DDR, 18. März 1990   82 f., 409, 412, 418 f., 430, 433 f., 443, 642 f.
„Waldspaziergang"   18 f., 140 f., 149, 270, 565 siehe auch Konferenzen und Verhandlungen: Verhandlungen über die nuklearen Mittelstreckenwaffen (INF), Raketen: Mittelstreckenraketen
Warnemünde   399
Warschau   39, 46, 48–52, 70, 139, 252, 263 f., 274, 277, 281, 284–293, 298, 364, 542, 601 f.
— Königsschloss   48, 50, 265, 274–285, 603 f.
Warschauer Pakt   19, 21, 33, 37, 40, 58, 69, 88, 90, 100, 131, 134, 144, 151, 169, 185 f., 193, 200 f., 259 f., 279, 282, 284, 296, 298, 318, 321, 342 f., 354, 414, 421, 440, 444, 449, 528, 532, 543, 575, 590, 603, 608, 610 f., 620
Washington   39, 96, 136, 144, 157, 193, 252, 269–271, 281, 303, 307, 313, 364, 565, 570, 614, 618
Washington Post   142, 567
Weiden   240
Weimar   39, 41, 503, 594, 600
Weimarer Republik   347, 622 siehe auch Deutsches Reich
Weißrussland   508, 527, 544
Weltbank   525, 540
Weltinnenpolitik   537
Weltkrieg siehe Krieg
Weltraum   30, 134, 183, 213, 224, 226–228, 236, 238, 245 f., 251, 266, 270, 272 f., 296 f., 320, 585, 594 f., 601
Weltraumwaffen siehe Vereinigte Staaten von Amerika: Strategische Verteidigungsinitiative (SDI)
Westdeutschland   190, 192, 350, 623

Westen   17, 26, 39, 42, 44 f., 109, 143, 145 f., 158, 171, 194, 206, 208, 228, 266, 268, 282, 309–311, 327, 330 f., 338, 343, 347, 574, 605
— westliche Werte   132 siehe auch Demokratie, Menschenrechte, Pluralismus
Westeuropa siehe Europa: Westeuropa
Westeuropäische Union   194 f., 581
Westintegration   23, 151, 192 f., 360, 580
Westmächte   350, 580, 622
Wettrüsten siehe Rüstung
Widerstand   274, 308, 504, 553
— Resistance   48, 264
Wiederbewaffnung   192
Wiedervereinigung siehe Deutsche Einheit: Wiedervereinigung, Deutschlandpolitik
Wien   61, 127, 135, 174, 199, 207, 228 f., 231, 244, 317, 321, 342–344, 360, 425, 542, 561, 567, 576, 590, 594, 616, 620 f.
Wirtschaft   126, 140, 212, 232 f., 238, 252 f., 323 f., 329, 337 f.
— Weltwirtschaft   132, 165, 175, 211, 546, 619
Wismar   399
Wissenschaft   337
Wissenschaftskolleg Berlin   51
Wittenberg   574
Wladiwostok   384, 439, 533, 542
Wohlstandsgrenze   470
Wolgograd   220, 587

Zentrale Erfassungsstelle der Landesjustizverwaltungen (Salzgitter)   40, 249, 253, 255, 596 siehe auch Deutsche Demokratische Republik (DDR): Unrecht
Zwangsvereinigung siehe Arbeiterbewegung: Zwangsvereinigung 1946
Zypern   498

Bildnachweis

Seite 6 und Foto auf dem Umschlag: Willy Brandt beim SPD-Bundesparteitag in Bremen, 29. Mai 1991. Foto: Frank und Marc Darchinger/Archiv der sozialen Demokratie der Friedrich-Ebert-Stiftung, Bonn.

Seite 20: Vogel, Bahr und Brandt beim SPD-Bundesparteitag in Dortmund, 23. Januar 1983. Foto: Sven Simon, Mülheim a. d. Ruhr/ Archiv der sozialen Demokratie der Friedrich-Ebert-Stiftung, Bonn.

Seite 27: Schmidt, Brandt und Rau beim SPD-Bundesparteitag in Köln, 18. November 1983: Archiv der sozialen Demokratie der Friedrich-Ebert-Stiftung, Bonn.

Seite 49: Jaruzelski und Brandt in Warschau, 7. Dezember 1985. Foto: Wolf P. Prange, Bonn/Archiv der sozialen Demokratie der Friedrich-Ebert-Stiftung, Bonn.

Seite 55: Gorbatschow, Brandt, Ponomarjow und Koschnick im Kreml, 27. Mai 1985. Foto: Poly-Press, Bonn/Archiv der sozialen Demokratie der Friedrich-Ebert-Stiftung, Bonn.

Seite 56: Sacharow und Brandt in Moskau, 6. April 1988: Fotoarchiv Jupp Darchinger im Archiv der sozialen Demokratie der Friedrich-Ebert-Stiftung, Bonn.

Seite 75: Brandt vor dem Brandenburger Tor, 10 November 1989. Foto: nicht ermittelbar/Archiv der sozialen Demokratie der Friedrich-Ebert-Stiftung, Bonn.

Seite 83: Brandt in Leipzig, 23. Februar 1990. Foto: nicht ermittelbar/Archiv der sozialen Demokratie der Friedrich-Ebert-Stiftung, Bonn.

Seite 86: Vogel, Lafontaine und Brandt beim SPD-Vereinigungsparteitag in Berlin, 28. September 1990: Fotoarchiv Jupp Darchinger im Archiv der sozialen Demokratie der Friedrich-Ebert-Stiftung, Bonn.

Seite 97: Ankunft Brandts im Flughafen Frankfurt/Main, 9. November 1990. Foto: dpa/Archiv der sozialen Demokratie der Friedrich-Ebert-Stiftung, Bonn.

Seite 104: Brandt und Seebacher-Brandt, 28. September 1990: Fotoarchiv Jupp Darchinger im Archiv der sozialen Demokratie der Friedrich-Ebert-Stiftung, Bonn.

Seite 182: Brandt und Deng in Peking, 30. Mai 1984: Archiv der sozialen Demokratie der Friedrich-Ebert-Stiftung, Bonn.

Seite 257: Honecker, Brandt und Seebacher-Brandt in Ost-Berlin, 19. September 1985. Foto: Klaus Mehner, Berlin/berlinpresseservice.de.

Seite 276: Brandt und Czyrek in Warschau, 7. Dezember 1985. Foto: Wolf P. Prange, Köln/Archiv der sozialen Demokratie der Friedrich-Ebert-Stiftung, Bonn.

Seite 288: Brandt und Glemp in Warschau, 9. Dezember 1985. Foto: Sven Simon, Mülheim a. d. Ruhr/Archiv der sozialen Demokratie der Friedrich-Ebert-Stiftung, Bonn.

Seite 328: Gorbatschow, Brandt, Pronk und Bahr in Moskau, 5. April 1988: Fotoarchiv Jupp Darchinger im Archiv der sozialen Demokratie der Friedrich-Ebert-Stiftung, Bonn.

Seite 349: Brandt bei der Friedrich-Ebert-Stiftung, 14. September 1988: Archiv der sozialen Demokratie der Friedrich-Ebert-Stiftung, Bonn.

Seite 358: Brandt, Gorbatschow, Schewardnadse und Rau während einer Zugfahrt, 15. Juni 1989. Foto: Engelbert Reineke/Bundesregierung.

Seite 387: Brandt vor dem Schöneberger Rathaus, 10. November 1989. Foto: Klaus Lehnartz/Bundesregierung.

Seite 423: Brandt, Vogel, Lafontaine, Rau und Herta Däubler-Gmelin beim SPD-Bundesparteitag in Berlin, 18. Dezember 1989. Foto: Marc Darchinger/Fotoarchiv Jupp Darchinger im Archiv der sozialen Demokratie der Friedrich-Ebert-Stiftung, Bonn.

Seite 441: Brandt, Rau, Hilsberg, Vogel, Böhme, Meckel, Ringstorff, Gutzeit, 12. Februar 1990. Foto: bonn-sequenz, Bonn/Archiv der sozialen Demokratie der Friedrich-Ebert-Stiftung, Bonn.

Seite 461: Brandt, Kohl und Pleitgen im Palais Schaumburg in Bonn, 21. September 1990. Foto: Arne Schambeck/Bundesregierung.

Seite 475: Brandt und Hussein in Bagdad, 7. November 1990. Foto: nicht ermittelbar/Archiv der sozialen Demokratie der Friedrich-Ebert-Stiftung, Bonn.

Seite 545: Brandt am Schreibtisch in Unkel, 25. Oktober 1991: Fotoarchiv Jupp Darchinger im Archiv der sozialen Demokratie der Friedrich-Ebert-Stiftung, Bonn.

Angaben zu den Bearbeitern und zu den Herausgebern

Bearbeiter:

Uwe Mai, geb. 1963, Dr. phil., Studium der Neueren und Mittelalterlichen Geschichte und Publizistik an der TU und der FU Berlin, Publikationen zur Geschichte des Nationalsozialismus und zur deutschen Zeitgeschichte

Bernd Rother, geb. 1954, Dr. phil., Studium der Geschichte und Politikwissenschaft in Braunschweig; Publikationen zur Geschichte der SPD, zur Erforschung des Holocaust und zur braunschweigischen Landesgeschichte sowie zur portugiesischen und spanischen Zeitgeschichte; seit 1999 wissenschaftlicher Mitarbeiter der Bundeskanzler-Willy-Brandt-Stiftung

Wolfgang Schmidt, geb. 1968, Dr. phil., Studium der Politikwissenschaft, der Neueren Geschichte und der Volkswirtschaft in Bonn, Marburg und Lawrence, USA; Veröffentlichungen zu Willy Brandt, zur Deutschlandpolitik und zur deutschen Zeitgeschichte seit 1945; seit 2002 wissenschaftlicher Mitarbeiter der Bundeskanzler-Willy-Brandt-Stiftung

Herausgeber:

Prof. Dr. Helga Grebing, geb. 1930 in Berlin. Studium an der Humboldt- und der Freien Universität. 1952 Promotion im Fach Geschichte. Danach Tätigkeiten im Verlagswesen und in Institutionen der Politischen Bildung. Seit 1971 Professorin für Geschichte (Schwerpunkt Sozialgeschichte des 19. und 20. Jahrhunderts) an den Universitäten Frankfurt/Main, Göttingen und Bochum, hier 1988–1995 Leiterin des Zentral-Instituts zur Erforschung der europäischen Arbeiterbewegung. 1995 emeritiert und seither als Publizistin in Göttingen, München und Berlin lebend. Viele Veröffentlichungen zur Geschichte der Arbeiterbewegung; Autorin u. a. der „Geschichte der deutschen Arbeiterbewegung" und von „Willy Brandt. Der andere Deutsche".

Prof. Dr. Gregor Schöllgen, geb. 1952 in Düsseldorf. Studium der Geschichte, Philosophie und Sozialwissenschaften in Bochum, Berlin, Marburg und Frankfurt/Main. Dort 1977 Promotion im Fach Philosophie; 1982 Habilitation für Neuere Geschichte in Münster. Seit 1985 Professor für Neuere Geschichte an der Universität Erlangen. Gastprofessor in New York, Oxford und London. Von 1995 bis 2003 Mitglied des Vorstandes der Bundeskanzler-Willy-Brandt-Stiftung. Mitherausgeber der Akten des Auswärtigen Amtes. Zahlreiche Veröffentlichungen, darunter: „Geschichte der Weltpolitik von Hitler bis Gorbatschow 1941–1991", „Jenseits von Hitler. Die Deutschen in der Weltpolitik von Bismarck bis heute" und „Willy Brandt. Die Biographie".

Prof. Dr. Heinrich August Winkler, geb. 1938 in Königsberg. Studium in Münster, Heidelberg und Tübingen. Promotion zum Dr. phil. in Tübingen 1963. Professor an der Freien Universität Berlin und an der Universität Freiburg/Br., 1991–2007 an der Humboldt-Universität zu Berlin. Wichtigste Veröffentlichungen: „Arbeiter und Arbeiterbewegung in der Weimarer Republik" (3 Bde.), „Weimar 1918–1933. Die Geschichte der ersten deutschen Demokratie", „Streitfragen der deutschen Geschichte", „Auf ewig in Hitlers Schatten? Anmerkungen zur deutschen Geschichte", „Der lange Weg nach Westen" (2 Bde.) und „Geschichte des Westens. Von den Anfängen in der Antike bis zum 20. Jahrhundert". Weitere Publikationen zur deutschen, europäischen und amerikanischen Geschichte.